教育部哲學社會科學研究重大課題攻關項目

「十一五」國家重點圖書出版規劃項目·重大工程出版規劃

國家社會科學基金重大項目

北京大學「九八五工程」重點項目

儒藏

精華編一八〇册
子部周秦諸子類

儒藏

精華編

北京大學《儒藏》編纂與研究中心

《儒藏》精華編第一八〇册

首席總編纂　季羡林

項目首席專家　湯一介

總　編　纂　湯一介　龐　樸　孫欽善　安平秋（按年齡排序）

本册主編　周桂鈿

《儒藏》精華編凡例

一、中國傳統文化以儒家思想爲中心。《儒藏》爲儒家經典和反映儒家思想、體現儒家經世做人原則的典籍的叢編。收書時限自先秦至清代結束。

二、《儒藏》精華編爲《儒藏》的一部分，選收《儒藏》中的精要書籍。

三、《儒藏》精華編所收書籍，包括傳世文獻和出土文獻。傳世文獻按《四庫全書總目》經史子集四部分類法分類，大類、小類基本參照《中國叢書綜録》和《中國古籍善本書目》，於個别處略作調整。凡單書已收入入選的個人叢書或全集者，僅存目録，並注明互見。出土文獻單列爲一個部類，原件以古文字書寫者一律收其釋文文本。韓國、日本、越南儒學者用漢文寫作的儒學著作，編爲海外文獻部類。

四、所收書籍的篇目卷次，一仍底本原貌，不選編，不改編，保持原書的完整性和獨立性。

五、對入選書籍進行簡要校勘。以對校爲主，確定内容完足、精確率高的版本爲底本，精選有校勘價值的版本爲校本。出校堅持少而精，以校正誤爲主，酌校異同。校記力求規範、精煉。

六、根據現行標點符號用法，結合古籍標點通例，進行規範化標點。專名號除書名號用角號（《》）外，其他一律省略。

七、對較長的篇章，根據文字内容，適當劃分段落。正文原已分段者，不作改動。千字以内的短文一般不分段。

八、各書卷端由整理者撰寫《校點説明》，簡要介紹作者生平、該書成書背景、主要内容及影響，以及整理時所確定的底本、校本（舉全稱後括注簡稱）及其他有關情況。重複出現的作者，其生平事蹟按出現順序前詳後略。

九、本書用繁體漢字豎排，小注一律排爲單行。

《儒藏》精華編第一八〇册

子部　周秦諸子類

儒家之屬

孔子家語

〔三國·魏〕王肅 注
張樹業
王秀江 校點

目録

校點説明

《孔子家語》一書，舊題孔安國《後序》謂其皆爲孔子之世，公卿士大夫及七十二弟子之所諮訪交相對問之語，乃諸弟子集録所聞而成，與《論語》、《孝經》並行。此説或出於後人附會，然《家語》淵源有自，則屬信而有徵。《漢書·藝文志》首著録之，云凡二十七卷，則漢世固已有之。

今世所傳《家語》，不必爲漢時之舊本。顔師古注《漢書》，謂《藝文志》所録二十七卷本《孔子家語》「非今所有《家語》也」，其説當有所據。案今本《孔子家語》凡十卷四十四篇，傳自三國魏王肅，肅自謂得之於孔子二十二世孫孔猛，因見書中議論與己説相合，遂爲之注以貽世云云。後世多疑今本《孔子家語》並所載孔安國後序及孔衍奏疏，皆出王肅僞撰。張心澂《僞書通考》載各家辯説甚備，可參。然僞書云者，非謂其全出肅手、向壁虚構而成。特以其掇拾傳記，抄撮割裂，非復古傳《家語》原貌耳。考今本《家語》各篇所記，文字之體格風神固不一，而其論議之義理旨趣亦各異，疑皆爲戰國及秦漢諸子依託之言，固不可執以考孔子生平之實際，更不宜持以論孔門學術之旨歸。且王肅注文，又多攻駁鄭玄之語，前人謂其大違注體，自發其作僞之覆，或然。但古本《家語》久佚，真相已不可考。今本《家語》雖或出於僞撰，亦未必不包含古本文字於中。錢馥云：「肅傳是書時，二十七卷具在也。若判然不同，則肅之書必不能行，即行矣，二十七卷者不至於泯没也。惟增多十七篇，而二十七卷即在其中，故此傳而古本逸耳。」孔穎達《禮記正義》引馬昭説云：「《家語》王肅所增加，非鄭所見。」曰增加，則非全爲杜撰。沈欽韓謂：「肅惟取婚姻、喪祭、郊禘、廟祧與鄭不同者，羼入《家語》，以矯誣聖人。

其他固已有之，未可謂肅所造也。」其説或是。《四庫全書總目》亦稱：「其流傳既久，且遺文軼事，往往多見於其中，故自唐以來，知其僞而不能廢也。」今本《家語》，亦自有其價值，不必以其僞而棄之。

自河北定縣八角廊漢簡《儒家者言》及安徽阜陽雙古堆漢墓竹簡出土，學界又有據此以證《家語》非僞者。今本《家語》本不必全僞，斷簡殘篇，亦不足以證今本全真。即古本《家語》，亦未必不爲漢儒掇拾周秦之雜説而成。揀别取材，固有待于學者之識鑒。若執書中黄老刑名陰陽縱横之説，而皆以爲孔門正實之論，恐亦所謂信古而泥，謬以千里者也。

元明以降，今本《孔子家語》傳本系統頗紛亂。有離注單行之所謂「通行本」，多刻爲四卷。有後人新注本，蓋自元王廣謀發其端，明清兩朝，代有作手。而王肅注本反淹晦尠行於世。如四庫館臣所言：「其書至明代，傳本頗稀。故何孟春注《家語》，自云未見王肅本。王鏊《震澤長語》亦稱《家語》今本爲近世妄庸所删削，惟有王肅注者，今本所無多具焉。則亦僅見之也。」則王肅注本，信爲考論《家語》之津要。王肅注本傳世者，除敦煌所出唐寫本殘卷外，以明嘉靖三十三年黄周賢等覆宋刊本爲最早。此本後爲《四部叢刊》及上海古籍出版社《諸子百家叢書》影印收録。又有明末毛氏汲古閣本，乃毛晉以二宋本合校刊成。《四庫全書》所收《孔子家語》，即以之爲底本。又有清代貴池劉世珩影刻宋蜀大字本，世稱玉海堂本。三本各有所長，皆爲後世所重。

本次校點《孔子家語》，即以黄氏覆宋刊本爲底本，以劉氏玉海堂本與文淵閣《四庫全書》本參校。嘗察民國迄今，各類新刊新注本《孔子家語》甚多，而鮮有致力於文獻校訂整理者，王肅注則十九爲人所刊落廢棄，誠爲可惜。蓋肅注雖或雜私心臆見，要亦足爲一家之言。於辨章學術，不爲無補。又各本王注文字頗有出入，今則參核異同，於底本之訛、脱、衍、倒，皆依《儒藏》工程校勘體例，悉爲校訂。王注多闕誤不可通者，亦不敢强作解人，惟冀博雅君子有以是正之。《孔子家語》舊有孔安國《後序》，覆宋本不見載，今亦據四庫本所載刊於篇末爲附録以備查考。俾使學界得一較精善之《家語》王注版本，以爲研究之臂助，是所望焉。

校點者　張樹業　王秀江

孔子家語序❶

王　氏❷

鄭氏學行五十載矣。自肅成童，始志于學，而學鄭氏學矣。然尋文責實，考其上下義理，不安違錯者多，是以奪而易之。然世未明其欵情，而謂其苟駮前師以見異於前人。❸乃慨然而嘆曰：「予豈好難哉？❹予不得已也。聖人之門，方壅不通；孔氏之路，枳棘充焉。豈得不開而辟之哉？若無由之者，亦非予之罪也。」是以撰《經禮》申明其義，及朝論制度，皆據所見而言。孔子二十二世孫有孔猛者，家有其先人之書。昔相從學，頃還家，方取已來。❺與予所論，有若重規疊矩。昔仲尼曰：❻「文王既没，文不在兹乎？天之將喪斯文也，後死者不得與於斯文也。天之未喪斯文也，匡人其如予何？」言天喪斯文，故令己傳斯文於天也。❼今或者天未欲亂斯文，故令從予學，而予從猛得斯論，以明相與孔氏之無違也。斯皆聖人實事之論，而恐其將絶，故特爲解，以貽好事之君子。《語》云：「牢曰：『子云：「吾不試，故藝。」』」談者不知爲誰，多妄爲之説。

❶「孔子家語序」，四庫本作「家語序」。
❷「王氏」，玉海堂本作「王肅譔」。四庫本無此類字樣，而於序末有「王肅序」三字。
❸「而」，原誤作「不」，今據玉海堂本、四庫本改。
❹「予」，四庫本無此字。
❺「已」，玉海堂本作「以」。古二字通。
❻「尼」，原誤作「由」，今據玉海堂本、四庫本改。
❼「也」，玉海堂本、四庫本作「下」。

《孔子家語》弟子有琴張，一名牢，字子開、子張，❶衛人也。宗魯死，將往吊，孔子止焉。《春秋外傳》曰：「昔堯臨民以五。」説者曰：「堯五載一巡狩。」五載一巡狩，不得稱臨民以五也。《經》曰「五載一巡狩」，此乃説舜之文，非説堯。孔子説論五帝，各道其異事。於舜云：「巡狩天下，五載一始。」則堯之巡狩年數未明。周十二歲一巡，寧可言周臨民十二乎？❷孔子曰：「堯以土德王天下，❸而尚黃。」❹黃，土德。五，土之數。故曰「臨民以五」，此其義也。

❶「子張」，玉海堂本、四庫本作「亦字張」。
❷「十」上，玉海堂本、四庫本有「以」字。
❸「土」，原誤作「火」，今據玉海堂本、四庫本改。
❹「而」下，玉海堂本、四庫本有「色」字。

孔子家語卷第一❶

王肅注❷

相魯第一

孔子初仕，爲中都宰，中都，魯邑。❸ 制爲養生送死之節：長幼異食，如《禮》年五十異食也。❹ 强弱異任，任，謂力作之事。各從所任，不用弱也。男女別塗。路無拾遺，器不雕僞。無文飾雕畫，不詐僞。❺ 爲四寸之棺，五寸之椁，以木爲椁。❻ 因丘陵爲墳，不封不聚土以起墳者也。不樹。不樹松柏。❼ 行之一年，而西方之諸侯則焉。魯國在東，故西方諸侯皆法則。❽ 定公謂孔子曰：「學子此法以治魯國，何如？」孔子對曰：「雖天下可乎！何但魯國而已哉？」於是二年定公以爲司空。乃別五土之性，五

---

❶「孔子家語卷第一」，玉海堂本作「孔氏家語卷第一」，四庫本作「家語卷一」。以下諸本各卷卷目體例仿此，不再一一出校。

❷「王肅」上，四庫本有「魏」字。後仿此，不再一一出校。

❸「邑」下，玉海堂本有「名」字。

❹此處注文，玉海堂本作：「如《禮》，五十異糧，六十至九十，食各以漸加異也。」案，覆宋本、玉海堂本、四庫本所載王肅注文頗有異同，而情形非一。今爲例於下：凡校本注文與底本注文全然不同者，校記作：「此處注文，某本作：『某某。』」凡底本無注而校本有注者，校記作：「『某』下，某本有注曰：『某某。』」凡校本注文出現位置與底本不同者，校記作：「此處注文，某本在『某』下。」

❺此處注文，玉海堂本作：「不彫僞，無文節，不詐僞。已上養生之節。」四庫本作：「彫畫無文飾，不詐僞。」

❻「椁」，玉海堂本作「之」。

❼此處注文，玉海堂本作：「不植松柏。以上送死之節。」

❽「法則」，玉海堂本作「則之」。

土：❶一曰山林，二曰川澤，三曰丘陵，四曰墳衍，五曰原隰。而物各得其所生之宜，所生之物，各得其宜。❷咸得厥所。先時，季氏葬昭公于墓道之南。季平子逐昭公，死于乾侯。平子別而葬之，貶之不令近先公也。孔子溝而合諸墓焉，謂季桓子曰：「貶君以彰己罪，非禮也。桓子，平子之子。❸今合之，所以揜夫子之不臣。」由司空爲魯大司寇。設法而不用，無姦民。

定公與齊侯會于夾谷，孔子攝相事，曰：「臣聞有文事者必有武備，有武事者必有文備。古者諸侯並出疆，❹必具官以從，請具左右司馬。」定公從之。至會所，爲壇位，❺土階三等，以遇禮相見。會遇之禮，禮之簡畧者也。揖讓而登，獻酢既畢，齊使萊人以兵鼓譟，❻劫定公。萊人，齊人東夷。❼雷鼓曰譟。孔子歷階而進，以公退，曰：「士！以兵之。吾兩君爲好，裔夷之俘，敢以兵亂之，裔，邊裔。夷，夷狄。俘，軍所獲虜也。言此三者何敢以兵亂兩君之好也。非齊君所以命諸侯也。裔不謀夏，夷不亂華，華夏，中國之名。俘不干盟，兵不偪好。於神爲不祥，❽於德爲僁義，❾於人爲失禮，君必不然。」齊侯心怍，麾而避之。有頃，齊奏宮中之樂，俳優侏

❶「土」下，原衍「之性」二字，今據玉海堂本删。

❷「各得其宜」，玉海堂本作「各宜其性」。

❸此處注文，玉海堂本在上文「季桓子曰」下。

❹「並」，四庫本無此字。

❺「位」，玉海堂本無此字。

❻「萊人」下，玉海堂本有注曰：「哀公六年，齊滅萊。」

「譟」下，玉海堂本有注曰：「譟，子紺切。」案，反切注音雖起於漢末，以此法注釋古籍實較晚起。本書底本及二校本所載王肅注文，大量使用反切注音，疑係後人補益，竄入本注。本次校點，底本注文原有之反切注音皆予保留，校本之異同不復出校。

❼「齊人」，玉海堂本作「齊之」。

❽「神」下，玉海堂本有注曰：「盟誓之神。」

❾「僁」下，玉海堂本有注曰：「僁，愆同。」

儒戲於前。孔子趨進，歷階而上，不盡一等，曰：「匹夫熒侮諸侯者，❶罪應誅。請右司馬速刑焉。」❷於是斬侏儒，手足異處。齊侯懼，有慙色。將盟，齊人加載書曰：「齊師出境，而不以兵車三百乘從我者，有如此盟。」孔子使兹無還對曰：❸魯大夫也。「而不返我汶陽之田，❹吾以供命者亦如之。」齊侯將設享禮，孔子謂梁丘據曰：「齊魯之故，❺吾子何不聞焉？梁丘據舊聞齊魯之故事。事既成矣，而又享之，是勤執事。且犧象不出門，作犧牛及象於其背爲罇。❻嘉樂不野合。享而既具，是棄禮；若其不具，是用粃粺。粃，穀之不成者。粺，草之似穀者。❼用粃粺，君辱；棄禮，名惡。子盍圖之？夫享所以昭德也。不昭，不如其已。」乃不果享。齊侯歸，責其羣臣曰：「魯以君子道輔其君，而子獨以夷狄道教寡人，使得罪。」於是乃歸所侵魯之四邑及汶陽之田。四邑，鄆、讙、龜、陰也。❽洙有汶陽之田，❾本魯界。

孔子言於定公曰：「家不藏甲，卿大夫稱家。甲，鎧也。邑無百雉之城，高丈長丈曰堵。三堵曰雉。古之制也。今三家過制，❿請皆損

---

❶「熒」下，玉海堂本有注曰：「熒，聞而惑也。」

❷「速」下，玉海堂本、四庫本有「加」字。

❸「還」下，玉海堂本有注曰：「魯大夫名。」

❹「田」下，玉海堂本有注曰：「齊有汶陽田，本魯界。」

❺「故」下，玉海堂本有注曰：「故，舊典也。」

❻此處注文，玉海堂本作：「犧象，罇名。」

❼「似穀者」下，玉海堂本有「言享不備禮也」六字。

❽「陰」下，四庫本有「之地」二字。

❾「洙有」，四庫本無此二字。「洙有汶陽之田，本魯界」，玉海堂本作：「汶陽在魯界。案《春秋傳》及《史記》，鄆、讙、龜陰爲三邑，今讙亭、龜山及鄆皆在汶北，豈併汶而言之乎？」

❿「制」下，玉海堂本有注曰：「三家，魯大夫，皆桓公之後。孟孫懿子何忌，慶父後。叔孫州仇，叔牙後。季孫斯，季友後。」

之。」乃使季氏宰仲由隳三都。❶ 叔孫不得意於季氏，❷因費宰公山弗擾，率費人以襲魯。❸ 孔子以公與季孫、叔孫、孟孫入于費氏之宫，❹登武子之臺。❺ 費人攻之，及臺側。❻ 孔子命申句須、樂頎勒士衆下伐之，費人北，❼遂隳三都之城。 强公室，弱私家，尊君卑臣，政化大行。❽

初，魯之販羊有沈猶氏者，常朝飲其羊以詐市人。❾ 有公慎氏者，妻淫不制。有慎潰氏，奢侈踰法。 魯之鬻六畜者，飾之以儲價。 及孔子之爲政也，則沈猶氏不敢朝飲其羊，公慎氏出其妻，慎潰氏越境而徙。 三月，則鬻牛馬者不儲價，賣羊豚者不加飾。❿ 男女行者别其塗。 道不拾遺。 男尚忠信，女尚貞順。 四方客至於邑，不求有司，有司常供其職，客不求而有司存焉。⓫皆如歸焉。言如歸家，無所之也。⓬

---

❶ 「都」下，玉海堂本有注曰：「三都，費、郈、成也，季孫、叔孫、孟孫之邑。 時叔孫州仇先隳郈。」

❷ 「叔孫」下，玉海堂本有注曰：「輒以庶子故。」

❸ 「魯」下，玉海堂本有注曰：「季孫斯將隳費，費宰公山弗擾與叔孫輒帥費人以襲魯。」

❹ 「叔孫、孟孫」，玉海堂本作「仲孫、叔孫」。「費氏」，四庫本作「季氏」。「公」下，玉海堂本有注曰：「定公。」「季孫」下，注曰：「斯。」「叔孫」下，注曰：「仇州。」「孟孫」下，注曰：「孟褱子弟何忌。」

❺ 「臺」下，玉海堂本有注曰：「季孫宿所築臺。」

❻ 「及」下，玉海堂本有注曰：「公之。」

❼ 「北」下，玉海堂本有注曰：「敗諸姑篾二子，乃隳費。」

❽ 「行」下，玉海堂本有注曰：「按《春秋傳》，將隳成，公斂處父謂孟孫曰：『成，孟氏之保障也。 隳成，齊人必至於北門。 無成，是無孟氏也。 子僞不知，我將不隳。』公圍成，弗克。」

❾ 「羊」下，玉海堂本有注曰：「飽之。」「詐」下，玉海堂本有注曰：「欺也。」

❿ 「羊」，玉海堂本、四庫本作「羔」。

⓫ 「存」，玉海堂本無此字，四庫本作「在」。

⓬ 「之」，玉海堂本無此字，四庫本作「乏」。

始誅第二

孔子爲魯司寇，攝行相事，有喜色。仲由問曰：「由聞君子禍至不懼，福至不喜。今夫子得位而喜，何也？」孔子曰：「然，有是言也。不曰『樂以貴下人』乎？」於是朝政七日而誅亂政大夫少正卯，❶戮之于兩觀之下，兩觀，闕名。尸於朝三日。子貢進曰：「夫少正卯，魯之聞人也。今夫子爲政而始誅之，或者爲失乎？」孔子曰：「居，吾語汝以其故。天下有大惡者五，而竊盜不與焉。一曰心逆而險，二曰行僻而堅，三曰言僞而辯，四曰記醜而博，醜，謂非義。五曰順非而澤。此五者有一於人，則不免君子之誅，而少正卯皆兼有之：其居處足以撮徒成黨，❷撮，聚。其談說足以飾褒榮衆，❸其强禦足以反是獨立。此乃人之姦雄者也，不可以不除。夫殷湯誅尹諧，❹文王誅潘正，❺周公誅管蔡，太公誅華士，士之爲人虛僞，亦聚黨也。而韓非謂華士耕而後食，❻鑿井而飲。信其如此，而太公誅之，豈所以謂太公者哉？管仲誅付乙，❼子產誅史何，❽是此七子皆異世而同誅者，❾以七子異世而同惡，故不

❶「朝」，四庫本作「爲」。「政」下，玉海堂本有注曰：「聽朝政。」「正」下，有注曰：「官。」「卯」下有注曰：「名。」

❷「撮」，玉海堂本作「掫」，注曰：「掫，聚也。」

❸「榮」，四庫本作「熒」，玉海堂本作「瑩」，注曰：「惑也。」

❹「諧」下，玉海堂本有注曰：「一作蠋沐。」

❺「文王」下，玉海堂本有注曰：「一作太公。」「正」下，有注曰：「一作潘阯。」

❻「而韓非」至「者哉」，玉海堂本無。

❼「付乙」下，玉海堂本有注曰：「一作附里。」

❽「史何」下，玉海堂本有注曰：「一作鄧析。」

❾「是」，玉海堂本、四庫本作「凡」。

可赦也。《詩》云：『憂心悄悄，愠于羣小。』小人成羣，斯足憂矣。」

孔子爲魯大司寇，有父子訟者，夫子同狴執之，❶狴，獄牢也。三月不别。❷其父請止，夫子赦之焉。季孫聞之，不悦，曰：「司寇欺余。曩告余曰：『國家必先以孝。』余今戮一不孝以教民孝，不亦可乎？而又赦，何哉？」冉有以告孔子，子喟然歎曰：❸「嗚呼！上失其道而殺其下，非理也。不教以孝而聽其獄，是殺不辜。三軍大敗，不可斬也；獄犴不治，不可刑也。何者？上教之不行，罪不在民故也。夫慢令謹誅，❹賊也；徵斂無時，暴也；不試責成，虐也。政無此三者，❺然後刑可即也。《書》云：『義刑義殺，勿庸以即汝心，惟曰未有慎事。』言必教而後刑也。庸，❻用也。即，就也。刑教皆當以義，勿用以就汝心之所安。當謹之自謂未有順事。且陳道德以服之，以無刑殺而後爲順，是先教而後刑也。既陳道德以先服之，❼而猶不可，尚賢以勸之。又不可，即廢之。❽又不可，而後以威憚之。若是三年，而百姓正矣。其有邪民不從化者，然後待之以刑，則民咸知罪矣。《詩》云：『天子是毗，俾民不迷。』毗，輔也。俾，使也。言師尹當毗輔天

❶「狴」，玉海堂本作「猎」。注曰：「猎，獄牢也。猎犴，胡犬也，善守，故以名獄。」
❷「别」下，玉海堂本有注曰：「謂辯决其子罪。」
❸「子」，玉海堂本作「孔子」。
❹「誅」，四庫本作「昧」。「謹」下，玉海堂本有注曰：「嚴也。」
❺「政」，玉海堂本作「故」。
❻「庸」至「順事」，玉海堂本作：「言刑殺皆當以義，勿用以就汝心之所安，又當猶自謂未有使人可順守之事。」
❼「既」，玉海堂本無此字。
❽「之」下，玉海堂本有注曰：「《荀子》作『廢不能以單之』。單，盡也，謂黜削也。」

子，使民不迷。是以威厲而不試，刑錯而不用。今世則不然，亂其教，繁其刑，使民迷惑而陷焉。又從而制之，故刑彌繁而盜不勝也。夫三尺之限，❶空車不能登者，何哉？峻故也。百仞之山，重載陟焉，何哉？陵遲故也。陵遲，猶陂池也。❷今世俗之陵遲久矣，雖有刑法，民能勿踰乎？」

王言解第三

孔子閒居，❸曾參侍。孔子曰：「參乎，今之君子，唯士與大夫之言可聞也，至於君子之言者希也。於乎！吾以王言之，其不出户牖而化天下。」曾子起，下席而對曰：「敢問何謂王之言？」❹孔子不應。曾子曰：「侍夫子之閒也難，❺是以敢問。」孔子又不應。曾子肅然而懼，摳衣而退，負席而立。❻有頃，孔子歎息，顧謂曾子曰：「參，汝可語明王之道與？」曾子曰：「非敢以爲足也，請因所聞而學焉。」子曰：「居，吾語汝。夫道者，所以明德也；德者，所以尊道也。是以非德，道不尊；非道，德不明。雖有國之良馬，不以其道服乘之，不可以取道里。❼雖有博地衆民，不以其道治之，不可以致霸王。是故昔者明王内修七教，外行三至。七教修，然後可

❶「限」下，玉海堂本有注曰：「一作岸。」

❷「池」，玉海堂本作「陀」。

❸「孔」，原誤作「曾」，今據玉海堂本、四庫本改。

❹「之」，玉海堂本、四庫本作「者」。

❺「難」下，原衍「對」字，今據玉海堂本删。又，「難」下，玉海堂本有注曰：「《大戴禮》作：『得夫子之閒也難。』」

❻「負」下，玉海堂本有注曰：「負，倚也。」

❼「取」，原脱，今據玉海堂本、四庫本補。玉海堂本並有注曰：「取，趣也。」

以守；三至行，然後可以征。明王之道，其守也，則必折衝千里之外；其征也，❶則必還師衽席之上。故曰：『內修七教而上不勞，外行三至而財不費。』此之謂明王之道也。」曾子曰：「不勞不費之謂明王，可得聞乎？」孔子曰：「昔者帝舜左禹而右皋陶，不下席而天下治。夫如此，何上之勞乎？政之不平，❷君之患也；令之不行，臣之罪也。若乃十一而稅，用民之力，歲不過三日，入山澤以其時而無征，關譏市鄽皆不收賦，譏，呵也。譏異服，識異言，❸及市鄽皆不賦稅，古之法也。此則生財之路，而明王節之，何財之費乎？」曾子曰：「敢問何謂七教？」孔子曰：「上敬老，則下益孝；上尊齒，則下益悌；上樂施，則下益寬；上親賢，則下擇友；上好德，則下不隱；上惡貪，❹則下耻爭；上廉讓，則下耻節。此之謂七教。七教者，治民之本也。政教定，則本正也。凡上者，民之表也，表正則何物不正？是故人君先立仁於己，然後大夫忠而士信，民敦而俗璞，❺璞，慤愿貌。男慤而女貞。六者，教之致也。布諸天下四方而不怨，❻納諸尋常之室而不塞。❼等之以禮，❽立之以義，行之以順，則民之棄惡如湯之灌雪焉。」曾子曰：「道則至矣，弟子不足以明之。」孔子曰：「參以爲姑止乎？又有焉。

八

❶「也」，原脱，今據玉海堂本、四庫本補。

❷「平」，玉海堂本、四庫本作「中」。

❸「識」，玉海堂本無此字。

❹「貪」，原誤作「貧」，今據玉海堂本、四庫本改。

❺「而」，原脱，今據四庫本補。「璞」，玉海堂本、四庫本作「樸」。下注文同。

❻「怨」，玉海堂本作「宛」，注曰：「薄也。」

❼「塞」下，玉海堂本有注曰：「窒也。」

❽「之」下，玉海堂本有注曰：「等之，齊之也。」

昔者明王之治民也，法必裂地以封之，分屬以理之，然後賢民無所隱，暴民無所伏。使有司日省而時考之，進用賢良，退貶不肖，然則賢者悦而不肖者懼。❶哀鰥寡，養孤獨，恤貧窮，誘孝悌，選才能。此七者修，則四海之内無刑民矣。上之親下也，如手足之於腹心矣；❷下之親上也，如幼子之於慈母矣。上下相親如此，故令則從，施則行，民懷其德，近者悦服，遠者來附，政之致也。夫布指知寸，布手知尺，舒肘知尋，斯不遠之則也。周制三百步爲里，千步爲井，三井而埒，❸埒三而矩，此説里數，不可以言井。井自方里之名，疑此誤。❹五十里而都封，百里而有國。乃爲福積資求焉，❺恤行者有亡。❻是以蠻夷諸夏，雖衣冠不同，言語不合，莫不來賓。故曰：無市而民不乏，無刑而民不亂。田獵罩弋，罩，掩網。❼弋，繳射。非以盈宫室也。❽徵斂百姓，非以盈府庫也。❾慘怛以補不足，禮節以損有餘。多信而寡貌，其禮可守，其言可覆，其迹可履。如飢而食，如渴而飲，民之信之，如寒暑之必驗。故視遠若邇，非道邇也，見明德也。是故兵革不動而威，用利不施而親，萬民懷其惠。❿此之謂明王之守折衝千里之外者也。」曾子曰：「敢問何謂三

❶「然」，玉海堂本、四庫本無此字。
❷「矣」，原脱，今據四庫本補。
❸「埒」下，玉海堂本有注曰：「封道曰埒。《淮南子》曰：『道有行埒。』又堤也。」
❹「此」，玉海堂本無此字。
❺「福積資求」，玉海堂本作「稸積資聚」。
❻「者」下，四庫本有「之」字。
❼「掩網」，玉海堂本作「魚籠」。
❽「室」下，玉海堂本有注曰：「爲祭與養也。」
❾「也」下，玉海堂本有注曰：「備人倫，養君子。」
❿「萬民懷其惠」，玉海堂本無此句。

至？」孔子曰：「至禮不讓而天下治，至賞不費而天下士悦，至樂無聲而天下民和。明王篤行三至，故天下之君可得而知，天下之士可得而臣，天下之民可得而用。」曾子曰：「敢問此義何謂？」孔子曰：「古者明王必盡知天下良士之名。❶既知其名，又知其實，❷又知其數及其所在焉，❸然後因天下之爵以尊之，此之謂至禮不讓而天下治。因天下之禄以富天下之士，此之謂至賞不費而天下之士悦。如此，則天下之民名譽興焉。此之謂至樂無聲而天下之民和。故曰：所謂天下之至仁者，❹能合天下之至親也。所謂天下之至明者，❺能舉天下之至賢者也。❻此三者咸通，然後可以征。是故仁者莫大乎愛人，智者莫大乎知賢，賢政者莫大乎官能。有土之君，修此三者，則四海之内供命而已矣。夫明王之所征，必道之所廢者也，是故誅其君而改其政，弔其民而不奪其財。故明王之政，猶時雨之降，降至則民悦矣。是故行施彌博，得親彌衆，此之謂還師衽席之上。」言安安而無憂。❼

❶「名」下，玉海堂本有注曰：「如《周禮》，大司徒教萬民而賓興，卿大夫考其禮藝，獻賢能于王，王受而登之天府是也。」

❷「實」下，玉海堂本有注曰：「案《周禮》『卿論其秀士，升之司徒，而大樂正、大司馬以次辯論其官材，進其士之賢者，以告于王，而定其論』是也。」

❸「數」下，玉海堂本有注曰：「如列侯郡守，二千石各擇其吏民之賢者，歲舉二人。又如郡國口二萬以上，歲舉二人。口自二萬以至百萬所舉，自一人以至五人各有差是也。」「焉」下，注曰：「列侯、郡守各以其卿。」

❹「至」，玉海堂本無此字。

❺「至」，玉海堂本無此字。

❻「也」下，玉海堂本有注曰：「疑有闕。」

❼「安安」，四庫本作「安然」。

大婚解第四

孔子侍坐於哀公，公問曰：❶「敢問人道孰爲大？」孔子愀然作色而對曰：❷「君及此言也，百姓之惠也，固臣敢無辭而對：❸人道政爲大。夫政者，正也。君爲正，則百姓從而正矣。君之所爲，百姓之所從。君不爲正，百姓何所從乎？」公曰：「敢問爲政如之何？」孔子對曰：「夫婦別，男女親，君臣信。三者正，則庶物從之。」❹公曰：「寡人雖無能也，願知所以行三者之道，可得聞乎？」孔子對曰：「古之政，❺愛人爲大。所以治愛人，禮爲大。所以治禮，敬爲大。敬之至矣，大婚爲大。❻大婚至矣，冕而親迎。❼親迎者，❽敬之也。❾是故君子興敬爲親。捨敬，則是遺親也。弗親弗敬，弗尊也。愛與敬，其政之本與？」公曰：「寡人願有言也，然冕而親迎，不已重乎？」孔子愀然作色而對曰：「合二姓之好，以繼先聖之後，以爲天下宗廟社稷之主，❿君何謂已重焉？」魯，周公之後，得郊天，故言以爲天下之主也。公曰：「寡

❶「問」，玉海堂本無此字。

❷「愀」下，玉海堂本有注曰：「變色貌。」

❸「固」下，玉海堂本有注曰：「與後『寡人實固』之『固』同，陋也。」

❹「物」下，玉海堂本有注曰：「物，猶事也。」

❺「之」下，玉海堂本有「爲」字。

❻「大」下，玉海堂本有注曰：「禮以敬爲至，敬以昏爲至。」

❼「冕」上，玉海堂本有「大昏既至」四字。

❽「親迎」，四庫本無此二字。

❾「也」下，玉海堂本有注曰：「雖天子諸侯，皆冕而親迎。」

❿「主」下，玉海堂本有注曰：「此自天子諸侯言之也，主以長子言，故下曰『萬世之嗣』也。」

人實固，鄙陋。❶ 不固，安得聞此言乎？寡人欲問，不能爲辭，請少進。」❷ 孔子曰：「天地不合，萬物不生。大婚，萬世之嗣也，君何謂已重焉？」孔子遂言曰：「內以治宗廟之禮，足以配天地之神；言宗廟天地神之次。❸ 出以治直言之禮，足以立上下之敬。❹ 夫婦正，則始可以治正言禮矣。❺ 身正，然後可以正人者也。❻ 物耻則足以振之，耻事不知禮，足以振救之。❼ 國耻則足以興之。❽ 耻國不知禮，❾ 足以興起者也。❿ 故爲政先乎禮，禮其政之本與？」孔子遂言曰：「昔三代明王必敬妻子也，⓫ 蓋有道焉。妻也者，親之主也；⓬ 子也者，親之後也，⓭ 敢不敬與？是故君子無不敬。敬也者，敬身爲大。身也者，親之支也，敢不敬與？不敬其身，是傷其親。傷其親，是傷其本也。⓮ 傷其本，則支從之而亡。三者百姓之象也。言百姓之所法而行。身以及身，子以及子，妃以及妃。君

❶「鄙陋」，玉海堂本作：「固，猶鄙也，謂以冕而親迎爲已重也。」
❷「進」下，玉海堂本有注曰：「一下有教字。」
❸「言」，玉海堂本作「爲」。
❹「足」，原脱，今據玉海堂本、四庫本補。
❺「始」，四庫本作「固」。「言禮矣」，玉海堂本作「言之禮」。
❻「後」，原脱，今據玉海堂本、四庫本補。
❼「救」，玉海堂本、四庫本作「教」。
❽「則」，原脱，今據玉海堂本補。
❾「禮」，原脱，今據玉海堂本補。
❿「者也」，玉海堂本作「之」。
⓫「昔」，玉海堂本無此字。
⓬「也」下，玉海堂本有注曰：「冕而親迎，爲親主於內也。」
⓭「也」下，玉海堂本有注曰：「冠於阼階，爲親傳其後也。」
⓮「其」，原脱，今據玉海堂本補。

以修此三者，❶則大化愾乎天下矣，❷愾，❸滿。昔太王之道也。太王出亦姜女，❹人亦姜女。國無鰥民。愛其身以及人之身，愛其子以及人之子，故曰太王之道。如此，國家順矣。」公曰：「敢問何謂敬身？」孔子對曰：「君子過言則民作辭，過行則民作則。❺言不過辭，動不過則，百姓恭敬以從命。若是，則可謂能敬其身，則能成其親矣。」❻公曰：「何謂成其親？」孔子對曰：「君子者也，人之成名也。百姓與名，謂之君子，❼則是成其親爲君而爲其子也。」孔子遂言曰：「爲政而不能愛人，❽則不能成其身。不能成其身，則不能安其土。不能安其土，則不能樂天。天，道也。❾不能樂天，則不成其身。」❿公曰：「敢問何能成身？」⓫孔子對曰：「夫其行已不過乎物，謂之成身。不過乎物，⓬合天道也。」⓭公曰：「君子何貴乎天道也？」孔子曰：「貴其不已也。如日月東西相從而不已也，是天道也；不閉而能久，不閉常通而能久，⓮言無極。是天道也；無爲而物成，是天

❶「以」，玉海堂本作「能」。

❷「愾」下，玉海堂本有注曰：「至也。又及也。」

❸「愾」，原誤作「氣」，今據四庫本改。

❹「亦」，玉海堂本作「以」。

❺「作則」下，玉海堂本有注曰：「言行雖過，民猶從之也。」

❻「則」上，玉海堂本、四庫本有「敬其身」三字。

❼「子」下，玉海堂本有注曰：「猶言與之以君子之名也。」

❽「爲」，原誤作「愛」，今據玉海堂本改。

❾「天道也」，玉海堂本作：「安土樂天，《易》中盡性之事。隨處皆安，而無一息不仁，安土也。既知天命而又樂天理，樂天也。」

❿「不能樂天則不成其身」，原脱，今據玉海堂本、四庫本補。

⓫「何」下，玉海堂本有「謂」字。

⓬「物」，原脱，今據玉海堂本補。

⓭「也」下，玉海堂本有注曰：「合物理之當然。」

⓮「閉」下，玉海堂本有「故」字。

道也；已成而明之，❶是天道也。」公曰：「寡人且愚冥，言惷愚冥暗也。幸煩子之於心。」❷欲煩孔子議識其心所能行也。孔子蹴然避席而對曰：❸「仁人不過乎物，孝子不過乎親。是故仁人之事親也如事天，事天如事親。此謂孝子成身。」公曰：「寡人既聞如此言，無如後罪何？」❹孔子對曰：「君之及此言，❺是臣之福也。」

儒行解第五

孔子在衛，冉求言於季孫曰：「國有聖人而不能用，欲以求治，是猶却步而欲求及前人，不可得已。今孔子在衛，衛將用之，❻己有才而以資鄰國，❼難以言智也。請以重幣迎之。」❽季孫以告哀公，公從之。❾孔子既至舍，哀公館焉。就孔子舍。公自阼階，孔子賓階，升堂立侍。公曰：「夫子之服，其儒服與？」孔子對曰：「丘少居魯，衣逢掖之衣。深衣之褒大也。長居宋，冠章甫之冠。❿丘聞之，君子之學也博，其服以鄉。隨其鄉也。丘未知其爲儒服也。」⓫公曰：「敢問儒行。」孔子曰：「畧言之，則不能終其物。⓬悉數

❶「之」下，玉海堂本有注曰：「無爲雖若難名，有成功則昭著也。」
❷「子之於心」，玉海堂本作「子志之心也」。
❸「蹴」下，玉海堂本有注曰：「不自安貌。」
❹「何」下，玉海堂本有注曰：「言寡過之難也。」
❺「之」，原誤作「子」，今據玉海堂本、四庫本改。
❻「衛」，玉海堂本無此字。
❼「己」下，玉海堂本有注曰：「己，己國也。」
❽「迎」，玉海堂本作「延」，四庫本作「求」。
❾「之」下，玉海堂本有注曰：「事在哀公十一年，孔子年六十八矣。」
❿「冠」下，玉海堂本有注曰：「緇布爲之，禮冠也。」
⓫「也」下，玉海堂本有注曰：「言非所重。」
⓬「物」下，玉海堂本有注曰：「物，猶事也。」

之，則留，更僕未可以對。」❶留，久也。僕，太僕。君燕朝，則正位掌儐相更衣之爲。❷久將倦，使之相代者也。哀公命席，孔子侍坐，曰：「儒有席上之珍以待聘，席上之珍，能敷陳先王之道以爲政治。❸夙夜强學以待問，懷忠信以待舉，力行以待取。力行仁義道德以待人取。❹其自立有如此者。儒有衣冠中，動作順，❺其大讓如慢，慢，簡畧也。❻小讓如僞。❼大則如威，小則如媿。❽難進而易退，粥粥若無能也。其容貌有如此者。儒有居處齊難，❾齊莊可畏難也。❿其起坐恭敬，言必誠信，行必忠正。⓫道塗不爭險易之利，冬夏不爭陰陽之和。⓬愛其死以有待也，養其身以有爲也。⓭其備預有如此者。儒有不寶金玉，而忠信以爲寶；不祈土地，⓮而仁義以爲土地；不求多積，多文以爲富。難得而易禄也，易禄而難畜也。非時不見，不亦難得乎？非義不合，不亦難畜乎？先勞而後禄，不亦易禄乎？其近人情有如此者。儒有委之以財貨而不貪，淹之以樂好而不

---

❶「更」，原脱，今據玉海堂本、四庫本補。

❷「更衣之爲」，四庫本作「更之者爲」，玉海堂「更爲之」。

❸此處注文，玉海堂本作：「席，籍也，資也。能籍先王之道以資政治也。」

❹此處注文，玉海堂本作：「忠信則可任，力行則可使，皆我自力以有待而不求焉。」

❺「順」，玉海堂本作「慎」。

❻此處注文，玉海堂本作：「所以自抗，故如慢而不敬。」

❼「僞」下，玉海堂本有注曰：「所以致曲，故如僞而不誠。」

❽「媿」下，玉海堂本有注曰：「大小以容貌言。大則有所不可犯，小則有所不敢爲。」

❾「齊」下，玉海堂本有注曰：「古文也。」

❿此處注文，玉海堂本作：「慎重意。」

⓫「忠正」，玉海堂本作「中正」，下，有注曰：「敬也。」

⓬「和」下，玉海堂本有注曰：「恕也。」

⓭「也」下，玉海堂本有注曰：「不爭近小以害遠大。」

⓮「祈」下，玉海堂本有注曰：「祈，求也。」

淫，劫之以衆而不懼，阻之以兵而不懾。❶阻，難也。以兵爲之難。❷ 見利不虧其義，見死不更其守。鷙蟲攫搏不程其勇，引重鼎不程其力。❸ 往者不悔，❹來者不豫。❺ 過言不再，不再過言。流言不極。流言相毀，不窮極也。❻ 不斷其威，常嚴莊也。不習其謀。不豫習其謀慮。❼ 其特立有如此者。儒有可親而不可劫，❽可近而不可迫，可殺而不可辱。其居處不過，❾其飲食不溽，❿其過失可微辯而不可面數也。⓫ 其剛毅有如此者。儒有忠信以爲甲冑，禮義以爲干櫓。干，楯也。櫓，大戟。戴仁而行，抱德而處。⓬ 雖有暴政，不更其所。其自立有如此者。儒有一畝之宫，環堵之室，方丈曰堵。一堵言其小者也。蓽門圭窬，⓭蓽門，荆竹織門也。⓮ 圭窬，穿墻爲之，⓯如圭也。蓬户甕牖。以編蓬爲户，破甕爲牖也。易衣而出，更相易衣而後可以出。⓰ 并日而食。并

---

❶「阻」，四庫本作「沮」。下注同。
❷此處注文，玉海堂本作：「難也。」
❸「鷙蟲」至「其力」，原脱，今據玉海堂本補。「勇」下，玉海堂本有注曰：「鷙，猛擊也。蟲，疑即毛蟲、羽蟲之蟲。攫，左手握也。搏，索持也。程，限量也。」「力」下，有注曰：「喻勇足以犯難，力足以任重也。」
❹「悔」下，玉海堂本有注曰：「行必當理，故不悔也。」
❺「豫」下，玉海堂本有注曰：「知足以應變，故不預。」
❻「不窮極也」，玉海堂本作「知足以止之，詎可窮乎？」
❼此處注文，玉海堂本作：「物來順應。」
❽「劫」下，玉海堂本有注曰：「强取也。」
❾「過」下，玉海堂本有注曰：「《記》作『淫』，侈溢也。」
❿「溽」下，玉海堂本有注曰：「溽，濃厚也。」
⓫「也」下，玉海堂本有注曰：「《疏》曰：『此句似尚氣好勝之言，於理未合。』」
⓬「德」，玉海堂本作「義」。
⓭「蓽」，玉海堂本、四庫本作「篳」。注文中「蓽」字，二本同作「篳」。
⓮「荆竹織門也」，玉海堂本作「編荆竹爲門也。」
⓯「之」，玉海堂本作「窬」。
⓰「衣」下，四庫本有「衣」字。「以」，玉海堂本無此字。

一日之粮以爲一食也。上答之，❶不敢以疑；君用之，不敢疑貳事君也。❷ 上不答之，不敢以諂。❸ 其爲士有如此者。❹ 儒有今人以居，古人以稽。稽同。今世行之，後世以爲楷。法也。若不逢世，上所不受，❺下所不推。詭諂之民，❻有比黨而危之者，❼身可危也，其志不可奪也。雖危，起居猶竟信其志，乃不忘百姓之病也。起居，猶動静也。竟，終也。言身雖危，動静猶終身不忘百姓。❽ 其憂思有如此者。儒有博學而不窮，❾篤行而不倦，❿幽居而不淫，⓫上通而不困。⓬ 禮必以和，優游以法。⓭ 慕賢而容衆，毁方而瓦合。去己之大圭角，下與衆人小合。⓮ 其寬裕有如此者。儒有内稱不避親，外舉不避怨。程功積事，不求厚禄。程，猶效也。言功效而已，不求厚禄也。⓯ 推賢達能，不望其報。⓰ 君得其志，民賴其德。苟利國家，不求富貴。其舉賢援

❶「答」，玉海堂本作「荅」，有注曰：「荅，合也。」

❷ 此處注文，玉海堂本作：「道合則信而就之，不逆詐也。」

❸「諂」下，玉海堂本有注曰：「不合則去，不患失也。」

❹「爲士」，玉海堂本作「仕」。

❺「受」，玉海堂本作「援」。

❻「詭」，四庫本作「讒」。

❼「者」，原脱，今據玉海堂本補。

❽ 此處注文，玉海堂本作：「身雖危而不行其志，道雖塞而不忘其民。」

❾「窮」下，玉海堂本有注曰：「知新故不窮。」

❿「倦」下，玉海堂本有注曰：「可久故不倦。」

⓫「淫」下，玉海堂本有注曰：「窮不失義也。」

⓬「困」下，玉海堂本有注曰：「達不離道也。」

⓭「游」下，玉海堂本有注曰：「和也。」「法」下，有注曰：「有節也。」

⓮ 此處注文，玉海堂本作：「陶瓦者毁其圜則方，合其方復圜，和而有辯也。」

⓯ 此處注文，玉海堂本作：「上不求報於君。」

⓰「報」下，玉海堂本有注曰：「下不責報於人。」

能有如此者。儒有澡身浴德，常自潔淨其身，❶沐浴於德行也。❷陳言而伏，陳言於君，不望其報。❸靜言而正之，而上下不知也。❹默而翹之，又不急爲也。言事君清静，因事而止之，則君不知。默而翹發之，不急爲，所以爲不爲。❺不臨深而爲高，不加少而爲多。言不因勢位自矜莊。世治不輕，世亂不沮。不自輕，不自沮。❻同己不與，異己不非。❼其特立獨行有如此者。儒有上不臣天子，下不事諸侯。慎静尚寬，底厲廉隅。❽强毅以與人，博學以知服。❾近文章。❿雖以分國，視之如錙銖，視之輕如錙銖。八兩爲錙。⓫弗肯臣仕。其規爲有如此者。儒有合志同方，營道同術，並立則樂，⓬相下不厭，⓭久别則聞流言不信。⓮義同而進，⓯不同而退。⓰其交有如

❶「自」，原誤作「目」，今據四庫本改。
❷此處注文，玉海堂本作：「致其潔清，以先其心也。」
❸此處注文，玉海堂本作：「入告其君，不揚於外。」
❹「下」，玉海堂本無此字。
❺此處注文，玉海堂本作：「以清静事君，因事而正之，則君不知。默發之，所以爲不爲也。」
❻「不自沮」，四庫本作「志不沮」。
❼「非」下，玉海堂本有注曰：「達而必以其道，窮而必行其志。不以同己而與，不以異己而非。」
❽「底厲」，玉海堂本作「砥礪」。
❾「服」下，玉海堂本有注曰：「服，力行也。」
❿「近文章」，原脱。今據玉海堂本補。「章」下，玉海堂本有注曰：「雖近文，不勝質。」
⓫此處注文，玉海堂本作：「十絫爲銖，八兩爲錙，言輕也。」
⓬「立」下，玉海堂本有注曰：「位相等也。」
⓭「下」下，玉海堂本有注曰：「位相讓也。」「厭」下，有注曰：「與齊等也。」
⓮「信」下，玉海堂本有注曰：「《記》有『其行本方立義』」六字，明其所以不信之義。」
⓯「進」下，玉海堂本有注曰：「《記》將『義』字屬上。」
⓰「退」下，玉海堂本有注曰：「同謂與友也。」

此者。❶夫温良者，仁之本也；慎敬者，仁之地也；寬裕者，仁之作也；動作。❷遜接者，仁之能也；禮節者，仁之貌也；言談者，仁之文也；歌樂者，仁之和也；分散者，仁之施也。❸儒皆兼此而有之，❹猶且不敢言仁也。其尊讓有如此者。儒有不隕穫於貧賤，隕穫，憂悶不安之貌。❺不充詘於富貴，充詘，踊躍參擾之貌。❻不溷君王，不累長上，不閔有司，❼故曰儒。溷，辱。閔，疾。言不爲君長所辱病。儒者，中和之名。❽今人之名儒也忘，❾常以儒相詬疾。」詬，辱。❿哀公既得聞此言也，言加信，行加敬，曰：「終殁吾世，弗敢復以儒爲戲矣。」

問禮第六

哀公問於孔子曰：「大禮何如？子之言禮，何其尊也？」⓫孔子對曰：「丘也鄙人，不足以知大禮也。」公曰：「吾子言焉。」孔子曰：「丘聞之，民之所以生者，禮爲大。

❶「交」下，玉海堂本有注曰：「《記》有「友」字。」

❷此處注文，玉海堂本作：「作，爲也。」

❸「也」下，玉海堂本有注曰：「儒行之八者，既歷數以告哀公，而終之以仁。仁者百行之原也。」

❹「此」，玉海堂本無此字。「之」下，玉海堂本有注曰：「一兼下有此事。」

❺此處注文，玉海堂本作：「隕獲，墜割也。一説憂悶不安之貌。」

❻此處注文，玉海堂本作：「充詘，驕吝也。一説踊躍參擾之貌。」

❼「司」下，玉海堂本有注曰：「溷，辱也。累，罣礙也。閔，傷也。言不受於君長有司也。」

❽此處注文，玉海堂本作：「儒者，有道術之名。」

❾「忘」，玉海堂本、四庫本作「妄」。玉海堂本有注曰：「句。」

❿此處注文，玉海堂本作：「詬，疑作謗，毁也。疾，惡也。妄竊儒名，故爲人之所毁惡也。」

⓫「尊」下，玉海堂本有注曰：「尊，猶重也。」

非禮則無以節事天地之神焉，❶非禮則無以辯君臣上下長幼之位焉，非禮則無以別男女父子兄弟婚姻親族踈數之交焉。是故君子此之爲尊敬。❷ 然後以其所能，教順百姓，❸不廢其會節。所能，謂禮也。會，謂男女之會。節，謂親踈之節也。❹ 既有成事，❺而後治其文章黼黻，❻以別尊卑上下之等。其順之也，❼而後言其喪祭之紀，❽宗廟之序。品其犧牲，設其豕腊，❾修其歲時，以敬其祭祀。別其親踈，序其昭穆，而後宗族會醼，❿即安其居，以綴恩義。卑其宮室，節其服御，車不雕璣，器不彤鏤，⓫食不二味，心不淫志，⓬以與萬民同利。⓭ 古之明王行禮也如此。」公曰：「今之君子胡莫之行也？」孔子對曰：「今之君子，好利無厭，淫行不倦，荒怠慢遊，固民是盡，⓮以遂其心，

❶「神」下，玉海堂本有注曰：「祭以事天地之神，皆以禮爲儀節。神兼百神言。」

❷「此之爲」，玉海堂本作「以此爲之」，四庫本作「此爲之」。「此」下，玉海堂本有注曰：「此，指禮也。」「敬」下，有注曰：「尊敬，謂大也。」

❸「百姓」下，玉海堂本有注曰：「《易》曰：禮非强世，所謂順也。」

❹此處注文，玉海堂本作：「此總前言。會謂理之所聚而不可遺處，節謂分之所限而不可過處也。」

❺「事」下，玉海堂本有注曰：「成事謂諏日筮吉，而事可成也。」

❻「其」下，玉海堂本有「雕鏤」二字。「鏤」下，有注曰：「祭器。」「黼黻」下，有注曰：「祭服。」

❼「也」下，玉海堂本有注曰：「順，謂人無違心也。」

❽「言」下，玉海堂本有注曰：「猶明也。」

❾「腊」下，玉海堂本有注曰：「乾肉曰腊。」

❿「醼」，玉海堂本作「宴」。有注曰：「一作醼。」

⓫「彤」，玉海堂本作「彫」，四庫本作「刻」。「彫」下，玉海堂本有注曰：「一作刻。」

⓬「志」下，玉海堂本有注曰：「疑作慝。」

⓭「萬」，四庫本無此字。

⓮「固」下，玉海堂本有注曰：「如固獲之固，力取也。」

以怨其政，以忤其衆，❶以伐有道。求得當欲，不以其所。言苟求得當其情欲而已。虐殺刑誅，不以其治。夫昔之用民者由前，用上所言。今之用民者由後，用下所言。是即今之君子莫能爲禮也。」

言偃問曰：「夫子之極言禮也，可得而聞乎？」孔子言：「我欲觀夏道，❷是故之杞，❸夏后封於杞也。而不足徵也，徵，成。❹吾得夏時焉。於四時之正，正夏數，得天心中。❺我欲觀殷道，是故之宋，殷后封宋。而不足徵也，吾得乾坤焉。乾，天。坤，地。得天地陰陽之書也。❻乾坤之義，夏時之等，❼吾以此觀之。夫禮初也，❽始於飲食。太古之時，燔黍擘豚，古未有釜甑，釋米擗肉，❾加於燒石之上而食之。❿汙罇抔飲，⓫蕢桴土鼓，⓬鑿地爲罇，以手飲之也。猶可以致敬鬼神。神饗德，⓭不求備物也。及其死也，升屋而號，告曰：⓮『高，⓯某復。』⓰然

❶「以」，原脱，今據玉海堂本、四庫本補。
❷「道」，原脱，今據玉海堂本、四庫本補。
❸「之」下，玉海堂本有注曰：「適也。」
❹此處注文，玉海堂本作：「徵，證也。」
❺「心」，四庫本作「之」。此處注文，玉海堂本作：「於十二月之正，正夏數，得天心之中。或謂即《夏小正》之屬。《小正》，夏之書名也。」
❻此處注文，玉海堂本作：「得天地陰陽之書，即《易》也。商易曰『歸藏』，《歸藏》首坤次乾故也。」
❼「等」下，玉海堂本有注曰：「例也。」
❽「也」下，玉海堂本有注曰：「《記》作『禮之初』。」
❾「釋」，四庫本作「燔」。
❿此處注文，玉海堂本作：「古未有釜甑，以米肉加于燒石之上，熟而食之。」
⓫「抔」，原誤作「杯」，今據玉海堂本、四庫本改。「飲」下，玉海堂本有注曰：「鑿地爲罇，掬手而飲。」
⓬「桴」下，玉海堂本有注曰：「蕢，艸。桴，椎也。」
⓭「神饗德」，玉海堂本作「享其德」。
⓮「告」，玉海堂本無此字。
⓯「高」下，玉海堂本有注曰：「高作皋，引聲之言。」
⓰「某」下，玉海堂本有注曰：「死者之名。」

後飲腥苴熟，❶始死，含以珠貝。將葬，苞苴以遺，奠以送之。形體則降，魂氣則上，是謂天望而地藏也。魂氣升而在天，形體藏而在地。❷故生者南嚮，死者北首，皆從其初也。昔之王者，未有宮室，冬則居營窟，夏則居橧巢。❸掘地而居，謂之營窟。有柴謂橧，在樹曰巢。未有火化，食草木之實，鳥獸之肉，飲其血，茹其毛。❹未有絲麻，衣其羽皮。後聖有作，然後修火之利，範金❺冶金爲器，❻用刑範也。❼合土，合和以作瓦物。❽以爲宮室户牖。❾以炮以燔，毛曰炮，❿加火曰燔也。⓫以烹以炙，煮之曰烹，炮之曰炙。⓬以爲醴酪。醴，醴酒。酪，漿酢。⓭治其絲麻，以爲布帛，以養生送死，以事鬼神。故玄酒在室，玄酒，水也。言尚古在畧近。醴醆在户，醴，瓮齊也。五齊，二曰醴齊，三曰瓮齊。粢醍在堂，粢醍，⓮澄齊。澄酒在下。澄，清。漏其酒也。⓯陳其犧牲，備其鼎俎，列其

❶「後」下，玉海堂本有注曰：「既不復，然後以下乃行死事。」「飲」，四庫本作「飯」。

❷此處注文，玉海堂本作：「氣上，故望天而招。體降，故穴地而藏。」

❸「橧」，原誤作「櫓」，今據玉海堂本、四庫本改。注同。

❹「毛」下，玉海堂本有注曰：「毛未盡而食曰茹。」

❺「範」，四庫本作「冶」。

❻「冶」，原誤作「治」，今據玉海堂本、四庫本改。

❼此處注文，玉海堂本作：「用刑範冶金爲器也。」

❽此處注文，玉海堂本作：「和合泥土爲陶器也。」

❾「爲」下，玉海堂本有「台榭」二字。

❿「毛」下，玉海堂本有「炙」字。

⓫「加」，玉海堂本作「煿」。

⓬此處注文，玉海堂本作：「沈而煮之釜曰烹，貫而置之火曰炙。」

⓭「漿酢」，玉海堂本作「酪漿」。

⓮「粢」，原誤作「深」，今據四庫本改。

⓯此處注文，玉海堂本作：「案禮，辯酒之五齊：一曰泛齊，二曰醴齊，三曰盎齊，四曰醍齊，五曰沈齊。室內在北，太古用水，故尊尚之。户在室稍南，堂在室外，下則堂下矣。去古漸遠，故五者各以等降。設之玄酒，即泛齊。醆，即盎齊。澄，即沈齊。」

琴瑟、管磬、鐘鼓，以降上神❶上神，天神。❷與其先祖，以正君臣，以篤父子，以睦兄弟，以齊上下，夫婦有所。是謂承天之祐。❸作其祝號，犧牲、玉帛，祝辭皆異爲之號也。❹玄酒以祭，薦其血毛，腥其俎，❺熟其殽。言雖有所熟，猶有所腥，腥本不忘古也。❻越席以坐，❼蒻蒲席也。疏布以冪，❽冪，覆酒巾也，質故用疏也。❾衣其浣帛，練染以爲祭服。❿醴醆以獻，薦其燔炙。君與夫人交獻，以嘉魂魄，嘉，善樂也。然後退而合烹，⓫合其烹熟之禮，⓬無復腥也。⓭體其犬豕牛羊，體，解其牲體而薦之。實其簠簋、受黍稷之器也。籩豆、鉶羹，竹曰籩。木曰豆。鉶，所以盛羹也。⓮祝以孝告，祝通孝子語

❶「以」上，玉海堂本有「以其祝嘏」四字，「降」下，有「其」字。
❷「天神」，四庫本作「天也」。
❸「祐」下，玉海堂本有注曰：「言行禮如此，則神格而鬼享矣。」
❹此處注文，玉海堂本作：「按禮，祝號有六：神、鬼、祇、牲、齍、幣也，皆美其辭以告神也。」
❺「俎」下，玉海堂本有注曰：「此三者，法上古禮也。」
❻此處注文，玉海堂本作：「雖有所熟，猶有所腥，不忘古也。至下『合烹』則無復腥矣。」
❼「越」，玉海堂本作「趏」，有注曰：「趏，越同，蒻蒲席也。」
❽「冪」，玉海堂本作「羃」。
❾此處注文，玉海堂本作：「當作冪，覆酒布也。質，故用疏羃。」
❿「練」，玉海堂本作「湅」。
⓫「然」上，玉海堂本有「是謂合莫」一句，下，有注曰：「契合於冥漠之中也。此以上至『熟其殽』，法中古禮也。」
⓬「禮」，玉海堂本作「體」。
⓭「腥」，原誤作「醒」，今據玉海堂本、四庫本改。
⓮此處注文，玉海堂本作：「簠簋，《詩傳》作「瓦器」，以盛黍稷。籩，竹器。豆，木器，以盛菓核、俎醢。鉶，銅器，如鼎，和羹之器也。」

於先祖。❶嘏以慈告，嘏傳先祖語於孝子。❷是爲大祥。祥，善。❸此禮之大成也。」

五儀解第七

哀公問於孔子曰：「寡人欲論魯國之士，與之爲治，敢問如何取之？」孔子對曰：「生今之世，志古之道；居今之俗，服古之服。舍此而爲非者，不亦鮮乎？」曰：「然則章甫絇履、章甫，冠也。絇履，履頭有鉤飾也。紳帶縉笏者，❹皆賢人也？」紳，大帶。縉，插也。笏，所以執書思對命。❺孔子曰：「不必然也。丘之所言，非此之謂也。夫端衣玄裳，冕而乘軒者，則志不在於食焄；端衣玄裳，齋服也。❻軒，軒車。焄，辛菜也。斬衰菅菲，❼杖而歠粥者，則志不在於酒肉。生今之世，志古之道；居今之俗，服古之服。謂此類也。」❽公曰：「善哉！盡此而已乎？」孔子曰：「人有五儀：有庸人，有士人，有君子，有賢人，有聖人。審此五者，則治道畢矣。」公曰：「敢問何如斯可謂之庸人？」孔子曰：「所謂庸人者，心不存慎終之規，口不吐訓格之言，格，法。❾不擇賢以託其

---

❶「祝」，玉海堂本作「以」。

❷「嘏」，玉海堂本作「以」。

❸此處注文，玉海堂本作：「祥，善也。『合烹』以下，此當世之禮也。」

❹「縉」，玉海堂本、四庫本作「搢」。

❺此處注文，玉海堂本作：「章甫，冠名。絇，履頭之飾也。紳，大帶。搢，插也。笏，所執以書思對命者。」

❻「齋」，玉海堂本作「齊」。古二字通。

❼「菅」，原誤作「管」，今據玉海堂本、四庫本改。「菲」下，玉海堂本有注曰：「菲，菅，喪草履名。一作扉。夏曰扉，周曰履。」

❽「也」下，玉海堂本有注曰：「言服其服，則制其心也。」

❾此處注文，玉海堂本在句中「訓格」二字下。

身，不力行以自定。見小闇大，而不知所務。從物如流，不知其所執。❶ 此則庸人也。」公曰：「何謂士人？」孔子曰：「所謂士人者，心有所定，計有所守。雖不能盡道術之本，必有率也；率，猶行也。雖不能備百善之美，必有處也。❷ 是故知不務多，必審其所知；言不務多，必審其所謂；所務者，謂言之要也。行不務多，必審其所由。❸ 智既知之，言既道之，得其要也。行既由之，則若性命之形骸之，❹不可易也。❺ 富貴不足以益，貧賤不足以損。此則士人也。」公曰：「何謂君子？」孔子曰：「所謂君子者，言必忠信而心不怨，怨，咎。❻ 仁義在身而色無伐，無伐善之色也。思慮通明而辭不專。❼ 篤行信道，自强不息，油然若將可越，而終不可及者。此則君子也。」油然，不進之貌也。越，過也。❽ 公曰：「何謂賢人？」孔子曰：「所謂賢人者，德不踰閑，閑，法。❾ 行中規繩。言足以法於天下而不傷於身，言滿天下，無口過也。道足以化於百姓而不傷於本。本亦身。❿ 富則天下無宛財，宛，積也。古字亦或作

---

❶「執」下，玉海堂本有注曰：「《荀》有『五鑿爲正，心從而壞。』言五竅之正爲物所誘也。」

❷「也」下，玉海堂本有注曰：「處，猶守也。」

❸「由」下，玉海堂本有注曰：「言所務者，皆必得其要也。」

❹「性命之」下，四庫本有「於」字。

❺「易」下，玉海堂本有注曰：「言若性之所命、形之所賦之不移。」

❻ 此處注文，玉海堂本作：「怨，咎也。《荀》作『德』，言不自以爲德。」

❼「專」下，玉海堂本有注曰：「不專，不尚言也。」

❽ 此處注文，玉海堂本作：「油然，不進之貌。一作猶，舒遲也。不及，謂從之末由也。」

❾「法」，玉海堂本作「闌也。」

❿ 此處注文，玉海堂本作：「本，亦身也。《荀》作『行中規繩而不傷於本，言足法於天下而不傷於身。』」

此，故或誤不着草矣。❶施則天下不病貧。❷此則賢者也。」公曰：「何謂聖人？」孔子曰：「所謂聖者，德合於天地，變通無方，窮萬事之終始，協庶品之自然，敷其大道，而遂成情性。❸明並日月，化行若神。下民不知其德，覩者不識其鄰。此謂聖人也。」鄰，以喻界畔也。❹公曰：「善哉！非子之賢，則寡人不得聞此言也。雖然，寡人生於深宮之內，長於婦人之手，未嘗知哀，未嘗知憂，未嘗知勞，未嘗知懼，未嘗知危。恐不足以行五儀之教，若何？」孔子對曰：「如君之言，已知之矣，則丘亦無所聞焉。」君如此言，已爲知之，故無所復言，謙以誘進哀公矣。❺公曰：「非吾子，寡人無以啓其心，吾子言也。」❻孔子曰：「君子入廟如右，❼登自阼階，仰視榱桷，俯察机筵，❽其器皆存，而不覩其人。君以此思哀，則哀可知矣。昧爽夙興，正其衣冠。爽，明也。昧明，始明也。夙，早。興，起。❾平旦視朝，慮其危難。一物失理，亂亡之端。君以此思憂，則憂可知矣。日

---

❶ 此處注文，玉海堂本作：「宛，古作苑，私積也。德惠而天下化之，不獨富也。」

❷ 「貧」下，玉海堂本有注曰：「德普而天下賴之，不獨貧也。」

❸ 「性」下，玉海堂本有注曰：「謂萬物之情性。」

❹ 「界畔」，四庫本作「畔界」。此處注文，玉海堂本在上文「不識其鄰」下。

❺ 此處注文，玉海堂本作：「謂君如此言，則爲已知之矣，故吾無復所言矣，謙己以誘進乎哀公也。」

❻ 「也」下，玉海堂本有注曰：「『也』，疑作『之』。」

❼ 「子」，玉海堂本無此字，「如」下，有注曰：「一作『而』。」

❽ 「机」，玉海堂本作「機」，注曰：「機，几同。」四庫本作「几」。

❾ 此處注文，玉海堂本作：「昧爽，始明也。夙興，早起也。」

出聽政，至于中冥，中，日中。冥，昳中。❶諸侯子孫，往來爲賓，行禮揖讓，慎其威儀。君以此思勞，則勞亦可知矣。緬然長思，❷出於四門，周章遠望，❸覩亡國之墟，必將有數焉。言亡國故墟非但一。❹君以此思懼，則懼可知矣。夫君者，舟也。庶人者，水也。水所以載舟，亦所以覆舟。君以此思危，則危可知矣。君既明此五者，又少留意於五儀之事，則於政治，何有失矣？」

哀公問於孔子曰：「請問取人之法。」孔子對曰：「事任於官，言各當以其所能之事任於官。❺無取捷捷，無取鉗鉗，鉗鉗，妄對不謹誠。無取啍啍。啍啍，多言。❻捷捷，貪也。捷捷而不已食，所以爲貪也。❼鉗鉗，亂也。啍啍，誕也。誕，欺詐也。故弓調而後求勁焉，馬服而後求良焉，士必慤而後求智能者焉。不慤而多能，譬之豺狼，不可邇。」言人無智者，雖不慤信，❽不能爲大惡。不慤信而有智，❾然後乃可畏也。

哀公問於孔子曰：「寡人欲吾國小而能守，大則攻，❿其道如何？」孔子對曰：「使君朝廷有禮，上下相親，⓫天下百姓皆

❶ 此處注文，玉海堂本作：「中，日中也。冥，昳中也。日昃曰昳。」
❷ 「緬」下，玉海堂本有注曰：「緬繆反覆之貌。」
❸ 「章」下，玉海堂本有注曰：「征營之貌。」「望」，玉海堂本作「視」，下有注曰：「一作望。」
❹ 「非但一」，玉海堂本作「不止於一也」。
❺ 此處注文，玉海堂本作：「官，所司也。言各當以其所能之事任之也。」
❻ 此處注文，玉海堂本作：「捷，敏疾也。鉗，妄對不誠也。啍，多言也。」
❼ 此處注文，玉海堂本作：「捷捷不已，所以爲貪。」
❽ 「不」，原誤作「性」，今據玉海堂本改。
❾ 「智」下，玉海堂本有「能」字。
❿ 「攻」下，玉海堂本有注曰：「守，自守也。攻，攻人也。」
⓫ 「相」，玉海堂本、四庫本作「和」。

君之民，將誰攻之？❶ 苟爲此道，民畔如歸。❷ 皆君之讎也，將與誰守？」❸公曰：「善哉！」於是廢山澤之禁，❹弛關市之稅，以惠百姓。

哀公問於孔子曰：「吾聞君子不博，有之乎？」孔子曰：「有之。」公曰：「何爲？」對曰：「爲其有二乘。」❺公曰：「有二乘則何爲不博？」子曰：「爲其兼行惡道也。」此具博三十六道也。❻ 哀公懼焉。有間，復問曰：「若是乎君之惡惡道至甚也？」❼孔子曰：「君子之惡惡道不甚，則好善道亦不甚。好善道不甚，則百姓之親上亦不甚。《詩》云：『未見君子，憂心惙惙。❽ 亦既見止，亦既覯止，我心則悅。』詩之好善道甚也如此。」公曰：「美哉！夫君子成人之善，不成人之惡。微吾子言焉，吾弗之聞也。」

哀公問於孔子曰：「夫國家之存亡禍福，信有天命，非唯人也。」孔子對曰：「存亡禍福，皆己而已。天災地妖，不能加也。」公曰：「善！吾子之言，❾豈有其事乎？」孔子曰：「昔者殷王帝辛之世，帝紂。有雀生大鳥於城隅焉。占之，曰：『凡以小生大，則國家必王而名必昌。』❿於是帝辛

---

❶「之」下，玉海堂本有注曰：「一說，公意小欲能守，如大國則我攻何？故荅云然，言各當以其所能之事任之也」。

❷「畔」下，玉海堂本有注曰：「畔，與叛同。」「歸」下，有注曰：「各有所歸。」

❸「守」上，玉海堂本有「其」字。

❹「山澤」，四庫本作「澤梁」。

❺「有」，原脱，今據玉海堂本、四庫本及下文補。「乘」下，玉海堂本有注曰：「一曰物，雙曰棊。」

❻此處注文，玉海堂本作：「博有三十六道。」

❼「君之」，玉海堂本作「君子之」，四庫本作「君子」。

❽「惙」下，玉海堂本有注曰：「惙，憂也。」

❾「之言」，玉海堂本作「言之」。

❿「必」，玉海堂本作「益」。

介雀之德，介，助也。以雀之德爲助也。不修國政，亢暴無極。朝臣莫救，外寇乃至，殷國以亡。此即以己逆天時，詭福反爲禍者也。❶又其先世殷王太戊之時，道缺法圮，以致夭蘖，桑穀于朝，❷七日大拱，占之者曰：『桑穀野木而不合生朝，意者國亡乎？』太戊恐駭，❸側身修行，思先王之政，明養民之道。三年之後，遠方慕義，重譯至者，十有六國。此即以己逆天時，得禍爲福者也。故天災地妖，所以儆人主者也；寤夢徵恠，所以儆人臣者也。儆，戒。災妖不勝善政，寤夢不勝善行。能知此者，至治之極也。唯明王達此。」公曰：「寡人不鄙固此，亦不得聞君子之教也。」❹

哀公問於孔子曰：「智者壽乎？仁者壽乎？」孔子對曰：「然。人有三死而非其命也，行己自取也。❺夫寢處不時，飲食不節，逸勞過度者，疾共殺之；居下位而上干其君，❻嗜慾無厭而求不止者，刑共殺之；以少犯衆，以弱侮强，忿怒不類，動不量力者，兵共殺之。此三者，死非命也，人自取之。若夫智士仁人，將身有節，將，行。❼動靜以義，喜怒以時，無害其性，雖得壽焉，不亦可乎？」❽

孔子家語卷第一終

❶「也」下，玉海堂本有注曰：「此逆天祥而暴致之也。」
❷「穀」下，玉海堂本有注曰：「並生也。」
❸「太」，原作「大」，爲與上文統一，據玉海堂本、四庫本改。
❹「也」下，玉海堂本有注曰：「鄙固，即前篇『實固』之意。」
❺「行」，玉海堂本無此字。
❻「君」下，玉海堂本有注曰：「《外傳》作『好干上』。」
❼此處注文，玉海堂本在上句「將」字下。
❽「可」，玉海堂本、四庫本作「宜」。

孔子家語卷第二

致思第八

孔子北遊於農山，❶子路、子貢、顏淵侍側。孔子四望，喟然而嘆曰：「於斯致思，無所不至矣。言思無所不至。二三子各言爾志，吾將擇焉。」子路進曰：「由願得白羽若月，赤羽若日，鍾鼓之音上震於天，旍旗繽紛下蟠于地。蟠，委。由當一隊而敵之，必也攘地千里，攘，却。搴旗執聝。搴，取也，取敵之旍旗。聝，截耳也，以效獲也。❷唯由能之。使二子者從我焉。」夫子曰：「勇哉！」子貢復進曰：「賜願使齊、楚合戰於漭瀁之野，漭瀁，廣大之貌。❸兩壘相望，塵埃相接，挺刃交兵。賜著縞衣白冠，兵凶事，故白冠服也。❹陳説其間，推論利害，釋國之患。❺唯賜能之，使夫二子者從我焉。」夫子曰：「辯哉！」顏回退而不對。孔子曰：「回，來，汝奚獨無願乎？」顏回對曰：「文武之事，則二子者既言之矣，回何云焉？」孔子曰：❻「雖然，各言爾志也，小子言之。」對曰：「回聞薰蕕不同器而藏，薰，香。蕕，臭。堯桀不共國而治，以其類異也。回願得明王聖主輔相之，敷其五教，敷，布也。五教，父義、母慈、兄友、弟恭、子孝也。導之以禮樂，使民城郭不修，

❶「山」下，玉海堂本有注曰：「山在魯地，一作景戌。」
❷「截耳也」，玉海堂本作「截敵之耳。」
❸「貌」，原誤作「類」，今據玉海堂本改。
❹此處注文，玉海堂本作：「兵事尚白。」
❺「釋」下，四庫本有「二」字。
❻「孔子曰」，四庫本無此三字。

溝池不越，言無踰越溝池。鑄劍戟以爲農器，放牛馬於原藪，地廣平曰原，❶澤無水曰藪也。室家無離曠之思，千歲無戰鬬之患。則由無所施其勇而賜無所用其辯矣。」夫子凛然曰：❷「美哉德也！」子路抗手而對曰：❸「夫子何選焉？」孔子曰：「不傷財，不害民，不繁詞，則顔氏之子有矣。」

魯有儉嗇者，瓦鬲煮食，❹瓦釜。食之，自謂其美，盛之土型之器，❺瓦甂。以進孔子。孔子受之，歡然而悦，❻如受大牢之饋。牛、羊、豕。饋，餽也。❼子路曰：「瓦甂，陋器也。煮食，薄膳也。夫子何喜之如此乎？」子曰：「夫好諫者思其君，食美者念其親。❽吾非以饌具之爲厚，以其食厚而我思焉。」

孔子之楚，而有漁者而獻魚焉，孔子不受。漁者曰：「天暑市遠，無所鬻也。思慮棄之糞壤，不如獻之君子，故敢以進焉。」於是夫子再拜受之，使弟子掃地，將以享祭。門人曰：「彼將棄之，而夫子以祭之，何也？」孔子曰：「吾聞諸：惜其腐餒而欲以務施者，❾仁人之偶也。❿惡有受仁人之饋而無祭者乎？」

---

❶「地」，原脱，今據玉海堂本補。
❷「曰」上，玉海堂本有「而對」二字。
❸「抗」下，玉海堂本有注曰：「抗，舉手也。」「對」，玉海堂本作「問」。
❹「鬲」下，玉海堂本有注曰：「鬲，曲脚鼎也。」
❺「型」下，玉海堂本有注曰：「型，瓦甂小盆也。」「之器」，玉海堂本無此二字。
❻「歡然」，玉海堂本無此二字。
❼此處注文，玉海堂本作：「饋，與餽同。」「餽」，四庫本作「遺」。
❽「念」，玉海堂本作「思」，有注曰：「一作念。」
❾「腐」，玉海堂本作「務」。「餒」下，有注曰：「餒、飪同。」
❿「偶」下，玉海堂本有注曰：「偶，匹也。」

季羔爲衛之士師，獄官。刖人之足。俄而衛有蒯聵之亂，初，衛靈公太子蒯聵得罪出奔晉。靈公卒，立其子輒，蒯聵自晉襲衛。時子羔、子路並仕於衛也。❶季羔逃之，走郭門，刖者守門焉，謂季羔曰：「彼有缺。」季羔曰：「君子不踰。」又曰：「彼有竇。」季羔曰：「君子不隧。」隧，從竇出。又曰：「於此有室。」季羔乃入焉。既而追者罷，季羔將去，謂刖者：❷「吾不能虧主之法而親刖子之足矣。今吾在難，此正子之報怨之時，而逃我者三，何故哉？」刖者曰：「斷足，固我之罪，無可奈何。曩者君治臣以法令，先人後臣，欲臣之免也，臣知。獄決罪定，臨當論刑，君愀然不樂，❸見君顔色，臣又知之。君豈私臣哉？天生君子，其道固然。此臣之所以悦君也。」❹孔子聞之，曰：「善哉爲吏！其用法一也，思仁恕則樹德，加嚴暴則樹怨。公以行之，其子羔乎！」

孔子曰：「季孫之賜我粟千鍾也，而交益親；得季孫千鍾之粟以施與衆，而交益親。❺自南宫敬叔之乘我車也，而道加行。孔子欲見老聃而西觀周，敬叔言於魯君，給孔子車馬，問禮於老子。孔子歷觀郊廟，自周而還，弟子四方來習也。❻故道雖貴，必有時而後重，有勢而後行。微夫二子之貺財，則丘之道殆將廢矣。」

孔子曰：「王者有似乎春秋。正其本而萬物皆正。文王以王季爲父，以太任爲母，以太姒爲妃，以武王周公爲子，以太顛、閎夭

三二

❶「仕」，原誤作「位」，今據玉海堂本、四庫本改。
❷「者」下，玉海堂本有「曰」字。
❸「愀」下，玉海堂本有注曰：「愀，變色貌。」
❹「悦」，玉海堂本作「説」，注曰：「一作『脱』。」
❺此處注文，玉海堂本作：「季平子用孔子，由委吏至司空。千鍾，禄也。」
❻「習」，玉海堂本作「學」。

爲臣，其本美矣。武王正其身以正其國，正其國以正天下。伐無道，刑有罪，一動而天下正，其事成矣。春秋致其時而萬物皆及，❶王者致其道而萬民皆治。周公載己行化，載亦行矣。言行己以行化，其身正，不令而行也。而天下順之，其誠至矣。」

曾子曰：「入是國也，❷言信於羣臣，而留可也；行忠於卿大夫，則仕可也；澤施於百姓，則富可也。」孔子曰：「參之言此，可謂善安身矣。」

子路爲蒲宰，爲水備，與其民修溝瀆。❸以民之勞煩苦也，人與之一簞食、簞，笥。一壺漿。孔子聞之，使子貢止之。子路忿然不悅，❹往見孔子，曰：「由也以暴雨將至，恐有水災，故與民修溝洫以備之。而民多匱餓者，❺是以簞食壺漿而與之。夫子使賜止之，是夫子止由之行仁也。夫子以仁教而禁其行，由不受也。」孔子曰：「汝以民爲餓也，何不白於君，發倉廩以賑之？而私以爾食饋之，是汝明君之無惠而見己之德美矣。汝速已則可，不則汝之見罪必矣。」❻

子路問於孔子曰：「管仲之爲人何如？」子曰：「仁也。」得仁道也。子路曰：「昔管仲説襄公，公不受，是不辯也；欲立公子糾而不能，是不智也；齊襄立無常。❼鮑

---

❶「時」下，玉海堂本有注曰：「致，推極也。春秋，以二始舉四時也。」

❷「是」，玉海堂本作「其」，有注曰：「一作是。」

❸「其」，玉海堂本無此字。「瀆」，玉海堂本作「洫」。

❹「然」，原脱，今據玉海堂本、四庫本補。

❺「匱」下，玉海堂本有注曰：「乏也。」

❻「不」下，玉海堂本有注曰：「俯，太府作簡。」「見」下，有注曰：「一作受。」「則」上，四庫本有「已」字。

❼「齊襄立無常」，玉海堂本作「按：齊襄公立無常。無常度也」。四庫本作「齊襄公立無知」。

叔牙曰：「君使民慢，亂將作矣。」奉公子小白出奔莒。公孫無知殺襄公。管夷吾、召忽奉公子糾奔魯。齊人殺無知。魯伐齊納子糾，小白自莒先入，是爲桓公。公乃殺子糾，❶召忽死之也。家殘於齊而無憂色，是不慈也；桎梏而居檻車，無慙心，是無醜也；言無耻惡之心。❷事所射之君，❸是不貞也；召忽死之，管仲不死，是不忠也。仁人之道，固若是乎？」孔子曰：「管仲説襄公，襄公不受，公之闇也；欲立子糾而不能，不遇時也；家殘於齊而無憂色，是知權命也；桎梏而無慙心，自裁審也；事所射之君，通於變也；不死子糾，量輕重也。夫子糾未成君，管仲未成臣。管仲才度義。管仲不死束縛而立功名，未可非也。召忽雖死，過與取仁，❹未足多也。」

孔子適齊，中路聞哭者之聲，其音甚哀。孔子謂其僕曰：「此哭哀則哀矣，然非喪者之哀矣。」❺驅而前，少進，見有異人焉，擁鐮帶素，❻哭者不哀。❼孔子下車，追而問曰：「子何人也？」對曰：「吾，丘吾子也。」曰：「子今非喪之所，奚哭之悲也？」丘吾子曰：「吾有三失，晚而自覺，悔之何及！」曰：「三失可得聞乎？願子告吾，無隱也。」丘吾子曰：「吾少時好學，周遍天下。後還，喪吾親，是一失也。長事齊君，君驕奢失士，臣節不遂，是二失也。吾平

❶「公」，玉海堂本、四庫本無此字。
❷此處注文，玉海堂本作：「言不耻惡。」
❸「君」下，玉海堂本有注曰：「初，魯聞無知死，發兵送公子糾入齊，而使管仲别將兵遮莒道，以拒公子小白。管仲射小白，中帶鉤。」
❹「與」，玉海堂本作「於」。
❺「矣」，玉海堂本作「也」，有注曰：「『也』，一作『矣』。」
❻「鐮」下，玉海堂本有注曰：「鐮，鍥也。刈鉤也。」「素」，玉海堂本、四庫本作「索」。
❼「者」，玉海堂本作「音」。

生厚交，而今皆離絶，是三失也。夫樹欲静而風不停，子欲養而親不待。往而不來者，年也；不可再見者，親也。請從此辭。」遂投水而死。孔子曰：「小子識之，斯足爲戒矣。」自是弟子辭歸養親者十有三。

孔子謂伯魚曰：「鯉乎！吾聞可以與人終日不倦者，其唯學焉。其容體不足觀也，其勇力不足憚也，其先祖不足稱也，其族姓不足道也，終而有大名以顯聞四方，流聲後裔者，豈非學之効也？故君子不可以不學，其容不可以不飭。不飭無類，無類失親，類宜爲貌。不在飭，❶故無貌，不得言不飭無類也。禮貌矜莊，然後親愛可久，故曰無類失親也。失親不忠，情不相親，則無忠誠。❷不忠失禮，禮以忠信爲本。失禮不立。非禮則無以立。❸夫遠而有光者，飭也；近而愈明者，學也。譬之汙池，水潦注焉，雚葦生焉，❹雖或以觀之，孰知其源乎？」源，泉源也。水潦注於池而生雚葦，❺觀者誰知其非源泉乎？以言學者雖從外入，及其用之人，誰知其非從此出也者乎？

子路見於孔子曰：「負重涉遠，不擇地而休；家貧親老，不擇禄而仕。昔者由也事二親之時，常食藜藿之實，爲親負米百里之外。親殁之後，南遊於楚，從車百乘，積粟萬鍾，累茵而坐，列鼎而食。願欲食藜藿，爲親負米，不可復得也。枯魚銜索，幾何不蠹？❻二親之壽，忽若過隙。」孔子

---

❶「不在飭」，玉海堂本作「惟不飭」。

❷此處注文，玉海堂本作：「情不相親，則心無忠誠也。」四庫本作「情不知親，則無誠。」

❸此處注文，玉海堂本作：「不學禮則無以立也。」

❹「雚」，玉海堂本作「萑」。下文同。有注曰：「細葦也，薍也。」

❺「潦」，玉海堂本無此字。「池」，玉海堂本作「地」。

❻「蠹」下，玉海堂本有注曰：「言不可復生也。」

曰：「由也事親，可謂生事盡力，死事盡思者也。」

孔子之郯，郯，國名也。少昊之後，吾之本縣也。❶郯子達禮，孔子故往諮問焉。遭程子於塗，傾蓋而語傾蓋，駐車。❷終日，甚相親，顧謂子路曰：「取束帛以贈先生。」❸贈，送。❹子路屑然對曰：❺「由聞之，士不中間見，女嫁無媒，君子不以交，禮也。」中間，謂紹介也。❻有間，又顧謂子路。子路又對如初。孔子曰：「由，《詩》不云乎：『有美一人，清揚宛兮。邂逅相遇，❼適我願兮。』清揚，眉目之間也。宛然，美也。幽期而會令願也。今程子，天下賢士也。於斯不贈，則終身弗能見也。小子行之。」

孔子自衛反魯，息駕于河梁而觀焉。❽河水無梁。莊周書説孔子於閭梁，❾言事者通渭水爲河也。有懸水三十仞，八尺曰仞，懸二十四丈者也。圜流九十里，圜流，迴流也，水深急則然。❿魚鱉不能導，⓫黿鼉不能居。導，⓬行。有一丈夫，

❶「吾之本縣也」，玉海堂本作「魯之郯縣也」，四庫本作「所封之國也」。
❷此處注文，玉海堂本在上文「蓋」字下。
❸「帛」下，玉海堂本有注曰：「五匹曰束。」
❹此處注文，玉海堂本作：「贈，送遺也。」
❺「然」下，玉海堂本有注曰：「屑然，恭貌。」
❻「紹」，原誤作「始」，今據四庫本改。此處注文，玉海堂本在上文「士不中間見」下。
❼「遇」下，玉海堂本有注曰：「清，視清明。揚，眉上廣。宛，美也。不期而會曰邂逅也。」
❽「梁」下，玉海堂本有注曰：「河水有石絶處曰梁，非謂河有梁也。」
❾「閭」，四庫本作「吕」。
❿「迴流」，四庫本作「回水」。此處注文，玉海堂本作：「水深急則其流回圜。」
⓫「導」，玉海堂本作「道」，注曰：「行也。」
⓬「導」，原誤作「道」，今據四庫本改。

方將厲之，厲，渡。❶ 孔子使人並涯止之曰：❷「此懸水三十仞，圜流九十里，魚鱉黿鼉不能居也，意者難可濟也。」丈夫不以措意，❸遂渡而出。❹ 孔子問之，曰：「子巧乎？❺ 有道術乎？ 所以能入而出者，何也？」丈夫對曰：「始吾之入也，先以忠信。及吾之出也，又從以忠信。 忠信措吾軀於波流，❻而吾不敢以用私，所以能入而復出也。」孔子謂弟子曰：「二三子識之，水且猶可以忠信成身親之，❼而況於人乎？」

孔子將行，雨而無蓋。 門人曰：「商也有之。」子夏名也。❽ 孔子曰：「商之爲人也，甚悋於財。❾ 悋，嗇甚也。 吾聞與人交，推其長者，違其短者，故能久也。」

楚王渡江，❿江中有物，大如斗，圓而赤，直觸王舟。 舟人取之，王大怪之，遍問羣臣，莫之能識。 王使使聘于魯，問於孔子。子曰：「此所謂萍實者也，萍，水草也。可剖而食之，吉祥也。 唯霸者爲能獲焉。」使者反，王遂食之，大美。 久之，使來，以告魯大夫。 大夫因子游問曰：「夫子何以知其然乎？」曰：「吾昔之鄭，過乎陳之野，聞童謠曰：『楚王渡江得萍實，大如斗，赤如日，剖而食之甜如蜜。』此是楚王之應

❶ 此處注文，玉海堂本作：「以衣涉水曰厲。 又度也。」
❷ 「並」下，玉海堂本有注曰：「近也。」
❸ 「意」下，玉海堂本有注曰：「措一字兩義，此著也，後置也。」
❹ 「渡」，玉海堂本作「度」。
❺ 「子」，四庫本无此字。「巧」，原脱，今據玉海堂本、四庫本補。
❻ 「忠信」，玉海堂本無此二字。
❼ 「成身」下，玉海堂本有注曰：「成身，成其身也。」
❽ 「也」，玉海堂本作「商」。
❾ 「悋」下，玉海堂本有注曰：「吝同。」
❿ 「楚」下，四庫本有「昭」字。

也。吾是以知之。」

子貢問於孔子曰：「死者有知乎？將無知乎？」子曰：「吾欲言死之有知，將恐孝子順孫妨生以送死。吾欲言死之無知，將恐不孝之子棄其親而不葬。賜不欲知死者有知與無知，❶非今之急，後自知之。」

子貢問治民於孔子，子曰：「懔懔焉若持腐索之扞馬。」懔懔，戒懼之貌。❷扞馬，突馬。子貢曰：「何其畏也？」孔子曰：「夫通達御皆人也，❸以道導之，則吾畜也。不以道導之，則吾讎也。❹如之何其無畏也？」

魯國之法，贖人臣妾于諸侯者，❺皆取金於府。子貢贖之，辭而不取金。❻孔子聞之，曰：「賜失之矣。夫聖人之舉事也，可以移風易俗，而教導可以施之於百姓，非獨適身之行也。今魯國富者寡而貧者衆，贖人受金，則爲不廉，則何以相贖乎？自今以後，魯人不復贖人於諸侯。」❼

子路治蒲，請見於孔子，❽曰：「由願受教於夫子。」子曰：「蒲其何如？」對曰：「邑多壯士，又難治也。」子曰：「然，吾語爾：恭而敬，可以攝勇；寬而正，可以懷强；愛而恕，可以容困；言愛恕者能容困窮。溫而斷，可以抑姦。如此而加之，則正不

---

❶「不」，玉海堂本无此字。

❷「戒懼之貌」，玉海堂本作「危懼貌」。

❸「達」下，玉海堂本有「之」字。「御」下，玉海堂本有注曰：「一作屬。」「御」下，四庫本有「之」字。

❹「吾」，玉海堂本无此字。

❺「贖」上，玉海堂本有「魯人有」三字。「人」，玉海堂本無此字。

❻「子貢贖之，辭而不取金」，玉海堂本作「子貢贖人于諸侯而還其金」。

❼「侯」下，玉海堂本有注曰：「贖，貿貸也。」

❽「請」，玉海堂本無此字。

難矣。」❶

三恕第九

孔子曰：「君子有三恕：有君不能事，有臣而求其使，非恕也；有親不能孝，有子而求其報，非恕也；有兄不能敬，有弟而求其順，非恕也。士能明於三恕之本，則可謂端身矣。」

孔子曰：「君子有三思，不可不察也：少而不學，長無能也；老而不教，死莫之思也；有而不施，窮莫之救也。故君子少思其長則務學，老思其死則務教，有思其窮則務施。」

伯常騫問於孔子曰：「騫固周國之賤吏也，不自以不肖，將北面以事君子。敢問正道宜行，不容於世；正道宜行而出，莫之能貴，故行之則不容於世。❷隱道宜行，然亦不忍。世亂則隱道爲行，然亦不忍爲隱事。❸今欲身亦不窮，❹道亦不隱，爲之有道乎？」孔子曰：「善哉子之問也！自丘之聞，未有若吾子所問辯且説也。辯當其理，得其説矣。丘嘗聞君子之言道矣，聽者無察，則道不入；言聽者不明察，道則不能入也。❺奇偉不稽，則道不信。稽，考也。聽道者不能考校奇偉，則道不見信。此言苟非其人，道不虛行。❻又嘗聞君子之言事

❶「正」下，玉海堂本有注曰：「正，治也。」

❷「不容於世」，玉海堂本作「有所不容」。

❸此處注文，玉海堂本作：「世亂則隱，然以道爲行者，亦不忍爲隱事。」

❹「窮」下，玉海堂本有注曰：「謂能容也。」

❺此處注文，玉海堂本作：「聽者不明察，則其道不能入。」

❻此處注文，玉海堂本作：「聽者不能考校其奇偉不羣，則道不見信。言苟非其人，道不虛行。」

矣，制無度量，則事不成；其政曉察，則民不保。保，安也。政大曉了分察，則民不安矣。❶ 又嘗聞君子之言志矣，剛折者不終，剛則折矣，不終其性命矣。 徑易者則數傷，徑，輕也。志輕則數傷於義矣。 浩倨者則不親，浩倨，簡畧不恭。❷如是則不親矣。❸ 就利者則無不弊。言好利者不可久也。❹ 又嘗聞養世之君子矣，從輕勿爲先，從重勿爲後，赴憂患，從勞苦，輕者宜爲後，重者宜爲先，養世者也。❺ 見像而勿强，像，法也。見法而已，不以强世也。 陳道而勿佛。佛，詭也。陳道而已，不與世相詭違也。 此四者，丘之所聞也。」

孔子觀於魯桓公之廟，有欹器焉。欹，傾。❻ 夫子問於守廟者，曰：「此謂何器？」對曰：「此蓋爲宥坐之器。」❼ 孔子曰：「吾聞宥坐之器，虛則欹，中則正，滿則覆。明君以爲至誠，故常置之於坐側。」顧謂弟子曰：「試注水焉。」乃注之水。中則正，滿則覆。夫子喟然歎曰：「嗚呼！夫物惡有滿而不覆哉！」子路進曰：「敢問持滿有道乎？」子曰：「聰明睿智，守之以愚；功被天下，守之以讓；勇力振世，守之以怯；❽富有四海，守之以謙。此所謂損之又損之之道也。」

孔子觀於東流之水，子貢問曰：「君子所見大水必觀焉，何也？」孔子對曰：❾

❶「不」下，玉海堂本有「能」字。
❷「恭」下，玉海堂本有「之貌」二字。
❸「則」下，玉海堂本有「人」字。
❹「不可久也」，玉海堂本作「必不可久」。
❺「養世者也」，玉海堂本作「不適己自便也」。
❻此處注文，玉海堂本作：「欹，傾戾也。」
❼「宥」下，玉海堂本有注曰：「宥，一作右，與宥同。勸也，皇帝有勸戒之器。」
❽「怯」，四庫本作「法」。
❾「對」，四庫本無此字。

「以其不息，且遍與諸生而不爲也，❶夫水似乎德：❷遍與諸生者，物得水而後生。水不與生，而又不德也。其流也，則卑下倨邑必修其理，❸此似義；❹浩浩乎無屈盡之期，此似道；流行赴百仞之嵠而不懼，此似勇；至量必平之，此似法；盛而不求概，❺此似正；綽約微達，❻此似察；發源必東，此似志；以出以入，萬物就以化絜，❼此似善化也。水之德有若此，是故君子見必觀焉。」

子貢觀於魯廟之北堂，出而問於孔子曰：「向也賜觀於太廟之堂，未既輟，還瞻北蓋，皆斷焉。輟，止。觀北面之蓋。斷，絶也。❽彼將有說耶？匠過之也？」❾孔子曰：「太廟之堂，官致良工之匠，❿匠致良材，盡其功巧，蓋貴久矣，⓫尚有說也。」尚猶必也。言必有說。

孔子曰：「吾有所耻，⓬有所鄙，有所

❶「生」下，玉海堂本有注曰：「諸生，謂萬物也。」「也」下，有注曰：「物得水而後生，水不與能，而又不德。」

❷「水」下，玉海堂本有「有」字。

❸「邑」，玉海堂本作「拘」。「修」，玉海堂本、四庫本作「循」。「理」下，玉海堂本有注曰：「卑，一作埤，補也。倨，一作裾，方也。拘，鉤同，曲也。言水益卑而或方、曲，必循其理也。」

❹「此」，原脱，今據玉海堂本、四庫本補。

❺「概」下，玉海堂本有注曰：「概，平斛木也，言水盈而不概自平也。」

❻「約」下，玉海堂本有注曰：「綽，作婥，柔弱也。」

❼「以」，玉海堂本作「此」。「絜」下，有注曰：「絜，與潔同。《易》曰：『言萬物之潔齊也。』潔齊，謂物之洗潔而盡出也。」

❽此處注文，玉海堂本作：「既，盡也。輟，止也。蓋，扇户也。觀北面之蓋皆斷也。」

❾「過之」，玉海堂本作「之過」。

❿「官」，原誤作「宫」，今據玉海堂本、四庫本改。

⓫「矣」下，玉海堂本有注曰：「貴文也。《荀子》曰：『因鄺節文也』。」

⓬「耻」，原誤作「齒」，今據玉海堂本、四庫本改。

殆：❶夫幼而不能强學，老而無以教，吾恥之；去其鄉，事君而達，卒遇故人，曾無舊言，吾鄙之；事君而達，得志於君。❷而見故人曾無舊言，是棄其平生之舊交，❸而無進之之心者乎。與小人處而不能親賢，吾殆之。」殆，危也。夫踈賢而近小人，是危亡之道也。

子路見於孔子，孔子曰：「智者若何？仁者若何？」子路對曰：「智者使人知己，仁者使人愛己。」子曰：「可謂士矣。」子路出，子貢入，問亦如之。子貢對曰：「智者知人，仁者愛人。」子曰：「可謂士矣。」子貢出，顏回入，問亦如之。對曰：「智者自知，仁者自愛。」子曰：「可謂士君子矣。」

子貢問於孔子曰：「子從父命，孝乎！❹臣從君命，貞乎！奚疑焉？」孔子曰：「鄙哉賜！汝不識也。昔者明王萬乘之國，有争臣七人，則主無過舉；天子有三公四輔，主諫争以救其過失也。❺四輔：前曰疑，後曰丞，左曰輔，右曰弼也。千乘之國，有争臣五人，則社稷不危也；諸侯有三卿，股肱之臣有内外者也，故有五人焉。❻百乘之家，有争臣三人，大夫之臣有室老、家相、邑宰，❼凡三人。能以義諫諍。則禄位不替；父有争子，不陷無禮；士有争友，不行不義。士雖有臣，既微且陋，不能以義匡其君，❽故

❶「殆」下，玉海堂本有注曰：「殆，危也。」
❷「於君」，玉海堂本無此二字。
❸「平生之舊交」，玉海堂本作「素交」。
❹「乎」，原脱，今據玉海堂本補。
❺「失也」，玉海堂本無此二字。
❻此處注文，玉海堂本作：「諸侯有卿及内外股肱之臣，凡五人。」
❼「大夫之臣有」，玉海堂本作「大夫有」，四庫本作「大夫有臣」。
❽「君」，玉海堂本作「主」。

須朋友之諫争於己，然後不義之事不得行之者也。❶故子從父命，奚詎爲孝？❷臣從君命，奚詎爲貞？夫能審其所從，當詳審所宜從與不。❸之謂孝，之謂貞矣。」

子路盛服見於孔子，子曰：「由，是倨倨者何也？❹夫江始出於岷山，其源可以濫觴。觴可以盛酒，言其微。❺及其至于江津，不舫舟，不避風，則不可以涉，非唯下流水多耶？❻今爾衣服既盛，顔色充盈，天下且孰肯以非告汝乎？」子路趨而出，改服而入，蓋自若也。子曰：「由，志之，吾告汝：奮於言者華，自矜奮於言者，❼華而無實。奮於行者伐。自矜奮行者，是自伐。❽夫色智而有能者，❾小人也。故君子知之曰智，言之要也；不能曰不能，行之至也。言要則智，行至則仁。既仁且智，惡不足哉？」

子路問於孔子曰：「有人於此，披褐而懷玉，何如？」褐，毛布衣。❿子曰：「國無道，隱之可也。國有道，則衮冕而執玉。」衮冕，文衣盛飾。

---

❶「然後不義之事不得行之者也」，玉海堂本作「然後不行不義之事也」。
❷「孝」下，玉海堂本有注曰：「詎，猶豈也。」
❸此處注文，玉海堂本作：「詳審其所從之宜與不宜。」
❹「倨倨」下，玉海堂本有注曰：「倨，與裾同，言其服盛而氣傲也。」
❺此處注文，玉海堂本作：「案《韓詩外傳》爲『不足濫觴』，言其微也。」
❻「耶」下，玉海堂本有注曰：「下流水多故使人畏。服盛氣盈則衆畏之。」
❼「奮」，玉海堂本無此字。
❽此處注文，玉海堂本作：「矜於行者，自伐其功。」
❾「者」下，玉海堂本有注曰：「知見於色，自有其能。」
❿此處注文，玉海堂本作：「褐，賤者服。」

好生第十

魯哀公問於孔子曰：「昔者舜冠何冠乎？」孔子不對。公曰：「寡人有問於子而子無言，何也？」對曰：「以君之問不先其大者，故方思所以爲對。」公曰：「其大何乎？」孔子曰：「舜之爲君也，其政好生而惡殺，其任授賢而替不肖，德若天地而靜虛，化若四時而變物。是以四海承風，暢於異類，異類，四方之夷狄也。鳳翔麟至，鳥獸馴德，馴，順。❶無他也，好生故也。❷君舍此道而冠冕是問，是以緩對。」

孔子讀史，至楚復陳，陳夏徵舒殺其君，楚莊王討之，因陳取之。❸而申叔時諫，莊王從之，還復陳。喟然歎曰：「賢哉楚王！輕千乘之國而重一言之信。匪申叔之信，不能達其義；匪莊王之賢，不能受其訓。」

孔子常自筮其卦，得賁焉，愀然有不平之狀。子張進曰：「師聞卜者得賁卦，吉也。而夫子之色有不平，何也？」孔子對曰：「以其離耶。在《周易》，山下有火謂之賁，離下艮上，❹離爲火，艮爲山。❺非正色之卦也。夫質也，黑白宜正焉。❻今得賁，非吾兆也。❼賁，飾。❽吾聞丹漆不文，白玉不雕，何也？質有餘，不受飾故也。」

孔子曰：「吾於《甘棠》，見宗廟之敬甚

❶「順」下，玉海堂本有「習也」二字。
❷「也」下，玉海堂本有注曰：「知人無害之之心也。」
❸「因陳取之」，玉海堂本作「因縣陳而取之」。
❹「離下艮上」，原誤作「離上艮下」，今據四庫本改。
❺此處注文，玉海堂本作：「離下艮上爲賁。」
❻「黑白宜正焉」，四庫本作「白宜正白，黑宜正黑。」
❼「兆」，四庫本作「吉」。
❽此處注文，玉海堂本作：「以其飾也。」

矣。邵伯聽訟於甘棠，❶愛其樹，作《甘棠》之詩也。❷思其人，必愛其樹；尊其人，必敬其位。道也。」

子路戎服見於孔子，拔劍而舞之，曰：「古之君子以劍自衛乎？」❸孔子曰：「古之君子，忠以爲質，仁以爲衛，不出環堵之室而知千里之外。有不善則以忠化之，侵暴則以仁固之，何持劍乎？」❹子路曰：「由乃今聞此言，請攝齊以受教。」齊，裳下緝也。受教者攝齊升堂。

楚王出遊，❺亡弓。❻左右請求之，王曰：「止。楚王失弓，楚人得之，又何求之？」孔子聞之：「惜乎其不大也。不曰人遺弓人得之而已，何必楚也？」王，恭王。弓，烏嘷之良弓。

孔子爲魯司寇，斷獄訟，皆進衆議者而問之曰：「子以爲奚若？」「某以爲何若？」皆曰云云。如是，然後夫子曰：「當從某子幾是。」近也。重獄事，故與衆議之。

孔子問漆雕憑曰：「子事臧文仲、武仲及孺子容，此三大夫孰賢？」對曰：「臧氏家有守龜焉，名曰蔡。文仲三年而爲一兆，武仲三年而爲二兆，孺子容三年而爲三兆。憑從此之見。若問三人之賢與不賢，所未敢識也。」孔子曰：「君子哉，漆雕氏之子！其言人之美也，隱而顯；言人之過也，微而著。智而不能及，明而不能見，

---

❶「邵」，四庫本作「召」。

❷此處注文，玉海堂本作：「邵伯聽獄于棠樹之下，民作《甘棠》之詩。」

❸「以」上，玉海堂本有「固」字。

❹「持」，玉海堂本作「待」。

❺「楚」下，玉海堂本、四庫本有「恭」字。

❻「亡弓」，玉海堂本、四庫本作「亡烏嘷之弓」。「弓」下，玉海堂本、四庫本有注曰：「良弓之名。」

孰克如此？」克，能也，而，宜爲如也。

魯公索氏先落反。將祭而亡其牲。孔子聞之，曰：「公索氏不及二年將亡。」後一年而亡，門人問曰：「昔公索氏亡其祭牲，而夫子曰不及二年必亡，❶今過朞而亡，夫子何以知其然？」孔子曰：❷「夫祭者，孝子所以自盡於其親。將祭而亡其牲，則其餘所亡者多矣，若此而不亡者，未之有也。」

虞、芮二國爭田而訟，連年不决，乃相謂曰：「西伯，仁也。❸西伯，文王。盍往質之？」盍，何不。質，正也。入其境，則耕者讓畔，行者讓路。❹入其朝，士讓爲大夫，大夫讓于卿。❺虞、芮之君曰：「嘻！吾儕小人也，儕，等。不可以入君子之朝。」❻遂自相與而退，❼咸以所爭之田爲閒田也。孔子曰：「以此觀之，文王之道，其不可加焉。不令而從，不教而聽，至矣哉！」

曾子曰：「狎甚則相簡，莊甚則不親。是故君子之狎足以交歡，其莊足以成禮。」孔子聞斯言也，曰：「二三子志之，孰謂參也不知禮乎？」

哀公問曰：「紳委章甫，委，委貌。章甫，冠名也。有益於仁乎？」孔子作色而對曰：「君胡然焉？衰麻苴杖者，志不存乎樂，

❶「而夫子」至「其然」，玉海堂本、四庫本作「而夫子知其將亡，何也」。
❷「孔子」，玉海堂本、四庫本無此二字。
❸「仁」下，玉海堂本、四庫本有「人」字。
❹「路」下，玉海堂本、四庫本有「入其邑，男女異路，斑白不提挈」十二字。
❺「于」，玉海堂本、四庫本作「爲」。
❻「入」，玉海堂本、四庫本作「履」。「朝」，玉海堂本、四庫本作「庭」。
❼「遂」，原誤作「遠」，今據玉海堂本、四庫本改。

非耳弗聞，服使然也；黼黻衮冕者，❶容不褻慢，❷非性矜莊，服使然也；介冑執戈者，無退懦之氣，❸非體純猛，服使然也。且臣聞之，好肆不守折，言市弗能爲廉，好肆不守折也。而長者不爲市。言長者之行，則不爲市買之事。竊夫其有益與無益，君子所以知。」竊，宜爲察。

孔子謂子路曰：「見長者而不盡其辭，雖有風雨，吾不能入其門矣。故君子以其所能敬人，小人反是。」

孔子謂子路曰：「君子以心導耳目，立義以爲勇；小人以耳目導心，不愻以爲勇。故曰：退之而不怨，先之斯可從已。」言人退之不怨，先之則可從，足以爲師也。

孔子曰：「君子三患：❹未之聞，患不得聞；既得聞之，患弗得學；既得學之，患弗能行。有其德而無其言，君子耻之；有其言而無其行，君子耻之；既得之而又失之，君子耻之；地有餘民不足，君子耻之；衆寡均而人功倍己焉，君子耻之。」凡興功業，多少與人同，而功殊倍己，故耻之也。

魯人有獨處室者，鄰之釐婦釐，寡婦也。亦獨處一室。夜，暴風雨至，釐婦室壞，趨而託焉。魯人閉户而不納。釐婦自牖與之言：「何不仁而不納我乎？」❺魯人曰：「吾聞男女不六十不同居。❻今子幼，吾亦幼，是以不敢納爾也。」婦人曰：「子何不如柳下惠然？嫗不逮門之女，❼國人不稱其

❶「黻」，玉海堂本、四庫本作「紱」。古二字通。
❷「褻」，原誤作「襲」，今據玉海堂本、四庫本改。
❸「懦」，玉海堂本作「愞」。
❹「君子」下，玉海堂本、四庫本有「有」字。
❺「何」上，玉海堂本、四庫本有「子」字。
❻「同」，玉海堂本、四庫本作「閒」。
❼「逮」，原誤作「建」，今據玉海堂本、四庫本改。

亂。」魯人曰：「柳下惠則可，吾固不可。吾將以吾之不可，學柳下惠之可。」孔子聞之，曰：「善哉！欲學柳下惠者，未有似於此者。期於至善而不襲其爲，可謂智乎！」

孔子曰：「小辯害義，小言破道。《關雎》興于鳥而君子美之，取其雄雌之有别。《鹿鳴》興於獸而君子大之，取其得食而相呼。若以鳥獸之名嫌之，固不可行也。」

孔子謂子路曰：「君子而强氣，則不得其死；❶小人而强氣，則刑戮荐臻。❷《豳詩》曰：『殆天之未陰雨，徹彼桑土，綢繆牖户。殆，及也。徹，剥也。桑土，桑根也。鴟鴞天未雨剥取桑根以纏綿其牖户，喻我國家積累之功，乃難成之苦者也。❸今汝下民，或敢侮余。』」今者，周公時，言我先王致此大功至艱，❹而下民敢侵侮我周道，謂管蔡之屬，❺不可不遏絶之，以存周室者也。孔子曰：「能治國家之如此，雖欲侮之，豈可得乎？周自后稷，積行累功，以有爵土。公劉重之以仁。及至大王亶甫，敦以德讓。其樹根置本，備豫遠矣。初，大王都豳，翟人侵之，事之以皮幣不得免焉，事之以珠玉不得免焉。於是屬耆老而告之：『所欲吾土地。吾聞之，君子不以所養而害人。二三子何患乎無君？』遂獨與大姜去之。踰梁山，邑于岐山之下。豳人曰：『仁人之君，不可失也。』從之如歸市焉。天之與周，民之去殷久矣，若此而不能天下，未之有也。武庚惡能侮？」武庚，紂子，名禄父。與管

❶「則」，原誤作「而」，今據玉海堂本、四庫本改。
❷「臻」，原誤作「蓁」，今據玉海堂本、四庫本改。
❸「苦者也」，玉海堂本、四庫本作「若此也」。
❹「王」，玉海堂本、四庫本作「祖」。
❺「屬」，玉海堂本、四庫本作「亂」。

叔共爲亂也。❶

《鄁詩》曰：「執轡如組，兩驂如儛。」驂之以服，和調中節。❷孔子曰：「爲此詩者，其知政乎！夫爲組者，總紕於此，成文於彼。言其動於近，行於遠也。執此法以御民，豈不化乎？《竿旄》之忠告，至矣哉！」《竿旄》之詩者，樂乎善道告人，取喻於素絲良馬，如組紕之義。

孔子家語卷第二終

❶「叔」，玉海堂本、四庫本作「蔡」。

❷「調」，玉海堂本、四庫本作「諧」。

孔子家語卷第三

觀周第十一

孔子謂南宮敬叔曰：「吾聞老聃博古知今，敬叔，孟僖子子也。老聃，老子。博古知今而好道。通禮樂之原，明道德之歸，則吾師也。今將往矣。」對曰：「謹受命。」遂言於魯君曰：「臣受先臣之命先臣，僖子。云：『孔子，聖人之後也。聖人，殷湯。滅於宋。孔子之先去宋奔魯，故曰滅於宋也。其祖弗父何，始有國而授厲公。弗父何，緡公世子，厲公兄也，讓國以授厲公。《春秋傳》曰：「以有宋而授厲公宜」❶始，始也，始有宋也。❷及正考父，佐戴、武、宣，正考父，何之曾孫也。戴、武、宣，三公也。三命茲益恭。考父士一命，其大夫再命，卿三命是也。故其鼎銘曰：臣有功德，君命銘之於其宗廟之鼎也。『一命而僂，再命而傴，三命而俯。傴恭於僂，俯恭於傴。❸循墻而走，言恭之甚。亦莫余敢侮。余，我也。我，考父也。以其恭如此，故人亦莫之侮。饘於是，粥於是，以餬其口。』饘，糜也。❹爲糜粥於此鼎，言至儉也。其恭儉也若此。臧孫紇有言：「聖人之後，若不當世，紇，臧武仲。弗父何，殷湯之後，而不繼世爲宋君。則必有明君而達者焉。」❺孔子少而好禮，其將在矣。』將在孔子。屬臣曰：『汝必師之。』今孔子將適周，觀先王之

❶「宜」，四庫本無此字。

❷「始，始也，始有宋也」，玉海堂本作「始，始有也，始有宋也」，四庫本作「有者，始有也，始有宋也」。

❸此處注文，玉海堂本作：「俯恭於傴，傴恭於僂。」

❹「糜」，原誤作「麋」，據四庫本改。

❺「君」，玉海堂本、四庫本作「德」。

遺制，考禮樂之所極，斯大業也。君盍以乘資之？臣請與往。」公曰：「諾。」與孔子車一乘，馬二疋，堅其侍御。❶敬叔與俱至周。問禮於老聃，訪樂於萇弘，弘，周大夫。歷郊社之所，考明堂之則，則，法。察廟朝之度。宗廟朝廷之法度也。於是喟然曰：「吾乃今知周公之聖，與周之所以王也。」及去周，老子送之，曰：「吾聞富貴者送人以財，仁者送人以言。吾雖不能富貴，而竊仁者之號，請送子以言乎。凡當今之士，聰明深察而近於死者，好譏議人者也；博辯閎達而危其身，好發人之惡者也。無以有己爲人子者，身，父母有之也。❷無以惡己爲人臣者。」言聽則仕，不用則退，保身全行，臣之節也。孔子曰：「敬奉教。」自周反魯，道彌尊矣。遠方弟子之進，蓋三千焉。

孔子觀乎明堂，覩四門墉有堯舜之容，❸桀紂之象，而各有善惡之狀，興廢之誡焉。又有周公相成王，抱之負斧扆南面以朝諸侯之圖焉。世之博學者謂周公便履天子之位，失之遠矣也。孔子徘徊而望之，謂從者曰：「此周之所以盛也。❹夫明鏡所以察形，往古者所以知今。人主不務襲迹於其所以安存，而忽怠所以危亡，❺是猶未有以異於却走而欲求及前人也，豈不惑哉？」

孔子觀周，遂入太祖后稷之廟。廟堂右階之前有金人焉，三緘其口，而銘其背曰：「古之慎言人也。戒之哉！無多言，多言多敗；無多事，多事多患。安樂必戒，

❶「堅其」，玉海堂本、四庫本作「豎子」。
❷「有之」，玉海堂本、四庫本作「之有」。
❸「之容」，玉海堂本、四庫本作「與」
❹「之」，玉海堂本、四庫本作「公」。
❺「忽怠」，玉海堂本、四庫本作「急急」。

雖處安樂，必警戒也。無所行悔。言當詳而後行，所悔之事不可復行。勿謂何傷，其禍將長；勿謂何害，其禍將大；勿謂不聞，神將伺人。焰焰不滅，炎炎若何？涓涓不壅，終爲江河；綿綿不絶，或成網羅；綿綿，微細。若不絶則有成羅網者也。毫末不札，將尋斧柯。如毫之末，言至微也。札，拔也。尋，用者也。誠能慎之，福之根也。口是何傷？禍之門也。强梁者不得其死，好勝者必遇其敵。盜憎主人，民怨其上。君子知天下之不可上也，故下之；知衆人之不可先也，故後之。温恭慎德，使人慕之。執雌持下，人莫踰之。人皆趨彼，我獨守此。人皆或之，我獨不徙。或之，東西轉移之貌。內藏我智，不示人技。我雖尊高，人弗我害。誰能於此？江海雖左，長於百川，以其卑也。水陰長右。江海雖在於其左，而能爲百川長，以其能下。天道無親，而能下人。戒之哉！」孔子既讀斯文也，顧謂弟子曰：「小人識之。音志。此言實而中，情而信。《詩》曰：❶『戰戰兢兢，如臨深淵，如履薄冰。』戰戰，恐也。兢兢，戒也。恐墜也，恐陷也。行身如此，豈以口過患哉？」

孔子見老聃而問焉，曰：「甚矣，道之於今難行也。吾比執道，而今委質以求當世之君，而弗受也。道於今難行也。」老子曰：「夫説者流於辯，流，猶過也，失也。聽者亂於辭，如此二者，❷則道不可以忘也。」

弟子行第十二

衛將軍文子衛卿，名彌牟也。問於子貢

❶「曰」，玉海堂本、四庫本作「云」。

❷「如」，玉海堂本、四庫本作「知」。

曰：「吾聞孔子之施教也，先之以《詩》《書》，而道之以孝悌，説之以仁義，觀之以禮樂，然後成之以文德。蓋入室升堂者七十有餘人，其孰爲賢？」子貢對以不知。文子曰：「以吾子常與學，賢者也。不知何謂？」❶子貢對曰：「賢人無妄。賢人無妄，言舉動不妄。❷知賢即難。故君子之言曰：『智莫難於知人。』是以難對也。」文子曰：「若夫知賢，莫不難。今吾子親遊焉，是以敢問。」子貢曰：「夫子之門人，蓋有三千就焉。賜有逮及焉、未逮及焉，故不得徧知以告也。」文子曰：「吾子所及者，請問其行。」子貢對曰：「夫能夙興夜寐，諷誦崇禮，行不貳過，貳，再也。有不善未嘗不知，知之未嘗復行也。稱言不苟，舉言典法，不苟且也。是顔回之行也。孔子説之以《詩》曰：『媚茲一人，應侯慎德。一人，天子也。應，當也。侯，惟也。言顔淵之德足以媚愛天子，❸當於其心惟慎德。永言孝思，孝思惟則。』言能長是孝道，足以爲法則也。若逢有德之君，世受顯命，不失厥名。以御于天子，則王者之相也。在貧如客，言不以貧累志，矜莊如爲客也。使其臣如借。言不有其臣，如借使之也。不遷怒，不深怨，不録舊罪，是冉雍之行也。孔子論其材曰：『有土之君子也，有衆使也，有刑用也，然後稱怒焉。』言有土地之君，有衆足使，有刑足用，然後可以稱怒。冉雍非有土之君，故使其臣如借，而不加怒也。孔子告之以《詩》曰：『靡不有初，鮮克有終。』冉雍能終其行。疋夫不怒，唯以亡其身。因説不怒之義，遂及疋夫以怒亡身。不畏强禦，不侮矜

❶「不知何謂」，玉海堂本、四庫本作「何爲不知」。
❷「言」，原脱，今據玉海堂本、四庫本補。
❸「足」，原誤作「之」，今據玉海堂本、四庫本改。

寡。其言循性，循其性也，而言不誣其情。❶其都以富，仲由長於富貴。❷材任治戎，戎，軍旅也。是仲由之行也。孔子和之以文，説之以《詩》曰：『受小拱大拱，❸而爲下國駿龐，荷天子之龍。』孔子和仲由以文，❹説之以《詩》，此其義也。拱，法也。駿，大也。龐，厚也。龍，荷之，❺言受大小法爲下國大厚，乃可任天下道也。不戁不悚，敷奏其勇。』戁，恐。悚，懼。敷，陳。奏，薦。强乎武哉，文不勝其質。言子路强勇，文不勝其質。恭老卹幼，不忘賓旅，賓旅謂寄客也。好學博藝，省物而勤也，省録諸事，而能勤也。是冉求之行也。孔子因而語之曰：『好學則智，卹孤則惠，恭則近禮，勤則有繼。堯舜篤恭以王天下。』其稱之也，曰『宜爲國老。』國老助宣德教。齊莊而能肅，志通而好禮，擯相兩君之事，篤雅有節，是公西赤之行也。子曰：『禮經三百，可勉能也。禮經三百，可勉學而能知。威儀三千，則難也。』能躬行三千之威儀，則難可爲，而公西赤能躬行之。公西赤問曰：『何謂也？』子曰：『貌以儐禮，禮以儐辭，是謂難焉。』言所以爲者，當觀容貌而儐相其禮，度其禮而儐相其辭，度事制儀，❻故難也。衆人聞之，以爲成也。孔子語人曰：『當賓客之事，則達矣。』衆人聞公西赤能行三千之威儀，故以爲成也。孔子曰：「當賓客之事則達」，未盡達於治國之本體也。謂門人曰：『二三子之欲學賓客之禮者，其於赤也。』滿而不盈，實而如虚，過之如不及，先王難之。盈而如虚，過而不及，是先王之所難，而曾參體其行。博無不學，其貌恭，其德敦。其言

❶「情」，原誤作「爾」，今據玉海堂本、四庫本改。
❷「富貴」，玉海堂本、四庫本作「政事」。
❸「拱」，玉海堂本、四庫本作「共」。
❹「子」下，原衍「曰」字，今據玉海堂本删。
❺「荷之」，玉海堂本、四庫本作「和也」。
❻「儀」，玉海堂本、四庫本作「宜」。

於人也，無所不信。其驕大人也，❶常以浩浩。浩然志大驕太貌也。大人，富貴者也。是以眉壽，不慕富貴，安静虚無，所以爲之富貴。是曾參之行也。孔子曰：『孝，德之始也；悌，德之序也；悌以敬長，是德之次序也。信，德之厚也；忠，德之正也。參中夫四德者也。』以此稱之。美功不伐，貴位不善，不侮不佚，侮、佚，貪功慕勢之貌。不傲無告，鰥寡孤獨，此四者，天民之窮而無告者也。子張之行，不傲此四者。是顓孫師之行也。孔子言之曰：『其不伐，則猶可能也。其不弊百姓，則仁也。不弊愚百姓，即所謂不傲之也。《詩》云：「愷悌君子，民之父母。」』愷，樂。悌，易也。樂以强教之，易以説安之，❷民皆有是，父之尊、母之親也。夫子以其仁爲大學之深。學而能入其深義也。送迎必敬，送迎賓客，常能敬也。上交下接若截焉，是卜商之行也。孔子説之以《詩》曰：『「式夷式已，無小人殆。」式，用。夷，平也。言用平則已也。殆，危也，無以小人至於危也。若商也，其可謂不險矣。』險，危也。言子夏常厲以斷之，近小人斯不危。❸貴之不喜，賤之不怒，苟利於民矣，廉於行己。其事上也，以佑其下，言所以事上，乃欲佑助其下也。是澹臺滅明之行也。孔子曰：『獨貴獨富，君子耻之。❹夫也中之矣。』夫，謂滅明，中，猶當也。先成其慮，及事而用之，故動則不妄，是言偃之行也。孔子曰：『欲能則學，欲知則問，欲善則詳，欲善其事，當詳慎也。欲給則豫。事欲給而不礙，則莫若於豫。當是而行，偃也得之矣。』獨居思仁，公言言

❶「大」，原誤作「於」，今據玉海堂本、四庫本改。
❷「以」，玉海堂本無此字。
❸「斯」，原誤作「斷」，今據玉海堂本、四庫本改。
❹「耻」，原誤作「助」，今據玉海堂本、四庫本改。

義。❶其於《詩》也，則一日三覆『白圭之玷』，❷玷，缺也。《詩》曰：「白圭之玷，尚可磨也。斯言之玷，不可爲也。」一日三覆之，慎之至也。是宮縚之行也。❸孔子信其能仁，以爲異士。殊異之士也。《大戴》引之曰：「以爲異姓婚姻也。」以兄之女妻之者也。自見孔子，出入於户，未嘗越禮。❹往來過之，足不履影。言其往來常跡，故跡不履影也。啓蟄不殺，春分當發，蟄蟲啓户，咸出於此時。不殺生也。方長不折。春夏生長養時，草木不折。執親之喪，未嘗見齒。是高柴之行也。孔子曰：『柴於親喪，則難能也。啓蟄不殺，則順人道。方長不折，則恕仁也。成湯恭而以恕，是以日躋。』❺躋，升也。成湯行恭而能恕，出見摶鳥焉，❻四面施綱，❼乃去其三面。《詩》曰：「湯降不遲，聖敬日躋。」言湯疾行下人之道，其聖敬之德日升聞也。凡此諸子，賜之所親覩者也。吾子有命而訊賜，訊，問。賜也固不足以知賢。」文子曰：「吾聞之也，國有道，則賢人興焉，中人用焉，中庸之人爲時用也。乃百姓歸之。若吾子之論，既富茂矣，壹諸侯之相也。壹，皆。抑世未有明君，所以不遇也。」

子貢既與衛將軍文子言，適魯見孔子，曰：「衛將軍文子問二三子之於賜，不壹而三焉，賜也辭不獲命，以所見者對矣。未知中否，請以告。」孔子曰：「言之乎？」子貢以其辭狀告孔子。子聞而笑曰：「賜，汝

❶ 下「言」字，原誤作「仁」，今據玉海堂本、四庫本改。
❷ 「覆」，玉海堂本、四庫本作「復」。下注文同。
❸ 「縚」，玉海堂本作「絛」。
❹ 「禮」，玉海堂本、四庫本作「履」。
❺ 「躋」，玉海堂本、四庫本作「躋」。下注文同。
❻ 「摶」，原誤作「博」，今據玉海堂本、四庫本改。
❼ 「施」，原誤作「絶」，今據玉海堂本、四庫本改。

次爲知人矣。」❶言爲知人之次。子貢對曰：「賜也何敢知人，此以賜之所覩也。」孔子曰：❷「然。吾亦語汝耳之所未聞，目之所未見者。豈思之所不至，智之所未及哉？」子貢曰：「賜願得聞之。」孔子曰：「不克不忌，不念舊怨，蓋伯夷、叔齊之行也。思天而敬人，❸服義而行信，孝於父母，恭於兄弟，從善而不教，❹蓋趙文子之行也。其事君也，不敢愛其死，然亦不敢忘其身。謀其身，不遺其友。君陳則進而用之，陳，謂陳列於君，爲君之使用也。不陳則行而退。蓋隨武子之行也。其爲人之淵源也，多聞而難誕，誕，欺。❺內植足以没其世。國家有道，其言足以治；無道，其默足以生。蓋銅鞮伯華之行也。❻外寬而內正，自極於隱括之中，隱括，所以自極。直己而不直人，汲汲於仁，以善自終，蓋蘧伯玉之行也。孝恭慈仁，允德圖義，允，信也。圖，謀也。約貨去怨，夫利，怨之所聚。故約省其貨，以遠去其怨。輕財不匱，蓋柳下惠之行也。其言曰：君雖不量於其身，謂不量度其臣之德器也。臣不可以不忠於其君。是故君擇臣而任之，❼臣亦擇君而事之。有道順命，君有道，則順從其命。無道衡命，衡，横也，謂不受其命而隱居者也。❽蓋晏平仲之行也。蹈忠而行信，終日言，不在尤之內。尤，過。國無道，處賤

❶「爲」，原誤作「焉」，今據玉海堂本、四庫本改。「知」原脱，今據《大戴禮》及前後文意補。
❷「曰」，原脱，今據玉海堂本、四庫本補。
❸「人」，玉海堂本作「之」。
❹「教」下，玉海堂本、四庫本有「道」字。
❺「欺」，原誤作「嘆」，今據四庫本改。
❻「鞮」，玉海堂本、四庫本作「鞮」。
❼「君」下，四庫本有「既」字。
❽「而」，原誤作「之」，今據玉海堂本、四庫本改。

不悶，悶，憂。貧而能樂。蓋老子之行也。❶易行以俟天命，易，治。居下不援其上。雖在下位，不攀援其上以求進。其親觀於四方也，不忘其親，不盡其樂。雖有觀四方之樂，常念其親，不盡，其歸之。以不能則學，不爲己終身之憂。凡憂，憂所知。不能則學，何憂之有？蓋介子山之行也。」子貢曰：「敢問夫子之所知者，蓋盡於此而已乎？」孔子曰：「何謂其然？亦畧舉耳目之所及而矣。昔晉平公問祁奚曰：『羊舌大夫，晉之良大夫也，其行如何？』祁奚辭以不知。公曰：『吾聞子少長乎其所，於其所長。今子掩之，何也？』祁奚對曰：『其少也恭而順，心有耻而不使其過宿。心常有所耻惡，及其有過，不令更宿輒改。其爲大夫，悉善而謙其端。盡善道而謙讓，是其正也。其爲輿尉也，信而好直其功。言其功直。❷至於其爲容也，温良而好禮，博聞而時出其志。』時出，以其出之誨未及之，是其志也。公曰：『曩者問子，子奚曰不知也？』祁奚曰：『每位改變，未知所止，是以不敢得知也。』此又羊舌大夫之行也。」子貢跪曰：「請退而記之。」

賢君第十三

哀公問於孔子曰：「當今之君，孰爲最賢？」孔子對曰：「丘未之見也。抑有衛靈公乎？」公曰：「吾聞其閨門之内無别，而子次之賢，何也？」孔子曰：「臣語其朝廷行事，不論其私家之際也。」公曰：「其事何

❶「老子」，玉海堂本作「老來子」，四庫本作「老萊子」。

❷「言其功直」，原爲正文，今據玉海堂本、四庫本改爲注文。

如？」孔子對曰：「靈公之弟曰公子渠牟，❶其智足以治千乘，其信足以守之。靈公愛而任之。又有士曰林國者，❷見賢必進之，而退與分其禄，是以靈公無遊放之士。靈公賢而尊之。又有士曰慶足者，衛國有大事，則必起而治之。國無事，則退而容賢。言其所以退者，欲以容賢於朝。靈公悦而敬之。又有大夫史鰌，以道去衛，而靈公郊舍三日，琴瑟不御，必待史鰌之入，而後敢入。臣以此取之，雖次之賢，不亦可乎？」

子貢問於孔子曰：「今之人臣孰爲賢？」子曰：「吾未識也。往者齊有鮑叔，鄭有子皮，則賢者矣。」子貢曰：「齊無管仲，鄭無子產？」子曰：「賜，汝徒知其一，未知其二也。汝聞用力爲賢乎？進賢爲賢乎？」子貢曰：「進賢賢哉。」子曰：「然。吾聞鮑叔達管仲，子皮達子產，未聞二子之達賢己之才者也。」

哀公問於孔子曰：「寡人聞忘之甚者，徙而忘其妻，有諸？」孔子對曰：「此猶未甚者也，甚者乃忘其身。」公曰：「可得而聞乎？」孔子曰：「昔者夏桀貴爲天子，富有四海，忘其聖祖之道。壞其典法，廢其世祀，荒於淫樂，躭湎於酒。佞臣諂諛，窺導其心。忠士折口，逃罪不言。折口，杜口。天下誅桀而有其國。此謂忘其身之甚矣。」

顔淵將西遊於宋，問於孔子曰：「何以爲身？」子曰：「恭敬忠信而已矣。恭則遠於患，敬則人愛之，忠則和於衆，信則人任之。勤斯四者，可以政國，豈特一身者

❶「公子」，原誤作「靈公弟子」，今據玉海堂本、四庫本改。

❷「曰」，原脱，今據玉海堂本、四庫本補。

哉？特，但。故夫不比於數而比於踈，不亦遠乎？不比親數，近踈遠也。不修其中而修外者，不亦反乎？慮不先定，臨事而謀，不亦晚乎？」

孔子讀《詩》，于《正月》六章，惕焉如懼。曰：「彼不達之君子，豈不殆哉？從上依世，則道廢；違上離俗，則身危。時不興善，己獨由之，則曰非妖即妄也。故賢也既不遇天，恐不終其命焉。桀殺龍逢，紂殺比干，皆是類也。❶《詩》曰：『謂天蓋高，不敢不局。謂地蓋厚，不敢不蹐。』此《正月》六章之辭也。局，曲也，言天至高，己不敢不曲身危行，恐上干忌諱也。❷蹐，累足也。言地至厚，己不敢不累足，恐陷累在位之羅網。❸此言上下畏罪，無所自容也。」

子路問於孔子曰：「賢君治國，所先者何？」孔子曰：「在於尊賢而賤不肖。」子路曰：「由聞晉中行氏尊賢而賤不肖矣，其亡何也？」孔子曰：「中行氏尊賢而不能用，賤不肖而不能去。賢者知其不用而怨之，不肖者知其必己賤而讎之。怨讎並存於國，鄰敵搆兵於郊，中行氏雖欲無亡，豈可得乎？」

孔子閒處，喟然而歎曰：「嚮使銅鞮伯華無死，則天下其有定矣。」子路曰：「由願聞其人也。」子曰：「其幼也，敏而好學；其壯也，有勇而不屈；其老也，有道而能下人。有此三者，以定天下也，何難乎哉？」子路曰：「幼而好學，壯而有勇，則可也。若夫有道下人，又誰下哉？」子曰：「由不知。吾聞以衆攻寡，無不剋也；以貴下賤，

---

❶「是類」，原誤作「類是」，今據玉海堂本、四庫本改。

❷「干」，玉海堂本、四庫本作「觸」。

❸「恐」，玉海堂本、四庫本作「懼」。

無不得也。昔者周公居冢宰之尊，制天下之政，而猶下白屋之士，草屋也。日見百七十人。斯豈以無道也？欲得士之用也，惡有有道而無下天下君子哉？」❶

齊景公來適魯，舍于公館，使晏嬰迎孔子。孔子至，景公問政焉，孔子答曰：「政在節財。」公悦。又問曰：「秦穆公國小處僻而霸，何也？」孔子曰：「其國雖小，其志大。處雖僻，而其政中。❷其舉也果，其謀也和。法無私而令不愉。愉宜爲偷。偷，❸苟且也。首拔五羖，❹爵之大夫，「首」宜爲「身」。五羖大夫，百里奚也。與語三日而授之以政。此取之，雖王可，其霸少矣。」景公曰：「善哉。」

哀公問政於孔子，孔子對曰：「政之急者，莫大乎使民富且壽也。」公曰：「爲之柰何？」孔子曰：「省力役，薄賦斂，則民富矣；敦禮教，遠罪疾，則民壽矣。」公曰：「寡人欲行夫子之言，恐吾國貧矣。」孔子曰：「《詩》云：『愷悌君子，民之父母。』未有子富而父母貧者也。」

衛靈公問於孔子曰：「有語寡人曰：❺有國家者，計之於廟堂之上，則政治矣。何如？」孔子曰：「其可也。愛人者，則人愛之；惡人者，則人惡之；知得之己者，則知得之人。所謂不出環堵之室而知天下者，知反己之謂也。」❻

孔子見宋君，君問孔子曰：「吾欲使長

---

❶「有有」，原不重文，今據玉海堂本、四庫本改。
❷「其政中」，原誤作「政其中」，今據玉海堂本、四庫本改。
❸「偷」，原誤作「愉」，今據玉海堂本、四庫本改。
❹「羖」，原誤作「羖」，今據玉海堂本、四庫本改。注同。
❺「曰」，原脱，今據玉海堂本補。
❻「反」，玉海堂本作「及」。

有國而列都得之，國之列都，皆得其道。吾欲使民無惑，吾欲使士竭力，吾欲使日月當時，吾欲使聖人自來，吾欲使官府治理，爲之柰何？」孔子對曰：「千乘之君問丘者多矣，而未有若主君之問，問之悉也。然主君所欲者盡可得也。丘聞之：隣國相親則長有國。君惠臣忠則列都得之。不殺無辜，無釋罪人，則民不惑。士益之祿則皆竭力。尊天敬鬼則日月當時。崇道貴德則聖人自來。任能黜否則官府治理。」宋君曰：「善哉！豈不然乎？寡人不佞，不足以致之也。」孔子曰：「此事非難，唯欲行之云耳。」

辯政第十四

子貢問於孔子曰：「昔者齊君問政於夫子，夫子曰：『政在節財。』魯君問政於夫子，子曰：❶『政在諭臣。』葉公問政於夫子，夫子曰：『政在悦近而來遠。』❷三者之問一也，而夫子應之不同，然政在異端乎？」孔子曰：「各因其事也。齊君爲國，奢乎臺榭，淫于苑囿。五官伎樂，不解於時。一旦而賜人以千乘之家者三。故曰：『政在節財。』魯君有臣三人，孟孫、叔孫、季孫，三也。❸內比周以愚其君，外距諸侯之賓以蔽其明。故曰：『政在諭臣。』夫荆之地廣而都狹，民有離心，莫安其居。故曰：『政在悦近而來遠。』此三者所以爲政殊矣。《詩》云：『喪亂蔑資，曾不惠我師。』蔑，無也。資，財也。師，衆也。夫爲亡亂之政，

❶「子」，玉海堂本、四庫本作「夫子」。
❷「來遠」，原誤作「遠來」，今據玉海堂本、四庫本改。
❸「也」，玉海堂本、四庫本作「人」。

重賦厚斂，民無資財，曾莫肯愛我衆。此傷奢侈不節以爲亂者也。又曰：『匪其止共，惟王之卭。』止，止息也。卭，病也。讒人不共所止息，故惟王之病。此傷姦臣蔽主以爲亂也。又曰：『亂離瘼矣，奚其適歸？』離，憂也。瘼，病也。言離散以成憂，憶禍亂於斯，歸於禍亂者也。此傷離散以爲亂者也。察此三者，政之所欲，豈同乎哉？」

孔子曰：「忠臣之諫君，有五義焉：一曰譎諫，正其事，以譎諫其君。二曰戇諫，戇諫，無文飾也。三曰降諫，卑降其體，所以諫也。四曰直諫，五曰風諫。唯度主而行之，吾從其風諫乎。」風諫，依違遠罪避害者也。

子曰：「夫道不可不貴也。中行文子倍道失義以亡其國，而能禮賢以活其身。此説陪道失義，❶不宜説得道之意。而云禮賢，不與上相次配。又文子無禮賢之事。中行文子得罪於晉，出亡，至邊，從者曰：「謂此嗇夫者，君子也。故休馬待駿者。」文子曰：「吾好音，子遺吾琴。❷好珮，子遺吾玉。是以不振吾過自容於我者也。吾恐其以我求容也。」❸遂不入車，人問文子之所右，❹執而不殺之。孔子聞之，曰：「文子陪道失義以亡其國，然得之由活其身，而能禮賢以爲宜，以然後得也。聖人轉禍爲福，此謂是與！」若入將死，不入得活，故曰轉禍爲福。

楚王將遊荆臺，司馬子祺諫，王怒之。令尹子西賀於殿下，諫曰：「今荆臺之觀，❺不可失也。」王喜，拊子西之背，曰：「與子共樂之矣。」子西步馬十里，引轡而止，曰：「臣願言有道，王肯聽之乎？」王曰：「子其言之。」子西曰：「臣聞爲人臣而

❶「陪道失義」，玉海堂本、四庫本作「背義失道」。

❷「子」上，原衍「以」字，今據玉海堂本、四庫本删。

❸「恐」，原誤作「怨」，今據玉海堂本、四庫本改。

❹「右」，玉海堂本、四庫本作「言」。

❺「觀」，四庫本作「樂」。

忠其君者，爵祿不足以賞也；諛其君者，刑罰不足以誅也。夫子祺者，忠臣也。而臣者，諛臣也。願王賞忠而誅諛焉。」❶王曰：「我今聽司馬之諫，是獨能禁我耳。若後世遊之何也？」❷子西曰：「禁後世易耳。大王萬歲之後，起山陵於荆臺之上，則子孫必不忍遊於父祖之墓以爲歡樂也。」王曰：「善。」乃還。孔子聞之，曰：「至哉子西之諫也！入之於千里之上，抑之於百世之後者也。」

子貢問於孔子曰：❸「夫子之於子產、晏子，可爲至矣。敢問二大夫之所爲，目夫子之所以與之者。」孔子曰：「夫子產於民爲惠主，於學爲博物。晏子於君爲忠臣，於行爲恭敏。❹故吾皆以兄事之，而加愛敬。」

齊有一足之鳥，飛集於宫朝，❺下止于殿前，舒翅而跳。齊侯大怪之，使使聘魯，問孔子。孔子曰：「此鳥名曰商羊，水祥也。昔童兒有屈其一脚，振訊兩眉，而跳且謡曰：『天將大雨，商羊鼓舞。』今齊有之，其應至矣。急告民趨治溝渠，修隄防，將有大水爲災。」頃之，大霖雨，水溢泛諸國，傷害民人，唯齊有備不敗。景公曰：「聖人之言，信而徵矣。」❻

孔子謂宓子賤曰：「子治單父，衆悅。子何施而得之也？子語丘所以爲之者。」對曰：「不齊之治也，父恤其子，其子卹諸

❶「王」，玉海堂本、四庫本作「主」。
❷「何」，玉海堂本、四庫本作「可」。
❸「問」，原誤作「聞」，今據玉海堂本、四庫本改。
❹「於」，原誤作「而」，今據玉海堂本、四庫本改。
❺「宫」，玉海堂本、四庫本作「公」。「集」，玉海堂本作「習」。
❻「而」下，四庫本有「有」字。

孤而哀喪紀。」孔子曰：「善。小節也，小民附矣。猶未足也。」曰：「不齊所父事者三人，所兄事者五人，所友事者十一人。」孔子曰：「父事三人，可以教孝矣；兄事五人，可以教悌矣；友事十一人，可以舉善矣。中節也。中人附矣。猶未足也。」曰：「此地民有賢於不齊者五人，不齊事之而稟度焉，皆教不齊之道。」孔子歎曰：「其大者乃於此乎有矣。昔堯舜聽天下，務求賢以自輔。夫賢者，百福之宗也，神明之主也。惜乎不齊之所以治者小也。」❶

子貢爲信陽宰，將行，辭於孔子。孔子曰：「勤之慎之，奉天子之時，無奪無伐，無暴無盜。」子貢曰：「賜也少而事君子，豈以盜爲累哉？」孔子曰：「汝未之詳也。夫以賢代賢，是謂之奪；以不肖代賢，是謂之伐；緩令急誅，是謂之暴；取善自與，是謂之盜。❷盜非竊財之謂也。吾聞之：知爲吏者，奉法以利民。不知爲吏者，枉法以侵民。此怨之所由也。治官莫若平，臨財莫如廉。廉平之守，不可改也。匿人之善，斯謂蔽賢；揚人之惡，斯爲小人。內不相訓而外相謗，非親睦也。言人之善，若己有之；言人之惡，若己受之。故君子無所不慎焉。」

子路治蒲三年，孔子過之，入其境，曰：「善哉由也！恭敬以信矣。」入其邑，曰：「善哉由也！忠信而寬矣。」至廷，曰：「善哉由也！明察以斷矣。」子貢執轡而問曰：「夫子未見由之政而三稱其善，其善可得聞乎？」孔子曰：「吾見其政矣。入

❶「所以」，原誤作「以所」，今據玉海堂本、四庫本改。
❷「是」，原脱，今據玉海堂本、四庫本補。

其境，田疇盡易，草萊甚辟，溝洫深治，此其恭敬以信，故其民盡力也。入其邑，墻屋完固，樹木甚茂，此其忠信以寬，故其民不偷也。至其庭，庭甚清閒，諸下用命，此其言明察以斷，故其政不擾也。以此觀之，雖三稱其善，庸盡其美乎？」

孔子家語卷第三終

孔子家語卷第四

六本第十五

孔子曰：「行己有六本焉，然後爲君子也。立身有義矣，而孝爲本；喪紀有禮矣，而哀爲本；戰陣有列矣，而勇爲本；治政有理矣，而農爲本；居國有道矣，而嗣爲本；繼嗣不立，則亂之萌。生財有時矣，而力爲本。置本不固，無務農桑；親戚不悦，無務外交；事不終始，無務多業；記聞而言，無務多説；但記所聞而言，❶言不出説中，故不可以務多説。比近不安，無務求遠。是故反本修邇，❷君子之道也。」

孔子曰：「良藥苦於口而利於病，❸忠言逆於耳而利於行。湯武以諤諤而昌，桀紂以唯唯而亡。君無争臣，父無争子，兄無争弟，士無争友，無其過者，未之有也。故曰：君失之，臣得之。父失之，子得之。兄失之，弟得之。己失之，友得之。是以國無危亡之兆，家無悖亂之惡，父子兄弟無失，而交友無絶也。」

孔子見齊景公，公悦焉，請置廩丘之邑以爲養。孔子辭而不受，入謂弟子曰：「吾聞君子當功受賞。❹今吾言於齊君，君未之有行而賜吾邑，其不知丘亦甚矣。」於是遂行。

❶「記」，原誤作「説」，今據玉海堂本、四庫本改。

❷「邇」，玉海堂本、四庫本作「迩」。

❸「良藥」，玉海堂本作「藥酒」。

❹「當」，原誤作「賞」，今據玉海堂本、四庫本改。

孔子在齊，舍於外館，景公造焉。賓主之辭既接，而左右白曰：「周使適至，言先王廟災。」景公覆問：「災何王之廟也？」孔子曰：「此必釐王之廟。」公曰：「何以知之？」孔子曰：「《詩》云：『皇皇上天，其命不忒。天之以善，必報其德。』此逸詩也。皇皇，美貌也。忒，差也。禍亦如之。夫釐王變文武之制，而作玄黃華麗之飾，宮室崇峻，輿馬奢侈，而弗可振也，振，救。❶故天殃所宜加其廟焉，以是占之爲然。」公曰：「天何不殃其身而加罰其廟也？」孔子曰：「蓋以文武故也。若殃其身，則文武之嗣無乃殄乎？故當殃其廟以彰其過。」俄頃，左右報曰：「所災者釐王廟也。」景公驚起，再拜曰：「善哉！聖人之智，❷過人遠矣。」

子夏三年之喪畢，❸見於孔子。子曰：「與之琴。」使之絃，侃侃而樂，作而曰：「先王制禮，不敢不及。」❹子曰：「君子也。」閔子三年之喪畢，見於孔子，子曰：「與之琴。」使之絃，切切而悲，作而曰：「先王制禮，弗敢過也。」子曰：「君子也。」子貢曰：「閔子哀未盡，夫子曰：『君子也。』子夏哀已盡，又曰：『君子也。』二者殊情而俱曰君子，賜也或，❺敢問之。」孔子曰：「閔子哀未忘，能斷之以禮；子夏哀已盡，能引之及禮。雖均之君子，不亦可乎？」

孔子曰：「無體之禮，敬也；無服之喪，哀也；無聲之樂，歡也。不言而信，不動而威，不施而仁。志，夫鐘之音，怒而擊

❶「救」，玉海堂本、四庫本作「拔」。
❷「人」，玉海堂本、四庫本無此字。
❸「夏」，原誤作「貢」，今據玉海堂本、四庫本改。
❹「不敢不及」至「先王制禮」三十九字，原脱，今據玉海堂本、四庫本補。
❺「或」，玉海堂本、四庫本作「惑」。

之則武，憂而擊之則悲。其志變者，聲亦隨之。故志誠感之，❶通於金石，而況人乎？」

孔子見羅雀者，所得皆黄口小雀。夫子問之曰：「大雀獨不得，何也？」羅者曰：「大雀善驚而難得，黄口貪食而易得。黄口從大雀則不得，大雀從黄口亦不得。」孔子顧謂弟子曰：「善驚以遠害，利食而忘患，自其心矣，而以所從爲禍福，❷故君子慎其所從。以長者之慮，則有全身之階；隨小者之戇，而有危亡之敗也。」

孔子讀《易》，至於損、益，喟然而嘆。子夏避席問曰：「夫子何歎焉？」孔子曰：「夫自損者必有益之，自益者必有決之，《易》損卦次得益，益次夬。夬，决也。損而不已，必益。故受之以益。益而不已必决，故受之以夬。吾是以歎也。」子夏曰：❸「然則學者不可以益乎？」子曰：「非道益之謂也。道彌益而身彌損。夫學者，損其自多，以虚受人，故能成其滿博哉！天道成而必變，凡持滿而能久者，未嘗有也。故曰：自賢者，天下之善言不得聞於耳矣。昔堯治天下之位，猶允恭以持之，克讓以接下，允，信也。克，能也。是以千歲而益盛，迄今而逾彰。夏桀、昆吾，昆吾，國。與夏桀作亂。自滿而無極，❹亢意而不節，斬刈黎民如草芥焉，天下討之，如誅匹夫，是以千載而惡著，迄今而不滅。觀此，如行，則讓長，不疾先。如在輿，遇三人則下之，遇二人則式之。調其盈虚，不令自滿，所以能久也。」子夏曰：「商請志

❶「志」，玉海堂本作「至」。
❷「而」下，玉海堂本、四庫本有「獨」字。
❸「夏」，原脱，今據玉海堂本、四庫本補。
❹「無」，原脱，今據玉海堂本、四庫本補。

之，而終身奉行焉。」

子路問於孔子曰：「請釋古之道而行由之意，可乎？」子曰：「不可。昔東夷之子，慕諸夏之禮。有女而寡，爲内私壻，終身不嫁。嫁則不嫁矣，亦非貞節之義也。❶蒼梧嬈娶妻而美，讓與其兄。讓則讓矣，然非禮之讓矣。不慎其初而悔其後，何嗟及矣？言事至而後悔吁嗟，又何及矣？今汝欲舍古之道，行子之意，庸知子意不以是爲非，以非爲是乎？後雖欲悔，難哉！」

曾子耘瓜，誤斬其根。曾晳怒，建大杖以擊其背，曾子仆地而不知人久之。有頃乃蘇，欣然而起，進於曾晳曰：「嚮也參得罪於大人，大人用力教參，得無疾乎？」退而就房，援琴而歌，欲令曾晳而聞之知其體康也。孔子聞之而怒，告門弟子曰：「參來勿内。」曾參自以爲無罪，使人請於孔子。子曰：「汝不聞乎？昔瞽瞍有子曰舜。❷舜之事瞽瞍，欲使之，未嘗不在於側。索而殺之，未嘗可得。小棰則待過，大杖則逃走。故瞽瞍不犯不父之罪，而舜不失烝烝之孝。今參事父，委身以待暴怒，殪而不避，殪，死。既身死而陷父於不義，其不孝孰大焉？汝非天子之民也？殺天子之民，其罪奚若？」曾參聞之，曰：「參罪大矣。」遂造孔子而謝過。

荆公子行年十五而攝荆相事。孔子聞之，使人往觀其爲政焉。使者反，曰：「視其朝，清淨而少事。其堂上有五老焉，其廊下有二十壯士焉。」孔子曰：「合二十五人之智以治天下，其固免矣，况荆乎？」

❶「非」，原誤作「有」，今據玉海堂本、四庫本改。

❷「瞽瞍」，四庫本作「瞽叟」。下同。

子夏問於孔子曰：「顔回之爲人奚若？」子曰：「回之信賢於丘。」曰：「子貢之爲人奚若？」子曰：「賜之敏賢於丘。」曰：「子路之爲人奚若？」子曰：「由之勇賢於丘。」曰：「子張之爲人奚若？」子曰：「師之莊賢於丘。」子夏避席而問曰：「然則四子何爲事先生？」子曰：「居，吾語汝。夫回能信而不能反，反，謂反信也，君子言不必信，唯義所在耳。賜能敏而不能詘，言人雖辨敏，❶亦宜有屈折時也。由能勇而不能怯，師能莊而不能同。言人雖矜莊，亦當有和同時也。兼四子者之有以易，吾弗與也。此其所以事吾而弗貳也。」

孔子遊於泰山，見榮聲期聲，宜爲啓。或曰榮益期也。行乎郕之野，鹿裘帶索，瑟瑟而歌。❷孔子問曰：「先生所以爲樂者，何也？」期對曰：「吾樂甚多，而至者三：天生萬物，唯人爲貴。吾既得爲人，是一樂也。男女之别，男尊女卑，故人以男爲貴。吾既得爲男，是二樂也。人生有不見日月，不免襁褓者。吾既以行年九十五矣，是三樂也。貧者，士之常；死者，人之終。處常得終，當何憂哉？」孔子曰：「善哉！能自寬者也。」得，宜爲待。

孔子曰：「回有君子之道四焉：强於行義，弱於受諫，怵於待禄，怵，怵惕也。待，宜爲得也。❸慎於治身。史鰌有君子之道三焉：❹不仕而敬上，不祀而敬鬼，直己而曲人。」❺曾子侍，曰：「參昔常聞夫子三言而

❶「辨敏」，四庫本作「敏辯」。
❷「瑟瑟」，玉海堂本、四庫本作「鼓琴」。
❸「得」，玉海堂本、四庫本作「持」。
❹「君」，原誤作「男」，今據玉海堂本、四庫本改。
❺「曲」下，玉海堂本、四庫本有「於」字。

未之能行也：❶夫子見人之一善而忘其百非，是夫子之易事也；見人之有善，若己有之，是夫子之不争也；聞善必躬行之，然後導之，是夫子之能勞也。學夫子之三言而未能行，以自知終不及二子者也。」二子，顏回、史鰌也。

孔子曰：「吾死之後，則商也日益，賜也日損。」曾子曰：「何謂也？」子曰：「商也好與賢己者處，賜也好説不若己者。不知其子，視其父；不知其人，視其友；不知其君，視其所使；不知其地，視其草木。故曰：與善人居，如入芝蘭之室，久而不聞其香，即與之化矣。與不善人居，如入鮑魚之肆，❷久而不聞其臭，亦與之化矣。丹之所藏者赤，漆之所藏者黑，是以君子必慎其所與處者焉。」

曾子從孔子之齊。❸齊景公以下卿之禮聘曾子，曾子固辭。將行，晏子送之，曰：「吾聞之，君子遺人以財，不若善言。今夫蘭本三年，湛之以鹿醢，❹既成，噉之，則易之匹馬。非蘭之本性也，所以湛者美矣。願子詳其所湛者。夫君子居必擇處，遊必擇方，仕必擇君。擇君所以求仕，擇方所以修道。遷風移俗者，嗜慾移性，❺可不慎乎？」孔子聞之，曰：「晏子之言，君子哉！依賢者固不困，依富者固不窮。馬蚿斬足而復行，何也？以其輔之者衆。」

孔子曰：「以富貴而下人，❻何人不尊？以富貴而愛人，何人不親？發言不

❶「夫子」下，四庫本有「之」字。
❷「肆」，原誤作「肂」，今據玉海堂本、四庫本改。
❸「之」，玉海堂本、四庫本作「於」。
❹「醢」，原誤作「酭」，今據玉海堂本、四庫本改。
❺「慾」，玉海堂本作「欲」。
❻「以」，原誤作「與」，今據玉海堂本、四庫本改。

逆，可謂知言矣。言而衆嚮之，可謂知時矣。是故以富而能富人者，欲貧不可得也；以貴而能貴人者，欲賤不可得也；以達而能達人者，欲窮不可得也。」

孔子曰：「中人之情也，有餘則侈，不足則儉，無禁則淫，無度則逸，從欲則敗。是故鞭朴之子不從父之教，刑戮之民不從君之令。此言疾之難忍，急之難行也。故君子不急斷，不急制，使飲食有量，衣服有節，宮室有度，畜積有數，車器有限，所以防亂之原也。夫度量不可不明，❶是中人所由之令。」教令之令。

孔子曰：「巧而好度必攻，攻，堅。勇而好問必勝，智而好謀必成。以愚者反之。是以非其人，告之弗聽；非其地，樹之弗生。得其人，如聚砂而雨之；言立入也。非其人，如會聾而鼓之。夫處重擅寵，專事妬賢，愚者之情也。位高則危，任重則崩，可立而待。」

孔子曰：「舟非水不行，水入舟則没。君非民不治，民犯上則傾。是故君子不可不嚴也，小人不可不整一也。」

齊高庭問於孔子曰：「庭不曠山，不直地，庭，高庭名也。曠，隔也。不以山爲隔，踰山而來。直，宜爲植。不根於地，而遠來也。衣穰而提贄，穰，蒿草衣。提，持。贄，所以執爲禮也。精氣以問事君子之道，願夫子告之。」孔子曰：「貞以幹之，貞正以爲幹植。❷敬以輔之，施仁無倦。見君子則舉之，見小人則退之，去汝惡心而忠與之。效其行，修其禮，千里之外，親如兄弟；行不效，禮不修，則對門不汝通

❶「不明」，原誤脱「不」字，今據四庫本補。
❷「貞」，原誤作「真」，今據玉海堂本、四庫本改。

矣。夫終日言，不遺己之憂；終日行，不遺己之患。唯智者能之。故自修者，必恐懼以除患，恭儉以避難者也。終身爲善，一言則敗之，可不慎乎？」

辯物第十六

季桓子穿井，獲如玉缶，❶其中有羊焉。使使問孔子曰：❷「吾穿井於費，而於井中得一狗，何也？」孔子曰：「丘之所聞者羊也。丘聞之：木石之怪，夔、蝄蜽；水之怪，龍、罔象；土之怪，羵羊也。」

吳伐越，隳會稽，吳王夫差敗越王勾踐，棲於會稽，吳又隳之。❸會稽，山也。隳，毀者也。獲巨骨一節，專車焉。吳子使來聘於魯，且問之孔子，命使者曰：「無以吾命也。」賓既將事，乃發幣於大夫。及孔子，賜大夫，及孔子。孔子爵之。飲酒。既徹俎而燕，客執骨而問曰：「敢問骨何如爲大？」孔子曰：「丘聞之，昔禹致羣臣於會稽之山，防風後至，禹殺而戮之，其骨專車焉。此爲大矣。」客曰：「敢問誰守爲神？」孔子曰：「山川之靈足以紀綱天下者，其守爲神。守山川之祀者爲神。諸侯社稷之守爲公侯。❹但守社稷，無山川之祀者，直爲公侯而已。山川之祀者爲諸侯。皆屬於王。」神與公侯之屬也。客曰：「防風何守？」孔子曰：「汪芒氏之君，守封嵎山者，汪芒，國名。封嵎，山名。爲漆姓。在虞、夏、商

---

❶「玉缶」，玉海堂本、四庫本作「土缶」。

❷「問」下，玉海堂本、四庫本有「於」字。

❸「又」，玉海堂本、四庫本作「人」。

❹「諸侯」，四庫本同，玉海堂本作「謂諸侯」，二本皆作注語，與上句下注文相連屬，然皆文義窒礙不通。考上下文意，此處「諸侯」二字當爲衍文。

爲汪芒氏，於周爲長翟氏，❶今曰大人。」周之初及當孔子之時，其名異也。有客曰：❷「人長之極幾何？」孔子曰：「焦僥氏長三尺，❸短之至也。長者不過十，數之極也。」

孔子在陳，陳惠公賓之于上館。時有隼集陳侯之庭而死，隼，鳥也。始集庭便死。楛矢貫之，石砮，楛，木名。砮，箭鏃。其長尺有咫。咫，八寸也。惠公使人持隼如孔子館而問焉。孔子曰：「隼之來遠矣。此肅慎氏之矢。肅慎氏之矢也。昔武王克商，通道于九夷百蠻，九夷，東方九種。百蠻，夷狄百種。使各以其方賄來貢，而無忘職業。於是肅慎氏貢楛矢，石砮，其長尺有咫。先王欲昭其令德之致遠物也，以示後人，使永鑒焉，❹故銘其栝曰：『肅慎氏貢楛矢。』栝，箭栝也。❺以分大姬，配胡公，而封諸陳。大姬，武王女。胡公，舜之後。古者分同姓以珍玉，所以展親親也；分異姓以遠方之職貢，所以無忘服也。故分陳以肅慎氏貢焉。君若使有司求諸故府，其可得也。」公使人求，得之金櫝，❻如之。櫝，匱也。

郯子朝魯。魯人問曰：「少昊氏以鳥名官，何也？」魯人，叔孫昭子。少昊，金天氏也。對曰：「吾祖也，我知之。昔黄帝以雲紀官，故爲雲師而雲名。黄帝，軒轅氏。師，長也。雲紀其官長，而爲官名者也。炎帝以火，神農氏也。共工以水，共工霸九州也。大昊以龍，包犧氏也。其義一也。火師而火名也，龍師而龍名也。我高祖少昊摯之立也，鳳鳥適至，是以紀之於

❶「翟」，原誤作「瞿」，今據玉海堂本、四庫本改。
❷「有」，四庫本無此字。
❸「焦」，四庫本作「僬」。
❹「鑒」，四庫本作「監」。
❺此處注文，四庫本作「箭也」。
❻「櫝」，原誤作「牘」，今據四庫本改。下注文同。

鳥，故爲鳥師而鳥名。自顓頊氏以來，❶不能紀遠，乃紀於近，爲民師而命以民事，則不能故也。」言不能紀遠方。孔子聞之，遂見郯子而學焉。既而告人曰：「吾聞之，天子失官，學在四夷，猶信。」郯，小國也。故吴伐郯，季文子歎曰：「中國不振旅，蠻夷入伐，❷吾亡無日矣。」孔子稱官學在四夷，疾時之廢學也。郯，少昊之後，以其世則遠矣，以其國則小矣。魯，公之後。以其世則近矣，❸以其國則大矣，然其知禮不若郯子。故孔子發此言，疾時之不學也。

邾隱公朝于魯，子貢觀焉。子貢時爲魯大夫也。邾子執玉高，其容仰。定公受玉卑，其容俯。玉所以聘于王。❹子貢曰：「以禮觀之，二君者將有死亡焉。夫禮，生死存亡之體。將左右周旋，進退俯仰，於是乎取之；朝、祀、喪、戎，於是乎觀之。今正月相朝，而皆不度，不得其法度也。心以亡矣。嘉事不體，朝聘亦嘉事也。不體，不得其體。何以能久？高仰，驕。卑俯，替。驕近亂，替近疾。君爲主，❺其先亡乎？」夏五月，公薨。又邾子出奔。孔子曰：「賜不幸而言中，是賜多言。」

孔子在陳，陳侯就之燕遊焉。❻行路之人云：「魯司鐸災，司鐸，❼官名。及宗廟。」以告孔子。子曰：「所及者其桓、僖之廟。」桓公、僖公。陳侯曰：「何以知之？」子曰：「禮，祖有功而宗有德，故不毁其廟焉。今桓、僖之親盡矣，又功德不足以存其廟，而魯不毁，是以天災加之。」三日，魯使至。

❶「頊」，原誤作「項」，今據玉海堂本、四庫本改。
❷「入」，原誤作「之」，今據玉海堂本、四庫本改。
❸「近」，原誤作「遠」，今據玉海堂本、四庫本改。
❹「于王」，原誤作「子玉」，今據四庫本改。
❺「君」，原誤作「若」，今據玉海堂本、四庫本改。
❻「遊」，玉海堂本、四庫本無此字。
❼「鐸」，原誤作「驛」，今據玉海堂本、四庫本改。

問焉，則桓、僖也。陳侯謂子貢曰：「吾乃今知聖人之可貴。」對曰：「君之知之，可矣。未若專其道而行其化之善也。」

陽虎既奔齊，自齊奔晉，適趙氏。孔子聞之，謂子路曰：「趙氏其世有亂乎？」子路曰：「權不在焉，豈能爲亂？」❶孔子曰：「非汝所知。夫陽虎親富而不親仁。有寵於季孫，又將殺之。不尅而奔，求容於齊。齊人囚之，乃亡歸晉。是齊魯二國已去其疾。趙簡子好利而多信，必溺其説而從其謀，禍敗所終，非一世可知也。」

季康子問於孔子曰：「今周十二月，夏之十月，而猶有螽，何也？」孔子對曰：「丘聞之：火伏而後蟄者畢。火，大火，心星也。蟄，蟄蟲也。今火猶西流，司歷過也。」季康子曰：「所失者幾月也？」孔子曰：「於夏十月，火既没矣。今火見，再失閏也。」

吳王夫差將與哀公見晉侯，吳子、魯哀公十三年與晉侯會于黄池。❷子服景伯對使者曰：「王合諸侯，則伯率侯牧以見於王。伯，王官。侯牧，方伯名。伯合諸侯，則侯率子男以見於伯。伯，侯牧也。今諸侯會而君與寡君見晉君，則晉成爲伯也。且執事以伯召諸侯，而以侯終之，何利之有焉？」吳人乃止。既而悔之，遂囚景伯。伯謂大宰嚭曰：「魯將以十月上辛有事于上帝、先王，季辛而畢。有事，祭。所以欺吳也。何也世有職焉，何，景伯名。自襄已來未之改也，❸襄，魯襄公是也。若其不會，則祝宗將曰：『吳實然。』」嚭言於夫差，歸之。子貢聞之，見於

❶「能」，原誤作「不」，今據玉海堂本、四庫本改。

❷「三」，原作「二」，今據玉海堂本改。

❸「未之改也」，原誤作「之改之」，今據玉海堂本、四庫本改。

孔子曰：「子服氏之子拙於説矣。以實獲囚，以詐得免。」孔子曰：「吴子爲夷德，可欺而不可以實。是聽者之蔽，非説者之拙也。」

叔孫氏之車士曰子鉏商，車士，持車者。❶子，姓也。❷採薪於大野，《春秋經》：魯哀公十四年，西狩獲麟。《傳》曰：「西狩大野」。今此曰「採薪於大野」，若車士子鉏商非狩者，❸採薪西獲麟。❹麟，瑞物，時見狩獲，故《經》書「西狩獲麟」也。獲麟焉。折其前左足，載以歸。叔孫以爲不祥，棄之於郭外。《傳》曰：「以賜虞人」，棄之郭外，將以賜虞人也。使人告孔子曰：「有麏而角者，何也？」孔子往觀之，曰：「麟也。胡爲來哉？胡爲來哉？」反袂拭面，涕泣沾衿。叔孫聞之，然後取之。子貢問曰：「夫子何泣爾？」孔子曰：「麟之至，爲明王也。出非其時而見害，❺吾是以傷焉。」

哀公問政第十七

哀公問政於孔子，孔子對曰：「文武之政，布在方策。方，板。其人存，則其政舉；其人亡，則其政息。天道敏生，人道敏政，地道敏樹。夫政者，猶蒲盧也，蒲盧，蜾蠃也，謂土蠭也。取螟蛉而化之。以君子爲政化百姓，亦如之者也。待化以成。故爲政在於得人，取人以身，修道以仁。仁者，人也，親親爲大；義者，宜也，尊賢爲大。親親之殺，尊賢之等，禮所以生也。禮者，政之本也。是以

❶「持」，四庫本作「將」。
❷「也」下，玉海堂本有「鉏商，名」三字。
❸「若車士子」，玉海堂本、四庫本作「時實自狩」。
❹「西」，玉海堂本、四庫本作「而」。
❺「見」，原脱，今據玉海堂本、四庫本補。

君子不可以不修身。思修身，不可以不事親。思事親，不可以不知人。思知人，不可以不知天。天下之達道有五，其所以行之者三，曰：君臣也，父子也，夫婦也，昆弟也，朋友也。五者，天下之達道。智、仁、勇三者，天下之達德也，所以行之者一也。或生而知之，或學而知之，或困而知之，及其知之，一也。或安而行之，或利而行之，或勉强而行之，及其成功，一也。」公曰：「子之言美矣，至矣！寡人實固，不足以成之也。」孔子曰：「好學近乎智，力行近乎仁，知耻近乎勇。知斯三者，則知所以修身；知所以修身，則知所以治人；知所以治人，則能成天下國家者矣。」公曰：「政其盡此而已乎？」孔子曰：「凡爲天下國家有九經，曰：修身也，尊賢也，親親也，敬大臣也，體羣臣也，子庶民也，❶來百工也，柔遠人也，懷諸侯也。夫修身則道立，尊賢則不惑，親親則諸父兄弟不怨，❷敬大臣則不眩，體羣臣則士之報禮重，子庶民則百姓勸，來百工則財用足，柔遠人則四方歸之，懷諸侯則天下畏之。」公曰：「爲之柰何？」孔子曰：「齊潔盛服，非禮不動，所以修身也；去讒遠色，賤財而貴德，❸所以尊賢也；爵其能，重其禄，同其好惡，所以篤親親也；官盛任使，所以敬大臣也；盛其官，委任使之也。忠信重禄，所以勸士也；忠信者與之重禄也。時使薄斂，所以子百姓也；❹日省月考，❺既廩稱事，❻所以來百工也；既廩，食

❶「子庶民」，玉海堂本、四庫本作「重庶民」，下文同。
❷「兄」，四庫本作「昆」。
❸「財」，玉海堂本、四庫本作「利」。
❹「子」，四庫本作「勸」。
❺「考」，四庫本作「試」。
❻「既」，玉海堂本、四庫本作「餼」。下注文同。

之多寡，稱其事也。送往迎來，嘉善而矜不能，所以綏遠人也；繼絶世，舉廢邦，治亂持危，朝聘以時，厚往而薄來，所以懷諸侯也。治天下國家有九經，其所以行之者一也。凡事豫則立，不豫則廢。言前定則不跲，跲，躓。事前定則不困，行前定則不疚，道前定則不窮。在下位不獲于上，民弗可得而治矣。獲于上有道：不信于友，不獲于上矣。信于友有道：不順于親，不信于友矣。順于親有道：反諸身不誠，不順于親矣。誠身有道：不明于善，不誠于身矣。誠者，天之至道也。❶誠之者，人之道也。夫誠，弗勉而中，不思而得，從容中道，聖人之所以體定也。❷誠之者，擇善而固執之者也。」公曰：「子之教寡人備矣，敢問行之所始。」孔子曰：「立愛自親始，教民睦也；立敬自長始，教民順也。教之慈睦，而民貴有親；教以敬，而民貴用命。民既孝於親，又順以聽命，措諸天下，無所不可。」公曰：「寡人既得聞此言也，懼不能果行而獲罪咎。」

宰我問於孔子曰：「吾聞鬼神之名而不知所謂，敢問焉。」孔子曰：「人生有氣有魄。❸氣者，人之盛也。❹精氣者，人神之盛也。夫生必死，❺死必歸土，此謂鬼。魂氣歸天，此謂神。合鬼與神而享之，教之至也。合神鬼而事之者，孝道之至。孝者，教之所由生也。骨肉弊於下，化爲野土。其氣發揚于上者，❻此神之著也。聖人因物之精，制爲之極，極，中。制爲中法。明命鬼神，以爲民之則。明

❶「至」，玉海堂本、四庫本無此字。
❷「體定」，玉海堂本、四庫本作「定體」。
❸「魄」，原誤作「魂」，今據玉海堂本、四庫本及下文改。
❹「人」，玉海堂本、四庫本作「神」。
❺「夫」，玉海堂本、四庫本作「衆」。
❻「發」，四庫本無此字。

命，猶尊名，使民事其祖禰也。而猶以是爲未足也，故築爲宮室，設爲宗祧，宗，宗廟也。祧，遠廟也。天子特有二祧。諸侯謂始祖爲祧也。春秋祭祀，以別親疎，教民反古復始，不敢忘其所由生也。衆人服自此，❶聽且速焉。❷聽，謂慎教令也。教以二端，二端既立，報以二禮：二端，氣與魄也。❸二禮，謂薦黍稷也。建設朝事，薦腥時也。❹燔燎羶薌，所以報氣也。❺謂以蕭光取祭脂，以合羶香。薦黍稷，所謂饋食也。修肺、肝，加以鬱鬯，所以報魄也。鬱，香草。鬯，❻樽也。此教民修本反始崇愛，上下用情，禮之至也。民能不忘其所由生，然後能相愛也。上下，謂尊卑。用情，謂親也。君子反古復始，不忘其所由生。是以致其敬，發其情，竭力從事，不敢不自盡也。❼此之謂大教。昔者文王之祭也，事死如事生，思死而不欲生，忌日則必哀，稱諱則如見親，祀之忠也。思之深，如見親之所愛。祭欲見親之顏色者，❽其唯文王與？《詩》云：『明發不寐，有懷二人。』則文王之謂與？假此詩以喻文王。二人，謂父母也。祭之明日，明發不寐，有懷二人，敬而致之，又從而思之。祭之日，樂與哀半，饗之必樂，已至必哀，已至，謂祭事已畢，❾不知親饗否，故哀。孝子之情也。文王爲能得之矣。」

孔子家語卷第四終

❶「人」，玉海堂本、四庫本作「之」。
❷「聽」上，玉海堂本、四庫本有「故」字。
❸「氣與魄也」，玉海堂本、四庫本作「謂氣魄也」。
❹「腥」，原誤作「醒」，今據玉海堂本、四庫本改。
❺「所以報氣也」至「鬱鬯」三十一字，原脱，今據玉海堂本、四庫本補。
❻「鬯」，原誤作「鬱」，今據玉海堂本、四庫本改。
❼「自」，四庫本無此字。
❽「之」，原脱，今據玉海堂本、四庫本補。
❾「已」，原誤作「以」，今據玉海堂本、四庫本改。

孔子家語卷第五

顏回第十八

魯定公問於顏回曰：「子亦聞東野畢之善御乎？」對曰：「善則善矣，雖然，其馬將必佚。」定公色不悦，謂左右曰：「君子固有誣人也？」顏回退，後三日，牧來訴之曰：「東野畢之馬佚，兩驂曳兩服入于廐。」公聞之，越席而起，促駕召顏回。回至，公曰：「前日寡人問吾子以東野畢之御，而子曰：『善則善矣，其馬將佚。』不識吾子奚以知之？」顏回對曰：「以政知之。昔者帝舜巧於使民，造父巧於使馬。舜不窮其民力，造父不窮其馬力。是以舜無佚民，造父無佚馬。今東野畢之御也，升馬執轡，御體正矣；馬非爲車。步驟馳騁，朝禮畢矣；馬步驟馳騁，盡禮之儀也。歷險致遠，馬力盡矣。然而猶乃求馬不已，臣以此知之。」公曰：「善！誠若吾子之言也。吾子之言，其義大矣。願少進乎。」顏回曰：「臣聞之：鳥窮則啄，獸窮則攫，人窮則詐，馬窮則佚。自古及今，未有窮其下而能無危者也。」公悦，遂以告孔子。孔子對曰：「夫其所以爲顏回者，此之類也，豈足多哉？」

孔子在衛，昧旦晨興。顏回侍側，聞哭者之聲甚哀，子曰：「回，汝知此何所哭乎？」對曰：「回以此哭聲非但爲死者而已，又有生離別者也。」子曰：「何以知之？」對曰：「回聞桓山之鳥生四子焉，羽翼既成，將分于四海，其母悲鳴而送之，哀聲有似於此，謂其往而不返也。回竊以音類知之。」孔子使人問哭者，果曰：「父死家貧，賣子以葬，與之長決。」子曰：「回也，善於識音矣。」

顏回問於孔子曰：「成人之行若何？」子曰：「達于情性之理，通於物類之變，知幽明之故，覩游氣之原，若此可謂成人矣。既能成人，而又加之以仁義禮樂，成人之行也。若乃窮神知禮，德之盛也。」禮，宜爲化。

顏回問於孔子曰：「臧文仲、武仲孰賢？」孔子曰：「武仲賢哉。」顏回曰：「武仲世稱聖人而身不免於罪，是智不足稱也。武仲爲季氏廢適立庶，爲孟氏所譖，出奔于齊。好言兵討而挫銳於邾，是智不足名也。武仲與邾戰而敗績，國人頌之曰：『我君小子侏儒，使我敗於邾。』❶夫文仲，其身雖殁而言不朽，❷惡有未賢？」立不朽之言，故以爲賢。孔子曰：「身殁言立，所以爲文仲也。然猶有不仁者三，不智者三，是則不及武仲也。」回曰：「可得聞乎？」孔子曰：「下展禽，展禽，柳下惠。知其賢而使在下位，不與立於朝也。置六關，六關，關名。魯本無此關，文仲置之以稅行者，故爲不仁。《傳》曰「廢六關」，非也。妾織蒲，《傳》曰「織蒲」。蒲，席也。言文仲爲國爲家，在於貪利也。三不仁。設虛器，居蔡。蔡，天子之守龜，非文仲所有，故曰虛器也。縱逆祀，夏父弗忌爲宋人躋僖公於閔公之上，文仲縱而不禁也。祠海鳥，海鳥止于魯東門之上，文仲不知而令國人祠之，是不知也。三不智。武仲在齊，齊將

❶「使」上，玉海堂本有「是使侏儒」四字，四庫本有「是使侏儒，侏儒」六字。《左傳・襄公四年》：「我君小子，朱儒是使。朱儒朱儒，使我敗於邾。」

❷「朽」，原誤作「杇」，今據玉海堂本、四庫本改。注同。

有禍，不受其田，以避其難，武仲奔齊，❶齊莊公將與之田，武仲知莊公將有難，辭而不受也。是智之難也。夫臧武仲之智，❷而不容於魯，抑有由焉：作而不順，施而不恕也夫。不順、不恕，爲廢適立庶。武仲之所以然，欲爲施於季氏也。《夏書》曰：『念茲在茲，順事恕施。』」念此在常，❸當順其事，恕其施也。

顏回問君子，❹孔子曰：「愛近仁，度近智，度事而行，近於智也。爲己不重，爲人不輕，君子也夫。」不重爲人。回曰：「敢問其次。」子曰：「弗學而行，弗思而得。小子勉之。」

仲孫何忌問於顏回曰：「仁者一言而必有益於仁智，可得聞乎？」回曰：「一言而有益於智，莫如預；❺一言而有益於仁，莫如恕。夫知其所不可由，斯知所由矣。」

顏回問小人，孔子曰：「毀人之善以爲辯，狡訐懷詐以爲智，幸人之有過，耻學而羞不能，小人也。」

顏回問子路曰：「力猛於德而得其死者，鮮矣。盍慎諸焉？」孔子謂顏回曰：「人莫不知此道之美，而莫之御也，御，猶待也。莫之爲也，何居爲聞者？盍日思也夫！」爲聞盍日有聞而後言者。

顏回問於孔子曰：「小人之言有同乎？君子者不可不察也。」孔子曰：「君子以行言，小人以舌言。故君子於爲義之上相疾也，❻退而相愛；相疾，❼急欲相勸令爲仁義。

❶「奔」，玉海堂本、四庫本作「在」。
❷「武」，原誤作「文」，今據玉海堂本、四庫本改。
❸「念」，原誤作「今」，今據玉海堂本、四庫本改。
❹「君子」上，原衍「於」字，今據玉海堂本、四庫本删。
❺「預」，四庫本作「豫」。
❻「於」，原脱，今據玉海堂本、四庫本補。
❼「疾」，原誤作「病」，今據玉海堂本、四庫本改。

小人於爲亂之上相愛也，退而相惡。」樂並爲亂，❶是以相愛，小人之情不能久親也。

顔回問朋友之際如何，孔子曰：「君子之於朋友也，心必有非焉，而弗能謂吾不知。其仁人也，不忘久德，不思久怨，仁矣夫。」

叔孫武叔見未仕於顔回，回曰：「賓之。」武叔多稱人之過而己評論之，顔回曰：「固子之來辱也，宜有得於回焉。吾聞知諸孔子，曰：❷『言人之惡，非所以美己；言人之枉，非所以正己。故君子攻其惡，無攻人之惡。』」❸

顔回謂子貢曰：「吾聞諸夫子：『身不用禮而望禮於人，身不用德而望德於人，亂也。』夫子之言，不可不思也。」

子路初見第十九

子路見孔子，子曰：「汝何好樂？」對曰：「好長劍。」孔子曰：「吾非此之問也，徒謂以子之所能，而加之以學問，豈可及乎？」子路曰：「學豈益也哉？」❹孔子曰：「夫人君而無諫臣則失正，士而無教友則失聽。御狂馬不釋策，御狂馬者，不得釋箠策也。操弓不反檠。弓不反於檠，然後可持也。木受繩則直，人受諫則聖。受學重問，孰不順哉？毀仁惡士，❺必近於刑。謗毀仁者，憎

❶「並」，玉海堂本、四庫本作「施」。
❷「知」，玉海堂本、四庫本無此字。
❸「之」，原脱，今據玉海堂本、四庫本補。
❹「也哉」，原誤作「哉也」，今據玉海堂本、四庫本改。
❺「士」，原誤作「仕」，今據玉海堂本、四庫本改。

怒士人，❶必主於刑也。君子不可不學。」子路曰：「南山有竹，不揉自直。❷斬而用之，達于犀革。以此言之，何學之有？」孔子曰：「括而羽之，鏃而礪之，其入之不亦深乎？」子路再拜曰：「敬而受教。」

子路將行，辭於孔子，子曰：「贈汝以車乎？贈汝以言乎？」子路曰：「請以言。」孔子曰：「不强不達，人不以强力，則不能自達。不勞無功，不忠無親，不信無復，信近於義，言可復也。今而不信，則無可復。不恭失禮，慎此五者而矣。」子路曰：「由請終身奉之。敢問親交取親若何？言寡可行若何？長爲善士而無犯若何？」孔子曰：「汝所問苞在五者中矣。親交取親，其忠也。言寡可行，其信乎。長爲善士而無犯，於禮也。」

孔子爲魯司寇，見季康子，康子不悦。當爲桓子，非康子也。孔子又見之。宰予進曰：「昔予也常聞諸夫子曰：『王公不我聘，則弗動。』今夫子之於司寇也日少，謂在司寇官少日淺。而屈節數矣，謂屈節數見於季孫。不可以已乎？」孔子曰：「然。魯國以衆相陵，以兵相暴之日久矣，而有司不治，則將亂也。其聘我者，孰大於是哉？」言聘我使在官，其爲治豈復可大於此者也？❸魯人聞之，曰：「聖人將治，何不先自遠刑罰？」自此之後，國無争者。孔子謂宰予曰：「違山十里，蟪蛄之聲，猶在於耳。故政事莫如應之。」違，去也。蟪蛄，蛁蟟也。蛁蟟之聲，去山十里猶在於耳，以其鳴而不已。言政事須慎聽之，然後行之者也。

---

❶「憎」，玉海堂本作「增」。「怒」，玉海堂本、四庫本作「怨」。

❷「揉」，原誤作「柔」，今據玉海堂本、四庫本改。

❸「可」，四庫本作「有」。

孔子兄子有孔篾者，❶與宓子賤偕仕。孔子往過孔篾，而問之曰：「自汝之仕，何得何亡？」對曰：「未有所得，而所亡者三：王事若龍，龍，宜爲聾，前後相因也。學焉得習？言不得習學也。是學不得明也。俸禄少，饘粥不及親戚，是以骨肉益踈也。❷公事多急，不得吊死問疾，是朋友之道闕也。其所亡者三，即謂此也。」孔子不悦。往過子賤，問如孔篾。對曰：「自來仕者，無所亡，其有所得者三：始誦之，今得而行之，是學益明也。俸禄所供，被及親戚，是骨肉益親也。雖有公事，而兼以弔死問疾，是朋友篤也。」孔子喟然謂子賤曰：「君子哉若人！若人，猶言是人者也。魯無君子者，則子賤焉取此？」如魯無君子者，此人安得而學之？言魯有君子也。

孔子侍坐於哀公，賜之桃與黍焉。哀公曰：「請食。」❸孔子先食黍，而後食桃。左右皆掩口而笑。公曰：「黍者所以雪，雪，拭。桃，非爲食之也。」孔子對曰：「丘知之矣。然夫黍者，五穀之長，郊禮宗廟以爲上盛。菓屬有六，而桃爲下。祭祀不用，不登郊廟。丘聞之，君子以賤雪貴，不聞以貴雪賤。今以五穀之長雪菓之下者，是從上雪下。臣以爲妨於教，害於義，故不敢。」公曰：「善哉。」

子貢曰：「陳靈公宣婬於朝，靈公與卿共婬夏姬。泄冶正諫而殺之，❹是與比干諫而死同，可謂仁乎？」子曰：「比干於紂，親則

---

❶「孔篾」，玉海堂本作「孔蔑」。下同。
❷「以」，四庫本無此字。
❸「食」，玉海堂本、四庫本無此字。
❹「泄冶」，原誤作「泄治」，今據玉海堂本、四庫本改。下文「泄冶」同。

諸父，官則少師，忠報之心，在於宗廟而已，固必以死争之。冀身死之後，紂將悔寤，其本志情在於仁者也。泄冶之於靈公，位在大夫，無骨肉之親，懷寵不去，仕於亂朝。以區區之一身，欲正一國之婬昏，死而無益，可謂狷矣。❶《詩》云：『民之多辟，❷無自立辟。』僻，邪辟。其泄冶之謂乎！」

孔子相魯，齊人患其將霸，欲敗其政。乃選好女子八十人，衣以文飾而舞《容璣》，《容璣》，舞曲。及文馬四十駟，駟，四馬也。以遺魯君。陳女樂，列文馬于魯城南高門外。季桓子微服往觀之再三，將受焉，告魯君爲周道遊觀。觀之終日，怠於政事。子路言於孔子曰：「夫子可以行矣。」孔子曰：「魯今且郊，若致膰於大夫，膰，祭肉也。是則未廢其常，吾猶可以止也。」桓子既受女樂，君臣淫荒，三日不聽國政，郊又不致膰俎。孔子遂行，宿於郭屯。師以送，曰：「夫子非罪也。」孔子曰：「吾歌可乎？」歌曰：「彼婦人之口，可以出走。彼婦人之謁，❸可以死敗。言婦人口請謁，❹足以使人死敗，故可出走。優哉游哉，聊以卒歲。」言士不遇，優游以終歲也。

澹臺子羽有君子之容，而行不勝其貌。宰我有文雅之辭，而智不充其辯。孔子曰：「里語云：『相馬以輿，相士以居。』弗可廢矣。以容取人，則失之子羽。以辭取人，則失之宰予。」

孔子曰：「君子以其所不能畏人，小人

❶「狷」，原誤作「捐」，今據玉海堂本、四庫本改。
❷「辟」，玉海堂本、四庫本作「僻」。
❸「謁」，原誤作「請」，今據玉海堂本、四庫本改。
❹「言」，玉海堂本作「謂」。

以其所不能不信人。故君子長人之才，小人抑人而取勝焉。」

孔篾問行己之道，子曰：「知而弗爲，莫如勿知；親而弗信，莫如勿親。樂之方至，樂而勿驕；患之將至，思而勿憂。」孔篾曰：「行己乎？」子曰：「攻其所不能，補其所不備。毋以其所不能疑人，毋以其所能驕人。終日言，無遺己憂；❶終日行，不遺己患。唯智者有之。」

在厄第二十

楚昭王聘孔子，孔子往拜禮焉，路出于陳、蔡。陳、蔡大夫相與謀曰：「孔子聖賢，其所刺譏，皆中諸侯之病。若用於楚，則陳、蔡危矣。」遂使徒兵距孔子。孔子不得行，絶糧七日，外無所通，藜羹不充，從者皆病。孔子愈慷慨講誦，❷絃歌不衰。乃召子路而問焉，曰：「《詩》云：『匪兕匪虎，率彼曠野。』率，修也。❸言非兕虎而修曠野也。吾道非乎？奚爲至於此？」子路愠，作色而對曰：「君子無所困。意者夫子未仁與？言人不信，豈以未仁故也。人之弗吾信也。意者夫子未智與？人之弗吾行也。言人不使通行而困窮者，豈以吾未智也。且由也昔者聞諸夫子：爲善者天報之以福，爲不善者天報之以禍。今夫子積德懷義，行之久矣，奚居之窮也？」子曰：「由未之識也，吾語汝。汝以仁者爲必信也，則伯夷、叔齊不餓死首陽？汝以智者爲必用也，則王子比干不見剖心？汝以忠者爲必報也，則

❶「己」下，原衍「之」字，今據玉海堂本、四庫本删。
❷「誦」，原脱，今據玉海堂本、四庫本補。
❸「修」，玉海堂本、四庫本作「循」。下「修」字同。

闕龍逢不見刑？汝以諫者爲必聽也，則伍子胥不見殺？夫遇不遇者，時也。賢不肖者，才也。君子博學深謀而不遇時者衆矣，何獨丘哉？且芝蘭生於深林，不以無人而不芳；君子修道立德，不謂窮困而改節。❶爲之者人也，生死者命也。是以晉重耳之有霸心，生於曹、衛。重耳，晉文公也。爲公子時出奔，困於曹衛。越王勾踐之有霸心，生於會稽。言越王之有霸心，乃生困於會稽之時也。❷故居下而無憂者，則思不遠；處身而常逸者，則志不廣。庸知其終始乎？」庸，用也。汝何用知其終始，或者晉文公、越王之時也。❸

子路出，召子貢，告如子路。子貢曰：「夫子之道至大，故天下莫能容夫子。夫子盍少貶焉？」子曰：「賜，良農能稼，不必能穡；種之爲稼，歛之爲穡。良農能善種之，❹未必能歛穫之也哉。良工能巧，不能爲順。言良工能巧，不能每順人意也。君子能修其道，綱而紀之，不必其能容。今不修其道而求其容，賜，爾志不廣矣，思不遠矣。」子貢出，顔回入，問亦如之。顔回曰：「夫子之道至大，天下莫能容。雖然，夫子推而行之，世不我用，有國者之醜也。夫子何病焉？不容然後見君子。」孔子欣然歎曰：「有是哉，顔氏之子！吾亦使爾多財，吾爲爾宰。」宰，主財者。爲汝主財，意志同也。❺

子路問於孔子曰：「君子亦有憂乎？」

---

❶「謂」，玉海堂本、四庫本作「爲」。「改」，玉海堂本、四庫本作「敗」。

❷「生」，玉海堂本、四庫本作「坐」。

❸「晉」，玉海堂本、四庫本作「若」。

❹「良」上，玉海堂本、四庫本有「言」字。「善」，原誤作「蓋」，今據玉海堂本、四庫本改。

❺「意」，玉海堂本、四庫本作「言」。「志」下，四庫本有「之」字。

子曰：「無也。君子之修行也，其未得之，則樂其意。既得之，又樂其治。是以有終身之樂，無一日之憂。小人則不然，其未得也，患弗得之。既得之，又恐失之。是以有終身之憂，無一日之樂也。」

曾子弊衣而耕於魯，魯君聞之，而致邑焉，曾子固辭不受。或曰：「非子之求，君自致之，奚固辭也？」曾子曰：「吾聞受人施者常畏人，與人者常驕人。縱君有賜，不我驕也，吾豈能勿畏乎？」孔子聞之，曰：「參之言，足以全其節也。」

孔子厄於陳、蔡，從者七日不食。子貢以所齎貨竊犯圍而出，告糴於野人，得米一石焉。顔回、仲由炊之於壤屋之下，❶有埃墨墮飯中，顔回取而食之。子貢自井望見之，不悦，以爲竊食也。入問孔子曰：「仁人廉士，窮改節乎？」孔子曰：「改節即何稱於仁廉哉？」子貢曰：「若回也，其不改節乎？」子曰：「然。」子貢以所飯告孔子，子曰：「吾信回之爲仁久矣。雖汝有云，弗以疑也。其或者必有故乎？汝止，吾將問之。」召顔回曰：「疇昔予夢見先人，豈或啓祐我哉？子炊而進飯，吾將進焉。」對曰：「向有埃墨墮飯中。欲置之，則不潔。欲棄之，則可惜。回即食之，不可祭也。」孔子曰：「然乎？吾亦食之。」顔回出，孔子顧謂二三子曰：「吾之信回也，非待今日也。」二三子由此乃服之。

入官第二十一

子張問入官於孔子，入官，謂當官治民之職

❶「壤」，玉海堂本、四庫本作「壞」。

也。孔子曰：「安身取譽爲難。」子張曰：「爲之如何？」孔子曰：「己有善勿專，雖有善，當與下共之，勿專以爲己有者也。教不能勿怠，怠，懈。已過勿發，言人已過誤，無所傷害，勿發揚。失言勿掎，有人失言，勿掎角之。不善勿遂，已有不善，不可遂行。行事勿留。宜行之事，勿令留滯。君子入官，有此六者，❶則身安譽至而政從矣。衆從其政，無違教也。且夫忿數者，官獄所由生也；距諫者，慮之所以塞也；慢易者，禮之所以失也；怠惰者，時之所以後也；奢侈者，財之所以不足也；專獨者，事之所以不成也。君子入官，除此六者，則身安譽至而政從矣。故君子南面臨官大域之中而公治之，大域，猶辜較也。❷精智而畧行之，以精知之。畧行，舉其要而行之。合是忠信，考是大倫，存是美惡，進是利而除是害，無求其報焉，而民之情可得也。夫臨之無抗民之惡，治民無抗揚之志也。勝之無犯民之言，以慎勝民，言不犯民。量之無佼民之辭，佼，猶周也。度量而施政，辭不周民也。養之無擾於其時，愛之無寛於刑法，言雖愛民，不可寛於刑法，威尅其愛，故事無不成也。若此則身安譽至而民得也。君子以臨官所見則邇，故明不可蔽也；所見邇，謂察於微也。所求於邇，故不勞而得也；所求者近，故不勞而得也。所以治者約，故不用衆而譽立。凡法象在內，故法不遠而源泉不竭，法象近在於內，故不遠而源泉不竭盡。是以天下積而本不寡，言天下之事，皆積聚而成，如源泉之本，非徒不竭，乃不寡。短長得其量，人志治而不亂政。德貫乎心，藏乎志，形乎色，發乎聲，若此而身安譽至，民咸自治

❶「有」，玉海堂本、四庫本作「自」。
❷「辜」，四庫本作「大」。

矣。是故臨官不治則亂，亂生則争之者至，争之至，又於亂。小亂則争，争之甚者，又大亂至矣也。明君必寬裕以容其民，❶慈愛優柔之，而民自得矣。行者，政之始也；行爲政始，言民從行不從言也。説者，情之導也。言説者，但導達其情。善政行易而民不怨，❷言善政行簡易而民無怨者也。言調説和則民不變，調，適也。言適於事，説和於民，則不變。法在身則民象之，❸言法度常在身，則民法之。明在己則民顯之。若乃供己而不節，則財利之生者微矣。言自供不節於財，財不可供，生財之道微矣。貪以不得，則善政必簡矣。言徒貪於不得財，善政則簡畧而不脩也。苟以亂之，則善言必不聽也。詳以納之，則規諫日至。納善言也。言之善者，在所日聞；日聞善言，可行於今日也。行之善者，在所能爲。故君上者，民之儀也；有司執政者，民之表也；邇臣便僻者，羣僕之倫也。僻，宜爲辟。便辟，執事在君之左右者。倫，紀也，爲衆之紀。故儀不正則民失，表不端則百姓亂，邇臣便僻則羣臣汙矣。是以人主不可不敬乎三倫。君子修身反道，察里言而服之，服，行。則身安譽至，終始在焉。故夫女子必自擇絲麻，良工必自擇貌材，❹賢君必自擇左右。勞於取人，佚於治事。君子欲譽，則必謹其左右。爲上者，譬如緣木焉，務高而畏下滋甚。六馬之乖離，必於四達之交衢。萬民之叛道，必於君上之失政。上者尊嚴而危，民者卑賤而神。君有愛思之心感於民，故謂如神。愛之則存，惡之則亡。長民者必明此之要。故南面

❶「裕」，玉海堂本作「祐」。
❷「而」，玉海堂本、四庫本作「則」。
❸「之」，原脱，今據玉海堂本、四庫本補。
❹「貌」，玉海堂本、四庫本作「完」。

臨官，貴而不驕，富而能供，供，宜爲共，❶古恭字也。有本而能圖末，修事而能建業，既能修治舊事，又人君能建乎功業也。❷久居而不滯，情近而暢乎遠，察一物而貫乎多，治一物而萬物不能亂者，以身本者也。君子莅民，不可以不知民之性而達諸民之情。既知其性，又習其情，然後民乃從命矣。故世舉則民親之，政均則民無怨。故君子莅民，不臨以高，不亢揚也。不導以遠，不責民之所不爲，不强民之所不能。以明王之功，不因其情，則民嚴而不迎。迎，奉也。民嚴畏其上，而不奉迎其教。篤之以累年之業，不因其力，則民引而不從。引，弘也。❸教之以非其力之所堪，則民引而不從其教也矣。❹若責民所不爲，强民所不能，則民疾，疾則僻矣。民疾其上，即邪僻之心生。古者聖主冕而前旒，所以蔽明也；紘紞充耳，所以掩聰也。水至清則無魚，人至察則無徒。枉而直之，使自得之；優而柔之，使自求之；優，寬也。柔，和也。使自求其宜也。揆而度之，使自索之。揆度其法以開示之，使自索得之也。民有小罪，❺必求其善，以赦其過；民有大罪，必原其故，以仁輔化。如有死罪，其使之生，則善也。是以上下親而不離，道化流而不蘊。蘊，滯積也。故德者，政之始也。政不和，則民不從其教矣。不從教，則民不習。不習，則不可得而使也。君子欲言之見信也，莫善乎先虛其內；虛其內，謂直道而行，無情故也。❻

❶「共」，玉海堂本作「恭」。
❷「人君」，玉海堂本、四庫本無此二字。「乎」，玉海堂本、四庫本作「立」。
❸「弘」，四庫本作「導」。
❹「引」下，原衍「弘」字，今據玉海堂本、四庫本删。
❺「罪」，玉海堂本、四庫本作「過」。
❻「故」，玉海堂本、四庫本作「欲」。

欲政之速行也，莫善乎以身先之；欲民之速服也，莫善乎以道御之。故雖服必强，言民雖服，必以威强之，非心服也哉。自非忠信，則無可以取親於百姓者矣。内外不相應，則無已取信於庶民者矣。❶此治民之至道矣，入官之大統矣。」子張既聞孔子斯言，遂退而記之。

困誓第二十二

子貢問於孔子曰：「賜倦於學，困於道矣。願息於事君，可乎？」孔子曰：「《詩》云：『温恭朝夕，執事有恪。』敬也。事君之難也，焉可息哉？」曰：「然則賜願息而事親。」孔子曰：「《詩》云：『孝子不匱，永錫爾類。』匱，竭也。類，善也。孝子之道不匱竭者，能以類相傳，長錫爾以善道也。事親之難也，焉可以息哉？」曰：「然則賜請願息於妻子。」❷孔子曰：「《詩》云：『刑于寡妻，至于兄弟，以御于家邦。』刑，法也。寡，適也。御，正也。文王以正法接其寡妻，至于同姓兄弟，以正治天下之國家者矣。妻子之難也，焉可以息哉？」曰：「然則賜願息於朋友。」❸孔子曰：「《詩》云：『朋友攸攝，攝以威儀。』朋友之難也，焉可以息哉？」曰：「然則賜願息於耕矣。」孔子曰：「《詩》云：『晝爾于茅，宵爾索綯，亟其乘屋，其始播百穀。』宵，夜。綯，絞也。當以時治屋也。亟，疾也。當亟乘爾屋以善治之也。其復當脩農播百穀，言無懈怠。耕之難也，焉可以息哉？」曰：「然則賜將無所息者也？」孔子曰：

❶「已」，玉海堂本、四庫本作「可以」。

❷「則」，原脱，今據玉海堂本、四庫本補。

❸「則」，原脱，今據玉海堂本、四庫本補。

「有焉。自望其廣，則罘如也；廣，宜爲壙。❶罘，高貌。壙而高，❷冢是也。視其高，則填如也；填，塞實貌也。冢雖高而塞實也。察其從，則隔如也。言其隔而不得復相從也。此其所以息也矣。」子貢曰：「大哉乎死也！君子息焉，小人休焉。大哉乎死也！」

孔子自衛將入晉，至河，聞趙簡子殺竇犨鳴犢及舜華，乃臨河而歎曰：「美哉水，洋洋乎！丘之不濟此，命也夫！」子貢趍而進曰：「敢問何謂也？」孔子曰：「竇犨鳴犢、舜華，晉之賢大夫也。趙簡子未得志之時，須此二人而後從政。及其已得志也而殺之。丘聞之：刳胎殺夭，則麒麟不至其郊；竭澤而漁，則蛟龍不處其淵；覆巢破卵，則鳳凰不翔其邑。何則？君子違傷其類者也。違，去也。違或爲諱也。❸鳥獸之於不義尚知避之，況於人乎？」遂還，息於鄒，作《槃操》以哀之。❹《槃操》，琴曲名也。

子路問於孔子曰：「有人於此，夙興夜寐，耕芸樹藝，手足胼胝，以養其親，然而名不稱孝，何也？」孔子曰：「意者身不敬與？辭不順與？色不悅與？古之人有言曰：『人與己與不汝欺。』言人與己事實相通，不相欺也。今盡力養親而無三者之闕，何謂無孝之名乎？」孔子曰：「由，汝志之，吾語汝：雖有國士之力，而不能自舉其身，非力之少，勢不可矣。夫內行不修，身之罪也；行修而名不彰，友之罪也。行修而名自立。故君子入則篤行，出則交賢，何謂

❶「宜」，原誤作「反」，今據玉海堂本、四庫本改。
❷「壙」，原誤作「墉」，今據玉海堂本、四庫本改。
❸「爲」，玉海堂本、四庫本作「作」。
❹「操」，原誤作「琴」，今據四庫本改。

無孝名乎？」

孔子遭厄於陳、蔡之間，絶糧七日，弟子餒病。孔子絃歌。子路入見，曰：「夫子之歌，禮乎？」孔子弗應。曲終而曰：「由，來，吾語汝：君子好樂，爲無驕也；小人好樂，爲無懾也。懾，懼。其誰之子不我知而從我者乎？」其誰之子，猶言以誰氏子，謂子路，曰雖從我而不知我也。❶ 子路悦，援戚而舞，三終而出。明日，免於厄，子貢執轡，曰：「二三子從夫子而遭此難也，其弗忘矣。」孔子曰：「善。惡何也？善子貢言也。惡何，猶言是何也。夫陳、蔡之間，丘之幸也。二三子從丘者，皆幸也。吾聞之，君不困不成王，烈士不困行不彰。庸知其非激憤厲志之始於是乎在？」

孔子之宋，匡人簡子以甲士圍之。子路怒，奮戟將與戰。孔子止之，曰：「惡有修仁義而不免世俗之惡者乎？❷ 夫詩書之不講，禮樂之不習，是丘之過也。若以述先王、好古法而爲咎者，則非丘之罪也，命夫！❸ 歌，予和汝。」子路彈琴而歌，孔子和之，曲三終，匡人解甲而罷。

孔子曰：「不觀高崖，何以知顛墜之患？不臨深泉，何以知没溺之患？不觀巨海，何以知風波之患？失之者其不在此乎？❹ 不在此三者之或也。❺ 士慎此三者，則無累於身矣。」

子貢問於孔子曰：「賜既爲人下矣，而未知爲人下之道，敢問之。」子曰：「爲人下

❶ 「曰」，玉海堂本、四庫本无此字。
❷ 「世俗之惡者乎」，玉海堂本、四庫本作「俗者乎」。
❸ 「命」下，原衍「之」字，今據玉海堂本、四庫本删。
❹ 「不」，原脱，今據玉海堂本、四庫本補。
❺ 「或」，玉海堂本、四庫本作「域」。

者，其猶土乎？汩之之深則出泉。❶汩，渥。樹其壤，則百穀滋焉，草木植焉，禽獸育焉。生則出焉，死則入焉，多其功而不意，功雖多而無所意也。弘其志而無不容。❷爲人下者，當弘志如地，❸無所不容也。爲人下者以此也。」

孔子適鄭，與弟子相失，獨立東郭門外。或人謂子貢曰：「東門外有一人焉，其長九尺有六寸，河目隆顙，河目，上下匡平而長。顙，頰也。其頭似堯，其頸似臯繇，其肩似子產，然自腰已下不及禹者三寸，❹纍然如喪家之狗。」喪家狗，主人哀荒，不見飯食，❺故纍然不得意。孔子生於亂世，道不得行，故纍然，是不得意之貌也。子貢以告，孔子欣然而歎曰：「形狀，末也。如喪家之狗，然乎哉！然乎哉！」

孔子適衛，路出于蒲。會公叔氏以蒲叛衛，而止之。孔子弟子有公良儒者，❻爲人賢長，有勇力，以私車五乘從夫子行，喟然曰：「昔吾從夫子遇難于匡，又伐樹於宋，孔子與弟子行禮於大樹之下，桓魋欲害之，故先伐其樹焉。今遇困於此，命也夫！與其見夫子仍遇於難，寧我鬬死。」挺劍而合衆，將與之戰。蒲人懼，曰：「苟無適衛，吾則出子。」以盟孔子，❼而出之東門。孔子遂適衛。子貢曰：「盟可負乎？」孔子曰：「要我以盟，非義也。」衛侯聞孔子之來，喜而於郊迎之。問伐蒲，對曰：「可哉。」公曰：「吾大夫以爲蒲者，衛之所以待晉、楚也。

❶「之之」，玉海堂本、四庫本不重文。
❷「弘」，玉海堂本、四庫本作「恢」。
❸「弘志」，玉海堂本、四庫本作「恢弘其志」。
❹「已」，玉海堂本、四庫本作「以」。
❺「飯」，玉海堂本、四庫本作「飲」。
❻「儒」，四庫本作「孺」。
❼「以」，玉海堂本、四庫本作「乃」。

伐之無乃不可乎？」孔子曰：「其男子有死之志，公叔氏欲蒲適他國，故男子欲死之，不樂適也。吾之所伐者不過四五人矣。」本與叔孫同畔者也。❶ 公曰：「善。」卒不果伐。他日，靈公又與夫子語，見飛鴈過，而仰視之，色不悦，孔子乃逝。逝，行。

衛籧伯玉賢，而靈公不用。彌子瑕不肖，反任之。史魚驟諫而不從。史魚病將卒，命其子曰：「吾在衛朝，不能進籧伯玉，退彌子瑕，是吾爲臣不能正君也。生而不能正君，則死無以成禮。我死，汝置屍牖下，於我畢矣。」禮，飯含於牖下，小斂於户内，大斂於阼，殯於客位也。其子從之。靈公弔焉，怪而問焉。其子以其父言告公。公愕然失容，曰：「是寡人之過也。」於是命之殯於客位，進籧伯玉而用之，退彌子瑕而遠之。孔子聞之曰：「古之列諫之者，死則已矣。未有若史魚死而屍諫，忠感其君者也。可不謂直乎？」❷

五帝德第二十三

宰我問於孔子曰：「昔者吾聞諸榮伊曰：『黄帝三百年。』請問黄帝者，人也？抑非人也？何以能至三百年乎？」孔子曰：「禹、湯、文、武、周公，不可勝以觀也。而上世黄帝之問，將謂先生難言之故乎？」言禹湯已下，不可勝觀，乃問上世黄帝，將爲先生長老難言之故問。宰我曰：「上世之傳，隱微之説，卒采之辯，采，事也。辯，説也。卒，終也。其

❶「畔」，原誤作「伴」，今據玉海堂本改。四庫本作「叛」。

❷「可不」，原誤作「不可」，今據玉海堂本、四庫本改。

事之説也。闇忽之意，闇忽，久遠不明。❶非君子之道者，則予之問也固矣。」❷固陋不得其問。孔子曰：「可也。吾畧聞其説。黄帝者，少昊之子，❸曰軒轅。生而神靈，弱而能言。幼齊叡莊，敦敏誠信。長聰明，治五氣，五行之氣。設五量，五量：權衡、升斛、尺丈、里步、十百。撫萬民，度四方。商度四方而撫安定。❹服牛乘馬，擾馴猛獸，以與炎帝戰于阪泉之野，炎帝，神農氏之後也。三戰而後剋之。始垂衣裳，作爲黼黻。白與黑謂之黼，若斧文。黑與青謂之黻，若兩已相戾。治民以順天地之紀，知幽明之故，達生死存亡之説。❺播時百穀，時，是。嘗味草木，仁厚及於鳥獸昆蟲，考日月星辰，勞耳目，勤心力，用水火財物以生民。民賴其利，百年而死；民畏其神，百年而亡；民用其教，百年而移。故曰黄帝三百年。」

宰我曰：「請問帝顓頊。」孔子曰：「五帝用説，三王有度。五帝久遠，故用説也。三王邇，則有成法度。汝欲一日徧聞遠古之説，躁哉予也。」宰我曰：「昔予也聞諸夫子曰：『小子毋或宿。』故敢問。」有所問當問，勿令更宿也。孔子曰：「顓頊，黄帝之孫，昌意之子，曰高陽。淵而有謀，疏通以知遠，養財以任地，履時以象天。依鬼神而制義，治氣性以教衆，潔誠以祭祀，巡四海以寧民。北至幽陵，南暨交趾，西抵流沙，東極蟠木。動静之類，❻小大之物，日月所照，莫

❶「久」，原誤作「友」，今據玉海堂本、四庫本改。
❷「予」，玉海堂本作「子」。
❸「昊」，玉海堂本、四庫本作「典」。
❹「撫」，原誤作「無」，今據玉海堂本改。四庫本無此字。「定」下，四庫本有「之」字。
❺「生死」，玉海堂本、四庫本作「死生」。
❻「類」，原誤作「神」，今據玉海堂本、四庫本改。

不底屬。」底，平。四遠皆平，而來服屬之也。

宰我曰：「請問帝嚳。」孔子曰：「玄枵之孫，喬極之子，曰高辛。生而神異，自言其名。博施厚利，不於其身。聰以知遠，明以察微。仁以威，❶惠而信，以順天地之義。知民所急，修身而天下服。取地之財而節用焉，❷撫教萬民而誨利之，歷日月之生朔而迎送之，明鬼神而敬事之。其色也和，其德也重，其動也時，其服也衷。❸春夏秋冬，育護天下。日月所照，風雨所至，莫不從化。」

宰我曰：「請問帝堯。」孔子曰：「高辛氏之子，曰陶唐。其仁如天，其智如神。就之如日，望之如雲。富而不驕，貴而能降。伯夷典禮，夔、龍典樂，舜時夔典樂，龍作納言，然則堯時龍亦典樂者也。舜時而仕，趨視四時，務元民始之。❹務先民事以爲始也。流四凶而天下服。其言不忒，其德不回。四海之內，舟輿所及，莫不夷説。」夷，平心。説，古通以爲悦字。

宰我曰：「請問帝舜。」孔子曰：「喬牛之孫，瞽瞍之子也，曰有虞。舜孝友聞於四方，陶漁事親。爲陶器，躬捕魚，以養父母。寬裕而溫良，敦敏而知時，畏天而愛民，恤遠而親近。承受大命，依于二女，堯妻舜以二女，舜動靜謀之於二女。叡明智通，爲天下帝。命二十二臣，率堯舊職，躬已而已。❺天平地成，巡狩四海，五載一始。三十年在位，嗣帝五十載，陟方岳，死于蒼梧之野而

❶「以」，玉海堂本、四庫本作「而」。
❷「焉」，玉海堂本、四庫本作「之」。
❸「衷」，原誤作「哀」，今據玉海堂本、四庫本改。
❹「元」，玉海堂本、四庫本作「先」。
❺「躬」，四庫本作「恭」。

葬焉。」

宰我曰：「請問禹。」孔子曰：「高陽之孫，鯀之子也，曰夏后。敏給克齊，其德不爽，爽，忒。其仁可親，其言可信。聲爲律，身爲度。以身爲法度也。亹亹穆穆，爲紀爲綱。其功爲百神之主，禹治水，天下既平，然後百神得其所。其惠爲民父母。左準繩，右規矩，左、右，言常用也。履四時，所行不違四時之宜。據四海。任皋繇、伯益以贊其治，興六師以征不序，四極之民莫敢不服。」孔子曰：「予，大者如天，小者如言，民悦至矣。予也，非其人也。」言不足以明五帝之德也。宰我曰：「予也不足以戒，敬承矣。」他日，宰我以語子貢。子貢以復孔子，子曰：「吾欲以顔狀取人也，則於滅明改之矣；❶吾欲以言辭取人也，則於宰我改之矣；吾欲以容貌取人也，則於子張改之矣。」宰我聞之，懼，弗敢見焉。

孔子家語卷第五終

❶「之」，原脱，今據玉海堂本、四庫本補。

孔子家語卷第六

五帝第二十四

季康子問於孔子曰：「舊聞五帝之名而不知其實，請問何謂五帝？」孔子曰：「昔丘也聞諸老聃曰：『天有五行：水、火、金、木、土。❶分時化育，以成萬物。一歲三百六十日，五行各主七十二日也。化生長育，一歲之功，萬物莫敢不成。其神謂之五帝。』五帝，五行之神，佐生物者。❷而讖緯皆爲之名字，❸亦爲妖怪妄言。古之王者，易代而改號，取法五行。五行更王，終始相生，亦象其義。法五行更王，終始相生。始以木德王天下，其次以生之行轉相承。而諸說乃謂五精之帝下生王者，其爲蔽惑無可言也。❹更，古衡反。王，音旺。故其爲明王者，而死配五行。是以太皡配木，炎帝配火，黃帝配土，少皡配金，顓頊配水。」康子曰：「太皡氏其始之木何如？」孔子曰：「五行用事，先起於木。木東方，萬物之初皆出焉，是故王者則之，而首以木德王天下，其次則以所生之行轉相承也。」木生火，火生土之屬。王天音旺。康子曰：「吾聞勾芒爲木正，祝融爲火正，蓐收爲金正，玄冥爲水正，后土爲土正。此五行之主而不亂，❺稱曰帝者，何也？」孔子曰：❻「凡五正者，五行之官名。五行佐成

❶「水火金木土」，玉海堂本、四庫本作「木火金水土」。
❷「佐」下，玉海堂本、四庫本有「天」字。
❸「而」，玉海堂本、四庫本作「後世」。
❹「蔽惑」，原誤作「帝或」，今據玉海堂本、四庫本改。
❺「此」下，玉海堂本、四庫本有「則」字。
❻「孔子」，玉海堂本、四庫本作「夫子」。

上帝，而稱五帝。太皞之屬配焉，亦云帝，從其號。天至尊，物不可以同其號，亦兼稱上帝，上天以其五行佐成天事，❶謂之五帝。以地有五行，而其精神在上，故亦爲帝。五帝，❷黄帝之屬，故亦稱帝，亦從天五帝之號。故王者雖號稱帝，而不或曰天帝而曰天子者，❸而天子與父其尊卑相去遠矣。曰天王者，言乃天下之王也。昔少皞氏之子有四叔：曰重，曰該，曰脩，曰熙，實能金木及水。使重爲勾芒，該爲蓐收，脩及熙爲玄冥。顓頊氏之子曰黎，爲祝融。共工氏之子曰勾龍，❹爲后土。此五者各以其所能業爲官職，各以一行之官爲職業之事。生爲上公，死爲貴神，别稱五祀，不得同帝。」五祀，上公之神，故不得稱帝也。其序則五正不及五帝，❺五帝不及天地。而不知者以祭社爲祭地，❻不亦失之遠矣？且土與火水俱爲五行，❼是地之子也。以子爲母，不亦顛倒失尊卑之序也？康子曰：「如此之言，帝王改號，於五行之德，各有所統，則其所以相變者，皆主何事？」在木家而尚赤，❽所以問也。孔子曰：「所尚則各從其所王之德次焉。木次火，而木家尚赤者，以木德義之著，修其母兼其子。夏后氏以金德王，色尚黑，❾大事斂用昏，大事，喪。昏時亦黑也。戎事乘驪，黑馬也。牲用玄。殷人用水德王，❿色尚白，水家尚青，而尚白者，避土家之尚青。大事斂用日中，日中白也。戎事乘翰，翰，白色馬。牲用白。周人以木德王，色尚赤，大事斂

❶「天以其」，玉海堂本、四庫本作「得包下」。
❷「帝五帝」，玉海堂本、四庫本作「之上帝」。
❸「或曰」，玉海堂本、四庫本作「得稱」。
❹「共」，玉海堂本、四庫本作「龔」。
❺「其序則」，原誤作「正史者」，今據玉海堂本、四庫本改。
❻「知」，原誤作「設」，今據玉海堂本、四庫本改。
❼「火水」，玉海堂本、四庫本作「水火」。
❽「在」，玉海堂本作「恠」，四庫本作「怪」。
❾「色」，玉海堂本、四庫本作「而」。
❿「用」，玉海堂本、四庫本作「以」。

用日出，日出時亦赤也。戎事乘騵，騵，馬白腹。牲用騂。騂，赤色也。❶此三代之所以不同。」康子曰：「唐、虞二帝，其所尚者何色？」孔子曰：「堯以火德王，色尚黄。舜以土德王，色尚青。」土家宜尚白。土者四行之主，王於四季。五行用事，先起於水，❷色青。是以水家避土，❸土家尚白。❹康子曰：「陶唐、有虞、夏后、殷、周獨不配五帝，❺意者德不及上古耶？將有限乎？」孔子曰：「古之平治水土及播殖百穀者衆矣，唯勾龍氏兼食於社，❻兼，猶配也。而棄爲稷神，易代奉之，無敢益者，明不可與等。故自太皞以降逮于顓頊，其應五行而王，數非徒五，而配五帝，是其德不可以多也。」

執轡第二十五

閔子騫爲費宰，問政於孔子。子曰：「以德、以法。夫德法者御民之具，猶御馬之有銜勒也。君者，人也。吏者，轡也。刑者，策也。夫人君之政，執其轡策而已。」子騫曰：「敢問古之爲政。」孔子曰：「古者天子以内史爲左右手，内史掌王八柄及叙事之法，❼納以詔王聽治。❽命孤卿大夫，則策命。以

❶「色」，玉海堂本、四庫本作「類」。
❷「水」，玉海堂本、四庫本作「木」。
❸「水」，玉海堂本、四庫本作「木」。
❹「家」下，玉海堂本、四庫本有「之所」二字。
❺「不」下，玉海堂本、四庫本有「得」字。
❻「氏」，玉海堂本、四庫本無此字。
❼「王」，玉海堂本作「政」。
❽「納」上，玉海堂本、四庫本有「受」字。

四方之事，書則讀之。❶王制禄，則書之策，❷賞則亦如之，故王以爲左右手。費，芳未反。以德法爲銜勒，以百官爲轡，以刑罰爲策，以萬民爲馬，故御天下數百年而不失。善御馬者，❸正銜勒，齊轡策，均馬力，和馬心。故口無聲而馬應轡，策不舉而極千里。善御民者，❹壹其德法，正其百官，以均齊民力，和安民心。故令不再而民順從，刑不用而天下治。是以天地德之，天地以爲有德。❺而兆民懷之。懷，歸。夫天地之所德，兆民之所懷，其政美，其民而衆稱之。其民爲衆所稱舉也。今人言五帝、三王者，其盛無偶，威察若存，其盛以明察，帝若存。其故何也？其法盛，其德厚。故思其德，必稱其人，朝夕祝之，升聞於天。上帝俱歆，用永厥世而豐其年。不能御民者，棄其德法，專用刑辟。譬猶御馬，棄其銜勒而專用箠策，其不制也可必矣。夫無銜勒而用箠策，馬必傷，車必敗；無德法而用刑，民必流，國必亡。治國而無德法則民無脩，民無脩則迷惑失道，如此，上帝必以其爲亂天道也。苟亂天道，則刑罰暴，上下相諛，諂諛。莫知念忠，❻俱無道故也。今人言惡者，必比之於桀紂，其故何也？其法不聽，其德不厚，故民惡其殘虐，莫不吁嗟，朝夕祝之，升聞于天。上帝不蠲，降之以禍罰，災害並生，用殄厥世。故曰：德法者，御民之本。古之御天下者，以六官總治焉：冢宰之官以

❶「則」，玉海堂本、四庫本作「而」。
❷「書之策」，原誤作「費爲之」，今據玉海堂本、四庫本改。
❸「者」，原脱，今據玉海堂本、四庫本補。
❹「者」，原脱，今據玉海堂本、四庫本補。
❺「爲有」，原誤作「有爲」，今據玉海堂本、四庫本改。
❻「忠」，玉海堂本、四庫本作「患」。

成道，治官所以成道。司徒之官以成德，教官所以成德。宗伯之官以成仁，祀官所以成仁。❶司馬之官以成聖，治官所以成聖，聖通征伐，所以通天下也。司寇之官以成義，刑官所以成義。司空之官以成禮。事官所以成禮，禮非事不立也。❷六官在手以爲轡，司會均仁以爲納，❸納，驂馬轡。轡，繫軾前者。司會掌邦之六典、八法之戒，以周知四方之治，冢宰之副，故不在其六轡，至當納位。❹故曰：御四馬者執六轡，御天下者正六官。是故善御馬者，正身以總轡，均馬力，齊馬心，回旋曲折，唯其所之，故可以取長道，可赴急疾。此聖人所以御天地與人事之法則也。天子以内史爲左右手，以六官爲轡，已而與三公爲執六官，均五教，齊五法，仁義禮智信之法也。故亦唯其所引，無不如志。以之道，則國治；冢宰治官。以之德，則國安；德教成，以之仁，則國和。禮之用，和爲貴，則國安。以之仁，則國和；以之聖，則國平；通治遠近，則國平也。以之禮，則國安；❺事物以禮，則國定也。以之義，則國義。義，平也。刑罰當罪，則國平。此御政之術。過失，人之情莫不有焉，❻過而改之，是爲不過。故官屬不理，分職不明，法政不一，百事失紀，曰亂。亂則飭冢宰。飭，謂整攝人也。❼地而不殖，財物不蕃，萬民饑寒，教訓不行，風俗淫僻，人民流散，曰危。危則飭司徒。父子不親，長幼失序，君臣上下，乖離異志，曰不和。

❶「祀」，玉海堂本、四庫本作「禮」。
❷「禮非事」，玉海堂本作「事非禮」。
❸「司會」，原誤刻爲注語，今據玉海堂本、四庫本改爲正文。
❹「至當納位」，玉海堂本、四庫本作「而當納故位」。
❺「安」，玉海堂本、四庫本作「定」。
❻「之」，玉海堂本、四庫本無此字。
❼「攝人」，玉海堂本、四庫本作「矗之」。

不和則飭宗伯。賢能而失官爵，功勞而失賞禄，司勳之職，屬之司馬。❶士卒疾怨，兵弱不用，曰不平。不平則飭司馬。刑罰暴亂，姦邪不勝，曰不義。不義則飭司寇。度量不審，舉事失理，都鄙不脩，財物失所，曰貧。貧則飭司空。故御者同是車馬，或以取千里，或不及數百里，其所謂進退緩急異也。夫治者，同是官法，或以致平，或以致亂者，亦其所以爲進退緩急異也。古者天子常以季冬考德正法，以觀治亂。德盛者治也，德薄者亂也。故天子考德，則天下之治亂，可坐廟堂之上而知之。夫德盛則法修，德不盛則飭法與政。咸德而不衰，法與政皆合於德，則不殺。故曰王者。又以孟春論吏之德及功能，❷能德法者爲有德，能行德法者爲有行，行，下孟反。能成德法者爲有功，能治德法者爲有智。故天子論吏而德法行，事治而功成。夫季冬正法，孟春論吏，治國之要。」

子夏問於孔子曰：「商聞易之生人及萬物，鳥獸昆蟲，各有奇耦，❸氣分不同，易主天地，以生萬物，言受氣各有分數，不齊同。分，扶問反。而凡人莫知其情，唯達德者能原其本焉。❹天一，地二，人三。三三如九，❺九九八十一。一主日，日數十，故人十月而生。一主日，從一而生。❻日者陽，從奇數。日數十，從甲至癸也。八九七十二，偶以從奇，❼奇主辰，辰爲月，月主馬，故馬十二月而生。偶以承奇，

❶「之」，玉海堂本、四庫本作「大」。
❷「吏」，原脱，今據玉海堂本、四庫本補。
❸「耦」，玉海堂本、四庫本作「偶」。
❹「達」下，玉海堂本、四庫本有「道」字。
❺「三三」，原作「三」，今據玉海堂本、四庫本補。
❻「從」上，玉海堂本、四庫本有「日」字。
❼「從」，四庫本作「承」。

陰以承陽，辰數十二，從子至亥也。奇，居宜反。七九六十三，三主斗，斗主狗，故狗三月而生。斗次日月，故三主斗。❶ 六九五十四，四主時，時主豕，故豕四月而生。❷ 五九四十五，❸五爲音，音主猨，故猨五月而生。音不過五，故五爲音。四九三十六，六爲律，律主鹿，故鹿六月而生。三九二十七，七主星，星主虎，故虎七月而生。星二十八宿爲四方，方有七，故七主星也。❹ 二九一十八，八主風，風爲蟲，故蟲八月而生。風之數盡於八，凡蟲爲風，風爲蟲也。❺ 其餘各從其類矣。鳥魚生陰而屬於陽，故皆卵生。魚遊於水，鳥遊於雲，故立冬則燕雀入海化爲蛤。蠶食而不飲，蟬飲而不食，蜉蝣不飲不食，萬物之所以不同。介鱗夏食而冬蟄，介，甲蟲也。齕吞者八竅而卵生，八竅，鳥屬。齕，下没反。齟嚼者九竅而胎生，九竅，人及獸屬。齟，壯所反。嚼，疾雀反。四足者無羽翼，戴角者無上齒，無角無前齒者膏，有角無後齒者脂。❻《淮南》取此義曰：「無角者膏而無前，有角者脂而無後。」膏，豚屬。❼ 而脂，羊屬。無前後，皆謂其銳小者也。晝生者類父，夜生者似母。是以至陰主牝，至陽主牡。敢問其然乎？」孔子曰：「然。吾昔聞老聃亦如汝之言。」❽子夏曰：「商聞《山書》曰：地東西爲緯，南北爲經。山爲積德，川爲積刑。高者爲生，下者爲死。丘陵爲牡，谿谷爲牝。蚌蛤龜珠，與日月而盛虛。月盛則蚌蛤之

❶「三」，原誤作「以」，今據玉海堂本、四庫本改。

❷「生」下，玉海堂本、四庫本有注曰：「時以次斗。」

❸「五九四十五」至「而生」十七字，原脱，今據玉海堂本、四庫本補。

❹「故」，原誤作「度」，今據玉海堂本、四庫本改。

❺「蟲」，玉海堂本、四庫本作「主」。

❻「有」，原誤作「無」，今據玉海堂本、四庫本改。

❼「豚」，玉海堂本、四庫本作「豕」。

❽「聞」下，四庫本有「諸」字。

屬滿，月虧則虛。是故堅土之人剛，弱土之人柔，墟土之人大，沙土之人細，息土之人美，秏土之人醜。秏，耗字也。息土細緻。秏土麤踈者也。食水者善遊而耐寒，食土者無心而不息，螟屬不氣息也。食木者多力而不治，血氣不治。《淮南子》曰「多力而弗戾」，亦不治之貌者也。食草者善走而愚，食桑者有緒而蛾，食肉者勇毅而捍，食氣者神明而壽，食穀者智惠而巧，不食者不死而神。故曰：羽蟲三百有六十，而鳳爲之長；毛蟲三百有六十，而麟爲之長；甲蟲三百有六十，而龜爲之長；鱗蟲三百有六十，而龍爲之長；倮蟲三百有六十，而人爲之長。此乾巛之美也，❶乾天巛地。❷殊形異類之數。王者動必以道動，❸靜必以道靜，必順理以奉天地之性，而不害其所主，謂之仁聖焉。」子夏言終而出，子貢進曰：「商之論也何如？」孔子曰：「汝謂何也？」對曰：「微則微矣，然則非治世之待也。」孔子曰：「然。各其所能。」孔子曰然，子貢治世不待此事，❹此事之急。然亦各其所知能也。

本命解第二十六

魯哀公問於孔子曰：「人之命與性，何謂也？」孔子對曰：「分於道謂之命。分於道，謂始得爲人。故下句云「性命之始」。形於一謂之性。人各受陰陽以剛柔之性，故曰「形於一」也。化於陰陽，象形而發，謂之生。化窮數盡，謂

❶「巛」，玉海堂本、四庫本作「坤」。

❷「巛地」，玉海堂本作「坤地」，四庫本作「象也」。

❸「王者」至「之性」，玉海堂本、四庫本作「王者動必以道，靜必順理，以奉天地之性」。

❹「此事此」，原誤作「世事世」，今據玉海堂本、四庫本改。

之死。故命者，性之始也。死者，生之終也。有始則必有終矣。人始生而有不具者五焉：目無見，不能食，不能行，不能言，不能化。及生三月而微煦，煦，睛人也。❶煦，子句反。然後有見。八月生齒，然後能食。三年顋合，然後能言。十有六而精通，然後能化。陰窮反陽，故陰以陽變。陽窮反陰，故陽以陰化。是以男子八月生齒，八歲而齔。女子七月生齒，七歲而齔，十有四而化。一陽一陰，奇偶相配，陽，奇數。陰，偶數。❷顋，桑才反。齔，初覲反。奇，居宜反。然後道合化成，性命之端，形於此也。」公曰：「男子十六精通，女子十四而化，是則可以生民矣。而禮男子三十而有室，❸女子二十而有夫也，❹豈不晚哉？」孔子曰：「夫禮言其極，不是過也。男子二十而冠，有爲人父之端。女子十五許嫁，有適人之道。於此而往，則自婚矣。羣生閉藏乎陰，而爲化育之始。陰爲冬也。冬藏物而爲化育始。故聖人因時以合偶男子，❺窮天數也。❻霜降而婦功成，嫁娶者行焉。季秋霜降，嫁娶者始於此。《詩》云：「將子無怒，秋以爲期」也。冰泮而農桑起，婚禮而殺於此。泮，散也。正月農事起，蠶者採桑。❼婚禮始殺，言未止也。❽至二月農事始起，會男女之無夫家者，奔者期盡此月故也。❾《詩》云：「士如歸妻，迨冰未泮。」言如欲使妻歸，當及冰未泮散之

❶「人」，玉海堂本、四庫本作「轉」。
❷此處注文，玉海堂本、四庫本作：「陽數奇，陰數偶。」
❸「子」，玉海堂本、四庫本作「必」。
❹「子」，玉海堂本、四庫本作「必」。
❺「偶」，玉海堂本作「耦」。
❻「也」下，原衍「極」字。應爲注語誤入正文，今據玉海堂本、四庫本删。「也」下，二校本有注曰：「極也。」
❼「採」，玉海堂本、四庫本作「援」。
❽「止」，原誤作「正」，今據玉海堂本、四庫本改。
❾「此」，玉海堂本作「比」。

盛時也。殺，所戒反。男子者，任天道而長萬物者也。知可爲，知不可爲；知可言，知不可言；知可行，知不可行者。是故審其倫而明其別謂之知，所以效匹夫之聽也。聽，宜爲德。女子者，順男子之教而長其理者也。爲男子長養其理也。是故無專制之義，而有三從之道：幼從父兄，既嫁從夫，夫死從子。言無再醮之端。始嫁言醮。禮無再醮之端，統言不改事人也。❶醮，子肖反。教令不出於閨門，事在供酒食而已，無閫外之非儀也。閫，門限。婦人以自專，❷無閫外之威儀。❸《詩》云：「無非無儀，酒食是議。」❹閫，苦本反。不越境而奔喪，事無擅爲，行無獨成，參知而後動，可驗而後言，晝不遊庭，夜行以火，所以效匹婦之德也。」行，下孟反。孔子遂言曰：「女有五不取：逆家子也，亂家子也，世有刑人子也，世有惡疾子也，喪父長子也，此五者皆不取也矣。逆家子者，謂其逆德。亂家子者，謂其亂倫。世有刑人子者，謂其棄於人也。有惡疾子者，謂其棄於天也。喪父長子者。❺謂其無受命也。婦有七出、三不去。七出者：不順父母出，無子出，淫僻出，嫉妒出，❻惡疾出，多口舌出，竊盜出。不順父母出者，謂其逆德也。無子者，謂其絶世也。淫僻者，謂其亂族也。嫉妒者，謂其亂家也。惡疾者，謂其不可供粢盛也。多口舌者，謂其離親也。竊盜者。謂其反義也。三不去者，謂有所取無所歸，一

❶「統」，玉海堂本、四庫本無此字。
❷「自」，玉海堂本、四庫本作「貞」。
❸「威」，四庫本無此字。
❹「酒」上，四庫本有「惟」字。
❺「者」，原脱，今據玉海堂本、四庫本補。
❻「嫉妒出」，原誤作「姑疾出」，在「惡疾出」之下，今據玉海堂本、四庫本改。

也。❶與共更三年之喪，二也。先貧賤後富貴。❷三也。凡此，聖人所以順男女之際，重婚姻之始也。」

孔子曰：「禮之所以象，五行也，服之制有五等。其義，四時也。故喪禮有舉焉：有恩有義，有節有權。所以舉象四時。其恩厚者其服重，故爲父母斬衰三年，以恩制者也。門内之治恩掩義，門外之治義掩恩。資於事父以事君而敬同。尊尊貴貴，義之大也。故爲君亦服衰三年，以義制者也。三日而食，三月而沐，期而練，毁不滅性，不以死傷生，喪不過三年，齊衰不補，❸墳墓不修，除服之日，鼓素琴，示民有終也。凡此，以節制者也。資於事父以事母而愛同。天無二日，國無二君，家無二尊，以治之。故父在爲母齊衰朞者，見無二尊也。百官備，百物具，不言而事行者，扶而起。謂天子、諸侯也。言而後事行者，杖而起。卿、大夫、士也。身自執事行者，面垢而已。謂庶人也。此以權制者也。親始死，三日不怠，三月不懈，朞悲號，三年憂，哀之殺也。聖人因殺以制節也。」殺，所戒反。

論禮第二十七

孔子閒居，子張、子貢、言游侍，論及於禮。孔子曰：「居，汝三人者，吾語汝以禮，周流無不遍也。」子貢越席而對曰：「敢問如何？」子曰：「敬而不中禮，謂之野；恭而不中禮，謂之給；勇而不中禮，謂之

❶「一也」，玉海堂本、四庫本爲正文。下兩句之注文「二也」、「三也」二校本同爲正文。

❷「貴」下，玉海堂本、四庫本有「者」字。

❸「齊」，四庫本作「苴」。

逆。」子曰：「給奪慈仁。」巧言足恭，捷給之人，似仁非仁，故言「給奪慈仁」。❶中，陟仲反。下同。子貢曰：「敢問將何以爲此中禮者？」❷子曰：「禮乎！夫禮所以制中也。」子貢退，言游進曰：「敢問禮也，領惡而全好者與？」領，理。惡，烏故反。好，呼報反。與，羊諸反。子曰：「然。」子貢問：「何也？」子曰：「郊社之禮，所以仁鬼神也；禘嘗之禮，所以仁昭穆也；饋奠之禮，所以仁死喪也；射饗之禮，所以仁鄉黨也；食饗之禮，所以仁賓客也。明乎郊社之義，禘嘗之禮，治國其如指諸掌而已。是故居家有禮，故長幼辨；以之閨門有禮，故三族和；以之朝廷有禮，故官爵序；❸以之田獵有禮，故戎事閑；以之軍旅有禮，故武功成。是以宮室得其度，鼎俎得其象，物得其時，樂得其節，車得其軾，鬼神得其享，喪紀得其哀，辯説得其黨，黨，類。百官得其禮，❹政事得其施。各得其所宜施行之。❺加於身而措於前，凡衆之動得其宜也。」言游退，子張進曰：「敢問禮何謂也？」子曰：「禮者，即事之治也。君子有其事，必有其治。治國而無禮，譬猶瞽之無相，倀倀乎何所之？相，息亮反。倀，三良反。譬猶終夜有求於幽室之中，非燭何以見？故無禮則手足無所措，耳目無所加，進退揖讓無所制。是故以其居處，長幼失其別，閨門三族失其和，朝廷官爵失其序，田獵戎事失其策，軍旅武功失其勢，❻宮室失其度，鼎俎失其象，物失其時，樂失其

❶「言」，玉海堂本、四庫本作「曰」。
❷「將」、「此」，玉海堂本、四庫本無此二字。
❸「序」，玉海堂本、四庫本作「敘」。
❹「禮」，玉海堂本、四庫本作「體」。
❺「宜」，玉海堂本、四庫本作「黨」。
❻「武功」，玉海堂本、四庫本無此字。

節，車失其軾，鬼神失其享，❶喪紀失其哀，辯說失其黨，百官失其體，政事失其施。加於身而措於前，凡衆之動失其宜。❷如此，則無以祖洽四海。」祖，始也。❸洽，合。無禮則無以爲衆法，無以合聚衆。子曰：「慎聽之！汝三人者，吾語汝，禮猶有九焉，❹大饗有四焉。語汝有九。其四，大饗，所以待賓之禮。其五，動静之威儀也。語，魚據反。苟知此矣，雖在畎畝之中，事之，聖人矣。在畎畝之中，猶焉爲聖人。兩軍相見，揖讓而入門，❺入門而懸興，興，作樂。一也。揖讓而升堂，升堂而樂闋，二也。下管象舞，夏籥序興，下管，堂下吹管。象，武舞也。夏，文舞也，執籥。籥如笛。序以更作。三也。陳其薦俎，序其禮樂，備其百官，四也。所以大饗有四也。如此而後君子知仁焉。行中規，五也。行，下孟反。中，陟仲反。旋中矩，六也。鑾和中《采薺》，❻《采薺》，樂曲名，所以爲和鑾之節。七也。客出以《雍》，❼《雍》，樂曲名，在《周頌》。八也。徹以《振羽》，亦樂曲名。九也。是故君子無物而不在於禮焉。入門而金作，示情也；金既鳴，聲終始若一，故以示情也。升歌《清廟》，示德也；《清廟》，所以頌文王之德也。下管象舞，示事也。凡舞，舉事。❽是故古之君子，不必親相與言也，以禮樂相示而已。夫禮者，理也；樂者，節也。無禮不動，❾無節不作。不能詩，於禮謬。詩以言禮。不能樂，

❶「享」，玉海堂本、四庫本作「饗」。
❷「衆之動」，原誤作「動之衆」，今據玉海堂本改。
❸「始」，玉海堂本、四庫本作「法」。
❹「禮」，玉海堂本、四庫本無此字。
❺「門」，玉海堂本、四庫本無此字。
❻「薺」，玉海堂本、四庫本作「齊」。下注文同。
❼「以」，玉海堂本作「於」。
❽「舉事」，玉海堂本、四庫本作「象事也」。
❾「禮」，玉海堂本、四庫本作「理」。

於禮素。素，質。於德薄，於禮虛。」非其人，則禮不虛行。子貢作而問曰：「然則夔其窮與？」言達於樂而不達於禮者也。與，音余。子曰：「古之人與。上古之人也，達於禮而不達於樂，謂之素；達於樂而不達於禮，謂之偏。達謂偏有所達，非殊。夫夔達於樂而不達於禮，是以傳於此名也。古之人也。言達於樂多，故遂傳名樂。凡制度在禮，文爲在禮，行之其在人乎。」三子者既得聞此論於夫子也，煥若發矇焉。

子夏侍坐於孔子曰：「敢問《詩》云：『愷悌君子，民之父母。』何如斯可謂民之父母？」孔子曰：「夫民之父母，必達於禮樂之源，以致五至而行三無，以横於天下。四方有敗，必先知之。此之謂民之父母。」子夏曰：「敢問何謂五至？」孔子曰：「志之所至，詩亦至焉。詩之所至，禮亦至焉。禮之所至，樂亦至焉。樂之所至，哀亦至焉。詩禮相成，哀樂相生。是以正明目而視之，不可得而見；傾耳而聽之，不可得而聞。志氣塞于天地，行之充于四海，此之謂五至矣。」子夏曰：「敢問何謂三無？」孔子曰：「無聲之樂，無體之禮，無服之喪，此之謂三無。」子夏曰：「敢問三無，何詩近之？」孔子曰：「『夙夜基命宥密』，無聲之樂也。夙夜，恭也。基，始也。命，信也。宥，寬也。密，寧也。言以行與民信。王教在寬，❶民以安寧。故謂之無聲之樂也。『威儀逮逮，不可選也。』無體之禮也。『凡民有喪，扶伏救之。』無服之喪也。」子夏曰：「言則美矣，大矣，言盡於此而已？」孔子曰：「何謂其然？吾語汝，其義猶有五起焉。」語，魚據反。子夏曰：「何

❶「王」，玉海堂本、四庫本作「五」。

如？」孔子曰：「無聲之樂，氣志不違；無體之禮，威儀遲遲；無服之喪，内恕孔悲。❶無聲之樂，所願必從；無體之禮，上下和同；無服之喪，施及萬邦。既然，而又奉之以三無私而勞天下。此之謂五起。」子夏曰：「何謂三無私？」孔子曰：「天無私覆，地無私載，日月無私照。其在《詩》，曰：『帝命不違，至于湯齊。至湯，與天心齊。❷湯降不遲，聖敬日躋。不遲，言疾。躋，升也。湯疾行下人之道，其聖敬之德日升聞也。昭假遲遲，上帝是祗。湯之威德昭明遍至，化行寬舒，遲遲然，故上帝敬其德。帝命式于九圍。』九圍，九州也。天命用于九州，謂以爲天下王。是湯之德也。」子夏蹶然而起，負墻而立，曰：「弟子敢不志之。」

孔子家語卷第六終

❶「悲」，玉海堂本、四庫本作「哀」。

❷「與天」，原誤作「以大」，今據玉海堂本、四庫本改。

孔子家語卷第七

觀鄉射第二十八

孔子觀於鄉射，喟然歎曰：「射之以禮樂也，何以射？何以聽？修身而發，❶而不失正鵠者，其唯賢者乎！正鵠，所射者也。若夫不肖之人，則將安能以求飲？《詩》云：『發彼有的，以祈爾爵。』的，實也。祈，求也。言發中的以求飲爾爵也，勝者飲不勝者。祈，求也。求所中以辭爵。飲彼則己不飲，故曰以辭爵也。中，陟仲反。酒者，所以養老，所以養病也。求中以辭爵，辭其養也。是故士使之射而弗能，則辭以病，懸弧之義。」弧，弓也。男子生，則懸弧於其門，明必有射事也。而今不能射，唯病可以爲辭也。❷於是退而與門人習射於矍相之圃，蓋觀者如堵墻焉。❸射至於司馬，❹使子路執弓矢，出列延，謂射之者曰：子路爲司馬，故射至，使子路出延射。「奔軍之將、亡國之大夫與爲人後者不得入，人已有後，而又爲人後，故曰與爲人後世也。其餘皆入。」蓋去者半。又使公罔之裘、序點揚觶而語曰：先行射鄉飲酒，故二人揚觶。觶，支義切。「幼壯孝悌，耆老好禮，好，呼報切。不從流俗，修身以俟死者，在此位。」蓋去者半。序點揚觶而語曰：❺「好學不倦，好禮不變，耄期

❶「修身」，玉海堂本、四庫本作「循聲」。
❷「病」，玉海堂本、四庫本作「疾」。
❸「堵墻」，玉海堂本、四庫本作「墻堵」。
❹「射」上，玉海堂本、四庫本有「試」字。
❺「點」下，玉海堂本、四庫本有「又」字。

稱道而不亂者，在此位。」八十、九十曰耄。言雖老而能稱解道而不亂也。蓋僅有存焉。射既闋，子路進曰：「由與二三子者之爲司馬，何如？」孔子曰：「能用命矣。」

孔子曰：「吾觀於鄉而知王道之易易也。易，以豉反。主人親速賓及介，而衆賓從之。速，召。至於正門之外，主人拜賓及介，而衆賓自入。❶貴賤之義別矣。別，彼列反。三揖至於階，三讓以賓升。拜至，獻酬辭讓之節繁。及介升，則省矣。至于衆賓，升而受爵，坐祭，立飲，不酢而降，隆殺之義辯矣。❷殺，所戒反。工入，升歌三終，主人獻賓，《記》曰：「主人獻之，於義不得爲賓也。」下句「笙入三終，主人又獻之」是也。❸歌《鹿鳴》、《四牡》、《皇皇者華》三篇終，主人乃獻之是也。笙入三終，主人又獻之。吹《南陔》、《白華》、《華黍》三篇終，主人獻也。間歌三終，乃歌《魚麗》，笙《由庚》；❹歌《南有嘉魚》，笙《崇丘》；歌《南山有臺》，笙《由餘》者也。❺合樂三闋，合笙聲，同其音。歌《周南》、《召南》三篇也。工告樂備而遂出。樂正既告備，而降言遂出。自此至去，不復升也。一人揚觶，乃立司正焉。賓將欲去，故復使一人揚觶，乃立司正，主威儀，請安賓也。知其能和樂而不流。樂，音洛。賓酬主人，主人酬介，介酬衆賓，少長以齒，❻少，詩照切。終於沃洗者焉。知其能弟長而無遺矣。長，丁丈反。降脱屨，❼升坐，❽修爵無筭。飲酒之節，旰不廢朝，暮不廢夕。旰，❾晨飲，早

❶「賓」，原脱，今據玉海堂本、四庫本補。
❷「隆」，原脱，今據玉海堂本、四庫本補。
❸「人」，原脱，今據玉海堂本、四庫本補。
❹「笙」，原脱，今據玉海堂本、四庫本補。
❺「由餘者」，玉海堂本、四庫本作「由儀」。
❻「少」上，原衍「賓」字，今據玉海堂本、四庫本删。
❼「屨」，玉海堂本、四庫本作「履」。
❽「坐」，玉海堂本、四庫本作「座」。
❾「旰」，玉海堂本、四庫本作「朝」。

哺廢罷。❶旰，古旦反。賓出，主人迎送，❷節文終遂焉。知其能安燕而不亂也。貴賤既明，降殺既辯，和樂而不流，弟長而無遺，安燕而不亂，此五者足以正身安國矣。彼國安而天下安矣。故曰：『吾觀於鄉而知王道之易易也。』」易，以豉反。

子貢觀於蜡，蜡，索也。歲十有二月，索羣神而祀之，今之臘也。蜡，助駕反。孔子曰：「賜也樂乎？」樂，音洛。對曰：「一國之人皆若狂，言醉亂也。❸賜未知其爲樂也。」孔子曰：「百日之勞，一日之樂，一日之澤，非爾所知也。古民皆勤苦稼穡，有百日之勞，喻久也。今一日使之飲酒焉樂之，❹是君之恩澤也。張而不弛，文武弗能；弛而不張，文武弗爲。一張一弛，文武之道也。」弛，施氏反。

郊問第二十九

定公問於孔子曰：「古之帝王，必郊祀其祖以配天，何也？」孔子對曰：「萬物本於天，人本乎祖。郊之祭也，大報本反始也，故以配上帝。天垂象，聖人則之。郊所以明天道也。」公曰：「寡人聞郊而莫同，何也？」孔子曰：「郊之祭也，迎長日之至也。周人始以日至之月，冬日至而日長。大報天而主日，配以月。故周之始郊，其月以日至，其日用上辛。至於啓蟄之月，則又祈穀于上帝。祈，求也。爲農祈穀于上帝。《月令》：「孟春之

❶「哺」，玉海堂本作「脯」，四庫本作「晡」。
❷「迎」，四庫本作「拜」。
❸「亂」，玉海堂本、四庫本作「酒」。
❹「焉」，四庫本作「燕」。

月，乃以元日祈穀于上帝。」兼無仲冬大郊之事。至於祈農，與天子同，故《春秋傳》曰：「夫郊祀后稷以祈農事也。」是故啓蟄而郊，郊而後耕。而説學者不知推經禮之指歸，皮膚妄説，至乃顛倒神祇，變易時日，遷改兆位，良可痛心者也。此二者，天子之禮也。魯無冬至大郊之事，降殺於天子，是以不同也。」公曰：「其言郊何也？」孔子曰：「兆丘於南，所以就陽位也。於郊，故謂之郊焉。」兆丘於南，謂之圓丘，兆之於南郊也。然則郊之名有三焉：築爲圓丘以象天自然，故謂之圓丘。圓丘之人所造，故謂之泰壇，於南郊在南。説學者謂南郊與圓丘異，❶若是，則《詩》、《易》、《尚書》謂之圜丘也，❷又不通。泰壇之名，或乃謂《周官》圜丘。❸虚妄之言，皆不通典制也。曰：「其牲器何如？」孔子曰：「上帝之牛角璽栗，必在滌三月。滌，所以養生具。❹后稷之牛唯具，別祀稷時牲。亦芻之三月，配天之時獻，故唯具之也。所以別事天神與人鬼也。別，彼列切。牲用騂，尚赤也。用犢，貴誠也。犢質慤，貴誠之美也。掃地而祭，於其質也。❺地，圜丘之地。掃焉而祭，貴其質也。器用陶匏，以象天地之性也。人之作物無可稱之，故取天地之性，以自然也。萬物無可稱之者，故因其自然之體也。」公曰：「天子之郊，其禮儀可得聞乎？」孔子對曰：「臣聞天子卜郊，則受命于祖廟，而作龜于禰宮，禰宮，父廟也。受祭天之命於祖，而作龜於父廟。尊祖親考之義也。卜之日，王親立于澤宮，以聽誓命，受教諫之義也。澤宮，宮也。誓命，祭天所行威儀也。王親受之，故曰受教諫之義。既卜，獻命庫門之内，所

❶「説」，玉海堂本、四庫本無此字。
❷「之」，原誤作「不」，今據玉海堂本、四庫本改。
❸「圜」，四庫本作「圓」。
❹「生具」，四庫本作「牲處」。
❺「於」，玉海堂本、四庫本作「貴」。

以誠百官也。❶將郊，則天子皮弁以聽報，❷示民嚴上也。報，白也。王夙興朝服以待白，祭事後服衮。郊之日，喪者不敢哭，凶服者不敢入國門，氾埽清路，行者必止，❸氾，遍也。清路以新土，無復行之。弗命而民聽，敬之至也。以王恭敬事天，❹故民化之，不令而行之也。天子大裘以黼之，被裘象天，❺大裘爲黼文也。言被之大裘，其有象天之文，故被之道路，至大壇而脱之。乘素車，貴其質也。旂十有二旒，龍章而設以日月，所以法天也。既至泰壇，王脱裘矣，服衮以臨燔柴。戴冕璪十有二旒，❻則天數也。臣聞之：誦詩三百，不足以一獻。祭羣小祀。一獻之禮，不足以大饗。大饗，祫祭天王。❼大饗之禮，不足以大旅。大旅，祭五帝也。大旅具矣，不足以饗帝。饗帝，祭天。是以君子無敢輕議於禮者也。」

五刑解第三十

冉有問於孔子曰：「古者三皇五帝不用五刑，信乎？」孔子曰：「聖人之設防，貴其不犯也。制五刑而不用，所以爲至治也。凡夫之爲姦邪竊盜、靡法妄行者，❽生於不足。不足生於無度。無度則小者偷盜，❾大者侈靡，各不知節。是以上有制度

❶「誡」，玉海堂本、四庫本作「戒」。
❷「則」下，玉海堂本、四庫本有「供」字。
❸「必」，玉海堂本、四庫本作「畢」。
❹「恭」，玉海堂本、四庫本作「肅」。
❺「裘」，原誤作「衮」，今據玉海堂本、四庫本改。
❻「璪」，玉海堂本、四庫本作「藻」。
❼「王」，四庫本作「地」。
❽「夫」，玉海堂本、四庫本作「民」。
❾「盜」，玉海堂本、四庫本作「惰」。

則民知所止，民知所止則不犯，故雖有姦邪賊盜、靡法妄行之獄，而無陷刑之民。不孝者生於不仁，不仁者生於喪祭之禮。明喪祭之禮，所以教仁愛也。能教仁愛，❶則服喪思慕，❷祭祀不解，人子饋養之道。言孝子奉祭祀，不敢解，與生時饋養之道同之也。❸喪祭之禮明，則民孝矣。故雖有不孝之獄，而無陷刑之民。殺上者生於不義，義所以別貴賤，明尊卑也。貴賤有別，尊卑有序，則民莫不尊上而敬長。朝聘之禮者所以明義也，義必明則民不犯。故雖有殺上之獄，而無陷刑之民。鬭變者生於相陵，相陵者生於長幼無序而遺敬讓。遺，忘。鄉飲酒之禮者，所以明長幼之序而崇敬讓也。長幼必序，民懷敬讓，故雖有鬭變之獄，而無陷刑之民。淫亂者生於男女無別，男女無別則夫婦失義。婚姻聘享者，❹所以別男女、明夫婦之義也。男女既別，夫婦既明，故雖有淫亂之獄，而無陷刑之民。此五者，刑罰之所以生，❺各有源焉。不豫塞其源，而輒繩之以刑，是謂爲民設穽而陷之。刑罰之源，生於嗜慾不節。夫禮度者，所以禦民之嗜慾而明好惡，順天之道。禮度既陳，五教畢修，而民猶或未化，尚必明其法典，以申固之。尚，猶也。申令固其教也。其犯姦邪靡法妄行之獄者，則飭制量之度；有犯不孝之獄者，則飭喪祭之禮；有犯殺上之獄者，則飭朝覲之禮；有犯鬭變之獄者，則飭鄉飲酒之禮；有犯淫亂之獄

❶「教」，玉海堂本、四庫本作「致」。
❷「服」，原脱，今據玉海堂本、四庫本補。
❸「與」，原脱，今據玉海堂本、四庫本補。
❹「婚姻」，原誤作「禮」，今據玉海堂本、四庫本改。
❺「以」，玉海堂本、四庫本作「從」。

者，則飭婚聘之禮。三皇五帝之所化民者如此。雖有五刑之用，不亦可乎？」

孔子曰：「大罪有五，而殺人爲下。逆天地者罪及五世，誣文武者罪及四世，逆人倫者罪及三世，謀鬼神者罪及二世，手殺人者罪及其身。故曰大罪有五，而殺人爲下矣。」

冉有問於孔子曰：「先王制法，使刑不上於大夫，禮不下於庶人。然則大夫犯罪不可以加刑，庶人之行事不可以治於禮乎？」孔子曰：「不然。凡治君子，以禮御其心，所以屬之以廉耻之節也。故古之大夫，其有坐不廉汙穢而退放之者，不謂之不廉汙穢而退放，則曰『簠簋不飭』。飭，整齊也。有坐淫亂男女無別者，不謂之淫亂男女無別，則曰『帷幕不修』也。有坐罔上不忠者，不謂之罔上不忠，則曰『臣節未著』。有坐罷軟不勝任者，不謂之罷軟不勝任，則曰『下官不職』。言其下官不稱務其職，不斥其身也。有坐干國之紀者，不謂之干國之紀，則曰『行事不請』。言不請而擅行。此五者，大夫既自定有罪名矣，而猶不忍斥然正以呼之也，既而爲之諱，所以愧耻之。是故大夫之罪，其在五刑之域者，聞而譴發，譴，譴讓也。發，始發露。則白冠氂纓，盤水加劍，造乎闕而自請罪，君不使有司執縛牽掣而加之也。其有大罪者，聞命則北面再拜，跪而自裁，君不使人捽引而刑殺，❶捽，昨没反。曰：『子大夫自取之耳。吾遇子有禮矣。』以刑不上大夫，而大夫亦不失其罪者，教使然也。所謂禮不下庶人者，以庶人遽其事而不能充禮，故不責之以備禮也。」冉有

❶「殺」下，玉海堂本、四庫本有「之也」二字。

跪然免席曰：❶「言則美矣。求未之聞。」退而記之。

刑政第三十一

仲弓問於孔子曰：「雍聞至刑無所用政，至政無所用刑。至刑無所用政，桀紂之世是也。至政無所用刑，成康之世是也。信乎？」孔子曰：「聖人之治化也，必刑政相參焉。太上以德教民，而以禮齊之。其次以政焉導民，❷以刑禁之，刑不刑也。化之弗變，導之弗從，傷義以敗俗，於是乎用刑矣。顓五刑必即天倫，❸即，就也。就天倫，謂合天意。行刑罰則輕無赦。行刑罰之官雖輕，猶不得作威作福。刑，侀也。侀，成也。壹成而不可更，故君子盡心焉。」更，古行反。仲弓曰：「古之聽訟，尤罰麗於事，不以其心。可得聞乎？」尤，過也。麗，附也。怪遇人罰之，❹必以事相當，而不與其心也。孔子曰：「凡聽五刑之訟，必原父子之情，立君臣之義以權之。意論輕重之序，慎測淺深之量以別之。別，彼列反。悉其聰明，正其忠愛以盡之。❺大司寇正刑明辟以察獄，獄必三訊焉。一曰訊羣臣，二曰訊羣吏，三曰訊萬民也。有指無簡，則不聽也。簡，誠也。有其意無其誠者，❻不論以爲罪也。附從輕，赦從重。附人之罪，❼以輕爲比。赦人之罪，以重爲比。疑獄則泛與衆共

---

❶「有」，玉海堂本、四庫本作「求」。
❷「焉」，玉海堂本、四庫本作「言」。
❸「顓」，四庫本作「制」。
❹「怪遇人罰之」，玉海堂本作「怪過人罰之」，四庫本作「凡過人罰人」。
❺「正」，四庫本作「致」。
❻上「其」字，原脱，今據玉海堂本、四庫本補。
❼「罪」，玉海堂本作「非」。

之，疑則赦之。皆以小大之比成也。❶比，毗志反。是故爵人必於朝，與衆共之也；刑人必於市，與衆棄之也。古者公家不畜刑人，大夫弗養也。士遇之塗，弗與之言。❷屏諸四方，唯其所之，不及與政。弗欲生之也。」仲弓曰：「聽獄，獄之成，成何官？」孔子曰：「成獄於吏，❸吏以獄成告於正。吏，獄官吏。正，獄官長。❹正既聽之，乃告大司寇。大司寇聽之，❺乃奉於王。王命三公卿士參聽棘木之下，外朝法：左九棘，孤卿大夫位焉。右九棘，公侯伯子男位焉。面三槐，三公位。然後乃以獄之成疑于王。❻王三宥之，以聽命君王尚寬宥。罪雖以定，猶三宥之。不可得輕，然後刑之者也。而制刑焉，所以重之也。」仲弓曰：「其禁何禁？」孔子曰：「巧言破律，巧賣法令者也。遁名改作，變言與物名也。執左道與亂政者，殺。左道亂也。作淫聲，淫，逸也。❼惑亂人之聲。造異服，非所常見。❽設奇伎奇器以蕩上心者，❾殺。怪異之伎，可以眩曜人心之器。蕩，動。行僞而堅，行詐僞而守之堅也。行，下孟反。言詐而辯，學非而博，順非而澤順其非而滑澤。以惑衆者，殺。假於鬼神時日，卜筮以疑衆者，殺。此四誅者不以聽。」不聽棘木之下。仲弓曰：「其禁盡於此而已？」孔子曰：「此其急者。其餘禁者十有四焉：命服命車不粥於市。粥，賣。粥，余六反。珪璋璧琮不

---

❶「也」，玉海堂本、四庫本作「之」。
❷「弗」上，原衍「以」字，今據玉海堂本、四庫本删。
❸「獄」下，原衍「成」字，今據玉海堂本、四庫本删。
❹「長」，四庫本作「正」。
❺「大司寇」，原脱，今據玉海堂本、四庫本補。
❻「疑」，四庫本作「告」。
❼「逸」，原誤作「逆」，今據玉海堂本、四庫本改。
❽「非」下，玉海堂本、四庫本有「人」字。
❾上「奇」字，原脱，今據四庫本補。

粥於市。宗廟之器不粥於市。兵車旍旗不粥於市。犧牲秬鬯不粥於市。戎器兵甲不粥於市。用器不中度，中，陟仲反。不粥於市。布帛精麤不中數，廣狹不中量，不粥於市。姦色亂正色，不粥於市。文錦珠玉之器，雕飾靡麗，不粥於市。衣服飲食不粥於市。賣成衣服，非侈必僞，故禁之。禁賣熟食，所以厲取也。菓實不時不粥於市。五木不中伐，不粥於市。鳥獸魚鼈不中殺，不粥於市。凡執此禁以齊衆者，不赦過也。」

禮運第三十二

孔子爲魯司寇，與於蜡。既賓事畢，畢賓客之事也。乃出遊於觀之上，觀，宮門外闕。《周禮》所謂「象魏」者也。喟然而嘆。言偃侍，曰：「夫子何嘆也？」孔子曰：「昔大道之行，此謂三皇五帝時，大道行也。❶與三代之英，英，秀。謂禹、湯、文武也。吾未之逮也，而有記焉。大道之行，天下爲公。選賢與能，講信修睦。講，習也。修，行也。睦，親也。故人不獨親其親，不獨子其子。所謂大道天下爲公。老有所終，壯有所用，矜寡孤疾皆有所養。貨惡其棄於地，不必藏於己；力惡其不出於身，不必爲人。言力惡其不出於身，不以爲德惠也。是以姦謀閉而不興，盜竊亂賊不作，故外户而不閉，謂之大同。今大道既隱，天下爲家。各親其親，各子其子。貨則爲己，力則爲人。大人世及以爲常，城郭溝池以爲固。禹、湯、文、武、成王、周公由此而選，言用禮義爲之選也。未有不謹於禮。禮之所興，與天地並。如有不由禮而在位

❶「大道行也」，玉海堂本、四庫本作「道大行也」。

者，則以爲殃。」言偃復問曰：「如此乎禮之急也？」❶孔子曰：「夫禮，先王所以承天之道，以治人之情。列其鬼神，達於喪祭、鄉射、冠婚、朝聘。故聖人以禮示之，則天下國家可得以禮正矣。」言偃曰：「今之在位，莫知由禮，何也？」孔子曰：「嗚呼哀哉！我觀周道，幽、厲傷也。幽、厲二王者，皆傷周道也。吾捨魯何適？魯有聖人之風，猶勝諸國也。夫魯之郊及禘，皆非禮，言失於禮而亡其義。周公其已衰矣。子孫不能行其禮義。杞之郊也禹，杞，夏后，本郊鯀，周公以鯀非令德，故令杞郊禹。宋之郊也契，是天子之事守也。天子以杞、宋二王之後，周公攝政致太平，而與天子同是禮也。諸侯祭社稷宗廟。上下皆奉其典，而祝嘏莫敢易其常法，是謂大嘉。今使祝嘏辭説徒藏於宗祝巫史，非禮也，言君臣皆當知辭説之意義也。❷是謂幽國；幽敝於禮。醆斝及尸君，非禮也，夏曰醆，殷曰斝。非王者之後，則尸與君不得用。是謂僭君；僭侈之君。冕弁兵車藏於私家，❸非禮也，大夫稱家。冕弁，大夫之服。孔子曰：「天子、諸侯、大夫冕弁服，❹歸設奠服。」❺此謂不得賜而藏之也。是謂脅君；迫於其君。大夫具官，祭器不假，聲樂皆具，非禮也，大夫無田者，不爲祭器。今皆不假，故非禮。是謂亂國。❻故仕於公曰臣，仕於家曰僕。三年之喪，與新有婚者，朞不使也。以衰裳入朝，❼與家僕雜居齊齒，非禮也，是謂臣與君共國。天子有田以處其子孫，諸侯

❶「之」，玉海堂本、四庫本作「其」。
❷「義」，原誤作「議」，今據玉海堂本、四庫本改。
❸「車」，玉海堂本、四庫本作「革」。
❹「服」，玉海堂本、四庫本作「復」，則當屬下。
❺「服」，原誤作「後」，今據玉海堂本、四庫本改。
❻「謂」，原誤作「爲」，今據玉海堂本改。
❼「裳」，原誤作「嘗」，今據玉海堂本、四庫本改。

有國以處其子孫，大夫有采以處其子孫，是謂制度。天子適諸侯，必舍其宗廟，而不以禮籍入，❶所謂臨諸侯，將舍宗廟，先告其鬼神，以將入止也。是謂天子壞法亂紀。諸侯非問疾弔喪而入諸臣之家，是謂君臣爲謔。謔，戲。夫禮者，君之柄，柄，亦秉持。所以別嫌明微，儐鬼神，考制度，列仁義，❷立政教，安君臣上下也。故政不正則君位危，君位危則大臣倍，小臣竊。刑肅而俗弊，則法無常。法無常則禮無別。禮無別，則士不仕，民不歸。是謂疵國。是故夫政者，君之所以藏身也。言所藏於身，不可以假人也。必本之天，效以降命。效天以下教令，所謂則天之明。命降於社之謂教地，❸所謂因地之利。降於祖廟之謂仁義，奉祖廟，彌近彌親，彌遠彌尊，仁義之道也。降於山川之謂興作，下命所謂祭山川者，謂其興造雲雨，作生萬物也。降于五祀之謂制度，下命使事五祀者，以其能爲人事之制度。此聖人所以藏身之固也。藏身以此則固。聖人參於天地，並於鬼神，以治政也。處其所存，禮之序也；翫其所樂，民之治也。言聖人常所存處者，禮之次序；常所玩樂者，民之治安也。天生時，地生財，人其父生而師教之。四者君以政用之，所以立於無過之地。時及財，天地之所生。❹而師以教之，君以政用之而已，故常立於無過之地也。君者，人所明，非明人者也；人所養，非養人者也；人所事，非事人者也。夫君者，明人則有過，爲君徒欲明人而已，則過謬也。故養人則不足，時君失政，不能爲民所養。❺事人

❶「以」，原脱，今據玉海堂本、四庫本補。
❷「列」，玉海堂本、四庫本作「别」。
❸「教」，玉海堂本、四庫本作「效」。
❹「生」上，原衍「以」字，今據四庫本删。
❺「民」，玉海堂本作「人」。

則失位。故百姓明君以自治，❶養君以自安，事君以自顯。是以禮達而分定，人皆愛其死而患其生。人皆愛惜其死，而患其生之無禮也。是故用人之智，去其詐；用人之勇，去其怒；用人之仁，去其貪。國有患，君死社稷，爲之義；❷大夫死宗廟，爲之變。大夫有去就之義，未必常死宗廟者。其死宗廟者，權變爲也。❸凡聖人能以天下爲一家，以中國爲一人，非意之，非以意貪之，必有致之也。❹必知其情，從於其義，明於其利，達於其患，然後能爲之。❺何謂人情？喜、怒、哀、懼、愛、惡、欲七者，弗學而能。何謂人義？父慈、子孝、兄良、弟悌、夫義、婦聽、長惠、幼順、君仁、臣忠十者，謂之人義。講信修睦，謂之人利。争奪相殺，謂之人患。聖人之所以治人七情，脩十義，講信脩睦，尚辭讓，去争奪，舍禮何以治之？飲食男女，人之大欲存焉；死亡貧苦，人之大惡存焉。欲惡者，人之大端。人藏其心，不可測度，美惡皆在其心，不見其色，欲一以窮之，舍禮何以哉？故人者，天地之德，陰陽之交，鬼神之會，五行之秀。天秉陽，垂日星；地秉陰，載山川。❻播五行於四時，和四氣而後月生，月生而後四時行焉。布五行，和四時、四氣，❼而後月生焉。是以三五而盈，三五而缺。月，陰道，不常滿。故十五日滿，十五日缺也。五行之動，共相竭也。竭，盡也。水用事盡則木用事，五行用事更相盡也。五行、四氣、十二月還

❶「明」，玉海堂本、四庫本作「則」。
❷「爲」，玉海堂本、四庫本作「謂」。
❸「權」上，玉海堂本、四庫本有「以」字。
❹「致」，玉海堂本、四庫本作「數」。
❺「能」，原脱，今據玉海堂本、四庫本補。
❻「山」上，原衍「於」字，今據玉海堂本、四庫本删。
❼「四氣」，玉海堂本、四庫本無此字。

相爲本，用事者爲本也。五聲、六律、十二管還相爲宮，❶五聲者，宮商角徵羽也。管十二月也，一月一管。陽律陰吕，其用事者爲宮也。❷五味、六和、十二食還相爲質，五味，酸苦鹹辛甘。六和者，和之各有宜者，春多酸，秋多辛之屬是也。十二食者，十二月之食。質，本也。五色、六章、十二衣還相爲主。❸五色者，青赤白黑黄。《學記》曰：「水無當於五色，五色不得不彰。」五色待水而章也。故人者，天地之心，於天地間，如五藏之有心矣。人有生最靈，心五藏最聖也。而五行之端，端，始也，能用五行也。食味、别聲、被色而生者。聖人作則，作爲則法。必以天地爲本，以陰陽爲端，以四時爲柄，以日星爲紀。月以爲量，鬼神以爲徒，五行以爲質，禮義以爲器，人情以爲田，四靈以爲畜。以天地爲本，故物可舉；天地爲本，則萬物苞在於其中。以陰陽爲端，故情可睹；陰陽爲情之始。❹以四時爲柄，故事可勸；四時各有事，故事可得而勸也。以日星爲紀，故業可别；日以紀晝，星以紀夜，故事可得而分别也。月以爲量，故功有藝；有度量以成四時，猶功業各有分理也。藝，猶理。鬼神以爲徒，故事有守；鬼神不相干，各有守。五行以爲質，故事可復也；五行終則復始，故事可修復也。禮義以爲器，故事行有考；考，成。人情以爲田，故人以爲奥；❺四靈以爲畜，故飲食有由。❻四靈，鳥獸之長。四靈爲畜，則飲食可用。何謂四靈？麟、鳳、龜、龍，謂之四靈。故龍以爲畜，而魚鮪不諗，諗，潛藏也。鳳以爲畜而鳥

❶「六」，原誤作「五」，今據玉海堂本、四庫本改。

❷「者」，原脱，今據玉海堂本、四庫本補。

❸「主」，玉海堂本、四庫本作「質」。

❹「爲情之」，原誤作「之爲情」，今據玉海堂本、四庫本改。

❺「故人以爲奥」，原脱，今據玉海堂本、四庫本補。

❻「故飲食有由」，原脱，今據玉海堂本、四庫本補。

不羝，❶麟以爲畜而獸不獝，❷羝獝，飛走之貌也。羝，况必反。獝，况越反。龜以爲畜，而人情不失。《易》曰：「定天下之吉凶，成天下之亹亹者，莫善於蓍龜。」人情不失也。❸先王秉蓍龜，列祭祀，瘞繒，宣祝嘏，❹瘞，謂祭祀之瘞。繒，謂若增封太山。❺宣，謂播宣揚之。瘞，於列反。繒，慈陵反。嘏，舉下反。設制度，祝嘏辭説。❻故國有禮，官有御，治也。事有職，禮有序。❼先王患禮之不達於下，故饗帝于郊，所以定天位也；祀社於國，所以列地利也；禘祖廟，所以本仁也；旅山川，所以儐鬼神也；祭五祀，所以本事也。故宗祝在廟，三公在朝，三老在學，王養三老在學。王前巫而後史，卜蓍瞽侑，❽皆在左右，王中心無爲也，❾以守至正。是以禮行于郊而百神受職，禮行於社而百貨可極，禮行於祖廟而孝慈服焉，孝慈之道爲遠近所服焉。禮行於五祀而正法則焉。故郊社宗廟山川五祀，❿義之脩而禮之藏。言禮之寶藏。夫禮必本於太一，太一者，元氣也。分而爲天地，轉而爲陰陽，變而爲四時，列而爲鬼神。其降曰命，即上所爲命，降於天地祖廟也。其官於天也，官爲職分也，言禮之職分皆從天下來也。⓫協於分藝。藝，理。其居於人也曰養。言禮之於人身，所以養成人也。所

❶「羝」，玉海堂本作「羝」，四庫本作「狘」。
❷「獝」，玉海堂本作「獝」，四庫本作「狘」。
❸「人」上，玉海堂本、四庫本有「故曰」二字。
❹「嘏」下，玉海堂本有「辭説」二字。
❺「太」，玉海堂本作「泰」。
❻「祝嘏辭説」，玉海堂本、四庫本無此四字。
❼「事有職，禮有序」，原誤作「職有序」，今據玉海堂本、四庫本改。
❽「蓍」，玉海堂本、四庫本作「筮」。
❾「爲」，玉海堂本、四庫本作「違」。
❿「宗」，玉海堂本作「祖」。
⓫「之」，原脱，今據玉海堂本、四庫本補。

以講信修睦，而固人之肌膚之會、筋骸之束者，所以養生送死，事鬼神之大端，所以達天道，順人情之大竇。唯聖人爲知禮之不可以已也，故破國、喪家、亡人，必先去其禮。禮之於人，猶酒之有蘖也。君子以厚，小人以薄。聖人脩義之柄、禮之序以治人情。人情者，聖王之田也。修禮以耕之，陳義以種之，講學以耨之，耨，除穢也。本仁以聚之，播樂以安之。故禮者，義之實也，協諸義而協，則禮雖先王未有，可以義起焉。義者，藝之分，仁之節，❶協於藝，講於仁，得之者强，失之者喪。仁者，義之本，順之體，得之者尊。故治國不以禮，猶無耜而耕；爲禮而不本於義，猶耕之而弗種；❷爲義而不講於學，❸猶種而弗耨；講之以學而不合之以仁，❹猶耨而不穫；合之以仁而不安之以樂，猶穫而弗食；安之以樂而不達於順，猶食而不肥。四體既正，膚革充盈，人之肥也；父子篤，兄弟睦，夫婦和，家之肥也；大臣法，小臣廉，官職相序，君臣相正，國之肥也；天子以德爲車，以樂爲御，諸侯以禮相與，大夫以法相序，士以信相考，百姓以睦相守，天下之肥也。是謂大順。大順者，❺所以養生送死事鬼神之常也。故事大積焉而不苑，苑，滯積也。並行而不謬，細行而不失。深而通，茂而有間，言有理也。連而不相及，言有叙也。動而不相害，此順之至也。明於順，然後乃能守危。高而不危，以長守危。夫禮之不同，

❶「節」下，玉海堂本、四庫本有注曰：「藝，理。」
❷「耕之而弗種」，玉海堂本、四庫本作「耕而不種」。
❸「義」，原脱，今據玉海堂本、四庫本補。
❹下「之」字，原脱，今據玉海堂本、四庫本補。
❺「大」，原脱，今據玉海堂本、四庫本補。

不豐不殺，❶所以持情而合危也。合禮安也。用水火金山者不使居川，渚者不使居原。用水，漁人以時入澤梁，乃溉灌。用火，季春出火，季秋納火也。❷用金，以時采銅鐵。用木，斧斤以時入山林，飲食各隨四時之宜者也。木，飲食必時。冬合男女，春頒爵位，必當年德，皆所順也，❸用民必順。悦以使民。故無水旱昆蟲之災，民無凶饑妖孽之疾。天不愛其道，地不愛其寶，人不愛其情。是以天降甘露，地出醴泉，山出器車，出銀甕丹甑之器及象車也。河出馬圖。龍似馬，負圖出。鳳凰麒麟皆在郊棷，❹龜龍在宫沼，其餘鳥獸及卵胎，皆可俯而窺也。則是無故，先王能循禮以達義，體信以達順，此順之實也。」

孔子家語卷第七終

❶ 下「不」字，原脱，今據玉海堂本、四庫本補。
❷ 「季春出火，季秋納火也」，玉海堂本、四庫本作「季春焚萊草，孟冬以火田也」。
❸ 「所」下，玉海堂本、四庫本有「謂」字。
❹ 「郊棷」，玉海堂本、四庫本作「近郊」。

孔子家語卷第八

冠頌第三十三

郕隱公既即位，將冠，使大夫因孟懿子問禮於孔子。子曰：「其禮如世子之冠。冠於阼者，以著代也，阼，主人之階，以明其代父。醮於客位，加其有成。冠於阼，❶若不醴則醮，❷用酒於客位，敬而成之。户西爲客位。醮，子肖反。三加彌尊，導喻其志。喻其志，使加彌尊，宜敬成。❸始緇布，次皮弁，次爵弁。冠而字之，敬其名也。雖天子之元子，猶士也，其禮無變，天下無生而貴者故也。行冠事，必於祖廟。以裸享之禮以將之，裸，灌鬯也，灌鬯以享神。享，獻。將，行也。鬯，刃亮反。以金石之樂節之，金石者，鍾磬也。所以自卑而尊先祖，示不敢擅。」懿子曰：「天子未冠即位，長亦冠也？」孔子曰：「古者王世子雖幼，其即位，則尊爲人君。人君治成人之事者，何冠之有？」懿子曰：「然則諸侯之冠異天子與？」怪天子無冠禮，如諸侯之冠，故問之。孔子曰：「君薨而世子主喪，是亦冠也已。人君無所殊也。」諸侯亦人君，與天子無異。懿子曰：「今郕君之冠，非禮也？」懿子以諸侯無冠❹，則郕君之冠非也。孔子曰：「諸侯之有冠禮也，夏之末造也。夏之末世，乃造諸侯冠禮。有自來矣，今無譏焉。言有所從來，故今無所譏。天子冠者，武王崩，成

❶「阼」，原誤作「階」，今據玉海堂本、四庫本改。
❷「醴」，原誤作「體」，今據四庫本改。
❸「成」，玉海堂本、四庫本作「式」。
❹「以」，原誤作「亦」，今據玉海堂本、四庫本改。

王年十有三而嗣立。周公居冢宰，攝政以治天下。明年夏六月，既葬，《周書》亦曰：「歲十有三，武王崩。元年六月葬。」與此若合符。而説者横爲年紀蹙促。成年少，又命周公，武王崩後五月乃攝政，良可爲冠與？痛哉！冠成王而朝于祖，以見諸侯，示有君也。❶周公命祝雍作頌曰：『祝王達而未幼。』祝雍辭曰：『使王近於民，常得民之心也。遠於年，壽長。嗇於時，嗇，愛也。於時，不奪民時也。惠於財，親賢而任能。』其頌曰：『令月吉日，王始加元服。去王幼志，服衮職，❷衮職，盛服有禮文也。欽若昊天，❸欽，敬。若，順。六合是式。天地四方謂之六合。言爲之法式。率爾祖考，永永無極。』此周公之制也。」懿子曰：「諸侯之冠，其所以爲賓主，何也？」孔子曰：「公冠則以卿爲賓，無介。公自爲主迎賓，揖升自阼，立于席北。其醴也，則如士，饗之以三獻之禮。既醴，降自阼階。❹諸侯非公而自爲主者，其所以異，皆降自西階。西階，賓也。玄端與皮弁，玄端，緇布冠之服。皮弁，自服其服也。異朝服素畢。朝服而畢，❺示不忘古。公冠四，公四加冠。加玄冕祭。加玄冕，著祭服。其酬幣于賓，則束帛乘馬。已冠而饗，既饗，與賓幣，謂之酬幣。❻乘馬，駟馬也。王太子、庶子之冠擬焉。王之太子、庶子皆擬諸侯冠禮也。皆天子自爲主，❼其禮與士無變。饗食賓也皆同。」懿子曰：「始冠必加緇布之冠，何也？」孔子曰：「示不忘古。太古冠布，齋則緇之。其緌也，吾

❶「示」，原誤作「亦」，今據玉海堂本、四庫本改。
❷「服」，玉海堂本、四庫本作「心」。
❸「天」，原誤作「命」，今據玉海堂本、四庫本改。
❹「階」，玉海堂本、四庫本無此字。
❺「朝服」，原誤作「服朝」，今據玉海堂本、四庫本改。
❻「酬」，原誤作「人」，今據玉海堂本、四庫本改。
❼「主」，原誤作「三」，今據玉海堂本、四庫本改。

未之聞。言今有緌，未聞之於古，古無緌也。緌，冠之飾也。今則冠而幣之可也。」今不復冠幣布，❶幣之不復著也。❷懿子曰：「三王之冠，其異何也？」孔子曰：「周弁，殷冔，夏收，一也。皆祭服也。三王共皮弁素緌。委貌，周道也；章甫，殷道也；毋追，夏后氏之道也。」常所服之冠也。

廟制第三十四

衛將軍文子將立三軍之廟於其家，❸文子，名彌牟。❹使子羔訪於孔子。子曰：「公廟設於私家，非古禮之所及，吾弗知。」子羔曰：「敢問尊卑上下立廟之制，可得而聞乎？」孔子曰：「天下有王，分地建國，設祖宗，祖有功，宗有德。乃爲親疎貴賤多少之數。是故天子立七廟，三昭三穆，與太祖之廟而七。❺太祖近廟，皆月祭之。近，謂高祖下。親爲近。遠廟爲祧，有二祧焉。祧，遠意。親盡爲祧。二祧者，高祖及父母祖是也。祧，吐彫反。享嘗乃止。四時祭也。諸侯立五廟，降天子二也。二昭二穆，與太祖之廟而五，曰祖考廟。始祖廟也。享嘗乃止。大夫立三廟，降諸侯二也。一昭一穆，與太祖之廟而三，❻曰皇考廟。享嘗乃止。士立一廟，降大夫二也。曰考廟。王考無廟，合而享嘗乃止。祖合於父廟中。庶人無廟，四時祭於寢。此自有虞以至于周之所不變也。自有虞以至於周，禮不異。❼而說者

❶「幣布幣」，四庫本作「白布敝」。

❷「著」，原誤作「者」，今據玉海堂本、四庫本改。

❸「三軍」，玉海堂本、四庫本作「先君」。

❹「牟」，原誤作「牢」，今據玉海堂本、四庫本改。

❺「而」，原脱，今據玉海堂本、四庫本補。

❻「祖之」，原脱，今據玉海堂本、四庫本補。

❼「禮」上，原衍「周」字，今據玉海堂本、四庫本删。

以周有廟，以有文武，故祧當遷者，而以爲文廟。❶或有甚矣。禮典皆有七廟之文，唯《喪服小記》云：「王者禘其祖之所自以其祖所出，❷以其祖配之。」而立四廟。謂始王者，未有始祖，故立四廟。今有虞亦始王者，而既立七廟矣。則《喪服小記》之言亦妄矣。凡四代帝王之所謂郊者，皆以配天。其所謂禘者，皆五年大祭之所及也。殷周禘嚳，五年大祭而及。應爲太祖者，則其廟不毀。不及太祖，雖在禘郊，其廟則毀矣。諸禘享考無廟，❸郊亦無廟。后稷之所以有廟，自以太祖。❹故曰：「不爲太祖，雖在禘郊，其廟則毁。」據后稷而言，殷人之郊冥，❺以冥有大功。契既爲太祖之廟，若復郊，則冥永不與於祀典，是以郊冥者也。古者祖有功而宗有德，謂之祖宗者，❻其廟皆不毀。」祖宗者，不毀之名。其廟，有功者謂之祖，至於周文王是也。有德者謂之宗，❼武王是也。❽二廟自有祖宗。乃謂之二祧，又以爲配食明堂之名，亦可謂違聖指，❾失寔事也。

子羔問曰：「祭典云：『昔有虞氏祖顓頊而宗堯，夏后氏亦祖顓頊而宗禹，殷人祖契而宗湯，周人祖文王而宗武王。』此四祖四宗，或乃異代，或其考祖之有功德，其廟可也。若有虞宗堯，夏祖顓頊，皆異代之有功德者也，亦可以存其廟乎？」孔子曰：「善。如汝所聞也。如殷周之祖宗，其廟可以不毁。其他祖宗者，功德不殊。雖在殊代，亦可以無疑矣。《詩》云：『蔽芾甘棠，勿翦勿伐，邵伯所憩。』蔽芾，小貌。甘棠，杜

---

❶「文廟」，玉海堂本、四庫本作「文武之廟」。

❷「之所自以其祖」，玉海堂本、四庫本無此六字。《禮記》原作「王者禘其祖之所自出，以其祖配之」。

❸「考」，玉海堂本、四庫本作「皆」。

❹「自」，四庫本作「者」，玉海堂本無此字。

❺「之」，原誤作「不」，今據四庫本改。

❻「謂之」，玉海堂本、四庫本作「諸見」。

❼「宗」，原誤作「周」，今據玉海堂本、四庫本改。

❽「也」，原脱，今據玉海堂本、四庫本補。

❾「違」，原誤作「達」，今據玉海堂、四庫本改。

也。憩，席也。❶周人之於邵公也，愛其人，猶敬其所舍之樹，況祖宗其功德，而可以不尊奉其廟焉？」

辯樂解第三十五

孔子學琴於師襄子。襄子曰：「吾雖以擊磬爲官，然能於琴。今子於琴已習，可以益矣。」孔子曰：「丘未得其數也。」有間，曰：「已習其數，可以益矣。」孔子曰：「丘未得其志也。」有間，曰：「已習其志，可以益矣。」孔子曰：「丘未得其爲人也。」有間，曰孔子有所謬然思焉，❷謬然，深思貌。有所睪然高望而遠眺。眺，見也。睪，羊益反。眺，他弔反。曰：「丘迨得其爲人矣。❸黮而黑，❹黮，黑貌。黮，勑感反。頎然長，頎，長貌。頎，渠希反。曠如望羊，曠，用志廣遠。望羊，遠視也。奄有四方，奄，同也。文王之時，三分天下有其二。後周有四方，文王之功也。非文王其孰能爲此？」師襄子避席葉拱而對曰：葉拱，兩手薄其心也。「君子，聖人也。其傳曰《文王操》。」

子路鼓琴，孔子聞之，謂冉有曰：「甚矣！由之不才也。夫先王之制音也，奏中聲以爲節。流入於南，❺不歸於北。夫南者生育之鄉，北者殺伐之城。故君子之音，温柔居中，以養生育之氣。憂愁之感不加于心也，暴厲之動不在于體也。夫然者，乃所謂治安之風也。小人之音則不

❶「席」，玉海堂本、四庫本作「息」。
❷「曰」，疑为衍文。
❸「矣」下，玉海堂本、四庫本有注曰：「迨，近。」
❹「黮」上，原衍「近」字，今據玉海堂本、四庫本删。
❺「流」，玉海堂本、四庫本無此字。

然，亢麗微末，以象殺伐之氣。中和之感不載於心，温和之動不存于體。夫然者，乃所以爲亂之風。昔者舜彈五絃之琴，造《南風》之詩，其詩曰：『南風之薰兮，可以解吾民之愠兮。南風之時兮，可以阜吾民之財兮。』得其時。阜，盛也。唯脩此化，故其興也勃焉，德如泉流，至于今，王公大人述而弗忘。殷紂好爲北鄙之聲，其廢也忽焉，至于今，王公大人舉以爲誡。夫舜起布衣，積德含和，而終以帝。紂爲天子，荒淫暴亂，而終以亡。非各所修之致乎？由今也匹夫之徒，曾無意于先王之制，而習亡國之聲，豈能保其六七尺之體哉？」冉有以告子路，子路懼而自悔，靜思不食，以至骨立。夫子曰：「過而能改，其進矣乎。」

周賓牟賈侍坐於孔子，孔子與之言及樂，曰：「夫《武》之備誡之以久，何也？」《武》，謂周《武》。❶備誡，❷擊鼓警衆也。對曰：「病疾不得其衆。」❸病，憂也。憂恐不得其士衆之心，故者也。「詠歎之，淫液之，何也？」淫液，歆淫滋味。對曰：「恐不逮事。」言汲汲欲及此安民和衆事。「發揚蹈厲之已蚤，何也？」厲，病。備戒雖久，至其發作又疾。對曰：「及時事。」欲令事及其時。「武坐致右而軒左，何也？」右膝至地，左膝不至地也。對曰：「非武坐。」言無武坐。❹「聲淫及商，何也？」言聲歆淫貪商。對曰：「非武音也。」武王之事，不得已爲天下除殘賊，非苟貪商。孔子曰：「若非武音，則何音也？」對曰：「有司失其傳也。」孔子曰：「唯，丘聞

❶「周武」，玉海堂本、四庫本作「周舞」。
❷「誡」，玉海堂本、四庫本作「戒」。
❸「疾」，玉海堂本、四庫本無此字。
❹「無武」，玉海堂本、四庫本作「武無」。

諸萇弘，亦若吾子之言是也。❶若非有司失其傳，則武王之志荒矣。」賓牟賈起，免席而請曰：「夫《武》之備誡之以久，❷則既聞命矣。敢問遲矣而又久立於綴，何也？」子曰：「居，吾語爾。夫樂者，象成者也。象成功而爲樂。語，魚據反。總干而山立，武王之事也；總持干，若山立不動。發揚蹈厲，太公之志也；志在鷹揚。《武》亂皆坐，周邵之治也。《武》亂《武》治皆坐，而以象安民之事也。❸且夫《武》，始成而北出，再成而滅商，三成而南反，誅紂已而南也。四成而南國是疆，言有南國以爲疆界。五成而分陝，周公左，邵公右，分東西而治也。六成而復綴，以崇其天子焉。以象尊天子也。六成謂舞之節解也。❹衆夾振焉而四伐，❺所以盛威於中國。夾武王四面，會振威武。四伐者，伐四方與紂同惡也。分陝而進，❻所以事蚤濟。所以分陝而蚤進者，欲事蚤成。久立於綴，所以待諸侯之至也。今汝獨未聞牧野之語乎？武王克殷而反商之政，未及下車，則封黃帝之後於薊，封帝堯之後於祝，封帝舜之後於陳。下車，又封夏后氏之後於杞，封殷之後於宋，武王伐殷，封其子祿父。武王崩，祿父叛，周公誅之。封微子於宋，以爲殷後。祿父不成殷後，故成言之。封王子比干之墓，釋箕子之囚，使人行商容之舊，以復其位。商容，商之禮儀。❼其位，舊居也。傳説多以商容爲殷之賢人，或使箕子求商容乎？❽行，猶索也。庶民弛

❶「亦若」，原誤作「若非」，今據四庫本改。
❷「誡」，玉海堂本、四庫本作「戒」。
❸「之」，玉海堂本、四庫本作「無」。
❹「六」，玉海堂本、四庫本作「凡」。
❺「焉」，玉海堂本、四庫本作「之」。
❻「陝」，玉海堂本作「郟」，四庫本作「夾」。下注文同。
❼「儀」，玉海堂本、四庫本作「官」。
❽「或使」，玉海堂本作「或者使」，四庫本作「行者使」。

政，解其力役之事。弛，尸紙反。庶士倍禄。❶既濟河西，馬散之華山之陽而弗復乘，牛散之桃林之野而弗復服，桃林，西方塞也。華，胡化反。車甲則釁之而藏諸府庫以示弗復用，❷倒載干戈而包之以虎皮，將率之士，使爲諸侯，命之曰鞬櫜。❸言所以藏弓矢而不用者，❹將率之士力也。故使以爲諸侯，❺爲之鞬櫜也。將，即亮反。率，徒對反。鞬，居言反。不復用兵也。散軍而修郊射，郊有學官，可以習禮。左射以《貍首》，右射以《騶虞》，而貫革之射息也。左東學，右西學，《貍首》、《騶虞》，所爲節也。裨冕搢笏，而虎賁之士脱劍。衮冕之屬通謂之裨冕。脱劍，解劍也。賁，符分反。郊祀后稷，而民知尊父焉。配明堂，而民知孝焉。朝覲，然後諸侯知所以臣。耕籍，然後民知所以敬親。親耕籍田，所以奉祠祀之粢盛。六者天下之大教也。食三老五更於太學，天子袒而割牲，執醬而饋，執爵而酳，食已飲酒，謂之酳也。酳，音胤。冕而總干，親在舞位。所以教諸侯之弟也。如此則周道四達，禮樂交通，夫武之遲久，不亦宜乎？」

問玉第三十六

子貢問於孔子曰：「敢問君子貴玉而賤珉何也？爲玉之寡而珉多歟？」❻珉，石似玉。珉，眉巾反。孔子曰：「非爲玉之寡故貴之，珉之多故賤之。夫昔者君子比德於玉：温潤而澤，仁也；縝密以栗，智也；縝

❶「庶士倍禄」，玉海堂本、四庫本無此四字。
❷「藏」下，原衍「之」字，今據玉海堂本、四庫本删。
❸「曰」，玉海堂本、四庫本無此字。
❹「藏」，玉海堂本、四庫本作「櫜」。
❺「使」，玉海堂本、四庫本作「建」。
❻「之」，原脱，今據玉海堂本、四庫本補。

密，緻塞貌。栗，堅也。縝，之忍反。緻，直利反。廉而不劌，義也；割而有廉隅，而不割傷也。❶劌，呼外反。垂之如墜，禮也；禮尚謙卑。叩之，其聲清越而長，其終則詘然，樂矣；詘，斷絶貌，似樂之息。詘，曲勿反。瑕不掩瑜，瑜不掩瑕，忠也；瑜，其忠美者也。❷孚尹旁達，信也；孚尹，玉貌。旁達，似信者無不通。❸氣如白虹，天也；精神見于山川，地也；精神本出山川，是故象地。❹珪璋特達，德也；天下莫不貴者，道也。《詩》云：『言念君子，温其如玉。』故君子貴之也。」

孔子曰：「入其國，其教可知也：其爲人也，温柔敦厚，《詩》教也；疏通知遠，《書》教也；廣博易良，《樂》教也；潔静精微，《易》教也；恭儉莊敬，《禮》教也；屬辭比事，《春秋》教也。故《詩》之失愚，敦厚之失。❺《書》之失誣，知遠之失。《樂》之失奢，《易》之失賊，精微之失。《禮》之失煩，《春秋》之失亂。屬辭比事之失。其爲人也，温柔敦厚而不愚，則深於《詩》者矣；疏通知遠而不誣，則深於《書》者矣；廣博易良而不奢，則深於《樂》者矣；潔静精微而不賊，則深於《易》者矣；恭儉莊敬而不煩，則深於《禮》者矣；❻屬辭比事而不亂，則深於《春秋》者矣。天有四時者，春夏秋冬，風雨霜露，無非教也。地載神氣，吐納雷霆，流形庶物，無非教也。清明在躬，氣志如神，清明之德在身也，則其氣志如神也。有物將至，其兆必先。物，事也。言有事將至，必先有兆應之者也。是

❶「割」上，四庫本有「劌」字。
❷「忠」，玉海堂本、四庫本作「中」。
❸「似信」，原誤作「言似」，今據玉海堂本、四庫本改。
❹「象地」，原誤作「地也」，今據玉海堂本、四庫本改。
❺「之失」，原脱，今據玉海堂本、四庫本補。
❻「矣」，原脱，今據玉海堂本、四庫本補。

故天地之教與聖人相參，其在《詩》曰：『嵩高惟嶽，峻極于天。惟嶽降神，生甫及申。岳降神靈和氣，生申、甫之大功也。❶惟申及甫，惟周之翰。翰，幹。美其宗族世有大功於周。甫侯相穆王，制祥刑。申伯佐宣王，成德教。四國于蕃，四方于宣。』言能藩屏四國，宣王德化於天下也。此文武之德。言文武聖德，篤佐周家，❷正爲先王良佐，❸成中興之功。『矢其文德，❹協此四國。』《毛詩》：「矢其文德。」矢，陳。協，和。此文王之德也。❺凡三代之王，必先其令問。《詩》云：『明明天子，令問不已。』三代之德也。」令，力正反。下同。

子張問聖人之所以教，孔子曰：「師乎，吾語汝。聖人明於禮樂，舉而措之而已。」子張又問，孔子曰：「師，爾以爲必布几筵，揖讓升降，酌獻酬酢，然後謂之禮乎？爾以爲必行綴兆，❻執羽籥，作鐘鼓，然後謂之樂乎？言而可履，禮也；行而可樂，樂也。綴，知劣反。樂，上音洛，下音岳。聖人力此二者，以躬己南面，是故天下太平，萬民順伏，百官承事，上下有禮也。夫禮之所以興，衆之所以治也。禮之所以廢，衆之所以亂也。目巧之室，則有隩阼，言目巧作室，必有隩阼之位。室西南隅謂之隩。阼，阼階也。❼隩，於到反。席則有上下，車則有左右，行則並隨，立則有列序，古之義也。室而無隩阼，則亂於堂室矣；席而無上下，則亂於席

❶「之」，玉海堂本、四庫本作「成」。
❷「佐」，玉海堂本、四庫本作「佑」。
❸「正爲先王良佐」，玉海堂本、四庫本作「天爲之生良佐」。
❹「矢」，四庫本作「弛」。
❺「文」，四庫本作「太」。
❻「爲」，原脱，今據玉海堂本、四庫本補。
❼「阼」，玉海堂本、四庫本不重文。

次矣；亂於席上之次第。車而無左右，則亂於車上矣；行而無並隨，則亂於階塗矣；升階塗無並隨，則階塗亂。列而無次序，則亂於著矣。著，所立之位也。門屏之間謂之著也。昔者明王聖人辯貴賤長幼，正男女内外，序親疎遠近，而莫敢相踰越者，皆由此塗出也。」

屈節解第三十七

子路問於孔子曰：「由聞丈夫居世，富貴不能有益於物，以道濟物，不爲身也。處貧賤之地，而不能屈節以求伸，則不足以論乎人之域矣。」孔子曰：「君子之行己，期於必達於己。❶可以屈則屈，可以伸則伸。故屈節者所以有待，待知求也。求伸者所以及時。及良時也。是以雖受屈而不毁其節，志達而不犯於義。」合於義也乃行。

孔子在衛，聞齊國田常將欲爲亂，專齊，有無君之心也。而憚鮑、晏，鮑氏，晏氏，齊之卿大夫也。因欲移其兵以伐魯。孔子會諸弟子而告之曰：「魯，父母之國，不可不救，不忍視其受敵。今吾欲屈節於田常以救魯，二三子誰爲使？」於是子路曰：「請往齊。」❷孔子弗許。子張請往，又弗許。子石請往，又弗許。三子退，謂子貢曰：「今夫子欲屈節以救父母之國，吾三人請使而不獲往，此則吾子用辯之時也，吾子盍請行焉？」子貢請使，夫子許之。遂如齊，說田常曰：「今子欲收功於魯實難，不若移兵於吴則易。」易，以豉反。田常不悦。子貢曰：「夫憂在内者攻强，憂在外者攻弱。吾聞子三

❶「期」，玉海堂本、四庫本作「其」。
❷「齊」，玉海堂本、四庫本作「焉」。

封而三不成，是則大臣不聽令。戰勝以驕主，破國以尊臣，鮑、晏等率師，若破國，則益尊者也。而子之功不與焉，則交日疏於主，而與大臣争。如此，則子之位危矣。」田常曰：「善。然兵甲已加魯矣，❶不可更，更，音耕。如何？」子貢曰：「緩師，吾請於吴，❷令救魯而伐齊，子因以兵迎之。」田常許諾。子貢遂南説吴王曰：「王者不滅國，霸者無强敵。千鈞之重，加銖兩而移。今以齊國而私千乘之魯，與吾争强，❸甚爲王患之。且夫救魯以顯名，以撫泗上諸侯，泗，水名也。誅暴齊以服晉，利莫大焉。名存亡魯，實困强齊，智者不疑。」吴王曰：「善。然吴常困越，越王今苦身養士，有報吴之心，子待我先越，❹然後乃可。」子貢曰：「越之勁不過魯，吴之彊不過齊，而王置齊而伐越，則齊必私魯矣。王方以存亡繼絶之名，棄齊而伐小越，❺非勇也。勇者不避難，❻難，乃旦反。仁者不窮約，智者不失時，義者不絶世。今存越示天下以仁，救魯伐齊，威加晉國，諸侯必相率而朝，霸業盛矣。且王必惡越，臣請見越君，令出兵以從，此則實害越而名從諸侯以伐齊。」吴王悦，乃遣子貢之越。越王郊迎，而自爲子貢御，曰：「此蠻夷之國，大夫何足儼然辱而臨之？」子貢曰：「今者吾説吴王以救魯伐齊，説，音税。其志欲之而心畏越，曰：『待我伐越而後可。』則破越必矣。❼且無報人之志而令

❶「甲」，玉海堂本、四庫本作「業」。
❷「請」下，玉海堂本、四庫本有「救」字。
❸「吾」，玉海堂本、四庫本作「吴」。
❹「先」，玉海堂本、四庫本作「伐」。
❺「棄」下，玉海堂本、四庫本有「强」字。
❻「者」，原誤作「而」，今據玉海堂本、四庫本改。
❼「則」上，玉海堂本、四庫本有「此」字。

人疑之，拙矣；有報人之意而使人知之，殆矣。❶事未發而先聞者，危矣。三者舉事之患矣。」勾踐頓首曰：「孤嘗不料力而興吴難，難，乃旦反。受困會稽，痛於骨髓，日夜焦脣乾舌，徒欲與吴王接踵而死，孤之願也。今大夫幸告以利害。」子貢曰：「吴王爲人猛暴，羣臣不堪，國家疲弊，百姓怨上，大臣内變。申胥以諫死，申胥，伍子胥也。大宰嚭嚭，吴王佞臣也。嚭，普鄙反。用事，此則報吴之時也。王誠能發卒佐之，以邀邀激其志。❷射其志，而重寶以悦其心，卑辭以尊其禮，則其伐齊必矣，此聖人所謂屈節求其達者也。彼戰不勝，王之福。若勝，則必以兵臨晉，臣還北請見晉君共攻之，其弱吴必矣。鋭兵盡於齊，重甲困於晉，而王制其弊焉。」越王頓首許諾。子貢返五日，越使大夫文種頓首言於吴王曰：「越悉境内之士三千人以事吴。」吴王告子貢曰：「越王欲身從寡人，可乎？」子貢曰：「悉人之率衆，❸又從其君，非義也。」吴王乃受越王卒，謝留勾踐。遂自發國内之兵以伐齊，敗之。子貢遂北見晉君，令承其弊。吴晉遂遇於黄池。越王襲吴之國，吴王歸與越戰，滅焉。孔子曰：「夫其亂齊、存魯，吾之始願。若能强晉以弊吴，使吴亡而越霸者，賜之説之也。美言傷信，慎言哉！」孔子以哀公十六年卒，吴以二十二年滅。時吴知己將亡而言之也。

孔子弟子有宓子賤者，仕於魯，爲單父宰。單，音善。恐魯君聽讒言，使己不得行其政，於是辭行，故請君之近史二人與之

---

❶「矣」，原誤作「乎」，今據玉海堂本改。

❷此處注文，玉海堂本、四庫本在句末「志」字下。

❸「率」，玉海堂本、四庫本無此字。

俱至官。宓子戒其邑吏，宓，音密。令二史書。方書，輒掣其肘。書不善，則從而怒之。二史患之，辭請歸魯。宓子曰：「子之書甚不善，子勉而歸矣。」二史歸報於君曰：「宓子使臣書而掣肘，❶書惡而又怒臣，邑吏皆笑之，此臣所以去之而來也。」魯君以問孔子，子曰：「宓不齊，君子也。其才任霸王之佐，屈節治單父，將以自試也。意者以此爲諫乎？」公寤，太息而歎曰：「此寡人之不肖。寡人亂宓子之政而責其善者，非矣。❷微二史，寡人無以知其過。微夫子，寡人無以自寤。」遽發所愛之使告宓子曰：「自今已往，單父非吾有也，從子之制。有便於民者，子決爲之。五年一言其要。」宓子敬奉詔，遂得行其政，於是單父治焉。躬敦厚，明親親，尚篤敬，施至仁，加懇誠，致忠信，百姓化之。齊人攻魯，道由單父。單父之老請曰：「麥已熟矣，今齊寇至，不及人人自收其麥。請放民出，皆穫傅郭之麥，可以益糧，且不資於寇。」三請而宓子不聽。俄而齊寇逮于麥。季孫聞之，怒，使人以讓宓子曰：「民寒耕熱耘，曾不得食，豈不哀哉？不知猶可，以告者而子不聽，非所以爲民也。」宓子蹵然曰：「今兹無麥，明年可樹。若使不耕者穫，是使民樂有寇。樂，音洛。且得單父一歲之麥，於魯不加强，喪之不加弱，喪，身浪反。若使民有自取之心，其創必數世不息。」季孫聞之，赧然而愧曰：「地若可入，吾豈忍見宓子哉？」赧，乃版反。三年，孔子使巫馬期往觀政焉。❸巫馬期陰免衣，衣弊裘。

❶「掣」下，玉海堂本、四庫本有「臣」字。
❷「非」，玉海堂本、四庫本作「數」。
❸「往」，原誤作「遠」，今據玉海堂本、四庫本改。

「衣，衣」，上如字，下於既反。入單父界。見夜漁者，得魚輒舍之。舍，音捨。巫馬期問焉，曰：「凡漁者，爲得，何以得魚即舍之？」漁者曰：「魚之大者名爲鱄，吾大夫愛之。其小者名爲鱦，鱄，宜爲鱣，❶《新序》作鱨，鮑魚之懷任者也。❷鱦，戈證反。吾大夫欲長之。是以得二者輒舍之。」巫馬期返，以告孔子曰：「宓子之德至，使民闇行若有嚴刑於旁，敢問宓子何行而得於是？」孔子曰：「吾嘗與之言曰：『誠於此者刑乎彼。』宓子行此術於單父也。」

孔子之舊曰原壤，其母死，夫子將助之以沐椁。子路曰：「由也昔者聞諸夫子曰：❸『無友不如己者，過則勿憚改。』夫子憚矣。姑已若何？」姑，且也。已，止也。孔子曰：「『凡民有喪，匍匐救之』，況故舊乎？非友也。吾其往。」及爲椁，原壤登木，曰：「久矣，予之不託於音也。」遂歌曰：「狸首之班然，執女手之卷然。」女，音汝。夫子爲之隱，佯不聞以過之。子路曰：「夫子屈節而極於此，失其與矣。豈未可以已乎？」孔子曰：「吾聞之，親者不失其爲親也，故者不失其爲故也。」

孔子家語卷第八終

❶「鱣」，玉海堂本、四庫本作「鱷」。

❷「鮑」，四庫本作「鱦」。「任」，四庫本作「妊」。「者」，玉海堂本、四庫本無。「任」下，原衍「之」字，今據玉海堂本、四庫本刪。

❸「曰」，玉海堂本、四庫本無此字。

孔子家語卷第九

七十二弟子解第三十八

顏回，魯人，字子淵。【少孔子三十歲。】❶年二十九而髮白，三十一早死。❷孔子曰：「自吾有回，門人日益親。」❸回之德行著名，❹孔子稱其仁焉。

閔損，魯人，字子騫。【少孔子五十歲。】以德行著名，孔子稱其孝焉。

冉耕，魯人，字伯牛。以德行著名。有惡疾，孔子曰：「命也夫。」

冉雍，字仲弓，伯牛之宗族，生於不肖之父。以德行著名。

宰予，字子我，魯人。有口才著名。❺【仕齊爲臨菑大夫，與田常爲亂，夷其三族。孔子耻之，曰：「不在利病，其在宰予。」言宰予爲病利。】

端木賜，字子貢，衛人。【少孔子三十

---

❶「少孔子三十歲」，原本無，今據玉海堂本、四庫本補。案，本卷內容底本缺漏較多，今皆據玉海堂本補足，並以【 】號標示補足內容，不再一一出校。若所補內容二校本有出入，則以玉海堂本爲底本，以四庫本參校，並於校記說明。

❷「死」下，玉海堂本有注曰：「此書久遠，年數錯誤，未可詳校其年。則顏回死時孔子年六十一歲。然伯魚五十，先孔子卒。卒時孔子且七十，此謂顏回先伯魚死，而《論語》云：『顏回死，顏路請子之車以爲之槨。』子曰：『鯉也死，有棺而無槨。』或爲誤。」四庫下注大致相同，注末句作：「或爲誤事之辭。」

❸「益」下，玉海堂本、四庫本有注曰：「顏回爲孔子疏附之友，能使門人益親夫子。」

❹「之」，玉海堂本、四庫本作「以」。

❺「才」下，玉海堂本、四庫本有「以言語」字。

一歲。】有口才著名。【孔子每詘其辯。家富累千斤。常結駟連騎以造原憲，憲居蒿盧蓬户之中，與之言先王之義。原憲衣弊衣冠，並日蔬食，既蔬食，並日而後食也。衎然有自得之志。子貢曰：「甚矣！子如何之病也。」原憲曰：「吾聞無財者謂之貧，學道不能行者謂之病。吾貧也，非病也。」子貢慚，終身耻其言之過。子貢好販，❶與時轉貨。販發舉，買賤賣貴，隨時轉作以有其貨也。歷相魯、衛，而終齊。】

冉求，字子有，仲弓之宗族。❷【少孔子二十九歲。】有才藝，以政事著名。【仕爲季氏宰。進則理其官職，退則受教聖師。爲性多謙退。故子曰：「求也退，故進之。」】

仲由，弁人，❸字子路，【一字季路。少孔子九歲。】有勇力才藝，以政事著名。【爲人果烈而剛直，性鄙而不達於變通。仕衛爲大夫，遇蒯蕢與其子輒争國，❹子路遂死輒難。孔子痛之，曰：「自吾有由，而惡言不入於耳。」子路，夫子禦侮之友，惡言不入夫子之耳。】

言偃，魯人，字子游。【少孔子三十五歲。時習於禮，】以文學著名。【仕爲武城宰。嘗從孔子適衛，與將軍之子蘭相善，使之受學於夫子。】

卜商，衛人，【字子夏。少孔子四十四歲。習於《詩》，能通其義，子夏所敘《詩》義，今之《毛詩序》是。以文學著名。爲人性不弘，好論精微，時人】無以尚之。嘗返衛，見讀史

❶「好」，四庫本作「行」。
❷「宗」，原脱，今據玉海堂本、四庫本補。
❸「弁」，四庫本作「卞」。
❹「遇」，四庫本無此字。「蒯蕢」，四庫本作「蒯聵」。

志者云：「晉師伐秦，三家渡河。」子夏曰：「非也，己亥耳。」讀史志曰問諸晉史，果曰「己亥」。於是衛以子夏爲聖。孔子卒後，教於西河之上。魏文侯師事之，而諮國政焉。

顓孫師，陳人，字子張。少孔子四十八歲。爲人有容貌資質，寬冲博接，從容自務，居不務立於仁義之行，子張不侮鰥寡，性凱悌寬冲，故子貢以爲未仁。然不務立仁義之行，故子貢激之以爲未仁也。❶孔子門人友之而弗敬。

曾參，南武城人，字子輿，少孔子四十六歲。志存孝道，故孔子因之以作《孝經》。齊嘗聘，欲與爲卿，❷而不就，曰：「吾父母老。食人之祿，則憂人之事，故吾不忍遠親而爲人役。」參後母遇之無恩，而供養不衰。及其妻以藜烝不熟，因出之。人曰：「非七出也。」參曰：❸「藜烝小物耳，吾欲使熟，而不用吾命，況大事乎？」遂出之。終身不取妻。❹其子元請焉，告其子曰：「高宗以後妻殺孝己，尹吉甫以後妻放伯奇。吾上不及高宗，中不比吉甫，庸知其得免於非乎？」

澹臺滅明，武城人，字子羽。少孔子四十九歲。有君子之姿。❺孔子嘗以容貌望其才，其才不充孔子之望，然其爲人公正無私，以取與去就以諾爲名，仕魯爲大夫也。

高柴，齊人，高氏之別族，字子羔。少孔子四十歲。長不過六尺，狀貌甚惡。爲

❶「仁」，四庫本作「有」。
❷「與」，玉海堂本、四庫本作「以」。
❸「參」，玉海堂本作「荅」，四庫本作「答」。
❹「取」，玉海堂本、四庫本作「娶」。
❺「姿」，玉海堂本、四庫本作「資」。

人篤孝而有法正。少居魯，見知名於孔子之門。仕爲武城宰。

宓不齊，魯人，字子賤。少孔子四十九歲。❶仕爲單父宰。有才智，仁愛，百姓不忍欺，孔子大之。❷

樊須，魯人，字子遲。少孔子四十六歲。弱仕於季氏。

有若，魯人，字子有。少孔子三十六歲。爲人强識，好古道也。

公西赤，魯人，字子華。少孔子四十二歲。束帶立朝，❸閑賓主之儀。

原憲，宋人，字子思。少孔子三十六歲。清淨守節，貧而樂道。孔子爲魯司寇，原憲嘗爲孔子宰。孔子卒後，原憲退隱，居于衛。

公冶長，魯人，字子長。爲人能忍耻，孔子以女妻之。

南宮韜，❹魯人，字子容。以智自將，世清不廢，世濁不洿，孔子以兄子妻之。

公析哀，齊人，字季沉。鄙天下多仕於大夫家者，是故未嘗屈節人臣。孔子特歎貴之。

曾點，曾參父，字子晳。疾時禮教不行，欲修之，孔子善焉。《論語》所謂浴乎沂，風乎舞雩之下。

顔由，顔回父，字季路。孔子始教學於闕里而受學。❺少孔子六歲。

商瞿，魯人，字子木，少孔子二十九歲。特好《易》，孔子傳之，志焉。

❶「九」，玉海堂本、四庫本無此字。
❷「大」，玉海堂本、四庫本作「美」。
❸「立」下，玉海堂本、四庫本有「於」字。
❹「韜」，四庫本作「縚」。
❺「闕」，玉海堂本、四庫本作「閭」。

漆雕開，蔡人，字子若。少孔子十一歲。習《尚書》，不樂仕。孔子曰：「子之齒可以仕矣，時將過。」子若報其書曰：「吾斯之未能信。」言未能明信此書意。孔子悦焉。

公良儒，❶陳人，字子正。賢而有勇。孔子周行，常以家車五乘從。

秦商，魯人，字不慈，❷少孔子四歲。其父堇父，父，音甫。與孔子父叔梁紇俱以力聞。❸

顔刻，❹魯人，字子驕。少孔子五十歲。孔子適衛，子驕爲僕。衛靈公與夫人南子同車出，而令宦者雍梁參乘，❺使孔子爲次乘，遊過市，孔子耻之。顔刻曰：「夫子何耻之？」孔子曰：「《詩》云：『覯爾新婚，以慰我心。』」慰，安。乃歎曰：「吾未見好德如好色者也。」

司馬黎耕，❻宋人，字子牛。牛爲性躁，好言語。見兄桓魋行惡，牛常憂之。

巫馬期，❼陳人，字子期，少孔子三十歲。孔子將近行，命從者皆持蓋，已而果雨。巫馬期問曰：「旦無雲，既日出，而夫子命持雨具，敢問何以知之？」孔子曰：「昨暮月宿畢。❽《詩》不云乎：『月離於畢，俾滂沱矣。』以此知之。」

梁鱣，齊人，字叔魚。少孔子三十九歲。年三十未有子，欲出其妻。商瞿謂曰：「子未也。昔吾年三十八無子，吾母爲

❶「儒」，玉海堂本、四庫本作「孺」。
❷「不」，四庫本作「丕」。
❸「以」，原脱，今據玉海堂本、四庫本補。
❹「顔刻」，四庫本作「顔亥」，下文同。
❺「梁」，玉海堂本、四庫本作「渠」。
❻「黎」，玉海堂本、四庫本無此字。
❼「期」，玉海堂本、四庫本作「施」。
❽「宿」下，玉海堂本、四庫本有「於」字。

吾更取室。夫子使吾之齊，母欲請留吾，夫子曰：『無憂也，瞿過四十，當有五丈夫。』今果然。吾恐子自晚生耳，未必妻之過。」從之，二年而有子。

琴牢，衛人，字子開，一字張。與宗魯友。聞宗魯死，欲往弔焉，孔子弗許，曰：「非義也。」

冉儒，❶魯人，字子魚。❷少孔子五十歲。

顔辛，❸魯人，字子柳。少孔子四十六歲。

伯虔，字楷。❹少孔子五十歲。

公孫寵，❺衛人，字子石。少孔子五十三歲。

曹卹，少孔子五十歲。

陳亢，陳人，字子亢，❻一字子禽。少孔子四十歲。

叔仲會，魯人，字子期。少孔子五十歲，❼與孔琁年相比，❽每孺子之執筆記事於夫子，二人迭侍左右。孟武伯見孔子而問曰：「此二孺子之幼也於學，豈能識於壯哉？」孔子曰：「然。少成則若性也，習慣若自然也。」

秦祖，字子南。

奚蒧，❾字子偕。❿

公祖茲，字子之。

❶「儒」，玉海堂本、四庫本作「孺」。
❷「魚」，四庫本作「魯」。
❸「辛」，玉海堂本、四庫本作「幸」。
❹「楷」，玉海堂本、四庫本作「揩」。
❺「寵」，玉海堂本、四庫本作「龍」。
❻「亢」，玉海堂本、四庫本作「元」。
❼「十」下，四庫本有「四」字。
❽「琁」，玉海堂本、四庫本作「璇」。
❾「蒧」，玉海堂本、四庫本作「箴」。
❿「偕」，玉海堂本、四庫本作「楷」。

廉潔，字子曹。

公西與，字子上。

宰父黑，字子黑。❶

公西減，❷字子尚。

穰駟赤，字子從。

冉季，字子產。

薛邦，字子從。

石處，字里之。❸

懸亶，字子象。

左郢，字子行。

狄黑，字哲之。

商澤，字子秀。

任不齊，字子選。

榮祈，字子祺。

顏噲，字子聲。

原桃，❹字子籍。❺

公肩，❻字子仲。

秦非，字子之。

漆雕從，字子文。

燕級，❼字子思。

公夏守，字子乘。

勾井疆，字子疆。

步叔乘，字子車。

石子蜀，❽字子明。

邽選，❾字子飲。❿

❶「黑」，玉海堂本、四庫本作「索」。

❷「減」，玉海堂本同，四庫本作「蒧」。

❸「里之」，玉海堂本、四庫本作「子里」。

❹「桃」，玉海堂本作「抗」，四庫本作「伉」。

❺「籍」，玉海堂本作「藉」。

❻「肩」，玉海堂本、四庫本作「賓」。

❼「級」，玉海堂本、四庫本作「伋」。

❽「石子蜀」，玉海堂本作「右作蜀」，四庫本作「石作蜀」。

❾「邽選」，玉海堂本、四庫本作「邽巽」。

❿「飲」，玉海堂本、四庫本作「斂」。

施之常，字子常。❶申績，❷字子周。樂欣，❸字子聲。顏之僕，字子叔。孔弗，❹字子蔑。孔子兄之子。❺漆雕侈，❻字子歛。懸成，字子横。顔相，字子襄。

右夫子弟子七十二人，❼皆升堂入室者。

本姓解第三十九

孔子之先，宋之後也。微子啓，帝乙之元子，紂之庶兄，以圻内諸侯入爲王卿士。微，國名。子，爵。初，武王克殷，封紂之子武庚於朝歌，使奉湯祀。武王崩，而與管、蔡、霍三叔作難。周公相成王，東征之。二年，罪人斯得。乃命微子於殷後，作《微子之命》，由之與國于宋，徙殷之子孫。唯微子先往仕周，故封之賢。其弟曰仲思，名衍，或名泄，嗣微之後，❽故號微仲，生宋公稽。胄子雖遷爵易位，而班級不及其故者，得以故官爲稱。故二微雖爲宋公，而猶以微之號自終，至于稽乃稱公焉。宋公生丁公申，申公生緡公共及襄公

❶「常」，玉海堂本、四庫本作「恒」。
❷「績」，玉海堂本、四庫本作「續」。
❸「欣」，玉海堂本、四庫本作「欬」。
❹「弗」，玉海堂本、四庫本作「忠」。
❺「之子」，原誤作「弟」，今據玉海堂本、四庫本改。
❻「侈」，玉海堂本、四庫本作「哆」。
❼「右夫子弟子七十二人」，原誤作「右件夫子七十二人弟子」，今據玉海堂本、四庫本改。
❽「之」，玉海堂本、四庫本作「子」。

熙，熙生弗父何及厲公方祀。方祀以下，世爲宋卿。弗父何生宋父周，❶周生世子勝，勝生正考甫，考甫生孔父嘉。五世親盡，別爲公族，故後以孔爲氏焉。一曰：「孔父者，生時所賜號也，是以子孫遂以氏族。」孔父生子木金父，金父生睪夷，睪夷生防叔，避華氏之禍而奔魯。方叔生伯夏，❷伯夏生叔梁紇。❸曰雖有九女，是無子。其妾生孟皮，孟皮一字伯尼，有足病。於是乃求婚於顏氏。顏氏有三女，其小曰徵在。顏父問三女曰：「陬大夫雖父祖爲士，然其先聖王之裔。今其人身長十尺，武力絶倫，吾甚貪之。雖年長性嚴，❹不足爲疑。三子孰能爲之妻？」二女莫對，徵在進曰：「從父所制，將何問焉？」父曰：「即爾能矣。」遂以妻之。徵在既往，廟見。以夫之年大，懼不時有男，❺而私禱尼丘之山以祈焉。生孔子，故名丘，字仲尼。孔子三歲而叔梁紇卒，葬於防。至十九，娶于宋之并官氏。❻一歲而生伯魚。❼魚之生也，魯昭公以鯉魚賜孔子。榮君之貺，故因以名曰鯉，❽而字伯魚。魚年五十，先孔子卒。

齊太史子與適魯見孔子，孔子與之言道，子與悦，曰：「吾鄙人也，聞子之名，不覩子之形久矣，而求知之寶貴也，❾乃今而

❶「宋」，玉海堂本、四庫本作「送」。
❷「方」，玉海堂本、四庫本作「防」。
❸「伯」，玉海堂本、四庫本無此字。
❹「長」，玉海堂本、四庫本作「大」。
❺「男」，原誤作「勇」，今據玉海堂本、四庫本改。
❻「并」，玉海堂本、四庫本作「上」。
❼「一歲而」，玉海堂本、四庫本無此三字。
❽「曰」，玉海堂本、四庫本無此字。
❾「而求知之寶貴也」，玉海堂本、四庫本作「而未知寶貴也」。

後知泰山之爲高，淵海之爲大。惜乎夫子之不逢明王，道德不加于民，而將垂寶以貽後世。」遂退而謂南宫敬叔曰：「今孔子先聖之嗣，自弗父何以來，世有德讓，天所祚也。成湯以武德王天下，其配在文。殷宗以下，未始有也。孔子生於衰周，先王典籍，錯亂無紀。而乃論百家之遺記，考正其義。祖述堯舜，憲章文武，删《詩》述《書》，定《禮》理《樂》，制作《春秋》，讚明《易》道，垂訓後嗣，以爲法式，其文德著矣。然凡所教誨，束脩已上，三千餘人，或者天將欲與素王之乎？夫何其盛也？」敬叔曰：「殆如吾子之言。夫物莫能兩大，吾聞聖人之後，而非繼世之統，其必有興者焉。今夫子之道至矣，❶乃將施之無窮，❷雖欲辭天之祚，故未得耳。」子貢聞之，以二子之言告孔子。子曰：「豈若是哉？亂而治之，滯而起之，自吾志。天何與焉？」

終記解第四十

孔子蚤晨作，作，起。負手曳杖，逍遥於門而歌曰：「泰山其頹乎！梁木其壞乎！梁木，木主爲梁者。喆人其萎乎！」萎，頓。❸既歌而入，當户而坐。子貢聞之曰：「泰山其頹，則吾將安仰？梁木其壞，吾將安杖？❹喆人其萎，吾將安放？放，法。放去聲。夫子殆將病也。」遂趨而入。夫子歎而言曰：「賜，汝來何遲！予疇昔夢坐奠於

❶「夫子」，玉海堂本、四庫本作「孔子」。
❷「之」，玉海堂本、四庫本作「乎」。
❸「萎」，玉海堂本、四庫本作「委」，與下「頓」字連。
❹「吾」上，玉海堂本、四庫本有「則」字。

兩楹之間。疇昔，猶近昨夜。兩楹之間，殷人所殯處。❶而具奠於殯處，故自知死也。夏后氏殯於東階之上，則猶在阼。殷人殯於兩楹之間，則與賓主夾之。❷周人殯於西階之上，❸則猶賓之。而丘也即殷人。夫明王不興，則天下其孰能宗余？言天下無明主，❹莫能宗己道，臨終其有命，傷道之不行也。余逮將死。」遂寢病七日而終，時年七十二矣。哀公誄曰：「昊天不弔，不慭遺一老，弔，善也。慭，願，❺且。一老，孔子也。慭，魚僅切。俾屏余一人以在位，煢煢余在疚。疚，病。於乎哀哉！尼父，無自律。」父，丈夫之顯稱。律，法。言無以自爲法。子貢曰：「公其不没於魯乎？夫子有言曰：『禮失則昏，名失則愆。』失志爲昏，失所爲愆。生不能用，死而誄之，非禮也。稱『一人』，非名。一人，天子之稱也。君兩失之矣。」

既卒，門人疑所以服夫子者。❻子貢曰：「昔夫子之喪顔回也，若喪其子而無服，喪子路亦然。今請喪夫子如喪父而無服。」於是弟子皆弔服而加麻，出有所之，則由絰。子夏曰：「入宜絰可居，❼出則不絰。」子游曰：「吾聞諸夫子：喪朋友，居則絰，出則否；喪所尊，雖絰而出可也。」

孔子之喪，公西赤掌殯葬焉。❽唅以踈米，三貝。❾踈，粳米。《禮記》曰：「稻曰嘉疏。」絰，徒結反。襲衣十有一稱，加朝服一，冠章

❶「處」，玉海堂本、四庫本作「夢」。
❷「則」，原誤作「即」，今據玉海堂本、四庫本改。
❸「周人」，原脱，今據玉海堂本、四庫本補。
❹「主」，玉海堂本、四庫本作「王」。
❺「願」，玉海堂本、四庫本無此字。
❻「疑」，原脱，今據玉海堂本、四庫本補。
❼「居」，玉海堂本、四庫本作「也」。
❽「赤」，原脱，今據玉海堂本、四庫本補。
❾「唅」，四庫本作「含」。「貝」，玉海堂本、四庫本作「具」。

甫之冠，珮象環，徑五寸，而綨組綬。綨，雜色。組綬，所以繫象環。綨，巨箕反。組，則古反。桐棺四寸，柏棺五寸。飾棺墻，❶置翣。設披，周也；設崇，殷也；綢練設旐，夏也。披，柩行夾引棺者。❷崇，崇牙，❸旌旗飾。綢練，以旌之杠，於葬乘車所建也。踈練廣充長尋，曰旐也。翣，色甲反。綢，直留反。兼用三王禮，所以尊師且備古也。葬於魯城北泗水上，藏入地不及泉，而封爲偃斧之形，高四尺，樹松柏爲志焉。弟子皆家于墓，行心喪之禮。既葬，有自燕來觀者，舍於子夏氏，子貢謂之曰：❹「吾亦人之葬聖人，非聖人之葬人，子奚觀焉？昔夫子言曰：『吾見封若夏屋者，❺夏屋，今之殿，形中高而四方下也。見若斧矣，從若斧者也。上難登。狹，又易爲功。馬鬣封之謂也。』俗間之名。鬣，力葉反，又作鬛。今徒一日三斬板而以封，板，蓋廣二尺，❻長六尺。斬板，謂斬其縮。縮，❼斬上傍殺，蓋高四尺也。尚行夫子之志而已，尚，庶。何觀乎哉？」二三子三年喪畢，或留或去，惟子貢廬於墓六年。自後羣弟子及魯人處於墓如家者，百有餘家，因名其居曰「孔里」焉。

---

❶「棺墻」，原誤作「廟」，今據玉海堂本、四庫本改。
❷「柩」，原誤作「樞」，今據玉海堂本、四庫本改。
❸「崇牙」至「廣充丈尋」，玉海堂本作「旍，旗飾也。綢練，以練綢旌之杠，此旌，葬乘車所建也。旌之旅，淄布」。四庫本作「旍，旗飾也。綢練，以練綢旌之杠，此旌，葬乘車所建也。旌之旒，淄布」。「充」下，玉海堂本、四庫本有「幅」字。
❹「子貢」，四庫本作「子夏」。
❺「吾見」，原誤作「見吾」，今據玉海堂本、四庫本改。
❻「二」，玉海堂本、四庫本作「三」。
❼「縮」，玉海堂本、四庫本作「三」。

正論解第四十一

孔子在齊，齊侯出田，田，獵。招虞人以旌，❶不進，虞人，掌山澤之官也。公使執之。對曰：「昔先君之田也，旌以招大夫，❷弓以招士，皮冠以招虞人。臣不見皮冠，故不敢進。」乃舍之。孔子聞之曰：「善哉！守道不如守官。道，爲恭敬之道，見君召便往。守官，非守召不往也。君子韙之。」韙，是。

齊國師伐魯，❸國師，齊卿。季康子使冉求率左師禦之，樊遲爲右。「非不能也，不信子，❹言季孫德不素著爲民所信也。請三刻而踰之。」與衆要信，三刻而踰蒲也。❺ 如之。衆從之，師入齊軍，齊軍遁。遁，逃。冉有用戈，故能入焉。孔子聞之曰：「義也。」在軍能却敵，合於義。❻ 既戰，季孫謂冉有曰：「子之於戰，學之乎？性達之乎？」對曰：「學之。」季孫曰：「從事孔子，惡乎學？」冉有曰：「即學之孔子也。夫孔子者大聖，無不該，該，包。文武並用兼通。求也適聞其戰法，猶未之詳也。」季孫悅。樊遲以告孔子，孔子曰：「季孫於是乎可謂悅人之有能矣。」

南容說、仲孫何忌既除喪，除父僖子之喪。❼ 而昭公在外，時爲季孫所逐。未之命也。未命二人爲卿大夫。定公即位，乃命之，辭曰：「先臣有遺命焉，僖子病不知禮，及其將死，而屬其二子，使事孔子。曰：『夫禮，人之幹也。非禮

❶「旌」，玉海堂本、四庫本作「弓」。
❷「旌」，玉海堂本、四庫本作「旃」。
❸「師」，玉海堂本、四庫本作「書」，下注文同。
❹「子」，玉海堂本、四庫本作「乎」。
❺「蒲」，玉海堂本、四庫本作「溝」。
❻「於」，玉海堂本、四庫本作「法」。
❼「僖」，原誤作「禧」，今據玉海堂本、四庫本改。

則無以立。』囑家老，使命二臣，必事孔子而學禮，以定其位。」公許之，二子學於孔子，孔子曰：「能補過者，君子也。《詩》云：『君子是則是傚。』孟僖子可則傚矣。懲己所病，以誨其嗣，《大雅》所謂『詒厥孫謀，以燕翼子』，是類也夫。」詒，遺也。燕，安也。翼，敬也。言遺其子孫嘉謀，❶學安敬之道也。

衛孫文子得罪於獻公，居戚。文子，衛卿林父。得罪，以戚叛也。公卒未葬，文子擊鐘焉。延陵季子吴公子札。❷適晉，過戚，聞之，曰：「異哉！夫子之在此，猶燕子巢于幕也，燕巢于幕，言至危也。懼猶未也，又何樂焉？君又在殯，可乎？」文子於是終身不聽琴瑟。孔子聞之，曰：「季子能以義正人，文子能克己服義，可謂善改矣。」

孔子覽晉志，晉之史記。晉趙穿殺靈公，穿，趙盾從弟也。趙盾亡，未及山而還。山，晉之境。史書『趙盾弑君』。盾曰：「不然。」史曰：「子爲正卿，亡不出境，返不討賊，非子而誰？」盾曰：「嗚呼！『我之懷矣，自詒伊戚。』其我之謂乎？」孔子嘆曰：「董狐，古之良史也，書法不隱。趙宣子，古之良大夫也，爲法受惡。惜也，越境乃免。」惜盾不越境以免於譏，而受弑君之責也。

鄭伐陳，入之，使子産獻捷于晉。晉人問陳之罪焉，子産對曰：「陳亡周之大德，武王以元女大姬以配胡公，而封諸陳。介恃楚衆，❸介，大。❹馮陵弊邑，是以有往年之告。告晉爲陳所侵。未獲命，未得晉平陳之成命。則又

❶「嘉」，原誤作「加」，今據玉海堂本、四庫本改。

❷「公」，四庫本作「季」。

❸「介」，玉海堂本、四庫本作「豕」。

❹此處注文，玉海堂本作：「衆，大。」四庫本作：「豕，犬。」

有東門之役。與楚共伐陳，❶至其東門也。當陳隧者，井堙木刊，勝陳人。❷堙，塞。刊，斫也。弊邑大懼。天誘其衷，誘，進。❸衷，善也。天導其善，大執陳者也。❹啓弊邑心。知其罪，❺授首於我，❻用敢獻功。」晉人曰：「何故侵小？」對曰：「先王之命，惟罪所在，各致其辟。辟，誅。且昔天子一圻，列國一同，地方千里曰圻，方百里曰同也。自是以衰，周之制也。大國方百里，從是以爲差。伯方七十里，子男五十里，周之制也。而説學者以周大國方七百里，失之矣。❼今大國多數圻矣，若無侵小，何以至焉？」晉人曰：「其辭順。」孔子聞之，謂子貢曰：「《志》有之：《志》，古之書也。『言以足志，言以足成其志。文以足言。』加以文章，以足成其言。不言誰知其志？言之無文，行之不遠。有言而無文章，雖行而不遠也。晉爲伯，鄭入陳，❽非文辭不爲功，小子慎哉！」❾

楚靈王汰侈。驕汰奢侈。右尹子革侍坐，右尹，官名。子革，然丹。❿左史倚相趨而過。王曰：「是良史也。子善視之，是能讀《三墳》、《五典》、《八索》、《九丘》。」《三墳》，三皇之書。《五典》，五帝之典。《八索》，索，法。《九丘》，⓫國聚也。對曰：「夫良史者，記君之過，揚君之善。而此子以潤辭爲官，不可爲良史。」

❶「陳」，玉海堂本、四庫本作「鄭」。
❷「勝」，玉海堂本、四庫本作「隧」。
❸「進」，玉海堂本、四庫本作「導」。
❹「執」，玉海堂本、四庫本作「尅」。
❺「知」上，四庫本有「陳」字。
❻「授」，原誤作「校」，今據玉海堂本、四庫本改。
❼「之」下，玉海堂本、四庫本有「遠」字。
❽「伯鄭」，原誤作「鄭伯」，今據玉海堂本、四庫本改。
❾「小子慎哉」，玉海堂本、四庫本作「慎辭哉」。
❿「然丹」，原誤作「煞舟」，今據玉海堂本、四庫本改。
⓫「九丘」，原誤作「丘丘」，今據玉海堂本、四庫本改。

曰：❶「臣又乃嘗聞焉：昔周穆王欲肆其心，肆，極。將過行天下，使皆有車轍並馬迹焉。祭公謀父作《祈昭》，謀父，周卿士。《祈昭》，詩名。猶齊景公作君臣相説之樂，蓋曰徵招、角招是也。❷昭，宜爲招。《左傳》作招。❸以止王心，止王心之逸遊。王是以獲殁於文宫。❹臣聞其詩焉而弗知，若問遠焉，其焉能知？」王曰：「子能乎？」對曰：「能。其詩曰：『祈昭之愔愔乎，式昭德音。祈昭愔愔，❺言《祈昭》樂之安和，其法足以昭其德音者也。思我王度，式如玉，式如金。思王之法度，如金玉純美。❻《詩》云：「追琢其章，金玉其相。」刑民之力，而無有醉飽之心。』」刑，❼傷。民力用之不勝不節。無有醉飽之心，言無厭足。靈王揖而入，饋不食，寢不寐，數日，則固不能勝其情，以及於難。❽孔子讀其志，曰：「古者有志：❾『克己復禮爲仁。』克，勝。言能勝己私情，復之於禮，則爲仁也。信善哉！楚靈王若能如是，豈期辱於乾谿？靈王起章華之臺於乾谿，國人潰畔，遂死焉。子革之非左史，所以風也。稱詩以諫，順哉！」

叔孫穆子避難奔齊，穆子，叔孫豹。其兄僑如淫亂，故避之而出奔齊。宿於庚宗之邑。庚宗寡婦通焉，而生牛。名牛。穆子返魯，以牛爲内豎，豎通内外之命。相家。長遂命爲相家。牛讒叔孫二子，❿殺之。叔孫有病，牛不通

❶「曰」，玉海堂本、四庫本無此字。
❷二「招」字，玉海堂本、四庫本作「昭」。
❸「左傳」，原誤作「耳補」，今據玉海堂本、四庫本改。
❹「殁」，原誤作「殆」，今據玉海堂本、四庫本改。
❺「祈昭」，玉海堂本、四庫本作「祈爲德」。
❻「純」，玉海堂本、四庫本作「然」。
❼「刑」上，原衍「長而字」三字，今據四庫本删。
❽「於」，玉海堂本作「其」。
❾「古者有志」，玉海堂本、四庫本無此四字。
❿「子」，原誤作「人」，今據四庫本改。

其饋，不食而死。牛遂輔叔孫庶子昭而立之。子，叔孫婼。昭子既立，朝其家衆曰：「豎牛禍叔孫氏，使亂大從，從，順。殺適立庶。又被其邑以求舍罪，牛取叔氏鄙三十邑以行賂也。罪莫大焉，必速殺之。」遂殺豎牛。孔子曰：「叔孫昭子之不勞，勞，功也。❶不以立己爲功。不可能也。周任有言曰：周任，古之賢人。『爲政者不賞私勞，不罰私怨。』《詩》云：『有覺德行，四國順之。』覺，直。昭子有焉。」

晉邢侯與雍子争田，叔魚攝理，叔魚，叔向弟。理，獄官之名。罪在雍子。雍子納其女於叔魚，叔魚弊獄邢侯。❷弊，斷。斷罪歸邢侯。邢侯怒，殺叔魚與雍子於朝。韓宣子問罪於叔向，宣子，晉正卿韓起也。叔向曰：「三姦同坐，❸施生戮死可也。施，宜爲與。與猶行，行生者之罪也。雍子自知其罪，而賂以置直。鮒也鬻獄。邢侯專殺。其罪一也。己惡而掠美爲昏，掠美善，昏亂也。❹己惡即以賂求善，爲惡也。❺貪以敗官爲默，❻默，猶冒。苟貪不畏罪。殺人不忌爲賊。忌，憚。《夏書》曰：『昏、默、賊，殺。』《夏書》，夏家之書。三者宜皆殺者也。咎陶之刑也，請從之。」乃施邢侯，而尸雍子、叔魚於市。孔子曰：「叔向，古之遺直也。治國制刑，不隱於親。三數叔魚之罪，不爲末，末，薄。或曰義，或，《左傳》作「咸」也。可謂直矣。平丘之會，數其賄也，以寬衛國，晉不爲暴。諸侯會于平丘。晉人淫芻蕘者於

❶「功」，原誤作「力」，今據玉海堂本、四庫本改。

❷「弊獄邢侯」，玉海堂本、四庫本作「弊其邢獄」。

❸「坐」，玉海堂本、四庫本作「罪」。

❹「掠美善」，玉海堂本作「掠取善」，四庫本作「取善」。

❺「惡」，四庫本作「亂」。此處注文，玉海堂本作：「掠取善昏，亂也。已惡而以賂求善，爲亂也。」

❻「敗」，玉海堂本、四庫本作「賂」。

衛，衛人患之，賂叔向。叔向使與叔魚客末追而禁之。❶歸魯季孫，稱其詐也，以寬魯國，晉不爲虐。魯季孫見執，諮於晉。晉人歸之。季孫責禮，不肯歸。叔向言叔魚能歸之，叔魚説季孫，季孫懼，乃歸也。❷邢侯之獄，言其貪也以正刑書，晉不爲頗。頗，偏。三言而除三惡，加三利，暴衛，虐魯，殺三罪，去三惡，加三利也。殺親益榮，由義也夫。」

鄭有鄉校，鄉之學校。鄉校之士非論執政。鬷明欲毀鄉校，鬷明，然明。子産曰：「何以毀爲也？夫人朝夕退而遊焉，以議執政之善否。其所善者，吾則行之；其所否者，吾則改之。若之何其毀也？我聞忠言以損怨，❸不聞立威以防怨。防怨猶防水也，大決所犯，傷人必多，吾弗克救也。不如小決使導之，不如吾所聞而藥之。」藥，治療也。❹孔子聞是言也，曰：「吾以是觀之，人謂子産不仁，吾不信也。」

晉平公會諸侯于平丘，齊侯及盟。鄭子産争貢賦之所承，所承之輕重也。曰：「昔日天子班貢，輕重以列，列尊卑而貢，❺周之制也。卑而貢重者甸服。甸服，王圻之内。與圻外諸侯異，故貢重也。鄭伯南也，❻而使從公侯之貢，南，《左氏》作男。❼古字作南，亦多有作此南，連言之，猶言公侯也。懼弗給也，敢以爲請。」自日中争之，以至于昏，晉人許之。孔子曰：「子産於是行也，是以爲國基也。❽《詩》云：『樂只君子，邦家之基。』本也。子

❶「末追」，玉海堂本作「末退」，四庫本作「未追」。
❷「也」，玉海堂本、四庫本作「之」。
❸「言」，玉海堂本、四庫本作「善」。
❹「治」，玉海堂本、四庫本無此字。
❺「列」、「而」，原脱，今據玉海堂本、四庫本補。
❻「南」上，原衍「男」字，今據玉海堂本、四庫本删。
❼「氏」，原誤作「輔」，今據玉海堂本、四庫本改。
❽「基」，玉海堂本、四庫本無此字。

產，君子之於樂者。」能爲國之本，則人樂藝也。且曰：「合諸侯而藝貢事，禮也。」藝，分別貢獻之事也。

鄭子產有疾，謂子太叔曰：「我死，子必爲政。唯有德者能以寬服民，其次莫如猛。夫火烈，民望而畏之，故鮮死焉。水濡弱，❶民狎而翫之，狎，易。翫，習。則多死焉。故寬難。」子產卒，子太叔爲政，不忍猛而寬，鄭國多掠盜。抄掠。太叔悔之，曰：「吾早從夫子，必不及此。」孔子聞之，曰：「善哉！政寬則民慢，慢則糺於猛。糺，猶攝也。猛則民殘，猛政民殘。❷民殘則施之以寬。寬以濟猛，猛以濟寬，寬猛相濟，政是以和。《詩》曰：『民亦勞止，汔可小康。汔，危也。勞民人病，汔可小變，故以安也。惠此中國，以綏四方。』施之以寬。『毋縱詭隨，詭人，隨人，遺人小惡者也。以謹無良。謹以小懲之也。❸式遏寇虐，慘不畏明。』慘，曾也。當用遏止爲寇虐之人也。曾不畏天之明道者，言威也。糺之以猛也。『柔遠能邇，言能安遠者能安近。❹以定我王。』以定安王位也。平之以和也。」又曰：『不競不絿，不剛不柔。不競不絿，中和。❺布政優優，百祿是遒。』優優，和。遒，聚。和之至也。」子產之卒也，孔子聞之出涕，曰：「古之遺愛。」

孔子適齊，過泰山之側，有婦人哭於野者而哀。夫子式而聽之，曰：「此哀一似重有憂者。」使子貢往問之，而曰：「昔舅死於虎，吾夫又死焉，今吾子又死焉。」子貢

---

❶「濡」，四庫本作「懦」。
❷「民殘」，玉海堂本、四庫本作「殘民」。
❸「以小」，玉海堂本、四庫本作「小以」。
❹「安遠」，原脱，今據玉海堂本、四庫本補。
❺此處注文，玉海堂本、四庫本作「絿，急。言得中和」。

曰：「何不去乎？」婦人曰：「無苛政。」子貢以告孔子。子曰：「小子識之，苛政猛於暴虎。」

晉魏獻子爲政，獻子，魏舒。分祁氏及羊舌氏之田，荀櫟滅晉大夫祁氏、羊舌氏，❶故獻子分其田。以賞諸大夫及其子成，皆以賢舉也。又將賈辛曰：❷「今汝有力於王室，吾是以舉汝，周有子朝之亂，賈辛帥師救周。行乎，敬之哉！毋墮乃力。」孔子聞之，曰：「魏子之舉也，近不失親，子可舉而舉也。遠不失舉，不以遠故不舉。可謂美矣。」又聞其命賈辛，以爲忠：「《詩》云：『永言配命，自求多福。』忠也。言，我。《文王》之詩，我長配天命而行，庶國亦當求多福人。多福，忠也。❸魏子之舉也義，其命也忠，其長有後於晉國乎。」

趙簡子賦晉國一鼓鐘，三十斤謂之鐘，❹鐘四謂之石，石四謂之鼓。以鑄刑鼎，著范宣子所爲刑書。范宣子，晉卿范匄。❺銘其刑書著鼎也。孔子曰：「晉其亡乎！失其度矣。夫晉國將守唐叔之所受法度唐叔，成王母弟，始封於晉者也。以經緯其民者也。經緯，猶織以成文也。卿大夫以序守之，序，次序也。民是以能遵其道而守其業。貴賤不愆，所謂度也。文公是以作執秩之官，爲被廬之法，晉文公既霸彊于時，❻蓋作執秩之官以爲晉國法也。以爲盟主。今棄此度也，而爲刑鼎。銘在鼎矣，❼何以

❶「荀櫟滅」，原誤刻爲正文。今據蜀本、四庫本改作注文。

❷「將」，玉海堂本、四庫本作「謂」。

❸此處注文，玉海堂本、四庫本作：「《大雅·文王》之詩。言能長配天命，而魏獻子亦能永天命，以求多福，忠也。」

❹「鐘」，玉海堂本、四庫本作「鈞」。下句同。

❺「匄」，原誤作「自」，今據玉海堂、四庫本改。

❻「彊于時」，玉海堂本、四庫本作「蒐於被盧」。

❼「銘」，玉海堂本、四庫本作「民」。

尊貴？民將棄神而徵於書，❶不復戴奉上也。何業之守也？民不奉上，則上無所守也。貴賤無序，何以爲國？且夫宣子之刑，夷之蒐也。晉國亂制，夷蒐之時，變易軍師，陽唐父爲賈季所殺。故曰亂制也。若之何其爲法乎？」

楚昭王有疾，卜，曰：「河神爲祟。」❷王弗祭，大夫請祭諸郊。王曰：「三代命祀，祭不越望。天子望祀天地，❸諸侯祀境内，❹故曰：「祭不越望」也。江、漢、沮、漳，楚之望也。四水名也。禍福之至，不是過乎。不穀雖不德，河非所獲罪也。」遂不祭。孔子曰：「楚昭王知大道矣，求之於己，❺不越祀也。其不失國也宜哉！楚爲吴所滅，昭王出奔，已復國者也。《夏書》曰：『維彼陶唐，率彼天常，陶唐，堯。率，猶循。天常，天之常道。在此冀方。中國爲冀。今失厥道，❻亂其紀綱，乃滅而亡。』謂夏桀。❼又曰：『允出兹在兹。』由己率常，可矣。」言善惡各有類，信出此則在此，以能循常道可也。

衛孔文子使太叔疾出其妻，而以其女妻之。初，疾娶於宋子朝，其歸孽，❽子朝出，❾文子使疾出其妻而己妻之。疾誘其初妻之娣，爲之立宫，與文子女如二妻之禮。文子怒，將攻之。孔子舍璩伯玉之家，❿文子就而訪焉。孔子曰：「簠簋之事，則嘗聞學之矣。兵甲之事，未之聞也。」退而命駕而行，曰：「鳥則擇木，木豈能擇鳥乎？」文子遽自止之，

❶「棄神」，玉海堂本作「棄禮」，四庫本作「禮棄」。
❷「神」，玉海堂本、四庫本無此字。
❸「望」，玉海堂本、四庫本無此字。
❹「侯」下，玉海堂本、四庫本有「望」字。
❺「求」，玉海堂本、四庫本作「取」。
❻「厥道」，玉海堂本、四庫本作「其行」。
❼「夏」上，原衍「變」字，今據玉海堂本、四庫本删。
❽「歸孽」，玉海堂本、四庫本作「婦嬖」。
❾「出」，玉海堂本、四庫本無此字。
❿「璩」，四庫本作「蘧」。

曰：「圉也豈敢度其私哉？度，謀。亦訪衛國之難也。」將止，會季康子問冉求之戰，冉求既對之，又曰：「夫子播之百姓，質諸鬼神而無憾，恨也。用之則有名。」康子言於哀公，以幣迎孔子，曰：「人之於冉求，信之矣。將大用之。」

齊陳恒弒其君簡公，❶孔子聞之，三日沐浴而適朝，告於哀公曰：「陳恒弒其君，請伐之。」公弗許。三請。公曰：「魯爲齊弱久矣。子之伐也，將若之何？」對曰：「陳恒弒其君，民之不與者半。以魯之衆加齊之半，可克也。」公曰：「子告季氏。」孔子辭，不告季氏。退而告人曰：「以吾從大夫之後，吾不敢不告也。」❷

子張問曰：「《書》云：『高宗三年不言，言乃雍。』有諸？」雍，歡聲貌。《尚書》云：「言乃雍和。」有諸，問有之也。孔子曰：「胡爲其不然也？古者天子崩，則世子委政於冢宰三年。成湯既没，太甲聽於伊尹；太甲，湯孫。武王既喪，成王聽於周公。其義一也。」

衛孫桓子侵齊，遇敗焉。桓子，孫良夫也。侵齊，與齊師遇，爲齊所敗也。齊人乘之，執。❸新築大夫仲叔于奚以其衆救桓子，桓子乃免。衛人以邑賞仲叔于奚，于奚辭，請曲懸之樂，諸侯軒懸。軒懸闕一向也。❹故謂之曲懸之樂。繁纓以朝，馬纓當膺，以索，羣，銜以黄金爲飾也。許之。書在三官。司徒書名，司馬書服，司空書勳也。子路仕衛，見其故，❺以訪孔子，孔

❶「君」，原脱，今據玉海堂本、四庫本補。

❷「吾」，玉海堂本、四庫本無此字。

❸「執」，玉海堂本、四庫本無此字。

❹「向」，玉海堂本、四庫本作「面」。

❺「故」，玉海堂本、四庫本作「政」。

子曰：「惜也。不如多與之邑。惟器與名不可以假人。器，禮樂之器。❶名，尊卑之名。君之所司，司，主。名以出信，信以守器，器以藏禮，有器然後得行其禮，故曰「器以藏禮」。禮以行義，義以生利，利以平民，政之大節也。若以假人，與人政也，政亡則國家從之，不可止也。」

公父文伯之母文伯母，敬姜也。紡績不解，文伯諫焉。其母曰：「古者王后親織玄紞，紞，冠垂者。紞，丁敢反。公侯之夫人加之紘綖，纓屈而上者，謂之紘。綖，冠之上覆也。紘，爲萌反。綖，余戰、余旃二反。❷卿之内子爲大帶，卿之妻爲内子。命婦成祭服，大夫之妻爲命婦。列士之妻加之以朝服，自庶士已下各衣其夫。社而賦事，❸烝而獻功，男女春秋而勤歲事，冬烝祭而獻其功也。❹男女紡績，僁則有辟，績，功也。辟，法也。聖王之制也。今我寡也，爾又在位，朝夕恪勤，猶恐忘先人之業，❺況有怠惰，❻其何以避辟？」孔子聞之，曰：「弟子志之，季氏之婦可謂不過矣。」

樊遲問於孔子曰：「鮑牽事齊君，執政不撓，可謂忠矣。齊慶剋通於夫人。鮑牽知之，以告國武子，❼武子召慶剋而讓之。慶剋告夫人，夫人怒。國子相靈公以會於諸侯，❽高、鮑去守。❾及還，將至，閉

❶「之」，原誤作「以」，今據玉海堂本、四庫本改。下句「之」，原同誤作「以」，今並改。
❷「余戰」，原作「令戰」，今據《玉篇》改。
❸「社而賦事」，玉海堂本作「秋而戎事」。
❹「冬烝」，原誤作「各祭」，今據玉海堂本、四庫本改。
❺「忘」，玉海堂本、四庫本作「亡」。
❻「惰」，原誤作「墮」，今據玉海堂本、四庫本改。
❼「國」，原誤作「匡」，今據玉海堂本、四庫本改。
❽「國子相靈」，原誤作「閔子子因需」，今據玉海堂本、四庫本改。
❾「去」，玉海堂本、四庫本作「處」。

門而索客。❶夫人訴之曰：「高、鮑將不納君。」遂刖鮑牽之足。而君刖之，其爲至闇乎？」孔子曰：「古之士者，國有道則盡忠以輔之，國無道則退身以避之。今鮑莊子食於淫亂之朝，❷不量主之明暗，以受大刖，❸是智之不如葵，葵猶能衛其足。」葵傾葉隨日轉，故曰衛其足也。

季康子欲以一井田出法賦焉，使訪孔子，子曰：「丘弗識也。」冉有三發，卒曰：「子爲國老，待子而行，若之何子之不言？」孔子不對，而私於冉有曰：「求，汝來。汝弗聞乎？先王制土，藉田以力，田有稅收，藉力以治公田也。而底其遠近。底，平。❹平其遠近，俱十一而中。賦里以入，而量其無有。里，廛。里有稅，度其有無爲多少之入也。任力以夫，而議其老幼。力，作度之事。丁夫任其長幼，❺或重或輕。於是鰥寡孤疾老者，有軍旅之出則徵之，❻無則已。於軍旅之役，則鰥寡孤疾或有所共，❼無軍事則止之。其歲，收田一井，出稯禾秉缶米芻藁不是過，❽其歲，軍旅之歲。一把曰秉。四秉固稯穗連藁芻不可分，❾故曰步缶，❿十六斗曰庾也。先王以爲足。⓫君子之行必度於禮，施取其厚，施以厚爲德也。事舉其中，事以

❶「及還將」，原誤作「還將及」；「索」，原誤作「牽」，今據玉海堂本、四庫本改。
❷「莊」，原誤作「疾」，今據玉海堂本、四庫本改。
❸「刖」，玉海堂本、四庫本作「刑」。
❹「平」，原誤作「干」，今據玉海堂本、四庫本改。
❺「任」，玉海堂本、四庫本作「召」。
❻「有」，原脱，今據玉海堂本、四庫本補。
❼「共」，玉海堂本作「出」，四庫本作「供」。
❽「禾」，玉海堂本、四庫本無此字。「稯」，原誤作「獲」，今據四庫本改。
❾「四秉固稯穗連藁芻」，玉海堂本作「四黍曰稯，穗連藁筥」，四庫本作「四秉曰筥，穗連藁莒」。
❿「步」，四庫本作「芻」。
⓫「足」上，原衍「之」字，今據四庫本删。

中爲節。斂從其薄。若是其已，丘亦足矣。丘，十六井。❶不度於禮而貪冒無厭，則雖賦田將有不足。且子孫若以行之而取法，❷則有周公之典在。若欲犯法，則苟行之，又何訪焉？」

子游問於孔子曰：「夫子之極言子產之惠也，可得聞乎？」孔子曰：「惠在愛民而已矣。」子游曰：「愛民謂之德教，何翅施惠哉？」孔子曰：「夫子產者，猶衆人之母也。能食之，弗能教也。」子游曰：「其事可言乎？」孔子曰：「子產以所乘之輿濟冬涉者，❸是愛而無教也。」❹

哀公問於孔子曰：❺「二三大夫皆勸寡人使隆敬於高年，何也？」孔子對曰：「君之及此言，將天下實賴之，豈唯魯哉？」公曰：「何也？其義可得聞乎？」孔子曰：「昔者有虞氏貴德而尚齒，夏后氏貴爵而尚齒，殷人貴富而尚齒，富貴，世祿之家。周人貴親而尚齒。虞、夏、殷、周，天下之盛王也，❻未有遺年者焉。年者貴於天下久矣，次于事親。是故朝廷同爵而尚齒。七十杖於朝，君問則席。君欲問之，則爲之設席而問焉。八十則不仕朝，君問則就之，而悌達乎朝廷矣。其行也，肩而不並，不敢與長者並肩也。不錯則隨，錯，鴈行。父黨隨行，兄黨鴈行也。斑白者不以其任於道路，❼任，負也。❽少者

❶「丘」，玉海堂本作「立」。
❷「子」，四庫本作「季」。
❸「輿」，玉海堂本、四庫本作「車」。
❹「而」，原脱，今據玉海堂本、四庫本補。
❺「哀」，玉海堂本、四庫本作「定」。
❻「盛」，玉海堂本、四庫本作「上」。
❼「者」，玉海堂本、四庫本作「之老」。「道」，玉海堂本、四庫本無此字。
❽「負」，玉海堂本作「擔」，四庫本作「簷」。

代之也。而悌達乎道路矣。居鄉以齒，而老窮不匱，强不犯弱，衆不暴寡，而悌達乎州巷矣。古之道，五十不爲甸役，五十始老，不爲力役之事，不爲田獵之徒也。頒禽隆之長者，而悌達乎蒐狩矣。軍旅什伍同爵則尚齒，❶而悌達乎軍旅矣。夫聖王之教孝悌，❷發諸朝廷，行於道路，至於州巷，放於蒐狩，循於軍旅，則衆感以義，死之而弗敢犯。」公曰：「善哉！寡人雖聞之，弗能成。」

哀公問於孔子曰：❸「寡人聞東益不祥，東益之宅。信有之乎？」孔子曰：「不祥有五，而東益不與焉。夫損人自益，身之不祥；棄老而取幼，家之不祥；釋賢而任不肖，❹國之不祥；老者不教，幼者不學，俗之不祥；聖人伏匿，愚者擅權，天下不祥。不祥有五，東益不與焉。」

孔子適季孫，季孫之宰謁曰：「君使求假於田，將與之乎？」❺季孫未言，孔子曰：「吾聞之，君取於臣，謂之取；與於臣，謂之賜。臣取於君，謂之假；與於君，謂之獻。」季孫色然悟曰：「吾誠未達此義。」遂命其宰曰：「自今已往，君有取，❻一切不得復言假也。」

孔子家語卷第九終

❶「什伍」，玉海堂本作「五什」，四庫本作「伍什」。「爵」，玉海堂本作「齒」，四庫本作「列」。

❷「王」，玉海堂本、四庫本作「人」。

❸「問」下，原衍「之」字，今據玉海堂本、四庫本删。

❹「釋」，原誤作「擇」，今據玉海堂本、四庫本改。

❺「將」，原誤作「特」，今據玉海堂本、四庫本改。

❻「取」下，原衍「之」字，今據玉海堂本、四庫本删。

孔子家語卷第十

曲禮子貢問第四十二

子貢問於孔子曰：「晉文公實召天子，而使諸侯朝焉。晉文公會諸侯于温，召襄王，且使狩於河陽，因使諸侯朝。夫子作《春秋》，云：『天王狩于河陽。』何也？」孔子曰：「以臣召君，不可以訓。亦書其率諸侯事天子而已。」

孔子在宋，見桓魋自爲石槨，三年而不成，工匠皆病。夫子愀然曰：「若是其靡也，靡，侈。死不如速朽之愈。」❶冉子僕，曰：「禮，凶事不豫。此何謂也？」夫子曰：「既死而議謚，謚定而卜葬，既葬而立廟，皆臣子之事，非所豫屬也，況自爲之哉？」南宮敬叔以富得罪於定公，奔衛。衛侯請復之。載其寶以朝。夫子聞之，曰：「若是其貨也，喪不若速貧之愈。」喪，失位也。子游侍，曰：「敢問何謂如此？」孔子曰：「富而不好禮，殃也。敬叔以富喪矣，而又弗改，吾懼其將有後患也。」敬叔聞之，驟如孔氏，而後循禮施散焉。

孔子在齊，齊大旱，春饑。景公問於孔子曰：「如之何？」孔子曰：「凶年則乘駑馬，力役不興，馳道不修，馳道，君行之道。祈以幣玉，君所祈請，用幣及玉，不用牲也。祭祀

❶「速朽之」，原誤作「朽之速」，今據玉海堂本、四庫本改。

不懸，❶不作樂也。祀以下牲。當用大牢者用少牢。❷此賢君自貶以救民之禮也。」❸

孔子適季氏。康子晝居内寢，孔子問其所疾，康子出見之。言終，孔子退。子貢問曰：「季孫不疾，而問諸疾，禮與？」孔子曰：「夫禮，君子不有大故，則不宿於外。非致齊也，非疾也，則不晝處於內。是故夜居外，雖弔之可也。晝居於內，雖問其疾可也。」

孔子爲大司寇。國廐焚，子退朝而之火所。鄉人有自爲火來者，則拜之，士一，大夫再。子貢曰：「敢問何也？」孔子曰：「其來者，亦相弔之道也。吾爲有司，故拜之。」

子貢問曰：「管仲失於奢，晏子失於儉。與其俱失矣，二者孰賢？」孔子曰：「管仲鏤簋而朱紘，鏤，刻而飾之。朱紘，天子冕之紘。❹旅樹而反坫，旅，施也。樹，屏也。天子外屏，諸侯内屏。反坫，在兩楹之間。人君好會，獻酢禮畢，反爵於其上。山節藻棁，節，栭也。刻爲山雲。棁，梁上楹也。畫藻文也。賢大夫也，而難爲上。晏平仲祀其先祖而豚肩不揜豆，言陋小也。一狐裘三十年，賢大夫也，而難爲下。君子上不僭下，下不偪上。」

冉求曰：「昔文仲知魯國之政，❺立言垂法，于今不亡，可謂知禮矣。」❻孔子曰：「昔臧文仲安知禮？夏父弗綦逆祀而不止，❼燔柴於竈以祀焉。夫竈者，老婦之所

---

❶「祀」，玉海堂本、四庫本作「事」。
❷「大」，玉海堂本、四庫本作「太」。
❸「此」下，玉海堂本、四庫本有「則」字。
❹「紘」，原誤作「紱」，今據玉海堂本、四庫本改。
❺「昔」，玉海堂本、四庫本作「臧」。
❻「禮」下，玉海堂本、四庫本有「者」字。
❼「綦」，玉海堂本、四庫本作「忌」。

祭。謂祭竈報其功，❶老婦主祭也。盛於甕，尊於瓶，非所祭也。❷故曰：『禮也者，由體也。』❸體不備，謂之不成人。設之不當，猶不備也。」

子路問於孔子曰：「臧武仲率師與邾人戰于狐駘，遇，敗焉。師人多喪而無罰，古之道然與？」孔子曰：「凡謀人之軍師，敗則死之。謀人之國邑，危則亡之。古之正也。❹其君在焉者，有詔則無討。」詔，君之教也，有君教則臣無討。

晉將伐宋，使人覘之。觀也。宋陽門之介夫死，陽門，宋城門也。介夫，被甲御門者。❺司城子罕哭之哀。覘者反，❻言於晉侯曰：「陽門之介夫死，而子罕哭之哀。民咸悦宋，殆未可伐也。」孔子聞之，曰：「善哉覘國乎！《詩》云：『凡民有喪，匍匐救之。』子罕有焉。雖非晉國，其天下孰能當之？❼言雖非晉國，使天下有强者，猶不能當也。是以周任有言曰：『民悦其愛者，弗可敵也。』」

楚伐吳，工尹商陽與陳棄疾追吳師。及之，棄疾曰：「王事也，子手弓而可。」商陽手弓。棄疾曰：「子射諸。」射之，斃一人。❽韔其弓。韔，韜。又及，棄疾謂之。又及，棄疾復謂之。斃二人。每斃一人，輒掩其目，止其御曰：「吾朝不坐，燕不與，士

❶「報」，玉海堂本、四庫本作「執」。
❷「祭」，原誤作「柴」，今據玉海堂本、四庫本改。
❸「由」，玉海堂本、四庫本作「猶」。古二字通。
❹「正」，玉海堂本、四庫本作「道」。
❺「御」，玉海堂本、四庫本作「衛」。
❻「者」，原誤作「之」，今據玉海堂本、四庫本改。
❼「其天下」，玉海堂本、四庫本作「天下其」。
❽「斃」，原誤作「弊」，今據玉海堂本、四庫本改。

卑故也。❶殺三人，亦足以反命矣。」孔子聞之，曰：「殺人之中，又有禮焉。」子路怫然進曰：「人臣之節，當君大事，唯力所及，死而後已。夫子何善此？」子曰：「然，如汝言也。吾取其有不忍殺人之心而已。」

孔子在衛，司徒敬之卒，❷夫子弔焉。主人不哀，夫子哭不盡聲而退。璩伯玉請曰：❸「衛鄙俗不習喪禮，煩吾子辱相焉。」孔子許之。掘中霤而浴，室中。霤，力救反。毁竈而綴足，襲於牀。及葬，毁宗而躐行也。明不復有事於此也。❹綴足，不欲令僻戾長。❺毁宗廟而出行，神位在廟門之外也。出于大門，及墓，男子西面，婦人東面，既封而歸，殷道也。孔子行之。子游問曰：「君子行禮，不求變俗，夫子變之矣。」孔子曰：「非此之謂也，喪事則從其質而已矣。」

宣公八年六月辛巳，有事于太廟，而東門襄仲卒，壬午猶繹。繹，祭之明日又祭也。子游見其故，❻以問孔子，曰：「禮與？」孔子曰：「非禮也。卿卒不繹。」

季桓子喪，康子練而無衰。子游問於孔子曰：「既服練服，可以除衰乎？」孔子曰：「無衰衣者，不以見賓，何以除焉？」

郕人以同母異父之昆弟死，將爲之服，因顔克而問禮於孔子，子曰：「繼父同居者，則異父昆弟從爲之服。不同居，繼父且猶不服，況其子乎？」

❶「士卑」，原誤作「亡畀」，今據玉海堂本、四庫本改。
❷「之」，四庫本作「子」。
❸「璩」，玉海堂本、四庫本作「蘧」。
❹「明」，原誤作「胡」，今據玉海堂本、四庫本改。
❺「令僻戾長」，玉海堂本、四庫本作「解戾矣」。
❻「游」，玉海堂本、四庫本作「由」。

齊師侵魯，公叔務人昭公之子公爲。❶遇人入保，負杖而息。見先避入齊師，❷將入保，疲倦加杖頸上，兩手掖之，休息者也。保，縣邑小城也。務人泣曰：「使之雖病，謂時徭役。任之雖重，謂時賦稅。君子弗能謀，士弗能死，不可也。我則既言之矣，敢不勉乎？」與其鄰嬖童汪錡乘往奔敵，死焉。皆殯。魯人欲勿殤童汪錡，問於孔子，子曰：❸「能執干戈以衛社稷，可無殤乎！」

魯昭公夫人吳孟子卒，不赴于諸侯。孔子既致仕，而往弔焉，適于季氏。季氏不絰，孔子投絰而不拜。以季氏無，故己亦不成禮。子游問曰：「禮與？」孔子曰：「主人未成服，則吊者不絰焉，禮也。」

公父穆伯之喪，敬姜晝哭。文伯之喪，晝夜哭。孔子曰：「季氏之婦，可謂知禮矣。愛而無私，❹上下有章。」上謂夫，下謂子也。章，別也。哭夫晝哭，哭子晝夜哭，哭夫與子各有別也。

南宮縚之妻，孔子兄之女。喪其姑，夫子誨之髽，❺曰：「爾毋從從，爾毋扈扈爾。」從從，高。扈扈，大也。皆言喪者無容飾也。❻縚，勑高反。髽，則瓜反。蓋榛以爲笄，長尺，而總八寸。總，束髮。束髮垂爲飾者，齊衰之總八寸也。

子張有父之喪，公明儀相焉。問啓顙於孔子，❼孔子曰：「拜而後啓顙，頹乎其順。啓顙而後拜，頎乎其至也。三年之

❶「昭」上，玉海堂本、四庫本有「務人」二字。「公爲」，玉海堂本、四庫本無此二字。

❷「見先避入」，玉海堂本作「遇見也，走辟」，四庫本作「遇見也，見走辟」。

❸「子」，原脱，今據玉海堂本、四庫本補。

❹「私」，原脱，今據玉海堂本、四庫本補。

❺「夫子」，原誤作「而」，今據玉海堂本、四庫本改。

❻「皆」、「者」、「飾」原誤作「扈」、「百」、「節」，今並據玉海堂本、四庫本改。

❼「啓顙」，四庫本作「稽顙」。下文「啓顙」同。

喪，吾從其至也。」

孔子在衛，衛之人有送葬者，而夫子觀之，曰：「善哉爲喪乎！足以爲法也。小子識之。」子貢問曰：「夫子何善爾？」「其往也如慕，❶其返也如疑。」子貢曰：「豈若速返而虞哉？」返葬而祭謂之虞也。子曰：「此情之至者也。小子識之，我未之能也。」

卞人有母死而孺子之泣者，孔子曰：「哀則哀矣，而難繼也。夫禮，爲可傳也，爲可繼也，故哭踊有節，而變除有期。」

孟獻子禫，懸而不樂，可御而不處內。❷子游問於孔子曰：「若是則過禮也？」孔子曰：「獻子可謂加於人一等矣。」

魯人有朝祥而暮歌者，子路笑之。孔子曰：「由，爾責於人終無已。夫三年之喪，亦以久矣。」子路出。孔子曰：「又多乎哉。又，復也。言其可以歌，不復久也。踰月則其善也。」

子路問於孔子曰：「傷哉貧也。生而無以供養，死則無以爲禮也。」孔子曰：「啜菽飲水，盡其歡心，斯爲之孝乎！斂手足形，旋葬而無槨，旋，便。稱其財，爲之禮。❸貧何傷乎？」

吳延陵季子聘于上國，適齊。於其返也，其長子死於嬴博之間。嬴博，地名也。❹孔子聞之，曰：「延陵季子，吳之習於禮者也。」往而觀其葬焉。其斂以時服而已。隨冬夏之服，無所加。其壙掩坎，深不至於泉。

❶「其」上，玉海堂本、四庫本有「曰」字。

❷「不」，原脱，今據玉海堂本、四庫本補。

❸「爲」上，玉海堂本、四庫本有「斯」字。「爲」，玉海堂本、四庫本作「謂」。

❹此處注文，玉海堂本、四庫本作「齊地，今泰山縣是也」。

其葬無盟器之贈。❶既葬，其封廣輪揜坎，其高可時隱也。❷既封，則季子乃左袒，右還其封，且號者三，曰：「骨肉歸于土，命也。若魂氣則無所不之，則無所不之。」而遂行。孔子曰：「延陵季子之於禮，❸其合矣。」

子游問喪之具，孔子曰：「稱家之有亡焉。」子游曰：「有亡惡於齊？」惡，何。齊，限。孔子曰：「有也，則無過禮。苟亡矣，則斂手足形，還葬，懸棺而封，人豈有非之者哉？故夫喪亡，❹與其哀不足而禮有餘，不若禮不足而哀有餘也。祭祀，❺與其敬不足而禮有餘，不若禮不足而敬有餘也。」

伯高死於衛，赴於孔子。子曰：「吾惡乎哭諸？兄弟，吾哭諸廟；父之友，吾哭諸廟門之外；師，吾哭之寢；朋友，吾哭之寢門之外；所知，吾哭之諸野。今於野則已踈，於寢則已重。夫由賜也而見我，吾哭於賜氏。」遂命子貢爲之主，曰：「爲爾哭也，來者汝拜之，知伯高而來者汝勿拜。」既哭，使子張往弔焉。未至，冉求在衛，攝束帛乘馬而以將之。孔子聞之，曰：「異哉！徒使我不成禮於伯高者，是冉求也。」

子路有姊之喪，可以除之矣，而弗除。孔子曰：「何不除也？」子路曰：「吾寡兄弟，而弗忍也。」孔子曰：「行道之人皆弗忍。先王制禮，過之者俯而就之，不至者

❶「盟器」，玉海堂本、四庫本作「明器」。下文「盟器」同。
❷「時」，玉海堂本、四庫本作「肘」。
❸「於」，原脱，今據玉海堂本、四庫本補。
❹「亡」，四庫本作「禮」。
❺「祀」，玉海堂本、四庫本作「禮」。

企而及之。」❶子路聞之，遂除之。

伯魚之喪母也，期而猶哭。夫子聞之，曰：「誰也？」門人曰：「鯉也。」孔子曰：「嘻！其甚也。非禮也。」伯魚聞之，遂除之。

衛公使其大夫求婚於季氏。桓子問禮於孔子，子曰：「同姓爲宗，有合族之義，故繫之以姓而弗別，綴之以食而弗殊，君有食族人之禮，雖親盡不異之，族食多少也。雖百世，婚姻不得通，周道然也。」桓子曰：「魯衛之先，雖寡兄弟，今已絶遠矣，可乎？」孔子曰：「固非禮也。夫上治祖禰，以尊尊之。下治子孫，以親親之。旁治昆弟，所以教睦也。❷此先王不易之教也。」

有若問於孔子曰：「國君之於同姓，❸如之何？」孔子曰：「皆有宗道焉。故雖國君之尊，猶百世不廢其親，❹所以崇愛也；雖以族人之親，❺而不敢戚君，所以謙也。」戚，親也。尊敬君，不敢如其親也。

曲禮子夏問第四十三❻

子夏問於孔子曰：「居父母之仇如之何？」孔子曰：「寢苫枕干，不仕，干，楯。弗與共天下也。遇於朝市，不返兵而鬭。」兵常不離於身。曰：「請問居昆弟之仇如之何？」孔子曰：「仕弗與同國，銜君命而使，❼雖遇之，不鬭。」曰：「請問從父昆弟

❶「及」，玉海堂本、四庫本作「望」。
❷「教」，玉海堂本、四庫本作「敦」。
❸「同」，原誤作「百」，今據玉海堂本、四庫本改。
❹「世」，原誤作「姓」，今據玉海堂本、四庫本改。
❺「以」，玉海堂本、四庫本作「於」。
❻「曲禮」，玉海堂本、四庫本無此二字。
❼「銜君」，玉海堂本、四庫本作「御國」。

之仇如之何？」❶曰：「不爲魁，主人能報之，則執兵而陪其後。」

子夏問：「三年之喪，既卒哭，金革之事無避，禮與？初有司爲之乎？」有司，當吏職也。❷孔子曰：「夏后氏之喪三年，既殯而致仕。❸殷人既葬而致事。周人既卒哭而致事。致事，還政於君也。卒哭，止無時之哭。❹大夫三月而葬，三月而卒哭。❺士既葬而卒哭也。❻《記》曰：『君子不奪人之親，亦不奪故也。』」子夏曰：「金革之事無避，非與？」孔子曰：「吾聞諸老聃曰：『魯公伯禽有爲爲之也。』伯禽有母之喪，東方有戎爲不義，伯禽爲方伯，以不得不誅之。今以三年之喪從利者，❼吾弗知也。」

子夏問於孔子曰：「《記》云：『周公相成王，教之以世子之禮。』有諸？」孔子曰：「昔者成王嗣立，幼，未能涖阼。周公攝政而治，抗世子之法於伯禽，欲王之知父子君臣之道，所以善成王也。夫知爲人子者，❽然後可以爲人父；❾知爲人臣者，然後可以爲人君；知事人者，然後可以使人。是故抗世子法於伯禽，使成王知父子、君臣、長幼之義焉。凡君之於世子，親則父也，尊則君也。有父之親，有君之尊，然後兼天下而有之，不可不慎也。行一物而三善皆得，❿唯世子齒於學之謂也。世子齒於學，則國人觀之，曰：『此將君我，而

❶「父」，原脱，今據玉海堂本、四庫本補。
❷「吏職」，玉海堂本、四庫本作「職吏」。
❸「仕」，玉海堂本、四庫本作「事」。
❹「卒哭止」，原誤作「子哭之」，今據玉海堂本、四庫本改。
❺「三」，玉海堂本、四庫本作「正」。
❻「葬」，玉海堂本、四庫本作「虞」。
❼「今」，原誤作「公」，今據玉海堂本、四庫本改。
❽「人」，玉海堂本、四庫本無此字。
❾「人」，玉海堂本、四庫本無此字。
❿「三善皆得」，玉海堂本、四庫本作「善者」。

與我齒讓，何也？』曰：『有父在，則禮然。』然而衆知父子之道矣。其二曰：❶『此將君我，而與我齒讓，何也？』曰：『有臣在，則禮然。』然而衆知君臣之義矣。❷其三曰：『此將君我，而與我齒讓，何也？』曰：『長長也，則禮然。』然而衆知長幼之節矣。故父在斯爲子，君在斯爲臣。❸居子與臣之位，所以尊君而親親也。在學，學之爲父子焉，學之爲君臣焉，學之爲長幼焉。父子、君臣、長幼之道得，而後國治。語曰：『樂正司業，父師司成。師有父道，成生人者。一有元良，萬國以貞。』一，謂天子也。元，善，太子也。❹世子之謂。聞之曰：『爲人臣者，殺其身而有益於君，❺則爲之。』況于其身于，❻寬也，大也。以善其君乎？周公優爲也。」❼

子夏問於孔子曰：「居君之母與妻之喪，如之何？」孔子曰：「居處、言語、飲食衎爾。於喪所，則稱其服而已。」「敢問伯母之喪如之何？」孔子曰：「伯母、叔母疏衰期，而踊不絕地。姑、姊妹之大功，踊絕於地。若知此者，由文矣哉！」言如禮文意，當言姑姊妹而已，姊上長姑自也。❽

子夏問於夫子曰：「凡喪，小功已上，虞、祔、練、祥之祭皆沐浴。於三年之喪，子則盡其情矣。」孔子曰：「豈徒祭而已哉？三年之喪，身有瘍則浴，首有瘡則

❶「二」，原誤作「一」，今據玉海堂本、四庫本改。
❷「然」，原脫，今據玉海堂本、四庫本補。
❸「斯」，玉海堂本、四庫本作「則」。
❹「元」，玉海堂本、四庫本作「大」。
❺「殺」上，玉海堂本、四庫本有「曰」字。
❻「于」下，玉海堂本、四庫本有「鄭氏讀爲迂」五字。
❼「也」，玉海堂本、四庫本作「之」。
❽「姊」，玉海堂本、四庫本作「妹」。「自」，玉海堂本、四庫本作「字」。

沐，病則飲酒食肉。毁瘠而病，❶君子不爲也。毁則死者，君子爲之無子，則祭之沐浴，❷爲齊潔也，非爲飾也。」

子夏問於孔子曰：「客至，無所舍，而夫子曰：『生於我乎館。』客死，無所殯矣，夫子曰：『於我乎殯。』敢問禮與？仁者之心與？」孔子曰：「吾聞諸老聃曰：『館人，使若有之。惡有有之而不得殯乎？』❸夫仁者，制禮者也。故禮者，不可不省也。禮不同不異，不豐不殺，稱其義以爲之宜。故曰：『我戰則剋，祭則受福。』蓋得其道矣。」

孔子食於季氏，食祭，主人不辭，不食，亦不飲，❹而飡。子夏問曰：「禮也？」孔子曰：「非禮也，從主人也。吾食於少施氏而飽，少施氏食我以禮。吾食祭，作而辭曰：『疏食不足祭也。』吾飡，而作辭曰：『疏食，不敢以傷吾子之性。』主人不以禮，客不敢盡禮。主人盡禮，則客不敢不盡禮也。」

子夏問曰：「官於大夫，既升於公，❺而反爲之服，禮與？」孔子曰：「管仲遇盜，取二人焉，上之爲公臣，曰：『所以遊僻者，可人也。』公許。管仲卒，桓公使爲之服。❻官於大夫者爲之服，自管仲始也，有君命焉。」

子貢問居父母喪，孔子曰：「敬爲上，哀次之，瘠爲下。顔色稱情，戚容稱服。」曰：「請問居兄弟之喪。」孔子曰：「則存乎

❶「而」下，玉海堂本、四庫本有「爲」字。
❷「無子則」，玉海堂本、四庫本作「且」。
❸「有之」上，原衍「之惡」二字，今據玉海堂本、四庫本删。
❹「亦」，玉海堂本、四庫本作「客」。
❺「升」，玉海堂本作「外」。
❻「服」，原脱，今據玉海堂本、四庫本補。

書筴已。」

子貢問於孔子曰：「殷人既定而弔於壙，周人反哭而弔於家，如之何？」孔子曰：「反哭之弔也，喪之至也。反而亡矣，失之矣，於斯爲甚。故弔之。死，人卒事也。殷以慤，吾從周。殷人既練之明日而祔于祖，周人既卒哭之明日而祔于祖。❶祔，祭神之始事也。周以戚，吾從殷。」戚，猶促也。

子貢問曰：「聞諸晏子，少連、大連善居喪。其有異稱乎？」孔子曰：「父母之喪，三日不怠，三月不解，朞悲哀，三年憂。東夷之子，達於禮者也。」

子游問曰：「諸侯之世子喪慈母如母，禮與？」孔子曰：「非禮也。古者男子外有傅父，內有慈母，君命所使教子者也。何服之有？昔魯孝公少喪其母，其慈母良。及其死也，公弗忍，欲喪之。有司曰：『禮，國君慈母無服。今也君爲之服，是逆古之禮而亂國法也。若終行之，則有司將書之，以示後世，無乃不可乎？』公曰：『古者天子喪慈母，練冠以燕居。』謂庶子王爲其母也。遂練以喪慈母。❷喪慈母如母，始則魯孝公之爲也。」

孔子適衛，遇舊館人之喪，入而哭之哀。出，使子貢脱驂以贈之。子貢曰：「於所識之喪，❸不能有所贈，贈於舊館，不已多乎？」孔子曰：「吾向入哭之，遇一哀而出涕。吾惡夫涕而無以將之，小子行焉。」

子路問於孔子曰：「魯大夫練而杖，禮也？」孔子曰：「吾不知也。」子路出，謂子貢曰：「吾以爲夫子無所不知，夫子亦徒有

❶「而」，原脱，今據玉海堂本、四庫本補。
❷「練」下，玉海堂本、四庫本有「冠」字。
❸「於所」，原誤作「所於」，今據玉海堂本、四庫本改。

所不知也。」子貢曰：「子所問何哉？」子路曰：「止。吾將爲子問之。」❶遂趨而進曰：「練而杖，禮與？」孔子曰：「非禮也。」子貢出，謂子路曰：「子謂夫子而弗知之乎？夫子徒無所不知也。子問非也。禮，居是邦，則不非其大夫。」

叔孫武叔之母死。❷既小斂，舉尸者出户，武叔從之，❸出户乃袒，投其冠而括髮。子路歎之。孔子曰：「是禮也。」子路問曰：「將小斂則變服，今乃出户，而夫子以爲知禮，何也？」孔子曰：「由，汝問非也。君子不舉人以質事。」❹質，猶正也。❺

齊晏桓子卒。平仲麤衰斬，苴絰帶杖，以菅屨，食粥，居傍廬，寢苦枕草。其老曰：「非大夫喪父之禮也。」晏子曰：「唯卿大夫。」曾子以問孔子，孔子曰：「晏平仲可謂能遠害矣。不以己之是駁人之非，❻愻辭以避咎，義也夫。」記者乃舉人避害之愻以辭，而謂大夫士喪父母有異，亦怪也。

季平子卒，將以君之璵璠斂，贈以珠玉。孔子初爲中都宰，聞之，歷級而救焉。歷級，遽登階，不聚足。曰：「送而以寶玉，是猶曝尸於中原也。其示民以姦利之端，而有害於死者，安用之？且孝子不順情以危親，忠臣不兆姦以陷君。」兆姦，爲姦之兆成也。❼乃止。

孔子之弟子琴張與宗友。衛齊豹見宗魯於公子孟縶，孟縶以爲參乘焉。及齊

❶ 此句應爲子貢之言，疑有闕文。
❷ 「武」，原誤作「毋」，今據玉海堂本、四庫本改。
❸ 「叔」，原誤作「孫」，今據四庫本改。
❹ 「事」，原誤作「士」，今據玉海堂本、四庫本改。
❺ 「正」，玉海堂本、四庫本作「止」。
❻ 上「之」字，原誤作「知」，今據玉海堂本、四庫本改。
❼ 「成」，玉海堂本、四庫本作「臣」。

豹將殺孟縶，❶告宗魯使行。宗魯曰：「吾由子而事之，今聞難而逃，是僭子也。僭，不信，使子言不信。子行事乎，吾將死以事周子，而歸死於公孟可也。」齊氏用戈擊公孟，宗魯以背蔽之，❷斷肱，中公孟，宗魯皆死。琴張聞宗魯死，將往弔之，孔子曰：「齊豹之盜，孟縶之賊也，汝何弔焉？君不食姦，不受亂，不爲利病於回，回，邪也，不以利故而病於邪也。❸不以回事人，不蓋非義，蓋，揜。不犯非禮，汝何弔焉？」琴張乃止。

郲人子革卒，❹哭之，呼滅。舊説以滅，子蒲名。人少名滅者，又哭名其父，不近人情。疑以孤窮自謂亡滅也。❺子游曰：「若是哭也，其野哉！❻孔子惡野哭者。」哭者聞之，遂改之。

公父文伯卒，其妻妾皆行哭失聲。敬姜戒之，曰：「吾聞好外者士死之，好內者女死之。今吾子早殀，❼吾惡其以好內聞也。二三婦人之欲供先祀者，言欲留不改嫁，供奉先人之祀。請無瘠色，無揮涕，無拊膺，揮涕，不哭，流涕，以手揮之。拊，猶撫也。膺，謂胷也。無哀容，無加服，有降服。從禮而靜，是昭吾子也。」孔子聞之曰：「女智無若婦，男智莫若夫。公文氏之婦智矣！剖情損禮，欲以明其子爲令德也。」

子路與子羔仕於衛。衛有蒯聵之難。孔子在魯聞之，曰：「柴也其來，由也死矣。」既而衛使至，曰：「子路死焉。」夫子哭

❶「殺」，玉海堂本、四庫本作「煞」。
❷「魯」，原脱，今據玉海堂本、四庫本補。
❸「故」，原誤作「放」，今據玉海堂本、四庫本改。
❹「革」，玉海堂本、四庫本作「蒲」。下注文同。
❺「亡」上，玉海堂本、四庫本有「將」字。
❻「若是哭也其野哉」，二校本作「若哭其野」。
❼「殀」，玉海堂本、四庫本作「夭」。

之於中庭。有人弔者，而夫子拜之。已哭，進使者而問故。使者曰：「醢之矣。」遂令左右皆覆醢，曰：「吾何忍食此。」

季桓子死，魯大夫朝服而弔。子游問於孔子曰：「禮乎？」夫子不答。他日，又問。夫子曰：❶「始死則矣，羔裘玄冠者易之而已，汝何疑焉？」

子罕問於孔子曰：❷「始死之設重也，何爲？」孔子曰：「重，主道也。殷主綴重焉，綴，連也。殷人作主而連其重，懸諸廟也。周人徹重焉。」周人作主，徹重，就所倚處而治。「請問喪朝。」喪將葬，朝於廟而後行焉。子曰：「喪之朝也，順死者之孝心，故至於祖考廟而後行。❸殷朝而後殯於祖，周朝而後遂葬。」

孔子之守狗死，謂子貢曰：「路馬死，路馬，常所乘馬。則藏之以帷，狗則藏之以蓋。汝往埋之。吾聞弊幃不棄，爲埋馬也。弊蓋不棄，爲埋狗也。今吾貧，無蓋。於其封也，與之蓆，❹無使其首陷於土焉。」

曲禮公西赤問第四十四❺

公西赤問於孔子曰：「大夫以罪免，卒。其葬也如之何？」孔子曰：「大夫廢其事，終身不仕。死則葬之以士禮。老而致事者，❻死則從其列。」

❶ 自「夫子曰」至下篇第三段「葬於防曰吾聞之」，原誤在下篇「原思言於曾子」一節「知喪道也」下，今依玉海堂本、四庫本移正。「曰」，原脱，今據玉海堂本、四庫本補。

❷ 「罕」，玉海堂本、四庫本作「睪」。

❸ 「考」，原誤作「者」，今據玉海堂本、四庫本改。

❹ 「蓆」，玉海堂本、四庫本作「席」。

❺ 「曲禮」，玉海堂本、四庫本無此二字。

❻ 「致事」，原作「政仕」，今據玉海堂本、四庫本改。

公儀仲子嫡子死，而立其弟，檀弓問子服伯子曰：❶「何居？我未之前聞也。」子服伯子曰：「仲子亦猶行古人之道。昔者文王捨伯邑考伯邑考，文王之長子也，言文王亦立子而不立孫也。而立武王。微子捨其孫腯，立其弟衍。」子游以聞諸孔子，❷子曰：「否，周制立孫。」

孔子之母既喪，❸將合葬焉，❹曰：「古者不祔葬，爲不忍先死者之復見也。《詩》云：『死則同穴。』自周公已來祔葬矣。故衛人之祔也，離之，有以間焉。❺魯人之祔也，合之。美夫！吾從魯。」遂合葬於防。曰：「吾聞之，❻古者墓而不墳。❼今丘也，❽東西南北之人，不可以弗識也。吾見封之若堂者矣，堂形四方若高者。又見若坊者矣，坊形旁殺，❾平上而長。又見若覆夏屋者矣，❿又見若斧形者矣，吾從斧者焉。」於是封之崇四尺。孔子先反虞，門人後，雨甚至，墓崩，修之而歸。孔子問焉，曰：「爾來何遲？」對曰：「防墓崩。」孔子不應。三云，孔子泫然而流涕曰：「吾聞之，古不修墓。」及二十五月而大祥，⓫五日而彈琴不

---

❶「問」，玉海堂本、四庫本作「謂」。

❷「聞」，玉海堂本、四庫本作「問」。

❸「喪」，原誤作「葬」，今據玉海堂本、四庫本改。

❹「合」，原誤作「立」，今據玉海堂本、四庫本改。

❺「間」，原誤作「聞」，今據玉海堂本、四庫本改。

❻自上篇倒三段「夫子曰始死則矣」至「吾聞之」，原誤在下文「原思言於曾子」節「知喪道也」下，今據玉海堂本、四庫本移正。

❼「古者」，原脱，今據玉海堂本、四庫本補。

❽「今」上，原衍「孔子曰」三字，今據玉海堂本、四庫本刪。

❾「旁」，原誤作「殺」，今據玉海堂本、四庫本改。

❿「若」，原脱，今據玉海堂本、四庫本補。「覆」，原誤作「履」，今據玉海堂本、四庫本改。

⓫「大」，玉海堂本、四庫本無此字。

成聲，十日過禫，而成笙歌。」孔子大祥，二十五月禫，故十日踰月而歌也。❶

孔子有母之喪，既練，陽虎弔焉，私於孔子曰：「今季氏將大饗境内之士，子聞諸？」孔子答曰：❷「丘弗聞也。若聞之，雖在衰絰，亦欲與往。」陽虎曰：「子謂不然乎？季氏饗士，不及子也。」陽虎出，曾點問曰：❸「語之何謂也？」❹孔子曰：「己則衰服，❺猶應其言，示所以不非也。」孔子衰服，陽虎之言犯禮，故孔子答之，以示不非其言者也。

顔回死，魯定公弔焉，使人訪於孔子，孔子對曰：「凡在封内，皆臣子也。禮，君弔其臣，升自東階，向尸而哭，其恩賜之施，不有筭也。」筭，蘇亂反。筭，計也，又竹器也。

原思言於曾子曰：「夏后氏之送葬也，用盟器，示民無知也。殷人用祭器，示民有知也。周人兼而用之，示民疑也。」曾子曰：「其不然矣。夫以盟器，鬼器也。祭器，人器也。古之人胡爲而死其親也？」子游問於孔子，曰：「之死而致死乎？不仁，不可爲也。之死而致生乎？不智，不可爲也。凡爲盟器者，知喪道也。❻備物而不可用也，❼是故竹不成用，謂籩之無縁也。而瓦不成膝。膝，鑕。琴瑟張而不平，笙竽備而不和，有鐘磬而無簨簴。簨簴，可以懸鐘磬也。簨，先尹反。簴，其舉反。其曰盟器，神明之也。哀哉！死者而用生者之器，不殆

❶「故」，玉海堂本、四庫本作「而」。
❷「答」，玉海堂本、四庫本無此字。
❸「點」，玉海堂本、四庫本作「參」。
❹「語」，原誤作「吾」，今據玉海堂本、四庫本改。
❺「衰」，玉海堂本、四庫本作「喪」。
❻「也」下，原衍上篇「夫子曰始死則矣」至本篇「葬於防曰吾聞之」一段文字，今據玉海堂本、四庫本移正。
❼「備物」上，原衍「有」字，今據玉海堂本、四庫本删。

於用殉也。」❶殺人以從死，謂之殉。

子游問於孔子曰：「葬者塗車芻靈，自古有之。然今人或有偶，偶，木人也。❷是無益於喪。」孔子曰：「爲芻靈者善矣。爲偶者不仁。不殆於用人乎！」

顔淵之喪，既祥，顔路饋祥肉於孔子，孔子自出而受之。入，彈琴以散情，而後乃食之。

孔子嘗奉薦而進，嘗，秋祭也。其親也慤，慤親之奉薦也。慤，❸質也。其行也趨趨以數。言少威儀。已祭，子貢問曰：「夫子之言祭也，濟濟漆漆焉。威儀容止。今夫子之祭，無濟濟漆漆，何也？」孔子曰：「濟濟漆漆者，容也，遠也。言賓客疏遠之容也。漆漆者，以自反謂安辭之容也。容以遠。若容以自反，夫何神明之及交？必如此，則何濟濟漆漆之有？回饋樂成，進則燕俎，序其禮樂，備其百官，於是君子致其濟濟漆漆焉。夫言豈一端而已哉？亦各有所當。」❹

子路爲季氏宰，季氏祭，逮昏而奠，❺終日不足，繼以燭。雖有彊力之容，肅敬之心，皆倦怠矣。有司跛倚以臨，❻其爲不敬也大矣。他日祭，❼子路與焉，室事交于户，堂事當于階，質明而始行事，晏朝而徹。❽孔子聞之曰：「以此觀之，❾孰爲由

---

❶「於」，原誤作「而」，今據玉海堂本、四庫本改。
❷「木」，原誤作「亦」，今據玉海堂本、四庫本改。
❸「慤」，原誤作「慈」，今據玉海堂本、四庫本改。
❹「子之祭無濟濟漆漆」至「各有所當」一百〇八字，原脱，今據玉海堂本、四庫本補。
❺「奠」下，玉海堂本、四庫本有注曰：「逮昏，未明。」
❻「臨」下，玉海堂本、四庫本有「事」字，下有注曰：「跛，偏任也。」
❼「祭」，原脱，今據玉海堂本、四庫本補。
❽「徹」下，玉海堂本、四庫本有注曰：「質明平明。」
❾「以此觀之」，原脱，今據玉海堂本、四庫本補。

也而不知禮？」❶

【衛莊公之反國，改舊制，變宗廟，易朝市。高子皋問於孔子曰：「周禮，繹祭於祊，祊在廟門之西，前朝而後市。今衛君欲其事事一更之，如之何？」孔子曰：「繹之於庫門内，祊之於東市，朝於西方，失之矣。」

季桓子將祭，齋三日，而二日鐘鼓之音不絕。冉有問於孔子，子曰：「孝子之祭也，散齋七日，慎思其事，三日致齋，而一用之，情一而用之也。猶恐其不敬也，而二日伐鼓，何居焉？」

公父文伯之母，季康子之從祖母。康子往焉，側門而與之言，内皆不踰閾。側門，於門之側而與之言，言不外，身不踰門限。文伯祭其祖悼子，康子與焉。悼子，文伯始祖。進俎而不受，進俎康子而不親授。撤俎而不與燕，撤俎之後，而不與歡燕之坐。宗老不具則不繹，繹，又祭。宗老，大夫家臣也，典祭祀及宗族之事。不具，不在。繹不盡飫則退。飫，獻神。不盡厭飫之禮而去也。孔子聞之，曰：「男女之別，禮之大經。公父氏之婦，動中德趣，度於禮矣。」中意之趣，合禮之度。

季康子朝服以縞。曾子問於孔子曰：「禮乎？」孔子曰：「諸侯皮弁以告朔，然後服之以視朝，若此，禮者也。」朝服以縞，僭宗禮也。孔子惡指斥康子，但言諸侯之禮而已。而諸侯以皮弁以告朔，卒然後朝服以視朝。朝服，明不用縞。】❷

孔子家語卷第十終

---

❶「由」，原誤作「士」，今據玉海堂本、四庫本改。

❷「衛莊公之反國」以下四節，原闕，今據玉海堂本、四庫本補。

孔子家語後序

吴郡黄　魯曾　撰

嗚呼至哉！孔子之文德而有是書也。孔子生於過曆，上不逮於文武而爲大行，中不親於成康而爲共和，而欲行其道，周流於齊、楚、蔡、衛之邦，所遇者皆晏嬰、子西之徒，未獲多契。於東魯本國，乃卑秩膴仕，兩不辭焉。但相以攝而輕，會以兵而瀆，且有容璣之沮、懷寶之誚，不一也。終與門人小子相明道以傳后世，是以孔氏獨多述作。自《魯論》、《齊論》，言之又有《家語》，疑多鯉、伋所記，并門人先后裸附之者，要之咸孔子之意也。故一典一事，莫非宗旨；一軌一物，莫非玄訓。信義美文，包二變於獨覺；禮樂刑政，歛四達於大鳴。何也？盖孔子之道，傳者無幾，惟一貫發自聖思，卓爾闡於賢力，此數字可以忘言，畧授可以絶口，粹昭而梗則廢，原得而支則舍。三墳五典，何必顯顯？八索九丘，何必優優？六經二論，何必諄諄？特以聖質罕聞，而淵參短列；睿心希觸，而冉閔續依。性天遐轍，高堅遠路，此所以必叢其辭，必繁其篇。譬之繫臂以妍珠，而珠存斯貴；帶腰以良玉，而玉在斯奇。此書雖若言之廣且曲，道則載焉。古人所謂載道之器，余敢以先歸諸？今考之《藝文志》，有二十一卷，王肅所註，何乃至宋人梓傳者止十卷，已亡其太半？如由混簡錯衺，則又不可分析。比之王廣謀句解者，又止三卷。近何氏孟春所註，則卷雖盈於前本，而文多不齊。余頗惜王肅所註之少播於世，力求宋刻者而校仇之，僅得十之七八，雖宋刻亦有訛謬者也。然此書乃孔氏久成之典，余距孔氏一千五百餘年，序之，僭妄深矣，觀者勿以無取尤之。

附録：孔安國後序❶

《孔子家語》者，皆當時公卿士大夫及七十二弟子之所諮訪交相對問言語者，既而諸弟子各自記其所問焉，與《論語》、《孝經》並時。弟子取其正實而切事者，別出爲《論語》。其餘則都集録名之曰《孔子家語》。凡所論辯，流判較歸，實自夫子本旨也。屬文下辭，往往頗有浮説，煩而不要者，亦猶七十二子各共敘述首尾，加之潤色，其材或有優劣，故使之然也。

孔子既没而微言絶，七十二弟子終而大義乖。六國之世，儒道分散，遊説之士，各以巧意而爲枝葉，唯孟軻、孫卿守其所習。當秦昭王時，孫卿入秦，昭王從之問儒術，孫卿以孔子之語及諸國事、七十二弟子之言凡百餘篇與之，由此秦悉有焉。始皇之世，李斯焚書，而《孔子家語》與諸子同列，故不見滅。高祖克秦，悉斂得之，皆載二尺竹簡，多有古文字。及吕氏專漢，取歸藏之。其後被誅亡，而《孔子家語》乃散在人間，好事亦各以意增損其言，故使同是一事而輒異詞。孝景皇帝末年，募求天下禮書。于時士大夫皆送官，得吕氏之所傳《孔子家語》，而與諸國事及七十二子辭妄相錯雜，不可得知。以付掌書，與《曲禮》衆篇亂簡合而藏之秘府。

元封之時，吾仕京師，竊懼先人之典辭將遂泯滅，於是因諸公卿士大夫，私以

❶《後序》舊稱孔安國作。四庫本置於卷十之末，今附此以備考。

人事募求其副，悉得之。乃以事類相次，撰集爲四十四篇。又有《曾子問禮》一篇，自别屬《曾子問》，故不復録。其諸弟子書所稱引孔子之言者，本不存乎《家語》，亦以其已自有所傳也，是以皆不取也。將來君子，不可不鑒。

孔安國字子國，❶孔子十二世孫也。孔子生伯魚。魚生子思，名伋。伋常遭困于宋，作《中庸》之書四十七篇，以述聖祖之業。授弟子孟軻之徒數百人，年六十二而卒。子思生子上，名白，年四十七而卒。自叔梁紇始出妻，及伯魚亦出妻，至子思又出妻，故稱孔氏三世出妻。子上生子家，名傲，後名永，年四十五而卒。子家生子直，名榼，年四十六而卒。子直生子高，名穿，亦著儒家語十二篇，名曰《讕言》，年五十七而卒。子高生武，字子順，名微，後名斌，爲魏文王相，年五十七而卒。子武生子魚，名鮒。及子襄，名騰；子文，名祔。子魚後名甲。子襄以好經書，博學，畏秦法峻急，乃壁藏其《家語》、《孝經》、《尚書》及《論語》於夫子之舊堂壁中。子魚爲陳王涉博士太師，卒陳下。生元路，一字元生，名育，後名隨。子文生冣，字子産。子産後從高祖，以左司馬將軍從韓信破楚於垓下，以功封蓼侯，年五十三而卒，謚曰夷侯。長子滅嗣官，至太常。次子襄，字子壬，後名讓，爲孝惠皇帝博士，遷長沙王太傅，年五十七而卒。生季中，名員，年五十七而卒。生武及子國。

子國少學《詩》于申公，受《尚書》于伏

❶ 此句以下三段文字四庫本刊於孔安國《後序》之下。今與《後序》並附於此。

生。長則博覽經傳，問無常師。年四十，爲諫議大夫，遷侍中博士。天漢後，魯恭王壞夫子故宅，得壁中詩書，悉以歸子國。子國乃考論古今文字，撰衆師之義，爲《古文論語訓》十一篇，《孝經傳》二篇，《尚書傳》五十八篇，皆所得壁中科斗本也。又集録《孔氏家語》爲四十四篇，既成，會值巫蠱事，寢不施行。子國由博士爲臨淮太守。在官六年，以病免。年六十，卒於家。

其後孝成皇帝詔光禄大夫劉向校定衆書，都記録名《古今文書》、《論語別録》。子國孫衍爲博士，上書辯之，曰：「臣聞明王不掩人之功，大聖不遺人小善，所以能其明聖也。陛下發明詔，諮羣儒，集天下書籍，無言不悉，命通才大夫校定其義，使遐載之文以大著於今日，立言之士垂於不朽。此則蹈明王之軌，遵大聖之風者也。雖唐帝之焕然，周王之彧彧，未若斯之極也。故述作之士莫不樂測大倫焉。臣祖故臨淮太守安國，建仕于孝武皇帝之世，以經學爲名，以儒雅爲官，讚明道義，見稱前朝。時魯恭王壞孔子故宅，得古文科斗《尚書》、《孝經》、《論語》，世人莫有能言者。安國爲之今文讀而訓傳其義。又撰《孔子家語》，既畢，會值巫蠱事起，遂各廢，不行于時。然其典雅正實，與世所傳者不同日而論也。光禄大夫向以爲其時所未施之，故《尚書》則不記於《別録》，《論語》則不使名家也，臣竊惜之。且百家章句，無不畢記，況《孔子家語》古文正實而疑之哉？又戴聖近世小儒，以《曲禮》不足，而乃取《孔子家語》雜亂者，及子思、孟軻、孫卿之書以裨益之，總名曰《禮記》。今尚見其已在《禮記》者，則便除《家語》之本篇，是滅其原而存其末，不亦難乎？臣之愚，以爲宜如此爲例，皆記録别見，故敢冒昧以聞。」奏上，天子許之，未即論定而遇帝崩，向又病亡，遂不果立。

孔子集語

〔清〕孫星衍 輯
楊琪 校點

目録

校點説明

孫星衍（一七五三——一八一八），字伯淵，一字淵如，號季仇、微隱、芳茂山人，江蘇陽湖（今常州）人，乾隆五十二年（一七八七）一甲第二名進士。歷官刑部主事、郎中、山東兖沂曹濟道兼管黄河兵備道、山東督糧道權布政使等職（《清史稿·孫星衍傳》），是清代著名的考據學家、金石學家、訓詁學家。

《孔子集語》是孔子言行事迹的彙編，傳世有兩種：一是宋代薛據所輯兩卷本，收入《四庫全書》，再就是清代孫星衍所輯的十七卷本。孫星衍對薛本很不滿意，於是在晚年引疾歸田後，與族弟星海、姪壻龔慶一起檢閲群籍，從《易十翼》、《禮小戴記》、《春秋左氏傳》、《孝經》、《論語》、《孟子》、《孔子家語》、《孔叢子》、《史記·孔子世家》、《史記·仲尼弟子列傳》以外的九十三種典籍中采輯了八百一十三條孔子言行記録，並仿《説苑》的體裁按類編排，分十四篇十七卷，前十篇反映孔子的基本思想，後四篇多屬於孔子的生平事迹和寓言故事。初稿纂成，又請著名學者嚴可均審校，前後歷時六年成書。值得注意的是，孫書不止重視材料的收集，還注明每一條材料的出處，並把内容相同或相近的材料排列在一起，而且對疑文脱句加按語校勘，有很高的學術價值。不但文字數量上超出薛本《孔子集語》六七倍，從編輯質量上也大大超過前者。

孫氏《孔子集語》首刊於嘉慶二十年（一八一五），收入《平津館叢書》，扉頁題有「冶城山館藏版」。此版刊刻時將所輯文字的出處以陰刻白文置於段首，以篇爲段，如有彼此互見的文字，則另條低一格，列於其後。此版每半頁十一行，行二十字。該版爲孫星衍組織編撰刻印，通稱「陽湖孫氏本」，又因收入《平津館叢書》，亦稱「平津館原本」。

光緒三年（一八七七），以校刻精良著稱的浙江書局據平津館原本重新校刻《孔子集語》，汪詒壽任總校，收入《二十二子》，通稱「二十二子本」或「浙江書局本」。此版刊刻時將所輯文字的出處以陽刻置於段首，並加方括號以示區別，全書除卷十四至卷十七外，各卷卷首下均注明「平津館原本」，各卷卷末均署總校和分校者姓名，每半頁九行，行二十一字，篇章順序與原本相同。

光緒十年，江蘇吴縣朱記榮重新校刻《平津館叢書》，親自校勘。此版糾正了平津館原本的衍損之處，刻工精美，每半頁十一行，行二十字，與原本同，只是《孔子集語表》置《篇目》之後。由於這是重校本，扉頁題有「光緒乙酉夏白堤八字橋朱氏槐廬家塾珍藏」，所以此本又稱「重校平津館叢書本」或「朱氏槐廬本」。

依據陽湖孫氏本校刻的《孔子集語》還有：光緒十九年上海鴻文書局刊本，編入《二十二子》和《二十五子匯函》；光緒二十三年上海文瑞樓刊本，收入《子書二十二種》、《子書二十三種》和《子書二十八種》；同年，湖南新化三味書局收入《二十二子》；民國九年（一九二〇）上海五鳳樓石印本，收入《子書四十八種》；民國十二年上海掃葉山房石印本，收入《三十六子全書》。

此次整理孫氏輯本《孔子集語》，以《續修四庫全書》收入的上海古籍出版社藏陽湖孫氏本作底本，以北京師範大學圖書館藏江蘇吴縣朱記榮校刻的朱氏槐廬本和浙江書局校刻的二十二子本作參校本，分別簡稱「朱本」和「浙本」。爲準確起見，還分別將孫書所輯各條與原文進行他校，所得異文與原文有較大出入者，亦出校記。古今字、通假字、異體字、俗體字等一律不出校。避諱字，今皆復原，版刻混用字，如己、已、巳相混之類，也全部逕改，一律不再出校。

校點者　楊　琪

孫氏孔子集語序

《孔子集語》者，陽湖孫觀察星衍字伯淵所撰也。孔子脩百王之道，以詔來者，六經而外，傳記百家所載微言大義，足以羽儀經業、導揚儒風者，往往而有。其纂輯成書者，梁武帝《孔子正言》二十卷、王勃《次論語》十卷，皆不存。見存楊簡《先聖大訓》十卷、薛據《孔子集語》二卷、潘士達《論語外篇》二十卷，而薛書最顯，不免罣漏。近人曹廷棟又爲《孔子逸語》十卷，援稽失實，不足論。

嘉慶辛未歲，觀察引疾歸田，惜儒書之闕失，乃博蒐群籍，綜覈異同，增多薛書六七倍，而仍名之爲《孔子集語》者，識所緣起也。

其纂輯大例：《易十翼》、《禮小戴記》、《春秋左氏傳》、《孝經》、《論語》、《孟子》，舉世誦習，不載；《家語》、《孔叢子》，有成書專行，不載；《史記·孔子世家》、《弟子傳》，易撿，亦不載。其餘群經傳注、祕緯、諸史、諸子，以及唐宋人類書，鉅篇隻句畢登，無所去取，皆明言出處篇卷。或疑文脱句，酌加按語；或一事而彼此互見，且五六見，得失短長，可互證得之。

逾年，初稿成。又二年，屬其友人烏程嚴可均，略仿《説苑》體裁，理而董之。覆撿群書，是正譌字，更移次第，增益闕遺，爲十四篇：《勸學》第一，《孝本》第二，《五性》第三，《六藝》第四，《主德》第五，《臣術》第六，《交道》第七，《論人》第八，《論政》第九，《博物》第十，《事譜》第十一，《雜事》第十二，《遺讖》第十三，《寓言》第十四。篇各爲卷，《六藝》、《事譜》、《寓言》卷大，分爲上下，以十四篇爲十七卷。《勸學》等篇與正經相表裏，《遺讖》不醇，《寓言》蓋依託。乃彫版於金陵，公諸後世，而嚴可均爲之序。

孔子集語表

山東督糧道臣孫星衍稽首頓首上言：

臣所撰《孔子集語》十四篇成，謹奉《表》上進者。伏以黄顓授道，丹書備北面之儀；河洛浮圖，元扈有東巡之典。蓋折衷俟諸至聖，而稽古所以同天。欽惟我皇上雅詠宗經，臨雍尊聖。如天蕩蕩，堯本難名；猶日孜孜，禹思聞善。芻蕘之所必採，謩訓況有明徵。昔在孔子，微言大義，史氏有將絶之虞；性道文章，及門有難聞之歎。故《易翼》、《麟書》而外，緯候載其遺言；《孝經》、《論語》之餘，子史傳其佚説。「吾無隱爾」，絶賢哲之贊詞；「天何言哉」，托素王之眇論。而籍亡七國，書散嬴秦。畏鑽仰之高堅，孰網羅其放失？

臣拜恩繡斧，承乏奎婁。慕禮器而升堂，歷歲時以載筆。識大識小，一話一言，靡不綜其異同，徵其典據。撞鐘以莛，冀有餘音；集腋成裘，多存粹白。其六經所載，謹避雷同；三豕傳譌，悉加讎正。或有寓言依託，小説流傳，恐魚目之混珠，窺豹斑而撥霧。醇疵不雜，仿晏嬰内外之編；事類相從，比《説苑》區分之目。視宋臣薛據之帙，采獲加多；勘曹氏廷棟之書，增删期當。昔《方言》屬草，有子駿之旁求；封禪留書，因所忠而奏上。臣職容專達，病久罷閒，附闕里之上公，述聖門之祖德。恭呈乙覽，或爲座側之資；廣布儒林，聊比壁中之簡。臣無任，屏營惶恐，瞻天望闕，踴躍歡忭。謹因衍聖公臣慶鎔，奉《表》恭進以聞。

孔子集語篇目

星衍自嘉慶辛未歲九月歸田，卧疴多暇，輒理舊業。因屬族弟星海、姪壻龔慶，檢閱子史，採録宣聖遺言，比之宋人薛據、近人曹廷棟所輯，計且三倍。乃取劉向編列《説苑》《新序》之例，各爲篇目，以類相從。又以莊、列小説，近于依託之詞，别爲《雜事》、《遺讖》、《寓言》，附于末卷。質之吾友顧文學廣圻、嚴孝廉可均，頗有增改，閱六年而始成書。將寄曲阜孔上公慶鎔，俟時呈御。故擬表冠諸簡端。嘗見宋明人格言，世多輯録刊刻者。先聖遺訓，豈可任其放失？所列篇目，皆儒者立身行政之要義，不敢雜以墨家釋氏之旨也。願與學者勉之。孫星衍謹記。

孔子集語卷一

山東督糧道臣孫星衍撰

勸學一

《尚書大傳·略説》 子曰：「君子不可以不學，見人不可以不飭。不飭無貌，無貌不敬，不敬無禮，無禮不立。夫遠而有光者，飭也；近而逾明者，學也。譬之如圩邪，水潦集焉，菅蒲生焉。從上觀之，誰知其非源水也！」

《大戴禮·勸學》 孔子曰：「野哉！「野」字，《説苑》作「鯉」，形相近，疑當作「鯉」。君子不可以不學，見人不可以不飾。不飾無貌，無貌不敬，不敬無禮，無禮不立。夫遠而有光者，飾也；近而逾明者，學也。譬之如洿邪，水潦灟焉，莞蒲生焉。從上觀之，誰知其非源泉也？」

《説苑·建本》 孔子曰：「鯉，君子不可以不學，見人不可以不飾。不飾則無根，無根則失理，失理則不忠，不忠則失禮，失禮則不立。夫遠而有光者，飾也；近而逾明者，學也。譬之如污池，水潦注焉，菅蒲生之，從上觀之，知其非源也。」

《韓詩外傳》一 孔子曰：「君子有三憂：弗知，可無憂與？知而不學，可無憂與？學而不行，可無憂與？」

《韓詩外傳》六 子曰：「不學而好思，雖知，不廣矣；學而慢其身，雖學，不尊矣；不以誠立，雖立，不久矣；誠未著而好言，雖言，不信矣。美材也，而不聞君子之道，隱小物以害大物者，災必及身矣。」

《韓詩外傳》六　孔子曰：「可與言終日而不倦者，其惟學乎！　其身體不足觀也，勇力不足憚也，族姓不足稱也，宗祖不足道也，而可以聞於四方而昭於諸侯者，其惟學乎！」

《説苑·建本》　孔子曰：「可以與人終日而不倦者，其惟學乎！　其身一作「容」。體不足觀也，其勇力不足憚也，其先祖不足稱也，其族姓不足道也，然而可以開四方而昭於諸侯者，❶其惟學乎！」

《韓詩外傳》八　孔子燕居，子貢攝齊而前曰：「弟子事夫子有年矣，才竭而智罷，振於學問，❷不敢復進，請一休焉。」孔子曰：「賜也，欲焉休乎？」曰：「賜欲休於事君。」孔子曰：「《詩》云：『夙夜匪懈，以事一人。』爲之若此，其不易也，若之何其休也？」曰：「賜欲休於事父。」❸孔子曰：「《詩》云：『孝子不匱，永錫爾類。』爲之若此，其不易也，如之何其休也？」曰：「賜欲休於事兄弟。」孔子曰：「《詩》云：『妻子好合，如鼓瑟琴。兄弟既翕，和樂且耽。』爲之若此，其不易也，如之何其休也？」曰：「賜欲休於畊田。」孔子曰：「《詩》云：『晝爾于茅，宵爾索綯；亟其乘屋，其始播百穀。』爲之若此，其不易也，若之何其休也？」子貢曰：「君子亦有休乎？」孔子曰：「闔棺兮，乃止播兮，本多作「耳」，今從楊本。不知其時之易遷兮。此之謂君子所休也。」

《荀子·大略》　子貢問於孔子曰：「賜倦於學矣，願息事君。」孔子曰：「《詩》

---

❶「開」，《子书百家》本《説苑》作「聞」。

❷「振」，《韓詩外傳集釋》（中華書局一九八〇年校點本）作「倦」。

❸「父」下，《韓詩外傳集釋》（中華書局一九八〇年校點本）有「母」字。

云：『温恭朝夕，執事有恪。』事君難，事君焉可息哉？」「然則賜願息事親。」孔子曰：「《詩》云：『孝子不匱，永錫爾類。』事親難，事親焉可息哉？」「然則賜願息於妻子。」孔子曰：「《詩》云：『刑于寡妻，至于兄弟，以御于家邦。』妻子難，妻子焉可息哉？」「然則賜願息於朋友。」孔子曰：「《詩》云：『朋友攸攝，攝以威儀。』朋友難，朋友焉可息哉？」「然則賜願息耕。」孔子曰：「《詩》云：『晝爾于茅，宵爾索綯；亟其乘屋，其始播百穀。』耕難，耕焉可息哉？」「然則賜無息者乎？」孔子曰：「望其壙，皋如也，嵮如也，鬲如也，此則知所息矣。」子貢曰：「大哉，死乎！ 君子息焉，小人休焉。」

《列子·天瑞》 子貢倦於學，告仲尼曰：「願有所息。」仲尼曰：「生無所息。」子貢曰：「然則賜息無所乎？」仲尼曰：「有焉耳！ 望其壙，睪如也，宰如也，墳如也，鬲如也，則知所息矣。」子貢曰：「大哉死乎！ 君子息焉，小人伏焉。」仲尼曰：「賜，汝知之矣。人胥知生之樂，未知生之苦；知老之憊，未知老之佚；知死之惡，未知死之息也。」

《大戴禮·勸學》 孔子曰：「吾嘗終日思矣，不如須臾之所學；吾嘗跂而望之，不如升高而博見也。升高而招，非臂之長也，而見者遠；順風而呼，非聲加疾也，而聞者著。假車馬者，非利足也，而致千里；假舟檝者，非能水也，而絶江海。君子之性非異也，而善假於物也。」

《荀子·宥坐》 孔子曰：「吾有恥也，吾有鄙也，吾有殆也。幼不能彊學，老無以教之，吾恥之；去其故鄉，事君而達，卒遇故人，曾無舊言，吾鄙之；與小人處者，吾殆之也。」

《荀子·宥坐》 孔子曰：「如垤而進，吾與之；如丘而止，吾已矣。今學曾未如肬贅，則具然欲爲人師。」

《荀子·宥坐》 子貢觀於魯廟之北堂，出而問於孔子曰：「鄉者賜觀於太廟之北堂，吾亦未輟，還復瞻被九蓋皆繼，彼有説邪？ 匠過絶邪？」孔子曰：「太廟之堂亦嘗有説，官致良工，因麗節文，非無良材也，蓋曰貴文也。」

《荀子·子道》 子路問於孔子曰：「君子亦有憂乎？」孔子曰：「君子，其未得也，則樂其意；既已得之，又樂其治。是以有終身之樂，無一日之憂。小人，其未得也，則憂不得；既已得之，又恐失之。是以有終身之憂，無一日之樂也。」

《説苑·雜言》 子路問孔子曰：「君子亦有憂乎？」孔子曰：「無也。君子之脩其行，未得則樂其意，既已得又樂其知，是以有終身之樂，無一日之憂。小人則不然，其未之得則憂不得，既已得之又恐失之，是以有終日之憂，無一日之樂。」

《荀子·法行》 孔子曰：「君子有三思而不可不思也。少而不學，長無能也；老而不教，死無思也；有而不施，窮無與也。是故君子少思長則學，老思死則教，有思窮則施。」

《御覽》六百七引《慎子》 孔子曰：「丘少而好學，晚而聞道。此以博矣。」按：薛據《孔子集語》、馬驌《繹史》八十六、曹廷棟《孔子逸語》皆引作《申子》，誤。

《群書治要·尸子·勸學》 夫子曰：「車唯恐地之不堅也，舟唯恐水之不深也。

有其器，則以人之難爲易。夫道，以人之難爲易也。」

《群書治要·尸子·處道》 孔子曰：「欲知則問，欲能則學，欲給則豫，欲善則肄。國亂，則擇其邪人去之，則國治矣；胸中亂，則擇其邪欲而去，則德正矣。」

《意林》一引《尸子》 孔子云：「誦《詩》讀《書》，與古人居；讀《書》誦《詩》，與古人謀。」

《莊子·雜篇·讓王》 孔子謂顔回曰：「回，來！家貧居卑，胡不仕乎？」顔回對曰：「不願仕。回有郭外之田五十畝，足以給飦粥；郭内之田十畝，足以爲絲麻；鼓琴，足以自娱；所學夫子之道者，足以自樂也。回不願仕。」孔子愀然變容曰：「善哉！回之意！丘聞之：『知足者，不以利自累也；審自得者，失之而不懼；行脩於内者，無位而不怍。』丘誦之久矣，今於回而後見之，是丘之得也。」

《呂氏春秋·季春紀·尊師》❶ 子貢問孔子曰：「後世將何以稱夫子？」孔子曰：「吾何足以稱哉？勿已者，則好學而不厭，好教而不倦，其惟此邪！」

《淮南子·要略》 孔子修成康之道，述周公之訓，以教七十子，使服其衣冠，修其篇籍，故儒者之學生焉。

《説苑·建本》 孔子謂子路曰：「汝何好？」子路曰：「好長劍。」孔子曰：「非此之問也。請以汝之所能，加之以學，豈可及哉？」子路曰：「學亦有益乎？」孔子曰：「夫人君無諫臣則失政，士無教友則失德；

❶「季春紀」，當作「孟夏紀」，不知孫氏何本，朱本、浙本亦未校改。

狂馬不釋其策，操弓不返於檠；木受繩則直，人受諫則聖；受學重問，孰不順成？毀仁惡士，且近於刑。君子不可以不學。」子路曰：「南山有竹，弗揉自直，斬而射之，通於犀革。又何學爲乎？」孔子曰：「括而羽之，鏃而砥礪之，其入不益深乎？」子路拜曰：「敬受教哉！」

《説苑・建本》 子路問於孔子曰：「請釋古之學而行由之意，可乎？」孔子曰：「不可。昔者東夷慕諸夏之義，有女，其夫死，爲之內私壻，終身不嫁。不嫁則不嫁矣，然非貞節之義也。蒼梧之弟，娶妻而美好，請與兄易。忠則忠矣，然非禮也。今子欲釋古之學而行子之意，庸知子用非爲是，用是爲非乎？不順其初，雖欲悔之，難哉！」

《説苑・貴德》 子路持劒，孔子問曰：「由，安用此乎？」子路曰：「善古者固以善之，不善古者固以自衛。」孔子曰：「君子以忠爲質，以仁爲衛，不出環堵之內，而聞千里之外。不善以忠化，寇暴以仁圍，何必持劒乎？」子路曰：「由也，請攝齊以事先生矣。」

《中論・治學》 孔子曰：「弗學何以行？弗思何以得？小子勉之，斯可以爲人師矣。」

《中論・脩本》 孔子曰：「弟子勉之：汝毋自舍！人猶舍汝，況自舍乎！人違汝其遠矣。」

《中論・脩本》 孔子謂子張曰：「師，吾欲聞彼將以改此也。聞彼而不改此，雖聞何益？」

《中論・脩本》 孔子曰：「小人何以壽爲？一日之不能善矣，久惡，惡之甚也。」

孔子集語卷一終

孔子集語卷二

山東督糧道臣孫星衍撰

孝本二

《尚書大傳》 孔子對子張曰：《通典》五十九作「孔子曰」。「男子三十而娶，女子二十而嫁。女二十而通織紝績紡之事，黼黻文章之美。不若是，則上無以孝於舅姑，下無以事夫養子也。❶舜，父頑母嚚，不見室家之端，故謂之鰥。」

《尚書大傳》 《書》曰：「高宗梁闇，三年不言。」何爲梁闇也？《傳》曰：「高宗居凶廬，三年不言，❷此之謂梁闇。」子張曰：「何爲也？」孔子曰：「古者君薨，世子聽於冢宰三年，不敢服先王之服、履先王之位而聽焉。以民臣之義，則不可一日無君矣。不可一日無君，猶不可一日無天也。以孝子之隱乎，則孝子三年弗居矣。故曰：『義者，彼也；隱者，此也。』遠彼而近此，則孝子之道備矣。」

《韓詩外傳》八 曾子有過，曾晳引杖擊之，仆地，有閒乃蘇。起曰：「先生得無病乎？」魯人賢曾子，以告夫子。夫子告門人：「參，來！汝不聞昔者舜爲人子乎？小箠則待笞，大杖則逃。索而使之，未嘗不在側；索而殺之，未嘗可得。今汝委身以待暴怒，拱立不去。非王者之民，其罪何如？」

❶「子也」下，《四部叢刊》本《尚書大傳》有「婦人八歲備數十五從適二十承事君子孔子曰」十九字。

❷「不言」下，《四部叢刊》本《尚書大傳》有「百官總己以聽於冢宰而莫之違」十三字。

《説苑·建本》 曾子芸瓜而誤斬其根，曾晳怒，援大杖擊之。曾子仆地，有頃蘇，蹷然而起，進曰：「曩者參得罪於大人，大人用力教參，得無疾乎？」退屏，鼓琴而歌，欲令曾晳聽其歌聲，令知其平也。孔子聞之，告門人曰：「參來，勿内也。」曾子自以無罪，使人謝孔子。孔子曰：「汝聞《御覽》四百十三引作「不聞」。瞽瞍有子名曰舜。舜之事父也，索而使之，未嘗不在側；求而殺之，未嘗可得。小箠則待，大箠則走，以逃暴怒也。今子委身以待暴怒，立體而不去，殺身以陷父。不義、不孝，孰是大乎？汝非天子之民邪？殺天子之民，罪奚如？」

《韓詩外傳》九 孔子行，聞哭聲甚悲。孔子曰：「驅驅，《御覽》四百八十七引作「驅之」。前有賢者。」至，則皋魚也。被褐擁鎌，哭於道傍。孔子辟車，與之言曰：「子非有喪，何哭之悲也？」皋魚曰：「吾失之三矣：少而學，游諸侯，《文選·長笛賦》注引作「吾少好學，周流諸侯」，《御覽》四百八十七同。以後薛編引作「歿」。吾親，失之一也；高尚吾志，閒吾事君，《文選》注作「不事庸君」，下有「而晚事無成」一句。失之二也；與友厚而小絶之，《文選》注作「少擇交遊，寡親友而老無所託」。失之三也。樹欲静而風不止，子欲養而親不待也。往而不可追者，年也；去而不可得見者，親也。舊脱「不可追者年也去而」八字，據《御覽》補。《文選》注作「往而不可反者，年也。逝而不可追者，親也」，《後漢書·桓榮傳》所引略同。吾請從此辭矣。」「請從此」，❶《文選》注作「於是」。立槁而死。孔子曰：「弟子誡之，足以識矣。」於是門人辭歸而養親者十有三人。

❶「此」字原脱，今覈校《文選》，補之。

《説苑·敬慎》 孔子行游，中路聞哭者聲，其音甚悲。孔子曰：「驅之！驅之！前有異人音。」少進，見之，丘吾子也，擁鎌帶索而哭。孔子辟車而下，問曰：「夫子非有喪也，何哭之悲也？」丘吾子對曰：「吾有三失。」孔子曰：「願聞三失。」丘吾子對曰：「吾少好學問，周遍天下，還後吾親亡，一失也；事君奢驕，諫不遂是，二失也；厚交友而後絶，三失也。樹欲静乎風不定，子欲養乎親不待。往而不來者，年也；不可得再見者，親也。請從此辭。」則自刎而死。孔子曰：「弟子記之，此足以爲戒也。」於是弟子歸養親者十三人。

《韓詩外傳》十 太王亶父有子曰太伯、仲雍、季歷，歷有子曰昌。太伯知太王賢昌，而欲季爲後也，太伯去，之吴。太王將死，謂曰：「我死，汝往讓兩兄，彼即不來，汝有義而安。」太王薨，季之吴，告伯仲，伯仲從季而歸。群臣欲伯之立季，季又讓。伯謂仲曰：「今群臣欲我立季，季又讓，何以處之？」仲曰：「刑有所謂矣，要於扶微者，可以立季。」季遂立，而養文王，文王果受命而王。孔子曰：「太伯獨見，王季獨知；伯見父志，季知父心。故太王、太伯、王季，可謂見始知終，而能承志矣。」

《大戴禮·曾子立孝》 子曰：「可人也，吾任其過；不可人也，吾辭其罪。《詩》云：『有子七人，莫慰母心。』子之辭也。『夙興夜寐，無忝爾所生。』言不自舍也。不恥其親，君子之孝也。」

《大戴禮·曾子大孝》 樂正子春下堂而傷其足，傷瘳，數月不出，猶有憂色。門弟子問曰：「夫子傷足，瘳矣，數月不出，猶有憂色，何也？」樂正子春曰：「善，如爾之問也。吾聞之曾子，曾子聞諸夫子曰：『天之所生，地之所養，人爲大矣。父母全而生之，子全而歸之，可謂孝矣；不虧其體，可謂全矣。』故君子頃步之不敢忘也。今予忘夫孝之道矣，予是以有憂色。」

《呂氏春秋・孝行覽》 樂正子春下堂而傷足，瘳而數月不出，猶有憂色。門人問之曰：「夫子下堂而傷足，瘳而數月不出，猶有憂色，敢問其故。」樂正子春曰：「善乎，而問之。吾聞之曾子，曾子聞之仲尼：『父母全而生之，子全而歸之，不虧其身，不損其形，可謂孝矣。君子無行咫步而忘之。』余忘孝道，是以憂。」

《大戴禮・曾子大孝》 夫子曰：「伐一木，殺一獸，不以其時，非孝也。」

《荀子・子道》 魯哀公問於孔子曰：「子從父命，孝乎？臣從君命，貞乎？」三問，孔子不對。孔子趨出，以語子貢曰：「鄉者君問丘曰：『子從父命，孝乎？臣從君命，貞乎？』三問而丘不對，賜以爲何如？」子貢曰：「子從父命，孝矣；臣從君命，貞矣。夫子有奚對焉？」孔子曰：「小人哉！賜不識也。昔萬乘之國，有争臣四人，則封疆不削；千乘之國，有争臣三人，則社稷不危；百乘之家，有争臣二人，則宗廟不毀；父有争子，不行無禮；士有争友，不爲不義。故子從父，奚子孝？臣從君，奚臣貞？審其所以從之之謂孝、之謂貞也。」

《荀子・子道》 子路問於孔子曰：「有人於此，夙興夜寐，耕耘樹藝，手足胼胝，以養其親，然而無孝之名，何也？」孔子曰：「意者身不敬與？辭不遜與？色不順與？

古之人有言曰：『衣與，繆與，不女聊。』今夙興夜寐，耕耘樹藝，手足胼胝，以養其親，無此三者，則何以爲而無孝之名也？」孔子曰：「由，志之，吾語汝：雖有國士之力，不能自舉其身，非無力也，勢不可也。故入而行不脩，身之罪也；出而名不彰，友之過也。故君子入則篤行，出則友賢，何爲而無孝之名也？」

《韓詩外傳》九　子路曰：「有人於斯，夙興夜寐，手足胼胝，而面目黧黑，樹藝五穀，以事其親，而無孝子之名者，何也？」孔子曰：「吾意者身未敬邪？色不順邪？辭不遜邪？古人有言曰：『衣歟食歟，曾不爾即。』《荀子》楊倞注引此作「衣予教予」。子勞以事其親，無此三者，何爲無孝之名？意者所友非仁人邪？坐！語汝。雖有國士之力，不能自舉其身，非無力也，勢不便也。是以君子入則篤孝，出則友賢，何爲其無孝子之名？」

《莊子·寓言》　曾子再仕而心再化，曰：「吾及親仕，三釜而心樂，後仕三千鍾，不洎，吾心悲。」弟子問於仲尼曰：「若參者，可謂無所縣其罪乎？」曰：「既已縣矣。夫無所縣者，可以有哀乎？彼視三釜三千鍾，如觀雀蚊虻相過乎前也。」

《韓非子·五蠹》　魯人從君戰，三戰三北。仲尼問其故，對曰：「吾有老父，身死莫之養也。」仲尼以爲孝，舉而上之。

《呂氏春秋·仲冬紀·當務》　楚有直躬者，其父竊羊而謁之上。上執而將誅之，直躬者請代之。將誅矣，告吏曰：「父竊羊而謁之，不亦信乎？父誅而代之，不亦孝乎？信且孝而誅之，國將有不誅者乎？」荆王聞之，乃不誅也。孔子聞之，曰：「異哉！

直躬之爲信也，一父而載取名焉。」

《**新序・雜事一**》　昔者舜自耕稼陶漁而躬孝友，父瞽瞍頑，母嚚，及弟象傲，皆下愚不移。舜盡孝道，以供養瞽瞍。瞽瞍與象爲浚井塗廩之謀，欲以殺舜，舜孝益篤，出田則號泣，年五十猶嬰兒慕，可謂至孝矣。故耕於歷山，歷山之耕者讓畔；陶於河濱，河濱之陶者器不苦窳；漁於雷澤，雷澤之漁者分均；及立爲天子，天下化之，蠻夷率服，北發渠搜，南撫交阯，莫不慕義，麟鳳在郊。故孔子曰：「孝弟之至，通於神明，光於四海，舜之謂也。」孔子在州里，篤行孝道，居於闕黨，闕黨之子弟畋漁分有親者得多，孝以化之也。是以七十二子自遠方至，服從其德。

《**説苑・建本**》　孔子曰：「行身有六本，本立焉，然後爲君子。立體有義矣，而孝爲本；處喪有禮矣，而哀爲本；戰陣有隊矣，而勇爲本；治政有理矣，而能爲本；❶居國有禮矣，而嗣爲本；生財有時矣，而力爲本。」

《**説苑・建本**》　夫子亦云：「人之行，莫大於孝。」

《**説苑・權謀**》　魯公索氏將祭而亡其牲，孔子聞之，曰：「公索氏比及三年，必亡矣。」後一年而亡。弟子問曰：「昔公索氏亡牲，夫子曰：『比及三年必亡矣。』今期年而亡，夫子何以知其將亡也？」孔子曰：「祭之爲言索也。索也者，盡也，乃孝子所以自盡於親也。至祭而亡其牲，則餘所亡者多矣，吾以此知其將亡也。」

《**説苑・辨物**》　子貢問孔子：「死人有

❶「能」，《文淵閣四庫全書》本《説苑》作「農」。

知無知也？」孔子曰：「吾欲言死者有知也，恐孝子順孫妨生以送死也；欲言無知，恐不孝子孫棄不葬也。賜欲知死人有知將無知也，死，徐自知之，猶未晚也。」

《說苑·反質》 魯有儉者，瓦鬲煮食。食之而美，盛之土鉶之器，以進孔子。孔子受之，歡然而悅，如受大牢之饋。弟子曰：「瓦甂，陋器也；煮食，薄膳也。而先生何喜如此乎？」孔子曰：「吾聞好諫者思其君，食美者念其親。吾非以饌爲厚也，以其食美而思我親也。」

《搜神記》 曾子從仲尼在楚而心動，辭歸問母。母曰：「思爾嚙指。」孔子聞之曰：「曾參之孝，（《曾子外篇·齊家》引作「參之至誠」。）精感萬里。」

《御覽》四百十三引《師覺授孝子傳》 老萊子者，楚人，行年七十，父母俱存。至孝蒸蒸，常著班斕之衣，爲親取飲，上堂脚跌，恐傷父母之心，僵仆爲嬰兒啼。孔子曰：「父母老，常言不稱老，爲其傷老也。若老萊子，可謂不失孺子之心矣。」

《御覽》四百八十二引《師覺授孝子傳》 仲子崔者，仲由之子也。初，子路仕衛，赴蒯聵之亂，衛人狐黶（三百五十二引作子黶。）時守門，殺子路。子崔既長，告孔子，欲報父讎。夫子曰：「行矣！」子崔即行。黶知之，曰：「夫君子不掩人之不備，須後日，（「曰夫君」下十三字從三百五十二補。）於城西決戰。」其日，黶持蒲弓木戟而與子崔戰而死。

《亢倉子·訓道》 閔子騫問仲尼：「道之與孝相去奚若？」仲尼曰：「道者，自然之妙用；孝者，人道之至德。夫其包運天地，發育萬物，曲成萬類，布丕性壽。其功至實，而不爲物府，不爲事官，無爲功尸，捫求視聽，莫得而有，字之曰道；用之於人，字之曰孝。孝者，善事父母之名也。夫善事父母，敬順爲本，意以承之，順承顔色，無所不至。發一言，舉一意，不敢忘父母；營一手，措一足，不敢忘父母。事君不敢不忠，朋友不敢不信，臨下不敢不敬，嚮善不敢不勤，雖居獨室之中，亦不敢懈其誠，此之謂全孝。故至誠之至，通乎神明，光于四海，有感必應，善事父母之所致也。昔者虞舜，其大孝矣！庶母惑父，屢憎害之，舜心益恭，懼而無怨。謀使浚井，下土實之，于時天休震動，神明駿赫，導穴而出，奉養滋謹。由是玄德茂盛，爲天下君，善事父母之所致也。文王之爲太子也，其大孝矣。朝夕必至乎寢門之外，問寺人曰：『兹日安否？如何？』曰：『安。』太子温然喜色。小不安節，太子色憂滿容。朝夕食上，太子必視寒煖之節；食下，必知膳羞所進，然後退。寺人言疾，太子肅冠而齋，膳宰之饌，必敬視之；湯液之貢，必親嘗之。嘗饌善，則太子亦能食；嘗饌寡，太子亦不能飽。以至于復初，然後亦復初。君后有過，怡聲以諷；君后所愛，雖小物必嚴龔。是故孝成於身，道洽天下。《雅》曰：『文王陟降，在帝左右。』言文王静作進退，天必贊之，故紂不能害。夢啟之壽，卜世三十，卜年七百，天所命也，善事父母之所致也。」閔子騫曰：「善事父母之道既幸聞矣。敢問教子之義。」仲尼曰：「凡三王教子，必視禮樂。樂所以脩内，禮所以脩外，禮樂交脩，則德容發輝于貌，故能温恭而文明。夫爲人臣者，殺其身有益於君則爲之，況利其身以善其君乎？是故擇建忠良貞正之士爲之師傅，欲其知父子、君臣、長幼之道。夫知爲人子，然後可以爲人父；知爲人臣，然後可以爲人君；知事人，然後能使人。此三王教子之義也。」閔子騫退而事之於家，三年無閒於父母昆弟之言。交遊稱其信，鄉黨稱其仁，宗族稱其弟，德行之聲，溢于天下。此善事父母之所致也。

孔子集語卷二終

孔子集語卷三

山東督糧道臣孫星衍撰

五 性 三

《御覽》四百十九引《尚書大傳》 子張曰：「仁者何樂於山也？」孔子曰：「夫山者，葸然高，「葸」當爲「卫」字，從卩。《御覽》三十八引作「夫山者，嵬嵬然」。 葸然高則何樂焉？ 山，草木生焉，鳥獸蕃焉，財用殖焉。生財用而無私爲，四方皆伐焉，每無私予焉。《文選·頭陀寺碑》注引作「生財用而無私爲焉，四方皆伐無私與焉」。 出雲風，《御覽》三十八引作「雨」。 以通乎天地之閒，陰陽和合，雨露之澤，萬物以成，百姓以饗。此仁者之所以樂於山者也。」

《韓詩外傳》一 哀公問孔子曰：「有智，壽乎？」孔子曰：「然。人有三死而非命也者，自取之也。居處不理，飲食不節，勞過者，病共殺之；居下而好干上，嗜慾無厭，求索不止者，刑共殺之；少以敵衆，弱以侮强，忿不量力者，兵共殺之。故有三死而非命者，自取之也。」

《說苑·雜言》 魯哀公問於孔子曰：「有智者壽乎？」孔子曰：「然。人有三死而非命也者，人自取之。夫寢處不時，飲食不節，佚勞過度者，疾共殺之；居下位而上忤其君，嗜慾無厭而求不止者，刑共殺之；少以犯衆，弱以侮强，忿怒不量力者，兵共殺之。此三死者，非命也，人自取之。」

《韓詩外傳》二 孔子曰：「口欲味，心欲佚，教之以仁；心欲兵，身惡勞，教之以恭；好辯論而畏懼，教之以勇；目好色，耳好聲，教之以義。《易》曰：『艮其限，列其夤，厲薰心。』《詩》曰：『吁嗟女兮，無與士耽。』皆防邪禁佚，調和心志。」

《韓詩外傳》五　孔子曰：「夫談說之術，齊莊以立之，《荀子·非相篇》不云「孔子曰」，作「矜莊以莅之」。端誠以處之，堅强以待之，「待」，《荀子》作「持」。辟稱以喻之，分以明之，二句《荀子》作「分別以喻之，譬稱以明之」。歡忻芬芳以送之，《荀子》作「欣驩芬薌」。寶之珍之，貴之神之。如是，則說恒無不行矣。《荀子》作「則說常無不受，雖不說人，人莫不貴」。夫是之謂能貴其所貴。若夫無類之說，不形之行，不贊之辭，君子慎之！」

《大戴禮·保傅》　孔子曰：「少成若天性，習貫之爲常。」

《賈子新書·保傅》　孔子曰：「少成若天性，習貫如自然。」

《大戴禮記·勸學》　子貢曰：「君子見大川必觀，何也？」孔子曰：「夫水者，君子比德焉。偏與之而無私，似德；所及者生，所不及者死，似仁；其流行痺下，倨句皆循其理，似義；其赴百仞之谿不疑，似勇；淺者流行，深淵不測，似智；弱約危通，似察；受惡不讓，似真苞裹；一作「裹」。不清以入，鮮絜以出，似善化；必出量必平，似正；盈不求概，似厲；折必以東西，「西」，一作「也」。似意。是以見大川必觀焉。」

《荀子·宥坐》　孔子觀於東流之水，子貢問於孔子曰：「君子之所以見大水必觀焉者，何也？」「何也」，一作「是何」。孔子曰：「夫水，大偏與諸生而無爲也，似德；其流也埤下，裾拘必循其理，似義；其洸洸乎不淈盡，似道；若有決行之，其應佚若聲響，其赴百仞之谷不懼，似勇；主量必平，似法；盈不求概，似正；淖約微達，似察；以出以入，就一本「就」上有「以」字。鮮絜，似善化；其萬折也必東，似志。是故君子見大水必觀焉。」

《說苑·雜言》　子貢問曰：「君子見大水必觀焉，何也？」孔子曰：「夫水者，君子比德焉。遍予而無私，似德；所及者生，似仁；其流卑下，句倨皆循其理，似義；淺者流行，深者不測，似智；其赴百仞之谷不疑，似勇；緜弱而微達，似察；受惡不讓，似包蒙；不清以入，鮮潔以出，似善化；至量必平，似正；盈不求槩，似度；其萬折必東，似意。是以君子見大水必觀焉爾也。」

《後漢書·李固傳》固奏記　孔子曰：「智者見變思刑，愚者覩怪諱名。」

《荀子·仲尼》　孔子曰：「巧而好度，必節；勇而好同，必勝；知而好謙，一作「謀」。必賢。」

《說苑·雜言》　孔子曰：「巧而好度，必工；勇而好同，必勝；知而好謀，必成。愚者反是。夫處重擅寵，專事妒賢，愚者之情也。志驕傲而輕舊怨，是以尊位則必危，任重則必崩，擅寵則必辱。」

《荀子·儒效》　孔子曰：「周公其盛乎！身貴而愈恭，家富而愈儉，勝敵而愈戒。」

《荀子·王霸》　孔子曰：「知者之知，固以多矣，有以守少，能無察乎！愚者之知，固以少矣，有以守多，能無狂乎！」

《荀子·子道》　子路盛服見孔子，孔子曰：「由，是裾裾何也？昔者江出於岷山，其始出也，其源可以濫觴。及其至江之津也，不放舟，不避風，則不可涉也。非維下流水多邪？今汝服既盛，顏色充盈，天下且孰肯諫汝矣！由！」子路趨而出，改服而入，蓋猶若也。孔子曰：「志之，吾語汝。奮於言者華，奮於行者伐，色知而有能者，小人也。故君子知之曰知之，不知曰不知，言之要也；能之曰能之，不能曰不能，行之至也。言要則知，行至則仁。既知且仁，夫惡有不足矣哉！」

《韓詩外傳》三　《傳》曰：「子路盛服以見孔子，孔子曰：『由，疏疏者何也？昔者江於濆，其始出也，不足濫觴，及其至乎江之津也，不方舟，不避風，不可渡也。非其衆川之多歟？今汝衣服其盛，顏色充滿，天下有誰加汝哉！』子路趨出，改服而入，蓋攝毛本作「揖」。如也。孔子曰：『由志之，吾語汝。夫慎於言者不譁，慎於行者不伐。色知而有長者，小人也。故君子知之爲知之，不知爲不知，言之要也；能之爲能之，不能爲不能，行之要也。言要則知，行要則仁。既知且仁，又何加哉！」

《説苑·雜言》　子路盛服而見孔子，孔子曰：「由，是襜襜者何也？昔者江水出於岷山，其始也，大足以濫觴，及至江之津也，不方舟，不避風，不可渡也。非唯下流衆川之多乎？今若衣服甚盛，顏色充盈，天下誰肯加若者哉？」子路趨而出，改服而入，蓋自如也。孔子曰：「由記之，吾語若。賁於言者，華也；奮於行者，伐也；夫色智而有能者，小人也。故君子知之爲知之，不知爲不知，言之要也；能之爲能，不能爲不能，行之至也。言要則知，行要則仁。既知且仁，夫有何加矣哉！由！」

《荀子・子道》　子路入，子曰：「由，知者若何？ 仁者若何？」子路對曰：「知者使人知己，仁者使人愛己。」子曰：「可謂士矣。」子貢入，子曰：「賜，知者若何？ 仁者若何？」子貢對曰：「知者知人，仁者愛人。」子曰：「可謂士君子矣。」顔淵入，子曰：「回，知者若何？ 仁者若何？」顔淵對曰：「知者自知，仁者自愛。」子曰：「可謂明君子矣。」

《荀子・法行》　子貢問於孔子曰：「君子之所以貴玉而賤珉者，何也？ 爲夫玉之少而珉之多邪？」孔子曰：「惡！ 賜，是何言也！ 夫君子豈多而賤之、少而貴之哉？ 夫玉者，君子比德焉。 温潤而澤，仁也；縝栗而理，知也；堅剛而不屈，義也；廉而不劌，行也；折而不橈，勇也；瑕適並見，情也；扣之，其聲清揚而遠聞，其止輟然，辭也。故雖有珉之彫彫，不若玉之章章。《詩》曰：『言念君子，温其如玉。』此之謂也。」

《列子・仲尼》　子夏問孔子曰：「顔回之爲人奚若？」子曰：「回之仁賢於丘也。」曰：「子貢之爲人奚若？」子曰：「賜之辨賢於丘也。」曰：「子路之爲人奚若？」子曰：「由之勇賢於丘也。」曰：「子張之爲人奚若？」子曰：「師之莊賢於丘也。」子夏避席而問曰：「然則四子者，何爲事夫子？」曰：「居，吾語汝。夫回能仁而不能反，賜能辨。而不能訥，由能勇而不能怯，師能莊而不能同。兼四子之有以易吾，吾弗許也。此其所以事吾而不貳也。」

《淮南子・人間訓》　人或問孔子曰：「顔回，何如人也？」曰：「仁人也，丘弗如也。」「子貢，何如人也？」曰：「辯人也，丘弗如也。」「子路，何如人也？」曰：

「勇人也，丘弗如也。」賓曰：「三人皆賢賢，一本作「三人皆賢夫子」。而爲夫子役，何也？」孔子曰：「丘能仁且忍，辯且訥，勇且怯，以三子之能易丘一道，丘弗爲也。」孔子知所施之也。

《説苑·雜言》 子夏問仲尼曰：「顔淵之爲人也，何若？」曰：「回之信賢於丘也。」曰：「子貢之爲人也，何若？」曰：「賜之敏賢於丘也。」曰：「子路之爲人也何若？」曰：「由之勇賢於丘也。」曰：「子張之爲人何若？」曰：「師之莊賢於丘也。」於是子夏避席而問曰：「然則四者何爲事先生？」曰：「坐，吾語汝。回能信而不能反，賜能敏而不能屈，由能勇而不能怯，師能莊而不能同。兼此四者，丘不爲也。」

《論衡·定賢》 或問於孔子曰：「顔淵何人也？」曰：「仁人也，丘不如也。」「子貢何人也？」曰：「辯人也，丘弗如也。」「子路何人也？」曰：「勇人也，丘弗如也。」客曰：「三子者，皆賢於夫子，而爲夫子服役，何也？」孔子曰：「丘能仁且忍，辯且詘，勇且怯，以三子之能易丘之道，弗爲也。」

《御覽》八百三十引《尸子》 孔子曰：「詘寸而信尺，小枉而大直，吾弗爲也。」一作「吾爲之也」。

《法言·五百》宋咸注 孔子曰：「君子之行己，可以詘則詘，可以伸則伸。」

《吕氏春秋·孟冬紀·異用》 孔子之弟子從遠方來者，孔子荷杖而問之曰：「子之公，不有恙乎？」搏杖而揖之，問曰：「子之父母，不有恙乎？」置杖而問曰：「子之兄弟，不有恙乎？」杙步而倍之，問曰：「子之妻子，不有恙乎？」《御覽》七百十「公」作「父」，下無「父」字，「搏杖」作「持杖」，「杙步而倍之」作「杖步而倚之」。《廣韻》「杖」字下引云：「孔子見弟子，抱杖而問其父母，拄杖而問其兄弟，曳杖而問其妻子，尊卑之差也。」蓋約此文。

《賈子容經》 子贛由其家來，謁於孔子。孔子正顔舉杖磬折而立曰：「子之大親毋乃不寧乎？」放杖而立曰：「子之兄弟亦得無恙乎？」曳杖倍下行曰：「妻子家中得無病乎？」故身之倨佝，手之高下，顔色聲氣，各有宜稱。所以明尊卑、别疏戚也。

《淮南子・繆稱訓》 夫子見禾之三變也，滔滔然曰：「狐鄉丘而死，我其首禾焉。」

薛據《孔子集語》引《新序》 孔子謂曾子曰：「君子不以利害義，則恥辱安從生哉！官怠於宦成，病加於少愈，禍生於怠惰，孝衰於妻子。察此四者，慎終如始。」按：今《新序》缺此文。《鄧析子》云：「患生於官成，病始於少瘳，禍生於懈慢，孝衰於妻子。此四者，慎終如始也。」與此小異。

《説苑・君道》 魯哀公問於孔子曰：「吾聞君子不博，有之乎？」孔子對曰：「有之。」哀公曰：「何爲其不博也？」孔子對曰：「爲其有二乘。」哀公曰：「有二乘，則何爲不博也？」孔子對曰：「爲行惡道也。」哀公懼焉，有閒，曰：「若是乎！君子之惡惡道之甚也。」孔子對曰：「惡惡道不能甚，則其好善道亦不能甚；好善道不能甚，則百姓之親之也亦不能甚。《詩》云：『未見君子，憂心惙惙，亦既見止，亦既覯止，我心則説。』《詩》之好善道之甚也如此。」哀公曰：「善哉！吾聞君子成人之美，不成人之惡。微孔子，吾焉聞斯言也哉！」

《説苑・敬慎》 顔回將西遊，問於孔子曰：「何以爲身？」孔子曰：「恭敬忠信，可以爲身。恭則免於衆，敬則人愛之，忠則人與之，信則人恃之。人所愛，人所與，人所恃，必免於患矣。可以臨國家，何況於身乎？」

《説苑·雜言》 子路將行，辭於仲尼。曰：「贈汝以車乎？以言乎？」子路曰：「請以言。」仲尼曰：「不强不遠，不勞無功，不忠無親，不信無復，不恭無禮。慎此五者，可以長久矣。」

《説苑·雜言》 孔子曰：「中人之情，有餘則侈，不足則儉，無禁則淫，無度則失，縱欲則敗。飲食有量，衣服有節，宮室有度，畜聚有數，車器有限，以防亂之源也。」故夫度量不可不明也，善欲不可不聽也。

《説苑·雜言》 孔子曰：「君子終日言不遺己之憂，終日行不遺己之患，唯智者有之。故恐懼所以除患也，恭敬所以越難也。終身爲之，一言敗之，可不慎乎！」按：薛據《集語》引此云「見《韓詩外傳》，『終身爲之』作『終日爲之』。」今《外傳》無此條。

《説苑·辨物》 顏淵問於仲尼曰：「成人之行何若？」子曰：「成人之行，達乎情性之理，通乎物類之變，知幽明之故，睹遊氣之源。若此，而可謂成人。既知天道，行躬以仁義，飭身以禮樂。夫仁義禮樂，成人之行也。窮神知化，德之盛也。」

《潛夫論·浮侈》 孔子曰：「多貨財傷于德，弊則没禮。」疑作「多貨則傷于德，多幣則没禮」。

《中論·貴驗》 孔子曰：「欲人之信己也，則微言而篤行之，篤行之則用日久，用日久則事著明，事著明則有目莫不見也，有耳莫不聞也，其可誣哉！」

《中論·貴言》 孔子曰："惟君子然後能貴其言，貴其色，小人能乎哉？"

《中論·覈辯》 孔子曰："小人毁訾以爲辯，絞急以爲智，不遜以爲勇。"

孔子集語卷三終

孔子集語卷四

山東督糧道臣孫星衍撰

六藝四上

《周易乾坤鑿度》 仲尼，魯人。生不知易本，偶筮其命，得旅，請益於商瞿氏。曰：「子有聖智而無位。」孔子泣而曰：「天也，命也！ 鳳鳥不來，河無圖至。 嗚呼！ 天命之也。」嘆訖而後息志，停讀《禮》，止史削。五十究《易》，作《十翼》，明也，明《易》幾教。若曰：「終日而作，思之於古聖，頤師於姬昌，法旦。」作《九問》、《十惡》、《七正》、《八嘆》，上下《繫辭》、《大道》、《大數》、《大法》、《大義》。《易》書中爲通聖之問，明者以爲聖賢矣。孔子曰：「吾以觀之曰，仁者見爲仁幾之文，智者見爲智幾之問，聖者見爲通神之文。仁者見之爲之仁，智者見之爲之智。隨仁智也。」

《周易乾鑿度》 孔子曰：「《易》者，易也，變易也，不易也。管三成德，爲道苞籥。《易》者，以言其德也。通情無門，藏神無内也。光明四通，佼易立節；天地爛明，日月星辰布設；八卦錯序，律歷調列；五緯順軌，四時和粟孳結；四瀆通情，優游信潔；根著浮流，氣更相實；虚无感動，清淨炤哲；移物致耀，至誠專密；不煩不撓，淡泊不失。此其易也。變易也者，其氣也。天地不變，不能通氣；五行迭終，四時更廢；君臣取象，變節相和；能消者息，必專者敗。君臣不變，不能成朝；紂行酷虐，天地反；文王下吕，九尾見。夫婦不變，不能成家；

妲己擅寵，殷以之破；大任順季，享國七百。此其變易也。不易也者，其位也。天在上，地在下；君南面，臣北面；父坐，子伏。此其不易也。故易者，天地之道也。乾坤之德，萬物之寶。至哉《易》，一元以爲元紀。」

《周易乾鑿度》 孔子曰：「方上古之時，人民無別，羣物無殊，未有衣食器用之利。於是伏羲乃仰觀象於天，俯觀法於地，中觀萬物之宜，始作八卦，以通神明之德，以類萬物之情。故《易》者，所以繼天地，理人倫，而明王道。是故八卦以建，五氣以立，五常以之行。象法乾坤，順陰陽，以正君臣父子夫婦之義。度時制宜，作网罟，以畋以漁，以贍人用。於是人民乃治，君親以尊，臣子以順，群生和洽，各安其性，八卦之用。伏羲氏之王天下也，始作八卦，結繩而爲網罟，以畋以漁，蓋取諸離。質者無文，以天言，此易之意。夫八卦之變，象感在人。文王因性情之宜，爲之節文。」

《周易乾鑿度》 孔子曰：「《易》始於太極。太極分而爲二，故生天地；天地有春秋冬夏之節，故生四時；四時各有陰陽剛柔之分，故生八卦。八卦成列，天地之道立，雷風水火山澤之象定矣。其布散用事也，震生物於東方，位在二月；巽散之於東南，位在四月；離長之於南方，位在五月；坤養之於西南方，位在六月；兑收之於西方，位在八月；乾制之於西北方，位在十月；坎藏之於北方，位在十一月；艮終始之於東北方，位在十二月。八卦之氣終，則四正四維之分明，生長收藏之道備，陰陽之體定，神明之德通，而萬物各以其類成矣，皆《易》之所苞也。至矣哉！易之德也。」

《周易乾鑿度》 孔子曰：「歲三百六十

日而天氣周。八卦用事各四十五日，方備歲焉。故艮漸正月，巽漸三月，坤漸七月，乾漸九月，而各以卦之所言爲月也。乾者，天也，終而爲萬物始。北方，萬物所始也，故乾位在於十月。艮者，止物者也，故在四時之終，位在十二月。巽者，陰始順陽者也，陽始壯於東南方，故位在四月。坤者，地之道也，形正六月，四維正紀，經緯仲序，度畢矣。」

《周易乾鑿度》　孔子曰：「乾坤，陰陽之主也。陽始於亥，形於丑。乾位在西北，陽祖微據始也。陰始於巳，形於未，據正立位，故坤位在西南，陰之正也。君道倡始，臣道終正，是以乾位在亥，坤位在未，所以明陰陽之職，定君臣之位也。」

《周易乾鑿度》　孔子曰：「八卦之序成立，則五氣變形。故人生而應八卦之體，得五氣以爲五常，仁義禮智信是也。夫萬物始出於震。震，東方之卦也，陽氣始生，受形之道也，故東方爲仁。成於離。離，南方之卦也，陽得正於上，陰得正於下，尊卑之象定，禮之序也，故南方爲禮。入於兑。兑，西方之卦也，陰用事而萬物得其宜，義之理也，故西方爲義。漸於坎。坎，北方之卦也，陰氣形盛，陰陽氣含閉，信之類也，故北方爲信。夫四方之義，皆統於中央。故乾、坤、艮、巽，位在四維，中央所以繩四方。行也，智之決也，故中央爲智。故道興於仁，立於禮，理於義，定於信，成於智。五者，道德之分，天人之際也。聖人所以通天意、理人倫而明至道也。」

《周易乾鑿度》　孔子曰：「陽三陰四，位之正也。故易卦六十四，分而爲上下，象陰陽也。夫陽道統而奇，故上篇三十，所以象陽也；陰道不純而偶，故下篇三十四，所以法陰也。乾、坤者,陰陽之根本,萬物之祖宗也。爲上篇始者,尊之也。離爲日,坎爲月,日月之道,陰陽之經,所以終始萬物,故以坎、離爲終。咸、恒者,男女之始,夫婦之道也。人道之興,必由夫婦,所以奉承祖宗,爲天地主也。故爲下篇始者,貴之也。既濟、未濟爲最終者,所以明戒慎而存王道。」

《京氏易傳》下 孔子曰:「陽三陰四,位之正也。三者,東方之數。東方,日之所出。又圓者,徑一而開三也。四者,西方之數。西方,日之所入。又方者,徑一而取四也。言日月終天之道,故《易》卦六十四,分上下,象陰陽也。奇耦之數,取之於乾、坤。乾、坤者,陰陽之根本。坎、離者,陰陽之性命。分四營而成《易》,十有八變而成卦。卦象定吉凶,明得失,降五行,分四象,順則吉,逆則凶,故曰『吉凶悔吝生乎動』,又曰『明得失於四序』。運機布度,其氣轉易。主者亦當則天而行,與時消息,安而不忘亡,將以順性命之理,極蓍龜之源。重三成六,能事畢矣。分天地乾坤之象,益之以甲乙、壬癸,震巽之象配庚辛,坎離之象配戊己,艮兑之象配丙丁,八卦分陰陽、六位。五行光明,四通變易,立節天地。若不變易,不能通氣。五行迭終,四時更廢,變動不居,周流六虚,上下無常,剛柔相易,不可以爲典要,惟變所適。吉凶共列于位,進退明乎機要。《易》之變化六爻,不可據以隨時所占。」

《周易乾鑿度》 孔子曰:「泰者,天地交通,陰陽用事,長養萬物也;否者,天地不交通,陰陽不用事,止萬物之長也。上經象陽,故以乾爲首,坤爲次,先泰而後否。損者,陰用事,澤損山而萬物損也,下損以事其上；益者，陽用事，而雷風益萬物也，上自損以益下。下經以法陰，故以咸爲始，恒爲次，先損而後益，各順其類也。」

《周易乾鑿度》孔子曰：「昇者，十二月之卦也。陽氣升上，陰氣欲承，萬物始進。譬猶文王之脩積道德，宏開基業，始即昇平之路。當此時也，鄰國被化，岐民和洽，是以六四蒙澤而承吉，九三可處王位，享于岐山，爲報德也。明陰以顯陽之化，民臣之順德也，故言无咎。」

《周易乾鑿度》孔子曰：「益之六二，或益之十朋之龜，弗克違，永貞吉，王用享于帝，吉。益者，正月之卦也。天氣下施，萬物皆益，言王者之法天地，施政教，而天下被陽德，蒙王化，如美寶莫能違害，永貞其道，咸受吉化，德施四海，能繼天道也。『王用享于帝』者，言祭天也。三王之郊，一用夏正，天氣三微而成一著，三著而成一體，方知此之時，天地交，萬物通。故泰益之卦，皆夏之正也，此四時之正，不易之道也。故三王之郊，一用夏正，所以順四時，法天地之道也。」

《周易乾鑿度》孔子曰：「隨上六，拘繫之，乃從維之，王用享于西山。隨者，二月之卦。隨德施行，藩決難解，萬物隨陽而出，故上六欲九五拘繫之，維持之，明被陽化而陰隨從之也。譬猶文王之崇至德，顯中和之美，拘民以禮，係民以義。當此之時，仁恩所加，靡不隨從，咸悦其德，得用道之王，故言王用享于西山。」

《周易乾鑿度》孔子曰：「陽消陰言夬，陰消陽言剥者，萬物之祖也。斷制除害，全物爲務。夬之爲言，決也。當三月之時，陽盛息消夬陰之氣，萬物畢生，靡不蒙化。譬猶王者之崇至德，奉承天命，伐決小人，以安百姓，故謂之決。夫陰傷害爲行，故剥之爲行剥也。當九月之時，陽氣衰消，而陰終不能盡陽，小人不能決君子也，謂之剥，言不安而已。是以夬之九五言決小人，剥之六五言盛殺萬物，皆剥墮落。譬猶君子之道衰，小人之道盛，侵害之行興，安全之道廢，陰貫魚而欲承君子也。」

《周易乾鑿度》孔子曰：「易有六位三才，天地人道之分際也。三才之道，天、地、人也。天有陰陽，地有柔剛，人有仁義，法此三者，故生六位。六位之變，陽爻者，制於天也；陰爻者，繫於地也。天動而施曰仁，地静而理曰義，仁成而上，義成而下，上者專制，下者順從，正形於人，則道德立而尊卑定矣。此天地人道之分際也。天地之氣，必有終始，六位之設，皆由上下，故易始於一，分於二，通於三，□於四，盛於五，終於上。初爲元士，二爲大夫，三爲三公，四爲諸侯，五爲天子，上爲宗廟。凡此六者，陰陽所以進退，君臣所以升降，萬人所以爲象則也。故陰陽有盛衰，人道有得失，聖人因其象，隨其變，爲之設卦。方盛則託吉，將衰則寄凶，陰陽不正，皆爲失位，其應實而有之，皆失義。善雖微細，必見吉端；惡雖纖介，必有悔吝。所以極天地之變，盡萬物之情，明王事也。丘繫之曰：立象以盡意，設卦以盡情僞，繫辭焉以盡其言。」

《周易乾鑿度》孔子曰：「易六位正，王度見矣。」

《周易乾鑿度》孔子曰：「易有君人五號也：帝者，天稱也；王者，美行也；天子者，爵號也；大君者，與上行異也；大人者，聖明德備也。變文以著名，題德以別操。王者，天下所歸往。《易》曰：『在師中，吉，无咎，王三錫命。』師者，衆也，言有盛德，行中和，順民心，天下歸往之，莫不美命爲王也。行師以除民害，賜命以長世德之盛。天子者，繼天理物，改一統，各得其宜，父天母地，以養萬民，至尊之號也。《易》曰：『公用享于天子。』大君者，君人之盛者也。《易》曰：『知臨，大君之宜，吉。』臨者，大也。陽氣在内，中和之盛，應于盛位，浸大之化，行于萬民，故言宜處王位，施大化，爲大君矣。臣民欲被化之詞也。大人者，聖人之在位者也。夫大人者，與天地合其德。《易》曰：『見龍在田，利見大人。』又曰：『飛龍在天，利見大人。』言德化施行，天地之和，故曰『大人』。」

《周易乾鑿度》 孔子曰：「既濟九三：『高宗伐鬼方，三年克之。』高宗者，武丁也，湯之後有德之君也。九月之時，陽失正位，盛德既衰，而九三得正，下陰能終其道，濟成萬物，猶殷道中衰，王道陵遲。至於高宗，内理其國，以得民心，扶救衰微，伐征遠方，三年而惡消滅，王道成，殷人高而宗之，文王挺以校《易》，勸德也。」

《周易乾鑿度》 孔子曰：「《易》本陰陽，以譬於物也。掇序帝乙、箕子、高宗著德。《易》者所以昭天道、定王業也。上術先聖，考諸近世，采美善以見王事，言帝乙、箕子、高宗明有法也。美帝乙之嫁妹，順天地之道，以立嫁娶之義，義立則妃匹正，妃匹正則王化全。」

《周易乾鑿度》 孔子曰：「泰者，正月之卦也。陽氣始通，陰道執順，故因此以見湯之嫁妹，能順天地之道，立教戒之義也。至於歸妹，八月卦也。陽氣歸下，陰氣方盛，故復以見湯妹之嫁，以天子貴妹而能自卑，順從變節而欲承陽者，以執湯之戒。是以因時變一，用見帝乙之道，所以彰湯之美，明陰陽之義也。」孔子曰：「自成湯至帝乙。帝乙，湯之玄孫之孫也。此帝乙，即湯也。殷録質，以生日爲名，順天性也，玄孫之孫，外絶恩矣。同以乙日生，疏，可同名。湯以乙生，嫁妹，本天地，正夫婦。夫婦正，王道興矣。故曰：《易》之帝乙爲成湯，《書》之帝乙六世王，同名不害以明功。」

《周易乾鑿度》 孔子曰：「紱者，所以别尊卑、彰有德也。故朱赤者，盛色也。是以聖人法以爲紱服，欲百世不易也。故困九五，文王爲紂三公，故言『困于赤紱』也。至于九二，周將王，故言『朱紱方來』，不易之法也。」

《周易乾鑿度》 孔子曰：「《易》，天子、三公、諸侯，紱服皆同色。困九二：『困于酒食，朱紱方來。』九五：『劓刖，困于赤茀。』夫困之九二，有中和，居亂世，交於小人。『困於酒食』者，困於禄也。朱茀者，天子賜大夫之服，而有九二，大人之行，將賜之朱茀，其位在二，故以大夫言之。至於九五，劓刖者，不安也。文王在諸侯之位，上困於紂也，故曰：『劓刖，困于赤茀。』夫執中和，順時變，所以全王德、通至美也，乃徐有説。丘記《彖》曰：『困而不失其所，亨，貞，大人吉，以剛中也。』文王因陰陽，定消息，立乾坤，統天地。夫有形者生於無形，則乾坤安從生？故曰：有太易，有太初，有太始，有太素。太易者，未見氣；太初者，氣之始；太始者，形之始；太素者，質之始。氣形質具而未相離，故曰渾淪，言萬物相渾淪而未相離。視之不見，聽之不聞，循之不得，故曰易也。易無形埒也。易變而爲一，一變而爲七，七變而爲九。九者，氣變之究也，乃復變而爲一。

一者形變之始，清輕上爲天，濁重下爲地。物有始，有壯，有究，故三畫而成乾。乾坤相並俱生。物有陰陽，因而重之，故六畫而成卦。卦者，挂也，挂萬物，視而見之。故三畫已下爲地，四畫已上爲天。物感以動，類相應也。易氣從下生，故動於地之下，則應於天之下；動於地之中，則應於天之中；動於地之上，則應於天之上。故初以四，二以五，三以上，此謂之應。陽動而進，陰動而退，故陽以七，陰以八，爲彖。易，一陰一陽，合而爲十五之謂道。陽變七之九，陰變八之六，亦合於十五，則彖變之數若一。陽動而進，變七之九，象其氣之息也；陰動而退，變八之六，象其氣之消也。故太一取其數以行九宮，四正四維，皆合於十五。五音、六律、七宿，由此作焉。八卦之生物也，畫六爻之移氣，周而從卦。八卦數二十四，以生陰陽，衍之皆合之於度量。陽析九，陰析六，陰陽之析，各百九十二，以四時乘之，八而周，三十二而大周，三百八十四爻，萬一千五百二十析也。故卦當歲，爻當月，析當日，大衍之數必五十，以成變化而行鬼神也。故曰：日十者，五音也；辰十二者，六律也；星二十八者，七宿也。凡五十。所以大閡物而出之者。故六十四卦、三百八十四爻，戒各有所繫焉。故陽唱而陰和，男行而女隨，天道左旋，地道右遷，二卦十二爻而朞一歲。乾，陽也；坤，陰也。並治而交錯行。乾貞於十一月子，左行，陽時六；坤貞於六月未，右行，陰時六，以奉順成其歲。歲終次從於屯、蒙。屯、蒙主歲。屯爲陽，貞於十二月丑，其爻左行，以閒時而治六辰；蒙爲陰，貞於正月寅，其爻右行，亦閒時而治六辰。歲終，則從其次卦。陽卦以其辰爲貞，丑與左行，閒辰而治六辰。陰卦與陽卦同位者，退一辰以爲貞，其爻右行，閒辰而治六辰。泰否之卦，獨各貞其辰，共北辰，左行相隨也。中孚爲陽，貞於十一月子。小過爲陰，貞於六月未。法於乾坤，三十二歲朞而周，六十四卦，三百八十四爻，萬一千五百二十析，復從於貞。歷以三百六十五日四分度之一爲一歲，易以三百六十析當朞之日，此律歷數也。五歲再閏，故再扐而後卦，以應律歷之數。故乾坤氣合戌亥，音受二子之節，陽生秀白之州，載鍾名太一之精也。其帝一世，紀録事，明期推移，不奪而消焉。」

《周易乾鑿度》 孔子曰：「三萬一千九百二十歲，録圖受命，易姓三十二紀，一本作「四十二軌」。德有七，其三法天，其四法地。五王有三十五半。聖人君子消息，卦純者爲帝，不純者爲王。六子上不及帝，下有過王，故六子雖純，不爲乾坤。」

《易坤靈圖》 丘序曰：「《天經》曰：『乾，元、亨、❶利、貞。』爻曰：『飛龍在天，利見大人。』故德配天地，天地不私公位，稱之曰帝。故堯天之精陽，萬物莫不從者。故乾居西北，乾用事，萬物蟄伏。致乎萬物蟄伏，故能致乎萬人之化。《經》曰：『用九。』《經》曰：『震下乾上，无妄。』天精起，帝必有洪水之災。天生聖人，使殺之，故言『乃統天』也。丘括義，因象助類，辭曰：『天無雲而雷，先王以茂對時育萬物。』《經》曰：『乾下、艮上，大畜。』天災將至，預畜而待之，人免於饑，故曰『元亨』。上下皆通，各載其性，故曰『利貞』。至德之萌，五星若連珠，日月如合璧。天精起，斗口有位，雞鳴斗運，行復始，莫敢

❶「亨」，原誤作「享」，據浙本改。

當之。黃星第于北斗，必以戊己日，其先無芒，行文元武動事，莫之敢拒。」

《史記·仲尼弟子傳》正義引《中備》　按：即《辨終備》。魯人商瞿，使向齊國。瞿年四十，今復使行遠路，畏慮，恐絶無子。夫子正月與瞿母筮，告曰：「後有五丈夫子。」子貢曰：「何以知？」子曰：「卦遇大畜，艮之二世，九二甲寅木爲世，六五景子水爲應。世生外象，生象來爻，生互内象，艮别子，應有五子，一子短命。」顏回云：「何以知之？」「内象是本子，一艮變爲二醜、三陽、爻五，於是五子，一子短命。」「何以知短命？」「他以故也。」

《京氏易傳》下　孔子《易》云：《困學記聞》引「易」字在「云」下。「有四易：一世、二世爲地易，三世、四世爲人易，五世、六世爲天易，游魂、歸魂爲鬼易。八卦，鬼爲繫爻，財爲制爻，天地爲義爻，福德爲寶爻，同氣爲專爻。龍德十一月，在子，在坎卦，左行。虎刑五月，午，在離卦，右行。甲乙庚辛天官，申酉地官；丙丁壬癸天官，亥子地官；戊己甲乙天官，寅卯地官；壬癸戊己天官，辰戌地官。静爲悔，發爲貞。貞爲本，悔爲末。初爻上，二爻中，三爻下，三月之數以成。一月初爻三日，二爻三日，三爻三日，名九日。餘有一日，名曰閏餘。初爻十日爲上旬，二爻十日爲中旬，三爻十日爲下旬。三旬三十，積旬成月，積月成年。八八六十四卦，分六十四卦，配三百八十四爻，成萬一千五百二十策。定氣候二十四，考五行於運命、人事、天道。日月星辰，局於指掌。吉凶見乎其位，繫乎吉凶悔吝，生乎動。寅中有生火，亥中有生木，巳中有生金，申中有生水；丑中有死金，戌中有死火，未中有死木，辰中有死水。土兼於中，建子陽生，建午陰生，二氣相衝，吉凶明矣。積筭隨卦起宮，乾坤震巽坎離艮兑，八卦相盪，二氣陽入陰，陰入陽，二氣交互不停，故曰『生生之謂易』。天地之内，無不通也。乾起巳，坤起亥，震起午，巽起辰，坎起子，離起丑，艮起寅，兑起□，□於六十四卦。遇王則吉，廢則凶，衝則破，刑則敗，死則危，生則榮。攷其義理，其可通乎！分三十爲中，六十爲上，三十爲下，總一百二十，通陰陽之數也。新新不停，生生相續，故淡泊不失其所，確然示人。陰陽運行，一寒一暑；五行互用，一吉一凶。以通神明之德，以類萬物之情。故《易》所以斷天下之理，定之以人倫而明王道。八卦建五氣，立五常，法象乾坤，順於陰陽，以正君臣父子之義。故《易》曰：『元亨利貞。』夫作《易》所以垂教，教之所被，本被於有無。且《易》者，包備有無，有吉則有凶，有凶則有吉。生吉凶之義，始於五行，終於八卦。從無入有，見災於星辰也；從有入無，見象於陰陽也。陰陽之義，歲月分也；歲月既分，吉凶定矣。故曰：『八卦成列，象在其中矣。』六爻上下，天地陰陽運轉，有無之象，配乎人事、八卦。仰觀俯察，在乎人；隱顯災祥，在乎天；考天時，察人事，在乎卦。八卦之要，始於乾坤，通乎萬物。故曰：『《易》窮則變，變則通，通則久。』久於其道，其理得矣。卜筮非襲於吉，唯變所適，窮理盡性於兹矣。」

《困學記聞》引《京氏易·積筭法》 夫子曰：「八卦因伏羲，暨于神農，重乎八純，聖理玄微，易道難究。迄乎西伯父子，研理窮通，上下囊括，推爻考象，配卦世應，加乎星宿，局於六十四所，二十四氣，分天地之數，定人倫之理，驗日月之行，尋五行之端。

灾祥進退，莫不因兹而兆矣。故考天地日月星辰山川草木蟲魚鳥獸之情狀，運氣生死休咎，不可執一隅。故曰：『《易》含萬象。』」

《韓詩外傳》八　孔子曰：「《易》先同人，後大有，承之以謙，不亦可乎？故天道虧盈而益謙，地道變盈而流謙，鬼神害盈而福謙，人道惡盈而好謙。謙者，抑事而損者也。持盈之道，抑而損之，此謙德之於行也。順之者吉，逆之者凶。五帝既没，三王既衰，能行謙德者，其惟周公乎！文王之子，武王之弟，成王之叔父，假天子之尊位七年，所執贄而師見者十人，所還質而友見者十三人，窮巷白屋之士，所先見者四十九人，時進善者百人，官朝者千人，諫臣五人，輔臣五人，拂臣六人，載干戈以至於封侯，而同姓之士百人。」孔子曰：「猶以周公爲天下賞，則以同族爲衆，而異族爲寡也。故德行寬容而守之以恭者榮，土地廣大而守之以儉者安，位尊禄重而守之以卑者貴，人衆兵强而守之以畏者勝，聰明睿智而守之以愚者哲，博聞强記而守之以淺者不溢。此六者，皆謙德也。《易》曰：『謙，亨，君子有終，吉。』能以終吉者，君子之道也。貴爲天子，富有四海，而德不謙，以亡其身者，桀紂是也，而况衆庶乎？夫《易》有一道焉，大足以治天下，中足以安家國，近足以守其身者，其惟謙德乎！」

《大戴禮·易本命》　子曰：「夫《易》之生，人、禽獸、萬物、昆蟲，各有以生，或奇或偶，或飛或行，而莫知其情，惟達道德者，能原本之矣。天一，地二，人三，三三而九，九九八十一。一主日，日數十，《淮南子》此下有「日主人」三字。故人十月而生。八九七十二，偶以承奇，奇主辰，辰主月，月主馬，故馬十二月而生。七九六十三，三主斗，斗主狗，故狗三月而生。六九五十四，四主時，時主豕，故豕四月而生。五九四十五，五主音，音主猨，故猨五月而生。四九三十六，六主律，律主禽鹿，故禽鹿六月而生也。三九二十七，七主星，星主虎，故虎七月而生。二九十八，八主風，風主蟲，故蟲八月化也。其餘各以其類也。鳥魚皆生於陰而屬於陽，故鳥魚皆卵。魚游于水，鳥飛于雲，故冬燕雀入于海，化而爲蚧。萬物之性各異類，故蠶食而不飲，蟬飲而不食，蜉蝣不飲不食，介鱗夏食冬蟄。齕吞者八竅而卵生，咀嚾者九竅而胎生，四足者無羽翼，戴角者無上齒，無角者膏而無前齒，有羽者脂而無後齒。晝生者類父，夜生者類母。凡地，東西爲緯，南北爲經；山爲積德，川爲積刑；高者爲生，下者爲死；丘陵爲牡，谿谷爲牝；蜯蛤龜珠，與月盛虛。是故堅土之人肥，虛土之人大，沙土之人細，息土之人美，秏土之人醜。是故食水者善游能寒，食土者無心而不息，食木者多力而拂，食草者善走而愚，食桑者有絲而蛾，食肉者勇敢而捍，食穀者智惠而巧，食氣者神明而壽，不食者不生而神。故曰：有羽之蟲三百六十，而鳳凰爲之長；有毛之蟲三百六十，而麒麟爲之長；有甲之蟲三百六十，而神龜爲之長；有鱗之蟲三百六十，而蛟龍爲之長；倮之蟲三百六十，而聖人爲之長。此乾坤之美類，禽獸萬物之數也。故帝王好壞巢破卵，則鳳凰不翔焉；好竭水搏魚，則蛟龍不出焉；「出」，大典本作「至」。好刳胎殺夭，則麒麟不來焉；好填谿塞谷，則神龜不出焉。故王者動必以道，靜必以理。動不以道，靜不以理，則自夭而不壽，訞孽數起，神靈不見，風雨不時，暴風水旱並興，人民夭死，五穀不滋，六畜不蕃息。」

盧辯《大戴禮·易本命》注 孔子曰："聖人智通於大道，應化而不窮，能測萬品之情也。"

《後漢書·郎顗傳》 孔子曰："靁之始發大壯始，君弱臣强從解起。"

《吕氏春秋·慎行論·壹行》 孔子卜，得賁。孔子曰："不吉。"子貢曰："夫賁，亦好矣。何謂不吉乎？"孔子曰："夫白而白，黑而黑。夫賁，又何好乎？"

《説苑·反質》 孔子卦得賁，喟然仰而歎息，意不平。子張進，舉手而問曰："師聞賁者吉卦，而歎之乎？"孔子曰："賁，非正色也，是以歎之。吾思夫質素，白當正白，黑當正黑。文質又何也？吾亦聞之，丹漆不文，白玉不雕，寶珠不飾，何也？質有餘者不受飾也。"

《淮南子·人閒訓》 孔子讀《易》至損益，未嘗不憤然《御覽》六百九引作"喟然"。而歎曰："益損者，其王者之事與？事或欲以利之，適足以害之；或欲害之，乃反以利之。利害之反，禍福之門户，不可不察也。"

《説苑·敬慎》 孔子讀《易》至於損益，則喟然而歎。子夏避席而問曰："夫子何爲歎？"孔子曰："夫自損者益，自益者缺，吾是以歎也。"子夏曰："然則學者不可以益乎？"孔子曰："否。天之道，成者未嘗得久也。夫學者以虚受之，故曰得。苟不知持滿，則天下之善言不得入其耳矣。昔堯履天子之位，猶允恭以持之，虚静以待下，故百載以逾盛，迄今而益章。昆吾自臧而滿意，窮高而不衰，故當時而虧敗，迄今而逾惡。是非損益之徵與？吾故曰：『謙也者，致恭以存其位者也。』夫豐明而動，故能大；苟大，則虧矣。吾戒之。故曰：

『天下之善言不得入其耳矣。』日中則昃，月盈則食。天地盈虛，與時消息。是以聖人不敢當盛，升輿而遇三人則下，二人則軾，調其盈虛，故能長久也。」子夏曰：「善！請終身誦之。」

《論衡·卜筮》 子路問孔子曰：「猪肩羊膊，可以得兆；萑葦藁芼，可以得數，何必以蓍龜？」孔子曰：「不然。蓋取其名也。夫蓍之爲言『耆』也，龜之爲言『舊』也。明狐疑之事，當問耆舊也。」

《抱朴子·内篇·祛惑》 有古强者云：「孔子嘗勸我讀《易》，云：『此良書也，丘竊好之。韋編三絶，鐵撾三折。』今乃大悟。」

《尚書》序疏引《尚書緯》 孔子求書，得黄帝玄孫帝魁之書，迄於秦穆公，凡三千二百四十篇。《史記·伯夷傳》索隱引作「三千三百三十篇」。斷遠取近，定可以爲世法者，百二十篇。以百二篇爲《尚書》，十八篇爲《中候》。

《尚書大傳》鄭注 心明曰聖。孔子説休徵曰：「聖者，通也。兼四而明，則所謂聖。聖者，包貌言視聽而載之以思。心者，通以待之君。思心不通，則是不能心明其事也。」

《尚書大傳》 孔子曰：「吾於《洛誥》，見周公之德。光明於上下，勤施四方，旁作穆穆，至於海表，莫敢不來服，莫敢不來享，以勤文王之鮮光，以揚武王之大訓，而天下大洽。❶ 故曰：聖之與聖也，猶規之相周，矩之相襲也。」

《尚書大傳》 子張曰：「堯舜之主，二

❶「洽」，《四部叢刊》本、《子書百家》本《尚書大傳》作「治」。

人刑而天下治。❶《御覽》八十引作「一人不刑而四海至」。何則？教誠而愛深也。一夫而被此五刑。」子龍子曰：「未可謂能爲書。」二人俱罪呂侯之説刑也。被此五刑，俞犯數罪也。孔子曰：「不然也，五刑有此教。」教然耳，犯數罪猶以上一罪刑之。

《尚書大傳・略説》 子夏讀《書》畢，見于夫子。夫子問焉：「子何爲于《書》？」子夏對曰：「《書》之論事也，昭昭如日月之代明，離離若星辰之錯行。上有堯舜之道，下有三王之義。商所受于夫子，志之于心，弗敢忘也。雖退而巖居河濟之間，深山之中，作壞室，編蓬户，尚彈琴其中，以歌先王之風。則可以發憤忼慨，忘己貧賤。有人亦樂之，無人亦樂之，而忽不知憂患與死也。」❷夫子造然變色曰：「嘻！子殆可與言《書》矣。雖然，見其表，未見其裏也。」顔淵曰：「何爲也？」子曰：「闚其門而不入其中，觀其奥藏之所在乎？然藏又非難也。丘嘗悉心盡志以入其則，前有高岸，後有大谿，填填正立而已。是故《堯典》可以觀美，❸《禹貢》可以觀事，《咎繇》可以觀治，《鴻範》可以觀度，《六誓》可以觀義，《五誥》可以觀仁，《甫刑》可以觀誡。通斯七觀，《書》之大義舉矣。」

《韓詩外傳》二 子夏讀《詩》已畢。夫子問曰：「爾亦何大於《詩》矣？」子夏對曰：「《詩》之於事也，昭昭乎若日月之

❶「二人刑」，《四部叢刊》本《尚書大傳》作「一人不刑」。

❷「而忽」至「死也」，《四部叢刊》本《尚書大傳》作「上見堯舜之道，下見三王之義，可以忘死生矣」。

❸「是故」至「觀度」，《四部叢刊》本《尚書大傳》作「《洪範》可以觀度，《禹貢》可以觀事，《皋陶謨》可以觀治，《堯典》可以觀美」，並置於下文「觀誡」之後。

光明，燎燎乎如星辰之錯行。上有堯舜之道，下有三王之義，弟子不敢忘。雖居蓬户之中，彈琴以詠先王之風。有人亦樂之，無人亦樂之，亦可發憤忘食矣。《詩》曰：『衡門之下，可以棲遲；泌之洋洋，可以療飢。』」夫子造然變容，曰：「嘻！吾子殆可以言《詩》已矣。❶然子以見其表，未見其裏。」顔淵曰：「其表已見，其裏又何有哉？」孔子曰：「闚其門不入其中，安知其奥藏之所在乎？然藏又非難也。丘嘗悉心盡志已入其中，前有高岸，後有深谷，泠泠然如此既立而已矣。不能見其裏，未謂精微者也。」

《説苑・敬愼》孔子曰：「存亡禍福，皆在己而已。天灾地妖，亦不能殺也。昔者殷王帝辛之時，爵生烏於城之隅，工人占之曰：『凡小以生巨，國家必祉，王名必倍。』帝辛喜爵之德，不治國家，亢暴無極，外寇乃至，遂亡殷國。此逆天之時，詭福反爲禍。至殷王武丁之時，先王道缺，刑法弛，桑穀俱生於朝，七日而大拱。工人占之曰：『桑穀者，野物也。野物生於朝，意朝亡乎？』武丁恐駭，側身脩行，思昔先王之政，興滅國，繼絶世，舉逸民，明養老之道。三年之後，遠方之君重譯而朝者六國。此迎天時，得禍反爲福也。故妖孽者，天所以警天子諸侯也；惡夢者，所以警士大夫也。故妖孽不勝善政，惡夢不勝善行也。至治之極，禍反爲福。故太甲曰：『天作孽，猶可違；自作孽，不可逭。』」

《史記・三代世表》褚少孫補贊　孔子曰：「昔者堯命契爲子氏，爲有湯也。命后

❶「殆」，《四部叢刊》本《韓詩外傳》作「始」。

稷爲姬氏，爲有文王也。太王命季歷，明天瑞也。太伯之吴，遂生源也。」

《意林》四王逸正部 仲尼敘《書》，上謂天談，下謂民語，兼該男女，究其表裏。

《隸釋》四《周憬銘》 孔子曰：「禹不決江疏河，吾其魚矣！」

孔子集語卷四終

孔子集語卷五

山東督糧道臣孫星衍撰

六藝四下

《御覽》八百四引《詩含神霧》 孔子曰：「《詩》者，天地之心，君德之祖，百福之宗，萬物之户也。「君德」下十三字，從六百九引補。刻之玉版，藏之金府。」

《毛詩·木瓜》傳 孔子曰：「吾於《木瓜》，見苞苴之禮行。」

《韓詩外傳》五 子夏問曰：「《關雎》何以爲《國風》始也？」孔子曰：「《關雎》至矣乎！夫《關雎》之人，仰則天，俯則地。幽幽冥冥，德之所藏；紛紛沸沸，道之所行；如神龍變化，斐斐文章。大哉！《關雎》之道也。萬物之所繫，羣生之所懸命也。河、洛出《書》、《圖》，麟鳳翔乎郊。不由《關雎》之道，則《關雎》之事將奚由至矣哉？夫六經之策，皆歸論汲汲，蓋取之乎《關雎》。《關雎》之事大矣哉！馮馮翊翊，自東自西，自南自北，無思不服。子其勉强之，思服之。天地之間，生民之屬，王道之原，不外此矣！」子夏喟然嘆曰：「大哉！《關雎》乃天地之基也。」

《吕氏春秋·季春紀·先己》 《詩》曰：「執轡如組。」孔子曰：「審此言也，可以爲天下。」子貢曰：「何其躁也？」孔子曰：「非謂其躁也，謂其爲之於此而成文於彼也。聖人組脩其身，而成文於天下矣。」

《鹽鐵論·相刺》 孔子曰：「詩人疾之

不能默，丘疾之不能伏。是以東西南北，七十説而不用，然後退而脩王道，作《春秋》，垂之萬載之後，天下折中焉。」

《論衡·對作》　孔子曰：「詩人疾之不能默，丘疾之不能伏，是以論也。」

《鹽鐵論·執務》　孔子曰：「吾於《河廣》，知德之至也。而欲得之，各反其本，復諸古而已。」

《説苑·貴德》　孔子曰：「吾於《甘棠》，見宗廟之敬也。甚尊其人，必敬其位，順安萬物，古聖之道幾哉！」

《説苑·敬慎》　孔子論《詩》，至於《正月》之六章，懼然曰：「不逢時之君子，豈不殆哉！從上依世則廢道，違上離俗則危身；世不與善，己獨由之，則曰非妖則孽也。是以桀殺關龍逢，紂殺王子比干。故賢者不遇時，常恐不終焉。《詩》曰：『謂天蓋高，不敢不跼；謂地蓋厚，不敢不蹐。』此之謂也。」

《漢書·劉向傳》　孔子論《詩》，至於「殷士膚敏，灌將于京」，喟然歎曰：「大哉，天命！善不可不傳于子孫，是以富貴無常。不如是，則王公其何以戒慎？民萌何以勸勉？」《長短經·懼誡篇》同。

《毛詩·素冠》傳　子夏三年之喪畢，見於夫子，援琴而絃，衎衎而樂，作而曰：「先王制禮，不敢不及。」夫子曰：「君子也。」閔子騫三年之喪畢，見於夫子，援琴而絃，切切而哀，作而曰：「先王制禮，不敢過也。」夫子曰：「君子也。」子路曰：「敢問：何謂也？」夫子曰：「子夏哀已盡，能引而致之於禮，故曰『君子也』；閔子騫哀未盡，能自割以禮，故曰『君子也』。夫三年之喪，賢者之所輕，不肖者之所勉。」

《淮南子·繆稱訓》　閔子騫三年之

喪畢，❶援琴而彈。其紘是也，其聲切切而哀。夫子曰：「紘則是也，其聲非也。」

《説苑·脩文》 子夏三年之喪畢，見於孔子，孔子與之琴，使之弦。援琴而弦，衎衎而樂，作而曰：「先王制禮，不敢不及也。」子曰：「君子也。」閔子騫三年之喪畢，見於孔子。孔子與之琴，使之弦。援琴而弦，切切而悲，作而曰：「先王制禮，不敢過也。」孔子曰：「君子也。」子貢問曰：「閔子哀不盡，子曰君子也；子夏哀已盡，子曰君子也。賜也惑，敢問何謂？」孔子曰：「閔子哀未盡，能斷之以禮，故曰君子也；子夏哀已盡，能引而致之，故曰君子也。夫三年之喪，固優者之所屈，劣者之所勉。」

《後漢·張奮傳》 孔子謂子夏曰：「禮以修外，樂以修内，丘已矣夫！」注云《禮稽命徵》之辭也。

《大戴禮記·哀公問》 哀公問於孔子曰：「大禮何如？君子之言禮，何其尊也？」孔子曰：「丘也小人，何足以知禮？」君曰：「否。吾子言之也。」孔子曰：「丘聞之也，民之所由生，禮爲大。非禮無以節事天地之神明也，非禮無以辨君臣上下長幼之位也，非禮無以別男女父子兄弟之親、昏姻疏數之交也。君子以此之爲尊敬然。然後以其所能教百姓，不廢其會節；有成事，然後治其雕鏤文章黼黻以嗣；其順之，然後言其喪筭，一作「葬」。備其鼎俎，設其豕腊，修其宗廟，歲時以敬祭祀，以序宗族，則安其居處，醜其衣服，卑其宫室，車不雕幾，器不刻鏤，食不貳味，以與民同利。昔之君子之行

---

❶「閔子騫」至「切切而哀」，各本《淮南子》皆作注文。

禮者如此。」公曰：「今之君子，胡莫之行也？」孔子曰：「今之君子，好色無厭，淫德不倦，荒怠敖慢，固民是盡，忤其衆以伐有道，求得當欲，不以其所。古之用民者由前，今之用民者由後。今之君子莫爲禮也。」孔子侍坐於哀公。哀公曰：「敢問人道誰爲大？」孔子愀然作色而對曰：「君及此言也，百姓之德也，固臣敢無辭而對：人道，政爲大。」公曰：「敢問何謂爲政？」孔子對曰：「政者，正也。君爲正，則百姓從政矣。君之所爲，百姓之所從也。君所不爲，百姓何從？」公曰：「敢問爲政如之何？」孔子對曰：「夫婦别，父子親，君臣嚴。三者正，則庶民從之矣。」公曰：「寡人雖無似也，願聞所以行三言之道，可得而聞乎？」孔子對曰：「古之爲政，愛人爲大；所以治愛人，禮爲大；所以治禮，敬爲大；敬之至也，大昏爲大。大昏至矣。大昏既至，冕而親迎，親之也。親之也者，親之也。是故君子興敬爲親，舍敬是遺親也。弗愛不親，弗敬不正。愛與敬，其政之本與！」公曰：「寡人願有言，然冕而親迎，不已重乎？」孔子愀然作色而對曰：「合二姓之好，以繼先聖之後，以爲天地社稷宗廟之主，君何謂已重乎？」公曰：「寡人固。不固，焉得聞此言也？寡人欲問，不得其辭，請少進。」孔子曰：「天地不合，萬物不生。大昏，萬世之嗣也。君何以謂已重焉？」孔子遂有言曰：「内以治宗廟之禮，足以配天地之神明；出以治直言之禮，足以立上下之敬。物耻足以振之，國耻足以興之。爲政先禮。禮者，政之本與！」孔子遂言曰：「昔三代明王之政，必敬其妻子也有道。妻也者，親之主也，敢不敬與？子也者，親之後也，敢不敬與？君子無不敬也，敬身爲大。身也者，親之枝也，敢不敬與？不能敬其身，是傷其親；傷其親，是傷其本；傷其本，枝從而亡。三者，百姓之象也。身以及身，子以及子，配以及配，君子行此三者，則愾乎天下矣！大王之道也如此，國家順矣。」公曰：「敢問何謂敬身？」孔子對曰：「君子過言，則民作辭；過動，則民作則。君子言不過辭，動不過則，百姓不命而敬恭。如是，則能敬其身。能敬其身，則能成其親矣。」公曰：「敢問何謂成親？」孔子對曰：「君子也者，人之成名也。百姓歸之名，謂之君子之子，是使其親爲君子也。是爲成其親名也已。」孔子遂言曰：「古之爲政，愛人爲大；不能愛人，不能有其身；不能有其身，不能安土；不能安土，不能樂天；不能樂天，不能成身。」公曰：「敢問何謂成身？」孔子對曰：「不過乎物。」公曰：「敢問君子一本無「子」字。何貴乎天道也？」孔子對曰：「貴其不已。如：日月西東相從而不已也，是天道也；不閉其久也，是天道也；無爲物成，是天道也；已成而明，是天道也。」公曰：「寡人惷愚冥煩，子識之心也。」孔子蹴然避席而對曰：「仁人不過乎物，孝子不過乎物，是仁人之事親也如事天，事天如事親，是故孝子成身。」公曰：「寡人既聞是言也，無如後罪何？」孔子對曰：「君之及此言也，是臣之福也。」

《穀梁》桓三年傳　子貢曰：「冕而親迎，不已重乎？」孔子曰：「合二姓之好，以繼萬世之後，何謂已重乎？」

《大戴禮·禮察》　孔子曰：「君子之道，譬猶防與！夫禮之塞，亂之所從生也，猶防之塞，水之所從來也。故以舊防爲無用而壞之者，必有水敗；以舊禮爲無所用而去之者，必有亂患。故婚姻之禮廢，則夫婦之道苦，而淫辟之罪多矣；鄉飲酒之禮廢，則長幼之序失，而争鬭之獄繁矣；聘射之禮廢，則諸侯之行惡，而盈溢之敗起矣；喪祭之禮廢，則臣子之恩薄，而倍死忘生之禮衆矣。凡人之知，能見已然，不能見將然。禮者，禁於（一本無此「於」。）將然之前；而法者，禁於已然之後。是故法之用易見，而禮之所爲生（一本作「至」。）難知也。若夫慶賞以勸善，刑罰以懲惡，先王執此之正，堅如金石；行此之信，順如四時；處此之功，無私如天地，爾豈顧不用哉！然如曰禮云禮云，貴絶惡於未萌，而起敬（《漢書》作「教」。）於微眇，使民日徙善遠罪而不自知也。」

《大戴禮·曾子天圓》 曾子曰：「參嘗聞之夫子曰：『天道曰圓，地道曰方，方曰幽而圓曰明。明者，吐氣者也，是故外景；幽者，含氣者也，是故內景。』」

《白虎通·社稷》 曾子問曰：「諸侯之祭社稷，俎豆既陳，聞天子崩，如之何？」孔子曰：「廢。臣子哀痛之，不敢終於禮也。」

《白虎通·封公侯》 曾子問曰：「立適以長不以賢，何？」（按：《孔子逸語》引下有「也子曰」三字。）「以言爲賢不肖，不可知也。」

《白虎通·嫁娶》 曾子問曰：「昏禮，既納幣，有吉日，女之父母死，何如？」孔子曰：「壻使人弔之。如壻之父母死，女亦使人弔之。父喪稱父，母喪稱母，父母不在，則稱伯父世母。壻已葬，壻之伯父叔父使人致命女氏曰：『某子有父母之喪，不得嗣爲兄弟，使某致命。』女氏許諾。不敢嫁，禮也。壻免喪，女父使人請。壻不娶而後嫁之，禮也。女之父母死，壻亦如之。」

《白虎通·喪服》 曾子問曰：「君薨，

既殯，而臣有父母之喪，則如之何？」孔子曰：「歸，居於家，有殷事則之君所，朝夕否。」曰：「君既斂，而臣有父母之喪，則如之何？」孔子曰：「歸，殯，哭而反於君所，有殷事則歸，朝夕否。大夫室老行事，士則子孫行事。夫內子有殷事，則亦如之君所，朝夕否。」

《白虎通・喪服》 子夏問曰：「三年之喪，既卒哭，金革之事無避者，禮與？」孔子曰：「吾聞諸老聃曰：『魯公伯禽，則有爲之也。』今以三年之喪從其利者，不知也。」

《漢書・藝文志》 仲尼有言：「禮失而求諸野。」

《韓非子・外儲說左下》 孔子御坐於魯哀公，哀公賜之桃與黍。哀公請用。孔子先飯黍而後啗桃，左右皆掩口而笑。哀公曰：「黍者，非飯之也，以雪桃也。」仲尼對曰：「丘知之矣。夫黍者，五穀之長也，祭先王爲上盛。果蓏有六，而桃爲下，祭先王不得入廟。丘聞之也，君子以賤雪貴，不聞以貴雪賤。今以五穀之長雪果蓏之下，是從上雪下也。丘以爲妨義，故不敢以先於宗廟之盛也。」

《呂氏春秋・孟冬紀・安死》 魯季孫有喪，孔子往弔之，入門而左，從客也。主人以璵璠收，孔子徑庭而趨，歷級而上，曰：「以寶玉收，譬之猶暴骸中原也。」

《淮南子・繆稱訓》 子曰：「鈞之哭也，曰：『子予柰何兮，乘我何？』其哀則同，其所以哀則異，故哀樂之襲人情也，深矣。」

《說苑・脩文》 孔子曰：「移風易俗，莫善於樂；安上治民，莫善於禮。是故聖王脩禮文，設庠序，陳鐘鼓，天子辟雍，諸侯泮宮，所以行德化。」

《説苑·脩文》 孔子曰：「無體之禮，敬也；無服之喪，憂也；無聲之樂，懽也；不言而信，不動而威，不施而仁，志也。鐘鼓之聲，怒而擊之則武，憂而擊之則悲，喜而擊之則樂。其志變，其聲亦變。其志誠，通乎金石，而況人乎？」

《論衡·儒增》 孔子曰：「言不文，或時不言。」

《論衡·實知》 魯以偶人葬，而孔子歎。《抱朴子·嘉遯》云：「尼父聞偶葬而永歎。」

《水經注》六引《喪服要記》 魯哀公祖載其父，孔子問曰：「寧設桂樹乎？」哀公曰：「不也。桂樹者，起於介子推。子推，晉之人也。文公有内難，出國之狄，子推隨其行，割肉以續軍糧。後文公復國，忽忘子推，子推奉唱而歌，文公始悟，當受爵禄。子推奔介山，抱木而燒死。國人葬之，恐其神魂賈于地，故作桂樹焉。吾父生于宮殿，死于枕席，何用桂樹爲？」案：《喪服要記》語不盡純，是王肅依託，姑附載之。

《藝文類聚》八十五引《喪服要記》 昔者魯哀公祖載其父，孔子問曰：「寧設五穀囊乎？」哀公曰：「不也。五穀囊者，起伯夷、叔齊《御覽》七百四引此下有「讓國」二字。不食周粟而餓死首陽山，恐魂之飢，故作五穀囊。吾父食味含哺而死，何用此爲？」

《御覽》五百四十八引《喪服要記》 魯哀公葬父，孔子問曰：「寧設菰廬乎？」哀公曰：「菰廬起太伯。太伯出奔，聞古公崩，還赴喪，故作菰廬以彰其尸。吾父無太伯之罪，何用此爲？」

《御覽》五百五十二引《喪服要記》 魯哀公葬父，孔子問曰：「寧設桐人乎？」哀公曰：「桐人起于虞卿。齊人遇惡繼母，❶不得養父，死不能葬，知有過，故作桐人。吾父生得供養，何桐人爲？」

《御覽》八百八十六引《喪服要記》 魯哀公葬其父，孔子問曰：「寧設魂衣乎？」哀公曰：「魂衣起宛荆。於山之下，❷疑有脱文，即左伯桃事。道逢寒死。友哀，❸往迎其尸，愍神之寒，故作魂衣。吾父生服錦繡，死於衣被，何魂衣爲？」

《御覽》九百六十七引《喪服要記》 昔者，魯哀公祖載其父，孔子問曰：「寧設三桃湯乎？」荅曰：「不也。桃湯者，起於衛靈公。有女嫁，❹乳母送新婦就夫家，道聞夫死，乳母欲將新婦返。新婦曰：『女有三從，今屬於人，死當卒哀。』因駕素車白馬進到夫家，治三桃湯以沐死者，出東門北隅，禮三終，使死者不恨。吾父無所恨，何用三桃湯爲？」

《路史·後紀》十三注引《喪服要記》 魯哀公葬其父，孔子問曰：「寧設表門乎？」公曰：「夫表門，起於禹。禹治洪水，故表其門以紀其功。吾父無功，何用焉？」

《抱朴子·外篇·譏惑》 孔子云：「喪親者，若嬰兒之失母，其號豈常聲之有？寧令哀有餘而禮不足。」

《五行大義》四 孔子曰：「《夏正》得天。」

《韓詩外傳》五 孔子學鼓琴於師襄子《初學記》十六引作「師堂子」。而不進，師襄子曰：「夫子可以進矣。」孔子曰：「丘已得其曲矣，

---

❶「齊」上，《四部叢刊》本《御覽》重「虞卿」二字，當從。
❷「於」上，《四部叢刊》本《御覽》重「宛荆」二字，當從。
❸「友哀」，《四部叢刊》本《御覽》作「友人羊角哀」。
❹「嫁」下，《四部叢刊》本《御覽》有「楚」字。

未得其數也。」有閒，曰：「夫子可以進矣。」曰：「丘已得其數矣，未得其意也。」有閒，復曰：「夫子可以進矣。」《初學記》引有「曰：『丘得其意，未得其人。』有閒」。曰：「丘已得其人矣，未得其類也。」有閒，曰：「邈然遠望，《初學記》引「曰」字在「遠望」下。洋洋乎！翼翼乎！必作此樂也。默然思，戚然而悵，以王天下，以朝諸侯者，其惟文王乎！」師襄子避席再拜曰：「善！師以爲文王之操也。」故孔子持文王之聲，知文王之爲人。師襄子曰：「敢問何以知其文王之操也？」孔子曰：「然。夫仁者好偉，和者好粉，智者好彈，有殷勤之意者好麗。丘是以知文王之操也。」

《淮南子·主術訓》 孔子學鼓琴於師襄，而諭文王之志，見微以知明矣。

《韓詩外傳》七 昔者孔子鼓瑟，曾子、子貢側耳而聽。曲終，曾子曰：「嗟乎！夫子瑟聲殆有貪狼之心，邪僻之行，何其不仁，趨利之甚！」子貢以爲然，不對而入。夫子望見子貢有諫過之色，應難之狀，釋瑟而待之。子貢以曾子之言告。子曰：「嗟乎！夫參，天下賢人也，其習知音矣！鄉者丘鼓瑟，有鼠出游，狸見於屋，循梁微行，造焉而避，厭目曲脊，求而不得，丘以瑟浮其音。毛本「浮」作「淫」。參以丘爲貪狼邪僻，不亦宜乎？」

《御覽》八十一引《樂動聲儀》 孔子曰：「《簫韶》者，舜之遺音也。温潤以和，似南風之至。其爲音，如寒暑風雨之動物，如物之動人，雷動獸禽，風雨動魚龍，仁義動君子，財色動小人。是以聖人務其本。」

《白虎通·三教》引《樂稽燿嘉》 顔回問：「三教變，虞夏何如？」曰：「教者，所以追補敗政，靡敝溷濁，謂之治也。舜之承堯，無爲易也。」

《五行大義》一引《樂緯》　孔子曰：「丘吹律定姓，一言得土，曰宮；三言得火，曰徵；五言得水，曰羽；七言得金，曰商；九言得木，曰角。」

《御覽》十六引《春秋演孔圖》　孔子曰：「丘援律吹命，陰得羽之宫。」

《魯語》下❶　魯哀公問於孔子曰：「吾聞夔一足，信乎？」對曰：「夔，人也。何其一足也？夔通於聲，堯曰：『夔一而已。』使爲樂正。故君子曰：『夔有一，足。』非一足也。」

《韓非子·外儲説左》下　魯哀公問於孔子曰：「吾聞古者有夔，一足。其果信有一足乎？」孔子對曰：「不也。夔非一足也。夔者，忿戾惡心，人多不喜説也。雖然，其所以得免於人害者，以其信也。人皆曰：『獨此一足矣。』夔非一足也，一而足也。」哀公曰：「審而是，固足矣。」一曰，哀公問於孔子曰：「吾聞夔一足，信乎？」曰：「夔，人也。何故一足？彼其無他異，而獨通於聲，堯曰：『夔一而足矣。』使爲樂正。故君子曰：『夔有一，足。』非一足也。」

《呂氏春秋·慎行論·察傳》　魯哀公問於孔子曰：「樂正夔一足，信乎？」孔子曰：「昔者，舜欲以樂傳教於天下，乃令重黎舉夔於草莽之中而進之，舜以爲樂正。夔於是正六律，和五聲，以通八風，而天下大服。重黎又欲益求人，舜曰：『夫樂，天地之精也，得失之節也，故唯聖人爲能。和，樂之本也。夔能和之，以平天下，

❶ 檢校各本《國語·魯語》皆無此條引文。

若夔者，一而足矣。』故曰『夔一，足』，非一足也。」

《**淮南子·主術訓**》　夫榮啟期一彈，而孔子三日樂，感于和。

《**説苑·脩文**》　子路鼓瑟，有北鄙之聲，孔子聞之曰：「信矣，由之不才也！」冉有侍，孔子曰：「求，來！爾奚不謂由？夫先王之制音也，奏中聲，爲中節；流入於南，不歸於北。南者，生育之鄉；北者，殺伐之域。故君子執中以爲本，務生以爲基。故其音温和而居中，以象生育之氣，憂哀悲痛之感不加乎心，暴厲淫荒之動不在乎體。夫然者，乃治存之風，安樂之爲也。彼小人則不然，執末以論本，務剛以爲基。故其音湫厲而微末，以象殺伐之氣，和節中正之感不加乎心，温儼恭莊之動不存乎體。夫殺者，乃亂亡之風，奔北之爲也。昔舜造南風之聲，其興也勃焉，至今王公述而不釋；紂爲北鄙之聲，其廢也忽焉，至今王公以爲笑。彼舜以匹夫，積正合仁，履中行善，而卒以興；紂以天子，好慢淫荒，剛厲暴賊，而卒以滅。今由也，匹夫之徒，布衣之醜也。既無意乎先王之制，而又有亡國之聲，豈能保七尺之身哉？」冉有以告子路，子路曰：「由之罪也。小人不能耳陷而入於斯，宜矣，夫子之言也。」遂自悔，不食七日，而骨立焉。孔子曰：「由之改過矣。」

《**公羊**》**哀十四年疏引**《**揆命篇**》　孔子年七十歲知《圖》、《書》，作《春秋》。

《**御覽**》**十六引**《**洪範五行傳**》　孔子作《春秋》，正春，正秋，所以重歷也。

《**御覽**》**九百二十三引**《**禮稽命徵**》　孔子謂子夏曰：「鸜鵒至，非中國之禽也。」

《**文選·荅賓戲**》**注引**《**春秋元命包**》

孔子曰：「丘作《春秋》，始於元，終於麟，王道成也。」

《儀禮·士冠禮》疏引《春秋演孔圖》　孔子脩《春秋》，九月而成。卜之，得陽豫之卦。

《公羊》哀十四年疏引《演孔圖》　獲麟而作《春秋》，九月書成。

《初學記》二十一引《春秋握誠圖》　孔子作《春秋》，陳天人之際，記異考符。

《古微書》引《春秋説題辭》　孔子言曰：「五變入臼，米出甲謂磑之，爲糒米也，春之則粺米也，師之則鑿米也，臿之則毇米也，又簟擇之，暘暵之，則爲晶米。」

《古微書》卷十三引《春秋命歷序》❶　孔子始《春秋》，❷退修殷之故歷，使其數可傳於後，《春秋》宜以殷歷正之。

《公羊》僖四年解詁　孔子曰：「書之重，辭之複。嗚呼！不可不察，其中必有美者焉。」疏云《春秋説》文。

《公羊》成八年解詁　孔子曰：「皇象元，逍遥術，無文字，德明謚。」疏云《春秋説》文。

《公羊》昭十二年疏引《春秋説》　孔子作《春秋》，一萬八千字，九月而書成。以授游夏之徒，游夏之徒不能改一字。

《史記·太史公自序》　子曰：「我欲載之空言，不如見之行事之深切著明也。」索隱云：見《春秋緯》。

《公羊》隱公第一疏引《閔因敘》　昔孔子受端門之命，制《春秋》之義，使子夏等十四人求周史記，得百二十國寶書，九月經立。

《春秋繁露·俞予》　仲尼之作《春秋》

❶「古微書卷十三」，原爲闕文，今據《守山閣叢書》本《古微書》補。朱本、浙本亦闕。

❷「始」，《守山閣叢書》本《古微書》作「治」。

也，上探正天端王公之位，萬物官本無「物」字。民之所欲，一作「始」。下明得失，起賢才，以待後聖。故引史記，理往事，正是非也。官本作「見」。王公史記十二公之閒，皆衰世之事，故門人惑。孔子曰：「吾因其行事，而加乎王心焉。」以爲見之空言，不如行事博深切。官本下有「明」字。故子貢、閔子、公肩子，言其切而爲國家賢一作「資」。也。其爲切而至於殺君亡國，奔走不得保社稷。其所以然，是皆不明於道，不覽於《春秋》也。故衛子夏言：「有國家者，不可不學《春秋》。不學《春秋》，則無以見前後旁側之危，則不知國之大柄、君子官本作「之」。重任也。」故或脅窮失國，捨官本作「揜」。殺於位，一朝至爾。苟能述《春秋》之法，致行其道，豈徒除禍哉？乃堯舜之德也。故世子曰：「功及子孫，光輝百世，聖王之德，莫美於世。」故予先言《春秋》，詳己而畧人，因其國而容天下。《春秋》之道，大得之則以王，小得之則以霸。故曾子、子石盛美齊侯安諸侯，尊天子。霸王之道，皆本於仁。仁，天心，故次以天心。愛人之大者，莫大於思患而豫防之。故蔡得意於吴，魯得意於齊，而《春秋》皆不告。故次以言。怨人不可通，官本作「邇」。敵國不可狎，攘竊之國不可使久親，皆防患，爲民除患之意也。不愛民之漸，乃至於死亡，故言楚靈王晉厲公生弑於位，不仁之所致也。故善宋襄公不戹人，不由其道而勝，不如由其道而敗，《春秋》貴之，將以變習俗而成王化也。故官本下有「子」字。夏言春秋重人，諸譏皆本此。或奢侈使人憤怨，或暴虐賊害人，終皆禍及身。故子池言魯莊築臺，丹楹刻桷，晉厲之刑刻意者，皆不得以壽終。上奢侈，刑又急，皆不内恕，求備於人，故次以《春秋》「緣人情，赦小過」，而《傳》明之曰：「君子辭也。」孔子明得失，見成敗，疾時一無「時」字。世之不仁，失王。孔子曰：「吾因行事，「孔子曰吾因行事」七字，官本作「有道之體故緣人情」。赦小過。」《傳》又明之曰：「君子辭也。」「辭」，本作「亂」，官本作「此」。孔子曰：「吾因行事，加吾王心焉。假其位號以正人倫，因其成敗以明順逆。故其所善，則桓文行之而遂；其所惡，則亂國行之終以敗。故始言大惡，殺君亡國，終言赦小國，是以始於麤糲，終於精微，教化流行，德澤大洽。天下之人，人有士君子之行而少過矣，亦譏二名之意也。」

《穀梁》桓二年傳　孔子曰：「名從主人，物從中國。」

《穀梁》桓十四年傳　孔子曰：「聽遠音者，聞其疾而不聞其舒；望遠者，察其貌而不察其形。立乎定哀，以指隱桓，隱桓之日遠矣。」

《穀梁》僖十六年傳　子曰：「石，無知之物；鶂，微有知之物。石無知，故日之；鶂，微有知之物，故月之。君子之於物，無所苟而已。」

《穀梁》哀十三年傳　吳王夫差曰：「好冠來。」孔子曰：「大矣哉！夫差未能言冠而欲冠也。」

《藝文類聚》八十引《莊子》　仲尼讀書，老聃倚竈觚而聽之，曰：「是何書也？」曰：「《春秋》也。」《御覽》一百八十六引《莊子》曰：「仲尼讀《春秋》，老聃踞竈觚而聽。」注：「觚，竈額也。」按：當在逸篇。

《韓非子·內儲說上·七術》　魯哀公問於仲尼曰：「《春秋》之記曰：『冬十二月，賈霜不殺菽。』何爲記此？」仲尼對曰：「此言可以殺而不殺也。夫宜殺而不殺，桃李冬實。天失道，草木猶犯干之，而況於人君乎？」此申韓深刻之學，依託之詞，姑附此。

《鹽鐵論·散不足》 孔子讀史記，喟然而歎，傷正德之廢，君臣之危也。

《論衡·効力》 孔子，周世多力之人也，作《春秋》，刪五經，祕書微文，無所不定。

《論衡·超奇》 孔子作《春秋》，以示王意。

《論衡·超奇》 孔子得史記以作《春秋》，及其立義創意，褒貶賞誅，不復因史記者，眇思自出於胷中也。

《說苑·君道》 孔子曰：「文王似元年，武王似春王，周公似正月。文王以王季爲父，以太任爲母，以太姒爲妃，以武王、周公爲子，以泰顛、閎夭爲臣，其本美矣。武王正其身以正其國，正其國以正天下。伐無道，刑有罪，一動天下正，其事正矣。春致其時，萬物皆得生；君致其道，萬人皆及治。周公戴己而天下順之，其誠至矣。」

《說苑·君道》 孔子曰：「夏道不亡，商德不作；商德不亡，周德不作；周德不亡，《春秋》不作。《春秋》作，而後君子知周道亡也。」

《說苑·至公》 夫子行說七十諸侯，無定處，意欲使天下之民各得其所，而道不行。退而修《春秋》，采豪毛之善，貶纖介之惡，人事浹，王道備，精和聖制，上通於天而麟至，此天之知夫子也。於是喟然而嘆曰：「天以至明爲不可蔽乎，日何爲而食？地以至安爲不可危乎，地何爲而動？天地而尚有動蔽，是故賢聖說於世而不得行其道，故災異並作也。」

《周禮·九嬪》注 孔子云：「日者，天之明；月者，地之理。陰契制，故月上屬，爲天使，婦從夫，放月紀。」疏云：《孝經援神契》文。

《春秋左傳》序疏引《孝經鉤命決》　《春秋》，二尺四寸書之；《孝經》，一尺二寸書之。疏云：鄭注《論語序》以《鉤命決》云。

《公羊》序疏引《鉤命決》　孔子在庶，德無所施，功無所就，志在《春秋》，行在《孝經》。又《禮記·中庸》注引「孔子曰：『吾志在《春秋》，行在《孝經》。』」

《御覽》六百十引《鉤命決》　《孝經》者，篇題就號也，所以表指括意，序中書名，出義見道，曰：著一字，苞十八章，爲天地喉襟，道要德本，故挺以題符篇冠就。又曰：曾子撰。斯問曰：「孝乎？文駁不同乎？」「乎」，一作「何」。子曰：「吾作《孝經》，以素王無爵之賞，斧鉞之誅，與先王以託權，目至德要道以題行，首仲尼以立情性，言『子曰』以開號列，曾子示撰輔，書詩以合謀。」

《公羊》哀十四年疏引《孝經説》　孔子曰：「《春秋》屬商，《孝經》屬參。」又引見哀十四年疏。

《公羊》哀十四年疏引《孝經説》　丘以匹夫，徒步以制正法。

《論衡·雷虚》　《論語》：「迅雷風烈必變。」《禮記》：「有疾風迅雷甚雨則必變，雖夜必興，衣服，冠而坐。」子曰：「天之與人，猶父子。有父爲之變，子安能忽？故天變，己亦宜變，順天時，示己不違也。」

《説文》　《逸論語》曰：「玉粲之瑳兮，其瑧猛也。」

《説文》　《逸論語》曰：「如玉之瑩。」

《初學記》二十七　《逸論語》曰：「玉十謂之區，治玉謂之琢，亦謂之雕。雙玉爲瑴，五瑴爲區。雕，治璞也。瑴音角。瑳，玉色鮮白也；瑩，玉色也；瑛，玉光也；瓊，赤玉也；璿、瑾、瑜，美玉也；璑，三采玉也；玲、瑲、琤、瑣、瑝，玉聲也；璬，玉佩也；瑱，充耳也；璪，玉飾以水藻也。」《御覽》八百四引《逸論語》同。

《初學記》二十七　《逸論語》曰：「璠璵，魯之寶玉也。」孔子曰：「美哉，璠璵！遠而望之，奐若也；近而視之，瑟若也。一則理勝，一則孚勝。」

《文選·劉歆移書太常博士》注引《論語讖》　自衛反魯，删《詩》、《書》，修《春秋》。

《文選·齊安陸王碑文》注引《論語讖》　仲尼居鄉黨，卷懷道美。

《說文》　孔子曰：「一貫三爲王。」

《說文》　孔子曰：「推十合一爲士。」

《說文》　孔子曰：「烏，盱呼也。取其助气，故以爲烏呼。」

《說文》　孔子曰：「牛羊之字，以形舉也。」

《說文》　孔子曰：「黍可爲酒，禾入水也。」

《說文》　孔子曰：「粟之爲言續也。」

《說文》　孔子曰：「在人下，《玉篇》及徐鍇《通論》作「人在下」，疑此倒。故詰屈。」

《說文》　孔子曰：「貉之爲言惡也。」

《說文》　孔子曰：「視犬之字，如畫狗也。」

《說文》　孔子曰：「狗，叩也。叩气吠以守。」

《史記·滑稽列傳》　孔子曰：「六藝於治，一也。《禮》以節人，《樂》以發和，《書》以道事，《詩》以達意，《易》以神化，《春秋》以義。」《長短經·正論》引作「以道義」。

《白虎通·五經》　孔子居周之末世，王道陵遲，禮義廢壞，强陵弱，衆暴寡，天子不敢誅，方伯不敢伐。閔道德之不行，故周流應聘，冀行其道德。自衛反魯，自知不用，故追定五經，以行其道。

《論衡·佚文》 孝武皇帝封弟爲魯恭王，恭王壞孔子宅以爲宫，得佚《尚書》百篇，《禮》三百，《春秋》三十篇，《論語》二十一篇。《漢書》本傳入事證。

孔子集語卷五終

孔子集語卷六

山東督糧道臣孫星衍撰

主德五

《尚書大傳》 武丁祭成湯，有雉飛升鼎耳而雊。武丁問諸祖己，祖己曰：「雉者，野鳥也，不當升鼎。今升鼎者，欲爲用也。無則遠方將有來朝者乎？」故武丁内反諸己，以思先王之道，三年，編髮重譯來朝者六國。孔子曰：「吾於《高宗肜日》，見德之有報之疾也。」

《尚書大傳·略説》 孔子曰：「心之精神是謂聖。」

《史記補·三皇本紀》引《韓詩》 自古封太山、禪梁甫者，萬有餘家，仲尼觀之，不能盡識。

《白虎通·封禪》 孔子曰：「升泰山，觀易姓之王，可得而數者七十有餘。」

《韓詩外傳》三 楚莊王寢疾，卜之，曰：「河爲祟。」大夫曰：「請用牲。」莊王曰：「止。古者聖王之津逮本作「制」。祭不過望，濉漳江漢，楚之望也。寡人雖不得，津逮本作「德」。河非所獲罪也。」遂不祭。三日而疾有瘳。孔子聞之曰：「楚莊王之霸，其有方矣。制節守職，反身不貳，其霸不亦宜乎？」

《説苑·君道》 楚昭王有疾，卜之，曰：「河爲祟。」大夫請用三牲焉。王曰：「止。古者，先王割地制土，祭不過望。江漢睢漳，楚之望也。禍福之至，不是過也。不穀雖不德，河非所獲罪也。」遂不祭焉。

仲尼聞之曰：「昭王可謂知天道矣，其不失國，宜哉！」

《韓詩外傳》七　孔子曰：「明王有三懼：一曰處尊位而恐不聞其過，二曰得志而恐驕，三曰聞天下之至道而恐不能行。」

《大戴禮·主言》　孔子閒居，曾子侍。孔子曰：「參，今之君子，惟士與大夫之言之閒一作「聞」。也，其至於君子之言者，甚希矣。於乎！吾主言其不出而死乎？哀哉！」曾子起曰：「敢問何謂主言？」孔子不應。曾子懼，肅然摳衣下席，曰：「弟子知其不孫也，得夫子之閒也難，是以敢問也。」孔子不應。曾子懼，退負序而立。孔子曰：「參，汝可語明主之道與？」曾子曰：「不敢以爲足也，得夫子之閒也難，是以敢問。」孔子曰：「吾語女。道者，所以明德也；德者，所以尊道也。是故非德不尊，非道不明。雖有國馬，不教不服，不可以取千里；雖有博地，衆民不以其地治之，❶不可以霸主。是故昔者明主内修七教，外行三至。七教修焉，可以守；三至行焉，可以征。七教不修，雖守不固；三至不行，雖征不服。是故明主之守也，必折衝乎千里之外；其征也，衽席之上還師。是故内修七教而上不勞，外行三至而財不費。此之謂明主之道也。」曾子曰：「敢問不費不勞可以爲明乎？」孔子愀然揚麋「麋」，一作「眉」。曰：「參，女以明主爲勞乎？昔者舜左禹而右皋陶，不下席而天下治。夫政之不中，君之過也；政之既中，令之不行，職事者之罪也。明主奚爲其勞也？昔者明主關譏而不征，市鄽而不税，税十取一，使民之力，歲不過三日，入山澤以時，有禁而無

❶「地」，武英殿聚珍版盧辯注《大戴禮記》作「道」。

征。一作「入山澤以時而不禁，夫圭田無征」。此六者，取財之路也。明主捨其四者而節其二者，明主焉取其費也？」曾子曰：「敢問何謂七教？」孔子曰：「上敬老則下益孝，上順齒則下益悌，上樂施則下益諒，上親賢則下擇友，上好德則下不隱，一作「上好諫則下隱慝」。上惡貪則下恥争，上强果則下廉恥。民皆有别，則貞則正，亦不勞矣。此謂七教。七教者，治民之本也，教定是正矣。上者，民之表也，表正則何物不正？是故君先立於仁，則大夫忠而士信，民敦、工璞、商慤、女憧、婦空空。七者，教之志也，七者布諸天下而不窕，内諸尋常之室而不塞。是故聖人等之以禮，立之以義，行之以順，而民棄惡也如灌。」曾子曰：「弟子則不足，道則至矣。」孔子曰：「參，姑止，又有焉。昔者明主之治民有法，必别地以州之，分屬而治之，然後賢民無所隱，暴民無所伏；使有司日省，如時考之，歲誘賢焉，則賢者親，不肖者懼；使之哀鰥寡，養孤獨，恤貧窮，誘孝悌，選賢舉能。此七者脩，則四海之内無刑民矣。上之親下也如腹心，則下之親上也如保子之見慈母也。上下之相親如此，然後令則從、施則行。因民既邇者説，遠者來懷，然後布指知寸，布手知尺，舒肘知尋，十尋而索。百步而堵，三百步而里，千步而井，三井而句烈，三句烈而距。五十里而封，百里而有都邑。乃爲蓄積衣裘焉，使處者恤，行者有興疑作「與」。亡。是以蠻夷諸夏，雖衣冠不同、言語不合，莫不來至，朝覲於王。故曰：無市而民不乏，無刑而民不違。畢弋田獵之得，不以盈宫室也；徵斂於百姓，非以充府庫也。慢怛以補不足，禮節以損有餘。故曰：多信而寡貌。其禮可守，其信可復，其跡可履。其於信也，如四時，春秋冬夏；其博有萬民也，如飢而食，如渴而飲，下土之人信之。夫暑熱凍寒，遠若邇，非道邇也，及其明德也。是以兵革不動而威，用利不施而親，此之謂明主之守也。折衝乎千里之外，此之謂也。」曾子曰：「敢問何謂三至？」孔子曰：「至禮不讓而天下治，至賞不費而天下之士說，至樂無聲而天下之民和。明主篤行三至，故天下之君可得而知也，天下之士可得而臣也，天下之民可得而用也。」曾子曰：「敢問何謂也？」孔子曰：「昔者明主以盡知天下良士之名，既知其名，又知其數；既知其數，又知其所在。明主因天下之爵以尊天下之士，此之謂『至禮不讓而天下治』；因天下之祿以富天下之士，此之謂『至賞不費而天下之士說』；天下之士說，則天下之明譽興，此之謂『至樂無聲而天下之民和』。故曰：所謂天下之至仁者，能合天下之至親者也；所謂天下之至知者，能用天下之至和者也；所謂天下之至明者，能選天下之至良者也。此三者咸通，然後可以征。是故仁者莫大於愛人，知者莫大於知賢，政者莫大於官賢。有土之君脩此三者，則四海之內拱而視，然後可以征。明主之所征，必道之所廢者也。彼廢道而不行，然後誅其君，致其征，弔其民而不奪其財也。故曰：『明主之征也，猶時雨也，至則民說矣。』是故行施彌博，得親彌衆，此之謂『衽席之上乎還師』。」《大戴》依元刻本，下同此。

《大戴禮·五帝德》 宰我問於孔子曰：「昔者，予聞諸榮伊令，《史記索隱》作「言」。黃帝三百年。請問黃帝者，❶《史記索隱》作「何」。人邪？抑非人耶？二「邪」字《史記索隱》作「也」。

❶「黃」，原誤作「皇」，據浙本改。

何以至於三百年乎？」孔子曰：「予！禹、湯、文、武、成王、周公，可勝觀邪？一本作「也」。夫黄帝尚矣，女何以爲？先生難言之。」宰我曰：「上世之傳，隱微之説，卒業之辨，闇忽之意，非君子之道也。則予之問也，固矣。」孔子曰：「黄帝，少典之子也，曰軒轅。生而神靈，弱而能言，幼而彗齊，長而敦敏，成而聰明。治五氣，設五量，撫萬民，度四方，教熊羆貔《御覽》引下有「貅」字。豹虎，以與赤帝戰于版泉之野，三戰，然後得行其志。黄帝黼黻衣，大帶黼裳，乘龍扆《御覽》引作「駕」。雲，以順天地之紀，幽明之故，死生之説，存亡之難。時播百穀草木，故教化淳鳥獸昆蟲，歷離日月星辰，極畋土石金玉，勞《史記正義》引作「勞勤」，《御覽》作「旁勤」。心力耳目，節用水火材物。生而民得其利百年，死而民畏其神百年，亡而民用其教百年，故曰三百年。」宰我請問帝顓頊，孔子曰：「五帝用説，三王用度，女欲一日辯聞古昔之説，躁哉予也！」宰我曰：「昔者予也聞諸夫子曰：『小子無有宿問。』」孔子曰：「顓頊，黄帝之孫，昌意之子也，曰高陽。洪淵以有謀，疏通而知事，養材《史記索隱》引作「財」。以任地，履時以象天，依鬼神以制義，治氣以教民，潔誠以祭祀。乘龍而至四海，北至于幽陵，南至于交趾，西濟于流沙，東至于蟠木。動静之物，大小之神，日月所照，莫不祗《史記索隱》引作「砥」。勵。」宰我曰：「請問帝嚳。」孔子曰：「玄囂之孫，蟜極之子也，曰高辛。生而神靈，自言其名，博施利物，不於其身；聰以知遠，明以察微；順天之義，知民之急；❶仁而

❶「急」，武英殿聚珍版《大戴禮記》作「隱」，《四部叢刊》本《大戴禮記》作「㥯」。

威，惠而信，脩身而天下服。取地之財而節用之，撫教萬民而利誨之，歷日月而迎送之，明鬼神而敬事之。其色郁郁，其德嶷嶷。《史記索隱》引「郁」作「神」，「嶷」作「俟」。其動也時，其服也士。春夏乘龍，秋冬乘馬，黄黼黻衣，執中而獲天下。日月所照，風雨所至，莫不從順。」宰我曰：「請問帝堯。」孔子曰：「高辛之子也，曰放勳。其仁如天，其知如神；就之如日，望之如雲；富而不驕，貴而不豫；黄黼黻衣，丹車白馬。伯夷主禮，龍夔教舞，舉舜、彭祖而任之，四時先民治之。流共工于幽州，以變北狄；放驩兜于崇山，以變南蠻；殺三苗于三危，以變西戎；殛鯀于羽山，以變東夷。其言不貳，其德不回。四海之内，舟輿所至，莫不説夷。」宰我曰：「請問帝舜。」孔子曰：「蟜牛之孫，瞽叟之子也，曰重華。好學孝友，聞于四海，陶家屠本作「漁」。事親，寬裕温良。教敦一作「敦敏」。而知時，畏天而愛民，恤遠而親親。承受大命，依于倪皇，叡明通知，爲天下王。使禹敷土，主名山川，以利於民；使后稷播種，務勤嘉穀，以作飲食；羲和掌歷，敬授民時，使益行火，以辟山萊；伯夷主禮，以節天下；夔作樂，以歌籥舞，和以鐘鼓；皋陶作士，忠信疏通，知民之情；契作司徒，教民孝友，敬政率經。其言不惑，其德不慝，舉賢而天下平。南撫交趾、大放、鮮支、渠廋、氐、羌，北山戎、發、息慎，東長鳥夷、羽民。舜之少也，惡顇勞苦，二十以孝聞乎天下，三十在位，嗣帝所，五十乃死，葬于蒼梧之野。」宰我曰：「請問禹。」孔子曰：「高陽之孫，鯀之子也，曰文命。敏給克濟，其德不回，其仁可親，其言可信。聲爲律，身爲度，稱以上士。亹亹穆穆，爲綱爲紀。巡九州，通九道，陂九澤，度九山。爲神主，爲民父母。左準繩，右規矩，履四時，據四海，平九州，戴九天，明耳目，治天下。舉皋陶與益以贊其身，舉干戈以征不享、不道、❶無德之民。四海之内，舟車所至，莫不賓服。」孔子曰：「予，大者如説，民説至矣。予也，非其人也。」宰我曰：「予也，不足誠也，敬承命矣。」他日，宰我以語人。有爲道諸夫子之所，孔子曰：「吾欲以顔色取人，於滅明邪改之；吾欲以語言取人，於予邪改之；吾欲以容貌取人，於師邪改之。」宰我聞之，懼，不敢見。

《**大戴禮·虞戴德**》公曰：「昔有虞戴德何以？深慮何及？高舉安取？」子曰：「君以聞之，唯丘無以更也。君之聞如未成也，黄帝慕脩一作「循」。之。」曰：「明法于天，明開施教于民。行此以上，明于天化也。物必起，❷是故民命而弗改也。」公曰：「善哉！以天教于民，可以班乎？」子曰：「可哉。雖可而弗由此以上，知所以行斧鉞也。父之於子，天也；君之於臣，天也。有子不事父，有臣不事君，是非反天而到行邪？故有子不事父，不順；有臣不事君，必刃。順天作刑，地生庶物。是故聖人之教于民也，率天如祖地，能用民德，是以高舉不過天，深慮不過地，質知而好仁，能用民力，此三常之禮明而名不蹇。禮失則壞，名失則惽。是故上古不諱，正天名也；天子之宫四通，正地事也；天子御珽，諸侯御荼，大夫服笏，正民德也。斂此三者而一舉之，戴天履地，以順民事。天子告朔於諸侯，率天道而敬行之，以示威于天下也。諸侯内貢於天子，率名斆地實

❶「道」，武英殿聚珍版《大戴禮記》作「庭」。

❷「物必起」，武英殿聚珍版《大戴禮記》作「開物畢起」。

也。是以不至必誅。諸侯相見，卿爲介，以其教士畢行，使仁守會朝於天子。天子以歲二月爲壇於東郊，建五色，設五兵，具五味，陳六律，品奏五聲，聽明教，置離，抗大侯規鵠，堅物。九卿佐三公，三公佐天子。天子踐位，諸侯各以其屬就位，乃升諸侯。諸侯之教士，教士執弓挾矢，揖讓而升，履物以射，其地心端，❶容色正，時以數伎，時有慶以地，不時有讓以地。天下之有道也，有天子存；國之有道也，君得其正；家之不亂也，有仁父存。是故聖人之教于民也，以其近而見者稽其遠而明者。天事曰明，地事曰昌，人事曰比兩以慶。違此三者，謂之愚民。愚民曰姦，姦必誅。是以天下平而國家治，民亦無貸。居小不約，居大則治；衆則集，寡則繆；祀則得福，以征則服。此唯官民之上德也。」公曰：「三代之相授，必更制典物，道乎？」子曰：「否。猷德保，保惛乎前，以小繼大，變民示也。」公曰：「善哉！子之察教我也。」子曰：「丘於君，唯無言，言必盡，於他人則否。」公曰：「教他人則如何？」子曰：「否。丘則不能。昔商老彭及仲傀，政之教大夫，官之教士，技之教庶人。揚則抑，抑則揚，綴以德行，不任以言。庶人以言，猶以夏后之袝懷袍褐也，行不越境。」公曰：「善哉！我則問政，子事教我。」子曰：「君問已參黃帝之制，制之大禮也。」公曰：「先聖之道，斯爲美乎？」子曰：「斯爲美。雖有美者，必偏屬於斯，昭天之福，迎之以祥；作地之福，❷制之以昌；興民之德，守之以長。」

❶「其地心端」，武英殿聚珍版《大戴禮記》作「其心志端」。

❷「福」，武英殿聚珍版《大戴禮記》作「禧」。

公曰：「善哉！」

《大戴禮・誥志》　公曰：「誥志無荒，以會民義，齋戒必敬，會時必節，犧牲必全，齊盛必潔，上下禋祀，外内無失節，其可以省怨遠災乎？」子曰：「丘未知其可以省怨也。」公曰：「然則何以事神？」子曰：「以禮會時。夫民見其禮則上下援，援則樂，《大訓》作「則上下不援，不援則樂」。樂斯無憂，以此怨省而亂不作也。夫禮，會其四時，四孟四季，五牲五穀，順至必時其節也。丘未知其可以遠災也。」公曰：「然則爲此何以？」子曰：「知仁合則天地成，天地成則庶物時，庶物時則民財敬，一作「欲」。民財敬以時作，時作則節事，節事以動衆，動衆則有極，有極以使民則勸，勸則有功，有功則無怨，無怨則嗣世久，《大訓》重「世久」二字。唯聖人。是故政以勝衆，非以陵衆；衆以勝事，非以傷事；事以靖民，非以徵民。故地廣而民衆，非以爲災，長之祿也。丘聞周太史曰：『政不率天，下不由人，則凡事易壞而難成。』虞史伯夷曰：『明，孟也；幽，幼也；明幽，雌雄也。雌雄迭興而順，至正之統也。日歸于西，起明于東；月歸于東，起明于西。』虞夏之歷，正建於孟春，於時冰泮發蟄，百草權輿，瑞雉無釋。《史記》作「百草奮興，秭鳺先滜」。物乃歲俱生於東，以順四時，卒于冬萬。一作「分」，《大訓》作「方」。於時鷄三號，卒明，載于青色，撫十二月節，卒于丑。日月成歲歷，再閏以順天道，此謂歲虞汁月。《大訓》無「歲」字。天曰作明，曰與維天是載；地曰作昌，曰與維地是事；人曰作樂，曰與維民是嬉。民之動能，不遠厥事；一作「享」。民之悲色，不遠厥德，此謂表裏《大訓》作「表表裏裏」。時合。物之所生，而蕃昌之道如此。天生物，地養物，物備興而時

《大訓》作「日」。用常節曰聖人，主祭于天曰天子。天子崩，步于四川，代《大訓》作「伐」。于四山，卒葬曰帝。天作仁，地作富，人作治。樂治不倦，財富時節，是故聖人嗣則治。文王治以俟時；湯治以伐亂；禹治以移衆，衆服以立天下；堯貴以樂治時，舉舜；舜治以德使力。在國統民如恕，在家撫官而國，安之勿變，勸之勿沮，民咸廢惡如進良。上誘《大訓》作「撫」。善而行罰，百姓盡於仁而遂安之，此古之明制之治天下也。仁者爲聖，貴次，力次，美次，射御次。古之治天下者必聖人。聖人有國則日月不食，星辰不隕，一本無「隕」字。勃《大訓》作「孛」。海不運，河不滿溢，川澤不竭，山不崩解，陵不施谷，一本無「谷」字。川浴《大訓》作「洛」。不處，深淵不涸。於時龍至不閉，鳳降忘翼，鷙獸忘攫，爪鳥忘距，蜂蠆不螫嬰兒，蟁虻不食夭駒，雒出服，河出圖。自上世以來，莫不降仁。國家之昌，國家之臧，信仁。是故不賞不罰，如民咸盡力，車不建戈，遠邇咸服，允使來往，他賓畢極，無怨無惡，率惟懿德。此無空禮，無空名。賢人並憂，殘毒《大訓》無「毒」字。以時省，舉良良，舉善善，恤民使仁，日斁仁賓也。」

《大戴禮·用兵》 公曰：「用兵者，其由不祥乎？」子曰：「胡爲其不祥也？聖人之用兵也，以禁殘止暴於天下也。及後世貪者之用兵也，以刈百姓、危國家也。」公曰：「古之戎《大訓》作「用」。兵，何世安起？」子曰：「傷害之生久矣，與民皆生。」公曰：「蚩尤作兵與？」子曰：「否。蚩尤，庶人之貪者也，❶及利無義，不顧厥親，以喪厥身。蚩尤惛欲慾而無厭者也，何器之能作？《周禮》疏

❶「貪」，武英殿聚珍版《大戴禮記》作「强」。

引作「何兵之能造」。 蜂蠆挾螫而生見害，而校以衛厥身者也。 人生有喜怒，故兵之作，與民皆生，聖人利用而彌之，亂人興之喪厥身。《詩》云：『魚在在藻，厥志在餌。』『鮮民之生矣，不如死之久矣。』『校德不塞，嗣武于孫子。』聖人愛百姓而憂海內，及後世之人思其德，必稱其仁。《大訓》作「人」。 故今之道堯、舜、禹、湯、文、武者，猶威致王今若存。❶ 夫民思其德，必稱其人，朝夕祝之，升聞皇天，上神歆焉，故永其世而豐其年也。 夏桀、商紂，羸《大訓》作「贏」。 暴於天下，暴極不辜，殺戮無罪，不祥于天，粒食之民，布散厥親，疎遠國老，幼色是與，而暴慢是親，讒貸處穀，法言法行處辟。 殀替天道，逆亂四時，禮樂不行，而幼風是御。 歷失制，攝提失方，鄒大無紀，《漢書》作「孟陬無紀」。 不告朔於諸侯。 玉瑞不行，諸侯力政，不朝於天子。 六蠻四夷，交伐於中國。 於是降之災，水旱臻焉，霜雪大滿，❷甘露不降，百草殨黃，五穀不升，民多夭疾，六畜餧眥，此太上之不論不議也。 殀傷厥身，失墜天下。 夫天下之報殃於無德者，必與其民。」公懼焉，曰：「在民上者，可以無懼乎哉？」

《大戴禮・少閒》 公曰：「今日少閒，我請言情於子。」子愀然變色，遷席而辭曰：「君不可以言情於臣。 臣請言情於君，君則不可。」公曰：「師之而不言情焉？ 其私不同。」子曰：「否。 臣事君，而不言情於君，則不臣；君而不言情於臣，則不君。 有臣而不臣猶可，有君而不君，民無所錯手足。」公曰：「吾度其上下，咸通之，權其輕重居之；

❶「威致王」，武英殿聚珍版《大戴禮記》作「依然至」。
❷「滿」，武英殿聚珍版《大戴禮記》作「薄」。

準民之色，目既見之；鼓民之聲，耳既聞之；動民之德，心既和之；通民之欲，兼而壹之；愛民親賢而教不能，民庶説乎？」子曰：「説則説矣，可以爲家，不可以爲國。」公曰：「可以爲家，胡爲不可以爲國？　國之民，家之民也。」子曰：「國之民，誠家之民也。　然其名異，不可同也。　同名同食曰同等。　唯不同等，民以知極。　故天子昭有神於天地之間，❶以示威於天下也。　諸侯脩禮於內，以事天子；大夫脩官守職，以事其君；士脩四衛，執技論力，以聽乎大夫；庶人仰視天文，俯視地理，力時使，以聽乎父母。　此惟不同等，民以可治也。」公曰：「善哉！　上與下不同乎？」子曰：「將以時同，時不同，上謂之閑，下謂之多疾。　君時同於民，布政也；民時同於君，服聽也；上下相報，而終於施。　大猶已成，發其小者；遠猶已成，發其近者；將行重器，❷先其輕者。　先清而後濁者，天地也。　天政曰正，地政曰生，人政曰辯。　苟本正，則華英必得其節以秀孚矣，此官民之道也。」公曰：「善哉！　請少復進焉。」子曰：「昔堯取人民《大訓》作「以」。狀，舜取人以色，禹取人以言，湯取人以聲，文王取人以度。　此四代五王之取人以治天下如此。」公曰：「嘻！　善之不同也。」子曰：「何謂其不同也？」公曰：「同乎？」子曰：「同。」公曰：「人狀可知乎？」子曰：「不可知也。」公曰：「五王取人，各有以舉之，胡爲人之不可知也？」子曰：「五王取人，比而視，相而望。　五王取人，各以已焉，是以同狀。」公曰：「以子相人，何如？」子曰：「否，

❶「有」，武英殿聚珍版《大戴禮記》作「百」。
❷「行」，武英殿聚珍版《大戴禮記》作「持」。

丘則不能。五王取人，丘也傳聞之，以委於君。丘則否能，亦又不能。」公曰：「我聞子之言，始蒙矣。」子曰：「由君居之，成於純，胡爲其蒙也！雖古之治天下者，豈生於異州哉？昔虞舜以天德嗣堯，布功散德制禮，朔方幽都來服，南撫交趾，出入日月，莫不率俾，西王母來獻其白琯，粒食之民，昭然明視，民明教，通于四海，海外肅慎、北發、渠搜、氐、羌來服。舜有《大訓》作「崩」。禹代興。禹卒受命，乃遷邑姚姓于陳，作物配天，修德使力。民明教，通于四海，海之外，肅慎、北發、渠搜、氐、羌來服。禹崩，十有七世，乃有末孫桀即位。桀不率先王之明德，乃荒耽于酒，淫泆于樂，德昏政亂，作宮一本有「室」字。高臺，汙池土察，以民爲虐，粒食之民，惛焉幾亡。乃有商履代興，商履循禮法，以觀天子，天子不說，則嫌於死。成湯卒受天命，不忍天下粒食之民刈戮，不得以疾死，故乃放移夏桀，散亡其佐，乃遷姒姓于杞。發厥明德，順民天心嗇地，❶作物配天，制典慈民，咸合諸侯。作八政，命於總章，服禹功以修舜緒，爲副于天。粒食之民，昭然明視，民明教，通于四海，海之外，肅慎、北發、渠搜、氐、羌來服。成湯卒崩，殷德小破，二十有二世，乃有武丁即位。開先祖之府，取其明法，以爲君臣上下之節，殷民更眩，《大訓》作「服」。近者說，遠者至。粒食之民，昭然明視。武丁年《大訓》作「卒」。崩，殷德大破，九世乃有末孫紂即位。紂不率先王之明德，乃上祖夏桀行，荒耽於酒，淫佚於樂，德昏政亂，作宮室高臺，汙池土察，以爲民虐，粒食之民，忽然

❶「順民天心嗇地」，武英殿聚珍版《大戴禮記》作「順天嗇地」。

幾亡。乃有周昌霸，諸侯以佐之。紂不說諸侯之聽於周昌，則一作「別」。嫌於死。乃退伐崇許魏，以客事天子。文王卒受天命，作物配天，制無孔校作「典」。用，❶行三明，親親尚賢，民明教，通于四海，海之外，肅慎、北發、渠搜、氐、羌來服。君其志焉，或俟將至也。」公曰：「大哉，子之教我政也。列五王之德，煩煩如繁諸乎！」子曰：「君無譽臣，臣之言未盡，請盡臣之言，君如財之。」曰：「於此有功匠焉，有利器焉，有措扶焉，以時令其藏，必周密。發如用之，可以知古，可以察今；可以事親，可以事君；可用于生，又用之死。吉凶並興，禍福相生，卒反生福，大德配天。」公愀然其色，曰：「難立哉！」子曰：「臣願君之立，知如以觀聞也。一作「問觀」。時天之氣，用地之財，以生殺於民，民之死，不可以教。」公曰：「我行之，其可乎？」子曰：「唯。此在君。君曰足，臣恐其不足；君曰不足。一本下有「臣恐其足」四字。舉其前必舉其後，舉其左必舉其右。君既教矣，安能無善？」公吁焉其色，曰：「大哉！子之教我制也。政之豐也，如未一本作「木」。之成也。」子曰：「君知未成，言未盡也。凡草木根鞁傷，則枝葉必偏枯。偏枯是爲不實，穀亦如之。❷上失政，大及小人畜穀。」公曰：「所謂失政者，若夏商之謂乎？」子曰：「否。若夏商者，天奪之魄，不生德焉。」公曰：「然則何以謂失政？」子曰：「所謂失政者，疆蔞未虧，人民未變，鬼神未亡，水土未絪，糟者猶糟，實者猶實，玉者猶玉，血者猶血，酒者猶酒，優以繼湛，政出自家門，此之謂失政也。

❶「制無用」，武英殿聚珍版《大戴禮記》作「制法任地」。

❷「穀」，武英殿聚珍版《大戴禮記》作「民」。

非天是反，人自一作「是」。反。臣故曰：君無言情於臣，君無假人器，君無假人名。」公曰：「善哉！」

《公羊》襄二十九年何休解詁　孔子曰：「三皇設言民不違，五帝畫象世順機，三王肉刑揆漸加，應世黠巧姦僞多。」疏云《孝經説》文。

《初學記》九引《七經義綱》　孔子曰：「天子之德，感天地，洞八方。以化合神者稱皇，德合天者稱帝，德合仁義者稱王。」

《藝文類聚》十一引《帝王世紀》　孔子稱：「天子之德，感天地，洞八方。是以化合神者稱皇，德合天地者稱帝，仁義合者稱王。」又見《御覽》七十六。

《史記·商君傳》　孔丘有言曰：「推賢而戴者進，聚不肖而王者退。」

《後漢書·翟酺傳》酺上疏　孔子曰：「吐珠於澤，誰能不含？」注：《春秋保乾圖》曰：「臣功大者主威侵，權并族害己姦行，吐珠於澤，誰能不含？」

《後漢書·李雲傳》雲上書　孔子曰：「帝者，諦也。」注：《春秋運斗樞》曰：「五帝修名立功，修德成化，統調陰陽，招類使神，故稱帝。帝之言諦也。」鄭玄注云：「審諦於物也。」

《後漢書·五行志》注引《魏志》高堂隆對　孔子曰：「災者，修類應行，精祲相感，以戒人君。」

《荀子·王制》　孔子曰：「大節是也，小節是也，上君也；大節是也，小節一出焉，一入焉，中君也；大節非也，小節雖是也，吾無觀其餘矣。」

《荀子·哀公》　魯哀公問舜冠於孔子，孔子不對。三問，不對。哀公曰：「寡人問舜冠於子，何以不言也？」孔子曰：「古之王者，有務而拘領者矣，其政好生而惡殺焉。是以鳳在列樹，麟在郊野，烏鵲之巢，可俯而窺也。君不此問而問舜冠，所以不對也。」

《荀子·哀公》 魯哀公問於孔子曰：「寡人生於深宮之中，長於婦人之手，寡人未嘗知哀也，未嘗知憂也，未嘗知勞也，未嘗知懼也，未嘗知危也。」孔子曰：「君之所問，聖君之問也。丘，小人也，何足以知之？」曰：「非吾子，無所聞之也。」孔子曰：「君入廟門而右，登自胙階，仰視榱棟，俛見几筵，其器存，其人亡，君以此思哀，則哀將焉不至矣？君昧爽而櫛冠，平明而聽朝，一物不應，亂之端也，君以此思憂，則憂將焉不至矣？君平明而聽朝，日昃而退，諸侯之子孫，必有在君之末庭者，君以此思勞，則勞將焉不至矣？君出魯之四門，以望魯四郊，亡國之虛，則必有數蓋焉，君以此思懼，則懼將焉不至矣？且丘聞之：君者，舟也；庶人者，水也。水則載舟，水則覆舟。君以此思危，則危將焉不至矣？」

《新序·雜事四》 哀公問孔子曰：「寡人生乎深宮之中，長於婦人之手，寡人未嘗知哀也，未嘗知憂也，未嘗知勞也，未嘗知懼也，未嘗知危也。」孔子辟席曰：「吾君之問，乃聖君之問也。丘，小人也，何足以言之？」哀公曰：「否。吾子就席，微吾子，無所聞之矣。」孔子就席曰：「然。君入廟門，升自阼階，仰見榱棟，俯見几筵，其器存，其人亡，君以此思哀，則哀將安不至矣？君昧爽而櫛冠，平旦而聽朝，一物不應，亂之端也，君以此思憂，則憂將安不至矣？君平旦而聽朝，日昃而退，諸侯之子孫必有在君之門庭者，君以此思勞，則勞將安不至矣？君出魯之四門，以望魯之四郊，亡國之墟列必有數矣，君以此思懼，則懼將安不至矣？丘聞之：君者，舟也；庶人者，水也。水則載舟，水則覆舟。君以此思危，則危將安不至矣？夫執國之柄，履民之上，懍乎如以腐索御犇馬。《易》曰：『履虎尾。』《詩》曰：『如履薄冰。』不亦危乎！」哀公再拜曰：「寡人雖不敏，請事斯語矣。」

《荀子·哀公》 魯哀公問於孔子曰：「紳委章甫，有益於仁乎？」孔子蹴然曰：「君號然也！資衰苴杖者不聽樂，非耳不能聞也，服使然也；黼衣黻裳者不茹葷，非口不能味也，服使然也。且丘聞之，好肆不守折，長者不爲市竊。其有益與其無益，君其知之矣。」

《羣書治要·尸子·治天下》 鄭簡公謂子產曰：「飲酒之不樂，鐘鼓之不鳴，寡人之任也；國家之不乂，朝廷之不治，與諸侯交之不得志，子之任也。」子產治鄭，國無盜賊，道無餓人。孔子曰：「若鄭簡公之好樂，雖抱鐘而朝可也。」

《群書治要·尸子·處道》 孔子曰：「君者，盂也；民者，水也。盂方則水方，盂圓則水圓，上何好而民不從？」

《韓非子·外儲説左上》 孔子曰：「爲人君者，猶盂也，民猶水也。盂方水方，盂圜水圜。」

《御覽》七十九引《尸子》 子貢曰：「古者黄帝四面，信乎？」孔子曰：「黄帝取合己者四人，使治四方，不計而耕，不約而成。《御覽》三百六十五引作「使治四方，大有成功」。此之謂四面。」

《御覽》四百九十引《尸子》 魯哀公問孔子曰：「魯有大忘，徙而忘其妻，有諸？」

孔子曰：「此忘之小者也。昔商紂有臣曰王子須，務爲諂，使其君樂須臾之樂，而忘終身之憂。」

《説苑·敬慎》　魯哀公問孔子曰：「予聞忘之甚者，徙而忘其妻，有諸乎？」孔子對曰：「此非忘之甚者也。忘之甚者，忘其身。」哀公曰：「可得聞與？」對曰：「昔夏桀貴爲天子，富有天下，不修禹之道，毁壞辟法，裂絶世祀，荒淫于樂，沈酗于酒，其臣有左師觸龍者，諂諛不止。湯誅桀，左師觸龍者，身死，四支不同壇而居，此忘其身者也。」哀公愀然變色曰：「善！」

《御覽》六百二十引《尸子》　孔子謂子夏曰：「汝知君子之爲君乎？」子夏曰：「魚失水則死，水失魚，猶爲水也。」孔子曰：「商，汝知之。」按：《諸子彙函》以爲《尸子·君治篇》文。

《韓非子·内儲説上·七術》　魯哀公問於孔子曰：「鄙諺曰：『莫衆而迷。』今寡人舉事，與羣臣慮之而國愈亂，其故何也？」孔子對曰：「明主之問臣，一人知之，一人不知也。如是者，明主在上，羣臣直議於下，今羣臣無不一辭同軌乎季孫者，舉魯國盡化爲一，君雖問境内之人，猶不免於亂也。」

《韓非子·外儲説左上》　晉文公攻原，裹十日糧，遂與大夫期十日。至原十日而原不下，擊金而退，罷兵而去。士有從原中出者曰：「原三日即下矣。」羣臣左右諫曰：「夫原之食竭力盡矣，君姑待之。」公曰：「吾與士期十日，不去，是亡吾信也。得原失信，吾不爲也。」遂罷兵而去。原人聞曰：「有君如彼其信也，可無歸乎？」乃降公。衛人聞曰：「有君如彼其信也，可無從乎？」乃降公。孔子聞而記之曰：「攻原得衛者，信也。」

《韓非子・外儲説右上》　堯欲傳天下於舜，鯀諫曰：「不祥哉！　孰以天下而傳之於匹夫乎？」堯不聽，舉兵而誅殺鯀於羽山之郊。共工又諫曰：「孰以天下而傳之於匹夫乎？」堯不聽，又舉兵而誅共工於幽州之都。於是天下莫敢言無傳天下於舜。仲尼聞之曰：「堯之知舜之賢，非其難者也；夫至乎誅諫者必傳之舜，乃其難也。一曰不以其所疑敗其所察，則難也。」

《韓非子・難一》　歷山之農者侵畔，舜往耕焉，朞年甽畝正；河濱之漁者爭坻，舜往漁焉，朞年而讓長；東夷之陶者器苦窳，舜往陶焉，朞年而器牢。仲尼歎曰：「耕漁與陶，非舜官也。而舜往爲之者，所以救敗也。舜其信仁乎！　乃躬耕處苦，而民從之，故曰：聖人之德化乎！」

《韓非子・難一》　晉文公將與楚人戰，召舅犯問之，曰：「吾將與楚人戰，彼衆我寡，爲之柰何？」舅犯曰：「臣聞之，繁禮君子，不厭忠信；戰陣之間，不厭詐僞。君其詐之而已矣。」文公辭舅犯。因召雍季而問之曰：「我將與楚人戰，彼衆我寡，爲之柰何？」雍季對曰：「焚林而田，偷取多獸，後必無獸。以詐遇民，偷取一時，後必無復。」文公曰：「善。」辭雍季。以舅犯之謀與楚人戰，以敗之。歸而行爵，先雍季而後舅犯。群臣曰：「城濮之事，舅犯謀也。夫用其言而後其身，可乎？」文公曰：「此非君所知也。夫舅犯言，一時之權也；雍季言，萬世之利也。」仲尼聞之，曰：「文公之霸也，宜哉！　既知一時之權，又知萬世之利。」

《呂氏春秋・孝行覽・義賞》　昔晉

文公將與楚人戰於城濮，召咎犯而問曰：「楚衆我寡，柰何而可？」咎犯對曰：「臣聞繁禮之君，不足於文；繁戰之君，不足於詐。君亦詐之而已。」文公以咎犯言告雍季，雍季曰：「竭澤而漁，豈不獲得？而明年無魚；焚藪而田，豈不獲得？而明年無獸。詐僞之道，雖今偷可，後將無復，非長術也。」文公用咎犯之言，而敗楚人於城濮。反而爲賞，雍季在上。左右諫曰：「城濮之功，咎犯之謀也。君用其言而賞後其身，或者不可乎？」文公曰：「雍季之言，百世之利也；咎犯之言，一時之務也。焉有以一時之務先百世之利者乎？」孔子聞之曰：「臨難用詐，足以却敵；反而尊賢，足以報德。文公雖不終始，足以霸矣！」

《韓非子・難二》 昔者文王侵盂、克莒、舉酆，三舉事而紂惡之。文王乃懼，請入洛西之地，赤壤之國，方千里，以請解炮烙之刑。天下皆說。仲尼聞之曰：「仁哉，文王！輕千里之國而請解炮烙之刑。智哉，文王！出千里之地而得天下之心。」

《呂氏春秋・季春紀・先己》 孔子見魯哀公，哀公曰：「有語寡人曰：『爲國家者，爲之堂上而已矣。』寡人以爲迂言也。」孔子曰：「此非迂言也。丘聞之：得之於身者得之人，失之於身者失之人，不出於門户而天下治者，其惟知反於己身者乎！」

《說苑・政理》 衛靈公謂孔子曰：「有語寡人：『爲國家者，謹之於廟堂之上，而國家治矣。』其可乎？」孔子曰：「可。愛人者，則人愛之；惡人者，則人惡之。知得之己者，亦知得之人。所謂不出於環堵之室，而知天下者，知反之己者也。」

《呂氏春秋·貴直論·過理》 糟丘酒池，肉圃爲格，雕柱而桔諸侯，不適也。刑鬼侯之女而取其環，截涉者脛而視其髓，殺梅伯而遺文王其醢，不適也。文王貌受，以告諸侯。作爲琁室，築爲頃宫，剖孕婦而觀其化，殺比干而視其心，不適也。孔子聞之曰：「其竅通，則比干不死矣。夏、商之所以亡也。」

陸賈《新語·無爲》 孔子曰：「移風易俗，豈家至之哉？先之於身而已矣。」

《淮南子·齊俗訓》 晉平公出言而不當，師曠舉琴而撞之，跌衽宫壁，左右欲塗之。平公曰：「舍之，以此爲寡人失。」孔子聞之曰：「平公非不痛其體也，欲來諫者也。」

《新序·雜事四》 晉人伐楚，三舍不止。大夫曰：「請擊之。」莊王曰：「先君之時，晉不伐楚，及孤之身，而晉伐楚，是寡人之過也，如何其辱諸大夫也？」大夫曰：「先君之時，晉不伐楚；及臣之身，而晉伐楚，是臣之罪也，請擊之。」莊王俛泣而起，拜諸大夫。晉人聞之，曰：「君臣争以過爲在己，且君下其臣猶如此，所謂上下一心，三軍同力，未可攻也。」乃夜還師。孔子聞之曰：「楚莊王霸，其有方矣！下士以一言而敵還，以安社稷。其霸不亦宜乎？《詩》曰：『柔遠能邇，以定我王。』此之謂也。」

《新序·雜事五》 哀公問於孔子曰：「寡人聞之：東益宅不祥。信有之乎？」孔子曰：「不祥有五，而東益不與焉。夫損人而益己，身之不祥也；棄老取幼，家之不祥也；擇賢用不肖，國之不祥也；老者不教，幼者不學，俗之不祥也；聖人伏匿，天下之不祥也。故不祥有五，而東益不與焉。《詩》曰：『各敬爾儀，天命不又。』未聞東益之與爲命也。」按：《家語》與此同。《淮南子·人閒訓》、《論衡·四諱》、《御覽》百八十引《風俗通》亦有此説，「東」皆作「西」。

《文選·孫子荆爲石苞與孫皓書》注引《新序》 孔子曰：「聖人雖生異世，相襲若規矩。」今《新序》無此文。

《説苑·君道》 虞人與芮人質其成於文王，入文王之境，則見其人民之讓爲士大夫；入其國，則見其士大夫讓爲公卿。二國者相謂曰：「其人民讓爲士大夫，其士大夫讓爲公卿，然則，此其君亦讓爲天下而不居矣。」二國者未見文王之身，而讓其所争，以爲閑田而反。孔子曰：「大哉，文王之道乎！其不可加矣！不動而變，無爲而成，敬慎恭己而虞、芮自平。故《書》曰：『惟文王之敬忌。』此之謂也。」

《説苑·政理》 子貢問治民於孔子，孔子曰：「懔懔焉，如以腐索御奔馬。」子貢曰：「何其畏也？」孔子曰：「夫通達之國皆人也，以道導之，則吾畜也；不以道導之，則吾讎也。若何而毋畏？」

《説苑·政理》 仲尼見梁君，梁君問仲尼曰：「吾欲長有國，吾欲列都之得，吾欲使民安不惑，吾欲使士竭其力，吾欲使日月當時，吾欲使聖人自來，吾欲使官府治，爲之柰何？」仲尼對曰：「千乘之君，萬乘之主，問於丘者多矣，未嘗有如主君問丘之術也，然而盡可得也。丘聞之：兩君相親，則長有國；君惠臣忠，則列都之得；無殺不辜，毋釋罪人，則民不惑；益士禄賞，則竭其力；尊天敬鬼，則日月當時；善爲刑罰，則聖人自來；尚賢使能，則官府治。」梁君曰：「豈有不然哉？」

《**説苑・尊賢**》　齊景公問於孔子曰：「秦穆公其國小，處僻而霸，何也？」對曰：「其國小而志大，雖處僻而其政中，其舉果，其謀和，其令不偷。親舉五羖大夫於係縲之中，與之語三日而授之政。以此取之，雖王可也，霸則小矣。」

《**説苑・尊賢**》　魯哀公問於孔子曰：「當今之時，君子誰賢？」對曰：「衛靈公。」公曰：「吾聞之，其閨門之内，姑姊妹無别。」對曰：「臣觀於朝廷，未觀於堂陛之閒也。靈公之弟曰公子渠牟，其知足以治千乘之國，其信足以守之，而靈公愛之。又有士曰王林，國有賢人，必進而任之，無不達也，不能達，退而與分其禄，而靈公尊之。又有士曰慶足，國有大事，則進而治之，無不濟也，而靈公説之。史鰌去衛，靈公邸舍三月，琴瑟不御，待史鰌之入也，而後入。臣是以知其賢也。」

《**説苑・正諫**》　孔子曰：「良藥苦於口，利於病；忠言逆於耳，利於行。故武王諤諤而昌，紂嘿嘿而亡。君無諤諤之臣，父無諤諤之子，兄無諤諤之弟，夫無諤諤之婦，士無諤諤之友，其亡可立而待。故曰：君失之，臣得之；父失之，子得之；兄失之，弟得之；夫失之，婦得之；士失之，友得之。故無亡國破家、悖父亂子、放兄棄弟、狂夫淫婦、絶交敗友。」

《**説苑・權謀**》　齊桓公將伐山戎、孤竹，使人請助於魯。魯君進羣臣而謀，皆曰：「師行數千里，入蠻夷之地，必不反矣。」於是魯許助之而不行。齊已伐山戎、孤竹，而欲移兵於魯。管仲曰：「不可。諸侯未親，今又伐遠，而還誅近鄰，鄰國不親，非霸王之道。君之所得山戎之寶器者，中國之所鮮也，不可以不進周公之廟乎！」桓公乃分山戎之寶，獻之周公之廟。明年，起兵伐莒。魯下令丁男悉發，五尺童子皆至。孔子曰：「聖人轉禍爲福，報怨以德。此之謂也。」

《潛夫論·慎微》 仲尼曰：「湯、武非一善而王，桀、紂非一惡而亡也。故三代之廢興也，❶在其所積。積善多者，雖有一惡，是謂過失，❷未足以亡；積惡多者，雖有一善，是謂誤中，未足以存。」❸

《風俗通》五 孔子曰：❹「雖明天子，熒惑必謀。禍福之徵，慎察用之。」

《風俗通》五 孔子曰：「火上不可握熒惑，班變不可息志，帝應其脩無極。」

孔子集語卷六終

---

❶「而亡也故三」，底本闕文，朱本無「故」字，浙本脱「三」字。據朱本、浙本補。

❷「惡是謂過失」，底本闕文，據朱本補。「過」浙本作「誤」。

❸「中未足以存」，底本闕文，據朱本補。「中」，浙本闕。「存」，浙本作「王」。

❹「風俗通五孔」，底本闕文，浙本脱「風俗通五」四字，朱本脱「孔」字，據朱本、浙本補。

孔子集語卷七

山東督糧道臣孫星衍撰

臣術六

《**尚書大傳**》　孔子曰：「文王得四臣，丘亦得四友焉。自吾得回也，門人加親，是非胥附邪！自吾得賜也，遠方之士日至，是非奔輳邪！自吾得師也，前有輝，後有光，是非先後邪！自吾得由也，惡言不至于門，是非禦侮邪！按：《史記·仲尼弟子傳》作「不入於耳」，《鹽鐵論》作「不入於門」。文王有四臣以免虎口，丘亦有四友以禦侮。」

《**韓詩外傳**》五　孔子侍坐於季孫，季孫之宰通曰：「君使人假馬，其與之乎？」皇侃《論語疏》七引「乎」上有「不」字。孔子曰：「吾聞君取於臣，謂之取，不曰假。」季孫悟，告宰通曰：「今以往，君有取，謂之取，無曰假。」按：又見《新序·雜事五》。

《**韓詩外傳**》七　孔子曰：「昔者，周公事文王，行無專制，事無由己，身若不勝衣，言若不出口，有奉持於前，洞洞焉若將失之，可謂子矣。武王崩，成王幼，周公承文武之業，履天子之位，聽天子之政，征夷狄之亂，誅管蔡之罪，抱成王而朝諸侯，誅賞制斷，無所顧問，威動天地，振恐海内，可謂能武矣。成王壯，周公致政，北面而事之，請然後行，無伐矜之色，可謂臣矣。故一人之身，能三變者，所以應時也。」

《**韓詩外傳**》七　子貢問大臣，子曰：「齊有鮑叔，鄭有子皮。」子貢曰：「否。齊有管仲，鄭有東里子産。」孔子曰：「産，薦也。」

似當云「管仲，鮑叔薦也；子產，子皮薦也。」子貢曰：「然則薦賢賢於賢？」曰：「知賢，智也；推賢，仁也；引賢，義也。有此三者，又何加焉？」

《說苑·臣術》 子貢問孔子曰：「今之人臣，孰爲賢？」孔子曰：「吾未識也。往者齊有鮑叔，鄭有子皮，賢者也。」子貢曰：「然則齊無筦仲，鄭無子產乎？」子曰：「賜，汝徒知其一，不知其二。汝聞進賢爲賢邪？用力爲賢邪？」子貢曰：「進賢爲賢。」子曰：「然。吾聞鮑叔之進筦仲也，聞子皮之進子產也，未聞筦仲、子產有所進也。」

《劉子·薦賢》 昔子貢問於孔子曰：「誰爲大賢？」子曰：「齊有鮑叔，鄭有子皮。」子貢曰：「齊無管仲，鄭無子產乎？」子曰：「吾聞進賢爲賢，非賢爲不肖。鮑叔薦管仲，子皮薦子產，未聞二子有所舉也。」

《晏子春秋·諫下》 晏子使于魯，比其反也，景公使國人起大臺之役。歲寒不已，凍餒之者鄉有焉，❶國人望晏子。晏子至，已復事，公乃坐，飲酒樂。晏子曰：「君若賜臣，臣請歌之。」歌曰：「庶民之言曰：『凍水洗我，若之何！太上靡散我，若之何！』」歌終，喟然嘆而流涕。公就止之，曰：「夫子曷爲至此？殆爲大臺之役夫？寡人將速罷之。」晏子再拜，出而不言。遂如大臺，執朴鞭其不務者，曰：「吾細人也，皆有蓋廬，以辟燥濕，君爲一臺而不速成，何爲？」國人皆曰：「晏子助天爲虐。」晏子歸，未至，而君出令趣罷役，車馳而人趨。仲尼聞之，喟然歎

❶「凍餒之」，《指海》本《晏子春秋》作「役之凍餒」。

曰：「古之善爲人臣者，聲名歸之君，禍災歸之身，入則切磋其君之不善，出則高譽其君之德義，是以雖事惰君，能使垂衣裳，朝諸侯，不敢伐其功。當此道者，其晏子是耶！」

《晏子春秋·問下》 梁丘據問晏子曰：「子事三君，君不同心，而子俱順焉，仁人固多心乎？」晏子對曰：「嬰聞之，順愛不懈，可以使百姓；强暴不忠，不可以使一人。一心可以事百君，三心不可以事一君。」仲尼聞之，曰：「小子識之！晏子以一心事百君者也。」

《晏子春秋·雜上》 晏子使魯，仲尼使門弟子往觀。子貢反，報曰：「孰謂晏子習于禮乎？夫禮曰：『登階不歷，堂上不趨，授玉不跪。』今晏子皆反此，孰謂晏子習于禮者？」晏子既已有事於魯君，退，見仲尼。仲尼曰：「夫禮，登階不歷，堂上不趨，授玉不跪。夫子反此乎？」晏子曰：「嬰聞兩楹之間，君臣有位焉，君行其一，臣行其二。君之來遫，是以登階歷，堂上趨，以及位也。君授玉卑，故跪以下之。且吾聞之，大者不踰閑，小者出入可也。」晏子出，仲尼送之以賓客之禮，不計之義，❶維晏子爲能行之。

《韓詩外傳》四 晏子聘魯，上堂則趨，授玉則跪。子貢怪之，問孔子曰：「晏子知禮乎？今者晏子來聘魯，上堂則趨，授玉則跪，何也？」孔子曰：「其有方矣，待其見我，我將問焉。」俄而晏子至，孔子問之，晏子對曰：「夫上堂之禮，君行一，臣行二。今君行疾，臣敢不趨乎？今君之授幣也卑，臣敢不跪乎？」孔子曰：

---

❶「不計之義」，《指海》本《晏子春秋》作「反命門弟子曰：不法之禮」。

「善！禮中又有禮。賜，寡使也，何足以識禮也！《詩》曰：『禮儀卒度，笑語卒獲。』晏子之謂也。」

《晏子春秋·外篇上》 仲尼曰：「靈公汙，晏子事之以整齊；莊公壯，晏子事之以宣武；景公奢，晏子事之以恭儉。君子也！相三君而善不通下。晏子，細人也。」晏子聞之，見仲尼曰：「嬰聞君子有譏于嬰，是以來見。如嬰者，豈能以道食人者哉！嬰之宗族，待嬰而祀其先人者數百家；與齊國之閒士，待嬰而舉火者數百家。臣爲此仕者也。如臣者，豈能以道食人者哉？」晏子出，仲尼送之以賓客之禮，再拜其辱。反，命門弟子曰：「救民之姓而不夸，行補三君而不有，晏子果君子也。」

《長短經·懼誡》引《尸子》❶ 昔周公反政，孔子非之曰：「周公其不聖乎！以天下讓，不爲兆人也。」

《三國志·魏文帝紀》注許芝奏引《春秋大傳》 周公何以不之魯？蓋以爲雖有繼體守文之君，不害聖人受命而王。周公反政，❷尸子以爲孔子非之，以爲周公不聖，不爲兆民也。

《三國志·魏文帝紀》注輔國將軍等奏 孔子曰：「周公其爲不聖乎？以天下讓，是天地日月輕去萬物也。」

《韓非子·外儲説右下》 衛君入朝於周，周行人問其號，對曰：「諸侯辟疆。」周行人却之曰：「諸侯不得與天子同號。」衛君乃自更曰「諸侯燬」。而後内之。仲尼聞之曰：「遠哉禁偪！虛名不以借人，況實

❶「經」，原誤作「輕」，據朱本、浙本改。
❷「周公反政」以下，不見於《春秋大傳》，當爲許芝語。

事乎？」

《韓非子・難一》　襄子圍於晉陽中，出圍，賞有功者五人，高赫爲賞首。張孟談曰：「晉陽之事，赫無大功，今爲賞首，何也？」襄子曰：「晉陽之事，寡人國家危，社稷殆矣。吾群臣無有不驕侮之意者，惟赫子不失君臣之禮，是以先之。」仲尼聞之曰：「善賞哉！襄子賞一人，而天下爲人臣者，不敢失禮矣。」

《呂氏春秋・孝行覽・義賞》　趙襄子出圍，賞有功者五人，高赫爲首。張孟談曰：「晉陽之中，赫無大功，賞而爲首，何也？」襄子曰：「寡人之國危、社稷殆，身在憂約之中，與寡人交而不失君臣之禮者，惟赫。吾是以先之。」仲尼聞之曰：「襄子可謂善賞矣！賞一人，而天下之爲人臣莫敢失禮。」

《說苑・復恩》　趙襄子見圍於晉陽，罷圍，賞有功之臣五人，高赫無功而受上賞，五人皆怒。張孟談謂襄子曰：「晉陽之中，赫無大功，今與之上賞，何也？」襄子曰：「吾在拘戹之中，不失臣主之禮，唯赫也。子雖有功，皆驕。寡人與赫上賞，不亦可乎？」仲尼聞之曰：「趙襄子可謂善賞士乎！賞一人，而天下之人臣莫敢失君臣之禮矣。」

《呂氏春秋・孟春紀・去私》　晉平公問於祁黃羊曰：「南陽無令，其誰可而爲之？」祁黃羊對曰：「解狐可。」平公曰：「解狐非子之讎邪？」對曰：「君問可，非問臣之讎也。」平公曰：「善。」遂用之，國人稱善焉。居有間，平公又問祁黃羊曰：「國無尉，其誰可而爲之？」對曰：「午可。」平公曰：「午非子之子邪？」對曰：「君問可，非問臣之子也。」平公曰：「善。」又遂用之，國人稱善焉。孔子聞之曰：「善哉！祁黄羊之論也。外舉不避讎，内舉不避子，祁黄羊可謂公矣！」

《吕氏春秋·不苟論》 武王至殷郊，係墮。《韓非子·外儲説左下》云：「文王伐崇，至鳳黄虚，韈繫解。」五人御於前，莫肯之爲，曰：「吾所以事君者，非係也。」武王左釋白羽，右釋黄鉞，勉而自爲係。孔子聞之曰：「此五人者之所以爲王者佐也，不肖主之所弗安也。故天子有不勝細民者，天下有不勝千乘者。」

《吕氏春秋·士容論·務大》 孔子曰：「鷰爵争善處於一屋之下，母子相哺也，區區焉相樂也，自以爲安矣。竈突決，上棟焚，鷰爵顔色不變，是何也？不知禍之將及之也，不亦愚乎！爲人臣而免於鷰爵之智者，寡矣！」

《鹽鐵論·通有》 昔孫叔敖相楚，❶妻不衣帛，馬不秣粟。孔子曰：「不可。大儉極下，此《蟋蟀》所爲作也。」

《鹽鐵論·褒賢》 季孟之權，三桓之富，不可及也。孔子爲之曰：「微爲人臣，權均於君，富侔於國者，亡。」

《説苑·臣術》 簡子有臣尹綽、赦厥。簡子曰：「厥愛我，諫我必不於衆人中；綽也不愛我，諫我必於衆人中。」尹綽曰：「厥也愛君之醜，而不愛君之過也；臣愛君之過，而不愛君之醜。」孔子曰：「君子哉，尹綽！面訾不譽也。」

《説苑·復恩》 孔子曰：「北方有獸，其名曰蟨，前足鼠，後足兔。是獸也，甚矣，其愛蛩蛩巨虚也。食得甘草，必齧以遺蛩蛩

❶「昔孫叔敖相楚」，明嘉靖猗蘭堂刊本《鹽鐵論》作「昔季文子相魯」。

巨虛，蛩蛩巨虛見人將來，必負蹷以走。蹷非性之愛蛩蛩巨虛也，爲其假足之故也。二獸者，亦非性之愛蹷也，爲其得甘草而遺之故也。夫禽獸昆蟲，猶知比假而相有報也，況於士君子之欲興名利於天下者乎？」

《**説苑·尊賢**》 介子推行年十五而相荆，仲尼聞之，使人往視，還曰：「廊下有二十五俊士，堂上有二十五老人。」仲尼曰：「合二十五人之智，智於湯武；并二十五人之力，力於彭祖。以治天下，其固免矣乎！」

《**説苑·尊賢**》 孔子閒居，喟然而嘆曰：「銅鞮伯華而無死，天下其有定矣！」子路曰：「願聞其爲人也何若。」孔子曰：「其幼也，敏而好學；其壯也，有勇而不屈；其老也，有道而能以下人。」子路曰：「其幼也敏而好學則可，其壯也有勇而不屈則可，夫有道又誰下哉？」孔子曰：「由不知也。吾聞之，以衆攻寡，而無不消也；以貴下賤，無不得也。昔在周公旦制天下之政，而下士七十人，豈無道哉？欲得士之故也。夫有道而能下於天下之士，君子乎哉！」

《**説苑·正諫**》 諫有五：一曰正諫，二曰降諫，三曰忠諫，四曰戇諫，五曰諷諫。孔子曰：「吾從其諷諫矣乎！夫不諫則危君，固諫則危身，與其危君，寧危身。危身而終不用，則諫亦無功矣。智者度君權時，調其緩急，而處其宜，上不敢危君，下不以危身。故在國而國不危，在身而身不殆。」

《**白虎通·諫諍**》 孔子曰：「諫有五，吾從諷之諫。事君進思盡忠，退思補過，去而不訕，諫而不露。」

《**説苑·正諫**》 楚昭王欲之荆臺游，司馬子綦進諫曰：「荆臺之游，左洞庭之波，右彭蠡之水，南望獵山，下臨方淮。其樂使人遺老而忘死，人君游者，盡以亡其國。願大王勿往游焉。」王曰：「荆臺乃吾地也，有地而游之，子何爲絶我游乎？」怒而擊之。於是令尹子西駕安車四馬，徑於殿下，曰：「今日荆臺之游，不可不觀也。」王登車而拊其背曰：「荆臺之游，與子共樂之矣。」步馬十里，引轡而止，曰：「臣不敢下車，願得有道，大王肎聽之乎？」王曰：「苐言之。」令尹子西曰：「臣聞之，爲人臣而忠其君者，爵禄不足以賞也；爲人臣而諛其君者，刑罰不足以誅也。若司馬子綦者，忠臣也；若臣者，諛臣也。願大王殺臣之軀，罰臣之家，而禄司馬子綦。」王曰：「若我能止聽，公子獨能禁我游耳。後世游之，無有極時，柰何？」令尹子西曰：「欲禁後世易耳，願大王山陵崩陁，爲陵於荆臺，未嘗有持鐘鼓管弦之樂而游於父之墓上者也。」於是王還車，卒不游荆臺，令罷先置。孔子從魯聞之，曰：「美哉，令尹子西！諫之於十里之前，而權之於百世之後者也。」

《説苑·雜言》 齊高廷問於孔子曰：「廷不曠山，不直地，衣蓑，提執精氣，以問事君之道，願夫子告之。」孔子曰：「貞以幹之，敬以輔之，待人無倦，見君子則舉之，見小人則退之，去爾惡心，而忠與之，敏其行，修其禮，千里之外，親如兄弟；若行不敏，禮不合，對門不通矣。」

《抱朴子·外篇·逸民》 昔顔回死，魯定公將躬弔焉，使人訪仲尼。仲尼曰：「凡在邦内，皆臣也。」定公乃升自東階，行君禮焉。

《長短經·臣術》❶ 子貢曰：「陳靈公

❶「臣術」，當作「臣行」。

君臣宣淫於朝，泄治諫而殺之，是與比干同也，可謂仁乎？」子曰：「比干於紂，親則叔父，官則少師，忠款之心，在於存宗廟而已。故以必死争之，冀身死之後，而紂悔寤，其本情在乎仁也。泄治位爲下大夫，無骨肉之親，懷寵不去。以區區之一身，欲正一國之淫昏，死而無益，可謂懷矣。《詩》云：『民之多僻，無自立辟。』其泄治之謂乎！」此見《家語》，姑附載之。

孔子集語卷七終

孔子集語卷八

山東督糧道臣孫星衍撰

交道七

《韓詩外傳》九　孔子出游少原之野，有婦人中澤而哭，其音甚哀。孔子怪之，此二字舊脱，據《文選》陸士衡《連珠》注引補。《御覽》五十五引亦同。使弟子問焉，曰：「夫人何哭之哀？」婦人對曰：舊本無「對」字，據《文選》注增。「鄉者刈著薪，《文選》注下有「而」字。亡吾著簪，吾是以哀也。」弟子曰：《文選》、《御覽》俱作「孔子曰」。「刈著薪而亡著簪，有何悲焉？」婦人曰：「非傷亡簪也，蓋不忘故也。」「蓋」字，《文選》、《御覽》俱作「吾所以悲者」六字。《御覽》六百八十八引亦同。

《韓詩外傳》九　子路曰：「人善我，我亦善之；人不善我，我不善之。」子貢曰：「人善我，我亦善之；人不善我，我則引之進退而已耳。」顏回曰：「人善我，我亦善之；人不善我，我亦善之。」三子所持各異，問於夫子，夫子曰：「由之所言，一本作「持」。蠻貊之言也；賜之所言，朋友之言也；回之所言，親屬之言也。」

《韓詩外傳》十　顏淵問於孔子曰：「淵願貧如富，賤如貴，無勇而威，與士交通，終身無患難，亦且可乎？」孔子曰：「善哉回也！夫貧而如富，其知足而無欲也；賤而如貴，其讓而有禮也；無勇而威，其恭敬而不失於人也；終身無患難，其擇言而出之也。若回者，其至乎！雖上古聖人，亦如此而已。」

《荀子·王霸》 孔子曰：「審吾所以適人，適人之所以來我也。」

《荀子·堯問》 子貢問於孔子曰：「賜爲人下而未知也。」孔子曰：「爲人下者，其猶土也！深抇之而得甘泉焉，樹之而五穀蕃焉，草木殖焉，禽獸育焉，生則立焉，死則入焉，多其功而不息。爲人下者，其猶土也。」

《韓詩外傳》七 孔子閒居，子貢侍坐，請問爲人下之道柰何。孔子曰：「善哉！爾之問也。爲人下，其猶土乎！」子貢未達。孔子曰：「夫土者，掘之得甘泉焉，樹之得五穀焉，草木植焉，鳥獸魚鼈遂焉，生則立焉，死則入焉，多功不言，賞世不絶，故曰能爲下者，其惟土乎！」子貢曰：「賜雖不敏，請事斯語。」

《説苑·臣術》 子貢問孔子曰：「賜爲人下，而未知所以爲人下之道也。」孔子曰：「爲人下者，其猶土乎！種之則五穀生焉，掘之則甘泉出焉，草木植焉，禽獸育焉，生人立焉，死人入焉，多其功而不言。爲人下者，其猶土乎！」

《羣書治要·尸子·明堂》 孔子曰：「大哉，河海乎！下之也。夫河下天下之川，故廣；人下天下之士，故大。」

《羣書治要·尸子·處道》 仲尼曰：「得之身者得之民，失之身者失之民，不出於户而知天下，不下其堂而治四方。知反之於己者也。」按：薛據《集語》作「孔子曰：惡人者，人惡之；知得之己者，亦知得之人。所謂不出環堵之室而知天下者，知反之己者也。」

《説苑·敬慎》 孔子見羅者，其所得者皆黄口也。孔子曰：「黄口盡得，大爵獨不得，何也？」羅者對曰：「黄口從大爵者不得，大爵從黃口者可得。」孔子顧謂弟子曰：「君子慎所從，不得其人則有羅網之患。」

《説苑·雜言》 曾子曰：「吾聞夫子之三言，未之能行也。夫子見人之一善而忘其百非，是夫子之易事也；夫子見人有善若己有之，是夫子之不争也；聞善必躬親行之，然後道之，是夫子之能勞也。夫子之能勞也，夫子之不争也，夫子之易事也，吾學夫子之三言而未能行。」

《説苑·雜言》 孔子將行，無蓋。弟子曰：「子夏有蓋，可以行。」孔子曰：「商之爲人也，甚短於財。吾聞與人交者，推其長者，違其短者，故能久長矣。」

《説苑·雜言》 子路行，辭於仲尼曰：「敢問新交取親若何？言寡可行若何？長爲善士而無犯若何？」仲尼曰：「新交取親，其忠乎；言寡可行，其信乎；長爲善士而無犯，其禮乎。」

《説苑·雜言》 孔子曰：「以富貴爲人下者，何人不與？以富貴敬愛人者，何人不親？衆言不逆，可謂知言矣；衆嚮之，可謂知時矣。」

《説苑·雜言》 孔子曰：「夫富而能富人者，欲貧而不可得也；貴而能貴人者，欲賤而不可得也；達而能達人者，欲窮而不可得也。」

《説苑·雜言》 仲尼曰：「非其地而樹之，不生也；非其人而語之，弗聽也。得其人，如聚沙而雨之；非其人，如聚聾而鼓之。」

《説苑·雜言》 孔子曰：「船非水不可行，水入船中，則其没也。故曰：君子不可不嚴也，小人不可不閉也。」薛據《集語》作「閑也。」

《説苑·雜言》孔子曰：「依賢固不困，依富固不窮。馬趼一作「蚿」。折而復行者何？以輔足衆也。」

《説苑·雜言》孔子曰：「不知其子，視其所友；不知其君，視其所使。」又曰：「與善人居，如入蘭芷之室，久而不聞其香，則與之化矣；與惡人居，如入鮑魚之肆，久而不聞其臭，亦與之化矣。」

《中論·貴驗》孔子曰：「居而得賢友，福之次也。」

孔子集語卷八終

孔子集語卷九

山東督糧道臣孫星衍撰

論人八

《繹史》九十五引《尚書大傳》　東郭子思問於子貢曰：「夫子之門，何其雜也？」子貢曰：「夫隱括之旁多枉木，良醫之門多疾人，砥礪之旁多頑鈍。」夫子聞之曰：「修道以俟天下，來者不止，是以雜也。」

《説苑·雜言》　東郭子惠問於子貢曰：「夫子之門，何其雜也？」子貢曰：「夫隱括之旁多枉木，良醫之門多疾人，砥礪之旁多頑鈍。夫子修道以俟天下，來者不止，是以雜也。」

《毛詩·巷伯》傳　昔者顔叔子獨處于室，鄰之釐婦又獨處于室，夜暴風雨至而室壞。婦人趨而至，顔叔子納之，而使執燭，放乎旦而蒸盡，縮屋而繼之，自以爲辟嫌之不審矣。若其審者，宜若魯人然。魯人有男子獨處于室，鄰之釐婦又獨處于室。夜暴風雨至而室壞。婦人趨而託之，男子閉户而不納。婦人自牖與之言曰：「子何爲不納我乎？」男子曰：「吾聞之也，男子不六十不間居。今子幼，吾亦幼，不可以納子。」婦人曰：「子何不若柳下惠然？嫗不逮門之女，國人不稱其亂。」男子曰：「柳下惠固可，吾固不可，吾將以吾不可學柳下惠之可。」孔子曰：「欲學柳下惠者，未有似於是者也。」《後漢·崔駰傳》注引《韓詩外傳》亦有此文，今《外傳》無。

《韓詩外傳》一　荆伐陳，陳西門壞，因其降民使脩之，孔子過而不式。子貢執轡而問曰：「禮，過三人則下，二人則式。今陳之脩門者衆矣，夫子不爲式，何也？」孔子曰：「國亡而弗知，不智也；知而不争，非忠也；亡而不死，非勇也。脩門者雖衆，不能行一於此，吾故弗式也。」

《説苑·立節》　楚伐陳，陳西門燔，因使其降民修之。孔子過之，不軾。子路曰：「禮，過三人則下車，過二人則軾。今陳修門者人數衆矣，夫子何爲不軾？」孔子曰：「丘聞之，國亡而不知，不智；知而不争，不忠；忠而不死，不廉。今陳修門者，不行一于此，丘故不爲軾也。」

《韓詩外傳》二　子路與巫馬期薪於韞丘之下，陳之富人有處師氏者，脂車百乘，觴於韞丘之上。子路與當作「謂」。巫馬期曰：「使子無忘子之所知，亦無進子之所能，得此富，終身無復見夫子，子爲之乎？」巫馬期喟然仰天而歎，闟然投鐮於地，曰：「吾嘗聞之夫子：『勇士不忘喪其元，志士仁人不忘在溝壑。』子不知予與？試予與？意者其志與？」子路心慚，故負薪先歸。孔子曰：「由，來！何爲偕出而先返也？」子路曰：「向也，由與巫馬期薪於韞丘之下，陳之富人有處師氏者，脂車百乘，觴於韞丘之上。由謂巫馬期曰：『使子無忘子之所知，亦無進子之所能，得此富，終身無復見夫子，子爲之乎？』巫馬期喟然仰天而嘆，闟然投鐮於地，曰：『吾嘗聞之夫子，勇士不忘喪其元，志士仁人不忘在溝壑。子不知予與？試予與？意者其志與？』由也心慚，故先負薪歸。」孔子援琴而彈：「《詩》曰：『肅肅鴇羽，集于苞栩。王事靡盬，不能蓺稷黍。父母何怙？悠悠蒼天，曷其有所！』予道不行邪？使汝顧者。」

《韓詩外傳》二　孔子曰：「士有五：有執尊貴者，有家富厚者，有資勇悍者，有心智惠者，有貌美好者。此下本皆衍一「有」字。執尊貴者，不以愛民行義理，而反以暴敖；家富厚者，不以振窮救不足，而反以侈靡無度；資勇悍者，不以衛上攻戰，而反以侵陵私鬬；心智惠者，不以端計數，而反以事姦飾詐；貌美好者，不以統朝涖民，而反以蠱女從欲。此五者，所謂士失其美質者也。」

《韓詩外傳》三　舜生於諸馮，遷於負夏，卒於鳴條，東夷之人也；文王生於岐周，卒於畢郢，西夷之人也。地之相去也，千有餘里；世之相後也，千有餘歲。然得志行乎中國，若合符節。孔子曰：「先聖後聖，其揆一也。」

《韓詩外傳》四　孔子見客。薛據《集語》引作「孔子適衛，衛使見客」。客去，顏淵曰：薛「曰」上有「問」字。「客仁也？」薛下有「乎」字。孔子曰：「恨兮其心，顙兮其口，仁則薛作「即」。吾不知也，言之所聚也。」五字薛無。顏淵蹙然變色，曰：「良玉度尺，雖有十仞之土，不能掩其光；良珠度寸，雖有百仞之水，不能掩其瑩。薛作「其氣」。夫形，體也；色，心也；薛作「夫形體之包心也」。閔閔乎其薄也。苟有温良在中，薛作「苟有温瑩，良在其中」。則眉睫著薛作「見」。之矣；瑕疵在中，薛「中」上有「其」字。則眉睫不能匿之。薛作「亦不能匿也」。《詩》曰：『鼓鐘于宮，聲聞于外。』」薛下有「言有諸中，必形諸外也」九字。

《御覽》五百十引《高士傳》　客有候孔子者，顏淵問曰：「客何人也？」孔子曰：「宵兮法兮，❶吾不測也。夫良玉徑尺，雖十仞之土，不能掩其光；明珠徑寸，雖有函丈之石，不能戢其曜。苟緼矣，❷自厚容止可知矣。」

《韓詩外傳》七　孔子遊於景山之上，子路、子貢、顔淵從。孔子曰：「君子登高必賦。小子願者何？言其願，丘將啟汝。」子路曰：「由願奮長戟，盪三軍，乳虎在後，仇敵在前，蠡躍蛟奮，進救兩國之患。」孔子曰：「勇士哉！」子貢曰：「兩國構難，壯士列陳，塵埃張天，「張」一作「漲」。賜不持一尺之兵，一斗之糧，解兩國之難。用賜者存，不用賜者亡。」孔子曰：「辯士哉！」顔回不願。孔子曰：「回，何不願？」顔淵曰：「二子已願，故不敢願。」孔子曰：「不同，意各有事焉。回其願，丘將啟汝。」顔淵曰：「願得小國而相之，主以道制，臣以德化，君臣同心，外内相應。列國諸侯，莫不從義嚮風，壯者趨而進，老者扶而至。教行乎百姓，德施乎四蠻，莫不釋兵，輻輳乎四門，天下咸獲永寧。蝖飛蠕動，各樂其性；進賢使能，各任其事。於是君綏於上，臣和於下，垂拱無爲，動作中道，從容得禮。言仁義者賞，言戰鬭者死。則由何進而救，賜何難之解？」孔子曰：「聖士哉！大人出，小人匿，聖者起，賢者伏。回與執政，則由、賜焉施其能哉！」

《韓詩外傳》九　孔子與子貢、子路、顔淵游於戎山之上。孔子喟然嘆曰：「二三子！各言爾志，予將覽焉。由，爾何如？」對曰：「得白羽如月，赤羽如日，或作「朱」。擊鐘鼓者，上聞於天，下槊於地，使

---

❶「宵兮法兮」，《四部叢刊》本《御覽》作「宵兮泛兮」。

❷「緼矣」，《四部叢刊》本《御覽》作「蘊美」。

將而攻之，惟由爲能。」孔子曰：「勇士哉！賜，爾何如？」對曰：「得素衣縞冠，使於兩國之間，不持尺寸之兵，升斗之糧，使兩國相親如弟兄。」孔子曰：「辯士哉！回，爾何如？」對曰：「鮑魚不與蘭茝同笥而藏，桀紂不與堯舜同時而治。二子已言，回何言哉？」孔子曰：「回有鄙之心。」顔淵曰：「願得明王聖主爲之相，使城郭不治，溝池不鑿，陰陽和調，家給人足，鑄庫兵以爲農器。」孔子曰：「大士哉！由來，區區汝何攻？賜來，便便汝何使？願得之冠，疑。爲子宰焉。」

《説苑·指武》 孔子北遊，東上農山，子路、子貢、顔淵從焉。孔子喟然歎曰：「登高望下，使人心悲。二三子者，各言爾志，丘將聽之。」子路曰：「願得白羽若月，赤羽若日；鐘鼓之音，上聞乎天；旌旗翩翻，下蟠於地。由且舉兵而擊之，必也攘地千里，獨由能耳。使夫二子爲我從焉。」孔子曰：「勇哉士乎！憤憤者乎！」子貢曰：「賜也，願齊、楚合戰於莽洋之野，兩壘相當，旌旗相望，塵埃相接，接戰搆兵。賜願著縞衣白冠，陳説白刃之間，解兩國之患，獨賜能耳。使夫二子者爲我從焉。」孔子曰：「辯哉士乎！僊僊者乎！」顔淵獨不言，孔子曰：「回，來，若獨何不願乎？」顔淵曰：「文武之事，二子已言之，回何敢與焉？」孔子曰：「若鄙，心不與焉，第言之。」顔淵曰：「回聞：鮑魚、蘭芷，不同篋而藏；堯舜、桀紂，不同國而治。二子之言，與回言異。回願得明王聖主而相之，使城郭不脩，溝池不越，鍛劍戟以爲農器，使天下千歲無戰鬭之患。如此，則由何憤憤而擊，賜又何僊僊而使乎？」孔子曰：「美哉德乎！姚姚者乎！」子路舉手問曰：「願聞夫子之意。」孔子曰：「吾所願者，顏氏之計。吾願負衣冠而從顏氏子也。」

《大戴禮·哀公問五義》 魯哀公問於孔子曰：「吾欲論吾國之士，與之爲政，何如者取之？」孔子對曰：「生乎今之世，志古之道，居今之俗，服古之服，舍此而爲非者，不亦鮮乎？」哀公曰：「然則今夫章甫、句屨、紳帶而縉笏者，此皆賢乎？」孔子曰：「否，不必然。今夫端衣玄裳，冕而乘路者，志不在於食葷；斬衰菅屨，杖而歠粥者，志不在於飲食。故生乎今之世，志古之道，居今之俗，服古之服，舍此而爲非者，雖有，不亦鮮乎？」哀公曰：「善。何如則可謂庸人矣？」孔子對曰：「所謂庸人者，口不能道善言，而志不邑邑；不能選賢人善士而託其身焉，以爲己憂；動行不知所務，止力不知所定，日選於物，不知所貴；從物而流，不知所歸；五鑿爲政，心從而壞。若此，則可謂庸人矣。」哀公曰：「善。何如則可謂士矣？」孔子對曰：「所謂士者，雖不能盡道術，必有所由焉；雖不能盡善盡美，必有所處焉。是故知不務多，而務審其所知；行不務多，而務審其所由；言不務多，而務審其所謂。知既知之，行既由之，言既順之，若夫性命肌膚之不可易也。富貴不足以益，貧賤不足以損。若此，則可謂士矣。」哀公曰：「善。何如則可謂君子矣？」孔子對曰：「所謂君子者，躬行忠信，其心不買；「買」當爲「悳」，形近而譌。《荀子》作「言忠信而心不德」。「買」與「置」形亦相近，故元本又譌作「置」。 仁義在己，而不害不志；一本作「知」，一本作「自彊不息」。 聞志廣博而色不伐，思慮明達而辭不爭。君子猶然如將可及也，而不可及也。如此，可謂君子矣。」哀公曰：「善。敢問何如可一本無「可」字。謂賢人矣？」孔子對曰：「所謂賢人者，好惡與民同情，取舍與民同統，行中矩繩而不傷於本，言足法於天下而不害於其身，躬爲匹夫而願富，貴爲諸侯而無財。一本「財」上有「宛」字。注：《荀子》作「富有天下而無宛財，布施天下而不病貧」。如此，則可謂賢人矣。」哀公曰：「善。敢問何如可謂聖人矣？」孔子對曰：「所謂聖人者，知通乎大道，應變而不窮，能測萬物之情性者也。大道者，所以變化而凝成萬物者也；情性也者，所以理然不然取舍者也。故其事大，配乎天地，參乎日月，雜於雲蜺，總要萬物。穆穆純純，其莫之能循；若天之司，莫之能職。百姓淡然不知其善。若此，則可謂聖人矣。」哀公曰：「善。」孔子出，哀公送之。

《荀子·哀公》 魯哀公問於孔子曰：「吾欲論吾國之士，與之治國，敢問何如之邪？」孔子對曰：「生今之世，志古之道，居今之俗，服古之服，舍此而爲非者，不亦鮮乎？」哀公曰：「然則夫章甫、絇屨、紳而搢笏者，此賢乎？」孔子對曰：「不必然。夫端衣玄裳，絻而乘路者，志不在於食葷；斬衰菅屨，杖而啜粥者，志不在於酒肉。生今之世，志古之道，居今之俗，服古之服，舍此而爲非者，雖有，不亦鮮乎！」哀公曰：「善！」孔子曰：「人有五儀：有庸人，有士，有君子，有賢人，有大聖。」哀公曰：「敢問何如斯可謂庸人矣？」孔子對曰：「所謂庸人者，口不能道善言，心不知色色；不知選賢人善士託其身焉，以爲己憂；勤行不知所務，止交不知所定；日選擇於物，不知所貴；從物如流，不知所歸；五鑿爲正，心從而壞。如此，則可謂庸人矣。」哀公曰：「善！敢問何如斯可謂士矣？」孔子對曰：「所謂士者，雖不能盡道術，必有率也；雖不能徧美善，必有處也。是故知不務多，務審其所知；言不務多，務審其所謂；行不務多，務審其所由。故知既已知之矣，言既已謂之矣，行既已由之矣，則若性命肌膚之不可易也。故富貴不足以益也，卑賤不足以損也。如此，則可謂士矣。」哀公曰：「善！敢問何如斯可謂君子矣？」孔子對曰：「所謂君子者，言忠信而心不德，仁義在身而色不伐，思慮明通而辭不爭，故猶然如將可及者，君子也。」哀公曰：「善！敢問何如斯可謂賢人矣？」孔子對曰：「所謂賢人者，行中規繩而不傷於本，言足法於天下而不傷於身，富有天下而無怨財，布施天下而不病貧。如此，則可謂賢人矣。」哀公曰：「善！敢問何如斯可謂大聖矣？」孔子對曰：「所謂大聖者，知通乎大道，應變而不窮，辨乎萬物之情性者也。大道者，所以變化遂成萬物也；情性者，所以理然不取舍也。是故其事大辨乎天地，明察乎日月，總要萬物於風雨。繆繆肫肫，其事不可循；若天之嗣，其事不可識。百姓淺然不識其鄰。若此，則可謂大聖矣。」哀公曰：「善！」

《大戴禮·衛將軍文子》 衛將軍文子問於子貢曰：「吾聞夫子之施教也，先以《詩》，世道者孝悌，説之以義，而觀諸體，成之以文德。蓋受教者七十有餘人。聞之，孰爲賢也？」子貢對，辭以不知。文子曰：「吾子學焉，何謂不知也？」子貢對曰：「賢人無妄，知賢則難。故君子曰：『智莫難於知人。』此以難也。」文子曰：「若夫知賢，人莫不難。吾子親游焉，是敢問也。」子貢對曰：「夫子之門人，蓋三就焉。賜有逮及焉，有未及焉，不得辯知也。」文子曰：「吾子之所及，請問其行也。」子貢對曰：「夙興夜寐，諷誦崇禮，行不貳過，稱言不苟，是顔淵之行也。孔子説之以《詩》，《詩》云：『媚兹一人，應侯順德。永言孝思，孝思惟則。』故國一逢有德之君，世受顯命，不失厥名，以御于天子以申之。在貧如客，使其臣如藉，不遷怒，不探怨，不録舊罪，是冉雍之行也。孔子曰：『有士君子，有衆使也，有刑用也，然後怒，匹夫之怒，惟以亡其身。』《詩》云『靡不有初，鮮克有終』，以告之。不畏强禦，不侮矜寡，其言曰性，都其富哉，任其戎，是仲由之行也。夫子未知以文也，《詩》云：『受小共大共，「共」一作「拱」。爲下國恂蒙，何天之寵，傅奏其勇。』夫强乎武哉，文不勝其質，恭老恤孤，不忘賓旅，好學省物而不懃，是冉求之行也。孔子因而語之曰：『好學則智，恤孤則惠，恭老則近禮，克篤恭以天下，其稱之也，宜爲國老。』志通而好禮，擯相兩君之事，篤雅其有禮節也，是公西赤之行也。孔子曰：『禮儀三百，可勉能也，威儀三千，則難也。』公西赤問曰：『何謂也？』孔子曰：『貌以擯禮，禮以擯辭，是之謂也。』主人聞之以成。』孔子之語人也，曰：『當賓客之事則通矣。』謂門人曰：『二三子欲學賓客之禮者，於赤也。』滿而不滿，實如虚，通之如不及，先生難之；不學其貌，竟其德，敦其言；於人也，無所不信，其橋大人也，常以皓皓，是以眉壽，是曾參之行也。孔子曰：『孝，德之始也；弟，德之序也；信，德之厚也；忠，德之正也。參也，中夫四德者矣哉！』以此稱之也。業功不伐，貴位不善，不侮可侮，不佚可佚，不敖無告，是顓孫之行也。孔子言之曰：『其不伐，則猶可能也；其不弊百姓者，則仁也。』《詩》云：『愷悌君子，民之父母。』夫子以其仁爲大也。學以深，厲以斷，送迎必敬，上友下交，銀手如斷，是卜商之行也。孔子曰：『《詩》云：式夷式已，無小人殆。而商也，其可謂不險也。』貴之不喜，賤之不怒，苟於民利矣，廉於其事上也，以佐其下，是澹臺滅明之行也。孔子曰：『獨貴獨富，君子恥之，夫也中之矣。』先成其慮，及事而用之，是故不忘，是言偃之行也。孔子曰：『欲能則學，欲知則問，欲善則訊，欲給則豫。當是如偃也得之矣。』獨居思仁，公言言義，其聞之《詩》也，一日三復白圭之玷，是南宫縚之行也。夫子信其仁，以爲異姓。自見孔子，入户未嘗越屨，往來過人不履影，開蟄不殺，方長不折，執親之喪，未嘗見齒，是高柴之行也。孔子曰：『高柴執親之喪，則難能也；開蟄不殺，則天道也；方長不折，則恕也。恕則仁也。湯恭以恕，是以日躋也。』此賜之所親睹也。吾子有命而訊，賜則不足以知賢。」文子曰：「吾聞之也，國有道則賢人興焉，中人用焉，百姓歸焉。若吾子之語審茂，則一諸侯之相也，亦未逢明君也。」子貢既與衛將軍文子言，適魯，見孔子曰：「衛將軍問二三子之行於賜也，不一而三，賜也辭不獲命，以所見者對矣，未知中否，請嘗以告。」孔子曰：「言之。」子貢以其質告。孔子既聞之，笑曰：「賜，汝偉爲知人，賜！」子貢對曰：「賜也焉能知人，此賜之所親覩也。」孔子曰：「是汝所親也。吾語女，耳之所未聞，目之所未見，思之所未至，智之所未及者乎？」子貢曰：「賜得，則願聞之也。」孔子曰：「不克不忌，不念舊惡，蓋伯夷、叔齊之行也。晉平公問於祁傒曰：『羊舌大夫，晉國之良大夫也，其行如何？』祁傒對，辭曰：『不知也。』公曰：『吾聞女少長乎其所，女其闇知之。』祁傒對曰：『其幼也，恭而遜，恥而不使其過宿也；其爲侯大夫也，悉善而謙，其端也；其爲公車尉也，信而好直，其功也；至於其爲和容也，溫良而好禮，博聞而時出，其志也。』公曰：『嚮者問女，女何曰弗知也？』祁傒對曰：『每位改變，未知所止，是以不知。』蓋羊舌大夫之行也。畏天而敬人，服義而行信，孝乎父而恭於兄，好從善而斅往，蓋趙文子之行也。其事君也，不敢愛其死，然亦不忘其身，謀其身不遺其友，君陳則進，不陳則行而退，蓋隨武子之行也。其爲人之淵泉也，多聞而難誕也，不內辭，足以沒世，國家有道，其言足以生，國家無道，其默足以容，蓋桐提伯華之行也。外寬而內直，自設於隱栝之中，直己而不直於人，以善存，亡汲汲，蓋蘧伯玉之行也。孝子慈幼，允德稟義，約貨去怨，蓋柳下惠之行也。其言曰：『君雖不諒於臣，臣不可以不量於君。』是故君擇臣而使之，臣擇君而事之，有道順君，無道橫命，晏平仲之行也。德恭而行信，終日言，不在尤之內，在尤之外，貧而樂也，蓋老萊子之行也。易行以俟天命，居下位而不援其上，觀於四方也，不忘其親，苟思其親，不盡其樂，以不能學爲己終身之憂，蓋介山子推《史記·仲尼弟子列傳》作「子然」，裴駰引亦作「子然」。之行也。」

《群書治要·尸子·勸學》　孔子曰：「自娛於檃括之中，直己而不直人，以善廢而不邑邑，蘧伯玉之行也。」

《穀梁》成五年傳　梁山崩，壅遏河三日不流。晉君召伯尊而問焉。伯尊來，遇輦者。輦者不辟，使車右下而鞭之。輦者曰：「所以鞭我者，其取道遠矣！」伯尊下車而問焉，曰：「子有聞乎？」對曰：「梁山崩，壅遏河三日不流。」伯尊曰：「君爲此召我也，爲之柰何？」輦者曰：「天有山，天崩之；天有河，天壅之。雖召伯尊，如之何？」伯尊由忠問焉，輦者曰：「君親素縞，帥群臣而哭之，既而祠焉，斯流矣。」伯尊至，君問之曰：「梁山崩，壅遏河三日不流，爲之柰何？」伯尊曰：「君親素縞，帥群臣而哭之，既而祠焉，斯流矣。」孔子聞之曰：「伯尊其無績乎？攘善也。」

《韓詩外傳》八　梁山崩，晉君召大夫伯宗。道逢輦者，以其輦服。《晉語》五云：「遇大車當道而覆。」伯宗使其右下，欲鞭之。輦者曰：「君趨道，豈不遠矣！不知事而行，可乎？」伯宗喜，問其居。曰：「絳人也。」伯宗曰：「子亦有聞乎？」曰：「梁山崩，壅河，顧三日不流，是以召子。」伯宗曰：「如之何？」曰：「天有山，天崩之；天有河，天壅之。伯宗將如之何？」伯宗私問之，曰：「君其率群臣素服而哭之，既而祠焉，河斯流矣。」伯宗問其姓名，弗告。伯宗到，君問伯宗，以其言對。於是君素服率群臣而哭之，既而祠焉，河斯流矣。君問伯宗何以知之，伯宗不言受輦者，詐以自知。孔子聞之曰：「伯宗其無後！攘人之善。」

《魯語》下　公父文伯退朝，朝其母，其母方績。文伯曰：「以歜之家而主猶績，懼忓季孫之怒也。其以歜爲不能事主乎？」其母歎曰：「魯其亡乎？使僮子備官而未之聞邪？居，吾語汝。昔聖王之處民也，擇瘠土而處之，勞其民而用之，故長王天下。夫民勞則思，思則善心生；逸則淫，淫則忘善，忘善則惡心生。沃土之民不材，淫也；瘠土之民莫不嚮義，勞也。是故天子大采朝日，與三公九卿祖識地德，日中考政，與百官之政事，師尹維旅牧相，宣序民事。少采夕月，與太史司載，糾虔天刑。日入監九御，使潔奉禘郊之粢盛，而後即安。諸侯朝修天子之業命，晝考其國職，夕省其典刑，夜儆百工，使無慆淫，而後即安。卿大夫朝考其職，晝講其庶政，夕序其業，夜庀其家事，而後即安。士朝而受業，晝而習貫，夕而習復，夜而計過無憾，而後即安。自庶人以下，明而動，晦而休，無日以怠，王后親織玄紞，公侯之夫人加之以紘綖，卿之内子爲大帶，命婦成祭服，列士之妻加之以朝服。自庶士以下，皆衣其夫。社而賦事，蒸而獻功，男女效績，愆則有辟，古之制也。君子勞心，小人勞力，先王之訓也。自上以下，誰敢淫心舍力？今我寡也，爾又在下位，朝夕處事，猶恐忘先人之業，況有怠惰，其何以避辟？吾冀而朝夕修我曰：必無廢先人。爾今曰：胡不自安？以是承君之官，余懼穆伯之絶嗣也。」仲尼聞之曰：「弟子志之，季氏之婦不淫矣。」

《魯語》下　公父文伯之母，季康子之從祖叔母也。康子往焉，闔門與之言，皆不踰閾。祭悼子，康子與焉，胙不受，徹俎不宴，宗不具不繹，繹不盡飫則退。仲尼聞之，以爲別於男女之禮矣。

《魯語》下　公父文伯卒，其母戒其妾曰：「吾聞之，好内，女死之；好外，士死之。今吾子夭死，吾惡其以好内聞也。二三婦之辱共先者祀，請無瘠色，無洵涕，無掐膺，無憂容，有降服，無加服，從禮而静，是昭吾子也。」仲尼聞之曰：「女知莫若婦，男知莫若夫。公父氏之婦，智也夫！欲明其子之令德。」

《魯語》下　公父文伯之母朝哭穆伯而暮哭文伯。仲尼聞之曰：「季氏之婦，可謂知禮矣。愛而無私，上下有章。」

《晏子春秋·諫上》　景公之時，雨雪三日而不霽，公衣狐白之裘，坐堂側陛。晏子入見，立有閒。公曰：「怪哉！雨雪三日而天不寒。」晏子對曰：「天不寒乎？」公笑。晏子曰：「嬰聞古之賢君，飽而知人之飢，温而知人之寒，逸而知人之勞。今君不知也。」公曰：「善！寡人聞命矣。」乃令出裘發粟與飢寒，令所睹于塗者，無問其鄉；所睹于里者，無問其家；循國計數，無言其名。士既事者兼月，疾者兼歲。孔子聞之曰：「晏子能明其所欲，景公能行其所善也。」

《晏子春秋·諫下》　景公之嬖妾嬰子死，公守之，三日不食，膚著於席不去，左右以復，而君無聽焉。晏子入，復曰：「有術客與醫俱言曰『聞嬰子病死，願請治之』。」公喜，遽起曰：「病猶可爲乎？」晏子曰：「客之道也，以爲良醫也，請嘗試之。君請屏，潔沐浴飲食，閒病者之宫，彼亦將有鬼神之事焉。」公曰：「諾。」屏而沐浴。晏子令棺人入斂，已斂，而復曰：「醫不能治病，已殮矣，不敢不以聞。」公作色不悦，曰：「夫子以醫命寡人，而不使視，將斂而不以聞，吾之爲君，名而已矣。」晏子曰：「君獨不知死者之不可以生邪？嬰聞之，君正臣從謂之順，君僻臣從謂之逆。今君不道順而行僻，從邪者邇，導害者遠，❶讒諛萌通，而賢良廢滅，是以諂

❶「害」，《指海》本《晏子春秋》作「善」。

諫繁於閒，❶邪行交於國也。昔吾先君桓公用管仲而霸，嬖乎豎刁而滅，今君薄於賢人之禮而厚嬖妾之哀。且古聖王畜私不傷行，斂死不失愛，送死不失哀。行傷則溺己，❷愛失則傷生，哀失則害性，是故聖王節之也。即畢殮，不留生事。棺椁衣衾，不以害生養；哭泣處哀，不以害生道。今朽尸以留生，廣愛以傷行，修哀以害性，❸君之失矣。故諸侯之賓客慙入吾國，本朝之臣慙守其職。崇君之行，不可以導民；從君之欲，不可以持國。且嬰聞之，朽而不殮謂之僇尸，臭而不收謂之陳胔。反明王之性，行百姓之誹，而內嬖妾於僇胔，此之爲不可。」公曰：「寡人不識，請因夫子而爲之。」晏子復曰：「國之士大夫、諸侯、四鄰賓客，皆在外，君其哭而節之。」仲尼聞之曰：「星之昭昭，不若月之曀曀；小事之成，不若大事之廢；君子之非，賢於小人之是也。其晏子之謂歟！」

《晏子春秋·雜上》 晉平公欲伐齊，使范昭往觀焉。景公觴之，飲酒酣，范昭曰：「請君之棄罇。」公曰：「酌寡人之罇，進之于客。」范昭已飲，晏子曰：「徹罇，更之。」罇觶具矣，范昭佯醉，不悦而起舞，謂太師曰：「能爲我調成周之樂乎？吾爲子舞之。」太師曰：「冥臣不習。」范昭趨而出。景公謂晏子曰：「晉，大國也，使人來，將觀吾政。今子怒大國之使者，將奈何？」晏子曰：「夫范昭之爲人也，非陋而不知禮也，且欲試吾君臣，故絶之也。」景公謂太師曰：「子何以不爲客調成周之樂乎？」太師對曰：「夫成周

❶「閒」，《指海》本《晏子春秋》作「間」。
❷「傷」，《四部叢刊》本《晏子春秋》作「蕩」。
❸「修」，《指海》本《晏子春秋》作「循」。

之樂，天子之樂也，調之，必人主舞之。今范昭人臣，欲舞天子之樂，臣故不爲也。」范昭歸，以報平公曰：「齊未可伐也。臣欲試其君而晏子識之，臣欲犯其禮而太師知之。」❶仲尼聞曰：「夫不出于尊俎之間而知千里之外，其晏子之謂也。可謂折衝矣！而太師其與焉。」

《韓詩外傳》八　晉平公使范昭觀齊國之政，景公錫之宴。晏子在前，范昭趨曰：「願君之倅樽以爲壽。」景公顧左右曰：「酌寡人樽獻之客。」范昭飲。晏子對曰：「徹去樽。」范昭不説，起舞，顧太師曰：「子爲我奏成周之樂，願舞。」太師對曰：「盲臣不習。」范昭起，出門。景公謂晏子曰：「夫晉，天下大國也。使范昭來觀齊國之政。今子怒大國之使者，將柰何？」晏子曰：「范昭之爲人也，非陋而不知禮也，是欲試吾君，嬰故不從。」於是景公召太師而問之曰：「范昭使子奏成周之樂，何故不調？」對如晏子。於是范昭歸報平公曰：「齊未可并也。吾試其君，晏子知之；吾犯其樂，太師知之。」孔子聞之曰：「善乎晏子！不出俎豆之間，折衝千里。」

《新序・雜事一》　晉平公欲伐齊，使范昭往觀焉。景公賜之酒，酣，范昭曰：「願請君之樽酌。」公曰：「酌寡人之樽，進之於客。」范昭已飲。晏子曰：「徹樽，更之。」樽觶具矣，范昭佯醉，不悦而起舞，謂太師曰：「能爲我調成周之樂乎？吾爲子舞之。」太師曰：「冥臣不習。」范昭趨而出。景公謂晏子曰：「晉，大國也，使人

❶「禮」，《指海》本《晏子春秋》作「樂」。

來，將觀吾政也。今子怒大國之使者，將柰何？」晏子曰：「夫范昭之爲人，非陋而不識禮也，且欲試吾君臣，故絕之也。」景公謂太師曰：「子何以不爲客調成周之樂乎？」太師對曰：「夫成周之樂，天子之樂也，若調之，必人主舞之。今范昭，人臣也，而欲舞天子之樂，臣故不爲也。」范昭歸，以告平公曰：「齊未可伐也。臣欲試其君而晏子識之，臣欲犯其禮而太師知之。」仲尼聞之曰：「夫不出於樽俎之間而知千里之外，其晏子之謂乎！可謂折衝矣，而太師其與焉。」

《晏子春秋·雜上》　晏子居晏桓子之喪，麤斬衰，苴絰帶，杖，菅履，食粥，居倚廬，寢苫，枕草。其家老曰：「非大夫喪父之禮也。」晏子曰：「唯卿爲大夫。」曾子以聞孔子，孔子曰：「晏子可謂能遠害矣。不以已之是駁人之非，遜辭以避咎，義也夫！」

《荀子·大略》　子謂：「子家駒續然大夫，不如晏子；晏子，功用之臣也，不如子產；子產，惠人也，不如管仲；管仲之爲人，力功不力義，力知不力仁，野人也，不可以爲天子大夫。」

《荀子·子道》　子路問於孔子曰：「魯大夫練而牀，禮邪？」夫子曰：「吾不知也。」子路出，謂子貢曰：「吾以夫子爲無所不知，夫子徒有所不知。」子貢曰：「汝何問哉？」子路曰：「由問：『魯大夫練而牀，禮邪？』夫子曰：『吾不知也。』」子貢曰：「吾將爲汝問之。」子貢問曰：「練而牀，禮邪？」孔子曰：「非禮也。」子貢出，謂子路曰：「汝謂夫子爲有所不知乎？夫子徒無所不知。汝問非也。禮，居是邑，不非其大夫。」

《荀子·哀公》　魯哀公問於孔子曰：

「請問取人。」孔子對曰：「無取健，無取詌，《家語》作「鉗」。無取口啍。健，貪也；詌，亂也；口啍，誕也。故弓調而後求勁焉，馬服而後求良焉，士信愨而後求知能焉。士不信愨而有多知能，譬之其豺狼也，不可以身尒也。語曰：『桓公用其賊，文公用其盜。』故明主任計不信怒，闇主信怒不任計。計勝怒者强，怒勝計者亡。」

《韓詩外傳》四　哀公問取人。孔子曰：「無取健，無取佞，無取口讒。健，驕也；佞，諂也；讒，誕也。故弓調然後求勁焉，馬服然後求良焉，士信愨而後求知焉。士不信焉，又多知，譬之豺狼，其難以身近也。《周書》曰：『爲虎傅翼也，不亦殆乎！』」

《説苑・尊賢》　哀公問於孔子曰：「人何若而可取也？」孔子對曰：「無取拑者，無取倢者，毋取口鋭者。」哀公曰：「何謂也？」孔子曰：「拑者大給利，不言盡用；倢者必欲兼人，不可以爲法也；口鋭者多誕而寡信，後恐不驗也。夫弓矢和調，而後求其中焉；馬愨愿順，然後求其良材焉；人必忠信重厚，然後求其知能焉。今人有不忠信重厚而多知能，如此人者，譬猶豺狼與，不可以身近也。是故先其仁信之誠者，然後親之；於是有知能者，然後任之。故曰：親仁而使能。夫取人之術也，觀其言而察其行。夫言者所以抒其胷而發其情者也，能行之士，必能言之，是故先觀其言而揆其行。雖有姦軌之人，❶無以逃其情矣。」哀公曰：「善。」

《列子・天瑞》　孔子游於太山，見榮啟

❶「雖」上，《四部叢刊》本《説苑》有「夫以言揆其行」六字。

期行乎郕之野，鹿裘帶索，鼓琴而歌。孔子問曰：「先生所以樂，何也？」對曰：「吾樂甚多：天生萬物，唯人爲貴，而吾得爲人，是一樂也；男女之別，男尊女卑，故以男爲貴，吾既得爲男矣，是二樂也；人生有不見日月、不免襁褓者，吾既已行年九十矣，是三樂也。貧者士之常也，死者人之終也，處常得終，當何憂哉？」孔子曰：「善乎！能自寬者也。」

《御覽》三百八十三引《新序》 孔子見宋榮啟期，老，白首，衣弊服，鼓琴自樂。孔子問曰：「先生老而窮，何樂也？」啟期曰：「吾有三樂：天生萬物，以人爲貴，吾得爲人，一樂也；人生以男爲貴，吾得爲男，二樂也；人生命有夭傷，吾年九十歲，是三樂也。貧者士之常，死者人之終，居常以守終，何不樂乎？」按：今本佚此文。

《說苑·雜言》 孔子見榮啟期，衣鹿皮裘，鼓瑟而歌。孔子問曰：「先生何樂也？」對曰：「吾樂甚多：天生萬物，唯人爲貴，吾既已得爲人，是一樂也；人以男爲貴，吾既已得爲男，是爲二樂也；人生不免襁褓，吾年已九十五，是三樂也。夫貧者，士之常也；死者，民之終也。處常待終，當何憂乎？」

《列子·說符》 趙襄子使新穉穆子攻翟，勝之，取左人、中人，使遽人一本此下有「來」字。謁之。襄子方食，而有憂色。左右曰：「一朝而兩城下，此人之所喜也。今君有憂色，何也？」襄子曰：「夫江河之大也，不過三日。飄風暴雨不終朝，日中不須臾。今趙氏之德行無所施於積，一朝而兩城下，亡其及我哉！」孔子聞之曰：「趙氏其昌乎！」

《呂氏春秋·慎大覽》 趙襄子攻翟，

勝。老人、中人使使者來謁之。襄子方食摶飯，有憂色。左右曰：「一朝而兩城下，此人之所以喜也。今君有憂色，何？」襄子曰：「江河之大也，不過三日。飄風暴雨，日中不須臾。今趙氏之德行，無所於積，一朝而兩城下，亡其及我乎！」孔子聞之曰：「趙氏其昌乎！」

《淮南子·道應訓》 趙襄子攻翟而勝之，尤人終人。使者來謁之，襄子方將食，而有憂色。左右曰：「一朝而兩城下，此人之所喜也。今君有憂色，何也？」襄子曰：「江河之大也，不過三日。飄風暴雨，日中不須臾。今趙氏之德行無所積，今一朝兩城下，亡其及我乎！」孔子聞之曰：「趙氏其昌乎！」

《莊子·列禦寇》 孔子曰：「凡人心險於山川，難於知天；天猶有春秋冬夏旦暮之期，人者厚貌深情。故有貌愿而益，有長若不肖，有順懁而達，有堅而縵，有緩而釬。故其就義若渴者，其去義若熱。故君子遠使之而觀其忠，近使之而觀其敬，煩使之而觀其能，卒然問焉而觀其知，急與之期而觀其信，委之以財而觀其仁，告之以危而觀其節，醉之以酒而觀其側，雜之以處而觀其色。九徵至，不肖人得矣。」

《御覽》九百十五引《莊子》 老子見孔子，從弟子五人，問曰：「前爲誰？」對曰：「子路，勇且多力；其次子貢，爲智；曾子，爲孝；顏回，爲仁；子張，爲武。」老子歎曰：「吾聞南方有鳥，名鳳凰。其所居也，積石千里，河水出下，鳳鳥居止。天爲生食，其樹名瓊枝，高百仞，以璆琳琅玕爲實。天又爲生離朱，一人三頭，遞起以伺琅玕。鳳鳥之文，戴聖嬰仁，右智左賢。」按：今本無此文，當是佚篇。

《韓非子·説林下》 孔子謂弟子曰：「孰能導子西之釣名也？」子貢曰：「賜也能。」乃導之，不復疑也。孔子曰：「寬哉！不被于利。絜哉！民性有恒。曲爲曲，直爲直。」孔子曰：宋本「孔子曰」提行。「子西不免白公之難，子西死焉。」

《韓非子·外儲説左下》 管仲相齊，曰：「臣貴矣，然而臣貧。」桓公曰：「使子有三歸之家。」曰：「臣富矣，然而臣卑。」桓公使立於高國之上。曰：「臣尊矣，然而臣疏。」乃立爲仲父。孔子聞而非之曰：「泰侈偪上。」一曰，仲父出，朱蓋青衣，置鼓而歸，庭有陳鼎，家有三歸。孔子曰：「良大夫也，其侈偪上。」

《韓非子·顯學》 孔子曰：「以容取人乎，失之子羽；以言取人乎，失之宰予。」

薛據《集語》引《説苑》 子曰：「以容取人，失之子羽；以言取人，失之宰予。澹臺子羽，君子之容也，與之久處而言不充其貌；宰予之辭，雅而文也，與之久處而智不充其辯。」按：今本無此文。《韓非子》「澹臺子羽」六句在「孔子曰：以容取人」之上，不以为孔子語也。

《御覽》四百六十九引《王孫子》 趙簡子獵於晉陽之山，「之山」二字從《御覽》八百三十二引補。撫轡而歎。董安于曰：「今游獵，樂也，而主君歎，敢問何故也？」「故」字從八百三十二引補。簡子曰：「汝不知也。吾效廄養食穀之馬以千數，合宮養多力之士本作「奉多力之書」，從八百三十二引改。四百二亦引作「士」。日數百，欲以獵獸也。吾憂鄰國「吾」字從四百二引補。養賢以獵吾也。」孔子聞之曰：「簡子知所歎也。」

《呂氏春秋・恃君覽・知分》 荆有次非者，得寶劍于干遂，還反涉江，至於中流，有兩蛟夾繞其船。次非謂舟人曰：「子嘗見兩蛟繞船能兩活者乎？」船人曰：「未之見也。」次非攘臂袪衣，拔寶劍曰：「此江中之腐肉朽骨也，棄劍以全己，余奚愛焉！」於是赴江刺蛟，殺之而復上船，舟中之人皆得活。荆王聞之，仕之執圭。孔子聞之曰：「夫善哉！不以腐肉朽骨而棄劍者，其次非之謂乎！」

《淮南子・道應訓》 荆有佽非，得寶劍於干隊，還反度江，至於中流，陽侯之波，兩蛟俠繞其船。佽非謂枻船者曰：「嘗有如此而得活者乎？」對曰：「未嘗見也。」於是佽非瞑目，❶勃然攘臂拔劍曰：「武士可以仁義之禮説也，不可劫而奪也。此江中之腐肉朽骨，棄劍而已，余有奚愛焉！」赴江刺蛟，遂斷其頭，船中人盡活。風波畢除，荆爵爲執圭。孔子聞之曰：「夫善載！❷腐肉朽骨棄劍者，佽非之謂乎！」

《呂氏春秋・恃君覽・召類》 士尹池爲荆使於宋，司城子罕觴之。南家之牆犨於前而不直，西家之潦徑一作「注」。其宮而不止。士尹池問其故，司城子罕曰：「南家，工人也，爲鞔百也。吾將徙之，其父曰：『吾恃爲鞔以食三世矣，今徙之，是宋國之求鞔者不知吾處也，吾將不食。願相國之憂吾不食也。』爲是故，吾弗徙也。西家高，吾宮庳，潦之經吾宮也利，故弗禁也。」士尹池歸荆，荆王適興兵而攻宋。士尹池諫於荆王曰：「宋

---

❶「瞑」，《四部叢刊》本《淮南子》作「瞋」，是。

❷「載」，各本《淮南子》皆作「哉」，是。

不可攻也。其主賢，其相仁。賢者能得民，仁者能用人。荆國攻之，其無功而爲天下笑乎！」故釋宋而攻鄭。孔子聞之曰：「夫修之於廟堂之上，而折衝乎千里之外者，其司城子罕之謂乎！」

《新序·刺奢》 士尹池爲荆使於宋，司城子罕止而觴之。南家之牆擁於前而不直，西家之潦經其宫而不止。士尹池問其故，子罕曰：「南家，工人也，爲鞔者也。吾將徙之，其父曰：『吾恃爲鞔已食三世矣，今徙，是宋邦之求鞔者不知吾處也，吾將不食。願相國之憂吾不食也。』爲是，故吾不徙。西家高，吾宫卑，潦之經吾宫也利，爲是，故不禁也。」士尹池歸荆，適興兵欲攻宋。士尹池諫於王曰：「宋不可攻也。其主賢，其相仁。賢者得民，仁者能用人。攻之無功，爲天下笑！」楚釋宋而攻鄭。孔子聞之曰：「夫修之於廟堂之上，而折衝於千里之外者，司城子罕之謂也！」

《呂氏春秋·恃君覽·觀表》 郈成子爲魯聘於晉，過衛，右宰穀臣止而觴之，陳樂而不樂，酒酣而送之以璧。顧反，過而弗辭。其僕曰：「嚮者右宰穀臣之觴吾子也，甚歡，今侯渫過而弗辭？」郈成子曰：「夫止而觴我，與我歡也；陳樂而不樂，告我憂也；酒酣而送我以璧，寄之我也。若由是觀之，衛其有亂乎！」倍衛三十里，聞甯喜之難作，右宰穀臣死之。還車而臨，三舉而歸。至，使人迎其妻子，隔宅而異之，分禄而食之。其子長而反其璧。孔子聞之曰：「夫智可以微謀，仁可以託財者，其郈成子之謂乎！」

《呂氏春秋·慎行論·求人》 晉人欲攻鄭，令叔向聘焉，視其有人與無人。子産爲之詩曰：「子惠思我，褰裳涉洧；子不思我，豈無他士！」叔向歸曰：「鄭有人，子産在焉，不可攻也。秦、荆近，其詩有異心，不可攻也。」晉人乃輟攻鄭。孔子曰：「《詩》云：『無競惟人。』子産一稱而鄭國免。」

《鹽鐵論・大論》　孔子曰：「進見而不以能往者，非賢士才女也。」一本無「才女」二字。

《新序・雜事四》　鄭人游于鄉校，以議執政之善否。然明謂子産曰：「何不毁鄉校？」子産曰：「胡爲？夫人朝夕游焉，以議執政之善否。其所善者，吾將行之；其所惡者，吾將改之。是吾師也，如之何毁之？吾聞爲國忠信以損怨，不聞作威以防怨。譬之若防川也，大決所犯，傷人必多，吾不能救也，不如小決之使導，吾聞而藥之也。」然明曰：「蔑也，乃今知吾子之信可事也。小人實不材。若果行此，其鄭國實賴之，豈惟二三臣！」仲尼聞是語也，曰：「以是觀之，人謂子産不仁，吾不信也。」

《新序・刺奢》　魯孟獻子聘于晉，韓宣子觴之。三徙鍾石之懸，不移而具。獻子曰：「富哉家！」宣子曰：「子之家孰與我家富？」獻子曰：「吾家甚貧。惟有二士，曰顔回、兹無靈者，使吾邦家安平，百姓和協。惟此二者耳，吾盡於此矣。」客出，宣子曰：「彼，君子也，以畜今本作「以養」，從宋本及《御覽》四百七十二引改。賢爲富；我，鄙人也，以鍾石金玉爲富。」孔子曰：「孟獻子之富，可著於《春秋》。」

《説苑・立節》　曾子衣敝衣以耕。魯君使人往致邑焉，曰：「請以此修衣。」曾子不受。反，復往，又不受。使者曰：「先生非求於人，人則獻之，奚爲不受？」曾子曰：「臣聞之：『受人者畏人，予人者驕人。』縱子有賜，不我驕也，我能勿畏乎？」終不受。孔子聞之曰：「參之言，足以全其節也。」

《説苑·復恩》 東閭子嘗富貴而後乞，人問之曰：「公何爲如是？」曰：「吾自知吾嘗相六七年，未嘗薦一人也；吾嘗富三千萬者再，未嘗富一人也。不知七出身之咎然也。」[1]孔子曰：「物之難矣，小大多少，各有怨惡，數之理也，人而得之，在於外假之也。」

《説苑·善説》 子路問於孔子曰：「管仲何如人也？」子曰：「大人也。」子路曰：「昔者，管子説襄公，襄公不説，是不辯也；欲立公子糾而不能，是無能也；家殘於齊而無憂色，是不慈也；桎梏而居檻車中無慚色，是無愧也；事所射之君，是不貞也；召忽死之，管子不死，是無仁也。夫子何以大之？」子曰：「管仲説襄公，襄公不説，管子非不辯也，襄公不知説也；欲立子糾而不能，非無能也，不遇時也；家殘於齊而無憂色，非不慈也，知命也；桎梏居檻車而無慚色，非無愧也，自裁也；事所射之君，非不貞也，知權也；召忽死之，管子不死，非無仁也。召忽者，人臣之材也，不死則三軍之虜也，死之則名聞天下，夫何爲不死哉？管子者，天子之佐，諸侯之相也，死之則不免爲溝中之瘠，不死則功復用於天下，夫何爲死之哉？由，汝不知也。」

《説苑·權謀》 孔子問漆雕馬人曰：「子事臧文仲、武仲、孺子容，三大夫者，孰爲賢？」漆雕馬人對曰：「臧氏家有龜焉，名曰蔡。文仲立，三年爲一兆焉；武仲立，三年爲二兆焉；孺子容立，三年爲三兆焉。馬人見之矣。若夫三大夫之賢不賢，馬人不識

[1] 「七」，《四部叢刊》本《説苑》作「士」。

也。」孔子曰：「君子哉！漆雕氏之子。其言人之美也，隱而顯；其言人之過也，微而著。故智不能及，明不能見，得無數卜乎？」

《説苑·權謀》　中行文子出亡至邊，從者曰：「爲此嗇夫者，君人也，胡不休焉，且待後車者？」文子曰：「異日吾好音，此子遺吾琴；吾好佩，又遺吾玉。是不非吾過者也，自容於我者也，吾恐其以我求容也。」遂不入。後車入門，文子問嗇夫之所在，執而殺之。仲尼聞之曰：「中行文子背道失義，以亡其國，然後得之，猶活其身。道不可遺也若此。」

《説苑·雜言》　孔子曰：「回，若有君子之道四：强於行己，弱於受諫，怵於待禄，慎於持身。」

《説苑·雜言》　仲尼曰：「史鰌有君子之道三：不仕而敬上，不祀而敬鬼，直能曲於人。」

《説苑·雜言》　孔子曰：「丘死之後，商也日益，賜也日損。商也好與賢己者處，賜也好説不如己者。」

《潛夫論·志氏姓》　周靈王之太子晉，幼有成德，聰明博達，温恭敦敏。穀、雒水鬭，將毁王宫，欲壅之。太子晉諫，以爲不順天心，不若脩政。晉平公使叔譽聘於周，見太子，與之言，五稱而三窮，逡巡而退，歸告平公曰：「太子晉行年十五，而譽弗能與言，君請事之。」平公遣師曠見太子晉，太子晉與言，師曠服德，深相結也。乃問師曠曰：「吾聞太師能知人年之長短。」師曠對曰：「女色赤白，女聲清汗，火色，不壽。」晉曰：「然。吾後三年將上賓於帝，女慎無言，殃將及女。」其後三年而太子死。孔子聞之曰：「惜夫！殺吾君也。」

《繹史》九十五引《留青日札》　公冶長貧而閒居，無以給食。其雀飛鳴其舍，呼之曰：「公冶長！公冶長！南山有箇虎馱羊，爾食肉，我食腸，當亟取之勿彷徨。」子長如其言，往取食之。❶及亡羊者跡之，得其角，乃以爲偷，訟之魯君。魯君不信鳥語，逮繫之獄。孔子素知之，爲之白于魯君，亦不解也。於是歎曰：「雖在縲絏之中，非其罪也。」未幾，子長在獄舍，雀復飛鳴其上，呼之曰：「公冶長！公冶長！齊人出師侵我疆，沂水上，嶧山旁，當亟禦之勿彷徨。」子長介獄吏白之魯君，魯君亦勿信也。姑如其言，往跡之，則齊師果將及矣。急發兵應敵，遂獲大勝。因釋公冶長而厚賜之，欲爵爲大夫，辭不受。蓋恥因禽語以得祿也，後世遂廢其學。皇侃《論語義疏》引論釋云：公冶長從衛還魯，行至二堺上，聞鳥相呼往清溪食死人肉，須臾見一老嫗當道而哭，冶長問之。嫗曰：「兒前日出行，于今不反，當是已死，亡不知所在。」冶長曰：「向聞鳥相呼往清溪食肉，恐是嫗兒也。」嫗往看，即得其兒也，已死。即嫗告村司。村司問嫗從何得知之，嫗曰：「見冶長道如此。」村官曰：「冶長不殺人，何緣知之？」因録冶長付獄。主問冶長何以殺人，冶長曰：「解鳥語，不殺人。」主曰：「當試之，若必解鳥語，便相放也。若不解，當令償死。」駐冶長在獄六十日。卒日，有雀子緣獄柵上相呼：「嘖嘖唶唶。」冶長含笑。吏啟主：「冶長笑雀語，是似解鳥語。」主教問冶長：「雀何所道而笑之？」冶長曰：「雀鳴嘖嘖唶唶，白蓮水邊有車翻，覆黍粟，牡牛折角，收斂不盡，相呼往啄。」獄主未信，遣人往看，果如其言。後又解猪及燕語，屢驗。於是得放。

孔子集語卷九終

❶「往取食之」，謝國楨藏明萬曆己酉刻本《留青日札》作「往山中果得大羊食之有餘」。

孔子集語卷十

山東督糧道臣孫星衍撰

論政九

《尚書大傳》子曰：「古之聽民者，察貧窮，哀孤獨、矜寡，宥老幼。不肖無告，有過必赦，小罪勿增，大罪勿纍。老弱不受刑，有過不受罰。故老而受刑謂之悖，弱而受刑謂之剋，不赦有過謂之賊，逆率過以小謂之枳。故與其殺不辜，寧失有罪；與其增以有罪，本無「以」字，據《御覽》六百五十二引補。寧失過以有赦。」

《尚書大傳》孔子如衛，人謂曰：「公甫不能聽訟。」子曰：「非公甫之不能聽獄也。公甫之聽獄也，有罪者懼，無罪者恥，民近禮矣。」

《尚書大傳》子曰：「聽訟雖得其指，必哀矜之。死者不可復生，斷者不可復續也。《書》曰：『哀矜折獄。』」

《尚書大傳》子曰：「吴越之俗，男女同川而浴。其刑重而不勝，由無禮也。中國之教，內外有分，男女不同椸枷，不同巾櫛。其刑重而勝，由有禮也。語曰：『夏后不殺不刑，罰有罪而民不輕犯，死罰二千饌。』」末句據《史記·平準書》索隱引補。

《尚書大傳》子曰：「今之聽民者，求所以殺之；古之聽民者，求所以生之。不得其所以生之之道，乃刑殺，君與臣會焉。」「聽民」，《漢書·刑法志》作「聽獄」。

《尚書大傳》孔子曰：「古之刑者省之，今之刑者繁之。其教，古者有禮然後有刑，是以刑省也。今也反是，無禮而齊之以刑，是以繁也。《書》曰：『伯夷降典禮，折民以刑。』謂有禮然後有刑也。又曰：『茲殷罰有倫。』今也反是，諸侯不同聽，每君異法，聽無有倫，是故法之難也。」

《後漢·五行志》注引《尚書大傳》鄭注　孔子説《春秋》曰：「政以不由王出，不得爲政。則王，君出政之號也。」

《韓詩外傳》二　高牆豐上激下，未必崩也。降雨興，流潦至，則崩必先矣。草木根荄淺，未必撅也。飄風興，暴雨墜，則撅必先矣。君子居是邦也，不崇仁義、尊賢臣，以理萬物，未必亡也。一旦有非常之變，諸侯交争，人趨車馳，迫然禍至，乃始憂愁，乾喉焦脣，仰天而歎，庶幾乎望其安也，不亦晚乎？孔子曰：「不慎其前而悔其後。嗟乎！雖悔無及矣。」

《説苑·建本》　豐牆墝下，未必崩也；流行潦至，壞必先矣。樹本淺，根垓不深，未必橛也；飄風起，暴雨至，拔必先矣。君子居於是國，不崇仁義，不尊賢臣，未必亡也。然一旦有非常之變，車馳人走，指而禍至，乃始乾喉焦脣，仰天而嘆，庶幾焉天其救之，不亦難乎？孔子曰：「不慎其前而悔其後，雖悔無及矣。」

《韓詩外傳》二　《傳》曰：孔子云：「美哉！顏無父之御也，馬知後有輿而輕之，知上有人而愛之。馬親其正而愛其事，如使馬能言，彼將必曰：『樂哉，今日之騶也！』至於顏淪少衰矣。馬知後有輿而輕之，知上有人而敬之。馬親其正而敬其事，如使馬能言，彼將必曰：『騶來！其人之使我也。』至於顏夷而衰焉。馬知後有輿而重之，知上有人而畏之。馬親其正而畏其事，如使馬能言，彼將必曰：『騶來！騶來！女不騶，彼將殺女。』故御馬有法矣，御民有道矣，法得則馬和而歡，道得則民安而集。《詩》曰：『執轡如組，兩驂如舞。』此之謂也。」

《韓詩外傳》三　《傳》曰：宋大水，魯人弔之曰：「天降淫雨，害於粢盛，延及君地，以憂執政，使臣敬弔。」宋人應之曰：「寡人不仁，齋戒不修，使民不時，天加以災，又遺君憂。拜命之辱。」孔子聞之曰：「宋國其庶幾矣！」弟子曰：「何謂？」孔子曰：「昔桀紂不任其過，其亡也忽焉。成湯文王知任其過，其興也勃焉。過而改之，是不過也。」宋人聞之，乃夙興夜寐，弔死問疾，戮力宇內。三歲，年豐政平。

《韓詩外傳》六　子路治蒲三年，孔子過之。入境而善之，曰：「由恭敬以信矣。」入邑，曰：「善哉！由忠信以寬矣。」至庭，曰：「善哉！由明察以斷矣。」子貢執轡而問曰：「夫子未見由而三稱善，可得聞乎？」孔子曰：「入其境，田疇甚易，此二字本脱，據《文選·籍田賦》注引補。草萊甚辟，此恭敬以信，故民盡力。入其邑，墉屋甚尊，樹木甚茂，此忠信以寬，其民不偷。入其庭，甚閑，此明察以斷，故民不擾也。」

《韓詩外傳》八　子賤治單父，其民附。孔子曰：「告丘之所以治之者。」對曰：「不齊時發倉廩，振困窮，補不足。」孔子曰：「是小人附耳，未也。」對曰：「賞有能，招賢才，退不肖。」孔子曰：「是士附耳，未也。」對曰：「所父事者三人，所兄事者五人，所友者十有二人，所師者一人。」孔子曰：「所父事者三人，據《説苑》，脱一句。所兄事者五人，足以教弟矣；所友者十有二人，足以祛壅蔽矣；所師者一人，足以慮無失策，舉無敗功矣。惜乎！不齊，爲之大功，乃與堯舜參矣。」

《説苑·政理》　孔子謂宓子賤曰：「子治單父而衆説，語丘所以爲之者。」曰：「不齊父其父，子其子，恤諸孤而哀喪紀。」孔子曰：「善！小節也，小民附矣，猶未足也。」曰：「不齊也，所父事者三人，所兄事者五人，所友者十一人。」孔子曰：「父事三人，可以教孝矣；兄事五人，可以教弟矣；友十一人，可以教學矣。中節也，中民附矣，猶未足也。」曰：「此地民有賢於不齊者五人，不齊事之，皆教不齊所以治之術。」孔子曰：「欲其大者，乃於此在矣。昔者堯舜清微其身，以聽觀天下，務來賢人。夫舉賢者，百福之宗也，而神明之主也。不齊之所治者小也，不齊所治者大，其與堯舜繼矣。」

《大戴禮·子張問入官》　子張問入官於孔子，孔子曰：「安身取譽，爲難也。」子張曰：「安身取譽，如何？」孔子曰：「有善勿專，教不能勿搢，已過勿發，失言勿踦，不善辭勿遂，行事勿留。君子入官，自行此六路者，則身安譽至而政從矣。且夫忿數者，獄之所由生也；距諫者，慮之所以塞也；慢易者，禮之所以失也；墮怠者，時之所以後也；奢侈者，財之所以不足也；專者，事之所以不成也；歷者，獄之所由生也。君子入官，除七路者，則身安譽至而政從矣。故君子南面臨官，大城而公治之，精知而略行之。合是忠信，考是大倫，存是美惡，而進是利，而除是害，而無求其報焉，而民情可得也。故臨之無抗民之志，勝之無犯民之言，量之無狡民之辭，養之無擾於時，愛之勿寬於刑，言一作「若」。此則身安譽至而民自得也。故君子南面臨官，所見邇，故明不可弊也；所求邇，故不勞而得也；所以治者約，故不用衆而譽至也。法象在内故不遠，源泉不竭故天下積也，而木不寡，短長人得其量，故治而不亂。故六者貫乎心，藏乎志，形乎色，發乎聲。若此則身安而譽至，而民自得也。故君子南面臨官，不治則亂至，亂至則争，争之至又反於亂。是故寬裕以容其民，❶慈愛以優柔之，而民自得也已。故躬行者，政之始也；調悦者，情之道也。善政行易則民不怨，言調悦則民不辨法，仁在身則民顯以佚之也。財利之生徵（一作「微」）。矣，貪以不得，善政必簡矣，苟以亂之，善言必聽矣，詳以失之，規諫日至，煩以不聽矣。言之善者，在所日聞；行之善者，在所能爲。故上者，民之儀也；有司執政，民之表也；邇臣便辟者，群臣僕之倫也。故儀不正則民失誓，表弊則百姓亂，邇臣便辟不正廉，而群臣服汙矣。故不可不慎乎三倫矣！故君子脩身，反道察説，而邇道之服存焉。是故夫工女必自擇絲麻，良工必自擇齎材，賢君良上必自擇左右始。故佚諸取人，勞於治事；勞於取人，佚於治事。故君子欲譽則謹其所便，欲名則謹於左右。故上者，辟如緣木者，務高而畏下者滋甚。六馬之離，必於四面之衢；民之離道，必於上之佚政也。故上者尊嚴而絶，百姓者卑賤而神。民而愛之則存，惡之則亡也。故君子南面臨官，貴而不驕，富恭有本能圖，脩業居久而譚，情邇暢而及乎遠，察一而關于多，一物治而萬物不亂者，以身爲本者也。故君子莅民，不可以不知民之性，達諸民之情，既知其以生有習，然後民特從命

❶「寬」，原作「寡」，據《四部叢刊》本《大戴禮記》改。

也。故世舉則民親之，政均則民無怨。故君子莅民，不臨以高，不道以遠，不責民之所不能。今臨之明王之成功，則民嚴而不迎也，道以數年之業，則民疾，疾則辟矣。故古者冕而前旒，所以蔽明也；統元本作「紸」。《玉篇》引作「黈」。《說文》：「紞，冕冠塞耳者。」則「統」即「紞」之誤。紞塞耳，所以弇聰也。故水至清則無魚，人至察則無徒。故枉而直之，使自得之；優而柔之，使自求之；揆而度之，使自索之。民有小罪，必以其善，以赦其過，如死使之生，其善也，是以上下親而不離。故惠者，政之始也；政不正，則不可教也；不習，則民不可使也。故君子欲言之見信也者，莫若先虛其內也；欲政之速行也者，莫若以身先之也；欲民之速服也者，莫若以道御之也。故不先以身，雖行必鄰矣；不以道御之，雖服必强矣。故非忠信，則無可以取親於百姓矣；外內不相應，則無可以取信者矣。四者，治民之統也。」

《大戴禮·千乘》公曰：「千乘之國，受命於天子，通其四疆，教其書社，循其灌廟，建其宗主，設其四佐，列其五官，處其朝市，爲仁如何？」子曰：「不仁國不化。」公曰：「何如之謂仁？」子曰：「不淫於色。」子曰：「立妃設如太廟，然乃中治，中治不相陵，不相陵斯庶嬪遵，遵則事上静，静斯潔信在中。朝大夫必慎以恭，出會謀事必敬以慎，言長幼小大必中度，此國家之所以崇也。立子設如一本無「如」字。宗社，宗社先示威，威明顯見，辨爵集德，是以母弟官子，咸有臣志，莫敢援於外，大夫中婦私謁不行，此所以使五官治執事政也。夫政以教百姓，百姓齊以嘉善，故蠱佞不生，此之謂良民。國有道則民昌，此國家之所以大遂也。卿設如大門，大門顯美，小大尊卑中度，開明閉幽，内禄出災，以順天道，近者閑焉，遠者稽焉。君發禁，宰《大訓》此下有「受」字。而行之，以時通于地，散布于小理，天之災祥，地寶豐省，及民共饗其禄，共任其災，此國家之所以和也。國有四輔，輔，卿也。卿設如四體，毋易事，毋假名，毋重食。凡事尚賢進能，使知事，爵不世，能《大訓》此下有「官」字。之不愆。凡民，戴名以能，食力以時，成以事立。此所以使民讓也。民咸孝弟而安讓，此以怨省而亂不作也，此國之所以長也。下無用則國家富，上有義則國家治，長有禮則民不争，立有神則國家敬，兼而愛之則民無怨心，以爲無命則民不偷。❶昔者先王立此六者而樹之德，❷此國家之一本無「之」字。所以茂也。設其四佐而官之：司徒典春，以教民之不則，時不若，❸不令。成長幼老疾孤寡，以時通于四壃。有闔而不通，有煩而不治，則民不樂生，不利衣食。凡民之藏貯，以及山川之神明加于民者，發圖一作「國」。功謀，齋戒必敬，會時必節。日、歷、巫、祝，執伎以守官，俟命而作，祈王年，禱民命，及畜穀，蜚征庶，虞草。方春三月，緩施生育，動作百物，於時有事，享于皇祖皇考，朝孤子八人，以成春事。司馬司夏，以教士車甲。凡士執伎論功，修四衛，强股肱，質射御，才武聰慧，治衆長卒，所《大訓》作「可」。以爲儀綴於國，出可以爲率，誘於軍旅，四方諸侯之遊士、國中賢餘，秀興閲焉。方夏三月，養長秀，蕃庶物，於時有事，享于皇祖皇考，爵士之有慶者七人，以成

❶「無」，武英殿聚珍版《大戴禮記》作「典」。
❷「立」，武英殿聚珍版《大戴禮記》作「本」。
❸「時」，武英殿聚珍版《大戴禮記》作「治」。

夏事。司寇司秋，以聽獄訟，治民之煩亂，執權變民中。凡民之不刑，崩本以要閒，❶作起不敬以欺惑憧愚。作於財賄、六畜、五穀曰盜；誘居室家有君子曰義；❷子女專曰媄；飭五兵及木石曰賊；以中情出，小曰閒，大曰講；利辭以亂屬曰讒；以財投長曰貸。凡犯天子之禁，陳刑制辟，以追國民之不率上教者，❸「國」，《大訓》作「圖」。夫是故一家三夫道行，三人飲食，哀樂平，無獄。方秋三月，收斂以時，於時有事，嘗新于皇祖皇考，食農夫九人，以成秋事。司空司冬，以制度制地事。準揆山林，規表衍沃，畜水行衰《御覽》作「表」。濯《御覽》作「灌」。浸，以節四時之事。治地遠近，以任民力，以節民食。太古食壯之食，攻老之事。」公曰：「功事不少而餱糧不多乎？」子曰：「太古之民，秀長以壽者，食也；在今之民，羸醜以胔者，事也。太古無游民，食節事時，民各安其居，樂其宮室，「宮室」二字《大訓》作「官」。服事信上，上下交信，地移民在；❹今之世，上治不平，民治不和，百姓不安其居，不樂其宮，《大訓》作「官」。老疾用財，壯狡用力，於茲民游，薄事貪食，於茲民憂。古者殷書爲成男成女，名屬升于公門，此以氣食得節，作事得時，勸有功，❺夏服君事不及暍，冬服君事不及凍，是故年穀不成，❻天之飢饉，道無殣者；在今之世，男

❶「崩本以要閒」，武英殿聚珍版《大戴禮記》作「萌本以安閒」。

❷「誘居室家有君子曰義」，武英殿聚珍版《大戴禮記》作「誘居室家及幼子曰不義」。

❸「國」，武英殿聚珍版《大戴禮記》作「囩」。

❹「民」下，武英殿聚珍版《大戴禮記》補「聚」字，「在」屬下文。

❺「勸」上，武英殿聚珍版《大戴禮記》有「民」字。

❻「不」，武英殿聚珍版《大戴禮記》作「順」。

女屬散，名不升于公門，此以氣食不節，作事不成，《大訓》作「時」。天之飢饉，於時委民，不得以疾死。是故立民之居，必于中國之休地，因寒暑之和，六畜育焉，五穀宜焉。辨輕重，制剛柔，和五味，以節食時事。東辟之民曰夷，精以僥，至于大遠，有不火食者矣。南辟之民曰蠻，信以朴，至于大遠，有不火食者矣。西辟之民曰戎，勁以剛，至于大遠，有不火食者矣。北辟之民曰狄，肥以戾，至于大遠，有不火食者矣。及中國之民曰五方之民，有《大訓》上有「咸」字。安民《大訓》作「居」。和味，咸有實用利器，知通之，信令之。及量地度居，邑有城郭，立朝市，地以度邑，以度民，以觀安危。距封後利，先慮久固，依固可守，爲奧可久，能節四時之事，霜露時降。方冬三月，草木落，庶虞藏，五穀必畜于倉，於時有事，蒸于皇祖皇考，息國老六人，以成冬事。民咸知孤寡之必不失也，咸知有大功之必進等也，咸知用勞力之必以時息也，推而内之水火，入也弗之顧矣。而況有强適在前，有君長正之者乎！」公曰：「善哉！」

《大戴禮·四代》 公曰：「四代之政刑，論其明者，可以爲法乎？」子曰：「何哉？四代之政刑，皆可法也。」公曰：「以我行之，其可乎？」子曰：「否，不可。臣願君之立知而以觀聞也。四代之政刑，君若用之，則緩急將有所不節，不節君將約之，約之卒將棄法，棄法是無以爲國家也。」公曰：「巧匠輔繩而斲，胡爲其棄法也？」子曰：「心未之度，習未之狎，此以數踰而棄法也。夫規矩準繩鈞衡，此昔者先王之所以爲天下也。小以及大，近以知遠，今日行之，可以知古，可以察今，其此邪！水火金木土穀，此謂六府，廢一不可，進二不可，民竝用之，今日行之，可以知古，可以察今，其此邪！昔夏商之未興也，伯夷謂此二帝之眇。」❶公曰：「長國治民，恒幹論政之大體，以教民辨；歷大道，以時地性；興民之陽德，以教民事上；服周室之典，以順事天子；脩政勤禮，以交諸侯。大節無廢，小眇其後乎？」子曰：「否，不可後也。《詩》云『東有開明』，於時雞三號，以興庶虞，庶虞動，蜚征作。嗇民執功，百草咸淳，地傾水流之。是以天子盛服，朝日于東堂，以教敬示威于天下也。是以祭祀，昭有神明；燕食，昭有慈愛；宗廟之事，昭有義；率禮朝廷昭有五官；無廢甲胄之戒，昭果毅以聽。天子曰崩，諸侯曰薨，大夫曰卒，士曰不祿，庶人曰死，昭哀。哀愛無失節，❷是以父慈子孝、兄愛弟敬，此昔先王之所先施於民也。君而後此，則爲國家失本矣。」公曰：「善哉！子察教我也。」子曰：「鄉也，君之言善，執國之節也。君先眇而後善，中備以君子言，可以知古，可以察今，奂然而興民壹始。」公曰：「是非吾言也，吾一聞於師也。」子吁焉其色，曰：「嘻！君行道矣。」公曰：「道邪？」子曰：「道也。」公曰：「吾未能知人，未能取人。」子曰：「君何爲不觀器視才？」公曰：「視可明乎？」子曰：「可以表儀。」公曰：「願學之。」子曰：「平原大藪，瞻其草之高豐茂者，必有怪鳥獸居之。且草可財也，如艾而夷之，其地必宜五穀；高山多林，必有怪虎豹蕃孕焉；深淵大川，必有蛟龍焉；民亦如之。君察之，可以見器見才矣。」公曰：「吾猶未也。」子曰：「群然，戚《大訓》作「威」。然，頣然，睪然，踖然，

❶「二帝」，武英殿聚珍版《大戴禮記》作「三常」。

❷「愛」，武英殿聚珍版《大戴禮記》作「慶」。

柱然，抽然，首然，僉然，湛然，淵淵然，淑淑然，齊齊然，節節然，穆穆然，皇皇然。見才色脩聲不視聞，怪物恪命不改志，舌不更氣，君見之舉也，得之取也，有事事也，事必與食，食必與位，無相越踰。昔虞舜天德嗣堯，取相十有六人如此。」公曰：「嘻，美哉！子道廣矣。」曰：「由德徑徑，❶吾恐惛而不能用也，何以哉！」公曰：「請問圖德何尚？」子曰：「聖，知之華也；知，仁之實也；仁，信之器也；信，義之重也；義，利之本也。委利生孽。」公曰：「嘻！言之至也。道天地以民輔之，聖人何尚？」子曰：「有天德，有地德，有人德，此謂三德。三德率行，乃有陰陽。陽曰德，陰曰刑。」公曰：「善哉！再聞此矣，陽德何出？」子曰：「陽德出禮，禮出刑，刑出慮，慮則節事於近，而揚聲於遠。」公曰：「善哉！載事何以？」子曰：「德以監位，位以充局，局以觀功，功以養民，民於此乎上。」公曰：「禄不可後乎？」子曰：「食爲味，味爲氣，氣爲志，發志爲言，發言定名，名以出信，信載義而行之，禄不可後也。」公曰：「所謂民與天地相參者，何謂也？」子曰：「天道以視，地道以履，人道以稽。廢一曰失統，恐不長饗國。」公愀然其色。子曰：「君藏玉，惟慎用之，雖慎敬而勿愛，民亦如之。執事無貳，五官有差，喜無竝愛，卑無加尊，淺無測深，小無招大，此謂楣機。楣機賓薦不蒙。昔舜徵薦此道於堯，堯親用之，不亂上下。」公曰：「請問民徵？」子曰：「無以爲也，難行。」公曰：「願學之，幾必能。」子曰：「貪於味不讓，妨於政；願富不久，妨於

❶「曰由德徑徑」，武英殿聚珍版《大戴禮記》本作「子曰由德徑徑」，並置于下句「何以哉」之後。

政；慕寵假貴，妨於政；治民惡衆，妨於政；爲父不慈，妨於政；爲子不孝，妨於政；大縱耳目，妨於政；好色失志，妨於政；好見小利，妨於政；變從無節，❶撓弱不立，妨於政；剛毅犯神，妨於政；鬼神過節，妨於政。幼勿與衆，克勿與比，依勿與謀，放勿與游，徼勿與事。臣聞之弗慶，《大訓》作「薦」。非事君也。君聞之弗用，以亂厥德，臣將慶《大訓》作「薦」。其簡者。蓋人有可知者焉，貌色聲衆有美焉，必有美質在其中者矣；貌色聲衆有惡焉，必有惡質在其中者矣。此者，伯夷之所後出也。」子曰：「伯夷建國建政，❷脩一作「循」。國脩政。」公曰：「善哉！」

《大戴禮·小辯》　公曰：「寡人欲學小辯，以觀於政，其可乎？」子曰：「否，不可。社稷之主愛日，日不可得，學不可以辯。是故昔者先王學齊大道，以觀於政。天子學樂辯風，制禮以行政；諸侯學禮辯官政以行事，以尊事天子；大夫學德別義，矜行以事君；士學順，辯言以遂志；庶人聽長辯禁，農以行力。如此，猶恐不濟，柰何其小辯乎？」公曰：「不辯則何以爲政？」子曰：「辯而不小。夫小辯破言，小言破義，小義破道，道小不通，通道必簡。是故循弦以觀於樂，足以辯風矣；爾雅以觀於古，足以辯言矣；傳言以象，反舌皆至，可謂簡矣。夫道不簡則不行，不行則不樂。夫亦固十棋之變，由不可既也，而況天下之言乎！」曰：「微子之言，吾壹樂辯言。」子曰：「辯言之

❶「節」下，武英殿聚珍版《大戴禮記》有「妨於政」三字。當從。

❷「夷」下，武英殿聚珍版《大戴禮記》有「曰」字。

樂，不若治政之樂。辯言之樂不下席，治政之樂皇於四海。夫政善則民説，民説則歸之如流水，親之如父母，諸侯初入而後臣之，安用辯言？」公曰：「然則吾何學而可？」子曰：此下《大訓》有「行」字。「禮樂而力，忠信其君，其習可乎！」公曰：「多與我言忠信，而不可以入患。」子曰：「毋乃既明忠信之備，❶而而口倦其君，❷則不可而有；明忠信之備，而又能行之，則可立待也。君朝而行忠信，百官承事，忠滿於中而發於外，刑於民而放於四海，天下其孰能患之？」公曰：「請學忠信之備。」子曰：「唯社稷之主，實知忠信。若丘也，綴學之徒，安知忠信？」公曰：「非吾子問之而焉也？」子三辭，將對。公曰：「彊避。」子曰：「彊侍。丘聞：大道不隱。丘言之。君發之於朝，行之於國，一國之人莫不知，何一之彊辟？丘聞之，忠有九知：知忠必知中，知中必知恕，知恕必知外，知外必知德，知德必知政，知政必知官，知官必知事，知事必知患，知患必知備。若動而無備，患而弗知，死亡而弗知，❸安與知忠信？內思畢必戴校作「心」。曰知中，中以應實曰知恕，內恕外度曰知外，外內參意曰知德，德以柔政曰知政，正義辯方曰知官，官治物則曰知事，事戒不虞曰知備，毋患曰樂，樂義曰終。」

《淮南子·泰族訓》 孔子曰：「小辯破言，小利破義，小藝破道，小見不達，達必簡。一本「達」字不重，一本作「大禮必簡」。河以逶蛇，故能遠；山以陵遲，故能高；陰陽無爲，故能和；道以優柔，故能化。」

---

❶「明」上，武英殿聚珍版《大戴禮記》有「不」字。

❷「而口倦其君」，武英殿聚珍版《大戴禮記》作「又倦其居」。

❸「死亡而弗知」，武英殿聚珍版《大戴禮記》以爲注文。

《魯語》下　季康子欲以田賦，使冉有訪諸仲尼，仲尼不對。私於冉有曰：「求，來！女不聞乎？先王制土，籍田以力，而砥其遠邇；賦里以入，而量其有無；任力以夫，而議其老幼。於是乎有鰥寡孤疾，有軍旅之出則徵之，無則已。其歲收田一井，出稯禾，秉芻，缶米，不是過也，先王以爲足。若子季孫欲其法也，則有周公之籍矣。若犯法，則苟而賦，又何訪焉！」

《春秋繁露·王道》　臧孫辰請糴于齊。孔子曰：「君子爲國，必有三年之積。一年不熟乃請糴，失君之職也。」

《春秋繁露·身之養重於義》　仲尼曰：「國有道，雖加刑也，無刑；國無道，雖殺之，不可勝也。」

《白虎通·三教》引《樂稽燿嘉》　顔回尚：當作「問」。「三教變虞夏何如？」曰：「教者，所以追補敗政，靡弊溷濁，謂之治也。舜之承堯，無爲易也。」

《漢書·刑法志》　孔子曰：「古之知法者，能省刑，本也；今之知法者，不失有罪，末矣。」又曰：「今之聽獄者，求所㠯殺之；古之聽獄者，求所以生之。」案：「今之聽獄」四句即前《尚書大傳》文。

《晏子春秋·問上》　景公問于晏子曰：「爲政何患？」晏子對曰：「患善惡之不分。」公曰：「何以察之？」對曰：「審擇左右。左右善，則百僚各得其所宜而善惡分。」孔子聞之曰：「此言也信矣！善進則不善無由入矣，不善進則善無由入矣。」

《說苑·政理》　齊侯問於晏子曰：「爲政何患？」對曰：「患善惡之不分。」公曰：「何以察之？」對曰：「審擇左右。左右善，則百僚各得其所宜而善惡分。」孔子聞之曰：「此言也信矣！善言進則不善無由入矣，不進善言則善無由入矣。」

《荀子·正論》 孔子曰：「天下有道，盜其先變乎！」

《荀子·宥坐》 孔子爲魯司寇，有父子訟者，孔子拘之，三月不別。其父請止，孔子舍之。季孫聞之，不悦，曰：「是老也，欺予，語予曰：『爲國家必以孝。』今殺一人以戮不孝，又舍之。」冉子以告，孔子慨然歎曰：「嗚呼！上失之，下殺之，其可乎？不教其民而聽其獄，殺不辜也。三軍大敗，不可斬也；獄犴不治，不可刑也，罪不在民故也。嫚令謹誅，賊也；今有時，斂也無時，暴也；不教而責成功，虐也。已此三者，然後刑可即也。《書》曰：『義刑義殺，勿庸以即，予維曰未有順事。』言先教也。故先王既陳之以道，上先服之；若不可，尚賢以綦之；若不可，廢不能以單之。綦三年而百姓往矣。邪民不從，然後俟之以刑，則民知罪矣。《詩》曰：『尹氏太師，維周之氐。秉國之均，四方是維。天子是庳，卑民不迷。』是以威厲而不試，刑錯而不用，此之謂也。今之世則不然，亂其教，繁其刑，其民迷惑而陷焉，「陷」或作「墮」。則從而制之，是以刑彌繁而邪不勝。三尺之岸而虛車不能登也，百仞之山任負登車焉，何則？陵遲故也。數仞之牆而民不踰也，百仞之山而豎子馮而游焉，陵遲故也。今夫世之陵遲亦久矣，而能使民勿踰乎？《詩》曰：『周道如砥，其直如矢。君子所履，小人所視。眷焉顧之，潸然出涕。』豈不哀哉！《詩》曰：『瞻彼日月，悠悠我思。道之云遠，曷云能來！』」子曰：「伊稽首，不其有來乎？」

《韓詩外傳》三 傳曰：魯有父子訟

者，康子欲殺之。孔子曰：「未可殺也。夫民父子訟之爲不義久矣，是則上失其道。上有道，是人亡矣。」訟者聞之，請無訟。康子曰：「治民以孝。殺一不義以僇不孝，不亦可乎？」孔子曰：「否。不教而聽其獄，殺不辜也。三軍大敗，不可誅也。獄讞不治，不可刑也。上陳之教而先服之，則百姓從風矣！邪行不從，然後俟之以刑，則民知罪矣。夫一仞之牆，民不能踰，百仞之山，童子登遊焉，陵遲故也。今其仁義之陵遲久矣，能謂民無踰乎？《詩》曰：『俾民不迷。』昔之君子，道其百姓不使迷，是以威厲而刑措不用也。故形本或作「刑」。其仁義，謹其教道，使民目晰焉而見之，使民耳晰焉而聞之，使民心晰焉而知之，則道不迷而民志不惑矣。《詩》曰：『示我顯德行。』故道義不易，民不由也。禮樂不明，民不見也。《詩》曰：『周道如砥，其直如矢。』言其易也。『君子所履，小人所視。』言其明也。『睠言顧之，潸焉出涕。』哀其不聞禮教而就刑誅也。夫散其本教而待之刑，辟猶決其牢而發以毒矢也，亦不哀乎？故曰未可殺也。昔者先王使民以禮，譬之如御也。刑者，鞭策也。今猶無轡銜而鞭策以御也。欲馬之進，則策其後，欲馬之退，則策其前，御者以勞而馬亦多傷矣。今猶此也，上憂勞而民多罹刑。《詩》曰：『人而無禮，胡不遄死。』爲上無禮，則不免乎患；爲下無禮，則不免乎刑。上下無禮，胡不遄死？」康子避席再拜曰：「僕雖不敏，請承此語矣。」孔子退朝，門人子路難曰：「父子訟，道邪？」孔子曰：「非也。」子路曰：「然則夫子胡爲君子而免之也？」孔子曰：「不戒責成，害也；慢令致期，暴也；不教而誅，賊也。君子爲政，避此三者。且《詩》曰：『載色載笑，匪怒伊教。』」

《說苑·政理》 魯有父子訟者，康子曰：「殺之。」孔子曰：「未可殺也。夫民不知子父訟之不善者久矣，是則上過也。上有道，是人亡矣。」康子曰：「夫治民以孝爲本，今殺一人以戮不孝，不亦可乎？」孔子曰：「不孝而誅之，薛據《集語》引作「不孝者，不教而誅之」。是虐殺不辜也。三軍大敗，不可誅也；獄訟不治，不可刑也；上陳之教，而先服之，則百姓從風矣；躬行不從，而后俟之以刑，則民知罪矣。夫一仞之牆，民不能踰，百仞之山，童子升而遊焉，陵遲故也。今是仁義之陵遲久矣，能謂民弗踰乎？《詩》曰：『俾民不迷。』昔者君子導其百姓不使迷，是以威厲而不至，刑錯而不用也。」於是訟者聞之，乃請無訟。

《長短經·政體》 孔子曰：「上失其道而殺其下，非禮也。故三軍大敗不可斬，獄犴不知不可刑，❶何也？上教之不行，罪不在人故也。夫慢令謹誅，賊也；徵斂無時，暴也；不誡責成，虐也。政無此三者，然後刑即可也。陳道德以先服之，猶不可，則尚賢以勸之，又不可，則廢不能以憚之，而猶有邪人不從化者，然後待之以刑矣。」

《御覽》六百三十三引《愼子》 孔子云：「有虞氏不賞不罰，夏后氏賞而不罰，殷人罰而不賞，周人罰且賞。罰，禁也；賞，使也。」

❶「知」，《讀畫齋叢書》本《長短經》作「治」。

《群書治要·尸子·發蒙》 孔子曰：「臨事而懼，希不濟。」

《韓非子·内儲説上·七術》 魯人燒積澤，天北風，火南倚，恐燒國。哀公懼，自將衆輒救火者，左右無人，盡逐獸而火不救。乃召問仲尼，仲尼曰：「夫逐獸者，樂而無罰；救火者，苦而無賞。此火之所以無救也。」哀公曰：「善。」仲尼曰：「事急，不及以賞。救火者盡賞之，則國不足以賞於人。請徒行賞。」《藝文類聚》八十引作「請從行罰」。哀公曰：「善！」於是仲尼乃下令曰：「不救火者，比降北之罪；逐獸者，比入禁之罪。」令下未遍而火已救矣。

《韓非子·外儲説左下》 孔子相衛，弟子子皐爲獄吏，刖人足，所刖者守門。人有惡孔子於衛君者曰：「尼欲作亂。」衛君欲執孔子，孔子走，弟子皆逃。子皐從出門，跀危引之而逃之門下室中，吏追不得。夜半，子皐問跀危曰：「吾不能虧主之法令而親刖子之足，是子報仇之時也。而子何故乃肎逃我？我何以得此於子？」跀危曰：「吾斷足也，固吾罪當之，不可柰何。然方公之獄治臣也，❶公傾側法令，先後臣以言，欲臣之免也甚，而臣知之。及獄決罪定，公憱然不説，形于顔色，臣見又知之。非私臣而然也，夫天性仁心固然也，此臣之所以説而德公也。」

《韓非子·外儲説左下》 孔子曰：「善爲吏者樹德，不能爲吏者樹怨。槩者，平量者也；吏者，平法者也。治國者不可失平也。」

《説苑·至公》 子羔爲衛政，刖人之足。衛之君臣亂，子羔走郭門，郭門閉，刖

❶「獄」，《子書百家》本《韓非子》作「欲」。

者守門，曰：「於彼有缺。」子羔曰：「君子不踰。」曰：「於彼有竇」。子羔曰：「君子不遂。」曰：「於此有室。」子羔入。追者罷，子羔將去，謂刖者曰：「吾不能虧損主之法令，而親刖子之足。吾在難中，此乃子之報怨時也，何故逃我？」刖者曰：「斷足，固我罪也，無可柰何。君之治臣也，傾側法令，先後臣以法，欲臣之免於法也，臣知之。獄決罪定，臨當論刑，君愀然不樂，見於顔色，臣又知之。君豈私臣哉？天生仁人之心，其固然也。此臣之所以脱君也。」孔子聞之曰：「善爲吏者樹德，不善爲吏者樹怨，公行之也，其子羔之謂歟？」

《韓非子·外儲説左下》 仲尼曰：「與其使民諂下也，寧使民諂上。」

《韓非子·外儲説右上》 季孫相魯，子路爲郈令。魯以五月起衆爲長溝，當此之時，子路以其私秩粟爲漿飯，要作溝者於五父之衢而飡之。孔子聞之，使子貢往覆其飯，擊毁其器，曰：「魯君有民，子奚爲乃飡之？」子路怫然怒，攘肱而入請曰：「夫子疾由之爲仁義乎？所學於夫子者，仁義也。仁義者，與天下共其所有而同其利者也。今以由之秩粟而飡民不可，何也？」孔子曰：「由之野也，吾以女知之。女徒未及也，女故如是之不知禮也。女之飡之，爲愛之也。夫禮，天子愛天下，諸侯愛竟内，大夫愛官職，士愛其家。過其所愛曰侵。今魯君有民而子擅愛之，是子侵也，不亦誣乎？」言未卒，而季孫使者至，讓曰：「肥也起民而使之，先生使弟子令徒役而飡之，將奪肥之民耶？」孔子駕而去魯。《水經·濟水注》引《韓子》曰：「魯以仲夏起長溝，子路爲蒲宰，以私粟饋衆，孔子使子貢毁其器焉。」

《説苑・臣術》 子路爲蒲令，備水災，與民春脩溝瀆，爲人煩苦，故予人一簞食、一壺漿。孔子聞之，使子貢復之。子路忿然不悦，往見夫子曰：「由也以暴雨將至，恐有水災，故與人脩溝瀆以備之，而民多匱於食，故與人一簞食、一壺漿，而夫子使賜止之，何也？夫子止由之行仁也？夫子以仁教而禁其行仁也，由也不受。」子曰：「爾以民爲餓，何不告於君，發倉廩以給食之？而汝以私饋之，是汝不明君之惠，見汝之德義也。速已則可矣，否則爾之受罪不久矣。」子路心服而退也。

《韓非子・難三》 葉公子高問政於仲尼，仲尼曰：「政在説近而來遠。」哀公問政於仲尼，仲尼曰：「政在選賢。」齊景公問政於仲尼，仲尼曰：「政在節財。」三公出，子貢問曰：「三公問夫子政，一也，夫子對之不同，何也？」仲尼曰：「葉都大而國小，民有背心，故曰『政在説近而來遠』。魯哀公有大臣三人，外障距諸侯四鄰之士，内比周而以愚其君，使宗廟不埽除，社稷不血食者，必是三臣也，故曰『政在選賢』。齊景公築雍門，爲路寢，一朝而以三百乘之家賜者三，故曰『政在節財』。」

《尚書大傳・略説》 子貢曰：「葉公問政于夫子，子曰『政在附近而來遠』；魯哀公問政，子曰『政在于論臣』；齊景公問政，子曰『政在于節用』。三君問政，夫子應之不同，然則政有異乎？」夫子曰：「荆之地廣而都狹，民有離志焉，故曰『在于附近而來遠』；哀公有臣三人，内比周以惑其君，外障距諸侯賓客以蔽其明，故曰『政在論臣』；齊景公奢于臺榭，淫于苑囿，五官之樂不解，一旦賜人百乘之家者三，故曰『節用』。」

《説苑・政理》 子貢曰：「葉公問政於夫子，夫子曰『政在附近而來遠』；魯哀公問政於夫子，夫子曰『政在於諭臣』；齊景公問政於夫子，夫子曰『政在於節用』。三君問政於夫子，夫子應之不同，然則政有異乎？」孔子曰：「夫荆之地廣而都狹，民有離志焉，故曰『在於附近而來遠』；哀公有臣三人，内比周公以惑其君，外障距諸侯賓客以蔽其明，故曰『政在諭臣』；齊景公奢於臺榭，淫於苑囿，五官之樂不解，一旦而賜人百乘之家者三，故曰『政在於節用』。此三者，政也。《詩》不云乎：『亂離斯瘼，爰其適歸。』此傷離散以爲亂者也；『匪其止共，惟王之邛。』此傷姦臣蔽主以爲亂者也；『相亂蔑資，曾莫惠我師。』此傷奢侈不節以爲亂者也。察此三者之所欲，政其同乎哉！」

《吕氏春秋・先識覽・察微》 魯國之法，魯人爲人臣妾於諸侯，有能贖之者，取其金於府。子貢贖魯人於諸侯，來而讓，不取其金。孔子曰：「賜失之矣。自今以往，魯人不贖人矣，取其金則無損於行，不取其金則不復贖人矣。」

《吕氏春秋・先識覽・察微》 子路撜溺者，其人拜之以牛，子路受之。孔子曰：「魯人必撜溺者矣。」孔子見之以細，觀化遠也。

《淮南子・道應訓》 魯國之法，魯人爲人妾於諸侯，有能贖之者，取金於府。子貢贖魯人於諸侯，來而辭不受金。孔子曰：「賜失之矣。夫聖人之舉事也，可以移風易俗，而受教順，可施後世，非獨以適身之行也。今國之富者寡而貧者衆，贖而受金，則爲不廉，不受金，則不復贖人。自今以來，魯人不復贖於諸侯矣。」

《淮南子·齊俗訓》　子路撜溺而受牛謝，孔子曰：「魯國必好救人於患。」子贛贖人而不受金於府，孔子曰：「魯國不復贖人矣。」子路受而勸德，子贛讓而止善。孔子之明，以小知大，以近知遠，通於論者也。

《説苑·政理》　魯國之法，魯人有贖臣妾於諸侯者，取金於府。子貢贖人於諸侯而還其金。孔子聞之曰：「賜失之矣。聖人之舉事也，可以移風易俗，而教導可施於百姓，非獨適其身之行也。今魯國富者寡而貧者衆，贖而受金，則爲不廉，不受則後莫復贖。自今以來，魯人不復贖矣。」

《吕氏春秋·審行覽·具備》❶　宓子賤治亶父，恐魯君之聽説人而令已不得行其術也，❷將辭而行，請近吏二人於魯君與之俱。至於亶父，邑吏皆朝。宓子賤令吏二人書，吏方將書，宓子賤從旁時掣摇其肘，吏書之不善，則宓子賤爲之怒。吏甚患之，辭而請歸。宓子賤曰：「子之書甚不善，子勉歸矣。」二吏歸報於君，曰：「宓子不可爲書。」君曰：「何故？」吏對曰：「宓子使臣書，而掣摇臣之肘，書惡而有甚怒，吏皆笑宓子，此臣所以辭而去也。」魯君太息而歎曰：「宓子以此諫寡人之不肖也。寡人之亂子，而令宓子不得行其術，必數有之矣。微二人，寡人幾過。」遂發所愛而令之亶父，告宓子曰：「自今以來，亶父非寡人之有也，子之有也，有便於亶父者，子決爲之矣。五歲而言其

❶「審行覽」，據《吕氏春秋》當作「審應覽」。

❷「説」，《二十二子》本《吕氏春秋》作「讒」。

要。」宓子敬諾，乃得行其術於亶父。三年，巫馬旗短褐衣敝裘，而往觀化於亶父，見夜漁者，得則舍之。巫馬旗問之曰：「漁爲得也，今子得而舍之，何也？」對曰：「宓子不欲人之取小魚也，所舍者小魚也。」巫馬旗歸，告孔子曰：「宓子之德至矣，使小民闇行若有嚴刑於旁。敢問宓子何以至於此？」孔子曰：「丘嘗與之言曰：『誠乎此者刑乎彼。』宓子必行此術於亶父也。」

《新序·雜事二》　魯君使宓子賤爲單父宰。子賤辭去，因請借善書者二人，使書憲書教品，魯君與之。至單父，使書，子賤從旁引其肘，書醜則怒之，欲好書則又引之。書者患之，請辭而去，歸以告魯君。魯君曰：「子賤苦吾擾之，使不得施其善政也。」乃命有司，無得擅徵發單父，單父之化大治。故孔子曰：「君子哉，子賤！魯無君子者，斯安取斯？」美其德也。

《淮南子·道應訓》　季子治亶父三年，而巫馬期絻衣短褐，易容貌，往觀化焉。見夜魚釋之，❶巫馬期問焉，一本無「焉」字。曰：「凡子所爲魚者，欲得也。今得而釋之，何也？」漁者對曰：「季子不欲人取小魚也。所得者小魚，是以釋之。」巫馬期歸，以報孔子曰：「季子之德至矣！使人闇行若有嚴刑在其側者。季子何以至於此？」孔子曰：「丘嘗問之以治，言曰『誠於此者刑於彼』，季子必行此術也。」薛據《集語》引此而節其文云：「見《韓非子》。」今《韓非子》無此文。

《水經·泗水注》　宓子賤之治也，孔

❶「夜」，《二十二子》本《淮南子》作「得」。

子使巫馬期觀政。入其境，見夜漁者，問曰：「子得魚輒放，何也？」曰：「小者，吾大夫欲長育之故也。」子聞之曰：「誠彼刑此，子賤得之，善矣。惜哉，不齊所治者小也。」

《鹽鐵論·憂邊》孔子曰：「不通於論者難於言，❶治道不同者不相與謀。」

《新序·雜事五》孔子北之山戎氏，有婦人哭於路者，其哭甚哀。孔子立輿而問曰：「曷爲哭哀至於此也？」婦人對曰：「往年虎食我夫，今虎食我子，是以哀也。」孔子曰：「嘻！若是則曷爲不去也？」曰：「其政平，其吏不苛，吾以是不能去也。」孔子顧子貢曰：「弟子記之：夫政之不平而吏苛，乃甚於虎狼矣。《詩》曰：『降喪饑饉，斬伐四國。』夫政不平也，乃斬伐四國，而況二人乎？其不去，宜哉！」

《論衡·遭虎》孔子行魯林中，婦人哭，甚哀。使子貢問之：「何以哭之哀也？」曰：「去年虎食吾夫，今年食吾子，是以哭哀也。」子貢曰：「若此，何不去也？」對曰：「吾善其政之不苛，吏之不暴也。」子貢還報孔子，孔子曰：「弟子識諸！苛政暴吏，甚於虎也。」

《說苑·建本》子貢問爲政，孔子曰：「富之。既富，乃教之也。此治國之本也。」

《說苑·政理》齊桓公出獵，逐鹿而走，入山谷之中，見一老公而問之曰：「是爲何谷？」對曰：「爲愚公之谷。」桓公曰：「何故？」對曰：「以臣名之。」桓公曰：「今視公之儀狀，非愚人也，何爲以公名？」對曰：「臣請陳之。臣故畜牸牛，生子而大，賣之而

❶「通」，《龍谿精舍叢書》本《鹽鐵論》作「道」。

買駒，少年曰：『牛不能生馬。』遂持駒去。傍鄰聞之，以臣爲愚，故名此谷爲愚公之谷。」桓公曰：「公誠愚矣！夫何爲而與之？」桓公遂歸，明日朝，以告管仲。管仲正衿再拜曰：「此夷吾之愚也。使堯在上，咎繇爲理，安有取人之駒者乎？若有見暴如是叟者，又必不與也，公知獄訟之不正，故與之耳，請退而脩政。」孔子曰：「弟子記之：桓公，霸君也；管仲，賢佐也。猶有以智爲愚者也，況不及桓公、管仲者也？」

《説苑·政理》　魯哀公問政於孔子，對曰：「政有使民富且壽。」哀公曰：「何謂也？」孔子曰：「薄賦斂則民富，無事則遠罪，遠罪則民壽。」公曰：「若是，則寡人貧矣。」孔子曰：「《詩》云：『凱悌君子，民之父母。』未見其子富而父母貧者也。」

《説苑·政理》　宓子賤爲單父宰，辭於夫子。夫子曰：「毋迎而距也，毋望而許也。許之則失守，距之則閉塞。譬如高山深淵，仰之不可極，度之不可測也。」子賤曰：「善，敢不承命乎！」

《説苑·政理》　孔子弟子有孔蔑者，與宓子賤皆仕。孔子往過孔蔑，問之曰：「自子之仕者，何得何亡？」孔蔑曰：「自吾仕者，未有所得，而有所亡者三。曰：王事若襲，學焉得習，以是學不得明也，所亡者一也；奉禄少，鬻鬻不足及親戚，親戚益疏矣，所亡者二也；公事多急，不得弔死視病，是以朋友益疏矣，所亡者三也。」孔子不説。而復往見子賤，曰：「自子之仕，何得何亡？」子賤曰：「自吾之仕，未有所亡，而所得者三：始誦之文，今履而行之，是學日益明也，所得者一也；奉禄雖少，鬻鬻得及親戚，是以親戚益親也，所得者二也；公事雖急，夜勤弔死視病，是以朋友益親也，所得者三也。」孔子謂子賤曰：「君子哉，若人！君子哉，若人！魯無君子者，斯焉取斯！」

《說苑·政理》 子路治蒲，見於孔子曰：「由願受教。」孔子曰：「蒲多壯士，又難治也。然吾語汝：恭以敬，可以攝勇；寬以正，可以容衆；恭以潔，可以親上。」按：《史記·仲尼弟子傳》作「恭以敬，可以執勇；寬以正，可以比衆；恭正以靜，可以報上」。

《說苑·政理》 子貢爲信陽令，辭孔子而行，孔子曰：「力之順之，因子之時，無奪無伐，無暴無盜。」子貢曰：「賜少日事君子，❶君子固有盜者邪？」孔子曰：「夫以不肖伐賢，是謂奪也；以賢伐不肖，是謂伐也；緩其令，急其誅，是謂暴也；取人善以自爲己，是謂盜也。君子之盜，豈必當財幣乎？吾聞之曰，知爲吏者，奉法利民；不知爲吏者，枉法以侵民，此皆怨之所由生也。臨官莫如平，臨財莫如廉，廉平之守，不可攻也。匿人之善者，是謂蔽賢也；揚人之惡者，是謂小人也；不內相教而外相謗者，是謂不足親也。言人之善者，有所得而無所傷也；言人之惡者，無所得而有所傷也。故君子慎言語矣，毋先己而後人，擇言出之，令口如耳。」

《說苑·政理》 孔子見季康子，康子未說，孔子又見之。宰予曰：「吾聞之夫子曰：『王公不聘不動。』今吾子之見司寇也，少數矣！」孔子曰：「魯國以衆相陵、以兵相暴之日久矣，而有司不治，聘我者其孰大乎於是！」魯人聞之曰：「聖人將治，可以不先自爲刑罰乎！」自是之後，國無爭者。孔子

❶「日」，《四部叢刊》本《說苑》作「而」。

謂弟子曰：「違山十里，蟪蛄之聲，猶尚存耳。政事無如膺之矣。」

《續博物志》十　孔子曰：違山十里，蟪蛄之聲猶在於耳。政事惡譁而善肅。《古微書》引《詩含神霧》：孔子歌云：「違山十里，蟪蛄之聲尚猶在耳，政尚静而惡譁也。」

《説苑・尊賢》　齊桓公使管仲治國，管仲對曰：「賤不能臨貴。」桓公以爲上卿，而國不治。桓公曰：「何故？」管仲對曰：「貧不能使富。」桓公賜之齊國市租一年，而國不治。桓公曰：「何故？」對曰：「疏不能制親。」桓公立以爲仲父，齊國大安，而遂霸天下。孔子曰：「管仲之賢，不得此三權者，亦不能使其君南面而霸矣。」

《説苑・尊賢》　子路問於孔子曰：「治國何如？」孔子曰：「在於尊賢而賤不肖。」子路曰：「范中行氏尊賢而賤不肖，其亡何也？」曰：「范中行氏尊賢而不能用也，賤不肖而不能去也，賢者知其不己用而怨之，不肖者知其賤己而讎之。賢者怨之，不肖者讎之，怨讎竝前，中行氏雖欲無亡，得乎？」

《説苑・指武》　魯哀公問於仲尼曰：「吾欲小則守，大則攻，其道若何？」仲尼曰：「若朝廷有禮，上下有親，民之衆皆君之畜也，君將誰攻？若朝廷無禮，上下無親，民衆皆君之讎也，君將誰與守？」按：薛據《集語》引此以爲見《韓非子》，今《韓非子》無此文。

《説苑・雜言》　孔子曰：「鞭朴之子，不從父之教；刑戮之民，不從君之政。言疾之難行，故君子不急斷，不意使，以爲亂源。」

《中論・慎所從》　孔子曰：「知不可由，斯知所由矣。」

《金樓子・立言下》　子曰：「滌盃而食，洗爵而飲，可以養家客，未可以饗三軍。

兕虎在後，隋珠在前，弗及掇珠，先避後患。聞雷掩耳，見電瞑目。耳聞所惡，不如無聞；目見所惡，不如無見。火可見而不可握，水可循而不可毀，故有象之屬，莫貴於火；有形之類，莫尊於水。身曲影直者，未之聞也。用百人之所能，則百人之力舉，譬若伐樹而引其本，千枝萬葉，莫能弗從也。」

《亢倉子・農道》 孔子之言：「冬飽則身溫，夏飽則身涼。」

孔子集語卷十終

孔子集語卷十一

山東督糧道臣孫星衍撰

博物十

《魯語》下　季桓子穿井，獲如土缶，其中有羊焉。使問之仲尼曰：「吾穿井而獲狗，何也？」對曰：「以丘之所聞，羊也。丘聞之，木石之怪曰夔蝄蜽，水之怪曰龍罔象，土之怪曰羵羊。」

《説苑·辨物》　季桓子穿井得土缶，中有羊。以問孔子，言得狗。孔子曰：「以吾所聞，非狗，乃羊也。木之怪夔罔兩，水之怪龍罔象，土之怪羵羊也，非狗也。」桓子曰：「善哉！」

《搜神記》十二　季桓子穿井，獲如土缶，其中有羊焉。使問之仲尼曰：「吾穿井而獲狗，何邪？」對曰：「以丘所聞，羊也。丘聞之，木石之怪，夔蝄蜽；水之怪，龍罔象；土中之怪，曰賁羊。」

《初學記》七引《韓詩外傳》　魯哀公使人穿井，三月不得泉，得一玉羊，哀公甚懼。孔子聞之曰：「水之精爲玉，土之精爲羊，此羊肝乃土爾。」哀公使人殺羊，其肝即土也。今《外傳》無。

《文選·齊故安陸王碑》注引《韓詩外傳》　孔子曰：「水之精爲玉，老蒲爲葦，願無怪之。」今《外傳》無。

《御覽》九百二引《韓詩外傳》　魯哀公使人穿井，三月不得泉，得一玉羊焉，公以爲祥，使祝鼓舞之，欲上於天，羊不能上。孔子見公曰：「水之精爲玉，土之精爲羊，願無怪之。此羊肝，土也。」公使殺之，視肝，即土矣。今《外傳》無。

《魯語》下　吴伐越，隳會稽，獲骨焉，節專車。吴子使來好聘，且問之仲尼曰：「無以吾命。」賓發幣於大夫，及仲尼，仲尼爵之。既徹俎而宴。客執骨而問曰：「敢問骨何爲大？」仲尼曰：「丘聞之，昔禹致羣神於會稽之山，防風氏後至，禹殺而戮之，其骨節專車，此爲大矣。」客曰：「敢問誰守爲神？」仲尼曰：「山川之靈，足以紀綱天下者，其守爲神；社稷之守者，爲公侯，皆屬於王者。」客曰：「防風何守也？」仲尼曰：「汪芒氏之君也，守封嵎之山者也，爲漆姓，在虞、夏、商爲汪芒氏，於周爲長狄，今爲大人。」客曰：「人長之極幾何？」仲尼曰：「僬僥氏長三尺，短之至也，長者不過十，數之極也。」

《説苑・辨物》　吴伐越，隳會稽，得骨專車。使使問孔子曰：「骨何者最大？」孔子曰：「禹致羣臣會稽山，防風氏後至，禹殺而戮之，其骨節專車，此爲大矣。」使者曰：「誰爲神？」孔子曰：「山川之靈，足以紀綱天下者，其守爲神，社稷爲公侯，山川之祀爲諸侯，皆屬於王者。」曰：「防風氏何守？」孔子曰：「汪芒氏之君，守封嵎之山者也。其神爲釐姓，在虞、夏爲防風氏，商爲汪芒氏，於周爲長狄氏，今謂大人。」使者曰：「人長幾何？」孔子曰：「僬僥氏三尺，短之至也；長者不過十，數之極也。」使者曰：「善哉！聖人也。」

《魯語》下　仲尼在陳，有隼集于陳侯之庭而死，楛矢貫之，石砮其長尺有咫。陳惠公使人以隼如仲尼之館問之。仲尼曰：「隼之來也遠矣，此肅慎氏之矢也。昔武王克商，通道于九夷、百蠻，使各以其方賄來貢，使無忘職業。於是肅慎氏貢楛矢、石砮，其長尺有咫。先王欲昭其令德之致遠也，以示後人，使永監焉，故銘其栝曰：『肅慎氏之貢矢』，以分大姬，配虞胡公，而封諸陳。古者分同姓以珍玉，展親也；分異姓以遠方之職貢，使無忘服也。故分陳以肅慎氏之貢，君若使有司求諸故府，其可得也。」使求，得之金櫝，如之。

《說苑·辨物》　仲尼在陳，有隼集于陳侯之廷而死，楛矢貫之，石砮矢長尺而咫。陳侯使問孔子，孔子曰：「隼之來也遠矣，此肅慎氏之矢也。昔武王克商，通道九夷、百蠻，使各以其方賄來貢，思無忘職業。於是肅慎氏貢楛矢、石砮，長尺而咫。先王欲昭其令德之致，故銘其栝曰：『肅慎氏貢楛矢。』以勞大姬，配虞胡公，而封諸陳。分同姓以珍玉，展親也；分別姓以遠方職貢，使無忘服也。故分陳以肅慎氏之矢。」試求之故府，果得焉。

《初學記》十六引《晏子春秋》　齊景公爲大鐘，將懸之。仲尼、伯常騫、晏子三人俱來朝，皆曰鐘將毀。撞之，果毀。公召三子問之。晏子曰：「鐘大非禮，《御覽》五百七十五引作「鐘大不以禮」。是以曰將毀。」《御覽》作「故曰將毀」，下皆作「故曰」。仲尼曰：「鐘大懸下，其氣不得上薄，《御覽》無「不得」。是以曰將毀。」伯常騫曰：「今日庚申，雷日也。陰莫勝於雷，是以曰將毀。」按：今本《晏子》無。

《說苑·辨物》　楚昭王渡江，有物大如斗，直觸王舟，止於舟中。昭王大怪之，使聘問孔子。孔子曰：「此名萍實，令剖而食之。惟霸者能獲之，此吉祥也。」其後齊有飛鳥，一足，來下，止于殿前，舒翅而跳。齊侯大怪之，又使聘問孔子。孔子曰：「此名商羊，急告民，趣治溝渠，天將大雨。」於是如之，天果大雨。諸國皆水，齊獨以安。孔子歸，弟子請問。孔子曰：「異哉！薛據《集語》引作「異時」。小兒謠曰：『楚王渡江得萍實，大如拳，赤如日，剖而食之美如蜜。』此楚之應也。兒又有兩兩相牽，屈一足而跳，曰：『天將大雨，商羊起舞。』今齊獲之，亦其應也。夫謠之後，未嘗不有應隨者也。故聖人非獨守道而已也，睹物記也，即得其應矣。」❶

《論衡·明雩》 孔子出，使子路齎雨具，有頃，天果大雨，子路問其故。孔子曰：「昨暮月離于畢。」後日，月復離畢。孔子出，子路請齎雨具，孔子不聽。出，果無雨。子路問其故。孔子曰：「昔日，月離其陰，故雨；昨暮，月離其陽，故不雨。」

《論衡·卜筮》 魯將伐越，筮之，得「鼎折足」，子貢占之，以爲凶。何則？鼎而折足，行用足，故謂之凶。孔子占之，以爲吉。曰：「越人水居，行用舟，不用足，故謂之吉。」魯伐越，果克之。

《論衡·實知》 孔子未嘗見猩猩，至輒能名之。然而孔子名猩猩，聞昭人之歌。

《繹史·孔子類記四》引《衝波傳》 有鳥九尾，孔子與子夏見之，人以問，孔子曰：「鶬也。」子夏曰：「何以知之？」孔子曰：「河上之歌云：『鶬兮鶬兮，逆毛衰兮，一身九尾長兮。』」

《廣韻》十三末鴰字注引《韓詩》 孔子渡江，見之異衆，莫能名。孔子嘗聞河上人歌曰：「鴰兮，鴰兮，逆毛衰兮，一身

❶ 「應」，《文淵閣四庫全書》本《說苑》作「真」。

九尾長兮，鶬鴰也」。

《北户録》上引《白澤圖》 鬼車，昔孔子子夏所見，故歌之，其圖九首。

虞世南撰《夫子廟堂碑》 辨飛龜於石函。事詳雜事篇《抱朴子·辨問》。

孔子集語卷十一終

孔子集語卷十二

山東督糧道臣孫星衍撰

事譜十一上

《詩・商頌》序疏引《世本》 宋湣公生弗甫何，弗甫何生宋父，宋父生正考甫，正考甫生孔父嘉，爲宋司馬，華督殺之，而絶其世。其子木金父降爲士，木金父生祁父，祁父生防叔。爲華氏所逼，奔魯，爲防大夫。故曰「防叔」。防叔生伯夏，伯夏生叔梁紇，叔梁紇生仲尼。《左傳》桓元年疏引作「孔父嘉生木金父，木金父生祁父，其子奔魯，爲防叔，防叔生伯夏，伯夏生叔梁紇，叔梁紇生仲尼」，省文。

《潛夫論・志氏姓》 閔公子弗父何生宋父，宋父生世子，世子生正考父，正考父生孔父嘉，孔父嘉生子木金父。木金父降爲士，故曰滅於宋。金父生祁父，祁父生防叔。防叔爲華氏所偪，出奔魯，爲防大夫，故曰「防叔」。防叔生伯夏，伯夏生叔梁紇，爲鄹大夫，故曰「鄹叔紇」，生孔子。

《續博物志》二 孔子生於魯襄公二十二年。按：《公羊》、《穀梁》皆謂「生於襄二十一年」，此本《史記・孔子世家》。

《韓詩外傳》二 孔子遭齊程本子於郯之間，《初學記》十七引作「孔子過齊，遇程本子於郯郯之間」，《御覽》八百十八引作「孔子之齊，遇程本子於譚郯之間」。傾蓋而語終日，有間，《初學記》引作「甚説」。顧子路曰：「由，來取二字本脱，從《初學記》補。束帛十匹以贈先生。」子路不對。有間，又顧謂曰：「取「謂」字「取」字本脱，從趙本補。束帛十匹以贈先生。」子路率爾而對曰：「昔者由也聞之於夫子：士不中道相見，女無媒而嫁者，君子不行也。」孔子曰：「夫《詩》不云乎：『野有蔓草，零露漙兮。有美一人，青揚宛兮，邂逅相遇，適我願兮。』且夫齊程本子，天下之賢士也，吾於是而不贈，終身不之見也。大德不踰閑，小德出入可也。」

《説苑·尊賢》 孔子之郯，遭程子於塗，傾蓋而語終日。有間，顧子路曰：「取束帛一以贈先生。」子路不對。有間，又顧曰：「取束帛一以贈先生。」子路屑然對曰：「由聞之也，士不中而見，《御覽》四百二引作「士不中間而見」，注云：「中間謂紹介也。」女無媒而嫁，君子不行也。」孔子曰：「由，《詩》不云乎：『野有蔓草，零露漙兮。有美一人，清揚婉兮，邂逅相遇，適我願兮。』今程子，天下之賢士也，於是不贈，終身不見。大德毋踰閑，小德出入可也。」

《子華子》 子華子反自郯，遭孔子於塗，傾蓋相顧，相語終日，甚相懽也。孔子命子路曰：「取束帛以贈先生。」子路屑然而對曰：「由聞之：士不中間見，女嫁無媒，君子不以交，禮也。」❶子曰：「固哉！由也。《詩》不云乎：『有美一人，清揚婉兮，邂逅相遇，適我願兮。』今程子，天下之賢士也，於斯不贈，則終身弗能見也。小子行之。」

《高士傳》 孔子年十七，遂適周，見老聃。《水經·渭水注》引同。按：《莊子·天運》：「孔子行年五十有一，南之沛，見老聃。」《史記·孔子世家》載適周事在年三十之前，《索隱》引《莊子》下復再言十七。諸説不同，宜從《史記》。

---

❶「也」下，別本《子華子》皆有「有間，又顧謂子路，子路又對如初。孔」十四字。

《莊子·外篇·天道》 孔子西藏書於周室，子路謀曰：「由聞周之徵藏史有老聃者，免而歸居。夫子欲藏書，則試往因焉。」孔子曰：「善。」往見老聃，而老聃不許。於是繙十二經以說。老聃中其說，曰：「大謾，願聞其要。」孔子曰：「要在仁義。」老聃曰：「請問仁義，人之性邪？」孔子曰：「然。君子不仁則不成，不義則不生。仁義，真人之性也。又將奚爲矣？」老聃曰：「請問何謂仁義？」孔子曰：「中心物愷，兼愛無私，此仁義之情也。」

《說苑·敬慎》 孔子之周，觀於太廟右陛之前，有金人焉，三緘其口，而銘其背曰：「古之慎言人也，戒之哉！戒之哉！無多言，多言多敗；無多事，多事多患；安樂必戒，無行所悔。勿謂何傷，其禍將長；勿謂何害，其禍將大；勿謂何殘，其禍將然；勿謂莫聞，天妖伺人。熒熒不滅，炎炎柰何；涓涓不壅，將成江河；緜緜不絶，將成網羅；青青不伐，將尋斧柯。誠不能慎之，禍之根也；曰是何傷，禍之門也。强梁者不得其死，好勝者必遇其敵，盜怨主人，民害其貴。君子知天下之不可蓋也，故後之，下之，使人慕之，執雌持下，莫能與之争者。人皆趨彼，我獨守此；衆人惑惑，我獨不從；内藏我知，不與人論技。我雖尊高，人莫害我。夫江河長百谷者，以其卑下也。天道無親，常與善人。戒之哉！戒之哉！」孔子顧謂弟子曰：「記之！此言雖鄙，而中事情。《詩》曰：『戰戰兢兢，如臨深淵，如履薄冰。』行身如此，豈以口遇禍哉！」

《說苑·雜言》 孔子曰：「自季孫之賜我千鍾，而友益親；自南宫頊叔之乘我車也，❶而道加行。故道有時而後重，有勢而後行。微夫二子之賜，丘之道幾於廢也。」

《荀子・宥坐》 孔子觀於魯桓公之廟，有欹器焉。孔子問於守廟者曰：「此爲何器？」守廟者曰：「此蓋爲宥坐之器。」孔子曰：「吾聞宥坐之器者，虚則欹，中則正，滿則覆。」孔子顧謂弟子曰：「注水焉。」弟子挹水而注之，中而正，滿而覆，虚而欹。孔子喟然而歎曰：「吁！惡有滿而不覆者哉！」子路曰：「敢問持滿有道乎？」孔子曰：「聰明聖知，守之以愚；功被天下，守之以讓；勇力撫世，守之以怯；富有四海，守之以謙。此所謂挹而損之之道也。」

《韓詩外傳》三 孔子觀於周廟，有欹器焉。孔子問於守廟者曰：「此謂何器也？」對曰：「此蓋爲宥坐之器。」孔子曰：「聞宥坐器，滿則覆，虚則欹，中則正，有之乎？」對曰：「然。」孔子使子路取水試之，滿則覆，中則正，虚則欹。孔子喟然而嘆曰：「嗚呼！惡有滿而不覆者哉！」子路曰：「敢問持滿有道乎？」孔子曰：「持滿之道，抑而損之。」子路曰：「損之有道乎？」孔子曰：「德行寬裕者，守之以恭；土地廣大者，守之以儉；禄位尊盛者，守之以卑；人衆兵强者，守之以畏；聰明睿知者，守之以愚；博聞强記者，守之以淺。夫是之謂抑而損之。」

《淮南子・道應訓》 孔子觀桓公之廟，有器焉，謂之宥巵。孔子曰：「善哉！予一本作「乎」。得見此器。」顧曰：「弟子取水。」水至，灌之，其中則正，其盈則覆。孔

---

❶「項」，《子書百家》本《説苑》作「頊」，《文淵閣四庫全書》本《説苑》作「敬」。

子造然革容曰：「善哉！持盈者乎！」子貢在側，曰：「請問持盈。」曰：「益一本作「揖」。而損之。」曰：「何謂益而損之？」曰：「夫物盛而衰，樂極而悲，日中而移，月盈而虧。是故聰明睿知，守之以愚；多聞博辯，守之以陋；一本作「儉」。武力毅勇，守之以畏；富貴廣大，守之以儉；一本作「陋」。德施天下，守之以讓。此五者，先王所以守天下而弗失也。反此五者，未嘗不危也。」

《説苑·敬慎》 孔子觀於周廟，而有欹器焉。孔子問守廟者曰：「此爲何器？」對曰：「蓋爲宥坐之器。」孔子曰：「吾聞宥坐之器，滿則覆，虚則欹，中則正。有之乎？」對曰：「然。」孔子使子路取水而試之，滿則覆，中則正，虚則欹。孔子喟然嘆曰：「嗚呼！惡有滿而不覆者哉！」子路曰：「敢問持滿有道乎？」孔子曰：「持滿之道，挹而損之。」子路曰：「損之有道乎？」孔子曰：「高而能下，滿而能虚，富而能儉，貴而能卑，智而能愚，勇而能怯，辯而能訥，博而能淺，明而能闇，是謂損而不極。能行此道，唯至德者及之。《易》曰：『不損而益之，故損；自損而終，故益。』」

《吕氏春秋·離俗覽·舉難》 季孫氏劫公家，孔子欲諭術則見外，於是受養而便説，魯國以訾。孔子《御覽》九百三十引重「孔子」字。曰：「龍食乎清而游乎清，螭食乎清而游乎濁，魚食乎濁而游乎濁。今丘上不及龍，下不若魚，丘其螭邪！」

《論衡·龍虚》 孔子曰：「龍食於清游於清，龜食於清游於濁，魚食於濁游於清。丘上不及龍，下不爲魚，中止其軀與！」

《説苑·脩文》 孔子至齊郭門之外，遇一嬰兒，挈一壺相與俱行。其視精，其心正，其行端。孔子謂御曰：「趣驅之，趣驅之！」韶樂方作，孔子至彼。聞韶，三月不知肉味。

《晏子春秋·外篇下》 仲尼游齊，見景公。景公曰：「先生奚不見寡人宰乎？」仲尼對曰：「臣聞晏子事三君而得順焉，是有三心，所以不見也。」仲尼出，景公以其言告晏子。晏子對曰：「不然。嬰爲三心，❶三君爲一心，故三君皆欲其國之安，是以嬰得順也。嬰聞之，是而非之，非而是之，猶非也。孔丘必據處此一心矣。」

《晏子春秋·外篇下》 仲尼之齊，見景公而不見晏子。子貢曰：「見君不見其從政者，可乎？」仲尼曰：「吾聞晏子事三君而順焉，吾疑其爲人。」晏子聞之，曰：「嬰則齊之世民也，不維其行，不識其過，不能自立也。嬰聞之，有幸見愛，無幸見惡，誹譽一本作「謗」。爲類，聲響相應，見行而從之者也。嬰聞之，以一心事三君者，所以順焉；以三心事一君者，不順焉。今未見嬰之行而非其順也。嬰聞之，君子獨立不慙于影，獨寢不慙于魂。孔子拔樹削跡，不自以爲辱；窮陳、蔡，不自以爲約；非人不得其故，是猶澤人之非斤斧，山人之非網罟也。出之其口，不知其困也，始吾望傳一本作「儒」，下同。而貴之，今吾望傳而疑之。」仲尼聞之曰：「語有之：言發于爾，不可止于遠也；行存于身，不可掩于衆也。吾竊議晏子而不中夫人之過，吾罪幾矣！丘聞君子過人以爲友，不及人以

❶「嬰」上，《指海》本《晏子春秋》有「非」字。

爲師。今丘失言于夫子，譏之，❶是吾師也。」因宰我而謝焉，然仲尼見之。

《説苑・權謀》 孔子與齊景公坐，左右白曰：「周使來，言周廟燔。」齊景公出問曰：「何廟也？」孔子曰：「是釐王廟也。」景公曰：「何以知之？」孔子曰：「《詩》云：『皇皇上帝，其命不忒。』天之與人，必報有德，禍亦如之。夫釐王變文、武之制而作玄黄宫室，輿馬奢侈，不可振也。故天殃其廟。是以知之。」景公曰：「天何不殃其身？」❷曰：「天以文王之故也。若殃其身，文王之祀無乃絶乎？故殃其廟，以章其過也。」左右入報曰：「周釐王廟也。」景公大驚，起，再拜曰：「善哉！聖人之智，豈不大乎！」

《晏子春秋・外篇下》 仲尼之齊，見景公，景公説之，欲封之以爾稽，以告晏子。晏子對曰：「不可。彼浩裾自順，不可以教下；好樂綏一作「緩」。于民，不可使親治；立命而建事，不可使守職；厚葬破民貧國，久喪道哀費日，❸不可使子民；行之難者在內，而傳者無其外，❹故異于服，勉于行，一作「容」。不可以道衆而馴百姓。自大賢之滅，周室之卑也，威儀加多而民行滋薄，聲樂繁充而世德滋衰。今孔丘盛聲樂以侈世，飾絃歌鼓舞以聚徒，繁登降之禮，趨翔之節以觀衆，博學不可以儀世，勞思不可以補民，兼壽不能殫其教，當年不能究其禮，積財不能贍其樂，繁飾邪術以營世君，盛爲聲樂以淫愚其民。其道也，不可以示世；其教也，不可以導民。

❶「譏」上，《指海》本《晏子春秋》有「夫子」二字。
❷「身」下，《四部叢刊》本《説苑》有「而殃其廟乎子」六字。
❸「道」，《指海》本《晏子春秋》作「遁」。
❹「傳」，《指海》本《晏子春秋》作「儒」。

今欲封之，以移齊國之俗，非所以道衆存民也。」公曰：「善。」於是厚其禮而留其封，敬見不問其道。仲尼乃行。

《墨子·非儒下》 孔丘之齊，見景公。景公説，欲封之以尼谿，以告晏子。晏子曰：「不可。夫儒，浩居而自順者也，不可以教下；好樂而淫人，不可使親治；立命而怠事，不可使守職；宗《史記》《孔叢》作「崇」。 喪循哀，不可使慈民；機服勉容，❶不可使導衆。孔丘盛容修飾以蠱世，弦歌鼓舞以聚徒，繁登降之禮以示儀，務趨翔之節以勸衆。儒學不可使議世，勞思不可以補民，絫壽不能盡其學，當年不能行其禮，積財不能贍其樂。繁飾邪術以營世君，盛爲聲樂以淫遇民。其道不可以期世，其學不可以導衆。今君封之以利齊俗，非所以導國先衆。」❷公曰：「善。」於是厚其禮，留其封，敬見而不問其道。孔丘乃恚怒於景公與晏子。乃樹鴟夷子皮於田常之門，告南郭惠子以所欲爲，歸於魯。

《孔叢子·詰墨》：夫樹人爲信已也。《記》曰：孔子適齊，惡陳常，而終不見。常病之，亦惡孔子，交相惡而又任事，其然矣。《記》又曰：陳常弒其君，孔子齋戒沐浴而朝，請討之。觀其終不樹子皮，審矣。

《呂氏春秋·離俗覽·高義》 孔子見齊景公，景公致廩丘以爲養，孔子辭不受。入，謂弟子曰：「吾聞君子當功以受禄，今説景公，景公未之行，而賜之廩丘，其不知丘亦甚矣。」令弟子趣駕而行。

《淮南子·氾論訓下》 孔子辭廩丘，終不盜刀鉤。

❶「機」，《文淵閣四庫全書》本《墨子》作「異」。

❷「導國先衆」，《文淵閣四庫全書》本《墨子》作「導衆存民」。

《説苑·立節》 孔子見齊景公，景公致廩丘以爲養，孔子辭不受。出謂弟子曰：「吾聞君子當功以受禄，今説景公，景公未之行，而賜我廩丘，其不知丘亦甚矣。」遂辭而行。

《韓詩外傳》八 傳曰：予小子使爾繼邵公之後，受命者必以其祖命之。孔子爲魯司寇，命之曰：「宋公之子弗甫有孫魯孔丘，命爾爲司寇。」孔子曰：「弗甫敦及厥辟，將不堪。」公曰：「不妄。」

《御覽》二百八引《符子》 魯侯欲以孔丘爲司徒，將召三桓議之。乃謂左丘明曰：「寡人欲以孔子爲司徒，而授以魯政焉。寡人將欲詢諸三子。」左丘明曰：「孔丘，其聖人與！夫聖人任政，過者離位焉。君雖欲謀，其將弗合乎！」魯侯曰：「吾子奚以知之？」丘明曰：「周人有愛裘而好珍羞，欲爲千金之裘而與狐謀其皮，欲具少牢之珍而與羊謀其羞。言未卒，狐相率逃於重邱之下，羊相呼藏於深林之中。故周人十年不制一裘，五年不具一牢。何者？周人之謀失之矣。今君欲以孔丘爲司徒，召三桓而議之，亦與狐謀裘，與羊謀羞哉！」於是魯侯遂不與三桓謀，而召孔丘爲司徒。

《吕氏春秋·孝行覽·遇合》 孔子周流海内，再干世主，如齊至衛，所見八十餘君，委質於弟子者三千人，達徒七十人。萬乘之主得一人用可爲師，❶不於無人，以此游，僅至於魯司寇。

《荀子·儒效》 仲尼將爲司寇，沈猶氏

❶「萬」上，《四部叢刊》本《吕氏春秋》有「七十人者」四字。

不敢朝飲其羊，公慎氏出其妻，慎潰氏踰境而徙，魯之粥牛馬者不豫賈。必蚤正以待之者也。居於闕黨。闕黨之子弟罔不分有親者取多，孝悌以化之也。

《新序·雜事一》 魯有沈猶氏者，旦飲羊飽之，以欺市人。公慎氏有妻而淫，慎潰氏奢侈驕佚，魯市之鬻牛馬善豫賈。孔子將爲魯司寇，沈猶氏不敢朝飲其羊，公慎氏出其妻，慎潰氏踰境而徙，魯之鬻馬牛不豫賈，布正以待之也。既爲司寇，季孟墮郈費之城，齊人歸所侵魯之地，由積正之所致也。

《呂氏春秋·先識覽·樂成》 孔子始用於魯，魯人鷖誦之曰：「麛裘而韠，投之無戾；韠而麛裘，投之無郵。」用三年，男子行乎塗右，女子行乎塗左，財物之遺者，民莫之舉。

《淮南子·泰族訓》❶ 孔子爲魯司寇，道不拾遺，市賈不豫賈，田漁皆讓長，而斑白不負戴，非法之所能致也。

《公羊》定十年解詁 頰谷之會，齊侯作侏儒之樂，欲以執定公。孔子曰：「匹夫而熒惑於諸侯者誅！」於是誅侏儒，首足異處。齊侯大懼，曲節從教。疏云：《晏子春秋》文。按：今本《晏子》無。

《穀梁》定十年傳 頰谷之會，孔子相焉。兩君就壇，兩相相揖。齊人鼓譟而起，欲以執魯君。孔子歷階而上，不盡一等，而視歸乎齊侯，曰：「兩君合好，夷狄之民何爲來爲？」命司馬止之。齊侯逡巡而謝曰：「寡人之過也。」退而屬其二三大夫曰：「夫人率其君，與之行古人之道，二三子獨率我

❶ 「族」，原誤作「俗」，據《淮南子》改。

而入夷狄之俗，何爲？」罷會，齊人使優施舞於魯君之幕下。孔子曰：「笑君者，罪當死！」使司馬行法焉，首足異門而出。齊人來歸鄆、讙、龜陰之田者，蓋爲此也。

《陸賈新語・辨惑》　魯定公之時，與齊侯會於夾谷，孔子行相事。兩君升壇，兩相處下而相揖，君臣之禮，濟濟備焉。齊人鼓譟而起，欲執魯公。孔子歷階而上，不盡一等而立，謂齊侯曰：「兩君合好，以禮相率，以樂相化。臣聞嘉樂不野合，犧象之薦不下堂，夷狄之民，何求爲？」命司馬請止之。定公曰：「諾。」齊侯逡巡而避席曰：「寡人之過。」退而自責大夫。罷會，齊人使優旃儛於魯公之幕下，傲戲，欲候魯君之隙，以執定公。孔子嘆曰：「君辱臣當死！」使司馬行法，斬焉，首足異門而出。於是齊人矍然而恐，君臣易操，不安其故行，乃歸魯四邑之侵地，終無乘魯之心。

《公羊》定十二年解詁　郈，叔孫氏所食邑。費，季氏所食邑。二大夫宰吏數叛，患之，以問孔子。孔子曰：「陪臣執國命。采長數叛者，坐邑有城池之固，家有甲兵之藏故也。」季氏説其言而墮之。疏云：《春秋説》。

《春秋繁露・五行相勝》　火者，司馬也。司馬爲讒，反言易辭以譖愬人，內離骨肉之親，外疏忠臣，賢聖旋亡，讒邪日昌，魯上大夫季孫是也。專權擅勢，薄國威德，反以怠惡譖愬其羣臣，劫惑其君。孔子爲魯司寇，據義行法，季孫自消墮費郈城，兵甲有差。夫火者，大朝有讒邪熒惑其君，執法誅之。執法者，水也，故曰水勝火。

《春秋繁露・五行相生》　北方者，水；執法，司寇也。司寇尚禮，君臣有位，長幼有序，朝廷有爵，鄉黨以齒，升降揖讓，般伏拜謁，折旋中矩，立而磬折，拱則抱鼓，執衡而藏，至清廉平，賂遺不受，請謁不聽，據法聽訟，無有所阿，孔子是也。爲魯司寇，斷獄屯屯，與衆共之，不敢自專，是死者不恨，生者不怨。

《鹽鐵論·備胡》 孔子仕於魯，前仕三月，及齊平。後仕三月，及鄭平。務以德安近而綏遠。當此之時，魯無敵國之謀，鄰境之患，彊臣變節而忠順，故季柏「柏」「伯」古字通。隳其都城，❶大國畏義而合好，齊人來歸鄆、讙、龜陰之田。

《説苑·至公》 孔子爲魯司寇，聽獄必師斷，敦敦然皆立，然後君子進曰：「某子以爲何若，某子以爲云云。」又曰：「某子以爲何若，某子曰云云。」辯矣，然後君子幾當從某子云云乎？ 以君子之知，豈必待某子之云云，然後知所以斷獄哉！ 君子之敬讓也，文辭有可與人共之者，君子不獨有也。

《荀子·宥坐》 孔子爲魯攝相，朝七日而誅少正卯。門人進問曰：「夫少正卯，魯之聞人也。夫子爲政而始誅之，得無失乎？」孔子曰：「居，吾語汝其故。人有惡者五，而盜竊不與焉：一曰心達而險，二曰行辟而堅，三曰言僞而辯，四曰記醜而博，五曰順非而澤。此五者，有一於人則不得免於君子之誅，而少正卯兼有之。故居處足以聚徒成群，言談足以飾邪營衆，彊足以反是獨立。

❶ 「柏」，明新淦涂氏刊本《鹽鐵論》作「栢」，《四部叢刊》本、《紛欣閣叢書》本《鹽鐵論》作「桓」之省文，猗蘭堂刊本、《文淵閣四庫全書》本、《龍谿精舍叢書》本《鹽鐵論》作「桓」，是。蓋涂氏刊本所據宋本「桓」字避諱，省下横，誤以爲「栢」。孫星衍所注誤。

此小人之桀雄也，不可不誅也。是以湯誅尹諧，文王誅潘止，周公誅管叔，太公誅華仕，管仲誅付里乙，子產誅鄧析、史付。此七子者，皆異世同心，不可不誅也。《詩》曰：『憂心悄悄，愠于群小。』小人成群，斯足憂矣！」

《尹文子·聖人》❶ 孔丘攝魯相七日而誅少正卯，門人進問曰：「夫少正卯，魯之聞人也。夫子爲政而先誅，得無失乎？」孔子曰：「居，吾語汝其故。人有惡者五，而竊盜姦私不與焉：一曰心達而險，二曰行僻而堅，三曰言僞而辨，四曰彊記而博，五曰順非而澤。此五者，有一於人則不免君子之誅，而少正卯兼有之。故居處足以聚徒成群，言談足以飾邪熒衆，彊記足以反是獨立。此小人雄桀也，不可不誅也。是以湯誅尹諧，文王誅潘正，太公誅華士，管仲誅付里乙，子產誅鄧析、史付。此六子者，異世而同心，不可不誅也。《詩》曰：『憂心悄悄，愠于群小。』小人成群，斯足畏也！」

《淮南子·氾論訓下》 孔子誅少正卯，而魯國之邪塞。

《說苑·指武》 孔子爲魯司寇，七日而誅少正卯於東觀之下。門人聞之趨而進，至者不言，其意皆一也。子貢後至，趨而進曰：「夫少正卯者，魯國之聞人矣。夫子始爲政，何以先誅之？」孔子曰：「賜也，非爾所及也。夫王者之誅有五，而盜竊不與焉：一曰心辨而險，二曰言僞而辯，三曰行辟而堅，四曰志愚而博，五曰順非而澤。此五者，皆有辨知聰達之名，而非其真也。苟行以僞，則其知足以移衆，

❶「聖人」，當作「大道下」。

强足以獨立，此姦人之雄也，不可不誅。夫有五者之一，則不免於誅，今少正卯兼之，是以先誅之也。昔者湯誅蠋沐，太公誅潘阯，管仲誅史附里，子産誅鄧析，此五子未有不誅也。所謂誅之者，非爲其晝則攻盜，暮則穿窬也，皆傾覆之徒也。此固君子之所疑，愚者之所惑也。《詩》云：『憂心悄悄，愠于群小。』此之謂矣！」

《論衡·講瑞》 子貢事孔子，一年自謂過孔子，二年自謂與孔子同，三年自知不及孔子。當一年二年之時，未知孔子聖也，三年之後，然乃知之。以子貢知孔子，三年乃定。世儒無子貢之才，其見聖人，不從之學，任倉卒之視，無三年之接，自謂知聖，誤矣。少正卯在魯，與孔子竝。孔子之門，三盈三虚，唯顔淵不去，顔淵獨知孔子聖也。夫門人去孔子歸少正卯，不徒不能知孔子之聖，又不能知少正卯，門人皆惑。子貢曰：「夫少正卯，魯之聞人也。子爲政，何以先之？」孔子曰：「賜退，非爾所及。」

《劉子·心隱》 少正卯在魯，與孔子同時。孔子門人三盈三虚，唯顔淵不去，獨知聖人之德也。夫門人去仲尼而皈少正卯，非不知仲尼之聖，亦不知少正卯之佞。子貢曰：「少正卯，魯之聞（程本作「文」。）人也。夫子爲政，何以先之？」子曰：「賜也還！（程本無「還」字。）非爾所及也。夫少正卯，心逆而險，行辟而堅，言僞而辯，詞鄙而博，順非而澤。有此五僞（程本作「爲」。）而亂聖人，以子貢之明而不能見，知人之難也！」

《韓非子·内儲説下》 仲尼爲政於魯，道不拾遺，齊景公患之。黎且謂景公曰：

「去仲尼猶吹毛耳。君何不迎之以重祿高位，遺哀公《後漢・馮衍傳》注引作「魯公」。以女樂，以驕榮其意。哀公新樂之，必怠於政。仲尼必諫，諫而不聽，必輕絶於魯。」景公曰：「善。」乃令黎且以女樂六遺哀公，哀公樂之，果怠於政。仲尼諫，不聽，去而之楚。

《晏子春秋・外篇下》 仲尼相魯，景公患之。謂晏子曰：「鄰國有聖人，敵國之憂也。今孔子相魯，若何?」晏子對曰：「君其勿憂。彼魯君，弱主也；孔子，聖相也。君不如陰重孔子，設以相齊，孔子强諫而不聽，必驕魯而有齊，君勿納也。夫絶于魯，無主于齊，孔子困矣。」居朞年，孔子去魯之齊，景公不納，故困于陳、蔡之間。

《陸賈新語・辨惑》 孔子遭君暗臣亂，衆邪在位，政道隔於三家，仁義閉於公門，故作《公陵之歌》，傷無權力於世。

《琴操》 《龜山操》者，孔子所作也。齊人饋女樂，季桓子受之，魯君閉門不聽朝。當此之時，季氏專政，上僭天子，下畔大夫，賢聖斥逐，讒邪滿朝。孔子欲諫不得，退而望魯，魯有龜山蔽之。辟季氏於龜山，托勢位於斧柯。季氏專政，猶龜山蔽魯也，傷政道之陵遲，閔百姓不得其所，欲誅季氏而力不能，於是援琴而歌云：「予欲望魯兮，龜山蔽之，手無斧柯，柰龜山何！」❶

孔子集語卷十二終

❶「何」，原誤作「河」，據《琴操》改。

孔子集語卷十三

山東督糧道臣孫星衍撰

事譜十一下

《韓詩外傳》五　孔子抱聖人之心，彷徨乎道德之域，逍遥乎無形之鄉，倚天理，觀人情，明終始，知得失。故興仁義，厭勢利，以持養之。于時周室微，王道絶，諸侯力政，强劫弱，衆暴寡，百姓靡安，莫之紀綱，禮儀廢壞，人倫不理。於是孔子自東自西，自南自北，匍匐救之。

《韓詩外傳》六　孔子行，簡子將殺陽虎，孔子似之，帶甲以圍孔子舍。子路愠怒，奮戟將下，孔子止之，曰：「由！何仁義之寡裕也。夫《詩》、《書》之不習，禮樂之不講，是丘之罪也。若吾非陽虎，而以我爲陽虎，則非丘之罪也，命也！我歌子和若。」當作「由歌予和若」。子路歌，孔子和之，三終而圍罷。

《莊子·外篇·秋水》　孔子遊於匡，宋人圍之數帀，而弦歌不輟。子路入見，曰：「何夫子之娱也？」孔子曰：「來！吾語女。我諱窮久矣，而不免，命也；求通久矣，而不得，時也。當堯舜，而天下無窮人，非知得也；當桀紂，而天下無通人，非知失也。時勢適然。夫水行不避蛟龍者，漁父之勇也；陸行不避兕虎者，獵夫之勇也；白刃交於前，視死若生者，烈士之勇也；知窮之有命，知通之有時，臨大難而不懼者，聖人之勇也。由處矣！吾命有所制矣！」無幾何，將甲者進，辭曰：

「以爲陽虎也，故圍之。今非也，請辭而退。」

《說苑・雜言》 孔子之宋，匡簡子將殺陽虎，孔子似之，甲士以圍孔子之舍。子路怒，奮戟將下鬬。孔子止之曰：「何仁義之不免俗也！夫《詩》《書》之不習，禮樂之不脩也，是丘之過也。若似陽虎，則非丘之罪也，命也夫！由歌，吾和汝。」子路歌，孔子和之，三終而甲罷。

《琴操》 《孔子戹》者，孔子使顔淵執轡，到匡郭外。顔淵舉策指匡穿垣曰：「往與陽虎，正從此入。」匡人聞其言，孔子貌似陽虎，告匡君曰：「往者陽虎，今復來至。」乃率衆圍孔子，數日不解，弟子皆有飢色。於是孔子仰天而嘆曰：「君子固亦窮乎！」子路聞孔子之言悲感，悖然大怒，張目奮劍，聲如鐘鼓。顧謂二三子曰：「使吾有此戹也！」孔子曰：「由來！今汝欲鬬，名爲戮我於天下，爲汝悲歌而感之，汝皆和我。」由等唯唯。孔子乃引琴而歌，音曲甚哀，有暴風擊拒，軍士僵仆。於是匡人乃知孔子聖人，瓦解而去。

《呂氏春秋・愼大覽・貴因》 孔子道彌子瑕，見釐夫人，因也。

《淮南子・泰族訓》 孔子欲行王道，東西南北七十說而無所偶，故因衛夫人、彌子瑕，而欲通其道。

《鹽鐵論・論儒》 孔子適衛，因嬖臣彌子瑕以見衛夫人，子路不說。

《藝文類聚》六十七引《典略》 孔子返衛，衛夫人南子使人謂之曰：「四方君子之來者，必見寡小君。」孔子不得已，見之。夫人在錦帷中《御覽》七百作「幕中」。孔子北面稽首，夫人自帷中再拜，環珮之聲璆然。《御覽》

作「璆璆然」。

《呂氏春秋・恃君覽・召類》　趙簡子將襲衛，使史默往睹之。期以一月，六月而後返。趙簡子曰：「何其久也？」史默曰：「謀利而得害，猶弗察也。今蘧伯玉爲相，史鰌佐焉，孔子爲客，子貢使令於君前，甚聽。《易》曰：『渙其群，元吉。』渙者，賢也；群者，衆也；元者，吉之始也。『渙其群，元吉』者，其佐多賢也。」簡子按兵而不動。

《鹽鐵論・論儒》　孔子能方不能圓，故飢于黎丘。

《藝文類聚》三十引《典略》❶　孔子過宋，與弟子習禮於樹下。《御覽》五百二十三引《典略》作「於大樹下」。宋司馬桓魋使人拔其樹，去，適於野。《御覽》作「去，適鄭」。

《韓詩外傳》九　孔子出衛疑當作「鄭」。之東門，逆姑布子卿，曰：「二三子引車避。有人將來，必相我者也。志之。」姑布子卿亦曰：「二三子引車避。有聖人將來。」孔子下，步。姑布子卿迎而視之五十步，從而望之五十步，顧子貢曰：「是何爲者也？」子貢曰：「賜之師也，所謂魯孔丘也。」姑布子卿曰：「是魯孔丘歟？吾固聞之。」子貢曰：「賜之師，何如？」姑布子卿曰：「得堯之顙，舜之目，禹之頸，皋陶之喙。從前視之，盎盎乎似有王者，從後視之，高肩弱脊。此惟不及四聖者也。」子貢吁然。姑布子卿曰：「子何患焉？汙面而不惡，葭喙而不藉，遠而望之，羸乎若喪家之狗。子何患焉？」子貢以告孔子。孔子無所辭，獨辭喪家之狗耳，曰：「丘何敢乎？」子貢曰：「汙面而不惡，葭喙而不藉，賜以知之矣。不知喪家狗，何

---

❶「三十」，當作「三十八」。

足辭也？」子曰：「賜，汝獨不見夫喪家之狗歟？既斂而椁，布器而祭，顧望無人，意欲施之，上無明王，下無賢士方伯，王道衰，政教失，强陵弱，衆暴寡，百姓縱心，莫之綱紀。是以固以丘爲欲當之者也，丘何敢乎！」

《白虎通・壽命》 夫子過鄭，與弟子相失，獨立郭門外。或謂子貢曰：「東門有一人，其頭似堯，其頸似皋繇，其肩似子產，然自要以下，不及禹三寸，傫傫如喪家之狗。」子貢以告孔子，孔子喟然而笑曰：「形狀未也。如喪家之狗，然哉乎！然哉乎！」

《論衡・骨相》 孔子適鄭，與弟子相失，孔子獨立鄭東門。鄭人或問子貢曰：「東門有人，其頭似堯，其項若皋陶，肩類子產，然自腰以下，不及禹三寸，儽儽若喪家之狗。」子貢以告孔子，孔子欣然笑曰：「形狀未也。如喪家狗，然哉！然哉！」

《三國・魏・劉廙傳》注引《新序》 趙簡子欲專天下，謂其相曰：「趙有犢犨，晉有鐸鳴，魯有孔丘，吾殺三人者，天下可王也。」於是乃召犢犨、鐸鳴而問政焉，已，即殺之。使使者聘孔子於魯，以胖牛肉迎於河上。使者謂船人曰：「孔子即上船，中河必流《御覽》八百六十三引作「安流」。而殺之。」孔子至，使者致命，進胖牛之肉。孔子仰天而歎曰：「美哉，水乎！洋洋乎，使丘不濟此水者，命也夫！」子路趨而進曰：「敢問何謂也？」孔子曰：「夫犢犨、鐸鳴，晉國之賢大夫也。趙簡子未得意之時，須而後從政；及其得意也，殺之。黃龍不反於涸澤，鳳凰不離其罻羅。故刳胎焚林則麒麟不臻，覆巢破卵則鳳皇不翔，竭澤而漁則龜龍不見。鳥獸之於不仁，猶知避之，況丘乎！故虎嘯而谷風起，龍興而景雲見，擊庭鐘於外，而黃鐘應於内，夫物類之相感，精神之相應，若響之應聲，影之象形，故君子違傷其類者。今彼已殺吾類矣，何爲之此乎！」於是遂回車，不渡而還。按：今本《新序》無。

《說苑·權謀》 趙簡子曰：「晉有澤鳴、犢犨，魯有孔丘，吾殺此三人，則天下可圖也。」於是乃召澤鳴、犢犨，任之以政而殺之。使人聘孔子於魯，孔子至河，臨水而觀曰：「美哉水，洋洋乎！丘之不濟於此，命也夫！」子路趨進曰：「敢問奚謂也？」孔子曰：「夫澤鳴、犢犨，晉國之賢大夫也。趙簡子之未得志也，與之同聞見；及其得志也，殺之而後從政。故丘聞之：刳胎焚夭，則麒麟不至；乾澤而漁，蛟龍不游；覆巢毁卵，則鳳凰不翔。丘聞之：君子重傷其類者也。」

《琴操》 《將歸操》者，孔子之所作也。趙簡子循執玉帛以聘孔子，孔子將往，未至，渡狄水，聞趙殺其賢大夫竇鳴犢，喟然而嘆之，曰：「夫趙之所以治者，鳴犢之力也。殺鳴犢而聘余，何丘之往也？夫燔林而田則麒麟不至，覆巢破卵則鳳凰不翔。鳥獸尚惡傷類，而況君子哉！」於是援琴而鼓之，云：「翱翔於衛，復我舊居，從吾所好，其樂只且。」

《水經·河水注》五 昔趙鞅殺鳴犢，仲尼臨河而歎，自是而返，曰：「丘之不濟，命也夫！」《琴操》以爲孔子臨狄水而歌矣，曰：「狄水衍兮風揚波，船楫顛倒更相加」。又見《續博物志》八。《繹史·孔子類記一》引《水經注》：「孔子適趙，臨河不濟，歎而作歌曰：『秋風衍兮風揚波，舟楫顛倒更相加，歸來歸來胡爲斯？』」

《莊子・雜篇・寓言》　莊子謂惠子曰：「孔子行年六十而六十化，始時所是，卒而非之。未知今之所謂是之非五十九非也。」惠子曰：「孔子勤志服知也。」莊子曰：「孔子謝之矣，而其未之嘗言。孔子云：『夫受才乎大本，復靈以生。鳴而當律，言而當法，利義陳乎前，而好惡是非直服人之口而已矣。使人乃以心服而不敢蘁立，定天下之定。』已乎！已乎！吾且不得及彼乎！」

《墨子・耕柱》　葉公子高問政於仲尼曰：「善爲政者，若之何？」仲尼對曰：「善爲政者，遠者近之，而舊者新之。」

《莊子・內篇・人間世》　葉公子高將使於齊，問於仲尼曰：「王使諸梁也甚重，齊之待使者，蓋將甚敬而不急。匹夫猶未可動也，而況諸侯乎？吾甚慄之。子嘗語諸梁也，曰：『凡事若小若大，寡不道以懽成。事若不成，則必有人道之患；事若成，則必有陰陽之患。若成若不成而後無患者，唯有德者能之。』吾食也，執粗而不臧，爨無欲清之人。今吾朝受命而夕飲冰，我其內熱與？吾未至乎事之情，而既有陰陽之患矣；事若不成，必有人道之患。是兩也，爲人臣者不足以任之，子其有以語我來！」仲尼曰：「天下有大戒二：其一，命也；其一，義也。子之愛親，命也，不可解於心；臣之事君，義也，無適而非君也，無所逃於天地之間。是之謂大戒。是以夫事其親者，不擇地而安之，孝之至也；夫事其君者，不擇事而安之，忠之盛也；自事其心者，哀樂不易施乎前，知其不可柰何而安之若命，德之至也。爲人臣子者，固有所不得已，行事之情而忘其身，何暇至於悅生而惡死？夫子其行可矣！丘請復以所聞：凡交，近則必相靡以信，遠則必忠之以言，言必或傳之。夫傳兩喜兩怒之言，天下之難者也。夫兩喜必多溢美之言，兩怒必多溢惡之言。凡溢之類妄，妄則其信之也莫，莫則傳言者殃。故法言曰：『傳其常情，無傳其溢言，則幾乎全。』且以巧鬬力者，始乎陽，常卒乎陰，泰至則多奇巧；以禮飲酒者，始乎治，常卒乎亂，泰至則多奇樂。凡事亦然。始乎諒，常卒乎鄙。其作始也簡，其將畢也必巨。言者，風波也；行者，實喪也。夫風波易以動，實喪易以危。故忿設無由，巧言偏辭。獸死不擇音，氣息茀然，於是竝生心厲。剋核太至，則必有不肖之心應之，而不知其然也。苟爲不知其然也，孰知其所終？故法言曰：『無遷令，無勸成。過度，益也。』遷令勸成，殆事。美成在久，惡成不及改，可不慎與！且夫乘物以遊心，託不得已以養中，至矣。何作爲報也！莫若爲致命。此其難者。」

《荀子·宥坐》孔子南適楚，戹於陳、蔡之閒，七日不火食，藜羹不糂，弟子皆有飢色。子路進問之曰：「由聞之：爲善者，天報之以福；爲不善者，天報之以禍。今夫子累德積義懷美，行之日久矣，奚居之隱也？」孔子曰：「由不識，吾語汝。汝以知者爲必用邪？王子比干不見剖心乎？汝以忠者爲必用邪？關龍逢不見刑乎？汝以爲諫者爲必用邪？伍子胥不磔姑蘇東門外乎？夫遇不遇者，時也；賢不肖者，材也。君子博學深謀不遇時者多矣。由是觀之，不遇世者衆矣，何獨丘也哉！夫芷蘭生於深林，非以無人而不芳。君子之學，非爲通也，爲窮而不困，憂而意不衰也，知禍福終始而心不惑也。夫賢不肖者，材也；爲不爲者，人也；遇不遇者，時也；死生者，命也。今有其人不遇其時，雖賢，其能行乎？苟遇其時，何難之有？故君子博學深謀脩身端行以俟其時。」孔子曰：「由！居，吾語汝。昔晉公子重耳霸心生於曹，越王句踐霸心生於會稽，齊桓公小白霸心生於莒。故居不隱者思不遠，身不佚者志不廣，女庸安知吾不得之桑落之下？」

《韓詩外傳》七　孔子困於陳、蔡之閒，即三經之席，七日不食，藜羹不糝，弟子有飢色，讀書習禮樂不休。子路進諫曰：「爲善者，天報之以福；爲不善者，天報之以賊。今夫子積德累仁，爲善久矣。意者尚有遺行乎，本作「意者當遺行乎」，據《文選》《對楚王問》、《辯命論》兩注引改。奚居之隱也？」孔子曰：「由，來！汝小人也，未講於論也。居，吾語汝。子以知者爲無罪乎？則王子比干何爲刳心而死？子以義者爲聽乎？則伍子胥何爲抉目而縣吴東門？子以廉者爲用乎？則伯夷、叔齊何爲餓於首陽之山？子以忠者爲用乎？則鮑叔何爲而不用？葉公子高終身不仕？鮑焦抱木而泣？子推登山而燔？故君子博學深謀，不遇時者衆矣，豈獨丘哉！賢不肖者，材也；遇不遇者，時也。今無有時，賢安所用哉？故虞舜耕於歷山之陽，立爲天子，其遇堯也；傅説負土而版築，以爲大夫，其遇武丁也；伊尹固有莘氏僮也，負鼎操俎調五味，而立爲相，其遇湯也；吕望行年五十，賣食棘津，年七十屠於朝歌，九十乃爲天子師，則遇文王也；管夷吾束縛自檻車，以爲仲父，則遇齊桓公也；百里奚自賣五羊之皮，爲秦伯牧牛，舉爲大夫，則遇秦繆公也；虞丘於天下，「於」上有脱文。以爲令尹，讓於孫叔敖，則遇楚莊王也；伍子胥前功多，後戮死，非知有盛衰也，前遇闔閭，後遇夫差也。夫驥罷鹽車，此非無形容也，莫知之也。使驥不得伯樂，安得千里之足？造父亦無千里之手矣。夫蘭茝生於茂林之中，深山之閒，人莫見之，故不芬。夫學者非爲通也，爲窮而不困，憂而志不衰，先知禍福之始，而心無惑焉。故聖人隱居深念，獨聞獨見。夫舜亦賢聖矣，南面而治天下，惟其遇堯也。使舜居桀紂之世，能自免於刑戮之中，則爲善矣，亦何位之有？桀殺關龍逢，紂殺王子比干，當此之時，豈關龍逢無知而王子比干不慧乎哉？此皆不遇時也。故君子務學脩身端行，而須其時者也。子無惑焉。」

《説苑·雜言》 孔子困於陳、蔡之閒，居環堵之内，席三經之席，七日不食，藜羹不糝，弟子皆有飢色，讀《詩》《書》治禮不休。子路進諫曰：「凡人爲善者，天報以福；爲不善者，天報以禍。今先生積德行，爲善久矣，意者尚有遺行乎？奚居隱也？」孔子曰：「由，來！汝不知。坐，吾語汝。子以夫知者爲無不知乎？則王子比干何爲剖心而死？以諫者爲必聽邪？伍子胥何爲抉目於吴東門？子以廉者爲必用乎？伯夷、叔齊何爲餓死於首陽山之下？子以忠者爲必用乎？則鮑莊何爲而肉枯？荆公子高終身不顯？鮑焦抱木而立枯？介子推登山焚死？故夫君子博學深謀，不遇時者衆矣，豈獨丘哉！賢不肖者，才也；爲不爲者，人也；遇不遇者，時也；死生者，命也。有其才不遇其時，雖才不用。苟遇其時，何難之有？故舜耕歷山而逃於河畔，立爲天子，則其遇堯也；傅説負壤土，釋板築，而立佐天子，則其遇武丁也；伊尹，有莘氏媵臣也，負鼎俎，調五味，而佐天子，則其遇成湯也；吕望行年五十，賣食於棘津，行年七十，屠牛朝歌，行年九十，爲天子師，則其遇文王也；管夷吾束縛膠目，居檻車中，自車中起爲仲父，則其遇齊桓公也；百里奚自賣取五羊皮，伯氏牧羊，以爲卿大夫，則其遇秦穆公也；沈尹名聞天下，以爲令尹，而讓孫叔敖，則其遇楚莊王也；伍子胥前多功，後戮死，非其智益衰也，前遇闔閭，後遇夫差也。夫驥厄罷鹽車，非無驥狀也，夫世莫能知也。使驥得王良、造父，驥無千里之足乎？芝蘭生深林，非爲無人而不香。故學者非爲通也，爲窮而不困也，憂而不衰也，此知禍福之始而心不惑也。聖人之深念，獨知獨見。舜亦賢聖矣，南面治天下，唯其遇堯也。使舜居桀、紂之世，能自免刑戮固可也，又何官得治乎？夫桀殺關龍逢，而紂殺王子比干，當是時，豈關龍逢無知而比干無惠哉？此桀、紂無道之世然也。故君子疾學，脩身端行，以須其時也。」

《説苑·雜言》 孔子遭難陳、蔡之境，絶糧，弟子皆有飢色。孔子歌兩柱之間。子路入見，曰：「夫子之歌，禮乎？」孔子不應，曲終而曰：「由，君子好樂，爲無驕也；小人好樂，爲無懾也。其誰知之？子不我知而從我者乎？」子路不説，授干而舞，三終而出。及至七日，孔子脩樂不休。子路愠，見曰：「夫子之脩樂，時乎？」孔子不應，樂終而曰：「由，昔者齊桓霸心生于莒，句踐霸心生于會稽，晉文霸心生于驪氏。故居不幽則思不遠，身不約則智不廣，庸知而不遇之於是興？」明日，免於戹。子貢執轡曰：「二三子從夫子而遇此難也，其不可忘已。」孔子曰：「惡！是何也？語不云乎？『三折肱而成良醫。』夫陳、蔡之閒，丘之幸也。二三子從丘者，皆幸人也。吾聞人君不困不成王，列士不困不成行。昔者湯困於吕，文王困於羑里，秦穆公困於殽，齊桓困於長勺，勾踐困於會稽，晉文困於驪氏。夫困之爲道，從寒之及煖，煖之及寒也。唯賢者獨知而難言之也。《易》曰：『困，亨貞，大人吉，無咎。有言不信。』聖人所與人難言，信也。」

《莊子·雜篇·讓王》 孔子窮於陳、蔡之閒，七日不火食，藜羹不糝，顔色甚憊，而弦歌於室。顔回擇菜，❶子路、子貢相與言曰：「夫子再逐於魯，削迹於衛，伐樹於宋，窮於商、周，圍於陳、蔡。殺夫子者無罪，藉夫子者無禁。弦歌鼓琴未嘗絶音，君子之無恥也若此乎？」顔回無以應，入告孔子。孔子推琴，喟然而嘆曰：「由與賜，細人也！召而來，吾語之。」子路、子貢入。子路曰：「如此者可謂窮矣！」孔子曰：「是何言也！君子通於道之謂通，窮於道之謂窮。今丘抱仁義之道，以遭亂世之患，其何窮之爲！故内省而不窮於道，臨難而不失其德。天寒既至，霜雪既降，吾是以知松柏之茂也。陳、蔡之隘，於丘其幸乎！」孔子削然反琴而弦歌，子路扢然執干而舞。子貢曰：「吾不知天之高也，地之下也！古之得道者，窮亦樂，通亦樂。所樂非窮通也，道德於此，則窮通爲寒暑風雨之序矣。故許由娱於潁陽，而共伯

❶「擇」，原作「釋」，據《莊子》改。

得乎共首。」

《呂氏春秋・孝行覽・慎人》 孔子窮於陳、蔡之間，七日不嘗食，藜羹不糝。宰予備矣，孔子弦歌於室，顔回擇菜於外，子路與子貢相與而言曰：「夫子逐於魯，削迹於衛，伐一作「拔」。樹於宋，窮於陳、蔡。殺夫子者無罪，藉夫子者不禁。夫子弦歌鼓舞，未嘗絶音，蓋君子之無所醜也若此乎？」顔回無以對，入以告孔子。孔子憱然推琴，喟然而嘆，曰：「由與賜，小人也！召，吾語之。」子路與子貢入。子貢曰：「如此者可謂窮矣！」孔子曰：「是何言也？君子達於道之謂達，窮於道之謂窮。今丘也拘仁義之道，以遭亂世之患，其所也，何窮之謂？故内省而不疚於道，臨難而不失其德。大寒既至，霜雪既降，吾是以知松柏之茂也。昔桓公得之莒，文公得之曹，越王得之會稽。陳、蔡之戹，於丘其幸乎！」孔子烈然返瑟而弦，子路抗然執干而舞。子貢曰：「吾不知天之高也，不知地之下也。古之得道者，窮亦樂，達亦樂。所樂非窮達也，道得於此，則窮達一也，爲寒暑風雨之序矣。故許由虞乎潁陽，而共伯得乎共首。」

《風俗通》七 孔子困於陳、蔡之間，七日不嘗粒，藜羹不糝，而猶絃琴於室。顔回擇菜於户外，子路、子貢相與言曰：「夫子逐於魯，削迹於衛，拔樹於宋，今復見戹於此。殺夫子者無罪，籍夫子者不禁。夫子絃歌鼓儛，未嘗絶音。蓋君子之無恥也若此乎？」顔淵無以對，以告孔子。孔子恬然推琴，喟然而嘆，曰：「由與賜，小人也！召，吾語之。」子路與子貢入。子路曰：「如此可謂窮矣！」夫子曰：

「由，是何言也！君子通於道之謂通，窮於道之謂窮。今丘抱仁義之道，以遭亂世之患，其何窮之爲？故内省不疚於道，臨難而不失其德。大寒既至，霜雪既降，吾是以知松柏之茂也。昔者桓公得之莒，文公得之曹，越得之會稽。陳、蔡之戹，於丘其幸乎！」

《莊子・外篇・山木》孔子窮於陳、蔡之閒，七日不火食，左據槁木，右擊槁枝，而歌猋氏之風。有其具而無其數，有其聲而無宫角，木聲與人聲，犁然有當於人之心。顔回端拱還目而窺之，仲尼恐其廣己而造大也，愛己而造哀也，曰：「回，無受天損易，無受人益難，無始而非卒也，人與天，一也。夫今之歌者其誰乎？」回曰：「敢問無受天損易。」仲尼曰：「飢渴寒暑，窮桎不行，天地之行也，運物之泄也，言與之偕逝之謂也。爲人臣者，不敢去之。執臣之道猶若是，而況乎所以待天乎！」「何謂無受人益難？」仲尼曰：「始用四達，爵禄並至而不窮，物之所利，乃非己也，吾命有在外者也。君子不爲盜，賢人不爲竊，吾若取之，何哉？故曰鳥莫知於鷾鴯，目之所不宜處，不給視，雖落其實，棄之而走。其畏人也，而襲諸人閒，社稷存焉爾。」「何謂無始而非卒？」仲尼曰：「化其萬物而不知其禪之者，焉知其所終，焉知其所始？正而待之而已耳。」「何謂人與天一邪？」仲尼曰：「有人，天也；有天，亦天也。人之不能有天，性也。聖人晏然體逝而終矣。」

《墨子・非儒》孔丘窮於陳、蔡之閒，藜羹不糂，十日，子路爲享豚，孔丘不問肉之所由來而食；號「號」字之誤，《孔叢》作「剥」。人衣以酤酒，孔丘不問酒之所由來而飲。哀公迎孔丘，席不端弗坐，割不正弗食。子路進，請曰：「何其與陳、蔡反也？」孔丘曰：「來，吾語汝。曩與女爲苟生，今與女爲苟義。」

《呂氏春秋・審分覽・任數》 孔子窮乎陳、蔡之閒，藜羹不斟，七日不嘗粒，晝寢。顔回索米，得而爨之。幾熟，孔子望見顔回攫其甑中而食之。選閒，食熟，謁孔子而進食。孔子佯爲不見之。孔子起曰：「今者夢見先君，食潔而後饋。」顔回對曰：「不可。嚮者煤室《御覽》八百三十八引作「炱煤」。入甑中，棄食不祥，回攫而飯之。」孔子歎曰：「所信者目也，而目猶不可信；所恃者心也，而心猶不足恃。弟子記之：知人固不易矣。」

《論衡・知實》 顔淵炊飯，塵落甑中，欲置之則不清，投地則棄飯，掇而食之。孔子望見，以爲竊食。

《説苑・貴德》 孔子之楚，有漁者獻魚甚强，孔子不受。獻魚者曰：「天暑，遠市，賣之不售，思欲棄之，不若獻之君子。」孔子再拜，受。使弟子埽除，將祭之。弟子曰：「夫人將棄之，今吾子將祭之，何也？」孔子曰：「吾聞之：務施而不腐餘財者，聖人也。今受聖人之賜，可無祭乎？」

《説苑・雜言》 楚昭王召孔子，將使執政，而封以書社七百。子西謂楚王曰：「王之臣，用兵有如子路者乎？使諸侯有如宰予者乎？長官五官有如子貢者乎？昔文王處酆，武王處鎬，酆鎬之間，百乘之地，伐上殺主，立爲天子，世皆曰聖王。今以孔子之賢而有書社七百里之地，而三子佐之，非楚之利也。」楚王遂止。

《莊子・内篇・人閒世》 孔子適楚，楚狂接輿遊其門曰：「鳳兮鳳兮！何如德之衰也？來世不可待，往世不可追也！天下有道，聖人成焉；天下無道，聖人生焉。方今之時，僅免刑焉。福輕乎羽，莫之知載；禍重乎地，莫之知避。已乎！已乎！臨人以德；殆乎！殆乎！畫地而趨。迷陽迷陽，無傷吾行；吾行郤曲，無傷吾足。」山木自寇也，膏火自煎也。桂可食，故伐之；漆可用，故割之。人皆知有用之用，而莫知無用之用也。

《琴操》《猗蘭操》者，孔子所作也。孔子歷聘諸侯，諸侯莫能任。自衛反魯，過隱谷之中，見薌蘭獨茂，喟然嘆曰：「夫蘭當爲王者香，今乃獨茂，與衆草爲伍，譬猶賢者不逢時，與鄙夫爲倫也。」乃止車，援琴鼓之，云：「習習谷風，以陰以雨；之子于歸，遠送于野。何彼蒼天，不得其所。逍遥九州，無所定處。世人闇蔽，不知賢者。年紀逝邁，一身將老。」自傷不逢時，托辭於薌蘭云。

《越絶書》七　昔者陳成恒相齊簡公，欲爲亂，憚齊邦鮑晏，故徙其兵而伐魯。魯君憂也，孔子患之，乃召門人弟子而謂之曰：「諸侯有相伐者尚恥之，今魯，父母之邦也，丘墓存焉，今齊將伐之，可無一出乎？」顔淵辭出，孔子止之。子路辭出，孔子止之。子貢辭出，孔子遣之。

《吴越春秋·夫差内傳》　十三年，齊大夫陳成恒欲弑簡公，陰憚齊國鮑晏，故前興兵伐魯，魯君憂之。孔子患之，召門人而謂之曰：「諸侯有相伐者，丘嘗恥之。夫魯，父母之國也，丘墓在焉，今齊將伐之，子無意一出邪？」子路辭出，孔子止之。子張、子石請行，孔子弗許。子貢辭出，孔子遣之。

《越絶書·外傳本事》　子貢與夫子坐，

告夫子曰：「太宰死。」夫子曰：「不死也。」如是者再。子貢再拜而問：「何以知之？」夫子曰：「天生宰嚭者，欲以亡吴，吴今未亡，宰何病乎？」後，人來言不死。

《淮南子·人間訓》 昔者衛君朝於吴，吴王囚之，欲流之於海，説者冠蓋相望而弗能止。魯君聞之，撤鐘鼓之縣，縞素而朝。仲尼入見，曰：「君胡爲有憂色？」魯君曰：「諸侯無親，以諸侯爲親；大夫無黨，以大夫爲黨。今衛君朝於吴王，吴王囚之，而欲流之於海。執衛君之仁義而遭此難也，吾欲免之而不能爲，柰何？」仲尼曰：「若欲免之，則請子貢行。」魯君召子貢，授之將軍之印。子貢辭曰：「貴無益於解患，在所由之道。」斂躬而行，至於吴，見太宰嚭。太宰嚭甚説之，欲薦之於王。子貢曰：「子不能行説于王，柰何吾因子也。」太宰嚭曰：「子焉知予一作「嚭」。之不能也？」子貢曰：「衛君之來也，衛國之半曰：『不若朝於晉。』其半曰：『不若朝於吴。』然衛君以爲吴可以歸骸骨也，故束身以受命。今子受衛君而囚之，又欲流之於海，是賞言朝於晉者而罰言朝於吴也。且衛君之來也，諸侯皆以爲蓍龜兆，今朝於吴而不利，則皆移心於晉矣。子欲成伯王之業，不亦難乎？」太宰嚭入，復之於王。王報出令於百官曰：「比十日，而衛君之禮不具者死。」子貢可謂知所以説矣。

《史記·衛世家》 孔子聞衛亂，曰：「嗟乎！柴也其來乎？由也其死矣！」

《御覽》八百六十五引《風俗通》 子路感雷精而生，尚剛好勇。死，衛人醢之。孔子覆醢，每聞雷聲惻怛耳。

《拾遺記》二 孔子相魯之時，有神鳳游集。至哀公之末，不復來翔。故云：「鳳鳥不至。」可爲悲矣。

《初學記》二十九引《孝經右契》《御覽》八百八十九引作「左契」。　孔子夜夢豐沛邦有赤烟氣起，顏回、子夏侶往觀之，驅車到楚西北范氏之廟，見芻兒捶麟，傷其前左足，束薪而覆之。孔子曰：「兒來！汝姓爲誰？」曰：「吾姓爲赤松子，時橋，《事類賦》二十注引《孝經援神契》作「字時僑」。　名受紀。」孔子曰：「汝豈有所見乎？」「吾所見一禽，如麕，羊頭，頭上有角，其末有肉，方以是西走。」孔子發薪下，麟視孔子而往，《事類賦》注作「孔子發薪下麟視之」，無「孔子而往」四字。　麟蒙其耳，吐三卷書。孔子精而讀之。

《搜神記》八　魯哀公十四年，孔子夜夢三槐之間，豐沛之邦有赤氤氣起，乃呼顏淵、子夏同往觀之，驅車到楚西北范氏街，見芻兒打麟，傷其左前足，束薪而覆之。孔子曰：「兒，來！汝姓爲誰？」兒曰：「吾姓爲赤松，名時喬，字受紀。」孔子曰：「汝豈有所見乎？」兒曰：「吾所見一禽，如麕，羊頭，頭上有角，其末有肉，方以是西走。」孔子曰：「天下已有主也，爲赤劉，陳項爲輔。五星入井，從歲星。」兒發薪下麟示孔子，孔子趨而往，麟向孔子，蒙其耳，吐三卷圖，廣三寸，長八寸，每卷二十四字，其言赤劉當起，曰：「周亡，赤氣起，火曜興，玄丘制命，帝卯金。」

《拾遺記》三　周靈王立二十一年，孔子生於魯襄公之世。夜有二蒼龍自天而下，來附徵在之房，因夢而生夫子。有二神女，擎香露於空中而來，以沐浴徵在。天帝下奏鈞天之樂，列於顏氏之房，空中有聲，言天感生聖子，故降以和樂笙鏞之音，異於俗世也。又有五老列於徵在之庭，則五星之精也。夫子未生時，有麟吐玉書於闕里人家。文云：「水精之子孫，衰周而素王。」故二龍繞室，五星降庭，徵在賢明，知爲神異，乃以繡紱繫麟角，信宿而麟去。相者云：「夫子係殷湯，水德而素王。」至敬王之末，魯定公十四年，魯人鉏商田，得麟，以示夫子。繫角之紱尚猶在焉，夫子知命之將終，乃抱麟解紱，涕泗滂沲。且麟出之時，及解紱之歲，垂百年矣。

《藝文類聚》十引《琴操》 魯哀公十四年，西狩。薪者獲麟，擊之，傷其左足，將以示孔子。孔子道與相逢，見，俛而泣，抱麟，曰：「爾孰爲來哉！孰爲來哉！」反袂拭面，乃歌曰：「唐虞世兮麟鳳遊，今非其時來何求，麟兮麟兮我心憂！」仰視其人，龍顏日月。當作「角」。夫子奉麟之口，須臾取三卷圖，一爲赤伏，劉季興爲王。二爲周滅，夫子將終。三爲漢制，造作《孝經》。夫子還，謂子夏曰：「新主將起，其如得麟者。」

《御覽》二十一又七百二十四引《公孫尼子》 孔子有疾，哀公使醫視之。醫曰：「子居處飲食何如？」孔子曰：「丘春居葛室，夏居密陽，秋不風，冬不煬，飲食不造，飲酒不勤。」醫曰：「是良藥也。」

《繹史·孔子類記》四引《莊子》 孔子病，子貢出，卜。孔子曰：「吾坐席不敢先，居處若齋，飲食若祭，吾卜之久矣。」

《論衡·別通》 孔子病，商瞿卜期日中。孔子曰：「取書來，比至日中，何事乎？」

《劉子·崇學》 宣尼臨没，手不釋卷。

《水經注》二十五引《春秋説題辭》 孔子卒，以所受黄玉葬魯城北。《御覽》八百四引同，又《白虎通・崩薨》引《檀弓》曰：「孔子卒，以所受魯君之璜玉葬魯城北。」今《檀弓》無此文。

《論衡・紀妖》　孔子當泗水而葬，泗水卻流。

《御覽》五百六十引《皇覽・冢墓記》　魯大夫叔梁紇冢，在魯國東陽聚安泉東北八十五步，名曰防冢。民傳曰：防墳，于防地微高。孔子冢，魯城北便門外南，去城十里，冢塋方百畝，冢南北廣十步，東西十步，《繹史》引作「十三步」。高丈二尺。冢爲祠壇，《繹史》作「冢前以瓴甓爲祠壇」。方六尺，與地方平，無祠堂。《繹史》作「與地平，本無祠堂」。冢塋中樹以百數，皆異種，魯人世世皆無能名其樹者。民傳云：孔子弟子，異國人，各持其國樹來種之。《繹史》此下有「其樹，柞枌雒離女貞五味毚檀之樹」。孔子塋中不生荆棘及刺人草。伯魚冢，孔子冢東邊，與孔子並，大小相望。子思冢在孔子冢南，亦大小相望。《水經注》二十五《泗水》引《皇覽》云：「弟子各以四方奇木來植，故多異樹，不生棘木刺草。」

《金樓子・志怪》　孔子冢在魯城北，塋中樹以百數，皆異種，魯人世世無能名者。傳言孔子弟子，既皆異國之人，各持其國樹來種之。孔子塋中，至今不生荆棘草木。

《漢書・魯恭王傳》　恭王初，好治宮室，壞孔子舊宅以廣其宮。聞鐘磬琴瑟之音，遂不敢復壞。於其壁中，得古文經傳。

《水經注》二十五《泗水》　廟屋三間：夫子在西間，東向。顏母在中間，南向。夫人隔東一間，東向。夫人當作「夫子」。牀前有石硯一枚，作甚朴，云平生時物也。

《初學記》二十一引《從征記》　魯國孔子廟中夫子床前有石硯一枚，作甚古朴，蓋夫子平生時物。案：敘事、事對兩引。又見《御覽》六百五。

《御覽》五十四引《輿地志》 贊皇縣有孔子嶺，上有石堂寬博，其石相拒，若楹柱，有石人像，執卷之狀。

孔子集語卷十三終

孔子集語卷十四

山東督糧道臣孫星衍撰

雜事十二

《禮記・檀弓》疏引《論語撰考讖》 叔梁紇與徵在禱尼丘山，感黑龍之精以生仲尼。

《藝文類聚》八十八引《春秋演孔圖》 孔子母徵在游大冢《事類賦注》二十五、《御覽》九百五十五與此同，三百六十一作「大澤」。之陂。睡夢黑帝使請與己交，語曰：「女乳必於空桑之中。」覺則若感，生丘於空桑之中。

《後漢・班固傳下》注引《演孔圖》 孔子母徵在夢感黑帝而生，故曰玄聖。

《論衡・實知》 孔子生不知其父，若母匿之，吹律自知殷宋大夫子氏之世也。《御覽》十六引《論衡》曰：「孔子吹律，自知殷之苗裔。」

《御覽》三百七十一引《演孔圖》 孔胸文曰：「制作定世符運。」

《御覽》三百七十七引《演孔圖》 孔子長十尺，大九圍，坐如蹲龍，立如牽牛，就之如昴，望之如斗。

《御覽》三百六十七引《孝經援神契》 孔子海口，言若含澤。

《御覽》三百六十七引《孝經鉤命決》 仲尼舌理七重，陳重授度。

《御覽》三百六十八引《鉤命決》 仲尼斗脣，吐教陳机授度。

《御覽》三百六十八引《鉤命決》 夫子

駢齒。注：象鉤星也。❶

《御覽》三百六十八引《鉤命決》 夫子輔喉。

《御覽》三百七十引《鉤命決》 仲尼虎掌，是謂威射。

《御覽》三百七十一引《鉤命決》 仲尼龜脊。

《御覽》三百七十一引《論語摘輔象》 孔子胷應矩，是謂儀古。

《荀子·非相》 仲尼長。

《荀子·非相》 仲尼之狀，面如蒙倛。

《白虎通·姓名》 孔子首類魯國尼丘山，故名爲丘。

《論衡·骨相》 孔子反羽。又《講瑞篇》：「孔子反宇。」又《劉子·命相篇》：「孔子返宇。」

《御覽》六百九十八引《論語隱義注》 孔子至蔡，解於客舍。夜有人取孔子乙隻屐去，盜者置屐于受盜家。孔子屐長一尺四寸，與凡人屐異。

《路史·後紀》十注引《世本》 圩頂，反首，張面。

《路史·後紀》十 生而顙頂，故名丘，而字仲尼。四十有九表：隄眉，谷竅，參臂，駢脅，要大十圍，長九尺有六寸，時謂長人。

《戰國策》七 甘羅曰：「夫項橐生七歲，而爲孔子師。」

《淮南子·修務訓》 夫項託七歲爲孔子師，孔子有以聽其言也。

《淮南子·説林訓》高誘注 項託年七歲，窮難孔子，而爲之作師。

《論衡·實知》 夫項託年七歲，教

---

❶「注象鉤星也」，《四部叢刊》本《御覽》作注文，孫本刻入正文。

孔子。

《御覽》四百四引《春秋後語》 甘羅曰：「夫項橐十歲，爲孔子師。」

《呂氏春秋·仲春紀·當染》 孔子學於老聃、孟蘇夔、靖叔。

《白虎通·辟雍》 孔子師老聃。又見《潛夫論·讚學》。

《説苑·尊賢》 鮑龍跪石而登嶮，孔子爲之下車。

《劉子·知人》 鮑龍跪石而吟，仲尼爲之下車。

《晏子春秋·問上》 故臣聞仲尼居處惰傍，廉隅不正，則季次、原憲侍；氣鬱而疾，志意不通，則仲由、卜商侍；德不盛，行不厚，則顏回、騫雍侍。

《聖賢群輔録》、《廣博物志》二十引《尸子》 仲尼志意不立，子路侍；儀服不修，公西華侍；禮不習，子貢侍；辭不辨，宰我侍；亡忽古今，顏回侍；節小物，冉伯牛侍。曰：「吾以夫六子自勵也。」

《韓詩外傳》九 《傳》曰：孔子過康子，子張、子夏從。孔子入坐，二子相與論，終日不決。子夏辭氣甚溢，顏色甚變。子張曰：「子亦聞夫子之議論邪？徐言誾誾，威儀翼翼，後言先默，得之推讓，巍巍乎，蕩蕩乎，道有歸矣！小人之論也，專意自是，言人之非，瞋目搤腕，疾言噴噴，口沸目赤。一幸得勝，疾笑嗌嗌。威儀固陋，辭氣鄙俗，是以君子賤之也。」

《賈子·容經》 子路見孔子之背磬折，舉哀曰：「唯由也見。」孔子聞之曰：「由也，何以遺亡也？」

《列子·説符》 孔子之勁，能拓國門之關，而不肯以力聞。

《呂氏春秋·慎大覽·慎大》 孔子之勁，舉國門之關，而不肎以力聞。薛據《集語》引作「孔子之勁，能拓國門之關，勇復孟諸，足蹀狡兔，不以力聞。」

《淮南子·道應訓》 孔子勁杓國門之關，而不肎以力聞。

《淮南子·主術訓下》 孔子之通，智過於萇宏，勇服於孟賁，足躡於郊菟，力招城關，能亦多矣。然而勇力不聞，伎巧不知，專行孝一作「教」。道，以成素王，事亦鮮矣。《春秋》二百四十二年，亡國五十二，弒君三十六，采善鉏醜，以成王道，論亦博矣。然而圍於匡，顏色不變，弦歌不徹，臨死亡之地，犯患難之危，據義行理而志不懾，一作「攝」。分亦明矣。然而爲魯司寇，聽獄必爲斷。作爲《春秋》，不道鬼神，不敢專己。

《呂氏春秋·審分覽·不二》 孔子貴仁。

《淮南子·修務訓》 孔子無黔突。

《劉子·惜時》 仲尼恓恓，突不暇黔。

《論衡·須頌》 孔子顯三累之行。

《論衡·幸遇》❶ 魯城門久朽欲頓，孔子過之，趨而疾行。左右曰：「久矣！」孔子曰：「惡其久也。」孔子戒慎已甚，如過遭壞，可謂不幸也。故孔子曰：「君子有不幸而無有幸，小人有幸而無不幸。」❷

《論衡·言毒》 孔子見陽虎，却行，白汗交流。

❶「幸遇」，各本《論衡》皆作「幸偶」。

❷此下，各本《論衡》有「又曰處易以俟命小人行險以徼幸」十四字，文意未斷，當補。

《御覽》六十三引《論語比考讖》　水名盜泉，仲尼不漱。注曰：夫子教于洙泗之閒，今于城北二水之中，即夫子領徒之所也。

《文選》陸機《猛虎行》注引《尸子》　孔子至於勝母，暮矣，而不宿；過於盜泉，渴矣，而不飲。惡其名也。

《説苑·説叢》　水名盜泉，孔子不飲。

《後漢·鍾離意傳》　孔子忍渴於盜泉之水。

《吕氏春秋·孝行覽·遇合》　文王嗜昌蒲菹，孔子聞而服之，縮頞而食之。三年，然後勝之。

《論衡·語增》　傳語曰：「文王飲酒千鍾，孔子百觚。」

《列子·説符》　宋人有好行仁義者，三世不懈。家無故黑牛生白犢，以問孔子。孔子曰：「此吉祥也，以薦上帝。」居一年，其父無故而盲。其牛又復生白犢，其父又復令其子問孔子。其子曰：「前問之而失明，又何問乎？」父曰：「聖人之言，先迕後合。其事未究，姑復問之。」其子又復問孔子。孔子曰：「吉祥也。」復教以祭。其子歸致命。其父曰：「行孔子之言也。」居一年，其子又無故而盲。其後楚攻宋，圍其城，民易子而食之，析骸而炊之，丁壯者皆乘城而戰，死者大半。此人以父子有疾皆免，及圍解而疾俱復。

《北堂書鈔》百三十七引《韓詩外傳》　孔子使子貢，爲其不來，孔子占之，遇鼎。謂弟子曰：「占之，遇鼎。」皆言無足而不來。顔回掩口而笑。孔子曰：「回也，何哂乎？」曰：「回謂賜必來。」孔子曰：「何如也？」回對曰：「乘舟而來矣。」賜果至矣。陳禹謨本作

「孔子使子貢適齊，久而未回，孔子占之，遇鼎。謂弟子曰：『占之遇鼎，無足而不來。』顔回掩口而笑。孔子曰：『回也，何哂？』曰：『回謂賜必來。』孔子曰：『如何？』對曰：『卜而鼎，無足，必乘舟而來矣。』賜果至。」按：今本《外傳》無此文。

《藝文類聚》七十一引《衝波傳》 孔子使子貢，久而不來。孔子謂弟子：「占之，遇鼎。」皆言：「無足，不來。」顔回掩口而笑。子曰：「回也哂，謂賜來也？」曰：「無足者，乘舟而來至矣。」清旦朝，子貢果至，驗如顔回之言。《御覽》七百二十八引《衝波傳》略同。按：薛據《集語》引《吕氏春秋》亦載此事。今本無之，薛蓋誤。

《説苑・辨物》 孔子晨立堂上，聞哭者聲音甚悲，孔子援琴而鼓之，其音同也。孔子出，而弟子有吒者。問：「誰也？」曰：「回也。」孔子曰：「回何爲而吒？」回曰：「今者有哭者，其音甚悲，非獨哭死，又哭生離者。」孔子曰：「何以知之？」回曰：「似完山之鳥。」孔子曰：「何如？」回曰：「完山之鳥生四子，羽翼已成，乃離四海，哀鳴送之，爲是往而不復返也。」孔子使人問哭者，哭者曰：「父死家貧，賣子以葬之，將與其別也。」孔子曰：「善哉！聖人也。」

《莊子・雜篇・外物》 宋元君夜半而夢人被髮闚阿門曰：「予自宰路之淵，予爲清江使河伯之所，漁者余且得予。」元君覺，使人占之，曰：「此神龜也。」君曰：「漁者有余且乎？」左右曰：「有。」君曰：「令余且會朝。」明日，余且朝，君曰：「漁何得？」對曰：「且之網得白龜焉，箕圓五尺。」君曰：「獻若之龜。」龜至，君再欲殺之，再欲活之，心疑，卜之，曰：「殺龜以卜，吉。」乃刳。龜七十二鑽而無遺筴。仲尼曰：「神龜能見夢於元君，而不能避余且之網；知能七十二鑽而無遺筴，而不能避刳腸之患。如是，則知有所困，神有所不及也。」

《史記》褚少孫補《龜筴傳》 孔子聞之曰：「神龜知吉凶，而骨直空枯。日爲陽德而君於天下，辱於三足之烏；月爲刑而相佐，見食於蝦蟆。蝟辱於鵲，騰蛇之神而殆於即且。竹外有節理，中直空虛；松柏爲百木長，而守門閭。日辰不全，故有孤虛。黄金有疵，白玉有瑕。事有所疾，亦有所徐；物有所拘，亦有所據；罔有所數，亦有所踈；人有所貴，亦有所不如。何可而適乎？物安可全乎？天尚不全，故世爲屋，不成三瓦而居之，以應之天。天下有階，物不全乃生也。」

《春秋繁露・山川頌》 孔子曰：「山川神祇，立寶藏，殖器用，資曲直。含大者可以爲宫室臺榭，小者可以爲舟輿浮灄。大者無不中，小者無不入。持斧則斫，折鐮疑當作「持鐮」，《古文苑》作「折鏁」。則艾。生人立，禽獸伏，死人入。多其功而不言，是以君子取譬也。」

《説苑・脩文》 孔子見子桑伯子，子桑伯子不衣冠而處。弟子曰：「夫子何爲見此人乎？」曰：「其質美而無文，吾欲説而文之。」孔子去。子桑伯子門人不説，曰：「何爲見孔子乎？」曰：「其質美而文繁，吾欲説而去其文。」

《説苑・反質》 仲尼問於老聃曰：「甚矣！道之於今難行也。吾比執道委質以當世之君，而不我受也。道之於今難行也。」老子曰：「夫説者流於聽，言者亂於辭。如此二者，則道不可委矣。」

《中論・審大臣》 魯人見仲尼之好讓而不爭也，亦謂之無能。

《韓詩外傳》一 孔子南游適楚，至於阿谷之隧，有處子佩瑱而浣者。孔子曰：「彼婦人其可與言矣乎？」抽觴以授子貢，曰：「善爲之辭，以觀其語。」子貢曰：「吾北鄙之人也，將南之楚。逢天之暑，思心潭潭，願乞一飲，以表我心。」婦人對曰：「阿谷之隧，隱曲之汜，其水載清載濁，流而趨海，欲飲則飲，何問婦人乎？」《御覽》七十四引作「何問於婢子」。受子貢觴，迎流而挹之，奂然而棄之，促流而挹之，奂然而溢之，坐置之沙上，曰：「禮固不親授。」子貢以告。孔子曰：「丘知之矣。」抽琴去其軫，以授子貢，曰：「善爲之辭，以觀其語。」子貢曰：「嚮子之言，穆如清風，不悖我語，和暢我心。於此有琴而無軫，願借子以調其音。」婦人對曰：「吾鄙野之人也，僻陋而無心，五音不知，安能調琴？」子貢以告。孔子曰：「丘知之矣。」抽絺綌五兩以授子貢，曰：「善爲之辭，以觀其語。」子貢曰：「吾北鄙之人也，將南之楚。於此有絺綌五兩，吾不敢以當子身，敢置之水浦。」婦人對曰：「客之行，差遲乖人，《御覽》八百十九作「行客之人，嗟然永久」。分其資財，棄之野鄙。吾年甚少，何敢受子？子不早去，今竊有狂夫守之者矣。」

《列女傳·辯通》 阿谷處女者，阿谷之隧浣者也。孔子南游，過阿谷之隧，見處子佩瑱而浣。孔子謂子貢曰：「彼浣者其可與言乎？」抽觴以授子貢，曰：「爲之辭，以觀其志。」子貢曰：「我北鄙之人也，自北徂南，將欲之楚，逢天之暑，我思譚譚，願乞一飲，以伏我心。」處子曰：「阿谷之隧，隱曲之地，其水一清一濁，流入於海，欲飲則飲，何問乎婢子？」授子貢觴，迎流而挹之，投而棄之，從流而挹之，滿而溢之，跪置沙上，曰：「禮不親授。」子貢還報其辭。孔子曰：「丘已知之矣。」抽琴去其軫，以授子貢，曰：「爲之辭。」子貢往曰：「嚮者聞子之言，穆如清風，不拂不寤，私復我心。有琴無軫，願借子調其音。」處子曰：「我，鄙野之人也，陋固無心，五音不知，安能調琴？」子貢以報孔子。孔子曰：「丘已知之矣，過賢則賓。」抽絺綌五兩，以授子貢，曰：「爲之辭。」子貢往曰：「我，北鄙之人也，自北徂南，將欲之楚。有絺綌五兩，非敢以當子之身也，願注之水旁。」處子曰：「行客之人，嗟然永久，分其資財，棄於野鄙。妾年甚少，何敢受子？子不早命，竊有狂夫名之者矣。」子貢以告孔子，孔子曰：「丘已知之矣！斯婦人達於人情而知禮。」

《楚辭·七諫》 路室之女方桑兮，孔子過之以自侍。王逸注：言孔子出游，過於客舍。其女方采桑，一心不視，喜其貞信，故以自侍。

《北堂書鈔》一百六引《琴操》 孔子游於騰山，見取薪而哭。長梓上有孤鶵，乃承而歌之。陳禹謨本作「孔子遊於山隅，見梓樹上有孤鶵，乃承而歌之」。

《藝文類聚》三十四引《琴操》 孔子游於泰山，見薪者哭甚哀。孔子問之，薪者曰：「吾自傷，故哀爾。」

《繹史·孔子類記》四引《吳越春秋》 夫差聞孔子至吳，微服觀之。或人傷其指，王怒，欲索或而誅之。❶子胥諫，乃止。今本無。

《吳越春秋·句踐伐吳外傳》十 越王既已誅忠臣，霸於關東。從瑯琊起觀臺，周

❶「或」，《御覽》卷三百七十引作「國」，是。

七里，以望東海，死士八千人，戈船三百艘。居無幾，躬求賢士。孔子聞之，從弟子奉先王雅琴禮樂奏於越。越王乃被唐夷之甲，帶步光之劍，杖屈盧之矛，出死士以三百人，爲陣關下。孔子有頃到，越王曰：「唯唯，夫子何以教之？」孔子曰：「丘能述五帝三王之道，故奏雅琴以獻之大王。」越王喟然嘆曰：「越性脆而愚，水行山處，以船爲車，以檝爲馬，往若飄風，去則難從。說兵敢死，越之常也。夫子何說而欲教之？」孔子不荅，因辭而去。

《越絶書》八　句踐伐吳，霸關東。從瑯琊起觀臺，周九里，以望東海，死士八千人，戈船三百艘。居無幾，躬求賢聖。孔子從弟子七十人，奉先王雅琴治禮往奏。句踐乃身被賜一作「陽」，又音唐。夷之甲，帶步光之劍，杖物盧之矛，出死士三百人，爲陣關下。孔子有頃到越，越王曰：「唯唯，夫子何以教之？」孔子對曰：「丘能述五帝三王之道，故奏雅琴至大王所。」句踐喟然嘆曰：「夫越性脆而愚，水行而山處，以船爲車，以楫爲馬，往若飄風，去則難從。銳兵任死，越之常性也。夫子異，則不可。」於是孔子辭，弟子莫能從乎。

《繹史·孔子類記》一引《衝波傳》　孔子去衛適陳，塗中見二女采桑。子曰：「南枝窈窕北枝長。」荅曰：「夫子游陳必絶糧，九曲明珠穿不得，著來問我采桑娘。」夫子至陳，大夫發兵圍之，令穿九曲珠乃釋其戹。夫子不能，使回賜返問之，其家謬言女出外，以一瓜獻二子，子貢曰：「瓜子在內也。」女乃出。語曰：「用蜜塗珠，絲將繫蟻，蟻將繫絲，如不肯過，用烟燻之。」子依其言，乃能穿之，於是絶糧七日。

《搜神記》十九　孔子戹於陳，弦歌於館中。夜有一人長九尺餘，著皂衣，高冠，大咤，聲動左右。子貢進，問：「何人邪？」便提子貢而挾之。子路引出，與戰於庭，有頃，未勝。孔子察之，見其甲車間時時開如掌，孔子曰：「何不探其甲車，引而奮登？」子路引之，没手仆於地，乃是大鯷魚也，長九尺餘。孔子曰：《法苑珠林·變化篇》、《太平廣記》四百六十八引作「孔子歎曰」。「此物也，胡爲來哉？吾聞物老則群精依之，因衰而至，此其來也。豈以吾遇戹絶糧，從者病乎？夫六畜之物，及龜蛇魚鼈草木之屬，久者神皆憑依，能爲妖怪，故謂之五酉。五酉者，五行之方，皆有其物。酉者，老也，物老則爲怪。《珠林》及《廣記》引「物老」上有「故」字。殺之則已，夫何患焉！或者天之未喪斯文，以是繫予之命乎？不然，何爲至於斯也？」弦歌不輟。子路烹之，其味滋，病者興，明日遂行。

《金樓子·雜記上》　孔子出游於山，使子路取水。逢虎於水，與戰，攬尾得之，納於懷中。取水還，問孔子曰：「上士殺虎如之何？」子曰：「上士殺虎持虎頭。」「中士殺虎如之何？」子曰：「中士殺虎持虎耳。」又問：「下士殺虎如之何？」子曰：「下士殺虎捉虎尾。」子路出尾棄之。復懷石盤曰：「夫子知虎在水而使我取水，是欲殺我也。」乃欲殺夫子。問：「上士殺人如之何？」曰：「用筆端。」「中士殺人如之何？」曰：「用語言。」「下士殺人如之何？」曰：「用石盤。」子路乃棄盤而去。《御覽》八百九十二引作「乃棄石盤而行」。

《繹史·孔子類記》四引《吴越春秋》　禹治洪水，至牧德之山，見神人焉，謂禹曰：

「勞子之形，役子之慮，以治洪水，無乃怠乎？我有靈寶五符，以役蛟龍水豹。」因授禹而誡之曰：「事畢可祕於靈山。」禹成功後藏于洞庭苞山之穴。至吴王闔閭之時，有龍威丈人得符獻之，吴王以示群臣，皆莫能識，乃令齎符以問孔子，曰：「吴王閑居，有赤烏銜此書以至王所，莫辨其文，故令遠問。」孔子曰：「昔禹治水於牧德之山，遇神人授以靈寶五符，後藏洞庭之苞山。君王所得，無乃是乎？赤烏之事，丘所未聞。」今本所無，恐馬氏誤引。

《抱朴子·内篇·辨問》 《靈寶經》有《正機平衡飛龜授袟》三篇，皆仙術也。吴王伐石以治宮室，而於合石之中，得紫文金簡之書，不能讀之，使使者持以問仲尼，而欺仲尼曰：「吴王閑居，有赤雀銜書以置殿上，不知其義，故遠諮呈。」仲尼以視之，曰：「此乃靈寶之方，長生之法，禹之所服，隱在水邦，年齊天地，朝於紫庭者也。禹將仙化，封之名山石函之中，乃今赤雀銜之，殆天授也。」

《繹史·孔子類記》四引《靈寶要略》 昔太上以《靈寶五篇》真文以授帝嚳，帝嚳將仙，封之於鍾山。至夏禹巡狩，度弱水，登鍾山，遂得是文，後復封之包山洞庭之室。吴王闔閭出游包山，見一人自言姓山名隱居，闔閭扣之，乃入洞庭取素書一卷，呈闔閭。其文不可識，令人齎之問孔子。孔子曰：「丘聞童謡曰：『吴王出游觀震湖，龍威丈人山隱居，北上包山入雲墟，乃入洞庭竊禹書，天地大文不可舒，此文長傳百六初，若强取出喪國廬。』」闔閭乃尊事之。

《御覽》四十六引《吴地記》 包山在

縣西一百三十里，中有洞庭，深遠世莫能測。吴王使靈威丈人入洞穴，十七日不能盡，因得玉葉，上刻《靈寶經》二卷。❶使示，孔子云：「禹之書也。」

《御覽》一百五十七引《東觀漢記》 鮑永，字君長，爲魯郡太守。時彭豐等不肯降，後孔子闕里無故荆棘自闢，從講室埽除至孔里。永異之，召郡府丞謂曰：「方今戹急，而闕里無故自滌，意豈夫子欲令太守大行饗，誅無狀也？」乃修學校，理請豐等會，手格殺之。

《御覽》九百二十二引崔鴻《十六國春秋·北涼録》 昔魯人有浮海而失津者，至於亶州，見仲尼及七十子游于海中，與魯人一體杖，令閉目乘之，使歸告魯侯，築城以備寇。魯人出海，投杖水中，乃龍也。具以狀告，魯侯不信。俄而群燕數萬，銜土培城。魯侯乃大城曲阜，迄而齊寇至，攻魯不克而還。

孔子集語卷十四終

❶「經」字原脱，據《四部叢刊》本《御覽》補。

孔子集語卷十五

山東督糧道臣孫星衍撰

遺讖十三

《周易乾鑿度》孔子曰：「《洛書摘亡辟》曰：『建紀者，歲也。成姬倉，有命在河，聖孔表雄德。庶人受命，握麟徵。』」

《周易乾鑿度》孔子曰：「推即位之術：乾坤三，上中下。坤變初六復，曰正陽在下，爲聖人。故一聖，二庸，三君子，四庸，五聖，六庸，七小人，八君子，九小人，十君子，十一小人，十二君子，十三聖人，十四庸人，十五君子，十六庸人，十七聖人，十八庸人，十九小人，二十君子，二十一小人，二十二君子，二十三小人，二十四君子，二十五聖人，二十六庸人，二十七君子，二十八庸人，二十九聖人，三十庸人，三十一小人，三十二君子，三十三小人，三十四君子，三十五小人，三十六君子，三十七聖人，三十八庸人，三十九君子，四十小人，四十一聖人，四十二庸人。」孔子曰：「極至德之世，不過此。乾三十二世消，坤三十六世消。代聖人者仁，繼之者庸人。仁世淫，庸世貇。二陰之精射三陽，當卦自埽，知命守録其可防。鈎鈐解，命圖興。」孔子曰：「丘文以候，授明之出，莫能雍。」

《周易乾鑿度》孔子曰：「復十八世消，以三六也；臨十二世消，以二六也；泰三十世消，以二九、二六也；大壯二十四世消，以二九、一六也；夬三十二世消，以三九、一四也。」

《**周易乾鑿度**》孔子曰：「姤一世消，无所據也；遁一世消，據不正也；否十世消，以二五也；觀二十世消，以二五、四六也；當有誤。剥十二世消，以三四也。」

《**周易乾鑿度**》孔子軌以七百六十爲世軌者，堯以甲子受天元爲推術。七往六來，八往九來，七爲世軌者。文王推爻四，乃術數。

《**周易乾鑿度**》孔子曰：「以爻正月，爲享國數。存六期者，天子欲求水旱之厄，以位入軌年數除軌，竿盡，則厄所遭也。甲乙爲饑，丙丁爲旱，戊己爲中興，庚辛爲兵，壬癸爲水。卧筭爲年，立筭爲日，必除先入軌年數，水旱兵饑得矣。如是，乃救災度戹矣。陽之法。」

《**周易乾鑿度**》孔子曰：「天之將降嘉瑞應，《文選·李康運命論》注引作「聖人受命，瑞應先見於河」。河水清三日。青四日，青變爲赤，《御覽》八百七十三引作「河水清變爲白，白變爲赤」。赤變爲黑，黑變爲黄，各各三日。河中水安井，天乃清明，圖乃見。見必南向，仰天言。見三日以三日，見六日以六日，見九日以九日，見十二日以十二日，見十五日以十五日。見皆言其餘日。」

《**周易乾鑿度**》孔子曰：「帝德之應，洛水先温九日，後五日變爲五色玄黄，天地之静，書見矣，負圖出午。聖人見五日以五日，見十日以十日，見十五日以十五日，見二十日以二十日，見二十五日以二十五日，見三十日以三十日。」

《**周易乾鑿度**》孔子曰：「君子亦於静，若龍而无角。河二日清，二日白，二日赤，二日黑，二日黄。虵見水中。用日也，一日辰爲法，以一辰二辰，以三辰，以四五辰，以六七辰，以八九辰，以十辰，以十一辰，以十二辰。夜不可見，水中赤煌煌，如火英。圖書虵皆然也。」

《周易乾鑿度》 孔子曰：「復表日角；臨表龍顔；泰表載干；大壯表握訴，龍角大辰；夬表升骨履文；姤表耳參漏，足履王，知多權；遯表日角連理；否表二好文；觀表出準虎；剥表重童明歷元。此皆律歷運期相，一匡之神也，欲所按合誠。《洛書靈準聽》曰：『氣五，機七，八合提九，爻結。八九七十二，録圖起。』初世者，戲也。姬通紀，《河圖》龍出，《洛書》龜予。演亦八者，七九也。始倉甄節，五七受命，數運不俗，守録以次第相改，七九度變命失實。合七八八名，畢升漸喜，六十四精，聖性象有録第，以所變畢動動。日者提，不者殆。易物之慎，命不在。仵者霸，橫者距命，歷掘執并投者上，契輔摘，推失排絀者，咸名紀，所錯中，與用材毁苴。五行旋代出，輔運相拒，與更用事，終始相討，期有從至。有餘運，有託除，要有知衙，合七八以視旋機，審矣。」

《周易乾鑿度》 孔子曰：「至德之數，先立木金水火土德，合三百四歲。五德備，凡一千五百二十歲。大終復初，其求金木水火土德日名之法，道一紀七十六歲，因而四之，爲三百四歲。以一歲三百六十五日四分乘之，凡爲十一萬一千三十六。以甲爲法除之，餘三十六。以三十六甲子始數立，立算皆爲甲，旁算亦爲甲。以日次次之，母算者，乃木金火水土德之日也。德益三十六，五德而止。六日名：甲子木德，主春，春生，三百四歲；庚子金德，主秋，成收，三百四歲；丙子火德，主夏長，三百四歲；壬子水德，主冬藏，三百四歲；戊子土德，主季夏，致養，三百四歲。六子德四正，四正，子午卯酉也。❶而期四時，凡一千五百二十歲，終一紀。五德者，所以立尊號，論天弗，志長久。」

《周易乾鑿度》孔子曰：「丘按録讖，論國定符，以《春秋》西狩，題剑表命，予亦握嬉，帝之十二當興平嗣，出妃妾，妾得亂，不勤竭承，維表循符。當至者塞，政在樞，害時失命秩壽。以符瑞伏，代災，《七録》握藉，成年裂哀，期凶勑候。脩身練秩郵，專兑，兑德始剋，免延期，自然之讖，推引相拘，沮思愈知命不或世，帝思圖也。夫天道三微而成一著，三著而體成。」

《易緯通卦驗》孔子曰：「太皇之先，與燿合元，精五帝期，以序七神。天地成位，君臣道生。君五期，輔三名，以建德，通萬靈。遂皇始出，握機矩，表計宜，其刻曰：蒼牙《古微書》引作「蒼渠」。通靈，昌之成；孔演命，明道經；燧人之皇没，虙戲生；本尚芒芒，開矩聽八，蒼靈唯精，不慎明之，害類遠振。撢度出表，挺後名知，命陳效睹，三萬一千，一終一名，虙方牙蒼精作易，無書以盡序。」

《易緯通卦驗》孔子表《洛書摘亡辟》曰：「亡秦者，胡也。丘以推秦白精也。其先星感，河出圖，挺白以胡誰亡。胡之名，行之名，行之萌。秦爲赤軀，非命王，故帝表有七五命。七以永慶王，以火代黑，黑畏黄精之起，因威萌，虙羲作易仲，仲命德，維紀衡。周文增通八八之節，轉序三百八十四爻，以繫王命之瑞。謀三十五君，常其一也。興亡殊方，各有其祥，封于泰山，禪于梁陰。易姓之起，刻石明號。丘表大命，謀天皇，巽奎坤

❶「四正子午卯酉也」，當作注文，「六子德四正」當連「而期四時」爲句。

艮，出亡興之街。仲者帝命所保，行文出，加政撥臣，陽候七，陰候八，皆行子午，視卯酉，相違遠，期衡六千三百變。非摘亡據興，盡在文昌所會。增卦爻，可以先知珍瑞之類，娀孽之將。審其繫象，通神明。明者類視七若九，八卦以推七九之微，録圖準命，畧爲世題萌表試，故十二月十二日，政八風二十四炁，其相應之驗，猶響之應人動作言語也。故正其本而萬物理，失之毫釐，差以千里。」

《易緯辨終備》 孔子表《河圖皇參持》曰：「天以斗視，日發明皇，以戲招始掛八卦談。」

《易緯是類謀》 孔子演曰：「天子亡徵九，聖人起有八符，運之以斗，稅之以昴，五七布舒，河出録圖，雒授變書。」

《文選·漢高祖功臣頌》注引《尚書琁璣鈐》 孔子曰：「五帝出，受録圖。」又《齊安陸王碑文》注引作「籙圖」。

《隸釋·史晨祠孔廟碑》引《尚書考靈燿》 丘生倉際，觸期稽度，爲赤制，故作《春秋》，以明文命，綴紀撰書，修定禮義。

《文選·齊安陸王碑文》注引《春秋元命包》 孔子曰：「扶桑者，日所出，房所立，其耀盛。蒼神用事，精感姜原，卦得震，震者動而光，故知周蒼，代殷者，爲姬昌。人形龍顏，長大，精翼日，衣青光。」

《公羊》哀十四年解詁 得麟之後，天下血書魯端門，曰：「趨作法，孔聖没，周姬亡，彗東出，秦政起，胡破術，書紀散，孔不絶。」子夏明日往視之，血書飛爲赤鳥，化爲白書，署曰「演孔圖」，中有作圖制法之狀。疏云：《演孔圖》文。

《御覽》八百四又九百十四引《春秋演孔圖》 孔子論經，有鳥化爲書，孔子奉以告天，赤爵集《水經注》二十五泗水引作「銜」。書上，化爲黄玉。刻曰：「孔提命，作應法，爲赤制。」《藝文類聚》九十引此下有「雀集」二字。

《藝文類聚》九十八引《演孔圖》「趣作法，聖没，周姬亡。彗東出，秦政，胡破術，書記散，孔不絶。」此魯端門血書。十三年冬，有星孛東方，《説題》曰：「麟德之月，天當有血書端門。」子夏至期往視，逢一即言門有血書，往寫之。血蜚鳥化爲帛，烏消書出，署曰「演孔圖」。

《御覽》六百六引《演孔圖》孔子曰：「丘作《春秋》，天授《演孔圖》，中有大玉，刻一版曰：琁璣一低一昂，是七期驗敗毁滅之徵也。」

《御覽》八十四引《春秋感精符》孔子按《録書·含觀五常英人》，知姬昌爲蒼帝精。

《北堂書鈔》八十五《拜揖》引《孝經右契》制作《孝經》，道備，使七十二弟子向北辰星而磬折，使曾子抱《河》、《洛》，事北面。孔子衣絳單衣，向北辰星而拜者也。

《事類賦》十五注引《孝經援神契》孔子制作《孝經》，使七十二子向北辰磬折，使曾子抱《河》、《洛》，事北向。孔子揝縹筆，衣絳單衣，向北辰而拜。

《搜神記》八孔子修《春秋》、制《孝經》，既成，齋戒，向北辰而拜，告備於天。乃洪鬱起白霧，摩地，赤虹自上而下，舊作「白虹」，從《初學記》二、《御覽》十四、又八百五《事類賦》九引改。化爲黄玉，長三尺，上有刻文。孔子跪受而讀之，曰：「寶文出，劉季握，卯金刀，在軫北，字禾子，天下服。」

《宋書·符瑞志》孔子作《春秋》、制《孝經》，既成，使七十二弟子向北辰星磬折而立，使曾子抱《河》、《洛》，事北向。孔子齋戒，向北辰而拜，告備於天，曰：「《孝經》四卷，《春秋》、《河》、《洛》凡八十一卷，謹已備。」天乃洪鬱起白霧，摩地，赤虹自上下，化爲黄玉，長三尺，上有刻文。孔子跪受而讀之，曰：「寶文出，劉季握，卯金刀，在軫北，字禾子，天下服。」

《隸釋·史晨祠孔廟碑》引《孝經援神契》 丘立制命，帝卯行。

《御覽》六百十引《孝經中契》 丘學《孝經》，文成道立，齊以白，天則玄雲踊，紫宮開北門，角、亢星北落，司命天使書，題號《孝經》篇。雲神星裳，孔丘知元，今使陽衢乘紫麟，下告地主要道之君。後年麟至，口吐圖文，北落郎服，書魯端門，隱形不見。子夏往觀，寫得十七字，餘字滅消文，其餘飛爲赤烏，翔摩青雲。

《文選·曹顔遠思友人詩》注又劉歆《移書讓太常博士》注引《論語崇爵讖》 子夏六十四人共撰仲尼微言，以當素王。

《御覽》二百七引《論語摘輔像》 仲尼爲素王，顔淵爲司徒。

《御覽》五引《論語讖》 仲尼曰：「吾聞堯率舜等遊首山，觀河渚。有五老遊河渚，一老曰：『《河圖》將來告帝期。』二老曰：『《河圖》將來告帝謀。』三老曰：『《河圖》將來告帝書。』四老曰：『《河圖》將來告帝圖。』五老曰：『《河圖》將來告帝筮。』一作「符」。龍銜玉苞，金泥玉檢封盛書。❶五老飛爲流星，上入昴。」《文選·宣德皇后令》注引作「龍銜玉苞，刻版題命，可卷金泥玉檢封。書成，知我者，重瞳黄姚視五

❶「金泥玉檢封盛書」，《玉函山房輯佚書》本《論語讖》作：「舒圖刻版題命，可卷金泥玉檢封盛威，曰：『知我者，重童也。』」

老，飛爲流星上入昴。」

《御覽》八十一引《論語撰考讖》❶ 堯舜昇登首山，觀河渚，有五老遊于河渚，相謂曰：「《河圖》將來告帝期。」五老流星，上昴，有須赤龍負玉苞舒圖出，堯與大舜等共發，曰：「帝當樞百則禪虞。」堯喟然嘆曰：「咨爾舜，天之歷數在爾躬。」

《論衡・實知》 孔子將死，遺讖書曰：「不知何一男子，自謂秦始皇，上我之堂，踞我之牀，顛倒我衣裳，至沙丘而亡。」又曰：「董仲舒亂我書。」又書曰：「亡秦者，胡也。」

《後漢・郎顗傳》顗對尚書曰 孔子曰：「漢三百載，計歷改憲。」劉攽曰：「『計』當作『斗』。」

《三國志・魏文紀》注引《孔子玉版》 定天下者，魏公子桓。許芝奏引《春秋玉版讖》曰：「代赤眉者魏公子。」

《後漢・鍾離意傳》注引《意別傳》 意爲魯相，到官，出私錢萬三千文，付户曹孔訢修夫子車。身入廟，拭机席劍履。男子張伯除堂下草，土中得玉璧七枚，伯懷其一，以六枚白意，意令主簿安置几前。孔子教授堂下牀首有懸甕，意召孔訢問：「此何甕也？」對曰：「夫子甕也。背有丹書，人莫敢發也。」意曰：「夫子聖人，所以遺甕，欲以懸示後賢。」因發之，中得素書，文曰：「後世修吾書，董仲舒。護吾車，拭吾履，發吾笥，會稽鍾離意。璧有七，張伯藏其一。」意即召問伯，果服焉。《御覽》八百七引及《搜神記》三作「意即召問伯：『璧有七，何藏一邪？』伯叩頭出之。」上文皆同。

《續漢・郡國志》注補引《鍾離意別

❶「論語撰考讖」，《四部叢刊》本《御覽》引作「論語比考讖」。

傳》 意省堂有孔子小車乘，皆朽敗。意自糶俸雇漆膠之直，請魯民治之，及護几席劒履，後得甕中素書，曰：「護吾履，鍾離意。」

《續漢·郡國志》注補引《漢晉春秋》 鍾離意相魯，見仲尼廟頹毁，會諸生於廟中，慨然嘆曰：「『蔽芾甘棠，勿翦勿伐』，況見聖人廟乎！」遂躬留治之。周觀輿服之在焉，自仲尼以來，莫之開也。意發視之，得古文策。書曰：「亂吾書，董仲舒；治吾堂，鍾離意。璧有七，張伯懷其一。」意尋案未了而卒。張伯者，治中庭治地，得六璧上之。意曰：「此有七，何以不遂？」伯懼，探璧懷中。魯咸以爲神。

《水經注》二十五《泗水》 魯人藏孔子所乘車于廟中，是顔路所請者也。獻帝時遇火燒之。永平中，鍾離爲魯相，到官，出私錢萬三千文，付户曹孔訢治夫子車。身入廟，拭几席劒履。男子張伯除堂下草，土中得玉璧七枚，伯懷其一，以六枚白意。意令主簿安置几前。孔子寢堂牀首有懸甕，意召孔訢問：「何等甕也？」對曰：「夫子甕也。背有丹書，人勿敢發也。」意曰：「夫子聖人，所以遺甕，欲以懸示後賢耳。」發之，中得素書，文曰：「後世修吾書，董仲舒；護吾車，拭吾履，發吾笥，會稽鍾離意。璧有七，張伯藏其一。」意即召問，伯果服焉。

孔子集語卷十五終

孔子集語卷十六

山東督糧道臣孫星衍撰

寓言十四上

《御覽》八百十八引《韓詩外傳》 孔子、顔淵登魯泰山，望吴閶門。淵曰：「見一匹練，前有生藍。」子曰：「白馬，藍芻也。」今《外傳》本無。

《御覽》八百九十七引《論衡》 儒書稱：孔子與顔淵俱登魯東山，望吴閶門。謂曰：「爾何見？」「一匹練，前生藍。」孔子曰：「噫！ 此白馬，蘆芻。」使人視之，果然。

《論衡·書虚》 傳書或言：顔淵與孔子俱上魯太山，孔子東南望，吴閶門外有繫白馬，引顔淵指以示之，曰：「若見吴閶門乎？」顔淵曰：「見之。」孔子曰：「門外何有？」曰：「有如繫練之狀。」孔子撫其目而止之，因與俱下。下而顔淵髮白齒落，遂以病死。蓋以精神不能若孔子，彊力自極，精華竭盡，故夭死。

《續博物志》七 顔淵與孔子俱上泰山，東南望吴昌門外，孔子見白馬，引顔淵指之：「若見吴昌門乎？」顔淵曰：「見之。有繫練之狀。」孔子撫其目而止之。顔淵髮白齒落，遂以病死。蓋精力不及聖人，而强役之也。

《列子·天瑞》 林類年且百歲，底春被裘，拾遺穗於故畦，竝歌竝進。孔子適衛，望之於野，顧謂弟子曰：「彼叟可與言者，試往訊之。」子貢請行，逆之壠端，面之而歎曰：

「先生曾不悔乎，而行歌拾穗？」林類行不留，歌不輟，子貢叩之不已，乃仰而應曰：「吾何悔邪？」子貢曰：「先生少不勤行，長不競時，老無妻子，死期將至，亦有何樂而拾穗行歌乎？」林類笑曰：「吾之所以爲樂，人皆有之，而反以爲憂。少不勤行，長不競時，故能壽若此；老無妻子，死期將至，故能樂若此。」子貢曰：「壽者人之情，死者人之惡。子以死爲樂，何也？」林類曰：「死之與生，一往一反，故死於是者，安知不生於彼？故吾知其不相若矣。吾又安知營營而求生非惑乎？亦又安知吾今之死不愈昔之生乎？」子貢聞之，不喻其意，還以告夫子。夫子曰：「吾知其可與言，果然。然彼得之而不盡者也。」

《列子·黄帝》 范氏有子曰子華，善養私名，舉國服之；有寵於晉君，不仕而居三卿之右。目所偏視，晉國爵之；口所偏肥，晉國黜之。游其庭者侔於朝。子華使其俠客以智鄙相攻，彊弱相淩。雖傷破於前，不用介意。終日夜以此爲戲樂，國殆成俗。禾生、子伯，范氏之上客，出行，經坰外，宿於田更商丘開之舍。中夜，禾生、子伯二人相與言子華之名勢，能使存者亡，亡者存，富者貧，貧者富。商丘開先窘於飢寒，潛於牖北聽之。因假糧荷畚之子華之門。子華之門徒皆世族也，縞衣乘軒，緩步闊視。顧見商丘開年老力弱，面目黎黑，衣冠不檢，莫不眲之。既而狎侮欺詒，攩挩挨扰，亡所不爲。商丘開常無慍容，而諸客之技單，憊於戲笑，遂與商丘開俱乘高臺，於衆中漫言曰：「有能自投下者，賞百金。」衆皆競應。商丘開以爲信然，遂先投下，形若飛鳥，揚於地，骪骨無碼。范氏之黨以爲偶然，未詎怪也。因復指河曲之淫隈曰：「彼中有寶珠，泳可得也。」商丘開復從而泳之，既出，果得珠焉。衆昉同疑，子華昉令豫肉食衣帛之次。俄而范氏之藏大火。子華曰：「若能入火取錦者，從所得多少賞若。」商丘開往，無難色，入火往還，埃不漫，身不焦。范氏之黨以爲有道，乃共謝之曰：「吾不知子之有道而誕子，吾不知子之神人而辱子。子其愚我也，子其聾我也，子其盲我也。敢問其道。」商丘開曰：「吾亡道。雖吾之心，亦不知所以。雖然，有一於此，試與子言之。曩子二客之宿吾舍也，聞譽范氏之勢，能使存者亡，亡者存，富者貧，貧者富。吾誠之無二心，故不遠而來。及來，以子黨之言皆實也，唯恐誠之之不至，行之之不及，不知形體之所措，利害之所存也，心一而已。物無迕者，如斯而已。今昉知子黨之誕我，我內藏猜慮，外矜觀聽，追幸昔日之不焦溺也，怛然內熱，惕然震悸矣。水火豈復可近哉？」自此之後，范氏門徒遇乞兒馬醫，弗敢辱也，必下車而揖之。宰我聞之，以告仲尼。仲尼曰：「汝弗知乎？夫至信之人，可以感物也。動天地，感鬼神，横六合而無逆者，豈但履危險入水火而已哉？商丘開信僞物猶不逆，況彼我皆誠哉？小子識之！」

《列子·黄帝》顔回問乎仲尼曰：「吾嘗濟乎觴深之淵矣，津人操舟若神。吾問焉，曰：『操舟可學邪？』曰：『可，能游者可教也，善游者數能。乃若夫没人，則未嘗見舟而謖操之也。』吾問焉，而不告。敢問何謂也？」仲尼曰：「譩！吾與若玩其文也久矣，而未達其實，而固且道與！能遊者可教也，輕水也；善游者之數能也，忘水也。乃若夫没人之未嘗見舟而謖操之也，彼視淵若陵，視舟之覆猶其車却也。覆却萬物方陳乎前而不得入其舍，惡往而不暇？以瓦摳者巧，以鉤摳者憚，以黃金摳者惛。巧一也，而有所矜，則重外也。凡重外者拱內。」

《莊子·外篇·達生》 顏回問仲尼曰：「吾嘗濟乎觴深之淵，津人操舟若神。吾問焉，曰：『操舟可學邪？』曰：『可，善游者數能。若乃夫沒人，則未嘗見舟而便操之也。』吾問焉，而不吾告。敢問何謂也？」仲尼曰：「善游者數能，忘水也。若乃夫沒人之未嘗見舟而便操之也，彼視淵若陵，視舟之覆猶其車却也。覆怯萬方陳乎前而不得入其舍，惡往而不暇？以瓦注者巧，以鉤注者憚，以黃金注者殙。其巧一也，而有所矜，則重外也。凡外重者內拙。」

《列子·黃帝》 孔子觀於呂梁，懸水三十仞，流沫三十里，黿鼉魚鼈之所不能游也，見一丈夫游之，以爲有苦而欲死者也，使弟子並流而承之。數百步而出，被髮行歌，而游於棠行。「棠行」一本作「塘下」。孔子從而問之曰：「呂梁懸水三十仞，流沫三十里，黿鼉魚鼈所不能游。向吾見子蹈之，以爲有苦而欲死者，使弟子並流將承子。子出而被髮行歌，吾以子爲鬼也。察子，則人也。請問蹈水有道乎？」曰：「亡，吾無道。吾始乎故，長乎性，成乎命，與齎俱入，與汩皆出，從水之道而不爲私焉，此吾所以蹈之也。」孔子曰：「何謂始乎故，長乎性，成乎命也？」曰：「吾生於陵而安於陵，故也；長於水而安於水，性也；不知吾所以然而然，命也。」

《莊子·外篇·達生》 孔子觀於呂梁，縣水三十仞，流沫四十里，黿鼉魚鼈之所不能游也。見一丈夫游之，以爲有苦而欲死也，使弟子並流而拯之。數百步而出，被髮行歌，而游於塘下。孔子從而問焉，曰：「吾以子爲鬼，察子則人也。請問蹈水有道乎？」曰：「亡，吾無道。吾始乎故，長乎性，成乎命。與齊俱入，與汩偕出，從水之道而不爲私焉。此吾所以蹈之也。」孔子曰：「何謂始乎故，長乎性，成乎命？」曰：「吾生於陵而安於陵，故也；長於水而安於水，性也；不知吾所以然而然，命也。」

《列子·黄帝》 仲尼適楚，出於林中，見痀僂者承蜩，猶掇之也。仲尼曰：「子巧乎？有道邪？」曰：「我有道也。五六月，纍垸二而不墜，則失者錙銖；纍三而不墜，則失者十一；纍五而不墜，猶掇之也。吾處也，若橜株駒；吾執臂，若槁木之枝。雖天地之大、萬物之多，而唯蜩翼之知。吾不反側，不以萬物易蜩之翼，何爲而不得？」孔子顧謂弟子曰：「用志不分，乃凝於神，其痀僂丈人之謂乎！」丈人曰：「汝逢衣徒也，亦何知問是乎？脩汝所以，而後載言其上。」

《莊子·外篇·達生》 仲尼適楚，出於林中，見痀僂者承蜩，猶掇之也。仲尼曰：「子巧乎？有道邪？」曰：「我有道也。五六月，累丸二而不墜，則失者錙銖；累三而不墜，則失者十一；累五而不墜，猶掇之也。吾處身也，若厥株拘；吾執臂也，若槁木之枝。雖天地之大、萬物之多，而唯蜩翼之知。吾不反不側，不以萬物易蜩之翼，何爲而不得？」孔子顧謂弟子曰：「用志不分，乃凝於神，其痀僂丈人之謂乎！」

《列子·黄帝》 趙襄子率徒十萬狩於中山，藉仍燔林，扇赫百里。有一人從石壁中出，隨烟爐上下，衆謂鬼物。火過，徐行而出，若無所經涉者。襄子怪而留之，徐而察之：形色七竅，人也；氣息聲音，人也。問：「奚道而處石？奚道而入火？」其人曰：「奚物而謂石？奚物而謂火？」襄子曰：「而嚮之所出者，石也；而嚮之所入者，火也。」其人曰：「不知也。」魏文侯聞之，問子夏曰：「彼何人哉？」子夏曰：「以商所聞夫子之言，和者大同於物，物無得傷閡者，游金石，蹈水火，皆可也。」文侯曰：「吾子奚不爲之？」子夏曰：「刳心去智，商未之能。雖然，試語之，有暇矣。」文侯曰：「夫子奚不爲之？」子夏曰：「夫子能之而能不爲者也。」文侯大說。

《列子·周穆王》 宋陽里華子中年病忘，朝取而夕忘，夕與而朝忘，在塗則忘行，在室則忘坐，今不識先，後不識今。闔室毒之，謁史而卜之，弗占；謁巫而禱之，弗禁；謁醫而攻之，弗已。魯有儒生，自媒能治之，華子之妻子以居産之半請其方。儒生曰：「此固非卦兆之所占，非祈請之所禱，非藥石之所攻。吾試化其心，變其慮，庶幾其瘳乎！」於是試露之，而求衣；饑之，而求食；幽之，而求明。儒生欣然告其子曰：「疾可已也。然吾之方密，傳世不以告人。試屏左右，獨與居室七日。」從之。莫知其所施爲也，而積年之疾一朝都除。華子既悟，廼大怒，黜妻罰子，操戈逐儒生。宋人執而問其以，華子曰：「曩吾忘也，蕩蕩然不覺天地之有無。今頓識既往，數十年來存亡、得失、哀樂、好惡，擾擾萬緒起矣。吾恐將來之存亡、得失、哀樂、好惡之亂吾心如此也，須臾之亡，可復得乎？」子貢聞而怪之，以告孔子。孔子曰：「此非汝所及乎！」顧謂顏回記之。

《列子·仲尼》 仲尼閒居，子貢入侍，而有憂色。子貢不敢問，出告顏回，顏回援琴而歌。孔子聞之，果召回入，問曰：「若奚獨樂？」回曰：「夫子奚獨憂？」孔子曰：「先言爾志。」曰：「吾昔聞之夫子曰：『樂天知命，故不憂。』回所以樂也。」孔子愀然有閒，曰：「有是言哉？汝之意失矣。此吾昔日之言爾，請以今言爲正也。汝徒知樂天知命之無憂，未知樂天知命有憂之大也。今告若其實：脩一身，任窮達，知去來之非我，亡變亂於心慮，爾之所謂樂天知命之無憂也。曩吾脩《詩》《書》，正禮樂，將以治天下，遺來世，非但脩一身，治魯國而已。而魯之君臣日失其序，仁義益衰，情性益薄，此道不行一國與當年，其如天下與來世矣？吾始知《詩》《書》禮樂無救於治亂，而未知所以革之之方，此樂天知命者之所憂。雖然，吾得之矣。夫樂而知者，非古人之謂樂知也。無樂無知，是真樂真知。故無所不樂，無所不知，無所不憂，無所不爲。《詩》《書》禮樂，何棄之有？革之何爲？」顏回北面拜手曰：「回亦得之矣。」出告子貢，子貢茫然自失，歸家淫思七日，不寢不食，以至骨立。顏回重往喻之，乃反丘門，弦歌誦書，終身不輟。

《列子·仲尼》 陳大夫聘魯，私見叔孫氏。叔孫曰：「吾國有聖人。」曰：「非孔丘耶？」曰：「是也。」「何以知其聖乎？」叔孫氏曰：「吾常聞之顏回曰：『孔丘能廢心而用形。』」陳大夫曰：「吾國亦有聖人，子弗知乎？」曰：「聖人孰謂？」曰：「老聃之弟子有亢倉子者，得聃之道，能以耳視而目聽。」魯侯聞之大驚，使上卿厚禮而致之。亢倉子應聘而至，魯侯卑辭請問之。亢倉子曰：「傳之者妄。我能視聽不用耳目，不能易耳目之用。」魯侯曰：「此增異矣。其道奈何？寡人終願聞之。」亢倉子曰：「我體合於心，心合於氣，氣合於神，神合於無。其有介然之有，唯然之音，雖遠在八荒之外，近在眉睫之內，來干我者，我必知之。乃不知是我七孔四支之所覺，心腹六藏之所知，其自知而已矣。」魯侯大悦。他日以告仲尼，仲尼笑而不荅。商太宰見孔子曰：「丘，聖者歟？」孔子曰：「聖則丘何敢？然則丘博學多識者也。」商太宰曰：「三王，聖者歟？」孔子曰：「三王，善任智勇者，聖則丘不知。」曰：「五帝，聖者歟？」孔子曰：「五帝，善任仁義者，聖則丘弗知。」曰：「三皇，聖者歟？」孔子曰：「三皇，善任因時者，聖則丘弗知。」商太宰太駭曰：「然則孰者爲聖？」孔子動容，有閒，曰：「西方之人有聖者焉，不治而不亂，不言而自信，不化而自行，蕩蕩乎民無能名焉，丘疑其爲聖，弗知真爲聖歟？真不聖歟？」商太宰嘿然心計曰：「孔丘欺我哉！」

《韓非子·説林上》 子圉見孔子於商太宰。孔子出，子圉入，請問客。太宰曰：「吾已見孔子，則視子猶蚤蝨之細者也。吾今見之於君。」子圉恐孔子貴於君也，因請太宰曰：「君（本作「已」，從宋本改。）已見孔子，孔子亦將視子猶蚤蝨也。」太宰因弗復見也。

《列子·湯問》 孔子東游，見兩小兒辯鬭，問其故。一兒曰：「我以日始出時去人近，而日中時遠也。」一兒以日初出遠，而日中時近也。一兒曰：「日初出大如車蓋，及日中，則如盤盂，此不爲遠者小而近者大乎？」一兒曰：「日初出滄滄涼涼，及其日中如探湯，此不爲近者熱而遠者涼乎？」孔子不能決也。兩小兒笑曰：「孰爲汝多知乎？」

《金樓子・立言上》 孔子東游，見兩小兒相鬬。一兒曰：「我以日初出去人近。」一兒曰：「日中近。」一兒曰：「日初出如車蓋，至中裁如盤盂，豈不近者大遠者小？」一兒曰：「日初出滄滄涼涼，至日中有如探湯，此非遠者涼近者熱邪？」孔子亦不知日中天而小，落扶桑而大。

《列子・説符》 孔子自衛反魯，息駕乎河梁而觀焉。有懸水三十仞，圜流九十里，魚鼈弗能游，黿鼉弗能居。有一丈夫方將厲之，孔子使人並涯止之曰：「此懸水三十仞，圜流九十里，魚鼈弗能游，黿鼉弗能居也，意者難可以濟乎？」丈夫不以錯意，遂度而出。孔子問之曰：「巧乎？有道術乎？所以能入而出者，何也？」丈夫對曰：「始吾之入也，先以忠信；及吾之出也，又從以忠信。忠信錯吾軀於波流，而吾不敢用私，所以能入而復出者，以此也。」孔子謂弟子曰：「二三子識之！水且猶可以忠信誠身親之，而況人乎？」

《説苑・雜言》 孔子觀於吕梁，懸水四十仞，環流九十里，魚鼈不能過，黿鼉不敢居。有一丈夫方將涉之，孔子使人並崖而止之曰：「此懸水四十仞，圜流九十里，魚鼈不敢過，黿鼉不敢居，意者難可濟也？」丈夫不以錯意，遂渡而出。孔子問：「子巧乎？且有道術乎？所以能入而出者，何也？」丈夫對曰：「始吾入，先以忠信；吾之出也，又從以忠信。忠信錯吾軀於波流，而吾不敢用私。吾所以能入而復出也。」孔子謂弟子曰：「水而尚可以忠信義久而身親之，況於人乎！」

《列子・説符》 白公問孔子曰：「人可

與微言乎？」孔子不應。白公問曰：「若以石投水，何如？」孔子曰：「吳之善没者能取之。」曰：「若以水投水，何如？」孔子曰：「淄澠之合，易牙嘗而知之。」白公曰：「人故不可與微言乎？」孔子曰：「何爲不可？唯知言之謂者乎！夫知言之謂者，不以言言也。争魚者濡，逐獸者趨，非樂之也。故至言去言，至爲無爲。夫淺知之所争者末矣。」白公不得已，遂死於浴室。

《吕氏春秋·審應覽·精諭》白公問於孔子曰：「人可與微言乎？」孔子不應。白公曰：「若以石投水，奚若？」孔子曰：「没人能取之。」白公曰：「若以水投水，奚若？」孔子曰：「淄澠之合者，易牙嘗而知之。」白公曰：「然則人不可與微言乎？」孔子曰：「胡爲不可？唯知言之謂者爲可耳。」

《淮南子·道應訓》白公問於孔子曰：「人可以微言？」孔子不應。白公曰：「若以石投水中，何如？」曰：「吳越之善没者能取之矣。」曰：「若以水投水，何如？」孔子曰：「菑澠之水合，易牙嘗而知之。」白公曰：「然則人固不可與微言乎？」孔子曰：「何謂不可？誰知言之謂者乎？夫知言之謂者，不以言言也。争魚者濡，逐獸者趍，非樂之者也。一本無「者」字。故至言去言，至爲無爲。夫淺知之所争者末矣。」白公不得也，故死於浴室。

《莊子·内篇·人間世》顔回見仲尼，請行。曰：「奚之？」曰：「將之衛。」曰：「奚爲焉？」曰：「回聞衛君，其年壯，其行獨。輕用其國，而不見其過。輕用民死，死者以國量乎澤，若蕉，民其無如矣！回嘗聞之夫子曰：『治國去之，亂國就之，醫門多疾。』願以所聞思其所行，明本無「所行」二字。則庶幾其國有瘳乎！」仲尼曰：「譆，若往而殆刑耳！明本作「若殆往而行耳」。夫道不欲雜，雜則多，多則擾，擾則憂，憂而不救。古之至人，先存諸己而後存諸人，所存於己者未定，何暇至於暴人之所行？且若亦知夫德之所蕩而知之所爲出乎哉？德蕩乎名，知出乎争。名也者，相軋也；知也者，争之器也。二者凶器，非所以盡行也。且德厚信矼，未達人氣；名聞不争，未達人心。而彊以仁義繩墨之言衒明本作「術」。暴人之前者，是以人惡有其美也，命之曰菑人。菑人者，人必反菑之，若殆爲人菑夫！且苟爲悦賢而惡不肖，惡用而求有以異？若唯無詔，王公必將乘人而鬭其捷，而目將熒之，而色將平之，口將營之，容將形之，心且成之。是以火救火，以水救水，名之曰益多。順始無窮，若殆以不信厚言，必死於暴人之前矣！且昔者桀殺關龍逢，紂殺王子比干，是皆脩其身以下傴拊人之民，以下拂其上者也，故其君因其脩以擠之，是好名者也。昔者堯攻叢枝、胥敖，禹攻有扈，國爲虚厲，身爲刑戮，其用兵不止，其求實無已，是皆求名實者也。而獨不聞之乎？名實者，聖人之所不能勝也，而況若乎！雖然，若必有以也，嘗以語我來。」顔回曰：「端而虚，勉而一，則可乎？」曰：「惡！惡可！夫以陽爲充孔揚，采色不定，常人之所不違，因案人之所感，以求容與其心，名之曰日漸之德不成，而況大德乎？將執而不化，外合而内不訾，其庸詎可乎？」「然則我内直而外曲，成而上比。内直者，與天爲徒。與天爲徒者，知天子之與己皆天之所子，而獨以己言蘄乎而人善之，蘄乎而人不善之邪？若然者，人謂之童子，是之謂與天爲徒。外曲者，與人之爲徒也。擎跽曲拳，人臣之禮也。人皆爲之，吾敢不爲邪？爲人之所爲者，人亦無疵焉，是之謂與人爲徒。成而上比者，與古爲徒。其言雖教，讁之實也。古之有也，非吾有也。若然者，雖直不爲病，是之謂與古爲徒。若是，則可乎？」仲尼曰：「惡！惡可！大多政法而不諜。雖固亦無罪。雖然，止是耳矣，夫胡可以及化！猶師心者也。」顏回曰：「吾無以進矣，敢問其方。」仲尼曰：「齋，吾將語若。有而爲之，其易邪？易之者，皞天不宜。」顏回曰：「回之家貧，唯不飲酒不茹葷者數月矣。若此，則可以爲齋乎？」曰：「是祭祀之齋，非心齋也。」回曰：「敢問心齋。」仲尼曰：「若一志，無聽之以耳而聽之以心，無聽之以心而聽之以氣。聽止於耳，心止於符。氣也者，虛而待物者也。唯道集虛。虛者，心齋也。」顏回曰：「回之未始得使，實自回也；得使之也，未始有回也。可謂虛乎？」夫子曰：「盡矣！吾語若。若能入遊其樊，而無感其名，入則鳴，不入則止。無門無毒，一宅而寓於不得已，則幾矣。絶迹易，無行地難。爲人使易以僞，爲天使難以僞。聞以有翼飛者矣，未聞以無翼飛者也；聞以有知知者矣，未聞以無知知者也。瞻彼閲者，明本作「闋者」。虛室生白，吉祥止止。夫且不止，是之謂坐馳。夫徇耳目内通而外於心知，鬼神將來舍，而況人乎！是萬物之化也，禹、舜之所紐也，伏羲、几蘧之所行終，而況散焉者乎！」

《莊子·内篇·德充符》 魯有兀者王駘，從之遊者，與仲尼相若。常季問於仲尼曰：「王駘，兀者也，從之遊者，與夫子中分魯。立不教，坐不議，虚而往，實而歸。固有不言之教，無形而心成者邪？是何人也？」仲尼曰：「夫子，聖人也，丘也直後而未往耳。丘將以爲師，而況不若丘者乎？奚假魯國！丘將引天下而與從之。」常季曰：「彼兀者也，而王先生，其與庸亦遠矣！若然者，其用心也獨若之何？」仲尼曰：「死生亦大矣，而不得與之變，雖天地覆墜，亦將不與之遺。審乎無假而不與物遷，命物之化而守其宗者也。」常季曰：「何謂也？」仲尼曰：「自其異者視之，肝膽楚越也；自其同者視之，萬物皆一也。夫若然者，且不知耳目之所宜，而遊心乎德之和；物視其所一，而不見其所喪。視喪其足，猶遺土也。」常季曰：「彼爲己，以其知得其心，以其心得其常心，物何爲最之哉？」仲尼曰：「人莫鑑於流水，而鑑於止水，唯止能止衆止。受命於地，唯松栢獨也，❶在冬夏青青；受命於天，唯舜獨也正，在萬物之首。明本無「在萬物之首」五字。幸能正生，以正衆生。夫保始之徵，不懼之實。勇士一人，雄入於九軍，將求名而能自要者，而猶若是，而況官天地，府萬物，直寓六骸，象耳目，一知之所知，而心未嘗死者乎！」彼且擇日而登假，人則從是也。彼且何肎以物爲事乎？」

《莊子·内篇·德充符》 魯有兀者叔山無趾，踵見仲尼。仲尼曰：「子不謹，前既犯患若是矣。雖今來，何及矣？」無趾曰：「吾唯不知務而輕用吾身，吾以是亡足；今吾來也，猶有尊足者存，吾是以務全之也。夫天無不覆，地無不載，吾以夫子爲天地，安

❶「也」下，焦竑《莊子翼》《筆乘》引張君房校本有「正」字，當從。

知夫子之猶若是也！」孔子曰：「丘則陋矣！夫子胡不入乎？請講以所聞。」無趾出。孔子曰：「弟子勉之！夫無趾，兀者也，猶務學以復補前行之惡，而況全德之人乎？」無趾語老聃曰：「孔丘之於至人，其未邪？彼何賓賓以學子爲？彼且蘄以諔詭幻怪之名聞，不知至人之以是爲己桎梏邪？」老聃曰：「胡不直使彼以死生爲一條，以可不可爲一貫者，解其桎梏，其可乎？」無趾曰：「天刑之，安可解？」

《莊子·内篇·德充符》 魯哀公問於仲尼曰：「衛有惡人焉，曰哀駘它。丈夫與之處者，思而不能去也。婦人見之，請於父母曰『與人爲妻，寧爲夫子妾』者，十數明本作「數十」。而未止也。未嘗有聞其唱者也，常和人而已矣。明本無「人」字。無君人之位以濟乎人之死，無聚祿以望人之腹。又以惡駭天下，和而不唱，知不出乎四域，且而雌雄合乎前，是必有異乎人者也。寡人召而觀之，果以惡駭天下。與寡人處，不至以月數，而寡人有意乎其爲人也。不至乎期年，而寡人信之，國無宰，而寡人傳國焉。悶然而後應，氾而若辭，寡人醜乎，卒授之國。無幾何也，去寡人而行，寡人卹焉，若有亡也，若無與樂是國也。是何人者也？」仲尼曰：「丘也嘗使於楚矣，適見⿰禾屯明本作「㹠」。子食於其死母者，少焉眴若皆棄之而走。不見己焉爾，不得類焉爾。所愛其母者，非愛其形也，愛使其形者也。戰而死者，其人之葬也，不以翣資，刖者之屨，無爲愛之，皆無其本矣。爲天子之諸御，不爪翦，不穿耳，取妻者止於外，不得復使。形全猶足以爲爾，而況全德之人乎？今哀駘它未言而信，無功而親，使人授己國，唯恐其不受也，是必才全而德不形者也。」哀公曰：「何謂才全？」仲尼曰：「死生存亡，窮達貧富，賢與不肖，毁譽、飢渴、寒暑，是事之變，命之行也。日夜相代乎前，而知不能規乎其始者也。故不足以滑和，不可入於靈府，使之和豫，通而不失於兑，使日夜無郤而與物爲春，是接而生時乎明本作「於」。心者也，是之謂才全。」「何謂德不形？」曰：「平者，水停之盛也。其可以爲法也，内保之而外不蕩也。德者，成和之脩也。德不形者，物不能離也。」哀公異日以告閔子曰：「始也，吾以南面而君天下，執民之紀而憂其死，吾自以爲至通矣。今吾聞至人之言，恐吾無其實，輕用吾身而亡吾國。吾與孔丘，非君臣也，德友而已矣。」

《莊子・内篇・大宗師》 子桑户、孟子反、子琴張三人相與友，曰：「孰能相與於無相與，相爲於無相爲？孰能登天遊霧，撓挑無極，相忘以生，無所終窮？」三人相視而笑，莫逆於心，遂相與友。莫然有閒而子桑户死，未葬。孔子聞之，使子貢往待事焉。或編曲，或鼓琴，相和而歌曰：「嗟來桑户乎！嗟來桑户乎！而已反其真，而我猶爲人猗。」子貢趨而進曰：「敢問臨尸而歌，禮乎？」二人相視而笑，曰：「是惡知禮意！」子貢反，以告孔子曰：「彼何人者邪？脩行無有，而外其形骸，臨尸而歌，顔色不變，無以命之，彼何人者邪？」孔子曰：「彼遊方之外者也，而丘遊方之内者也，外内不相及，而丘使汝往弔之，丘則陋矣！彼方且與造物者爲人，而遊乎天地之一氣，彼以生爲附贅縣疣，以死爲決疣潰癰。夫若然者，又惡知死生先後之所在？假於異物，託於同體，忘其肝膽，遺其耳目，反覆終始，不知端倪。芒然彷徨乎塵垢之外，逍遥乎無爲之業，彼又惡能憒憒然爲世俗之禮，以觀衆人之耳目哉？」子貢曰：「然則夫子何方之依？」曰：「丘，天之戮民也，雖然，吾與汝共之。」子貢曰：「敢問其方。」孔子曰：「魚相造乎水，人相造乎道。相造乎水者，穿池而養給；相造乎道者，無事而生定。故曰：魚相忘乎江湖，人相忘乎道術。」子貢曰：「敢問畸人？」曰：「畸人者，畸於人而侔於天，故曰：天之小人，人之君子；人之君子，天之小人也。」

《莊子·內篇·大宗師》 顔回問仲尼曰：「孟孫才其母死，哭泣無涕，中心不慼，居喪不哀。無是三者，以善處喪。明本無「處」字。 蓋魯國固有無其實而得其名者乎？ 回壹怪之。」仲尼曰：「夫孟孫氏盡之矣，進於知矣，唯簡之而不得，夫已有所簡矣。 孟孫氏不知所以生，不知所以死，不知就先，不知就後，若化爲物，以待其所不知之化已乎？且方將化，惡知不化哉？方將不化，惡知已化哉？ 吾特與汝，其夢未始覺者邪？ 且彼有駭形而無損心，有旦宅而無情死，孟孫氏特覺人哭亦哭，是自其所以乃。崔本作「惡」。 且也相與吾之耳矣，庸詎知吾所謂吾之乎？且汝夢爲鳥而厲乎天，夢爲魚而没於淵，不識今之言者，其覺者乎？ 其夢者乎？ 造適不及笑，獻笑不及排，安排而去化，乃入於寥天一。」

《莊子·內篇·大宗師》 顔回曰：「回益矣！」仲尼曰：「何謂也？」曰：「回忘仁義矣。」曰：「可矣，猶未也。」它日復見曰：「回益矣。」曰：「何謂也？」曰：「回忘禮樂矣。」曰：「可矣，猶未也。」它日復見曰：「回益矣。」曰：「何謂也？」曰：「回坐忘矣。」仲尼蹵然曰：「何謂坐忘？」顔回曰：「墮枝體，黜聰明，離形去知，同於大通，此謂坐忘。」仲尼曰：「同則無好也，化則無常也，而果其賢乎！丘也請從而後也。」

《淮南子·道應訓》 顔回謂仲尼曰：「回益矣。」仲尼曰：「何謂也？」曰：「回忘禮樂矣。」仲尼曰：「可矣，猶未也。」異日復見曰：「回益矣。」仲尼曰：「何謂也？」曰：「回忘仁義矣。」仲尼曰：「可矣，猶未也。」異日復見曰：「回坐忘矣。」仲尼造然曰：「何謂坐忘？」顔回曰：「隳支體，黜聰明，離形去知，洞於化通，是謂坐忘。」仲尼曰：「洞則無善也，化則無常矣，而夫子薦賢，丘請從之後。」

《莊子·外篇·天地》 夫子問于老聃曰：「有人治道若相放，可不可，然不然。辯者有言曰：『離堅白，若縣寓。』若是則可謂聖人乎？」老聃曰：「是胥易技係，勞形怵心者也。執狸之狗「狸」一作「留」。成思，猨狙之便自山林來。丘，予告若而所不能聞與而所不能言。凡有首有趾，無心無耳者衆，有形者與無形無狀而皆存者盡無。其動止也，其死生也，其廢起也，此又非其所以也。有治在人，忘乎物，忘乎天，其名爲忘己。忘己之人，是之謂入於天。」

《莊子·外篇·天地》 子貢南遊於楚，反於晉，過漢陰，見一丈人方將爲圃畦，鑿隧而入井，抱甕而出灌，搰搰然用力甚多，而見功寡。子貢曰：「有械於此，一日浸百畦，用力甚寡，而見功多，夫子不欲乎？」爲圃者仰而視之，曰：「柰何？」曰：「鑿木爲機，後重前輕，挈水若抽，數如泆湯，其名爲槔。」爲圃者忿然作色而笑曰：「吾聞之吾師，有機械者必有機事，有機事者必有機心；機心存於胷中，則純白不備；純白不備，則神生不定；神生不定者，道之所不載也。吾非不知，羞而不爲也。」子貢瞞然慙，俯而不對。有閒，爲圃者曰：「子奚爲者邪？」曰：「孔丘之徒也。」爲圃者曰：「子非夫博學以擬聖，於于以蓋衆，獨弦哀歌以賣名聲於天下者乎？汝方將忘汝神氣，墮汝形骸，而庶幾乎而身之不能治，而何暇治天下乎？子往矣！無乏吾事。」子貢卑陬失色，頊頊然不自得，行三十里而後愈。其弟子曰：「向之人何爲者邪？夫子何故見之變容失色，終日不自反邪？」曰：「始吾以爲天下一人耳，不知復有夫人也。吾聞之夫子：事求可，功求成，用力少見功多者，聖人之道。今徒不然，執道者德全，德全者形全，形全者神全，神全者，聖人之道也。託生與民竝行而不知其所之，汒乎淳備哉！功利機巧，必忘夫人之心。若夫人者，非其志不之，非其心不爲，雖以天下譽之，得其所謂，謷然不顧；以天下非之，失其所謂，儻然不受。天下之非譽無益損焉，是謂全德之人哉！我之謂風波之民。」反於魯，以告孔子。孔子曰：「彼假脩渾沌氏之術者也，識其一，不知其二；治其内，而不治其外。夫明白入素，無爲復朴，體性抱神，以遊世俗之閒者，汝將固驚邪？且渾沌氏之術，予與汝何足以識之哉？」

《莊子・外篇・天運》 孔子西遊於衛，顔淵問師金曰：「以夫子之行爲奚如？」師金曰：「惜乎！而夫子其窮哉！」顔淵曰：「何也？」師金曰：「夫芻狗之未陳也，盛以篋衍，巾以文繡，尸祝齋戒以將之；及其已陳也，行者踐其首脊，蘇者取而爨之而已。將復取而盛以篋衍，巾以文繡，遊居寢卧其下，彼不得夢，必且數眯焉。今而夫子亦取先王已陳芻狗，取弟子遊居寢卧其下，故伐樹於宋，削迹於衛，窮於商周，是非其夢邪？

圍於陳蔡，七日不火食，死生相與鄰，是非其眯邪？夫水行莫如用舟，而陸行莫如用車，以舟之可行於水也，而求推之於陸，則沒世不行尋常。古今非水陸與？周魯非舟車與？今蘄行周於魯，是猶推舟於陸也。勞而無功，身必有殃。彼未知夫無方之傳，應物而不窮者也。且子獨不見夫桔槔者乎？引之則俯，舍之則仰，彼人之所引，非引人也，故俯仰而不得罪於人。故夫三皇五帝之禮義法度，不矜於同，而矜於治。故譬三皇五帝之禮義法度，其猶柤梨橘柚邪？其味相反而皆可於口。故禮義法度者，應時而變者也。今取猨狙而衣以周公之服，彼必齕齧挽裂，盡去而後慊。觀古今之異，猶猨狙之異乎周公也。故西施病心而矉其里，其里之醜人見而美之，歸亦捧心而矉其里，其里之富人見之，堅閉門而不出；貧人見之，挈妻子而去之走。彼知美矉而不知矉之所以美。惜乎！而夫子其窮哉！」

孔子集語卷十六終

孔子集語卷十七

山東督糧道臣孫星衍撰

寓言十四下

《莊子·外篇·天運》 孔子行年五十有一而不聞道，乃南之沛，見老聃。老聃曰：「子來乎？ 吾聞子北方之賢者也，子亦得道乎？」孔子曰：「未得也。」老子曰：「子惡乎求之哉？」曰：「吾求之於度數，五年而未得也。」老子曰：「子又惡乎求之哉？」曰：「吾求之於陰陽，十有二年而未得。」老子曰：「然。使道而可獻，則人莫不獻之於其君；使道而可進，則人莫不進之於其親；使道而可以告人，則人莫不告其兄弟；使道而可以與人，則人莫不與其子孫。然而不可者，無他也。中無主而不止，外無正而不行。由中出者，不受於外，聖人不出；由外入者，無主於中，聖人不隱。名，公器也，不可多取。仁義，先王之蘧廬也，止可以一宿而不可久處，覯而多貴。古之至人，假道於仁，託宿於義，以遊逍遥之墟，食於苟簡之田，立於不貸之圃。逍遥，無爲也；苟簡，易養也；不貸，無出也，古者謂是采真之遊。以富爲是者，不能讓禄；以顯爲是者，不能讓名；親權者，不能與人柄。操之則慄，舍之則悲，而一無所鑒，以闚其所不休者，是天之戮民也。怨、恩、取、與、諫、教、生、殺，八者，正之器也。唯循大變無所湮者爲能用之。故曰：正者，正也，其心以爲不然者，天門弗開矣。」孔子見老聃而語仁義。老聃曰：「夫播糠眯目，則天地四方易位矣；蚊虻噆膚，則通昔不寐矣。夫仁義憯然，乃憤吾心，亂莫大焉。吾子使天下無失其朴，吾子亦放風而動，揔德而立矣，又奚傑然若負建鼓而求亡子者邪？夫鵠不日浴而白，烏不日黔而黑。黑白之朴，不足以爲辯；名譽之觀，不足以爲廣。泉涸，魚相與處於陸，相呴以濕，相濡以沫，不若相忘於江湖。」孔子見老聃歸，三日不談。弟子問曰：「夫子見老聃，亦將何規哉？」孔子曰：「吾乃今於是乎見龍！龍，合而成體，散而成章，乘乎雲氣而養乎陰陽。予口張而不能嗋，予又何規老聃哉！」子貢曰：「然則人固有尸居而龍見，雷聲而淵默，發動如天地者乎？賜亦可得而觀乎？」遂以孔子聲見老聃，老聃方將倨堂，而應微曰：「予年運而往矣，子將何以戒我乎？」子貢曰：「夫三王五帝之治天下不同，其係聲名一也。而先生獨以爲非聖人，如何哉？」老聃曰：「小子少進，子何以謂不同？」對曰：「堯授舜，舜授禹，禹用力而湯用兵，文王順紂而不敢逆，武王逆紂而不肎順，故曰不同。」老聃曰：「小子少進，余語汝三王五帝之治天下。黄帝之治天下，使民心一，民有其親死不哭而民不非也。堯之治天下，使民心親，民有爲其親殺其殺而民不非也。舜之治天下，使民心競，民孕婦十月生子，子生五月而能言，不至乎孩而始誰，則人始有夭矣。禹之治天下，使民心變，人有心而兵有順，殺盜非殺人，自爲種而天下耳。是以天下大駭，儒墨皆起，其作始有倫，而今乎婦，女何言哉！余語汝：三皇五帝之治天下，名曰治之，而亂莫甚焉。三皇之知，上悖日月之明，下睽山川之精，中墮四時之施。其知憯於蠆蠆之尾，鮮規之獸，莫得安其性命之情者，而猶自以爲聖人，不可耻乎？其無恥也！」子貢蹵蹵然，立不安。孔子謂老聃曰：「丘治《詩》、《書》、《禮》、《樂》、《易》、《春秋》六經，自以爲久矣，孰知其故矣。以奸者七十二君，論先王之道，而明周召之迹，一君無所鉤用。甚矣夫！人之難説也！道之難明邪！」老子曰：「幸矣，子之不遇治世之君也。夫六經，先王之陳迹也，豈其所以迹哉？今子之所言，猶迹也。夫迹，履之所出，而迹豈履哉？夫白鶂之相視，眸子不運而風化；蟲，雄鳴於上風，雌應於下風而化。一本作「而風化」。類自爲雌雄，故風化。性不可易，命不可變，時不可止，道不可壅。苟得於道，無自而不可；失焉者，無自而可。」孔子不出三月，復見曰：「丘得之矣！烏鵲孺，魚傅沫，細要者化，有弟而兄啼。久矣夫！丘不與化爲人！不與化爲人，安能化人！」老子曰：「可，丘得之矣！」

《史記・老莊申韓列傳》 孔子適周，將問禮於老子。老子曰：「子所言者，其人與骨皆已朽矣，獨其言在耳。且君子得其時則駕，不得其時則蓬累而行。吾聞之，良賈深藏若虚，君子盛德，容貌若愚。去子之驕氣與多欲，態色與淫志，是皆無益於子之身。吾所以告子，若是而已。」孔子去，謂弟子曰：「鳥，吾知其能飛；魚，吾知其能游；獸，吾知其能走。走者可以爲罔，游者可以爲綸，飛者可以爲矰。至於龍，吾不能知，其乘風雲而上天。吾今日見老子，其猶龍邪！」

《論衡・龍虚》 孔子曰：「游者可爲網，飛者可爲矰。至於龍也，吾不知，其乘風雲上升。今日見老子，其猶龍乎！」

《論衡・知實》 孔子曰：「游者可爲綸，走者可爲矰。至於龍，吾不知，乘雲風上升。今日見老子，其猶龍邪！」

《莊子・外篇・至樂》 顔淵東之齊，孔子有憂色。子貢下席而問曰：「小子敢問：回東之齊，夫子有憂色，何邪？」孔子曰：「善哉，汝問。昔者管子有言，丘甚善之，曰：『褚小者不可以懷大，綆短者不可以汲深。』夫若是者，以爲命有所成而形有所適也，夫不可損益。吾恐回與齊侯言堯舜黄帝之道，而重以燧人、神農之言。彼將内求於己而不得，不得則惑，人惑則死。且汝獨不聞邪？昔者海鳥止於魯郊，魯侯御而觴之于廟，奏《九韶》以爲樂，具太牢以爲膳。鳥乃眩視憂悲，不敢食一臠，不敢飲一杯，三日而死。此以己養養鳥也，非以鳥養養鳥也。夫以鳥養養鳥者，宜栖之深林，遊之壇陸，浮之江湖，食之鰌鰷，隨行列而止，委蛇而處。彼惟人言之惡聞，奚以夫譊譊爲乎？《咸池》、《九韶》之樂，張之洞庭之野，鳥聞之而飛，獸聞之而走，魚聞之而下入。人卒聞之，相與還而觀之。魚處水而生，人處水而死，彼必相與異，其好惡故異也。故先聖不一其能，不同其事。名止於實，義設於適，是之謂條達而福持。」

《莊子・外篇・達生》 仲尼曰：「無入而藏，無出而陽，柴立其中央。三者若得，其名必極。夫畏塗者，十殺一人，則父子兄弟相戒也，必盛卒徒而後敢出焉，不亦知乎！人之所取畏者，衽席之上，飲食之閒，而不知爲之戒者，過也。」

《莊子・外篇・山木》 孔子圍於陳、蔡之閒，七日不火食。太公任往弔之，曰：「子幾死乎？」曰：「然。」「子惡死乎？」曰：「然。」任曰：「予嘗言不死之道，東海有鳥焉，名曰意怠，其爲鳥也，翂翂翐翐，而似無能，引援而飛，迫脅而棲，進不敢爲前，退不敢爲後，食不敢先嘗，必取其緒。是故其行列不斥，而外人卒不得害，是以免於患。直木先伐，甘井先竭，子其意者，飾知以驚愚，脩身以明汙，昭昭乎如揭日月而行，故不免也。昔吾聞之大成之人曰：『自伐者無功，功成者墮，名成者虧。』孰能去功與名而還與衆人？道流而不明，居得行而不名處。純純常常，乃比於狂，削迹捐勢，不爲功名。是故無責於人，人亦無責焉。至人不聞，子何喜哉？」孔子曰：「善哉！」辭其交遊，去其弟子，逃於大澤，衣裘褐，食杼栗，入獸不亂群，入鳥不亂行。鳥獸不惡，而況人乎？」

《莊子·外篇·山木》 孔子問子桑虖曰：「吾再逐於魯，伐樹於宋，削迹於衛，窮於商、周，圍於陳、蔡之閒。吾犯此數患，親交益疏，徒友益散。何與？」子桑虖曰：「子獨不聞假人之亡與？林回棄千金之壁，❶負赤子而趨。或曰：『爲其布與？赤子之布寡矣。爲其累與？赤子之累多矣。棄千金之壁，負赤子而趨，何也？』林回曰：『彼以利合，此以天屬也。』夫以利合者，迫窮禍患害相棄也；以天屬者，迫窮禍患害相收也。夫相收之與相棄，亦遠矣！』且君子之交淡若水，小人之交甘若醴；君子淡以親，小人甘以絕。彼無故以合者，則無故以離。」孔子曰：「敬聞命矣！」徐行翔佯而歸，絕學捐書，弟子無益於前，其愛益加進。

《莊子·外篇·田子方》 温伯雪子適齊，舍於魯。魯人有請見之者，温伯雪子曰：「不可。吾聞中國之君子，明乎禮義而

❶「壁」，各本《莊子》皆作「璧」，當從。下「壁」字同。

陋於知人心，吾不欲見也。」至於齊，反舍於魯。是人也，又請見。温伯雪子曰：「往也蘄見我，今也又蘄見我，是必有以振我也。」出而見客，入而歎。明日見客，又入而歎。其僕曰：「每見之客也，必入而歎，何邪？」曰：「吾固告子矣，中國之民，明乎禮義而陋乎知人心。昔之見我者，進退一成規，一成矩；從容一若龍，一若虎。其諫我也似子，其道我也似父。是以歎也。」仲尼見之而不言，子路曰：「吾子欲見温伯雪子久矣，見之而不言，何邪？」仲尼曰：「若夫人者，目擊而道存矣！亦不可以容聲矣。」

《吕氏春秋·審應覽·精諭》　孔子見温伯雪子，不言而出。子貢曰：「夫子之欲見温伯雪子好矣，今也見之而不言，其故何也？」孔子曰：「若夫人者，目擊而道存矣！不可以容聲矣。」

《莊子·外篇·田子方》　顏淵問於仲尼曰：「夫子步亦步，夫子趨亦趨，夫子馳亦馳，夫子奔逸絶塵，而回瞠若乎後矣！」夫子曰：「回，何謂邪？」曰：「夫子步亦步也，夫子言亦言也，夫子趨亦趨也，夫子辯亦辯也，夫子馳亦馳也，夫子言道，回亦言道也。及奔逸絶塵，而回瞠若乎後者。夫子不言而信，不比而周，無器而民滔乎前，而不知所以然而已矣。」仲尼曰：「惡，可不察與！夫哀莫大於心死，而人死亦次之。日出東方而入於西極，萬物莫不比方。有目有趾者，待是而後成功。是出則存，是入則亡。萬物亦然，有待也而死，有待也而生。吾一受其成形，而不化以待盡。效物而動，日夜無隙，而不知其所終。薰然其成形，知命不能規乎其前，丘以是日徂。吾終身與汝交一臂而失之，可不哀與？汝殆著乎吾所以著也。彼已盡矣，而汝求之以爲有，是求馬於唐肆也。吾服汝也甚忘，汝服吾也亦甚忘。雖然，汝奚患焉！ 雖忘乎故吾，吾有不忘者存。」

《淮南子·齊俗訓》 孔子謂顔回曰：「吾服汝也忘，而汝服於我也亦忘。雖然，汝雖忘乎吾，猶有不忘者存。」

《論衡·自然》 孔子謂顔淵曰：「吾服汝，忘也；汝之服於我，亦忘也。」

《莊子·外篇·田子方》 孔子見老聃。老聃新沐，方將被髮而乾，慹然似非人。孔子便而待之，少焉，見曰：「丘也眩與？ 其信然與？ 向者先生形體掘若槁木，似遺物離人而立於獨也。」老聃曰：「吾遊於物之初。」孔子曰：「何謂邪？」曰：「心困焉而不能知，口辟焉而不能言，嘗爲汝議乎其將。至陰肅肅，至陽赫赫。肅肅出乎天，赫赫發乎地。兩者交通成和而物生焉，或爲之紀而莫見其形。消息滿虛，一晦一明，日改月化，日有所爲，而莫見其功。生有所乎萌，死有所乎歸，始終相反乎無端，而莫知乎其所窮。非是也，且孰爲之宗？」孔子曰：「請問遊是。」老聃曰：「夫得是，至美至樂也，得至美而遊乎至樂，謂之至人。」孔子曰：「願聞其方。」曰：「草食之獸，不疾易藪；水生之蟲，不疾易水。行小變而不失其大常也。喜怒哀樂，不入於胷次。夫天下也者，萬物之所一也。得其所一而同焉，則四支百體將爲塵垢，而死生終始將爲晝夜而莫之能滑，而況得喪禍福之所介乎？ 棄隸者若棄泥塗，知身貴於隸也，貴在於我而不失於變。且萬化而未始有極也，夫孰足以患心！ 已爲道者解乎此。」孔子曰：「夫子德配天地，而猶假明本作「偃」。至言以脩心。古之君子，孰能脫焉？」老聃曰：「不然。夫水之於汋也，❶無爲而才自然矣；至人之於德也，不脩而物不能離焉。若天之自高，地之自厚，日月之自明。夫何脩焉？」孔子出，以告顔回，曰：「丘之於道也，其猶醯雞與！微夫子之發吾覆也，吾不知天地之大全也。」

《莊子・外篇・田子方》 文王觀於臧，見一丈夫釣，而其釣莫釣，非持其釣有釣者也，常釣也。文王欲舉而授之政，而恐大臣父兄之弗安也；欲終而釋之，而不忍百姓之無天也。於是旦而屬諸大夫曰：「昔者寡人夢見良人，黑色而頳，乘駁馬而偏朱蹄，號曰：『寓而政於臧丈人，庶幾乎民有瘳乎！』」諸大夫蹵然曰：「先君王也。」文王曰：「然則卜之。」諸大夫曰：「先君之命，王其無它，又何卜焉！」遂迎臧丈人而授之政。典法無更，偏令無出。三年，文王觀於國，則列士壞植散群，長官者不成德，鍈斛不敢入於四境。列士壞植散群，則尚同也；長官者不成德，則同務也；鍈斛不敢入於四境，則諸侯無二心也。文王於是焉以爲太師，北面而問曰：「政可以及天下乎？」臧丈人昧然而不應，泛然而辭，朝令而夜遁，終身無聞。顔淵問於仲尼曰：「文王其猶未邪？又何以夢爲乎？」仲尼曰：「默！汝無言。夫文王盡之也，而又何論刺焉？彼直以循斯須也。」

《莊子・外篇・田子方》 肩吾問於孫叔敖曰：「子三爲令尹而不榮華，三去之而無憂色。吾始也疑子，今視子之鼻閒栩栩然，子之用心獨柰何？」孫叔敖曰：「吾何以過人哉？吾以其來不可却也，其去不可止

❶「夫」，原誤作「未」，據朱本、浙本改。

也；吾以爲得失之非我也，而無憂色而已矣，我何以過人哉！且不知其在彼乎？其在我乎？其在彼邪，亡乎我；在我邪，亡乎彼。方將躊躇，方將四顧，何暇至乎人貴人賤哉？」仲尼聞之曰：「古之真人，知者不得説，美人不得濫，盜人不得刦，伏戲、黄帝不得友。死生亦大矣，而無變乎己，況爵禄乎？若然者，其神經乎大山而無介，入乎淵泉而不濡，處卑細而不憊，充滿天地，既以與人，己愈有。」

《莊子・外篇・知北遊》孔子問於老聃曰：「今日晏閒，敢問至道。」老聃曰：「汝齋戒，疏瀹而心，澡雪而精神，掊擊而知。夫道，窅然難言哉！將爲汝言其崖略。夫昭昭生於冥冥，有倫生於無形，精神生於道，形本生於精，而萬物以形相生。故九竅者胎生，八竅者卵生。其來無迹，其往無崖，無門無房，四達之皇皇也。邀於此者，四枝彊，思慮恂達，耳目聰明，其用心不勞，其應物無方。天不得不高，地不得不廣，日月不得不行，萬物不得不昌，此其道與！且夫博之不必知，辯之不必慧，聖人以斷之矣。若夫益之而不加益，損之而不加損者，聖人之所保也。淵淵乎其若海，巍巍乎其終則復始也。運量萬物而不匱，則君子之道，彼其外與！萬物皆往，資焉而不匱，此其道與！中國有人焉，非陰非陽，處於天地之閒，直且爲人，將反於宗。自本觀之，生者，喑醷物也。雖有壽夭，相去幾何？須臾之説也，奚足以爲堯桀之是非？果蓏有理，人倫雖難，所以相齒。聖人遭之而不違，過之而不守。調而應之，德也；偶而應之，道也。帝之所興，王之所起也。人生天地之閒，若白駒之過郤，忽然而已。注然勃然，莫不出焉；油然漻然，莫不入焉。已化而生，又化而死。生物哀之，人類悲之。解其天弢，墮其天袠，紛乎宛乎，魂魄將往，乃身從之，乃大歸乎！不形之形，形之不形，是人之所同知也，非將至之所務也，此衆人之所同論也。彼至則不論，論則不至。明見無值，辯不若默。道不可聞，聞不若塞。此之謂大得。」

《莊子·外篇·知北遊》 冉求問於仲尼曰：「未有天地，可知邪？」仲尼曰：「可。古猶今也。」冉求失問而退。明日復見，曰：「昔者吾問：『未有天地可知乎？』夫子曰：『可。古猶今也。』昔者吾昭然，今日吾昧然。敢問何謂也？」仲尼曰：「昔之昭然也，神者先受之；今之昧然也，且又不爲神者求邪！無古無今，無始無終。未有子孫，而有子孫，可乎？」冉求未對。仲尼曰：「已矣，未應矣！不以生生死，不以死死生，死生有待邪！皆有所一體。有先天地生者，物邪？物物者非物。物出不得先物也，猶其有物也。無已。聖人之愛人也終無已者，亦乃取於是者也。」

《莊子·外篇·知北遊》 顔淵問乎仲尼曰：「回嘗聞諸夫子曰：『無有所將，無有所迎。』回敢問其遊？」仲尼曰：「古之人，外化而內不化；今之人，內化而外不化。與物化者，一不化者也。安化安不化，安與之相靡，必與之莫多。狶韋氏之囿，黄帝之圃，有虞氏之宫，湯武之室。君子之人，若儒墨者師，故以是非相韲也，而況今之人乎？聖人處物不傷物。不傷物者，物亦不能傷也。唯無所傷者，爲能與人相將迎。山林與！皋壤與！使我欣欣然而樂與！樂未畢也，哀又繼之。哀樂之來，吾不能禦，其去弗能止。悲夫！世人直謂物逆旅耳！夫知遇而不知所不遇，知能能而不能所不能。無知無能者，固人之所不免也。夫務免乎人之所不免者，豈不亦悲哉！至言去言，至爲去爲。齊知之所知，則淺矣。」

《莊子·雜篇·徐無鬼》仲尼之楚，楚王觴之，孫叔敖執爵而立，市南宜僚受酒而祭曰：「古之人乎，於此言已。」曰：「丘也聞不言之言矣，未之嘗言，於此乎言之。市南宜僚弄丸而兩家之難解，孫叔敖甘寢秉羽而郢人投兵。丘願有喙三尺！彼之謂不道之道，此之謂不言之辯，故德總乎道之所一，而言休乎知之所不知，至矣。道之所一者，德不能同也；知之所不能知者，辯不能舉也。名若儒墨而凶矣。故海不辭東流，大之至也。聖人并包天地，澤及天下，而不知其誰氏。是故生無爵，死無謚，實不聚，名不立，此之謂大人。狗不以善吠爲良，人不以善言爲賢，而況爲大乎！夫爲大不足以爲大，而況爲德乎！夫大備矣，莫大天地，然奚求焉而大備矣。知大備者，無求、無失、無棄，不以物易己也。反己而不窮，循古而不摩，大人之誠。」

《莊子·雜篇·則陽》孔子之楚，舍於蟻丘之漿。其鄰有夫妻臣妾登極者，子路曰：「是稯稯何爲者邪？」仲尼曰：「是聖人僕也。是自埋於民，自藏於畔，其聲銷，其志無窮，其口雖言，其心未嘗言，方且與世違而心不屑與之俱。是陸沈者也，是其市南宜僚邪？」子路請往召之，孔子曰：「已矣！彼知丘之著於己也，知丘之適楚也，以丘爲必使楚王之召己也，彼且以丘爲佞人也。夫若然者，其於佞人也羞聞其言，而況親見其身乎！而何以爲存？」子路往視之，其室虛矣。

《莊子·雜篇·則陽》 仲尼問於太史大弢、伯常騫、狶韋曰：「夫衛靈公飲酒湛樂，不聽國家之政；田獵畢弋，不應諸侯之際；其所以爲靈公者，何邪？」大弢曰：「是因是也。」伯常騫曰：「夫靈公有妻三人，同濫而浴，史鰌奉御而進所，搏幣而扶翼，其慢若彼之甚也，見賢人若此其肅也，是其所以爲靈公也。」狶韋曰：「夫靈公也死，卜葬於故墓不吉，卜葬於沙丘而吉。掘之數仞，得石槨焉，洗而視之，有銘焉，曰：『不馮其子，靈公奪而埋之。』一本作「奪而里之」。 夫靈公之爲靈也久矣，之二人何足以識之？」

《莊子·雜篇·外物》 老萊子之弟子出薪，遇仲尼。反以告曰：「有人於彼，脩上而趍下，末僂而後耳，視若營四海，不知其誰氏之子？」老萊子曰：「是丘也，召而來。」仲尼至。曰：「丘，去汝躬矜與汝容知，斯爲君子矣。」仲尼揖而退，蹙然改容而問曰：「業可得進乎？」老萊子曰：「夫不忍一世之傷，而驁萬世之患，抑固窶邪？亡其畧弗及邪？惠以歡爲驁，終身之醜，中民之行進焉耳，相引以名，相結以隱。與其譽堯而非桀，不如兩忘而閉其所譽。反無非傷也，動無非邪也。聖人躊躇以興事，以每成功，柰何哉其載焉終矜爾！」

《莊子·雜篇·盜跖》 孔子與柳下季爲友。柳下季之弟名曰盜跖。盜跖從卒九千人，橫行天下，侵暴諸侯，穴室樞户，驅人牛馬，取人婦女，貪得忘親，不顧父母兄弟，不祭先祖。所過之邑，大國守城，小國入保，萬民苦之。孔子謂柳下季曰：「夫爲人父者，必能詔其子；爲人兄者，必能教其弟。若父不能詔其子，兄不能教其弟，則無貴父子兄弟之親矣。今先生世之才士也，弟爲盜跖，爲天下害而弗能教也，丘竊爲先生羞之！丘請爲先生往説之。」柳下季曰：「先生言爲人父者必能詔其子，爲人兄者必能教其弟；若子不聽父之詔，弟不受兄之教，雖今先生之辯，將柰之何哉？且跖之爲人也，心如涌泉，意如飄風，强足以距敵，辯足以飾非，順其心則喜，逆其心則怒，易辱人以言。先生必無往。」孔子不聽，顔回爲馭，子貢爲右，往見盜跖。盜跖乃方休卒徒大山之陽，膾人肝而餔之。孔子下車而前，見謁者曰：「魯人孔丘聞將軍高義，敬再拜謁者。」謁者入通，盜跖聞之大怒，目如明星，髮上指冠，曰：「此夫魯國之巧僞人孔丘非邪！爲我告之：爾作言造語，妄稱文武，冠枝木之冠，帶死牛之脅，多辭謬説，不耕而食，不織而衣，摇脣鼓舌，擅生是非，以迷天下之主，使天下學士不反其本，妄作孝弟，而儌倖於封侯富貴者也。子之罪大極重，疾走歸！不然，我將以子肝益晝餔之膳。」孔子復通曰：「丘得幸於季，願望履幕下。」謁者復通。盜跖曰：「使來前！」孔子趨而進，避席反走，再拜盜跖。盜跖大怒，兩展其足，案劍瞋目，聲如乳虎，曰：「丘來前！若所言順吾意則生，逆吾心則死！」孔子曰：「丘聞之，凡天下有三德：生而長大，美好無雙，少長貴賤見而皆悦之，此上德也；知維天地，能辯諸物，此中德也；勇悍果敢，聚衆率兵，此下德也。凡人有此一德者，足以南面稱孤矣。今將軍兼此三者，身長八尺二寸，面目有光，脣如激丹，齒如齊貝，音中黄鍾，而名曰盜跖，丘竊爲將軍恥不取焉！將軍有意聽臣，臣請南使吴越，北使齊魯，東使宋衛，西使晉楚，使爲將軍造大城數百里，立數十萬户之邑，尊將軍爲諸侯，與天下更始，罷兵休卒，收養昆弟，共祭先祖，此聖人才士之行，而天下之願也。」盗跖大怒，曰：「丘來前！夫可規以利而可諫以言者，皆愚陋恒民之謂耳。今長大美好，人見而悦之者，此吾父母之遺德也，丘雖不吾譽，吾獨不自知邪？且吾聞之：好面譽人者，亦好背而毁之。今丘告我以大城衆民，是欲規我以利，而恒民畜我也，安可長久也？城之大者，莫大乎天下矣。堯舜有天下，子孫無置錐之地；湯武立爲天子，而後世絶滅，非以其利大故邪？且吾聞之，古者禽獸多而人民少，於是皆巢居以避之，晝拾橡栗，暮棲木上，故命之曰有巢氏之民。古者民不知衣服，夏多積薪，冬則煬之，故命之曰知生之民。神農之世，卧則居居，起則于于，民知其母，不知其父，與麋鹿共處，耕而食，織而衣，無有相害之心，此至德之隆也。然而黄帝不能致德，與蚩尤戰於涿鹿之野，流血百里。堯舜作，立群臣，湯放其主，武王殺紂。自是之後，以强陵弱，以衆暴寡。湯武以來，皆亂人之徒也。今子脩文武之道，掌天下之辯，以教後世，縫衣淺帶，矯言僞行，以迷惑天下之主，而欲求富貴焉，盗莫大於子！天下何故不謂子爲盗丘，而乃謂我爲盗跖？子以甘辭説子路而使從之，使子路去其危冠，解其長劍，而受教於子，天下皆曰孔丘能止暴禁非，其卒之也，子路欲殺衛君而事不成，身菹於衛東門之上，是子教之不至也！子自謂才士聖人邪！則再逐於魯，削蹟於衛，窮於齊，圍於陳、蔡，不容身於天下，子教子路菹此患，上無以爲身，下無以爲人，子之道豈足貴邪？世之所高，莫若黄帝，黄帝尚不能全德，而戰涿鹿之野，流血百里。堯不慈，舜不孝，禹偏枯，湯放其主，武王伐紂，文王拘羑里。此六子者，世之所高也，孰論之，皆以利惑其真而强反其情性，其行乃甚可羞也！世之所謂賢士伯夷、叔齊，伯夷、叔齊辭孤竹之君，而餓死於首陽之山，骨肉不葬；鮑焦飾行非世，抱木而死；申徒狄諫而不聽，負石自投於河，爲魚鼈所食；介子推至忠也，自割其股以食文公，文公後背之，子推怒而去，抱木而燔死；尾生與女子期於梁下，女子不來，水至不去，抱梁柱而死。此四者，無異於磔犬流豕操瓢而乞者，皆離名輕死，不念本養壽命者也。世之所謂忠臣者，莫若王子比干、伍子胥。子胥沈江，比干剖心，此二子者，世謂忠臣也，然卒爲天下笑。自上觀之，至于子胥、比干，皆不足貴也。丘之所以説我者，若告我以鬼事，則我不能知也；若告我以人事者，不過此矣，皆吾所聞知也。今吾告子以人之情：目欲視色，耳欲聽聲，口欲察味，志氣欲盈。人上壽百歲，中壽八十，下壽六十，除病瘦死喪憂患，其中開口而笑者，一月之中，不過四五日而已矣。天與地無窮，人死者有時，操有時之具而託於無窮之間，忽然無異騏驥之馳過隙也。不能悦其志意，養其壽命者，皆非通道者也。丘之所言，皆吾之所棄也。亟去走歸，無復言之！子之道狂狂伋伋，詐巧虚僞事也，非可以全真也，奚足論哉！」孔子再拜，趨走出門上車，執轡三失，目芒然無見，色若死灰，據軾低頭，不能出氣。歸到魯東門外，適遇柳下季。柳下季曰：「今者闕然數日不見，車馬有行色，得微往見跖邪？」孔子仰天而歎曰：「然！」柳下季曰：「跖得無逆汝意若前乎？」孔子曰：「然。丘所謂無病而自灸也！疾走料虎頭，編虎須，幾不免虎口哉！」

《莊子・雜篇・漁父》 孔子遊乎緇帷

之林，休坐乎杏壇之上，弟子讀書，孔子弦歌鼓琴奏曲未半，有漁父者下船而來，須眉交白，被髮揄袂，行原以上，距陸而止，左手據膝，右手持頤以聽。曲終而招子貢、子路，二人俱對。客指孔子曰：「彼何爲者也？」子路對曰：「魯之君子也。」客問其族，子路對曰：「族孔氏。」客曰：「孔氏者，何治也？」子路未應，子貢對曰：「孔氏者，性服忠信，身行仁義，飾禮樂，選人倫，上以忠於世主，下以化於齊民，將以利天下。此孔氏之所治也。」又問曰：「有土之君與？」子貢曰：「非也。」「侯王之佐與？」子貢曰：「非也。」客乃笑而還行，言曰：「仁則仁矣，恐不免其身，苦心勞形，以危其真，嗚呼遠哉！其分於道也。」子貢還報孔子，孔子推琴而起曰：「其聖人與！」乃下求之，至於澤畔，方將杖拏而引其船，顧見孔子，還鄉而立，孔子反走，再拜而進。客曰：「子將何求？」孔子曰：「曩者先生有緒言而去，丘不肖，未知所謂，竊待於下風，幸聞咳唾之音，以卒相丘也。」客曰：「嘻！甚矣子之好學也。」孔子再拜而起曰：「丘少而脩學以至于今，六十九歲矣！無所得聞至教，敢不虚心！」客曰：「同類相從，同聲相應，固天之理也。吾請釋吾之所有而經子之所以。子之所以者，人事也。天子、諸侯、大夫、庶人，此四者自正，治之美也。四者離位，而亂莫大焉。官治其職，人憂其事，乃無所陵。故田荒室露，衣食不足，徵賦不屬，妻妾不和，長少無序，庶人之憂也。能不勝任，官事不治，行不清白，群下荒怠，功美不有，爵禄不持，大夫之憂也。廷無忠臣，國家昏亂，工技不巧，貢職不美，春秋後倫，不順天子，諸侯之憂也。陰陽不和，寒暑不時，以傷庶物，諸侯暴亂，擅相攘伐，以殘民人，禮樂不節，財用窮匱，人倫不飭，百姓淫亂，天子有司之憂也。今子既上無君侯有司之勢，而下無大臣職事之官，而擅飾禮樂，選人倫，以化齊民，不泰多事乎？且人有八疵，事有四患，不可不察也。非其事而事之，謂之總；莫之顧而進之，謂之佞；希意道言，謂之諂；不擇是非而言，謂之諛；好言人之惡，謂之讒；析交離親，謂之賊；稱譽詐僞以敗惡人，謂之慝；不擇善否，兩容顏適，偷拔其所欲，謂之險。此八疵者，外以亂人，内以傷身，君子不友，明君不臣。所謂四患者：好經大事，變更易常，以挂功名，謂之叨；專知擅事，侵人自用，謂之貪；見過不更，聞諫愈甚，謂之很；人同於己則可，不同於己，雖善不善，謂之矜。此四患也。能去八疵，無行四患，而始可教已。」孔子愀然而歎，再拜而起曰：「丘再逐於魯，削迹於衛，伐樹於宋，圍於陳、蔡。丘不知所失，而離此四謗者，何也？」客悽然變容，曰：「甚矣，子之難悟也！人有畏影惡迹而去之走者，舉足愈數而迹愈多，走愈疾而影不離身，自以爲尚遲，疾走不休，絶力而死。不知處陰以休影，處静以息迹，愚亦甚矣！子審仁義之閒，察同異之際，觀動静之變，適受與之度，理好惡之情，和喜怒之節，而幾於不免矣。謹脩而身，慎守其真，還以物與人，則無所累矣。今不脩之身而求之人，不亦外乎！」孔子愀然曰：「請問何謂真？」客曰：「真者，精誠之至也。不精不誠，不能動人。故强哭者，雖悲不哀；强怒者，雖嚴不威；强親者，雖笑不和。真悲無聲而哀，真怒未發而威，真親未笑而和。真在内者，神動於外，是所以貴真也。其用於人理也，事親則慈孝，事君則忠貞，飲酒則歡樂，處喪則悲哀。忠貞以功爲主，飲酒以樂爲主，處喪以哀爲主，事親以適爲主。功成之美，無一其迹矣；事親以適，不論所以矣；飲酒以樂，不選其具矣；處喪以哀，無問其禮矣。禮者，世俗之所爲也；真者，所以受於天也，自然不可易也。故聖人法天貴真，不拘於俗；愚者反此，不能法天而恤於人，不知貴真，禄禄而受變於俗，故不足。惜哉！子之蚤湛於人僞，明本無「人」字。而晚聞大道也。」孔子又再拜而起曰：「今者丘得遇一作「過」。也，若天幸然。先生不羞而比之服役，而身教之。敢問舍所在，請因受業而卒學大道。」客曰：「吾聞之：可與往者與之，至於妙道；不可與往者，不知其道，慎勿與之，身乃無咎。子勉之！吾去子矣！吾去子矣！」乃刺船而去，延緣葦閒。顔淵還車，子路受綏，孔子不顧，待水波定，不聞拏音而後敢乘。子路旁車而問曰：「由得爲役久矣，未嘗見夫子遇人如此其威也。萬乘之主，千乘之君，見夫子未嘗不分庭伉禮，夫子猶有倨傲之容。今漁父杖拏逆立，而夫子曲要磬折，言拜而應，得無太甚乎？門人皆怪夫子矣，漁父何以得此乎？」孔子伏軾而歎曰：「甚矣由之難化也！湛於禮義有閒矣，而樸鄙之心至今未去。進！吾語汝。夫遇長不敬，失禮也；見賢不尊，不仁也。彼非至仁，不能下人；下人不精，不得其真，故長傷身。惜哉！不仁之於人也，禍莫大焉，而由獨擅之！且道者，萬物之所由也，庶物失之者死，得之者生；爲事逆之則敗，順之則成。故道之所在，聖人尊之。今漁父之於道，可謂有矣！吾敢不敬乎？」

《莊子·雜篇·列禦寇》 魯哀公問於顔闔曰：「吾以仲尼爲貞幹，國其有瘳乎？」

曰：「殆哉汲乎！明本作「圾乎」。仲尼方且飾羽而畫，從事華辭，以支爲旨，忍性以視民而不知不信，愛乎心，宰乎神，夫何足以上民？彼宜女與？予頤與？誤而可矣。今使民離實學僞，非所以視民也，爲後世慮，不若休之，難治也。施於人而不忘，非天布也。商賈不齒，雖以士齒之，神者弗齒。爲外刑者，金與木也；爲内刑者，動與過也。宵人之離外刑者，金木訙之；注同，又作「訊」。離内刑者，陰陽食之。夫免乎外内之刑者，唯真人能之。」

《繹史·孔子類記四》引《莊子》　孔子舍於沙丘，見主人，曰：「辯士也。」子路曰：「夫子何以識之？」曰：「其口窮踦，其鼻空大，其服博，其睫流，其舉足也高，其踐地也深，鹿合而牛舍。」今本無。

《韓非子·内儲説上》　殷之法：刑弃灰於街者。子貢以爲重，問之仲尼。仲尼曰：「知治之道也。夫弃灰於街必掩《史記·李斯傳》正義引作「必燔」。人，掩人，人必怒，怒則鬬，鬬必三族相殘也。此殘三族之道也，雖刑之可也。且夫重罰者，人之所惡也，而無弃灰，人之所易也。使人行之所易，而無離所惡，此治之道。」一曰：殷之法，弃灰于公道者斷其手。子貢曰：「弃灰之罪輕，斷手之罰重，古人何太毅也？」曰：「無弃灰，所易也；斷手，所惡也。行所易，不關所惡，故人以爲易，故行之。」

《公孫龍子·跡府》　楚王張繁弱之弓，載忘歸之矢，以射蛟兕於雲夢之圃，而喪其弓。左右請求之，王曰：「止。楚人遺弓，楚人得之，又何求焉？」仲尼聞之曰：「楚王仁義而未遂也。亦曰『人亡弓，人得之』而已，何必楚？」

《呂氏春秋·孟春紀·貴公》　荆人

有遺弓者而不肎索，曰：「荆人遺之，荆人得之，又何索焉？」孔子聞之曰：「去其荆而可矣。」

《説苑·至公》　楚共王出獵，而遺其弓，左右請求之。共王曰：「止。楚人遺弓，楚人得之，又何求焉？」仲尼聞之曰：「惜乎其不大！亦曰『人遺弓，人得之』而已，何必楚也？」

《呂氏春秋·孝行覽·必己》　孔子行道而息，馬逸，食人之稼，野人取其馬。子貢請往説之，畢辭，野人不聽。有鄙人始事孔子者曰：「請往説之。」因謂野人曰：「子不耕於東海，吾不耕於西海也。吾馬何得不食子之禾？」其野人大説，相謂曰：「説亦皆如此其辯也，獨如嚮之人？」解馬而與之。

《淮南子·人間訓》　孔子行遊，馬失，食農夫之稼，野人怒，取馬而繫之。子貢往説之，卑辭而不能得也。孔子曰：「夫以人之所不能聽説人，譬以太牢享野獸，以九韶樂飛鳥也。予之罪也，非彼人之過也。」乃使馬圉往説之，至，見野人曰：「子耕於東海，至於西海，吾馬之失，安得不食子之苗？」野人大喜，解馬而與之。

《論衡·自然》　宋人或刻木爲楮葉，三年乃成。孔子曰：「使地三年乃成一葉，則萬物之有葉者，寡矣。」案：《列子·説符》亦有此語。

《御覽》六百十六引《神仙傳》　孔子讀書，老子見而問曰：「是何書也？」曰：「禮也，聖人亦讀之。」老子云：「聖人可也，汝曷爲復讀之？」

孔子集語卷十七終

曾子注釋

〔清〕阮元 撰
王菊英 校點

目録

校點説明

曾子名參，字子輿，南武城人，少孔子四十六歲，卒於魯。孔子以爲能通孝道，故授之業，作《孝經》(《史記·仲尼弟子列傳》)。

《漢書·藝文志》著録「《曾子》十八篇」。據其附注，此爲孔子弟子曾參所作，當爲劉向父子據先秦文本整理而成。此本久逸，未再見於史志著録。《隋書·經籍志》據南朝梁阮孝緒《七録》著録「《曾子》二卷，目一卷」。此爲六朝以前舊本，未明篇數。《舊唐書·經籍志》著録有「《曾子》二卷」，較《隋志》亡目録一卷，篇數亦不明。《新唐書·藝文志》、《宋史·藝文志》、《崇文總目》、晁公武《郡齋讀書志》、馬端臨《文獻通考·經籍考》皆與《舊唐志》相同。《郡齋讀書志》、章俊卿《山堂考索》、高似孫《子畧》、王應麟《漢書藝文志考證》、吴澄《文正公集》並謂「十篇」。據《郡齋讀書志》，南宋時《曾子》單行本與《大戴禮記》所收《曾子》十篇有所差别。《大戴禮記》所收《曾子》第一篇爲《立事》，而《羣書治要》編者、王應麟、章俊卿、高似孫所見《曾子》首篇皆作《脩身》，可見二者頗有差異。據陳振孫《直齋書録解題》，楊簡《曾子注》因有注文增加篇幅，故分十篇爲十卷。鄭樵《通志·藝文畧》與《隋志》相同，當爲據《隋志》過録。綜上可見，唐宋元時一直有《曾子》二卷十篇單行本行世，且與《大戴禮記》所收《曾子》十篇有所不同。元代以後，《曾子》單行本不見刊刻印行，也未見著録。

南宋時開始對《曾子》進行輯佚工作，直到民國，代不乏人。如劉清之輯《曾子》七篇，汪晫編《曾子全書》一卷，趙汝騰編《曾子》二卷等，皆後人雜採衆書，以意編輯，非《曾子》原文。

阮元，字伯元，江蘇儀徵人。乾隆五十四年(一七八九)進士，歷兵部、禮部、工部、户部侍郎，浙江、江西、河南等省巡撫，湖廣、兩廣、雲貴總督，晚年召拜體仁閣大學士，加太子太保，晉太傅。道光二十九年（一八四九）卒，年八十六，優詔賜謚文達。阮元聰穎早達，博雅淹通，文武雙全，軍政、文教並有事功，海内奉爲山斗焉（《清史稿·阮元傳》）。

阮元以爲「從事孔子之學者，當自曾子始」（阮元《曾子注釋·敍録》），「《曾子》十篇，儒言純粹，在《孟子》之上」（阮元《孔廣森〈大戴禮記補注〉序》）。他痛惜《曾子》舊本之失傳，以重振曾子之學爲己任，遂據北周盧辯注《大戴禮記》所收《曾子》十篇，博考羣書，參稽諸説，擇善而從，間下己意，積數年之功力，於嘉慶三年（一七九八）撰成《曾子注釋》四卷，敍録一卷。清代學者嚴杰稱其「正諸家之得失，辨文字之異同，可謂第一善册」（《皇清經解》本《曾子注釋》卷末）。

稿成隨即付梓，板藏揚州福壽庭，不幸遭毀於火。道光二十五年，以初印本重刊（《續修四庫全書》即據此本影印）。道光九年阮元主持刊行之《皇清經解》所收《曾子注釋》無初印本之敍録，僅存簡目，字詞與初印本畧有不同。嚴式誨輯民國九年（一九二〇）渭南嚴氏孝義家塾成都刊本《曾子四種》中之阮元《曾子十篇注釋》，乃據《皇清經解》本翻刻，無校勘價值。

本次整理以道光二十五年重刊本阮元《曾子注釋》爲底本，以嘉慶三年初印本（簡稱「初印本」）和咸豐十年（一八六〇）補刊《皇清經解》本（簡稱「經解本」）爲校本。既校是非，兼校異同。阮元已有校勘者不再出校。異體字、古今字、俗體字通常照録，較生僻者則逕作通行字，版刻混用字和避諱缺筆字亦逕作通行字，一般不出校。

校點者　王菊英

曾子十篇敘録一卷

元謹案：百世學者，皆取法孔子矣。然去孔子漸遠者，其言亦漸異。子思、孟子，近孔子而言不異，猶非親受業於孔子者也。然則七十子親受業於孔子、其言之無異於孔子而獨存者，惟《曾子》十篇乎！曾子脩身慎行，忠實不欺，而大端本乎孝。孔子以曾子爲能通孝道，故授之業，作《孝經》。今讀《事父母》以上四篇，實與《孝經》相表裏焉。患之小者，豪髮必謹；節之大者，死生不奪；窮極禮經之變，直通天律之本。莫非傳習聖業，與年竝進，而非敢恃機悟也。且其學與顏、閔、游、夏諸賢同習所傳於孔子者，亦絶無所謂獨得道統之事也。竊以曾子所學較後儒爲博，而其行較後儒爲庸。顏子曰：「博我以文，約我以禮。」孔子曰：「庸德之行，庸言之謹。」然則魯哀公年間齊魯學術可以槩見，後世學者當知所取法矣。元不敏，於曾子之學，身體力行未能萬一，惟孰復曾子之書，以爲當與《論語》同，不宜與記書雜録竝行。爰順考十篇之文，注而釋之，以就正有道。竊謂從事孔子之學者，當自曾子始。

曾子立事第一 元案：曾子日省其身者也。此篇所言，皆脩身之事。宋高氏似孫、王氏應麟所據篇目皆爲「脩身」，今本作「立事」者，《大戴》本與高、王所見本不同也。茲仍《大戴》舊題。又《大戴》十篇皆冠以「曾子」者，戴氏取曾子之書入于雜記之中，識之以別于他篇也。今以《大戴》所收《曾子》爲據，故標題仍冠「曾子」二字。

曾子本孝第二

曾子立孝第三

曾子大孝第四

曾子事父母第五

曾子制言上第六

曾子制言中第七

曾子制言下第八

曾子疾病第九

曾子天員第十

《漢書·藝文志》儒家：「《曾子》十八篇。名參，孔子弟子。」

《隋書·經籍志》儒家：「《曾子》二卷。目一卷。魯國曾參撰。」

《舊唐書·經籍志》儒家：「《曾子》二卷。」

《新唐書·藝文志》儒家：「《曾子》二卷。曾參。」

《宋史·藝文志》儒家：「《曾子》二卷。」

右見於正史目録者五

王堯臣等《崇文總目》：「《曾子》二卷。」

晁公武《郡齋讀書志》曰：「《曾子》二卷。曾子者，魯曾參也。舊稱曾參所譔。其《大孝》篇中乃有樂正子春事，當是其門人所纂耳。《漢·藝文志》：『《曾子》十八篇。』《隋志》：『《曾子》二卷，目一卷。』《唐志》：『《曾子》二卷。』今此書亦二卷，凡十篇，蓋唐本也。有題曰『傳紹述本』，豈樊宗師歟？視隋亡目一篇。考其書已見於《大戴禮》。漢有《禮經》七十篇，后氏、戴氏；《記》百三十一篇，七十子後學者所記。是時未有大、小戴之分，不知《曾子》在其中歟？否也？予從父詹事公，嘗病世之人莫不尊事《孟子》，而知子思《中庸》者蓋寡，知子思《中庸》者雖寡，而知讀《曾子》者，殆未見其人也。是以文字回舛繆誤，乃以家藏《曾子》與温公所藏《大戴》參校，頗爲是正，而盧注遂行於《曾子》云。」

鄭樵《通志·藝文略》曰：「《曾子》二卷，目一卷。曾參撰。」

章俊卿《山堂考索》曰：「《曾子》今十篇，自《脩身》至《天員》，皆見於《大戴禮》，蓋後人摭出而爲《曾子》。」

陳振孫《直齋書録解題》曰：「《曾子》十卷，凡十篇，具《大戴禮》，後人從其中録出別行。慈谿楊簡注。」

高似孫《子畧》曰：「曾參與公明儀、樂正子春、單居離、曾元、曾華之徒，講論孝行之道，天地事物之原。凡十篇，自《脩身》至於《天員》，已見於《大戴禮》，篇爲四十九至五十八。他又雜見於《小戴禮》，畧無少異。」

王應麟《漢書藝文志考證》曰：「《曾子》十八篇，《隋》、《唐志》『二卷』，參與弟子公明儀、樂正子春、單居離、曾元、曾華之徒，論述立身孝行之要，天地萬物之理。今十篇，自《脩身》至《天員》，皆見於《大戴禮》，於篇第爲四十九至五十八。蓋後人摭出爲二卷。」

馬端臨《文獻通考·經籍考》：「《曾子》二卷。」

元吴澄《文正公集》曰：「豫章周遏《古曾子》十篇，參合諸本，訂其同異，明其音訓。」

朱彝尊《經義考》：「梅文鼎《曾子天員篇注》一卷，存。」

元按：杭世駿《道古堂集·梅文鼎傳》亦著録此篇。元從梅氏後人訪之，云已散入《天算叢書》中，未有專書單行也。

右見於諸家著録者十。以上皆據舊本。

《四庫全書提要》曰：「《曾子》一卷，宋汪晫編。晫字處微，績溪人。是書成於慶元、嘉泰間。咸淳十年，其孫夢斗與《子思子》同獻於朝廷，得贈通直郎。考《漢志》載『《曾子》十八篇』，《隋志》有『《曾子》二卷，目一卷』，《唐志》亦載『《曾子》二卷』；晁公武《郡齋讀書志》著録『二卷十篇』，稱即唐本。高似孫《子畧》稱其與《大戴禮》四十九篇至五十八篇及雜見《小戴記》者無異同，後人掇拾以爲之。陳振孫《書録解題》并稱有慈湖楊簡注。是宋時元有《曾子》行世，殆晫偶未見，故輯爲此書，凡十二篇：《仲尼閒居》第一，《明明德》第二，《養老》第三，《周禮》第四，《有子問》第五，《喪服》第六，中闕第七、第八，《晉楚》第九，《守業》第十，《三省身》第十一，《忠恕》第十二。《明明德》獨標云『内篇』，《養老》以下皆標『外篇』，而《仲尼閒居》不言内外，疑本有『内篇』字，而傳寫佚之也。其第一篇即《孝經》，而削去經名，別爲標目，未免自我作古。第二篇即《大學》，考自宋以前，有子思作《大學》之傳，而無曾子作《大學》之説，歸之曾子已屬疑似，又改其篇目，與前篇武斷亦同。至外篇十篇，亦往往割裂經文，以就門目。如《曾子問》『師行必以遷廟主行乎』至『老聃云』，孔疏曰『此一節論出師當取遷廟主』，論其常也；『師行無遷主』，又籌其變也。二問相承，義實相濟，故孔疏通爲一節。今割『古者師行無遷主』至『蓋貴命也』入《周禮》節，割『古者師行必以遷廟主行乎』至『老聃云』入《喪服》篇，文義殆爲乖隔。若云以其文有涉喪服，是以分屬，則《周禮》篇内又明載『三年之喪弔乎』數節，爲例尤屬不純。然漢本久逸，唐本今亦未見，先賢之佚文緒論，頗可借此以考見，則過而存之，猶愈於過而廢之矣。卷首冠以夢斗進表，稱有晫自序，而此本佚之，僅有元汪澤民、俞希魯、翟思忠、明朱文選序四篇，明詹潢後序一篇，皆合二書稱之，蓋晫本編爲一部也。今以前代史志，二子皆各自爲書，故分著於録焉。」元案：晫雜采《曾子立事》前五篇，自《曾子制言》以下，皆采録不全。

明焦竑《國史經籍志》曰：「《曾子》二卷，寶祐時趙汝騰編。」

宋王應麟《小學紺珠》曰：「《曾子》七篇，内篇一，外篇、雜篇各三，劉清之子澄集録。」

元吴澄《文正公集》曰：「宋清江劉清之，病《曾子》之粹非十篇所該，别輯新《曾子》七篇，篇分内、外、雜，朱子識其卷首。」

明王圻中《續文獻通考》曰：❶「《曾子遺書》，戴良輯。」

倪燦《宋史藝文志補》儒家類：「戴良集《曾子遺書》。」

黄虞稷《千頃堂書目》：「章樵集《曾子》十八篇。」元案：又載國朝倪燦《宋史藝文志補》。

徐乾學《傳是樓書目》曰：「《曾子》一本，宋鳴梧編。《曾子全書》二卷，元曾承業編。元案：《四庫全書附存目録》作「《曾子全書》三卷，明曾承業編」。承業蓋元末明初人。《曾子誌》六卷，曾承業編。《子曾子》二卷，元徐左達編。」元案：《曾子誌》今寧波天一閣尚存其書。

右九家皆後人雜采他書，以意編集，非《曾子》原文。

元案：《漢志》載「《曾子》十八篇」，此先秦古書，爲第一本。《隋志》據阮孝緒《七録》稱「《曾子》二卷」，連目録三卷，爲六朝以前舊本，或十八篇，或十篇，無明文，此第二本。新、舊《唐書》皆作「二卷」，較《隋志》亡目録一卷，其篇數亦不可考，爲第三本。晁氏公武據唐本十篇，文蓋與《大戴記》同，有題「紹述本」者，「紹述」即樊宗師名，此昭德所據唐本，爲第四本。昭德之從父詹事公，病其文字回舛，以家藏《曾子》與温公所藏《大戴禮》參校是正，并盧辯注。此宋人以單行《曾子》及《大戴》合校本，爲第五本。楊氏簡即十篇之文而注之，此宋人新注，爲第六本。今第一篇爲《立事》，而高氏、王氏所見首篇皆作《脩身》，與今書不同，此第七本。《崇文總目》、《通志畧》、《文獻通考》、《山堂考索》、《宋史·藝文志》等書皆載「《曾子》二卷」，蓋同爲一書，此第八本。周遏《曾子音訓》十篇，此第九本。以上九本，惜皆失傳，無從參校。今之所據，惟《大戴記》中十篇耳。其自汪晫以下九家，雜采他書，割裂原文而爲之，今附録於後，不足數也。近時爲《大戴》之學者，有仁和盧召弓學士文弨校盧雅雨運司見曾刻本，有休寧戴東原吉士震校刻武英殿聚珍板本，有曲

❶「王圻中」，《續文獻通考》著者乃王圻，「中」字疑衍。

阜孔撝約檢討廣森《補注》本，有高郵王懷祖給事念孫、江都汪容甫拔貢中在朱竹君學使筠署中同校本，有歸安丁小雅教授杰校本。元今所注《曾子》，仍據北周盧僕射之書，博考羣書，正其文字，參以諸家之説，擇善而從，如有不同，即下己意，稱名以別之。至於文字異同，及訓義所本，皆釋之，以明從違之意。又嘗博訪友人，商榷疑義，説之善者，擇而載之。時嘉慶三年戊午夏六月，儀徵阮元敘録於浙江使院之揅經室。

道光二十五年乙巳冬十一月重刊。

謹案：《北周書·盧辯傳》：「辯字景宣，范陽涿人。舉秀才，爲太學博士，累遷尚書右僕射，進位大將軍，後出爲宜州刺史。以《大戴禮》未有解詁，辯乃注之。其兄景裕爲當時碩儒，謂辯曰：『昔侍中注《小戴》，今爾注《大戴》，庶纂前修矣。』」《藝文志》載「《曾子》十八篇」，久逸。今所傳之十篇，乃後人從《大戴》分出者。晁公武《郡齋讀書志》云有題曰「紹述本」者，豈樊宗師歟？案《新書·樊澤傳》：「澤，河中人。子宗師，字紹述。始爲國子主簿，元和三年擢軍謀宏遠科，授著作佐郎，歷金部郎中、綿州刺史，徙絳州。」韓昌黎爲作《墓誌》，稱其著述甚多，是時未有刻本。晁氏所云「紹述本」者，或傳鈔之本歟？嘉慶戊午，儀徵相國注釋是書，刊於浙江使院，板藏楊州福壽庭，燬於火。乙巳冬，以初印本重刊，命門下晚生劉文淇、王翼鳳同校并識。

曾子十篇卷一

揚州阮元注并釋

曾子立事

【注】曾子，孔子弟子，名參，字子輿。許慎讀「森」若「曾參」之「參」，晉灼讀「參」爲「宋昌參乘」之「參」，音近義同。曾子，魯南武城人，少孔子四十六歲，孔子以爲能通孝道，故授之業。作《孝經》。「立事」者，曾子弟子所題篇名。此篇皆論博學篤行、慎言遠患、善義忠信、事君父、敬師長、交朋友、教子弟之事，不爲空言高論，惟以實事立訓，故曰「立事」。《大戴禮記》弟四十九，今爲《曾子》第一。【釋曰】高似孫《子畧》、王應麟《漢書藝文志考證》竝引《曾子》首篇作「脩身」，與今異者，《大戴》篇目與古單行《曾子》本不同也。《説文》「森」字讀若「曾參」之「參」所林反，晉灼又讀爲「參乘」之「參」初三反者，古音相近，不假分別。所林、初三二反，皆取三人同輿之義，參星亦以三星相連得名。晉灼所讀見高氏《子畧》。武城有二：南武城，在今山東嘉祥縣之南；徒言武城，則在今山東費縣西南。《孟子》所言「曾子居武城」，乃費縣也。《史記》所言「曾子，南武城人」，乃嘉祥也。今曾子後裔列四氏學、襲博士者，皆居嘉祥，祠廟亦在嘉祥。「作《孝經》」，見《史記》。

曾子曰：君子攻其惡，【注】孔子曰：「攻其惡，無攻人之惡。」求其過，【注】盧僕射辯云：「省其身。」彊其所不能，去私欲，從事於義，可謂學矣。【注】不能者，難學之事。彊，勉彊也。去私欲、從義，公也。故學無私黨，不是其所能，攻所不能。【釋曰】《大戴·官人》篇曰：「强其所不足。」

君子愛日以學，及時以行，【注】孔檢討廣森云：「學如不及，唯日不足。」元謂：及時，及少壯時也。【釋曰】馬總《意林》作「及時而成」。知少壯時者，本篇云：「三十、四十之間而無執，則無執矣；五十而不以善聞，則無聞矣。」難者弗辟，易者弗從，唯義所在，【注】學者患求高名而畏避難能之事，故君子苟知義之所在，雖難，必勉强行之。若事易行而可立虚名者，君子不爲也。【釋曰】孔檢討云：「辟，音避。」元案：文瀾閣本作「難者勿辟」。日旦就業，【注】《曲禮》曰：「所習必有業。」【釋曰】《文選·閒居賦》注引此二句無「日」字。《羣書治要》「旦」作「且」，今不從。夕而自省，【注】省，察也。曾子曰：「吾日三省吾身。」《國語》曰：「士朝而受業，晝而講貫，夕而習復，夜而計過，無憾而後即安。」【釋曰】「省」訓本《爾雅》。思以殁其身，亦可謂守業矣。【注】思將終身行之，若「子路終身誦之」是也。【釋曰】聚珍板訛「業」爲「義」。

君子學必由其業，問必以其序，問而不決，承閒觀色而復之，雖不説，亦不彊争也。【注】《曲禮》曰：「請業則起。」曾子問王言，孔子不應。曾子懼，肅然摳衣下席，曰：「弟子知其不孫也，得夫子之閒也難，是以敢問也。」孔子不應。曾子懼，退負序而立。孔子曰：「參，汝可語明王之道與？」曾子曰：「不敢以爲足也，得夫子之閒也難，是以敢問。」此承閒復問之義也。【釋曰】「王言」見《大戴記》首篇。

君子既學之，患其不博也；【注】博，大通也。孔門論學，首在於博。孔子曰：「君子博學於文，約之以禮。」達巷黨人以「博學」深美孔子。孔子又曰：「博學之，審問之。」顔子曰：「夫子循循然善誘人，博我以文，約我以禮。」子夏曰：「博學而篤志。」孟子曰：「博學而詳説之。」故先王遺文有一未學，非博也。曾子博學，罕可見知，然如今《儀禮》十七篇，儒者已苦難讀，曾子時《禮經》在魯，篇弟必十倍於今，而《曾子問》一篇皆窮極變禮，非曾子不能問，非孔子不能答，然則正禮無不學習可知。此博學可窺之一端。故聖賢之學，不避難以就易，不避實以蹈虚，故顔、曾文學之博，同於游、夏，但不以此成名，與孔子同。故曾子聰明睿智，惟孔子可稱爲「魯」。【釋曰】「博」訓本許氏《説文》。既博之，患其不習也；【注】曾子自省曰：「傳不習乎？」孔子曰：「學而時習之。」《學記》曰：「視博習。」既習之，患其不知也；既知之，患其不能行也；既能行之，患其不能以讓也。【注】盧僕射云：「貴不以己能而競於人。」【釋曰】《周髀算經》：「陳子曰：『夫道術所以難通者，既學矣，患其不博；既博矣，患其不習；既習矣，患其不能知。』」《説苑·説叢》篇曰：「君子博學，患其不習；既習之，患其不能行之；既能行之，患其不能以讓也。」日本國唐魏徵《羣書治要》引《曾子》作「既習之，患其不知也」，今從之，今各本皆作「無知也」。《羣書治要》又作「既能行之，患其不能以讓也」，此唐初古本，今亦從之，今本皆作「貴其能讓也」。君子之學，致此五者而已矣。【注】致，致密也。【釋曰】「致」訓本《禮器》鄭氏注。

君子博學而孱守之，【注】孱，迮也。曾子美顔子曰：「以能問於不能，以多問於寡，有若無，實若虛。」孟子曰：「曾子守約。」【釋曰】《説文》：「孱，迮也。」迮小乃博之反；若訓「謹」，義與此遠。《羣書治要》「孱」作「淺」，注云：「《大戴》『淺』作『孱』。」微言而篤行之，【注】篤，厚也。孔子曰：「篤行之。」【釋曰】「篤」訓本《爾雅》。孔子曰「篤行之」，本《中庸》。徐幹《中論·貴驗》篇引「微言而篤行之」，以爲孔子之言。行欲先人，言欲後人，【注】盧僕射云：「君子欲訥於言而敏於行。」【釋曰】《羣書治要》作兩「欲」字，今本皆作兩「必」字。君子終身守此悒悒。【注】悒悒，不安也。【釋曰】「悒」訓本《説文》。閣本「悒悒」下有「也」字。

行無求數有名，事無求數有成；【注】盧僕射云：「數，猶促速。」元謂：行無避難急名之心，不求促速而自有名；事無狗私欲速之心，不求促速而自有成。孔子曰：「無欲速，欲速則不達。」曾子曰：「君子功先成而名隨之。」【釋曰】曾子言見《説苑·雜言》篇。身言之，後人揚之；身行之，後人秉之。【注】揚之，謂揚其名。《孝經》曰：「立身行道，揚名於後世，以顯父母。」秉，執也。秉之，謂執其成。《詩》曰：「誰秉國成。」《孝經》曰：「君子言思可道，行思可樂，德義可尊，作事可法。」【釋曰】「秉」訓本《爾雅》。君子終身守此憚憚。【注】憚憚，勞心也。【釋曰】「憚」與「怛」通。《詩·齊風》曰：「勞心怛怛。」閣本「憚憚」下有「也」字。

君子不絶小、不殄微也，【注】微，幽也。盧僕射曰：「殄，亦『絶』也。」元謂：人有小學微善，皆知而稱之。【釋曰】《爾雅》：「幽，微也。」行自微也，不微人；人知之，則願也；【注】微，匿也。善行可秉，故願人知。【釋曰】《爾雅》：「微，匿也。」人不知，苟吾自知也。【注】孔檢討云：「屈原曰：『不吾知其亦已兮，苟余情其信芳。』」元謂：孔子曰：「人不知而不慍。」又曰：「不病人之不已知也。」君子終身守此勿勿也。【注】盧僕射云：「勿勿，猶勉勉。」【釋曰】《禮記·祭義》「勿勿乎」鄭注云：❶「勿勿，猶勉勉也。」《詩·邶風》「黽勉同心」，《韓詩》作「密勿同心」；《詩·十月之交》「黽勉從事」，《漢書·劉向傳》引作「密勿從事」。「勉」、「勿」通也。《説文》：「勿，以趣民，❷故遽稱勿勿。」是「黽勉」、「趣」、「遽」同有勿勿之義。《制言中》篇曰：「無勿勿於賤。」與此義不相背而適相成也。

君子禍之爲患，辱之爲畏，見善恐不得與焉，見不善者恐其及己也，【注】與，及也。孔子曰：「見善如不及，見不善如探湯。」【釋曰】「與」訓本《儀禮·士昏禮》鄭氏注。孔檢討云：「與，音豫。」盧注引《論語》作「見惡如探湯」。丁教授杰云：「宋人以『未善』訓『惡』，以『惡』訓『不善』，等第混淆，盧氏已開其端。」是故君子疑以終身。【注】疑禍辱及身，善不得與，不善及己。

君子見利思辱，見惡思詬，【注】恐爲人所辱詬也。詬，駡也。【釋曰】《羣書治要》「惡」作「難」，今不從。「詬」訓爲「駡」者，《左·哀八年》「曹人詬之」、《襄十七年》「閉門而詬之」杜注。嗜欲思恥，忿怒思患，【注】狥嗜欲者必得恥，縱忿怒者必及患。孔子曰：「一朝之忿，忘其身，以及其親。」君子終身守此戰戰也。【注】戰戰，恐也。曾子誦《詩》曰：「戰戰兢兢，如臨深淵，如履薄冰。」【釋曰】「戰戰」訓本《毛傳》。

君子慮勝氣，【注】以思慮勝其血氣也。盧僕射云：「君子有三戒。」思而後動，論而後行，行必思言之，【注】行此事，必可以言之於世。言之必思復之，【注】盧僕射云：「《論語》曰：『信近於義，言可復也。』」元謂：太叔文子曰：「君子之行，思其終也，思其復也。」

❶ 「乎」，阮元校刻《十三經注疏》本《禮記·祭義》作「諸」。

❷ 「以」，通行本《説文》作「所以」。

復也。」思復，謂思覆行之，絶無偏敝。【釋曰】文子語見《左》襄二十五年。「復」義見《論語》孔注。❶ 思復之，必思無悔言，【注】覆行若有偏敝，則悔其前言矣。亦可謂慎矣。【注】《緇衣》孔子曰：「故言必慮其所終，而行必稽其所敝，則民謹於言而慎於行。《詩》云：『慎爾出話，敬爾威儀。』」

人信其言，從之以行；人信其行，從之以復；【注】從之復行，無偏敝。復宜其類，【注】宜，讀若《詩》「宜爾子孫」、「宜其家人」。類，謂朋類，即信言行之人。《孝經》引《詩》曰：「孝子不匱，永錫爾類。」❷ 類宜其年，【注】年，謂久遠可行也。《孝經》曰：「非先王之法言不敢道，非先王之德行不敢行。」先王言行傳今久矣，君子言行信今傳後亦如之。【釋曰】閣本「年」作「言」。案盧注此引《詩》「樂只君子，萬壽無期」，則周時盧所見本是「年」字，閣本誤也。亦可謂外內合矣。【注】行内言外。孔子曰：「君子言顧行，行顧言。」

君子疑則不言，未問則不言，【注】疑者闕之，故孔子曰：「吾猶及史之闕文也」，「多聞闕疑，慎言其餘，則寡尤」。未問不言者，孔子曰：「不憤不啟，不悱不發。」【釋曰】《荀子·大畧篇》襲此，訛作「未問則不立」。兩問則不行其難者。【注】善問者如攻堅木，先其易者，後其節目；善待問者如撞鐘，叩之以小者則小鳴，叩之以大者則大鳴。故待問者如有兩問，亦不先以難者彊之行。【釋曰】「攻木」、「撞鐘」二義，本《禮記·學記》。

君子患難除之，財色遠之，流言滅之。【注】流者，無根源之謂，若管叔流言於國。【釋曰】「無根源」義本《荀子·致士篇》「流言、流説、流事、流謀、流譽」楊倞注。❸ 禍之所由生，自孅孅也，是故君子夙絶之。【注】孅，鋭細也。孔檢討云：「夙，早也。《金人之銘》曰：『涓涓不壅，終爲江河；豪末不札，將尋斧柯。』」【釋曰】「孅」訓本《説文》。《漢書·食貨志》曰：「古之治天下，至孅至悉。」《荀子·大畧篇》襲此曰：「流言

❶「復義」，初印本作「復訓」，經解本作「覆訓」。

❷「孝子不匱，永錫爾類」，《孝經》無此引文。

❸「士」，初印本和經解本皆作「仕」。通行本《荀子》目録多作「仕」，而當篇多作「士」。

滅之，貨色遠之，禍之所由生也，生自纖纖也，❶是故君子蚤絶之。」「纖」從糸。❷

君子己善，亦樂人之善也；己能，亦樂人之能也；【注】《秦誓》所謂「人之有技，若己有之」。反是，則娼嫉以惡。 己雖不能，亦不以援人。【注】援，引也。己雖不能，望人能之；反是，則引人同入於不能，忌人之長，恐形己短。【釋曰】「援」訓本《説文》。

君子好人之爲善，而弗趣也；【注】盧僕射曰：「不促速之。」元謂：恐其畏難反退，故曰：「優而柔之，使自求之。」【釋曰】「優柔」二句本《大戴記·入官》篇。《羣書治要》「趣」作「趍」。 惡人之爲不善，而弗疾也；【注】孔子曰：「人而不仁，疾之已甚，亂也。」故顯加人以小人之名，又不能退，退而不能遠，徒疾之太甚者，必激爲亂。【釋曰】《後漢書·郭太傳》注引鄭君康成《論語》注曰：「不仁之人，當以風化之。若疾之已甚，是益使爲亂也。」案：此有鑒於漢末黨禍爲言，唐、宋、明之禍同之。 疾其過而不補也，【注】疾其過者，君子自病其過也。王編修引之云：「補，讀爲遂，遂古文䟭，字形相近之訛也。」賈誼《過秦論》曰：「始皇遂過而不變。」【釋曰】盧注云：「補，謂改也。」此語與下「補則不改矣」相背，且以「疾其過」之「其」字屬人不屬己，則此意又與上「惡人之爲不善，而弗疾也」相背。又此句「而」字爲反轉，與下句「而不伐也」「而」字例同。故元謂：此二句乃君子自治之力，與篇首「君子攻其惡，求其過」二「其」字屬君子己身而言之例同。朱學士筠謂：「補，猶文也。」此訓無據，王説較確。「䟭」字，《説文》古文。 飾其美而不伐也。【注】《檀弓》曾子有「盡飾之道」。《禮器》曰：「禮飾回，增美質。」有功曰伐，故自美其功曰伐。【釋曰】《左·莊二十八年》「且旌君伐」注：「伐，功也。」 伐則不益，補則不改矣。【注】自稱其美，則無進益；自遂其過，則不改悔。顔子曰：「願無伐善。」孔子曰：「過而不改，是謂過矣。」【釋曰】盧學士文弨謂此句當作「補則不復矣」，亦誤解「補」字也。

❶ 「自纖纖」，底本原作「且孅孅」，初印本同，經解本作「自孅孅」，《荀子》作「自纖纖」，據此及下文「從糸」改。

❷ 「纖」，底本原作「孅」，初印本和經解本同，據《荀子》「且孅孅」作「自纖纖」和下文「從糸」改。

君子不先人以惡，不疑人以不信，【注】盧僕射云：「謂不億不信，不逆詐。」不説人之過，【注】説，述也。謂不揚人之過。【釋曰】盧注釋「説」爲「解説」。孔注謂：「彼有過者方畏人非議，我從而爲之辭説，則彼將無意於改，是成人之過矣。」元案：此取義太深，非曾子本意也。訓「説」爲「述」，義本《釋名》。又案：盧注四字，元本無，盧學士據程榮本增入。而成人之美，【注】孔子曰：「君子成人之美，不成人之惡。」【釋曰】《羣書治要》有「而」字，今本皆無。存往者，在來者，【注】盧僕射云：「在，猶存也。」孔檢討云：「存、在，皆察也。察人往行來行，知其過改否。」【釋曰】「存」、「在」訓「察」本《爾雅》。朝有過夕改則與之，夕有過朝改則與之。君子義則有常，善則有鄰，【注】與，許也。有常，無變更也。盧僕射云：「德不孤。」【釋曰】「與」訓見《漢書·司馬遷傳》注。見其一，冀其二；見其小，冀其大；苟有德焉，亦不求盈於人也。【注】孔檢討云：「雖冀人爲善之心無窮，然其人止有小德一善者，亦不責難求備。」

君子不絶人之歡，不盡人之禮，【注】《曲禮》曰：「君子不盡人之歡，不竭人之忠，以全交也。」來者不豫，往者不慎也，【注】凡事豫則立，不豫則廢。今來者之事不能豫立，由於不知戒慎往事，故孔子曰：「往者不悔，來者不豫。」【釋曰】孔子言見《儒行》。戴校從方本改「慎」作「嗔」，非是。去之不謗，【注】去友不毀，去國不怨。就之不賂，【注】不以利交，不以禄仕。亦可謂忠矣。【注】忠於君友，即夫子貫行忠恕之道。

君子恭而不難，安而不舒，遜而不諂，寬而不縱，惠而不儉，直而不徑，亦可謂無私矣。【注】難、舒、諂、縱，乃恭、安、遜、寬之過也。尚儉者罕能惠也，欲惠于人，不能儉也。徑，如句股之弦也。【釋曰】《周禮·野廬氏》：「掌縣之横行徑踰者。」❶徑亦有直義，但路之方正者必迂遠，若如句股取弦之邪直爲徑，則速捷，故鄭氏注曰：「徑踰，射邪趨疾，越隄渠也。」各本皆作「亦可謂知矣」，舊校云：「知，一作『無

❶「掌縣」，《周禮》作「禁野」。

私』。」閣本作「無私矣」，義長，今從之。

君子入人之國，不稱其諱，不犯其禁，【注】盧僕射云：「諱，國諱。禁，國禁。」孔檢討云：「故獻子譏於具、敖，孟氏問於麋鹿。」【釋曰】「具、敖」見《晉語九》及《左》桓六年。不服華色之服，【注】天子、諸侯、卿、大夫、士之服皆有采色，不貴質也。華者，奢僭之服，故曾子寢疾，卧大夫華簀，易之乃歿。《孝經》曰：「非先王之法服不敢服。」【釋曰】知「華」爲「奢僭」，引《檀弓》以證之者，以下「奢」、「倨」知之。不稱懼惕之言，【注】懼惕，危厲也，言其國之隱患也。孔子曰：「邦有道，危言危行；邦無道，危行言孫。」【釋曰】包咸《論語》注曰：「危，厲也。」故曰：與其奢也，寧儉；與其倨也，寧句。【注】「句」義見《考工記》。孔檢討云：「過於矩爲倨，不及矩爲句。」元謂：倨者，僭之過也，如朱紘繡黼、丹朱中衣，皆華色之服，奢而倨也。【釋曰】孔檢討云：「句，音鉤。」可言而不信，寧無言也。【注】徒稱懼惕之言，其國不信，反致禍患。曾子曰：「入是國也，言信乎羣臣，則留可也。」【釋曰】自「故曰」至「言也」三句相連，上二句冒「華色之服」爲言，下一句冒「懼惕之言」爲言。曾子語見《說苑·說叢》篇。

君子終日言，不在尤之中；小人一言，終身爲罪矣。【注】《孝經》曰：「言滿天下無口過。」【釋曰】《羣書治要》「罪」下有「矣」字，各本皆無。

君子亂言而弗殖，【注】殖，生長也。【釋曰】「殖」訓本《左》昭十八年杜注。弗，閣本作「勿」。神言弗致也，【注】盧僕射云：「怪、力、亂、神，子所不語。」元謂：致，如送詣也。【釋曰】「致」訓本《說文》。《春秋》成九年：「如宋致女。」明人本「言」下有「而」字。道遠日益云。【注】「云」乃「矣」字之誤，《荀子》襲此語作「矣」。楊倞云：「爲道久遠，自日有所益。」《曾子疾病》篇曰：「與君子遊，如長日加益而不自知也。」其言「日益」，義與此同。【釋曰】各本皆有「云」字，馬驌《繹史》引此妄删「云」字，戴校從之，非是。《荀子》語見《大畧篇》。衆信弗主，靈言弗與，【注】盧僕射云：「僉議所同，不爲主。」元謂：位非君卿，不當主衆信。極知鬼神曰靈。與，讀如「百工與居」之「與」。【釋曰】靈，戴從《大典》改作「霒」。注「靈」義本《逸周書·謚法解》。「與」讀見《考

八

工記》，音豫。人言不信、不和。【注】孔檢討云：「和，讀『唱和』之『和』。」

君子不唱流言，不折辭，【注】孔子曰：「大人不倡游言。」折，如「折獄」之「折」，窮折人之辭也。【釋曰】孔子言見《緇衣》。「流」、「游」古字通借。不陳人以其所能，【注】陳，列也，多列所能示人也。【釋曰】「陳」訓見《玉篇》。言必有主，行必有法，【注】有主有法，如曾子主法孔子。親人必有方。【注】方，猶常也。有子曰：「因不失其親，亦可宗也。」【釋曰】「方」訓本《集解》引《論語》「遊必有方」鄭注。多知而無親，【注】孔檢討云：「知，所知也。言汎愛衆而不能親師。」❶【釋曰】「多知」以下三句，《荀子·大畧篇》襲之。博學而無方，【注】方，猶常也。博學而無常，則徒博無主法矣。好多而無定者，君子弗與也。【注】好學雖多，遷徙無定，用心躁也。君子多知而擇焉，博學而算焉，【注】知人雖多，所親必擇；學執雖博，所行必算。算，選也，撰也。曾皙曰：「異乎三子者之撰。」【釋曰】「算」字與「選」、「撰」義通。《漢書·公孫賀傳》、《車丞相傳》竝引《論語》作「斗筲之人何足選」。《詩》「不可選也」，傳訓爲「數」，亦「算」義也。《周禮·大司馬》「撰車徒」，後鄭讀爲「算」。故《論語》「三子之撰」，「撰」亦爲選擇學術之義，與此同也。多言而慎焉。【注】多言者，壯而論議，老而教誨。博學而無行，進給而不讓，【注】博學於文，不能約之以禮，則爲無行之人矣，故君子通儒以爲深戒。給，謂捷給。躁於進者不能讓，將爲小人，小人可與事君也與哉？其未得之也，患得之；既得之，患失之；苟患失之，無所不至矣。【釋曰】「給」訓本《仲尼燕居》鄭注。好直而俓，儉而好僿者，君子不與也。【注】孔檢討云：「俓，即徑字。」元謂：俓，弦邪直也。僿，窒塞不通也。過儉者，不通禮。曾子曰：「國儉，則示之以禮。」【釋曰】《史記·上林賦》「俓陖赴儉」，❷「俓」字从人，孔所本也。朱高安本作「僿」，各本作「⿰亻窒」。⿰亻窒，字書無此字，蓋盧注「僿，窒也」

❶「師」，《大戴禮記補注》作「仁」，語本《論語·學而》「汎愛衆而親仁」，義長。

❷「儉」，《史記》作「險」。

之訓，後因爛脱而顛倒之。閣本作「塞」者，亦「僿」之半字，且據此可知宋以前本作「僿」也。《史記·高祖本紀》贊：「救僿莫若以忠。」「僿」字之義可見矣。曾子「國儉」之語，見《檀弓》。王給事念孫云：「當作『好儉而侄』，今字倒也。」夸而無恥，彊而無憚，好勇而忍人者，君子不與也。【注】夸，張布也。忍人，謂忍於害人。【釋曰】「夸」訓本《漢書·司馬相如傳》注郭璞説。亟達而無守，【注】盧僕射云：「亟，數也。」元謂：慕通達者不能守禮，其敝也廢事而奢鄙。【釋曰】孔云：「亟，急也。急於求通達。」元案：此義過在求而不在達，今本文中無「求」字，故不從其説。不能守禮之敝，若晉人清言誤國是也。好名而無體，【注】好虚名而無實踐之行。【釋曰】《説文》：「禮，履也。」《大孝》篇曰：「禮者，體此者也。」皆實踐之義。忿怒而爲惡，【釋曰】殿本作「忿怒而無惡」。足恭而口聖，【注】足恭，以足便辟爲恭容也。口聖，自言聖也。《詩》曰：「具曰予聖。」孔子曰：「君子不失足於人，不失色於人，不失口於人。」【釋曰】「足」義本《論語》孔注。孔子言本《表記》。而無常位者，君子弗與也。【注】無常位，無方、無定也。巧言而無能，小行而篤，難爲仁矣。【注】孔子曰：「巧言令色，鮮矣仁。」能，耐也。賢者堅於事，故能也。小行，即子夏所言「致遠恐泥」之「小道」。篤，膠也，固也。【釋曰】《説文》「能」本獸名，以其堅彊，故稱「能」。「能」與「耐」音相轉，故《漢書·晁錯傳》「能寒」、「能暑」，師古注讀「能」爲「耐」；《禮運》「聖人耐以天下爲一家」，鄭注讀「耐」爲「能」也。《爾雅》：「篤、膠，固也。」各本皆作「巧言令色，能小行」，惟閣本作「巧言而無能」，閣本是也。各本蓋有缺爛之字，校者臆以「令色」二字補之耳。閣本作「難爲仁矣」，《論語》曾子曰「難與竝爲仁矣」，詞例與此同。各本皆作「於仁」，「於」乃「爲」形近之訛。又案：舊讀皆以「篤」字連下四字斷句，其義難通。嗜酤酒，好謳歌，巷遊而鄉居者乎！吾無望焉耳。【注】酤，買也。盧僕射云：「《尚書大傳》曰：『古者聖帝之治天下也，五十以下非烝社不敢遊飲，唯六十以上遊飲也。』」【釋曰】《詩·小雅》「無酒酤我」箋云：「酤，買也。」《淮南·氾論訓》云「出於屠酤之肆」，是此義也。鄉居，高安本作「鄉飲」。李章典云：「六十以上遊飲，即《小戴記·王制》所云『膳飲從於遊可也』。」《周禮・司虣》云：「禁其以屬遊飲食於市者也。」出入不時，言語不序，安易而樂暴，【注】安於簡易，樂於暴戾。懼之而不恐，説之而不聽，雖有聖人，亦無若何矣。臨事而不敬，居喪而不哀，祭祀而不畏，朝廷而不恭，【注】畏於鬼神，恭於君卿。則吾無由知之矣。三十、四十之間而無埶，則無埶矣；【注】埶，六埶，禮、樂、射、御、書、數也。孔子曰：「吾不試，故藝。」又曰：「吾何執？執御乎？執射乎？」孔子以詩、書、禮、樂、射、御教，弟子蓋三千焉，身通六藝者七十有七人。今三十、四十之間無埶，則學不能及矣。無埶者，不能學周禮威儀，不能通詩歌鐘律，不能閑習射御，不識六書形聲，不明九章算數。【釋曰】「藝」字，《説文》本作「埶」，「艸」、「云」皆後人所加。無藝，閣本兩作「無執」，「埶」之訛也。「即無埶」，❶《子畧》、《意林》竝作「則無埶」，今據改爲「則」。❷ 五十而不以善聞，則無聞矣；【注】孔子曰：「四十、五十而無聞焉，斯亦不足畏也已。」【釋曰】舊本脱「則無聞」三字，馬總《意林》、高似孫《子畧》及閣本皆有之。聞，去聲。朱子《論語集注》作「則不聞矣」，是讀「聞」爲平聲矣。七十而無德，雖有微過，亦可以勉矣。【注】勉，讀爲免。《漢書・薛宣》、《谷永傳》皆以「勉」爲「免」，古字可互借也。可免者，言不足責。【釋曰】閣本作「免」者，汪晫不解，妄改之。其少不諷誦，其壯不論議，【注】詩、書、禮、樂諸藝文，皆當諷誦。古今爲學之道，當論議。【釋曰】《荀子・大畧篇》襲此曰：「少不諷，壯不論議。」其老不教誨，亦可謂無業之人矣。【注】孔子曰：「少而不學，長無能也；老而不教，死無思也。是故君子少思長，則學；老思死，則教。」【釋曰】孔子之言，《荀子・哀公篇》所引。❸ 少稱不弟焉，恥也；壯稱無德焉，辱也；老稱無禮焉，罪也。【注】孔子曰：「幼而不孫弟，長而無述焉，老而不死

❶ 「即無埶」，依文意，其上當有「則無埶，今本多作」七字。

❷ 「則」，原誤作「埶」，據初印本和經解本改。

❸ 「《荀子・哀公篇》所引」，今查引文在《荀子》之《法行篇》。

是爲賊。」過而不能改，倦也；行而不能遂，恥也；慕善人而不與焉，辱也；弗知而不問焉，固也；【注】倦，罷也。遂，達也。固，謂鄙固。【釋曰】罷，音疲，訓本《説文》。「遂」訓本《月令》鄭注。「固」訓本《哀公問》鄭注。「倦」，殿本改作「傍」。説而不能，窮也；喜怒異慮，惑也；【注】《曾子制言》篇曰：「闇惑終世是窮民也。」孔子曰：「既欲其生，又欲其死，是惑也。」不能行而言之，誣也；非其事而居之，矯也；【注】矯，詐僞也。【釋曰】「矯」訓本《漢書·高后紀》、《嚴安傳》注。道言而飾其辭，虚也；【注】稱道人言，加以虚飾。無益而厚受禄，竊也；【注】不能辭富居貧，尸位受厚禄，是竊矣。【釋曰】元本、程本、殿本皆作「厚受禄」。《晏子·雜篇下》亦有「厚受禄」語。盧校本作「食厚禄」，非也。《荀子·大畧篇》襲此云：「無益而厚受之，竊也。」好道煩言，亂也；殺人而不戚焉，賊也。【注】煩，讀爲忿。煩言，忿争之言。《春秋左氏傳》曰：「嘖有煩言。」賊，殘賊也。【釋曰】煩、忿一聲之轉，故《本孝》篇曰「煩言不及于己」，《大孝》篇曰「忿言不及于己」。又《左傳·定四年傳》杜注曰：「煩言，忿争。」人言不善而不違，【注】盧僕射云：「色順之也。」近於説其言；【注】雖非心説其言，而近於説之。説其言，殆於以身近之也；【注】殆，讀如顏子「殆庶幾」之「殆」。孔檢討云：「殆，幾也。」元謂：説其言，非身爲不善，然近於爲不善。【釋曰】盧注訓「殆」爲「危」，孔注已正之。殆於以身近之，殆於身之矣。【注】近於爲不善，則將身爲不善矣。人言善而色葸焉，近於不説其言；【注】孔檢討云：「葸，畏難也。」不説其言，殆於以身近之也；殆於以身近之，殆於身之矣。【注】不説其言，非身爲不善也，然近於爲不善；近於爲不善，則將身爲不善矣。【釋曰】盧僕射注謂次節「近」字當作「遠」字，非也。孔檢討仍讀爲「近」字，是也。蓋兩節「以身近之」，皆屬之不善者爲言，非屬之言善言不善之人也。戴庶常校改「近之」爲「遠之」、「身之」爲「反之」，皆非是。次節「近」、「身」二字，亦同是一意，而畧分淺深。若改「近」爲「遠」，則「身」字終難再改。故目者心之浮也，言者行之指也，作於中，則播於外也。【注】浮於外，如孟子察人眸子瞭眊。【釋曰】浮，《韓詩外傳》作「符」。元本「則」作「而」。故曰：以其見者，占其隱者。故曰：聽其言也，可以知其所好矣；觀說之流，可以知其術也；【注】占，若卜也。流，謂言流於口。《詩》曰：「巧言如流。」盧僕射曰：「術，心術也。」久而復之，可以知其信矣；觀其所愛親，可以知其人矣。【注】有子曰：「信近於義，言可復也。因不失其親，亦可宗也。」臨懼之而觀其不恐也，怒之而觀其不惛也，喜之而觀其不誣也，【注】盧僕射云：「惛，亂也。」王給事念孫云：「誣，讀爲輕，字形近而訛也。《文王官人》之義也。」【釋曰】人喜則意態輕浮，故《文王官人》篇曰：「喜之，以觀其不輕。」❶近諸色而觀其不踰也，飲食之而觀其有常也，【注】孔子曰：「居處不淫，飲食不溽。」【釋曰】孔子言見《儒行》。利之而觀其能讓也，【注】《樂記》曰：「見利而讓，義也。」居哀而觀其貞也，【注】謚法：外內用情曰貞。故樂正子春母死，五日不食，曰：「自吾母而不得吾情，吾惡乎用吾情。」【釋曰】謚本《逸周書·謚法解》。❷樂正子春事見《檀弓》。居約而觀其不營也，【注】約不惑亂，乃爲安貧。【釋曰】《大戴記·文王官人》「煩亂之而志不營」注：「營，猶亂也。」《淮南·精神訓》「物無能營」注：「營，惑也。」勤勞之而觀其不擾也。【注】擾，煩也。「臨懼」以下皆《文王官人》之法，乃人與觀人者適處之境，非觀人者故設之境。【釋曰】宋本作「動」，元本作「勤」，元本義長。「擾」下各本有「人」字，衍也。閣本無「人」字，今據刪。「擾」訓本《說文》。君子之於不善也，身勿爲可能也，色勿爲不可能也；色也勿爲可能也，

❶「喜之，以觀其不輕」，今查，《大戴禮記·文王官人》作「喜之以物，以觀其不輕」，《逸周書·官人解》作「喜之，以觀其輕」。

❷「謚本《逸周書·謚法解》」，今查，《逸周書·謚法解》祇有「清白守節曰貞」，「大慮克就曰貞」，「不隱無克曰貞」。

心思勿爲不可能也。【注】孔檢討云：「言君子之屏去不善，無所勉强於心色之間，是人所難能也。」色也，「也」字衍。丁教授杰云：「『也』、『色』二字易訛，校者正『也』爲『色』，而又衍『也』字。」【釋曰】《羣書治要》「身勿爲」下有「可」字，從之，今本皆無之。《治要》又無「色也」下八字，「心」下無「思」字，此蓋魏徵刪節本文，不可從。

太上樂善，其次安之，【注】盧僕射云：「太上，德之最上者。」其下亦能自彊也。【注】勉强爲善。【釋曰】《羣書治要》有「也」字，今本皆無。仁者樂道，智者利道，【注】《中庸》曰：「或安而行之，或利而行之，或勉强而行之，及其成功，一也。」《論語》曰：「仁者安仁，智者利仁。」愚者從，弱者畏。【注】愚者徒從不能爲，弱者欲爲而畏難。不愚不弱，執誣以彊，亦可謂棄民矣。【注】自執誣説，彊不爲善。孔檢討云：「彊，讀『屈彊』之『彊』。」太上不生惡，其次而能夙絶之，其下復而能改。【注】孔檢討云：「復，貳也。夙絶之，則不貳過也。貳而改之，猶無過也。」【釋曰】《羣書治要》「絶之」下、「能改」下無兩「也」字，今本皆有。王給事云：「『次』下脱『生』字。上云『禍之所由生，自孅孅也，是故君子夙絶之』，此處脱『生』字無疑。」元案：《曾子》文法有以「而」字直接上文者，如上「而無常位」是也，故「生」字亦未敢遽增。復而不改，殞身覆家，大者傾社稷，是故君子出言鄂鄂，行身戰戰，亦殆勉於罪矣。【注】殞，殁也。鄂，與「咢」通借。鄂，言相逆也。勉，讀爲免。《論語》：「曾子曰：『士不可以不弘毅，❶任重而道遠。』」《孝經》孔子曰：「富貴不離其身，然後能保其社稷，而和其民人。《詩》曰：『戰戰兢兢，如臨深淵，如履薄冰。』」【釋曰】《羣書治要》作「傾社稷」，今本「傾」下皆多「覆」字。《羣書治要》「愕愕」上、「戰戰」上無兩「以」字，今本皆有「以」字。《説文》無「諤」字。諤，俗字也，本作「咢」。遻、迕，皆相逆之義，故曰「言相逆」。《韓詩外傳》曰：「願爲鄂鄂之臣。」《史記·趙世家》所引不誤，今本作「諤」，誤也。鄭氏《坊記注》云：「子於父母，尚和順，不用鄂鄂。」《釋文》：「本又作諤。」諤，俗字也。《漢書·韋賢傳》作「咢咢」。

❶ 「弘」，原作「宏」，當因避諱而改，今據《論語》回改。

勉，讀免，義見前。是故君子爲小由爲大也，居由仕也，【注】孔檢討云：「由，古通以爲『猶』字。」元謂：孔子曰：「《書》云：『孝于惟孝，友于兄弟，施于有政。』是亦爲政。」【釋曰】作「孝于」者，從漢石經。備則未爲備也，而勿慮存焉。【注】王給事云：「勿慮，都凡也，猶言大凡。」【釋曰】王訓見《廣雅》及《經義述聞》。事父可以事君，事兄可以事長師；【注】長，謂公卿。孔子曰：「出則事公卿，入則事父兄。」《孝經》曰：「事兄弟，故順可移於長。」【釋曰】閣本作「長師」，是也。各本皆倒作「師長」。使子猶使臣也，使弟猶使承嗣也；【注】孔檢討云：「承，丞也。《左傳》曰『請承嗣』，讀爲司。丞司者，官之偏貳，故弟視之。臣則私臣，自所謁除也，可以子視之。」元謂：司、臣司，事於外者。【釋曰】《説文》承从丞省。《大戴·朝事》「大夫爲丞擯」，《小戴》作「承」。《文王世子》「有疑丞」，《大戴·保傅》篇作「承」。是二字又相通借。《書·高宗彤日》「王司敬民」，《史記》作「嗣」，「嗣」、「司」通也。鐘鼎文亦多通借。《墨子·尚賢》上篇云：「輔相承嗣。」中篇云：「承嗣輔佐。」皆「司」之借也。「司」訓本《説文》。閣本「承」作「臣」，非是。能取朋友者，亦能取所予從政者矣。【注】予，讀如「與」。所予從政，謂家臣也。賜與其宮室，亦猶慶賞於國也；忿怒其臣妾，亦猶用刑罰於萬民也。【注】《孝經》曰：「治家者，不敢失於臣妾，而況於妻子乎？」宮室，指妻子所處而言。【釋曰】《荀子·大畧篇》襲此文曰：「賜予其宮室，猶用慶賞於國家也；忿怒其臣妾，猶用刑罰於萬民也。」楊倞云：「宮室，妻子也。」孔檢討云：「此『與』字與上『予』字互誤。」元謂：二字古人每通，非誤也。是故爲善必自内始也。内人怨之，雖外人亦不能立也。【注】立，立名也。《孝經》曰：「君子之事親孝，故忠可移於君；事兄弟，故順可移於長；居家理，故治可移於官。是以行成於内，而名立於後世矣。」居上位而不淫，臨事而栗者，鮮不濟矣。【注】盧僕射云：「淫，大也。」元謂：栗，懼也。濟，成也。《孝經》曰：「在上不驕，高而不危；制節謹度，滿而不溢。」《論語》孔子曰：「必也臨事而懼，好謀而成者也。」【釋曰】栗與慄通，《爾雅》曰：「慄，懼也。」《左·僖廿年傳》「以人從欲，鮮濟」杜

注：「濟，成也。」先憂事者後樂事，先樂事者後憂事。【注】家國皆同，其理不爽。昔者天子日旦思其四海之内，戰戰惟恐不能乂也；諸侯日旦思其四封之内，戰戰惟恐失損之也；大夫士日旦思其官，戰戰惟恐不能勝也；庶人日旦思其事，戰戰惟恐刑罰之至也。是故臨事而栗者，鮮不濟矣。【注】盧僕射云：「乂，治也。」元謂：四封，四境也。《孝經》：「天子之孝，德教加於百姓，刑於四海；諸侯之孝，保其社稷；卿、大夫之孝，守其宗廟；士之孝，守其祭祀；庶人之孝，謹身節用。」此曾子「臨事而栗」之道。【釋曰】孔云：「勝，平聲。」《羣書治要》「乂」下、「損之」下、「勝」下皆有「也」字，今本皆無之。又《羣書治要》「大夫」下無「士」字，「栗」作「慄」，今不從之。君子之於子也，愛而勿面也，【注】盧僕射云：「不形於面。」元謂：父貴嚴。使而勿貌也，【注】盧僕射云：「不以貌勞徠之。」導之以道而勿强也。【注】導以道，謂教子以通藝制行。勿强，謂不責善。曾子子曾元、曾申皆賢，曾申受《春秋》於左丘明，受《詩》於子夏。【釋曰】「君子」以下三句，《荀子·大畧篇》襲之。《春秋》説本劉向，《詩》説本《經典·敘録》。宫中雍雍，外焉肅肅，兄弟憘憘，朋友切切，【注】宫中，室内也。外，門外也。雍雍，和也。肅肅，敬也。憘憘，悦也。切切，言相切直也。【釋曰】「雍」、「肅」訓本《爾雅》。「憘」訓本《説文》。《論語》曰：「朋友切切偲偲。」馬注云：「相切責之貌。」此未得「切切」之義。元謂：《爾雅》曰：「丁丁、嚶嚶，相切直也。」郭注以爲「喻朋友切磋相正」。此義得之。蓋「切」者，以刀刌物使正之義也。遠者以貌，近者以情。【注】不賢能之友，當遠者；賢能之友，當近者。孔檢討云：「所疏尚文，所親尚質。」友以立其所能，而遠其所不能。【注】能，賢能也。立賢能之友而友之也。曾子曰：「以友輔仁。」苟無失其所守，亦可與終身矣。【注】賢能之友無失所守，即可與終身爲友，此守約之道。

凡一千七百八十六字。【釋曰】舊校本記云：「凡一千七百六十字。」其與今字數不合者，傳寫有衍脱也。孔本比舊校多二十七字。元今校定，凡一千七百八十六字。

曾子十篇卷二

揚州阮元注并釋

曾子本孝【注】「本孝」者，取此篇首句之義名篇。此篇論孝以忠爲本也。《大戴禮記》弟五十，今爲《曾子》弟二。

曾子曰：忠者，其孝之本與！【注】事父母以忠實爲本，不以虛飾干譽，且事親、事君、事長、交友皆貴忠，故曾子曰：「爲人謀而不忠乎？」孔子曰：「孝，德之始也；弟，德之序也；信，德之厚也；忠，德之正也。參也，中夫四德者矣。」孔子曰：「忠恕違道不遠，施諸己而不願，亦勿施於人。君子之道四，吾未能一焉：❶所求乎子，以事父未能也；所求乎臣，以事君未能也；所求乎弟，以事兄未能也；所求乎朋友，先施之未能也。庸德之行，庸言之謹，有所不足，不敢不勉，有餘不敢盡，言顧行，行顧言，君子胡不慥慥爾。」孔子曰：「參乎！吾道一以貫之。」曾子曰：「唯。」子出，門人問曰：「何謂也？」曾子曰：「夫子之道，忠恕而已矣。」所謂「一貫」者，事君親、處世，皆以此忠恕行之。此聖賢讀書立身之實行，曾子學於孔子者也，非有獨傳之心、頓悟之道也。貫，行事也。一，讀若「壹是皆以修身爲本」之「壹」。壹，專也，皆也。孔子之道，皆以忠恕行之。孔子告子貢曰「予一以貫之」，亦謂專務實行，非但學識，與告曾子之「一貫」無異。【釋曰】孔子許曾子四德之言，見《大戴禮·衛將軍文子》篇。孔子言「忠恕違道不遠」，見《禮記·中庸》篇。引之者，欲明曾子所言一貫忠恕之道，即《中庸》孔子所言，豪無區別。故聖賢之道在乎庸，非有獨傳之心法、言下之大悟也。合觀《孝經》、《論語》、《中庸》、《曾子》，其平易近人、誠實力行之道，可見無事高論矣。《論語》「一貫」，乃孔子曰：「吾道皆以此行之。」門人不知所行爲何道，故曾子曰：「忠恕而已矣。」所謂「忠恕」，即《中庸》之「忠恕」也。故孔子又告子貢曰：「賜也，女以予爲多學而識之者與？」對曰：「然，非與？」曰：「非也，予一以貫

---

❶「吾」，《中庸》作「丘」。

之。」觀此，則「一貫之」當訓爲「皆行」，其義更顯。告子貢與告曾子，非有二義也。若以孔子之道萬殊皆本於一，曾子默悟而貫通之，此理實入於禪，且又何解於子貢之「一貫」也？訓「貫」爲「行事」者，《爾雅·釋詁》：「貫，事也。」《廣雅》：「貫，行也。」《詩·碩鼠》「三歲貫女」，《周禮·職方》「使同貫利」，《論語·先進》「仍舊貫」，傳注竝訓爲「事」。《漢書·谷永傳》云「以次貫行」，《後漢·光武十五王傳》云「奉承貫行」，皆行事之義。《論語》「仍舊貫」，比義尤近也。「一」與「壹」義通，故兩字經、史、子中竝訓爲「專」，又竝訓爲「皆」。《後漢·馮緄傳》、《淮南·說山訓》、《管子·心術》篇皆訓「一」爲「專」。《大戴·衛將軍》、《荀子·勸學》《臣道》、《後漢·順帝紀》皆訓「一」爲「皆」。《荀子·大畧》、《左》昭廿六年、《穀梁》僖九年、《禮記·表記》《大學》皆訓「壹」爲「專」。至於「一」、「壹」二字通借之處，經、史、子中不可勝舉矣。

孝子不登高，不履危，庳亦弗憑，不苟笑，不苟訾，【注】盧僕射云：「敬父母之遺體，故跬步未敢忘其親。」孔檢討云：「庳，卑也。弗憑卑者，不臨深也。」元謂：不苟笑者，君子樂然後笑。訾，不思稱意也。【釋曰】庳，宋本訛作「痺」。引《論語》「樂然後笑」者，用《曲禮》鄭注義也。「訾」訓本《說文》。

隱不命，【注】張惠言云：「在隱幽之處，不以言命，恐惑衆人。」臨不指，【注】如登城不指，車中不指。

故不在尤之中也。【注】有尤必辱親。《曲禮》曰：「爲人子者，不登高，不臨深，不苟訾，不苟笑。孝子不服闇，不登危，懼辱親也。」

孝子惡言死焉，【注】死之言澌，滅也。【釋曰】《荀子·大畧篇》襲曾子此言曰：「流言止焉，惡言死焉。」楊倞注云：「鄭康成曰：『死之言澌，澌謂消盡也。』」「死」之訓「澌」，漢人通語，《白虎通》、《釋名》皆然，不獨鄭注也。盧注解爲「死且不行」，非是。

流言止焉，美言興焉，【注】美言，善言也。【釋曰】「善」與「美」同義。

故惡言不出於口，煩言不及於己。【注】煩，讀爲忿。煩言，忿爭之言。《禮記·大學》曰：「言悖而出者，亦悖而入。」【釋曰】讀「煩」爲「忿」者，《小戴記》云：「一出言而不敢忘父母，是故惡言不出於口，忿言不反於身。」

故孝子之事親也，居易以俟命，不興儉行以徼幸。【注】臧鏞堂云：「儉，讀爲險，古字通也。」元謂：易，猶平安也。俟命，聽天任命也。興，起也。險，傾危也。徼，要也。此《禮記·中庸》

孔子之言，曾子即以爲事親之道。【釋曰】臧云：「明程榮本作『不興儉行以徼幸』，『儉』與『險』通。《左·襄廿九年傳》『險而易行』，《史記·吴世家》作『儉』。」元案：校者或據《中庸》改「儉」爲「險」，且删「行」字，不可從。《困學紀聞》卷五引作「不興險行以僥倖」。「易」、「俟命」、「險」三解，皆本《中庸》鄭注。「興」訓本《爾雅》。「徼」訓本《左》昭二年杜注。 孝子游之，暴人違之。【注】王給事云：「游，讀由。」元謂：由之，謂素位而行。曾子曰：「思不出其位。」違之，謂興險徼幸。【釋曰】「游」、「由」通借。出門而使，不以或爲父母憂也。【注】奉君師親使出門，不以疑惑貽父母之憂。【釋曰】《戰國·秦策》及《史記·甘茂列傳》、劉向《新序》竝載曾某殺人，曾母投杼之事，皆諸子設言，而不顧有背於道。讀曾子此言，可知彼之僞也。 險塗隘巷，不求先焉，以愛其身，以不敢忘其親也。【注】盧僕射曰：「身者，親之枝也，可不敬乎？」元謂：曾子曰：「舟而不游，道而不徑，能全支體，以守宗廟。」【釋曰】曾子言見《吕氏春秋·孝行覽》。 孝子之使人也，不敢肆行，不敢自專也。【注】肆，遂也。曾子養曾皙，徹酒肉，必請所與，況使人，敢專乎？《春秋左氏傳》曰：「專命則不孝。」【釋曰】「肆」訓本《小爾雅》。 父死，三年不敢改父之道。【注】盧僕射云：「故曰：『三年無改於父之道，可謂孝矣。』」元謂：《論語》：「曾子曰：『吾聞諸夫子：孟莊子之孝也，其他可能也，其不改父之臣與父之政，是難能也。』」又能事父之朋友，又能率朋友以助敬也。【注】《孝經》曰：「故得人之歡心，以事其親。」率者，子率己之朋友也。 君子之孝也，以正致諫；【注】君子者，盧僕射云：「謂卿、大夫。」元謂：《孝經》曰：「父有争子，則身不陷於不義。」正，謂正道。【釋曰】盧注「謂」字，今本訛作「諫」字，盧召弓學士改。 士之孝也，以德從命；【注】德命則從，非德亦諫。荀子曰：「孝子所以不從命者有三：從命則親危，不從命則親安，孝子不從命，乃衷；從命則親辱，不從命則親榮，孝子不從命，乃義；從命則禽獸，不從命則修飾，孝子不從命，乃敬。故可以從而不從，是不子也；未可以從而從，是不衷也。明於從、不從之義，而能致恭敬忠信誠慤，❶以慎

❶「誠」，《荀子》作「端」。

行之，則可謂大孝矣。」【釋曰】見《荀子・宥坐篇》。❶庶人之孝也，以力惡食。【注】孔檢討云：「惡食，言養以甘美，自食其惡者也。」元謂：《孝經》曰：「庶人之孝，用天之道，❷分地之利，謹身節用，以養父母。」任善，不敢臣三德。【注】任善，用賢也。盧僕射云：「謂王者之孝。三德，三老也。《白虎通》曰：『不臣三老，崇孝。』」故孝子之於親也，生則有義以輔之，【注】義輔，謂諫也。盧僕射云：「諭於道。」【釋曰】宋本無「子」有「之」，高安本無「之」有「子」，閣本作「子之」。死則哀以莅焉，祭則莅之以敬，如此而成於孝子也。【注】《孝經》曰：「孝子之喪親也，哭不偯，禮無容，言不文，服美不安，聞樂不樂，食旨不甘，此哀戚之情也。爲之宗廟，以鬼享之；春秋祭祀，以時思之。」【釋曰】閣本作「祭則列之以敬」，孔本作「祭祀則莅之以敬」。

凡二百三十四字。【釋曰】舊校無字數，孔氏定爲二百三十四字，元今亦定爲二百三十四字。

曾子立孝

【注】此用篇首「立孝」二字爲名。《大戴禮記》第五十一，今爲《曾子》第三。

曾子曰：君子立孝，其忠之用也，禮之貴也。【注】忠則無僞，故能愛；禮以行愛，故能敬。《孝經》曰：「禮者，敬而已矣。」故敬爲孝之要道。【釋曰】《羣書治要》有兩「也」字，今本皆無。故爲人子而不能孝其父者，不敢言人父不能畜其子者；爲人弟而不能承其兄者，不敢言人兄不能順其弟者；爲人臣而不能事其君者，不敢言人君不能使其臣者。【注】忠恕相因，此言忠即恕道也，即孔子所謂：「忠恕違道不遠，君子道四，某未能一也。」曾子曰：「夫子之道，忠恕而已矣。」亦此義也。戴吉士曰：「順，讀若訓，假借字也。」【釋曰】閣本及宋、元本

---

❶ 「見《荀子・宥坐篇》」，今查，引文在《荀子》之《子道篇》。

❷ 「用」，初印本和經解本皆作「任」，《十三經註疏》本《孝經》作「用」，古文本《孝經》作「因」。

作「順」，盧校本改「順」作「訓」者，丁教授云：「乃戴吉士所改，非盧之舊也。」《廣雅》：「訓，順也。」同音相假，義亦近也。《羣書治要》「臣者」下無「也」字，今本皆有之。故與父言，言畜子；與子言，言孝父；與兄言，言順弟；與弟言，言承兄；與君言，言使臣；與臣言，言事君。【注】順，亦讀若訓。盧僕射曰：「《士相見禮》曰：『與君言，言使臣；與大夫言，言事君；與老者言，言使弟子；與幼者言，言孝父兄；❶與衆言，言慈祥；與莅官者言，❷言忠信也。』」【釋曰】今《儀禮》文「慈祥」上有「忠信」二字，敖繼公據此注以《儀禮》爲衍字，非也。古人引經，每多損益字句，未可遽據以相删補。「順」字義見上。❸君子之孝也，忠愛以敬，反是亂也。盡力而有禮，莊敬而安之，【注】忠則必愛，有禮故敬。子夏曰：「事父母能竭其力。」子游問孝，子曰：「今之孝者是謂能養，至於犬馬皆能有養，不敬，何以別乎？」《孝經》曰：「愛敬盡於事親。」又曰：「慈愛恭敬，安親揚名。」【釋曰】莊，閣本作「恭」，《羣書治要》無此字。按：此當是漢人避諱，或改之，或删之。微諫不倦，聽從不怠，【注】不義則諫，義則聽從也。孔檢討云：「微諫，幾諫也。」【釋曰】《羣書治要》無「而」字，今本作「而不怠」。懽欣忠信，咎故不生，可謂孝矣。【注】孝者，子與父母樂而不憂，誠而不僞，是以家室和平，無咎故也。咎，災也。故，謂可憂之事也。孟子云：「兄弟無故。」《詩》曰：「妻子好合，如鼓瑟琴。兄弟既翕，和樂且耽。宜爾室家，樂爾妻孥。」子曰：「父母其順矣乎。」《孝經》曰：「明王得萬國之懽心，以事其先王，是以天下和平，災害不生，禍亂不作。」【釋曰】《文選·嵇叔夜〈幽憤詩〉》注引此作「可爲孝矣」。「咎」，「災」訓本《説文》。訓「故」爲「憂事」者，《檀弓》鄭注云：「大故，謂喪憂。」盡力而無禮，則小人也。致敬而不忠，則不入也。【注】小人，愚民也。入，納也。敬而不忠，則不能納諫於親。孔檢討云：「敬而未安，是色莊也。」【釋曰】《説文》曰：「入，内也。」「内」與「納」同。《羣書治要》「力」下有「而」字，今本無。是故

❶「孝」下，《儀禮·士相見禮》有「弟於」二字。

❷「莅」，《儀禮·士相見禮》作「居」。

❸「上」，原誤作「土」，據初印本和經解本改。

禮以將其力，敬以入其忠，【注】將，猶送也。入，亦納也。【釋曰】「將」訓本《爾雅》。飲食移味，居處温愉，【注】移之言羨也。温，柔也。愉，樂也。曾子養曾皙，必有酒肉，問有餘，必曰有。曾子養曾皙，常以晧晧，是以曾皙眉壽。孔子曰：「孝子之有深愛者，必有和氣；有和氣者，必有愉色；有愉色者，必有婉容。」【釋曰】「移」「羨」訓本《禮記·郊特牲》鄭注。「酒肉」語出《孟子》。「眉壽」語出《大戴·衛將軍文子》篇孔子所言。❶「温，柔」、「愉，樂」訓皆本《爾雅》。孔子言見《禮記·祭義》。著心於此，濟其志也。【注】張惠言云：「志，謂忠與禮也。」元謂：飲食居處，未可盡孝道，然處心於此，亦可以成其忠禮之志也。丁教授云：「著之言處也。」【釋曰】「著」訓本《樂記》「樂著大始」鄭注。《釋文》：「著，直畧反。處，昌吕反。」子曰：「可人也，吾任其過；不可人也，吾辭其罪。」【注】此曾子述孔子之言，以證入忠之義。「人」當爲「入」字之誤也。入，納也，謂納忠諫於親也。臧鏞堂云：「親本可納諫，此吾不能先諭親於道之過也；若不可納，此吾忠敬不足動親之罪也。」元謂：辭者，自以爲辭。【釋曰】「可入也」，自是曾子引孔子之言，以證己言入忠孝之義。各宋本皆訛爲「人」字，戴校殿本以爲「入」字，是也。然未可徑改，故改字讀之。《詩》云「有子七人，莫慰母心」，子之辭也；【注】《詩·衛風·凱風》之三章，❷此七子自引罪以爲辭也。「夙興夜寐，無忝爾所生」，言不自舍也。不恥其親，君子之孝也。【注】《詩·小雅·小宛》之三章。❸舍，釋也。自釋其過，則親任之矣。孔檢討云：「不使父母有可恥之行，所謂『無忝』也。」【釋曰】「舍」、「釋」每相通借。是故未有君而忠臣可知者，孝子之謂也；未有長而順下可知者，弟弟之謂也；【注】盧僕射云：「《孝經》曰：『以孝事君則忠，以敬事長則順。』」元謂：此下皆曾子之言。長，謂公卿。子曰：「出則事公卿，入則事父兄。」未有治

❶ 「孔子」，據《大戴禮記·衛將軍文子》，當作「子貢」。

❷ 「《詩·衛風·凱風》之三章」，今查，此引詩在《詩經·邶風·凱風》之四章。

❸ 「《詩·小雅·小宛》之三章」，今查，此引詩在《詩經·小雅·小宛》之四章。

而能仕可知者，先脩之謂也。【注】《中庸》曰：「思脩身，不可以不事親；思事親，不可以不知人。」又曰：「知所以脩身，則知所以治人。」故孝子善事君，弟弟善事長，君子壹孝壹弟，可謂知終矣。【注】壹，無貳心也，專也。知終，謂知其終身。【釋曰】《立事》篇末曰：「亦可與終身矣。」義與此同。《羣書治要》「故」下無「曰」字，今本皆有。又「弟弟」作「悌弟」，今不從之。又今本作「一孝一弟」，《羣書治要》作「壹孝壹弟」，「壹」字義長，當是淺人改爲「一」字。《左傳·文三年》「與人之壹也」杜預注云：「壹，無貳心。」《禮記·大學》「壹是皆以脩身爲本」鄭氏注：「壹是，專行是也。」

凡三百二十七字。【釋曰】舊校本有「凡三章」三大字，下有「新別」二小字，又云「凡三百二十四字」。孔校本比舊本多二字，疑「子曰」二字衍文。元謂：未可遽從，今定爲三百二十七字。

曾子大孝【注】此篇論孝以尊親爲大，義本《孝經》，兼天子、諸侯、卿、大夫、士而言，當時學者奉爲法言，故《小戴記》、《吕覽》皆綴緝成書，《祭義》及《孝行覽》多從此篇采出。《大戴禮記》弟五十二，今爲《曾子》弟四。

曾子曰：「孝有三：大孝尊親，其次不辱，其下能養。」【注】尊親者，孝子之至，莫大乎尊親，如大舜以天下養，周公嚴父以配天，士大夫立身行道，揚名於後世，以顯父母。不辱者，不恥其親，不災其身。養者，謂養志。【釋曰】曾子言學與孝，不敢及天子、諸侯之事，然《孝經》受業，備聞孔子之教，故篇中「大孝」及「塞天地」、「衡四海」、「博施備物」，皆兼天子、諸侯爲言。今故引《孟子》、《孝經》之義，以證之也。不辱，蓋亦兼親與己身而言，《小戴記》作「弗辱」。知「養」爲「養志」者，下文曾子不敢自居於孝，故知與「直養」有别。公明儀問於曾子曰：「夫子可謂孝乎？」【注】鄭司農云：「公明儀，曾子弟子。」【釋曰】此用《小戴》鄭注。《小戴》經文作「夫子可以爲孝乎」。曾子曰：「是何言與！是何言與！君子之所謂孝者，先意承志，諭父母以道。【注】盧僕射云：「凡言於事，親未意，則先善舉之；親若有志，則承而奉之。」元謂：論，猶諫也。【釋曰】以道，《小戴》作「於道」。宋汪晫本《曾子》從《小戴》録出，故亦作「於道」。盧注「凡言於事」，戴校本改爲「凡言與事」，王給事疑爲當作「凡言事於」，今皆不從。宋本「敬而奉之」，今本或作「承而奉之」。「論」、「諫」訓本《廣雅》。

參直養者也，安能爲孝乎？【注】言特養口體，不敢居三者之孝，然孟子曰：「若曾子，則可謂養志也。」【釋曰】「直」、「特」古音義相通。《詩》「實維我特」，《韓詩》作「直」。

身者，親之遺體也。行親之遺體，敢不敬乎？故居處不莊，非孝也；事君不忠，非孝也；莅官不敬，非孝也；朋友不信，非孝也；戰陳無勇，非孝也。五者不遂，災及乎身，敢不敬乎？【注】不莊、不忠、不敬、不信、無勇，皆易致禍害，受刑罰，毀傷身體，辱及其親。故孟子曰：「事孰爲大？事親爲大。守孰爲大？守身爲大。」高誘云：「莅，臨也。」杜欽云：「不孝，則事君不忠，涖官不敬，戰陳無勇，朋友不信。」班固云：「大辱加於身，支體毀傷，即君不臣，士不交。」孔子曰：「我戰則克。」鄭司農云：「遂，成也。」【釋曰】《小戴記》「身者」上別出「曾子曰」三字，又「身者」作「身也者」，「行親」作「行父母」，「居處」上無「故」字，「災及乎身」作「裁及於親」，《禮記釋文》「本又作『裁及於身』」，《大戴》舊校本亦云「身，一作『親』」，宋本或作「災及其身」。又「五者不遂」，《吕覽》作「五行不遂」。《吕氏春秋·孝行覽》「信」作「篤」，高誘曰：「篤，信也。」「及乎身」亦作「及於親」。注引高誘説者，《吕覽注》也；杜欽説者，《漢書·杜欽傳》疏中語，即本《曾子》也；班固説者，《白虎通·喪服》篇也。孔子言見《禮器》。鄭司農説見《小戴注》，《吕覽》高注亦同。「陣」字乃六朝以後俗字，故依《小戴》改之。

故烹熟鮮香，嘗而進之，非孝也，養也。【注】烹，烹肉。熟，熟穀。鮮，讀爲羶，肉氣也。香，穀氣也。【釋曰】《小戴》作「亨熟羶薌」，無「故」字。《大戴》舊校本云：「鮮，一作『羶』。」今按：「烹熟」、「薌」應作「亨孰」、「香」，「鮮」乃「羶」之音近假借字。《説文》「羶」義屬肉，「香」義屬穀，固宜分別。《郊特牲》鄭注讀「羶薌」爲「馨香」，義各有取也。進，《小戴》作「薦」。

君子之所謂孝者，國人皆稱願焉，曰：『幸哉！有子如此。』所謂孝也。【注】

立身行道，尊親揚名，故國人皆稱願之。孔子曰：「孝哉閔子騫！人不閒於其父母兄弟之言。」❶【釋曰】《小戴》無「皆」字，「焉」字作「然」字，「也」下有「已」字。鄭氏《小戴記注》讀「然」爲「而」，非也。「然」乃「焉」音近假借字。《禮記·檀弓》「穆公召縣子而問然」，《論語》「羿、奡不得其死然」，皆「焉」字之借也。**民之本教曰孝，**【注】盧僕射云：「《孝經》曰：『夫孝，德之本也，教之所由生也。』」【釋曰】民，《小戴》作「衆」。**其行之曰養。**【注】盧僕射曰：「謂致衣食，省安否。」【釋曰】《小戴》無「之」字。**養可能也，敬爲難；敬可能也，安爲難；安可能也，久爲難；久可能也，卒爲難。父母既没，慎行其身，不遺父母惡名，可謂能終也。**【注】安，寧也。卒，終也。《孝經》曰：「終於立身。」又曰：「脩身慎行，恐辱先也。」【釋曰】《小戴》及《吕覽》皆無「久爲難」以下七字。《大戴》舊校云：「慎，一作『順』，《吕覽》作『敬』。」又「終也」，《小戴》作「終矣」。訓「安」爲「寧」者，《漢書·揚雄傳》云「孝莫大於寧親」，師古注云：「寧，安也。」訓「卒」爲「終」，本《爾雅》。**夫仁者，仁此者也；義者，宜此者也；忠者，中此者也；信者，信此者也；禮者，體此者也；行者，行此者也；彊者，彊此者也。樂自順此生，刑自反此作。**【注】「此」皆指孝而言。古人讀字，若分緩急，其義即殊。仁此、宜此、中此、信此、體此、行此、彊此，皆于本字分緩急聲，而異其音者也。「仁此」之「仁」，讀如「相人偶」之「人」。中，讀如「億則屢中」之「中」。「信此」之「信」，讀如「不我信兮」之「信」。孔穎達云：「順從孝道，則身和樂；違反孝道，則刑戮及身。」【釋曰】古人不分四聲，惟分緩急。音分緩急，其意即殊。故此七言，「義」、「禮」既別爲「宜」、「體」二音，則知其餘音亦必不同矣。「仁此」之「仁」讀如「相人偶」之「人」者，本《禮記·中庸》鄭注。「信」讀如「不我信兮」者，《詩·邶·擊鼓》鄭箋「信」不改義，而讀與「洵」相韻，知古人亦分兩聲也。又《小戴》「仁者」上無「夫」字。「體此」，《小戴》、《吕覽》竝作「履此」。「忠」、「行」二句，《小戴》無之。「反」，《吕覽》作「逆」，「生」、「作」下皆有「也」字。「中」，戴本作「忠」，非。孔穎達説本《小戴記

❶「兄」，《論語·先進》作「昆」。

正義》。夫孝者，天下之大經也。【注】仁、義、忠、信、禮、行、彊，皆本乎孝，故曰「大經」。【釋曰】《小戴》無此句。夫孝，置之而塞於天地，衡之而衡於四海，【注】盧僕射云：「置，猶立也。衡，猶横也。」元謂：《孝經》曰：「孝弟之至，光於四海。」光，猶横也。【釋曰】《小戴》於「夫孝」上多「曾子曰」三字，「衡」作「溥」。元按：《大戴》是也。「置」有「立」義，《詩・商頌・那》「置我鞉鼓」，「置」讀曰「植」。植，立也。《論語》「置其杖」，漢石經「置」作「植」。《淮南子・原道訓》云：「夫道者，植之而塞於天地，横之而彌於四海，施之無窮，而無所朝夕。」其語亦從此采去。解《孝經》之「光」爲「横」者，《尚書》「光被四表」，《漢書》皆作「横被四表」，《孝經》又言「無所不通」，又引《詩・文王有聲》，義皆與此同，則彼「光」字爲「横」義無疑。古「桄」、「横」、「擴」皆有横而充之之義。戴東原吉士歷舉「光」、「横」相通之字，尚遺《孝經》此句也。施諸後世而無朝夕，【注】盧僕射云：「言常行也。」元謂：無一日不行也。推而放諸東海而準，推而放諸西海而準，推而放諸南海而準，推而放諸北海而準。《詩》云：『自西自東，自南自北，無思不服。』此之謂也。【注】四夷、八蠻、七閩、九貉、五戎、六狄，此《周禮・職方氏》所服四海也。盧僕射云：「放，猶至也。準，猶平也。《詩・大雅・文王有聲》之詩也。」【釋曰】「四海」之數，《周禮・職方氏》、《小戴・明堂位》、《爾雅・釋地》各有不同。盧僕射《大戴記・用兵》篇注謂：「《職方》爲周所服之數，《明堂》爲來朝之數，《爾雅》爲夏所服之數。」雖無據，尚爲近理。而盧氏於此篇注言「九夷、八蠻、七戎、六狄」，數又不同，更無據。今據《職方氏》注此。孝有三：大孝不匱，【注】盧僕射云：「《詩》云『孝子不匱，永錫爾類』也。」元謂：匱，竭也。【釋曰】「匱」訓本《詩》毛傳。中孝用勞，【注】鄭司農云：「勞，猶功也。」【釋曰】「勞」「功」本《小戴》鄭注，盧注沿用之。小孝用力。博施備物，可謂不匱矣；【注】孔檢討云：「此王者之孝。德教加於百姓，形於四海，『博施』之謂也；四海之内，各以其職來祭，『備物』之謂也。」尊仁安義，可謂用勞矣；【注】孔檢討云：「大夫、士之孝。」慈愛忘勞，可謂用力矣。【注】孔檢討云：「庶人之孝。」元謂：《小戴記》「慈」上有「思」字，是也。鄭司農云：「思父母之慈愛己，而自忘己之勞苦。」【釋曰】此注據《小戴》「思」字補其意也。《小戴》「慈愛」爲弟一句，「博施」爲弟三句，與此相反。愛，宋別本訛爲「受」。父母愛之，喜而不忘；父母惡之，懼而無怨；【釋曰】喜而不忘，《小戴》作「喜而弗忘」，唐石經《禮記》作「嘉而不忘」。石經誤，不可從。《孟子·萬章篇》曰：「父母愛之，喜而不忘；父母惡之，勞而不怨。」蓋本《曾子》。又《文選·陸士衡〈弔魏武帝文〉》注《尸子》引曾子之言曰：「父母愛之，喜而不忘；父母惡之，禮而無咎。」❶與此亦有異同，而義皆相成。父母有過，諫而不逆；【注】鄭司農云：「順而諫之。」盧僕射云：「當柔聲下氣也。」父母既歿，以哀祀之。加之如此，謂禮終矣。」【注】孝子祀親必哀，故《祭義》曰：「霜露既降，君子履之，必有悽愴之心，非其寒之謂也。春，雨露既濡，君子履之，必有怵惕之心，如將見之。樂以迎來，哀以送往。」《孝經》曰：「春秋祭祀，以時思之。」加之如此，謂加既終之禮於三孝也。曾子曰：「慎終追遠，民德歸厚矣。」又曰：「孝子之身終，終身也者，非終父母之身，終其身也。」【釋曰】《小戴》作「父母既歿，必求仁者之粟以祀之，此之謂禮終」，《小戴》義遜於此。盧氏注謂「哀」爲三年之服，「祀」爲春秋之祭，非是。曾子「終身」之言見《内則》。樂正子春下堂而傷其足，傷瘳，數月不出，猶有憂色。【注】樂正子春，曾子弟子。《春秋公羊傳》曰：「樂正子春之視疾也，復加一飯，則脱然愈；復損一飯，則脱然愈；復加一衣，則脱然愈；復損一衣，則脱然愈。」【釋曰】《小戴》無「傷瘳」二字。《吕覽》無「其」字，「傷瘳」作「瘳而」。謂樂正子爲曾子弟子者，本《小戴·檀弓》鄭注。《公羊傳》見昭十九年，言加損皆得宜也。門弟子問曰：「夫子傷足瘳矣，數月不出，猶有憂色，何也？」樂正子春曰：「善如爾之問也。吾聞之曾子，曾子聞諸夫子，【注】聞諸夫子，「夫子」，孔子。【釋曰】《吕覽》作「門人問之曰：『夫子下堂而傷足，瘳而數月不出，猶有憂色，敢問其故？』」《小戴》作「夫子之足瘳矣」，又重疊「善如爾之問也」六字。《吕覽》作「善乎而問之」，「夫子」作「仲

❶「禮」，《文選·陸士衡〈弔魏武帝文〉》注作「懼」。

尼」，又「曰」字以下十三字無之。曰：『天之所生，地之所養，人爲大矣。父母全而生之，子全而歸之，可謂孝矣；【注】盧僕射云：「《孝經》曰：『天地之性，人爲貴。人之行，莫大於孝也。』」元謂：「生之」、「歸之」，皆指「性」、「行」而言。【釋曰】《吕覽》「歸之」下無「可謂孝矣」句。不虧其體，可謂全矣。』【注】曾子有疾，召門弟子曰：「啟予足，啟予手。《詩》云：『戰戰兢兢，如臨深淵，如履薄冰。』而今而後，吾知免夫，小子！」【釋曰】引《論語·泰伯》篇爲證。《吕覽》「其體」下多「不損其形」四字，「可謂全矣」作「可謂孝矣」。故君子頃步之不敢忘也。今予忘夫孝之道矣，予是以有憂色。」【注】虧，損也。頃，讀爲跬，聲近假借也。跬，一舉足也。【釋曰】《小戴》於「體」字下多「不辱其身」四字，又作「頃步而弗敢忘孝也」，無「夫」字，無「矣」字，「色」下多「也」字。《吕覽》作「君子無行咫尺而忘之。❶予忘孝道，是以憂」。訓「虧」爲「損」者，義本《説文》。讀「頃」爲「跬」者，本鄭氏《祭義注》。「頃」與「跬」古音相近而借，故《荀子·勸學篇》作「蹞」，《漢書·息夫躬傳》作「窺」，皆假借也。「跬」字之義，散見《司馬法》、《方言》、《小爾雅》。故君子一舉足不敢忘父母，一出言不敢忘父母。一舉足不敢忘父母，故道而不徑，舟而不游，不敢以先父母之遺體行殆也。【注】徑，步邪赴險也。司馬相如賦曰：「徑峻赴險。」孔檢討云：「浮行水上曰游，潛行水中曰泳。」《吕覽》：「曾子曰：『父母生之，子弗敢殺；父母置之，子弗敢廢；父母全之，子弗敢闕。故舟而不游，道而不徑，能全支體，以守宗廟，可謂孝矣。』」盧僕射云：「殆，危也。」【釋曰】「徑」與「游」對，言人徑之，非路徑實字也，故引《上林賦》以明其義。《小戴》鄭司農注此，亦曰：「徑，步邪疾趨也。」盧注引「行不由徑」，非是。《小戴》「一」作「壹」，無「也」字，第二「舉足」下有「而」字。一出言不敢忘父母，是故惡言不出於口，忿言不及於己。然後不辱其身，不憂其親，則可謂孝矣。【注】忿，恨怒也。曾子曰：「戒之，戒之，出乎爾者，反乎爾者也。」【釋曰】「忿」訓本《玉篇》。《小戴》「一」作「壹」，「出言」下有「而」字，「及於己」作

❶「尺」，《吕氏春秋》作「步」。

「反於身」，孔疏云：「定本作『及』字。」又無「然後」、「矣」三字，❶「憂」作「羞」。曾子言見《孟子》所引。**草木以時伐焉，禽獸以時殺焉。夫子曰：「伐一木，殺一獸，不以其時，非孝也。」**【注】非孝者，暴天地生物之仁，違王者用物之義。《周禮·山虞》曰：「中冬斬陽木，中夏斬陰木。」《王制》曰：「豺祭獸，然後田獵。鳩化爲鷹，然後設罻羅。」盧僕射云：「夫子，孔子。」【釋曰】此節二十八字，《小戴》在「孝有三」之前，「謂也」之後。

凡六百八十二字。【釋曰】舊校本有「凡三章」三大字，「新别」二小字，又云：「凡六百五十五字。」孔云：「今多二十八字。案：『草木』以下二十八字，《小戴》原在『此之謂也』下，疑《大戴》舊本脱此章，故未計入字數，後人從别本校補，遂附之篇末，不與前文相屬。」元今定爲六百八十二字。

曾子事父母

【注】此篇論幾諫及事兄使弟之道。《大戴禮記》弟五十三，今爲《曾子》弟五。

單居離問於曾子曰：「事父母有道乎？」【注】盧僕射云：「單居離，曾子弟子也。」【釋曰】單居離事不見於他書。**曾子曰：「有，愛而敬。父母之行，若中道則從，若不中道則諫；諫而不用，行之如由己。**【注】親中道，則子從；不中道，則子諫。諫而親不用，則親行之不中道，如由己致之，代親受過，更思復諫也。《孝經》曰：「父有争子，則身不陷於不義。故當不義，則子不可以不争於父。」**從而不諫，非孝也；諫而不從，亦非孝也。**【注】《孝經》曰：「故當不義，則争之，從父之令，又焉得爲孝乎？」强諫而不從，不善諫也，亦非孝道。**孝子之諫，達善而不敢争辨。争辨者，作亂之所由興也。**【注】盧僕射曰：「《内則》曰：『父母有過，下氣怡色，柔聲以諫之；❷若不入，起敬起孝，説則復諫。』」元

❶「矣」，《禮記》作「則」。

❷「之」，《禮記》及《大戴禮記》盧辯注皆作「諫」，當屬下讀。

謂：達善者，但達善道于親，而不敢强争强辨。

由己爲無咎則寧，由己爲賢人則亂。【注】諫親者，但求因諫而親免於過，若謂由己之諫，使不賢之親轉爲賢人，則是揚親過而自立名，大亂之道。

孝子無私憂，無私樂，父母所憂憂之，父母所樂樂之。孝子唯巧變，故父母安之。【注】孝子唯知有親，故憂樂相同。孟子曰：「舜五十而慕，人悦之好色、富貴，無足以解憂者，惟順於父母，可以解憂。」巧變者，若「舜在牀琴，象憂亦憂，象喜亦喜」。【釋曰】孟子言見《萬章》。今本皆脱「無私憂」三字，丁教授云：「方正學《遜志齋集·讀曾子》篇引此有三字，今據以補此。然則宋本《曾子》明初尚未亡也。」

若夫坐如尸，立如齊，弗訊不言，言必齊色，此成人之善者也，未得爲子之道也。」【注】坐如祭尸之位，立如致齋之時，皆莊敬也。上問下曰訊。齊色，整齊顔色也。成人，謂學有成立之人。《祭義》曰：「嚴威儼恪，非所以事親也，成人之道也。」【釋曰】「訊」訓本《公羊》僖十年何休學。「齊色」之義，本《冠義》曰：「禮義之始，在於正容體，齊顔色。」又案：《曲禮》之言，多從諸子記録出，「若夫坐如尸，立如齊」八字，正録《曾子》而删其下文，又失删「若夫」二字耳。鄭司農注《小戴》，以「夫」爲丈夫，誤矣。舊校云：「一本無『者』字。」

單居離問曰：「事兄有道乎？」曾子曰：「有。尊事之，以爲己望也；【注】爲己所表望。【釋曰】孔云：「尊事，《通解》作『尊視』。」

兄事之，不遺其言。【注】盧僕射云：「奉其所令。」元謂：兄，讀若況。況，若尊大之然，言謂兄所命言。【釋曰】兄本是兄，非比他人，而「兄事之」曷爲言「兄事」？蓋古人讀字，每有緩急之别，兄讀爲緩聲，則爲況，故《白虎通》曰：「兄，況也。」《釋名》曰：「兄，荒也。荒，大也。」《詩·大雅》「倉兄填兮」、「職兄斯引」皆讀爲怳，是此義也。此節下文「則兄事之」，亦同此例。

兄之行若中道，則兄事之；兄之行若不中道，則養之。【注】孔檢討云：「孟子曰：『中也養不中。』」元謂：養，容也。【釋曰】《廣雅》：「容，養飾也。」「容」、「養」聲轉義同。《説文》「容」字，不但从谷，谷亦當爲聲。古音東、冬、屋、沃每相關通，故《詩·車攻》以「同」韻「調」，《常棣》以「戎」韻「務」，是其驗也。《爾雅》「東風謂之谷風」,「谷」讀若「容」。容,養也。《老子》「谷神不死」,「谷」字即「容」之假借字,故河上公訓爲「養」,此古義也。養之内,不養於外,則是越之也;養之外,不養於内,則是疏之也:是故君子内外養之也。」【注】内,謂家室。外,謂朝廷、交游。越之,謂揚其過於外也。【釋曰】《爾雅·釋言》曰:「越,揚也。」單居離問曰:「使弟有道乎?」曾子曰:「有,嘉事不失時也。【注】盧僕射云:「謂冠、娶也。」弟之行若中道,則正以使之;【注】盧僕射曰:「正以使之以弟道。」弟之行若不中道,則兄事之。【注】兄,讀兄弟之兄。兄事之者,亦如事兄之道養之也。中養不中,賢兄之道也。【釋曰】此非兄而兄事之,故急讀如本字。詘事兄之道,若不可,然後舍之矣。」【注】詘,猶屈也。詘事兄之道於弟,猶不可化,則舍之。舍,釋也。洪震煊云:「釋之以須其後。」【釋曰】詘、屈,舍、釋,古義皆相同。洪説本《禮記·學記》鄭注。《學記》曰:「雖舍之可也。」鄭注云:「舍之須後。」鄭言暫釋之以俟其後,非決棄之,此義是也。盧注「怒罰之」,非是。曾子曰:「夫禮,大之由也,不與小之自也。【注】孔檢討云:「自,亦由也。言禮貴由其大者,不謂能由其小者。與,謂也。《小正傳》曰:『其必與之獸。』」❶【釋曰】閣本「不」上多「以」字。飲食以齒,【注】盧僕射云:「以長幼也。」力事不讓,辱事不齒,【注】勞苦之事,先代長者。卑賤之事,不推長者。【釋曰】丁教授云:「《吴語》『危事不齒』,意與此同。」此段補論事兄之道,非論使弟之道。孔注曰「不以齒長辭辱事」,非也。注「勞苦」句,見《荀子·修身篇》。執觴觚杯豆而不醉,【注】洪震煊云:「觴觚,飲器也。」一升曰爵,二升曰觚,三升曰觶,四升曰角,五升曰散,總名曰爵,實之曰觴。杯豆,亦飲器。《玉藻》曰:「母没而杯圈不能飲焉。」《考工記》曰:「飲一豆酒。」【釋曰】「一升」至「曰觴」,此《禮記》疏所引《韓詩》説也。引《玉藻》、《考工記》以明四者皆飲器,别於盧注也。和歌而不哀。【注】不以己之私,致長者不樂。「飲食」以下五事,皆禮

❶「獸」,孔廣森《大戴禮記補注》作「獻」。

之小者。夫弟者，不衡坐，不苟越，【注】重申禮小之義。孔檢討云：「《曲禮》曰：『竝坐不橫肱。』『先生書策、琴瑟在前，坐而遷之，戒勿越。』」【釋曰】「夫弟者」三字，重申禮小，與下「未成於弟」相應。孔謂「當在『飲食以齒』之上」，似非。不干逆色，趨翔周旋，俛仰從命，不見於顏色，未成於弟也。」【注】干，犯也。兄有逆色，不犯之。孔檢討云：「行而張拱曰翔」；不見顏色，「言勞而無慍」；「『禮不與小之自』以上諸事，皆禮之小者，故未成於弟之道也。」【釋曰】「干，犯」本《左·文四年傳》「其敢干大典」注。

凡三百六十三字。【釋曰】此篇舊校無字數，孔氏定爲三百六十一字，元今定爲三百六十三字。

曾子十篇卷三

揚州阮元注并釋

曾子制言上

【注】制言，有裁制之言，可以爲法也。分上、中、下三篇。《大戴禮記》第五十四，今爲《曾子》第六。【釋曰】「制」訓本《國語·晉語》注。

曾子曰：「夫行也者，行禮之謂也。【注】「夫行」之「行」，急讀之。【釋曰】上「行」，去聲；下「行」，平聲。夫禮，貴者敬焉，老者孝焉，幼者慈焉，少者友焉，賤者惠焉。【注】孔子見冕衣裳者，雖少必作，過之必趨，敬貴也。孝，畜也。老者畜養之。惠，仁也。【釋曰】孔子事見《論語·子罕》。「孝，畜」訓本《祭統》。「惠，仁」訓本《説文》。《羣書治要》「少」作「小」，今不從之。此禮也，行之則行也，立之則義也。【注】「則行」之「行」，急讀之。行既立，則可以爲義，以宜其類。【釋曰】上「行」，平聲；下「行」，去聲。「宜類」見《立事》篇。今之所謂行者，犯其上，危其下，衡道而彊立之，【注】盧僕射云：「衡，横也。」元謂：不循正道，矯彊自立。【釋曰】此「行」字，去聲。天下無道，故若；【注】盧僕射云：「且自如也。」天下有道，則有司之所求也。【注】孔檢討云：「求，拘罪人也。《淮南子》曰：『求不孝不弟，戮暴傲悍而罰之。』」故君子不貴興道之士，而貴有恥之士也。【注】興道，謂以殊行起名譽者。若由富貴興道者與貧賤，吾恐其或失也；若由貧賤興道者與富貴，吾恐其羸驕也。【注】或失，謂或不能自守。羸，當爲「贏」字之誤也。【釋曰】盧注「或」爲「惑」，今不從。戴校作「贏」。夫有恥之士，富而不以道，則恥之；貧而不以道，則恥之。【注】富不以道，若驕吝無禮；貧不以道，若怨諂無守。弟子毋曰『不我知也』。鄙夫鄙婦相會於廧陰，可謂密矣，明日則或揚其言矣。故士執仁與義而明行之，未篤故也，胡爲其莫之聞也？【注】此戒弟子，勿以無聞譽而自懈其脩也。隱微鄙事，欲人不知，尚不能，何况持仁義之道明行於世，豈終無聞？若其無聞，行未篤也。【釋曰】此節意在勸弟子篤行仁義，自有人知。「鄙夫鄙婦」四句，反其辭設譬，非言弟子爲惡，而自謂人不知也。孔云：「廧，隸書『牆』字。」《羣書治要》作「毋曰」，今作「無曰」。又《治要》作「故士執仁與義而不聞，行之未篤也」。案：此是魏徵刪節本文之故，不可從。殺六畜不當，及親，吾信之矣；使民不時，失國，吾信之矣。【注】殺畜不當其時，必將殘忍爲亂，禍及其親；不愛民而妨民事，必將煩役瀆武，民心盡叛。故蓬生麻中，不扶自直；白沙在泥，與之皆黑。【注】此勗弟子取多賢友也。蓬，蒿；麻，枲也。沙，水散石也。泥，塗泥。蓬性屈亂，故郭象曰：「蓬非直達者。」「直」、「黑」相韵。【釋曰】《史記·三王世家》索隱引《荀子》曰：「蓬生麻中，不扶自直；白沙在泥，與之皆黑。」《洪範》正義引《荀子》「泥」作「涅」，「皆」作「俱」。《説苑·説叢》篇曰：「蓬生枲中，不扶自直；白沙入泥，與之皆黑。」《論衡·程材》篇曰：「蓬生麻閒，不扶自直；白紗入緇，不染自黑。」又《率性》篇重引此，惟弟四句「染」作「練」。《孟子》趙岐《章指》亦引此四句，作「諺曰」。凡此語皆本《曾子》也。「蓬」、「沙」訓本《説文》。「麻」訓本《爾雅》。郭説見《莊子·逍遥遊》篇注。《羣書治要》「蓬」上有「故」字，從之；「自直」作「乃直」，今不從之。是故人之相與也，譬如舟車然，相濟達也。己先則援之，彼先則推之。是故人非人不濟，馬非馬不走，土非土不高，水非水不流。【注】此言仁道也。仁者，人也，如人相人偶也。蓋人非人不濟，必相人偶，乃成仁道，故仁者，仁此者也。走，讀如「來朝走馬」之「走」。走，疾趨之也。【釋曰】「仁」訓本《禮記·中庸》鄭氏注。案：《中庸》「仁者，人也」之訓最精，鄭氏注爲「相人偶」，乃「仁」字最古之義，覩《曾子》此節，足以發之；泛訓爲「愛」，義不足，且非制字之本也。《詩·緜》「來朝走馬」，《孟子》引同，毛傳無解，箋云：「言其辟惡早且疾也。」《玉篇》「趣」字引《詩》曰「來朝趣馬」，言早且疾也。此《玉篇》所引，非《詩經》字作「趣」，蓋鄭箋讀「走」

若「趣」也。鄭箋必有「走讀若趣趣疾也」七字，六朝以前有之。《玉篇》引鄭箋所讀若「趣」字，而誤連爲《詩》本字，隋唐之間又脱去鄭箋七字，故陸《釋文》無「趣」音。不然，《棫樸》「左右趣之」傳曰「趣，趨也」，箋云「促疾於事」，設《緜》經字爲「趣」，毛不容無以訓之。且鄭箋彼「趣」爲「疾」，益可知此讀「走」爲「趣」也。《逸周書·文儆解》云：「壤非壤不高，水非水不流。」君子之爲弟也，行則爲人負，無席則寢其趾，【注】盧僕射云：「分重合輕，班白不任，弟達於道路也。」元謂：坐用席，卧用衽，席有首尾，尊者易知，無席而欲寢尊者，則必安其趾於衽。《士昏禮》曰：「御衽于奥北止。」止，同「趾」，足也。【釋曰】古人之席有首尾，故《公食大夫禮》云：「莞席尋卷自末。」故易知也。引《士昏禮》者，藉以明寢尊者之趾也。使之爲夫人則否。【注】此「夫」字及下「夫杖」「夫」字，皆「老」字形近之訛，篆字「老」作[illegible]。言當使之人，其年或老則止。近市無賈，在田無野，行無據旅，【注】此皆言安老之義。老者，雖近市，不賈賣；雖在田，不野宿。據旅，猶《周禮》「羈旅」。言老者雖行路，不羈據旅舍。「負」、「趾」、「否」及「賈」、「野」、「旅」，各以三字爲韻。【釋曰】《説文》曰：「賈，坐賣售也。」《周禮·地官·遺人》「羈旅」後鄭注：「過行寄止者。」故書「羈」作「寄」，杜子春云：「『寄』當作『羈』。」又「旅」元本訛作「依」，戴本從之。苟若此，則夫杖可因篤焉。【注】以上皆申言「人非人不濟」之義。仁道也，安老如此，則凡老杖者，可因依篤厚矣。【釋曰】「因」訓本《呂覽·盡數》「因智而明之」注。「篤」訓本《詩·椒聊》毛傳。富以苟，不如貧以譽；【注】富而苟且無禮，不若安貧有令譽。生以辱，不如死以榮。【注】盧僕射云：「見危致命，死之榮也。」【釋曰】《列女傳》楚平伯嬴曰：「妾聞『生而辱，不如死而榮』。」此古語相同者。辱可避，避之而已矣；及其不可避也，君子視死若歸。【注】可避而不避，是殉名也；不可避而死，君子之榮也。曾子慎言遠害，務全其身，然當大節大義，則毅然視死如歸，百世後忠臣孝子之防，皆立於此，故曰：「可以託六尺之孤，可以寄百里之命，臨大節而不可奪也，君子人與？君子人也。」又曰：「士不可以不弘毅，任重而道遠。仁以爲己任，不亦重乎？死而後已，不亦遠乎？」孔檢討云：「董仲舒説春秋齊頃公不死於位，以曾子此義責之。」【釋曰】《吕氏春秋·士節》篇云：「遺生行義，視死如歸。」語本乎此。董仲舒説見《春秋繁露·竹林》篇，彼引此無「矣」字、「也」字，「辱」字下多「若」字。父母之讎，不與同生；兄弟之讎，不與聚國；朋友之讎，不與聚鄉；族人之讎，不與聚鄰。【注】讎，謂被人有意辱殺者。不與同生，言孝子所仇，不共戴天，生以辱，不如死以榮也。孔子曰：「居父母之仇，寢苫枕干，不仕，弗與共天下也；遇諸市朝，不反兵而鬬。居昆弟之仇，仕弗與共國，銜君命而使，雖遇之，不鬬。居從父昆弟之仇，不爲魁，主人能，則執兵而陪其後。」盧僕射云：「族人，謂絶屬者。」元謂：「聚鄉」比「聚鄰」爲疏。《大清律》：「父母爲人所殺，而子孫擅殺行凶人者，杖六十，其即時殺死者勿論。」案：此與孔子「居仇」之義微有不同者。春秋時，殺人者官未必盡受理，且有國邑奔避也。【釋曰】「居仇」之説，《檀弓》、《曲禮》、《周禮·地官·調人》及此曾子所言，互有異同，然《周禮》、孔子、曾子之言，三者同義。惟《曲禮》錯出，不可從。此注所引，即《檀弓》孔子答子夏之言，與曾子合。案：《周禮·調人》曰：「凡過而殺傷人，以民成之。凡和難，父之仇辟諸海外，兄弟之讎辟諸千里之外，從父兄弟之讎不同國；君之讎眡父，師長之讎眡兄弟，主友之讎眡從父兄弟。」《周禮》此節，專言過殺，非本意殺，故調人得以使之遠避，平成之，與孔、曾所言有意辱殺之讎不同。猶《大清律》，謀殺人、故殺人，與戲殺、誤殺、過失殺傷人，有分别也。又《調人》曰「凡殺人有反殺者，使邦國交讎之」者，此言謀殺一人，恐此人子弟報讎，因復殺其子弟也。又《調人》曰「凡殺人而義者，不同國，令勿讎，讎之則死」者，此謂殺其謀殺君父之人爲義，其殺人君父之人之父兄子弟，不得再以此人爲讎，讎之則罪當死也。故《周禮》與孔、曾合，以爲不合者，誤解之耳。若《曲禮》言「兄弟之讎不反兵，交游之讎不同國」，及《公羊》「復百世之讎」，則太過，不合聖賢之道矣。良賈深藏如虚，君子有盛教如無。」【注】良賈不自衒其貨，君子不自矜其學，非有意匿之也，故曾子曰：「有若無，實若虚，昔者吾友嘗從事於斯矣。」「虚」、「無」相韻。【釋曰】此自是古語，而曾子述之。《史記·老子列傳》老子曰：

「吾聞之，良賈深藏若虛，君子有盛教，❶容貌若愚。」同是此言，而有意晦藏之，此老、莊之學所以大異於孔、曾也。弟子問於曾子曰：「夫士何如則可爲達矣？」【注】達，通也，通於學也。【釋曰】《羣書治要》「可」下無「以」字，今本有之。曾子曰：「不能則學，疑則問，欲行則比賢，雖有險道，循行達矣。【注】比賢，如見賢思齊焉。險道，難通之道。君子之學，難者弗辟也，率行既久，乃漸通達，無一旦通徹之效。【釋曰】「率」「循」訓本《爾雅》。「循」若循牆而走，循山而南，蓋積步成里，積里成百，始能漸次及遠。故顏子曰：「夫子循循然善誘人，博我以文，約我以禮。」此亦謂次第漸進。故聖門教學，與年漸進，非積學多年，而悟徹在一旦也。《羣書治要》「循」作「脩」，字誤義短，今不從。今之弟子，病下人，不知事賢，恥不知而又不問，【注】孔檢討云：「病，病之也。下人，下於人也。子張問達，子曰：『慮以下人。』」欲作則其知不足，【注】臧鏞堂云：「知不足而欲作，孔子所謂不知而作也，孔、曾之學貴博，多聞擇善而從之，多見而識之，則知足矣。」【釋曰】知，平聲。是以惑闇；惑闇終其世而已矣，是謂窮民也。」【注】閔之也。曾子門弟子或將之晉，曰：「吾無知焉。」【注】孔檢討云：「無相知者。」曾子曰：「何必然？往矣！有知焉謂之友，【注】盧僕射云：「曰友之也。」無知焉謂之主，【注】盧僕射云：「且客之而已。」孔檢討云：「若主顏犨由之主。」且夫君子執仁立志，先行後言，千里之外皆爲兄弟。【注】言人親之若兄弟。曾子曰：「君子以文會友，以友輔仁。」盧僕射云：「故曰：『君子何患乎無兄弟也？』」【釋曰】《太平御覽》四百一十九引此無「立」字，無「爲」字，「弟」下有「也」字。《說苑》孔子曰：「效其行，脩其禮，千里之外視如兄弟。」苟是之不爲，則雖汝親，庸孰能親汝乎？」【注】汝親若兄弟然。盧僕射云：「庸，用也。孰，誰也。」

凡五百七十六字。【釋曰】舊校本有「凡三

❶「有盛教」，《史記》作「盛德」。

章」三大字，「新別」二字，又云：「凡五百七十字。」孔氏定爲五百六十四字，元今定爲五百七十六字。

曾子制言中【注】《大戴禮記》弟五十五，今爲《曾子》弟七。

曾子曰：君子進則能達，退則能静。【注】能，讀若耐。無矜滿惰佚之心，故耐顯達；無浮慕躁忿之志，故耐寧静。【釋曰】《説文》「能」訓獸堅中，故稱賢能。經籍中又多以「耐」爲「能」者，「耐」爲「能」假借字，耐事即能事，其義相同，其音畧轉耳。豈貴其能達哉？貴其有功也。豈貴其能静哉？貴其能守也。夫唯進之何功？退之何守？【注】盧僕射云：「問君子進退，其功守何如？」是故君子進退有二觀焉。【注】盧僕射云：「言有二等可觀。」故君子進則能益上之譽，而損下之憂；【注】盧僕射云：「謂其功也。」元謂：忠實匡助，歸美於君，益上之譽也；興利除弊，教養及民，損下之憂也。不得志，不安貴位，不懷厚禄，負耜而行道，凍餓而守仁：【注】盧僕射云：「謂其守也。」元謂：道，猶路也。【釋曰】盧本作「懷」，宋、元本訛作「博」，《文選·楊子幼〈報孫會宗書〉》注引此作「懷」，從之。注「謂其守也」四字，宋本誤入正文，盧以上「謂其功也」注例此，改歸注。則君子之義也。【注】盧僕射云：「其功守之義。」【釋曰】此謂「其功守之義」，亦注文，而宋本誤入正文，孔氏以上二句注例此，改歸注，是也。王給事云：「『其』上似仍脱一『謂』字。」有知之，則願也；莫之知，苟吾自知也。【注】不自張其功守之義。吾不仁其人，雖獨也，吾弗親也。【注】知其人之不仁，己雖無友，亦不近之。故周公曰：「不如我者，吾不與處，損我者也；與吾等，吾不與處，無益我者也；吾所與處者，必賢於我。」【注】聖門論交，各有不同，故子夏曰：「可者與之，其不可者拒之。」子張曰：「君子尊賢而容衆，嘉善而矜不能。」曾子守約，其引周公遺言，與子夏相合，與子張不同，故曾子曰：「堂堂乎張也！難與竝爲仁矣。」【釋曰】各本皆以此三十七字，合前注「人而不仁，不足友也」八字，共四十五字，皆爲「吾弗親也」下盧氏注文。學者久已疑其不類矣，汪容甫疑「周公曰」以下皆是正文，是也，然無確據，故人罕從之。元案：《吕氏春秋·觀世》篇云：「周公旦曰：『不如吾者，吾不與處，累我者也；與我齊者，吾不與處，無益我者也。惟賢者必與賢於己者處。』」據此，可知此三十七字爲正文無疑矣。《吕覽》之文，多有從《曾子》竊去畧加改易者，以此相較，明《吕》改《曾子》正文也。《吕覽》此節，與「雖獨弗親」不甚近切，盧不應引之；即引之，亦斷不能改易如此之多，又可知非盧襲《吕》，其非盧注文明矣，故今歸之正文。　故君子不假貴而取寵。【注】假借貴要，取寵於君。　不比譽而取食，【注】比，親合也。互相稱譽以干禄。【釋曰】「比」義本《射義》鄭注，❶去聲。　直行而取禮，【注】盧僕射云：「行正則見禮也。」　比説而取友，【注】志同道合，乃相親合而説。孔子曰：「有朋自遠方來，不亦樂乎？」」【釋曰】舊校本云：「取，亦作『交』。」　有説我，則願也；莫我説，苟吾自説也。【釋曰】説，同悦。　故君子無悒悒於貧，無勿勿於賤，無憚憚於不聞；【注】悒悒，不舒之貌。勿勿，趣於賤而遽也。憚憚，勞心也。【釋曰】「悒」訓本《一切經音義》引《蒼頡篇》。《説文》曰：「勿，州里所建旗，所以趣民，故遽稱勿勿。」「勿勿」有黽勉之義，黽勉者必「趣」、「遽」，義相成也。戴校「勿勿」爲「忽忽」，非是。「憚」義見《立事》篇。　布衣不完，疏食不飽，蓬户穴牖，日孜孜上仁。【注】疏，麤也，謂糲米也。孜孜，勤也。孔檢討云：「上，尚也。」【釋曰】疏，孔本作「蔬」，非是。孜，舊校本云：「一作『孳』。」「疏」義本《詩·大雅》「彼疏斯粺」鄭箋。　知我，吾無訢訢；不知我，吾無悒悒。是以君子直言直行，不宛言而取富，不屈行而取位。【注】訢訢，喜也。宛，猶屈也。【釋曰】「訢」、「宛」義皆本《説文》。　畏之見逐，智之見殺，固不難；詘身而爲不仁，宛言而爲不

❶「鄭注」，據阮刻本《禮記正義》和《經典釋文》，當作「釋文」。

智，則君子弗爲也。【注】畏，惡也。言行見惡於君，故逐。言君子立朝事君，當正直不阿，與平居謹身慎言不同。此曾子之學也。【釋曰】汪容甫云：「此『畏』乃『仁』之訛。」孔檢討又直改正文爲「仁」，因下有「仁」、「智」兩節也。元謂：此不必改，「畏」之爲「惡」，聲轉義近，故《説文》、《廣雅》皆曰：「畏，惡也。」「惡」義正兼下「不受言行」二節爲言，且承上「直言直行」爲言。君子雖言不受，必忠，曰道；雖行不受，必忠，曰仁；雖諫不受，必忠，曰智。【注】君雖不受，臣必盡忠，乃所以爲「道」、「仁」、「智」。天下無道，循道而行，衡塗而僨，手足不揜，四支不被，《詩》云：「行有死人，尚或墐之。」則此非士之罪也，有士者之羞也。【注】盧僕射云：「衡，横也。僨，僵也。手足，即四支，説者申慇勤耳。」元謂：士見逐於君，窮死道路，必有爲之路冢者。此非士罪，乃有士者之恥。此勗士之勿以直言直行爲悔，所謂「生以辱，不如死以榮」。《詩·小雅·小弁》之六章。【釋曰】盧云：「宋、元舊本竝以注『手足』十一字入正文，又訛『即』爲『節』，今改正。」是也。戴校本、孔本竝謂《詩》詞十字亦注文，則非也。「則此」，戴據《永樂大典》本改作「此則」，今不從。凡戴所云「大典本」，似不足深據，故皆未從。「有士」，戴本改作「有土」，亦非。《詩》毛傳云：「墐，路冢也。」是故君子以仁爲尊。天下之爲富，何爲富？則仁爲富也。天下之爲貴，何爲貴？則仁爲貴也。【注】孟子曰：「夫仁，天之尊爵也。」「尊爵」兼下「富」「貴」爲言。曾子曰：「晉楚之富，不可及也。彼以其富，我以吾仁。」【釋曰】舊校云：「一作：『君子天下之爲仁，則以仁爲尊也；天下之爲富，則以仁爲富也；天下之爲貴，則以仁爲貴也。』」昔者，舜，匹夫也，土地之厚，則得而有之；人徒之衆，則得而使之：舜唯以得之也。是故君子將説富貴，必勉於仁也。【注】馬宗槤云：❶「以，用也。用仁得之也，君子必勉於所用之仁也。」元謂：人之言富貴者，必勉之以仁。【釋曰】汪容甫云：「『以』字是『仁』字之訛。」王引之云：「『以』下蓋脱

❶ 「槤」，初印本作「璉」，經解本作「連」。

『仁』字。」戴云：「《大典》作『仁』。」似未足據。馬説不改字，義可通，故從之。馬云：「古人辭質，此句承上文『以仁爲尊』，則『以』不須改。」昔者，伯夷、叔齊，仁者也，死於溝澮之間，其仁成名於天下。夫二子者，居河濟之間，非有土地之厚、貨粟之富也，【注】夷、齊，孤竹君之二子，兄弟交讓其國，餓死首陽山下。此言寧死而得仁，不以不仁得富貴。故孔子曰：「求仁而得仁，又何怨？」注溝曰澮，「死於溝澮」，猶曰經於溝瀆，即「衡塗而僨」也。河濟之間，今山東武定府濱州、海豐縣之間，孟子所謂「北海之濱」，夷、齊未至首陽時所居。【釋曰】《太平御覽》四百一十九引「伯夷、叔齊」下有「仁者也」三字，此宋本之最確可據者，且與上「匹夫也」三字同例，今各本皆脱，故補之。孫侍御志祖云：「《困學紀聞》引《曾子》『溝澮』作『濟澮』。」丁教授杰曰：「宋諱亦避『溝』字，或厚齋有意改之。」首陽山，《史記正義》凡五處，謂在蒲州及偃師者，皆非河濟之間。蓋河濟之間即北海之濱，初遜國時所居，至歸周後，始餓死首陽山。若王伯厚遷就爲一地，則不合矣。言爲文章，行爲表綴於天下。【注】凡樹臬以著望曰表，復繫物於表曰綴，皆所以正疆土及人行立者。【釋曰】綴者，以物聯物之名。故凡以木竿繫物，皆曰綴。《説文》：「叕，叕聯也，象形。」《禮記·郊特牲》曰：「郵表畷。」此言田間樹臬以正疆界，或「表」或「綴」，各以遠近爲數；通言之，「綴」可訓「表」，其實有繫物、不繫物之分，故《説文》又訓「畷」爲「兩陌間」也。❶ 至於人舞立行止之位，亦用之，《禮記》謂之「綴兆」。《尚書》之「綴衣」，亦謂以竿繫衣。《詩·曹風》「何戈與祋」，「祋」與「綴」音義相同，故《説文》解「祋」爲「高縣羊皮」也。揚州古銅盤銘内言田原之界，屢言「一表一表」，「表」即「綴」也。表，宋本訛作「喪」，朱本作「裘」。是故君子思仁義，晝則忘食，夜則忘寐，日旦就業，夕而自省，以殁其身，亦可謂守業矣。【釋曰】殁，宋本訛「役」，盧本改「殁」。「日旦」以下四句，與《立事》篇同，惟「省」下少一「思」字。

凡五百二十九字。【釋曰】舊校云：「凡四百八十字。」孔氏定爲四百七十九字，元今定爲五百二十

---

❶ 「間」，《説文解字》作「間道」。

九字。

曾子制言下【注】此篇專言秉德安貧、不仕亂世之義。

《大戴禮記》弟五十六，今爲《曾子》弟八。

曾子曰：天下有道，則君子訢然以交同；天下無道，則衡言不革。【注】訢，喜也。盧僕射云：「衡，平也。」元謂：革，急也。謂孫其言以遠害。【釋曰】「訢，喜」本《説文》。「革」、「急」古同音，每相假借。《禮·檀弓》「夫子病革矣」，鄭讀爲「急」，是也。諸侯不聽，則不干其土；聽而不賢，則不踐其朝。【注】干，犯也。犯土，謂入其境。踐朝，謂受其爵。【釋曰】「干」訓本《説文》。是以君子不犯禁而入人境，【注】盧僕射云：「及郊，問禁請命。」【釋曰】「及郊」以下盧注六字，各本皆以爲正文，惟戴庶常改爲注，孔本從之。元案：此雖無據，而其迹之誤甚顯，故可從也。自「曾子曰：天下有道」以下，皆語語相偶，無散亂之句，故知「不通患」七字，正與「不犯禁」七字相對待以成文，此中斷不致羼入「及郊」六字也。「入人」字，宋本訛爲「人入」，盧學士校改，今從之。不通患而出危邑，【注】通，共也，猶交同也。邑之有危難者，不與交同共其難，而出於其間，故曾子避越寇。【釋曰】「出」有經過之義，故《曲禮》曰：「離立者不出中間。」言行過其中也。此篇曾子之意，主于處無道之世，不仕人國，遠害安貧，與謀人邦邑、危則亡之之義相遠。此句仍是承上爲言，「不通患」者，即「訢然交同」之反也。訓「通」爲「共」者，義本《後漢書·來歷傳》注。盧僕射注「師敗不苟免」，失曾子本義，故「通」字礙不可解，戴遂臆改爲「避」字，孔本從之，非也。邑，宋本訛「色」。「越寇」見下。則秉德之士不諂矣。【注】不諂亂國之君，以求爵邑。故君子不諂富貴，以爲己説；不乘貧賤，以居己尊。【注】不諂君卿，使説己。「乘」謂自出其上也。凡行不義，則吾不事；不仁，則吾不長。【注】不事，言不臣不義之諸侯。不長，言不臣不仁之公卿大夫。【釋曰】《周禮·天官冢宰》「乃施則於都鄙，而建其長」注：「長，謂公卿大夫王子弟之食采邑者。」奉相仁義，則吾與之聚羣；【注】盧僕射云：「相，助也。」元謂：相，❶承也。臣之以仁義承助其君者，則與之同朝。【釋曰】「奉」訓本《説文》。「相」訓本《爾雅》。嚮爾寇盗，則吾與慮。【注】爾，近也。與，讀如「未有與焉」之「與」。無仁義而近有寇盗，則吾與其禍是慮。故曾子居武城，有越寇，曾子去；寇退，曾子反。沈猶有負芻之禍，從曾子者七十人，未有與焉。孟子謂「曾子，師也，父兄也」，故去留無毁。【釋曰】事見《孟子·離婁下》。案：魯有兩武城，此武城乃曾子所寓之武城，在今山東沂州府費縣西南，與曾子所生之南武城在濟寧直隸州嘉祥縣南者不同。戴校本從《大典》「與」上加「不」字，今不從。國有道，則突若入焉；國無道，則突若出焉：如此之謂義。【注】突，猝然相見也。【釋曰】盧注于「入焉」下引《詩·秦風》「鴥彼晨風」二句爲注。此或以「鴥」字注「突」字耳，未必正文即是「鴥」字。戴氏直改爲「鴥」，未敢遽從。陸佃《埤雅》鸇類引《曾子》正文作「突」，可見宋以前「突」字本不誤。今注訓「突」爲「猝然相見」者，出入其國，決然甚速。《方言》曰：「江湘之間，凡猝然相見謂之棐相見，或曰突。」《説文》：「突，不順忽出也。」❷《廣雅·詁二》：「突，猝也。」夫有世，義者哉，曰仁者殆，恭者不入，慎者不見使，正直者則邇於刑，弗違則殆於罪。【注】夫有世，言有此亂世也。王引之云：「哉，讀爲栽，字訛也。」元謂：「曰」字衍，或爲「行」字之訛。入，讀爲納。言當世於行仁義者則栽危之，恭敬者不納其言，謹慎者不見使用，正直犯諫者近之於刑戮，賢者居其國弗去，必危罪矣。孟子曰：「無罪而殺士，則大夫可以去；無罪而戮民，則士可以徙。」【釋曰】王引之云：「『世有』二字直貫至『刑』字，『義者』與『仁者』同，『仁』上『曰』字自是衍文，或是上注文『宜』下有小『也』字，而訛爲大『曰』字。」戴校删之，今未敢遽删。是故君子錯在高山之上，深澤之污，聚橡栗藜藿而食之生，耕稼以老十室之邑。【注】錯，藏也。污，水窊下也。橡，栩也，實可食。列子曰：「冬食橡栗。」藜草，似蓬。藿，豆葉。劉向曰：「曾子布衣緼袍，未得完；糟糠之食，藜藿之羹，未

❶ 「相」，據上下文意，當作「奉」。

❷ 「不順忽出」，《説文解字》作「犬從穴中暫出」。

得飽。義不合，則辭上卿，不恬貧窮，安能如此？」許宗彦云：「生，謂食之而生。」【釋曰】「錯」訓本《廣雅》。「污」訓本《説文》。「椽」義本《廣雅》及《玉篇》、《周禮·掌染》鄭注。「列子」見《天瑞》篇。「藜」義見《漢書·司馬遷傳》注。「藿」義見《儀禮·公食大夫禮》鄭注。劉向説見《説苑·立節》篇。《莊子》言「曾子居衛，曳縰而歌商頌」，及《説苑》言「齊景公以下卿禮聘曾子」，皆未可據，故不以爲説。

是故昔者禹見耕者五耦而式，過十室之邑則下，爲秉德之士存焉。」【注】五耦，十人也。秉德之士，謂貧隱不仕亂世者也。【釋曰】式，宋本譌「武」。

凡二百二十九字。【釋曰】舊校無字數，孔氏定爲二百二十八字，元今定爲二百二十九字。

曾子十篇卷四

揚州阮元注并釋

曾子疾病【注】此記曾子將卒之言，曾子曰：「鳥之將死，其鳴也哀；人之將死，其言也善。」《大戴禮記》弟五十七，今爲《曾子》弟九。

曾子疾病，【注】盧僕射云：「疾困曰病。」曾元抑首，曾華抱足。【注】「抑首」當如《説苑》作「抱首」，「華」當如《檀弓》作「申」，皆字形相近之訛。元與申，曾子二子。曾元嘗游於燕。申字子西，子夏以《詩》傳曾申，左丘明作《春秋傳》，亦授曾申。【釋曰】《説苑·敬慎》篇亦作「曾華」。《漢書·王吉傳》王駿曰：「子非華、元。」蓋漢人皆以爲「曾華」，惟《檀弓》曰「曾子寢疾，病，曾元、曾申坐於足」，作「申」字。《困學紀聞》曰：「楚鬬宜申、公子申皆字子西，則曾西之爲曾申無疑。」據此，則《孟子》趙岐注以曾西爲曾子之孫，亦誤也。《荀子·法行篇》作「曾元持足。」曾元游燕事見《荀子·大畧篇》。《詩》傳、《春秋傳》語本《經典·敘録》。曾子曰：「微乎！吾無夫顔氏之言，吾何以語汝哉？然而君子之務，蓋有之矣。【注】微，猶無，止辭也。《檀弓》曾子曰：「微與！其嗟也可去，其謝也可食。」孔檢討云：「顔氏，子淵也。」元謂：顔子死，弟子必有記言，惜今鮮傳。有君子之務，謂後之所言。【釋曰】蓋，閣本如此，今本皆作「盡」。「然而」二句，《説苑》作「雖無能，君子務益」。夫華繁而實寡者，天也；言多而行寡者，人也。鷹隼以山爲卑，而曾巢其上；魚鱉黿鼉以淵爲淺，而蹷穴其中：卒所以得之者，餌也。是故君子苟無以利害義，則辱何由至哉？【注】鷹隼，皆鷙鳥。曾，與增同。王編修引之云：「蹷，讀爲撅，掘也。」盧僕射云：「生生之厚，動之死地也。」【釋曰】《羣書治要》無「曾」字，「淵」作「川」，「蹷」作「窟」，「卒」下有「其」字，「德」下無「之」字，「無以」作「毋以」，今皆不從之。「隼」从隹，俗本又加「鳥」，今改正。《荀子·法行篇》「隼」作「鳶」，「曾」作「增」，「麗穴」作「堀説」。《説苑》十「鷹隼」作「飛鳥」，「曾」作「層」，十六又作「鷹鷲」，作「增巢」，「麗穴」作「穿穴」。《御覽》九百廿六引《曾子》「隼」作「鶚」，「山」上多「太」字，❶「卑」作「下」，「曾」作「增」。《荀子·法行篇》引《曾子》曰：「君子苟能無以利害義，則恥辱亦無由至矣。」注以「曾」爲「增」者，《爾雅》「曾，重也」。孟子曰：「曾益其所不能。」王引之云：「《逸周書》『貛有蚤而不敢以撅』，『撅』與『麗』同。」《左傳》云：「闕地見泉。」❷闕、麗、撅同義也。《荀子》作「堀」，「堀」即「掘」，尤可證之。盧注舊本皆爲「生生」，惟盧本誤爲「求生」，孫侍御志祖云：「『生生之厚，動之死地』二句，全用《老子》。」丁教授杰云：「《抱朴子·知止》篇：『生生之厚，殺我生生矣。』」親戚不説，不敢外交；近者不親，不敢求遠；小者不審，不敢言大。【注】孔檢討云：「古者謂父母爲親戚。《春秋左傳》伍尚曰：『親戚爲戮。』」元謂：不順乎親，不信乎朋友矣。曾子曰：「內疏而外親，不亦反乎？」【釋曰】《説苑·建本》篇作：「親戚不説，無務外交；比近不説，無務修遠。」《羣書治要》「求遠」作「來遠」，今不從之。曾子語見《荀子·法行篇》，又見《韓詩外傳》二卷。故人之生也，百歲之中，有疾病焉，有老幼焉，故君子思其不可復者而先施焉。親戚既殁，雖欲孝，誰爲孝乎？年既耆艾，雖欲弟，誰爲弟乎？故孝有不及，弟有不時，其此之謂與！【注】疾病老幼皆當仁愛，尤以孝弟爲先。不復者，謂父母兄長之年也。五十曰艾，六十曰耆。己之年耆艾，則兄長多故矣。曾子曰：「往而不可還者，親也；至而不可加者，年也。是故孝子欲養而親不逮也，木欲直而時不待也，是故椎牛而祭墓，不如雞豚逮親存也。」【釋曰】有老，宋本訛作「者老」。《羣書治要》「復」上有「可」字，戴庶常校本據《大典》「復」上加「可」字，今從之，各本皆無「可」字。「爲孝」、「爲弟」下，《治要》有兩「乎」字，今從之，各本皆無。「艾」、「耆」訓見《曲禮》。曾子語見《説苑》卷二。言不遠身，言之主也；行不遠身，行之本也。言有主，行

❶「上」，原誤作「土」，據初印本和經解本改。

❷「見」，《左傳》作「及」。

有本，謂之有聞矣。【注】曾子之學，皆本於身，不求言行於虛遠之地。以身爲言行所從出，故日省其身。有聞者，如子路有聞。【釋曰】此下劉本有注文「知身是言行之基，可謂聞矣」十一字，或訛入正文。聞，平聲。君子尊其所聞，則高明矣；行其所聞，則廣大矣。高明廣大，❶不在於他，在加之意而已矣。【注】董仲舒《對策》引《曾子》此言，欲武帝尊所聞而行之，卒能推明孔氏，抑黜百家。儒學帝治，無不同也。【釋曰】《漢書·董仲舒傳》引《曾子》「廣大」作「光大」，「光」乃「廣」音近假借字；傳中「行其所聞」作「知」，「加之意而已」無「矣」字，皆董《策》所刪改。《羣書治要》「加」上無「在」字，「意」作「志」，今不從。與君子游，苾乎如入蘭芷之室，久而不聞，則與之化矣；與小人游，貸乎如入鮑魚之次，久而不聞，則與之化矣：是故君子慎其所去就。【注】苾，馨香也；蘭，蕑也；芷，白茝也。皆香草。王編修引之云：「『貸』乃『膱』字之訛，『膱』乃膏液敗臭也。」元謂：鮑者，糗乾之。次，舍也。【釋曰】《文選·辨命論》注引《大戴禮》此文，「貸」作「臭」，「次」作「肆」，皆不可從。《家語·六本》篇云：「與善人居，如入芝蘭之室，久而不聞其香，❷即與之化矣；與不善人居，如入鮑魚之肆，久而不臭，亦與之化矣。」此王肅妄改《曾子》書，以爲孔子對曾子之言，不可從。「貸乎如入鮑魚之次」，《羣書治要》作「膩乎如入魚次之室」，今不從之。戴本據《大典》改「貸」爲「膩」者，亦非。馬總《意林》誤作「戲」，《文選》注引作「臭」，亦誤。蓋古本作「膱」字，「貸」、「膩」、「戲」皆形近之訛。《考工記·弓人》注：「樴，讀爲『脂膏䐈敗』之『䐈』。《釋文》引呂忱云：「䐈，膏敗也。」」「䐈」與「膱」音義亦同。若王肅之改爲「臰」，直妄改以示異耳。「苾」訓本《說文》。「蘭」義本《詩·鄭風》毛傳義。芷，《說文》曰：「虈也」，「虈，楚謂之蘺，晉謂之虈」，與江蘺有異。「芷」即「茝」，古今字也。《家語》改「蘭芷」爲「芝蘭」，按「芝」爲神草，與「芷」不同，尤失古義矣。「糗」義本《周禮·籩人》鄭注。「次」義本《左》襄廿六年杜注。《文選·辨命論》注引「就」下有「者也」二字。又《太平御覽·交友》引

❶「大」，原誤作「太」，據初印本、經解本改。

❷「聞」，初印本和經解本皆作「臰」。

《曾子》「次」亦作「肆」，「久而不聞其香」、「久而不聞其臭」，多「其香」、「其臭」四字。

與君子游，如長日加益，而不自知也；與小人游，如履薄冰，每履而下，幾何而不陷乎哉？【注】日行出赤道北，不覺其長。【釋曰】戴氏校殿本改盧注「如日之長」爲「如身之長」，則讀正文「長」字爲上聲矣。然《漢書·董仲舒傳》云：「積善在身，猶長日加益，而人不知也；積惡在身，猶火之銷膏，而人不見也。」董以「火」對「日」爲言，則此正文言日晷之長無疑，未可遽改盧注也。

吾不見好學盛而不衰者矣，吾不見好教如食疾子矣，【注】食，謂乳養之也。【釋曰】閣本無「盛」字。「食」義本《禮記·内則》鄭注。孔云：「食，音飤。『子』字下宋本脱『者』字，從《大典》增。」元謂：諸宋元本皆無「者」字，未可遽增。

吾不見日省而月考之其友者矣，【注】孔子曰：「就有道而正焉。」吾不見孜孜而與來而改者矣。」【注】與，許也。來學而改過者，許而教之，勤引後進也。孔子曰：「與其進也。」【釋曰】汪晫本此後尚有「官怠於宦成，病加於少愈，禍生於懈惰，孝衰於妻子。察此四者，慎終如始，《詩》曰：『靡不有初，鮮克有終。』」三十八字，乃據《説苑·敬慎》篇續入，非《大戴》曾子十篇中文也。又丁教授杰曰：「此末句盧注云：『謂擇善而改非也。』似本文『來』字爲『采』字之訛，故盧以『擇』訓之。」姑存此説，未敢遽改。

凡三百八十五字。【釋曰】舊校無字數，孔氏定爲三百八十五字，今元定爲三百八十五字。

曾子天員【注】此篇言聖人察天地陰陽之道，制禮樂以治民，所言多《周易》、《周髀》、《禮經》、《明堂》、《月令》之事。首言「天員」之道，遂以名篇。《大戴禮記》弟五十八，今爲《曾子》弟十。【釋曰】程榮本作「員」，盧、戴本皆作「圓」。「員」古字，「圓」俗字也，今改正。

單居離問於曾子曰：「天員而地方者，誠有之乎？」曾子曰：「離，而聞之云乎？」【注】單居離，曾子弟子。盧僕射云：「而，猶汝也。汝聞，則言之也。」單居離曰：「弟子不察，此以敢問也。」曾子曰：「天之所生上首，地之所生下首。【注】天動地静，故人物動者屬天，其首恒在上；艸木静者屬地，其首恒在下。地上空虚無土之處皆天，故凡動者皆天所生，艸木甲坼而生，以根爲首，枝爲末也。人以頭爲首，故《説文》曰：「髮，根也。」《易》曰：「本乎天者親上，本乎地者親下。」臨海周治平云：「人物有息以接天氣，故上首；艸木有根以承地氣，故下首。」【釋曰】「此以」，戴本據《大典》改爲「以此」，非是。《大戴》屢有「此以」文法，《四代》篇、《虞戴德》篇皆見之。謂「無土皆天」者，《易》曰：「天在山中。」上首之謂員，下首之謂方。【注】盧僕射云：「因謂天地爲方員也。《周髀》曰：『方屬地，員屬天，天員地方也。』」元謂：謂之者，謂其道，非謂其形也。如誠天員而地方，則是四角之不揜也。【注】方員同積，則員者必不能揜方之四角。今地皆爲天所揜，明地在天中，天體渾員，地體亦員也。《曾子》及《周髀》本言「地員」，自周末疇人子弟散在四夷，古法始徹。《周髀》曰：「日運行處極北，北方日中，南方夜半；日在極東，東方日中，西方夜半；日在極南，南方日中，北方夜半；日在極西，西方日中，東方夜半。」據此，則知周時説地體亦渾員，所由準北極高下，分里差時差，以驗交食，蓋天實具渾天之法也。梅徵君文鼎云：「地員可信，《大戴禮》有曾子之説。」【釋曰】元西域扎馬魯丁造西域儀象，有所謂苦來亦阿兒子，漢言地理志也。其製以木爲圓球，七分爲水，其色緑；三分爲土，其色白；畫江、湖、海貫串於其中，兼作小方井，以計幅員之廣袤，道里之遠近。此即元明以來西説地圓之祖。西説之精詳者，見熊三拔《表度説》。其意以地體渾圓，在天之中；若令地球不在天中，則在地之景必不能隨日周轉，且遲速不等矣。今春秋二分，日輪六時在地平上，爲晝；六時在地平下，爲夜。非在正中而何？地體本圓，故一日十二辰，更迭互見，如正向日之處得午時，其正背日之處得子時，處其東三十度得未時，處其西三十度得巳時，相去二百五十里而差一度，又七千五百里而差一時。若以地爲方體，則惟對日之下者其時正，處左處右者必長短不均矣。西域此説，即《曾子》「地圓」之意，亦即《周髀》「日行」之意，非創解也。梅徵君《天學疑問》曰：「西人言：水地合一圓球，而四面居人，其地度經緯正對者，兩處之人以足版相抵而立。其説可從與？曰：以渾天之理徵之，則地之正圓無疑也。是故南行二百五十里，則南星多見一度，而北極低一度；北行二百五十里，則北極高一度，南星少見一度。若地非正圓，何以能然？所疑者，地既渾圓，則人居地上，不能平立也，然吾以近事徵之，江南北極高三十二度，浙江高三十度，相去二度，則其所戴之天頂即差二度，各以所居之方爲正，則遥看異地，皆成斜立；又況京師極高四十度，瓊海極高二十度，若自京師而觀瓊海，其人立處皆當傾跌。而今不然，豈非首戴皆天，足履皆地，初無欹側，不憂環立歟？然則南行而過赤道之表，北行而至戴極之下，亦若是矣。」元謂：置丸豬膀胱中，吹氣足，閉之，丸可居中。置丸水盎中，急旋其水，丸必居中。此地爲天大氣包舉之驗也。地上數百丈，風與氣即急勁，況直上千萬里哉？故人與水在地不傾落者，天氣包舉之，準平繩直，人水不知也。西洋有謂地心本重，人物各願就地心之重，得附麗不脱之説。此説理仍未足。

且來，吾語汝。參嘗聞之夫子曰：天道曰員，地道曰方；【注】且來者，呼之使姑且來也。以下皆述孔子之言。盧僕射云：「道曰方員耳，非形也。」元謂：《易·説卦》曰：「乾爲天，爲圜。」《文言》曰：「坤至静而德方。」皆言其道也。聖人因方員以治天下，故《周髀》以笠寫天，立周天之度；禹用矩測高、深、遠，以治山川也。【釋曰】謂此下皆孔子言者，讀其文皆成一章，未嘗有曾子之言間雜其中也。《文選·宋玉〈對楚王問〉》注引《曾子》曰「吾聞諸夫子曰『羽蟲之精者曰鳳』」云云，是唐人皆讀以後之言屬之孔子也。《周髀算經》曰：「古者包犧立周天之度。」又曰：「方屬地，圓屬天，天圓地方。方數爲典，以方出圓，笠以寫天。」又曰：「平矩以正繩，偃矩以望高，覆矩以測深，卧矩以知遠。」又曰：「故禹之所以治天下者，此數之所生也。」元案：以笠寫天，蓋天也。渾天之象即寓蓋天，故渾、蓋之法相通也。

方曰幽，員曰明。【注】地道幽，天道明，故以爲天地之名。《易》曰：「仰以觀於天文，俯以察於地理，是故知幽明之故。」【釋曰】《文選·盧子諒〈時興詩〉》注、《太平御覽》卷二引此皆無「而」字，❶是唐宋舊本，爲可據。今本「幽」下有「而」字，删之。

明者，吐氣者也，是故外景；幽者，含氣者也，是故内景。【注】天陽吐氣，而其景在外；地陰含

❶ 「《文選·盧子諒〈時興詩〉》注」，今查《文選·盧子諒〈時興詩〉》注僅引「天道曰圓，地道曰方」，以之爲「曾子曰」。

氣，而其景在內。《易》曰：「坤含弘光大。」又曰：「含萬物而化光。」【釋曰】盧僕射云：「景，古通以爲『影』字。」

故火日外景，而金水內景。【注】日與火屬天，其景外照，月星從之；金與水屬地，其景內照，故鏡能含景。

吐氣者施，而含氣者化，是以陽施而陰化也。【注】人物生於地，然非得日氣不生，故《周髀》曰：「北極下不生萬物，中衡左右，冬有不死之草。」【釋曰】《淮南子·天文訓》襲此節文曰：「天道曰圓，地道曰方；❶方者主幽，圓者主明。明者，吐氣者也，是故火曰外景；幽者，含氣者也，是故水曰內景。吐氣者施，含氣者化，是故陽施陰化。」

陽之精氣曰神，陰之精氣曰靈。神靈者，品物之本也，【注】品，衆庶也。《易》曰：「大哉乾元！萬物資始，乃統天；雲行雨施，品物流形」，「至哉坤元！萬物資生，乃順承天；坤厚載物，德合無疆，含宏光大，品物咸亨」。此天地神靈，所以陽施陰化，成品物之形，故爲品物之本。【釋曰】「品」訓本《說文》。

而禮樂仁義之祖也，【注】祖，始也。《禮記》曰：「天高地下，萬物散殊，而禮制行矣；流而不息，合同而化，而樂興焉。春作夏長，仁也；秋斂冬藏，義也。仁近於樂，義近於禮。樂者敦和，率神而從天；禮者別宜，居鬼而從地。禮樂極乎天而蟠乎地，行乎陰陽而通乎鬼神。」【釋曰】「祖」訓本《爾雅》。《記》文見《樂記》。

而善否治亂所興作也。【注】班孟堅曰：「人函天地陰陽之氣，有喜怒哀樂之情。天稟其性而不能節也，聖人能爲之節，而不能絕也，故象天地而制禮樂，所以通神明、立人倫、正性情、❷節萬事者也。人性有男女之情，妒忌之別，爲制婚姻之禮；有交接長幼之序，爲制鄉飲之禮；有哀死思遠之情，爲制喪祭之禮；有尊尊敬上之心，爲制朝覲之禮。正人足以副其誠，邪人足以防其失。故昏姻之禮廢，則夫婦之道苦，而淫僻之罪多；鄉飲之禮廢，則長幼之序亂，而爭鬬之獄蕃；喪祭之禮廢，則骨肉之恩薄，而背死忘生者衆；❸朝覲之禮廢，則君臣之位失，而侵淩之漸起。故孔子曰：『安上治民，莫善於禮；移風易俗，莫善於樂。』政目行之，刑目防之。」董仲舒曰：「王者欲有所爲，宜求其端於天。天道大者在於陰陽，陽

---

❶「曰」，原誤作「白」，據初印本和經解本改。

❷「性情」，《漢書·禮樂志》作「情性」。

❸「生」，《漢書·禮樂志》作「先」。

爲德，陰爲刑，天使陽常居大夏，而以生育長養爲事；陰常居大冬，而積於空虚不用之處：㠯此見天地之任德不任刑也。」【釋曰】班、董説皆見《漢書·禮樂志》。 陰陽之氣，各從其所，則静矣。【注】近於日爲陽，遠於日爲陰；夏多陽，冬多陰；南多陽，北多陰；晝多陽，夜多陰：是「其所」也。【釋曰】從，各本作「静」，或作「盡」，惟高安本作「從」。 偏則風，俱則靁，交則電，亂則霧，和則雨，陽氣勝則散爲雨露，陰氣勝則凝爲霜雪，陽之專氣爲雹，陰之專氣爲霰。霰雹者，一氣之化也。【注】臨海周治平云：「萬物各有本所，故得其所則安，不得其所則强，及其强力已盡，自復居於本所焉。本所者何？如土最重，重愛卑，性居下；火最輕，輕愛高，性居上；水輕於土，在土之上；氣重於火，在火之下。然水比土爲輕，較火氣爲重；氣比火爲重，較水土爲輕。以是知水必下而不上，氣必上而不下矣。蓋水之情爲冷濕，火之情爲燥熱，土之情爲燥冷，氣之情爲濕熱，其情皆有偏勝，各隨其勝所。火氣偶入水土之中，必不得其安，而欲上行；水土因氣騰入氣火之域，亦必被强而欲下墮：各居本所矣。日光照地，與氣上升，偏於燥則發爲風。火與土俱挾氣上升，阻於陰雲，難歸本所，火土之勢，上下不得，亦無就滅之理，則奮迅決發，激爲雷霆。與氣交合，迸爲火光，居於本所，故云「交則電」。日氣入地，鬱隆騰起，結而成雲，上至冷際，爲冷情所化，因而成雨，正如蒸水，因熱上升，騰騰作氣，上及於蓋，蓋是冷際，即化爲水，下居本所。故雨者，冷熱二氣相和而成也。若濕氣既清且微，是陽勝也，升至冷際，乃凝爲露。三冬之月，冷際甚冷，是陰勝也，雲至其處，既受冷侵，一一凝冱，皆是散圓，即成雪矣。露之爲霜，其理畧同。蓋氣有三際，中際爲冷，上近火熱，下近地温，冷際正中，乃爲極冷。夏月之氣，鬱積濃厚，决絶上騰，力專勢鋭，逕至極冷之深際，驟凝爲雹。入冷愈深，變合愈驟，結體愈大矣；故雹體之大小，又因入冷之淺深爲差等，非如冬月雲氣，徐徐上升，漸至冷之初際，而結體甚微也。故夏月雲足促狹，隔塍分壟，而晴雨頓異焉；冬時氣升冷際，化而成雨，因在氣中摩盪，故一一皆圓，初圓甚微，以漸歸并，成爲點滴，未至本所，又爲嚴寒所迫，即下成霰矣。故雹霰者，皆陰陽專一之氣所結而成者也。」【釋曰】周生深于天算，兼習西洋之法。此乃融會中西之説爲之，其理甚明，故載用之。

毛蟲毛而後生，羽蟲羽而後生，毛羽之蟲，陽氣之所生也。介蟲介而後生，鱗蟲鱗而後生，介鱗之蟲，陰氣之所生也。【注】孔檢討云：「毛羽外見故陽，介鱗水伏故陰也。」唯人爲倮，匈而後生也，【注】倮者包生。「包」訛爲「匈」。許慎曰：「包，象人裹妊。」《月令》曰：「中央土，其蟲倮。」倮蟲，人也。陰陽之精也。【注】人秉陰陽之精以生，故圓頂方趾。毛蟲之精者曰麟，羽蟲之精者曰鳳，介蟲之精者曰龜，鱗蟲之精者曰龍，倮蟲之精者曰聖人。【注】盧僕射云：「麟、鳳、龜、龍，所謂『四靈』。」元謂：《易本命》曰：「鳥魚皆生於陰，而屬於陽，故鳥魚皆卵。介鱗夏食冬蟄，齕吞者八竅而卵生，咀嚾者九竅而胎生，四足者無羽翼。有羽之蟲三百六十，而鳳皇爲之長；有毛之蟲三百六十，而麒麟爲之長；有甲之蟲三百六十，而神龜爲之長；有鱗之蟲三百六十，而蛟龍爲之長；倮之蟲三百六十，而聖人爲之長：此乾坤之美類，禽獸萬物之數也。」【釋曰】《周禮·大司徒》「土會之法」鄭注「毛物」、「臝物」，義與此異。高誘《呂覽》、《淮南子》注「倮蟲」、「毛蟲」，義亦與此異。當以《曾子》及《易本命》義爲長也。龍非風不舉，龜非火不兆，此皆陰陽之際也。【注】盧僕射云：「龜龍爲陰，風火爲陽，陰陽會也。」孔檢討云：「《白虎通義》曰：『龜非火不兆，以陽動陰也。』」【釋曰】朱本脱「也」字。《永樂大典》本「不兆」下多「鳳非梧不棲，麟非藪不止」十字，於陰陽之義無涉，戴本從之增入，非《曾子》本文也。「際」字，元本作「會」。茲四者，所以聖人役之也。【注】孔檢討云：「役，使也。聖人以四靈爲畜也。」【釋曰】朱本作「所以役聖人之精也」，宋本作「所以役聖人之也」，盧本作「所以役於聖人也」，惟元本作「所以聖人役之也」，戴本、孔本從之。是故聖人爲天地主，爲山川主，爲鬼神主，爲宗廟主。【注】盧僕射云：「鬼神，百祥也，❶因外祀，故在宗廟之上也。」孔檢討云：「主，祭主也。」聖人慎守日月之數，以察星辰之行，以序四時之順逆，謂之曆；【注】

❶「祥」，《大戴禮記》盧辯注作「神」。

日行一度爲一日，其數簡明，爲諸曜之主。月有朔望之數。聖人必慎守日月之度數，而後可察五星、恒星之行。星，五星也。辰，十二舍恒星也。四時順逆者，分至日躔之贏縮也。冬至之後，日行贏度爲太過；夏至之後，日行縮度爲不及：皆失其中，故謂之逆。春秋二分，日行平度，漸適其中，故謂之順。順逆有數，四時皆定，此聖人所序也。今欽天監贏縮之法，即孔子所言順逆也。故堯「命羲和，欽若昊天，厤象日月星辰」，「歲三百有六旬有六日，以閏月定四時，成歲」。以授舜，曰：「咨！爾舜，天之厤數在爾躬。」舜亦以命禹。周武王訪箕子，以五紀明其法。周公問商高，以述《周髀》。此聖人所以治天也。【釋曰】日，日行一度，一歲一周天，雖有贏縮，不失其常，最爲簡明。月，日行十三度有奇，二十七日零一周天，其行有遲疾入轉，有入交遠近，有泛會，有實會，有視會，有正交，有中交，皆以所歷之日互相消長，而得其行度之真率，而後晦朔弦望、交食淺深之數可得。由此以察星辰之行。星，五星也。五星之行亦有遲疾，入限有合伏、衝伏，有退留、順留，有晨夕見、晨夕不見，有淩犯交食，皆由日月之度數，察而知其行度不齊之率。辰，乃十二宫恒星分界之名也。恒星每年有行分，因生歲差，故曰星辰之行，亦以日月之數知其行率。今欽天監所用新法，日月五星，各有本天高卑遠近之行，因生加減。如日之行度凡三種：曰平行，曰本輪行，曰均輪行。月之行度凡九種：曰平行，曰自行，曰均輪行，曰次輪行，曰次均輪行，曰交行，曰最高行，曰距日行，曰距交行。五星之行凡十有二類：土、木、火各有平行，爲一類；而金、水即以太陽之平行，是爲一類；土、木、火、金之次輪心，皆行倍引數，爲一類；而水星之次輪心，則行三倍引數，是獨爲一類；土、木、金、水之次輪半徑皆有定數，爲一類；而火星之次輪在本天最高則大，最卑則小，又視太陽在最高則大，最卑則小，是獨爲一類；土、木、火皆行距日度，爲一類；而金、水自有行度，又爲一類；土、木、火皆有本天，與黄道相交，以生緯度，次輪斜交本天，其面又與黄道平行，能加減其緯度，爲一類；而金、水之本天，即爲黄道，本無緯度，因次輪斜黄道以生緯度，又爲一類；土、木、火皆有合有衝，爲一類；而金、水則有合，有退合，而無衝，是又爲一類也。蓋新法雖始於西人，實即古法之贏縮也。由孔子「順逆」之言求之，知贏縮即所謂「順逆」

也。「堯命」以下，用《史記·律書》及《漢書·律志》義也。❶**截十二管，以宗八音之上下清濁，謂之律也。**【注】黄帝吹解谷之竹，以爲黄鍾之宫，制十二管：黄鍾、太蔟、姑洗、蕤賓、夷則、無射爲六律，林鍾、南吕、應鍾、大吕、夾鍾、中吕爲六吕。「宗」讀爲察，「也」讀爲吕，皆字之誤也。八音，土、竹、皮、匏、絲、石、金、木也。凡樂，中聲之上，則有半律，是爲清聲；中聲之下，則有倍律，是爲濁聲。【釋曰】宋本皆作「宗」字，乃「察」字形近之訛。《後漢書·明帝紀》注引《大戴禮》曰：「聖人截十二管，以察八音之清濁，謂之律吕。」此所引「察」字本不誤。高安本作「索」字，更誤矣。又《後漢書》注「律」下爲「吕」字，今各本或作「律也」，或無「也」字，實皆「吕」字空格，後人或妄加「也」字，或闕疑少一字也。**律居陰而治陽，厤居陽而治陰，律、厤迭相治也，其間不容髮。**【注】地效以響，故律候地氣；天效以景，故厤測天時。律居地以治天，故十二律應十二月，以律起厤；厤居天以治地，故儀象日月星辰，以授民時。迭，更也。不容髮，言其密。司馬遷云：「律厤更相治，間不容翲忽。」【釋曰】《文選》枚乘《上書諫吳王》注引此，「髮」下有「矣」字。「地效」、「天效」二語，見《後漢書·律志》。❷《史記·太史公自序》曰「居陰治陽，居陽治陰」云云，以「更」代「迭」，以「翲忽」代「髮」也。**聖人立五禮以爲民望，**【注】五禮，吉、凶、賓、軍、嘉。【釋曰】本《周禮·春官·大宗伯》。**制五衰以別親疏，**【注】凡喪服，上曰衰，下曰裳。五衰者，斬衰、齊衰、大功、小功、緦麻，凡五等，由親而疏，皆衰也。【釋曰】義見《儀禮·喪服》鄭注。**和五聲之樂以導民氣，**【注】聞宫音，使人温舒而廣大；聞商音，使人方正而好義；聞角音，使人惻隱而愛人；聞徵音，使人樂善而好施；聞羽音，使人整齊而好禮。【釋曰】義見《史記·樂書》。**合五味之調以察民情，**【注】孔檢討云：「凡酸入肝，苦入心，甘入脾，辛入肺，鹹入腎。五味失調，則各偏一藏，故五情之發，亦不得其正。」**正五色之位，**【注】孔檢討云：「位青於東，朱於南，白於西，黑於北，黄位中焉。」**成五穀**

❶ 「律書」，《史記》作「曆書」；「律志」，《漢書》作「律曆志」：皆因避諱而改。

❷ 「律志」，《後漢書》作「律曆志」，因避諱而改。

之名，【注】盧僕射云：「五穀，黍、稷、麻、麥、菽也。」【釋曰】孔云：「盧注依《月令》文。」序五牲之先後貴賤：【注】盧僕射云：「五牲，牛、羊、豕、犬、雞。先後，謂四時所尚也。」元謂：《月令》春羊，夏雞，中央牛，秋犬，冬彘。

諸侯之祭牲牛，曰太牢；大夫之祭牲羊，曰少牢；士之祭特牲豕，曰饋食。【注】此諸侯、大夫、士宗廟之祭也。太牢者，牛、羊、豕三牲，舉牛以該羊豕。少牢者，羊豕二牲，舉羊以該豕。士祭惟豕，故曰「特牲」也。饋食者，饋孰也。大夫少牢，亦饋食。兹徒言士饋食者，大夫既舉少牢，畧言饋食也。天子之大夫，祭如諸侯，用太牢；天子之士，祭如大夫，用少牢。【釋曰】凡言太牢皆三牲，言少牢皆二牲，故《禮記·郊特牲》曰：「郊特牲而社稷太牢。」明太牢兼三牲之名也。今云牛曰太牢，羊曰少牢，明舉一以該其餘耳。「饋食」義見《儀禮》。《曲禮》曰：「大夫以索牛，士以羊豕。」此言天子之大夫如諸侯、士如大夫也。

無禄者稷饋，稷饋者無尸，無尸者厭也。【注】無禄者，兼大夫、士失位及庶人而言。《王制》曰：「大夫、士宗廟之祭，有田則祭，無田則薦。庶人春薦韭，夏薦麥，秋薦黍，冬薦稻；韭以卵，麥以魚，黍以豚，稻以雁。」鄭司農云：「士薦牲用特豚，大夫以上用羔。」曰『稷饋』者，稷爲疏食，舉最粗者，以該麥、黍、稻，明不足言牲也。厭者，不成祭，徒取厭飫之通名。厭祭有三，皆無尸。一爲大夫、士宗廟之祭，未迎尸以前飫神爲陰厭，尸出之後飫神爲陽厭。一爲殤祭，不立尸，不舉，無肵俎，無元酒，不告利成，爲陰厭；凡殤與無後者，祭於宗子之家，爲陽厭。一爲此篇孔子所言，無禄者，稷饋無尸也，無尸者不成祭禮，凖于厭，故亦得稱厭，不分陰陽，闕明文也。【釋曰】孔子此文，但言「無尸」者皆可稱爲「厭」，其義自兼《儀禮》特牲、少牢兩饋食之厭而言，非但如《曾子問》殤祭之厭也。孔注但舉殤祭，其義未足。今兼用《儀禮》注及《曾子問》經注注之。蓋無尸者不成祭，徒取厭飫，皆可謂之厭，故孔子直謂無禄、無尸之祭名厭，非取殤祭之厭爲無禄者譬也。

宗廟曰芻豢，山川曰犧牷，【注】盧僕射云：「牛羊曰芻，犬豕曰豢，色純曰犧，體完曰牷。宗廟言芻豢，山川言犧牷，互文也。山川謂岳瀆，以方色角尺，其餘用尨索也。」割列禳瘞，是有五牲。【注】割者，割牲體，宗廟正祭也。列者，疈辜，祭蜡嗇也。禳者，冬春侯禳，磔牲攘惡氣也。瘞者，祭山林薶其牲。

【釋曰】「列」,《説文》从𡿪刀,即今「裂」字。《周禮·大宗伯》:「以疈辜祭四方百物。」鄭司農注云:「披磔牲以祭。」後鄭云:「疈牲胷。《郊特牲》曰:『八蜡以祀四方。』又曰:『蜡祭司嗇也,祭百穀以報嗇也。』」❶《禮記·月令》云:「九門磔禳,以畢春氣。」又「冬大儺」,亦磔禳。又《周禮·夏官·小子》之「侯禳」,《春官·雞人》之「面禳」,皆磔牲以攘惡氣也。謂「瘞」爲薶牲者,《周禮·大宗伯》「以薶沈祭山林川澤」後鄭注云:「山林曰薶,順其性之含藏。」

此之謂品物之本,禮樂之祖,善否治亂之所由興作也。」【注】「四靈」、「律厤」以下,皆聖人法天地神靈,以治人物之道。

凡五百八十八字。【釋曰】舊校無字數,孔氏定爲五百九十一字,元今定爲五百八十八字。

❶ 「穀」,《周禮·大宗伯》注、《禮記·郊特牲》皆作「種」。

荀子集解

〔唐〕楊倞 注
〔清〕王先謙 集解
包遵信 校點

目録

校點說明

荀況是我國歷史上著名的思想家。他生於戰國末年的趙國，曾游學於齊，並在稷下學宮「三爲祭酒」；晚年到了楚國，最後卒於楚之蘭陵。生卒年代已不可確考，公元前二九八至前二三八年可以算是他的活動年代。

荀子的著述，據《史記·孟子荀卿列傳》記載有「數萬言」，當時流布「遍天下」（見《史記·呂不韋列傳》）。到了漢代，劉向校閱中秘書所藏三百餘篇荀子著作，去其重複，最後編定爲三十二篇，是爲傳世最早的《荀子》。❶

漢代以後，一直到中唐，荀子被學術界當作孔子以後和孟子齊名的儒家代表人物，所以司馬遷將他和孟子並列合傳，認爲他們「咸遵夫子之業而潤色之，以學顯於當世」（《史記·儒林列傳》）。但和《孟子》遭遇不同的是，《荀子》在很長時間裏却無人問津，以致到了唐代，就已「編簡爛脱，傳寫謬誤」，即便有人要去讀它，也由於「文義不通，屢掩卷焉」（楊倞《荀子序》）。楊倞在唐憲宗元和年間給它作了注，並分舊本三十二篇爲二十卷，這是歷史上第一個《荀子》注本。

自從韓愈提出《孟子》是「醇乎醇者也」，而《荀子》則是「大醇而小疵」以後（見《讀荀子》，《韓昌黎文集》卷十一），曾引起人們對荀子是否「大儒」的議

❶ 現存《荀子》應是荀子全部著作的匯集。《漢書·藝文志》著録除《荀子》外，還有《孫卿賦》十篇，《漢志》以後則不再見著録。《隋書·經籍志》別集類有《楚蘭陵令荀況集》一卷，下注：「殘闕，梁二卷。」《舊唐書·經籍志》和《新唐書·藝文志》則有《趙荀況集》二卷，唐以後就不再有著録。有人曾據此認爲《孫卿賦》和《荀況集》都已散佚了。其實，所謂《孫卿賦》或《荀況集》，就是《荀子》中的《成相篇》三章，《賦篇》的《禮》、《知》、《雲》、《蠶》、《箴》五賦，再加上《佹詩》和「遺春申君賦」。詳見包遵信《淺談荀子賦篇》，載《文史哲》一九七八年第五期。

論(見陸龜蒙《大儒評》,《甫里先生文集》卷十八)。宋代理學出現,尊孟抑荀就成了學術界一股潮流。這時雖也有人對《荀子》作過校注,但真正在社會上流行的,只有一種爲科舉考試用的「纂圖互注」本,這是所謂「帖括之書」。❶所以《荀子》在宋明時期總的趨向是被冷落,就像歸有光説的,由於「宋儒頗加詆黜,今世遂不復知有荀氏」(《荀子敘録》,《震川先生集》卷一)。明代中葉,出現了一些「删注」、「節評」之類的刻本。它們雖然學術價值不高,却是扭轉從宋以來抑荀趨勢的濫觴。晚明和明清之際,出現對孟、荀歷史功過的新評價,王世貞、鄧元錫、李贄、傅山等人,都針對宋儒的抑荀提出異議,並對荀子思想作了某些很有意義的分析。

入清以後,隨着理學的中落,荀子漸漸爲人所重視。乾嘉時期的樸學,同時把視綫轉向了子書,此時不少人對《荀子》進行校注,出現了一批著述。汪中著《荀卿子通論》,肯定「荀卿之學,出於孔氏,而尤有功於諸經」,認爲儒家幾部重要典籍,它們的傳授都可溯源到荀子。盧文弨、謝墉則廣搜宋、明以來各種刻本,對《荀子》作了全面校訂(有嘉善謝氏寄雅堂刻本,後收入《抱經堂叢書》、《畿輔叢書》、《十子全書》、《二十二子》等叢書)。其他如劉台拱有《荀子補注》(一卷,見《端臨遺書》),郝懿行有《荀子補注》(二卷,見《郝氏遺書》),王念孫有《讀荀子雜志》(見《讀書雜志》),俞樾有《荀子平議》(見《諸子平議》)。此外,惠棟、段玉裁、陳奂、朱駿聲諸家,於《荀子》也都有校釋。據不完全統計,從唐到明,《荀子》的校注,包括明人删節本、評點本,總共也只有七種;而有清一代則有二十五種之多,不但數量陡增,而且在版本考訂、文字校勘、詞義訓釋等方面,都取得了可觀的成績。清末王先謙總匯諸家校注,纂成《荀子集解》,凡二十卷,另《考證》一卷,是

❶ 據《宋史·藝文志》,宋人有黎錞《校勘荀子》,倪燦《宋史·藝文志補》還著録有趙汝談《荀子注》、洪咨夔《荀子注》,這些都已散佚。今存宋人校《荀》著述,僅有錢佃的《荀子考異》一卷。

迄今最爲完備的《荀子》注本。

王先謙（一八四二——一九一七），字益吾，號葵園。清同治年間進士，曾任國子監祭酒、江蘇學政等。一生撰述頗豐，是清末民初的著名學者。《荀子集解》即其諸多編校著作中之一種。

據王先謙序，《荀子集解》的校訂工作於光緒十七年（一八九一）蕆事，隨即由王氏虚受堂刊刻。民國期間上海涵芬樓曾據以影印。這個本子是《荀子集解》最好、最通行的刻本。這次校點即以涵芬樓影印本爲底本。因爲《荀子集解》校點的目的，只是要存《集解》之真，使《集解》可讀。所以這次校點只對《荀子》原文及王先謙所輯諸家之校説文字予以標點校理，不對《集解》以前的《荀子》諸版本進行對勘。鑒於諸家對《荀子》原文都有詳盡的考校，這裏不再出校説明。對諸家訓釋引用的典籍，儘可能檢對原書，如有譌舛衍脱，亦間有校正，並出校記。對避諱用字，則逕予改正，不出校記。

校點者　包遵信

序

昔唐韓愈氏以荀子書爲大醇小疵，逮宋攻者益衆，推其由以言性惡故。余謂性惡之説，非荀子本意也。其言曰：「直木不待檃栝而直者，其性直也；枸木必待檃栝烝矯然後直者，以其性不直也。今人性惡，必待聖王之治，禮義之化，然後皆出於治，合於善也。」夫使荀子而不知人性有善惡，則不知木性有枸直矣。然而其言如此，豈真不知性邪？余因以悲荀子遭世大亂，民胥泯棼，感激而出此也。荀子論學、論治皆以禮爲宗，反復推詳，務明其指趣，爲千古脩道立教所莫能外。其曰「倫類不通，不足謂善學」，又曰「一物失稱，亂之端也」。探聖門一貫之精，洞古今成敗之故，論議不越几席，而思慮浹於無垠；身未嘗一日加民，而行事可信。其放推而皆準，而刻覈之徒，詆諆橫生，擯之不得與於斯道。余又以悲荀子術不用於當時，而名滅裂於後世流俗人之口，爲重屈也。

國朝儒學昌明，《欽定四庫全書提要》首列《荀子》儒家，斥好惡之詞，通訓詁之誼，定論昭然，學者始知崇尚。顧其書僅有楊倞注，未爲盡善。近世通行嘉善謝氏校本，去取亦時有疏舛，宿儒大師多所匡益。家居少事，輒旁采諸家之説，爲《荀子集解》一書。管窺所及，間亦附載，不敢謂於荀書精意有所發明，而於析楊、謝之疑辭，酌宋、元之定本，庶幾不無一得。刻成，謹弁言簡端，並揭荀子箸書之微旨，與後來讀者共證明之云。光緒十七年歲次辛卯夏五月，長沙王先謙謹序。

例略

嘉善謝氏校本首謝《序》，見《考證》。次楊《序》及《新目録》，今照刊。次《荀子》讎校所據舊本，並參訂名氏，影鈔大字宋本，元刻《纂圖互註》本，此乃當時坊間所梓，脱誤差舛不一而足，然正以未經校改之故，其本真翻未盡失，書中頗多採用。明虞氏、王氏合校刻本，明世德堂本，明鍾人傑本；有評點，注刪節。❶ 江陰趙曦明敬夫、金壇段玉裁若膺、海寧吴騫槎客、吴縣朱奐文游、江都汪中容夫、餘姚盧文弨紹弓、嘉善謝墉金圃輯校。輯諸家之説，並附所見，上皆增一圓圍，以别於楊氏之注，其引用各書不具列。末錢大昕跋，見《考證》。《校勘補遺》一卷。案此書盧、謝同校，故郝蘭皋稱謝，王懷祖稱盧。但謝《序》云：「援引校讎，悉出抱經，參互考證，遂得蕆事。」是此書元出於盧，參考刊行，迺由謝氏，則稱「盧校本」者爲是。盧所據大字宋本，爲北宋吕夏卿熙寧中所刊，然未見吕刻本，僅取朱文游所藏影鈔本相校，故間有爲影鈔訛字所誤者，《脩身》、《王霸》兩篇注可證也。兹刻仍以盧校爲主，依謝刻於楊注外增一圓圍，全録校注，加「盧文弨曰」四字别之。據謝《序》、錢《跋》，校注亦有出謝手者，然無可區别。其《補遺》一卷，散入注中。盧校不主一本，兹亦仿其例，擇善而從。

虞、王合校本，明虞九章、王震亨校，爲盧據舊本之一。其引見書中者，止《王霸篇》「大有天下，小有一國」注文。兹覆檢元書，尚有可采，爲增入數條。此外正文及注岐異

❶「刪」，原誤作「則」，王氏家刻本作「刪」，然字較模糊，今又參考《畿輔叢書》本謝校本改。疑底本修改致誤。

滋繁，當由傳寫致訛，或係以意删節，多與盧氏所云俗間本相合，既非所取證，不復稱引。

宋台州本，宋唐仲友與政刊於台州，即依吕本重刻。遵義黎庶昌蒓齋於日本得影摹本，重刊爲《古逸叢書》之一。首楊《序》及《新目録》，末劉向上言及王、吕重校銜名，與今本同。熙寧元年國子監劄子官銜，淳熙八年唐《序》，《經籍訪古志》二跋，重刊楊《跋》。俱見《考證》。此即《困學紀聞》所稱「今監本乃唐與政台州所栞，❶熙寧舊本，亦未爲善」者也。然在今日爲希見之本，兹取以相校，得若干條，列入注文。其與吕本相同，如一卷「取藍」「干越」之比，並不復出，以省繁文。至其顯然訛誤，雖與吕岐出，亦無所取。

棲霞郝氏懿行《荀子補注》上下卷，末坿《與王侍郎論孫卿》、《與李比部論楊倞》二書，並見《考證》。兹全採入注。

高郵王氏念孫《雜志》八《校荀子》八卷，係據盧本加案語，用宋錢佃江西漕司本、龔士禼《荀子句解》本、明世德堂本參校。嗣得元和顧千里澗薲手録吕、錢二本異同，復爲《補遺》一卷，敘而行之。坿《荀子佚文》及顧氏考訂各條於末。敘、佚文並見《考證》。其中如劉台拱端臨、汪中容夫、陳奂碩甫諸家之説，蒐討綦詳，而盧校、郝注之精者，亦附録焉。兹取王氏各條散入注文，劉、汪、陳、顧諸説仍各冠姓氏於首。

德清俞氏樾《諸子平議》十二之十五《荀子平議》四卷，全採入注。近儒之説，亦坿著之。

❶「栞」原誤作「桒」，今據王氏家刻本改。

考證上

除史志外，非關《荀子》書義及板本考訂者不録。

〔《漢書・藝文志》儒家〕《孫卿子》三十三篇。名況，趙人，爲齊稷下祭酒，有《列傳》。師古曰：本曰荀卿，避宣帝諱，故曰「孫」。〔又賦家〕《孫卿賦》十篇。

〔《隋書・經籍志》子部儒家〕《孫卿子》十二卷楚蘭陵令荀況撰。〔又集部别集〕《楚蘭陵令荀況集》一卷殘缺，梁二卷。

〔《舊唐書・經籍志》丙部子録儒家類〕《孫卿子》十二卷荀況撰。〔又丁部集録别集類〕《趙荀況集》二卷。

〔《唐書・藝文志》丙部子録儒家類〕《荀卿子》十二卷荀況。〔又〕楊倞注《荀子》二十卷。汝士子，大理評事。〔又丁部集録别集類〕《趙荀況集》二卷。

〔《宋史・藝文志》子類儒家類〕《荀卿子》二十卷戰國趙人荀況書。〔又〕楊保「倞」誤。注《荀子》二十卷。

〔台州本國子監劄子官銜〕國子監准熙寧元年九月八日中書劄子節文校定荀、揚書所狀，先准中書劄子奉聖旨校定《荀子》、《揚子》。内《揚子》一部先次校畢，已於治平二年十二月丙申納訖。今來再校到《荀子》一部，計二十卷，裝寫已了，續次申納者。申聞事。右奉聖旨，《荀子》送國子監開版，依《揚子》並《音義》例，印造進呈及宣賜。劄付國子監，准此。　校勘官將仕郎前守惠州歸善縣主簿充直講臣盧侗、校勘官登仕郎試祕書省校書郎前守許州司理參軍充直講臣王汝翼、校勘官將仕郎試祕書省校書郎前知婺州永康縣事充直講臣顏復、校勘官將仕郎試祕書省校書郎前知温州樂清縣事充直講臣焦千之、校勘官登仕郎試祕書省校書郎前守相州湯陰縣令充直講臣梁師孟、校勘官登仕郎守祕書省著作佐郎充直講臣董唐臣、校勘官朝奉郎守尚書都官員外郎充直講上騎都尉賜緋魚袋臣黎錞、朝奉郎光禄寺丞監書庫武騎尉臣韓端彦、朝奉郎光禄寺丞管句國子監丞公事飛騎尉臣程伯孫、管句雕造朝請郎守祕書丞充主簿騎都尉賜緋魚袋臣畢之翰、朝散大夫尚書刑部郎中充天章閣待制同知諫院兼同判國子監輕車都尉賜紫金魚袋臣吕誨、朝散大夫行尚書兵部員外郎知制誥權判尚書禮部貢院兼知諫院兼判國子監上騎都尉賜紫金魚袋臣錢公輔、朝散大夫給事中參知政事上輕車都尉北海郡開國公食邑二千三百户食實封肆伯户賜紫金魚袋臣唐介、朝散大夫右諫議大夫參知政事上護軍天水郡開國侯食邑一千户賜紫金魚袋臣趙抃、推忠協謀同德守正亮節佐理功臣開府儀同三司行尚書左僕射兼門下侍郎同中書門下平章事集賢殿大學士上柱國兖國公食邑一萬一百户食實封叁阡肆伯户臣曾公亮。

〔又唐仲友序〕

《荀子》二十卷三十二篇，唐楊倞注。初，漢劉向校讎中《孫卿書》凡三百二十一篇，除複重，定著三十二篇，爲《孫卿新書》十二卷。至倞分易卷第，更名《荀子》。皇朝熙寧初，儒官校上，詔國子監刊印頒行之。中興蒐補遺逸，監書寖具，獨《荀子》猶闕。學者不見舊書，傳習閩本，文字舛異。仲友於三館睹舊文，大懼湮没，訪得善本，假守餘隙，迺以公帑鋟木，悉視熙寧之故。《詩》

曰：「雖無老成人，尚有典刑。」卿不可作，其書獨非典刑乎？向博極群書，序卿事大氐本司馬遷，於遷書有三不合：春申君死當齊王建二十八年，距宣王八十七年。向言卿以宣王時來游學，春申君死而卿廢。設以宣王末年游齊，年已百三十七矣。遷書記孟子以惠王三十五年至梁，當齊宣王七年。惠王以「叜」稱孟子，計亦五十餘。後二十三年子之亂燕，孟子在齊。若卿來以宣王時，不得如向言後孟子百餘歲。田忌薦孫臏爲軍師，敗魏桂陵，當齊威王二十六年，距趙孝成王七十八年。臨武君與卿議兵於王前，向以爲孫臏，倞以敗魏馬陵疑年，馬陵去桂陵又十三年矣。《崇文總目》言卿楚人，楚禮爲客卿，與遷書、向《序》駮，益難信。據遷《傳》參卿書，其大略可睹。卿名況，趙人。以齊襄王時游稷下，距孟子至齊五十年矣。於列大夫，三爲祭酒。去之楚，春申君以爲蘭陵令。以讒去之趙，與臨武君議兵。入秦見應侯、昭王，以聘反乎楚，復爲蘭陵令。既廢，家蘭陵以終。自戰國争富彊，儒道絀，孟子學孔子，言王可反掌致，卒不見用。卿後孟子，亦尊孔氏。子思作《中庸》，孟子述之，道性善。至卿以爲人性惡，故非子思、孟軻。揚雄以爲「同門異户」。孟子與告子言性，卒絀告子，惜卿不見孟子，不免異説。方説士徼時好，卿獨守儒，議兵以仁義，富以儒術，彊以道德之威，旨意與孟子同。見應侯，病秦無儒，昭王謂儒無益人之國，極明儒效。秦并天下以力，意儒果無用，至於坑焚，滅不旋踵。漢奮布衣，終假儒以定，卿言不用而後驗。自董仲舒、韓愈皆美卿書，言王道雖不及孟子，抑其流亞。廢於衰世，亦命矣夫！學者病卿，以李斯、韓非。卿老師，學者已衆，二子適見世，晝寢餔啜，非師之過。使卿登孔門，去異意，書當與七篇比。此君子所爲太息。大宋淳熙八年歲在辛丑十有一月甲申，朝請郎權發遣台州軍州事唐仲友後序。

〔晁公武《郡齋讀書志》子類儒家類〕楊倞注《荀子》二十卷　右趙荀況撰。漢劉向校定，除其重複，著三十二篇，爲十二卷。題曰《新書》，稱卿趙人，名況。當齊宣王、威王之時，聚天下賢士稷下，是時荀卿爲秀才。年十五，始來遊學。至齊襄王時，荀卿最爲老師。後適楚，楚相春申君以爲蘭陵令。已而歸趙。按威王死，其子嗣立，是爲宣王。楚考烈王初，黄歇始相，《年表》自齊宣王元年，至楚考烈王元年，凡八十一年，則荀卿去楚時，近百歲矣。楊倞，唐人，始爲之注。且更《新書》爲《荀子》。易其篇第，析爲二十卷。其書以性爲惡，以禮爲僞，非諫争，傲災祥，尚强伯之道。論學術則以子思、孟軻爲飾邪説、文姦言，與墨翟、惠施同詆焉；論人物則以平原、信陵爲輔拂，與伊尹、比干同稱焉。其指往往不能醇粹，故後儒多疵之云。

〔陳振孫《直齋書録解題》儒家類〕《荀子》二十卷　楚蘭陵令趙國荀況撰。《漢志》作《孫卿子》，云齊稷下祭酒，其曰「孫」者，避宣帝諱也。至楊倞，始改爲《荀卿》。〔又〕《荀子注》二十卷　唐大理評事楊倞注。案，劉向《序》校中書三百二十二篇，以校除複重二百九十篇，定著三十二篇。《隋志》爲十二卷，至倞始分爲二十卷，而注釋之。淳熙中，錢佃耕道用元豐監本參校，刊之江西漕司，其同異著之篇末，凡二百二十六條，視他本最爲完善。

〔王應麟《漢藝文志考證》〕《孫卿子》三

十三篇當云三十二篇。劉向《校讎書録序》云：「所校讎中孫卿書凡三百三十三篇，以相校除複重二百九十篇，定著三十二篇。皆以定殺青簡，書可繕寫。」《勸學》至《賦篇》。楊倞分易卷第，更名《荀子》。韓文公曰：「荀卿之書，語聖人必曰孔子、子弓。子弓之事業不傳，惟太史公書《弟子傳》有『馯臂子弓』。子弓受《易》於商瞿。」《論語釋文》引王弼《注》：「朱張，字子弓，荀卿以比孔子。」後山陳氏曰：「子弓者，仲弓也。」唐氏曰：「向博極群書，序卿事大抵本司馬遷。於遷書有三不合：春申君死，當齊王建二十八年，距宣王八十七年。向言卿以宣王時來游學，春申君死而卿廢。設以宣王末年游齊，年已百三十七矣。遷書記孟子以惠王三十五年至梁，當齊宣王七年，惠王以『叟』稱孟子，計亦五十餘。後二十三年，子之亂燕，孟子在齊。若卿來以宣王時，不得如向言後孟子百餘歲。田忌薦孫臏爲軍師，敗魏桂陵，當齊威王二十六年，距趙孝成王七十八年。臨武君與卿議兵於王前，向以爲孫臏，倞以敗魏馬陵疑年，馬陵去桂陵又十三年矣。」

〔又《困學紀聞》十〕《荀卿・非十二子》，《韓詩外傳》四引之，止云十子，而無子思、孟子。愚謂荀卿非子思、孟子，蓋其門人如韓非、李斯之流，託其師説以毁聖賢，當以《韓詩》爲正。〔又〕《楚詞・漁父》：「吾聞之，新沐者必彈冠，新浴者必振衣。安能以身之察察，受物之汶汶者乎！」《荀子》《不苟篇》曰：「新浴者振其衣，新沐者彈其冠，人之情也。其誰能以己之僬僬，受人之掝掝者哉！」荀卿適楚在屈原後，豈用《楚詞》語歟？抑二子皆述古語也。〔又〕《勸學篇》「青出之藍」作「青取之於藍」，「聖心循焉」作

「備焉」，「玉在山而木潤」作「草木潤」，「君子如嚮矣」作「知嚮矣」，《賦篇》「請占之五泰」作「五帝」。監本未必是，建本未必非，餘不勝紀。原注：今監本乃唐與政台州所栞熙寧舊本，亦未爲善，當竢詳考。「五泰」注云：「五帝也」，監本改爲「五帝」，而删注文。

〔《國朝四庫全書總目》子部儒家類〕《荀子》二十卷。内府藏本。 周荀況撰。況，趙人，嘗仕楚爲蘭陵令，亦曰荀卿，漢人或稱曰「孫卿」，則以宣帝諱「詢」，避嫌名也。《漢志》儒家載《荀卿》三十三篇，王應麟《考證》謂當作三十二篇，劉向《校書序録》稱《孫卿書》凡三百二十三篇以相校除重複二百九十篇，定著三十三篇，爲十二卷，題曰《新書》。唐楊倞分易舊第，編爲二十卷，復爲之注，更名《荀子》，即今本也。考劉向《序録》，卿以齊宣王時來游稷下，後仕楚，春申君死而卿廢。然《史記·六國年表》載春申君之死，上距宣王之末，凡八十七年。《史記》稱卿年五十始游齊，則春申君死之年，卿年當一百三十七歲，於理不近。晁公武《讀書志》謂《史記》所云「年五十」爲「年十五」之譌，意其或然。宋濂《荀子書後》又以爲襄王時游稷下，亦未詳所本。總之，戰國時人爾，其生卒年月已不可確考矣。況之著書，主於明周、孔之教，崇禮而勸學。其中最爲口實者，莫過於《非十二子》及《性惡》兩篇。王應麟《困學紀聞》據《韓詩外傳》所引，卿但非十子，而無子思、孟子，以今本爲其徒李斯等所增。不知子思、孟子後來論定爲聖賢耳，其在當時，固亦卿之曹偶，是猶朱、陸之相非，不足訝也。至其以性爲惡，以善爲僞，誠未免於理未融。然卿恐人恃性善之説，任自然而廢學，因言性不可恃，當勉力於先王之教。故其言曰：「凡性者，天之所就也，不可學不可事。禮義者，聖人之所生也，人之所學而能，所事而成者也，不可學不可事而在人者，謂之性；可學而能，可事而成之在人者，謂之僞：是性僞之分也。」其辨白僞字甚明。楊倞《注》亦曰：「僞，爲也。凡非天性而人作爲之者，皆謂之僞。故『僞』字人旁加爲，亦會意字也。」其説亦合卿本意。後人昧於訓詁，誤以爲真僞之僞，遂譁然掊擊，謂卿蔑視禮義，如老、莊之所言，是非惟未睹其全書，即《性惡》一篇，自篇首二句以外，亦未竟讀矣。平心而論，卿之學源出孔門，在諸子之中最爲近正，是其所長；主持太甚，詞義或至於過當，是其所短。韓愈大醇小疵之説，要爲定論，餘皆好惡之詞也。楊倞所註，亦頗詳洽。《唐書・藝文志》以倞爲楊汝士子，而《宰相世系表》則載楊汝士三子，一名知温，一名知遠，一名知至，無名倞者。《表》、《志》同出歐陽修手，不知何以互異？意者倞或改名，如温庭筠之一名岐歟！

〔《四庫全書簡明目録》子部儒家類〕《荀子》二十卷　周荀況撰，唐楊倞註。況亦孔氏之支流，其書大旨在勸學，而其學主於修禮。徒以恐人恃質而廢學，故激爲性惡之説，受後儒之詬厲。要其宗法聖人，誦説王道，終以韓愈大醇小疵之評爲定論也。倞注多明古義，亦異於無稽之言。

〔《天禄琳琅書目》一宋版子部〕《纂圖互注荀子》一函八册。　周荀況撰，三十二篇。唐楊倞注，分二十卷，前載楊《序》，《序》後有欹器、大路、龍旗九斿三圖。　宋陳振孫《書録解題》曰：「《漢志》作『孫卿子』者，避宣帝諱也。至楊倞，始復改爲『荀』，分二十卷而注釋之。淳熙中，錢佃耕道用元豐監本參校，刊之江西漕司，其同異著之篇末，凡二百二十六條，視他本最爲完善」云云。據此則宋時刊刻《荀子》已非一本，是書標爲「纂圖互註」，書中於倞注外，又加重言、重意、互註諸例，與經部宋本《毛詩》、《周禮》、《春秋經傳集解》三書正同，圖樣、字體、版式，亦復相等，蓋當時帖括之書，不獨有經也。

〔又元版子部〕《纂圖分門類題註荀子》一函十册。周荀況撰，三十二篇。唐楊倞注分二十卷，前載楊《序》，並新增麗澤編集《荀子事實品題》一卷，不著纂人姓氏。又宋陳傅良輯《荀子門類題目》一卷。此當時帖括之書也。其《門類題目》一卷，於標題次行刊「永嘉先生陳傅良編」。所分門類，始曰「天地」，終曰「五常」，共四十門，末又附「拾遺」並「事要」、「總類」二條，皆擇書中之可作題目者，分類摘句，以取便於觀覽。卷後別行刊「麻沙劉通判宅刻梓於仰高堂」十二字。卷一之後亦於別行刊「關中劉旦校正」。所謂劉通判者，當即是人。第書首標題爲「纂圖分門類題注荀子」，書前仍當有圖，蓋已失之矣。至所載《荀子事實品題》一卷，觀其識語，稱舊本荀、揚圖說不過具文，今得麗澤堂編次品題，凡卿、雲事實顛末，歷歷可考云云，則是荀、揚合刊之書，非此本中所應有。乃書賈割取荀子事實以冠於書首耳。且書中自卷九之卷十三及卷十五共六卷，標題祇稱《荀子》，卷十六、卷二十兩卷，標題又稱《監本音註荀子》。書名既不畫一，板式亦復懸殊，係以三刻湊成一書，其標稱《荀子》者。樵印甚精，紙墨俱佳，實爲宋槧。餘則元時所刊，遠不相及。然宋本流傳者久少，今尚存吉光片羽於元刻之中，雖出湊合，亦可寶也。

〔錢曾《讀書敏求記》〕《荀子》二十卷

楊倞注《荀子》，凡三十二篇，爲二十卷，並劉向篇目。淳熙八年六月，吴郡錢佃得元豐國子監本，並二浙、西蜀諸本參校，刊於江西計臺。其《跋》云：「耳目所及，此特爲精好。」予又藏吕夏卿重校本，從宋本摹寫者，字大悦目，與此可稱雙璧矣。

〔張金吾《愛日精廬藏書志》二十一子部儒家類〕《荀子》二十卷影寫宋吕夏卿大字本。

唐登仕郎守大理評事楊倞注。後有「將仕郎守祕書省著作佐郎充御史臺主簿臣王子韶同校，朝奉郎尚書兵部員外郎知制誥上騎都尉賜紫金魚袋臣吕夏卿重校」兩行。案，吕夏卿本宋槧尚存。惟是本從宋槧初印本影寫，見存之宋槧則紙質破損，字迹模糊，且爲庸妄子據俗本描補，殊失廬山真面，故宋槧轉不若影宋本之可貴也。金吾聞之黄蕘圃先生云。楊倞《序》元和十三年。顧氏手跋曰：《荀子》向唯明世德堂本最行於世，乃其本即從元纂圖互注本出，故重意之删而未盡者，猶存兩條于楊《注》中。一《修身篇》「丘山崇成」句下，一《王制篇》「何獨後我也」句下。又何怪乎本之不精也！餘姚盧抱經學士彙諸本，參以己意，校定重梓。首列影鈔宋大字本，即今此本，從朱文游家見之也。考《困學紀聞》所引，如「青取之於藍」、「請占之五帝」諸條。殆監本是已。採用頗多，咸足正世德堂之誤。然如《君道篇》「狂生者不胥時而樂」，正與《爾雅·釋詁》「暴樂」、《桑柔》毛傳及鄭箋「爆爍」所用字同，則「樂」不得如世德堂本之改爲「落」明甚。而盧學士略不及此本之有「樂」字，然則此書不幾亡此字乎！他亦每有漏略抵牾，皆當據依以正之。今歸薌巖周君收藏，蕘圃借得，命校一過，兼訪知宋槧印本在東城藏書家，持來擬售，略一寓目。「樂」，宋槧本與鈔同。他日儻竟爲蕘圃所有，當仍假此本一一覆審之云。嘉慶元年八月書于黄氏之士禮居，澗薲顧廣圻。

〔孫星衍《孫氏祠堂書目》内編二諸子三〕《荀子》二十卷唐楊倞注，一纂圖互注宋巾箱本，一宋巾箱別本，一明世德堂刊本，一明重刊小字本，一盧文弨校刊本，一嚴杰依惠校本。

〔謝墉《荀子箋釋序》〕荀子生孟子之後，最爲戰國老師。太史公作傳，論次諸子，獨以孟子、荀卿相提並論，餘若談天、雕龍、炙轂及慎子、公孫子、尸子、墨子之屬，僅附見於孟、荀之下。蓋自周末，歷秦、漢以來，孟、荀並稱久矣。小戴所傳《三年問》全出《禮論篇》，《樂記》、《鄉飲酒義》所引俱出《樂論篇》，《聘義》子貢問貴玉賤珉，亦與《法行篇》大同。❶ 大戴所傳《禮三本篇》亦出《禮論篇》，《勸學篇》即《荀子》首篇，而以《宥坐篇》末見大水一則附之。《哀公問五義》出《哀公篇》之首。則知荀子所著，載在二戴《記》者尚多，而本書或反缺佚。愚竊嘗讀其全書，而知荀子之學之醇正，文之博達，自四子而下，洵足冠冕群儒，非一切名、法諸家所可同類共觀也。觀於《議兵篇》對李斯之問，其言仁義與孔、孟同符，而責李斯以不探其本而索其末，切中暴秦之弊，乃蘇氏譏之，至以爲其父殺人，其子必且行劫。然則陳相之從許行，亦陳良之咎歟？此所謂欲加之罪也。荀子在戰國時，不爲游説之習，鄙蘇、張之縱横，故《國策》僅載諫春申事，大旨勸其擇賢而立長，若早見及於李園「棘門之禍」，而爲「厲人憐王」之詞，則先幾之哲，固異於朱英

❶「法」，原誤作「德」，今依《荀子》改。

策士之所爲，故不見用於春申，而以蘭陵令終，則其人品之高，豈在孟子下！顧以嫉濁世之政，而有《性惡》一篇，且詰孟子性善之説而反之。於是宋儒乃交口攻之矣。嘗即言性者論之，孟子言性善，蓋勉人以爲善而爲此言；荀子言性惡，蓋疾人之爲惡而爲此言。要之，繩以孔子「相近」之説，則皆爲偏至之論。謂性惡則無上智也，謂性善則無下愚也。韓子亦疑於其義，而爲三品之説。上品、下品，蓋即「不移」之旨，而「中品」則視習爲轉移，固勝於二子之言性者矣。然孟子偏於善，則據其上游；荀子偏於惡，則趨乎下風。由憤時疾俗之過甚，不覺其言之也偏。然尚論古人，當以孔子爲權衡。過與不及，師、商均不失爲大賢也。此書自來無解詁善本，唐大理評事楊倞所註已爲最古，而亦頗有舛誤。向知同年盧抱經學士勘核極爲精博，因從借觀，校士之暇，輒用披尋，不揆檮昧，間附管窺，皆正楊氏之誤，抱經不我非也。其援引校讎，悉出抱經，參互考證，往復一終，遂得蕆事。以墉譾陋，誠不足發揮儒術，且不欲攘人之美，而抱經頻致書屬序，因舉其大要，略綴數語於簡端，並附著書中所未及者二條於左云。乾隆五十一年歲在丙午六月既望，嘉善謝墉東墅甫題於江陰學使官署，時年六十有八。

「荀卿」又稱「孫卿」，自司馬貞、顔師古以來，相承以爲避漢宣帝諱，故改「荀」爲「孫」。考漢宣名「詢」，漢時尚不諱嫌名。且如後漢李恂與荀淑、荀爽，荀悦、荀彧俱書本字，詎反於周時人名見諸載籍者而改稱之！若然，則《左傳》自荀息至荀瑤多矣，何不改耶？且即《前漢書》任敖、公孫敖俱不避元帝之名「驁」也。蓋「荀」音同「孫」，語遂移易。如荊軻在衛，衛人謂之慶卿，而之燕，燕人謂之荆卿。又如張良爲韓信都，《潛夫論》云：「信都者，司徒也。俗音不正曰信都，或曰申徒，或勝屠，然其本一司徒耳。」然則「荀」之爲「孫」，正如此比，以爲避宣帝諱，當不其然。《漢志》：《孫卿子》三十二篇，《隋志》則稱十二卷。《漢志》又載《孫卿賦》十篇，今所存者僅《禮》、《知》、《雲》、《蠶》、《箴》，其末二篇無題，相其文勢，其「小歌曰」以下，皆當爲致春申君書中之語，而《國策》於「曷惟其同」下，尚有「詩曰上帝甚神無自瘵也」，《韓詩外傳》亦然。此尤見卓識，今本文脱去，而其謝春申君書亦不載，楊氏注亦未之及，此等似尚未精審也。

〔又錢大昕《跋》〕《荀卿子書》世所傳唯楊倞注本，明人所刊，字句踳譌，讀者病之。少宗伯嘉善謝公視學江蘇，得餘姚盧學士抱經手校本，歎其精審，復與往復討論，正楊《注》之誤者若干條，付諸剞劂氏，而此書始有善本矣。蓋自仲尼既殁，儒家以孟、荀爲最醇。太史公敘列諸子，獨以孟、荀標目。韓退之於荀氏雖有「大醇小疵」之譏，然其云「吐辭爲經」、「優入聖域」，則與孟氏並稱，無異詞也。宋儒所訾議者，惟《性惡》一篇。愚謂孟言性善，欲人之盡性而樂於善；荀言性惡，欲人之化性而勉於善。立言雖殊，其教人以善則一也。宋儒言性雖主孟氏，然必分「義理」與「氣質」而二之，則已兼取孟、荀二義。至其教人以變化氣質爲先，實暗用荀子化性之説。然則《荀子》書詎可以「小疵」訾之哉！古書「僞」與「爲」通。《荀子》所云「人之性惡，其善者僞也」，此「僞」字即「作爲」之「爲」，非「詐僞」之「僞」。故又申其義云：「不可學、不可事而在人者謂之性；可學而能、可事而成之在人者謂之僞。」《堯典》「平秩南訛」，《史記》作「南爲」，《漢書・王莽傳》作「南僞」，此「僞」即「爲」之證也。因讀公序，輒爲引伸其説，以告將來之讀是書者。丙午閏七月，嘉定錢大昕跋。

〔郝懿行《荀子補注・與王引之伯申侍郎論孫卿書》〕近讀《孫卿書》而樂之，其學醇乎醇，其文如《孟子》，明白宣暢，微爲緐富，益令人入而不能出。頗怪韓退之謂爲「大醇小疵」，蒙意未喻，願示其詳。推尋韓意，豈以孟道性善，荀道性惡；孟子尊王賤霸，荀每王霸並衡？以是爲疵，非知言也。何以明之？孟遵孔氏之訓，不道桓、文之事；荀矯孟氏之論，欲救時世之急。《王霸》一篇，剴切錞于，沁人肌骨。假使六國能用其言，可無暴秦並吞之禍，因時無王，降而思霸。孟、荀之意，其歸一耳。至於性惡、性善，非有異趣。性雖善不能廢教，性即惡必假人爲。「爲」與「僞」古字通，其云「人之性惡，其善者僞也」，「僞」即「爲」耳。孟、荀之指，本無不合。惟其持論，各執一偏，準以聖言，性相近，即兼善惡而言；習相遠，乃從學染而分。後儒不知此義，妄相毀詆。閣下深於理解，必早見及，願得一言，以祛所蔽。孫卿與孟，時勢不同，而願得所藉手救弊扶衰，其道一也。本圖依託春申行其所學，迨春申亡而蘭陵歸，知道不行，發憤著書。其指歸意趣，盡在《成相》一篇，而託之瞽矇之詞，以避患也。楊倞注大體不誤，而中多未盡，往往喜加「或曰」云云，知其持擇未精，亦由不知古書假借之義，故動多疐礙。蒙意未安，欲復稍加訂正，以存本來。久疏摳謁，茅塞蓬心，聊述近所省存，用代奉面。道光四年甲申二月。

〔又《與李璋煜月汀比部論楊倞書》〕來示《唐書・藝文志》以倞爲楊汝士子，而《宰相世系表》則載汝士三子，無名倞者，意倞或改名。余謂《志》、《表》互異，當由史氏未詳，故闕然弗備。若依馬、班史法，於《表》、《志》中書本名及改名，如漢劉更生爲劉向之例，斯無不合矣。《唐書》倞不立傳，當由仕宦未達，無事實可詳，故《志》、《表》闕略，而僅存其名。然千載下遂不知倞爲何人，要亦史筆之疏耳。汪氏容甫據《古刻叢鈔》載《唐故銀青光禄大夫使持節蔚州諸軍事行蔚州刺史兼御史中丞馬公墓志銘》，其文則楊倞所作，題云「朝請大夫使持節汾州諸軍事守汾州刺史楊倞撰」，結銜較《荀子》加詳。汪氏又據《志》載會昌四年，定爲武宗時人，然則此恐別一楊倞。若《藝文志》注《荀子》之人，止題「大理評事」，而無「朝請大夫」以下銜者，蓋非一人可知矣。汪孟慈深以此説爲不然，因言《藝文志》但云汝士子，安知不有兩汝士也？余無以應之，請質諸月汀。閏七月二十四日。

〔王念孫《讀書雜志・校荀子後敘》〕❶余昔校《荀子》，據盧學士校本而加案語。盧學士校本則據宋吕夏卿本而加案語。去年，陳碩甫文學以手録宋錢佃校本異同郵寄來都，余據以與盧本相校，已載入《荀子雜志》中矣。今年，顧澗薲文學又以手録吕、錢二本異同見示，余乃知吕本有刻本、影鈔本之不同，錢本亦有二本。不但錢與吕字句多有不同，即同是吕本，同是錢本，而亦不能盡同，擇善而從，誠不可以已也。時《荀子雜志》已

❶ 「校荀子後敘」，王念孫《讀書雜志》，此篇題爲《荀子補遺自序》。

付梓，不及追改，乃因顧文學所録而前此未見者爲《補遺》一編，並以顧文學所考訂及余近日所校諸條載於其中，以質於好古之士云。道光十年五月二十九日，高郵王念孫敘，時年八十有七。

〔又《荀子佚文》〕桃李蒨粲於一時，時至而後殺；至於松柏，經隆冬而不凋，蒙霜雪而不變，可謂得其真矣。右三十四字見《文選》左思《招隱詩》注。又分見於《蜀都賦》注、《上林賦》注、歐陽堅石《臨終詩》注，《藝文類聚》《果部》上、《木部》上，《太平御覽·木部》三。　有人道我善者，是吾賊也；道我惡者，是吾師也。右十八字見《文選》曹植《與楊德祖書》注。　天下無二道，聖人無兩心，神人無功，聖人無名。　聖人者，天下利器也。右二十六字見《太平御覽·人事部》四十二。又分見於《藝文類聚·人部》四，《初學記·人事部》上。案，「天下無二道」二句，見今本《解蔽篇》。《御覽》此下有「神人無功」四句，《類聚》亦有「神人無功」二句，《初學記》亦有「聖人者」二句，而今本皆無之。且細繹下文文義，亦不當有此四句，則《御覽》諸書所引當别是一篇，非《解蔽篇》文也。　何世之無才，何才之無施。　良匠提斤斧造山林，梁棟阿衡之才，櫨柱楣椽之朴，森然陳於目前，大夏之器具矣。右四十二字見《太平御覽·器物部》九，又分見於《文選》左思《詠史詩》注。

〔黎庶昌《古逸叢書敘目》〕影宋台州本《荀子》二十卷　朱子按唐仲友，爲一重大公案。其第四狀云：「仲友以官錢開《荀》、《揚》、《文中子》、《韓文》四書，貼黄云『仲友所印四子』。曾送一本與臣，臣不合收受，已行估計價值，還納本州軍資庫訖。」此即四種之一，卷末有劉向《敘目》，題《荀卿新書》十二卷三十二篇。又有王子韶同校，呂夏卿重校銜名，熙寧元年國子監劄子及校勘官十五人銜名，又有仲友《後序》。蓋淳熙八年繙雕熙寧官本，板心所題姓名，即第六狀云蔣輝供王定等一十八人，在局開雕者。是仲友雖爲朱子所劾，而此書校刻實精，錢遵王稱爲字大悦目，信然。

〔台州本末《經籍訪古志》二跋〕《荀子》二十卷宋槧大字本，求古樓藏。唐楊倞注。首有《荀子注序》，次《新目録》接序後，每卷首題「荀子卷第幾登仕郎守大理評事楊倞注」，卷末有劉向校正目録上言，又有王子韶同校、吕夏卿重校銜名，及熙寧元年國子監劄子官銜十五名。又有淳熙八年唐仲友《後序》。每半板八行，每行數不整。❶注雙行，界長七寸六分，幅五寸七分半，左右雙邊。每卷有「金澤文庫」印，印文肥寬，異所經見，殆文庫火前物，與惺窩先生題籤亦希覯之珍云。狩谷望之手跋云：右宋槧《荀子》，爲淳熙八年唐仲友所刻，字大如錢，書法全橅歐陽。朱熹按唐仲友狀云：「據蔣輝供，元是明州百姓。淳熙四年六月内，因同已斷配人方百二等僞造官會事發，蒙臨安府府院將輝斷配台州牢城，差在都酒務著役月糧，雇本州住人周立代役，每日開書籍供養。去年三月，❷唐仲友叫上輝就公使庫，開雕《揚子》、《荀子》等印板，輝共王定等一十八人在局開雕者。」是本也板心下方所題，皆是剞劂氏之姓名，蔣輝以下都十九名，與朱熹按狀所言「輝共王定以下十八人」之語合。余始讀朱熹集，得詳唐仲友刻《荀子》事，喜甚，獨怪是不良人爲是好事，謂不可以其罪廢其人也。後讀《齊東野語》，知其詆排之非至論。今又得《四庫全書總目》二則，足爲仲友吐

❶「行」下，《經籍訪古志》有「字」字。

❷「月」下，《經籍訪古志》有「内」字。

氣。今並録以備考。近來舶來盧文弨校本《荀子》，云以影宋本校。今以是本比讎之，失校之字不爲不多，則彼所校猶未精歟，將所謂影宋本有落葉歟？然則是本豈不貴而重乎！且世間北宋刊本傳世無幾，❶如余所見，不過小字御注《孝經》、《文中子》、《通典》、《聖惠方》諸書，而是本翻雕熙寧官板者，則其實與北宋本無異，真希世之寶典也。余齋所載南宋本中，當以是爲第一也。吾家子孫宜保護之。文政五年十一月按文政五年壬午，當道光二年。

〔又重刊台州本楊守敬跋〕今世中土所傳《荀子》，宋本有二，一爲北宋吕夏卿熙寧本，一爲南宋錢佃江西漕司本，而唐與政所刊于台州，當時爲一重公案者，顧無傳焉。嘉慶間，盧抱經學士據朱文游所藏影鈔吕夏卿本，合元、明本校刊行世。王懷祖、顧澗薲皆有異議。然吕、錢兩本，至今無重刊者。余初來日本時，從書肆購得此書雙鉤本數卷，訪之，迺知爲狩谷望之舊藏台州本，此其所擬重刊未成者。厥後從島田篁村見影摹全部，因告知星使黎公求得之，以付梓人，一仍其舊，踰年乃成。按此本後亦有吕夏卿等銜名，又別有熙寧元年中書劄子曾公亮等銜名。據與政自序「悉視熙寧之故」，則知其略無校改。案王伯厚所舉四條，惟「君子知嚮矣」，此本仍作「如嚮」，不相應，因知伯厚所舉者，「嚮」「響」之異，非「知」「如」之異，此自校刊《紀聞》者之失。何校本仍作「如」。若盧抱經所勘，以此本照之，其遺漏不下數百字，又不第顧澗薲所舉《君道篇》「狂生者不胥時而樂」之不作「落」也。此間別有朝鮮古刊本，

❶「世」，《經籍訪古志》作「是」。

亦略與此本同。余又合元纂圖本、明世德堂本及王懷祖、劉端臨、郝蘭皋諸先生之説，更參以日本物茂卿、有《讀荀子》四卷。冢田虎、有《荀子斷》四卷。久保愛、有《荀子增注》二十卷。豬飼彦博有《荀子補遺》一卷。所訂，别爲《札記》，以未見吕、錢兩原本，將以有待，故未附刊焉。光緒甲申三月，宜都楊守敬。

考證下

〔汪中《荀卿子通論》〕荀卿之學，出於孔氏，而尤有功於諸經。《經典・敘録・毛詩》：徐整云：「子夏授高行子，高行子授薛倉子，薛倉子授帛妙子，帛妙子授河閒人大毛公。毛公爲《詩故訓傳》于家，以授趙人小毛公。一云：子夏傳曾申，申傳魏人李克，克傳魯人孟仲子，孟仲子傳根牟子，根牟子傳趙人孫卿子，孫卿子傳魯人大毛公。」由是言之，《毛詩》，荀卿子之傳也。《漢書・楚元王交傳》：「少時嘗與魯穆生、白生、申公同受《詩》於浮丘伯。伯者，孫卿門人也。」《鹽鐵論》云：「包丘子與李斯俱事荀卿。」包丘子即浮丘伯。劉向《敘》云：「浮丘伯受業爲名儒。」《漢書・儒林傳》：「申公，魯人也。少與楚元王交俱事齊人浮丘伯受《詩》。」又云：「申公卒，以《詩》、《春秋》授，而瑕丘江公盡能傳之。」由是言之，《魯詩》，荀卿子之傳也。《韓詩》之存者，《外傳》而已。其引荀卿子以説《詩》者四十有四。由是言之，《韓詩》，荀卿子之別子也。《經典・敘録》云：「左丘明作《傳》以授曾申，申傳衛人吴起，起傳其子期，期傳楚人鐸椒，椒傳趙人虞卿，卿傳同郡荀卿，名況，況傳武威武威，據《史記・張丞相傳》當作陽武。張蒼，蒼傳洛陽賈誼。」由是言之，《左氏春秋》，荀卿之傳也。《儒林傳》云：「瑕丘江公受《穀梁春秋》及《詩》于魯申公，傳子，至孫爲博士。」由是言之，《穀梁春秋》，荀卿子之傳也。荀卿所學，本長于《禮》。《儒林傳》云：「東海蘭陵孟卿善爲

《禮》、《春秋》，授后蒼、疏廣。」劉向敘云：「蘭陵多善爲學，蓋以荀卿也。長老至今稱之曰：蘭陵人喜字爲『卿』，蓋以法荀卿。」又二戴《禮》並傳自孟卿，《大戴禮・曾子立事篇》載《修身》、《大略》二篇文，《小戴・樂記》、《三年問》、《鄉飲酒義》篇載《禮論》、《樂論》篇文。由是言之，曲臺之《禮》，荀卿之支與餘裔也。蓋自七十子之徒既殁，漢諸儒未興，中更戰國、暴秦之亂，《六藝》之傳，賴以不絶者，荀卿也。周公作之，孔子述之，荀卿子傳之，其揆一也。故其説霜降逆女，與毛同義。《禮論》、《大略》二篇，《穀梁》義具在。又《解蔽篇》説《卷耳》，《儒效篇》説《風》、《雅》、《頌》，《大略篇》説《魚麗》、《國風》好色，並先師之逸典。又《大略篇》「《春秋》賢穆公」，「善胥命」，則爲《公羊春秋》之學。楚元王交本學於浮丘伯，故劉向傳《魯詩》、《穀梁春秋》，劉歆治《毛詩》、《左氏春秋》，董仲舒治《公羊春秋》，故作書美荀卿，其學皆有所本。劉向又稱荀卿善爲《易》，其義亦見《非相》、《大略》二篇。蓋荀卿於諸經無不通，而古籍闕亡，其授受不可盡知矣。《史記》載孟子受業於子思之門人，於荀卿則未詳焉。今考其書，始於《勸學》，終於《堯問》。劉向所編，《堯問》第三十，其下仍有《君子》、《賦》二篇。然《堯問》末附荀卿弟子之詞，則爲末篇無疑。當以楊倞改訂爲是。篇次實仿《論語》。《六藝論》云：「《論語》，子夏、仲弓合撰。」《風俗通》云：「穀梁爲子夏門人」，而《非相》、《非十二子》、《儒效》三篇，每以仲尼、子弓並稱。子弓之爲仲弓，猶子路之爲季路，知荀卿之學，實出於子夏、仲弓也。《宥坐》、《子道》、《法行》、《哀公》、《堯問》五篇，雜記孔子及諸弟子言行。蓋據其平日之聞於師友者，亦由淵源所漸，傳習有素而然也。故曰荀卿之學，出於孔氏，而尤有功於諸經。《韓詩外傳》：「客有説春申君者，曰：『湯以七十里，文王以百里，皆兼天下。今孫子，天下之賢人也，君藉之百里之勢，臣竊以爲不便。于君若何？』春申君曰：『善。』于是使人謝孫子，孫子去而之趙，趙以爲上卿。客又説春申君曰：『昔伊尹去夏之殷，殷王而夏亡；管仲去魯入齊，齊强而魯弱。由是觀之，賢者之所在，其君未嘗不善，其國未嘗不安也。今孫子，天下之賢人，何爲辭而去？』春申君又云：『善。』于是使請孫子，孫子僞喜，《戰國策》作「爲書」。謝之曰：『鄙語曰「厲憐王」，此不恭之語也。雖然，不可不審也。此爲劫殺死亡之主言也。夫人主年少而放，無術法以知姦，即大臣以專斷圖私，以禁誅於己也。故舍賢長而立幼弱，廢正適而立不善，故《春秋》之志曰：「楚王之子圍聘於鄭，未出竟，聞王疾，反問疾，遂以冠纓絞王而殺之，因自立。齊崔杼之妻美，莊公通之，崔杼率其群黨而攻莊公。」莊公請與分國，崔杼不許。欲自刃於廟，崔杼又不許。莊公出走，踰于外牆，射中其股，遂殺而立其弟景公。近代所見，李兑用趙，餓主父于沙丘，百日而殺之。淖齒用齊，擢湣王之筋而懸之於廟梁，宿昔而殺之。夫厲雖癰腫痂疕，上比遠世，未至絞頸射股也；下比近世，未至擢筋餓死也。由是觀之，厲雖憐王可也。』因爲賦曰：『璇玉瑤珠不知佩，雜布與錦不知異，閭娵、子都莫之媒，嫫母、力父是之喜。以盲爲明，以聾爲聰，以是爲非，以吉爲凶。嗚呼上天！曷維其同。』《詩》曰：『上帝甚慆，無自瘵焉。』」按春申君請孫子，孫子答書，或去或就，曾不一言，而泛引前世劫殺死亡之事，未知其意何屬。且靈王雖無道，固楚之先君也，豈宜向其臣子斥言其罪？不知何人鑿空爲此，韓嬰誤以説《詩》。劉向不察，采入《國策》。其敘《荀子新書》又載之，斯失之矣！　此書自「厲憐王」以下，乃《韓非子・姦劫弒臣篇》文，其言刻覈舞知以禦人，固非之本志，其賦詞乃荀子《佹詩》之「小歌」，見於《賦篇》。由二書雜采成篇，故文義前後不屬，幸本書具在，其妄不難破爾。孫卿自爲蘭陵令，逮春申之死，凡十八年。其閒實未嘗適趙，亦無以荀卿爲上卿之事。本傳稱齊人或讒荀卿，荀卿乃適楚。《詩外傳》、《國策》所載，或説春申君之詞，即因此以爲緣飾。周、秦閒記載若是者多矣。至引事説《詩》，韓嬰書之成例，《國策》載其文而不去其《詩》，此故奏之葛龔也。　今本《荀子》二十卷，元時槧本題云「唐大理評事楊倞注」，一本題云「唐登仕郎守大理評事楊倞」，事實無可考。《新唐書・藝文志》以倞爲楊汝士子，而《宰相世系表》則載汝士三子，一名知温，一名知遠，一名知至，無名倞者。《表》、《志》同出一手，何以互異若此？《古刻叢鈔》載《唐故銀青光禄大夫使持節蔚州諸軍事行蔚州刺史兼御史中丞馬公墓志銘》，其文則楊倞所作，題云「朝請大夫使持節汾州諸軍事守汾州刺史楊倞撰」，結銜校《荀子》加詳。其書馬公卒葬年月云：「以會昌四年三月十日卒，以其年七月十日葬。」據此，則楊倞爲唐武宗時人。

謹據本書及《史記》、劉向《敘》，考定其文曰：荀子，趙人，名況。年五十，始游學來齊，則當湣王之季，故《傳》云「田駢之屬皆已死也。」又云「及襄王時，而荀卿最爲老師」。蓋復國之後，康莊舊人，惟卿在也。襄王之十八年，當秦昭王四十一年，秦封范睢爲應侯。《儒效》、《彊國》篇有昭王、應侯答問，則自齊襄王十八年以後，荀卿去齊游秦也。其明年，趙孝成王元年，本書荀卿與臨武君議兵趙孝成王前，則荀子入秦不遇，復歸趙也。後十一年，當齊王建十年，爲楚考烈王八年，楚相黃歇以荀卿爲蘭陵令。本書云：「齊人或讒荀卿，荀卿乃適楚，而春申君以爲蘭陵令」，則當王建初年。荀卿復自趙來齊，故曰「三爲祭酒」。是時春申君封于淮北，蘭陵乃其屬邑，故以卿爲令。後八年，春申君徙封于吳，而荀卿爲令如故。又十二年，考烈王卒，李園殺春申君，盡滅其族。本傳云：春申君死而荀卿廢，因家蘭陵，列著數萬言而卒，因葬蘭陵。荀卿之卒，不知何年。《堯問篇》云：「孫卿迫于亂世，鰌于嚴刑，上無賢主，下遇暴秦。」《鹽鐵論・毀學篇》：「方李斯之相秦也，始皇任之，人臣無二。然而荀卿爲之不食，覩其罹不測之禍也。」據《李斯傳》，斯之相在秦并天下之後，距春申君之死十八年，距齊湣王之死六十四年，是時荀卿蓋百餘歲矣。荀卿生于趙，游于齊，嘗一入秦而仕于楚，卒葬于楚。故以四國爲經，託始于趙惠文王、楚頃襄王之元，終于春申君之死，凡六十年。庶論世之君子，得其梗概云爾。劉向《敘録》：「卿以齊宣王時來游稷下，後仕楚。春申君死而卿廢。」《史記・六國年表》載春申君之死，上距宣王之末凡八十七年。《史記》稱「卿年五十始游齊」，則春申君死之年，卿年當一百三十七矣。晁公武《郡齋讀書志》謂《史記》所云「年五十」爲「年十五」之譌。然顔之推《家訓·勉學篇》：「荀卿五十，始來游學。」之推所見《史記》古本已如此，未可遽以爲譌字也。且漢之張蒼，唐之曹憲，皆百有餘歲，何獨於卿而疑之。　荀子歸趙，疑當孝成王九年十年時，故《臣道篇》亟稱平原、信陵之功，是時信陵故在趙也。以信陵君之好士，得之於毛公、薛公，而失之于荀卿，惜夫！　《韓非子·難四篇》：「燕王噲賢子之而非荀卿，故身死爲僇。」荀子游燕在游齊之前，事僅見此。　本書《彊國篇》：荀子説齊相國曰：「今巨楚縣吾前，大燕鰌吾後，勁魏鉤吾右，西壤之不絶若繩，楚人則乃有襄賁、開陽以臨吾左，是一國作謀，三國必起而乘我。如是，則齊必斷而爲四三，國若假城耳。」其言正當湣王之世。湣王再攻破燕、魏，留楚太子横，以割下東國，故荀卿爲是言。其後五國伐齊、燕，入臨菑，楚、魏共取淮北，卒如荀卿言。荀子之爲齊，與樂毅之爲燕謀伐齊，所見正同，豈可謂儒者無益於人國乎？　此齊相爲薛公田文，故曰「相國上則得專主，下則得專國」。《王伯篇》云「權謀日行，而國不免危削，綦之而亡，齊湣、薛公是也」。荀卿之爲是言者，疾田文之不能用士也。

〔胡元儀《郇卿别傳》〕郇卿，名況，趙人也。蓋周郇伯之遺苗。郇伯，公孫之後，或以「孫」爲氏，故又稱孫卿焉。昔孟子爲卿于齊，郇卿亦爲卿于齊。虞卿爲趙上卿，時人尊之，號曰「虞卿」。郇卿亦爲趙上卿，故人亦「卿」之而不名也。卿年十五，有秀才，當齊湣王之末年，游學于齊。初，齊威王之世，湻于髡、鄒衍之屬，相次至齊。威王卒，宣王立，喜文學。游説之士，來者益衆，居稷下。宣王十八年，尊寵之，如孟子、鄒衍、鄒奭、淳于髡、田駢、接子、慎到、環淵之徒七十六人，皆命曰「列大夫」，言爵比大夫也。開第康莊之衢，高門大屋，不治政事而議論焉。稷下之盛，聞于諸侯。十九年，宣王卒，湣王立。學士更盛，且數萬人。湣王奮二世之餘烈，南舉楚、淮，北并巨宋，苞十二國，西摧三晉，卻彊秦，五國賓從，鄒、魯之君，泗上諸侯，皆入臣。晚年矜功不休，百姓不堪，諸儒皆諫，湣王不聽，各分散。慎到、接子亡去，田駢如薛。郇卿亦説齊相曰：「處勝人之埶，行勝人之道，天下莫忿，湯、武是也。處勝人之埶，不以勝人之道，厚于有天下之埶，索爲匹夫不可得也，桀、紂是也。然則得勝人之埶者，其不如勝人之道遠矣。夫主相者，勝人以埶也，是爲是，非爲非，能爲能，不能爲不能，併己之私欲，必以道。夫公道通義之可相兼容者，是勝人之道也。今相國上則得專主，下則得專國，相國之于勝人之埶亶有之矣。然則胡不敺此勝人之埶，赴勝人之道，求仁厚明通之君子而託王焉，與之參國政，正是非？如是則國孰敢不爲義矣，君臣上下、貴賤長少，至於庶人，莫不爲義，則天下孰不欲合義矣。賢士願相國之朝，能士願相國之官，好利「利」當作「義」。之民莫不願以齊爲歸，是一天下也。相國舍是而不爲，案直爲世俗之所爲，則女主亂之宮，詐臣亂之朝，貪吏亂之官，衆庶百姓皆以貪利爭奪爲俗，曷若是而可以持國乎！今巨楚縣吾前，大燕鰌吾後，勁魏鉤吾右，西壤之不絶若繩，楚人則乃有襄賁、開陽以臨吾左，是一國作謀則三國必起而乘我，如是則齊必斷而爲四三，國若假城然耳，必爲天下大笑。曷若？

兩者孰足爲也。夫桀、紂，聖王之後子孫也，有天下者之世也，埶籍之所存，天下之宗室也，土地之大，封内千里，人之衆數以億萬，俄而天下倜然舉去桀、紂而犇湯、武，反然舉惡桀、紂而貴湯、武，是何也？夫桀、紂何失，而湯、武何得也？曰：是無他故焉，桀、紂者善爲人之所惡，而湯、武者善爲人之所好也。人之所惡何也？曰：汙漫爭奪貪利是也。人之所好何也？曰：禮義辭讓忠信是也。今君人者，辟稱比方則欲自並乎湯、武，若其所以統之，則無以異桀、紂，而求有湯、武之功名，可乎？故凡得勝者，必與人也；凡得人者，必與道也。道者何也？曰：禮讓忠信是也。故自四五萬而往者彊勝，非衆之力也，隆在信矣；自數百里而往者安固，非人之力也，隆在脩政矣。今已有數萬之衆者也，陶誕比周以爭與；已有數百里之國者也，汙漫突盜以爭地。然則是弃己之所安彊，而爭己之所危弱也；損己之所不足，以重己之所有餘。若是其悖繆也，而求有湯、武之功名，可乎？辟之猶伏而咶天，救經而引其足也，説必不行矣，愈務而愈遠。爲人臣者不恤己行之不行，苟得利而已矣，是渠衝入穴而求利也，是仁人之所羞而不爲也。故人莫貴乎生，莫樂乎安；所以養生安樂者，莫大乎禮義。人知貴生樂安而弃禮義，辟之是猶欲壽而歾頸也，愚莫大焉。故君人者愛民而安，好士而榮，兩者無一焉而亡。《詩》曰：『价人維藩，大師維垣。』此之謂也。」齊相不能用其言，郇卿乃適楚。于是諸侯合謀，五國伐齊，湣王奔莒。楚使淖齒求齊，因爲齊相。淖齒欲與燕分齊地，乃執湣王，殺之于鼓里。田單起即墨，卒復齊所失七十餘城，迎湣王子法章于莒而立之，是爲襄王。襄王復國，尚脩列大夫之缺，諸儒反稷下。其時田駢之屬已死，惟郇卿最爲老師，于是郇卿三爲祭酒焉。後齊人或讒郇卿，卿乃適楚。楚相春申君相楚之八年，以卿爲蘭陵令。客説春申君曰：「湯以亳，武王以鄗，皆不過百里，以有天下。今郇子，天下賢人也。君藉以百里之埶，臣竊以爲不便，於君何如？」春申君曰：「善。」于是使人謝郇卿。卿去之趙，趙以爲上卿，與臨武君孫臏議兵於趙孝成王之前。臨武君爲變詐之兵，郇卿以王兵難之，不能對也。語詳《郇卿子・議兵篇》。卒不用於趙，遂應聘於秦，初見應侯范睢。應侯問以「入秦何見？」郇卿曰：「其固塞險，形埶便，山林川谷美，天材之利多，是形勝也。入境，觀其風俗，其百姓樸，其聲樂不流汙，其服不挑，甚畏有司而順，古之民也。及都邑官府，其百吏肅然，莫不恭儉敦敬，忠信而不楛，古之吏也。入其國，觀其士大夫，出于其門，入于公門，出于公門，入于其家，無有私事也；不比周，不朋黨，倜然莫不明通而公也，古之士大夫也。觀其朝廷，其閒聽決，百事不留，恬然如無治者，古之朝也。故四世有勝，非幸也，數也。是所見也。故曰：佚而治，約而詳，不煩而功，治之至也，秦類之矣。雖然，則有其偲矣。兼是數具者而盡有之，然則縣之以王者之功名，則倜倜然其不及遠矣。是何也？則其殆無儒邪！故曰：粹而王，駁而霸，無一焉而亡。此秦之所短也。」秦昭王聞其重儒也，因問曰：「儒無益於人國？」郇卿曰：「儒者法先王，隆禮義，謹乎臣子而致貴乎上者也。人主用之則埶在本朝而宜；不用則退編百姓而愨，必爲順下矣。雖窮困凍餓，必不以邪道爲貪；無置錐之地，而明于持社稷之大義。嗚呼而莫之能應，然而通乎財萬物，養百姓之經紀。埶在人上則王公之材也，在人下則社稷之臣，國君之寶也。雖隱于窮閻漏屋，人莫不貴之，道誠存也。仲尼將爲司寇，沈猶氏不敢朝飲其羊，公慎氏出其妻，慎潰氏踰境而徙，魯之粥牛馬者不豫賈，必蚤正以待之也。居于闕里，闕里之子弟罔不分，有親者取多，孝弟以化之也。儒者在本朝則美政，在下位則美俗。儒之爲人下如是矣。」王曰：「然則其爲人上何如？」郇卿曰：「其爲人上也，廣大矣，志意定乎內，禮節脩乎朝，法則度量出乎官，忠信愛利形乎下。行一不義，殺一無罪，而得天下，不爲也。此君義信乎人矣，通于四海則天下應之如讙。是何也？則貴名白而天下治也。故近者歌謳而樂之，遠者竭蹶而趨之。四海之內若一家，通達之屬莫不服，夫是之謂人師。《詩》曰：『自西自東，自南自北。』此之謂也。夫其爲人下也如彼，其爲人上也如此，何謂其無益于人之國也！」昭王曰：「善！」然終不能用郇卿也。郇卿在秦，知不見用，無何，由秦反趙。後春申君之客又説春申君曰：「昔伊尹去夏入殷，殷王而夏亡；管仲去魯入齊，魯弱而齊彊。夫賢者所在，君未嘗不尊，國未嘗不榮也。今郇卿，天下賢人也，君何辭之？」春申君又曰：「善。」于是使人請郇卿于趙，郇卿遺書謝之曰：「諺云：『癘人憐王。』此不恭之語也。雖然，不可不審察也。此爲劫弑死亡之主言也。夫人主年少而矜材，無法術以知奸，則大臣主斷國私，以禁誅于己也。故弑賢長而立幼弱，廢正嫡而立不義。《春秋》記之曰：楚王子圍聘于鄭，未出境，聞王病，反問疾，遂以冠纓絞王殺之，因自立也。齊崔杼之妻美，莊公通之。崔杼帥其君黨而攻莊公，莊公請與分國，崔杼不許。欲自刃于廟，崔杼不許。莊公走出，踰于外牆，射中股，遂殺之，而立其弟景公。近代所見，李兑用趙，餓主父于沙丘，百日而殺之；淖齒用齊，擢湣王之筋，縣于廟梁，宿昔而死。夫癘雖癰腫疕疵，上比前世，未至纓絞射股；下比近代，未至擢筋餓死也。夫劫弑死亡之主也，心之憂勞，形之困苦，必甚于癘矣。由此觀之，癘雖憐王可也。」蓋李園之包藏禍心，李園女弟之陰謀，郇卿早知其必發，故以書刺之也。又爲歌賦以遺春申君，曰：「天下不治，請陳佹詩。天地易位，四時易鄉。列星殞墜，旦暮晦盲。幽晦登昭，日月下藏。公正無私，反見縱横；志愛公利，重樓疏堂；無私罪人，憼革貳兵。道德純備，讒口將將。仁人絀約，敖暴擅彊，天下幽險，恐失世英。螭龍爲

蝘蜓，鴟梟爲鳳凰。比干見刳，孔子拘匡。昭昭乎其知之明也，郁郁乎其遇時之不祥也，拂乎其欲禮義之大行也，闇乎天下之晦盲也。晧天不復，憂無疆也。千歲必反，古之常也。弟子勉學，天不忘也。聖人共手，時幾將矣。與愚以疑，願聞反辭。」其小歌曰：「念彼遠方，何其塞矣！仁人絀約，暴人衍矣！忠臣危殆，讒人服矣！琁玉瑤珠，不知佩也；雜布與錦，不知異也。閭娵、子奢，莫之媒也；嫫母、力父，是之嘉也。以盲爲明，以聾爲聰，以危爲安，以吉爲凶。嗚呼上天！曷維其同！」春申君得書與歌賦，恨之，復固謝郇卿，卿不得已，乃行至楚，復爲蘭陵令。春申相楚之二十五年，楚考烈王卒。春申君果被李園所殺，而郇卿遂廢蘭陵令，因家蘭陵二十餘年。秦始皇三十四年，李斯爲秦相，卿聞之，爲之不食，知其必敗

也。後卒，年蓋八十餘矣。因葬于蘭陵。方郇卿至稷下也，諸子咸作書刺世，諸子之事，皆以爲非先王之法也。蘇秦、張儀以邪道説諸侯，以大貴顯。郇卿退而笑曰：「夫不以其道進者，必不以其道亡。」孟子言人之性善，郇卿後孟子百餘年，以爲人之性惡，作《性惡》一篇。疾濁世之政，亡國亂君相屬，不遂大道而營乎巫祝，信禨祥，鄙儒小拘，莊周等又滑稽亂俗，于是推本儒術，闡道德，崇禮勸學，著數萬言，凡三十二篇。又作《春秋公子血脈譜》。郇卿善爲《詩》、《禮》、《易》、《春秋》，從根牟子受《詩》，以傳毛亨，號《毛詩》。又傳浮丘伯，伯傳申公，號《魯詩》。從馯臂子弓受《易》，並傳其學，稱「子弓比于孔子」。從虞卿受《左氏春秋》，以傳張蒼，蒼傳賈誼。穀梁俶亦爲經作《傳》，傳郇卿，卿傳浮丘伯，伯傳申公，申公傳瑕丘江公，世爲博士。郇卿尤精于《禮》，《書》闕有閒，受授莫詳。由是漢之治《易》、《詩》、《春秋》者，皆源出于郇卿。郇卿弟子，今知名者，韓非、李斯、陳囂、毛亨、浮丘伯、張蒼而已。當時甚盛也，至漢時，蘭陵人多善爲學，皆卿之門人也。漢人稱之曰：蘭陵人喜字爲「卿」，法郇卿也。教澤所及，蓋亦遠矣。後十一世孫遂，遂生淑，淑生子八人，時號「八龍」。卿之後甚著于東漢，迄魏、晉、六朝，知名之士不絶云。

論曰：劉向言：「漢興，董仲舒亦大儒，作書美郇卿。孟子、董先生皆小五伯，以爲仲尼之門，五尺童子皆羞稱五伯，如人君能用郇卿，庶幾于王！然世莫能用，而六國之君殘滅，秦國大亂，卒以亡。觀郇卿之書，其陳王道甚易行，疾世莫能用，其言悽愴，甚可痛也！嗚呼！使斯人卒終于閭巷，而功業不得見於世，哀哉！可爲賈涕。其書可比于傳記，可以爲法，諒哉！斯言。向，故元王交之孫；交，郇卿再傳弟子也。其知之深矣，其哀痛有由矣，然而汙不至阿其所好也。向校讎中秘書，定著《郇卿子》三十二篇，傳之至今。向亦卿之功臣哉！唐儒楊倞復爲之注，表彰之功，亦向之亞矣。

〔又《郇卿别傳・考異》二十二事〕林寶《元和姓纂》：「郇，周文王十七子郇侯之後，以國爲氏。《詩》「郇伯勞之」。毛傳云：「郇伯，郇侯也。」郇本侯爵，郇侯曾爲二伯，《詩》舉重者言，故毛傳云然。後去邑爲荀，晉有荀林父，生庚，裔孫況。況十一代孫遂，遂生淑，生儉、緄、靖、燾、汪、爽、肅，時人謂之『八龍』。案，《水經注》：涑水逕猗氏故城北，又西逕郇城，郇伯國也。其地即今山西蒲州府猗氏縣之境。郇國，晉武公所滅，見《竹書紀年》。故郇伯之後仕于晉獻公之世，有荀息。魯僖二十七年，荀林父御戎。林父于息屬之親疎未詳。林父子庚，成三年聘魯。庚子偃，成十六年佐上軍。偃子吴，襄二十六年聘魯。吴子寅，昭二十九年與趙鞅城汝濱，定十三年入于朝歌叛，魯哀五年奔齊。由寅至郇卿幾二百年。由哀五年至周赧王十六年，得一百九十四年也。其閒幾世，不可詳矣。」林寶所云，皆據郇氏家傳，信而有徵者也。但《後漢書・荀淑傳》稱淑爲荀卿十一世孫，則遂當是十世孫。不知今本《元和姓纂》誤衍一字歟，抑今本《後漢書》「十一世」乃「十二世」之誤歟？無明據以證之也。云「後去邑爲荀」，此乃想當然之辭，殊非確論。何也？荀姓乃黄帝之後，《國語》：司空季子言黄帝之子二十五宗，得姓者十二，姬、酉、祁、己、滕、箴、任、荀、僖、姞、儇、依是也。郇國之「郇」，《詩》「郇伯勞之」，《竹書紀年》晉武公滅郇，此據《漢書・地理志》臣瓚注所引《紀年》之文。今本《紀年》皆作「荀」，不作「郇」矣。《國語》晉祐言「范文子受以郇、櫟，字皆作「郇」，并不作「荀」也。而《左傳》諸荀之在晉者，字皆作「荀」，不復作「郇」。此蓋傳寫相承久而不改正，如許國、許姓之「許」字作「鄦」。凡經典之中，竟無「鄦」字，人遂相沿不改，是其證也。并非有故去邑爲荀明矣。今《別傳》中皆用「郇」字，以著受姓之源。《史記》稱荀卿，《國策》、劉向、《漢書・藝文志》、應劭《風俗通》皆稱孫卿。司馬貞、顔師古皆以爲避宣帝諱「詢」故，改稱「孫」。謝東墅云：「漢不避嫌名，時人荀淑、荀爽俱用本字。《左傳》荀息至荀瑤，亦不改字。何獨于荀卿反改之邪？蓋『荀』『孫』二字同音，語遂移易，如荆軻謂之荆卿，又謂之慶卿；又如張良爲韓信都，信都，司徒也。俗音不正曰『信都』。」」案，謝東墅駁郇卿之稱孫卿，不因避諱，足破千古之惑，以爲俗音不正，若「司徒」「信都」，則仍非也。郇卿之爲郇伯之後，以國爲氏，無可疑矣。且郇卿，趙人。古郇國在今山西猗氏縣境，其地于戰國正屬趙，故爲趙人。又稱「孫」者，蓋郇伯，公孫之後，以「孫」爲氏也。王符《潛夫論・志姓氏篇》云：「王孫氏、公孫氏，國自有之。孫氏者，或王孫之班，或公孫之班也。」是各國公孫之後皆有孫氏矣。由是言之，郇也，孫也，皆氏也。戰國之末，宗法廢絶，姓氏混一，故人有兩姓並稱者，實皆古之氏也。如陳完奔齊，《史記》稱田完，陳恒見《論語》，《史記》作田常；陳仲子見《孟子》，《郇卿書》陳仲、田仲互見；田駢見《郇卿書》，《呂覽》作陳駢。「陳」「田」皆氏，故兩稱之。推之荆卿之稱慶卿，亦是類耳。若以俗語不正，二字同音，遂致移易爲言，尚未達其所以然之故也。今《別傳》不稱「孫」者，以別族在當時宜稱「孫」，舉近者言也。孫氏各國皆有，不明所出，後人宜稱「郇」，以著所出，故《郇卿書》稱孫子，仍之不改，郇卿，自稱之辭也。自史公稱荀卿，其後裔荀淑等皆曰「荀」，相沿至今，皆曰郇子，故不復稱「孫」也。　齊宣王尊寵稷下諸子，號曰「列大夫」，言爵比大夫也。孟子，宣王時在齊居列大夫之中，而《孟子書》言孟子爲卿于齊，孟子自言「我無官守，我無言責」，與《史記・田完世家》云「列大夫不治而議論」者合。然不稱「列大夫」而曰爲「卿」，蓋「卿」即「列大夫」之長，所謂「郇卿三爲祭酒」是也。然則郇卿亦爲卿于齊矣。《史記・虞卿傳》：「虞卿説趙孝成王，再見爲趙上卿，故號虞卿。」郇卿亦爲趙上卿，又從虞卿受《左氏春秋》。郇卿之稱「卿」，蓋法虞卿矣。劉向云：蘭陵人喜字爲「卿」，以法孫卿也。然則在齊人、趙人稱郇卿，尊之之辭也。蘭陵弟子稱郇卿，美之之辭也。　《史記》：「荀卿年五十始來遊學于齊。」劉向云：「孫卿有秀才，年五十始來遊學。」應劭《風俗通・窮通篇》云：「孫卿有秀才，年十五始來遊學。」作「年十五」者是也，《史記》與劉向《序》皆傳寫誤倒耳。郇卿來齊在何時，史公、劉向、應劭皆未明言。桓寬《鹽鐵論・論儒篇》云：「湣王奮二世之餘烈，南舉楚、淮，北并巨宋，苞十二國，西摧三晉，卻强秦，五國賓從，鄒、魯之君，泗上諸侯，皆入臣。矜功不休，百姓不堪，諸儒諫不從，各分散。慎到、接子亡去，田駢如薛，而孫卿適楚。内無良臣，故諸侯伐之。」是郇卿，湣王末年至齊矣。今《郇卿書・彊國篇》有説齊相一章，正諫湣王矜功、五國謀伐齊之事。蓋説之不從，遂之楚。五國旋果伐齊，湣王奔莒被殺。襄王復國，稷下諸子分散者，復反稷下，郇卿適楚不久即反齊，是以《史記》、劉向、應劭皆云「襄王時尚修列大夫之缺」。言湣王末列大夫已散，襄王復聚之，尚能修列大夫之缺也。劉向云：「威王、宣王之時，聚天下賢士於稷下，號曰列大夫。是時孫卿有秀才，年五十始來遊學。」應劭亦如此云，惟作齊威王時，無宣王，「年五十」作「十五」，年十五是也。無宣王，蓋脱去耳。應劭之文，全本劉向故也。説者遂疑郇卿，齊威王時至齊非也。稷下之士，實威王初年始聚之。《淳于髡傳》齊威王八年，楚伐齊，髡使趙請兵，是其證也。威王在位三十六年，宣王立。據《田完世家》，宣十八年乃尊崇稷下之七十六人，賜列第爲上大夫，不治而議論。是以稷下之士復盛，且數萬人。宣王在位十九年，十八年始尊崇稷下之士，號曰列大夫，威王時並無列大夫之號也。即《史記》所云「是以稷下之士復盛，且數萬人」，皆終言其事，非宣王之世，在湣王之世也。劉向、應劭所云，皆溯稷下聚士之由，故統威王、宣王言之云。是時孫卿有秀才，非謂威王、宣王之時，指稷下之盛時，即湣王之世也。讀者不察，以辭害意，故繆爲之説耳。《史記·春申君傳》：「考烈王元年，以黄歇爲相，封春申君。春申君相楚之八年，以荀卿爲蘭陵令。」然則郇卿被讒去齊入楚，在楚考烈王之八年，齊王建之十年也。客説春申君以湯、武百里有天下，孫子賢人，藉以百里之勢，不便于君。審其詞意，必郇卿爲蘭陵令不久之事。春申信客言，即謝郇卿。卿乃去而之趙，當在考烈王八九年，趙孝成王之十二三年，議兵于趙孝成之前，即此時矣。

劉向云：「孫卿應聘于諸侯，見秦昭王及秦相應侯。」今《郇卿書・儒效篇》有秦昭王問孫子儒無益于人國一章，《彊國篇》有應侯問孫子入秦何見一章，是其事也。據《范雎傳》，睢爲相封侯在秦昭王四十一年，五十二年因王稽坐法誅，應侯懼，蔡澤説之，遂罷相。應侯罷相之年，即楚考烈王八年。郇卿爲蘭陵令時，應侯既罷相矣，劉向稱秦相應侯，約言之；《郇卿書》直稱「應侯」不曰「秦相」，得其實矣。秦昭王在位盡五十六年，郇卿入趙當昭王五十二三年。由趙入秦，不出秦昭王五十四至五十六三年中也。即由秦反趙，亦不出此三年中。

客再説春申君，春申君請郇卿于趙，《國策》不言在何時。考《春申君傳》，春申君相楚二十二年，諸侯合從西伐秦，楚爲從長。春申君用事，至函谷關，諸侯兵皆敗走。楚考烈王以咎春申君，春申君以此益疏客。言春申君以合從伐秦不利歸咎諸客，疏而遠之，前讒郇卿之客，必在所疏之中。于是春申君所聽信者，惟觀津人朱英。春申君徙楚都壽春，一切所爲，皆朱英之謀。然則説春申君反郇卿于趙之客，蓋即朱英歟？由是言之，郇卿復爲蘭陵令，在楚考烈王二十二年之後矣。二十五年，春申被李園所殺，郇卿廢蘭陵令。計前後兩爲蘭陵令，不過三四年耳。

桓寬《鹽鐵論・毁學篇》云：「李斯之相秦也，始皇任之，人臣無二。然而郇卿爲之不食，覩其罹不測之禍也。」李斯相秦，據《始皇本紀》在三十四年，是年郇卿尚存，猶及見之，其卒也必在是年之後矣。郇卿以湣王末年年十五來齊，據《田完世家》，湣王三十八年伐宋滅之，而郇卿説齊相之辭但曰「巨楚縣吾前，大燕鰌吾後，勁魏鉤吾右」，不及宋國，時宋已滅明矣。

說齊相不從，郇卿乃適楚，必湣王三十九年之事。蓋郇卿之來齊亦即在是年歟？雖無明證，試以是年郇卿年十五推之，當生于周赧王十六年，計至始皇三十四年，得八十七年。故《别傳》云卒年蓋八十餘矣。《李斯傳》：斯長男由爲三川守，告歸咸陽。斯置酒于家，百官長皆前爲壽。李斯喟然而歎曰：「嗟乎！吾聞之郇卿曰：『物禁大盛。』斯乃上蔡布衣，今人臣無居臣上者。物極則衰，吾未知所税駕也。」所謂郇卿爲之不食，必有戒斯之詞。「物禁太盛」，其戒斯之詞歟？當由告歸，百官長上壽之時，追念師言，不覺而歎耳！史公紀由告歸在始皇三十五年之後，敘此事畢，接書三十七年事。則由告歸，李斯之歎，在三十六年矣。是年郇卿之存與卒，不得而考，然可爲「郇卿爲之不食」之明證也。劉向讎校中《孫卿書》凡三百二十二篇，以相校除複重二百九十篇，定著三十二篇。言中祕所藏孫卿之書共有三百二十二篇，實三十二篇，餘皆重複之篇也。而《漢書·藝文志》云：《孫卿子》三十三篇，乃傳刊之誤，當作三十二篇。王伯厚《漢藝文志考證》已言之矣。然《漢志》既列《孫卿子》三十二篇于「諸子儒家」，又列《孫卿賦》十篇于「詩賦」。今《郇卿書·賦篇》僅有賦六篇，讀者莫明其故。蓋即《郇卿書》中之《賦篇》、《成相篇》也。《漢志》雜賦十二家，有《成相雜辭》十一篇。《藝文類聚》八十九卷引《成相篇》曰：「莊子貴支離，悲木槿。」注云：「成相出《淮南子》。」據此則《淮南子》亦有《成相》之篇，今已久佚。《漢志》亦從本書别出。然則《成相雜辭》十一篇者，淮南王之所作也。賦者，古詩之流，《成相》亦賦之流也。今案《賦篇》《禮》、《知》、《雲》、《蠶》、《箴》五賦之外，有《佹詩》一篇，凡六篇，《成相篇》自「請成相世之殃」至「不由者亂何疑爲」是第一篇，自「凡成相辨法方」至「宗其賢良辨孽殃」是第二篇，自「請成相道聖王」至「道古聖賢基必張」是第三篇，自「願陳辭」「願陳辭」上脱「請成相」三字。至「託于成相以喻意」是第四篇，自「請成相言治方」至「後世法之成律貫」是第五篇，合之賦六篇，實十有一篇。今《漢志》云「《孫卿賦》十篇」者，亦脱「一」字。當作「十一篇」也。《隋書·經籍志》有《楚蘭陵令郇况集》一卷，注云「殘闕，梁二卷」。《隋志》本之梁阮孝緒《七録》，蓋《七録》題二卷者，正謂《賦》一卷，《成相》一卷也。修《隋志》者不知成相亦賦也。徒見《郇卿賦篇》僅六賦，不可分爲二卷，疑有殘闕，故注其下曰「殘闕，梁二卷」，亦殊疏矣。至《舊唐書·經籍志》有《郇况集》二卷，《新唐書·藝文志》亦有《郇况集》二卷，皆據《隋志》「梁二卷」之文載之而已，非別有全本也。王伯厚《玉海》引宋李淑《書目》云：「《春秋公子血脈譜》傳本曰郇卿撰，《秦譜》下及項滅子嬰之際，非郇卿作明矣。然枝分派別，如指諸掌，非殫見洽聞不能爲。其閒不無譌繆。」案，郇卿從虞卿受《左氏春秋》，故作《春秋公子血脈譜》。蓋據《左氏傳》文及左丘明《世本》之《姓氏篇》以成書也。《世本》，左丘明作，見《顔氏家訓·書證篇》云：出皇甫謐《帝王世紀》。《世本》有《姓氏篇》，見《左傳正義》引。李淑疑非郇卿作，不過因《秦公子譜》下及秦亡而已。不知郇卿卒于始皇三十四年之後，去秦亡、項滅子嬰才數年耳。下及子嬰之世，又何疑邪？據云「非殫見洽聞不能爲」，其書之善可知。又云「其閒不無譌繆」，其中必有與《史記》諸書不合者，如皇甫謐《帝王世紀》亦據左丘明《世本》，其中有足考訂《史記》者，即其比也。不得因其不合，遂指爲訛繆矣。其書不見引于群籍，《七略》、《七録》皆不著其目，宋時猶存，竟至亡佚，惜哉！虞荔《鼎録》云：荀況在嵩溪作一鼎，大如五石甕，表裏皆紀兵法。大篆書，四足。劉向云：「孟子以爲人性善，孫卿後孟子百餘年，以爲人性惡。」向必言「後孟子百餘年」者，以《史記》言「孟子所如不合，退而與萬章之徒述仲尼之意，作《孟子》七篇」。又言「郇卿著數萬言而卒」。是孟、郇著書皆在晚年，故據孟、郇之卒年，相去百餘年爲言也。向偏讀中秘書，博覽參稽，其言信而有徵者也，故《別傳》從之。郇卿卒于始皇三十四年之後，逆推孟子之卒，當在周赧王初年，方合百餘年之數。今世所傳《孟子譜》、《禮樂録》、《闕里志》等書，皆出宋、明人之手，記孟子生卒，言人人殊，均無據之游辭，不足信者也。

而説經者好稱之，誠末學所不解矣。陸德明《經典釋文敘録》：「《毛詩》，子夏授高行子，高行子授薛倉子，薛倉子授帛妙子，帛妙子授河間大毛公，毛公爲《詩詁訓傳》于家，以授趙人小毛公。一云：子夏授曾申，申傳魏人李克，克傳魯人孟仲子，孟仲子授根牟子，根牟子授趙人孫卿子，孫卿子傳魯人大毛公。」陸璣《毛詩草木蟲魚疏》云：「孔子刪《詩》，授卜商，商爲之《序》，以授魯人曾申，申授魏人李克，克授魯人孟仲子，孟仲子授根牟子，根牟子授趙人孫卿，卿授魯國毛亨，亨作《詁訓傳》以授趙國毛萇，時人謂亨爲大毛公，萇爲小毛公。」此《毛詩》得郇卿之傳也。

《漢書・楚元王傳》：「楚元王交嘗與魯穆生、白公、申公俱受《詩》于浮丘伯。「浮丘」一作「包丘」，見《鹽鐵論・毀學篇》。浮丘蓋齊地名，因以爲氏。「浮」「包」同聲字，如《春秋》「浮來之地」，《左傳》

「浮來」,《公》、《穀》皆作「包來」,是其例也。伯,孫卿之門人也。浮丘伯在長安,元王遣子郢客與申公卒業。文帝時,申公爲《詩》最精,以爲博士。申公始爲《詩》,號《魯詩》。」此《魯詩》得郇卿之傳也。　劉向《别録》:《左傳正義》引。「左丘明授曾申,申授吴起,起授其子期,期授楚鐸椒,椒作《鈔撮》八卷,授虞卿,卿作《鈔撮》九卷,授孫卿,卿授張蒼。」《經典釋文》云:「左丘明作《傳》以授曾申,申傳衛人吴起,起傳其子期,期傳楚人鐸椒,椒傳趙人虞卿,虞卿傳同郡郇卿,名况,况傳武威,張蒼,陽武人。此云武威傳寫之誤。張蒼,蒼傳洛陽賈誼。」此《左氏春秋》,郇卿之傳也。　楊士勛《穀梁疏》:「穀梁子名俶,字元始,一名赤。魯人,受經于子夏,爲《經》作《傳》,授孫卿,卿傳魯人申公,申公傳瑕丘江翁。」此《疏》有脱文,當云「卿傳浮丘伯,伯傳申公,申公傳瑕丘江翁」。《漢書·儒林傳》:「申公少與楚元王交俱事齊人浮丘伯,卒以《詩》、《春秋》授,而瑕丘江公盡能傳之」,是其證也。顔師古亦云:「穀梁授經于子夏,傳郇卿。」此《穀梁春秋》,郇卿之傳也。　《史記·仲尼弟子列傳》:「商瞿字子木,孔子傳《易》于瞿,瞿傳楚人馯臂子弓,今本《史記》作「子弘」,張守節《正義》已正其誤。然韓昌黎云:太史公書《弟子傳》有姓名馯臂子弓,則昌黎所見之《史記》未誤也。張守節所據本誤,致令今本皆誤。子弓傳江東矯子庸庇。」《漢書·儒林傳》:商瞿受《易》仲尼,傳魯橋庇子庸,子庸傳江東馯臂子弓。亦誤。當以《史記》爲正。今《漢書》「子庸」「子弓」二名互易,幸留「江東」二字在中閒不誤。然子弓,《史記》云楚人,《漢書》云魯人,未詳孰是也。郇卿善爲《易》,得子弓之傳也。郇卿傳《易》于何人不可考。　郇卿尤善于《禮》,今授受源流不可考。　然《漢書·儒林傳》,東海蘭陵孟卿事蕭奮，以《禮》授后蒼。蒼説《禮》數萬言，號曰《曲臺記》，授戴德延君、戴聖次君。德號大戴，聖號小戴。據劉向云：「蘭陵人善爲學，蓋以孫卿也。長老至今稱之，曰：『蘭陵人喜字爲卿，蓋以法孫卿也。』」孟卿，蘭陵人，善爲《禮》，又字卿，必得郇卿之傳也。惜今未能知其詳耳。孟卿傳《士禮》十七篇于后蒼，蒼傳二戴，今大、小戴所傳《儀禮》篇次各殊。見賈公彦《儀禮疏》。由是言之，《儀禮》蓋亦郇卿之傳也。　郇卿之師子弓，韓昌黎以爲馯臂子弓，此説不起自昌黎，張守節作《史記正義》所據本作子弘，辯之曰「《荀子》作子弓。楊倞注《非相篇》云：「馯臂子弓，受《易》者也。傳《易》之外，别無聞，非馯臂也。」楊《注》力辯非馯臂子弓，則唐以前之説，皆以《郇子》之子弓即馯臂矣。古説相傳，信而有徵者也。應劭云：「子弓，子夏之門人。」蓋子弓學無常師，學業必有異人者，故郇卿比之孔子，不得以典籍無傳而疑之也。楊倞以子弓爲仲弓，云子者著其爲師。元人吴萊以爲子弓之爲仲弓，猶季路之爲子路。考其時世，郇卿不得受業于仲弓，不過因孔子稱「仲弓可使南面」，以爲必仲弓，方可比孔子耳。殊乖事之實也。王弼注《論語》云：見《經典釋文》。「朱張字子弓，郇卿以比孔子者。」朱張字子弓，或有所據，以爲即郇卿所稱子弓，誣亦甚矣。朱張在孔子之前，郇卿不能受業。即以爲郇所受業，亦孔子前之聖人，何以郇卿動曰「孔子子弓」，先孔子而後子弓邪？　劉向云：「董仲舒作書美郇卿。」案，《漢書·藝文志》：董仲舒百二十篇，今惟存《春秋繁露》八十二篇，復多殘闕，不見美郇卿之文，其逸久矣。汪氏《述學》，極詆《國策》記郇卿之事，其言曰：「孫子謝春申書，去就曾不一言。泛引劫弑死亡之事，未知何屬。且靈王，楚之先君，豈宜斥言其罪？韓嬰誤以説《詩》，劉向不察，采入《國策》，失之矣。自『厲憐王』以下，乃《韓非子·姦劫弑臣篇》文。其言刻覈，舞知以禦人；其詞賦乃郇子《佹詩》之「小歌」。由二書雜采爲篇，文義不屬。孫卿自爲蘭陵令，逮春申君死十八年，其閒未嘗適趙。本傳稱『齊人或讒郇卿，卿乃適楚。《詩外傳》、《國策》所載，即因此緣飾。末所引《詩》，乃《詩外傳》之文。《國策》亦並載之。』」案汪氏此説殊武斷，因不達郇卿謝書之旨，遂妄言之耳。書之旨言春申將有劫殺之禍，指李園女弟之謀與親信李園也。故其詞隱，其意微，言外有去而不就之心，何得以去就不言爲疑邪？其説靈王也，直據《春秋》所記之事言，非斥其罪。《國策》載之，《韓詩外傳》載之，劉向校《孫卿書》雖未載其謝書，然云「謝春申書以刺楚國」，事必不誣也。韓非，郇卿弟子，其書援引師説，又何足怪？因韓非引之，即斥爲「刻覈舞知禦人」。今讀其書，心情悱惻，諷刺深遠，並無舞知禦人之事，何其誣也！且以爲郇卿此書乃劉向采自《韓非》以入《國策》，《韓非》之書雖全用其文，然未明言是郇卿謝春申書，而向遂割取以妄爲之。向之博學篤實，乃至荒唐若此乎！何其自信而輕蔑古人邪！郇卿遺春申書與歌賦本屬二事，何得云文義不屬邪？但《國策》所載歌賦不全，今《賦篇》末《佹詩》一篇皆是也，乃云「詞賦乃郇子《佹詩》之小歌」，何其知二五而不知有十也？不信劉向，不信《國策》，徒拘守《史記》，漫不加考，窒莫甚焉。妄云孫卿自爲蘭陵令，逮春申君死，十八年，未嘗適趙，但據《春申君傳》「相楚八年以郇卿爲蘭陵令」之文，計至春申君死，郇卿廢，其閒十八年，十八年不誤，未嘗適趙，則繆之繆者也。此十八年中，果在蘭陵，未之他國，而何時議兵于趙孝成王之前？何時入秦與秦昭王、應侯相問荅邪？凡此皆見于《郇卿書》者，豈抑可誣爲劉向所爲乎？至以《國策》、《韓詩外傳》皆因《史記》「齊人或讒郇卿」之文緣飾而成，更屬駕誣之詞，直以莫須有斷獄矣。惟《國策》篇末所引《詩》，實《韓詩外傳》之文，所見良是。然以爲劉向采自《韓詩外傳》則仍非。後人據《韓詩外傳》以竄入《國策》耳。今世所行《國策》，皆非劉向著定之舊，夫豈不知邪！汪氏以考據自命，雄視一時，不料其亦留此武斷之說于世也。

荀子序

臣先謙案：宋台州本「序」上有「注」字。

昔周公稽古三五之道，損益夏、殷之典，制禮作樂，以仁義理天下，其德化刑政存乎《詩》。至于幽、厲失道，始變《風》、變《雅》作矣。平王東遷，諸侯力政，逮五霸之後，則王道不絶如綫。故仲尼定《禮》、《樂》，作《春秋》，然後三代遺風弛而復張，而無時無位，功烈不得被于天下，但門人傳述而已。陵夷至于戰國，於是申、商苛虐，孫、吳變詐，以族論罪，殺人盈城。談説者又以慎、墨、蘇、張爲宗，則孔氏之道幾乎息矣。有志之士，所爲痛心疾首也。故孟軻闡其前，荀卿振其後，觀其立言指事，根極理要，敷陳往古，掎挈當世，撥亂興理，易於反掌，真名世之士，王者之師。又其書亦所以羽翼六經，增光孔氏，非徒諸子之言也。蓋周公制作之，仲尼祖述之，荀、孟贊成之，所以膠固王道，至深至備，雖春秋之四夷交侵，戰國之三綱弛絶，斯道竟不墜矣。

倞以末宦之暇，頗窺篇籍。竊感炎黄之風，未洽於聖代，謂荀、孟有功於時政，尤所耽慕。而《孟子》有趙氏《章句》，漢氏臣先謙案：宋台州本作「代」。亦嘗立博士，傳習不絶，故今之君子多好其書。獨《荀子》未有注解，亦復編簡爛脱，傳寫謬誤。雖好事者時亦覽之，至於文義不通，屢掩卷焉。夫理曉則愜心，文舛則忤意，未知者謂異端不覽，覽者以脱誤不終。所以荀氏之書，千載而未光焉。

輒用申抒鄙思，敷尋義理，其所徵據，則博求諸書，但以古今字殊，齊、楚言異，事資參考，不得不廣。或取偏傍相近，聲類相通；或字少增加，文重刊削；或求之古字，或徵諸方言。加以孤陋寡儔，愚昧多蔽，穿鑿之責，於何可逃！曾未足粗明先賢之旨，適增其蕪穢耳。蓋以自備省覽，非敢傳之將來。以文字繁多，故分舊十二卷三十二篇爲二十卷。又改《孫卿新書》爲《荀卿子》，其篇第亦頗有移易，使以類相從云。時歲在戊戌，大唐睿聖文武皇帝元和十三年十二月也。○盧文弨曰：「傳習不絶」，俗間本作「傳嚮不絶」。「申抒」，宋本作「申杼」。「三十二篇」四字，元刻無。又「荀子序」作「荀卿子」，與諸書所引合。

荀子新目録

第一卷

勸學篇第一

脩身篇第二

第二卷

不苟篇第三

榮辱篇第四

第三卷

非相篇第五

非十二子篇第六

仲尼篇第七

第四卷

儒效篇第八

第五卷

王制篇第九

第六卷

富國篇第十

第七卷

王霸篇第十一

第八卷

君道篇第十二

第九卷

臣道篇第十三

致仕篇第十四〇盧文弨曰：劉向元目亦作「致仕」，其當篇皆作「致士」，當由古「仕」與「士」本通也。

第十卷

議兵篇第十五

第十一卷

彊國篇第十六

荀子卷第一

唐登仕郎守大理評事楊倞注

臣王先謙集解

勸學篇第一

君子曰：學不可以已。青，取之於藍而青於藍；冰，水爲之而寒於水。以喻學則才過其本性也。○盧文弨曰：「青取之於藍」從宋本，《困學紀聞》所引同。元刻作「青出之藍」，無「於」字。　王念孫曰：《困學紀聞》云：「『青出之藍』作『青取之於藍』，監本未必是，建本未必非。」自注云：「今監本乃唐與政台州所栞熙寧舊本，亦未爲善。」又云：「『請占之五泰』，注云：『五泰，五帝也。』監本改爲『五帝』，而删注文。」是王以作「出」者爲是也。元刻作「出之藍」，即本於建本。監本作「取之於藍」者，用《大戴記》改之也。《荀子》本文自作「出於藍」。《藝文類聚·草部》上、《太平御覽·百卉部》三及《意林》、《埤雅》引此並作「出於藍」。《新論·崇學篇》同。《史記》褚少孫續《三王世家》引傳曰「青采出於藍而質青於藍者，教使然也」，即是此篇之文，則本作「出於藍」明矣。宋錢佃本從監本作「取之於藍」，而所引蜀本亦作「出於藍」，宋龔士卨《荀子句解》同。今從王說。先謙案：《群書治要》作「青取之藍」，是唐人所見《荀子》本已有作「取」者。且《大戴記》即用《荀子》文，亦作「青取之於藍」，不得謂《荀子》本作「出於藍」而作「取」者爲非也。宋建、監本岐出，亦緣所承各異，故王氏應麟無以定之，謝本從盧校，今仍之。木直中繩，輮以爲輪，其曲中規；雖有槁㬥，不復挺者，輮使之然也。輮，屈。槁，枯。㬥，乾。挺，直也。《晏子春秋》作「不復贏矣」。○盧文弨曰：「㬥」，舊本作「暴」，非。《説文》一作「㬥，晞也」，一作「㬥，疾有所趣也」。《顔氏家訓》分之亦極明。今此字注雖訓「乾」，然因乾而暴起，則下當从「本」。案《考工記·輪人》「槁」作「藃」，鄭注云：「藃，藃㬥。陰柔後必橈減幬革㬥起。」《釋文》：「步角反，劉步莫反，一音蒲報反。」又：注「贏」，舊本訛作「嬴」。案：贏，緩也。今據《晏子·雜上篇》改正，亦作「贏」。故木受繩則直，金就礪則利，君子博學而日參省乎己，則知明而行無過矣。參，三也。曾子曰：「日三省吾身。」「知」讀爲「智」。行，下孟反。○俞樾曰：「省乎」二字，後人所加也。《荀子》原文蓋作「君子博學而日參己」。參者，驗也。《史記·禮書》曰：「參是豈無堅革利兵哉。」《索隱》曰：「參者，驗也。」《管子·君臣篇》曰「若望參表」，尹注曰：「參表，謂立表所以參驗曲直。」是「參」有「參驗」之義。君子博學而日參驗之於己，故知明而行無過也。後人不得「參」字之義，妄據《論語》「三省吾身」之文增「省乎」二字，陋矣。《大戴記·勸學篇》作「君子博學如日參己焉」。「如」「而」古通用，無「省乎」二字，可據以訂正。先謙案：《大戴記》一本作「君子博學如日參己焉」，與俞說同。孔氏廣森云：「參己者，學乎兩端，以己參之。」一本作「而日參省乎己焉」，與《荀子》文同。此後人用《荀子》改《大戴記》也。荀書自作「而日參省乎己」，「參」、「三」義同。《群書治要》作「而日三省乎己」，易「參」爲「三」，是本文有「省乎」二字之明證，與楊注義合。俞說非。故不登高山，不知天之高也；不臨深谿，不知地之厚也；不聞先王之遺言，不知學問之大也。大謂有益於人。干、越、夷、貉之子，生而同聲，長而異俗，教使之然也。干越猶言吴越。《吕氏春秋》：「荆有次非得寶劍於干越。」高誘曰：「吴邑也。」貉，東北夷。同聲，謂啼聲同。貉，莫革反。○謝刻從盧校「干」作「于」，注文作「于越猶言於越」。盧文弨曰：「于越」，宋本作「干越」，今從元刻，與《大戴禮》同。注「於越舊作吴越」，訛。所引《吕氏春秋》，見《知分篇》。「次非」俗本作「佽飛」，唯宋本與《吕氏》同。《吕氏》「于越」作「干遂」，《淮南》同。注：「干音寒。」《國策》作「干隧」。然楊氏自作「于越」，故以「於越」爲釋。劉台拱曰：《淮南·原道訓》「干越生葛絺」，高注：「干，吴也。」楊氏此注以干越爲吴越，蓋用高義。觀下文引《吕氏春秋》注，可見盧改非也。今《原道訓》作「于越」，亦妄庸人所改。王念孫曰：劉說是也。宋刻吕夏卿本、錢佃本並作「干越」。干、越、夷、貉四者皆國名，不得改「干越」爲「于越」。古書言「干越」者多矣。凡改「干越」爲「于越」者，皆所謂知其一說，不知又有一說者也。《大戴記》之「于越」，亦後人所改。辯見《漢書·貨殖傳》。《淮南》《道藏》本及朱東光本皆作「干」，它本皆改爲「于」。俞樾曰：案盧刻誠非，而楊注原文謂「猶言吴越」，亦恐不然。干與越並言，則干亦國名。《管子・內業篇》：「昔者吳、干戰，未齓，不得入軍門，國子擿其齒，遂入，爲干國多。」則干與吳且爲敵國，非即吳明矣。尹知章注《管子》，以干爲江邊地，非是，辨見《管子》。字本作「邗」，《說文・邑部》：「邗，國也，今屬臨淮，從邑，干聲。一曰：邗本屬吳。」蓋邗古國名，後爲吳邑，哀九年《左傳》「吳城邗」是也。古書言干、越者，則當從國名之本訓，不得因其後爲吳邑，而即訓爲吳也。　先謙案：王氏《雜志》引《文選・江賦注》所引《墨子》「以利荆、楚、干、越」，《吳都賦》「包括干、越」，《莊子・刻意篇》「干、越之劍」及《淮南・原道訓》，以證《漢書・貨殖傳》之「于越」當爲「干、越」，其義允矣。今案《鹽鐵論・殊路篇》「干、越之鋌不厲，匹夫賤之」，亦一證也。吳、干先爲敵國，後干併於吳，《管子》「吳、干戰」，及《左傳》「吳城邗」，即其明證。干爲吳滅，而吳一稱干，猶鄭爲韓滅，而韓亦稱鄭。《竹書紀年》書韓哀侯作鄭哀侯。俞氏所駁亦非也。今依劉、王說，改從宋本。《詩》曰：「嗟爾君子，無恒安息。靖共爾位，好是正直。神之聽之，介爾景福。」《詩》，《小雅・小明之篇》。靖，謀。介，助。景，大也。無恒安息，戒之不使懷安也。言能謀恭其位，好正直之道，則神聽而助之福。引此《詩》以喻勤學也。神莫大於化道，福莫長於無禍。爲學則自化道，故神莫大焉。修身則自無禍，故福莫長焉。○俞樾曰：上引《詩》云「神之聽之，介爾景福」，此文「神」字、「福」字，即本《詩》文也。今本此二句提行屬下節，非是。　先謙案：舊本以《荀子》它篇引《詩》爲例，遂斷上引《詩》爲一節，以此二句提行，固屬非是。但下文「物類之起」至「君子慎其所立乎」一段，言榮辱禍福之理，正與引《詩》及此二句相應，若斷屬上節亦未安，各篇引《詩》亦多在篇中，不盡屬一節之末，此處不當分段，今正。

吾嘗終日而思矣，○先謙案：《大戴記》「吾」上有「孔子曰」三字。不如須臾之所學也；吾嘗跂而望矣，不如登高之博見也。跂，舉足也。登高而招，臂非加長也，而見者遠；順風而呼，聲非加疾也，而聞者彰。假輿馬者，非利足也，而致千里；假舟檝者，非能水也，而絶江河。能，善。絶，過。○王念孫曰：「江河」本作「江海」，「海」與「里」爲韻。下文「不積小流，無以成江海」，亦與「里」爲韻。

今本「海」作「河」，則失其韻矣。《文選・海賦》注引此正作「絶江海」，《大戴記・勸學篇》、《説苑・説叢篇》並同。《文子・上仁篇》作「濟江海」，文雖小異，作「江海」則同。 俞樾曰：能當讀爲耐，《漢書・食貨志》「能風與旱」，《鼂錯傳》「其性能寒」，《趙充國傳》「漢馬不能冬」，師古注並曰：「能讀曰耐。」此文「能」字正與彼同。 **君子生非異也，善假於物也。** 皆以喻修身在假於學。 生非異，言與衆人同也。○王念孫曰：生讀爲性，《大戴記》作「性」。 **南方有鳥焉，名曰蒙鳩，以羽爲巢，而編之以髮，繫之葦苕。風至苕折，卵破子死。巢非不完也，所繫者然也。** 蒙鳩，鷦鷯也。 苕，葦之秀也。今巧婦鳥之巢至精密，多繫於葦竹之上是也。「蒙」當爲「蔑」，《方言》云：「鷦鷯，自關而西謂之桑飛，或謂之蔑雀。」或曰一名蒙鳩，亦以其愚也。言人不知學問，其所置身亦猶繫葦之危也。《説苑》：「客謂孟嘗君曰：鷦鷯巢於葦苕，箸之以髮，可謂完堅矣。大風至，則苕折卵破者，何也？ 所託者然也。」○盧文弨曰：蒙鳩，《大戴禮》作「蝱鳩」，《方言》作「蔑雀」，蝱讀如「芒」。蒙、蝱、蔑一聲之轉，皆謂細也。「蒙」與「蠛」、「蠓」音義近。 楊云「當爲蔑」，似非。箸，張略切，俗間本多作「著」，今從宋本，與《説文》合。又曰：《説文》有「箸」無「著」，箸但訓飯攲，無形著及繫著義，或本有「著」字而誤脱，亦未可知。然古書如《周語》「大夫、士曰恪位箸」，即位著也。《列子・仲尼篇》「形物其箸」，以箸爲著明也。《趙策》：「智伯曰：兵箸晉陽三年矣。」以箸爲傅著也。《世説新語》一書皆以「箸」爲「著」，以故《六書正譌》謂「箸」字多有假借用者，别作「著」，非。今校此書，凡宋本作「箸」者仍之，其他卷作「著」字者，即不改。非必古之盡是而今之皆非，以待夫通人自擇焉耳。所引《説苑》，見《善説篇》，作「著之髮毛，建之女工不能爲也」。末句作「其所託者使然也」，餘與此同。 **西方有木焉，名曰「射干」，莖長四寸，生於高山之上，而臨百仞之淵。木莖非能長也，所立者然也。** 《本草》藥名有「射干」，一名「烏扇」。陶弘景云：「花白莖長，如射人之執竿。」又引阮公詩云「射干臨層城」，是生於高處也。據《本草》在草部中，又生南陽川谷，此云「西方有木」，未詳。或曰長四寸，即是草，云木，誤也。蓋生南陽，亦生西方也。射音夜。○盧文弨曰：注「烏扇」，宋本與《本草》同。元刻作「烏翣」。《廣雅》：「烏蓮，射干也。」

蓮、嬰同所夾反，是二字皆可通。蓬生麻中，不扶而直。○王念孫曰：此下有「白沙在涅，與之俱黑」二句，而今本脱之，《大戴記》亦脱此二句。今本《荀子》無此二句，疑後人依《大戴》删之也。楊不釋此二句，則所見本已同今本。此言善惡無常，唯人所習，故「白沙在涅」與「蓬生麻中」義正相反，且「黑」與「直」爲韻。若無此二句，則既失其義而又失其韻矣。《洪範》正義云：「荀卿書云：蓬生麻中，不扶自直；白沙在涅，與之俱黑。」褚少孫續《三王世家》云：「《傳》曰：蓬生麻中，不扶自直；白沙在泥，今本「泥」下有「中」字，涉上文而衍。與之皆黑者，土地教化使之然也。」《索隱》曰：「蓬生麻中」以下並見《荀卿子》。案：上文引「傳曰青采出於藍」云云，下文引「傳曰蘭根與白芷」云云，皆見《荀子》，則此所引《傳》亦《荀子》也。然則漢、唐人所見《荀子》皆有此二句，不得以《大戴》無此二句而删之也。又案《群書治要》《曾子制言篇》云：「故蓬生麻中，不扶乃直；《燕禮》注：乃猶而也。白沙在泥，與之皆黑。」《大戴》同。考《荀子書》多與《曾子》同者，此四句亦本於《曾子》，斷無截去二句之理。蘭槐之根是爲芷，其漸之滫，君子不近，庶人不服。其質非不美也，所漸者然也。蘭槐，香草。其根是爲芷也。《本草》：「白芷一名白茝。」陶弘景云：「即《離騷》所謂蘭茝也。」蓋苗名「蘭茝」，根名「芷」也。「蘭槐」當是「蘭茝」别名，故云「蘭槐之根是爲芷」也。漸，漬也，染也。滫，溺也。言雖香草，浸漬於溺中，則可惡也。漸，子廉反。滫，思酒反。○盧文弨曰：蘭槐之根，《大戴禮》作「蘭氏之根，懷氏之苞」，《晏子》作「今夫蘭本三年而成」，《説苑·雜言篇》同。又案：滫，久泔也。《説文》、《廣韻》訓皆同。又《晏子·雜上篇》作「湛之苦酒」，苦讀如良苦之苦，義皆相近。楊氏乃訓滫爲溺，未見所出。又曰：高誘注《淮南·人間訓》云：滫，臭汁也。意亦相近。郝懿行曰：《大略篇》云「蘭茝稾本，漸於蜜醴，一佩易之」，與此義近。《晏子春秋·雜上篇》云：「蘭本三年而成，湛之苦酒，則君子不近，庶人不佩；湛之糜醢，而賈匹馬矣。」「糜」，《説苑·雜言篇》作「鹿」。滫，久泔也。芷，即茝也。茝、芷古字同聲通用。此言香草之根爲芷，漸以滫及酒，皆不美，惟漸之鹿醢，乃能益其香，而賈易匹馬，故曰「其質非不美，所漸者然也」。故君子居必擇鄉，遊必就士，所以防邪僻而近中正也。

物類之起，必有所始；榮辱之來，必象

其德。肉腐出蟲，魚枯生蠹。怠慢忘身，禍災乃作。强自取柱，柔自取束。凡物强則以爲柱而任勞，柔則見束而約急，皆其自取也。○王引之曰：楊説「强自取柱」之義甚迂。「柱」與「束」相對爲文，則「柱」非謂屋柱之柱也。柱當讀爲祝，哀十四年《公羊傳》「天祝予」，十三年《穀梁傳》「祝髮文身」，何、范注並曰：「祝，斷也。」此言物强則自取斷折，所謂太剛則折也。《大戴記》作「强自取折」，是其明證矣。《南山經》：「招摇之山有草焉，其名曰祝餘。」「祝餘」或作「柱荼」，是「祝」與「柱」通也。祝之通作柱，猶注之通作祝，《周官》瘍醫「祝藥」，鄭注曰：「祝當爲注，聲之誤也。」邪穢在身，怨之所構。構，結也。言亦所自取。施薪若一，火就燥也；布薪於地，均若一，火就燥而焚之矣。平地若一，水就溼也。草木疇生，禽獸群焉，物各從其類也。「疇」與「儔」同，類也。○劉台拱曰：「群焉」，當從《大戴禮》作「群居」。王念孫曰：「群居」與「疇生」對文，今本「居」作「焉」者，涉下文四「焉」字而誤。是故質的張而弓矢至焉，林木茂而斧斤至焉，所謂召禍也。質，射侯。的，正鵠也。樹成陰而衆鳥息焉，醯酸而蜹聚焉。喻有德則慕之者衆。故言有召禍也，行有招辱也，君子慎其所立乎！禍福如此，不可不慎所立。所立，即謂學也。○盧文弨曰：「慎其」，元刻作「其慎」，《大戴》作「慎其所立焉」。

積土成山，風雨興焉；積水成淵，蛟龍生焉；積善成德，而神明自得，聖心備焉。神明自得，謂自通於神明。○謝本從盧校作「聖心循焉」。盧文弨曰：宋本「循」作「備」，與《大戴》同。劉台拱曰：當作「備」，古音與「德」「得」爲韻。王念孫曰：吕、錢本作「備」。此言積善成德而通於神明，則聖心於是乎備也。成德與聖心備，上下正相應，元刻「備」作「循」，則與上文不相應矣。《儒效篇》云：「積善而全盡謂之聖人。」彼言「全盡」，猶此言「聖心備」也，一也。備字，古音鼻墨反，見吴棫《韻補》。正與「德」「得」爲韻，二也。《大戴記》及《群書治要》並作「備」，《文選》謝瞻《從宋公戲馬臺集送孔令詩》注、《張子房詩》注引此亦作「備」，張華《勵志詩》注引作「循」，與二注不合，乃後人以誤本《荀子》改之。三也。備字俗書作「俻」，「循」字隸書或作「循」，二形相似而誤。先謙案：孔廣森

《大戴記補注》以「積土成山」至末爲一段，今從之。言學必積小高大，一志者成也。《榮辱篇》云：「堯、禹者，非生而具者也。起於變故，成乎修爲，待盡而後備者也。」與此言「積善成德，聖心乃備」義合。劉、王説是，今改從宋本。

故不積蹞步，無以至千里；半步曰蹞。「蹞」與「跬」同。不積小流，無以成江海。○盧文弨曰：「江海」，宋本與《大戴》同，元刻作「江河」。先謙案：《群書治要》作「河海」。騏驥一躍，不能十步；駑馬十駕，言駑馬十度引車，則亦及騏驥之一躍。據下云「駑馬十駕，則亦及之」，此亦當同。疑脱一句。○盧文弨曰：「不能十步」，「十」當作「千」。《玉篇》引《大戴禮》：「騏驥一躒，不能千步。」今《大戴禮》「步」作「里」，此「千」作「十」，皆是譌字。「里」「海」爲韻，「步」「舍」爲韻，古音如是。《晉書·虞溥傳》云「契而舍之，朽木不知；契而不舍，金石可虧」，亦是韻語。劉台拱曰：案「不能十步」義最長，《大戴禮》作「千里」，於義疏矣。若《玉篇》作「千步」，直是譌字。盧反引以爲據，非也。十駕，十日之程也。旦而受駕，至暮脱之，故以一日所行爲一駕，若十度引車，則非駕義也。王念孫曰：《吕氏春秋·貴卒篇》曰：「所爲貴驥者，爲其一日千里也。旬日取之，則與駑駘同。」《淮南·齊俗篇》曰：「夫騏驥千里，一日而通；駑馬十舍，旬亦至之。」此皆駑馬十日行千里之證。《大戴記》「騏驥一躒，不能千里」，「里」與「舍」不合韻，乃涉上文「無以致千里」而誤。《玉篇》引作「千步」，「千」字雖譌，而「步」字不譌。辯見《大戴記述聞》。功在不舍。○盧文弨曰：此句當連上文。

鍥而舍之，朽木不折；鍥而不舍，金石可鏤。言立功在於不舍。舍與捨同。鍥，刻也，苦結反。《春秋傳》曰：「陽虎借邑人之車，鍥其軸也。」螾無爪牙之利，筋骨之强，上食埃土，下飲黄泉，用心一也。螾與蚓同，蚯蚓也。○盧文弨曰：正文「螾」字上，宋本有「蚯」字，無注末「蚯蚓也」三字，今從元刻。蟹六跪而二螯，非蛇蟺之穴無可寄託者，用心躁也。跪，足也。《韓子》以刖足爲刖跪。螯，蟹首上如鉞者。許叔重《説文》云：「蟹六足二螯也。」○盧文弨曰：案，《説文》「蟹有二敖八足」，《大戴禮》亦同。此正文及注「六」字，疑皆「八」字之訛。先謙案：「蟺」同「鱓」。是故無冥冥之志者，無昭昭之明；無惛惛之事者，無赫赫之功。冥冥、惛惛，皆專默精誠之謂也。○先謙案：《大戴記》「冥冥」作「憤憤」，「惛惛」作「緜緜」。行衢道者不至，事兩君者不容。《爾雅》云：「四達謂之衢。」孫炎云：「衢，交道四出也。」或曰：衢道，兩道也。不至，不能有所至。下篇有「楊朱哭衢涂」，今秦俗猶以「兩」爲「衢」，古之遺言歟？○郝懿行曰：案，「楊朱哭衢涂」，見《王霸篇》。注云：「衢涂，歧路也。秦俗以兩爲衢。或曰四達謂之衢。」大意與此注同，俱兼二義訓釋。實則楊朱見歧路而悲，即《莊子》云「大道以多歧亡羊」之意，不必泥《爾雅》「四達謂之衢」也。　王念孫曰：《爾雅》「四達謂之衢」，又云「二達謂之歧旁」。「歧」、「衢」一聲之轉，則二達亦可謂之衢。故《大戴記》作「行歧塗者不至」。《勸學篇》下文言「兩君」、「兩視」、「兩聽」，《王霸篇》下文言「榮辱」、「安危」、「存亡之衢」，皆謂「兩」爲「衢」也。《大略篇》又云：「二者，治亂之衢也。」今本脱「治」字，辯見《大略》。則荀子書皆謂「兩」爲「衢」。　先謙案：王説是。目不能兩視而明，耳不能兩聽而聰。○盧文弨曰：兩「不」字下，宋本俱有「能」字，與《大戴》同，元刻無。　王念孫曰：吕、錢本俱有「能」字，元刻無兩「能」字者，以上下句皆六字，此二句獨七字，故删兩「能」字，以歸畫一。不知古人之文不若是之拘也。若無兩「能」字，則文不足意矣。　先謙案：謝本從盧校，無兩「能」字。今依王説，改從宋本。螣蛇無足而飛，《爾雅》云「螣，螣蛇。」郭璞云：「龍類，能興雲霧而遊其中也。」梧鼠五技而窮。「梧鼠」當爲「鼫鼠」，蓋本誤爲「鼯」字，傳寫又誤爲「梧」耳。技，才能也。言技能雖多，而不能如螣蛇專一，故窮。五技，謂能飛不能上屋，能緣不能窮木，能游不能渡谷，能穴不能掩身，能走不能先人。○盧文弨曰：《本草》云「螻蛄一名鼫鼠」，《易釋文》及《正義》皆引之，崔豹《古今注》亦同。「蛄」與「梧」音近，楊説似未參此。　王念孫曰：《本草》言「螻蛄一名鼫鼠」，不言「一名梧鼠」也。今以螻蛄之「蛄」、鼫鼠之「鼠」，合爲一名，而謂之蛄鼠，又以「蛄」「梧」音相近而謂之梧鼠，可乎？且《大戴記》正作「鼫鼠五技而窮」，「鼫」與「梧」音不相近，則「梧」爲誤字，明矣。當以楊説爲是。《詩》曰：「尸鳩在桑，其子七兮。淑人君子，其儀一兮。其儀一兮，心如結兮。」故君子結於一也。《詩》，《曹風·尸鳩》之篇。毛云：「尸鳩，鴶鞠也。尸鳩之養七子，旦從上而下，暮從下而上，平均如一。」

善人君子，其執義亦當如尸鳩之一。執義一，則用心堅固。故曰心如結也。○盧文弨曰：注「鴶鞠」，元刻作「秸鞠」，毛傳作「秸鞠」。

昔者瓠巴鼓瑟而流魚出聽，瓠巴，古之善鼓瑟者，不知何代人。流魚，中流之魚也。《列子》云：「瓠巴鼓琴，鳥舞魚躍。」○盧文弨曰：流魚，《大戴禮》作「沈魚」，《論衡》作「鱏魚」，亦與「沈魚」音近，恐「流」字誤。《韓詩外傳》作「潛魚」。或説「流魚」即「游魚」，古「流」「游」通用。

先謙案：「流魚」，《大戴禮》作「沈魚」，是也。魚沈伏，因鼓瑟而出，故云沈魚出聽。《外傳》作「潛魚」，潛亦沈也。作「流」者，借字耳。《書》「沈湎」，《非十二子》、《大略篇》作「流湎」。《君子篇》「士大夫無流淫之行」，《群書治要》引作「沈淫」，此「沈」「流」通借之證。《淮南子·説山訓》作「淫魚」，高注以爲「長頭，口在頷下」之魚，與《後漢·馬融傳》注「鱏魚口在頷下」合。故《論衡》作「鱏魚」。此二書別爲一義。盧引或説「流魚即游魚」，既是游魚，何云出聽？望文生義，斯爲謬矣。伯牙鼓琴而六馬仰秣。伯牙，古之善鼓琴者，亦不知何代人。六馬，天子路車之馬也。《漢書》曰：「乾六車，坤六馬。」《白虎通》曰：「天子之馬六者，示有事於天地四方也。」張衡《西京賦》曰：「天子駕彫軫，六駿駮。」又曰：「六玄虯之奕奕，齊騰驤而沛艾。」仰首而秣，聽其聲也。○盧文弨曰：駕彫軫，元刻與今《文選》同。宋本駕作御。又案：下所引二句出《東京賦》。故聲無小而不聞，行無隱而不形。形，謂有形可見。

玉在山而草木潤，○王念孫曰：「玉在山而草木潤，淵生珠而崖不枯」，元刻無「草」字。案：元刻是也。「木」與「崖」對文，故上句少一字。宋本「木」上有「草」字者，依《淮南·説山篇》加之也。《文選·吴都賦》「林木爲之潤黷」，李善注引此作「玉在山而木潤」。《困學紀聞》十引建本《荀子》同。《江賦》、《文賦》注並同。《藝文類聚·木部》、《太平御覽·木部》一所引亦同。而《草部》不引，則本無「草」字明矣。《大戴記》作「玉居山而木潤」，《續史記·龜策傳》作「玉處於山而木潤」，文雖小異，而亦無「草」字。

淵生珠而崖不枯。爲善不積邪，安有不聞者乎！崖，岸。枯，燥。○王念孫曰：「不積」之「不」，涉上下文而衍。當依《群書治要》删。説見《大戴記述聞·勸學篇》。先謙案：《大戴記》作「爲善而不積乎，豈有不至哉」。盧辯注「至」一作「聞」，孔廣森注云：「言爲善或不積耳，積則未有不至於成者。」此文亦言爲善或不積邪，積則安有不聞者乎。語意曲而有味。《治要》作「爲善積也」，徑删「不」字，意味索然。王氏反從之，欲併删《大戴記》，何也？

學惡乎始？惡乎終？假設問也。曰：其數則始乎誦經，終乎讀禮；數，術也。經謂《詩》、《書》，禮謂典禮之屬也。○盧文弨曰：「典禮」疑當是「曲禮」之誤。其義則始乎爲士，終乎爲聖人。義，謂學之意，言在乎修身也。○先謙案：荀書以「士」、「君子」、「聖人」爲三等，《修身》、《非相》、《儒效》、《哀公》篇可證。故云始士終聖人。真積力久則入，真，誠也。力，力行也。誠積力久，則能入於學也。學至乎没而後止也。生則不可怠惰。故學數有終，若其義則不可須臾舍也。爲之，人也；舍之，禽獸也。故《書》者，政事之紀也；《書》所以紀政事。此說六經之意。《詩》者，中聲之所止也；《詩》謂樂章，所以節聲音，至乎中而止，不使流淫也。《春秋傳》曰：「中聲以降，五降之後，不容彈矣。」○郝懿行曰：按下文方云「《樂》之中和，《詩》《書》之博」，《詩》、《樂》分言，則此「中聲」疑非即謂樂章。且《詩》三百未必皆合中聲。夫子但謂《關雎》不淫不傷，可知它詩未必盡然。先謙案：下文《詩》、《樂》分言，此不言《樂》，以《詩》、《樂》相兼也。《樂論篇》云：「樂則不能無形，形而不爲道則不能無亂。先王惡其亂，故制《雅》《頌》之聲以道之，使其聲足以樂而不流。」與此言「詩爲中聲所止」，可互證。郝説非也。《禮》者，法之大分，類之綱紀也。《禮》所以爲典法之大分，統類之綱紀。類謂禮法所無，觸類而長者，猶律條之比附。《方言》云：「齊謂法爲類也。」○謝本從盧校「類」上有「群」字。王念孫曰：元刻無「群」字，宋龔本同。元刻是也。宋本作「群類」者，蓋不曉「類」字之義而以意加「群」字也。不知類者，謂與法相類者也。此文云「法之大分，類之綱紀」，《非十二子》及《大略篇》並云：「多言而類，聖人也；少言而法，君子也。」《王制》、《大略》二篇又云：「有法者，以法行；無法者，以類舉。」皆以「類」與「法」對文。據楊注云「類謂禮法所無，觸類而長者，猶律條之比附」，則本無「群」字明矣。先謙案：王説是，今改從元刻。故學至乎《禮》而止矣。夫是之謂道德之極。《禮》之敬文也，《禮》有周旋揖讓之敬，車服等級之文也。《樂》之中和也，中和，謂使人得中和悦也。《詩》《書》之博也，博，謂廣記土風、鳥獸、草木及政事也。《春秋》之微也，微，謂褒貶沮勸，微而顯，志而晦之類也。在天地之間者畢矣。

君子之學也，入乎耳，箸乎心，布乎四體，形乎動静。所謂古之學者爲己。入乎耳，箸乎心，謂聞則志而不忘也。布乎四體，謂有威儀潤身也。形乎動静，謂知所措履也。端而言，蝡而動，一可以爲法則。端讀爲喘，喘，微言也。蝡，微動也。一，皆也。或喘息微言，或蝡蠢微動，❶皆可以爲法則。蝡，人允反。或曰：端而言，謂端莊而言也。○先謙案：《臣道篇》云「喘而言，臑而動，而一皆可爲法則」，與此文同。則讀「端」爲「喘」是也。《説文》：「喘，疾息也。蝡，動也。」小人之學也，入乎耳，出乎口。所謂今之學者爲人，道聽塗説也。口耳之間，則四寸耳，曷足以美七尺之軀哉！韓侍郎云：「『則』當爲『財』，與『纔』同。」○盧文弨曰：宋本「四寸」下「耳」字無。劉台拱曰：「則」字自可通，不必如韓説。古之學者爲己，今之學者爲人。君子之學也，以美其身；小人之學也，以爲禽犢。禽犢，餽獻之物也。○郝懿行曰：小曰禽，大曰獸。禽犢謂犢之小小者，人喜撫弄而愛玩之，非必己有，非可獻人，直以爲玩弄之物耳。小人之學，入乎耳，出乎口，無裨於身心，但爲玩好而已，故以禽犢譬況之。注據《致士篇》「貨財禽犢之請，君子不許」。故云「禽犢，餽獻之物」。不知貨財謂賄賂，禽犢謂玩好耳。先謙案：楊注固非，郝説尤誤。上言君子之學，入耳箸心而布於身，故曰學所以美其身也。小人入耳出口，心無所得，故不足美其身，亦終於爲禽犢而已，文義甚明。《荀子》言學以禮爲先，人無禮則禽犢矣。上文云「學至乎禮而止矣」，是其言學之宗旨。又云「爲之，人也；舍之，禽獸也」，正與此文相應。禽獸、禽犢，特小變其文耳。小人學與不學無異，不得因此文言小人之學而疑其有異解也。故不問而告謂之傲，傲，喧噪也。言與戲傲無異。或曰讀爲嗷。口嗷嗷然

❶「微」，原誤作「蝡」，據別本《荀子》楊注改。

也。「嗽」與「敖」通。○盧文弨曰：「口嗽嗽」，舊本作「聲曰嗽嗽」，今改正。　郝懿行曰：「傲」與「謷」同。《說文》云：「謷，不省人言也。」與此義合。　俞樾曰：《論語·季氏篇》：「言未及之而言謂之躁。」《釋文》曰：「魯讀躁爲傲。」《荀子》此文蓋本《魯論》。下文曰：「故未可與言而言謂之傲，可與言而不言謂之隱，不觀氣色而言謂之瞽。」皆與《論語》同。惟變「躁」爲「傲」，可證也。「傲」即「躁」之叚字，不問而告，未可與言而言，皆失之躁，非失之傲也。《魯論》之說，今不可得而詳，以意度之，殆亦叚「傲」爲「躁」。自古文《論語》出，得其本字，遂謂《魯論》讀「躁」爲「傲」，實不然也。躁字義長，傲字義短。魯之經師豈不知此而改「躁」爲「傲」乎？　先謙案：俞說是。**問一而告二謂之囋。**囋，即讚字也。謂以言強讚助之。今贊禮謂之讚。囋，古字，口與言多通。○盧文弨曰：李善注《文賦》引《埤蒼》云：「嘈啐，聲皃。」「啐」與「囋」及「囐」同，才曷反。《荀子》上句謂其躁，此句謂其多言，下文云「如嚮」，則不問不告，問一不告二，楊注非也。「啐」，今《文選注》誤爲「啈」。　郝懿行曰：囋者，嘈囋，謂語聲緐碎也。陸璣《文賦》「務嘈囋而妖冶」，義與此近。楊注非。**傲，非也；囋，非也。君子如嚮矣。**「嚮」與「響」同，如響應聲。**學莫便乎近其人。**謂賢師也。**《禮》、《樂》法而不說，**有大法而不曲說也。**《詩》、《書》故而不切，**《詩》、《書》但論先王故事，而不委曲切近於人。故曰「學《詩》三百，使於四方，不能專對也」。**《春秋》約而不速。**文義隱約，褒貶難明，不能使人速曉其意也。**方其人之習君子之說，則尊以徧矣，周於世矣。**當其人習說之時，則尊高而徧周於世事矣。六經則不能然矣。○郝懿行曰：案方，古讀如旁，亦讀如傍。此「方」當讀爲「依傍」之「傍」。言親近其人，而習聞其說，則稟仰師承，周徧於世務矣。故曰「學莫便乎近其人」。先謙案：郝讀「方」爲「傍」，則「習」上「之」字不可通。習有積貫之義，非近其人則不能常習其說。《呂覽·任數篇》「習者曰」，高注：「習，近習。」是「習」與「近」義亦相通。言習其說，即知是近其人，不必讀「方」爲「傍」，轉致文義支離也。

故曰學莫便乎近其人。

學之經，莫速乎好其人，隆禮次之。學之大經，無速於好近賢人。若無其人，則隆禮爲次之。○王念孫曰：「經」讀爲「徑」，即下文所謂「蹊徑」。言人學之蹊徑莫速乎好賢，而隆禮次之。《脩身篇》云：「治氣養心之術，莫徑由禮。此「徑」字訓爲疾。「莫徑」即本篇所謂「莫速」也。《漢書·張騫傳》「從蜀宜徑」，如淳曰：「徑，疾也。」見《史記·大宛傳集解》。莫要得師，莫神一好。」語意略與此同。「學之經」即「學之徑」，古讀「徑」如「經」。故與「經」通。《賈子·立後義篇》「其道莫經於此」，「莫經」即《荀子》之「莫徑」。楊以爲學之大經，失之。郭嵩燾曰：近其人，謂得其人而師之；好其人，則是中心悦而誠服，親炙之深者也。隆禮，謂自以禮檢束其身。先謙案：王讀「經」爲「徑」，引《脩身篇》之「莫徑」，謂即本篇所謂「莫速」，是學之速，莫速乎好其人，於詞爲複。上文「學莫便乎近其人」，亦無此複語，其説非也。《吕覽·當染》、《有始》、《知分》、《驕恣》諸篇高注並云：「經，道也。」學之經，猶言學之道耳。《成相篇》云：「治之經，禮與刑。」又云：「聽之經，明其請。」「治之經」、「聽之經」，猶言「治之道」、「聽之道」，與此「學之經」一例。是荀書自有此文法。

上不能好其人，下不能隆禮，安特將學雜識志，順《詩》、《書》而已耳！則末世窮年，不免爲陋儒而已。

安，語助，猶言抑也。或作「安」，或作「案」。《荀子》多用此字。《禮記·三年問》作「焉」，《戰國策》：「謂趙王曰：秦與韓爲上交，秦禍案移於梁矣。秦與梁爲上交，秦禍案攘於趙矣！」《吕氏春秋》：「吴起謂商文曰：今置質爲臣，其主安重？釋璽辭官，其主安輕？」蓋當時人通以「安」爲語助，或方言耳。特，猶言直也。雜識志，謂雜志記之書，百家之説也。言既不能好其人，又不能隆禮，直學雜説，順《詩》、《書》而已，豈免爲陋儒乎？言不知通變也。○郝懿行曰：安，猶肰也，焉也。特，直也，猶言但也。學雜識者，識，記也，所謂記醜而博也。志順《詩》、《書》者，志與幟同，謂幖題也。如今學僮課讀用紙爲號記也。順者，順其文也。謂陋儒但能幖志順讀《詩》、《書》，末世窮年不知理解也。王引之曰：此文本作「安特將學雜志，順《詩》、《書》而已耳」。「志」即古「識」字也。今本並出「識志」二字者，校書者旁記「識」字，而寫者因誤入正文耳。「學雜志，順詩書」，皆三字爲句，多一「識」字，則重複而累於詞矣。楊注本作「雜志，謂雜記之書，百家之説」，今作「雜識志，謂雜志記之書，百家之説」，皆後人據已誤之正文加之。下注云「直學雜説，順《詩》、《書》而已」，文義甚明，足正後人竄改之謬。先謙案：學雜識志，王説是。安，猶案也。特，猶直也。此云「安特將學雜志，順《詩》、《書》」，猶《解蔽篇》云「案直將治怪説，玩奇辭也」。「安」、「案」並猶則也。荀書用「安」、「案」字，或爲語詞，或作則字用，其用「則」字亦然。《彊國篇》云：「秦使左案左，使右案右。」使楚也。謂使左則左，使右則右也。《臣道篇》云：「是案曰是，非案曰非。」謂是則曰是，非則曰非也。《正論篇》云：「暴國獨侈，安能誅之。」「能」字衍。謂暴國獨侈，則誅之也。又云「今子宋子案不然」，謂子宋子則不然也。《解蔽篇》云「學者以聖王爲師，案以聖王之制爲法」，謂以聖王爲師，則以聖制爲法也。此並以「安」、「案」代「則」字，餘皆語詞。《富國篇》「則案以爲利也」，《仲尼篇》云「至於成王則安以無誅已」，《大略篇》云「至成、康則案無誅已」，《臣道篇》云「凡人非賢則案不肖也」。以「則案」、「則安」連用，「安」、「案」亦語詞。《彊國篇》云「是何也，則小事之至也數」，又云「是何也，則其殆無儒邪」，《天論篇》「生於今而志乎古，則是其在我者也」，數「則」字語詞，則亦猶「安」、「案」也。

將原先王，本仁義，則禮正其經緯蹊徑也。所成所出，皆在於禮也。**若挈裘領，詘五指而頓之，順者不可勝數也。**言禮亦爲人之綱領。挈，舉也。「詘」與「屈」同。頓，挈也。順者不可勝數，言禮皆順矣。○盧文弨曰：頓猶頓挫，提舉高下之狀，若頓首然。注「挈也」，疑誤。順者不可勝數，言全裘之毛皆順矣。　王念孫曰：楊訓頓爲挈，於古無據。且上文已有「挈」字，此不得復訓爲挈。盧以頓爲頓挫，於義尤迂。頓者，引也。言挈裘領者，詘五指而引之，則全裘之毛皆順也。《廣雅》曰：「扽，引也。」曹憲音頓，古無「扽」字，借「頓」爲之。《鹽鐵論・詔聖篇》曰：「今之治民者，若拙御馬，行則頓之，止則擊之。」頓之，引之也。《釋名》曰：「掣，制也。」制頓之使順己也。掣亦引也。《鹽鐵論・散不足篇》曰：「吏捕索掣頓不以道理。」褚少孫續《史記・滑稽傳》曰：「當道掣頓人車馬。」

不道禮憲，以《詩》、《書》爲之，道，言説也。憲，標表也。○王念孫曰：道者，由也。見《禮器》、《中庸》注。言作事不由禮法而以《詩》、《書》爲之，則不可以得之也。故《脩身篇》曰：「由禮則治通，不由禮則勃亂提僈。」楊云：「道，言説也。」失之。又《富國篇》「不足以持國安身，明君不道也」，道亦由也。楊云「明君不言」，亦失之。

譬之猶以指測河也，以戈舂黍也，以錐飡壺也，○謝本從盧校「飡」作「飱」。盧文弨曰：「飱」同「餐」。　王念孫曰：吕、錢本作「飡」，元刻作「飱」。案《説文》:「飧,餔也,從夕食,思魂切。」「餐,吞也,從食,奴聲。或從水,作湌,七安切。」《玉篇》、《廣韻》「飧」作「飱」,而「飱」、「餐」二字皆異音異義。古音「餐」屬寒部,「飱」屬魂部,故《魏風·伐檀》首章之「餐」與「檀」、「干」、「漣」、「廛」、「貆」爲韻。三章之「飱」與「輪」、「漘」、「淪」、「囷」、「鶉」爲韻。兩字判然不同。自《爾雅釋文》始誤以「餐」爲「飱」,而《集韻》遂合「餐」「飱」爲一字矣。今俗書「飱」字作「飡」,而錢本作「湌」,自是「湌」之俗字,非「飱」字也。盧從元刻作「飱」,云「飱同餐」,非是。先謙案:王説是。今依吕、錢本正作「湌」。以錐湌壺,言以錐代箸也。古人貯食以壺,《中山策》「君下壺湌臣父」,《韓非子》「晉文公出亡,箕鄭挈壺湌以從」,皆其證。**不可以得之矣。故隆禮,雖未明,法士也;**○先謙案:法士,即好禮之士。《修身篇》云:「學也者,禮法也。非禮,是無法也。」又云:「好法而行,士也。」皆可互證。下文「散儒」,楊注云「散,謂不自檢束」,是以「散儒」爲無禮法之儒,正與「法士」對文。**不隆禮,雖察辯,散儒也。**散,謂不自檢束,莊子以不材木爲散木也。

問楛者,勿告也。「楛」與「苦」同,惡也。問楛,謂所問非禮義也。凡器物堅好者謂之功,濫惡者謂之楛。《國語》曰:「辨其功苦。」韋昭曰:「堅曰功,脆曰苦。」故《西京賦》曰:「鬻良雜苦。」《史記》曰:「器不苦窳。」或曰:「楛」讀爲「沽」。《儀禮》有「沽功」,鄭玄曰:「沽,麤也。」**告楛者,勿問也。説楛者,勿聽也。有爭氣者,勿與辯也。故必由其道至然後接之,非其道則避之。**道不至,則不接。**故禮恭而後可與言道之方,辭順而後可與言道之理,色從而後可與言道之致。**致,極也。此謂道至而後接之也。**故未可與言而言謂之傲,**傲,亦戲傲也。《論語》曰:「言未及而言謂之躁。」**可與言而不言謂之隱,不觀氣色而言謂之瞽。**瞽者,不識人之顏色。○盧文弨曰:「順」,宋本作「慎」,今從元刻。與吕東萊《讀詩記》所引同。郝懿行曰:「傲」與「敖」同。敖者,謂放散也。**故君子不傲,不隱,不瞽,謹順其身。**謹順其身,身猶人也。此謂君子言與不言,皆順其人之可與不可,所謂「時然後言,人不厭其言」也。**《詩》曰:「匪交匪舒,天子所予。」此之謂也。**《詩》,《小雅·

采菽》之篇。「匪交」，當爲「彼交」。言彼與人交接，不敢舒緩，故受天子之賜予也。○盧文弨曰：匪亦有彼義。《左傳》襄二十七年引《詩·桑扈》「匪交匪敖」，成十四年引仍作「彼交匪敖」。襄八年引《小旻》「如匪行邁謀」，杜注：「匪，彼也。」匪紓，宋本與《詩考》合，元刻及《讀詩記》所引皆作「匪紓」。此段自「昔者瓠巴鼓瑟」起至此，皆論爲學之效與爲學之要。末亦引《詩》以證之，應爲一節。宋本分段頗不明，今更正。　王引之曰：此引《詩》「匪交匪舒」，正申明上文之「不傲」、「不隱」、「不瞽」，則作「匪」者正字，作「彼」者借字也。交讀爲姣，《廣雅》曰：「姣，音絞。侮也。」言不侮慢、不怠緩也。說見《經義述聞·小雅·桑扈》篇。

百發失一，不足謂善射；千里蹞步不至，不足謂善御；未能全盡。倫類不通，仁義不一，不足謂善學。通倫類，謂雖禮法所未該，以其等倫比類而通之，謂一以貫之，觸類而長也。一仁義，謂造次不離，他術不能亂也。學也者，固學一之也。一出焉，一入焉，涂巷之人也。或善或否。其善者少，不善者多，桀、紂、盜跖也。盜跖，柳下季之弟，聚徒九千人於太山之傍，侵諸侯，孔子說之而不入者也。○盧文弨曰：案柳下季在魯僖公時，與孔子年數懸遠，《莊子》所載亦寓言耳。全之盡之，然後學者也。學然後全盡。君子知夫不全不粹之不足以爲美也，故誦數以貫之，使習《禮》、《樂》、《詩》、《書》之數以貫穿之。○俞樾曰：誦數，猶誦說也。《詩·擊鼓篇》「與子成說」，毛傳曰：「說，數也。」說爲數，故數亦爲說。《禮記·儒行篇》：「遽數之不能終其物。」《正義》曰：「數，說也。」《荀子·王霸篇》曰「不足數於大君子之前」，《仲尼篇》曰「固曷足稱乎大君子之門哉」，「稱」與「數」文異而義同，凡稱說必一一數之，故即謂之數。「誦數以貫之」，猶云誦說以貫之，與下句「思索以通之」一律。誦數、思索，皆兩字平列。楊注非。隱十一年《穀梁傳》「犆言，同時也，累數皆至也」，范注曰：「累數，總言之也。」言即說也。　先謙案：俞說是。《正名篇》亦云：「誦數之儒。」思索以通之，思求其意也。爲其人以處之，爲擇賢人與之處也。○劉台拱曰：雖誦數思索，而不體之於身，則無以居之。故必自爲其人，以居其道也。　郭嵩燾曰：爲其人以處之，猶言設身處地，取古人所已行者，爲之程式，而得其所處之方也。　先謙案：劉、郭說是。除其害者以持養之，使目非是無欲見也，使耳非是無欲聞也，使口非是無欲言也，使心非是無欲慮也。是，猶此也，謂學也。或曰：是謂正道也。及至其致好之也，目好之五色，耳好之五聲，口好之五味，心利之有天下。致，極也，謂不學，極恣其性，欲不可禁也，心利之有天下之富也。或曰：學成之後，必受榮貴，故能盡其欲也。○劉台拱曰：言耳目口之好之與五色、五聲、五味同，心利之與有天下同。俞樾曰：上文皆言君子爲學之道，「及至其」三字，直接上文，安得云謂不學者乎？若云學成榮貴，義更粗矣。古「之」字、「於」字通用。《大戴禮·事父母篇》曰：「養之内不養於外，則是越之也；養之外不養於内，則是疏之也。」之内、之外，即於内、於外也。《廣雅·釋言》曰：「諸，之也。」又曰：「諸，於也。」則之與於義固得通矣。此文四「之」字並猶「於」也。目好於五色，耳好於五聲，口好於五味，心利於有天下，言所得於學者深，他物不足以尚之也。下文曰：「是故權利不能傾也，群衆不能移也，天下不能蕩也。生乎由是，死乎由是。」正申明此數句之誼。先謙案：俞説是。是故權利不能傾也，群衆不能移也，天下不能蕩也。蕩，動也。覆説爲學，學則物不能傾移矣。生乎由是，死乎由是，夫是之謂德操。死生必由於學，是乃德之操行。○郝懿行曰：德操，謂有德而能操持也。生死由乎是，所謂「國有道不變塞，國無道至死不變」者，庶幾近之。故云「德操然後能定，能定然後能應」。德操然後能定，能定然後能應。我能定，故能應物也。能定能應，夫是之謂成人。内自定而外應物，乃爲成就之人也。天見其明，地見其光，君子貴其全也。見，顯也。明謂日月，光謂水火金玉。天顯其日月之明，而地顯其水火金玉之光，君子則貴其德之全也。○劉台拱曰：「光」、「廣」古通用。王念孫曰：劉讀「光」爲「廣」，是也。明者，大也。《小雅·車舝》正義曰：「明，亦大也。」《中庸》曰：「高明所以覆物也。」成十六年《左傳》：「《夏書》曰：『怨豈在明，不見是圖。』將慎其細也。今而明之，其可乎！」是「明」與「大」同義。大者，天之全體；廣者，地之全體。《繫辭傳》「廣大配天地」，承上文「大生」「廣生」而言。謂大配天、廣配地也。《中庸》言「博厚配地」，「高明配天」，博亦廣也，明亦大也。故君子之德，貴其全也。《儒效篇》曰：「至高謂之天，至下謂之地，宇中六指謂之極，塗之人百姓積善而全盡謂之聖人。」語意略與此同。楊注皆失之。俞樾曰：按，兩「見」字並當作「貴」，蓋「貴」字漫漶，止存其下半之「貝」，因誤爲「見」耳。「光」與「廣」通，言天貴其明，地貴其廣，君子貴其全。「貴」誤作「見」，則與「君子」句不一律，失《荀子》語意矣。

修身篇第二

見善，修然必以自存也。修然，整飭貌。言見善必自整飭，使存於身也。○王念孫曰：《爾雅》：「在、存，省，察也。」《周官・司尊彝》「大喪存奠彝」，注：「存，省也。」《大傳》「五曰存愛」，注：「存，察也。察有仁愛者。」《大戴記・曾子立事篇》「存往者，在來者」。在、存，皆察也。見善必以自存者，察己之有善與否也。見不善必以自省者，察己之有不善與否也。楊解「自存」，失之。見不善，愀然必以自省也。愀然，憂懼貌。自省其過也。善在身，介然必以自好也。介然，堅固貌。《易》曰：「介如石焉。」自好，自樂其善也。不善在身，菑然必以自惡也。菑，讀爲災，災然，災害在身之貌。○謝本從盧校，「身」下增「也」字。盧文弨曰：上句「也」字，宋本無。王念孫曰：元刻「也」字乃涉上下文而衍。上文「見善」「見不善」及「善在身」下皆無「也」字，呂、錢、龔本並無。郝懿行曰：《輪人》注，鄭司農云：「泰山平原所樹立物爲菑，聲如胾，博立梟棊亦爲菑。」《詩・皇矣》毛傳云：「木立死曰菑。」然則菑者，植立之意。楊注《非相篇》是。此讀「菑然」爲「災然」，非。先謙案：王說是。今依宋本删上句「也」字。故非我而當者，吾師也；是我而當者，吾友也；諂諛我者，吾賊也。故君子隆師而親友，以致惡其賊。致，猶極也。下同。好善無厭，受諫而能誡，雖欲無進，得乎哉！小人反是。致亂而惡人之非己也，致不肖而欲人之賢己也；心如虎狼，行如禽獸，而又惡人之賊己也；諂諛者親，諫争者疏，修正爲笑，至忠爲賊；雖欲無滅亡，得乎哉！至忠反以爲賊。《詩》曰：「噏噏呰呰，亦孔之哀。謀之其臧，則具是違；謀之不臧，則具是依。」此之謂也。《詩》，《小雅・小旻》之篇。毛云：「噏噏然，患其上；　訿訿然，不思稱乎上。」鄭云：「臣不事君，亂之階也，故甚可哀。」噏，許急反。訿音紫。○盧文弨曰：「噏噏」「訿訿」，元刻與《詩考》合。宋本作「潝潝」「訿訿」。注同。

扁善之度，以治氣養生，則後彭祖；以修身自名，則配堯、禹。扁，讀爲「辨」。《韓詩外傳》曰：「君子有辨善之度。」言君子有辨别善之法，即謂禮也。言若用禮治氣養生，壽則不及於彭祖；若以修身自爲名號，則壽配堯、禹不朽矣。言禮雖不能治氣養生，而長於修身自名；以此辨之，則善可知也。彭祖，堯臣，名鏗，封於彭城，經虞、夏至商，壽七百歲也。○盧文弨曰：案「扁」，《外傳》作「辯」，則「扁」當訓「平」。《尚書》「平章」「平秩」，古作「辯章」「辯秩」。此謂隆禮之人，有平善之度，不當作辨别解。後彭祖則得年亦永矣，然壽身之益尚小，壽世之益更大也。　郝懿行曰：「扁」當爲「辯」。《韓詩外傳》一作「辯」，是也。辯訓平也，治也。楊讀爲「辨」，而訓「别」，非。荀書多以「辨」爲「辯」。　王念孫曰：扁讀爲「偏」。《韓詩外傳》作「辯」，亦古「偏」字也。説見《日知録》。偏善者，無所往而不善也。君子依於禮，則無往而不善，故曰「偏善之度」。下文「以治氣養生」六句，正所謂偏善之度也。楊讀「扁」爲「辨」，而訓爲「辨别」，則與「之度」二字不貫。盧讀「扁善」爲「平善」，亦非下六句意。　王引之曰：以修身自名，文義未安，當有脱誤。楊云「以修身自爲名號」，則所見本已同今本。《韓詩外傳》作「以治氣養性，與「生」同。則身後彭祖；以修身自强，今本脱「以」字。則名配堯、禹」，於義爲長。《王霸篇》云「名配堯、禹」，又云「名配禹、舜」。

宜於時通，利以處窮，禮信是也。信，誠也。言所用修身及時通處窮，禮誠是也。《孟子》曰：「君子窮則獨善其身，達則兼善天下。」○盧文弨曰：案，《韓詩外傳》作「宜於時則達，厄於窮則處」。　王引之曰：時亦處也。言既宜於處通，而又利以處窮也。《莊子·逍遥遊篇》「猶時女也」。司馬彪曰：「時女，猶處女也。」是「時」與「處」同義。《大雅·緜篇》「曰止曰時」，猶言「爰居爰處」耳。説見《經義述聞》。《韓詩外傳》作「宜於時則達，厄於窮則處」。未達「時」字之義而增改其文，蓋失之矣。

凡用血氣、志意、知慮，由禮則治通，○王引之曰：下文以「節」、「疾」爲韻，「雅」、「野」爲韻，「生」、「成」、「寧」爲韻，唯此二句韻不相協，「通」，疑當依《外傳》作「達」。此涉上「宜於時通」而誤。「達」與「優」爲合韻。凡「願」、「月」二部之字，古聲或相通，若「勞心怛怛」之「怛」，《齊・甫田》。字從旦聲，而與「桀」爲韻。「故事可勸也」之「勸」，《禮運》。與「列」、「藝」爲韻。藝古讀爲臬。「不賞而民勸」，《中庸》。與「鉞」爲韻。「以按徂旅」之「按」，《大雅・皇矣》。《孟子》引作「遏」，《梁惠王》。皆其例也。《外傳》作「不由禮則悖亂」，「亂」與「達」亦合韻。不由禮則勃亂提僈；提，舒緩也。《爾雅》：「媞媞，安也。」《詩》曰：「好人提提。」皆舒緩之義。○郝懿行曰：「勃」與「悖」，「僈」與「嫚」並同。嫚謂相侮易也。荀書多以「僈」爲「嫚」，或以爲「慢」。慢謂惰也。提者，《詩・小弁》傳：「提提，群貌。」箋云：「提提然樂」，然則提者，群居相樂。僈者，狎侮相輕，皆不由禮使然。先謙案：下文「難進曰偍」，注云：「偍」與「提」、「媞」皆同，謂弛緩也。是「提僈」二字義同，故與「勃亂」對文。言不由禮，則血氣强者多悖亂，弱者多弛慢也。郝説非。食飲、衣服、居處、動静，由禮則和節，○先謙案：和節猶和適。不由禮則觸陷生疾；容貌、態度、進退、趨行，由禮則雅，不由禮則夷固僻違，庸衆而野。夷，倨也。《論語》曰：「原壤夷俟。」固，陋也。庸，凡庸。衆，衆人。野，郊野之人。○郝懿行曰：「雅」對「野」言，則兼正也、嫺也二義。野者反是。王引之曰：楊分「夷」「固」爲二義，非也。夷固，猶夷倨也。夷固辟違，猶言倨傲僻違。《不苟篇》云「倨傲僻違，以驕溢人」是也。《修身篇》又云：「體倨固而心執詐。」今本「執」譌作「執」，辯見後「執詐」一條。是「固」與「倨」同義。楊注「固，鄙固也」，亦非。《祭義》曰：「孝子之祭也，立而不詘，固也。」詘，卑詘也。固，倨也。「立而不詘」，是倨傲也。鄭注：「詘，充詘，形容喜貌也。固猶質陋也。」皆失之。《大戴禮・曾子立事篇》曰：「弗知而不問焉，固也。」固亦倨也。不肯下人是倨傲也。《曾子制言篇》曰：「今之弟子病下人，不能事賢，恥不知而又不問。」故人無禮則不生，事無禮則不成，國家無禮則不寧。《詩》曰：「禮儀卒度，笑語卒獲。」此之謂也。《詩》，《小雅・楚茨》之篇。卒，盡也。獲，得也。

以善先人者謂之教，以善和人者謂之順；先，謂首唱也。和，胡卧反，下同。以不善先人者謂之諂，以不善和人者謂之諛。諂之言陷也，謂以佞言陷之。「諛」與「俞」義同，故爲不善和人也。○王念孫曰：楊説「諂」字之義未確。諂之言導也，導人以不善也，故曰「以不善先人者謂之諂」。而《莊子・漁父篇》亦曰：「希意道言謂之諂。」道與導同。《不苟篇》「非諂諛也」，《賈子・先醒篇》「君好諂諛而惡至言」，《韓詩外傳》並作「道諛」，是「諂諛」即「導諛」也。「導」與「諂」，聲之轉。「諂諛」之爲「導諛」，「臽及」之爲「導及」，「禫服」之爲「導服」，皆聲轉而字異也。說見《史記・越世家》。是是非非謂之知，能辨是爲是，非爲非，謂之智也。非是是非謂之愚。以非爲是，以是爲非，則謂之愚。傷良曰讒，害良曰賊。是謂是、非謂非曰直。竊貨曰盜，匿行曰詐，易言曰誕，趣舍無定謂之無常，不恒之人。保利弃義謂之至賊。保，安。○謝本從盧校作「保利非義」。盧文弨曰：「非義」，元刻作「弃義」。王念孫曰：盧本作「非」者，爲影鈔宋本所誤也，刻本正作「弃」。「弃」與「保」義正相反，作「非」者，字之誤耳。呂、錢本、元刻及世德堂本皆作「弃」。先謙案：王說是，今正。多聞曰博，少聞曰淺；多見曰閑，閑，習也。能習其事，則不迫遽也。少見曰陋；難進曰偍，偍與提、媞皆同，謂弛緩也。易忘曰漏；少而理曰治，多而亂曰秏。少，謂舉其要，而有條理，謂之治。秏，虛竭也。凡物多而易盡曰秏。○郝懿行曰：漏與「屚」同。屚之爲言猶漉也。屋下水穿，俄頃滲漉，故易忘者似之。秏，猶暴也，本《王制》注。傷敗之名。《詩・雲漢》《釋文》引《韓詩》云：「秏，惡也。」然則多而雜亂，斯之謂惡矣。王念孫曰：楊讀「秏」爲「虛秏」之「秏」，則與「多而亂」之義不合。故又爲之說曰「凡物多而易盡曰秏」，其失也鑿矣。今案，「秏」讀爲「眊」。眊，亂也。《漢書・董仲舒傳》曰「天下眊亂」是也。眊與秏，古同聲而通用，續《史記・日者傳》曰：「官秏亂不能治。」《漢書・景帝紀》「不事官職秏亂者」，師古曰：「秏，不明也，讀與眊同。」《食貨志》「官職秏廢」，《酷吏傳贊》「寖以秏廢」，師古並曰：「秏，亂也。音莫報反。」《董仲舒傳》「秏矣哀哉」，師古曰：「秏，虛也。言誅殺甚衆，天下空虛也。音呼到反。或曰秏，不明也。言刑罰闇亂，音莫報反。」《淮南・原道篇》「精神日秏而彌遠」，《精神篇》「志氣日秏」，高注並曰：「秏，亂也。」「少而理曰治，多而亂曰秏。」「秏」與「治」正相反，則「秏」爲「眊亂」之「眊」明矣。《呂刑》「耄荒」，《釋文》「耄」作「秏」。賈昌朝《群經音辨》曰：「秏，老也。《書》『王秏荒』鄭康成讀。」賈音本於《釋文》，是《釋文》「耄」字本作「秏」也。今作「耄」

者，陳鍔依衛包所定今文改之耳。秏荒亦昏亂之義，故昭元年《左傳》：「老將知而耄及之。」杜注曰：「八十曰耄。耄，亂也。」字亦作「眊」，《漢書・刑法志》曰：「穆王眊荒」。「秏」、「耄」、「眊」古並同聲。「耄荒」之「耄」通作「秏」，猶「眊亂」之「眊」通作「秏」矣。

治氣養心之術，言以禮修身，是亦治氣養心之術，不必如彭祖也。○先謙案：此與上言「扁善之度」，各自爲義。上言「治氣養生」，故以後彭祖爲説，然其道不外由禮，故下文曰「禮信是也」。此自論治氣養心之術，與上不相蒙。楊迺云「以禮修身，不必如彭祖」，謬矣。 血氣剛强，則柔之以調和；知慮漸深，則一之以易良；漸，進也。或曰：漸，浸也，子廉反。《詩》曰：「漸車帷裳。」言智慮深則近險詐，故一之以易良也。○郝懿行曰：「漸」與「潛」古字通。《韓詩外傳》二作「潛」，是。「良」作「諒」，亦古字通用。《樂記》云：「易直子諒之心生。」易諒即易良也。 王念孫曰：「漸」讀爲「潛」。《洪範》「沈潛剛克」，文五年《左傳》及《史記・宋世家》「潛」並作「漸」。《漢書・谷永傳》「忘湛漸之義」，《漢山陽太守祝睦後碑》「漸心於道」，《太尉劉寬碑》「演策沈漸」，「漸」並與「潛」同。楊訓「漸」爲「進」，又訓爲「浸」，而音子廉反，皆失之。 勇膽猛戾，則輔之以道順；膽，有膽氣。戾，忿惡也。此性多不順，故以道順輔之也。○郝懿行曰：「膽」字疑誤。《韓詩外傳》二作「勇毅强果」。 俞樾曰：「順」當讀爲「訓」，古「順」、「訓」字通用。《周語》「能導訓諸侯者」，《史記・魯世家》「訓」作「順」，此文「道順」，正與彼同。「道順」即「導訓」也。楊注非。 齊給便利，則節之以動止；《爾雅》云：「齊，疾也。」齊給便利，皆捷速也。懼其太陵遽，故節之使安徐也。○先謙案：注「給」，各本作「急」，據宋台州本改正。 狹隘褊小，則廓之以廣大；卑溼、重遲、貪利，則抗之以高志；卑謂謙下，溼亦謂自卑下，如地之下溼然也。《方言》：「溼，憂也。自關而西，凡志而不得，欲而不獲，高而有墜，行而中止，皆謂之溼。」卑溼，謂過謙恭而無禮者。重遲，寬緩也。夫過恭則無威儀，寬緩常不及機事，貪利則苟得，故皆抗之高志也。或曰：卑溼亦謂遲緩也。言遲緩之人，如有卑溼之疾，不能運動也。○盧文弨曰：「溼」，元刻作「濕」。注「憂也」，作「優也」。又「卑溼謂過謙恭」，舊本作「亦謂之過謙恭」，訛。今改正。 郝懿行曰：卑溼猶卑下也。《韓詩外傳》二作「卑攝貪利」。　王念孫曰：卑溼謂志意卑下也。《說文》：「㬎，讀若蟄。下入也。」《論衡・氣壽篇》曰：「兒生號啼之聲，鴻朗高暢者壽，嘶喝濕下者夭。」是濕爲下也。「㬎」、「濕」古字通。抗，舉也。見《小雅・賓之初筵》傳、《考工記・梓人》注、《士喪禮》下篇注、《文王世子》注。志意卑下，故舉之以高志也。楊注皆失之。庸衆駑散，則刦之以師友；庸衆，已解上。「駑」，謂材下如駑馬者也。散，不拘檢者也。刦，奪去也。言以師友去其舊性也。怠慢僄弃，則炤之以禍災；僄，輕也。謂自輕其身也。音匹妙反。《方言》：「楚謂相輕薄爲僄。」「炤之以禍災」，謂以禍災照燭之，使知懼也。「炤」與「照」同。愚款端慤，則合之以禮樂，通之以思索。款，誠款也。《說文》云：「款，意有所欲也。」愚款端慤，多無潤色，故合之以禮樂。此皆言修身之術，在攻其所短也。○俞樾曰：自「血氣剛强，則柔之以調和」以下八句，文法皆同。此獨多「通之以思索」五字，與上文不一律。據《韓詩外傳》，無此五字，當爲衍文。楊注不及「思索」之説，是其所見本未衍也。凡治氣養心之術，莫徑由禮，莫要得師，莫神一好。徑，捷速也。神，神明也。一好，謂好善不怒惡也。○盧文弨曰：案俗本「不怒惡」作「不好惡」，今從宋本作「怒」，元李治《古今黈》所引正同。　王念孫曰：一好，謂所好不二也。《儒效篇》曰「并一而不二，則通於神明」，《成相篇》曰「好而壹之，神以成」，皆其證。非好善不怒惡之謂。夫是之謂治氣養心之術也。

志意修則驕富貴，道義重則輕王公，內省而外物輕矣。傳曰：「君子役物，小人役於物。」此之謂矣。君子能役物，小人爲物所役，凡言「傳曰」，皆舊所傳聞之言也。○謝本從盧校，首次句末並有「矣」字，「省」下「則」作「而」。　盧文弨曰：正文前兩「矣」字，宋本無，又下一「則」字作「而」，今皆從元刻。　王念孫曰：元刻於「富貴」、「王公」下各加一「矣」字，以對下文，又改下文之「而」字爲「則」字，以對上文，而盧本從之。案：元刻非也。「內省而外物輕」，乃申明上文之詞，非與上文作對句也。今皆改爲對句，則失其旨矣。　先謙案：王説是，今正。身勞而心安，爲之；利少而義多，爲之。事亂君而通，不如事窮君而順焉。

窮君，小國迫脅之君也。言事大國暴亂之君，違道而通，不如事小國之君，順行其道也。○顧千里曰：「窮」「順」二字，疑當互錯，「順君」、「亂君」對文也。「而通」、「而窮」亦對文也。《荀子》每以「通」與「窮」爲對文，如本篇上文及《不苟篇》、《榮辱篇》、《儒效篇》皆有之，可以相證。楊注已互錯，望文説之，非也。　俞樾曰：《荀子》之意以爲事亂君則不順矣，事窮君則不通矣，然與其事亂君而通，不如事窮君而順，正上文「身勞而心安，爲之；利少而義多，爲之」之意。若從顧校，則全失其旨矣。王氏采其説入《雜志補》，誤也。　郭嵩燾曰：通則言聽計從，恣其所欲爲；順則委身以從之而已。文義在「亂君」、「窮君」之分。亂君爲暴而窮君不能爲暴者也。　先謙案：仕能得君曰通，《仲尼篇》云：「以事君則必通。」故良農不爲水旱不耕，良賈不爲折閲不市，折，損也。閲，賣也。謂損所閲賣之物價也。賈音古。○盧文弨曰：案，《説文》云：「閲，具數於門中也。」《史記》：「積日曰閲。」此當謂計數歲月之所得，有折損耳。折，常列切。　士君子不爲貧窮怠乎道。

體恭敬而心忠信，術禮義而情愛人；術，法也。○王引之曰：人讀爲「仁」，言其體則恭敬，其心則忠信，其術則禮義，其情則愛仁也。愛仁，猶言仁愛。《廣雅》惠、愛、恕、利、人，仁也。「恭敬」、「忠信」、「禮義」、「愛仁」，皆兩字平列。下文之「倨固」、「執詐」、「順墨」、「雜汙」，亦兩字平列。古字「仁」與「人」通，此「人」字即「仁愛」之「仁」，非「節用而愛人」之人。　橫行天下，雖困四夷，人莫不貴。橫行，不順理而行也。困，窮也。言所至皆貴也。○盧文弨曰：橫行天下，猶《書》所云「方行天下」，言周流之廣，注謬甚。　王引之曰：橫讀爲「廣」。《堯典》「光被四表」，《今文尚書》作「橫被」，漢《成陽靈臺碑》、《成陽令唐扶頌》並作「廣被」。　勞苦之事則爭先，饒樂之事則能讓，端慤誠信，拘守而詳；拘守，謂守而勿失。詳，謂審於事也。　橫行天下，雖困四夷，人莫不任。

體倨固而心執詐，術順墨而精雜汙；倨，傲也。固，鄙固。「順墨」當爲「愼、墨」。愼謂齊宣王時處士愼到也。其術本黄老，歸刑名，先申、韓，其意相似，多明不尚賢、不使能之道，著書四十一篇。墨翟，宋人，號墨子。墨子著書三十五篇。其術多務儉嗇。精，當爲「情」。雜汙謂非禮義之言也。○盧文弨曰：《墨子》書本七十一篇，今在者尚有五十四篇，此云三十五篇，反少於今所傳者，疑「三十五」當是「五十五」之訛。蓋有分并之故也。　王引之曰：「執詐」當爲「埶詐」，字之誤也。《議兵篇》曰：「兵之所貴者埶利也，所行者變詐也。」又曰：「隆埶詐，尚功利。」又曰：「焉慮率用賞慶、刑罰、埶詐、險阨，其下獲其功用而已矣。」「埶」與「詐」義相近。《後漢書・崔駰傳》：「范蠡錯埶於會稽。」李賢曰：「埶謂謀略也。」橫行天下，雖達四方，人莫不賤。勞苦之事則偷儒轉脱，「偷」謂苟避於事，「儒」亦謂懦弱畏事，皆懶惰之義。或曰：「偷」當爲「輸」。揚子雲《方言》云：「儒輸，愚也。」郭璞注：「謂愞撰也。」又云：「轉脱者，謂偷儒之人，苟求免於事之義。」○盧文弨曰：此注多訛脱，今案文義改正。　郝懿行曰：注引「或説」失之。儒者，柔也，弱也，選懦畏事之意，故下又云「偷儒憚事」。注義甚明，不必改此爲「輸」而援《方言》爲訓。饒樂之事則佞兑而不曲；兑，悦也。言佞悦於人，以求饒樂之事。不曲，謂直取之也。○俞樾曰：「不」字涉下「不慤」、「不録」而衍。曲者，委曲也。言遇饒樂之事，必委曲以取之。楊注誤。　先謙案：俞説非也。「兑」與「鋭」同字。《史記・天官書》「兑」，《漢書・天文志》作「鋭」。《議兵篇》云「兑則若莫邪之利鋒」，亦以「兑」爲「鋭」。佞兑，即佞鋭也。佞是口才捷利之名，《左》成十三年傳疏。鋭亦利也。《廣雅・釋詁》。《文選・五等論》云：「夫進取之情鋭。」李善注：「鋭，猶疾也。」「疾」與「捷」義亦同。此言遇勞苦之事則偷脱以避之，遇饒樂之事則身口捷利以取之，不畏人言，無所委曲，故曰不曲。楊訓「不曲」爲「直取之」，是也。而言「佞悦於人，以求饒樂之事」，則非其義矣。《不苟篇》「見由則兑而倨」，「兑」亦當讀爲「鋭」。注「佞」，各本誤「接」，據日本影宋台州本改正。辟違而不慤，乖僻違背，不能端慤誠信。「辟」讀爲「僻」。○王念孫曰：楊分「僻違」爲二義，非也。僻違皆邪也，《周語》「動匱百姓，以逞其違」，《晉語》「若有違質教將不入」，韋注並曰：「違，邪也。」《堯典》「静言庸違」，《史記・五帝紀》作「共工善言其用僻」，是僻即違也。上文曰「不由禮則夷固辟違，庸衆而野」，《不苟篇》曰「倨傲僻違以驕溢人」，《非十二子篇》曰「甚僻違而無類」，昭二十年《左傳》曰「動作辟違，從欲厭私」，義竝與此同。《成相篇》曰「邪枉辟回失道途」，「辟回」即僻違。《小雅・鼓鐘篇》「其德不回」，毛傳曰：「回，邪也。」《大雅・大明篇》「厥德不回」，毛傳曰：「回，違也。」《堯典》「静言庸違」，文十八年《左傳》作「静譖庸回」，杜注曰：「回，邪也。」昭二十六年

《左傳》「君無違德」，《論衡・變虚篇》作「回德」。 程役而不録；程，功程。役，勞役。録，檢束也。於功程及勞役之事怠惰而不檢束，言不能拘守而詳也。 横行天下，雖達四方，人莫不弃。

行而供冀，非漬淖也。供，恭也。「冀」當爲「翼」。凡行自當恭敬，非謂漬於泥淖也。人在泥淖中，則兢兢然。或曰：李巡注《爾雅》「冀州」曰：「冀，近也。」恭近，謂不敢放誕也。○盧文弨曰：供，疑是張拱之義。郝懿行曰：「供」與「拱」，「冀」與「覬」，俱音同字通，其義則「冀」「覬」俱訓望也。此言行而張拱顧望，乃是恭敬審諦，非恐漸漬於泥淖也。 先謙案：楊前説是。《釋名》：「恭，拱也。自拱持也。」是「供」訓爲「恭」，而拱義即在其中。《釋詁》：「翼，敬也。」《論語・鄉黨篇》：「趨進，翼如也。」孔注：「言端好。」《賈子・容經》：「趨以微磬之容，飄然翼然，肩狀若流，足如射箭。」以此文推「供冀」之義，正狀其趨走疾速，是爲禮之容，非因有泥淖漬之也。若張拱顧望，非所以爲禮矣。 行而俯項，非擊戾也。擊戾，謂項曲戾不能仰者也。擊戾，猶言了戾也。○盧文弨曰：案，《方言》三「軫，戾也」，郭注云：「相了戾也。」與此正同。此書宋本、世德堂本皆作「了戾」，元刻訛作「孑戾」，形尚相近，至俗間本竟改作「乖戾」，謬之甚矣。了戾乃屈曲之意，豈可云乖戾乎？ 王念孫曰：《淮南・主術篇》曰：「木擊折轊，水戾破舟。」又曰：「文武備具，動静中儀。舉動廢置，曲得其宜，無所擊戾，無不畢宜。」然則擊戾者，謂有所抵觸也。「行而俯項，非擊戾也」者，謂非懼其有所抵觸而俯項以避之也。與上下文同一例。楊説失之。 俞樾曰：擊戾者，拂戾也。《考工記・弓人》：「和弓轂摩。」鄭注曰：「轂，拂也。」「擊」與「轂」通，《郭仲奇碑》「鷹偫電轂」，「轂」即「擊」字也。 先謙案：王説是。 偶視而先俯，非恐懼也。偶視，對視也。 然夫士欲獨修其身，不以得罪於比俗之人也。

夫驥一日而千里，駑馬十駕則亦及之矣。○郝懿行曰：駑馬日可百里，十日則亦可及千里。遲速先後不同，其歸一也。 將以窮無窮、逐無極與？ 其折骨絶筋、終身不可以相及也；將有所止之，則千里雖遠，亦或遲、或速、或先、或後，胡爲乎其不可以相及也？ 不識步道者，將以窮無窮、逐無極與？意亦有所止之與？步，行。夫「堅白」、「同異」、「有厚無厚」之察，非不察也，此言公孫龍、惠施之曲説異理，不可爲法也。堅白，謂離堅白也。《公孫·堅白論》曰：「堅、白、石三，可乎？曰：不可。二，可乎？曰：可。」謂目視石，但見白，不知其堅，則謂之白石。手觸石，則知其堅，而不知其白，則謂之堅石。是堅白終不可合爲一也。司馬彪曰：「堅白，謂堅石非石，白馬非馬也。」同異，謂使異者同，同者異。或曰：即《莊子》所謂「大同而與小同異，此之謂小同異」。言同在天地之間，故謂之大同。物各有種類所同，故謂之小同。是「大同」與「小同」異也。此略舉同異，故曰：「此之謂小同異。」《莊子》又曰：「萬物畢同畢異，此之謂大同異。」言萬物總謂之物，莫不皆同，是萬物畢同，若分而別之，則人耳目鼻口百體，草木枝葉花實，無不皆異，是物畢異也。此具舉同異，故曰：「此之謂大同異。」《莊子》又曰：「無厚不可積也，其大千里。」「無厚」，謂厚之極，不可爲厚薄也。「不可積」，言其委積至多，不可使復積也。凡無厚不可積，因於有厚可積，故得其大千里。千里者，舉大之極也。然而君子不辯，止之也；止而不爲。○先謙案：楊注非也。「止」與《大學》「止於至善」之「止」同意。言君子之辯之行，皆不止乎此。《解蔽篇》云：「故學也者，固學止之也。惡乎止之？曰：止諸至足。」與此止之義合。倚魁之行，非不難也，然而君子不行，止之也。倚，奇也，奇，讀爲「奇偶」之「奇」。《方言》云：「秦、晉之間，凡物體全而不具謂之倚。」魁，大也。倚、魁，皆謂偏僻狂怪之行。《莊子》曰：「南方有倚人，曰黄繚也。」○盧文弨曰：今《方言》作「凡全物而體不具謂之倚」。郝懿行曰：「倚」與「奇」，「魁」與「傀」，俱聲近假借字。奇傀，言其事譎觚不常也。先謙案：《不苟篇》：「申徒狄，行之難爲者也。惠施、鄧析，説之難持者也。然而君子不貴。」亦即此義，文可互證。故學曰：遲，彼止而待我，我行而就之，學曰，謂爲學者傳此言也。遲，待也。直吏反。○郝懿行曰：古人，名遲，字須。須者，待也。故「遲」之訓爲「待」，音直吏切。學曰者，蓋古學侶虚設此言以相警厲。必曰「遲」者，猶云寡君須矣。彼前行之人方止而待我，我當遄行而就之，學如不及之意也。王念孫曰：「學曰」，疑當作「學者」。謂學者或遲或速，或先或後，皆可同至也。見下文。今本「者」作「曰」，寫者脱其半耳。楊云「學曰謂爲學者傳此言也」，此不得其解而爲之詞。則亦或遲、或速、或先、或後，胡爲乎其不可以同至也！故蹞步而不休，跛鼈千里；累土而不輟，丘山崇成。○盧文弨曰：兩「而」字，宋本有，元刻無。此下俗間本有重意一段，引《老子》「九層之臺起於累土」四句，係後人妄羼入書内。又有所謂互注者，特少異其名耳，皆取它書語近似者注其下，並非楊氏本文，今一概削去之。厭其源，開其瀆，江河可竭。厭，塞也。音一涉反。瀆，水竇也。一進一退，一左一右，六驥不致。言不齊，故不能致道路也。彼人之才性之相縣也，豈若跛鼈之與六驥足哉！然而跛鼈致之，六驥不致，是無他故焉，或爲之，或不爲爾！○謝本從盧校作「或不爲之耳」。盧文弨曰：宋本作「或不爲爾」。王念孫曰：呂、錢本並作「或不爲爾」，盧從元刻於「不爲」下增「之」字，「爾」改「耳」。案下句無「之」字者，蒙上而省也。《群書治要》亦無「之」字。「耳」、「爾」古字通。當從宋本。先謙案：王説是，今改正。

道雖邇，不行不至；事雖小，不爲不成。其爲人也多暇日者，其出入不遠矣。多暇日，謂怠惰。出入，謂道路所至也。○郝懿行曰：爲善惟日不足。多暇日者，遊閒不事事也。「出入」疑當作「出人」，言不能出人前也。王念孫曰：「出入」當爲「出人」，言爲學而多暇日，則或作或輟，其出人必不遠也。下文云：「好法而行，士也；篤志而體，君子也；齊明而不竭，聖人也。」正謂聖人之出人遠也。若云「出入不遠」，則義不可通。《文選·登樓賦》注引此已誤。《韓詩外傳》曰：「道雖近，不行不至；事雖小，不爲不成。日日多者，此句有誤。出人不遠矣。」義本《荀子》。今據以訂正。先謙案：「道雖邇」下，宋台州本提行分段，謝本原刻同，浙局本誤連上，今正。

好法而行，士也；好法而能行，則謂之士。士，事也，謂能治其事也。○先謙案：法即禮也。「好法」以下，文義不連上，宋台州本提行，今從之，別爲一段。篤志而體，君子也；厚其志而知大體者也。○王念孫曰：《爾雅》：「篤，固也。」説見《經義述聞》。體，讀爲履。篤志而體，謂固其志以履道，非謂厚其志而知大體也。《衛風·氓篇》「體無咎言」，《韓詩》「體」作「履」，《坊記》引《詩》

亦作「履」。《管子·内業篇》「戴大圜而履大方」，《心術篇》「履」作「體」，是「履」、「體」古字通。齊明而不竭，聖人也。齊，謂無偏無頗也。不竭，不窮也。《書》曰：「成湯克齊聖廣淵。」○王引之曰：齊者，智慮之敏也，故以「齊明」連文。楊説失之。説見《毛詩述聞》「《小雅》人之齊聖」下。人無法則倀倀然；倀倀，無所適貌。言不知所措履。《禮記》曰：「倀倀乎其何之。」有法而無志其義，則渠渠然；渠，讀爲「遽」。古字「渠」、「遽」通。渠渠，不寬泰之貌。志，識也。不識其義，謂但拘守文字而已。○陳奂曰：案渠渠，猶瞿瞿。《齊風》傳云：「瞿瞿，無守之貌。」楊注失之。依乎法而又深其類，然後温温然。深其類，謂深知統類。温温，有潤澤之貌。舉類，君子所難，故屢言之也。○先謙案：凡荀書「法」「類」並言者，解依《勸學篇》。

禮者，所以正身也；師者，所以正禮也。無禮，何以正身。無師，吾安知禮之爲是也。禮然而然，則是情安禮也；師云而云，則是知若師也。情安禮，知若師，則是聖人也。情安禮，謂若天性所安，不以學也。行不違禮，言不違師，則與聖人無異，言師法之效如此也。故非禮，是無法也；非師，是無師也。無師，謂不以師爲師。不是師法，而好自用，譬之是猶以盲辨色，以聾辨聲也，舍亂妄無爲也。舍，除也。除亂妄之人，孰肯爲此也。○王念孫曰：舍亂妄無爲，言所爲皆亂妄耳。楊説非。故學也者，禮法也。夫師，以身爲正儀，而貴自安者也。效師之禮法，以爲正儀，如性之所安，斯爲貴也。「禮」或爲「體」。《詩》云：「不識不知，順帝之則。」此之謂也。《詩》，《大雅·皇矣》之篇，引此以喻師法暗合天道，如文王雖未知，已順天之法則也。

端愨順弟，則可謂善少者矣；「弟」與「悌」同。加好學遜敏焉，則有鈞無上，可以爲君子者矣。既好學遜敏，又有鈞平之心，而無上人之意，則可以爲君子矣。或曰：「有鈞無上」四字衍耳。○俞樾曰：有鈞無上，謂但有與之齊等，無更在其上者也，故謂之君子。楊注非。偷儒憚事，無廉恥而嗜乎飲食，則可謂惡少者矣；偷儒憚事，皆謂懦弱、怠惰畏勞苦之人也。加惕悍而不順，險賊而不弟焉，韓侍郎云：「惕」與「蕩」同，字作「心」邊「易」，謂放蕩兇悍也。則可謂不詳少者矣。雖陷刑戮可也。「詳」當爲「祥」。○盧文弨曰：案二字古通用。先謙案：「不詳少」承上「惡少」言之，謂少年而不祥者，猶言不祥人矣，知其將陷刑戮也。老老而壯者歸焉，老老，謂以老爲老，而尊敬之也。《孟子》曰：「伯夷、太公二者，天下之大老，是天下之父也。其父歸之，其子焉往矣。」○盧文弨曰：「大老」，宋本作「達老」。不窮窮而通者積焉，窮者，則寬而容之，不迫蹙以苛政，謂惠恤鰥寡窮匱也。積，塡委也。既然，則通者歸亦多矣。覆巢毁卵，則鳳凰不至；竭澤涸魚，則蛟龍不游。義與此同。○俞樾曰：楊注非也。窮通以賢不肖言，孔晁注《周書・常訓篇》曰「窮謂不肖之人」是也。不窮窮者，不强人以所不知不能，《中庸》所謂「矜不能」也。若以窮爲鰥寡，則通者豈不鰥寡之謂乎？《非十二子篇》曰：「聰明聖知，不以窮人。」即可説此文「不窮窮」之義。行乎冥冥而施乎無報，而賢不肖一焉。行乎冥冥，謂行事不務求人之知。施乎無報，謂施不務報。如此，賢不肖同慕而歸之。人有此三行，雖有大過，天其不遂乎！若不幸而有過，天亦祐之矣。此固不宜有大災也。○俞樾曰：人有此三行，則君子矣。小過或有之，安有大過乎？「過」當爲「禍」。《漢書・公孫弘傳》：「雖陽與善，後竟報其過。」《史記》「過」作「禍」，是「過」與「禍」通。遂，成也。言雖有大禍，天必不成之也。楊注「大災」二字，正可以釋正文之「大過」，特不知「過」爲「禍」之叚字，故不得其解耳。

君子之求利也略，其遠害也早，○謝本從盧校作「遠思」。盧文弨曰：「遠思」疑當是「遠患」。王念孫曰：吕、錢本作「遠害」。先謙案：宋台州本亦作「害」。又「君子」下，台州本提行分段，謝本原刻同，浙局本誤連上，今並正之。其避辱也懼，其行道理也勇。○王引之曰：懼者，怯也，故與「勇」對文。《吕氏春秋・知度篇》：「工拙、愚智、勇懼」，亦以「懼」對「勇」。君子貧窮而志廣，富貴而體恭，安燕而血氣不惰，勞勸而容貌不枯。○王念孫曰：枯讀爲「楛」。《天論篇》：「楛耕傷稼」，《韓詩外傳》作「枯」。《鄉射禮》注「肅慎氏貢楛矢」，《釋文》作「枯」。言君子雖安燕而血氣不懈惰，雖勞勸而容貌不楛僈。楛僈猶苟且也。《榮辱篇》云：「其定取舍楛僈。」《富國篇》云：「其於禮義節奏也，芒軔僈楛。」《淮南·時則篇》云：「工事苦慢」，「苦慢」與「楛僈」同。《彊國篇》云：「恭儉敦敬忠信而不楛。」《非十二子篇》云：「君子佚而不惰，勞而不僈。」此謂君子之容也。故曰「動容貌，斯遠暴慢矣」。《大略篇》云：「君子勞倦而不苟。」或言「苟」，或言「楛」，或言「僈」，或言「楛僈」，其義一而已矣。

怒不過奪，喜不過予。予，賜也。《周禮》「八柄」，「三曰予，以馭其幸」。君子貧窮而志廣，隆仁也。仁愛之心厚，故所思者廣。言務於遠大濟物也。富貴而體恭，殺埶也。減權埶之威，故形體恭謹。殺，所介反。安燕而血氣不惰，柬理也。柬與「簡」同。言柬擇其事理所宜，而不務驕逸，故雖安燕而不至怠惰。勞勸而容貌不枯，好交也。以和好交接於物，志意常泰也。○郝懿行曰：《榮辱篇》云：「豢之而俞瘠者，交也。」注云：「所交接非其道，則必有患難，雖食芻豢而更瘠也。」故此云然。以《榮辱篇》注互相參訂，原注殆不可易。王念孫曰：「好交」二字，與「容貌不枯」無涉，楊説非也。「交」當爲「文」，隸書「交」字或作「文」，見《漢尹宙碑》。與「文」相似而誤。上言「柬理」，下言「好文」，好，呼報反。「理」與「文」皆謂禮也。《禮論篇》云：「孰知夫禮義文理之所以養情也。」又云：「貴本之謂文，親用之謂理。」《性惡篇》云：「出於辭讓，合於文理。」辭讓之心，禮之端也。《賦篇》「禮賦」云：「非絲非帛，文理成章。」凡荀子書言文理者皆謂禮也，故曰：「安燕而血氣不惰，柬理也。《爾雅》：「柬，擇也。」勞勸而容貌不楛，好文也。」先謙案：王説是。怒不過奪，喜不過予，是法勝私也。以公滅私，故賞罰得中也。《書》曰：「無有作好，遵王之道；無有作惡，遵王之路。」此言君子之能以公義勝私欲也。《書·洪範》之辭也。

荀子卷第一

荀子卷第二

唐登仕郎守大理評事楊倞注

臣王先謙集解

不苟篇第三

君子行不貴苟難，説不貴苟察，行，如字。察，聽察。名不貴苟傳，唯其當之爲貴。當，謂合禮義也。當，丁浪反。故懷負石而赴河，是行之難爲者也，而申徒狄能之；申徒狄恨道不行，發憤而負石自沈於河。《莊子音義》曰：「殷時人。」《韓詩外傳》曰：「申徒狄將自投於河，崔嘉聞而止之，不從。」○盧文弨曰：宋本正文「負石」上有「故懷」二字，案，文不當有。或「負」字本有作「故懷」二字者，校者注異同於旁，因誤入正文耳。　王念孫曰：案，吕、錢本並有「故懷」二字，是也。「故」字乃總冒下文之詞。「懷負石而赴河」者，負，抱也。見《内則》注、《淮南・説林篇》注。謂抱石於懷中而赴河也。《韓詩外傳》曰：「申徒狄抱石而沈於河」，是其證。鄒陽《獄中上梁王書》「徐衍負石入海」，亦謂抱石也。盧未曉「負」字之義，而誤以爲「負擔」之「負」，故以「懷」字爲不當有，而並删「故」字。　劉台拱曰：案，服虔《漢書》注亦曰「殷之末世介士也」，高誘《説山訓》注亦曰殷末人。然《外傳》及《新序》竝載申徒狄事，其答崔嘉有「吴殺子胥、陳殺泄冶」語。據此言之，則非殷時人。　先謙案：謝本從盧校删「故懷」二字，今案王説是，仍從宋本增入。然而君子不貴者，非禮義之中也。禮義之中，時止則止，時行則行，不必枯槁赴淵也。揚子雲非屈原曰：「君子遭時則大行，不遇則龍蛇，何必沈身？」○盧文弨曰：案，注「不遇」下一本有「時」字。子雲語見本傳，此約取之。山淵平，天地比，比謂齊等也。《莊子》曰：「天與地卑，山與澤平。」《音義》曰：「以平地比天，則地卑於天，若以宇宙之高，則似天地皆卑。天地皆卑，則山與澤平矣。」或曰：天無實形，地之上空虚者，盡皆天也。是天地長親比相隨，無天高地下之殊也。在高山則天亦高，在深泉則天亦下，故曰天地比。地去天遠近皆相似，是山澤平也。

○盧文弨曰：張湛注《列子》云：「地之上皆天也。」意亦與此同。齊、秦襲，襲，合也。齊在東，秦在西，相去甚遠，若以天地之大包之，則曾無隔異，亦可合爲一國也。入乎耳，出乎口，未詳所明之意。或曰：即「山出口」也，言山有耳口也。凡呼於一山，衆山皆應，是山聞人聲而應之，故曰「入乎耳，出乎口」。或曰：山能吐納雲霧，是有口也。○盧文弨曰：注末句，宋本作「是以有口」，訛。鉤有須，未詳。自「齊、秦襲，入乎耳，出乎口，鉤有須」，皆淺學所未見。或曰鉤有須，即丁子有尾也。丁之曲者爲鉤，須與尾皆毛類，是同也。《莊子音義》云：「夫萬物無定形，形無定稱，在上爲首，在下爲尾。世人謂右行曲波爲尾，今丁、子二字，雖左行曲波，亦是尾也。」○俞樾曰：「鉤」，疑「姁」之叚字。《説文・女部》：「姁，嫗也。」嫗無須而謂之有須，故曰「説之難持者也」。惠氏棟校本引《太玄經》「婦人嗁鉤」爲説，謂鉤音拘，與須音相近。嗁鉤者，須出乎口也。案《太玄・迎》次四「裳有衣襦，男子目珠，婦人嗁鉤」。范望及温公《集注》並無「婦人須出乎口」之説。且謂「鉤」與「須」音近，則嗁鉤即嗁須也，以説此文，是爲須有須矣，豈可通乎？今讀「鉤」爲「姁」，亦即惠氏之意，而説似較安。卵有毛，司馬彪曰：「胎卵之生，必有毛羽。雞伏鵠卵，卵不爲雞，則生類於鵠也。毛氣成毛，羽氣成羽，雖胎卵未生，而毛羽之性已著矣。」故曰卵有毛也。是説之難持者也，而惠施、鄧析能之；皆異端曲説，故曰難持。惠施，梁相，與莊子同時，其書五車，其道舛駁。鄧析，鄭大夫，劉向云：「鄧析好刑名，操兩可之説，設無窮之辭，數難子産爲政，子産執而戮之。」案，《左氏傳》「鄭駟歂殺鄧析而用其竹刑」，而云「子産戮之」，恐誤也。○盧文弨曰：正文「能之」，俗本作「能精之」。然而君子不貴者，非禮義之中也。盜跖吟口，名聲若日月，與舜、禹俱傳而不息；然而君子不貴者，非禮義之中也。吟口，吟咏長在人口也。《説苑》作「盜跖凶貪」。○盧文弨曰：見《説苑・説叢篇》。案，《韓詩外傳》三亦作「吟口」，與此同。郝懿行曰：案「吟口」，《説苑》作「凶貪」，此本必作「貪凶」，轉寫形誤，遂爲吟口。楊氏據誤本作注，不知其不可通耳。《韓詩外傳》誤與此同，可知此本相傳已久，楊氏所以深信不疑。俞樾曰：「吟」蓋「黔」之叚字，「黔口」即「黔喙」。《周易・説卦傳》「爲黔喙之屬」，《釋文》引鄭注曰：「謂虎豹之屬，貪冒之類。」然則盜跖黔口，乃以虎豹擬之。《正論篇》所謂「禽獸行，虎狼貪」也。　先謙案：《後漢・梁冀傳》「口吟舌言」，章懷注：「謂語吃不能明了。」「吟口」當與「口吟」同義。「盜跖吟口」三句，與揚雄《解嘲》「孟軻雖連蹇，「連蹇」謂口吃。猶爲萬乘師」，文意近似，諸説皆非。　故曰：君子行不貴苟難，説不貴苟察，名不貴苟傳，○盧文弨曰：「苟傳」與上文同，俗間本作「苟得」，非。　案《外傳》亦作「苟傳」。　唯其當之爲貴。《詩》曰：「物其有矣，唯其時矣。」此之謂也。《詩》，《小雅・魚麗》之篇。言雖有物，亦須得其時，以喻當之爲貴也。

君子易知而難狎，坦蕩蕩，故易知；不比黨，故難狎。○郝懿行曰：《韓詩外傳》二「知」作「和」，於義較長，此形譌。　王念孫曰：案《外傳》是也。「和」與「狎」義相近，「懼」與「脅」義相近，故曰「易和而難狎，易懼而難脅」。今本「和」作「知」，則於義遠矣。　俞樾曰：案，《外傳》作「和」，字之誤也。知者，接也。《墨子・經篇》曰：「知，接也。」古謂相交接曰知，故《後漢書・宋弘傳》「貧賤之交不可忘」，《群書治要》作「貧賤之知」，是知有交接之義。易知而難狎，謂易接而難狎也。《詩・芄蘭》篇首章曰「能不我知」，次章曰「能不我甲」，毛傳訓「甲」爲「狎」，蓋首章言不與我交接，次章言不與我狎習也。説詳《群經平議》。《荀子》以「知」「狎」對文，正本乎《詩》。韓嬰改「知」爲「和」，失之。王氏謂當從《外傳》，非也。　易懼而難脅，小心而志不可奪也。　畏患而不避義死，欲利而不爲所非，心以爲非則捨之。　交親而不比，親，謂仁恩。比，謂暱狎。　言辯而不辭，辯足以明事，不至於騁辭。○郝懿行曰：《韓詩外傳》二「辭」作「亂」，其義較長，此形譌。　王念孫曰：「不辭」當作「不亂」，楊加「騁」字以釋之，其失也迂矣。　蕩蕩乎其有以殊於世也！與俗人有異。

君子能亦好，不能亦好；小人能亦醜，不能亦醜。君子能則寬容易直，以開道人；道與導同。　不能則恭敬繜絀，以畏事人。「繜」與「撙」同，「絀」與「黜」同，謂自撙節貶損。　小人能則倨傲僻違，以驕溢人；溢，滿。　不能則妒嫉怨誹，以傾覆人。故曰：君子能則人榮學焉，不能則人樂告之；小人能則人賤學焉，不能則人羞告之。是君子小人之分也。分，異也，如字。

君子寬而不僈，「僈」與「慢」同，怠惰也。廉而不劌，廉，棱也。《説文》云：「劌，利傷也。」但有廉隅，不至於刃傷也。○盧文弨曰：注「刃傷」疑是「刅傷」，本或作「兩傷」者，訛。辯而不争，察而不激，但明察而不激切也。寡立而不勝，堅彊而不暴，雖寡立而不能勝，雖堅彊而不兇暴。○王念孫曰：楊説非也。「寡立」當爲「直立」，字之誤也。俗書「直」字作「直」，「寡」字作「寡」，二形略相似，故「直」誤爲「寡」。《文選》顔延之《和謝監靈運詩》注引此已誤。「勝」讀若「升」。《漸》六四「終莫之勝」，虞翻曰：「勝，陵也。」《小雅・正月篇》「靡人弗勝」，毛傳曰：「勝，乘也。」乘亦陵也。《管子・侈靡篇》「得近者高而不崩，得人者卑而不可勝」，謂卑而不可陵也。此言君子雖特立獨行，而不以陵人，非謂人不能勝君子也。此文云「君子廉而不劌，辯而不争，直立而不勝」，《榮辱篇》云「辯而不説者，争也；直立而不見知者，勝也；廉而不見貴者，劌也。此小人之所務而君子之所不爲也」，足與此文互相證明矣。柔從而不流，恭敬謹慎而容。不至於孤介也。○王念孫曰：案，楊説未確。容之言裕也，言君子敬慎而不局促，綽綽有裕也。《非十二子篇》「俛告導寬容之義」，《韓詩外傳》作「寬裕」，是「容」「裕」古字通。古者「東」「侯」二部共入而互轉，故《説文》「容」「裕」二字皆以谷爲聲。《史記・平準書》「盜摩錢裏取鎔」，《漢書・食貨志》「鎔」作「鋊」，音浴。亦其例也。夫是之謂至文。言德備。《詩》曰：「温温恭人，惟德之基。」此之謂矣。《詩》，《大雅・抑》之篇。温温，寬柔貌。

君子崇人之德，揚人之美，非諂諛也；正義直指，舉人之過，非毁疵也；疵，病也。或曰讀爲「訾」。○盧文弨曰：正文「美」字，元刻作「善」。又「舉人之過」下，宋本有「惡」字，元刻無。王引之曰：案，「義」讀爲「議」，《韓詩外傳》作「正言直行，指人之過」，「言」亦「議」也。《韓策》曰：「嚴遂政議直指，舉韓傀之過」，是其證。《趙策》「臣愚不達於王之議」，《史記・趙世家》「議」作「義」。《史記・鄒陽傳》「畢議願知」，《漢書》作「義」。又《韓子・揚権篇》「上不與義之」，《東周策》「秦王不聽群臣父兄之義」，《淮南・泰族篇》「刺幾辯義」，「義」並與「議」同。言己之光美擬於舜、禹，○盧文弨曰：宋本、各舊本俱作「禹、舜」，今從元刻。參於天地，非夸誕也；與時屈伸，柔從若蒲葦，非懾怯也；蒲葦所以爲席，可卷者也。○郝懿行曰：「屈伸」當作「詘信」，荀書皆然，俗妄改之。此言君子屈伸隨時之宜。當其屈也，柔從若蒲葦；當其伸也，剛强猛毅，靡所不信。「信」即「伸」字。其屈與伸以義，知當曲直，曲直即屈伸。又引《詩》言君子左宜右有，然後總結之云：「此言君子能以義屈信變應故也。」「屈」亦當爲「詘」。《荀子》之文，往往反復申明，欲令辭必達意，不避重緐，爲使人易曉也。剛强猛毅，靡所不信，非驕暴也；「信」讀爲「伸」，下同。古字通用。以義變應，知當曲直故也。以義隨變而應，其所知當於曲直也。○俞樾曰：「變」讀爲「辯」。《周易・文言》曰「由辯之不早辯也」，《釋文》曰：「辯，《荀》作變。」《禮記・禮運篇》「大夫死宗廟謂之變」，鄭注曰：「變當爲辯。」是「變」與「辯」古通。辯之言徧也。《儀禮・鄉飲酒禮》「衆賓辯有脯醢」，《燕禮》「大夫辯受酬」，鄭注並云：「今文『辯』作『徧』。」是其證也。「變」與「辯」通，則亦可借爲「徧」。以義變應者，以義徧應也。下文引《詩》曰「左之左之，君子宜之；右之右之，君子有之」，此言君子之能以義屈伸變應也。左宜右有，正以義徧應之謂。楊注曰「以義隨變而應」，增字以成其説，失其旨矣。《君道篇》曰「並遇變應而不窮」，「變」與「並」對文，可知變之爲徧也。《致士篇》「臨事接民而以義變應」，義與此同。

先謙案：此文「變應」與《非相》、《儒效》、《王制》、《君道》諸篇言「應變」者不同，即《儒效》、《富國》二篇「事變得應」、「事變失應」，《君道篇》「應待萬變」，與此義亦異。以義變應者，以義變通應事也，義本無定，隨所應爲通變，故曰「變應」。孔子言「無適無莫，義之與比」，孟子言「言不必信，行不必果，惟義所在」，正以義變應之謂。《易・繫辭》「精義入神，以致用也」，入神，變也；致用，應也。下言「以義屈伸變應」，增「屈伸」二字，而變應之義愈顯，不必如俞説改讀。至《君道篇》之「變應」，宋本作「變態」，此元刻誤文，又不足取以爲證矣。《詩》曰：「左之左之，君子宜之；右之右之，君子有之。」此言君子能以義屈信變應故也。《詩》，《小雅・裳裳者華》之篇。以能應變，故左右無不得宜也。○盧文弨曰：「此言君子」下，一本有「之」字。

君子，小人之反也。與小人相反。○盧文弨

曰：此段舊不提行，今案當别爲一節。君子大心則天而道，小心則畏義而節，天而道，謂合於天而順道。○盧文弨曰：正文「則天而道」，《韓詩外傳》四作「即敬天而道」。　王念孫曰：「天而道」三字，文義不明，當依《韓詩外傳》作「敬天而道」，與「畏義而節」對文，楊注失之。知則明通而類，類謂知統類。愚則端愨而法，愚謂無機智也。法謂守法度也。見由則恭而止，由，用也。止，謂不放縱也。或曰：止，禮也，言恭而有禮也。見閉則敬而齊，謂閉塞道不行也。敬而齊，謂自齊整而不怨也。喜則和而理，憂則靜而理，皆當其理。○謝本從盧校作「憂則靜而違」。　盧文弨曰：《外傳》四作「喜即和而治，憂即靜而違」，此作「和而理」，避時諱。下句舊本俱作「靜而理」，當由誤會注文耳。今從《外傳》改正。　劉台拱曰：案，注云「皆當其理」，則楊氏所據本兩句並是「理」字。盧據《外傳》改下「理」字作「違」。《易》曰「樂則行之，憂則違之」，此「違」字所本。然《易》言出處，此言性情，義各有當。《外傳》引《荀》頗多改竄，恐不得徑據彼以易此也。又《仲尼篇》云「福事至則和而理，禍事至則靜而理」，與此文義略同。彼注云：「理，謂不失其道；和而理，謂不充屈；靜而理，謂不隕穫也。」亦並是「理」字，則不當依《外傳》作「違」明矣。竊疑《荀子》本文上句作「治」，下句作「理」。唐初避諱，凡「治」字悉改作「理」。中葉以後，又復回改作「治」，惟此兩處，文義相混，校書者不能定其孰爲本文，故仍而不革。楊氏作注時，未能審正而從爲之辭耳。今上句依《外傳》作「和而治」，下句作「靜而理」，庶幾得之。《仲尼篇》放此。　王念孫曰：宋吕、錢本並作兩「理」字，劉説甚允。　先謙案：劉、王説是，今改從宋本。通則文而明，有文而彰明也。窮則約而詳。隱約而詳明其道也。小人則不然：大心則慢而暴，小心則淫而傾，以邪諂事人也。○盧文弨曰：宋本「淫」上有「流」字。今案，元刻及《外傳》俱無。知則攫盜而漸，漸，進也，謂貪利不知止也。○郝懿行曰：「漸」與「潛」同。此言小人知則攫盜而潛深不敢發也，愚則毒賊而爲亂不知懼也。語意甚明。荀書多以「漸」爲「潛」，楊氏不知，例以「漸，進」爲訓，而不顧其安，如此注亦以「漸」爲「進」，則難通矣。　王引之曰：漸，詐欺也。小人之智，則攫盜而已矣，詐欺而已矣。《議兵篇》曰：「招近募選，隆埶詐，尚功利，是漸之也。」《正論篇》曰：「上幽險則下漸詐矣。」楊訓「漸」爲「進」，又訓爲「浸漬」，皆失之。義並與此同。《吕刑》曰「民興胥漸」，言小民方興，相爲詐欺也。傳以「漸」爲「漸化」，失之，説見《經義述聞》。《莊子・胠篋篇》曰：「知詐漸毒。」李頤以「漸」爲「漸漬」，失之。此皆古人謂詐爲漸之證，説者都不尋省，望文生義，失其傳久矣。先謙案：王説是。愚則毒賊而亂，毒，害也。愚而無畏忌也。見由則兑而倨，兑，説也。言喜於儌幸而倨傲也。○先謙案：「兑」與「鋭」同，謂捷利也。楊注非。説見《脩身篇》。見閉則怨而險，怨上而險賊也。喜則輕而翾，輕，謂輕佻失據。翾，小飛也。言小人之喜輕佻如小鳥之翾然。音許緣反，或曰與「懁」同。《説文》云：「懁，急也。」憂則挫而懾，通則驕而偏，偏，頗也。窮則弃而儑。弃，自弃也。「儑」當爲「濕」，《方言》云：「濕，憂也。」字書無「儑」字。《韓詩外傳》作「弃而累也」。○郝懿行曰：《玉篇》：「儑，五甘切，不慧也。」《廣韻》：「五紺切，云傝儑。」《龍龕手鑑》一云：「儑，五盍反，傝儑，不著事也。傝，他盍反。傝，⿰矢采儜劣也。」又音儑，不謹貌也。然則諸義皆與此近。此言小人窮則卑棄失志，不能自振，往往如此。楊氏未見《玉篇》、《廣韻》，故云字書無「儑」字。又云「儑」當爲「濕」，並非。《韓詩外傳》四「儑」作「累」，恐亦字形之譌。「累」與「濕」皆俗字，「濕」當作「溼」，「累」當作「纍」，與此字形音義遠。傳曰：「君子兩進，小人兩廢。」此之謂也。

君子治治，非治亂也。曷謂邪？曰：禮義之謂治，非禮義之謂亂也。故君子者，治禮義者也，非治非禮義者也。然則國亂將弗治與？曰：國亂而治之者，非案亂而治之之謂也，去亂而被之以治。案，據也。據舊亂而治之也。《荀子》「安」、「案」多爲語助，與此不同也。人汙而修之者，人有汙穢之行，將修爲善。○俞樾曰：「修」當讀爲「滌」，《周官・司尊彝職》曰：「凡酒修酌。」鄭注曰「修讀如『滌濯』之滌」，是其證也。滌從「條」聲，條從「攸」聲，修亦從「攸」聲，聲同之字，故得通用。楊注失之。荀子書每以「修」與「汙」對文，並當讀爲「滌」。非案汙而修之之謂也，去汙而易之以修。故去亂而非治亂也，去汙而非修汙也。治之爲名，猶曰君子爲治而不爲亂，爲修而不爲汙也。治之名號如此。

君子絜其辯而同焉者合矣，絜，修整也。謂不煩雜。○盧文弨曰：案，《韓詩外傳》一亦有此文，彼「辯」作「身」。　先謙案：《外傳》作「身」，是也。「絜其身」、「善其言」對文，若作「辯」，則與「言」複，「絜」「辯」二字亦不詞。《荀子》原文自作「絜其身」，傳寫誤「辯」，下文「故新浴」云云，正申言絜身之義。楊注謂不煩雜，似所見本已誤爲「辯」矣。　善其言而類焉者應矣。出其言善，千里之外應之。　故馬鳴而馬應之，○盧文弨曰：《外傳》此下尚有「牛鳴而牛應之」六字。　非知也，其埶然也。知音智。　故新浴者振其衣，新沐者彈其冠，人之情也。言潔其身者，懼外物之汙也，猶賢者必不受不善人之汙者也。　其誰能以己之潐潐，受人之掝掝者哉！潐潐，明察之貌。潐，盡。謂窮盡明於事。《易》曰：「窮理盡性。」「掝」當爲「惑」，掝掝，惛也。《楚詞》曰：「安能以身之察察，受物之惛惛者乎？」潐，子誚反。○盧文弨曰：案，潐，盡也，本《說文》。此脫「也」字。　郝懿行曰：《韓詩外傳》一作「莫能以己之皭皭容人之混污」，然「皭」與「潐」古音同，「混污」與「掝掝」音又相轉，此皆假借字耳。《楚詞》作「察察」、「汶汶」，當是也。又案上云「故新浴者振其衣，新沐者彈其冠」，亦與《楚詞》同。　先謙案：「焦」「爵」雙聲，故從焦、從爵之字，相通假而義皆訓「盡」。如「噍」之與「嚼」、《禮記·少儀》釋文「噍本作嚼」。《說文》「噍」或從「爵」。「醮」之與「釂」，《說文》：「醮，冠娶禮祭。」「釂，飲酒盡也。」《釋水》「水醮曰厬」釋文及本書《禮論》「利爵之不醮也」注皆訓爲「盡」，則借「醮」爲「釂」矣。並是。故皭皭亦爲潐潐也。「掝」當爲「惑」，楊說是也。字書無「掝」字，蓋「惑」亦作「惐」，遂轉寫爲「掝」耳。《儒效篇》云「無所儗㤞」，楊注：「㤞與怍同。」「惑」之爲「惐」，猶「怍」之爲「㤞」矣。

君子養心莫善於誠，無姦詐則心常安也。○劉台拱曰：誠者，君子所以成始而成終也。以成始，則《大學》之「誠其意」是也；以成終，則《中庸》之「至誠無息」是也。此言養心莫善於誠，即誠意之事，故下文亦言慎獨。　致誠則無它事矣，致，極也。極其誠，則外物不能害。○王念孫曰：君子非仁不守，非義不行，故曰「無它事」。下文「唯仁之爲守，唯義之爲行」，是其明證。楊說非。

先謙案：王説是。《群書治要》引作「致誠無它，唯仁之守，唯義之行」，删數字而語意倍顯，是唐人解此文與楊注義異。唯仁之爲守，唯義之爲行。致其誠，在仁義。誠心守仁則形，形則神，神則能化矣。誠心守於仁愛，則必形見於外，則下尊之如神，能化育之矣。化謂遷善也。誠心行義則理，理則明，明則能變矣。義行則事有條理，明而易，人不敢欺，故能變改其惡也。變化代興，謂之天德。既能變化，則德同於天。馴致於善謂之化，改其舊質謂之變，言始於化，終於變也。猶天道陰陽運行則爲化，春生冬落則爲變也。天不言而人推高焉，地不言而人推厚焉，四時不言而百姓期焉，期，謂知其時候。夫此有常，以至其誠者也。至，極也。天地四時，所以有常如此者，由極其誠所致。君子至德，嘿然而喻，未施而親，不怒而威，君子有至德，所以嘿然不言，而人自喻其意也。夫此順命，以慎其獨者也。人所以順命如此者，由慎其獨所致也。慎其獨，謂戒慎乎其所不睹，恐懼乎其所不聞，至誠不欺，故人亦不違之也。○郝懿行曰：此語甚精，楊氏不得其解，而以謹慎其獨爲訓，今正之，云：獨者，人之所不見也。慎者，誠也。誠者，實也。心不篤實，則所謂獨者不可見。《勸學篇》云：「無冥冥之志者，無昭昭之明；無惛惛之事者，無赫赫之功。」此惟精專沈默，心如槁木死灰，而後髣髴遇焉。口不能言，人亦不能傳，故曰獨也。又曰「不獨則不形」者，形非形於外也。楊注誤。形即形此獨也。又曰「不形則雖作於心，見於色，出於言」，三句皆由獨中推出，此方是見於外之事。而其上説天地四時，云「夫此有常以至其誠者也」；説君子至德，云「夫此順命以慎其獨者也」。順命謂順天地四時之命，楊注尤誤。言化工默運，自然而極其誠。君子感人，嘿然而人自喻，惟此順命以慎其獨而已。推尋上下文義，慎當訓誠，據《釋詁》云：「慎，誠也。」非「慎」訓「謹」之謂。《中庸》「慎獨」與此義別，楊注不援《爾雅》，而據《中庸》，謬矣。「慎」字古義訓「誠」，《詩》凡四見。毛、鄭俱依《爾雅》爲釋。《大學》兩言「慎獨」，皆在《誠意篇》中，其義亦與《詩》同。惟《中庸》以「戒慎」、「慎獨」爲言，此別義乃今義也。荀書多古義、古音，楊注未了，往往釋以今義，讀以今音，每致舛誤。此其一也，餘不悉舉。王念孫曰：《中庸》之「慎獨」，「慎」字亦當訓爲「誠」，非上文戒慎之謂。「莫見乎隱，莫顯乎微」，即《大學》之「十目所視，十手所指」，則慎獨不當有二義。陳碩甫云：《中庸》言「慎獨」即是誠身。故《禮器》説禮之以少爲貴者，曰「是故君子慎其獨也」。鄭注云：「少其牲物，致誠慤。」是慎其獨即誠其獨也。慎獨之爲誠獨，鄭於《禮器》已釋訖，故《中庸》、《大學》注皆不復釋。孔沖遠未達此旨，故訓爲謹慎耳。凡經典中「慎」字與「謹」同義者多，與「誠」同義者少。訓「謹」、訓「誠」，原無古今之異。慎之爲謹，不煩訓釋，故傳注無文，非「誠」爲古義而「謹」爲今義也。唯慎獨之「慎」，則當訓爲「誠」，故曰「君子必慎其獨」，又曰「君子必誠其意」。《禮器》、《中庸》、《大學》、《荀子》之「慎獨」，其義一而已矣。善之爲道者，不誠則不獨，無至誠，則不能慎其獨也。不獨則不形，不能慎其獨，故其德亦不能形見於外。○俞樾曰：上文云「致誠則無它事矣，唯仁之爲守，唯義之爲行」。所謂「獨」者，即無它事之謂。唯仁唯義，故無它事。無它事是謂「獨」，故曰「不誠則不獨，不獨則不形」。言不能誠實則不能專一於內，不能專一則不能形見於外。楊氏未達「獨」字之旨，故所解均未得也。不形則雖作於心，見於色，出於言，民猶若未從也，雖從必疑。若，如也。無至誠，故雖出令，民猶如未從者。雖彊使之從，亦必疑之也。○王念孫曰：「若」猶「然」也。言雖出令，民猶然未從，非謂猶如未從也。古謂「猶然」爲「猶若」，説見《釋詞》「若」字下。天地爲大矣，不誠則不能化萬物；聖人爲知矣，不誠則不能化萬民；父子爲親矣，不誠則疏；君上爲尊矣，不誠則卑。卑，謂不爲在下所尊。夫誠者，君子之所守也，而政事之本也。唯所居以其類至，所居，所止也。唯其所止至誠，則以類自至。謂天地誠則能化萬物，聖人誠則能化萬民，父子誠則親，君上誠則尊也。操之則得之，舍之則失之。操，持。操而得之則輕，持至誠也而得之，則易舉也。《詩》曰：「德輶如毛。」輕則獨行。舉至誠而不難，則慎獨之事自行矣。獨行而不舍，則濟矣。至誠在乎不已。濟而材盡，長遷而不反其初，則化矣。既濟則材性自盡，長遷不反其初，謂中道不廢也。

君子位尊而志恭，心小而道大，所聽視

者近而所聞見者遠。是何邪？則操術然也。謂以近知遠，以今知古，所持之術如此也。○盧文弨曰：正文「則」字從元刻，宋本作「是」。故千人萬人之情，一人之情是也；人情不相遠。天地始者，今日是也；百王之道，後王是也。後王，當今之王。言後王之道，與百王不殊，行堯、舜則是亦堯、舜也。君子審後王之道，而論於百王之前，若端拜而議。端，玄端，朝服也。端拜，猶言端拱。言君子審後王所宜施行之道，而以百王之前比之，若服玄端拜揖而議，言其從容不勞也。時人多言後世澆醨，難以爲治，故荀明之。○郝懿行曰：端，疑振書、端書之「端」。端者，正也。謂正容拜議非必衣玄端也。注言「端拱」，又言「玄端」，二義似歧。王念孫曰：古無拜而議事之禮，且「端拜」二字，義不相屬。「拜」當爲「拜」，「拜」，今「拱」字也。《説文》：「収，竦手也。从𠂇又。拜，揚雄説収從兩手。」「拱，斂手也。从手共聲。」今經傳皆作「拱」。形與「拜」相似，因訛爲「拜」。端拱而議，即楊注所云「從容不勞也」。楊云「端拜猶言端拱」，近之。乃又云「拜揖而議」，則未知「拜」爲「拜」之譌耳。先謙案：王説是。推禮義之統，分是非之分，上「分」如字，下扶問反。分之使當其分。總天下之要，治海内之衆，若使一人。故操彌約而事彌大。約，少也。得其宗主也。五寸之矩，盡天下之方也。矩，正方之器也。○郝懿行曰：荀意當以句股法開方而言，故以五寸盡之，言操彌約也。故君子不下室堂而海内之情舉積此者，則操術然也。舉，皆也。○盧文弨曰：正文「堂」字上，宋本有「室」字，今從元刻删。王念孫曰：「室」非衍字也。《内則》曰「灑埽室堂」，書傳中言室堂者多矣。「君子不下室堂而海内之情舉積此」，猶《老子》言「不出户知天下」也。元本無「室」字者，後人以意删之耳。《群書治要》引此有「室」字。錢本、世德堂本同。先謙案：謝本從盧校，今依王説改從宋本。

有通士者，有公士者，有直士者，有慤士者，有小人者。上則能尊君，下則能愛民，物至而應，事起而辨，若是則可謂通士矣。物有至則能應之，事有疑則能辨之。通者，不滯之謂也。○王念孫曰：辨者，治也。謂事起而能治之，非謂事有疑而能辨之也。《説文》：「辯，治也。」昭元年《左傳》：「主齊盟者，誰能辯焉。」杜注與《説文》同。《王霸篇》「儒者爲之必將曲辯」，楊注曰：「辯，治也。」字或作「辨」。《議兵篇》「城郭不辨」，注曰：「辨，治也。」合言之則曰「治辯」。《儒效篇》曰：「分不亂於上，能不窮於下，治辯之極也。」《王霸篇》曰：「有加治辯彊固之道焉。」「有」讀爲「又」，舊本「有加」二字倒轉，今據楊注乙正。楊以「辯」爲「分別」，失之。又曰：「天下莫不平均，莫不治辯。」《議兵篇》曰：「禮者，治辯之極也。」或作「治辨」，《榮辱篇》曰：「君子修正治辨。」《正論篇》曰：「上宣明則下治辨矣。」《禮論篇》曰：「君者，治辨之主也。」以上凡言治辯者，皆兩字同義，倒言之則曰「辯治」。《小雅・采菽》傳曰：「平平，辯治也。」《荀子・君道篇》：「君者，善班治人者也。」班亦與「辯」同，《韓詩外傳》作「辯治」。《成相篇》：「辯治上下。」不下比以闇上，不上同以疾下，闇上，掩上之明也。「疾」與「嫉」同。○先謙案：上同，苟合於上。《成相篇》云：「愚而上同國必禍。」分爭於中，不以私害之，若是則可謂公士矣。謂於事之中有分爭者，不以私害之，則可謂公正之士也。身之所長，上雖不知，不以悖君；不怨君而違悖也。○郝懿行曰：「悖」者，「倍」之假借字。「倍」訓反，與「背」同。　王引之曰：悖，讀若勃，《玉篇》：「勃，蒲突切，又蒲輩切。」《廣韻》同。悖，怨懟也。謂君雖不知，而不怨君也。《仲尼篇》曰「君雖不知，無怨疾之心」是也。《方言》：「倖，懟也。」《廣雅》曰：「勃，懟也。」「悖、怨、懟，恨也。」「悖」、「倖」、「勃」字異而義同。莊十一年《左傳》「其興也悖焉」，一作「勃」。《莊子・庚桑楚》篇「徹志之勃」，「勃」本又作「悖」。《秦策》「秦王悖然而怒」，「悖然」即「勃然」。楊注非。身之所短，上雖不知，不以取賞；受禄不誣。長短不飾，以情自竭，若是則可謂直士矣。不矜其長，不掩其短，但任直道而竭盡其情也。○郝懿行曰：情，實也。竭，舉也。言短長皆以實偁說，不加文飾，所以爲直士。　王念孫曰：郝説是也。《説文》：「竭，負舉也。」「揭，高舉也。」《廣雅》：「揭，舉也。」《禮運》釋文：「竭，本亦作揭」。是「揭」、「竭」古字通。庸言必信之，庸行必慎之，庸，常也。謂言常信，行常慎。畏法流俗而不敢以其所獨甚，法，效也。畏效流俗之俗，又不敢以其所獨善而甚過人，謂不敢獨爲君子也。○王念孫曰：「甚」當爲「是」。言不從流俗，而亦不敢用其所獨是也。隸書「甚」字作「甚」，「是」字作「昰」，二形相似，故「是」譌爲「甚」。《荀子·賦篇》「嫫母力父是之喜」，《楚策》「是之喜」譌作「甚喜之」。《韓詩外傳》：「《詩》曰：『瞻彼日月，悠悠我思。道之云遠，曷云能來。』急時辭也，是故稱之日月也。」《說苑·辯物篇》作「甚焉故稱日月也」。《漢書·司馬相如傳》「閑雅甚都」，《史記》「甚」作「是」。《說文》：「尟，是少也。從是少，今俗作尠。」皆其證也。楊注非。 若是則可謂慤士矣。端慤不貳。 言無常信，行無常貞，唯利所在，無所不傾，利之所在，皆傾意求之。○俞樾曰：《文選》孫子荆詩「傾城遠追送」，李善注：「傾，猶盡也。」無所不傾，即無所不盡。楊注非。 若是則可謂小人矣。

公生明，偏生闇，端慤生通，詐僞生塞，多窮塞也。 誠信生神，誠信至，則通於神明。《中庸》曰：「至誠如神。」夸誕生惑。矜夸妄誕，則貪惑於物也。 此六生者，君子慎之，而禹、桀所以分也。所以分賢愚也。

欲惡取舍之權：舉下事也。 見其可欲也，則必前後慮其可惡也者；見其可利也，則必前後慮其可害也者；而兼權之，孰計之，權，所以平輕重者。孰，甚也，猶成孰也。 然後定其欲惡取舍，○顧千里曰：案，「欲惡取舍之權」，疑當作「欲惡利害」，句。「取舍之權」，句。脱「利害」二字。「然後定其欲惡取舍」，疑當作「然後定其取舍」，衍「欲惡」二字。《榮辱篇》「其定取舍楛僈」，上下文皆即此義明甚。楊注已脱衍，非也。 如是則常不失陷矣。凡人之患，偏傷之也。偏，謂見其一隅。 見其可欲也，則不慮其可惡也者；見其可利也，則不顧其可害也者。是以動則必陷，爲則必辱，是偏傷之患也。

人之所惡者，吾亦惡之。賢人欲惡之不必異於衆人也。○盧文弨曰：正文首疑當有「人之所欲者吾亦欲之」九字。❶注「賢人欲惡之」下疑脱一字。 王念孫曰：案，盧以注云「賢人欲惡不必異於衆人」，故疑正文當有「人之所欲者」云云也。不知注言欲惡不異者，加一「欲」

❶「九」，原誤作「人」，據盧校本《荀子》改。

字以通其義，非正文所有也。下文皆言惡，不言欲，是其證。夫富貴者則類傲之，富貴之類，不論是非，皆傲之也。○先謙案：荀書用「夫」字，俱訓「彼」，它篇並同。夫貧賤者則求柔之，見貧賤者，皆柔屈就之也。○俞樾曰：注不釋「求」字。《禮記・曲禮篇》曰：「君子行禮，不求變俗。」鄭注曰：「求，猶務也。」「求柔之」，猶言務柔之矣。是非仁人之情也，○俞樾曰：「仁」字衍。上文蓋言遇富貴者，率傲慢之；遇貧賤者，務柔屈之，此非人情也。正與上文「人之所惡者，吾亦惡之」相應。上文泛言人，則此文亦不當言仁人。後人因下云「是姦人將以盜名於晻世者也」，故於上句加「仁」字，以對下「姦」字，而不知其義之非耳。是姦人將以盜名於晻世者也，險莫大焉。姦人盜富貴貧賤之名於昏闇之世。「晻」與「暗」同。故曰：盜名不如盜貨，田仲、史鰌不如盜也。田仲，齊人，處於陵，不食兄禄，辭富貴，爲人灌園，號曰於陵仲子。史鰌，衛大夫，字子魚，賣直也。○盧文弨曰：「田」與「陳」古多通用。郝懿行曰：陳仲之廉，史鰌之直，雖未必合於中行，衡之末俗，固可以激濁流，揚清波。荀之此論，將無苛歟？夫名生於不足，盜生於有欲，盜不可有，名不可無。程子有言：「古之學者爲己，今之學者爲人；古之仕者爲人，今之仕者爲己。」推此而論，夫苟行以實心，錢穀兵刑，何非爲己？假令心本近名，割股廬墓，豈非爲人？然則荀卿此論，蓋欲鍼砭於流俗，而非持論於衡平矣。

榮辱篇第四

憍泄者，人之殃也；「泄」與「媟」同，嫚也。「殃」或爲「袂」。○謝本從盧校作「橋泄」。盧文弨曰：「橋」，元刻作「憍」。劉台拱曰：「橋」當從元刻作「憍」。王念孫曰：呂、錢本亦作「憍」，「憍泄」即「驕泰」之異文。《荀子》他篇或作「汏」，或作「忕」，或作「泰」，皆同。古字「世」「大」通用，大室亦爲世室，大子亦爲世子，子大叔亦爲世叔。漏泄之「泄」，古多與「外」、「大」、「害」、「敗」等字爲韻，聲與「泰」亦相近也。《賈子》曰「簡泄不可以得士」，亦以「泄」爲「汏」。先謙案：劉、王說是，今改從呂、錢本、元刻。恭儉者，偋五兵也，「偋」當爲「屏」，却也。

《說文》有「偋」字。偋，寠也，與此義不同。偋，防正反。○盧文弨曰：「五兵」，元刻與俗間本俱作「五六」，今從宋本。先謙案：「偋」當爲「併」。《彊國篇》「併己之私欲」，《君道篇》「併耳目之樂」，「併」皆讀「屏」，是荀書例以「併」爲「屏」也。此言屏却五兵，其文亦必作「併」，妄人誤加尸爲偋耳。「五兵」說見《儒效篇》。

雖有戈矛之刺，不如恭儉之利也。言入人深。故與人善言，煖於布帛；傷人之言，深於矛戟。○王念孫曰：「傷人之言」，「之」本作「以」，謂以言傷人，較之以矛戟傷人者爲更深也。今本「以」作「之」，則與下句不甚貫注矣。《非相篇》：「故贈人以言，重於金石珠玉；勸人以言，美於黼黻文章；聽人以言，今本「以」字亦誤作「之」，辯見《非相篇》。樂於鐘鼓琴瑟。」三「以」字與此文同一例。《藝文類聚·人部》三、《太平御覽·兵部》八十四引此並作「傷人以言」。

故薄薄之地，不得履之。非地不安也，危足無所履者，凡在言也。薄薄，謂旁薄廣大之貌。危足，側足也。凡，皆也。所以廣大之地，側足無所容者，皆由以言害身也。○盧文弨曰：正文「危足無所履者」下，宋本有「也」字，今據元刻去之，與注合。

巨涂則讓，小涂則殆，雖欲不謹，若云不使。殆，近也。凡行前遠而後近，故近者亦後之義。謂行於道涂，大道並行則讓之，小道可單行則後之。若能用意如此，雖欲爲不謹敬，若有物制而不使之者。《儒行》曰：「道涂不爭險易之利。」○王念孫曰：楊說迂回而不可通。余謂「殆」讀爲「待」，言共行於道涂，大道可並行則讓之，小道只可單行則待其人過乃行也。作「殆」者，叚借字耳。俞樾曰：「讓」當讀爲「擾攘」之「攘」。《說文·女部》：「孃，煩擾也。」經典無「孃」字，多以「攘」爲之，《禮記·曲禮篇》鄭注曰：「攘，古讓字。」故此又以「讓」爲之也。《文選·舞賦》「擾攘就駕」，李善引《埤蒼》曰：「攘，疾行貌。」巨涂，人所共行，故擾攘而不止；小涂，人所罕由，故危殆而不安。是涂無巨小，皆不可不謹，故曰：「雖欲不謹，若云不使」也。先謙案：俞說是。

快快而亡者，怒也；肆其快意而亡，由於忿怒也。○先謙案：快快，即肆意之義。《大略篇》云：「賤師而輕傳，則人有快；人有快，則法度壞。」楊注云：「人有肆意。」是「快」猶「肆」也。「快快」與「有快」同義。肆意而亡其身者，由怒害之，下文所謂「行其少頃之怒而喪終身之軀」矣。察察而殘者，忮也；至明察而見傷殘者，由於有忮害之心也。博而窮者，訾也；言詞辯博而見窮蹙者，由於好毀訾也。清之而俞濁者，口也；欲求其清而俞濁者，在口說之過。謂言過其實也。或曰：絜其身則自清也，但能口說，斯俞濁也。「俞」讀爲「愈」。○先謙案：或說是。豢之而俞瘠者，交也；所交接非其道，則必有患難，雖食芻豢而更瘠也。故上篇云：「勞勸而容貌不枯，好交也。」○先謙案：以利交者，利盡則絶，故曰豢養之而愈瘠也。此言小人之交，故下文以「小人」總結之。「好交」乃「好文」之誤。說見上篇。楊引以證本文，非。辯而不說者，争也；不說，不爲人所稱說。或讀爲「悦」。○王念孫曰：後說是。俞樾曰：楊注二義皆非。《淮南子·俶真篇》：「辯者，不能說也。」高誘注曰：「說，釋也。」斯得之矣。辯而不說，謂辯而人不解說，由其好與人争而不能委曲以曉人也。直立而不見知者，勝也；直立，謂己直人曲；勝，謂好勝人也。廉而不見貴者，劌也；劌，傷也。刻己太過，不得中道，故不見貴也。○王念孫曰：廉而劌，謂有廉隅而傷人也，如此則人不貴之矣。《不苟篇》注云：「廉，棱也。劌，利傷也。」較此注爲勝。勇而不見憚者，貪也；貪利則委曲求人，故雖勇而不見憚。信而不見敬者，好剸行也。「剸」與「專」同。專行，謂不度是非，好復言如白公者也。此小人之所務，而君子之所不爲也。

鬭者，忘其身者也，忘其親者也，忘其君者也。行其少頃之怒而喪終身之軀，然且爲之，是忘其身也。室家立殘，親戚不免乎刑戮，然且爲之，是忘其親也。蓋當時禁鬭殺人之法，戮及親戚。《尸子》曰：「非人君之用兵也，以爲民傷鬭，則以親戚徇一言而不顧之也。」君上之所惡也，刑法之所大禁也，然且爲之，是忘其君也。憂忘其身，遭憂患刑戮而不能保其身，是憂忘其身也。或曰：當爲「下忘其身」，誤爲「夏」，又「夏」轉誤爲「憂」字耳。○王念孫曰：案，後說爲長。内忘其親，上忘其君，是刑法之所不舍也，○盧文弨曰：俗本「舍」作「赦」，今從宋本。聖王之所不畜也。乳彘觸虎，○先謙案：觸虎者，蓋衛其子。當時有此語耳。乳猪不遠遊，不忘其親也。人也，○盧文弨曰：「人也」各本作「小人」，今從宋本。先謙案：「人也」二字下屬爲句。憂忘其身，内忘其親，上忘其君，則是人也，而曾猶彘之不若也。

凡鬭者，必自以爲是，而以人爲非也。己誠是也，人誠非也，則是己君子而人小人也，以君子與小人相賊害也。憂以忘其身，内以忘其親，上以忘其君，豈不過甚矣哉！是人也，所謂以狐父之戈钃牛矢也。時人舊有此語，喻以貴而用於賤也。狐父，地名。《史記》「伍被曰：吴王兵敗於狐父」，徐廣曰：「梁、碭之間也。」蓋其地出名戈，其説未聞。《管子》曰「蚩尤爲雍狐之戟」，狐父之戈，豈近此邪？钃，刺也，之欲反。故良劒謂之屬鏤，亦取其利也。或讀「斸」爲「斫」。○郝懿行曰：「斸」、「斫」音讀不同，「斸」雖訓「斫」，而不讀爲「斫」也。《玉篇》「斸或作钃」，與「斫」音異，不知楊氏何故同之。正文又無「斸」字，此注當有脱誤。「钃」訓「刺」亦未聞。將以爲智邪？則愚莫大焉。將以爲利邪？則害莫大焉。將以爲榮邪？則辱莫大焉。將以爲安邪？則危莫大焉。人之有鬭，何哉？我欲屬之狂惑疾病邪？則不可，聖王又誅之。屬，託也，之欲反。我欲屬之鳥鼠禽獸邪？則不可，其形體又人，而好惡多同。視其形體則又人也，其好惡多與賢人同，但好鬭爲異耳。人之有鬭，何哉？我甚醜之。其禍如此，何爲鬭也？

有猶彘之勇者，有賈盗之勇者，猶彘勇於求食，賈盗勇於求財。賈音古。有小人之勇者，有士君子之勇者。小人勇於暴，士君子勇於義。言人有此數勇也。爭飲食，無廉恥，不知是非，不辟死傷，不畏衆彊，恈恈然唯利飲食之見，是猶彘之勇也。辟，讀爲「避」。恈恈，愛欲之貌。《方言》云：「牟，愛也。宋、魯之間曰牟。」○王引之曰：「飲食」上本無「利」字。唯飲食之見，言猶彘唯見有飲食也。下文「恈恈然唯利之見」，與此文同一例。今本作「利飲食之見」，「利」

字即涉下文「利」字而衍。爲事利，爲事及利也。爲，于僞反。争貨財，無辭讓，果敢而振，猛貪而戾，恈恈然唯利之見，是賈盜之勇也。振，動也。戾，乖背也。《春秋公羊傳》曰：「葵丘之會，桓公振而矜之。」何休云：「亢陽之貌也。」○王引之曰：「振」當爲「很」，字之誤也。「果敢而很，猛貪而戾」二句一意相承，故《廣雅》曰：「戾，很也。」若「振」則非其類矣。楊注非。輕死而暴，是小人之勇也。義之所在，不傾於權，不顧其利，舉國而與之不爲改視，重死持義而不橈，是士君子之勇也。雖重愛其死而執節持義，不橈曲以苟生也。《儒行》曰：「愛其死以有待也。」○俞樾曰：此本作「重死而持義不橈」，故楊注曰「雖重愛其死而執節持義，不橈曲以苟生也」。是楊氏所據本「而」字在「持義」之上。

鯈䱁者，浮陽之魚也；鯈䱁，魚名。浮陽，謂此魚好浮於水上就陽也。今字書無「䱁」字，蓋當爲「鮁」。《説文》云：即「鱣鮪鮁鮁」字。蓋鯈魚一名鯈鮁。莊子與惠子遊於濠梁之上，鯈魚出遊，是亦浮陽之義。或曰浮陽，勃海縣名也。「鯈」音「稠」。鮁，布末反。○郝懿行曰：「䱁」不成字，「鮁」非魚名，疑當爲「鱧」。俗書「體」或作「体」，然則「鯈䱁」即「鯈鱧」矣。王念孫曰：《衛風·碩人》篇「鱣鮪發發」，《説文》作「鮁鮁」，則「鮁」非魚名。且鯈魚亦無鯈鮁之名，楊説非也。竊疑「䱁」爲「魾」字之誤。《爾雅》云：「魴，魾。」魾即魴之異名，則「鯈」、「魾」爲二魚也。隸書「丕」字或作「丕」，見漢《趙相劉衡碑》。「本」字或作「夲」，見《白石神君碑》。二形相似，故「魾」誤爲「䱁」與？

胠於沙而思水，則無逮矣。「胠」與「袪」同。揚子雲《方言》云：「袪，去也。齊、趙之總語。」去於沙，謂失水去在沙上也。《莊子》有《胠篋篇》，亦取去之義也。○盧文弨曰：案，《方言》「袪」作「抾」。王引之曰：魚去沙上不得謂之去於沙，楊説非也。案「胠」當爲「俗」，字從人，谷聲。俗，其虐反。與「風俗」之「俗」從「谷」者不同。《玉篇》：「俗，渠戟切，倦也。」《集韻》：「𠊲，《方言》僗也。僗與倦同。或作𢓜、俗。」漢司馬相如《子虛賦》「徼谻受詘」，郭璞曰：「谻，疲極也。」《上林賦》「與其窮極倦谻」，郭曰：「窮極倦谻，疲憊者也。」《説文》：「𢓜，徼𢓜，受屈也。」「谻」、「𠊲」、「𢓜」並與「俗」同。窮極倦谻，其義一也。《廣雅》曰：「困、疲、羸、券、𢓜、窮、𢡺，與「憊」同，鄭注《考工記·輈人》曰：「券，今倦字也。」𢓜、窮、𢡺，與「憊」同，

《遯》象傳：「有疾憊也。」鄭注：「憊，困也。」極也。」趙注《孟子·離婁篇》曰：「極，困也。」《吕刑》曰：「人極于病。」困、疲、羸、倦、㽧、窮、憊、極，其義一也。然則俗者，窮困之謂。言魚困於沙而思水，則無及也。隸書「亻」旁或從篆作「刀」，見《隸辨》。與「月」相似，「谷」或作「去」，漢《冀州刺史王純碑》「卻埽閉門」，「卻」作「却」，今俗書「卻」「腳」二字亦作「却」「脚」。與「去」相似，故「俗」字譌而爲「胠」。俞樾曰：胠當作「阹」，《文選·吴都賦》曰：「阹以九疑。」注曰：「阹，闌也。因山谷以遮獸也。」「阹於沙」義亦同此，言遮闌於沙而思水，則無及矣。下云「挂於患而欲謹，則無益矣」，「阹於沙」、「挂於患」，文義一律。先謙案：俞説是。挂於患而欲謹，則無益矣。人亦猶魚也。自知者不怨人，知命者不怨天。怨人者窮，徒怨憤於人，不自修者，則窮迫無所出。怨天者無志。有志之士，但自修身，遇與不遇，皆歸於命，故不怨天。○王念孫曰：「志」讀爲「知識」之「識」，古知識字通作「志」，説見《經義述聞·左傳》昭二十六年。不知命而怨天，故曰無識。《法行篇》正作「怨天者無識」。楊彼注云「無識，不知天命」，是也。此注以「志」爲「志氣」之「志」，失之。失之己，反之人，豈不迂乎哉！迂，失也。反，責人也。○王念孫曰：「失」與「迂」義不相近，古無此訓也。《廣雅》曰：「迂，遠也。」《韓詩外傳》曰：「身不善而怨他人，不亦遠乎？」語意正與此同。先謙案：三句與《法行篇》同。「反之人」與《君道篇》「反之民」、「反之政」同意，言反求也。

榮辱之大分，○盧文弨曰：舊本不提行。今案，當分段。安危利害之常體：先義而後利者榮，先利而後義者辱；榮者常通，辱者常窮；通者常制人，窮者常制於人，受制於人。是榮辱之大分也。其中雖未必皆然，然其大分如此矣。材慤者常安利，蕩悍者常危害；材慤，謂材性原慤也。「蕩悍」已解於《修身篇》。○汪中曰：「材」疑當作「朴」，字之誤也。「朴慤」與「蕩悍」，「安利」與「危害」，「樂易」與「幽險」，「壽長」與「夭折」皆對文。王念孫曰：《大戴記·王言篇》：「士信、民敦、工璞、商慤、女憧、婦空空」，《家語》作「士信民敦而俗樸，「樸」、「朴」、「璞」並通。男慤而女貞」。王肅云：「樸，慤愿貌。」安利者常樂易，危害者常憂險；樂易，歡樂平易也，《詩》所謂「愷悌」者也。

〇王念孫曰：險以心言，非以境言。憂險猶憂危，謂中心憂危之也，故與「樂易」對文。下文「樂易者常壽長，憂險者常夭折」，亦以心言之也。《周語》云：「君子將險哀之不暇，而何樂易之有焉？」亦以「險哀」對「樂易」，説見《經義述聞・周語》。樂易者常壽長，憂險者常夭折，是安危利害之常體也。亦大率如此。

夫天生蒸民，有所以取之。言天生衆民，其君臣上下職業皆有取之道；非其道，所以敗之也。〇盧文弨曰：案，注「取之道」，當重一「之」字。「之也」，「之」字衍。志意致修，德行致厚，智慮致明，是天子之所以取天下也。致，極也。言如此，是乃天子之所以取天下之道也。政令法，舉措時，聽斷公，舉措時，謂興力役不奪農時也。〇盧文弨曰：元刻首句作「政法令」。注首云「當作『政令法』，或曰『政』當爲『正』」，多十一字，今從宋本。上則能順天子之命，下則能保百姓，是諸侯之所以取國家也。志行修，臨官治，上則能順上，下則能保其職，是士大夫之所以取田邑也。循法則、度量、刑辟、圖籍，度，尺丈。量，斗斛。刑法之書。《左氏傳》曰：「先王議事以制，不爲刑辟。」圖，謂模寫土地之形。籍，謂書其户口之數也。〇盧文弨曰：正文「循」，元刻作「修」，各本同，今從宋本。先謙案：注「刑法之書」上當有「刑辟」二字。不知其義，謹守其數，慎不敢損益也；若制所然。父子相傳，以持王公，世傳法則所以保持王公，言王公賴之以爲治者也。〇王念孫曰：「持」猶「奉」也。言官人百吏謹守其法則、度量、刑辟、圖籍，見上文。父子相傳，以奉王公也。《廣雅》：「奉，持也。」是「持」與「奉」同義。楊以「持」爲「保持」，未確。是故三代雖亡，治法猶存，是官人百吏之所以取禄秩也。〇先謙案：《君道篇》云「官人守數」，《正論篇》云「官人以爲守」，注：「官人，守職事之官也。」《王霸篇》注：「官人，列官之人。」荀書每以「官人」「百吏」並言，猶《周官》所云「府史」「胥徒」之屬耳。孝弟原愨，軥録疾力，以敦比其事業，而不敢怠傲，是庶人之所以取煖衣飽食，長生久視，以免於刑戮也。「軥」與「拘」同，拘録，謂自檢束也。疾力，謂速力而作也。敦，厚也。比，親也。言不敢怠惰也。○盧文弨曰：《淮南子・主術訓》：「人之性莫貴於仁，莫急於智，兩者爲本，而加之以勇力、辨慧、捷疾、劬録。」正與此「軥録疾力」語相似。軥録蓋勞身苦體之意。孝弟原愨以行言，軥録疾力以事言，楊訓爲「拘録」，非也。　郝懿行曰：「原」與「愿」同。原，愨皆訓謹也。「軥」與「局」同，「録」與「逯」同。逯者，行謹逯逯也。軥録猶局促，並疊韻字也。《君道篇》作「拘録」。　王引之曰：敦、比，皆治也。《魯頌・閟宮》箋云：「敦，治也。」《孟子・公孫丑篇》「使虞敦匠事」，謂治匠事也。「比」讀爲「庀」。襄二十五年《左傳》「子木使庀賦」，《魯語》「子將庀季氏之政焉」，韋、杜注並云：「庀，治也。」《周官・遂師》「庀其委積」，故書「庀」爲「比」，鄭司農讀爲庀。《大司馬》「比軍衆」，「比」或作「庀」，是「庀」與「比」通。敦比其事業，猶云治其事業耳。《彊國篇》「敦比於小事」，義與此同。楊注以爲精審躬親，亦失之。　飾邪說，文姦言，爲倚事，「倚」已解上。倚事，怪異之事。　陶誕突盜，「陶」當爲「檮杌」之「檮」，頑嚚之貌。突，淩突不順也。或曰：「陶」當爲「逃」，隱匿其情也。○郝懿行曰：「陶」古讀如「謡」，謡者，毁也。《離騷》云：「謡諑謂予以善淫。」陶誕即謡誕，謂好毁謗誇誕也。突盜，謂好侵突掇盜也。每二字爲一義。注似失之。　王念孫曰：楊釋「陶」字之義未安，余謂「陶」讀爲「謟」，音滔。謟誕雙聲字，謟亦誕也，《性惡篇》曰「其言也謟，其行也悖。」謂其言誕也。即上所謂「飾邪說，文姦言」也。作「陶」者，借字耳。凡從舀、從匋之字多相通。《小爾雅》：「綯，索也。」「縚」即「宵爾索綯」之「綯」。《小雅・菀柳篇》「上帝甚蹈」，《一切經音義》五引《韓詩》「蹈」作「陶」。《楚辭・九章》「滔滔孟夏」，《史記・屈原傳》作「陶陶」。《說文》：「搯搯，指也。」《一切經音義》引《通俗文》曰「指出曰掏」，皆其證也。《彊國篇》曰：「陶誕比周以争與，汙漫突盜以争地。」「陶誕」「突盜」四字義並與此同。　愓、悍、憍、暴，「愓」與「蕩」同。○郝懿行曰：「憍」即「驕」字，經典俱借「驕」爲「憍」耳。此皆姦人邪說詖行之事。　以偷生反側於亂世之間，是姦人之所以取危辱死刑也。其慮之不深，其擇之不謹，其定取舍楛僈，是其所以危也。小人所以危亡，由於計慮之失也。楛，惡也，謂不堅固也。

材性知能，君子小人一也。好榮惡辱，好利惡害，是君子小人之所同也，若其所以求之之道則異矣。小人也者，疾爲誕而欲人之信己也，疾爲詐而欲人之親己也，○王念孫曰：疾猶力也。言力爲誕，力爲詐也。上文云：「軥録疾力，以敦比其事業。」《仲尼篇》云：「疾力以申重之。」是「疾」與「力」同義。《臣道篇》云：「事人而不順者，不疾者也。」言事上不力也。《吕氏春秋·尊師篇》：「疾諷誦。」高注云：「疾，力也。」禽獸之行而欲人之善己也。慮之難知也，行之難安也，持之難立也，慮之難知，謂人難測其姦詐。行之難安，言易顛覆也。持之難立，謂難扶持之也。○王念孫曰：此言小人慮事不能知也。蓋公生明，私生暗，小人之思慮，不足以知事，故曰慮之難知。下文「行之難安，持之難立」，與此文同一例。楊注「難測其姦詐」，則與下二句不合。成則必不得其所好，必遇其所惡焉。雖使姦詐得成，亦必有禍無福。○俞樾曰：楊説非也。《尚書·皋陶謨篇》「簫韶九成」，鄭注曰：「成，猶終也。」古謂「終」爲「成」，言終則必不得其所好，必遇其所惡焉。下文於君子曰「成則必得其所好，必不遇其所惡焉」，並以其終竟言之。《臣道篇》曰：「成於尊君安國。」《彊國篇》曰：「道德之威，成乎安彊；暴察之威，成乎危弱；狂妄之威，成乎滅亡。」諸「成」字並當訓「終」。故君子者，信矣，而亦欲人之信己也；忠矣，而亦欲人之親己也；修正治辨矣，而亦欲人之善己也。慮之易知也，行之易安也，持之易立也，成則必得其所好，必不遇其所惡焉。是故窮則不隱，通則大明，不隱，謂人不能隱蔽。身死而名彌白。白，彰明也。小人莫不延頸舉踵而願曰：知慮材性，固有以賢人矣！願，猶慕也。賢人，謂賢過於人也。夫不知其與己無以異也，則君子注錯之當，而小人注錯之過也。注錯，謂所注意錯履也，亦與措置義同也。○王念孫曰：楊後説得之。「注」「錯」二字同義，《廣雅》：「措、鉒，置也。」「措鉒」即「注錯」，是「注」「錯」同訓爲「置」，非注意錯履之謂也。下文曰：「是注錯習俗之節異也。」又曰：「在注錯習俗之所積耳。」舊本「注錯」上有「執」字，涉下「得執」而衍，今據上文删。《儒效篇》曰：「注錯習俗，所以化性也。」又曰：「謹注錯，慎習俗。」「注錯」二字皆上下平列。故孰察小人之知能，足以知其有餘，可以爲君子之所爲也，譬之越人安越，楚人安楚，君子安雅，雅，正也。正而有美德者謂之雅。《詩》曰：「弁彼鸒斯，歸飛提提。」鸒斯，雅鳥也。○盧文弨曰：楊引《詩》之意，當以「提提」爲安舒之貌，與《魏風》「好人提提」之義同。鄭注《禮記・檀弓》「吉事欲其折折爾」云：「折折，安舒貌。《詩》云：好人提提。」蓋「折折」與「提提」，音義並同。鳥之飛以安舒而得雅名，故舉以爲況，然亦太迂曲矣。　王引之曰：「雅」讀爲「夏」，夏謂中國也，故與楚、越對文。《儒效篇》「居楚而楚，居越而越，居夏而夏」，是其證。古者「夏」「雅」二字互通，故《左傳》齊大夫子雅，《韓子・外儲説右篇》作「子夏」。楊云「正而有美德謂之雅」，下「詩曰」十五字乃後人妄加，非楊注原文。則與上二句不對矣。是非知能材性然也，是注錯習俗之節異也。習俗，謂所習風俗。節，限制之也。○盧文弨曰：注「制」下「之」字，宋本有，元刻無。　王念孫曰：「習俗」雙聲字，俗即是習，非謂所習風俗也。《説文》：「俗，習也。」《廣雅》同。《周官・大司徒》注曰：「俗謂土地所生習也」。《性惡篇》曰：「上不循於亂世之君，下不俗於亂世之民。」不俗，不習也。楊注「俗謂從其俗」，亦誤。又《儒效篇》：「習俗移志，安久移質。」餘見前「注錯」下。《大略篇》曰：「政教習俗，相順而後行。」《史記・秦始皇紀》：「宣省習俗。」《漢書・食貨志》：「同巧拙而合習俗。」習俗二字皆上下平列。　先謙案：節異，猶言適異也，非謂節限制之。「節」與「適」同義，説見《彊國篇》。仁義德行，常安之術也，然而未必不危也。汙僈突盜，常危之術也，然而未必不安也。「僈」當爲「漫」，漫亦汙也。水冒物謂之漫。《莊子》云：「北人無擇曰：舜以其辱行汙漫我。」漫，莫半反。《莊子》又曰「澶漫爲樂」，崔云：「淫衍也。」李云：「縱逸也。」一曰：「漫，欺誑之也。」故君子道其常，而小人道其怪。道，語也。怪謂非常之事，取以自比也。○盧文弨曰：元刻「故」下有「曰」字，宋本無。又曰：「道語」下當有「也怪」二字，文脱耳。　先謙案：宋台州本有「也怪」二字，謝本無，今增入注。凡人有所一同：飢而欲食，寒而欲煖，勞而欲息，好利而惡害。是人之所生而有也，是無待而然者也，是禹、桀之所同也。目辨白黑美惡，耳辨音聲清濁，口辨酸鹹甘苦，鼻辨芬芳腥臊，骨體膚理辨寒暑疾養，膚理，肌膚之文理。「養」與

「癢」同。是又人之所常生而有也，是無待而然者也，是禹、桀之所同也。○先謙案：「常」字以文義求之不當有。上下文「所生而有」句並無「常」字，此「常」字緣上下文而衍。可以爲堯、禹，可以爲桀、跖，可以爲工匠，可以爲農賈，在埶注錯習俗之所積耳！在所積習。○先謙案：「埶」字無義。以上文言注錯習俗證之，則「埶」字爲衍文。是又人之所生而有也，是無待而然者也，是禹、桀之所同也。○王念孫曰：案此二十三字，涉上文而衍，下文「爲堯、禹則常安榮，爲桀、紂則常危辱」云云，與上文「在注錯習俗之所積」句緊相承接，若加此二十三字，則隔斷上下語脈，故知爲衍文。爲堯、禹則常安榮，爲桀、跖則常危辱；爲堯、禹則常愉佚，爲工匠農賈則常煩勞。然而人力爲此而寡爲彼，○俞樾曰：「力」乃「多」字之誤，與「寡」對文成義，下同。何也？曰：陋也。言人不爲彼堯、禹而爲此桀、跖，由於性之固陋也。堯、禹者，非生而具者也，夫起於變故，成乎修修之爲，待盡而後備者也。變故，患難事故也。言堯、禹起於憂患，成於修飾，由於待盡物理，然後乃能備之。孟子曰：「天將降大任於是人也，必先苦其心志，勞其筋骨，窮餓其體膚，空乏其身，行拂亂其所爲，所以動心忍性，增益其所不能也。」智生於憂患，死於安樂。爲，于僞反。○俞樾曰：「修之」二字衍。「起於變故，成乎修爲」，二語相對成文。下文曰：「非孰修爲之君子，莫之能知也。」正以「修爲」二字連文，可證。人之生固小人，○先謙案：「生」、「性」字通用，此即性惡意。無師無法，則唯利之見耳。人之生固小人，又以遇亂世，得亂俗，是以小重小也，以亂得亂也。君子非得埶以臨之，則無由得開内焉。開小人之心而内善道也。今是人之口腹，安知禮義？安知辭讓？安知廉恥隅積？言口腹無所知。隅，一隅，謂其分也。積，積習。○王念孫曰：「今是」猶言「今夫」也。説見《釋詞》「是」字下。先謙案：楊釋「隅積」之義未晰。「隅積」與「禮義」、「辭讓」、「廉恥」相配爲文，皆人所不可不知者。隅，道之分見者也。積，道之貫通者也。《解蔽篇》云：「道者，體常而盡變，一隅不足以舉之。曲知之人，觀於道之一隅，以爲足而飾之，惟孔子不蔽於成積。」此即「隅積」之義。《天論篇》云：「萬物爲道一偏，一物爲萬物一偏，愚者爲一物一偏，而自以爲知道，無知也。」荀子因時人蔽於一偏，肆爲曲説，故作《解蔽》以明之。此以「隅積」與「禮義」、「辭讓」、「廉恥」並舉，亦其義也。亦呥呥而嚵，鄉鄉而飽已矣。呥呥，嚵貌，如鹽反。嚵，嚼也，才笑反。鄉鄉，趨飲食貌，許亮反。○先謙案：楊讀「鄉」爲「向」，故訓爲趨飲食貌。但「呥呥」是嚵貌，則「鄉鄉」當是飽貌。若解爲趨飲食貌，文義不一律。且趨飲食反在嚵嚼之後，未免倒置。楊説非也。「鄉」當爲「薌」之消，「薌」亦「香」字也。重言之則曰鄉鄉，猶美之爲「美美」。漢《鐃歌上陵曲》。苾芬之爲「苾苾芬芬」，《詩・信南山》。正飽食甘美意。人無師無法，則其心正其口腹也。人不學則心正如口腹之欲也。今使人生而未嘗睹芻豢稻粱也，惟菽藿糟糠之爲睹，則以至足爲在此也。俄而粲然有秉芻豢稻粱而至者，則瞲然視之曰：此何怪也！粲然，精絜貌，牛羊曰芻，犬豕曰豢。豢，圈也，以穀食於圈中。瞲然，驚視貌，與「獝」同。《禮記》曰「故鳥不獝」，許聿反。○盧文弨曰：宋本注作「與眓、狘同。《禮記》曰『故鳥不狘』，許聿反。眓或爲狘」，與元刻微異。彼臭之而無嗛於鼻，臭，許又反。「嗛」當爲「慊」，厭也。苦廉反，或下忝反。○盧文弨曰：案「下忝」元刻作「胡簟」。郝懿行曰：「臭」今作「嗅」。嗛，不足也，與「歉」同。言嗅之而無歉於鼻，與「嘗之而甘於口」句相儷。王念孫曰：「臭之而無嗛於鼻」，「無」，衍字也。嗛，苦簟反，快也。《莊子・盜跖篇》曰：「口嗛於芻豢醪醴之味。」《趙策》曰：「衣服之便於體，膳啗之嗛於口。」《魏策》曰：「齊桓公夜半不嗛，易牙乃煎熬燔炙，和調五味而進之。」高注：「嗛，快也。」「臭之而嗛於鼻，嘗之而甘於口，食之而安於體」，三句文同一例，若「嗛」上有「無」字，則與下文不合矣。楊讀「嗛」爲「慊」，而訓爲「厭」，失之。汪説同。先謙案：王説較長。嘗之而甘於口，食之而安於體，則莫不弃此而取彼矣。今以夫先王之道，仁義之統，以相群居，以相持養，以相藩飾，以相安固邪？持養，保養也。藩飾，藩蔽文飾也。以夫桀、跖之道，○先謙案：《鄉射禮》鄭

注：「以，猶與也。」是其爲相縣也，幾直夫芻豢稻粱之縣糟糠爾哉！言以先王之道，與桀、跖相縣，豈止糟糠比芻豢哉！「幾」讀爲「豈」。下同。然而人力爲此而寡爲彼，何也？曰：陋也。陋也者，天下之公患也，公共有此患也。人之大殃大害也。故曰：仁者好告示人。○王念孫曰：「人者」，「人」與「仁」同，説見《修身篇》「愛人」下。先謙案：各本皆作「仁者」，與王所見本異。告之示之，靡之儇之，鈆之重之，靡，順從也。儇，疾也，火緣反。靡之儇之，猶言緩之急之也。「鈆」與「沿」同，循也。撫循之，申重之也。○王引之曰：楊説非也。靡之儇之，即《賈子》所云「服習積貫」也。《儒效篇》曰：「居楚而楚，居越而越，居夏而夏，是非天性也，積靡使然也。楊注：「靡，順也。順其積習故能然。」非是。故人知謹注錯，慎習俗，大積靡，則爲君子矣。」《性惡篇》曰：「身日進於仁義，而不自知者，靡使然也。」《方言》曰：「還，積也。」「還」與「儇」聲近而義同，是「靡之儇之」皆積貫之意也。則夫塞者俄且通也，陋者俄且僩也，愚者俄且知也。「僩」與「撊」同，猛也。《方言》云：「晉、魏之間謂猛爲撊。」陋者俄且僩，言鄙陋之人俄且矜莊，有威儀也。《詩》曰：「瑟兮僩兮。」鄭云：「僩，寬大也。」下板反。○盧文弨曰：注「撊」字，宋本作「憪」，今從元刻，與《方言》合。案，此注説頗歧出，竊疑「僩」當爲「嫺雅」之義。《賈誼書·傅職篇》云：「明僩雅以道之文。」又《道術篇》云：「容志審道謂之僩，反僩爲野。」此以「僩」與「陋」相對，義亦合。又曰：注「陋者俄且僩」之上，當本有「或曰」二字。郝懿行曰：注前説謬，後説引《詩》「瑟兮僩兮」，鄭云「僩，寬大也」，此説是矣。盧疑「僩」當爲「嫺雅」之義，引《賈誼書·傅職篇》文義亦相近，而非本義。今詳《賈子》之「僩」爲假借，《荀子》之「僩」爲本義。何以明之？「陋」爲「陜隘」，「僩」爲「寬大」，故以「僩」、「陋」相儷。證以《修身篇》云：「多聞曰博，少聞曰淺，多見曰閑，少見曰陋。」又以「閑」、「陋」相儷。「閑」亦「僩」之叚借。「閑」謂寬閑，即「僩」訓寬大之義。楊注訓爲「閑習」，亦非。王念孫曰：盧説是也。《修身篇》：「多見曰閑，少見曰陋。」「閑」與「陋」對文，是其證。「僩」、「閑」古字同耳。楊後説以「僩」爲「寬大」，近之。陳説略同。是若不行，則湯、武在上曷益？桀、紂在上曷

損？若不行告示之道，則湯、武何益於天下？桀、紂何損於百姓？所以貴湯、武，賤桀、紂，以行與不行耳。○王念孫曰：「是若不行」，「是」字承上文「告之示之」四句而言。言民從告示，故湯、武在上則治，桀、紂在上則亂。若民不從告示，則湯、武在上何益，桀、紂在上亦何損乎？楊注失之。湯、武存則天下從而治，桀、紂存則天下從而亂。如是者，豈非人之情固可與如此，可與如彼也哉！○王念孫曰：「豈」本作「幾」，古「豈」字也。今作「豈」者，後人不識古字而改之耳。案上文「幾直夫芻豢稻粱之縣糟糠爾哉」，注云：「幾讀爲豈，下同。」下文「幾不甚善矣哉」，注云：「幾亦讀爲豈。」後注既言「幾亦讀爲豈」，則前注不須更言下同，所謂「下同」者，正指此「幾」字而言。今改「幾」爲「豈」，則前注所謂「下同」者，竟不知何指矣。

人之情，食欲有芻豢，衣欲有文繡，行欲有輿馬，又欲夫餘財蓄積之富也，皆人之所貴也。然而窮年累世不知不足，是人之情也。「不知不足」，當爲「不知足」，剩「不」字。或曰：不足猶不得也。今人之生也，方知蓄雞狗豬彘，○盧文弨曰：正文「方知」，元刻作「方多」。郝懿行曰：《説文》：「豕，三毛叢居謂之豬，後蹏廢謂之彘。」是「豬」、「彘」異，故此分別言之。又蓄牛羊，然而食不敢有酒肉；餘刀布，有囷窌，刀、布皆錢也。刀取其利，布取其廣。囷，廩也。圜曰囷，方曰廩。窌，窖也。地藏曰窖。窌，匹貌反。然而衣不敢有絲帛；約者有筐篋之藏，然而行不敢有輿馬。約，儉嗇也。筐篋，藏布帛者也。言又富於餘刀布也。○俞樾曰：楊注曰：「約，儉嗇也。」既云「儉嗇」，則不敢有輿馬固無足怪，不必更用「然而」字作轉矣。楊注非也。《淮南子·主術篇》「所守甚約」，高注曰：「約，要也。」《漢書·禮樂志》「治本約」，師古曰：「約，讀曰要。」是「約」與「要」一聲之轉，古亦通用。約者，猶云要者。《孝經》：「先王有至德要道。」疏引殷仲文曰：「以一管衆爲要。」蓋物之藏於筐篋者，必是貴重之物。視上文所云「餘刀布，有囷窌」，爲尤要矣，故特以要者言之，非儉嗇之謂也。是何也？非不欲也，幾不長慮顧後而恐無以繼之故也。○王念孫曰：案，「非不欲也」二句，文意緊相承接，中不當有「幾不」二字，蓋涉下文「幾不甚善」而衍。下文「幾」字有音，而此無音，則爲衍文明矣。於是又節用御欲，御，制也。或作「禦」，禦，止也。收斂蓄藏以繼之也，是於己長慮顧後，幾不甚善矣哉！「幾」亦讀爲「豈」。今夫偷生淺知之屬，曾此而不知也。偷者，苟且也。糧食大侈，不顧其後，俄則屈安窮矣。「大」讀爲「太」。屈，竭也。安，語助也。猶言屈然窮矣。「安」已解上也。○盧文弨曰：正文「大」，宋本作「太」，無「大讀爲太」四字注，今從元刻。是其所以不免於凍餓，操瓢囊爲溝壑中瘠者也。乞食羸瘦於溝壑者，言不知久遠生業，故至於此也。○王念孫曰：「瘠」讀爲「掩骼埋胔」之「胔」，露骨曰骼，有肉曰胔。出蔡氏《月令章句》。言凍餓而轉死於溝壑，故曰「爲溝壑中胔」。作「瘠」者，借字耳。說見《管子·八觀篇》。楊以「瘠」爲「羸瘦」，失之。況夫先王之道，仁義之統，《詩》、《書》、《禮》、《樂》之分乎！爲生業尚不能知，況能知其遠大者。分，制也，扶問反。彼固天下之大慮也，將爲天下生民之屬長慮顧後而保萬世也。其汿長矣，其温厚矣，其功盛姚遠矣。「汿」，古「流」字。温，猶足也。言先王之道於生人，其爲温足也亦厚矣。「姚」與「遥」同，言功業之盛甚長遠也。○郝懿行曰：「温」與「藴」同。藴者，積也。《左傳》「藴利生孽」，經典通作「蘊」。此作「温」，皆叚借耳。如《禮器》云「温之至也」，「温」讀爲「藴」，亦其例。楊注非。王引之曰：楊讀「盛」爲「茂盛」之「盛」，非也。「盛」讀爲「成」，成亦功也。《爾雅》曰：「功，成也。」《大戴禮·盛德篇》曰：「能成德法者爲有功。」《周官·典婦功》曰：「秋獻功。」《槀人》曰：「秋獻成。」是「成」與「功」同義。「姚」亦遠也。言其功甚遠也。「成」與「盛」古同聲而通用。《說卦傳》「終萬物、始萬物者，莫盛乎艮」，言莫成乎艮也。「莫成乎艮」，即「成言乎艮」。說見《經義述聞》。《吕氏春秋·悔過篇》：「我行數千里以襲人，未至而人已先知之矣。此其備必已盛矣。」言其備已成也。高注「盛，彊也」，失之。《繫辭傳》「成象之謂乾」，蜀才本「成」作「盛」。《左氏春秋》莊八年「師及齊師圍郕」，《公羊》「郕」作「成」。隱五年、十年、文十二年並作「盛」。《秦策》「今王使成橋守事於韓」，《史記·春申君傳》「成」作「盛」。《封禪書》「七曰日主祠成山」，《漢書·郊祀志》「成」作「盛」。皆其證也。《王霸篇》曰「論一相，陳一法，明一指，以兼覆之，兼炤之，以觀其盛」，言觀其成也。楊注「盛讀爲成」。《臣道篇》曰：「明主尚賢使能，而饗其盛；闇主妬賢畏能，而滅其功。」「盛」讀爲「成」，「成」亦「功」也。楊注「盛謂大業」，失之。故《説苑·臣術篇》作「上賢使能而享其功」。《正名篇》曰：「心憂恐則口銜芻豢而不知其味，耳聽鐘鼓而不知其聲，目視黼黻而不知其狀，輕煖平簟而體不知其安，故嚮萬物之美而盛憂，兼萬物之利而盛害。」言美反成憂，利反成害也。非孰修爲之君子，莫之能知也。孰，甚也。甚修飾作爲之君子也。〇王念孫曰：《禮論篇》曰：「非順孰修爲之君子莫之能知也。」楊彼注云：「順，從也。孰，精也。修，治也。爲，作也。」此文脱「順」字，楊望文生義，當從《禮論篇》補「順」字。故曰：短綆不可以汲深井之泉，知不幾者不可與及聖人之言。綆，索也。幾，近也。謂不近於習也。夫《詩》、《書》、《禮》、《樂》之分，固非庸人之所知也。故曰：一之而可再也，既知一，則務知二。有之而可久也，不可中道而廢。廣之而可通也，知禮樂廣博，則於事可通。慮之而可安也，思慮禮樂，則無危懼。反鈆察之而俞可好也。「鈆」與「沿」同，循也。既知禮樂之後，卻循察之，俞可好而不厭。「俞」音「愈」。〇先謙案：楊「反」字無注，而以「卻」字代釋之，非也。反者，反復也。反鈆察之者，反復沿循而察之。《禮論篇》「則必反鉛過故鄉」，「反鉛」二字義與此同。《非十二子篇》「反今本譌「及」。紃察之」，注云：「『紃』與『循』同。」又云：「反覆紃察。」其義當矣。以治情則利，利，益也。《禮記》曰：「聖人之所以治人七情，修十義，捨禮何以治之。」以爲名則榮，以群則和，以獨則足，知《詩》、《書》、《禮》、《樂》，群居則和同，獨處則自足也。樂意者其是邪！樂意莫過於此。〇王念孫曰：此當讀「以獨則足樂」爲句，言獨居而説《禮》、《樂》，敦《詩》、《書》，則致足樂也。以群則和，以獨則足樂，「樂」與「和」義正相承，則「樂」字上屬爲句明矣。「意者其是邪」自爲一句。意者，語詞也。其是邪，指《詩》、《書》、《禮》、《樂》而言。《呂氏春秋·重言篇》曰：「日之役者有執蹠痛而上視者，意者其是邪。」句法正與此同。先謙案：《吕覽》文義與此不同，此文若作「意者其是邪」，爲懸擬之詞，則上下文理不相貫注。雖有《吕覽》句例，不得取以爲比。且上文「以群則和，以獨則足」，句法一律，語意亦完足。若於「足」下加「樂」字，反爲贅設，仍當從楊注斷讀。

夫貴爲天子，富有天下，是人情之所同欲也；然則從人之欲，則埶不能容，物不能贍也。○王念孫曰：案，「然則」猶言「然而」也。説見《釋詞》「則」字下。先謙案：「從」讀爲「縱」。故先王案爲之制禮義以分之，以禮義分別上下也。使有貴賤之等，長幼之差，知愚、能不能之分，○謝本從盧校「知」下有「賢」字。王念孫曰：元刻無「賢」字，是也。「知」讀爲「智」，「智」對「愚」，「能」對「不能」，則不得有「賢」字明矣。下文「以仁厚知能盡官職」，「知能」二字正與此相應，是其證。宋本有「賢」字者，蓋誤讀「知」爲「知識」之「知」，故於「愚」上加「賢」字，而以爲知賢愚、能不能之分也。不知「使有」二字直貫至「智愚能不能之分」而止，若讀「知」爲「知識」之「知」，則與「使有」二字不相聯屬矣。先謙案：王説是，今改從元刻。皆使人載其事而各得其宜，載，行也，任之也。然後使慤禄多少厚薄之稱，慤，實也。謂實其禄，使當其才。稱，尺證反。○郝懿行曰：「載」如「大車以載」之「載」。載猶任也。慤者，謹也。謹謂謹其多少厚薄之數，使禄各稱其事，不失均平。楊注「載，行。慤，實」，古無此訓。「載其事」二語又見《君道篇》。俞樾曰：「慤」當作「穀」，《孟子·滕文公篇》「穀禄不平」，趙注曰：「穀所以爲禄也。」此文言「穀禄」，正與彼同。作慤者，聲之誤也。楊以本字讀之，失其旨矣。《王霸篇》曰：「心好利而穀禄莫厚焉。」此「穀禄」二字見於本書者。先謙案：俞説是。是夫群居和一之道也。

故仁人在上，則農以力盡田，賈以察盡財，百工以巧盡械器，盡謂精於事，察謂明其盈虚。《説文》云：「有盛爲械，無盛爲器。」士大夫以上至於公侯，莫不以仁厚知能盡官職，夫是之謂至平。各當其分，雖貴賤不同，然謂之至平也。故或禄天下而不自以爲多，謂爲天子，以天下爲禄也。或監門、御旅、抱關、擊柝而不自以爲寡。監門，主門也。「御」讀爲「迓」。迓旅，逆旅也。抱關，門卒也。擊柝，擊木所以警夜者。皆知其分，故雖賤而不以爲寡也。故曰：斬而齊，枉而順，不同而一。夫是之謂人倫。舊有此語，引以喻貴賤雖不同，不以齊一，然而要歸於治也。斬而齊，謂强斬之使齊，若《漢書》之一切者。枉而順，雖枉曲不直，然而歸於順也。不同而一，謂殊塗同歸也。夫如此，是人之倫理也。○劉台拱曰：「斬」讀如「儳」，《説文》：「儳，儳互不齊也。」《周語》「冒没輕儳」，韋《注》云：「儳，進退上下無列也。」言多儳互不齊，乃其所以爲齊也。王念孫曰：僖二十三年《左傳》：「鼓儳可也。」杜注：「儳巖未整陳。」義與此同。「儳而齊」，即《正名篇》所謂「差差然而齊」。　先謙案：劉、王説是。《詩》曰：「受小共大共，爲下國駿蒙。」此之謂也。《詩》，《殷頌・長發》之篇。共，執也。駿，大也。「蒙」讀爲「厖」，厚也。今《詩》作「駿厖」，言湯執小玉、大玉，大厚於下國，言下皆賴其德也。○先謙案：「厖」作「蒙」，《魯詩》也。《方言》：「秦、晉之間，凡大貌謂之朦，或謂之厖。」明「厖」「蒙」聲近通用。

荀子卷第二

荀子卷第三

唐登仕郎守大理評事楊倞注

臣王先謙集解

非相篇第五

相，視也。視其骨狀，以知吉凶、貴賤也。妄誕者多以此惑世，時人或矜其狀貌而忽於務實，故荀卿作此篇非之。《漢書》形法家有《相人》二十四卷。○盧文弨曰：「形法」宋本作「刑法」。又「二十四卷」作「二十四篇」。雖皆可通，今從元刻，以與《漢志》合故也。

相人，古之人無有也，學者不道也。道，說。○王念孫曰：元刻「相」下無「人」字，宋龔本同。案無「人」字者是。此謂古無相術，非謂古無相人也。謂學者不道相術，非謂不道相人也。下文云「長短小大善惡形相，古之人無有也，學者不道也」是其證。宋本作「相人」者，涉下「相人之形狀」而誤。　先謙案：有相人即有相術，王說似泥。下云「古者有姑布子卿」，是古明有相術相人矣。荀子以爲無有者，世俗所稱，學者不道，故雖有，直以爲無有耳。因當時崇尚，儒者惑焉，故極論之。

古者有姑布子卿。姑布，姓；子卿，名。相趙襄子者。或本無「姑」字。今之世梁有唐舉，相李兑、蔡澤者。相人之形狀顔色而知其吉凶妖祥，世俗稱之。古之人無有也，學者不道也。再三言者，深非之也。故相形不如論心，論心不如擇術。術，道術也。形不勝心，心不勝術。術正而心順之，則形相雖惡而心術善，無害爲君子也；形相雖善而心術惡，無害爲小人也。君子之謂吉，小人之謂凶。故長短小大善惡形相，非吉凶也，古之人無有也，學者不道也。

蓋帝堯長，帝舜短；文王長，周公短；仲尼長，子弓短。子弓，蓋仲弓也。言子者，著其爲師也。《漢書·儒林傳》：「馯臂，字子弓，江東人，受《易》

者也。」然馯臂傳《易》之外，更無所聞。荀卿論説常與仲尼相配，必非馯臂也。馯音寒。○俞樾曰：楊注「子弓蓋仲弓」，是也。又曰：「言子者著其爲師也」，則恐不然。仲弓稱子弓，猶季路稱子路耳。子路也，子弓也，其字也。曰「季」，曰「仲」，至五十而加以伯仲也。昔者衛靈公有臣曰公孫呂，身長七尺，面長三尺，焉廣三寸，鼻目耳具而名動天下。面長三尺，廣三寸，言其狹而長甚也。鼻、目、耳雖皆具，而相去疏遠，所以爲異。名動天下，言天下皆知其賢。或曰狹長如此，不近人情，恐文句誤脱也。○盧文弨曰：案，「焉」字古多以爲發聲，如《周禮》「焉使則介之」，《淮南子》「天子焉始乘舟」是也。荀書或用「焉」，或用「案」，或用「安」，字異語同，皆以爲發聲。楚之孫叔敖，期思之鄙人也，杜元凱云：期思，楚邑名，今弋陽期思縣。鄙人，郊野之人也。突秃長左，軒較之下而以楚霸。突謂短髮可凌突人者，故莊子説趙劍士蓬頭突鬢。長左，左脚長也。「軒較之下而以楚霸」，言修文德，不勞甲兵遠征伐也。《説文》云：「軒，曲輈也。」鄭注《考工記》云：「較，兩輢上出式者。」《詩》曰：「倚重較兮。」○盧文弨曰：今《毛詩》本「倚」誤作「猗」，《正義》明云「倚此重較之車」，則本作「倚」字。宋本、足利本皆不誤。葉公子高微小短瘠，行若將不勝其衣。葉公，楚大夫沈尹戌之子，食邑於葉。名諸梁，字子高。楚僭稱王，其大夫稱公，白公亦是也。微，細也。葉音攝。○郝懿行曰：白公之亂，子高入國門不介胄，蓋由微小短瘠，行不勝衣故耳。然白公之亂也，令尹子西、司馬子期皆死焉，白公，楚太子建之子，平王之孫。子西，楚平王長庶子公子申。子期，亦平王子公子結。葉公子高入據楚，誅白公，定楚國，如反手爾，仁義功名善於後世。○王引之曰：「善」字文義不明，疑「著」字之譌。隸書「著」字或作「著」，形與「善」相似。《史記・五帝紀》：「帝摯立，不善。」《索隱》：「古本作『不著』。」俞樾曰：「善」乃「蓋」字之誤。隸書「蓋」字或作「盖」，見《北海相景君銘》；「善」字或作「善」，見《張遷碑》，兩形相似而誤。故事不揣長，不挈大，不權輕重，亦將志乎爾，「挈」與「絜」同，約也。謂約計其大小也。絜，户結反。《莊子》：「匠石見櫟社樹，絜之百圍。」權，稱也。輕重，體之輕重也。言不論形狀長短、大小、肥瘠，唯在志意修飭耳。○盧文弨曰：案注以「志意」二字訓「志」字，增一字成文耳。宋本作「亦將志乎心爾」，「心」字衍。　先謙案：《廣雅・釋言》：「將，且也。」此承上文，言古之聞人，不以相論，故事不揣絜長大輕重，亦且有志於彼數聖賢也。楊注非。長短、小大、美惡形相，豈論也哉！且徐偃王之狀，目可瞻馬；徐，國名。僭稱王，其狀偃仰而不能俯，故謂之偃王。周穆王使楚誅之。瞻馬，言不能俯視細物，遠望纔見馬。《尸子》曰：「徐偃王有筋而無骨也。」○盧文弨曰：「馬」，元刻作「焉」，注同。今按楊注，正謂不能見小物，而但見馬耳。可者，僅可之詞。瞻，《說文》云：「臨視也。」《莊子》云：「不辨牛馬。」今從宋本。仲尼之狀，面如蒙倛；倛，方相也。其首蒙茸然，故曰蒙倛。《子虛賦》曰：「蒙公先驅。」韓侍郎云：「四目爲方相，兩目爲倛。」倛音欺。《慎子》曰：「毛嬙、西施，天下之至姣也。衣之以皮倛，則見之者皆走也。」周公之狀，身如斷菑；《爾雅》云：「木立死曰椔。」「椔」與「菑」同。○郝懿行曰：《皇矣》詩傳：「木立死曰菑。」菑者，植立之貌，周公背傴，或曰韈僂，其形曲折，不能直立，故身如斷菑矣。皋陶之狀，色如削瓜；如削皮之瓜，青綠色。閎夭之狀，面無見膚；閎夭，文王臣，在十亂之中。言多鬢髯，蔽其膚也。○盧文弨曰：注「鬢」一作「鬒」。傅說之狀，身如植鰭；植，立也，如魚之立也。○郝懿行曰：鰭在魚之背，立而上見，駝背人似之。然則傅說亦背僂歟？伊尹之狀，面無須麋；「麋」與「眉」同。禹跳，湯偏，《尸子》曰：「禹之勞，十年不窺其家，手不爪，脛不生毛，偏枯之病，步不相過，人曰禹步。」鄭注《尚書大傳》：「湯半體枯。」《呂氏春秋》曰：「禹通水濬川，顏色黎黑，步不相過。」堯、舜參牟子。「牟」與「眸」同。參眸子，謂有二瞳之相參也。《史記》曰：「舜目重瞳。」重瞳蓋堯亦然。《尸子》曰：「舜兩眸子，是謂重明。作事成法，出言成章。」當時傳聞，今書傳亦難盡詳究所出也。從者將論志意、比類文學邪？直將差長短，辨美惡，而相欺傲邪？從者，荀卿門人。問將論志意文學邪？但以好醜相欺傲也？○盧文弨曰：從者猶言學者。注非。

古者桀、紂長巨姣美，天下之傑也；筋力越勁，百人之敵也。姣，好也。倍萬人曰傑。越，過人也。勁，勇也。○王念孫曰：案，如楊説，則「越勁」二字義不相屬。今案，越者，輕也，言筋力輕勁也。《説文》云「赳，輕勁有材力」是也。「越」字本作「娍」，《説文》曰：「娍，輕也。」《廣雅》同。《玉篇》音于厥切。「娍」與「越」古字通。《吕氏春秋·本味篇》注曰：「越越，輕易之貌。」《緇衣》引《大甲》曰：「毋越厥命，以自覆。」言毋輕發厥令，以自傾覆也。鄭注以「越」爲「顛蹷」，非是。説見《經義述聞》。《説文》：「䟕，輕足也。」義亦與「越」同。

然而身死國亡，爲天下大僇，後世言惡則必稽焉。「僇」與「戮」同。稽，考也。後世言惡，必考桀、紂爲證也。○盧文弨曰：稽，止也。此即天下之惡皆歸焉之意。稽猶歸也。注非是。郝懿行曰：稽者，同也。後世凡言惡者比之桀、紂，是與之同。楊訓稽考，疏矣。《正論篇》句義同。先謙案：《王霸篇》、《正論篇》文與此同，楊並訓「稽」爲「考」。《儒效篇》：「是大儒之徵也。」又云：「是大儒之稽也。」楊注：「徵，驗也。稽，考也。」「稽」「徵」對文，義當訓「考」，即《尚書》「稽古」之義。荀書它篇用「稽」字，亦無二義，當從楊説。

是非容貌之患也，聞見之不衆，論議之卑爾！亦非以容貌害身，言美惡皆非所患，但以聞見不廣、論議不高，故致禍耳。

今世俗之亂君，鄉曲之儇子，《方言》云：「儇，疾也，慧也。」與「喜而翾」義同，輕薄巧慧之子也。儇，火玄反。○俞樾曰：按下文云「中君羞以爲臣」，則此不應言「君」。且與「婦人莫不願得以爲夫，處女莫不願得以爲士」，及「束乎有司，戮乎大市」諸語皆不合，疑本作「世俗之亂民」，傳寫誤耳。

莫不美麗姚冶，奇衣婦飾，血氣態度，擬於女子。《説文》曰：「姚，美好貌。」冶，妖。奇衣，珍異之衣。婦飾，謂如婦人之飾，言輕細也。擬於女子，言柔弱便辟也。

婦人莫不願得以爲夫，處女莫不願得以爲士，士者，未娶妻之稱，《易》曰：「老婦得其士夫。」○郝懿行曰：「女」「士」對言，如《詩》之《氓》、《易》之《大過》皆是，古以「士女」爲未嫁娶之稱。

弃其親家而欲奔之者，比肩並起；然而中君羞以爲臣，中父羞以爲子，中兄羞以爲弟，中人羞以爲友。不必上智，皆知惡也。

俄則束乎有司而戮乎大市，犯刑罰，爲有司所束縛也。

莫不呼天啼哭，苦傷其今而後悔其始。苦傷今之刑戮，悔其始之所爲。是非容貌之患也，聞見之不衆，論議之卑爾！然則從者將孰可也？問從者：「形相」與「志意」，孰爲益乎？〇盧文弨曰：《非相篇》當止於此。下文所論較大，並與相人無與，疑是《榮辱篇》錯簡於此。先謙案：謝本「衆」下有「而」字。案文不當有，今從宋台州本删。

人有三不祥：幼而不肯事長，賤而不肯事貴，不肖而不肯事賢，是人之三不祥也。言必有禍災也。人有三必窮：爲上則不能愛下，爲下則好非其上，是人之一必窮也；鄉則不若，偝則謾之，是人之二必窮也；「鄉」，讀爲「向」。若，如也。謾，欺毁也，莫干反。〇先謙案：若，順也。向則不順，背又謾之，故必窮。下文方言與人相縣，則此「若」字不得訓爲「如」。楊注非。知行淺薄，曲直有以相縣矣，然而仁人不能推，知士不能明，是人之三必窮也。曲直，猶能不也。言智慮德行至淺薄，其能不與人又相縣遠，不能推讓明白之，言不知己之不及也。知音智。行，下孟反。「縣」讀爲「懸」。〇王念孫曰：「曲直有與「又」同。以相縣矣。」呂、錢本並如是。元刻脱「相」字，盧依元刻删「相」字，非。楊以「明」爲「明白」，非也。明者，尊也。言不能尊智士也。「仁人不能推，智士不能明」，「明」與「推」皆尊崇之謂也。古者多謂尊爲明，《禮運》：「故君者所明也，非明人者也。」《大傳》：「庶子不祭，明其宗也。」鄭注並曰：「明猶尊也。」《祭義》：「明命鬼神。」鄭注曰：「明命，猶尊名也。」《晉語》曰：「晉公子可謂賢矣，而君蔑之，是不明賢也。」《管子・牧民篇》曰：「明鬼神，祇山川。」《墨子・明鬼篇》曰：「鬼神不可不尊明也。」皆其證矣。先謙案：王説有「相」字，是。今從宋本補正。人有此三數行者，〇王引之曰：「三數行」，文不成義，當作「有此數行」。數行，謂上文之「三不祥」與「三必窮」也，其「三」字即涉上文而衍。以爲上則必危，爲下則必滅。《詩》曰：「雨雪瀌瀌，宴然聿消。莫肯下隧，式居屢驕。」此之謂也。《詩》，《小雅・角弓》之篇。今《詩》作「見晛曰消」。作「宴然」，蓋聲之誤耳。晛，日氣也。「隧」讀爲「隨」，「屢」讀爲「婁」。婁，斂也。言雨雪瀌瀌，然見日氣而自消，喻欲爲善則惡自消矣。幽王曾莫肯下隨於人，用此居處，斂其驕慢之過也。〇郝懿行曰：《毛詩》本出荀卿，荀所引《詩》多與毛合。《毛詩》「見晛曰消」，《韓詩》「曣晛聿消」。毛云：「晛，日氣也。」韓云：「曣晛，日出也。」二説義相成。《廣雅·釋詁》：「曣𣉙，煗也。」段氏玉裁《説文注》云：「荀卿引《詩》作『宴然』，即曣𣉙也。宴、晏、曣，古通用。《玉篇》曰：『𣉙』同『晛』。」如段氏説，然則《毛詩》「見晛」之「見」，應讀爲「現」。「現」「宴」雙聲，「肰」「晛」疊韻，亦兼雙聲，俱音近假借字耳。「聿」「曰」二字，古亦假借通用。荀引《詩》與韓、毛本無不合也。「下隧」，《毛》作「下遺」。古讀「遺」、「隧」音同，如「旞」字或作「䢲」，見於《説文》，可證矣。「隧」與「隊」同。「隊」、「墜」古今字也。「下隧」者，以言小人莫肯降下引退，如雪宴肰消滅。方用居位而數以驕人也。「屢」當作「婁」。婁者，亟也，數也。《毛詩》傳自荀卿，今推荀義，以補《毛傳》，義或當然。鄭箋「遺」讀曰「隨」。婁，斂也。與毛異，不當援以注《荀》。楊注失檢。　先謙案：此《詩》毛作「見晛」，《韓》作「曣晛」，《魯》作「宴然」。「宴然」，「曣𣉙」之渻文。「宴」「燕」古文通用字。《廣雅》：「曣𣉙，煗也。」正用魯訓。《漢書·劉向傳》引《詩》「雨雪麃麃，見晛聿消」。顔注：「見，無雲也。晛，日氣也。」案：「見」不得訓爲「無雲」，據《説文》：「晵，夝無雲也。晛，日見也。」依顔注，是劉向引《詩》「見」正作「晵」。顔所見本不誤，後人妄改作「見」耳，向用《魯詩》尤可證合。《玉篇》、《廣韻》皆云「晛」、「𣉙」二形同，韓之「曣晛」，即魯之「曣𣉙」耳。麃，瀌渻文。屢、婁古今文之異。荀子傳《詩》浮丘伯，伯傳申公，爲《魯詩》之祖。荀書引《詩》異毛者，皆三家義。而郝氏强爲毛傳合，失之遠矣。餘詳余所撰《三家詩義疏》，不復出。

人之所以爲人者，何已也？「已」與「以」同。問何以謂之人而貴於禽獸也。曰：以其有辨也。辨，别也。飢而欲食，寒而欲煖，勞而欲息，好利而惡害，是人之所生而有也，是無待而然者也，不待學而知也。是禹、桀之所同也。然則人之所以爲人者，非特以二足而無毛也，以其有辨也。今夫狌狌形笑亦二足而毛也，狌狌，獸似人而能言，出交阯。形笑者，能言笑也。○郝懿行曰：狌狌，人形，言笑如人，亦二足，惟有毛爲異耳。　俞樾曰：「形笑」二字甚爲不詞。注云「形笑者，能言笑也」，望文生義，未足爲據。「笑」疑當作「狀」，傳寫者失「爿」旁，但存「犬」字，而俗書「笑」字，亦或從「犬」，後人以

「形犬」二字難通，因猩猩能笑，遂改作「笑」字耳。「毛」上當有「無」字。上文云：「然則人之所以爲人者，非特二足無毛也。」下文云：「故人之所以爲人者，非特以其二足而無毛也。」則此文亦當作「無毛」明矣。　先謙案：狌狌即猩猩，宋羅願《爾雅翼》説猩猩云：「其狀皆如人，與狒狒不甚相遠。荀卿曰：『今夫猩猩形相二足無毛也。』既言二足，而又言無毛，則去人不遠矣。」據此，宋人所見《荀子》本「形笑」作「形相」，而「毛」作「無毛」。李時珍《本草綱目》言「猩猩黄毛如猨，白耳如豕，人面人足，長髮，頭顔端正」。是猩猩身非無毛，其面如人無毛耳。李又引《荀子》言「猩猩能言笑，參用注文。二足無毛」。是李所見《荀子》已作「笑」字，而云「無毛」則同。此文當作「無毛」，俞説是也。自來説狌狌者，謂其能言能嘯，無謂其能笑者。能笑，迺狒狒，食人之物也。疑注「形笑者」七字，後人據誤本《荀子》加之，非楊氏元文。《荀子》固不當云「狌狌笑也」。　然而君子啜其羹，食其胾。胾，臠也。禽獸無辨，故賤而食之。胾，側吏反。　故人之所以爲人者，非特以其二足而無毛也，以其有辨也。

夫禽獸有父子而無父子之親，有牝牡而無男女之别，故人道莫不有辨。辨莫大於分，有上下親疏之分也。分莫大於禮，分生於有禮也。禮莫大於聖王。聖王，制禮者，言其人存，其政舉。聖王有百，吾孰法焉？問聖王至多，誰可爲法也。故曰：文久而息，節族久而絶，文，禮文。節，制度也。言禮文久則制度滅息，節奏久則廢也。○盧文弨曰：注「節奏」，宋本作「宗族」。案楊以「節奏」訓「族」字，與以「制度」訓「節」字無涉，今從元刻。　郝懿行曰：族者，聚也，湊也。「湊」與「奏」古今字。《漢·律志》：「蔟，奏也。」是其義也。「奏」、「湊」、「蔟」、「族」，並聲義同，然則「節族」即「節奏」矣。楊注是也。　王念孫曰：「故」衍字，自「曰文久而息」以下，皆與上文「聖王有百，吾孰法焉」二句自相問答，則「曰」上不當有「故」字明矣。蓋涉下文三「故曰」而衍。下文曰：「是以文久而滅，節族久而絶。」「滅」與「絶」爲韻，則此亦當然。今本「滅」作「息」，則失其韻矣。「息」字蓋涉注文「滅息」而誤。　守法數之有司極禮而褫。褫，解也。有司世世相承守禮之法數，至於極久亦下脱也。《易》曰：「或錫之鞶帶，終朝三褫之。」言此者，以喻久遠難詳，不如隨時興治。褫，直吏反。○劉台拱曰：極，疲極也。　王念孫曰：褫之言弛也。言疲於禮而廢弛也。　俞樾曰：「極禮而褫」，文不可通，疑「禮」字衍文也。「極而褫」三字爲句。上云「文久而息，節族久而絶」，此云「極而褫」，正與「久而息」、「久而絶」一律。楊注曰：「褫，解也。有司世世相承守禮之法數，至於極久亦下脱也。」是楊氏所見本尚未衍「禮」字，故云「至於極久亦下脱」，是「極」下無「禮」字也。所云「守禮之法數」者，此「禮」字乃楊氏增出以解「法數」之誼，非正文有「禮」字也。今作「極禮而褫」，即因注文而衍。　先謙案：俞説是也。法即禮也，法數即禮數也。守法數之有司，即《榮辱篇》所謂「不知其義，謹守其數」之「官人百吏」也。「極」下自不當有「禮」字。**故曰：欲觀聖王之跡，則於其粲然者矣，後王是也。**後王，近時之王也。粲然，明白之貌。言近世明王之法，則是聖王之跡也。夫禮法所興，以救當世之急，故隨時設教，不必拘於舊聞，而時人以爲君必用堯、舜之道，臣必行禹、稷之術，然後可，斯惑也。孔子曰：「殷因於夏禮，所損益可知也。」故荀卿深陳以後王爲法，審其所貴君子焉。　司馬遷曰：「法後王者，以其近己而俗相類，議卑而易行也。」○劉台拱曰：後王，謂文、武也。楊注非。　汪中曰：《史記》引「法後王」，蓋如賦《詩》之斷章耳。此注承其誤，名爲解《荀子》而實汩之。　王念孫曰：「後王」二字，本篇一見，《不苟篇》一見，《儒效篇》二見，《王制篇》一見，《正名篇》三見，《成相篇》一見，皆指文、武而言，楊注皆誤。　俞樾曰：劉、汪、王三君之説，皆有意爲荀子補弊扶偏，而實非其雅意也。據下文云：「彼後王者，天下之君也。舍後王而道上古，譬之是猶舍己之君而事人之君也。」然則荀子生於周末，以文、武爲後王可也。若漢人則必以漢高祖爲後王，唐人則必以唐太祖、太宗爲後王。設於漢、唐之世，而言三代之制，是所謂舍己之君，而事人之君矣。豈其必以文、武爲後王乎？　蓋孟子言法先王，而荀子言法後王，亦猶孟子言性善，而荀子言性惡，各成其是，初不相謀，比而同之，斯惑矣。《吕氏春秋·察今篇》曰：「上胡不法先王之治，非不賢也。爲其不可得而法。」又曰：「世易時移，變法宜矣。譬之若良醫，病萬變，藥亦萬變；病變而藥不變，鄉之壽民，今爲殤子矣。」蓋當時之論，固多如此。其後李斯相秦，廢先王之法，一用秦制，後人遂以爲荀卿罪，不知此固時爲之也。後人不達此義，於數千年後，欲胥先王之道而復之，而卒不可復，吾恐其適爲秦人笑矣。彼後王者，天下之君也，舍後王而道上古，譬之是猶舍己之君而事人之君也。故曰：欲觀千歲，則數今日；○盧文弨曰：「數」字從宋本，俗本亦作「審」。欲知億萬，則審一二；欲知上世，則審周道；欲知周道，則審其人所貴君子。謂己之君也。審謂詳觀其道也。○劉台拱曰：案「其人」，荀卿自謂也。所貴君子，其人之所宗仰，若仲尼、子弓也。故曰：以近知遠，以一知萬，以微知明。此之謂也。

夫妄人曰：古今異情，其以治亂者異道，而衆人惑焉。○謝本從盧校作「以其治亂者異道」。王念孫曰：此文本作「其所以治亂者異道」，謂古今之所以治亂者，其道不同也。呂、錢本「以其」作「其以」，而脱去「所」字，盧本又誤作「以其」，則義不可通。《韓詩外傳》正作「其所以治亂異道」。先謙案：王説是，今改從呂、錢本，作「其以」。彼衆人者，愚而無説，陋而無度者也。言其愚陋而不能辨説測度。度，大各反。下同。其所見焉猶可欺也，而況於千世之傳也！傳，傳聞也。妄人者，門庭之間猶可誣欺也，而況於千世之上乎！○俞樾曰：「可」字衍文，涉上文「猶可欺也」而衍。「誣」乃「挾」字之誤。「挾」字右旁之「夾」，與「巫」相似，故誤也。上言衆人乃受欺者，此言妄人乃欺人者。若云「猶可誣欺」，則與衆人之可欺者同矣。且「誣欺」二字連文，亦爲不倫。《韓詩外傳》作「彼詐人者，門庭之間猶挾欺，而況乎千歲之上乎」，可據以訂正。

聖人何以不欺？曰：聖人者，以己度者也。以己意度古人之意，故人不能欺，亦不欺人也。○王念孫曰：「不欺」當作「不可欺」。聖人不可欺，正對上文「衆人可欺」而言。下文「鄉乎邪曲而不迷」云云，正所謂聖人不可欺也。今本脱「可」字，則失其義矣。楊注云「人不能欺，亦不欺人」，則因所見本已脱「可」字，故曲爲之説，而不知與上下文不合也。《外傳》正作「不可欺」。故以人度人，以情度情，以今之人情，度古之人情。既云欲惡皆同，豈其治亂有異？以類度類，類，種類。謂若牛馬也。以説度功，以言説度其功業也。以道觀盡。以道觀盡物之理。《儒效篇》曰：「涂之百姓積善而全盡，謂之聖人也。」古今一度也。古今不殊，盡可以此度彼，安在其古今異情乎？○王念孫曰：「古今一度也」，當作「古今一也」。言自「以人度人」以下，皆無古今之異，故曰古今一也。《彊國篇》：「治必由之，古今一也。」《正論篇》：「有擅國無擅天下，古今一也。」《君子篇》：「故尊聖者王，貴賢者霸，敬賢者存，慢賢者亡，古今一也。」文意並與此同。則「一」下不當更有「度」字，蓋涉上數「度」字而衍。楊注云「古今不殊，盡可以此度彼」，則所見本已有「度」字。《外傳》無。類不悖，雖久同理，言種類不乖悖，雖久而理同。今之牛馬與古不殊，何至人而獨異哉？故鄉乎邪曲而不迷，觀乎雜物而不惑，以此度之。以測度之道明之，故向於邪曲不正之道而不迷，雜物炫燿而不惑。「鄉」讀爲「向」。五帝之外無傳人，外，謂已前也。無傳人，謂其人事跡後世無傳者。非無賢人也，久故也；五帝之中無傳政，非無善政也，久故也；中，間也。五帝，少昊、顓頊、高辛、唐、虞也。禹、湯有傳政而不若周之察也，非無善政也，久故也。傳者久則論略，近則論詳，略則舉大，詳則舉小。略，謂舉其大綱。詳，周備也。○俞樾曰：兩「論」字皆「俞」字之誤。「俞」讀爲「愈」。《榮辱篇》：「清之而俞濁者口也，豢之而俞瘠者交也。」楊注曰「俞讀爲愈」是也。「俞」誤作「侖」，因誤作「論」矣。《韓詩外傳》正作「久則愈略，近則愈詳」，可據訂。愚者聞其略而不知其詳，聞其詳而不知其大也。惟聖賢乃能以略知詳，以小知大也。○王念孫曰：「聞其詳」，本作「聞其小」。「略」與「詳」對，「小」與「大」對。據楊注云「惟聖賢乃能以略知詳，以小知大」，則本作「聞其小而不知其大」明矣。今本「小」作「詳」，涉上句「詳」字而誤。《外傳》作「聞其細不知其大」，「細」亦「小」也。是以文久而滅，節族久而絶。

凡言不合先王，不順禮義，謂之姦言；雖辯，君子不聽。公孫龍、惠施、鄧析之屬。法先王，順禮義，黨學者，黨，親比也。○郝懿行曰：注云「黨，親比」，非也。《方言》：「黨，知也。」郭注：「黨，朗也，解悟貌。」此則「黨」爲「曉了」之意。法先王，順禮義，出言可以曉悟學者，非朋黨親比之義也。　俞樾曰：《方言》曰：「黨、曉、哲，知也。楚謂之黨，或曰曉。齊、宋之間謂之哲。」郭注曰：「黨黨，朗也，解寤貌。」然則黨學者，猶言曉學者。蓋法先王，順禮義，以曉學者也。荀卿居楚久，故楚言耳。　然而不好言，不樂言，則必非誠士也。言，講説也。誠士，謂至誠好善之士。　故君子之於言也，志好之，行安之，樂言之；故君子必辯。辯，謂能談説也。○王引之曰：「故君子之於言也」，「言」當爲「善」。「善」字本作「譱」，脱其半而爲「言」，又涉上下文「言」字而誤也。「志好之，行安之，樂言之」，三「之」字皆指善而言。下文云：「凡人莫不好言其所善，而君子爲甚。」此句凡兩見。是其明證矣。下文又云：「故君子之行仁也無厭，志好之，行安之，樂言之，故君子必辯。」今本「故」下衍「言」字，辯見前。「仁」，即所謂「善」也。今本「善」作「言」，則下文三「之」字皆義不可通。　凡人莫不好言其所善，而君子爲甚。所善，謂己所好尚也。　故贈人以言，重於金石珠玉；觀人以言，美於黼黻文章；觀人以言，謂使人觀其言。黼黻文章，皆色之美者。白與黑謂之「黼」，黑與青謂之「黻」，青與赤謂之「文」，赤與白謂之「章」。○王念孫曰：案，「觀」本作「勸」。「勸人以言」，謂以善言勸人也，故曰「美於黼黻文章」。若觀人以言，則何美之有？楊注云「謂使人觀其言」，則所見本已譌作「觀」。《太平御覽・人事部》三十一所引亦然，《藝文類聚・人部》十五正引作「勸人以言」。　聽人以言，樂於鍾鼓琴瑟，使人聽其言。○謝本從盧校作「聽人之言」。　王念孫曰：吕、錢本並作「聽人以言」，元刻「以」作「之」，而盧本從之。案，此與上二句文同一例，「聽人以言」者，我言之而人聽之也，我言而人聽，則是我之以善及人也，故曰「樂於鍾鼓琴瑟」。若「聽人之言」，則何樂之有？此後人不曉文義而妄改之耳。據楊注云「使人聽其言」，則本作「聽人以言」明矣。《藝文類聚》、《太平御覽》並引作「聽人以言」。　先謙案：王説是，今改從宋本。　故君子之於言無厭。無厭倦也。　鄙夫反是，好其實，不恤其文。但好其質，而不知文飾，若墨子之屬也。　是以終身不免埤汙傭俗。埤，汙，皆下也，謂鄙陋也。「埤」與「庳」同。豬水處謂之汙，亦地之下者也。庳音婢。汙，一孤反。　故《易》曰：「括囊，無咎無譽。」腐儒之謂也。腐儒，如朽腐之物，無所用也。引《易》以喻不談説者。

凡説之難，以至高遇至卑，以至治接至亂。以先王之至高、至治之道，説末世至卑、至亂之君，所以爲難也。説音税。未可直至也，遠舉則病繆，近世則病傭。未可直至，言必在援引古今也。遠舉上世之事，則患繆妄；下舉近世之事，則患傭鄙也。○俞樾曰：「世」字當作「舉」，下同。「遠舉」、「近舉」，相對爲文。楊注曰：「遠舉上世之事則患繆妄，下舉近世之事則患傭鄙。」蓋因正文有兩「舉」字，故注亦云然也。不曰「近舉下世」，而曰「下舉近世」者，避不詞耳。今作「近世」者，即涉注文而誤。善者於是閒也，亦必遠舉而不繆，近世而不傭，與時遷徙，與世偃仰，緩急嬴絀，嬴，餘也。嬴絀，猶言伸屈也。府然若渠匽、檃栝之於己也。「府」與「俯」同，就物之貌，或讀爲「附」。渠匽所以制水，檃栝所以制木，君子制人，亦猶此也。○王引之曰：正文、注文「渠」字，疑皆「梁」字之誤。《爾雅》：「隄謂之梁。」鄭仲師注《周官・獻人》云：「梁，水偃也。」「偃」與「匽」通，即「堰」字也。「梁」與「匽」同義，故以「梁匽」連文。「梁」「渠」形相似，遂誤爲「渠」耳。《史記・建元以來侯表》「煇渠忠侯僕多」，《廣韻》引《風俗通》「渠」作「梁」。《漢書・地理志》「彊梁原」，《水經》渭水注作「荆渠原」。《後漢書・安帝紀》「高渠谷」，注引《東觀記》作「高梁谷」。曲得所謂焉，然而不折傷。言談説委曲，皆得其意之所謂，然而不折傷其道也。故君子之度己則以繩，接人則用抴。抴，牽引也。度己，猶正己也。君子正己則以繩墨，接人則牽引而致之。言正己而馴致人也。或曰「抴」當爲「枻」，枻，楫也，言如以楫櫂進舟船也。度，大各反。枻，以世反。韓侍郎云：「枻者，檠枻也，正弓弩之器也。」○盧文弨曰：舊本「抴」、「枻」多訛，今悉改正，韓説本《考工記》。郝懿行曰：抴，余制切，與「曳」音義俱同。「抴」即「枻」字。枻，俗作也。言君子裁度己身，則以準繩；接引人倫，則用舟楫。謂律己嚴而容物寬也。《楚辭・九歌》「桂櫂兮蘭枻」，王逸注：「櫂，楫也。枻，船旁板也。」段氏玉裁《説文注》云：「按《毛詩傳》：楫，所以櫂舟也。故因謂楫爲櫂。櫂者，引也。船旁板曳於水中，故因謂之枻。俗字作櫂、作枻，皆非是也。」劉台拱曰：韓説是也。《淮南・説山訓》

曰：「檄不正而可以正弓。」此即用「枻」之義。檄同檠。王念孫曰：案，《考工記・弓人》：「恒角而達，譬如終紲。」鄭注曰：「紲，弓䩛也。」《秦風・小戎篇》「竹閉緄縢」，毛傳曰：「閉，紲也。」《小雅・角弓》傳曰：「不善紲檠巧用，則翩然而反。」《士喪禮記》「弓有柲」，注曰：「柲，弓檠，弛則縛之於弓裏，備損傷也。以竹爲之。」「紲」與「枻」同，「閉」與「柲」、「䩛」同，即《淮南》所謂可以正弓者也。「枻」與「繩」對文，若訓爲牽引，則與「繩」不對；若訓爲「楫」，則於義愈遠矣。度己以繩，故足以爲天下法則矣；接人用枻，故能寬容，因求以成天下之大事矣。成事在衆。○王念孫曰：「因求」二字義不可通。「求」當爲「衆」，字之誤也。唯寬容故能因衆以成事。上文「與時遷徙，與世偃仰」，正所謂因衆也。楊注云「成事在衆」，言「衆」而不言「求」，則「求」爲「衆」之誤甚明。故君子賢而能容罷，罷，弱不任事者，音疲。知而能容愚，博而能容淺，粹而能容雜，夫是之謂兼術。粹，專一也。兼術，兼容之法。《詩》曰：「徐方既同，天子之功。」此之謂也。《詩》，《大雅・常武》之篇。言君子容物，亦猶天子之同徐方也。

談說之術，矜莊以莅之，端誠以處之，堅彊以持之，分別以喻之，譬稱以明之，○王念孫曰：「分別」當在下句，「譬稱」當在上句。譬稱所以曉人，故曰「譬稱以喻之」；分別所以明理，故曰「分別以明之」。今本「譬稱」與「分別」互易，《韓詩外傳》及《說苑・善說篇》引此並作「譬稱以喻之，分別以明之」。欣驩芬薌以送之，寶之，珍之，貴之，神之，如是，則說常無不受。言談說之法如此，人乃信之。芬薌，言至芳絜也。神之，謂自神異其說，不敢慢也。「說」並音「稅」。稱，尺證反。「薌」與「香」同。○王念孫曰：芬薌，和也。《方言》：「芬，和也。」郭璞曰：「芬香和調。」《廣雅》與《方言》同。《周官・鬯人》注曰：「鬯，釀秬爲酒，芬香條暢於上下也。」《大雅・鳧鷖篇》曰：「旨酒欣欣，燔炙芬芬。」皆芬香和調之意。欣驩芬薌，皆謂和氣以將之也。《議兵篇》曰：「其民之親我，歡若父母；其好我，芬若椒蘭。」義與此同。雖不說人，人莫不貴。不說猶貴，況其說之。夫是之謂爲能貴其所貴。不使人賤之也。○王引之曰：上「爲」字涉下文

「爲」字而衍。《韓詩外傳》、《說苑》皆作「夫是之謂能貴其所貴」。無「爲」字。傳曰：「唯君子爲能貴其所貴」，此之謂也。

君子必辯。凡人莫不好言其所善，所善，謂所好也。而君子爲甚焉，是以小人辯言險，而君子辯言仁也。仁，謂忠愛之道。言而非仁之中也，則其言不若其默也，其辯不若其吶也。「吶」與「訥」同。或引《禮記》「其言吶吶然」，非。言而仁之中也，則好言者上矣，不好言者下也。故仁言大矣，起於上所以道於下，正令是也；「道」與「導」同。「正」或爲「政」。起於下所以忠於上，謀救是也。謀救，謂嘉謀匡救。此言談說之益不可以已也如是。○王念孫曰：「謀救」二字於義無取，楊注以爲「嘉謀匡救」，於「謀」上加「嘉」字以曲通其義，其失也迂矣。余謂「謀救」當爲「諫救」，字之誤也。《管子·立政九敗解篇》「諫臣死而諂臣尊」，今本「諫」誤作「謀」。《淮南·主術篇》「執正進諫」，高注「諫或作謀」。《周官》有「司諫」、「司救」。《說文》：「救，止也。」《論語·八佾》篇：「女弗能救與？」馬注與《說文》同。然則諫止其君之過謂之諫救，故曰「起於下所以忠於上，諫救是也」。故君子之行仁也無厭，無厭倦時。志好之，行安之，樂言之，故言所以好言說，由此三者也。「行」如字。○王念孫曰：楊讀「故言」爲一句，而釋之曰「所以好言說，以此三者」，非也。「故君子必辯」爲一句，「故」下本無「言」字。此言君子志好之，行安之，樂言之，是以必辯也。上文云：「故君子之於言也，志好之，行安之，樂言之，故君子必辯。」是其證。今本作「故言君子必辯」，「言」字乃涉上文而衍。楊斷「故言」爲一句，以結上文，則「君子必辯」四字竟成贅語矣。君子必辯。小辯不如見端，端，首。見端不如見本分。分，上下貴賤之分。小辯，謂辯說小事則不如見端首，見端首則不如見本分。言辯說止於知本分而已。○王引之曰：「本分」上本無「見」字，此涉上兩「見端」而衍。本分者，本其一定之分也。楊注「見端首不如見本分」，則所見本已衍「見」字。下文「小辯而察，見端而明，本分而理」，皆承此文言之，而「本分」上無「見」字，故知「見」爲衍文。小辯而察，見端而明，本分而理，聖人、士君子之分具矣。此言能辯說，然後聖賢之分具。

有小人之辯者，有士君子之辯者，有聖人之辯者。不先慮，不早謀，發之而當，成文而類，言暗與理會，成文理而不失其類，謂不乖悖也。居錯遷徙，應變不窮，錯，置也。居錯，安居也。錯，千故反。○王念孫曰：「居」讀爲「舉」，言或舉、或錯、或遷徙，皆隨變應之而不窮也。《王制篇》曰：「舉錯應變而不窮。」《君道篇》曰：「與之舉錯遷移而觀其能應變也。」《禮論篇》曰：「將舉錯之，遷徙之。」皆其證矣。「舉」與「居」古字通。《史記·越世家》曰：「陶朱公約要父子耕畜廢居，候時轉業。」❶《仲尼弟子傳》曰：「子貢好廢舉，與時轉貨資。」「廢舉」即「廢居」。《司馬相如傳》「族舉遞奏」，《漢書》「舉」作「居」。《書大傳》「民能敬長憐孤，取舍好讓，舉事力者」，《韓詩外傳》「舉」作「居」。是聖人之辯者也。先慮之，早謀之，斯須之言而足聽，斯須發言，已可聽也。文而致實，博而黨正，是士君子之辯者也。文，謂辯說之詞也。致，至也。「黨」與「讜」同，謂直言也。凡辯則失於虛詐，博則失於流蕩，故致實黨正爲重也。○郝懿行曰：「致」、「緻」，「黨」、「讜」，並古今字。讜言，即昌言，謂善言也。此明士君子之辯，文而緻密堅實，博而昌明雅正，斯辯之善者也。　王念孫曰：「致」讀爲「質」，襄三十年《左傳》：「用兩珪質于河。」《釋文》：「質如字，又音致。」昭十六年：「與蠻子之無質也。」《釋文》：「質，之實反，或音致。」《淮南要略》「約重致，剖信符」，重致即重質。質致古同聲，故字亦相通。說見《唐韻正》。質，信也。見昭十六年、二十年《左傳》注，《魯語》《晉語》注。謂信實也。「致實」與「黨正」對文。楊注：「黨與讜同，謂直言也。」楊注失之。聽其言則辭辯而無統，無根本也。用其身則多詐而無功，上不足以順明王，下不足以和齊百姓，然而口舌之均，噡唯則節，蓋謂騁其口舌之辯也。「噡唯則節」四字未詳，或剩少錯誤耳。○盧文弨曰：正文「均」，宋本作「於」。　郝懿行曰：「均」當依宋本作「於」。噡唯，猶唯諾也。節，謂節制之也。凡與人言，然諾不欺，此蓋游俠之流，盜名於世，故曰：「姦人之雄，聖王起所以先誅也。」俞樾曰：「之」猶「則」也。僖九年《左傳》曰：「東略之不知，

❶「業」，《史記·越世家》作「物」。

西則否矣。」《晉語》曰：「華則榮矣，實之不知。」「之」亦「則」也，互文耳。說本王氏《釋詞》。「口舌之均，噡唯則節」，相對成文。《詩・皇皇者華篇》毛傳曰：「均，調也。」言雖上不足以順明主，下不足以和齊百姓，然而口舌則調均，噡唯則中節，故下文云「足以爲奇偉偃卻之屬」也。「噡」字疑「諾」字之誤，凡從「言」之字亦得從「口」，如「詠」之爲「咏」，「讀」之爲「嘖」是也。俗書「諾」字或作「喏」，因誤爲「噡」矣。　先謙案：《說文》：「詹，多言也。」《莊子・齊物論》：「小言詹詹。」《釋文》引李頤注：「詹詹，小辯之貌。」俗加「言」作「譫」，《衆經音義》十二引《埤蒼》云：「譫，多言也。」從「言」之字或從「口」，故「譫」又爲「噡」矣。「噡唯則節」者，或辯或唯，皆中其節也。義自分明，不煩改字。郝說尤非。　足以爲奇偉偃卻之屬，奇偉，誇大也。偃卻，猶偃仰，即偃蹇也。言姦雄口辯，適足以自誇大偃蹇而已。　夫是之謂姦人之雄，聖王起所以先誅也，然後盜賊次之。盜賊得變，此不得變也。變，謂教之使自新也。

非十二子篇第六

〇盧文弨曰：《韓詩外傳》止十子，無子思、孟子。此乃并非之，疑出韓非、李斯所坿益。

假今之世，假如今之世也。或曰：假，借也。今之世，謂戰國昏亂之世。治世則姦言無所容，故十二子借亂世以惑衆也。〇王念孫曰：《彊國篇》云：「假今之世，益地不如益信之務也。」則前說爲是。　飾邪說，文姦言，以梟亂天下，「梟」與「澆」同。〇盧文弨曰：「梟」，宋本作「⿰氵梟」，注：「⿰氵梟與僥同。」案，「⿰氵梟」字無考，「僥」亦「澆」之訛。元刻作「鴞」，亦未是。《莊子・繕性篇》「⿰氵梟醇散樸」，《釋文》云：「⿰氵梟，本亦作澆。」當從之。　矞宇嵬瑣，「矞」與「譎」同，詭詐也。又余律反。「宇」未詳。或曰：宇，大也，放蕩恢大也。嵬謂爲狂險之行者也。瑣者，謂爲姦細之行者也。《說文》云：「嵬，高不平也。」今此言「嵬」者，其行狂險，亦猶山之高不平也。《周禮・大司樂》云：「大傀烖，則去樂。」鄭云：「傀，猶怪也。」《晏子春秋》曰：「不以上爲本，不以民爲憂，內不恤其家，外不顧其游。夸言傀行，自勤於飢寒，命之曰狂辟之民，明王之所禁也。」「嵬」當與

「傀」義同，音五每反，又牛彼反。○郝懿行曰：喬，滿溢也。宇，張大也。嵬者，崔嵬，高不平也。瑣者，細碎聲也。此謂飾邪說，文姦言，以欺惑人者。喬宇，所謂大言炎炎也。嵬瑣，所謂小言詹詹也。此皆謂言矣，注以行說，失之。嵬瑣，又見《儒效》、《正論篇》。　王念孫曰：元刻無「欺惑愚衆」四字，宋龔本同。元刻是也。宋本有此四字者，依《韓詩外傳》加之也。楊注但釋「喬宇嵬瑣」，而不釋「欺惑愚衆」，至下文「足以欺惑愚衆」始釋之，云「足以欺惑愚人衆人」，則此處本無「欺惑愚衆」四字明矣。《外傳》有此四字者，「欺惑愚衆」，下文凡五見，而《外傳》皆無之，故得移置於此處，若據《外傳》增入，則既與下文重複，又與楊注不合矣。　俞樾曰：楊讀「喬」爲「譎」，是矣；訓「宇」爲「大」，則與譎詭不倫。「宇」當讀爲「訏」。《說文·言部》：「訏，詭譌也。」然則喬宇猶言譎詭矣。　先謙案：「喬宇」，俞說是。嵬瑣猶委瑣也。「嵬」「委」聲近，故相通借。《史記·司馬相如傳》「摧崣崛崎」，「摧崣」即「崔嵬」異文。「嵬」之爲「崣」，猶「嵬」之爲「委」矣。《相如傳》「委瑣握齪」，《索隱》引孔文祥云：「委，曲也。」「委」訓「曲」，則「嵬」亦訓「曲」。《正論篇》云：「夫是之謂嵬說。」嵬說，猶曲說也。下文云：「吾語女，學者之嵬容。」又云：「是學者之嵬也。」謂其容如彼，即是學者之嵬，猶《史記》言「曲儒」也。見《趙世家》。《正論篇》又云：「堯、舜者，天下之英也；朱、象者，天下之嵬，一時之瑣也。」「英」與「嵬」、「瑣」對文，「英」爲俊選之尤，則「嵬」、「瑣」爲委曲瑣細之尤。言小人極不足道者也。謝本從盧校，此句上有「欺惑愚衆」四字。今案：王說是，從元刻刪。**使天下混然不知是非治亂之所存者，有人矣。**混然，無分別之貌。存，在也。

縱情性，安恣睢，禽獸行，恣睢，矜放之貌。言任情性所爲而不知禮義，則與禽獸無異，故曰「禽獸行」。睢，許季反。○謝本從盧校作「禽獸之行」。　盧文弨曰：元刻作「香萃反」。　王念孫曰：吕、錢本皆無「之」字，是也。據楊注云「與禽獸無異，故曰禽獸行」，則無「之」字明矣。《性惡篇》云：「禽獸行，虎狼貪。」《司馬法》云：「外內禽獸行。」句法并與此同。　先謙案：王說是，今從吕、錢本刪「之」字。**不足以合文通治；**不足合於古之文義，通於治道。**然而其持之有故，其言之成理，足以欺惑愚衆，**妄稱古之人亦有如此者，故曰「持之有故」；又其言論能成文理，故曰「言之成理」，足以欺惑愚人衆人矣。○郝懿行曰：故者，咨於故實之故，謂其持論之有本也。成理，謂其言能成條理也，故皆足以欺惑愚衆。**是它囂、魏牟也。**它囂，未詳何代人。《世本》楚平王孫有田公它成，豈同族乎？《韓詩外傳》作「范魏牟」。牟，魏公子，封於中山。《漢書·藝文志》道家有《公子牟》四篇。班固曰：「先莊子，莊子稱之。」今《莊子》有公子牟稱莊子之言以折公孫龍，據即與莊子同時也。又《列子》稱公子牟解公孫龍之言。公孫龍，平原君之客，而張湛以爲文侯子，據年代，非也。《說苑》曰：「公子牟東行，穰侯送之。」未知何者爲定也。

忍情性，綦谿利跂，忍謂違矯其性也。「綦谿」未詳，蓋與「跂」義同也。「利」與「離」同。離跂，違俗自絜之貌，謂離於物而跂足也。《莊子》曰：「楊、墨乃始離跂，自以爲得。」離，力智反。跂，丘氏反。○郝懿行曰：此謂矯異於人以爲高者。綦谿者，過於深陗。利跂者，便於走趨。「谿」讀爲「雞」，「跂」音爲「企」，四字雙聲疊韻。先謙案：《荀子》多以「綦」爲「極」。谿之爲言深也。《老子》「爲天下谿」，河上公注云：「人能謙下如深谿。」是谿有深義。綦谿，猶言極深耳。「利」與「離」同，楊說是也。離世獨立，故曰「離跂」。「跂」、「企」同字，《廣雅·釋詁》：「跂，立也。」曹憲注：「跂，即古文企字。」**苟以分異人爲高，**苟求分異，不同於人，以爲高行也。**不足以合大衆，明大分；**即求分異，則不足合大衆。苟立小節，故不足明大分。大分，謂忠孝之大義也。**然而其持之有故，其言之成理，足以欺惑愚衆，是陳仲、史鰌也。**已解上。○盧文弨曰：解見《不苟篇》，彼作「田仲」，「田」與「陳」通。

不知壹天下、建國家之權稱，不知齊一天下，建立國家之權稱，言不知輕重。稱，尺證反。**上功用，大儉約而優差等，**功用，功力也。「大」讀曰「太」。言以功力爲上，而過儉約也。優，輕也。輕優差等，謂欲使君臣上下同勞苦也。○王念孫曰：「上」與「尚」同。「大」亦「尚」也，謂尊尚儉約也。《表記》：「君子不自大其事，不自尚其功。」亦以「大」與「尚」並言之。《性惡篇》：「大齊信而輕貨財。」隱三年《公羊傳》：「故君子大居正。」並與此「大」字同義。楊讀「大」爲「太」，而以爲過儉約，失之。「優」讀爲「曼」，《廣雅》曰：「曼，無也。」《法言·寡見篇》：「曼是爲也。」《五百篇》：「行有之也，病曼之也。」皆謂「無」爲「曼」。《文選・四子講德論》：「空柯無刃，公輸不能以斲；但懸曼矰，蒲苴不能以射。」「曼」亦「無」也。李善注訓「曼」爲「長」，失之。曼差等，即無差等，作「僈」者，借字耳。《富國篇》曰：「墨子將上功勞苦，與百姓均事業，齊功勞。」正所謂無差等也。故下文云：「曾不足以容辨異，縣君臣。」楊以「僈」爲「輕慢」，亦失之。曾不足以容辨異，縣君臣；上下同等，則其中不容分別，而縣隔君臣也。○先謙案：《富國篇》云：「群衆未縣，則君臣未立也。無君以制臣，無上以制下。」即「縣君臣」之義。然而其持之有故，其言之成理，足以欺惑愚衆，是墨翟、宋鈃也。宋鈃，宋人，與孟子、尹文子、彭蒙、慎到同時。《孟子》作宋牼，「牼」與「鈃」同，音口莖反。

尚法而無法，下脩而好作，尚，上也。言所著書雖以法爲上，而自無法；以脩立爲下，而好作爲，言自相矛盾也。○王念孫曰：「下脩而好作」，義不可通。「下脩」當爲「不循」，謂不循舊法也。《墨子・非儒篇》：「道儒者之言曰：君子循而不作。」此則反乎君子之所爲，故曰不循而好作也。「不」與「下」，「循」與「脩」，字相似而誤。隸書「循」「脩」二字相亂，説見《管子・形勢篇》。楊注云「以脩立爲下而好作爲」，失之。上則取聽於上，下則取從於俗，言苟順上下意也。○王念孫曰：「取聽」、「取從」，言能使上下皆聽從之耳。楊云「言苟順上下意」，失之。終日言成文典，反紃察之，則倜然無所歸宿，「紃」與「循」同。倜然，疏遠貌。宿，止也。雖言成文典，若反覆紃察，則疏遠無所指歸也。○謝本從盧校作「及紃察之」。盧文弨曰：注「反覆」二字，宋本無。王引之曰：元刻「及」作「反」，是也。反，復也。謂復紃察之也。楊注云：「雖言成文典，若反復紃察，則疏遠無所歸。」則「及」爲「反」之誤明矣。《榮辱篇》「反鉛察之」，其字正作「反」。「紃」「鉛」古聲相近，故字亦相通。《禮論篇》「則必反鉛」，《三年問》「鉛」作「巡」；《祭義》「終始相巡」，注「巡，讀如沿漢之沿」，皆其例矣。先謙案：王説是，今依元刻作「反」。不可以經國定分；取聽於上，取從於俗，故法度不立也。然而其持之有故，其言之成理，足以欺惑愚衆，是慎到、田駢也。田駢，齊人，遊稷下，著書十五篇。其學本黄老，大歸名法。慎到，已解上。

不法先王，不是禮義，不以禮義爲是。而好治怪說，玩琦辭，「玩」與「翫」同。「琦」讀爲「奇異」之「奇」。甚察而不惠，惠，順。○王念孫曰：「惠」當爲「急」，字之誤也。甚察而不急，謂其言雖甚察而不急於用。故下句云「辯而無用」也。下文「無用而辯，不急而察」，「急」字亦誤作「惠」。《天論篇》云：「無用之辯，不急之察。」《性惡篇》云：「雜能旁魄而無用，析速粹孰而不急。」皆其明證也。楊訓「惠」爲「順」，失之。辯而無用，多事而寡功，不可以爲治綱紀；然而其持之有故，其言之成理，足以欺惑愚衆，是惠施、鄧析也。

略法先王而不知其統，言其大略雖法先王，而不知體統。統，謂紀綱也。猶然而材劇志大，聞見雜博，猶然，舒遲貌。《禮記》曰：「君子蓋猶猶爾。」劇，繁多也。○盧文弨曰：宋本正文作「然而猶材劇志大」，無注。郝懿行曰：「猶然而」，當依宋本作「然而猶」，此誤本也。案往舊造說，謂之五行，案前古之事，而自造其說，謂之五行。五行，五常，仁、義、禮、智、信是也。甚僻違而無類，幽隱而無說，閉約而無解。約，結也。解，說也。僻違無類，謂乖僻違戾而不知善類也。幽隱無說，閉約無解，謂其言幽隱閉結，而不能自解說，謂但言堯、舜之道，而不知其興作方略也。荀卿常言法後王，治當世，而孟軻、子思以爲必行堯、舜、文、武之道，然後爲治。不知隨時設教，救當世之弊，故言僻違無類。《孟子》曰：「管仲、曾西之所不爲。」解，佳買反。○王念孫曰：楊說非也。「僻」「違」皆邪也。說見《修身篇》。類者，法也。言邪僻而無法也。《方言》：「類，法也。」《廣雅》同。齊曰類。」《楚辭·九章》「吾將以爲類兮」，王注與《方言》同。《太玄·毅》：「次七，觥羊之毅，鳴不類。」測曰：觥羊之毅，言不法也。」是古謂法爲類。《儒效篇》：「其言有類，其行有禮。」謂言有法也。楊注：「類，善也。謂比類於善。」失之。《王制篇》「飾動以禮義，聽斷以類」，謂聽斷以法也。楊注：「所聽斷之事，皆得其善類。」失之。《富國篇》「誅賞而不類」，謂誅賞不法也。楊注：「不以其類。」失之。類之言律也，律亦法也。故《樂記》「律小大之稱」，《史記·樂書》「律」作「類」。《王制篇》曰：「其有法者以法行，無法者以類舉。」蓋「法」

與「類」對文則異，散文則通矣。案飾其辭而祇敬之曰：此真先君子之言也。言自敬其辭說。先君子，孔子也。子思唱之，孟軻和之，子思，孔子之孫，名伋，字子思。孟軻，鄒人，字子輿，皆著書七篇。世俗之溝猶瞀儒，嚾嚾然不知其所非也，「溝」讀爲「怐」。怐，愚也。猶，猶豫也，不定之貌。瞀，闇也。《漢書·五行志》作「區瞀」，與此義同。嚾嚾，喧聒之貌，謂争辯也。「怐」音「寇」。「猶」音「柚」。○盧文弨曰：注「怐」，舊譌作「拘」。案怐愗，愚貌。《楚辭·九辯》「直怐愗以自苦」，《五行志》又作「傋瞀」，與此書《儒效篇》同。許慎作「穀瞀」，又作「婁務」，皆一物也。今改正。「溝猶瞀儒」，合四字爲疊韻。郝懿行曰：《儒效篇》云：「愚陋溝瞀。」注云「溝音寇」，是也。「溝猶瞀儒」，四字疊韻，其義則皆謂愚蒙也。《漢·五行志》作「傋霿」，楊注引作「區瞀」。《楚辭·九辯》作「怐愗」，《說文》作「穀瞀」，《廣韻》既作「怐愗」，又作「嫯瞀」，又作「瞀瞀」，並上音「寇」，下音「茂」，此等皆以聲爲義，不以字爲義也。嚾者，呼也。《玉篇》、《廣韻》音涣，義與「唤」同。《集韻》或作「讙」，音歡，則其義當爲讙譁矣。先謙案：「溝猶瞀儒」者，溝瞀儒也。溝瞀訓愚闇，中不當有「猶」字。「溝」「猶」疊韻，語助耳。《儒效篇》「愚陋溝瞀」，無「猶」字，是其明證。楊釋「猶」爲「猶豫」，非也。遂受而傳之，以爲仲尼、子游爲茲厚於後世，仲尼、子游爲此言，垂德厚於後世也。○郝懿行曰：茲者，益也，多也，與「滋」義同。俞樾曰：楊注「仲尼、子游爲此言，垂德厚於後世」，則「爲茲厚」三字於文未足，殆非也。厚，猶重也。《戰國策·秦策》曰：「其於敝邑之王甚厚。」注曰：「厚，重也。」「爲茲厚於後世」者，「茲」即指子思、孟子而言。蓋荀子之意謂仲尼、子游之道，不待子思、孟子而重，而世俗不知，以爲仲尼、子游因此而後得重於後世，故曰「是則子思、孟軻之罪也」。郭嵩燾曰：荀子屢言仲尼、子弓，不及子游。本篇後云「子游氏之賤儒」，與子張、子夏同譏，則此「子游」必「子弓」之誤。是則子思、孟軻之罪也。

若夫總方略，齊言行，壹統類，而群天下之英傑而告之以大古，教之以至順；總，領也。統，謂綱紀；類，謂比類。大謂之統，分別謂之類。群，會合也。「大」讀曰「太」。奥窔之閒，簟席之上，斂然聖王之文章具焉，佛然平世之俗起焉；西南隅謂之奥，東南隅謂之窔，言不出室堂之内也。斂然，聚集之貌。「佛」讀爲「勃」。勃然，興起貌。窔，一弔反。○王引之曰：古無以「斂然」二字連文者，「斂」當爲「歙」，字之誤也。歙然者，聚集之貌，言聖王之文章，歙然皆聚於此也。《漢書·韓延壽傳》曰：「郡中歙然，莫不傳相敕厲。」《匡衡傳》曰：「學士歙然歸仁。」字亦作「翕」。《史記自序》曰「天下翕然大安殷富」，義並同也。楊注亦當作「歙然，聚集之貌」。今隨正文而誤。

六説者不能入也，十二子者不能親也；○謝本從盧校，「六」上有「則」字。王念孫曰：元刻無「則」字，宋龔本同。是也。上文「若夫」二字，總領下文十九句，而結之曰：「是聖人之不得埶者也。」此二十句皆一氣貫注，若第十一句上加一「則」字，則隔斷上下語脈矣。《韓詩外傳》無「則」字。下文「六説者立息，十二子者遷化」，「六説」上亦無「則」字。　先謙案：王説是，今從元刻，删「則」字。

無置錐之地，而王公不能與之争名；在一大夫之位，則一君不能獨畜，一國不能獨容；言王者之佐，雖在下位，非諸侯所能畜，一國所能容。或曰：時君不知其賢，無一君一國能畜者，故仲尼所至輕去也。

成名況乎諸侯，莫不願以爲臣。況，比也。言其所成之名，比況於人，莫與爲偶，故諸侯莫不願得以爲臣。或曰：既成名之後，則王者之輔佐也，況諸侯莫不願得以爲臣乎？未知其賢，則無國能容也。或曰：況猶益也。《國語》：「驪姬曰：衆況厚之。」○盧文弨曰：「成名」句即上文「王公不能與之争名」，注冗而未當。　郝懿行曰：「況」古作「兄」，其訓滋也，益也，長讀上聲也。此言聖人之名，有所埤益增長於諸侯，故莫不願得以爲臣也。《儒效篇》亦有此言。楊注不得其解。　王引之曰：「成名況乎」下有脱文，不可考。楊注非。《儒效篇》「願」下有「得」字，彼文因此而衍，則此文當有「得」字也。宋龔本有。《非相篇》「婦人莫不願得以爲夫，處女莫不願得以爲士」，文義正與此同。據楊注亦當有「得」字。　俞樾曰：楊注讀「諸侯莫不願以爲臣」作一句，則「成名況乎」四字，文不成義。又載或説，以「況乎」屬下句，則「成名」二字更不成義，皆非也。此當以「成名況乎諸侯」爲句。「成」與「盛」通。《周易·繫辭傳》「成象之謂乾」，蜀才本「成」作「盛」。《史記·封禪書》曰：「主祠成山。」《漢書·郊祀志》「成」作「盛」。然則「成名」猶「盛名」也。況者，賜也。言以盛名爲諸侯賜也。大賢所至，莫不以爲榮幸，若受其賜然。《漢書·灌夫傳》「將軍廼肯幸臨，況魏其侯」，即此「況」字之義。是聖人之不得埶者也，仲尼、子弓是也。

一天下，財萬物，「財」與「裁」同。○王念孫曰：「財」如《泰·象傳》「財成天地之道」之「財」，財亦成也。說見《經義述聞》。「財萬物」與「長養人民」、「兼利天下」連文，是財萬物即成萬物，《繫辭傳》曰「曲成萬物而不遺」是也。《儒效篇》曰：「通乎財萬物，養百姓之經紀。」《王制篇》曰：「等賦政事，財萬物，所以養萬民也。」楊云「裁制萬物」，失之。又曰：「序四時，裁萬物，「裁」與「財」同。兼利天下。」《富國篇》曰：「財萬物，養萬民。」義並與此同。長養人民，兼利天下，通達之屬，莫不從服，通達之屬，謂舟車所至，人力所通者也。六說者立息，十二子者遷化，遷而從化。則聖人之得埶者，舜、禹是也。今夫仁人也，將何務哉？上則法舜、禹之制，下則法仲尼、子弓之義，以務息十二子之說，如是則天下之害除，仁人之事畢，聖王之跡著矣。○盧文弨曰：「著」，宋本從竹作「箸」，下並同。

信信，信也；疑疑，亦信也。信可信者，疑可疑者，意雖不同，皆歸於信也。貴賢，仁也；賤不肖，亦仁也。言而當，知也；默而當，亦知也。故知默猶知言也。《論語》曰：「知之爲知之，不知爲不知，是知也。」當，丁浪反。故多言而類，聖人也；少言而法，君子也；言雖多而不流湎，皆類於禮義，是聖人制作者也。少言而法，謂不敢自造言說，所言皆守典法也。多少無法而流湎然，雖辯，小人也。湎，沈也。流者，不復返。沈者，不復出也。○盧文弨曰：此數語又見《大略篇》，彼作「多言無法」，此「少」字似訛。王念孫曰：「而」與「如」同。先謙案：「流湎」猶「沈湎」，說見《勸學篇》。故勞力而不當民務，謂之姦事；民務，四民之務。勞知而不律先王，謂之姦心；律，法。辯說譬諭、齊給便利而不順禮義，謂之姦說。齊，疾也。給，急也。便利，亦謂言辭敏捷也。此三姦者，聖王之所禁也。知而險，賊而神，用智於險，又賊害不測如神也。○郝懿行曰：小人雖有才智，而其心險如山川。賊害於物，而其機變若鬼神，如曹孟德、司馬仲達之類。楊注未了。王念孫曰：「知而險」與「賊而神」對文，則「知」非美稱。知者，巧也。《淮南·覽冥篇》注：「智故巧詐也。」《莊子·胠篋篇》「知詐漸毒」，《淮南·原道篇》「偶瞔智故曲巧僞詐」，並與此「知」字同義。故下句即云「爲詐而巧」，言既智巧而又險巇也。爲詐而巧，巧於爲詐。○俞樾曰：「爲」與「僞」通，「爲詐」即「僞詐」也。《管子·兵法篇》「不可數則僞詐不敢嚮」，《幼官篇》作「爲詐不敢鄉」，正與此同。楊注非是。言無用而辯，言辯而無用也。辯不惠而察，惠，順也。辭辯不順，道理不聽察也。○王念孫曰：此本作「無用而辯，不急而察」。辯者，智也，慧也。《廣雅》：「辯，慧也。」「慧」通作「惠」。《晉語》曰：「巧文辯惠則賢。」《逸周書·寶典篇》曰「辯惠千智」，《商子·説民篇》曰：「辯慧，亂之贊也。」「辯」通作「辨」。《大戴記·文王官人篇》曰：「不學而性辯。」《荀子·性惡篇》曰：「性質美而心辯知。」《東周策》曰：「兩周辯知之士。」是「辯」與「智慧」同義。非辯論之「辯」。下文「言辯而逆」，乃及言論耳。無用而辯，即辯而無用，非謂言無用而辯也。今本「言」字涉下文「言辯」而衍。不急而察，即察而不急，非謂辯不惠而察也。今本「辯」字涉上句而衍。上文云「甚察而不急，今本「急」字亦誤作「惠」，辯見前「甚察而不惠」下。辯而無用」，是其明證矣。楊説皆失之。治之大殃也。行辟而堅，「辟」讀爲「僻」。飾非而好，好飾非也。○王念孫曰：飾非而好，言其飾之工也。「好」字當讀上聲，不當讀去聲。楊説非。玩姦而澤，「玩」與「翫」同，習姦而使有潤澤也。言辯而逆，古之大禁也。逆者，乖於常理。知而無法，騁其異見也。「知」如字。勇而無憚，輕死。察辯而操僻淫，爲察察之辯，而操持僻淫之事。操，七刀反。○王念孫曰：「察辯」二字平列，「辯」字義見上。言能察能辯，而所操皆僻淫之術也。《勸學篇》曰：「不隆禮，雖察辯，散儒也。」《不苟篇》曰：「君子辯而不爭，察而不激。」荀子書皆以「察」「辯」對文，不可枚舉。大而用之，以前數事爲大而用之也。○俞樾曰：楊注讀「察辯而操僻淫」爲句，誤也。當以「察辯而操僻」五字爲句。《大略篇》亦云「察辯而操僻」，是其證。「大」讀爲「汏」。「淫」「汏」連文。《仲尼篇》曰「若是其險汙淫汰也」，是其證。「之」者，「乏」之壞字。襄十四年《左傳》曰「匱神乏祀」，《釋文》曰：「本或作之祀。」蓋「之」「乏」形似，故易誤耳。「淫汰而用乏」，與「察辯而操僻」相對成文。此文自「知而無法，勇而無憚」，至「利足而迷，負石而隊」，凡七句，語皆一律，而總之曰「是天下之所弃也」。楊以「大而用之」四字爲句，而釋之曰「以前數事爲大而用之」，則上下文氣隔矣。 好姦而與衆，好姦而與衆人共之，謂使人同之也。 利足而迷，苟求利足，而迷惑不顧禍患也。 負石而墜，謂申徒狄負石投河，言好名以至此也，亦利足而迷者之類也。○郝懿行曰：「利足而迷」，所謂捷徑以窘步也。「負石而墜」，所謂「力小而任重，高位實疾顛」也。二句皆譬況之詞。 先謙案：郝説是。 是天下之所弃也。

兼服天下之心，○先謙案：宋台州本分段，謝本它刻同。浙局本誤連上，今正。 高上尊貴，不以驕人；在貴位不驕人。 聰明聖知，不以窮人；○盧文弨曰：元刻「知」作「智」。 齊給速通，不争先人；○王念孫曰：「不争先人」，當依上下文作「不以先人」。今本「以」作「争」，涉下文「與人争」而誤也。《韓詩外傳》作「不以欺誣人」。《説苑·敬慎篇》作「無以先人」。文雖不同，而「以」字則同。 先謙案：《群書治要》作「争」，與本書合。 剛毅勇敢，不以傷人。 不知則問，不能則學，雖能必讓，然後爲德。 然後爲聖賢之德也。 遇君則修臣下之義，遇鄉則修長幼之義，在鄉黨之中也。 遇長則修子弟之義，遇友則修禮節辭讓之義，遇賤而少者則修告導寬容之義。 無不愛也，無不敬也，無與人争也，恢然如天地之苞萬物。 如是則賢者貴之，不肖者親之。 如是而不服者，則可謂訞怪狡猾之人矣，「訞」與「妖」同。 雖則子弟之中，刑及之而宜。 妖怪狡猾之人，雖在家人子弟之中，亦宜刑戮及之，況公法乎？ 《詩》云：「匪上帝不時，殷不用舊。 雖無老成人，尚有典刑。 曾是莫聽，大命以傾。」 此之謂也。《詩》，《大雅·蕩》之篇。鄭云：「老成人，伊尹、伊陟、臣扈之屬也。典刑，常事、故法也。」

古之所謂士仕者，厚敦者也，合群者也，士仕，謂士之入仕。合，謂和合群衆也。○王念孫曰：「士仕」當爲「仕士」，與下「處士」對文，今本「仕」「士」二字倒轉，下文同。楊曲爲之説，非。樂富貴者也，樂其道也。○俞樾曰：樂富貴，豈得爲樂其道？正文「樂」字，疑涉注文而誤。下云「羞獨富者也」，以獨富爲羞，必不以富貴爲樂。今雖不知爲何字之誤，大要是不慕富貴之意，故注以樂道説之也。先謙案：「富」字當是「可」字之誤。正文言「樂可貴者也」，故注以「樂其道」釋之，惟道爲可貴也。下文「君子能爲可貴」，注云：「可貴，謂道德也。」可互證。樂分施者也，施，或所宜反。○先謙案：《君道篇》云：「以禮分施，均徧而不偏。」均徧不偏，即分施之義。遠罪過者也，遠，于願反。務事理者也，務使事有條理。羞獨富者也。使家給人足也。今之所謂士仕者，汙漫者也，賊亂者也，汙漫，已解在《榮辱篇》。恣睢者也，恣睢，已解於上。貪利者也，觸抵者也，恃權埶而忤人。○王念孫曰：觸抵，謂觸罪過也。此對上文「遠罪過」而言。楊云「恃權埶而忤人」，失之。無禮義而唯權埶之嗜者也。古之所謂處士者，德盛者也，能靜者也，處士，不仕者也。《易》曰：「或出或處。」能靜，謂安時處順也。修正者也，知命者也，著是者也。明著其時是之事，不使人疑其姦詐也。○劉台拱曰：「著是」，疑當作「著定」，與上文「盛」「靜」等字爲韻，言有定守不流移也。今之所謂處士者，無能而云能者也，云能，自言其能也。《慎子》曰：「勁而害能則亂也。云能而害無能則亂也。」蓋戰國時以言能爲云能，當時之語也。無知而云知者也，利心無足而佯無欲者也，好利不知足，而詐爲無欲者也。行僞險穢而彊高言謹愨者也，以不俗爲俗，以不合俗人自爲其俗也。離縱而跂訾者也。「訾」讀爲「恣」。離縱，謂離於俗而放縱。跂恣，謂跂足違俗，而恣其志意，皆違俗自高之貌。或曰：「縱」當爲「縰」，傳寫誤耳。「縰」與「纚」同，步也。離縰，謂離於俗而步去。跂訾，亦謂跂足自高，而訾毀於人。離，力智反。跂，丘氏反。縰，所綺反。○郝懿行曰：「縱」與「蹤」同，本作「蹝」，謂車迹也。俗作「蹤」，假借作「縱」耳。離縱者，謂離其尋常蹤迹，而令人敬異也。舉足望曰跂。訾，訓思也，量也。跂訾者，謂跂望有所思量，而示人意遠也。此皆絶俗離群，矯爲名高之事，故曰「士君子所不能爲」也。　王念孫曰：楊有前後二説，前説讀「訾」爲「恣」，以離縱爲離於俗而放縱，跂訾爲跂足違俗而恣其志意，皆非也。後説謂「縱」爲「縰」之誤，是也。《莊子·在宥篇》：「儒、墨乃始離跂、攘背乎桎梏之間。」「離跂」疊韻字。《荀子》云「離縰而跂訾」，「離縰」「跂訾」，亦疊韻字。大抵皆自異於衆之意也。楊訓「縰」爲「步」，而以「離縰」爲離於俗而步去，「跂訾」爲跂足自高而訾毁於人，亦非。凡疊韻之字，其意即存乎聲，求諸其聲則得，求諸其文則惑矣。

士君子之所能不能爲：○謝本從盧校作「士君子之所不能爲」，劃屬上段。　盧文弨曰：宋本「之所」下衍一「能」字，今從元刻删。或疑此句因下文首句而誤衍。　王念孫曰：吕、錢本並作「士君子之所能不能爲」，世德堂本同。案此文本作「士君子之所能爲不能爲」，乃總冒下文之詞。下文「君子能爲可貴，不能使人必貴己」六句，皆承此文而言。宋本脱上「爲」字，元刻又脱上「能」字，盧既依元刻删「能」字，又不知此句爲冒下之詞，而以爲承上之詞，遂劃出此句爲上段之末句，誤矣。又疑此句因下文而衍，則誤之又誤也。　先謙案：宋台州本此句連上，台州本即祖吕本，是分段之誤，不自盧始也。然王説自是，今分屬下段。　君子能爲可貴，不能使人必貴己；可貴，謂道德也。能爲可信，不能使人必信己；能爲可用，不能使人必用己。可用，謂才能也。故君子恥不修，不恥見汙；見汙，爲人所汙穢也。恥不信，不恥不見信；恥不能，不恥不見用。是以不誘於譽，不恐於誹，虚譽不能誘，毁謗不能動。率道而行，端然正己，不爲物傾側，夫是之謂誠君子。誠，實也，謂無虚僞也。《詩》云：「温温恭人，維德之基。」此之謂也。已解在《不苟篇》。

士君子之容：其冠進，其衣逢，其容良；進，謂冠在前也。逢，大也，謂逢掖也。良，謂樂易也。○俞樾曰：楊注以冠在前爲進，不詞甚矣。「進」讀爲「峻」。峻，高也。言其冠高也。下云「其衣逢」，注曰：「逢，大也。」於冠言高，於衣言大，義正相類。「進」「峻」音近，故得通用。《禮記・祭統篇》：「百官進徹之。」鄭注曰：「進當爲餕。」然則「峻」之爲「進」，猶「餕」之爲「進」矣。

儼然，壯然，祺然，蕼然，恢恢然，廣廣然，昭昭然，蕩蕩然，是父兄之容也。儼然，矜莊之貌。壯然，不可犯之貌。或當爲「莊」。祺然，蕼然，未詳。或曰：祺，祥也，吉也，謂安泰不憂懼之貌。「蕼」當爲「肆」，謂寬舒之貌。恢恢、廣廣，皆容衆之貌。昭昭，明顯之貌。蕩蕩，恢夷之貌。其冠進，其衣逢，其容慤；謹敬。儉然，恀然，輔然，端然，訾然，洞然，綴綴然，瞀瞀然，是子弟之容也。儉然，自卑謙之貌。恀然，恃尊長之貌。《爾雅》曰：「恀，恃也。」郭云：「江東呼母爲恀，音紙。」輔然，相親附之貌。端然，不傾倚之貌。訾然，未詳，或曰：與「孳」同，柔弱之貌。洞然，恭敬之貌。《禮記》曰：「洞洞乎其敬也。」綴綴然，不乖離之貌，謂相連綴也。瞀瞀然，不敢正視之貌。○俞樾曰：《漢書・敘傳》：「姼姼公主。」師古曰：「姼姼，好貌。」「恀」即「姼」之叚字。嚴威儼恪，成人之道，非所以事親，故子弟之容，必姼姼然好也。楊注失之迂曲。

吾語汝學者之嵬容：說學者爲嵬行之形狀。「嵬」已解於上。○盧文弨曰：元刻正文無「容」字，今從宋本增。郝懿行曰：上「嵬瑣」注「嵬與傀義同」，引《大司樂》鄭注「傀猶怪也」。然則嵬容者，怪異之容，故其下遂以重文疊句寫貌之。先謙案：學者之嵬容，猶言學者之嵬之容耳。「嵬」「容」二字不連，下文言「是學者之嵬也」，即其明證。楊注「說學者爲嵬行之形狀」，亦不以「嵬」「容」連文。郝說誤。其冠絻，其纓禁緩，其容簡連；「絻」當爲「俛」，謂太向前而低俯也。纓，冠之繫也。禁緩，未詳。或曰：讀爲「紟」，紟，帶也。言其纓大如帶而緩也。簡連，傲慢不前之貌。紟，其禁反。連，讀如「往蹇來連」之「連」。填填然，狄狄然，莫莫然，瞡瞡然，瞿瞿然，盡盡然，盱盱然。填填然，滿足之貌。「狄」讀爲「趯」，跳躍之貌。「莫」讀爲「貊」。貊，靜也，不言之貌。或動而跳躍，或靜而不言，皆謂舉止無恒也。瞡瞡，未詳。或曰：「瞡」與「規」同。規規，小見之貌。瞿瞿，瞪視之貌。盡盡，極視盡物之貌。盱盱，張目之貌。皆謂視瞻不平，或大察也。盱，許于反。○郝懿行曰：「狄」與「逖」同，遠也。填填者，盈滿之容。狄狄者，疏散之容也。莫者，大也。「瞡」疑與「嫢」同。嫢羌箠切。者，細也。《方言》：「細而有容謂之嬰。」然則莫莫者，矜大之容。覝覝者，鄙細之容。瞿瞿者，左右顧望之容。盡盡者，閉藏消沮之容。盱盱者，張目直視之容也。凡此皆以相反相儷爲義。俞樾曰：盡盡，猶津津也。《莊子·庚桑楚篇》曰：「津津乎猶有忍也。」此作「盡盡」者，聲近，故叚用耳。《周官·大司徒職》曰「其民黑而津」，《釋文》云：「津，本作濜。」然則「津津」之爲「盡盡」，猶「津」之爲「濜」矣。酒食聲色之中，則瞞瞞然，瞑瞑然；瞞瞞，閉目之貌。瞑瞑，視不審之貌。謂好悦之甚，佯若不視也。瞞，莫干反。瞑，母丁反。禮節之中，則疾疾然，訾訾然；謂憎疾毁訾也。勞苦事業之中，則儢儢然，離離然；偷儒而罔，無廉恥而忍䜐訽，是學者之嵬也。事業，謂作業也。儢儢，不勉彊之貌。離離，不親事之貌。陸法言云：「儢，心不力也。音吕。」偷儒，謂苟避事之勞苦也。罔，謂罔冒不畏人之言也。䜐訽，詈辱也。此一章皆明視其狀貌而辨善惡也。今之所解，或取聲韻假借，或推傳寫錯誤，因隨所見而通之也。〇盧文弨曰：正文「䜐訽」，元刻作「謑訽」。案，《説文》「謑，胡禮切」，重文「䜐」，實一字也。洪興祖《楚辭補注·九思篇》「謑訽」下引《荀子》作「䜐訽」，正與宋本合，其引注「罵辱也」，又與元刻同。案，《漢書·賈誼傳》有「奊詬亡節」語，同此。彼「奊」音「絜」。元刻「罵辱也」下有「謑音奚」三字，宋本無。郝懿行曰：此言學者之嵬容也。瞞瞞瞑瞑，與「眠」同，謂耽於酒食聲色，惛瞀迷亂之容也。疾疾訾訾，謂苦於禮節拘迫，畏憚惰窳之容也。儢儢離離，謂不耐煩苦勞頓，嬾散疏脱之容也。皆以四字合爲雙聲，狀其醜態，爲學者戒。偷儒，已見《修身篇》。「䜐訽」，楊注以爲「詈辱」，是也。本或作「謑訽」，《賈誼書》所謂「奊詬亡節」，亦其義也。弟佗其冠，神禫其辭，弟佗其冠，未詳。「神禫」，當爲「沖澹」，謂其言淡薄也。〇盧文弨曰：「弟」本或作「弚」，《集韻》音徒回反。《莊子·應帝王篇》有「弟靡」，此「弟佗」義當近之，與上所云「其冠絻」亦頗相似。俗間本俱作「第作」。先謙案：虞、王本作「第作」，與盧説合。浙局本妄改「作」爲「非」。禹行而舜趨，是子張氏之賤儒也。但宗聖人之威儀而已矣。正其衣冠，齊其顏色，嗛然而終日不言，是子夏氏之賤儒也。「嗛」與「慊」同，快也，謂自得之貌。終日不言，謂務於沈默。《史記》樂毅與燕惠王書曰：「先王以爲嗛於志也。」〇郝懿行曰：嗛，猶謙也，抑退之貌，楊注非。《仲尼篇》云「滿則慮嗛」，《注》云：「嗛，不足也。」與此「嗛」同。偷儒憚事，無廉恥而耆飲食，必曰君子固不用力，是子游氏之賤儒也。偷儒，已解上。「耆」與「嗜」同。此皆言先儒性有所偏，愚者效而慕之，故有此敝也。○郝懿行曰：此三儒者，徒似子游、子夏、子張之貌，而不似其真。正前篇所謂「陋儒」、「腐儒」者，故統謂之「賤儒」。言在三子之門爲可賤，非賤三子也。彼君子則不然。佚而不惰，勞而不僈，雖逸而不懈惰，雖勞而不弛慢。宗原應變，曲得其宜，如是然後聖人也。宗原，根本也。言根本及應變皆曲得其宜也。○先謙案：《王制篇》云：「舉措應變而不窮，夫是之謂有原。」注云：「原，本也。」宗原者，以本原爲宗也。應萬變而不離其宗，各得其宜，是謂聖人。注以宗原爲根本，又云「根本應變，皆得其宜」，失之。

仲尼篇第七

仲尼之門人，五尺之豎子，言羞稱乎五伯。○王念孫曰：「仲尼之門人」，「人」字後人所加也。下文同。下文兩言「曷足稱乎大君子之門」，皆與此「門」字相應，則無「人」字明矣。《春秋繁露·對膠西王篇》：「仲尼之門，五尺之童子，言羞稱五伯，爲其詐以成功，苟爲而已也，故不足稱於大君子之門。」《漢書·董仲舒傳》同。《風俗通義·窮通篇》：「孫卿小五伯，以爲仲尼之門，羞稱其功。」語皆本於《荀子》，而亦無「人」字。《文選·陳情事表》注、《解嘲》注兩引《荀子》皆無「人」字。是何也？曰：然。彼誠可羞稱也。齊桓，五伯之盛者也，言盛者猶如此，況其下乎！「伯」讀爲「霸」。或曰：伯，長也，爲諸侯之長。《春秋傳》曰：「王命內史叔興父策命晉侯爲侯伯也。」前事則殺兄而爭國，兄，子糾也。內行則姑姊妹之不嫁者七人，閨門之內，般樂奢汏，般，亦樂也。汏，侈也，音太。下同。以齊之分奉之而不足；分，半也，用賦稅之半也。《公羊傳》曰：「師喪分焉。」外事則詐邾，襲莒，并國三十五。詐邾，未聞。襲莒，謂桓公與管仲謀伐莒，未發，爲東郭牙先知之是也。并國三十五，謂滅譚、滅遂、滅項之類，其餘所未盡聞也。其事行也若是其險汙淫汏也，事險而行汙也。行，下孟反。彼固曷足稱乎大君子之門哉！○王念孫曰：呂、錢本「險汚淫汏也」下有「如彼」二字，元刻無「如」字，以「彼」字屬下讀，元刻是也。下文云「彼固曷足稱乎大君子之門哉」，正與此句相應，則「彼」字屬下讀明矣。呂、錢本「彼」上衍「如」字，則以「如彼」與「若是」對文，與楊注不合矣。錢本及元刻「事行」作「行事」，亦與楊注不合。先謙案：宋台州本亦有「如彼」二字，盧氏刪之，謝本從盧校。今依王說，從元刻增「彼」字。若是而不亡，乃霸，何也？曰：於乎！夫齊桓公有天下之大節焉，夫孰能亡之？「於乎」讀爲「嗚呼」，歎美之聲。大節，謂大節義也。倓然見管仲之能足以託國也，是天下之大知也。倓，安也，安然不疑也。大知，謂知人之大也。倓，地坎反。○俞樾曰：《說文》：「覢，暫見也。」「睒，暫視貌。」二字音義俱近。「倓」即其叚字也。倓然，暫見之謂。暫見而即知其足以託國，是以謂之「大知」。楊注失之。安忘其怒，出忘其讎，遂立以爲仲父，是天下之大決也。安，猶內也。出，猶外也。言內忘忿恚之怒，外忘射鉤之讎。仲者，夷吾之字；父者，事之如父，故號爲仲父。大決，謂斷決之大也。○王念孫曰：安，語詞。荀子書通以「安」「案」二字爲語詞，說見《釋詞》「安」字下。「忘其怒」，「忘其讎」，「遂立以爲仲父」，三句文義甚明，則「忘其讎」上不當有「出」字，蓋衍文也。楊注不得其解，而爲之詞。立以爲仲父，而貴戚莫之敢妬也；不敢妬其親密。與之高、國之位，而本朝之臣莫之敢惡也；高子、國子，世爲齊上卿，今以其位與之。本朝之臣，謂舊臣也。《春秋傳》：管仲曰「有天子之二守國、高在」。與之書社三百，而富人莫之敢距也。書社，謂以社之戶口書於版圖。《周禮》：「二十五家爲社。」「距」與「拒」同，敵也。言齊之富人莫有敢敵管仲者也。○盧文弨曰：案，注所引《周禮》出《說文》，乃古《周禮》說也。「距」，古字，「拒」，俗字。《論語》石經殘字「其不可者距之」。郝懿行曰：《論語》：「奪伯氏駢邑三百，飯疏食，沒齒無怨言。」朱子《集注》援此說之。貴賤長少，秩秩焉，莫不從桓公而貴敬之，是天下之大節也。秩秩，順序之貌。諸侯有一節如是，則莫之能亡也。桓公兼此數節者而盡有之，夫又何可亡也！其霸也，宜哉！非幸也，數也。其術數可霸，非爲幸遇也。然而仲尼之門人，五尺之豎子，言羞稱乎五伯，是何也？曰：然。彼非本政教也，○王引之曰：五伯亦有政教，不得言五伯非本政教。「本」當爲「平」，字之誤也。隸書「本」字與「平」相似，故「平」誤爲「本」。《致士篇》曰：「刑政平而百姓歸之。」《孟子·離婁篇》曰：「君子平其政。」昭二十年《左傳》曰：「是以政平而不干。」《周南·芣苢序》箋曰：「天下和，政教平。」五伯猶未能平其政教，故曰非平政教也。「平政教」三字，本篇一見，《王制篇》兩見，《王霸篇》兩見，其誤爲「本政教」者四，楊注《王霸篇》曰：「雖有政教，未盡修其本也。」此不得其解而爲之說。唯《王制篇》之一未誤，今據以訂正。非致隆高也，致，至極也。非綦文理也，非極有文章條理也。非服人之心也。非以義服之也。鄉方略，審勞佚，「鄉」讀爲「向」，趨也。審勞佚，謂審知使人之勞佚也。畜積修鬭，而能顛倒其敵者也。畜積倉廩，修戰鬭之術，而能傾覆其敵也。○王引之曰：「修鬭」二字，殊爲不詞。楊注加數字以解之，其失也迂矣。《王霸篇》作「鄉方略，審勞佚，謹畜積，修戰備」，疑此亦本作「謹畜積，修鬭備」，而傳寫有脱文也。此篇及《王霸篇》自「鄉方略」以下，皆以三字爲句，以是明之。詐心以勝矣，彼以讓飾爭，依乎仁而蹈利者也。爲讓所以飾爭，非真讓也。行仁所以蹈利，非真仁也。小人之傑也，彼固曷足稱乎大君子之門哉！前章言五霸救時，故褒美之。此章明王者之政，故言其失。《孟子》曰：「五霸者，三王之罪人也。」

彼王者則不然。致賢而能以救不肖，致彊而能以寬弱，戰必能殆之而羞與之鬭，必以義服，不力服也。委然成文以示之天下，委然，俯就之貌，言俯就人使成文理，以示天下。○王引之曰：楊說迂回而不可通。竊謂委然，文貌也。「委」讀如「冠緌」之「緌」。《儒效篇》「綏綏兮其有文章也」，楊彼注云：「綏或爲葳蕤之蕤，蕤與緌同音。」此云「委然成文」，即所謂綏綏音蕤。有文章也。《禮記》多以「綏」爲「緌」，而《說文》「飢餒」字，經典多作「餧」，是從「委」從「妥」之字，古多相通。**而暴國安自化矣，有災繆者然後誅之。**有災怪繆戾者然後誅之，非顛倒其敵也。**故聖王之誅也綦省矣。**省，少也。所景反。○先謙案：《群書治要》「綦」作「甚」。**文王誅四，**四，謂密也，阮也，共也，崇也。《詩》曰：「密人不恭，敢距大邦，侵阮徂共。」《春秋傳》曰：「文王聞崇德亂而伐之，因壘而降。」《史記》亦説文王征伐，與此小異。誅者，討伐殺戮之通名。**武王誅二，**《史記》云：「武王斬紂與妲己。」《尸子》曰：「武王親射惡來之口，親斫殷紂之頸，手汙於血，不温而食。當此之時，猶猛獸者也。」○盧文弨曰：案「温」字有誤，或是「盥」字。俞樾曰：楊注所引，皆不足以爲二，所謂「誅二」者，殆即《孟子》所稱誅紂伐奄與？**周公卒業，**周公終王業，亦時有小征伐，謂三監、淮夷、商奄也。**至於成王則安以無誅矣。**言其化行刑措也。○王念孫曰：「安」下本無「以」字，此後人不知「安」爲語詞而誤以爲「安定」之「安」，故妄加「以」字耳。《大略篇》：「至成、康則案無誅已。」「案」亦語詞。「案」下無「以」字，是其明證。**故道豈不行矣哉！**以此言之，道豈不行，人自不行耳。故又以下事明之。❶**文王載百里地而天下一，**所載之地，不過百里，而天下一，以有道也。○顧千里曰：「載」下當有「之」字。「載之」「舍之」對文，二「之」字皆指道也。《富國篇》「以國載之」，是其證。楊注「載」下已脱「之」字。**桀、紂舍之，厚於有天下之埶而不得以匹夫老。**桀、紂舍道，雖有天下厚重之埶，而不得如庶人壽終。**故善用之，則百里之國足以獨立矣；不善用之，則楚六千里而爲讎人役。**善用，謂善用道也。讎人，秦也。楚懷王死於秦，其子襄王又爲秦所制而役使之也。**故人主不務得道而廣有其埶，是其所以危也。**

持寵、處位、終身不厭之術：論人臣處位，可終身行之之術。**主尊貴之則恭敬而僔，**「僔」與「撙」同，卑退也。**主信愛之則謹慎而嗛，**「嗛」與

❶「明」，原誤作「胡」，今據盧校本《荀子》改。

「歉」同，不足也。言不敢自滿也。《春秋穀梁傳》曰：「一穀不升謂之嗛。」○王引之曰：「嗛」與「謙」同。《周易釋文》曰：「謙，子夏作嗛。」故與「謹慎」連文。主專任之則拘守而詳，謹守職事，詳明法度。主安近之則慎比而不邪，謹慎親比於上，而不回邪諂佞。○王引之曰：「慎比」即「順比」，《王制篇》曰：「天下莫不順比從服。」「順」「慎」古多通用，不煩引證。言雖順比於君，而不諂諛也。楊分「慎比」爲二義，失之。主疏遠之則全一而不倍，不以疏遠而懷離貳之心。主損絀之則恐懼而不怨。貴而不爲夸，夸，奢侈也。信而不處謙，「謙」讀爲「嫌」。得信於主，不處嫌疑間，使人疑其作威福也。○謝本依盧校，「不」下有「忘」字。盧文弨曰：各本無「忘」字，惟宋本有，作「不忘處謙」，下解未嘗不可通。但注讀「謙」爲「嫌」，云「不處嫌疑間」，則「忘」字衍，當去之。王念孫曰：宋吕本如是，錢及各本俱無「忘」字。先謙案：「忘」字依注不當有，從各本删。任重而不敢專。財利至則善而不及也，必將盡辭讓之義然後受。善而不及，而，如也。言己之善寡，如不合當此財利也。○謝本從盧校「善」上有「言」字。王念孫曰：元刻無「言」字，是也。據楊注云「善而不及，而，如也」，則「善」上無「言」字明矣。注又云：「言己之善寡，如不合當此財利也。」此「言」字乃申明正文之詞，非正文所有也。宋本有「言」字，即涉注文而衍。先謙案：王説是，今依元刻删。福事至則和而理，禍事至則静而理，理，謂不失其道。和而理，謂不充屈；静而理，謂不隕穫也。富則施廣，貧則用節；可貴可賤也，可富可貧也，可殺而不可使爲姦也。君雖寵榮屈辱之，終不可使爲姦也。是持寵、處位、終身不厭之術也。雖在貧窮徒處之埶，亦取象於是矣，夫是之謂吉人。徒處，徒行。或曰：獨處也。雖貧賤，其所立志亦取法於此也。《詩》曰：「媚兹一人，應侯順德。永言孝思，昭哉嗣服。」此之謂也。《詩》，《大雅·下武》之篇。一人，謂君也。應，當；侯，維；服，事也。鄭云：「媚，愛；兹，此也。可愛乎武王，能當此順德，謂能成其祖考之功也。服，事也。明哉，武王之嗣行祖考之事，謂伐紂定天下也。」引此者，明臣事君，亦猶武王之繼祖考也。

求善處大重，理任大事，大重，謂大位也。○俞樾曰：「理」字衍文。「處大重」、「任大事」相對，皆蒙「善」字爲義。楊注曰「大重，謂大位也」，不釋「理」字之義，知楊氏作注時尚無「理」字也。「理」字蓋即「重」字之誤而衍者。擅寵於萬乘之國，必無後患之術，○先謙案：「求善處之術」二十二字爲句，與下「必無後患之術也」相應，與前後「持寵處位終身不厭之術」、「天下之行術」一律，楊失其讀。莫若好同之，好賢人與之同者也。援賢博施，除怨而無妨害人。除怨，不念舊惡。○盧文弨曰：正文「人」字，元刻作「之」。能耐任之，則慎行此道也；耐，忍也。「慎」讀爲「順」。言人有賢能者，雖不欲用，必忍而用之，則順己所行之道。耐，乃代反。○王念孫曰：「能耐任之」，「能而不耐任」，兩「能」字皆衍文。「耐」即「能」字也。《禮運》「故聖人耐以天下爲一家，以中國爲一人者」，鄭注曰：「耐，古能字。傳書世異，古字時有存者，則亦有今誤矣。」《樂記》「故人不耐無樂」，鄭注曰：「耐，古書能字也。後世變之，此獨存焉。」成七年《穀梁傳》「非人之所能也」，《釋文》：「能亦作耐。」《管子·人國篇》「聾、盲、喑啞、跛躄、偏枯、握遞，不耐自生者」，「耐」即「能」字。「耐任之，則慎行此道」者，言能任國家之大事，此承上「理任大事」而言。則慎行此道也。今作「能耐任之」者，後人記「能」字於「耐」字之旁，而傳寫者因誤合之也。「而不耐任」云云者，「而」讀爲「如」，言如不能任其事，則莫若推賢讓能也。今作「能而不耐任」者，傳寫者既「能」「耐」並録，而「能」字又誤在「而不」二字之上也。楊氏不得其解，故曲爲之詞。能而不耐任，有能者，不忍急用之。且恐失寵，則莫若早同之，推賢讓能，而安隨其後。如是有寵則必榮，失寵則必無罪，是事君者之寶而必無後患之術也。或曰：《荀子》非王道之書，其言駁雜，今此又言以術事君。曰：不然。夫荀卿生於衰世，意在濟時，故或論王道，或論霸道，或論彊國，在時君所擇，同歸於治者也。若高言堯、舜，則道必不合，何以拯斯民於塗炭乎？故反經合義，曲成其道。若得行其志，治平之後，則亦堯、舜之道也。又荀卿門人多仕於大國，故戒以保身推賢之術，與《大雅》「既明且哲」豈云異哉？○盧文弨曰：正文「也」字，元刻在「寶」字下。案推賢讓能，人臣之正道也。以此爲固寵之術，亦不善於持説矣。注曲爲之解，非是。故知者之舉事也，滿則慮嗛，嗛，不足也。當其盈滿，則思其後不足之時而先防之。平則慮險，安則慮危，曲重其豫，猶恐及其旤，是以百舉而不陷也。委曲重多，而備豫之，猶恐其及旤。「旤」與「禍」同。孔子曰：「巧而好度必節，勇而好同必勝，知而好謙必賢。」此之謂也。巧者多作淫靡，故好法度者，必得其節。勇者多陵物，故好與人同者，必勝之也。○郭嵩燾曰：「勝」當讀爲識蒸切。《説文》：「勝，任也。」言勇而好同，能盡人之力，則可以任天下之大事。愚者反是，處重擅權，則好專事而妬賢能，抑有功而擠有罪，志驕盈而輕舊怨；擠，推也，言重傷之也。輕舊怨，謂輕報舊怨。○王念孫曰：輕，謂輕忽也。以其處重擅權，見上文。故志驕盈而輕忽舊怨，以爲莫如予何也。楊云「輕報舊怨」，於「輕」下加「報」字，失之。以吝嗇而不行施道乎上，爲重招權於下以妨害人；雖欲無危，得乎哉！施道，施惠之道，欲重其威福，故招權使歸於己。是以位尊則必危，任重則必廢，擅寵則必辱，可立而待也，可炊而傹也。「炊」與「吹」同。「傹」當爲「僵」。言可以氣吹之而僵仆。「傹」音「竟」。○盧文弨曰：元刻作「音僵」。郝懿行曰：洪氏頤煊以「傹」爲「滰」，引《説文》「滰浙而行」。郭慶藩曰：字書無「傹」字，「傹」當讀爲「竟」。《説文》「樂曲盡爲竟」，引申之凡終盡之義皆謂之竟。炊而竟，猶言終食之間，謂時不久也。是何也？則墮之者衆，而持之者寡矣。墮，許規反。○先謙案：墮，毁也。持，扶助也。《解蔽篇》云：「鮑叔、寧戚、隰朋能持管仲，召公、吕望能持周公也。」

天下之行術，可以行於天下之術。以事君則必通，以爲仁則必聖。立隆而勿貳也，仁，謂仁人。聖亦通也。以事君則必通達，以爲仁則必有聖知之名者，在於所立敦厚而專一也。此謂可行天下之術也。○俞樾曰：「仁」當作「人」，言以事君則必通達，以爲人則必聖知也。楊注曰「仁，仁人」，失之矣。先謙案：「以事君」二句上屬爲義，言行天下之術如此也。「立隆」句下屬爲義。隆猶中也。立中道而無貳心，然後從而行之，是乃行術也。楊注似未晰。「仁」「人」古通，俞説是。然後恭敬以先之，忠信以統之，慎謹以行之，端慤以守之，頓窮則從之疾力以申重之。以敦厚不貳爲本，然後輔之以恭敬之屬。頓謂困躓也。疾力，勤力也。困戹之時則尤加勤力而不敢怠惰。申重，猶再三也。君雖不知，無怨疾之心；功雖甚大，無伐德之色；省求多功，愛敬不勌；如是則常無不順矣。省，少也。少所求，即多立功勞。省，所景反。以事君則必通，以爲仁則必聖。夫是之謂天下之行術。

少事長，賤事貴，不肖事賢，是天下之通義也。有人也，埶不在人上，而羞爲人下，是姦人之心也。志不免乎姦心，行不免乎姦道，而求有君子聖人之名，辟之是猶伏而咶天，救經而引其足也；「辟」讀爲「譬」。「咶」與「舐」同。經，縊也。伏而舐天，愈益遠也。救經而引其足，愈益急也。經音徑。○俞樾曰：「舐天」二字甚爲無誼，人豈有能舐天者乎？以此爲喻，近於戲矣。疑《荀子》原文作「眂天」，「眂」即古「視」字也。伏而視天，則不可見，故曰「説必不行」也。「眂」誤爲「舐」，傳寫者又改爲「咶」耳。先謙案：《漢書》云：「湯夢咶天而王。」《後漢·和熹鄧后紀》：「湯夢及天而咶之。」「咶天」，古有是語，故《荀子》引以爲譬，俞説非。《彊國篇》亦有此二語。説必不行矣，俞務而俞遠。「俞」讀爲「愈」。故君子時詘則詘，時伸則伸也。埶在上則爲上，在下則爲下，必當其分，安有埶不在上，而羞爲下之心哉！

荀子卷第三

荀子卷第四

唐登仕郎守大理評事楊倞注

臣王先謙集解

儒效篇第八 效，功也。

大儒之效，武王崩，成王幼，周公屏成王而及武王以屬天下，惡天下之倍周也。屏，蔽。及，繼。屬，續也。屬，之欲反。○王念孫曰：屬，繫也。天子者，天下之所繫，言周公屏成王而及武王以繫屬天下。故下句云：「惡天下之倍周也。」楊訓「屬」爲「續」。「續天下」之語不詞。履天子之籍，籍，謂天下之圖籍也。○謝本從盧校作「天下之籍」。王念孫曰：宋本作「天子」，是也。世德堂本同。《文選》江淹《雜體詩》注引此正作「履天子之籍」。《淮南・氾論篇》「周公履天子之籍，聽天下之政」，語即本於《荀子》。籍者，位也，謂履天子之位也。下文言「周公反籍於成王」，是「籍」與「位」同義。《彊國篇》曰：「夫桀、紂，執籍之所存，天下之宗室也。」執籍即「執位」，故《韓詩外傳》作「履天子之位，聽天下之政」。楊以「籍」爲天下之圖籍，非也。圖籍不可以言履。高注《淮南》以「籍」爲圖籍，誤與楊同。先謙案：王說是，今改從宋本。聽天下之斷，偃然如固有之，而天下不稱貪焉；偃然，猶安然。固有之，謂如固合有此位也。殺管叔，虚殷國，而天下不稱戾焉；「虚」讀爲「墟」。戾，暴也。墟殷國，謂殺武庚，遷殷頑民于洛邑，朝歌爲墟也。兼制天下，立七十一國，姬姓獨居五十三人，而天下不稱偏焉。《左氏傳》：成鱄對魏獻子曰：「昔武王克商，光有天下，其兄弟之國者十有五人，姬姓之國者四十人，皆舉親也。」與此數略同。言四十人，蓋舉成數。又曰：「昔周公弔二叔之不咸，故封建親戚，以蕃周室。管、蔡、郕、霍、魯、衛、毛、聃、郜、雍、曹、滕、畢、原、酆、郇，文之昭也。邘、晉、應、韓，武之穆也。凡、蔣、邢、茅、胙、祭，周公之胤也。」餘國名，淺學難盡詳究。○郝懿行曰：此總言之，《左傳》昭廿八年。晰言之曰：「其兄弟之國者十有五人，姬姓之國者四十人。」以校此數，

「三」當爲「五」。或「三」「五」字形易於混淆，故轉寫致誤耳。教誨開導成王，使諭於道，而能揜迹於文、武。開導，謂開通導達。揜，襲也。周公歸周，周公所封畿内之國亦名周，《春秋》周公黑肩，蓋其後也。言周公自歸其國也。○先謙案：歸周者，以周之天下歸之成王，與反籍於成王，文義一貫。故下文又以「歸周反籍」連言，非謂自歸其國。周公歸政，身在王朝，即使偶至其采邑，固非事理所重，不得以歸周爲詞也。反籍於成王，而天下不輟事周，然而周公北面而朝之。待其固安之後，北面爲臣，明攝政非爲己也。天子也者，不可以少當也，不可少頃當此位也。不可以假攝爲也。周公所以少頃假攝天子之位，蓋權宜以安周室也。能則天下歸之，不能則天下去之。是以周公屏成王而及武王以屬天下，惡天下之離周也。成王冠，成人，周公歸周反籍焉，明不滅主之義也。周公無天下矣，鄉有天下，今無天下，非擅也；鄉，讀爲「向」，下同。「擅」與「禪」同，言非禪讓與成王也。成王鄉無天下，今有天下，非奪也；變埶次序節然也。節，期也。權變次序之期如此也。○王引之曰：「節」上有「之」字，而今本脱之，則文義不明。此言周公鄉有天下而今無，成王鄉無天下而今有，皆變埶次序之節如此也。據楊注云「節，期也。權變次序之期如此」，則正文原有「之」字明矣。《榮辱篇》曰：「是非知能材性然也，是注錯習俗之節異也。」文義與此相似。先謙案：王説非也。《天論篇》云：「君子啜菽飲水，非愚也，是節然也。」與此文一例。節然，猶適然，説詳《彊國篇》。楊注亦非。故以枝代主而非越也，枝，枝子。周公，武王之弟，故曰枝。主，成王也。以弟誅兄而非暴也，謂殺管叔。管叔，周公之兄也。君臣易位而非不順也。時不得不然，故易位，非爲不順。因天下之和，遂文、武之業，明枝主之義，抑亦變化矣，天下厭然猶一也。厭然，順從之貌，一涉反。○謝本從盧校，「抑亦變化矣」作「仰易變化」，注多「仰易反易也」五字。盧文弨曰：正文「仰易變化」，宋本作「抑亦變化矣」，無「仰易反易也」五字注。今從元刻。　郝懿行曰：厭者，合也。《倉頡篇》云：「伏合人心曰厭。」《周語》「克厭天心」，韋昭注：「厭，合也。」此「厭」字本義，其音一剡切。楊注「厭然，順從之貌」，義猶近之，其音「一涉反」則非。「厭」字古有二音二義。《説文》：「厭，笮也。」笮者，迫也。此「厭」音於輒切。「一曰合也」，此「厭」音一剡切。荀書此「厭」訓合。此篇下云「猒猒兮其能長久也」，「猒」即「厭」之叚借。楊氏訓爲「猒足」，失其義也。《王霸篇》云「厭焉有千歲之固」，亦與此「厭」音義俱同。楊注引《禮記》曰「見君子而後厭然」鄭注：「厭讀爲黶。黶，閉藏貌。」楊蓋不知假借之義，鄭欲借「厭」爲「黶」，故訓「閉藏」。荀書之「厭」，自用本義，無取閉藏，何必依鄭讀「厭」爲「黶」邪？　王念孫曰：「抑亦變化矣」，宋吕、錢本並如是，世德堂本同。承上文而言，言周公以枝代主，君臣易位，然後反籍於成王，以明枝主之義，其事抑亦變化矣。然而天下晏然如一也，「抑亦變化矣」五字，不須注釋，故楊氏無注。元刻「抑亦變化矣」作「仰易變化」，而妄爲之注曰：「仰易，反易也。」案，諸書無謂「反易」爲「仰易」者。盧從元刻，非。　又曰：厭然，安貌。字本作「懕」，或作「猒」，又作「愔」。《方言》曰：「猒，安也。」《説文》曰：「懕，安也。」《玉篇》音於廉切。《爾雅》曰：「懕懕，安也。」《秦風・小戎篇》「厭厭良人」，《毛傳》曰：「厭厭，安静也。」《小雅・湛露篇》「厭厭夜飲」，《韓詩》作「愔愔」。昭十二年《左傳》「祈招之愔愔」，杜注曰：「愔愔，安和貌。」皆其證也。下文曰：「猒猒兮其能長久也。」《王霸篇》曰：「厭焉有千歲之固。」《正論篇》曰：「天下厭然，與鄉無以異也。」義並與此同。乃楊注於「天下厭然猶一」，則云「厭然，順從之貌，一涉反」；《正論篇》注又云「順服之貌」，古皆無此訓。於「猒猒兮其能長久」，則云「猒，足也」；於「厭焉有千歲之固」，則云「厭讀爲黶。黶然，深藏千歲不變改」。皆由不知「厭」之訓爲「安」，故望文生義，而卒無一當矣。　先謙案：宋本作「抑亦變化矣」，是也。今依王説改正。厭然，王説是。

非聖人莫之能爲，夫是之謂大儒之效。

秦昭王問孫卿子曰：「儒無益於人之國？」漢宣帝名詢，劉向編録，故以荀卿爲孫卿也。孫卿子曰：「儒者法先王，隆禮義，謹乎臣子而致貴其上者也。謹乎臣子，謂使不敢爲非。致，極也。人主用之，則埶在本朝而宜；言儒者得權埶在本朝，則事皆合宜也。○王念孫曰：埶者，位也，言位在本朝也。《禮運》「在埶者去」，鄭注曰：「埶，埶位也。」下文曰：

「埶在人上。」《仲尼篇》曰：「埶不在人上而羞爲人下。」《正論篇》曰：「埶位至尊。」是「埶」與「位」同義。楊以「埶」爲「權埶」，失之。不用，則退編百姓而慤，必爲順下矣。必不爲勃亂也。雖窮困凍餧，必不以邪道爲貪；無置錐之地，而明於持社稷之大義。嗚呼而莫之能應，然而通乎財萬物、養百姓之經紀。嗚呼，歎辭也。「財」與「裁」同。雖歎其莫己知，無應之者，而亦不怠惰困弃，常通於裁萬物、養百姓之綱紀也。○郝懿行曰：「嗚」，俗字，古止作「烏」。「烏呼而莫之應」，言儒雖困窮凍餧，若不以禮聘致，欲呼召之而必不能應也，此對秦昭王輕儒而言。必云「烏呼」者，李斯《諫逐客書》：「擊甕叩缶，歌呼烏烏，真秦之聲。」故以此言反之。注以歎辭爲解，不成文義。王念孫曰：「嗚」當爲「嘄」，字之誤也。「嘄」與「叫」同。《爾雅》：「祈，叫也。」《周官·大祝》注：「叫作嘄。」《小雅·北山》傳曰：「叫，呼也。」《周官·銜枚氏》曰：「禁嘄呼歎鳴於國中者。」《淮南·原道篇》曰：「叫呼仿佛。」《漢書·息夫躬傳》曰：「狂夫嘄譟於東崖。」並字異而義同。上言「嘄呼」，故下言「莫之能應」。若作「嗚呼」，則與下文義不相屬矣。《新序·雜事篇》作「叫呼而莫之能應」，是其明證也。先謙案：楊、郝二説皆非也。嗚呼而莫之能應，言儒者窮困之時，人不聽其呼召也，與「無置錐之地」句相儷，「然而」句與「而明」句相儷，文義甚明。財，成也。説見《非十二子篇》。埶在人上，則王公之材也；在人之上，謂爲人君也。在人下，則社稷之臣、國君之寶也。雖隱於窮閻漏屋，人莫不貴之，道誠存也。窮閻，窮僻之處。閻，里門也。漏屋，弊屋漏雨者也。○王念孫曰：《廣雅》曰：「閻謂之衖。」與「巷」同。「窮閻」即《論語》所云「陋巷」，非謂里門也。《新序·雜事篇》作「窮閭」，「閭」亦「巷」也。故《祭義》「弟達乎州巷」，鄭注曰：「巷猶閭也。」巷謂之閻，亦謂之閭，猶里門謂之閻，亦謂之閭。「漏」讀爲「陋巷」之「陋」。《説文》曰：「陋，阸陜也。」「陋屋」與「窮閻」同意，非謂弊屋漏雨也。《爾雅》曰：「陋，隱也。」《大雅·抑篇》「尚不愧于屋漏」，鄭箋曰：「漏，隱也。」是「陋」與「漏」通。《群書治要》引作「窮閻陋屋」，《韓詩外傳》作「窮巷陋室」，皆其明證矣。先謙案：《群書治要》作「人莫不貴，貴道誠存也」，言人所以莫不貴此人者，其可貴之道在也。文義爲長。《修身篇》云：「雖困四夷，人莫不貴。」《非相篇》

云：「雖不説人，人莫不貴。」句法一律，俱無「之」字。此作「貴之」，不重「貴」字者，下「貴」字或作「⺀」，轉寫者因誤爲「之」字耳。《君道篇》云「夫文王欲立貴道」，又云「於是乎貴道果立」，正與此「貴道」同義。**仲尼將爲司寇，**魯司寇也。**沈猶氏不敢朝飲其羊，公慎氏出其妻，慎潰氏踰境而徙，**皆魯人。《家語》曰：「沈猶氏常朝飲其羊以詐市人，公慎氏妻淫不制，慎潰氏奢侈踰法，魯之粥六畜者飾之以儲賈。」**魯之粥牛馬者不豫賈，必蚤正以待之也。**豫賈，定爲高價也。粥牛馬者不敢高價，言仲尼必先正其身以待物，故得從化如此。「賈」讀爲「價」。○盧文弨曰：正文「以待之」下，俗本有「者」字。　郝懿行曰：「豫」與「序」同，古字通用。早正市價以待之，故鬻者不復論序也。　劉台拱曰：孔子將爲司寇，而魯之人蚤自修正以待之，所謂不動而變，無爲而成也。　王念孫曰：「蚤正以待之」，與下文「孝弟以先之」，皆指孔子而言。若謂魯人蚤自修正以待，則與下文不類矣。　王引之曰：豫猶誑也。《周官·司市》注曰「使定物賈，防誑豫」是也。「豫」與「誑」同義，賈疏云：「恐有豫爲誑欺，故云防誑豫。」失之。《晏子·問篇》曰：「公市不豫，宮室不飾。」《鹽鐵論·力耕篇》曰：「古者商通物而不豫，工致牢而不僞。」不豫謂不誑也。又《禁耕篇》曰：「教之以禮，則工商不相豫。」謂不相誑也。「豫」、「猶」一聲之轉。《方言》曰：「猶，詐也。」詐亦誑也。「惑」謂之「猶」，亦謂之「豫」。《老子》：「與兮若冬涉川，猶兮若畏四鄰。」「與」與「豫」同。詐説惑人謂之猶，亦謂之豫，此轉語之相因者也。「豫」又作「儲」。《家語·相魯篇》：「孔子爲政三月，則鬻牛馬者不儲賈。」「儲」與「奢」古聲相近。《説文》曰：「奢，張也。」《爾雅》曰：「侜張，誑也。」亦古訓之相因者也。然則市不豫賈者，市賈皆實，不相誑豫也。《淮南·覽冥篇》曰：「黄帝治天下，市不豫賈。」《史記·循吏傳》曰：「子産爲相，市不豫賈。」《索隱》云：「謂臨時評其貴賤，不豫定賈。」失之。《説苑·反質篇》曰：「徒師沼治魏而市無豫賈。」義並與此同。説者皆讀「豫」爲「凡事豫則立」之「豫」，望文生義，失其傳久矣。　俞樾曰：「必」字衍文也。下文「孝弟以化之也」，與此句相對，下無「必」字，則此亦當無「必」字矣。「蚤」字無義，疑「脩」字之誤。「脩」字闕壞，止存右旁之「⺈月」，故誤爲「蚤」耳。《榮辱篇》曰：「脩正治辨矣。」《非十二子》篇曰：「脩正者也。」《富國篇》曰：「必先脩正其在我者。」《王霸篇》曰：「内不脩正其所以有。」皆以「脩正」二字連文，可以爲證。

《新序》引此作「布正」。「布」隸書或作「𢁉」，亦與「脩」字右旁相似。　先謙案：「豫賈」，王説是。「必蚤正」，王、俞説是。居於闕黨，闕黨之子弟罔不分，有親者取多，居，謂孔子閒居。闕黨之子弟，罔不分均有無。於分均之中，有父母者，取其多也。○謝本從盧校作「罔不必分」。　盧文弨曰：宋本無「必」字，元刻有。案，「必」與「畢」古通用。《新序》五作「罔罟分有親者取多」，其卷一作「畋漁分有親者得多」，與此不同。　郝懿行曰：「必」字誤衍，應依《新序》五作「罔罟分」。《説苑》七云：「羅門之羅，有親者取多，無親者取少。」正與《新序》同爲一事。　劉台拱曰：「罔不分」，當作「罔罘分」。罘，兔罟也，一曰麋鹿罟也。《新序》卷一作「畋漁分，有親者取多」，其卷五作「罔罟分，有親者取多」，與此文大同。元刻作「罔不必分」，妄增「必」字，不可從。　王念孫曰：「罔不分」，宋吕、錢本並如是，「不」即「罘」字，《晏子春秋·内篇》曰：「結罘罔。」　先謙案：宋本是，今依諸説删「必」字。　孝弟以化之也。由孔子以孝弟化之。　儒者，在本朝則美政，在下位則美俗。○盧文弨曰：「下位」，元刻作「其位」。　儒之爲人下如是矣。」

王曰：「然則其爲人上何如？」孫卿曰：「其爲人上也廣大矣！志意定乎内，禮節修乎朝，法則度量正乎官，忠信愛利形乎下。官，百官。形，見也。○王念孫曰：「官」與「朝」對文。《曲禮》：「在官言官，在朝言朝。」鄭注曰「官謂板圖文書之處」是也。《富國篇》亦曰：「節奏齊於朝，百事齊於官。」楊云：「官，百官。」失之。行一不義、殺一無罪而得天下，不爲也。此君義信乎人矣，通於四海，則天下應之如讙。以君義通於四海，故應之如讙。讙，喧也，言聲齊應之也。○王念孫曰：楊説非也。「君」當爲「若」，字之誤也。「此若義」猶云「此義」，「若」亦「此」也。《論語·公冶長篇》曰：「君子哉若人。」連言此若者，古人自有複語耳。「此若義」三字承上文而言，言此義信乎人，通乎四海，則天下莫不應之也。《新序·雜事篇》作「若義信乎人矣」，是其明證也。《禮記·曾子問篇》曰：「子游之徒，有庶子祭者，以此若義也。」鄭讀「以此」爲一句，「若義也」爲一句，非是。説見《經義述聞》。《管子·山國軌篇》曰：「此若言何謂也？」《墨子·尚賢篇》曰：「此若言之謂也。」

《史記·蘇秦傳》曰：「王何不使辯士，以此若言説秦。」今本「若」譌作「苦」。《燕策》作「若此言」。皆並用「此若」二字。是何也？則貴名白而天下治也。貴名，謂儒名可貴。白，明顯。○盧文弨曰：俗本注末有「之貌」二字。顧千里曰：「治」疑當作「願」。《榮辱篇》「身死而名彌白，小人莫不延頸舉踵而願」，楊注：「願猶慕也。」《王制篇》：「若是名聲白，舊本誤「日」，下衍「聞」。見《雜志》第三。天下願。」楊注：「願，謂人人皆願。」《致士篇》：「而貴名白，天下願。」楊注：「天下皆願從之也。」此「願」同《榮辱篇》之「願」，此「天下願」同《王制篇》、《致士篇》之「天下願」明甚。楊此篇無注，蓋已誤爲「治」，其實非也。故近者歌謳而樂之，遠者竭蹶而趨之。竭蹶，顛倒也。遠者顛倒趨之，如不及然。四海之内若一家，通達之屬，莫不從服，夫是之謂人師。通達之屬，謂舟車所至，人力所通之處也。師，長也。言儒者之功如此，故可以爲人之師長也。○盧文弨曰：注「人之師長」，宋本無「之」字，今從元刻。郝懿行曰：師者，衆也。言合四海若一家，成爲大衆，謂衆所歸往也。《王制篇》及《議兵篇》義亦同。《爾雅》：「師，人也。」此言「人師」，其義則一。注云「師長」，非也。先謙案：如郝説，「夫是之謂人衆」，不詞甚矣。「師長」之義甚古，長亦君也。《周語》「古之長民者」，韋注：「長猶君也。」《廣雅·釋詁》：「長，君也。」「人師」猶言人君矣。《王制篇》、《議兵篇》語意大同。楊注並訓「師長」。又《王制篇》云「上無君師」，《正論篇》云「海内之民莫不願得以爲君師」，又云「然則是誅民之父母，而師民之怨賊也」，《禮論篇》云「尊先祖而隆君師」，皆作「君長」解。若如郝説，豈可通乎？《詩》曰：「自西自東，自南自北，無思不服。」此之謂也。《詩》，《大雅·文王有聲》之篇。引此以明天下皆歸之也。夫其爲人下也如彼，其爲人上也如此，何謂其無益於人之國也！」昭王曰：「善。」

先王之道，仁之隆也，比中而行之。先王之道，謂儒學仁人之所崇高也。以其比類中道而行之，不爲詭異之説，不高不下，使賢不肖皆可及也。○謝本從盧校作「仁人隆也」。王念孫曰：吕本作「仁之隆也」，是也。此言先王之道，乃仁道之至隆者也。所以然者，以其比中而行之也。楊云「仁人之所崇高也」，失之。錢本作「仁人隆也」，即涉注「仁人」而誤。比，順也，從也。說見《經義述聞・比象傳》。言從乎中道而行之也。楊以「比」爲「比類」，未確。　先謙案：下文以禮義釋「中」，則「比中」即《論語》「義之與比」之意。王説是也。「仁之隆也」義長，依吕本改正。

曷謂中？曰：禮義是也。道者，非天之道，非地之道，人之所以道也，君子之所道也。重説先王之道，非陰陽、山川、怪異之事，是人所行之道也。○謝本從盧校作「人之所道也」，無「君子之所道也」句。　盧文弨曰：宋本作「人之所以道也」，下又有「君子之所道也」句。今從元刻删正。　王念孫曰：盧説非也。「人之所以道」者，道，行也，謂人之所以行也。「君子之所道」者，道爲人之所以行，而人皆莫能行之，唯君子爲能行之也。二句本不同義，後人以爲重複而删之，謬矣。下文「君子之所謂賢者」八句，正承此君子而言，則此句之非衍文甚明。吕、錢本，世德堂本皆作「人之所以道也，君子之所道也」，今據以補正。　先謙案：王説是，今改從宋本。

君子之所謂賢者，非能徧能人之所能之謂也；君子之所謂知者，非能徧知人之所知之謂也；君子之所謂辯者，非能徧辯人之所辯之謂也；君子之所謂察者，非能徧察人之所察之謂也；有所正矣。苟得其正，不必徧能。或曰「正」當爲「止」，言止於禮義也。○王念孫曰：案，後説是也。《解蔽篇》曰：「夫學也者，固學止之也。惡乎止之？曰止諸至足。曷謂至足？曰聖王也。」是其證。《群書治要》正作「有所止矣」。

相高下，視墝肥，序五種，君子不如農人。相，視也。高下，原隰也。墝，薄田也。五種，黍、稷、豆、麥、麻。序，謂不失次序，各當土宜也。

通財貨，相美惡，辯貴賤，君子不如賈人。視貨物之美惡，辨其貴賤也。「賈」與「估」同。

設規矩，陳繩墨，便備用，君子不如工人。便備用，謂精巧便於備用。○先謙案：「備用」猶言「械用」，説見《王制篇》。

不卹是非、然不然之情，○王引之曰：「然不然」本作「然不」，即「然否」也。《哀公篇》「情性者，所以理然不取舍也」，是其證。「取舍」與「然不」對文，「是非」與「然不」亦對文。後人不知「不」爲「否」之借字，故又加「然」字耳。《性惡篇》「不恤是非、然不然之情」，誤與此同。　先謙案：「卹」「恤」通用，《秦策》「不恤楚交」，韋

注：「恤，顧也。」以相薦撙，以相恥怍，君子不若惠施、鄧析。薦，藉也。謂相蹈藉撙抑，皆謂相陵駕也。怍，慚也。○盧文弨曰：正文末有「也」字，今從元刻删。若夫謫德而定次，「謫」與「商」同，古字。商度其德而定位次。本或亦多作「譎」。「譎」與「決」同，謂斷決其德，故下亦有「譎德而序位」之語。○盧文弨曰：注末四字，宋本作「定次也」，訛，今從元刻。洪頤煊曰：字書無「謫」字，《君道篇》：「論德而定次，量能而授官。」文與此同。「謫」疑即「論」字之譌。《正論篇》「圖德而定次」，圖謀亦論也。「謫」字又譌作「譎」。王念孫曰：作「譎」者是也，作「謫」者，「譎」之譌耳。「譎」「決」古字通。《睽》上九王注「恢詭譎怪」，《釋文》：「譎本亦作決。」謂決其德之大小而定位次也。下文「譎德而序位」，是其明證。又《君道篇》「譎德而定次」，今本作「論德」，「論」字乃後人以意改之。《正論篇》「論德而定次」同。《韓詩外傳》作「決德」，則《荀子》之本作「譎」甚明。或據《君道篇》改此篇之「譎德」爲「論德」，非也。又《正論篇》「圖德而定次」，舊校云「一本作決德」，亦當以作「決」者爲是，作「圖」者，蓋亦後人所改。量能而授官，使賢不肖皆得其位，能不能皆得其官，任使各當其才。萬物得其宜，事變得其應，慎、墨不得進其談，惠施、鄧析不敢竄其察，竄，隱匿也。言二子之察，無所逃匿，君子皆識也。○先謙案：楊説非也。「不得進其談」，「不敢竄其察」，文義一律，「竄」與「進」意亦相配，不得解「竄」爲「逃匿」也。《大略篇》云：「貧窶者有所竄其手矣。」注：「竄，容也。」此「竄」亦當訓爲「容」。言二子無所容其察辨也。《吕覽·審分篇》：「無所竄其姦矣。」「竄」字意正與此同。言必當理，事必當務，是然後君子之所長也。

凡事行，有益於理者立之，行，下孟反。無益於理者廢之，夫是之謂中事。凡知説，有益於理者爲之，無益於理者舍之，夫是之謂中説。事行失中謂之姦事，○王念孫曰：「事行」，吕本作「行事」，錢本及各本「行事」皆作「事行」，盧從吕本。上文云：「事行無益於理者廢之，知説無益於理者舍之。」此云「事行失中謂之姦事，知説失中謂之姦道」，皆承上文而言，則作「事行」者是也。《仲尼篇》云：「其事行也，若是其險汙淫汏也。」楊注：「事險而行汙也。行，下孟反。」案，楊於

《仲尼篇》已釋「事行」二字，故此不復釋。《王制篇》云：「立身則從傭俗，事行則遵傭故。」皆其證。先謙案：謝本從盧校作「行事」，今從王説改正。知説失中謂之姦道。姦事姦道，治世之所棄而亂世之所從服也。若夫充虚之相施易也，充，實也。「施」讀曰「移」。移易，謂使實者虚，虚者實也。堅白、同異之分隔也，以「堅白」「同異」之言相分別隔易。「同異」，已解上也。是聰耳之所不能聽也，明目之所不能見也，辯士之所不能言也，雖有聖人之知，未能僂指也。僂，疾也。言雖聖人，亦不可疾速指陳。僂，力主反。《公羊傳》曰：「夫人不僂。」何休曰：「僂，疾也，齊人言也。」不知，無害爲君子；知之，無損爲小人。工匠不知，無害爲巧；君子不知，無害爲治。君子，卿大夫也。王公好之則亂法，百姓好之則亂事。事謂作業。而狂惑戇陋之人，乃始率其群徒，辯其談説，明其辟稱，老身長子，不知惡也。戇，愚也。辟，音譬。稱，尺證反。身老子長，言終身不知惡之也。夫是之謂上愚，有偏僻之見，非昧然無知，然亦不免於愚，故曰「上愚」。○劉台拱曰：「上愚」，猶言極愚，楊注非。曾不如相雞狗之可以爲名也。有惠施、鄧析之名，尚不如相雞狗之名也。○盧文弨曰：正文「曾不如」下，宋本有「好」字，元刻無。郝懿行曰：古人重畜，問富數焉，門材與焉，不獨相牛馬之有經也。後世蔑如矣。《詩》曰：「爲鬼爲蜮，則不可得。有靦面目，視人罔極。作此好歌，以極反側。」此之謂也。《詩》，《小雅·何人斯》之篇。毛云：「蜮，短狐也。靦，姡也。」鄭云：「使汝爲鬼爲蜮也，則汝誠不可得見也。姡然有面目，汝乃人也。人相視無有極時，終必與汝相見也。」引此以喻狂惑之人也。

我欲賤而貴，愚而智，貧而富，可乎？曰：其唯學乎！彼學者，行之，曰士也；彼爲儒學者，能行則爲士也。士者，修立之稱。○先謙案：楊以「彼爲儒學者」釋「彼學者」三字，非也。下言「行之曰士」，上言爲儒學之人，於義爲複矣。「彼學者」三字讀斷，與上「其唯學乎」正相呼應。「曰士也」，猶言「謂之士也」。

敦慕焉，君子也；敦厚慕之。○王引之曰：楊説非也。敦慕，皆勉也。《爾雅》曰：「敦，勉也。」《大戴記・五帝德篇》曰：「幼而彗齊，長而敦敏。」《内則》曰「惇行孝弟」，「敦」「惇」古字通。是「敦」爲勉也。《説文》：「慔，莫故切。勉也。」《爾雅》曰：「慔慔，勉也。」《釋文》：「慔音墓，亦作慕。」是「慕」爲「勉」也。《方言》：「侔莫，强也。北燕之外郊，凡勞而相勉若言努力者，謂之侔莫。」《淮南・繆稱篇》：「猶未之莫與。」高注：「莫，勉之也。」「莫」與「慕」亦聲近而義同。此承上文而言，言能行之則爲士，行而加勉則爲君子，故《曲禮》云「敦善行而不怠謂之君子」，非徒厚慕之而已也。知之，聖人也。知之，謂通於學也。於事皆通，則與聖人無異也。上爲聖人，下爲士、君子，孰禁我哉！爲學之後，則誰能禁我使不爲聖人、士、君子也。鄉也混然涂之人也，俄而並乎堯、禹，豈不賤而貴矣哉！混然，無所知之貌；並，比也。「鄉」音「向」。「涂」與「途」同。鄉也效門室之辨，混然曾不能决也，效，白；辨，别也。向者，明白門室之别異，猶不能决，言所知淺也。○王引之曰：楊以「效」爲「明白」，既明白門室之别矣，何又不能决乎？乃又云「言所知淺也」。此則曲爲之解，而終不可通。今案，效者，考也，驗也。並見《廣雅》。考驗門室之别，曾混然不能决，言其愚也。古謂考爲效，説見《經義述聞》《梓材》及《曲禮》。先謙案：王説是。《議兵篇》：「隆禮效功」，楊注亦云：「效，驗也。」俄而原仁義，分是非，圖回天下於掌上而辯白黑，豈不愚而知矣哉！原，本也，謂知仁義之本。圖，謀也。回，轉也，言圖謀運轉天下之事，如在掌上也。○盧文弨曰：「而辯」之「而」與「如」同。俞樾曰：楊注「圖謀運轉」，兩義不倫，恐非其旨。圖者，「圓」之誤字。《廣雅・釋詁》：「圎，圓也。」圎回，猶圓轉也。《淮南・原道篇》曰「圎者常轉」，是其義也。圎回天下於掌上，言天下之大，可圓轉於掌上也。隸書「圖」字或作「圗」，或作「圖」，皆與「圎」字相似，學者多見「圖」，少見「圎」，因誤爲「圖」耳。鄉也胥靡之人，俄而治天下之大器舉在此，豈不貧而富矣哉！胥靡，刑徒人也。胥，相；靡，繫也，謂鏁相聯相繫，《漢書》所謂「鋃鐺」者也。舉，皆也。顔師古曰：「聯繫使相隨而服役之，猶今囚徒以鏁連枷也。」○王引之曰：此「胥靡」非謂刑徒人也。胥靡者，空無所有之謂，故荀子以況貧。胥之言疏也。司馬彪注《莊子·應帝王篇》曰：「胥，疏也。」宣十四年《左傳》：「車及於蒲胥之市。」《吕氏春秋·行論篇》作「蒲疏」。《史記·蘇秦傳》：「東有淮、穎、煑棗、無胥」，《魏策》作「無疎」。疏，空也。靡，無也。胥靡，猶言胥無。春秋齊有「賓胥無」，蓋取此義也。《漢書·揚雄傳》：客難曰：「胥靡爲宰，寂寞爲尸。」「胥靡」與「寂寞」相對爲文，是「胥靡」爲空無所有之意。張晏曰：「胥，相也。靡，無也。言相師以無爲作宰者也。」案，張訓「靡」爲「無」是也，其訓「胥」爲「相」則失之。今有人於此，屑然藏千溢之寶，雖行貣而食，人謂之富矣。屑然，雜碎衆多之貌。行貣，行乞也。貣，土得反。○郝懿行曰：屑，瑣細之貌，至寶不必盈握，故以瑣細言之。「屑」，今作「屑」，「溢」作「鎰」。彼寶也者，衣之不可衣也，下「衣」於既反。言已爲衣，則不可衣著。○盧文弨曰：案，「已」「以」通。食之不可食也，賣之不可僂售也。僂，疾。○郝懿行曰：上云「雖有聖人之知，未能僂指也」，注引《公羊傳》曰：「夫人不僂。」何休注：「僂，疾也。」按「僂」皆「屢」之假借字。《釋詁》云：「屢，疾也。」「售」者，「讎」之俗字。《詩》曰：「賈用不讎。」然而人謂之富，何也？豈不大富之器誠在此也。喻學者雖未得衣食，亦猶藏千金之寶也。○先謙案：楊説非也。此言藏寶者不可衣食，不可僂售，然而人謂之富者，以其有大富之器也。不指學者言，下文「是杅杅亦富人」，始就學者之富言之。是杅杅亦富人已，豈不貧而富矣哉！杅杅，即于于也，自足之貌。《莊子》曰：「聽居居，視于于也。」○王引之曰：「聽居居」，「視于于」，與「富」意無涉。案《方言》：「于，大也。」《文王世子》：「于其身以善其君。」鄭注曰：「于讀爲迂。迂猶廣也，大也。」《檀弓》：「易則易，于則于。」《正義》亦曰：「于謂廣大。」重言之則曰「于于」。上文曰「治天下之大器在此」，又曰「大富之器在此」，是言學之富如財之富也，故曰「是杅杅亦富人已」。故君子無爵而貴，無禄而富，不言而信，不怒而威，窮處而榮，獨居而樂，豈不至尊、至富、至重、至嚴之情舉積此哉！舉，皆也。此，此儒學也。其情皆在此，故人尊貴敬之。故曰：貴名不可以比周爭也，不可以夸誕有也，不可以埶重脅也，必將誠此然後就也。貴名，人所貴儒學之名。此，身也。爭之則失，讓之則至，遵道則積，夸誕則虛。遵道則自委積，夸誕則尤益空虛也。○王念孫曰：「道」當爲「遁」字之誤也。「遵遁」即「逡巡」。《文選・上林賦》注引《廣雅》曰：「逡巡，卻退也。」《管子・戒篇》作「逡遁」，《小問篇》作「遵遁」，與《荀子》同。《晏子・問篇》作「逡遁」，又作「逡循」，《莊子・至樂篇》作「蹲循」，《漢書・平當傳贊》作「逡遁」，《萬章傳》作「逡循」，三《禮》注作「逡遁」。並字異而義同。「遵遁」與「夸誕」對文。「遵遁則積」，承上文「讓之則至」而言。「夸誕則虛」，承上文「争之則失」而言。故下文云：「君子務積德於身，而處之以遵遁。」今本亦誤作「遵道」。言以退讓自處也。若作「遵道」，則與「夸誕」不對，且與上文不相應矣。楊依「遵道」爲解，故失之。故君子務修其内而讓之於外，務積德於身而處之以遵道。如是則貴名起如日月，天下應之如雷霆。衆應之聲如雷。○謝本從盧校「起」下有「之」字。盧文弨曰：正文「起之」，宋本無「之」字。王念孫曰：宋本是也。貴名起如日月，言貴名之顯著也。《王霸篇》：「如是則夫名聲之部發於天地之間也，豈不如日月雷霆云乎哉。」「起」下不當有「之」字。元刻及世德堂本有「之」字，乃涉下句「天下應之」而衍。吕、錢本皆無「之」字。先謙案：王説是，今改從宋本。故曰：君子隱而顯，微而明，辭讓而勝。《詩曰》：「鶴鳴于九皋，聲聞于天。」此之謂也。《詩》，《小雅・鶴鳴》之篇。毛云：「皋，澤也，言身隱而名著也。」鄭云：「皋，澤中水溢出所爲坎，自外數至九，喻聲遠也。」

鄙夫反是，比周而譽俞少，鄙争而名俞辱，煩勞以求安利，其身俞危。「俞」讀爲「愈」。○王念孫曰：譽非名譽，即「與」字也。「與」「譽」古字通。《射義》「則燕則譽」，鄭注：「譽或爲與。」《堯典》「伯與」，《漢書・古今人表》作「柏譽」。《韓子・有度篇》「忘主外交以進其與」，《管子・明法篇》「與」作「譽」。言雖比周以求黨與而黨與愈少也。《彊國篇》曰：「比周以争與。」下句「鄙争而名俞辱」，乃言名譽耳。元刻「譽」作「與」，本字也。宋本作「譽」，借字也。《小雅・角弓》傳：「比周而黨愈少，鄙争而名愈辱，求安而身愈危。」語皆本於《荀子》。「黨」亦「與」也。又《臣道篇》：「推類接譽以待無方。」楊注：「無方，無常也。」「譽」亦讀爲「與」。「與」亦「類」也。《周語》：「少曲與焉。」韋注曰：「與，類也。」言推類接與，以待事之無常者而應之也。楊以譽爲聲譽，失之。《詩》曰：「民之無良，相怨一方。受爵不讓，至于己斯亡。」此之謂也。《詩》，《小雅・角弓》之篇。引此以明不責己而怨人。故能小而事大，辟之是猶力之少而任重也，舍粹折無適也。舍，除也。「粹」讀爲「碎」。除碎折之外，無所之適，言必碎折。○先謙案：《正論篇》云：「蹎跌碎折，不待頃矣。」與此「粹折」義同。彼用本字。身不肖而誣賢，○先謙案：不肖而自以爲賢，是誣也。下文云「内不自以誣」，可證「誣賢」二字之義。《君道篇》云：「臣不能而誣能，則是臣詐也。」與此「誣賢」意同。是猶傴伸而好升高也，指其頂者愈衆。傴，僂也。「伸」讀爲「身」，字之誤也。傴身之人，而彊升高，則頭頂尤低屈，故指而笑之者愈衆。○劉台拱曰：「伸」蓋即「僂」字之譌。

故明主譎德而序位，○先謙案：譎，決也。說見上。所以爲不亂也；忠臣誠能然後敢受職，所以爲不窮也。分不亂於上，能不窮於下，治辯之極也。不亂，謂皆當其序。不窮，謂通於其職列也。言儒爲治辯之極也。○先謙案：辯亦治也，說見《不苟篇》。《詩》曰：「平平左右，亦是率從。」是言上下之交不相亂也。《詩》，《小雅・采菽》之篇。毛云：「平平，辯治也。」交謂上下相交接也。○王念孫曰：「交」如「上下交征利」之「交」。此承上文而言，分不亂於上，能不窮於下，是上下交不相亂也。「交不相亂」四字連讀。《富國篇》云「上下俱富，交無所藏之」，文義正與此同。楊云「交謂上下相交接」，則誤以「上下之交」連讀矣。

以從俗爲善，以貨財爲寶，以養生爲己至道，是民德也。養生爲己至道，謂莊生之徒。民德，言不知禮義也。○盧文弨曰：此條舊不提行。今案當分段。「從俗」元刻作「容俗」，今從宋本。劉台拱曰：養生，猶言治生，故曰「民德」，未及乎莊生之徒。王念孫曰：「民」字對下「士」、「君子」、「聖人」而言。行法至堅，不以私欲亂所聞，如是則可謂勁士矣。

行法至堅，好修正其所聞，以橋飾其情性，行法，謂行有法度。行，下孟反。「橋」與「矯」同。○盧文弨曰：案，宋本「橋」从「木」，《臣道篇》亦同。《正韻》引《荀子》亦从「木」。元刻从「手」，亦可通。劉台拱曰：《韓詩外傳》引此作「行法而志堅」。下同。據楊注「行有法度」，明「行法」與「志堅」對舉，不當作「至」。王念孫曰：法者，正也。言其行正，其志堅，楊云「行有法度」，加「有」字以釋之，則於義稍迂。故下句云「不以私欲亂所聞也」。古謂「正」爲「法」，説見《漢書・賈鄒枚路傳》。先謙案：荀書「至」「志」通借。《正論篇》：「其至意至闇也。」楊注「至當爲志」，是其證。《臣道篇》云：「相與彊君撟君。」盧校云：「『撟』，宋本作『橋』，《群書治要》作『矯』。」明荀書以「橋」代「矯」也。其言多當矣，而未諭也；其行多當矣，而未安也；其知慮多當矣，而未周密也；未諭，謂未盡曉其義。未安，謂未得如天性安行之也。周密，謂盡善也。上則能大其所隆，○先謙案：所隆，謂其所尊奉者，言能推崇其道而大之。下則能開道不已若者；如是則可謂篤厚君子矣。修百王之法，若辨白黑；應當時之變，若數一二；如數一二之易。行禮要節而安之，若生四枝；要，邀也。節，節文也。言安於禮節，若身之生四枝，不以造作爲也。要，一遥反。下「要時」同。要時立功之巧，若詔四時；邀時立功之巧，謂不失機權，若天告四時，使成萬物也。平正和民之善，億萬之衆而博若一人；如是則可謂聖人矣。雖博雜衆多，如理一人之少也。○謝本從盧校，「聖人」作「賢人」。盧文弨曰：「賢人」舊作「聖人」，誤。劉台拱云：「博若一人」，「博」當爲「傅」；《議兵篇》「和傳而一」，亦當作「和傅」，皆字之誤也。而一，如一也。億萬之衆，親附若一人，即所謂和傅如一也。王念孫曰：「博」與「傅」皆「摶」字之誤也。「摶」，即「專一」之「專」。億萬之衆而專若一人，即所謂和專如一也。《管子・幼官篇》曰：「摶一純固，今本「摶」誤作「博」。則獨行而無敵。」《呂氏春秋・决勝篇》曰：「積則勝散矣，摶則勝離矣。」《淮南・兵略篇》曰：「武王之卒三千人，皆專而一。」古書多以「摶」爲「專」，詳見《管子》。又曰：自「修百王之法」以下十句，非聖人不足以當之，故曰「如是則可謂聖人矣」。下文「如是則可謂聖人矣」，乃涉此文而衍。自「井井兮其有理」以下十句，楊注皆以爲論大儒之德，則非論聖人明矣。此下安得又有「如是則可謂聖人矣」八字乎？盧不知下文之衍，又以《哀公篇》孔子對哀公語有「如此則可謂賢人矣」一句，在「君子」「大聖」之間，遂改此文之「聖人」爲「賢人」，以別於下文之「聖人」。不知本書之例，皆以「士」、「君子」、「聖人」分爲三等，與孔子對哀公者不同。上文云：「行之曰士也，敦慕焉君子也，知之聖人也。」《修身篇》云：「好法而行，士也；篤志而體，君子也；齊明而不竭，聖人也。」《解蔽篇》曰：「嚮是而務，士也；類是而幾，君子也；知之，聖人也。」皆以「士」、「君子」、「聖人」分爲三等，與此文同一例。不得於「君子」之上添出「賢人」名目。各本及《韓詩外傳》皆作「聖人」，無作「賢人」者。上文之「篤厚君子」，即賢人也，故《外傳》曰：「篤厚君子，未及聖人也。」是「篤厚君子」之上即是聖人，不得又添一「賢人」名目。　先謙案：平正，猶平政也。《孟子·萬章篇》：「君子平其政。」《王制篇》云：「故君人者，欲安則莫若平政愛民矣。」《富國篇》云：「平政以齊民。」與此「平正和民」文義一律。「正」「政」古字通。《王霸篇》云：「立隆政本朝而當。」《彊國篇》云：「隆在修政矣。」二「政」字皆當作「正」。彼借「政」爲「正」，猶此借「正」爲「政」也。「博」當爲「摶」，王說是。盧改「聖人」爲「賢人」，誤，今正。

井井兮其有理也，井井，良易之貌。理，有條理也。○盧文弨曰：正文「有理」，各本作「有條理」。案注則正文「條」字衍，今刪。**嚴嚴兮其能敬己也，**嚴嚴，有威重之貌。能敬己，不可干以非禮也。「嚴」或作「儼」。○盧文弨曰：注「干以」，各本皆誤倒，今從明虞、王合訂本移正。**分分兮其有終始也，**事各當其分即無雜亂，故能有終始。分，扶問反。○王念孫曰：楊說迂曲而不可通。余謂「分分」當爲「介介」，字之誤也。隸書「介」「分」相似，故傳寫多譌。說見《淮南·繆稱篇》。《修身篇》：「善在身，介然必以自好也。」楊彼注云：「介然，堅固貌。」引《繫辭傳》「介如石焉」。此介介亦堅固貌也。固守不變，始終如一，故曰「介介兮，其有終始」。若作「分分」，則義不可通。又《君子篇》：「刑罰不怒罪，爵賞不踰德，分然各以其誠通。」「分」亦當爲「介」。介然，堅固貌，言誠心介然，上下相通也。若作「分然」，則義不可通。楊彼注云「善惡分然」，亦失之。　俞樾曰：「分」當讀爲「份」。《說文·人部》：「份，文質備也。從人，分聲。《論語》曰：文質份份。」分分即份份也，省偏旁耳。《君子篇》「分然各以其誠通」，義亦同此。　先謙案：王、俞二說並通。據下文又言「綏綏兮其有文章」，則王義爲允。**猒猒兮其能長久也，**猒，足也。亂生於不足，故知足然後能長久也。○先謙案：「猒猒兮」，猶安安然，説見上。樂樂兮其執道不殆也，殆，危也。〇俞樾曰：楊氏不釋「樂樂」之誼，蓋即以本字讀之。然「樂樂」字，經傳尟見。《王霸篇》曰「櫟然扶持心國」，楊注曰：「櫟讀爲落，石貌也。」此云「樂樂兮」，彼云「櫟然」，文異義同。《老子》曰：「落落如石。」「樂樂」猶「落落」也。以其執道不殆，故以石形容之。炤炤兮其用知之明也，炤炤，明見之貌。「炤」與「照」同。〇郝懿行曰：「炤」蓋「照」之或體字也，經典罕用。《釋蟲》「熒火即炤」，用「炤」字。《顔氏家訓・風操篇》云：「劉韜兄弟一生不爲照字，唯依《爾雅》火傍作召。」今讀荀書，可知「炤」字由來已久，蓋起於周、秦間矣。《王霸篇》亦有「炤」字。脩脩兮其用統類之行也，脩脩，整齊之貌。統類，綱紀也，言事不乖悖也。〇王念孫曰：「脩」讀爲「條」。《春秋繁露・如天之爲篇》曰：「行而無留，若四時之條條然。」是「條條」爲行貌。故曰「條條兮其統類之行也」，作「脩」者，借字耳。《韓子・難篇》「百官脩通」，《管子・明法解篇》「脩」作「條」。《集韻》：「脩，他彫切，縣名。周亞夫所封。」即《史記・絳侯世家》之條侯。是「條」「脩」古字通。楊以「脩脩」爲整齊貌，與「行」字義不相屬。 王引之曰：「統類」上不當有「用」字，蓋涉上句而衍。綏綏兮其有文章也，綏綏，安泰之貌。「綏」或爲「葳蕤」之「蕤」。熙熙兮其樂人之臧也，熙熙，和樂之貌。隱隱兮其恐人之不當也；隱隱，憂戚貌。恐人之行事不當理。此已上皆論大儒之德也。如是則可謂聖人矣。〇先謙案：此句衍文，説見上。此其道出乎一。

曷謂一？曰：執神而固。執持精神堅固。曷謂神？曰：盡善挾治之謂神。萬物莫足以傾之之謂固。「挾」讀爲「浹」。浹，周洽也。〇王念孫曰：正文「挾治」二字，元刻及世德堂本並作「挾洽」。「洽」字乃涉注文「周洽」而誤，盧從元刻，非也。吕、錢本「洽」並作「治」。「挾」與「浹」同。全體皆善故曰盡善，全體皆治，故曰浹治。「挾治」與「盡善」對文，若作「挾洽」，則與「盡善」不對矣。 王引之曰：「萬物」上當有「曷謂固曰」四字。「萬物莫足以傾之之謂固」，與「曷謂固」上下正相呼應。「曷謂固」與上文之「曷謂一」、「曷謂神」，皆文同一例。「曷謂神」、「曷謂固」，承上「執神而固」言之。下文「神固之謂聖人」，又承上「曷謂神」、「曷謂固」言之。今本脱去「曷謂固曰」四字，則與上下文不相應矣。先謙案：謝本從盧校。王説是，改從宋本。神固之謂聖人。聖人也者，道之管也。天下之道管是矣，百王之道一是矣。管，樞要也。是，是儒學。故《詩》、《書》、《禮》、《樂》之歸是矣。○劉台拱曰：「之」下當有「道」字，與上兩「之道」對文。《詩》言是其志也，是儒之志。《書》言是其事也，《禮》言是其行也，《樂》言是其和也，《春秋》言是其微也。微，謂儒之微旨。一字爲褒貶，微其文，隱其義之類是也。故《風》之所以爲不逐者，取是以節之也；《風》，《國風》。逐，流蕩也。《國風》所以不隨荒暴之君而流蕩者，取聖人之儒道以節之也。《詩序》曰：「變風發乎情，止乎禮義。發乎情，人之性也；止乎禮義，先王之澤也。」《小雅》之所以爲《小雅》者，取是而文之也；雅，正也。文，飾也。《大雅》之所以爲《大雅》者，取是而光之也；○郝懿行曰：光猶廣也。「光」「廣」古通用。《詩序》所謂「政有小大，故有《小雅》、《大雅》」是也。《頌》之所以爲至者，取是而通之也。至，謂盛德之極。天下之道畢是矣。鄉是者臧，倍是者亡。鄉是如不臧、倍是如不亡者，自古及今，未嘗有也！是皆謂儒也。「鄉」讀曰「向」。○盧文弨曰：正文兩「如」字，俱讀爲「而」。

客有道曰：孔子曰：「周公其盛乎！言其德盛。身貴而愈恭，家富而愈儉，勝敵而愈戒。」戒，備也，言勝敵而益戒備。荀卿之時，有客説孔子之言如此。應之曰：是殆非周公之行，非孔子之言也。武王崩，成王幼，周公屏成王而及武王，履天子之籍，負扆而坐，户牖之間謂之扆也。○謝本從盧校作「履天下之籍」。盧文弨曰：宋本作「履天子之籍」，今從元刻。案，「坐」當作「立」。王念孫曰：《正論篇》：「居則設張容，負依而坐，諸侯趨走乎堂下。」汪氏中亦云：「坐」當爲「立」，❶古無坐見諸侯之禮。鈔者淺陋，以意改之。先謙案：「天子之籍」是也。説見

❶「坐」，原誤作「作」，據文義改。

上，今改從宋本。諸侯趨走堂下。當是時也，夫又誰爲恭矣哉！兼制天下，立七十一國，姬姓獨居五十三人焉；周之子孫，苟不狂惑者，莫不爲天下之顯諸侯。孰謂周公儉哉！

武王之誅紂也，行之日以兵忌，武王發兵以兵家所忌之日。東面而迎太歲，迎，謂逆太歲。《尸子》曰：「武王伐紂，魚辛諫曰：『歲在北方，不北征。』武王不從。」至汜而汎，至懷而壞，汜，水名。懷，地名。《書》曰：「覃懷底績。」孔安國曰：「覃懷，近河地名。」謂至汜而適遇水汎漲，至懷又河水汎溢也。《吕氏春秋》曰：「武王伐紂，天雨日夜不休。」「汜」音「祀」。○盧文弨曰：正文「至汜」當作「至氾」。《左傳》「鄙在鄭地氾」，《釋文》音「凡」。字從「㔾」，不從「巳」。其地在成、皋之間。又漢高即位於氾水之陽，在定陶，《漢書》注音敷劒反，非周師所經也。「氾」、「汎」、「懷」、「壞」以音成義，楊氏不知「汜」當爲「氾」，而即音爲祀，誤矣。又注「河水汎溢」下，疑當有「壞道」二字。　王念孫曰：汪氏中曰：「『汜』當作『氾』，音汎。字從㔾，不從巳。」其説是也。然《荀子》所謂「至氾」者，究不知爲今何縣地。盧用汪説，而引《左傳》「鄙在鄭地氾」爲證。僖二十四年。案：杜注云：「鄭南氾也。在襄城縣南。」則非周師所至，不得引爲「至氾」之證矣。至共頭而山隧。共，河内縣名。共頭，蓋共縣之山名。隧，謂山石崩摧也。「隧」讀爲「墜」。「共」音「恭」。○盧文弨曰：案，「共頭」即「共首」，見《莊子》。　王念孫曰：此八字亦汪氏中校語也。「共首」，見《讓王篇》；「共頭」又見《吕氏春秋·誠廉篇》。霍叔懼曰：「出三日而五災至，無乃不可乎？」霍叔，武王弟也。出，行也。周居豐鎬，軍出三日，未當至共，蓋文王三分天下有其二，境土已近於洛矣。或曰：至汜之後三日也。周公曰：「刳比干而囚箕子，飛廉、惡來知政，夫又惡有不可焉！」比干，紂賢臣。箕子，紂諸父。箕，國名。子，爵也。飛廉、惡來，皆紂之嬖臣。飛廉善走，惡來有力也。遂選馬而進，選，簡擇也。○俞樾曰：《荀子》之意，方言周公之不戒，若馬必簡擇，則非其義矣。《詩·猗嗟》篇曰：「舞則選兮。」毛傳曰：「選，齊也。」此「選」字亦當訓「齊」。《車攻篇》曰：「我馬既同。」傳曰：「同，齊也。」然則選馬而進，蓋戎事齊力之義，非簡擇之謂。下文曰：「輿固馬選矣。」誼亦同此，猶言「我車既攻，我馬既同」也。若以「選」爲「簡擇」，則選馬可通，馬選不可通矣。**朝食於戚，暮宿於百泉，**杜元凱云：戚，衛邑，在頓丘衛縣西。百泉，蓋近朝歌地名。《左氏傳》曰：「晉人敗范氏於百泉。」**厭旦於牧之野。**厭，掩也。夜掩於旦，謂未明已前也。厭，於甲反。○俞樾曰：楊注「未明已前」謂之厭旦，於古無徵。且以文義論之，上云「朝食於戚，暮宿於百泉」，則此文「旦」下亦當有一字。今止云「厭旦於牧之野」，文義殊未足也。「厭旦」當作「旦厭」，「厭」讀爲「壓」。《彊國篇》：「如牆厭之。」注曰「厭讀爲壓」，此文「厭」字正與彼同。「旦壓於牧之野」，與上文「朝食」、「暮宿」，文義一律。成十六年《左傳》「楚晨壓晉軍而陳」，此云「旦厭」，猶彼云「晨壓」矣。**鼓之而紂卒易鄉，**倒戈而攻後也。「鄉」讀曰「向」。○郝懿行曰：倒戈之語，非《荀》所偁。易鄉者，蓋謂紂卒辟易奔北耳，未必倒戈相殺也。《孟子》不信「漂杵」，《荀子》不偁「倒戈」，其意正同。楊注援以釋《荀》，恐非。**遂乘殷人而誅紂。**乘，乘其倒戈之勢。○盧文弨曰：正文「誅紂」上，元刻有「進」字。郝懿行曰：乘者，覆也。謂駕其上也。注非。《書序》云：「周人乘黎。」僞《孔傳》：「乘，勝也。」亦非。先謙案：注「乘」字，各本不重，今從宋台州本增一「乘」字，文義較足。**蓋殺者非周人，因殷人也。**非周人殺之，因殷倒戈之勢自殺之。**故無首虜之獲，無蹈難之賞，**周人無立功受賞者。**反而定三革，偃五兵，**定，息。偃，仆也。皆不用之義。三革，犀也，兕也，牛也。《考工記》曰：「函人爲甲，犀甲七屬，兕甲六屬，合甲五屬。」《穀梁傳》曰：「天子救日，置五麾，陳五兵。」范甯云：「五兵，矛、戟、鉞、楯、弓矢。」《國語》説齊桓「定三革，偃五刃」，韋昭云：「三革，甲、冑、盾也。五刃，刀、劍、矛、戟、矢也。」**合天下，立聲樂，**合天下，謂合會天下諸侯歸一統也。**於是《武》、《象》起而《韶》、《護》廢矣。**《武》、《象》，周武王克殷之後樂名。《武》亦《周頌》篇名。《詩序》曰：《武》，奏《大武》也。」《禮記》曰：「下管《象》，朱干、玉戚，冕而舞《大武》。」《韶》、《護》，殷樂名。《左氏傳》曰「吴季札見舞《韶》《護》」者，蓋殷時兼用舜樂，武王廢之也。○盧文弨曰：「護」與「濩」同。宋本、元刻並同。**四海之內，**

莫不變心易慮以化順之。故外闔不閉，闔，門扇也。○盧文弨曰：宋本「閉」作「閅」，係俗體。跨天下而無蘄。跨，越也。蘄，求也。越天下而無求，言自足也。亦人皆與之，不待求也。○劉台拱曰：「蘄」蓋與「圻」同。言四海一家，無封疆之限也。《淮南·俶真訓》：「四達無境，通於無圻。」高注：「圻垠字也。」當是時也，夫又誰爲戒矣哉！太平如此，復誰備戒。

造父者，天下之善御者也，無輿馬則無所見其能；造父，周穆王之御者。羿者，天下之善射者也，無弓矢則無所見其巧。羿，有窮之君，逐夏太康而遂簒位者。○先謙案：「弓」，宋台州本作「弧」。大儒者，善調一天下者也，無百里之地則無所見其功。輿固馬選矣，而不能以至遠，一日而千里，則非造父也。弓調矢直矣，而不能以射遠中微，則非羿也。善射者，既能及遠，又中微細之物也。○俞樾曰：此本作「及遠中微」，故楊注曰「善射者，既能及遠，又中微細之物也」。「及遠」二字，即本正文。又《王霸篇》曰：「故人主欲得善射，射遠中微，則莫若羿、蠭門矣。」楊注曰「射及遠、中微細之物」，是其所據本亦作「及遠中微」。注文「射」字包「及遠」「中微」二意，讀者不察，謂注文作「射及遠」，則正文必是「射遠」，於是盡改爲「射遠中微」，非《荀子》之舊矣。《君道篇》曰：「人主欲得善射，射遠中微者，縣貴爵重賞以招致之。」《韓詩外傳》四引作「及遠中微」，可據以訂正。而《外傳》五引《儒效篇》文亦作「射遠中微」，疑後人依誤本《荀子》改之。用百里之地，而不能以調一天下，制彊暴，則非大儒也。

彼大儒者，雖隱於窮閻漏屋，無置錐之地，而王公不能與之争名；在一大夫之位則一君不能獨畜，一國不能獨容。成名况乎諸侯，莫不願得以爲臣。已解《非十二子篇》。○盧文弨曰：案，此段「在一大夫之位」云云，當爲衍文。《韓詩外傳》卷五無，此徑接下文，語勢方脗合。王念孫曰：此三十二字涉《非十二子篇》而衍。用百里之地，而千里之國莫能與之争勝；笞棰暴國，齊一天下，而莫能傾也，是大儒之徵也。傾，危也。徵，驗也。其言有類，其行有禮，類，善也，謂比類於善，不爲狂妄之言。○先謙案：類，法也。説見《非十二子篇》。其舉事無悔，其持險應變曲當；險，危也。其持危應變，皆曲得其宜。當，丁浪反。與時遷徙，與世偃仰，隨時設教。千舉萬變，其道一也；是大儒之稽也。其道一，謂皆歸於治也。故禹、湯、文、武，事跡不同，其於爲治一也。稽，考也。考，成也。其窮也，俗儒笑之；其通也，英傑化之，嵬瑣逃之，倍千人曰「英」，倍萬人曰「傑」。言英傑之士，則慕而化之；狂怪之人，則畏而逃去之也。邪説畏之，衆人媿之。衆人初皆非其所爲，成功之後，故自媿也。「媿」或爲「貴」。通則一天下，窮則獨立貴名。儒名。天不能死，地不能埋，桀、跖之世不能汙，非大儒莫之能立，仲尼、子弓是也。

故有俗人者，有俗儒者，有雅儒者，有大儒者。辨儒者之異也。不學問，無正義，以富利爲隆，是俗人者也。逢衣淺帶，解果其冠，逢，大也。淺帶，博帶也。《韓詩外傳》作「逢衣博帶」。言帶博則約束衣服者淺，故曰淺帶。「解果」未詳，或曰：解果，陿隘也。左思《魏都賦》曰：「風俗以韰倮爲嫿。」韰，音下界反。「倮」音「果」。「嫿」音「獲」，静好也。或曰：《説苑》：「淳于髡謂齊王曰：臣笑鄰圃之祠田，以一壺酒，三鮒魚，祝曰，蠏螺者宜禾，汙邪者百車。」「蠏螺」蓋高地也。今冠蓋亦比之，謂强爲儒服而無其實也。○盧文弨曰：「韰」當作「䪥」。所引《説苑》見《復恩篇》，又見《尊賢篇》。此所引《尊賢篇》之文也。「蠏螺」，彼作「蠏堁」，「鄰圃」作「臣鄰」，皆當從彼爲是。略法先王而足亂世術，略，粗也。粗法先王之遺言，不知大體，故足以亂世法。《韓詩外傳》作「略法先王而不足於亂世」。繆學雜舉，不知法後王而一制度，不知隆禮義而殺《詩》、《書》；後王，後世之王。夫隨當時之政而立制度，是一也。若妄引上古，不合於時，制度亂矣。故仲尼修《春秋》，盡用周法。《韓詩外傳》作「不知法先王也」。○郝懿行曰：「殺」蓋「敦」字之誤。下同。楊氏無注，知唐本猶未誤。其衣冠行僞已同於世俗矣，然而不知惡者；「衣冠」即上所云「逢衣淺帶」之比。行僞，謂行僞而堅。行，下孟反。○郝懿行曰：「僞」與「爲」同，行動作爲也。注非。　劉台拱曰：荀子書言「僞」者，義皆作「爲」。此「行僞」，《韓詩外傳》作「行爲」。　王念孫曰：「行僞」二字，「行」讀如字。本篇一見，《非十二子》篇一見，《正論篇》一見，《賦篇》一見。其見於《正論》及《賦篇》者，後人皆已改作「爲」。唯此篇及《非十二子》篇未改。而此篇注遂讀爲「詐僞」之「僞」矣。「然而不知惡」烏路反。與下「然而明不能別」對文，則「惡」下不當有「者」字。其言議談説已無以異於墨子矣，然而明不能別；○盧文弨曰：「別」上宋本有「分」字，今從元刻刪。呼先王以欺愚者而求衣食焉，呼謂稱舉。得委積足以揜其口，則揚揚如也。揚揚，得意之貌。隨其長子，事其便辟，舉其上客，億然若終身之虜而不敢有他志，是俗儒者也。長子，謂君之世子也。便辟，謂左右小臣親信者也。便，婢延反。「辟」讀爲「嬖」。舉其上客，謂褒美其上客，冀得其助也。「億」，字書無所見，蓋環繞囚拘之貌。《莊子》曰：「晥然在纆繳之中矣。」

○王念孫曰：「舉」讀爲「相與」之「與」。「與」古通作「舉」。説見《經義述聞·左傳》昭三年。謂交其上客，以求助也。楊以「舉」爲褒美，於義疏矣。　又曰：「億」蓋「僾」字之誤。《説文》：「僾，安也，從人，意聲。」意，於力切。《左傳》、《國語》通作「億」。「億」行而「僾」廢矣。僾然，安然也。言俗儒居人國中，苟圖衣食，見上文。安然若將終身而不敢有他志也。　俞樾曰：長子，猶鉅子也。《莊子·天下篇》釋文引向秀曰：「墨家號其道理成者爲鉅子，若儒家之碩儒。」「長」與「鉅」義同。鉅子、長子，蓋當時有此稱。隨其長子，謂奉一先生，以爲師從，而附和之也，楊注非其義。王氏讀「舉」爲「與」是也，解爲「交其上客」則非是。此蒙「事」字爲文，猶言事其便辟及其上客耳。法後王，一制度，隆禮義而殺《詩》、《書》，其言行已有大法矣，然而明不能齊雖有大體，其所見之明，猶未能齊言行，使無纖介之差。法教之所不及，聞見之所未至，則知不能類也，有所不知，則不能取比類而通之也。《禮記》：「雖先王未之有，可以義起。」是能類者矣。○俞樾曰：楊注斷「明不能齊」爲句，此失其讀也。「齊」讀爲「濟」。「然而」以下十八字作一句讀。言法教所及，聞見所至，則明足以及之；而不能濟其法教所未及，聞見所未至也。所以然者，由其知不能類也。學者誤謂「明不能齊」、「知不能類」相對成文，遂以「齊」字斷句，失之矣。《韓詩外傳》正作「明不能濟法教之所不及聞見之所未至」，無「知不能類」句。知之曰知之，不知曰不知，內不自以誣，外不自以欺，不自欺人。○盧文弨曰：宋本作「內不自以誣外，外不自以欺內」，但與注不合。　王念孫曰：《唐風・羔裘》傳曰：「自，用也。」《大雅・緜》傳、《江漢》箋及《大傳》注並同。言內不用之以誣己，外不用之以欺人。楊釋下句云「不自欺人」，失之。以是尊賢畏法而不敢怠傲，是雅儒者也。有雅德之儒也。法先王，統禮義，一制度，以淺持博，以古持今，以一持萬，以淺持博，謂見其淺則可以執持博也。「先王」當爲「後王」，「以古持今」當爲「以今持古」，皆傳寫誤也。○盧文弨曰：案，元刻作「以一行萬」，《外傳》同。本書《王制篇》亦同。　劉台拱曰：後王，謂周也。以古持今，亦謂以文、武、周公之德持今世。楊謂當爲「以今持古」，非。苟仁義之類也，雖在鳥獸之中若別白黑；善類在鳥獸之中猶別，況在人矣。倚物怪變，所未嘗聞也，所未嘗見也，卒然起一方，則舉統類而應之，無所儗㤜，倚，奇也。《韓詩外傳》作「奇物怪變」。卒，千忽反。「儗」讀爲「疑」。「㤜」與「怍」同。奇物怪變，卒然而起，人所難處者。大儒知其統類，故舉以應之，無所疑滯慙怍也。張法而度之，則晻然若合符節，是大儒者也。既無所疑怍，故開張其法以測度之，則晻然如合符節，言不差錯也。度，大各反。「晻」與「暗」同。符節，相合之物也。《周禮》「門關用符節」，蓋以全竹爲之，剖之爲兩，各執其一，合之以爲驗也。○王引之曰：「張法而度之」，《韓詩外傳》「張」作「援」。晻然，同貌也。《韓詩外傳》作「奄然」。《爾雅》：「弇，同也。」郭引《詩》「奄有龜蒙」。《魯頌・閟宮》。「弇」、「奄」、「晻」並通。楊云「晻」「暗」同，失之。故人主用俗人，則萬乘之國亡；不義而好利，故亡也。用俗儒，則萬乘之國存；僅存。用雅儒，則千乘之國安；用大儒，則百里之地久；小國多患難，用大儒然後可以長久也。而後三年，天下爲一，諸侯爲臣；長久之業既成，又三年修德化，則可以一天下，臣諸侯。蓋殷湯、周文皆化行之後三年而王也。○俞樾曰：楊注斷「久」字爲句，則「而後三年」句不成文義。此當以「久而後三年」五字爲句。言姑舉其久者言之，則以三年爲期；若速則或一年，或二年，即可以一天下而臣諸侯矣。《韓詩外傳》作「久而三年」，無「後」字。先謙案：俞説是。「久而後三年」者，猶言久至三年也，推極言之。《宥坐篇》云：「綦三年而百姓往矣。」與此同意。用萬乘之國，則舉錯而定，一朝而伯。「錯」讀爲「措」。「伯」讀爲「霸」。言一朝而霸也。○王念孫曰：楊讀「伯」爲「霸」，非也。信如楊説，則是大儒用百里之地而可以王，用萬乘之國而僅止於霸也，斯不然矣。今案，「伯」讀爲「白」，《王制》正義引《元命包》曰「伯之爲言白也，明白於德也」，是「伯」與「白」義相通。古鍾鼎文「伯仲」字多作「白」，是「伯」與「白」字亦相通。白，顯著也。言一朝而名顯於天下也。上文曰：「儒者爲人上則貴名白而天下治。」《致士篇》曰：「貴名白天下，願令行禁止，王者之事畢矣。」《樂論篇》曰：「名聲於是白，光輝於是大。」《王霸篇》曰：「如是則夫名聲之部發於天地之閒也，豈不如日月雷霆然矣哉。故曰以國濟義，一日而白，湯、武是也。」一日而白，猶一朝而白耳。《韓詩外傳》曰：「用萬乘之國，則舉錯而定，一朝而白。《詩》曰：『周雖舊邦，其命維新。』可謂白矣。」此尤其明證也。

不聞不若聞之，聞之不若見之，見之不若知之，知之不若行之。學至於行之而止矣。行之，明也。行之則通明於事也。○盧文弨曰：此節舊不提行，今案當分段。明之爲聖人。通明於事，則爲聖人。聖人也者，本仁義，當是非，齊言行，不失豪釐；無它道焉，已乎行之矣。當，丁浪反。已，止也。言聖人無他，在止於行其所學也。故聞之而不見，雖博必謬；雖博聞，必有謬誤也。見之而不知，雖識必妄；見而不知，雖能記識，必昧於指意，謂若制氏然也。○盧文弨曰：案，《漢書·禮樂志》云：「漢興，樂家有制氏，但能紀其鏗鏘鼓舞，而不能言其義。」此注蓋本此。俗本誤作「制力」，今從宋本訂正。知之而不行，雖敦必困。苟不能行，雖所知多厚，必至困躓也。不聞不見，則雖當，非仁也，雖偶有所當，非仁人君子之通明者也。其道百舉而百陷也。言偶中之道，百舉而百陷，無一可免也。故人無師無法而知則必爲盜，勇則必爲賊，云能則必爲亂，云能，自言其能。○盧文弨曰：楊氏注《非十二子篇》「無能而云能」下即作此語，固當；在此處似未安。此「云能」當如《易·繫辭傳》之「云爲」，亦不必分口之所言，身之所爲。蓋「云」有旋轉運動之義，「云能」二字，必當時有此成語，蓋即營幹之意。若依此注，則於下文「云能則速成」更難强通。　王念孫曰：下文云「人有師有法而知則速通，勇則速威，云能則速成」，則「云能」非自言其能之謂也。「知」、「勇」、「云能」，皆出於天生，而非出於人爲，則「云能」非營幹之意也。今案，云者，有也。言無師無法而有能，則必爲亂；有師有法而有能，則其成必速也。楊注《非十二子篇》引《慎子》曰：「云能而害，無能則亂也。」云能，有能也。《法行篇》：曾子曰：「《詩》曰：『轂已破碎，乃大其輻。事以敗矣，乃重大息。』其云益乎！」云益，有益也。古者多謂「有」爲「云」，《大雅·桑柔篇》「民有肅心，荓云不逮」，言使有不逮也。「爲民不利，如云不克」，言如有不克也。「云」字或作「員」。《秦誓》曰「雖則員然」，言雖則有然也。今本「員」作「云」，乃衛包所改，今據《正義》及《漢書·韋賢傳》注改正。以上三條，説者多失其義。辯見《釋詞》。故《廣雅》曰：「員、云，有也。」《文選》陸機《答賈長淵詩》注引應劭《漢書注》曰：「云，有也。」《晉語》：「其誰云不從。」韋注曰：「誰有不從。」察則必爲怪，惠施、鄧析之比。辯則必爲誕。人有師有法而知則速通，勇則速威，云能則速成，察則速盡，辯則速論。察則速盡，謂有聰察之性則能速盡物理。速論，謂能速論是非也。○王念孫曰：論，决也。言辯事則速决也。《後漢書·陳寵傳》「季秋論囚」，注云：「論，决也。」楊説「論」字未了。　先謙案：注「聰」，各本譌「聽」，據宋台州本改正。故有師法者，人之大寶也；無師法者，人之大殃也。

人無師法，則隆性矣；有師法，則隆積矣；隆，厚也。積，習也。厚性，謂恣其本性之欲。厚於積習，謂化爲善也。○盧文弨曰：案，宋本正文「隆性」作「隆情」，「隆積」作「隆性」。注「積習也」已下全不同，作「厚於情，謂恣其情之所欲；厚於性，謂本於善也」。俗間本亦同，當出後人所改，與荀子言性惡本旨不合，與下文及注皆矛盾。今悉據元刻改正。而師法者，所得乎情，非所受乎性，不足以獨立而治。情，謂喜怒愛惡，外物所感者也。言師法之於人，得於外情，非天性所受，故性不足獨立而治，必在因外情而化之。或曰：「情」當爲「積」。所得乎積習，非受於天性。既非天性，則不可獨立而治，必在化之也。○盧文弨曰：此注方釋「情」字，益可見上文不作「隆情」。王念孫曰：此及下文楊注所稱或說，改「情」爲「積」者皆是也。下文皆言「積」，不言「情」，是其證，前說皆非。又案：「不足以獨立而治」上，當更有一「性」字。言性不足以獨立而治，必待積習以化之也。故下文曰：「性也者，吾所不能爲也，然而可化也。」性也者，吾所不能爲也，然而可化也。言天性非吾自能爲也，必在化而爲之也。情也者，非吾所有也，然而可爲也。言情非吾天性所有，然可以外物誘而爲之。或曰：「情」亦當爲「積」，「積習」與「天然」有殊，故曰「非吾所有」。雖非所有，然而可爲之也。注錯習俗，所以化性也。注錯，猶措置也。錯，千故反。并一而不二，所以成積也。「并」讀爲「併」。一，謂師法。二，謂異端。習俗移志，安久移質。習以爲俗，則移其志；安之既久，則移本質。并一而不二，則通於神明，參於天地矣。

故積土而爲山，積水而爲海，○盧文弨曰：元刻作「積土謂之山，積水謂之海」。旦暮積謂之歲，至高謂之天，至下謂之地，宇中六指謂之極，六指，上下四方也。盡六指之遠，則爲六極，言積近以成遠。涂之人百姓，○先謙案：「人百姓」，猶言衆百姓。積善而全盡謂之聖人。彼求之而後得，爲之而後成，積之而後高，盡之而後聖。故聖人也者，人之所積也。言其德行委積。人積耨耕而爲農夫，積斲削而爲工匠，積反貨而爲商賈，「反」讀爲「販」。積禮義而爲君子。工匠之子莫不繼事，而都國之民安習其服。安習其土風之衣服。居楚而楚，居越而越，居夏而夏，夏，中夏。是非天性也，積靡使然也。靡，順也。順其積習，故能然。

故人知謹注錯，慎習俗，大積靡，則爲君

子矣；大積靡，謂以順積習爲也。縱性情而不足問學，則爲小人矣。爲君子則常安榮矣，爲小人則常危辱矣。凡人莫不欲安榮而惡危辱，故唯君子爲能得其所好，小人則日徼其所惡。「徼」與「邀」同，招也。一堯反。《詩》曰：「維此良人，弗求弗迪。維彼忍心，是顧是復。民之貪亂，寧爲荼毒。」此之謂也。《詩》，《大雅・桑柔》之篇。迪，進也。言厲王有此善人，不求而進用之，忍害爲惡之人，反顧念而重復之。故天下之民貪亂，安然爲荼毒之行，由王使之然也。

人論：論人之善惡。論，盧困反。○王念孫曰：「人論」二字，乃目下之詞。「論」讀爲「倫」。倫，類也，等也。謂人之等類，即下文所謂「衆人」、「小儒」、「大儒」也。下文又云：「人倫盡矣。」《榮辱篇》云：「斬而齊，枉而順，不同而一，夫是之謂人倫。」作「論」者，借字耳。《屯・象傳》：「君子以經論。」荀爽曰：「倫者，禮也。」《大雅・靈臺篇》「於論鼓鐘」，鄭箋：「論之言倫也。」《公食大夫禮》「倫膚匕」，今文「倫」或作「論」。《王制》「必即天論」，「論」或爲「倫」。《逸周書・官人篇》：「規小物而不知大倫。」《大戴記》「倫」作「論」。楊説失之。又《臣道篇》：「人臣之論，有態臣者，有簒臣者，有功臣者，有聖臣者。」「論」亦讀爲「倫」，謂人臣中有此四等也。楊云「論人臣之善惡」，亦失之。志不免於曲私，而冀人之以己爲公也；行不免於汙漫，而冀人之以己爲修也；汙，穢也。漫，欺詐也。漫，莫叛反。○王念孫曰：漫亦汙也。《方言》：「浼，洿也。東齊、海岱之閒或曰浼。」「洿」與「汙」同，「浼」與「漫」同。《吕氏春秋・離俗篇》：「不漫於利。」高注曰：「漫，汙也。」楊讀「漫」爲「謾欺」之「謾」，分汙漫爲二義，失之。凡荀子書言「汙漫」者，並同。其愚陋溝瞀，而冀人之以己爲知也，是衆人也。溝，音寇，愚也。溝瞀，無知也。衆人謂衆庶也。○王念孫曰：「其」字文義不順，當是「甚」字之誤，言甚愚而冀人以己爲智也。又曰：吕本「其」作「甚」。先謙案：宋台州本亦作「甚」。志忍私然後能公，行忍情性然後能修，忍，謂矯其性。行，下孟反。知而好問然後能才，其智慮不及，常好問然後能有才藝。○先謙案：「知而好問」，不自以爲知也，楊注非。公修而才，可謂小儒矣。皆矯其不及，故爲小儒也。志安公，行安修，知通統類，如是則可謂大儒矣。大儒者，天子三公也。其才堪王者之佐也。小儒者，諸侯大夫士也。衆人者，工農商賈也。禮者，人主之所以爲群臣寸尺尋丈檢式也。人倫盡矣。檢，束也。式，法也，度也。寸、尺、尋、丈，所以知長短也。檢束所以制放佚。大儒可爲天子三公，小儒可爲諸侯大夫，禮可以揔統群臣，人主之柄也。「倫」當爲「論」。或曰：倫，等也。言人道差盡於禮也。○王念孫曰：檢、式，皆法也。《文選·演連珠》注引《蒼頡篇》云：「檢，法度也。」是「檢」與「式」同義。言治人以禮，如寸、尺、尋、丈之有法度也。楊分「檢式」爲二義，失之。

君子言有壇宇，行有防表，道有一隆。累土爲壇。宇，屋邊也。防，隄防。表，標也。言有壇宇，謂有所尊高也。行有防表，謂有標準也。一隆，謂厚於一，不以異端亂之也。○王念孫曰：壇，堂基也。《獨斷》曰：「壇謂築土起堂。」宇，屋邊也。言有壇宇，猶曰言有界域，即下文所謂「道不過三代，法不二後王」，非有所尊高之謂也。先謙案：「道有一隆」，謂有所專重，如下文問政則專重安存，問學專重爲士，問治法專重後王是也。非厚於一之謂，楊說失之。言道德之求，不下於安存。此「道德」或當爲「政治」，以下有「道德之求」，故誤重寫耳。故下云：「諸侯問政不及安存，則不告也。」謂人以政治來求，則以安存國家已上之事語之也。○先謙案：安存以百姓言。言志意之求，不下於士。以修其志意來求，則語爲士已上之事。言道德之求，不二後王。道德，教化也。人以教化來求，則言當時之切所宜施行之事。不二後王，師古而不以遠古也。舍後王而言遠古，是二也。道過三代謂之蕩，道過三代已前，事已久遠，則爲浩蕩難信也。法二後王謂之不雅。雅，正也。其治法不論當時之事，而廣説遠古，則爲不正也。高之下之，小之臣之，不外是矣。「臣」當爲「巨」。雖高下小大不出此壇宇防表也。是君子之所以騁志意於壇宇宮庭也。宮謂之室。庭，門屏之内也。君子雖騁志意論説，不出此壇宇宮庭之内也。是時百家異説，多妄引前古以亂當世，故荀卿屢有此言也。故諸侯問政，不及安存，則不告也；○先謙案：如衛靈公問陳，孔子對以軍旅未學。匹夫問學，不及爲士，則不教也；○先謙案：如樊遲問學稼學圃，孔子答以不如老農、老圃。百家之説，不及後王，則不聽也。百家雜説，不及後王之道，安起異端，則君子不聽之也。夫是之謂君子言有壇宇，行有防表也。

荀子卷第四

荀子卷第五

唐登仕郎守大理評事楊倞注

臣王先謙集解

王制篇第九

請問爲政。曰：賢能不待次而舉，不以官之次序，若傅説起版築爲相也。罷不能不待須而廢，須，須臾也。○盧文弨曰：「須」，俗本誤作「頃」，宋本、元刻並作「須」。先謙案：罷謂弱不任事者。荀書多以「賢」「罷」對舉。《王霸篇》：「無國而不有賢士，無國而不有罷士。」《非相篇》：「君子賢而能容罷。」《正論篇》：「故至賢疇四海，湯、武是也；至罷不容妻子，桀、紂是也。」《成相篇》：「基必施，辨賢罷。」與此同。元惡不待教而誅，不教而殺謂之虐，唯元惡不教誅之也。中庸民不待政而化。中庸民易與爲善，故教則化之，不待政成之後也。○郝懿行曰：「中庸民」，言中等平常之人。賈誼《過秦論》所謂「材能不及中庸」，義與此同。《史記》改作「材能不及中人」，亦得其意。王念孫曰：「元惡」、「中庸」對文，「中庸」下不當獨有「民」字，此涉注文「中庸民」而衍。《韓詩外傳》無「民」字。分未定也則有昭繆。「繆」讀爲「穆」。父昭子穆，言爲政當分未定之時，則爲之分別，使賢者居上，不肖居下，如昭穆之分別然，不問其世族。○郝懿行曰：二語難曉，楊氏説亦不了。《韓詩外傳》四同。先謙案：楊説是也。此即下文所謂「以類行雜」。雖王公士大夫之子孫，○先謙案：宋台州本句末有「也」字，與下文一律，此「也」字似當有。不能屬於禮義，則歸之庶人；雖庶人之子孫也，積文學，正身行，能屬於禮義，則歸之卿相士大夫。屬，繫也，之欲反。故姦言、姦説、姦事、姦能，○先謙案：「姦事」「姦説」，荀自解在《非十二子》及《儒效篇》。言亦説也。能亦事也。遁逃反側之民，職而教之，須而待之。反側，不安之民也。職而教之，謂使各當教其本事也。須而待之，謂須暇之而待其遷善也。

勉之以慶賞，懲之以刑罰，安職則畜，不安職則棄。畜，養也。棄，謂投四裔之比也。五疾，上收而養之，材而事之，五疾，瘖、聾、跛躄、斷者、侏儒。各當其材使之，謂若矇瞽修聲，聾聵司火之屬。官施而衣食之，兼覆無遺。官爲之施設所職，而與之衣食。○先謙案：「收而養之」以下三句一律，皆上之事，即官之事也，不應此處又增入「官」字。今案，官者，任也。義具《解蔽篇》。施者，用也。義具《臣道篇》。官施而衣食之，猶言任用而衣食之。《王霸篇》云：「論德使能而官施之。」尤其明證。楊注誤。才行反時者死無赦。夫是之謂天德，王者之政也。天德，天覆之德。○王念孫曰：「王者」上當有「是」字。「是王者之政也」，乃總承上文之詞。下文「是王者之人也」、「是王者之制也」、「是王者之論也」，皆與此文同一例。今本脱「是」字則語意不完。《韓詩外傳》有「是」字。

聽政之大分，○盧文弨曰：舊本不提行，今案當分段。先謙案：台州本提行。以善至者待之以禮，以不善至者待之以刑。兩者分別，則賢不肖不雜，是非不亂。賢不肖不雜則英傑至，是非不亂則國家治。若是，名聲日聞，○王念孫曰：「名聲日聞」，本無「聞」字。「日」本作「白」，名聲白者，白，明也，顯也。名聲顯著於天下也。《致士篇》曰：「貴名白，天下願，令行禁止，王者之事畢矣。」文正與此同。貴名白，即名聲白也。《樂論篇》曰：「名聲於是白，光輝於是大。」《堯問篇》曰：「名聲不白，徒與不衆，光輝不大。」皆其證也。「名聲白」、「天下願」二句，相對爲文，若於上句内加一字，則句法參差矣。此因「白」字譌作「日」，後人不得其解，故於「日」下加「聞」字耳。天下願，令行禁止，王者之事畢矣。願，謂人人皆願。

凡聽：論聽政也。威嚴猛厲而不好假道人，厲，剛烈也。假道，謂以寬和假借道引人也。則下畏恐而不親，周閉而不竭；隱閉其情不竭盡也。○郝懿行曰：竭者，舉也。謂隱匿其情，不肯舉發也。注訓「竭盡」，亦通。若是，則大事殆乎弛，小事殆乎遂。弛，廢也。遂，因循也。《春秋傳》曰：「遂，繼事也。」下既隱情不敢論説，則大事近於弛廢，小事近於因循，言不肯革弊也。○劉台拱曰：「遂」如「大夫無遂事」之「遂」。威嚴猛厲，則小事不復關白，故曰「遂」。王念孫曰：「遂」讀爲「墜」，「墜」與「弛」義相近。下畏恐而箝口，則百事墮壞，而上不得聞，故大事近乎廢弛，小事近乎失墜也。下文曰：「法而不議，則法之所不至者必廢；職而不通，則職之所不及者必隊。」「隊」與「墜」同。義與此相承也。《正論篇》曰：「國雖不安，不至於廢易遂亡。」「遂」亦讀爲「墜」。《史記・倉公傳》：「陽脈下遂。」徐廣曰：「一作隊。」《正義》曰：「遂音直類反」。「遂」「隊」並與「墜」同。「墜」之通作「遂」，猶「墜」之通作「隧」。《儒效篇》：「至共頭而山隧。」漢石經《論語》殘碑「未隧於地」，《漢書・王莽傳》「不隧如髮」，並以「隧」爲「墜」。謂不至於廢弛墜失也。廢易，即廢弛。《爾雅》曰：「弛，易也。」《君道篇》曰：「境内之事有弛易齵差者矣。」俞樾曰：《説文》：「遂，亡也。」小事殆乎遂，謂近乎亡失也。《正論篇》：「國雖不安，不至於廢易遂亡。」以「遂亡」連文，此古義之幸存者。楊不得其義，而曲爲之説。先謙案：王、俞並引《正論篇》爲説，彼以「廢易遂亡」四字連文。「廢」、「易」二義，則「遂」、「亡」亦二義，不得訓「遂」爲「亡」。王讀「遂」爲「墜」，説較長。注「肯」字，各本譌「有」，據宋台州本改正。和解調通，好假道人而無所凝止之，和解調通，謂寬和不拒下也。凝，定也。凝止，謂定止其不可也。○謝本從盧校作「凝止也」。盧文弨曰：正文「也」字，宋本作「之」。郝懿行曰：按此今官人中之和事者也，偏好假借辭色開通道路，以誘進人，令皆歡悦。故下遂云「姦言並至，嘗試之説鋒起」，而無所底止也。「凝」當作「疑」，止定之貌。見《詩・桑柔》傳及《儀禮・士昏》等注。荀書「凝」字，古本必皆作「疑」，今改作「凝」，經典亦多改「凝」，人皆知「凝」不知「疑」矣。《莊子》：「用志不紛，乃疑於神。」今亦改「凝」，其音則疑，魚乙切。凝，魚陵切，古音必陵切。《説文》以「凝」爲俗「冰」字，唯《詩》「膚如凝脂」，正宜作「凝」。《爾雅》作「冰脂」，可證矣。王念孫曰：宋吕、錢本作「凝止之」，世德堂本同。作「之」者是也。《解蔽篇》云：「以可以知人之性，求可以知物之理，而無所疑止之。」文義正與此同。先謙案：王説是，今改從宋本。則姦言並至，嘗試之説鋒起。嘗試之説，謂假借他事試爲之也。《莊子》曰「嘗試論之」。鋒起，謂如鋒刃齊起，言鋭而難拒也。若是，則聽大事煩，是又傷之也。聽大，謂所聽之事多也。傷，傷政也。○先謙案：《詩・閟宮》箋：「大東極東。」疏：「大者，廣遠之言。」此「大」字義

一三二

同。故法而不議，則法之所不至者必廢。議，謂講論也。雖有法度，而不能講論，則不周洽，故法所不至者必廢也。職而不通，則職之所不及者必隊。雖舉當其職，而不能通明其類，則職所不及者必隊。「隊」與「墜」同。故法而議，職而通，無隱謀，無遺善，而百事無過，非君子莫能。故公平者，職之衡也；中和者，聽之繩也。聽，聽政也。衡所以知輕重，繩所以辨曲直，言君子用公平中和之道，故能百事無過。中和，謂寬猛得中也。○劉台拱曰：注先解「聽」，後解「衡」，「職之衡」當作「聽之衡」，此涉上文「職」字致誤。其有法者以法行，無法者以類舉，聽之盡也。類，謂比類。○先謙案：「無法者」上，《群書治要》有「其」字。偏黨而無經，聽之辟也。無經，謂無常法也。「辟」讀爲「僻」。故有良法而亂者有之矣，有君子而亂者，自古及今未嘗聞也。傳曰：「治生乎君子，亂生乎小人。」此之謂也。其人存則其政舉，其人亡則其政息。○盧文弨曰：注兩「則」字宋本無。先謙案：「亂生」上，《群書治要》有「而」字。

分均則不偏，分均謂貴賤敵也。分，扶問反。○王念孫曰：「偏」讀爲「徧」，言分既均則所求於民者亦均，而物不足以給之，故不徧也。下文曰「埶位齊而欲惡同，物不能澹」，古贍字。正所謂不徧也。「偏」「徧」古字通，説見《墨子・非攻篇》。埶齊則不壹，衆齊則不使。此皆名無差等，則不可相制也。有天有地而上下有差，明王始立而處國有制。制，亦謂差等也。夫兩貴之不能相事，兩賤之不能相使，是天數也。天之數也。埶位齊而欲惡同，物不能澹則必爭。「澹」讀爲「贍」。既無等級，則皆不知紀極，故物不能足也。爭則必亂，亂則窮矣。物窮竭也。先王惡其亂也，故制禮義以分之，使有貧富貴賤之等，足以相兼臨者，是養天下之本也。使物有餘，而不窮竭。《書》曰：「維齊非齊。」此之謂也。《書》，《呂刑》。言維齊一者，乃在不齊，以論有差等，然後可以爲治也。

馬駭輿，則君子不安輿；馬駭於車中也。

庶人駭政，則君子不安位。駭政，不安上之政也。馬駭輿，則莫若静之；庶人駭政，則莫若惠之。惠，恩惠也。○郝懿行曰：惠者，順也。注訓「恩惠」，失之。夫馬駭而脈僨，静以鎮之，則馴矣。人駭而圖反，順以循之，自安矣。故鞭箠不加於奔駟，而謗木不絶於堯年。昔蘧伯玉治衛，子貢問：「何以治？」對曰：「以不治治之。」夫不治之治，則静之惠之之説也。選賢良，舉篤敬，興孝弟，收孤寡，補貧窮，如是則庶人安政矣。庶人安政，然後君子安位。傳曰：「君者，舟也；庶人者，水也。水則載舟，水則覆舟。」此之謂也。故君人者欲安則莫若平政愛民矣，欲榮則莫若隆禮敬士矣，欲立功名則莫若尚賢使能矣。是君人者之大節也。三節者當，則其餘莫不當矣。三節者不當，則其餘雖曲當，猶將無益也。曲當，謂委曲皆當。當，丁浪反。○盧文弨曰：「猶」，元刻作「由」，與「猶」同。先謙案：《群書治要》作「由」。孔子曰：「大節是也，小節是也，上君也。大節是也，小節一出焉，一入焉，中君也。謂一得一失也。○盧文弨曰：宋本「小節」下有「非也」二字。大節非也，小節雖是也，吾無觀其餘矣。」成侯、嗣公，聚斂計數之君也，成侯、嗣公，皆衛君也。《史記》：衛聲公卒，子成侯立。成侯卒，子平侯立。平侯卒，子嗣君立。《韓子》曰：「衛嗣公重如耳，愛泄姬，而恐其皆因其愛重以雍己也，乃貴薄疑以敵如耳，尊魏妃以耦泄姬，曰：『以是相參也。』」又：「使客過關市，賂之以金，後召關市，問其有客過，與汝金，汝回遣之。關市大恐，以嗣公爲明察。」此皆計數之類也。○盧文弨曰：所引《韓子》見《内儲説上篇》。魏妃作「魏姬」，「汝回遣之」作「汝因遣之」。未及取民也。未及，謂其才未及也。取民，謂得民心。子産取民者也，未及爲政也。《禮記》曰：「子産猶衆人之母，能食之不能教之也。」○俞樾曰：楊注以「取民」爲「得民心」，於義甚晦，殆非也。《老子》曰：「故取天下者，常以無事。」河上公注曰：「取，治也。」此「取」字亦當訓「治」。取民言治民也。管仲爲政者也，未及修禮也。言未及教化也。○謝本從盧校「爲政」、「修禮」下俱有「者」字。王念孫曰：元刻「未及爲政」、「未及修禮」下皆無「者」字。宋龔本同，是也。此兩「者」字皆涉上下文而衍。《韓詩外傳》、《群書治要》及《文選・永明十一年策秀才文》注引此皆無兩「者」字。上文「未及取民也」，亦無「者」字。先謙案：王説是，今從元刻删「者」字。故修禮者王，爲政者彊，取民者安，聚斂者亡。故王者富民，霸者富士，士，卒伍也。僅存之國富大夫，亡國富筐篋，實府庫。筐篋已富，府庫已實，而百姓貧，夫是之謂上溢而下漏。如器之上溢下漏，空虚可立而待也。○王引之曰：溢，滿也。漏之言漉也，字或作「盝」、「𥂝」。《爾雅》曰：「盝，涸竭也。」《方言》曰：「𥂝，涸也。漉，極也。」郭璞曰：「滲漉，極盡也。」《月令》曰：「毋竭川澤，毋漉陂池。」《淮南・本經篇》：「竭澤而魚。」高注曰：「竭澤，漏池也。」漏池，即所謂漉陂池也。「漉」「漏」古同聲，故「滲漉」或謂之「滲漏」。《本經篇》又曰：「禹疏三江五湖，流注東海，鴻水漏，九州乾。」亦謂鴻水涸也。上溢而下漏，即是上富而下貧。楊説「溢」、「漏」二字皆未了。人不可以守，出不可以戰，則傾覆滅亡可立而待也。故我聚之以亡，敵得之以彊。聚斂者，召寇、肥敵、亡國、危身之道也，故明君不蹈也。

王奪之人，霸奪之與，彊奪之地。人，謂賢人。與，謂與國也。彊國之術則奪人地也。奪之人者臣諸侯，奪之與者友諸侯，奪之地者敵諸侯。臣諸侯者王，友諸侯者霸，敵諸侯者危。

用彊者，用彊力勝人，非知彊道者。人之城守，人之出戰，而我以力勝之也，○俞樾曰：「出」當爲「士」字之譌也。古書「士」「出」二字每相混，《史記・五帝紀》「稱以出」，《集解》引徐廣曰：「出一作士。」《淮南子・繆稱篇》「其出之誠也」，《新序・雜事篇》「出」作「士」。並其證也。守必以城，戰必以士，「人之城守」、「人之士戰」，正相對成文。「士」譌爲「出」，義不可通矣。則傷人之民必甚矣；傷人之民甚，則人之民惡我必甚矣；人之民惡我甚，則日欲與我鬬。

人之城守，人之出戰，而我以力勝之，則傷吾民必甚矣；傷吾民甚，則吾民之惡我必甚矣；吾民之惡我甚，則日不欲爲我鬭。人之民日欲與我鬭，吾民日不欲爲我鬭，是彊者之所以反弱也。地來而民去，累多而功少，累，憂累也。雖守者益，所以守者損，是以大者之所以反削也。守者，謂地也。守國以地爲本，故曰「守者」。所以守者，謂所以守地之人也。○俞樾曰：上「以」字衍文。「是大者之所以反削也」，與上文「是彊者之所以反弱也」正相對。諸侯莫不懷交接怨而不忘其敵，交接，連結也。既以力勝而不義，故諸侯皆欲相連結怨國而不忘與之爲敵。本多作「壞交接」，言壞其與己交接之道也。○郝懿行曰：接者，續也。懷交，謂私相締交。接怨，謂連續修怨。注非是。王念孫曰：「諸侯莫不懷交接」爲句，「壞」「懷」古字通。《禮論篇》「諸侯不敢壞」，《史記·樂書》作「懷」。襄十四年《左傳》：「王室之不壞。」《釋文》：「壞，服本作懷。」楊後説以「壞交接」連讀，是也。前説以「懷交接怨」連讀，失之。俞樾曰：楊注二説皆未安，王氏謂當從後説，非也。疑「怨」字當在「交接」二字之上，本作「諸侯莫不懷怨交接，而不忘其敵」。懷怨交接，猶云匿怨而友其人也，故不忘其敵。傳寫奪「怨」字，而誤補之「接」字之下耳。先謙案：郝説是也。伺彊大之間，承彊大之敝，此彊大之殆時也。殆，危也。○盧文弨曰：元刻「敝」作「弊」，宋本「敝」下有「也」字。又有「知彊大之敝」五字，各本多同。係衍文，今從元刻去之。知彊大者，不務彊也。知彊大之術者，不務以力勝也。○王引之曰：「彊大」當爲「彊道」。彊道，謂所以致彊之道，即下文所謂「以王命全其力，凝其德」也。不知此道而務以力勝，則務彊而反弱，即下文所謂「非其道而慮之以王」也。故曰「知彊道者不務彊也」。下文云「是知彊道者也」，正與此句相應。又云「是知霸道者也」、「是知王道者也」，皆與此句相應。此篇大旨皆言「王道」、「霸道」、「彊道」之不同，故此文云「知彊道者不務彊也」。兩「彊」字亦上下相應，則「彊」下之字作「道」不作「大」明矣。今本作「彊大」，「大」字蓋涉上文三「彊大」而誤。楊云「知彊大之術者，不務以力勝也」，則所見本已誤作「彊大」。慮以王命全其力，凝其德。慮，計也。以，用也。其計慮常用王命，謂不敢擅侵畢也。凝，定也。定其德，謂不輕舉也。○王念孫曰：慮猶大氐也。言知彊道者，不務以力勝人，大氐以王命全其力，凝其德也。《議兵篇》曰：「諸侯慮敵之者削，反之者亡。」楊注以「慮」爲「謀慮」，亦非。又曰：「焉慮率用賞慶刑罰埶詐而已矣。」楊注以「慮」爲「大凡」，是。《漢書·賈誼傳》：「慮亡不帝制，而天子自爲者。」師古曰：「慮，大計也。」言諸侯皆欲同帝制而爲天子之事。」是其證矣。力全則諸侯不能弱也，德凝則諸侯不能削也，天下無王霸主，則常勝矣。是知彊道者也。無王霸之主，則彊國常勝。「主」或衍字。

彼霸者不然。辟田野，實倉廩，便備用，備用，足用也。《左傳》曰：「無重器備。」○王念孫曰：楊訓「備用」爲足用，「便足用」之語不詞，且與「田野」「倉廩」不對。余謂「備用」二字平列。備，《説文》本作「葡」，字從用從苟省。苟音棘。《淮南·修務篇》注云：「備猶用也。」故或謂之器用，或謂之器備。便備用，猶言便器用耳。「便備用」三字，本篇凡三見，與「田野」「倉廩」對文者二，與「功苦」「完利」對文者一。其見於《儒效篇》者，則與「規矩」「準繩」對文。見於《富國篇》者亦與「田野」「倉廩」對文，皆以二字平列。先謙案：王説是矣。荀書多言「械用」，罕言「器用」，便備用猶言便械用耳。《議兵篇》云：「械用兵革攻完，便利者强；械用兵革窳楛，不便利者弱。」「械用便利」正與「便備用」同意。以下文「辨功苦」、「功」與「攻」同，「苦」與「楛」同。「尚完利」、「便備用」互證之，而義益明。案謹募選閱材伎之士，案，發聲。謹，嚴也。募，招也。謹募，猶重募也。選閱，揀擇也。材伎，武藝過人者，猶漢之材官也。○俞樾曰：「募」乃「纂」字之譌。《毛詩·猗嗟篇》「舞則選兮」，韓詩作「舞則纂兮」，是「纂」與「選」聲近義同，故此以連文。纂、選皆具也，《説文·人部》「僎，具也」，《食部》「籑，具食也」。「選」與「僎」並從「巽」聲，「纂」與「籑」並從「算」聲，於義得通。閱亦具也。《説文·門部》：「閱，具數於門中也。」《小爾雅·廣詁》：「閱，具也。」是「纂」、「選」、「閱」三字同義，古書往往有之。襄三十一年《左傳》「繕完葺牆」，「繕」、「完」、「葺」一義也。《楚語》「蓄聚積實」，「蓄」、「聚」、「積」一義也。並其例也。「案謹纂選閱材技之士」，質言之，止是具材技之士耳。「纂」誤爲「募」，楊注曰「募，招也」，非古義矣。《管子·心術篇》：「纂選者所以等事也。」今本皆作「慕選」，誤與此同。説詳

《管子》。然後漸慶賞以先之，漸，進也，言進勉以慶賞也。○郝懿行曰：漸，子廉切。讀若「漸民以仁」之「漸」，其訓漬也，浸也，深染入也。楊注凡「漸」皆訓「進」，故多失之。嚴刑罰以糾之；○先謙案：下文「賞慶」「刑罰」對文，則此亦當作「刑罰」。各本「罰」誤「賞」，據宋台州本改正。存亡繼絶，衛弱禁暴，而無兼并之心，則諸侯親之矣。「并」讀爲「併」。下同。修友敵之道，以敬接諸侯，則諸侯説之矣。「説」讀爲「悦」。下同。所以親之者，以不并也；并之見，則諸侯疏矣。見，賢徧反。○謝本從盧校「疏」下有「之」字。王念孫曰：元刻「疏」下無「之」字，是也。下文「則諸侯離矣」，「離」下無「之」字，是其證。宋本作「諸侯疏之」，涉上文「諸侯親之」、「諸侯説之」而誤。先謙案：王説是。今從元刻删「之」字。所以説之者，以友敵也；臣之見，則諸侯離矣。故明其不并之行，信其友敵之道，行，下孟反。信，謂使人不疑。天下無王霸主，則常勝矣，是知霸道者也。無王者，則霸主常勝也。○王念孫曰：「天下無王霸主」本作「天下無王主」。上文説彊者之事，云「天下無王霸主，句。則常勝矣」，言天下無王霸主，則彊者常勝也。此文説霸者之事，云「天下無王主，句。則常勝矣」，言天下無王主，則霸者常勝也。「王主」二字之間，不當更有「霸」字，蓋涉上文「王霸主」而衍。楊不知「霸」字之衍，而讀「天下無王」爲句，「霸主則常勝矣」爲句，具見楊注，則句法與前不合。閔王毁於五國，《史記》：齊湣王四十年，樂毅以燕、趙、楚、魏、秦破齊，湣王出奔莒也。桓公劫於魯莊，《公羊傳》：柯之盟，齊桓公爲魯莊公之臣曹沫所劫也。無它故焉，非其道而慮之以王也。不行其道，而以計慮爲王，所以危亡也。

彼王者不然。仁眇天下，義眇天下，威眇天下。眇，盡也。盡天下皆懷其仁，感其義，畏其威也。○郝懿行曰：「眇」，古「妙」字。古書皆以「眇」爲「妙」，荀書亦然，注皆失之。《周易》「眇萬物而爲言」，今亦改爲「妙」矣。古無「妙」字。王念孫曰：諸書無訓「眇」爲「盡」者，且正文但言「眇天下」，而注言「盡天下皆懷其仁，感其義，畏其威」，加數語以釋之，其失也迂矣。余謂眇者，高遠之稱，《漢書·王褒傳》「眇然絶俗離世」，顔師古曰：「眇然，高遠之意。」《文選・文賦》：「志眇眇而臨雲。」李善曰：「眇眇，高遠貌。」言仁高天下，義高天下，威高天下耳。若懷其仁，感其義，畏其威，自見下文，非此三句意。先謙案：郝、王二説並通。仁眇天下，故天下莫不貴也；義眇天下，故天下莫不親也；威眇天下，故天下莫敢敵也。以不敵之威，輔服人之道，其道可以服人。○先謙案：服人之道，謂上文仁義。故不戰而勝，不攻而得，甲兵不勞而天下服，是知王道者也。知此三具者，欲王而王，欲霸而霸，欲彊而彊矣。

王者之人，王者之佐。飾動以禮義，所修飾及舉動，必以禮義。○王念孫曰：「飾」讀爲「飭」，古字通以「飾」爲「飭」。言動作必以禮義自飭也。楊分「飾動」爲二義，失之。聽斷以類，所聽斷之事，皆得其善類，謂輕重得中也。○先謙案：類，法也。説見《非十二子篇》。明振毫末，振，舉也。言細微必見。舉措應變而不窮，夫是之謂有原，是王者之人也。原，本也。知爲政之本。

王者之制，説王者制度也。道不過三代，法不貳後王。論王道不過夏、殷、周之事，過則久遠難信。法不貳後王，言以當世之王爲法，不離貳而遠取之。道過三代謂之蕩，法貳後王謂之不雅。並已解上。○先謙案：見《儒效篇》。衣服有制，宮室有度，人徒有數，人徒，謂士卒胥徒也。喪祭械用，皆有等宜。械，器也。皆有等級，各當其宜也。○王念孫曰：楊注失之迂。「宜」讀爲「儀」。《大雅・文王篇》「宜鑒于殷」，《大學》引此「宜」作「儀」。《楚語》「采服之儀」，《春官》注引此「儀」作「宜」。「儀」與「等」義相近。《周官・大司徒》曰：「以儀辨等則民不越。」《典命》曰：「掌諸侯之五儀，諸臣之五等之位。」《大行人》曰：「以九儀辨諸侯之命，等諸臣之爵。」皆是也。衣服有制，宮室有度，人徒有數，「制」、「度」、「數」與「等」、「儀」義亦相近。《哀公篇》曰：「人有五儀，有庸人，有士，有君子，有賢人，有大聖。」謂人有此五等也。楊以「儀」爲「儀法」，亦失之。聲則凡非雅聲者舉廢，舉，皆。色則凡非舊文者舉息，謂染綵畫繢之事也。械用則凡非舊器者舉毀。舊，謂三代故事。

夫是之謂復古，是王者之制也。復三代故事，則是復古，不必遠舉也。

王者之論，論，謂論説賞罰也。盧困反。○先謙案：楊説非。「論」亦當讀爲「倫」。倫者，等也。言爲君者能行此政，則是王者之等也。下文云：「此五等者，王霸安存危殆滅亡之具也。」以王者之政爲一等，與此可互證。《儒效篇》「人論」，《臣道篇》「人臣之論」，王氏念孫皆讀爲「倫」，而於此失之。無德不貴，無能不官，無功不賞，無罪不罰。朝無幸位，民無幸生。幸，僥幸也。尚賢使能而等位不遺，不遺，言各當其材。等位，等級之位也。析愿禁悍而刑罰不過，析，分異也。分其愿愨之民，使與凶悍者異也。悍，凶暴也。刑罰不過，但禁之而已，不刻深也。○王念孫曰：「析愿」二字，義不可通，當從《韓詩外傳》作「折暴」，字之誤也。「折暴」與「禁悍」對文，下文曰：「如是而可以誅暴禁悍矣。」《富國篇》曰：「不足以禁暴勝悍。」皆以「暴」「悍」對文，則此亦當作「折暴禁悍」明矣。楊不得其解而爲之詞。又下文「抃急禁悍，防淫除邪」，「抃急」二字，語意不倫。當亦是「折暴」之誤。下文「暴悍以變，姦邪不作」，正承此文而言，則當作「折暴禁悍」又明矣。楊云「抃」當爲「析」，「急」當爲「愿」，亦失之。又曰：「析」當爲「折」，折之言制也。《吕刑》「制以刑」，《墨子·尚同篇》引作「折則刑」。《論語·顔淵篇》「片言可以折獄者」，鄭注：「魯讀折爲制。」「愿」讀爲「傆」。《説文》：「傆，音與愿同。黠也。」言制桀黠之民，使畏刑也。作「愿」者，借字耳。余前説改「愿」爲「暴」，未確。《韓詩外傳》作「折暴」，恐是以意改，未可援以爲據。下文之「誅暴禁悍」，《富國篇》之「禁暴勝悍」，文各不同，皆未可據彼以改此。又下文「抃急禁悍，防淫除邪」，「抃」亦當爲「折」，「急」即「愿」之譌。前改「急」爲「暴」，亦未確。「急」與「暴」形聲皆不相似，若本是「暴」字，無緣譌而爲「急」。百姓曉然，皆知夫爲善於家而取賞於朝也，爲不善於幽而蒙刑於顯也。夫是之謂定論，是王者之論也。定論，不易之論。論不易，則人知沮勸也。

王者之等賦，政事，財萬物，所以養萬民也。等賦，賦税有等。所以爲等賦及政事，裁制萬物，皆爲養人，非貪利也。「財」與「裁」同。○劉台拱曰：「所以」字當在「財萬物」上。王念孫曰：「之」下當有「法」字。「王者之法」，乃總目下文之詞。下文「是王者之法也」，正與此句相應。上文「王者之人」、「王者之制」、「王者之論」，皆上下相應。此文脱「法」字，則上下不相應矣。「等賦」二字連讀。楊云：「賦税有等，所以爲等賦。」《富國篇》云：「等賦，府庫者，貨之流也。」「政」讀爲「正」，言等地賦，正民事，以成萬物而養萬民也。財者，成也。説見《非十二子篇》。楊讀「王者之等賦」爲句，「政事財萬物」爲句，皆失之。田野什一，什税一也。關市幾而不征，幾，呵察也。但呵察姦人，而不征税也。《禮記》「幾」作「譏」。山林澤梁以時禁發而不税。石絶水爲梁，所以取魚也。非時則禁，及時則發。《禮記》曰：「獺祭魚然後虞人入澤梁，草木零落然後入山林也。」相地而衰政，相，視也。衰，差也。政爲之輕重。「政」或讀爲「征」。衰，初危反。○盧文弨曰：《齊語》正作「相地而衰征」。韋昭注云：「視土地之美惡及所生出，以差征賦之輕重也。」理道之遠近而致貢，理，條理也。貢，任土所貢也。謂若「百里賦納總，二百里納銍」之類也。○王念孫曰：《小雅·信南山》傳曰：「理，分地里也。」謂貢以遠近分也。」上句「相地而衰政」，「衰」與「分」義相近，楊説未確。通流財物粟米，無有滯留，貿遷有無化居，不使有滯積也。使相歸移也，四海之内若一家。「歸」讀爲「饋」。移，轉也。言通商及轉輸相救，無不豐足，雖四海之廣，若一家也。故近者不隱其能，遠者不疾其勞。不隱其能，謂竭其才力也。不疾苦其勞，謂奔走來王也。無幽閒隱僻之國，莫不趨使而安樂之。幽，深也。閒，隔也。言無有深隔之國，不爲王者趨使而安樂政教也。○先謙案：《富國篇》：「彊暴之國，莫不趨使。」荀書多用「趨使」字，或疑「使」當爲「便」，非。夫是之謂人師，是王者之法也。師，長也。言爲政如此，乃可以長人也。師者，亦使人法效之者也。

北海則有走馬吠犬焉，然而中國得而畜使之。海，謂荒晦絶遠之地，不必至海水也。走馬吠犬，今北地之大犬也。○盧文弨曰：冀之北土，馬之所生。注「走馬」下當有脱文。先謙案：謝本不提行，今案當分段。注「地」字各本脱，據宋台州本增。南海則有羽翮齒革曾青丹干焉，然而中國得而財之。翮，大鳥羽。齒，象齒。革，犀兕之革。曾青，銅之精可繢畫及化黄金者，出蜀山、越嶲。丹干，丹砂也。蓋一名丹干。「干」讀爲「矸」，胡旦反。或曰：丹，丹砂也。「干」當爲「玕」。《尚書·禹貢》：「雍州球琳琅玕。」孔云：「石而似玉者。」《爾雅》亦云：「西北方之美者有球琳琅玕焉。」皆出西方，此云「南方」者，蓋南方亦有也。○王念孫曰：楊前説以「丹干」爲「丹砂」，未知是否。後説以「干」爲「琅玕」，非也。琅玕不得但謂之玕。《正論篇》云：「加之以丹矸，重之以曾青。犀象以爲樹，琅玕、龍茲、華覲以爲實。」「丹矸」即「丹干」也。既言「丹矸」，又言「琅玕」，則「丹干」之「干」非「琅玕」明矣。

東海則有紫、紶、魚、鹽焉，然而中國得而衣食之。紫，紫貝也。紶，未詳，字書亦無「紶」字，當爲「蛣」。郭璞《江賦》曰：「石蛣應節而揚葩。」注云：「石蛣龜形，春則生花。」蓋亦蚌蛤之屬。今案《本草》謂之「石決明」。陶云：「俗傳是紫貝，定小異。附石生，大者如手，明耀五色。内亦含珠。」古以龜貝爲貨，故曰「衣食之」。蛣，居怯反。○盧文弨曰：注「蛣」元刻作「蜐」，同。今從宋本。　王引之曰：下文云「中國得而衣食之」，則「紫紶」爲可衣之物，「魚鹽」爲可食之物，較然甚明。「紫」與「茈」通。《管子·輕重丁篇》：「昔萊人善染，練茈之於萊純錙，緺綬之於萊亦純錙也。其周中十金。」是東海有「紫」之證。「紶」當爲「綌」，右傍「谷」字與「去」相似，「綌」之譌「紶」，猶「卻」之譌「却」也。説見《榮辱篇》。葛精曰絺，麤曰綌。《周南·葛覃》傳。《禹貢》：青州「厥貢鹽絺，海物惟錯」。有「絺」則有「綌」矣。《管子·輕重丁篇》：「東方之萌，帶山負海，漁獵之萌也，治葛縷而爲食。」言以葛爲絺綌也。是東海有「綌」之證。「紫」與「綌」皆可以爲衣，故曰中國得而衣之。楊注大誤。

西海則有皮革文旄焉，然而中國得而用之。《禹貢》：梁州「貢熊羆狐狸織皮」。孔云：「貢四獸之皮織。」皮，今之罽也。旄，旄牛尾。文旄，謂染之爲文綵也。

故澤人足乎木，山人足乎魚。農夫不斲削、不陶冶而足械用，工賈不耕田而足菽粟。故虎豹爲猛矣，然君子剥而用之。故天之所覆，地之所載，莫不盡其美，致其用，物皆盡其美而來爲人用也。上以飾賢良，下以養百姓而安樂之。飾，謂車服。養，謂衣食。夫是之謂大神。能變通裁制萬物，故曰大神也。○郝懿行曰：《釋詁》：「神者，治也。」然則「大神」謂「大治」，猶

《禮運》云「大，當也」。楊注以變通裁制萬物爲言，亦即大治之意。《詩》曰：「天作高山，大王荒之。彼作矣，文王康之。」此之謂也。《詩》，《周頌・天作》之篇。荒，大也。康，安也。言天作此高山，使興雲雨。大王自豳遷焉，則能尊大之。彼大王作此都，文王又能安之也。

以類行雜，得其統類，則不患於雜也。以一行萬。行於一人，則萬人可治也。皆謂得其樞要也。始則終，終則始，若環之無端也，舍是而天下以衰矣。始，謂「類」與「一」也。終，謂「雜」與「萬」也。言以此道爲治，終始不窮無休息，則天下得其次序，舍此則亂也。衰，初危反。○王念孫曰：「始終」二字，泛指治道而言。下文曰「君臣、父子、兄弟、夫婦，始則終，終則始」，義亦同也。始非謂「類」與「一」，終亦非謂「雜」與「萬」。天地者，生之始也；禮義者，治之始也；君子者，禮義之始也。始，猶本也。言禮義本於君子也。爲之，貫之，積重之，致好之者，君子之始也。言禮義以君子爲本，君子以習學爲本。貫，習也。積重之，謂學使委積重多也。致，極也。好之，言不倦也。○王引之曰：「君子之始也」，「之始」二字蓋涉上三「之始」而衍。此言禮義爲治之始，而「爲之」、「貫之」、「積重之」、「致好之」者，則君子也，故君子又爲禮義之始。下文「無君子則天地不理，禮義無統」，仍是此意。此承上文「君子爲禮義之始」而申言之，則「君子」下不當更有「之始」二字。楊云「君子以積學爲本」，則所見本已衍此二字。故天地生君子，君子理天地。君子者，天地之參也，萬物之摠也，民之父母也。參，謂與之相參，共成化育也。摠，領也。○盧文弨曰：俗本又有「要也」二字，宋本、元刻皆無。無君子則天地不理，禮義無統。上無君師，下無父子，夫是之謂至亂。君臣、父子、兄弟、夫婦，始則終，終則始，與天地同理，與萬世同久，夫是之謂大本。始則終，終則始，謂一世始。言上下尊卑，人之大本，有君子然後可以長久也。○盧文弨曰：注「謂一世始」句有誤，疑當作「謂治世也」。故喪祭、朝聘、師旅一也；此已下明君子禮義之治，爲之制喪祭朝聘之禮，所以齊一民，各當其道，不使淫放也。下「一」之義皆同。○盧文弨曰：注「之治」，舊作「之始」，譌。　王引之曰：「師旅」二字，後人以意加之也。此言祭祀賓客喪紀之事，而師旅不與焉。故楊注但言喪祭朝聘，而不言「師旅」，則本無「師旅」二字明矣。貴賤、殺生、與奪一也；使民一於沮勸。君君、臣臣、父父、子子、兄兄、弟弟一也；使人一於恩義。農農、士士、工工、商商一也。使人一於職業。

水火有氣而無生，草木有生而無知，「生」，謂滋長。「知」，謂性識。禽獸有知而無義，○郝懿行曰：《釋詁》：「知者，匹也。」《詩》曰：「樂子之無知。」此草木有生無知之説也。《曲禮》曰：「禽獸無禮，故父子聚麀。」此禽獸有知無義之説也。楊注「知謂性識」是已。蓋因有性識然後有匹偶，故此二義兼之乃備。人有氣、有生、有知，亦且有義，故最爲天下貴也。「亦且」者，言其中亦有無義者也。○盧文弨曰：「亦且」二字，乃謂異於禽獸，注誤。力不若牛，走不若馬，而牛馬爲用，何也？曰：人能群，彼不能群也。人何以能群？曰：分。無分則爭，爭則不能群也。分何以能行？曰：義。故義以分則和，言「分」、「義」相須也。義謂裁斷也。○謝本從盧校作「曰以義」。　盧文弨曰：正文「曰以義」，元刻無「以」字。　王念孫曰：元刻無「以」字，宋龔本同。是也。「曰義」與「曰分」對文，《繫辭傳》：「何以守位？曰仁。何以聚人？曰財。理財正辭，禁民爲非，曰義。」亦以「曰義」對「曰仁」、「曰財」。則不當有「以」字。宋本有「以」字者，涉上兩「以」字而衍。　先謙案：元刻是，今依王説改。和則一，一則多力，多力則彊，彊則勝物。故宮室可得而居也。物不能害，所以安居。故序四時，裁萬物，○先謙案：「裁」亦「成」也。説見《非十二子篇》。兼利天下，無它故焉，得之分義也。以有分義，故能治天下也。故人生不能無群，群而無分則爭，爭則亂，亂則離，離則弱，弱則不能勝物，故宮室不可得而居也，不可少頃舍禮義之謂也。能以事親謂之孝，能以事兄謂之弟，能以事上謂之順，能以使下謂之君。能以，皆謂能以禮義也。

君者，善群也。善能使人爲群也。群道當，則萬物皆得其宜，六畜皆得其長，群生皆得其命。安其性命。故養長時，則六畜育；殺生時，則草木殖；殺生，斬伐。政令時，則百姓一，賢良服。

聖王之制也：「時」謂有常，「服」謂爲之任使。草木榮華滋碩之時，則斧斤不入山林，不夭其生，不絶其長也。黿鼉魚鼈鰌鱣孕别之時，别，謂生育與母分别也。《國語》：「里革諫魯宣公曰，魚方别孕。」韋昭曰：「自别於雄而懷子也。」罔罟毒藥不入澤，不夭其生，不絶其長也。毒藥，毒魚之藥。《周禮》雍氏禁澤之沈者也。春耕夏耘，秋收冬藏，四者不失時，故五穀不絶，而百姓有餘食也。汙池淵沼川澤，謹其時禁，汙，停水之處。謹，嚴也。故魚鼈優多而百姓有餘用也。用，謂食足之外可用貿易。斬伐養長不失其時，故山林不童而百姓有餘材也。山無草木曰童。

聖王之用也：用，財用也。上察於天，下錯於地，順天時以養地財也。錯，千故反。塞備天地之閒，加施萬物之上，言聖王之用，使天地萬物皆得其所。○王引之曰：「塞備」二字，義不相屬。「備」當爲「滿」，字之誤也。「備」字俗書作「備」，「滿」字俗書作「満」，二形相似，故傳寫多譌。《管子·霸言篇》：「文武具備」，今本「備」譌作「滿」。塞滿天地之閒，即承上「上察於天，下錯於地」而言。微而明，短而長，狹而廣，言用禮義，故所守者近，所及者遠也。神明博大以至約。言用禮義治化，雖神明博大，原其本，至簡約也。○先謙案：詳文義，「以」當爲「而」，與上三「而」字相配，反復言之。故曰：一與一，是爲人者，謂之聖人。一與一，動皆一也。是，此也。以此爲人者，則謂之聖人也。○先謙案：「與」讀爲「舉」。見下王注。上言以一行萬，是上之一也。喪祭、朝聘、師旅諸事，皆所以一民，是下之一也。以上之一舉下之一，故曰「一舉一」。《富國篇》云「故曰上一則下一矣」，義可互證。楊注未晰。

序官：謂王者序官之法也。○先謙案：《樂論篇》云：「其在序官也，曰修憲命，審誅賞，禁淫聲。以時順修，使夷俗邪音不敢亂雅，太師之事也。」則「序官」是篇名。上文「王者之人」、「王者之制」等語及各篇分段首句類此者，疑皆篇名，應與下文離析。經傳寫雜亂不可考矣。**宰爵知賓客祭祀饗食犧牲之牢數**，宰，膳宰；爵，主掌也。饗食，饗宴也。《周禮》膳夫之屬，有庖人、獸人，皆掌犧牲。一曰：爵，官爵也。言膳宰之官爵，掌犧牲之事者也。○俞樾曰：楊注二説皆未安。以爵爲主掌，則既言主掌，不必更言「知」矣。以爵爲官爵，則下文「司徒」、「司馬」，何獨不言爵乎？今以下文例之，曰「司徒知百宗城郭立器之數，司馬知師旅甲兵乘白之數」，上二字皆官名，則「宰爵」二字亦官名也。《周官·天官》序官鄭注曰：「宰，主也。」然則宰爵者，主爵也。《漢書·百官公卿表》：「主爵中尉，秦官，掌列侯。」秦官之有主爵，殆本於古之宰爵乎？其所掌爲列侯，故賓客祭祀饗食犧牲之牢數，無不與知。考主爵中尉所屬，有掌畜令丞，正合古制矣。學者徒以《周官》之「膳宰」説此文，遂失其解。**司徒知百宗城郭立器之數**，百宗，百族也。城郭，謂其小大也。立器，所立之器用也。《周禮》大司徒之職，掌建邦土地之圖，與其人民之數。立器，言五方器械異制，皆知其數，不使作奇伎、奇器也。○先謙案：注「奇器」，各本「奇」作「之」，據宋台州本改正。**司馬知師旅甲兵乘白之數**。《周禮》：二千五百人爲師，五百人爲旅，四井爲邑，四邑爲丘，四丘爲甸，亦謂之乘。以其治田則謂之甸。出長轂一乘，則謂之乘。每乘又有甲士三人，步卒七十二人。「白」謂甸徒，猶今之白丁也。或曰：「白」當爲「百」，百人也。○郝懿行曰：「乘白」似不成文，「白」蓋「甸」字，形近之譌。《周禮》「四丘爲甸」，注云：「甸之言乘。」詩曰「維禹甸之」，甸即乘也，故此言「乘甸」矣。劉台拱曰：《管子·乘馬篇》：「白徒三十人奉車兩。」又《七法篇》：「以教卒練士擊敺衆白徒。」尹注云：「白徒，謂不練之卒，無武藝。」《呂氏春秋·決勝篇》：「廝輿白徒。」高注云：「白衣之徒。」王引之曰：「白丁」、「白徒」皆不得但謂之「白」，竊謂「白」與「伯」同。《逸周書·武順篇》「五五二十五曰元卒，此以二十五人爲卒，與《周官》百人爲卒不同。四卒成衛曰伯」，是百人爲伯也。《淮南·氾論篇》曰：「隊伯之卒。」《兵略篇》曰：「正行五連什伯。」《史記·秦始皇紀》：曰「躡足行伍之間，而倔起什伯之中。」昭二十一年《左傳》：「不死伍乘，軍之大刑也。」彼言「伍乘」，猶此言「乘伯」也。隱元年《傳》：「繕甲兵，具卒乘。」彼言「甲兵卒乘」，猶此言「甲兵乘伯」也。作「白」者，借字耳。《史記·伍子胥傳》「伯嚭」，《吴越春秋》作「白喜」。古鐘鼎文多以「白」爲「伯」。「乘」乃「車乘」之「乘」，非「四丘爲甸」之「甸」。或謂「白」爲「甸」之譌，尤非。乘可言數，甸不可言數。乘甸之數，則尤不成語。 修憲命，修憲法之命，所以表示人也。謂若以樂德教國子中和祇庸孝友之類也。 審詩商，「詩商」，當爲「誅賞」，字體及聲之誤。故《樂論篇》曰：「其在序官也，修憲命，審誅賞。」謂誅賞其所屬之功過者。或曰：「詩」謂四方之歌謡，「商」謂商聲哀思之音，如甯戚之悲歌也。○盧文弨曰：注中「謂誅賞」三字，各本皆脱，今案文義補。　王引之曰：「商」讀爲「章」，「章」「商」古字通。《粊誓》「我商賚女」，「商」，徐邈音「章」。《吕氏春秋·勿躬篇》「臣不如弦章」，《韓子·外儲説左篇》作「弦商」。太師掌教六詩，故曰「審詩章」。《賈子·輔佐篇》曰：「觀民風俗，審詩商，命禁邪音，息淫聲。」語意略與此同。則「詩商」非「誅賞」之誤明矣。且誅賞非太師之職，而「商」「賞」聲相近，《樂論篇》之「誅」字恐轉是後人所改。楊謂「誅賞其所屬之功過者」，曲爲之説耳。陳説同。又云：詩章，雅也。淫聲，夷俗邪音也。審之禁之，使不亂也。 禁淫聲，《周禮·大司樂》：「禁其淫聲慢聲。」鄭云：「淫聲，鄭、衛之音也。」以時順修，謂不失其時而順之脩之。 使夷俗邪音不敢亂雅，大師之事也。夷俗，謂蠻、夷之樂。雅，正聲也。大師，樂官之長。「大」讀曰「太」。 修隄梁，隄所以防水。梁，橋也。 通溝澮，溝、澮，皆所以通水。《周禮》：「十夫之田有溝，溝上有畛。千夫有澮，澮上有道。」鄭云：「溝廣深各四尺，澮廣二尋、深二仞也。」行水潦，行，巡行也。下孟反。 安水臧，使水歸其壑。安，謂不使漏溢。臧，才浪反。 以時決塞，旱則決之，水則塞之，不使失時也。 歲雖凶敗水旱，使民有所耘艾，司空之事也。「艾」讀爲「刈」。 相高下，視肥墝，序五種，高下，原隰也。五種，黍、稷、豆、麻、麥。觀其地所宜而種之。墝，苦交反。 省農功，省，觀也。觀其勤惰而勸之。 謹蓄藏，謹，嚴。 以時順修，使農夫樸力而寡能，治田之事也。使農夫敦朴於力穡，禁其它能也。治田，田畯也。○郝懿行曰：「樸」與「朴」異。樸，木素也。樸力寡能，謂力作樸素，技能寡少，故專治於田事。修火憲，不使非時焚山澤。《月令》：「二月無焚山林。」鄭注《周禮》：「憲，表也。主表其刑禁也。」養山林藪澤草木魚鼈百索，百索，上所索百物也。○郝懿行曰：索者，求也。百物供民求索皆是。注以「索」爲上索，非是。　王引之曰：「百索」二字，義不可通。「索」當爲「素」，字之誤也。百素，即百蔬。《富國篇》曰：「葷菜百蔬。」《魯語》曰：「能殖百穀百蔬。」作「素」者，借字耳。《月令》曰：「取蔬食。」《管子・禁藏篇》曰：「果蓏素食。」是「蔬」「素」古字通。楊望文生義，而非其本旨。以時禁發，「禁」謂爲之厲禁，「發」謂許民采取。使國家足用而財物不屈，虞師之事也。屈，竭也。虞師，《周禮》山虞、澤虞也。順州里，使之和順。定廛宅，「廛」謂市内百姓之居，「宅」謂邑内居也。定其分界，不使相侵奪也。○郝懿行曰：「廛」「宅」皆謂邑里之居。在市曰舍，在田曰廬，此以廛宅並言，則廛在市，宅在邑。養六畜，勸人養之也。閒樹藝，樹藝，種樹及桑柘也。閒之使疏密得宜也。○郝懿行曰：閒，更代也。樹藝者，五穀也。閒代，謂田分上中下三等，歲一易之，三歲而徧，更代休息，美惡同之。詳見《周禮・地官》及《漢・食貨志》。　王念孫曰：「閒」與「閑」同。《爾雅》「閑，習也」，謂習樹藝之事也。　先謙案：王説是。勸教化，趨孝弟，勸之使從教化，趨之使敦孝弟。「趨」讀爲「促」。以時順修，使百姓順命安樂處鄉，鄉師之事也。鄉師，公卿也。《周禮》：鄉老，二鄉公一人；鄉大夫，每鄉卿一人。論百工，論其巧拙。《月令》曰：「物勒工名以考其誠，功有不當必行其罪也。」審時事，《考工記》曰：「天有時，地有氣，材有美，工有巧，合此四者然後可以爲良。」《月令》曰：「監工日號，毋悖於時。」皆審其時之事也。辨功苦，「功」謂器之精好者，「苦」謂濫惡者。韋昭曰：「功，堅；苦，脆也。」尚完利，完，堅也。利，謂便於用，若車之利轉之類也。便備用，使雕琢文采不敢專造於家，工師之事也。專造，私造也。相陰陽，相，視也。陰陽，謂數也。占祲兆，占，占候也。祲，陰陽相侵之氣，赤黑之祲，是其類也。兆謂龜兆。或曰：兆，萌兆，謂望其雲物，知歲之吉凶也。鑽龜陳卦，鑽龜，謂以火爇荆菙灼之也。陳卦，謂揲蓍布卦也。主攘擇五卜，攘擇，攘除不祥，擇取吉事也。五卜，《洪範》所謂曰雨、曰霽、曰蒙、曰驛、曰剋，言兆之形也。知其吉凶妖祥，傴巫跛擊之事也。「擊」讀爲「覡」，男巫也。古者以廢疾之人主卜筮巫祝之事，故曰傴巫跛覡。覡，胡狄反。修採清，修其採清之事。「採」謂採去其穢，「清」謂使之清潔，皆謂除道路穢惡也。《周禮》：「蜡氏掌除骴，凡國之大祭祀，令州里除不蠲也。」○俞樾曰：「採」乃「埰」字之誤。《方言》曰「塚，秦晉之間謂之埰」是也。清者，《說文·广部》：「廁，清也。」《急就篇》：「屏廁清溷糞土壤。」字亦作「圊」。《玉篇·口部》：「圊，圊圂也。」蓋墟墓之間，清溷之處，皆穢惡所積聚，故必以時修治之也。楊注非。易道路，修而平之。謹盜賊，謹，嚴禁也。《周禮·野廬氏職》曰：「有相翔者誅之。」平室律，平，均布也。室，逆旅之室。平其室之法，皆不使容姦人，若今五家爲保也。○郝懿行曰：「室律」二字不成文理，疑「律」當爲「肆」字之譌。「室」謂廬舍，如市樓候館之屬是也。「肆」謂廛肆，如粟帛牛馬各有行列是也。故下遂云：「以時順修，使賓旅安而貨財通，治市之事也。」事見《周禮·地官》。以時順修，使賓旅安而貨財通，○王引之曰：賓客之事，非治市者所掌，且與通貨財無涉。「賓」當爲「𧶠」，字之誤也。《說文》：「𧶠，行賈也。從貝，商省聲。」今通用「商」字。《考工記》：「通四方之珍異以資之，謂之商旅。」鄭注曰：「商旅，販賣之客也。」《月令》曰：「易關市，來商旅，納貨賄。」故曰「使𧶠旅安而貨財通，治市之事也」。《王霸篇》「商旅安，貨財通」，是其明證矣。今本「貨財通」誤作「貨通財」。今經傳以「商」代「𧶠」，「商」行而「𧶠」遂廢。此「𧶠」字若不誤爲「賓」，則後人亦必改爲「商」矣。治市之事也。此皆《周禮》野廬氏之職。今云「治市」，蓋七國時設官不同。治市之官，兼掌道路，不必全依《周禮》制，據當時職事言之也。抃急禁悍，「抃」當爲「析」，「急」當爲「愿」。已解上也。○先謙案：「抃」當爲「折」，說見上。防淫除邪，戮之以五刑，使暴悍以變，姦邪不作，司寇之事也。本政教，正法則，兼聽而時稽之，稽，計也，考也。《周禮·太宰》：「歲終則令百官府各正其治，受其會，而詔王廢置。三歲則大計也。」度其功勞，論其慶賞，以時慎修，使百吏免盡而衆庶不偷，冢宰之事也。〇盧文弨曰：自「度其功勞」下至末，各本皆無注文，脱耳。「免盡」之「免」與「勉」同。《漢書・辥宣傳》「宣因移書勞免之」，《谷永傳》「閔免遁樂」，皆以「免」爲「勉」。　王念孫曰：「免盡」當爲「盡免」。「免」與「勉」同。盡、勉，皆勉也。「勉」與「偷」對文，《君道篇》曰：「賞免罰偷。」今本「免」譌作「克」，辯見《君道》。　論禮樂，正身行，廣教化，美風俗，兼覆而調一之，辟公之事也。全道德，致隆高，綦文理，一天下，振毫末，〇先謙案：言雖毫末之微，必振而起之。《正論篇》云：「一物失稱，亂之端也。」此荀子論治之要。　使天下莫不順比從服，天王之事也。　故政事亂，則冢宰之罪也；國家失俗，則辟公之過也；天下不一，諸侯俗反，則天王非其人也。

具具而王，具具而霸，具具而存，具具而亡。〇先謙案：與上文「知此三具者」相應。　具具者，王霸存亡之具畢具也。《王霸篇》云：「然後養五綦之具具也。」句義與此同。　用萬乘之國者，威彊之所以立也，名聲之所以美也，敵人之所以屈也，國之所以安危臧否也，制與在此，亡乎人。〇王念孫曰：「與」讀爲「舉」。説見《經義述聞・禮運》。舉，皆也。亡，不在也。説見《經義述聞・穀梁傳》僖三十一年。言其制皆在此而不在乎人也。下文「制與在我亡乎人」同。　王霸安存危殆滅亡，制與在我，亡乎人。　夫威彊未足以殆鄰敵也，名聲未足以縣天下也，〇先謙案：縣天下，言能縣衡天下，爲四海持平也。説詳《彊國篇》。　則是國未能獨立也，豈渠得免夫累乎！〇盧文弨曰：案，「渠」與「遽」同。　天下脅於暴國，而黨爲吾所不欲於是者，日與桀同事同行，無害爲堯；〇先謙案：《方言》：「黨，知也，楚謂之黨。」吾所不欲，即謂脅於暴國也。於是時而後知爲吾所不欲與桀同事，而無害爲堯，爲時晚矣。功名安危所繫，當在國家閒暇之日也。　舉堯、桀者，聖君、暴君之極也。《議兵篇》：「以桀詐堯。」《天論篇》：「不爲堯存，不爲桀亡。」《正論篇》：「有埶辱無害爲堯，有埶榮無害爲桀。」並堯、桀對舉。

是非功名之所就也，非存亡安危之所墮也。○俞樾曰：「墮」字義不可通，當作「隨」，字之誤也。隨，從也。言非存亡安危之所從也。 功名之所就，存亡安危之所墮，必將於愉殷赤心之所。○郝懿行曰：殷者，盛也，言全盛之日。孟子所謂國家閒暇，及是時明政刑之日也。下「殷之日」同。 先謙案：《釋詁》：「愉，樂也。」愉殷者，當殷盛之時而愉樂。《素問・風論》注：「赤者，心色也。」赤心者，本心不雜貳。《禮記・檀弓》疏「所謂處所」。下同。 誠以其國爲王者之所亦王，以其國爲危殆滅亡之所亦危殆滅亡。 殷之日，案以中立無有所偏而爲縱橫之事，偃然案兵無動，○郝懿行曰：此云「案以」，下云「安以」，「安」「案」字亦同。荀書多用「安」「案」爲語助辭。如它書「焉」字「於」字之例。唯「案兵」之「案」與「按」同。按者，抑也，止也。「縱橫」當作「從衡」，古書皆然，荀書亦必作「從衡」，俗妄改之。 先謙案：「殷之日」與《王霸篇》「濟之日」句法一律。 以觀夫暴國之相卒也；○俞樾曰：「卒」當作「捽」。《國語・晉語》「戎夏交捽」，韋注曰：「捽，交對也。」彼云「交捽」，此云「相捽」，義正同。 案平政教，審節奏，砥礪百姓，爲是之日，而兵剸天下勁矣；○先謙案：此句與下「名聲剸天下之美矣」相配爲文，「勁」上當有「之」字。「剸」讀與「專」同。 案然修仁義，伉隆高，正法則，選賢良，養百姓，○俞樾曰：「然」衍字。「案」乃語詞。上文云「案平政教，審節奏，砥礪百姓」，與此文一律，可證。 爲是之日，而名聲剸天下之美矣。 權者重之，○先謙案：下「兵勁」、「名聲美」皆承上言之。此云「權者重之」，上無所承，疑有奪文。 兵者勁之，名聲者美之。 夫堯、舜者，一天下也，不能加毫末於是矣。○先謙案：「夫」猶「彼」也。言如此則彼堯、舜所以一天下，無以加之。 權謀傾覆之人退，則賢良知聖之士案自進矣。 刑政平，百姓和，國俗節，則兵勁城固，敵國案自詘矣。 務本事，積財物，而勿忘棲遲辟越也，○盧文弨曰：「辟越」即「屑越」，後同。 是使群臣百姓皆以制度行，則財物積，國家案自富矣。三者體此而天下服，暴國之君案自不能用其兵矣。何則？彼無與至也。彼其所與至者，必其民也。其民之親我也歡若父母，好我芳若芝蘭；反顧其上則若灼黥，若仇讎。彼人之情性也雖桀、跖，豈有肯爲其所惡賊其所好者哉！彼以奪矣。○郭嵩燾曰：承上文「王奪之人」，言彼所有之人已爲我奪也。故古之人有以一國取天下者，非往行之也，修政其所莫不願，如是而可以誅暴禁悍矣。故周公南征而北國怨，曰：何獨不來也！東征而西國怨，曰：何獨後我也！孰能有與是鬭者與！○謝本從盧校作「就能」。王引之曰：「就」字義不可通，當是「孰」字之誤。「孰」「就」字相似。又《補校》云：吕本「就」正作「孰」。先謙案：王説是，今從吕本。安以其國爲是者王！

殷之日，安以静兵息民，慈愛百姓，辟田野，實倉廩，便備用，安謹募選閱材伎之士，然後漸賞慶以先之，嚴刑罰以防之，擇士之知事者使相率貫也，是以厭然畜積修飾而物用之足也。○先謙案：「厭然」猶「安然」，説見《儒效篇》。「之」字衍。兵革器械者，彼將日日暴露毁折之中原，○盧文弨曰：「日日」，元刻作「日月」，下並同。我今將修飾之，拊循之，掩蓋之於府庫。貨財粟米者，彼將日日棲遲辥越之中野，我今將畜積并聚之於倉廩。材技股肱健勇爪牙之士，彼將日日挫頓竭之於仇敵，我今將來致之，并閲之，砥礪之於朝廷。如是則彼日積敝，我日積完；彼日積貧，我日積富；彼日積勞，我日積佚。君臣上下之間者，彼將厲厲焉，日日相離疾也；我今將頓頓焉，日日相親愛也。○先謙案：《莊子・人間世》釋文：「厲，疾也。重言之曰厲厲。」「頓」讀曰「敦」。《詩》「頓丘」，《爾雅・釋丘》作「敦丘」，是其證。《禮・樂記》「敦樂而無憂」，注：「敦，厚也。」重言之曰敦敦。頓頓，猶敦敦，相親厚之意也。以是待其敝，安以其國爲是者霸。

立身則從傭俗，事行則遵傭故，進退貴賤則舉傭士，○盧文弨曰：句。　郝懿行曰：「傭」與「庸」同。庸者，常也。《詩》云「昊天不傭」，《韓詩》作「庸」，是「庸」、「傭」通。下云「則庸寬惠」，此「庸」訓「用」。之所以接下之人百姓者則庸寬惠，○先謙案：荀書多以「之」爲「其」。《富國篇》「以奪之財」、「以奪之食」、「以難其事」，二「之」字與「其」連文，亦訓爲「其」。《王霸篇》：「之所與爲之者之人。」以下二「之」字同。如是者則安存。○盧文弨曰：僅免於危亡而已。

立身則輕楛，事行則蠲疑，進退貴賤則舉佞侻，○郝懿行曰：「楛」與「苦」同。謂脆惡也。蠲者，明也，謂喜明察而好狐疑也。「侻」與「脱」同，亦與「悦」同，謂喜近小人也。《修身篇》有「佞兑」字，則「侻」與「兑」同，當訓爲「悦」，謂諞佞容悦也。　先謙案：「侻」蓋「兑」字，後人加人旁耳。説見《修身篇》。之所以接下之人百姓者則好取侵奪，○王念孫曰：吕本作「好取侵奪」。錢本無「取」字，盧從吕本。案取與侵奪意複，且不詞，作「好侵奪」者是也。上文云：「之所以接下之人百姓者則庸寬惠」，句法正與此同。　先謙案：《富國篇》云：「雖好取侵奪，猶將寡獲也。」可見荀書自有此語。錢本無「取」字者，亦疑爲不詞而删之耳。古書不當輒改，謝本從盧校有「取」字，今仍之。如是者危殆。

立身則憍暴，事行則傾覆，進退貴賤則舉幽險詐故，○盧文弨曰：宋本有一「人」字，衍，元刻無。　先謙案：「故」亦「詐」也。説見《王霸篇》。之所以接下之人百姓者，則好用其死力矣而慢其功勞，好用其籍斂矣而忘其本務，如是者滅亡。

此五等者，不可不善擇也，王霸安存危殆滅亡之具也。善擇者制人，不善擇者人制之。善擇之者王，不善擇之者亡。夫王者之與亡者，制人之與人制之也，是其爲相縣也亦遠矣！○盧文弨曰：篇末自「具具而王」至此，文義淺雜，當是殘脱之餘，故不注耳。

荀子卷第五

荀子卷第六

唐登仕郎守大理評事楊倞注
臣王先謙集解

富國篇第十

萬物同宇而異體，同生宇内，形體有異。無宜而有用雖於人無常定之宜，皆有可用人之理，必在理得其道，使之不争，然後可以富國也。先謙案：虞、王本注「用」下無「人」字，是，各本衍。爲人，數也。○王念孫曰：「無宜而有用爲人」爲一句。「數也」爲一句。「爲」讀曰「于」。「爲」「于」二字古同聲而通用，説見《釋詞》「爲」字下。言萬物於人雖無一定之宜，而皆有用於人，數也。「數也」云者，猶言道固然也。《吕氏春秋・壅塞篇》：「寡不勝衆，數也。」高注：「數，道數也。」「數也」與下文「生也」對文，楊以「爲人數也」四字連讀，而下屬爲義，故失之。人倫並處，同求而異道，同欲而異知，倫，類也。並處，群居也。其在人之法數，則以類群居也。同求異道，謂或求爲善，或求爲惡，此人之性也。生也。○王念孫曰：「生」讀爲「性」，故楊注云：「此人之性也。」「生也」二字本在楊注「倫類也」之上，今本誤在楊注下，與下文相連。皆有可也，知愚同；所可異也，知愚分。可者，遂其意之謂也。埶同而知異，行私而無禍，縱欲而不窮，則民心奮而不可説也。禍，患也。窮，極也。奮，謂起而争競也。「説」讀爲「悦」。若縱其性情而無分，則民心奮起争競而不可悦服也。如是則知者未得治也。知者未得治，則功名未成也。功名之立，由於任智。功名未成，則群衆未縣也。有功名者居上，無功名者居下，然後群衆縣隔。若未有功名，則群衆齊等也。群衆未縣，則君臣未立也。既無縣隔，則未有君臣之位也。無君以制臣，無上以制下，天下害生縱欲。無上下相制，則天下之害生於各縱其欲也。○先謙案：承上「縱欲不窮」申言之。欲惡同物，欲多而物寡，寡則必争矣。同物，謂飲食男女，人之大欲存焉。死亡貧苦，人之大惡存焉。是賢愚同有此情也。無君上之制，各恣其欲，則物不能贍，故必争之也。故百技所成，所以養一人也。技，工也。一人，君上也。言百工所成之衆物，以養一人，是物多而所奉者寡，故能治也。○汪中曰：此言一人之身而百工之所爲備耳。注非。而能不能兼技，雖能者亦不兼其技功，使有分也。謂梓匠輪輿，各安其業則治，襍之則亂也。人不能兼官。皆使專一於分，不二事也。謂若夔典樂，稷播種之類也。離居不相待則窮，群而無分則争。不相待，遺棄也。窮，謂爲物所困也。此言不群則不可，群而無分亦不可也。窮者，患也；争者，禍也。救患除禍，則莫若明分使群矣。此已上皆明有分則能群，然後可以富國也。彊脅弱也，知懼愚也，民下違上，少陵長，不以德爲政，德，謂教化使知分義也。如是則老弱有失養之憂，而壯者有分争之禍矣。老弱不能自存，故憂失養；壯者以力相勝，故有分争也。事業所惡也，功利所好也，職業無分，事業，謂勞役之事，人之所惡。職業，謂官職及四人之業也。❶必使各供其職，各從所務，若無分則莫不惡勞而好逸也。如是則人有樹事之患，而有争功之禍矣。樹，立也。若無分則人人患於樹立己事，而争人之功，以此爲禍也。男女之合，夫婦之分，合，配也。分，謂人各有偶也。婚姻娉内送逆無禮，婦之父爲婚，壻之父爲姻。言婚姻者，明皆以二人之命也。聘，問名也。「内」讀曰「納」，納幣也。送，致女；逆，親迎也。○盧文弨曰：娉，《説文》：「問也，匹正切。」《廣韻》云：「娶也。」後人入詩作平聲「娉婷」，訛甚。注作「聘」，今字。如是則人有失合之憂，而有争色之禍矣。失合，謂喪其配偶也。故知者爲之分也。「知」如字。知者，謂知治道者。又讀爲「智」，皆通。

足國之道，明富國之術也。節用裕民而善臧其餘。裕，謂優饒也。善臧其餘，謂雖有餘，不耗損而

❶「人」，當作「民」，蓋唐人避李世民諱，「民」多作「人」。

善藏之。○盧文弨曰：「臧」，古「藏」字。正文從古，注以今文解之，楊氏往往如此。先謙案：《群書治要》句末有「也」字。節用以禮，裕民以政。以禮，謂用不過度。以政，謂取之有道也。彼裕民故多餘，人得優饒，務於力作，故多餘也。裕民則民富，民富則田肥以易，易，謂耕墾平易。田肥以易則出實百倍。所出穀實多也。上以法取焉，而下以禮節用之。法取，謂什一也。以禮節用，謂不妄耗費也。餘若丘山，不時焚燒，無所臧之。以言多之極也。夫君子奚患乎無餘！以墨子憂不足。○先謙案：《群書治要》句末有「也」字。故知節用裕民，則必有仁義聖良之名，而且有富厚丘山之積矣。名實皆美。此無它故焉，生於節用裕民也。不知節用裕民則民貧，民貧則田瘠以穢，貧則力不足，耕耨失時也。田瘠以穢則出實不半，不得其半。上雖好取侵奪，猶將寡獲也；而或以無禮節用之，○謝本從盧校「節」作「而」。盧文弨曰：元刻作「無禮節用之」。王念孫曰：元刻是也。上文云：「上以法取焉，而下以禮節用之。」楊注：「以禮節用，謂不妄耗費也。」與此三句正相反，是其證。《群書治要》正作「以無禮節用之」。呂、錢本、世德堂本同。先謙案：王說是，今從元刻。則必有貪利糾譑之名，而且有空虛窮乏之實矣。糾，察也。譑，發人罪也。譑音矯。○王念孫曰：糾，收也。「譑」讀爲「撟」，音矯。取也。言貪利而收取之也。僖二十四年《左傳》注云：「糾，收也。」《方言》云：「撟，捎選也。自關而西秦、晉之間，凡取物之上謂之撟捎。」《淮南·要略覽》「取撟掇」，高注云：「撟，取也。」即上文之「好取侵奪」也。楊注於貪利外別生支節矣。此無它故焉，不知節用裕民也。《康誥》曰：「弘覆乎天，若德裕乃身。」此之謂也。弘覆如天，又順於德，是乃所以寬裕汝身。言百姓與足，君孰不足也。○盧文弨曰：宋本正文並引「不廢在王庭」句，注無解。今依元刻去之。注「百姓與足」二句，又見第二十卷注中，不必定依今《論語》改此文。禮者，貴賤有等，長幼有差，貧富輕重皆有稱者也。稱，尺證反。○

盧文弨曰：舊本不提行，今案當分段。　先謙案：上言「裕民以政」，下結云「夫是之謂以政裕民」，應爲一段，舊本是，盧説非也。今正。　故天子袾裷衣冕，「袾」古「朱」字。「裷」與「衮」同。畫龍於衣謂之衮。朱衮，以朱爲質也。衣冕，猶服冕也。　諸侯玄裷衣冕，謂上公也。《周禮》公之服自衮冕而下，如王之服也。　大夫裨冕，衣裨衣而服冕，謂祭服也。天子六服，大裘爲上，其餘爲裨。裨之言卑也。以事尊卑服之，諸侯以下亦服焉，鷩冕、絺冕皆是也。　士皮弁服。皮弁，謂以白鹿皮爲冠，象上古也。素積爲裳，用十五升布爲之。積猶辟也。辟蹙其腰中，故謂之素積也。　德必稱位，位必稱祿，祿必稱用。　由士以上則必以禮樂節之，衆庶百姓則必以法數制之。君子用德，小人用刑。　量地而立國，謂若《王制》天子之縣内九十三國也。　計利而畜民，謂若周制計一鄉地利所出畜萬二千五百家。　度人力而授事，謂若一夫受田百畝。　使民必勝事，事必出利，利足以生民，皆使衣食百用出入相揜，百用，襍用，養生送死之類。出，出財也。入，入利也。揜，覆蓋也。出入相揜，謂量入爲出，使覆蓋不乏絶也。○王念孫曰：《爾雅》曰：「弇，同也。」《方言》曰：「掩，同也。」《周頌·執競》傳曰：「奄，同也。」「弇」、「奄」、「掩」、「揜」竝通。出入相同，謂不使出數多於入數也。楊訓「揜」爲「覆蓋」，失之。　必時臧餘，謂之稱數。足用有餘，則以時臧之，此之謂有稱之術數也。　故自天子通於庶人，事無大小多少，由是推之。　故曰：朝無幸位，民無幸生，此之謂也。上下所爲之事，皆以稱數推之，故無徼幸之徒。無德而祿謂之幸位，惰游而食謂之幸生也。　輕田野之税，平關市之征，平，猶除也。謂幾而不征也。　省商賈之數，省，減也。謂使農夫衆也。　罕興力役，無奪農時，如是則國富矣。　夫是之謂以政裕民。此以政優饒民之術也。○先謙案：《群書治要》句末有「也」字。

人之生不能無群，群而無分則爭，爭則亂，亂則窮矣。窮，困。　故無分者，人之大害也；有分者，天下之本利也。「本」當爲「大」。　而人君者，所以管分之樞要也。樞，户樞也。

故美之者，是美天下之本也；美謂美其有分。○盧文弨曰：「美之」、「安之」、「貴之」，三「之」字皆謂人君。安之者，是安天下之本也；貴之者，是貴天下之本也。古者先王分割而等異之也，以分割制之，以等差異之。故使或美，或惡，或厚，或薄，或佚，或樂，或劬，或勞，美，謂褒寵。惡，謂刑戮。厚薄，貴賤也。在位則佚樂，百姓則劬勞也。○王念孫曰：下二句本作「或佚樂或劬勞」，「美」與「惡」對，「厚」與「薄」對，「佚樂」與「劬勞」對。今本「樂」上「勞」上又有兩「或」字，即涉上文而衍。據楊注云「在位則佚樂，百姓則劬勞」，則正文本作「或佚樂或劬勞」明矣。《群書治要》同。非特以爲淫泰夸麗之聲，將以明仁之文，通仁之順也。仁，謂仁人也。言爲此上事，不唯使人瞻望，自爲夸大之聲，將以明仁人乃得此文飾，言至貴也。通仁人乃得此順從，言不違其志也。○俞樾曰：「聲」字衍文。《荀子》原文蓋作「非特以爲淫泰夸麗也」。因「也」字誤作「之」，後人妄加「聲」字耳。下文云「非特所以爲淫泰也」，句法與此同，是其證。先謙案：此言先王將欲施仁於天下，必先有分割等異，乃可以明其文而通其順，若無分割等異，則無文不順，即仁無所施矣。楊注非。故爲之雕琢刻鏤黼黻文章，玉謂之雕，亦謂之琢。木謂之刻，金謂之鏤。白與黑謂之黼，黑與青謂之黻，青與赤謂之文，赤與白謂之章。使足以辨貴賤而已，不求其觀；不求使人觀望也。古亂反。○盧文弨曰：不求其觀，言非以此爲觀美也。爲之鍾鼓管磬琴瑟竽笙，使足以辨吉凶、合歡定和而已，不求其餘；和，謂和氣。餘，謂過度而作鄭、衛者也。爲之宮室臺榭，使足以避燥溼、養德、辨輕重而已，不求其外。德，謂君上之德。輕重，尊卑也。外，謂峻宇雕牆之類也。《詩》曰：「雕琢其章，金玉其相。亹亹我王，綱紀四方。」此之謂也。《詩》，《大雅·棫樸》之篇。相，質也。亹亹，勤勉之貌。言雕琢爲文章，又以金玉爲質，勉力爲善，所以綱紀四方也。與《詩》義小異也。

若夫重色而衣之，重味而食之，重財物

而制之，合天下而君之，重，多也。直用反。非特以爲淫泰也，固以爲王天下，○先謙案：「王天下」，「王」字無義。此自屬人君言，不得更言「王天下」。「王」當爲「一」，字之誤也。《儒效》、《王制》、《王霸》、《君道》、《彊國》諸篇屢言「一天下」。《非十二子篇》云：「一天下，財萬物，長養人民，兼利天下。」語意正與此同，亦作「一天下」，尤其明證。治萬變，材萬物，材與裁同。○先謙案：《非十二子》、《儒效》、《王制》、《富國》諸篇並作財萬物，材疑當爲財。《群書治要》作裁，《王制篇》一作裁。養萬民，兼制天下者，○先謙案：《非十二子篇》作「兼利天下」。以文義推之，「兼利」是也。「利」「制」形近而譌。《王霸篇》云：「國者，天下之制利用也。」楊注：「『制』，衍字耳。『制』『利』因相似誤衍。」即其證。爲莫若仁人之善也夫！故其知慮足以治之，其仁厚足以安之，其德音足以化之，得之則治，失之則亂。百姓誠賴其知也，故相率而爲之勞苦以務佚之，以養其知也；「知」讀爲「智」。○先謙案：《群書治要》兩「知」字並作「智」。誠美其厚也，故爲之出死斷亡以覆救之，以養其厚也；厚，恩厚也。出死，謂出身致死。斷，猶判也。言判其死亡也。覆，蓋蔽也。斷，丁亂反。○盧文弨曰：正文末一「也」字各本俱缺，今依上下例增。先謙案：宋台州本不缺「也」字，《群書治要》同。誠美其德也，故爲之雕琢刻鏤黼黻文章以藩飾之，以養其德也。有德者，宜備藩衛文飾也。故仁人在上，百姓貴之如帝，天帝也。親之如父母，爲之出死斷亡而愉者，愉，歡。○王念孫曰：「愉」讀爲「偷」。「愉」上當有「不」字。「出死斷亡而不愉者」，民皆死其君事而不偷生也。楊所見本已脱「不」字，故誤以「愉」爲「歡愉」之「愉」。下文「爲之出死斷亡而愉」，「愉」上亦脱「不」字。《王霸篇》曰：「爲之出死斷亡而不愉。」《群書治要》引作「不偷」，足正此篇之誤。楊不知「愉」爲古「偷」字，反以「不」爲衍文，謬矣。《説文》「偷薄」字本作「愉」，從心，俞聲。《爾雅》：「佻，偷也。」《小雅·鹿鳴》傳作「恌，愉也」。《周官·大司徒》「則民不愉」，桓七年《公羊傳》注「則民不愉」，《坊記》注「不愉於死亡」，《釋文》並音「偷」。漢《繁陽令楊君碑》「不愉禄求趨」，亦與「愉」同。《唐風·山有樞篇》「他人是愉」，鄭箋：「愉讀爲偷。」

《大戴禮・文王官人篇》「欲色嘔然以偷」，《逸周書》「偷」作「愉」。經傳中「愉」字或作「偷」者，皆後人所改也。此篇之「出死斷亡而不愉」，若非脱去「不」字，則後人亦必改爲「偷」矣。無它故焉，其所是焉誠美，其所得焉誠大，其所利焉誠多。是，謂可其意也。言百姓所得者多，故親愛之也。○先謙案：《群書治要》有「也」字。《詩》曰：「我任我輦，我車我牛，我行既集，蓋云歸哉！」此之謂也。《詩》，《小雅・黍苗》之篇。引此以明百姓不憚勤勞，以奉上也。鄭云：「集，猶成也。蓋，猶皆也。轉餫之役，有負任者，有輓輦者，有將車者，有牽傍牛者。事既成，召伯則皆告之云，可以歸矣。」○盧文弨曰：注末宋本作「云可歸哉」。

故曰：「君子以德，小人以力。」君子以德撫下，故百姓以力事上也。力者，德之役也。力爲德所使役。百姓之力，待之而後功；百姓雖有力，待君上所使然後有功也。○王念孫曰：如楊説，則「功」上須加「有」字，而其義始明。今案，力者，功也。《論語》曰：「管仲之力也。」待之而後功，功者，成也。言百姓之功，待君而後成也。下文曰：「百姓之群待之而後和，百姓之財待之而後聚，百姓之勢待之而後安，百姓之壽待之而後長。」「和」、「聚」、「安」、「長」，與「功」相對爲文，是「功」爲「成」也。《爾雅》曰：「功，成也。」《大戴禮・盛德篇》曰：「能成德法者爲有功。」《周官・稾人》：「乃入功于司弓矢及繕人。」鄭注曰：「功，成也。」《管子・五輔篇》曰：「大夫任官辯事，官長任事守職，士修身功材。」言修身成材也。《莊子・天道篇》曰：「帝王無爲而天下功。」言無爲而天下成也。先謙案：王説辨矣，然此「功」字不訓「成」。王訓「功」爲「成」，則「百姓之力」訓爲「百姓之功」。上文「小人以力。力者，德之役也」，二「力」字又豈能訓爲功乎！今案，待之而後功者，待之而後有功也。「有功」爲「功」，荀書自有此語。《王霸篇》：「事至佚而功。」《彊國篇》：「不煩而功。」《君道篇》、《君子篇》：「不動而功。」《臣道篇》：「戾然後功。」下文「使而功」及「愛而後用之，不如愛而不用者之功也」，義並與此同。百姓之群，待之而後和；百姓之財，待之而後聚；百姓之埶，待之而後安；百姓之壽，待之而後長。皆明待君上之德化，然後無争奪相殺也。父子不得不親，兄弟不得不順，男女不得不歡，少者以長，老者以養。故曰：「天地生之，聖人成之。」此之謂也。古者有此語，引以明之也。

今之世而不然。○先謙案：「而」猶「則」也，見《釋詞》。厚刀布之斂以奪之財，重田野之稅以奪之食，苛關市之征以難其事。苛，暴也。征亦稅也。苛關市之征，出入賣買皆有稅也，使貨不得通流，故曰「難其事」。不然而已矣，不唯如此而已。有掎挈伺詐，權謀傾覆，以相顛倒，以靡敝之，「有」讀爲「又」。掎，摭其事。挈，舉其過。伺，候其罪。詐，僞其辭。顛倒，反覆也。靡，盡也。敝，敗也。或曰：「靡」讀爲「糜」。糜，散也。敝，盡也。○盧文弨曰：案，《禮記·少儀》「國家靡敝」，《釋文》「亡皮切」，《正義》亦有「靡，散」一訓。百姓曉然皆知其汙漫暴亂而將大危亡也。汙漫，皆穢行也。漫，莫半反。是以臣或弒其君，下或殺其上，粥其城，倍其節，而不死其事者，無它故焉，人主自取之。粥其城，謂以城降人以爲己利。節，忠節也。此皆由上無恩德，故下亦傾覆之。○先謙案：《群書治要》句末有「也」字。《詩》曰：「無言不讎，無德不報。」此之謂也。《詩》，《大雅·抑》之篇。

兼足天下之道在明分。○先謙案：此「明分」與上「明分使群」同義。掩地表畝，掩地，謂耕田使土相掩。表，明也，謂明其經界使有畔也。○王引之曰：「掩地」二字義不可通。「掩」疑「撩」之譌。《說文》：「撩，理也。」《廣雅》同。《一切經音義》十四：「撩，力條反。《通俗文》云：『理亂謂之撩理。』今多作料量之料字也。」以上《一切經音義》。撩地表畝，謂理其地，表其畝也。「撩」字俗書作「撩」，與「掩」相似而誤。楊云「掩地，謂耕田使土相掩」，迂回而難通矣。刺屮殖穀，刺，絶也。屮，古「草」字。多糞肥田，是農夫衆庶之事也。守時力民，守時，敬授人時。力民，使之疾力。進事長功，進其事業，長其功利。和齊百姓，使人不偷，是將率之事也。將率，猶主領也，若今宰守。○俞樾曰：此言足天下之道，前後皆言農事，而此云是將率之事。楊注曲爲之說，未爲得也。蓋古之爲將率者，其平時即州長黨正之官。

《周官》州長職，「若國作民而師田行役之事，則帥而致之，掌其戒令與其賞罰」。鄭注曰：「掌其戒令、賞罰，則是於軍因爲師帥。」賈疏曰：「云因爲師帥者，若衆屬軍吏，別有軍吏掌之，何得還自掌之，故知因爲師帥也。但在鄉爲州長已管其民，在軍還領己民爲師帥，即是因內政寄軍令也。」又黨正職注曰：「亦於軍因爲旅帥。」族師職注曰：「亦以軍因爲卒長。」以是推之，「閭胥」即爲兩「司馬」，「比長」即爲「伍長」。《夏官・序官》疏曰「閭胥以下雖不言，因爲義可知」是也。此云「將率」，即指「州長」「黨正」之屬，從其在軍之名而稱之曰「將率」，正見內政軍令之可通。楊注未達斯旨。

高者不旱，下者不水，寒暑和節，而五穀以時孰，是天下之事也。是天下豐穰之事，非由人力也。○王念孫曰：「天下之事」當作「天之事」。不旱不水，寒暑和節，此皆出於天而非人之所能爲，故曰是天之事。正對下文「是聖君賢相之事」而言。今本「天下」之「下」乃涉上文「下」者而衍。楊曲爲之說，非。

若夫兼而覆之，兼而愛之，兼而制之，歲雖凶敗水旱，使百姓無凍餒之患，則是聖君賢相之事也。○盧文弨曰：此下宋本提行，今案當連爲一條。

墨子之言昭昭然爲天下憂不足。○王念孫曰：昭昭，小也。《中庸》：「今夫天斯昭昭之多。」鄭注：「昭昭，猶耿耿，小明也。」《淮南・繆稱篇》：「昭昭乎小哉。」言墨子之所見者小也。故下文曰：「夫不足非天下之公患也，特墨子之私憂過計也。」

夫不足非天下之公患也，非公共之患也。特墨子之私憂過計也。

今是土之生五穀也，人善治之則畝數盆，一歲而再獲之；蓋當時以盆爲量。《考工記》曰：「盆實二鬴。」《墨子》曰：「子墨子弟子仕於衛而反，子曰：何故反。曰：與我言而不當。曰：待汝以千盆，授我五百盆，故去之。」「獲」讀爲「穫」。

然後瓜桃棗李一本數以盆鼓，一本，一株也。鼓，量也。《禮記》曰：「獻米者操量鼓。」數以盆鼓，謂數度以盆量之也。言「然後」者，謂除五穀之外，更有此果實。○盧文弨曰：注「以盆」下亦當有「鼓」字，各本皆脫。

然後葷菜百疏以澤量，葷，辛菜也。「疏」與「蔬」同。以澤量，言滿澤也，猶谷量牛馬。「然後」義與上同。○郝懿行曰：葷菜亦蔬耳，必別言之者，《士相見禮》：「夜侍坐，問夜膳葷，請退可也。」鄭注：「葷，辛物，葱薤之屬，食之以止臥。」

《玉藻》：「膳於君有葷桃茢。」注云：「葷，薑及辛菜也。」然則葷菜先於百蔬，固有說矣。 然後六畜禽獸一而剸車，「剸」與「專」同。言一獸滿一車。 黿鼉魚鱉鰌鱣以時別，一而成群，別，謂生育與母分別也。以時別，謂不夭其生，使得成遂也。一而成群，言每一類皆得成群。然後飛鳥鳧雁若烟海，遠望如烟之覆海，皆言多。然後昆蟲萬物主其間，昆蟲，蚳、蠦、蜩、范之屬也。除大物之外，其間又有昆蟲萬物。鄭云：「昆，明也。得陽而出，得陰而藏之蟲也。」○盧文弨曰：注「蠦」字誤，疑本是「蝝」字。 可以相食養者不可勝數也。 夫天地之生萬物也，固有餘足以食人矣。 麻葛繭絲、鳥獸之羽毛齒革也，固有餘足以衣人矣。○先謙案：宋台州本有「衣去聲」三字，各本無。 夫有餘不足，非天下之公患也，特墨子之私憂過計也。○先謙案：此二句與上文同。荀反復申重，以明墨之非。以文義求之，「不足」上不當有「有餘」二字，此緣上文兩「有餘」而誤衍。

天下之公患，亂傷之也。 胡不嘗試相與求亂之者誰也？ 我以墨子之非樂也，則使天下亂；墨子之節用也，則使天下貧；非將墮之也，說不免焉。非將墮毀墨子，論說不免如此。○先謙案：不免者，言其實如此也。《正論篇》云：「然則以湯、武爲弒，則天下未嘗有說也，直墮之耳。」正與此文反對。 墨子大有天下，小有一國，天子、諸侯。 將蹙然衣麤食惡，憂戚而非樂。墨子言樂無益於人，故作《非樂篇》。無樂則人情憂戚，故曰「憂戚而非樂」也。 若是則瘠，瘠則不足欲，不足欲則賞不行。瘠，奉養薄也。奉養既薄，則不能足其欲。欲既不足，則賞何能行乎？言皆由不顧賞也。夫賞以富厚，故人勸勉。有功勞者而與之麤衣惡食，是賞道廢也。《莊子》説墨子曰：「其生也勤，其死也薄，其道也大觳。」郭云：「觳，無潤也。」義與瘠同。觳，苦角反。 墨子大有天下，小有一國，將少人徒，省官職，省，所景反。 上功勞苦，與百姓均事業，齊功勞。謂君臣並耕而食，饔飧而治。 若是則不威，不威則罰不行。上下縣隔，故得以法臨馭。若君臣齊等，則威不立矣。○盧文弨曰：舊本正文俱作「則賞罰不行」，「賞」字衍，今删。賞不行，則賢者不可得而進也；罰不行，則不肖者不可得而退也。賞罰所以進賢而退不肖。賢者不可得而進也，不肖者不可得而退也，則能不能不可得而官也。不可置於列位而廢置也。○先謙案：上言「賢不肖」，則此「能不能」就一人所短長言之。《解蔽篇》云：「材官萬物。」注：「官謂不失其任。」又云：「則萬物官矣。」注：「謂各當其任，無差錯也。」此「官」字義亦同，注似未晰。若是則萬物失宜，事變失應，上失天時，下失地利，中失人和，賞罰不行，賢愚一貫，故有斯敝也。天下敖然，若燒若焦。「敖」讀爲「熬」。若燒若焦，言萬物寡少如被焚燒然。墨子雖爲之衣褐帶索，嚽菽飲水，惡能足之乎！「嚽」與「啜」同。「惡」音「烏」。既以伐其本，竭其原，而焦天下矣。○先謙案：此句文義自在「若燒若焦」下，倒裝文法。

故先王聖人爲之不然。知夫爲人主上者，不美不飾之，不足以一民也；不富不厚之，不足以管下也；管，猶包也。不威不强之，不足以禁暴勝悍也。故必將撞大鐘，擊鳴鼓，吹笙竽，彈琴瑟，以塞其耳；必將錭琢刻鏤黼黻文章，以塞其目；「錭」與「彫」同。必將芻豢稻粱五味芬芳，以塞其口。塞猶充也。然後衆人徒，備官職，漸慶賞，漸，進。嚴刑罰，以戒其心，使天下生民之屬，皆知己之所願欲之舉在是于也，故其賞行；舉，皆也。「是于」，猶言「于是」。言生民所願欲皆在于是也。《説苑》亦作「是于」也。○盧文弨曰：正文「是于」，舊本俱作「于是」，反將注語互易，誤甚，今改正。下同。皆知己之所畏恐之舉在是于也，故其罰威。其罰可畏。賞行罰威，則賢者可得而進也，不肖者可得而退也，能不能可得而官也。若是則萬物得宜，事變得應，上得天時，下得地利，中得人和；則財貨渾渾如泉源，渾渾，水流貌。如泉源，言不絶也。

渾，户本反。汸汸如河海，「汸」讀爲「滂」，水多貌也。暴暴如丘山，暴暴，卒起之貌。言物多委積高大如丘山也。不時焚燒，無所臧之。夫天下何患乎不足也。故儒術誠行，則天下大而富，使而功，大，讀爲泰，優泰也。使，謂爲上之使也，可使則有功也。○謝本從盧校作「使有功」。劉台拱曰：「使有功」當作「佚而功」，形近而譌也。王念孫曰：宋吕、錢、龔本並作「使而功」。元刻作「使有功」。盧從元刻非，劉説是也。《王霸篇》「守至約而詳，事至佚而功」，是其證。《彊國篇》亦云：「佚而治，約而詳。」下文「勞苦頓萃而愈無功」，正與「佚而功」相反。元刻作「使有功」者，涉注「有功」而誤。先謙案：劉、王謂「有」當爲「而」是也，改「使」爲「佚」非也。「大而富」承上「萬物得宜」言，「使而功」承上「賞行罰威」言。文義甚明，不煩改字。《正論篇》「易使則功，難使則不功」尤爲此「使而功」明證。下文「勞苦頓萃而愈無功」。「勞苦頓萃」言墨道如此，非「佚」字對文也。今從宋本改正。撞鐘擊鼓而和。《詩》曰：「鐘鼓喤喤，管磬瑲瑲，降福穰穰。降福簡簡，威儀反反。既醉既飽，福禄來反。」此之謂也。《詩》，《周頌·執競》之篇。毛云：「喤喤、瑲瑲，皆聲和貌。穰穰，衆也。簡簡，大也。」鄭云：「反反，順習之貌。反，復也。」○盧文弨曰：「管磬瑲瑲」，元刻作「磬筦將將」。案，《説文》作「管磬𧾣𧾣」，今從宋本。又注「反復也」，宋本與毛傳合。元刻作「反復之也」，非。又此處宋本與下分段，今不從。故墨術誠行，則天下尚儉而彌貧，非鬭而日争，《墨子》有《非攻篇》。非攻即非鬭也。既上失天時，下失地利，則物出必寡，雖尚儉而民彌貧，物不能贍，雖以鬭爲非，而日日争競也。勞苦頓萃而愈無功，愀然憂戚非樂而日不和。《説文》云：「頓，下首也。」「萃」與「顇」同。上下不能相制，雖勞苦頓顇，猶將無益也。鄭注《禮記》云：「愀然，變動貌也。」○王念孫曰：頓如困頓之頓。《管子·版法篇》「頓卒怠倦以辱之」，尹注曰：「頓卒，猶困苦。」王褒《洞簫賦》：「桀、跖、鬻、博，儡以頓顇。」「頓卒」、「頓萃」並與「頓顇」同。《詩》曰：「天方薦瘥，喪亂弘多。民言無嘉，憯莫懲嗟。」此之謂也。《詩》，《小雅·節南山》之篇。薦，重也。瘥，病也。憯，曾也。懲，止也。嗟，奈何。「薦」或爲「荐」。

垂事養民，垂，下也。以上所操持之事，下就於民而養之，謂施小惠也。○盧文弨曰：宋本連上條。今案當分段。　俞樾曰：垂，猶委也。《說文·女部》：「娷，諉也。」「垂」之爲「委」，猶「娷」之爲「諉」也。《爾雅·釋言》：「娷、諉，累也。」孫炎曰：「楚人曰娷，秦人曰諉。」是「娷」「諉」疊韻，二字義同。「垂」之與「委」，猶「娷」之與「諉」也。垂事養民者，委事養民也，言委置其事以養民也。下文曰：「進事長功，輕非譽而恬失民」，正與此「垂事養民」相反。又曰：「垂事養譽不可，句。以遂功而忘民亦不可。」垂事者，即所謂「垂事養民」也。遂功者，即所謂「進事長功，輕非譽而恬失民」也。然則「垂事」之義可見矣。楊注非。

拊循之，唲嘔之，「拊」與「撫」同。拊循，慰悅之也。唲嘔，嬰兒語聲也。唲，於佳反。「嘔」與「謳」同。○郝懿行曰：「循」與「揗」同。拊揗者，謂撫摩矜憐之也。唲嘔者，《玉篇》、《廣韻》並云：「小兒語也。」上於佳切，下烏侯切。二字雙聲，蓋爲小兒語聲，慈愛之也。《史記·韓信傳》說項王「言語嘔嘔」，其意正同，「嘔嘔」即「唲嘔」也。

冬日則爲之饘粥，夏日則與之瓜麮，麮，煮麥飯也。丘舉反。○郝懿行曰：《說文》：「麮，麥甘鬻也。」《急就篇》「甘麮殊美奏諸君」，是則夏日進麮，古人珍之。今登萊人煮大麥粥，云食之止渴。又袪暑必大麥者，小麥性熱，大麥味甘又性涼也。　以偷取少頃之譽焉，是偷道也；可以少頃得姦民之譽，然而非長久之道也。事必不就，功必不立，是姦治者也。姦人爲治，偷取其譽。　傮然要時務民，傮然，盡人力貌。《說文》云：「傮，終也。」要時，趨時也。務，勉强也。謂以勞役强民也。傮，子勞反。要，一饒反。○郝懿行曰：「傮」與「酋」音近義同，其訓皆爲「終」也。此言勞役不恤民力，經始即欲要終，趨時亟也。　先謙案：二說皆非也。《文選·魏都賦》「傮響起」，李注：「嘈與傮古字通。」據此傮然即嘈然也。《廣雅·釋詁》：「嘈，聲也。」《文選·魯靈光殿賦》注引《埤蒼》云：「嘈嘈，衆聲也。」「傮然」猶嘈嘈紛雜之意。　進事長功，益上之功利也。　輕非譽而恬失民，恬，安也。言不顧下之毁譽，而安然忘於失民也。　事進矣而百姓疾之，事雖長進而百姓怨。　是又不可偷偏者也。言亦不可苟且偏爲此勞民之事也。○先謙案：「不可」二字衍文。上言「是姦治者也」，此言「是又偷偏者也」，二語相應，「偷偏」上不得有「不可」字明矣。此緣下文兩「不可」字而誤重，據楊注所見本已衍「不可」二字。徙壞墮落，必反無功，雖苟求功利，旋即毁壞墮落，必反無成功也。○謝本從盧校作「徒壞」。盧文弨曰：「徒壞」，元刻作「徙壞」。先謙案：元刻是。「徙壞」「墮落」，相配爲文。作「徒」者，「徙」之譌耳。今從元刻。故垂事養譽不可，以遂功而忘民亦不可，皆姦道也。以，用。○先謙案：言二者皆不可也。

故古人爲之不然。使民夏不宛暍，使民，謂役使民也。「宛」讀爲「藴」，暑氣也。《詩》曰：「藴隆蟲蟲。」暍，傷暑也。或曰：「宛」當爲「奥」，篆文「宛」字與「奥」字略相似，遂誤耳。奥，於六反，熱也。冬不凍寒，急不傷力，緩不後時，皆謂量民之力，不使有所傷害。事成功立，上下俱富；○郝懿行曰：「富」與「福」同，古字通用。《詩》云「何神不富」，富即福也。此文不爲富言，故知爲福。上云「夏不宛暍，冬不凍寒，急不傷力，緩不後時」，此正上下俱受其福之意。而百姓皆愛其上，人歸之如流水，親之歡如父母，爲之出死斷亡而愉者，無它故焉，忠信調和均辨之至也。均，平均。辨，明察也。○郝懿行曰：「辨」與「徧」同，古字通用。荀書「辨」多同「辯」，「辯」宜訓「治」。楊氏不明假借之義，每以「辨别」爲訓，往往失之。此「辨」又爲「徧」之假借，當訓「周徧」，而云「明察」，其失甚矣。《王霸篇》「治辨」之「辨」，又與「辦」同。王念孫曰：「辨」讀爲「平」，「平」「辨」古字通。若《堯典》「平章」之爲「辨章」，「平秩」之爲「辨秩」是也。説見段氏《古文尚書撰異》。「忠」與「信」，「調」與「和」，「均」與「辨」，皆同義。楊以辨爲明察，則與「均」異義矣。先謙案：王説是。故君國長民者，欲趨時遂功，則和調累解，速乎急疾；忠信均辨，説乎賞慶矣；必先脩正其在我者，然後徐責其在人者，威乎刑罰。自「故君國長民」已下，其義未詳，亦恐脱誤。或曰：累解，嬰累解釋也。言君國長人，欲趨時遂功者，若和調而使嬰累解釋，則民速乎急疾，言效上之急不後時也。若忠信均辨，則民悦乎慶賞。若先責己而後責人，則民畏乎刑罰。累音類。解，佳買反。「説」讀爲「悦」。○王念孫曰：速乎急疾，威乎刑罰下，皆當有「矣」字，與「説乎賞慶矣」對文。　俞樾曰：「累解」與「和調」皆二字平列，訓爲「嬰累解釋」，非其義矣。《儒效篇》曰：「解果其冠。」楊注引《説苑》「蟹螺者宜禾」爲證。竊謂「累解」與「蟹螺」一也。彼從虫而此否者，書有繁簡耳。「蟹螺」到爲「累解」，猶「和調」亦可云「調和」也。《説苑》以「蟹螺」「污邪」對文，則「蟹螺」之義殆猶平正矣。三德者誠乎上，則下應之如景嚮，三德，謂調和累解，忠信均辨，正己而後責人也。誠乎上，謂上誠意行之也。「嚮」讀爲「響」。或曰：三德，即忠信、調和、均辨也。雖欲無明達，得乎哉！《書》曰：「乃大明服，惟民其力懋，和而有疾。」此之謂也。《書·康誥》：懋，勉也。言君大明以服下，則民勉力，爲和調而疾速，以明效上之急也。○盧文弨曰：元刻作「惟民其勑懋，和若有疾」，與今書同。案注則宋本爲是，今從之。

故不教而誅，則刑繁而邪不勝；教而不誅，則姦民不懲；誅而不賞，則勤屬之民不勸；屬也者，謂著於事業也。屬，之欲反。「屬」或爲「厲」。○王念孫曰：作「厲」者是也。厲，勉也。《群書治要》作「勤勵」，「勵」即「厲」之俗書，則本作「厲」明矣。「厲」與「屬」字相似而誤，《韓子·有度篇》「厲官威民」，《詭使篇》「上之所以立廉恥者所以厲下也」，今本「厲」字並誤作「屬」。楊曲爲之説，非。誅賞而不類，則下疑俗儉而百姓不一。不類，不以其類，謂賞不當功，罰不當罪。「儉」當爲「險」，險謂徼幸免罪，苟且求賞也。○先謙案：類，法也。説見《非十二子篇》。《群書治要》「儉」作「險」，與楊注合。「一」作「壹」，與下同。故先王明禮義以壹之，致忠信以愛之，尚賢使能以次之，○先謙案：《晉語》韋注：「次，行列也。」次之，謂使之就列。爵服慶賞以申重之。申亦重也，再令曰申。時其事，輕其任以調齊之，時其事，謂使人趨時不奪之也。輕其任，謂量力而使也。潢然兼覆之，養長之，如保赤子。「潢」與「滉」同。潢然，水大至之貌也。○先謙案：《説文》：「潢，水池。」《詩》「武夫洸洸」，《鹽鐵論·繇役篇》引作「武夫潢潢」。是「潢」即「洸」借字。《説文》：「洸，水涌光也。」水大則涌而有光，故以爲比。若是，故姦邪不作，盜賊不起，而化善者勸勉矣。化善，化而爲善者也。是何邪？則其道易，平易可行。其塞固，其政令一，其所充塞民心者固。其防表明。隄防標表，明白易識。故曰：上一則下一矣，上二則下二矣。○先謙案：《群書治要》「一」「二」作「壹」「貳」。辟之若屮木，枝葉必類本，此之謂也。「辟」讀爲「譬」。「屮」，古「草」字。

不利而利之，不如利而後利之之利也；不愛而用之，不如愛而後用之之功也；利而後利之，不如利而不利者之利也；愛而後用之，不如愛而不用者之功也。利而不利也，愛而不用也者，取天下矣。利而後利之，愛而後用之者，保社稷也。不利而利之，不愛而用之者，危國家也。○王念孫曰：「取天下矣」，「保社稷也」，「危國家也」，本作「取天下者也」，「保社稷者也」，「危國家者也」。今本「或」作「矣」或作「也」，文義參差不協，當依《文選·五等諸侯論》注所引改正。

觀國之治亂臧否，至於疆易而端已見矣。「易」與「埸」同。端，首也。見，賢遍反。其候徼支繚，候，斥候。徼，巡也。支繚，支分繚繞，言委曲巡警也。其竟關之政盡察，「竟」與「境」同。盡察，極察，言無不察也。是亂國已。亂國多盜賊姦人，故用苛察之政也。○郭嵩燾曰：候徼支繚，多疑而煩苦；竟關之政察，析利而苛細，知此之爲亂，可與言治矣。先謙案：郭説是，楊注淺陋。入其境，其田疇穢，都邑露，是貪主已。露，謂無城郭牆垣。王貪財，民貧力不足，故露也。○盧文弨曰：「露」，元刻作「路」，古通用。今從宋本。王念孫曰：楊未解「露」字之義。露者，敗也。謂都邑敗壞也。《方言》曰：「露，敗也。」《莊子·漁父篇》曰：「田荒室露。」《齊策》曰：「百姓罷而城郭露。」並與此「都邑露」同義。「露」字或作「路」，又作「潞」，説見《管子》「振罷露」下。觀其朝廷，則其貴者不賢；觀其官職，則其治者不能；觀其便嬖，則其信者不愨：是闇主已。便嬖，左右小臣寵幸者也。信者不愨，所親信者不愿愨也。主闇故姦人多容也。凡主相臣下百吏之俗，其於貨財取與計數也，須孰盡察；俗，謂風俗。取，謂賦斂。與，謂賜與。計數，計算也。須，待也。孰，精孰也。盡察，極察也。其於計數貨財，必待精孰極察然後行，言不簡易，急於貪利者也。○俞樾曰：「俗」當爲「屬」，聲近而譌也。下文又曰「凡主相臣下百吏之屬」，可證「俗」字之譌。楊氏不據以訂正，而曰「俗謂風俗」，失之。「須」字無義，乃「順」字之誤，《禮論篇》曰「非順孰修爲之，君子莫之能知也」，亦以「順孰」連文，是其證。「順」與「須」形近而誤，楊注非。 其禮義節奏也，芒軔僈楛，是辱國已。禮義節奏，謂行禮義之節文。芒，昧也。或讀爲「荒」，言不習孰也。軔，柔也，亦怠惰之義。「僈」與「慢」同。楛，不堅固也。辱國，言必見陵辱也。其耕者樂田，其戰士安難，其百吏好法，其朝廷隆禮，其卿相調議，是治國已。安難，不逃難也。 觀其朝廷，則其貴者賢；觀其官職，則其治者能；觀其便嬖，則其信者慤：是明主已。凡主相臣下百吏之屬，其於貨財取與計數也，寬饒簡易；不汲汲於貨財也。 其於禮義節奏也，陵謹盡察，是榮國已。陵，侵陵，言深於禮義也。謹，嚴也，言不敢慢易也。○盧文弨曰：案，《爾雅·釋言》：「淩，慄也。」郭云：「淩懅戰慄。」《釋文》云：「案郭意當作陵。」然則「陵」「謹」義相近。 郝懿行曰：「陵」「懔」雙聲。懔懔，敬懼之貌，與「謹」義近。《文選·甘泉賦》注引服虔曰：「淩兢，恐懼貌也。」然則「淩兢」、「陵謹」亦雙聲字，義皆可通。《釋言》：「淩，慄也。」《釋文》引《埤蒼》云：「倰，慄也」，然「倰」蓋「淩」之或體字，「淩」「陵」又皆假借字耳。經典此類古無正文，大抵義存乎聲，讀者要必明爲假借，斯不惑矣。楊注望文生訓，以「陵」爲「侵陵」，則謬矣。 先謙案：王氏念孫云「陵，嚴密也」，說見《致士篇》。「節奏」下注解爲「禮之節文」，是也。《樂論篇》云：「比物以飾節，合奏以成文。」郝氏懿行云：「節以分析言之，奏以合聚言之。」《樂記》「節奏合以成文」，禮義節奏，亦同此義。 賢齊則其親者先貴，能齊則其故者先官，雖舉在至公，而必先親故。所謂「故舊不遺，則民不偷」。 其臣下百吏，汙者皆化而修，悍者皆化而愿，躁者皆化而慤，是明主之功已。躁，暴急之人也。○王引之曰：「躁」讀爲「剿」。剿，謂狡猾也。《方言》曰：「剿，獪也。秦、晉之間曰獪，楚謂之剿。」「剿」與「躁」古字通，《商子・墾令篇》曰：「姦僞躁心私交，疑農之民。」《韓子・有度篇》曰：「聰智不得用其詐，險躁不得關其佞。」《說疑篇》曰：「躁詐之人不敢北面立談。」又曰：「躁佻反覆謂之智。」皆其證也。「汙」與「修」相反，「悍」與「愿」相反，「躁」與「愨」相反，是「躁」爲「狡猾」之義，非「暴急」之義也。

觀國之强弱貧富有徵，徵，驗。言其驗先見也。上不隆禮則兵弱，上不愛民則兵弱，已諾不信則兵弱，慶賞不漸則兵弱，漸，進。將率不能則兵弱。「率」與「帥」同。上好功則國貧，民不得安業也。○謝本從盧校作「上好攻取功」。盧文弨曰：元刻無「攻取」二字。王念孫曰：案，錢佃校本亦云「『上好攻取功』，諸本作『上好功』」，案諸本是也。上文以「不隆禮」「不愛民」對文，以「已諾不信」、「慶賞不漸」、「將率不能」對文，此以「好功」「好利」對文，則不當有「攻取」二字。宋本「攻」即「功」字之誤，又衍一「取」字。先謙案：王說是，今從諸本改正。上好利則國貧，賦斂重也。士大夫衆則國貧，所謂三百赤芾。○盧文弨曰：元刻作「赤茀」，古通用。工商衆則國貧，農桑者少。無制數度量則國貧。不爲限量，則物秏費。下貧則上貧，下富則上富。百姓與足，君孰不足。故田野縣鄙者，財之本也；垣窌倉廩者，財之末也；垣，築牆四周以藏穀也。窌，窖也，掘地藏穀也。穀藏曰倉，米藏曰廩。窌，匹教反。百姓時和、事業得敘者，貨之源也；等賦府庫者，貨之流也。時和，得天之和氣，謂歲豐也。事業得敘，耕稼得其次序，上不奪農時也。等賦，以差等制賦。貨財，皆錢穀通名，別而言之則粟米布帛曰財，錢布龜貝曰貨也。故明主必謹養其和，節其流，開其源，而時斟酌焉。節謂薄斂。開謂勸課時。斟酌，謂賦斂賑卹，豐荒有制也。潢然使天下必有餘而上不憂不足。○先謙案：此文上下對舉，下「上下俱富」亦以上下對文，則「下」字上不應有「天」字。「天」當爲「夫」字之誤也。荀書「夫」俱訓「彼」。此篇迭見。夫下者，彼下也。自上文「故明主」貫下言之，故云「彼下」。後人習見「天下」，以「夫下」爲誤而改之，而於文義未詳審也。如是，則上下俱富，交無所藏之，是知國計之極也。交無所藏，言上下不相隱。○郝懿行曰：此「富」字用本義。「藏」當作「臧」，古「藏」字也。先謙案：上文兩言「無所臧之」，楊注：「以言多之極也。」得《荀子》文意。此文兼言上不憂不足，故云「交無所臧之」，意與上同。注云「上下不相隱」，非也。故禹十年水，湯七年旱，而天下無菜色者，十年之後，年穀復孰，而陳積有餘。無食菜之色也。○郝懿行曰：有餘，謂有九年之蓄。禹治水八年於外，至十年而後平。顧千里曰：「後」下疑脱「七年之後」四字，承上「故禹十年水，湯七年旱」言之。楊無注，宋本與今本同，蓋皆誤。是無它故焉，知本末源流之謂也。故田野荒而倉廩實，百姓虚而府庫滿，夫是之謂國蹷。蹷，傾倒也。伐其本，竭其源，而并之其末，○顧千里曰：「末」下疑脱「缺之其流」四字，承上「知本末源流之謂也」言之。楊無注。宋本與今本同，蓋皆誤。然而主相不知惡也，則其傾覆滅亡可立而待也。以國持之而不足以容其身，夫是之謂至貪，是愚主之極也。以一國扶持之，至堅固也，而無所容其身者，貪也。○王念孫曰：持，載也。《中庸》曰「辟如地之無不持載」是也。楊説「持」字未確，説「載」字尤非。見下。先謙案：「夫是之謂至貪」，與上句意不貫。且如上文所云，其爲至貪甚明，無煩贅文。「貪」，疑爲「貧」。此言觀國之貧富有徵，伐本竭源覆亡立見，故雖倉廩實、府庫滿而謂之至貧也。「貧」「貪」形近而誤。將以求富而喪其國，將以求利而危其身，古有萬國，今有十數焉。是無它故焉，其所以失之一也。皆以貪失之也。君人者，亦可以覺矣。以此自覺悟也。百里之國，足以獨立矣。此言無道則雖大必至滅亡，有道則雖小足以獨立也。

凡攻人者，非以爲名，則案以爲利也，不然則忿之也。凡攻伐者，不求討亂征暴之名，則求貨財土地之利，不然則以忿怒，不出此三事也。爲，于僞反。○盧文弨曰：舊本不提行，今案當分段。仁人之用國，將修志意，正身行，用，爲也。行，下孟反。伉

隆高，伉，舉也。舉崇高遠大之事。○王念孫曰：案，楊
説「伉」字之義非是。伉者，極也。《廣雅》曰：「亢，極也。」
《乾·文言》曰：「亢龍有悔，與時偕極。」《子夏傳》曰：「亢，極
也。」王肅曰：「窮高曰亢。」窮亦極也。宣三年《左傳》「可以亢
寵」，杜注曰：「亢，極也。」《漢書·五行志》曰：「兵革抗
極。」「亢」、「抗」、「伉」字異而義同。桓九年《穀梁傳》「伉諸侯
之禮」，十八年傳「以夫人之伉」，《釋文》並云：「伉本又作亢。」《論
語》「陳亢」，《説文》作「陳伉」。《史記·貨殖傳》「國君無不分庭與之
抗禮」，《漢書》「抗」作「亢」。「伉隆高，致忠信，期文理」，「伉」、
「致」、「期」皆極也。伉隆高猶言致隆高，《仲尼篇》曰：「非
致隆高也，非綦文理也。」《王霸篇》同。《王制篇》曰：「致隆
高，綦文理。」皆其證矣。致忠信，期文理。「期」當爲
「綦」。極文理，謂其有條貫也。布衣紃屨之士誠
是，則雖在窮閻漏屋，而王公不能與之争名，
紃，條也。謂編麻爲之麤繩之屨也。或讀爲「穿」。王公不
能與之争名，言名過王公也。以國載之則天下莫之
能隱匿也。載，猶任也。以國委任賢士，則天下莫能隱
匿，言其國聲光大也。若是，則爲名者不攻也。伐
有道祇成惡名，故不攻。將辟田野，實倉廩，便備
用，○先謙案：「備用」猶「械用」，説見《王制篇》。上下
一心，三軍同力，與之遠舉極戰則不可；遠
舉，縣軍於遠也。極戰，苦戰也。彼暴國欲與我如此，則不
可也。境内之聚也，保固視可，其境内屯聚則保其
險固，視其可進，謂觀釁而動也。○王念孫曰：楊讀「保固
視可」爲一句，非也。此當讀「境内之聚也保固」爲句。保，
安也。言境内之聚既安且固也。「視可午其軍」，「可」字因
上文「不可」而衍。「視午其軍，取其將，若撥麷」者，午，觸
也。言境内之聚安固，則視觸人之軍，取人之將，若撥麷
也。　俞樾曰：王氏謂「可」字衍文，「視」字當屬下讀，然
《彊國篇》亦有「視可司閒」之文，舊説恐未可改。　先謙
案：見可而進，文義自明，俞説是也。午其軍，取其
將，若撥麷。「午」讀爲「迕」，遇也。《周禮》籩人職云：
「朝事之籩，其實麷蕡。」鄭云：「麷，熬麥。今河間以此煮
種麥賣之，名曰麷。」據鄭之説，麷，麥之牙櫱也。至脆弱，
故以喻之。若撥麷，如以手撥麷也。麷音豐。○盧文弨
曰：此本鄭康成《周禮·籩人》注，彼「種」字作「穜」，此注
宋本、元刻俱作「種」。「種」「穜」二字古今互易，此「種麥」，

依古義正「穜麥」耳。　郝懿行曰：午者，逆也。彼來而此逆之，取其將若撥䵄者。熬麥曰䵄，見《籩人》注。熬，乾煎也。今謂之熓，蓋麥乾煎則質輕脆，故撥去之甚易。荀義當然。《籩人》注又云：「今河間以北煮穜直龍反。麥賣之名曰逢」，「逢」當音「蓬」，今江南人蒸稉米曝乾熓之呼米蓬，與鄭義合。知「逢」古音如「蓬」也。蓬謂蓬蓬然張起。此後鄭義，與先鄭異。楊注既引先鄭於義已足，而并蔓引後鄭，又改其曰「逢者爲䵄」，且云「據鄭之說，䵄麥之牙蘖也」，二鄭皆無此義。楊氏不知，而妄測之，皆郢書燕說耳。

俞樾曰：古義每存乎聲，䵄既音豐，即可讀爲豐。《尚書・顧命篇》「敷坐豐席」，枚氏傳曰：「豐，莞。」《正義》曰：「《釋草》云：莞，苻蘺。」郭璞曰：「今之西方人呼蒲爲莞，用之爲席也。」王肅亦云：「豐席莞。」然則豐者，蒲也。蒲之爲物至脆弱，故以手撥之至易也。字本宜作「豐」，從麥旁作「䵄」，乃古文叚借字。楊泥本字爲說，故失之。

彼得之不足以藥傷補敗。藥猶醫也。彼縱有所得，不足以藥其所傷，補其所敗。言所獲不如所亡也。○俞樾曰：「藥」當讀爲「𤻲」。《說文・疒部》：「𤻲，治也。」或作療。」古書每以「藥」爲之，《大雅・板篇》：「不可救藥」，《韓詩外傳》作「不可救療」。毛用叚字，韓用正字耳。藥傷即療傷也。楊注曰：「藥，猶醫也。」雖得其義，未得其字。

彼愛其爪牙，畏其仇敵，若是則爲利者不攻也。愛己之爪牙，畏與我爲仇敵。爲，于僞反。將修小大强弱之義以持慎之，「慎」讀曰「順」，修小事大、弱事彊之義。守持此道，以順大國也。○郝懿行曰：慎，即謹也，謂謹持此義。注每讀「慎」爲「順」，今亦不能悉正，讀者以類求之可也。禮節將甚文，珪璧將甚碩，貨賂將甚厚，文，謂敬事之威儀也。珪璧，所用聘好之物。碩，大也。所以說之者必將雅文辯慧之君子也。所使行人往說之者，則用文雅禮讓之士。說音稅。○郝懿行曰：雅者，正也。後人雅俗相儷，則謂嫺雅。《史記》司馬相如「雍容嫺雅」是也。荀書「雅」字多對「鄙野」而言，此云「雅文」即「文雅」耳。彼苟有人意焉，夫誰能忿之！若是則忿之者不攻也。○王引之曰：「忿之」當作「爲忿」。爲，于僞反。上文云「則爲名者不攻也」、「則爲利者不攻也」，下文云「爲名者否，爲利者否，爲忿者否」，皆其證。今本「爲忿」作「忿之」者，涉上文「誰能忿之」而誤。既言「誰能忿之」，則不得又言「忿之」。既言「忿之」，則不得又言「不攻」。爲名者否，爲利者否，爲忿者否，否，不攻也。爲，于僞反。則國安於盤石，壽於旗、翼。盤石，盤薄大石也。「旗」讀爲「箕」。箕、翼，二十八宿名，言壽比於星也。《莊子》曰「傅説得之，乘東維，騎箕尾，而比於列宿」，亦其類也。或曰：《禮記》「百年曰期頤」，鄭云：「期，要也。頤，養也。」〇盧文弨曰：「盤石」即「磐石」。旗翼，以其行度之多，《天官書》亦有「旗星」。人皆亂，我獨治；人皆危，我獨安；人皆失喪之，我按起而治之。或曰：按，然後也。故仁人之用國，非特將持其有而已也，又將兼人。不唯持其所有而已。《詩》曰：「淑人君子，其儀不忒。其儀不忒，正是四國。」此之謂也。《曹風·尸鳩》之篇。

持國之難易：論守國難易之法也。〇盧文弨曰：舊本不提行，今案當分段。事强暴之國難，使强暴之國事我易。事之以貨寶，則貨寶單而交不結；約信盟誓，則約定而畔無日；約已定隨即畔之。無日，言不過一日。《文子》作「約定而反無日也」。割國之錙銖以賂之，則割定而欲無猒。十黍之重爲銖，八兩爲錙。此謂以地賂强國，割地必不多與，故以錙銖言之。猒，一占反。《韓詩外傳》作「割國之疆垂以賂之也」。〇盧文弨曰：案，今本《説文》云：「銖，權十分黍之重也。」以《禾部》云「十二粟爲一分，十二分爲一銖」訂之，則當爲「權十二分黍之重也」。楊云「十黍之重爲銖」，蓋用許説而轉寫脱誤。八兩爲錙，又用《禮記·儒行》鄭注，與《説文》六銖異。王引之曰：八兩爲錙，用鄭氏《儒行》注也。案，二十四銖爲兩，八兩爲錙。錙與銖輕重相遠，不得並稱。古人言錙者，其數或多或少。《淮南·詮言篇》：「割國之錙錘以事人。」高注曰：「六兩曰錙，倍錙曰錘。」與鄭注「八兩曰錙」相近。此數之多者也。《説山篇》：「有千金之璧而無錙錘之礛諸。」注曰：「六銖曰錙，八銖曰錘。」此與《詮言》篇注異，而與《説文》同，蓋許慎注也。《説文》亦曰：「錙，六銖也。錘，八銖也。」《一切經音義》二十引《風俗通》曰：「銖六則錘，二錘則錙。」又以十二銖爲錙。此數之少者也。此文及《儒行》皆以「錙銖」並稱，輕重必不相遠，則當以六銖曰錙爲正訓，鄭、楊皆以八兩爲錙，失之。事之彌煩，其侵人愈甚，○王念孫曰：《韓詩外傳》「煩」作「順」，於義爲長。必至於資單國舉然後已，單，盡也。國舉，謂盡舉其國與人也。○先謙案：注「單盡也」三字當在上文「則貨寶單而交不結」下。雖左堯而右舜，未有能以此道得免焉者也。辟之是猶使處女嬰寶珠佩寶玉，嬰，繫於頸也。寶，謂珠玉中可寶者。負戴黃金而遇中山之盜也，雖爲之逢蒙視，詘要橈膕，君盧屋妾，由將不足以免也。逢蒙，古之善射者。「詘」與「屈」同。「要」讀爲「腰」。橈，曲也。膕，曲脚中，古獲反。「盧」當爲「廬」。「由」與「猶」同。言處女如善射者之視物，謂微眇不敢正視也。既微視又屈腰橈膕，言俯伏畏懼之甚也。君廬屋妾，謂處女自稱是君廬屋之妾，猶言箕帚妾，卑下之辭也。雖畏懼卑辭如此，猶不免劫奪也。○盧文弨曰：「逢蒙視」言不敢正視也，不必引善射人。《淮南子》有「籠蒙目視」語。「君盧」句疑有訛字。洪頤煊曰：「逢」疑作「蓬」，下當脱「髮」字。郝懿行曰：「逢蒙」疊韻字也。此等語言，古來或無正字，往往但取其聲。王念孫曰：逢蒙視，微視也。《淮南》本作「籠蒙目」，目即視也。今本衍「視」字，辨見《修務篇》。又《賈子·勸學篇》有「風𧈧視」，今本譌作「𧈧蚩視」。「風」「逢」聲相近，「𧈧」「蒙」聲相近。《淮南》謂之「籠蒙」，皆微視之貌。劉台拱曰：「君盧屋妾」，「君」疑作「若」，言詘要橈膕，若盧屋之妾也。《漢書·鮑宣蕭望之傳》皆有「蒼頭廬兒」，注：「謂官府之給賤役者所居爲廬，因呼爲廬兒。」先謙案：「逢蒙視」，王說是。「詘要橈膕」，楊說是。「君盧屋妾」，劉說是。故非有一人之道也，謂不能齊一其人，同力以拒大國也。直將巧繁拜請而畏事之，但巧爲繁多拜請以畏事之也。○王引之曰：楊說非也。「繁」讀爲「敏」，《說文》「繁」字本作「緐」，從系每聲，而「敏」字亦從每聲。「敏」與「繁」聲相近，故字亦相通。《楚辭·天問》「繁鳥萃棘」，《廣雅》作「鷩鳥」，曹憲音敏，是其例也。巧敏謂便佞也，《臣道篇》云「巧敏佞說善取寵乎上」是也。上文云：「逢蒙視，詘要橈膕，若盧屋妾」，即此所謂「巧敏拜請而畏事之」也。《韓詩外傳》作「特以巧敏拜請畏事之」，是其明證矣。則不足以持國安身，故明君不道也。恥辱如此，雖得免禍，亦不足以爲持國安身之術，故明君不言也。

○王念孫曰：吕本「以」下有「爲」字，乃涉注文而衍。盧本亦沿其誤，錢本無「爲」字是也。道，由也。言此事人之術，不足以持國安身，故明君不由也。楊注失之。先謙案：謝本從盧校，今依王説改從錢本。必將修禮以齊朝，正法以齊官，平政以齊民，然後節奏齊於朝，齊，整也。節奏，禮之節文也，謂上下皆有禮也。百事齊於官，百事皆有法度。衆庶齊於下。上政均平，故民齊一。如是則近者競親，遠方致願，致，極也，極願來附也。○王念孫曰：《外傳》作「遠者願至」，亦於義爲長。上下一心，三軍同力，名聲足以暴炙之，名聲如日暴火炙炎赫也。威强足以捶笞之，拱揖指揮，○先謙案：宋台州本作「麾」。而强暴之國莫不趨使，譬之是猶烏獲與焦僥搏也。烏獲，秦之力人，舉千鈞者。焦僥，短人，長三尺者。搏，鬭也。故曰：事强暴之國難，使强暴之國事我易。此之謂也。

荀子卷第六

荀子卷第七

唐登仕郎守大理評事楊倞注
臣王先謙集解

王霸篇第十一

國者，天下之制利用也；天下用之利者，無過於國。「制」，衍字耳。人主者，天下之利埶也。埶之最利者也。得道以持之，則大安也，大榮也，積美之源也；不得道以持之，則大危也，大累也，○先謙案：兩「也」字，《群書治要》並作「矣」。有之不如無之；有國不如無國。及其綦也，索爲匹夫不可得也，綦，謂窮極之時。○盧文弨曰：正文「及其綦也」上，元刻有「有也」二字，宋本無。齊湣、宋獻是也。「湣」與「閔」同。齊湣王爲淖齒所殺。宋獻，宋君偃也，爲齊湣王所滅。《呂氏春秋》云宋康王，此云「獻」，國滅之後，其臣子各私爲諡，故與此不同。故人主，天下之利埶也，然而不能自安也，安之者必將道也。必將以道守之。○先謙案：《廣雅·釋詁》「將，行也」，言安天下必行道也。楊注增文以釋之，義轉迂曲。故用國者，義立而王，信立而霸，權謀立而亡。三者明主之所謹擇也，所宜謹慎擇之。仁人之所務白也。白，明白也。

挈國以呼禮義而無以害之，挈，提舉也。言挈提一國之人，皆使呼召禮義，言所務皆禮義也。無以害之，謂不以它事害禮義也。○盧文弨曰：正文「挈國」上，元刻有「故」字。行一不義，殺一無罪，而得天下，仁者不爲也，擽然扶持心國且若是其固也！「擽」讀爲「落」，石貌也。其所持心持國，不行不義，不殺無罪，落然如石之固也。○盧文弨曰：正文「擽」，元刻從「木」，注作「櫟然，落石貌」。今從宋本。案，《老子·德經》：「不欲碌碌如玉，落落如石。」此注改「擽」從「落」，而訓爲石貌，其義正合。若如元刻作「落石貌」，其於扶持之義相去甚遠。觀注又云「落然如石之固」，則非以「落石」訓「擽」明矣。郝懿行曰：「擽」本作「櫟」，此蓋借爲「礫」字。礫者，小石也。楊注「櫟讀爲落，石貌也」，蓋謂小石堅确之貌，故云「落然如石之固」，此説得之。《老子》云：「不欲碌碌如玉，落落如石。」「落落」亦「礫礫」耳。之所與爲之者之人，則舉義士也；舉，皆也。所與爲政之人，則皆用義士，謂若伊、吕之比者也。○盧文弨曰：正文首「之」字宋本無，元刻有，次下同。之所以爲布陳於國家刑法者，則舉義法也；謂若周穆王訓夏贖刑之類也。主之所極然帥群臣而首鄉之者，則舉義志也。志，意也。主所極信率群臣歸向之者，則皆義之志，謂不懷不義之意也。一曰：志，記也。舊典之有義者，謂若六經也。○郝懿行曰：「極」與「亟」、「㥛」並同。「㥛」、「亟」，皆敏疾之意，經典多通。《賦篇》云：「出入甚極」、「反覆甚極」，皆以「極」爲「亟」也。此「極然」猶云「亟亟然」耳。王引之曰：「之所」上本無「主」字，此後人不曉文義而妄加之也。後人以下有「群臣」二字，故加「主」字。之，猶其也。見下及《釋詞》。言其所極然帥群臣而首嚮之者，則皆義志也。上文「之所與」、「之所以」，「之」上皆無「主」字。《王制篇》三言「之所以接下之人百姓者」，「之」上亦無「主」字。《議兵篇》作「其所以接下之人百姓者」，是「之」與「其」同義。據楊注「主所極信」云云，則所見本已有「主」字。如是則下仰上以義矣，是綦定也；「綦」當爲「基」。基，本也。言以義爲本。仰，魚亮反。○劉台拱曰：此「綦」亦訓「極」，義如「皇極」之「極」，不必破爲「基」。又下文「國一綦明」，楊注：「綦亦當爲基。」案，「綦」亦訓「極」，極猶言標準。王念孫曰：前「極」謂「義」，後「極」謂「信」也。俱見上文。綦定而國定，國定而天下定。仲尼無置錐之地，誠義乎志意，加義乎身行，仲尼誠能義乎志意，又加之以義乎身行，言志意及立身、立行皆以義。行，下孟反。著之言語，以義著於言語，謂所論説皆明義也。濟之日，不隱乎天下，名垂乎後世。以義得濟之日，成功之後也。言仲尼行義既成之後，不隱乎天下，謂極昭明天下，莫能隱匿之。○先謙案：注「以義」，謝本作「以善」，據宋台州本正。今亦以天下之顯諸侯誠義乎志意，加義乎法則度量，著之以政事，案申重之以貴賤殺生，使襲然終始猶一也；申亦重也。既爲政皆以義，又申重以賞罰，使相掩襲無閒隙，終始如一也。○王念孫曰：襲然，合一之貌。《周語》及《淮南·天文篇》注並云「襲，合也」，故曰「襲然，終始猶一」。楊以「襲」爲「相掩襲」，未確。如是則夫名聲之部發於天地之閒也，豈不如日月雷霆然矣哉！「部」當爲「剖」，謂開發也。仲尼匹夫，但箸空言，猶得不隱乎天下。今若以顯諸侯行義，必如日月雷霆也。○先謙案：「部」是「蔀」之渻字，《易》「豐其蔀」，虞注：「蔀，蔽也。」《易略例》：「大闇謂之蔀。」先蔀而後發，其光愈大，其聲愈遠，故曰「部發」。故曰：以國齊義，一日而白，湯、武是也。「齊」當爲「濟」。以一國皆取濟於義，一朝而名聲明白，湯、武是也。湯以亳，武王以鄗，皆百里之地也，亳，湯國都。「鄗」與「鎬」同，武王所都京也。《詩》曰：「考卜維王，宅是鎬京。維龜正之，武王成之。」天下爲一，諸侯爲臣，通達之屬，莫不從服，無它故焉，以濟義矣，是所謂義立而王也。非有它故，但取濟於義也。

德雖未至也，義雖未濟也，霸者亦有德義，但未能至極盡濟也。然而天下之理略奏矣，天下之謂條理者，略有節奏也。○郝懿行曰：「奏」訓「進」也。此「奏」疑與「湊」同。湊，會聚也。楊注失之。王念孫曰：「奏」讀爲「湊」，《廣雅》：「湊，聚也。」謂天下之理略聚於此也。「湊」「奏」古字通。《周官·合方氏》及《爾雅·釋獸》釋文並云：「奏，本或作湊。」《商子·算地篇》「名利之所奏」，亦與「湊」同。刑賞已諾信乎天下矣，諾，許也。已，不許也。《禮記》曰：「與其有諾責，寧有已怨，信乎天下。」謂若齊桓不背柯盟之比也。臣下曉然皆知其可要也。要，約也，皆知其可與要約不欺也。要，一堯反。政令已陳，雖覩利敗，不欺其民；謂若伐原，命三日之糧，不降而退之比也。約結已定，雖覩利敗，不欺其與；與，相親與之國。謂若齊桓許赦魯、衛，不遂滅之爲已利之比也。如是則兵勁城固，敵國畏之；國一綦明，與國信之；「綦」亦當爲「基」也。○郭嵩燾曰：「綦」當爲「期」之借字，所期約明白無欺。雖在僻陋之國，威動天下，五伯是也。「伯」讀曰「霸」，又如字。爲諸侯之長曰伯。《春秋左氏傳》曰：「策命晉侯爲伯也。」非本政教也，雖有政教，未盡修其本也。非致隆高也，致，極也。不如堯、舜、禹、湯之極崇高也。非綦文理也，言其駁襍，未極條貫。非服人之心也，未得天下歸心如文王。此皆言雖未能備行王道，以略信之，故猶能致霸也。鄉方略，所向唯在方略，不在用仁義也。審勞佚，審以佚待勞之術也。謹畜積，謹嚴畜積，不妄耗費。修戰備，齺然上下相信，而天下莫之敢當。齺，齒相迎也。齺然，上下相向之貌。齺，士角反。故齊桓、晉文、楚莊、吴闔閭、越句踐，是皆僻陋之國也，威動天下，彊殆中國，其彊能危中國。無它故焉，略信也，是所謂信立而霸也。雖未能濟義，略取信而行之，故能致霸也。

挈國以呼功利，此論權謀者也。提挈一國之人，以呼召功利，言所務唯功利也。功役使利，貪求之也。不務張其義，齊其信，唯利之求；張，開。○先謙案：《群書治要》「齊」作「濟」。內則不憚詐其民而求小利焉，謂若梁伯好土功，詐其民曰寇將至之比。外則不憚詐其與而求大利焉；謂若楚靈王以義討陳、蔡，因遂滅之之比也。內不修正其所以有，然常欲人之有；有，土地貨財也。○王念孫曰：下文言「啖啖然常欲人之有」，則此文「然」上亦當有「啖啖」二字，而今本脱之。顧千里曰：「內」字疑不當有，涉上「內則不憚詐其民」而衍也。下文「不好修舊本誤「循」，見《雜志》第四。正其所以有」，無「內」字，是其證矣。又案：「不」下疑亦同下文，當有「好」字，蓋上衍下脱。如是則臣下百姓莫不以詐心待其上矣。上詐其下，下詐其上，則是上下析也。離析。如是則敵國輕之，不得人心，故輕之也。與國疑之，權謀日行而國不免危削，綦之而亡，其極者則滅亡。齊閔、薛公是也。薛公，孟嘗君田文，齊閔王之相也。齊閔王爲五國所伐，皆薛公使然，故同言之也。故用彊齊，非以修禮義也，非以本政教也，非以一天下也，緜緜常以結引馳外爲務。緜緜，不絶貌。「引」讀爲「靷」。靷，引軸之物。結引，謂繫於軸，所以引車也。齊閔、薛公不修德政，但使説客引軸馳騖於它國，以權詐爲務也。故彊南足以破楚，《史記》：齊閔王三十三年與秦敗楚於重丘南，割楚之淮北也。西足以詘秦，《史記》：閔王二十六年與韓、魏共攻秦，至函谷軍焉。北足以敗燕，○盧文弨曰：此句楊氏無注，脱耳。案《史記·六國表》及《田敬仲完世家》皆不載，唯《燕世家》載之。當在齊閔王十年。中足以舉宋，閔王三十八年伐宋，宋王死於温。舉，謂舉其國而滅之。及以燕、趙起而攻之，若振槁然，閔王四十年，燕、秦、楚、三晉敗我於濟西。振，擊也。槁，枯葉也。言當權謀彊盛之時，雖破敵滅國，及樂毅以諸國攻之，若擊枯葉之易也。而身死國亡，爲天下大戮，爲天下大戮辱也。《春秋傳》曰：「古者明王伐不敬，取其鯨鯢而封之，以爲大戮也。」後世言惡，則必稽焉！後世稽考閔王爲龜鏡也。是無它故焉，唯其不由禮義，而由權謀也。三者明主之所以謹擇也，而仁人之所以務白也。○盧文弨曰：各本無兩「以」字及「而」字，唯宋本有之。下文亦同。案，篇首已有此二語，宋本亦無兩「以」字及「而」字。至此及下文乃並有之，以致其申重丁寧之意，似宋本爲長。善擇者制人，不善擇者人制之。善擇者用霸王，不善擇者用權謀也。

國者，天下之大器也，重任也，不可不善爲擇所而後錯之，錯險則危；所，處也。「錯」讀爲「措」。○謝本從盧校作「錯之險」。王念孫曰：錢本作「錯險則危」，無「之」字，元刻、世德堂本同。盧從吕本。案，「錯險則危」與「塗薉則塞」對文，則無「之」字者是也。吕本有「之」字者，涉上句「錯之」而衍。先謙案：王説是，今從錢本删「之」字，虞、王本亦無。不可不善爲擇道然後道之，涂薉則塞；不可不善爲擇道路而導達之。「薉」與「穢」同。塞，謂行不通也。○王念孫曰：道之，行之也。故下文云「塗薉則塞」。下文「何法之道」及「道王者之法」云云，並與此「道」字同義，楊皆訓爲「導達」，失之。危塞則亡。所以爲之善擇。○盧文弨曰：「之」字，元刻作「王」。案此注有脱誤，似當云「所以不可不善爲擇」。彼國錯者，非封焉之謂也，非受之茆土，然後爲安。一曰：修封彊、立城郭之謂也。○郭嵩燾曰：《周禮》「溝封」「畿封」，鄭注皆訓爲「界」，言非徒畫分彊界，君其國而子其民，遂可以立國也。何法之道，誰子之與也？設問之辭。既非封焉之謂，問以何法導達之，求誰人付與之。誰子，猶誰人也。《慎子》曰：「棄道術，舍度量，以求一人之識識天下，誰子之識能足焉也。」故道王者之法與王者之人爲之則亦王，道霸者之法與霸者之人爲之則亦霸，道亡國之法與亡國之人爲之則亦亡。答辭也。「道」皆與「導」同。○王引之曰：「故」當爲「曰」。上文「何法之道」云云，是問詞。此文「曰道王者之法」云云，是答辭。下文兩設問答之辭，皆有「曰」字，則此亦當然。今本「曰」作「故」，則義不可通。此涉下文諸「故」字而誤。先謙案：「則亦王」、「則亦霸」、「則亦亡」下，《群書治要》並有「矣」字。三者明主之所以謹擇也，而仁人之所以務白也。《荀子》多重敘前語者，丁寧之也。

故國者，重任也，不以積持之則不立。不以積久之法持之，則傾覆也。故國者，世所以新者也，是憚憚非變也，「憚」與「坦」同，言國者但繼世之主自新耳，此積久之法坦坦然無變也。《隨巢子》曰：「有陰而遠者，有憚明而功者。杜伯射宣王於畝田，是憚明而功者。」據古「憚」與「坦」通。○盧文弨曰：案「畝田」，《墨子》作「圃田」。注引《隨巢子》「憚明」以爲即「坦明」之證，則本作「憚」字無疑。而俗閒本兩「憚明」字俱作「坦明」，非也，今竝改正。郝懿行曰：「憚」與「坦」雖可通，此「憚」疑「嘽」字之形譌。《毛詩》「檀車嘽嘽」，傳云：「嘽嘽，敝貌。」與此義合。「敝」正對「新」而言。此言國與世俱新，雖或嘽嘽敝壞而非變也，但改玉改行則仍復新耳。是以日也，人也，皆不能無變更，而國有厭焉完固至於千歲者。荀義當然。「王」，古「玉」字也。厭焉，合一之貌。先謙案：郝説是。改王改行也。自是改一王則改其所行之事，非法變也。或曰：《國語》：襄王謂晉文公曰：先民有言曰：改玉改行。玉，佩玉。行，步也。○盧文弨曰：或説是。古「玉」字本作「王」，與「王」字形近易譌。王念孫曰：《群書治要》正作「改玉改行」。故一朝之日也，一日之人也，然而厭焉有千歲之固，何也？設問之辭。一朝之日，謂今日之事，明朝不同，言易變也。一日之人，謂今日之生，未保明日，言壽促也。「厭」讀爲「黶」。《禮記》曰：「見君子而後厭然揜其不善。」鄭注云：「閉藏貌。」言事之易變，人之壽促如此，何故有黶然深藏，千歲不變改之法乎？○王念孫曰：「故」字亦涉上下文而衍。「一朝之日」云云是問詞，則不當有「故」字明矣。《群書治要》無「故」字。先謙案：厭焉，猶安然也。說見《儒效篇》。《群書治要》「固」作「國」，是也。一朝之日、一日之人而安然有千歲之國，語意緊對。曰：援夫千歲之信法以持之也，安與夫千歲之信士爲之也。謂使百世不易可信之士爲政。人無百歲之壽，而有千歲之信士，何也？又問之。曰：以夫千歲之法自持者，是乃千歲之信士矣。以禮義自持者，則是千歲之士，不以壽千歲也。能自持則能持國也。故與積禮義之君子爲之則王，與端誠信全之士爲之則霸，與權謀傾覆之人爲之則亡。三者明主之所以謹擇也，而仁人之所以務白也。善擇之者制人，不善擇之者人制之。

彼持國者必不可以獨也，君不可獨治也。然則彊固榮辱在於取相矣。身能相能，如是者王。謂若湯、伊尹、文王、太公也。身不能，知恐懼而求能者，如是者彊。若燕昭、樂毅也。身不能，不知恐懼而求能者，安唯便僻左右親比己者之用，如是者危削，謂若楚襄王左州侯、右夏侯之比也。綦之而亡。宋獻之比。國者，巨用之則大，小用之則小；巨者，大之極也。綦大而王，綦小而亡；小巨分流者存。小巨各半，如水之分流也。巨用之者，先義而後利，安不卹親疏，不卹貴賤，唯誠能之求，夫是之謂巨用之。小用之者，先利而後義，安不卹是非，不治曲直，唯便僻親比己者之用，夫是之謂小用之。巨用之者若彼，小用之者若此，小巨分流者亦一若彼、一若此也。或誠能之求，或親比己者之用。○先謙案：虞、王本作「亦一若彼也，亦一若此也」。故曰：粹而王，駮而霸，無一焉而亡。

此之謂也。粹，全也。若舜舉皋陶，不仁者遠，即巨用之，綦大而王者也。駮，襍也。若齊桓外任管仲，内任竪貂，則小巨分流者。無一焉而亡，無一賢人，若厲王專任皇甫、尹氏，即綦小而亡者也。

國無禮則不正。禮之所以正國也，譬之猶衡之於輕重也，猶繩墨之於曲直也，猶規矩之於方圓也，禮能正國，譬衡所以辨輕重，繩墨所以辨曲直，規矩所以定方圓也。既錯之而人莫之能誣也。錯，置也。《禮記》曰：「衡誠懸，不可欺以輕重；繩墨誠陳，不可欺以曲直；規矩誠設，不可欺以方圓也。」○謝本從盧校作「正錯之」。盧文弨曰：「正錯之」，「正」各本作「故」，今從宋本。王念孫曰：「正錯之」，吕、錢本皆作「既錯之」，是也。衡既縣，則不可誣以輕重；繩墨既陳，則不可誣以曲直；規矩既設，則不可誣以方圓。故曰「既錯之而人莫之能誣也」。盧謂宋本作「正」者，爲影鈔本所誤。影鈔本作「正」者，涉上文兩「正」字而誤。先謙案：王説是，今改從吕、錢本作「既」。《詩》云：「如霜雪之將將，如日月之光明。逸詩。○郝懿行曰：將將，大也。四句皆逸詩，其義今不可知。玩《荀子》之意，方説禮所以正國，而即引《詩》，又申之云「此之謂也」，然則此蓋言禮廣大體備，如霜雪之無不周徧，如日月之無不照臨，爲禮則禮存而國存，不爲禮則禮亡而國亦亡。荀引《詩》之意蓋如此。楊注斷上二句爲逸詩，則語意不融貫。先謙案：《成相篇》「讒口將將」，王氏念孫引《周頌·執競》傳「將將，集也」，此義當同，謂如霜雪交集也。爲之則存，不爲則亡。」此之謂也。爲，爲禮也。○盧文弨曰：正文「不爲」下，各本有「之」字，宋本無。但《詩考》所引有「之」字，是宋本亦各異也。案，無「之」字者勝。下二句楊注不以爲逸詩，《詩考》連引之爲是。

國危則無樂君，國安則無憂民。○顧千里曰：「民」疑當作「君」。此文「憂」與「樂」皆言君不言民也。楊無注，宋本與今本同，蓋皆誤。先謙案：顧説是。言人君國危始憂，安時惟逐樂，深歎之。亂則國危，治則國安。今君人者，急逐樂而緩治國，豈不過甚矣哉！譬之是由好聲色而恬無耳目也，豈不哀哉！恬，安也。安然無耳目，雖好聲色，將何用哉？○盧文弨曰：正文「由」字從宋本，與「猶」同。俞樾曰：「恬」當作「姡」，字之誤也。《爾雅·釋言》：「靦，姡也。」《釋文》引李巡、孫炎注竝曰：「人面姡然也。」是「姡然」爲人面之貌，故《詩·何人斯篇》「有靦面目」，毛傳曰：「靦，姡也。」鄭箋曰：「姡然有面目。」是其義也。姡無耳目，猶言姡然無耳目。學者多見「恬」，少見「姡」，因誤「姡」爲「恬」，楊注即訓爲安然，失之矣。

夫人之情，目欲綦色，耳欲綦聲，口欲綦味，鼻欲綦臭，心欲綦佚。臭，氣也。凡氣香亦謂之臭。《禮記》曰：「佩容臭。」綦，極也。「綦」或爲「甚」，傳寫誤耳。佚，安樂也。○先謙案：虞、王本注「甚」作「其」。 此五綦者，人情之所必不免也。 養五綦者有具，具，謂廣大富厚，治辨彊固之道也。 無其具則五綦者不可得而致也。 萬乘之國可謂廣大富厚矣，加有治辨彊固之道焉，「有」讀爲「又」。辨，分別事。○郝懿行曰：「辨」古「辦」字。辨，謂備具也。下云「莫不分均」、「莫不治辨」，其義亦同。古書皆以「辨」爲「辦」，楊云「辨，分別事」、「有讀爲又」，竝非荀義。先謙案：辨亦治也。說見《不苟篇》。 若是則恬愉無患難矣，○盧文弨曰：宋本「恬」作「怡」。 然後養五綦之具具也。 故百樂者生於治國者也，憂患者生於亂國者也。 急逐樂而緩治國者，○先謙案：《群書治要》「緩」作「忘」，無「者」字。 非知樂者也。 故明君者必將先治其國，然後百樂得其中；得於治國之中。「樂」竝音「洛」。 闇君必將急逐樂而緩治國，○王念孫曰：吕本作「急逐樂」。錢本及元刻、世德堂本「急」竝作「荒」，盧從吕本。案，《逸周書·謚法篇》曰「好樂怠政曰荒」，《管子·戒篇》曰「從樂而不反謂之荒」，故曰「荒逐樂」。宋監本作「急逐樂」者，據上文改之也。吕本多從監本，錢本及元刻則兼從建本，其作「荒逐樂」，蓋亦從建本也。《群書治要》正引作「荒作樂」。先謙案：「闇君」下，《群書治要》有「者」字。以上文「明君」者例之，此亦當有。 故憂患不可勝校也，校，計。 必至於身死國亡然後止也，豈不哀哉！ 將以爲樂乃得憂焉，將以爲安乃得危焉，將以爲福乃得死亡焉，豈不哀哉！ 於乎！ 君人者亦可以察若言矣！「於乎」讀爲「嗚呼」。若言，如此之言，謂已上之説。故治國有道，人主有職。在知其道，守其職也。若夫貫日而治詳，一日而曲列之，貫日，積日也。積日而使條理詳備，一日而委曲列之，無差錯也。○劉台拱曰：「一日」當作「一目」。立一條目而委曲具列之，若簿書之類。　王念孫曰：「一日」與「貫日」相對爲文，則「日」非「目」之譌也。《君道篇》作「一日而曲辨之」，今本「日」譌作「内」。「辨」與「別」古字通，《周官・小宰》「聽稱責以傳別」，故書「別」作「辨」，鄭大夫讀爲「別」。「朝士有判書」，故書「判」爲「辨」，鄭司農讀爲「別」。「諸子辨其等」，《燕義》「辨」作「別」。《大行人》「辨諸侯之命」，《小行人》「每國辨異之」，《大戴禮・朝事篇》「辨」並作「別」。《樂記》「別宜居鬼而從地」，《史記・樂書》「別」作「辨」。又「男女無辨」、「磬以立辨」，《樂書》「辨」竝作「別」。又「樂統同，禮辨異」，《荀子・樂論篇》「辨」作「別」。則「列」爲「別」之譌也。王逸注《離騷》云：「貫，累也。」言以累日之治而辨之於一日也。　先謙案：注「一日」下，各本「而」作「如」，據宋台州本改正。是所使夫百吏官人爲也，不足以是傷游玩安燕之樂。煩碎之事既使百吏官人爲之，則不足以此害人君游燕之樂也。若夫論一相以兼率之，使臣下百吏莫不宿道鄉方而務。論，謂討論選擇之也。率，領也。宿道，止於道也。向方，不迷亂也。臣下皆以宿道向方爲務，不敢姦詐也。是夫人主之職也。論相乃是人主之職，不在躬親小事也。若是則一天下，名配堯、禹。○王引之曰：「一天下」上有「功」字，而今本脱之，則與下句不對。下文「功壹天下，名配舜、禹」，是其證。之主者守至約而詳，事至佚而功，事，任。○謝本從盧校作「人主者」。　王念孫曰：錢本「人」作「之」，元刻、世德堂本同。盧從吕本。案，錢本是也。「之主」者，是主也。是主者，指上文功一天下，名配堯、禹之主而言，非泛論人主也。吕本作「人主」者，涉下文「人主者」而誤。　先謙案：王説是，今從錢本改作「之」。垂衣裳不下簟席之上，而海内之人莫不願得以爲帝王。夫是之謂至約，樂莫大焉。

人主者，以官人爲能者也；匹夫者，以自能爲能者也。人主得使人爲之，匹夫則無所移之。百畝一守，事業窮，無所移之也。

百畝，一夫之守。事業，耕稼也。耕稼窮於此，無所移於人。若人主必躬治小事，則與匹夫何異也。今以一人兼聽天下，日有餘而治不足者，使人爲之也。今以一人兼聽天下之大，自稱日有餘，言兼聽之日有餘也；而治不足，謂所治之事少而不足，言不足治也。使人爲之，故得如此。《尸子》曰：「堯南撫交阯，北懷幽都，東西至日之所出入，有餘日而不足於治者，恕也。」《韓子》曰：「夫爲人主而身察百官，則日不足，力不給也。故先王舍己能而因法數，審賞罰，故治不足而日有餘，上之任勢使然也。」日，而實反。大有天下，小有一國，天子、諸侯。○盧文弨曰：虞、王合校本作「天下，謂天子；一國，謂諸侯也」。必自爲之然後可，則勞苦秏顇莫甚焉，秏，謂精神竭秏。顇，顦顇也。如是則雖臧獲不肯與天子易埶業。臧獲，奴婢也。《方言》曰：「荆、淮、海、岱之閒，罵奴曰臧，罵婢曰獲。燕、齊亡奴謂之臧，亡婢謂之獲。」或曰：取貨謂之臧，擒得謂之獲，皆謂有罪爲奴婢者。故《周禮》：「其奴婢男子入於罪隸，女子入於舂藁。」埶業，權埶事業也。○盧文弨曰：案，《方言》「燕齊」作「燕之北郊」。又《周禮》「其奴」，無「婢」字。王念孫曰：勢者，位也。說見《儒效篇》「勢在本朝」下。所居曰勢，所執曰業。楊以「勢」爲「權勢」，失之。臧獲無權勢，不得言與天子易權勢。以是縣天下，一四海，何故必自爲之？以是一人之寡，懸天下之重，一四海之大，何故必自爲之，言力不任之也。○先謙案：楊解「縣天下」非也，說見《王制》、《彊國篇》。爲之者，役夫之道也，墨子之說也。墨子之說，必自勞苦矣。論德使能而官施之者，聖王之道也，儒之所謹守也。官施，謂建百官施布職事。○先謙案：施，用也。官施之者，官之用之也。《臣道篇》「爪牙之士施」，與此義同。楊訓「施」爲「布」，而增「職事」二字以成其義，非也。「官」義具《富國》、《解蔽》二篇。楊以「官」爲「建百官」，亦誤。傳曰：農分田而耕，賈分貨而販，百工分事而勸，○郝懿行曰：自此至「禮法之大分也」，共十二句，本篇下文亦同。唯無「傳曰」二字，或係省文，或此不皆傳語，未可知也。士大夫分職而聽，聽其政治。建國諸侯之君分土而守，三公揔方而議，揔，領也。議其所揔之政。自陜以東，周公主之；自陜以西，召公主之；一相處於内，是摠方而議之也。則天子共己而已。「共」讀爲「恭」，或讀爲「拱」，垂拱而已也。○先謙案：《群書治要》「而已」作「止矣」。以下文「則天子共己而止矣」證之，此亦當作「共己而止矣」。注「而已也」，正釋「而止矣」之義。正文「已」字後人所改，《治要》又刪一「而」字。宋台州本作「而矣」，明奪「止」字。虞、王本作「而已矣」，無注「或讀」以下九字，蓋以意删改。出若入若，天下莫不平均，莫不治辨，若，如此也。出若、入若，謂内外皆如此也。謂如論德使能，官施之事。或曰：若，順也。是百王之所同也，而禮法之大分也。禮法大分，在任人各使當其職分也。

百里之地可以取天下，是不虛，其難者在人主之知之也。所患人主不知小國可以取天下之道也。取天下者，非負其土地而從之之謂也，非謂它國負荷其土地來而從我之謂也。道足以壹人而已矣。其道足以齊壹人，故天下歸之也。彼其人苟壹，則其土地且奚去我而適它？彼國之人苟一於我，則其土地奚往哉？○郝懿行曰：此言有人斯有土也。「壹」當爲「一」，謂齊一也。此文上作「壹人」，下作「一人」，參差錯出，由寫書者誤分之。故百里之地，其等位爵服足以容天下之賢士矣，此論百里國取天下之道。賢士，有道德者也。其官職事業足以容天下之能士矣，能士者，才藝也。循其舊法，擇其善者而明用之，足以順服好利之人矣。擇舊法之善者而明用之，謂擇務本厚生之法而用之，則民衣食足而好利之人順服也。賢士一焉，能士官焉，好利之人服焉，三者具而天下盡，無有是其外矣。具，謂俱爲用也。故百里之地，足以竭埶矣；竭，盡也。有等位爵服官職事業，是天下之人埶盡於此矣。○先謙案：虞、王本注無「人」字，是。致忠信，著仁義，足以竭人矣。致，極也。著，明也。言極忠信，明仁義，足以盡天下之人，謂皆來歸也。兩者合而天下取，諸侯後同者先危。兩者合，謂能盡埶盡人也。《詩》曰：「自西自東，自南自北，無思不服。」一人之謂也。其道足以齊一人，故四方皆歸之。

羿、逄門者，善服射者也。逄門，即逄蒙，學射於羿。羿、逄蒙善射，故射者服之。逄音逢。○盧文弨曰：案，《史・龜策傳》亦作逄門，音「逢迎」之「逢」，亦讀爲「鼉鼓逢逢」之「逢」。「門」與「蒙」一聲之轉耳。《漢書・藝文志》有《逄門射法》二篇，在兵家。諸書多作「逢」字，唯《孟子》、《揚子》，宋以後作「逢」，音薄江反。　郝懿行曰：逄門，它書或作逢蒙。「蒙」「門」音轉，實一人耳。此及《史・龜策傳》作「逄門」，《漢・藝文志》作「逢門」，「逢」即「逄」字之省，古讀「逄」「蓬」同音，故「逢蒙」之「逢」，亦讀如蓬。《廣韻》：蓬紐有蜂，云「又音峰」。一字二音，是其證矣。服者，屈服也。服之本義，事也，用也，屈服是其引伸之義。王良、造父者，善服馭者也。王良，趙簡子之御，《韓子》曰：「字伯樂。」造父，周穆王之御。皆善御者也。「馭」與「御」同也。聰明君子者，善服人者也。人服而埶從之，人不服而埶去之，故王者已於服人矣。王者之功盡此也。故人主欲得善射，射遠中微，則莫若羿、逄門矣；射及遠，中細微之物。欲得善馭，及速致遠，則莫若王良、造父矣；欲得調壹天下，制秦、楚，則莫若聰明君子矣。荀卿在齊，楚、秦天下彊國，故制之者也。○盧文弨曰：「者」疑是「首」字。蓋以秦、楚天下彊國，故首欲制之，如孟子撻秦、楚，朝秦、楚，亦每以秦、楚爲言。　王念孫曰：吕、錢本「欲」下皆有「得」字，是也。上文兩言「欲得」，則此亦當然。元刻以下脱「得」字。　先謙案：謝本從盧校作「欲調壹天下」，無「得」字。今依王説，從吕、錢本增。其用知甚簡，用智慮至少也。其爲事不勞而功名致大，甚易處而綦可樂也。故明君以爲寶，而愚者以爲難。明君以任賢爲寶，愚者以任賢爲難也。

夫貴爲天子，富有天下，名爲聖王，兼制人，人莫得而制也，是人情之所同欲也，而王者兼而有是者也。重色而衣之，重味而食之，重財物而制之，重，多也，直用反。○盧文弨曰：案，正文「物」字，元刻無。合天下而君之，飲食甚厚，聲樂甚大，臺謝甚高，「謝」與「榭」同。○盧文弨曰：案，《説文》無「榭」字，《公羊》宣十六年「成周宣謝災」，《書・泰誓》釋文云：「臺榭，本又作謝。」 郝懿行曰：「謝」「榭」古今字也。《春秋》宣十六年「成周宣謝」。《左》、《公羊》俱作「謝」，《穀梁》作「榭」，《釋文》云：「本或作謝。」今經傳皆改「謝」爲「榭」矣，唯《釋文》及此書猶存「謝」字。 園囿甚廣，臣使諸侯，一天下，是又人情之所同欲也，而天子之禮制如是者也。禮之與制如此其盛，言盡人情之所欲也。 制度以陳，政令以挾；「挾」讀爲「浹」，洽也。 官人失要則死，公侯失禮則幽，要，政令之要約也。《禮記》曰：「各揚其職，百官廢職，服大刑。」幽，囚也。《春秋傳》曰：「晉侯執衛侯，歸之于京師，寘諸深室也。」四方之國有侈離之德則必滅；侈，奢侈。離，乖離。皆謂不遵法度。○王念孫曰：楊分「侈」、「離」爲二義，非也。侈亦離也。《爾雅》曰：「誃，離也。」《説文》曰：「誃，離別也。」作「侈」者，借字耳。陳説同。又云：《穀梁》僖四年傳「於是哆然外齊侯也」。邵氏晉涵云：「哆然，離散之貌。」「侈」、「誃」、「哆」同。 名聲若日月，功績如天地，天下之人應之如景嚮，○盧文弨曰：「景」俗作「影」。「嚮」，宋本作「響」，古通用。 是又人情之所同欲也，而王者兼而有是者也。 故人之情，口好味而臭味莫美焉，耳好聲而聲樂莫大焉，目好色而文章致繁、婦女莫衆焉，形體好佚而安重閒静莫愉焉，閒，隙也。或讀爲閑，愉樂也。 心好利而穀禄莫厚焉；合天下之所同願兼而有之，睪牢天下而制之若制子孫，睪牢，未詳，「睪」或作「畢」，言盡牢籠天下也。《新序》作「宰牢」，《戰國策》：燕太子丹謂荆軻曰：「秦有貪功之心，非盡天下之地，牢海内之王，其意不厭。」或曰：「睪」讀如「以薅荼蓼」之「薅」，「牢」與《漢書》「丘嫂轑釜」之「轑」義同，皆料理斡運之意也。○盧文弨曰：案，《後漢書・馬融傳》「皋牢陵山」，章懷注云：「皋牢猶牢籠也。」引此作「皋牢」。「皋」，俗作「臯」，亦轉爲「睪」。 郝懿行曰：案，《干禄字書》：「睪，俗皋字。」蓋「皋」俗作「臯」，譌轉爲「睪」，又復加頭作「睾」，以別於「睪」。此正如漢成皋印文作白下人，人下羊，又作皿下羊，展轉增譌，即此類也。「皋韜」爲覆冒之意，故「皋牢」亦爲牢籠，皆雙聲疊韻字也。《馬融傳》云「皋牢陵山」，章懷注引此即作「皋」字，是已。然考「睾」字，由來已久，曹大家言「睾子佐禹」，《顏氏家訓》「皐分澤片」，蓋此俗字，起於六朝以前，正朱育所偁近鄙別字者也。「皋」與「宰」音義異而古書亦通用，故此「睾牢」，楊注引《新序》今本無。作「宰牢」。又《列子》「望其壙宰如」，此書《大略篇》作「皋如」，皆其證矣。王念孫曰：此字《困學紀聞》已辯之。人苟不狂惑戇陋者，其誰能睹是而不樂也哉！欲是之主竝肩而存，能建是之士不世絕，○先謙案：不世絕者，不絕於世也。《君道篇》「彼或蓄積而得之者不世絕」，與此句法同。千歲而不合，何也？曰：人主不公，人臣不忠也。人主則外賢而偏舉，人臣則爭職而妬賢，是其所以不合之故也。外賢，疏賢也。偏舉，偏黨而舉所愛也。人主胡不廣焉，無卹親疏，無偏貴賤，唯誠能之求？廣焉，開泰貌。或曰讀爲「曠」。誠能，實能也。○王念孫曰：「偏」當爲「倫」，字之誤也。「倫」與「論」同。《大雅·靈臺》箋曰「論之言倫也」，是「論」與「倫」義相通。《王制》「必即天論」，「論」或爲「倫」，是「論」與「倫」字亦相通。言不卹親疏，不論貴賤也。《臣道》、《性惡》二篇竝云「不卹是非，不論曲直」是其證。若是則人臣輕職業讓賢，而安隨其後；○王念孫曰：「輕職」下本無「業」字。「輕職讓賢」與上文「爭職妬賢」正相反，多一「業」字則累於詞矣。輕職，謂重賢而輕職也。可言輕職，不可言輕職業，「業」字蓋涉下文「王業」而衍。先謙案：《群書治要》「後」下有「矣」字。如是則舜、禹還至，王業還起，還，復。○王念孫曰：還至，即至也。還起，即起也。《漢書·董仲舒傳》「還至而立有效」是也。楊訓「還」爲「復」，失之。功壹天下，名配舜、禹，物由有可樂如是其美焉者乎！○盧文弨曰：元刻無「焉」字。嗚呼！君人者亦可以察若言矣！可以察如此之言也。楊朱哭衢涂，曰：此夫過舉蹞步而覺跌千里者夫！哀哭之。楊朱，戰國時人，後於墨子，與墨子弟子禽滑釐辨論。其說在愛己，不拔一毛以利天下，與墨子相反。衢涂，岐路也。秦俗以兩爲衢。或曰四達謂之衢。覺，知也。半步曰蹞。跌，差也。言此岐路，第過舉半步，則知差而哭，況跌千里者乎！故甚哀而哭之。《易》曰：「差以毫氂，謬以千里也。」○郝懿行曰：下一「夫」字疑當作「末」，形缺而譌。末者，無也。言無有覺知而哀哭之者。　劉台拱曰：覺跌千里，言至千里而後覺其差，注似非。　顧千里曰：「覺」疑當讀爲「較」，音校。《孟子音義·離婁下》、《告子上》、《盡心下》「覺」音「校」，凡三見。盧學士《鍾山札記》云云，在本書「覺有校義」一條。《文選·西京賦》注引《鄧析子》「賢愚之相覺，若九地之下，與重天之顛」，亦「覺」義之一證。則言此衢涂過舉跬半步，而其較之，乃差千里明甚。楊讀「覺」如字，以「覺知」爲義，非也。又下文「覺」亦讀爲「較」。不覺，言不較榮、安、存三者與辱、危、亡三者之衢也。楊注以「不知」爲義，亦非。　俞樾曰：「覺」當爲「⿱𦥯民」。《玉篇》引《聲類》曰：「⿱𦥯民，誤也。」《廣雅·釋詁》同。「⿱𦥯民」訓「誤」，正與楊注「跌」訓「差」，其義相近。言此岐路，第過舉跬步，而其⿱𦥯民跌乃至千里，故可悲也。自「⿱𦥯民」誤爲「覺」，而義不可明矣。　先謙案：衢涂過舉跬步，即覺其跌至千里，喻人一念得失，可知畢生，不必果至千里，而後覺其差也。下文「覺」字與此相應，不當改字。下「夫」字上屬爲句，諸説皆未當。**此亦榮辱安危存亡之衢已，此其爲可哀甚於衢涂。**此謂求誠能之士也，不求則滅亡，故可哀甚於衢涂也。**嗚呼哀哉！君人者千歲而不覺也。**嘆君人者千歲而不知求誠能之士。

無國而不有治法，無國而不有亂法；無國而不有賢士，無國而不有罷士；《國語》曰：「罷士無伍，罷女無家。」韋昭曰：「病也。無行曰罷。」《周禮》以嘉石平罷民，謂平之使善者也。**無國而不有愿民，無國而不有悍民；無國而不有美俗，無國而不有惡俗。兩者竝行而國在，上偏而國安，在下偏而國危；**上偏，偏行上事也，謂治法多，亂法少；賢士多，罷士少；愿民多，悍民少之類。下偏反是。○王念孫曰：尋繹文義，「竝行」下不當有「而國」二字，蓋涉下文兩「而國」而衍。　又云：國在，謂國存也。「在」字不屬下讀，「下偏」與「上偏」相對，「下偏」上不當有「在」字。據楊注云「上偏，偏行上事也。謂治法多亂法少，賢士多罷士少之類。下偏反是」，則所見本作「下偏而國危」明甚。後人誤以「在上」二字連讀，又於「下偏」上增「在」字，而不知與正文注文皆不合也。余前謂「兩者竝行」下衍「而國」二字，失之。**上一而王，下一而亡。**一，謂令行也。

○先謙案：上一下一，與上「上偏」「下偏」相對爲文。下云「四者齊」是謂上一，荀又自釋之矣。楊以「一」爲「令行」，誤。故其法治，其佐賢，其民愿，其俗美，○謝本從盧校作「其治法」。王念孫曰：呂、錢本「其治法」作「其法治」。案，上文「治法」與「亂法」對，「賢士」與「罷士」對，「愿民」與「悍民」對，「美俗」與「惡俗」對。此云「其法治，其佐賢，其民愿，其俗美」，皆承上文而言，則作「其法治」者是也。先謙案：王說是，今改從呂、錢本。而四者齊，夫是之謂上一。如是則不戰而勝，不攻而得，甲兵不勞而天下服。○盧文弨曰：「甲兵」，宋本作「用兵」，今從元刻。先謙案：宋台州本作「甲兵」。故湯以亳，武王以鄗，「鄗」與「鎬」同。皆百里之地也，天下爲一，諸侯爲臣，通達之屬，莫不從服，無它故焉，四者齊也。齊，謂無所闕也。桀、紂即序於有天下之執，索爲匹夫而不可得也。即序於有天下之執，謂就王者之次序爲天子也。王念孫曰：「序」字義不可通，「序」當爲「厚」，字之誤也。隸書「厚」「序」相似，傳寫易誤，說見《墨子·非攻篇》。言桀、紂有天下之勢雖厚，曾不得以匹夫終其身也。《仲尼篇》曰：「桀、紂厚於有天下之勢，而不得以匹夫老。」《彊國篇》曰：「厚於有天下之勢，索爲匹夫不可得也，桀、紂是也。」皆其證。楊望文生義，而曲爲之說。是無它故焉，四者竝亡也。故百王之法不同若是，所歸者一也。

上莫不致愛其下而制之以禮，上之於下如保赤子。政令制度，所以接下之人百姓，有不理者如豪末，則雖孤獨鰥寡必不加焉。不以豪末不理加於孤獨鰥寡也。四者，人所輕賤，故聖王尤愛之。《孝經》曰：「不敢侮於鰥寡，而況於士民乎！」故下之親上，歡如父母，可殺而不可使不順。君臣上下貴賤長幼至于庶人，莫不以是爲隆正。是，謂親上也。皆以親上爲隆正也。○先謙案：「隆正」猶「中正」，說見《致士篇》。然後皆內自省以謹於分，愛敬其上，故不敢踰越也。是百王之所以同也，而禮法之樞要也。是百王之同用愛民之道而得民也。○盧文弨曰：正文「以同」疑當作「同以」，觀注以「同用」爲言，可見。　王念孫曰：盧説非也。「是百王之所以同」，「以」衍文也。上下文皆云：「是百王之所同，而禮法之大分也。」《禮論篇》云：「是百王之所同，古今之所一也。」皆言「所同」，不言「所以同」，則「以」爲衍文明矣。據楊注言「同用愛民之道」，則所見本似已衍「以」字。　然後農分田而耕，賈分貨而販，百工分事而勸，士大夫分職而聽，建國諸侯之君分土而守，三公摠方而議，則天子共己而止矣。○先謙案：以上文證之，當爲「共己」，各本作「其己」，形近致誤。今從宋台州本改正。　出若入若，天下莫不平均，莫不治辨，是百王之所同，而禮法之大分也。亦謂致愛其下，故皆勸勉。餘竝已解上也。　若夫貫日而治平，權物而稱用，貫日，積日也。使條理平，正權制物，使稱於用。稱，尺證反。○郝懿行曰：荀書多言「貫日」。貫者，穿也。日以爲事，如聯絡貫穿此日也。俞樾曰：上文云：「若夫貫日而治詳。」《君道篇》云：「併耳目之樂，而親自貫日而治詳。」兩文相同。此文「平」字疑亦當作「詳」，蓋叚「羊」爲「詳」，又誤「羊」爲「平」耳。楊注非。

使衣服有制，宫室有度，人徒有數，喪祭械用皆有等宜，以是用挾於萬物，人徒，謂胥徒，給徭役者也。械用，器用也。皆有等宜，言等差皆得其宜也。挾讀爲浹。○王念孫曰：案，「用挾」二字，文義不明。「用」當爲「周」，字之誤也。「周挾」即「周浹」。《君道篇》曰：「先王審禮，以方皇周浹於天下。」《禮論篇》曰：「方皇周挾，曲得其次序。」楊彼注曰：「挾讀爲浹，帀也。言於是禮之中，徘徊周帀，委曲皆得其次序而不亂。」此注亦曰：「挾讀爲浹。」則楊本正作「周挾」明矣。　尺寸尋丈，莫得不循乎制度數量然後行，○盧文弨曰：各本作「制數度量」，今從宋本。　王念孫曰：作「制數度量」者是也。《富國篇》曰「無制數度量則國貧」，是其證。宋本「數度」二字互誤耳。《禮記·王制》「度量數制」，鄭注曰：「度，丈尺也。量，斗斛也。數，百十也。制，布帛幅廣狹也。」「數制」即「制數」。　則是官人使吏之事也，不足數於大君子之前。官人，列官之人。使吏，所使役之吏。數，閱數也。大君子，謂人君也。○先謙案：大君子，君子之尤著者，猶聖人崇稱之曰大聖人也，不指人君言。《仲尼篇》兩云「彼固曷足稱乎大君子之門哉」，「大君子」即指仲尼，尤其明證。「稱」、「數」義同。楊注誤。 故君人者，立隆政本朝而當，隆政，所隆之政也。當，丁浪反。○郝懿行曰：「隆政」下作「隆正」是也。此「隆政」爲假借，楊注失檢。《彊國篇》以「隆正」、「修政」竝言，益知此注之非，蓋由望文生訓，恒坐此失。 所使要百事者誠仁人也，主百事之要約綱紀者，謂相也。 則身佚而國治，功大而名美，上可以王，下可以霸。 立隆正本朝而不當，所使要百事者非仁人也，則身勞而國亂，功廢而名辱，社稷必危，是人君者之樞機也。 樞機在得賢相。「人君」當爲「君人」也。○謝本依盧校，「也」上有「者」字。 王念孫曰：下「者」字涉上「者」字而衍，呂、錢本「也」上皆無「者」字。 先謙案：王説是，今依呂、錢本删。 故能當一人而天下取，失當一人而社稷危，不能當一人而能當千人百人者，説無之有也。 論説之中無此事。能當，謂能用人之當也。當，皆丁浪反。 既能當一人，則身有何勞而爲，「而」、「爲」皆助語也。 垂衣裳而天下定。 故湯用伊尹，文王用呂尚，武王用召公，成王用周公旦。 卑者五伯，卑，言功業卑於王者。「伯」讀爲「霸」。 齊桓公閨門之内，縣樂奢泰游抏之修，縣，簨簴也。「泰」與「汰」同，「抏」與「玩」同。言齊桓唯此是修也。 於天下不見謂修，天下不謂之修飾也。 然九合諸侯，一匡天下，爲五伯長，是亦無它故焉，知一政於管仲也，是君人者之要守也。 要守在任賢也。 知者易爲之興力而功名綦大，智者，知任賢之君也。 舍是而孰足爲也。 舍是任賢之事，何足爲之，言其餘皆不足爲也。 故古之人有大功名者，必道是者也；道，行也，必行此任賢之事。 喪其國，危其身者，必反是者也。 故孔子曰：「知者之知，固以多矣，有以守少，能無察乎！ 上「知」音「智」，下如字。「有」讀爲「又」，下同。守少，謂任賢恭己而已也。 愚者之知，固以少矣，有以守多，能無狂乎！」此之謂也。守多，謂自任主百事者也。事煩則狂亂也。

治國者，分已定則主相臣下百吏各謹其所聞，不務聽其所不聞；謹，謂守行無越思。各謹其所見，不務視其所不見。所聞所見，誠以齊矣，齊，謂各當其事，不侵越也。則雖幽閒隱辟，百姓莫敢不敬分安制以化其上，是治國之徵也。「閒」讀爲「閑」。「辟」讀爲「僻」。安制，謂安於國之制度不敢踰分。徵，驗也。治國之徵驗在分定。○謝本從盧校作「以禮化其上」。王念孫曰：元刻無「禮」字，是也。主相臣下百吏，各謹其所見聞，見上文。而民自化之，故曰「莫敢不敬分安制以化其上」。「化」上不當有「禮」字。俗書「禮」字，或作「礼」，形與「化」相似，「化」誤爲「礼」，後人因改爲「禮」。《淮南·道應篇》「孔子亦可謂知化矣」，今本「化」誤爲「禮」。宋本作「禮化」者，一本作「禮」，一本作「化」，而寫者因誤合之也。《群書治要》正作「以化其上」，無「禮」字。先謙案：王説是，今從元刻删「禮」字。

主道治近不治遠，人主之道如此。治明不治幽，治一不治二。主能治近則遠者理，主能治明則幽者化，主能當一則百事正。夫兼聽天下，日有餘而治不足者如此也，是治之極也。既能治近，又務治遠；既能治明，又務見幽；既能當一，又務正百；當，丁浪反。是過者也，過猶不及也，○王念孫曰：元刻作「過猶不及也」，語意較足。《群書治要》與元刻同。先謙案：謝本從盧校作「猶不及也」。今依王説，從元刻增「過」字。辟之是猶立直木而求其景之枉也。不能治近又務治遠，不能察明又務見幽，不能當一又務正百，是悖者也，悖，惑。辟之是猶立枉木而求其景之直也。故明主好要而闇主好詳。任一相而委之，是好要；不委人而自治百事，是好詳也。主好要則百事詳，主好詳則百事荒。力不及，故荒也。君者，論一相，陳一法，明一指，以兼覆之，兼炤之，以觀其盛者也。論，選擇也。指，指歸也。一法，一指，皆謂紀綱也。「盛」讀爲「成」，觀其成功也。相者，論列百官之長，要百事之聽，列，置於列位也。聽，治也。要，取百事之治，考其得失也。要，一堯反，以飾朝廷臣下百吏之分，修飾使各當分。度其功勞，論其慶賞，歲終奉其成功以效於君。當則可，不當則廢。效，致也。《周禮·大宰》：「歲終，則令百官府各正其治，受其會，聽其致事，❶而詔王廢置也。」故君人勞於索之，而休於使之。索，求也。休，息也。

用國者，○盧文弨曰：「用」各本作「周」，❷宋本元刻竝作「用」。得百姓之力者富，得百姓之死者彊，得百姓之譽者榮。三得者具而天下歸之，三得者亡而天下去之。天下歸之之謂王，天下去之之謂亡。湯、武者，循其道，○先謙案：虞、王本「循」作「修」。行其義，興天下同利，除天下同害，天下歸之。故厚德音以先之，明禮義以道之，致忠信以愛之，賞賢使能以次之，「賞」當爲「尚」。爵服賞慶以申重之，時其事，輕其任，以調齊之，潢然兼覆之，養長之，如保赤子。「潢」與「滉」同，大水貌也。○先謙案：「潢然」，解在《富國篇》。生民則致寬，生民，生活民，謂衣食也。使民則綦理，辯政令制度，所以接天下之人百姓，有非理者如豪末，則雖孤獨鰥寡必不加焉。○王念孫曰：案，「天下之人百姓」，「天」字後人所加也。「下」者對「上」而言。上文云「上之於下如保赤子，政令制度所以接下之人百姓，有不理者如豪末，則雖孤獨鰥寡，必不加焉」，文正與此同。又《王制篇》云：「之所以接下之人百姓者，則庸寬惠。」又云：「之所以接下之人百姓者，則好取侵奪。」又云：「之所以接下之人百姓者，則好用其死力矣，而慢其功勞；好用其籍斂矣，而忘其本務。」《議兵篇》云：「其所以接下之人百姓者，無禮義忠信。」《彊國篇》云：「今上不貴義，不敬義，如是則下之人百姓，皆有棄義之志，而有趨姦之心矣。」「人百姓」，猶言衆百姓。《王霸篇》曰：「朝廷群臣之俗若是，則夫衆庶百姓亦從而成俗，不隆

❶「致」，原作「政」，今據《周禮》改。

❷「作」字，原脱，今依文意補。

禮義而好貪利矣。」語意略與此同。彼言「衆庶百姓」，猶此言「人百姓」也。又見下。皆其證也。又案，「下之人百姓者」，人，衆也，謂下之衆百姓也。《儒效篇》云：「塗之人百姓，積善而全盡謂之聖人。」亦謂塗之衆百姓也。《師・彖傳》曰：「師，衆也。」《爾雅》曰：「師，人也。」郭注曰：「謂人衆。」是「人」與「衆」同義。《春秋》隱四年：「衛人立晉。」《公羊傳》曰：「其稱人何？衆立之之辭也。」《穀梁傳》曰：「衛人者，衆辭也。」《柴誓》曰：「人無譁。」鄭注曰：「人謂軍之士衆。」《史記・鄒陽傳》：「人無不按劒相眄者。」《漢書》「人」作「衆」，皆其證也。

是故百姓貴之如帝，親之如父母，爲之出死斷亡而不愉者，無它故焉，不愉，「不」字剩耳。○郝懿行曰：按《富國篇》作「出死斷亡而愉」，此作「不愉」，故楊云「不字剩」。但考古書，水旁、心旁易爲淆譌，故《地理志》「愼陽」乃「滇陽」也。準是而言，「不愉」或「不渝」之形譌，亦未可定。渝者，變也。其義自通。先謙案：楊、郝二説並非也。「愉」讀爲「偷」，説具《富國篇》。《群書治要》作「偷」。道德誠明，利澤誠厚也。

亂世不然。汙漫突盜以先之，突，陵觸。盜，竊也。權謀傾覆以示之，俳優侏儒婦女之請謁以悖之，俳優，倡優。侏儒，短人可戲弄者。悖，亂也。使愚詔知，使不肖臨賢，生民則致貧隘，使民則綦勞苦。○先謙案：《群書治要》「綦」作「甚」。是故百姓賤之如㑌，惡之如鬼，字書無「㑌」字，蓋當爲「尫」，病人也。《禮記》曰：「吾欲暴尫而奚若。」《新序》作「賤之如虺豕」。○郝懿行曰：按，「㑌」當作「虺」，與「鬼」相韻。注引《新序》今本無。作「賤之如虺豕」，「豕」字衍耳。楊云「㑌當爲尫」，似不如依《新序》作「虺」爲長。「尫」形近「㑌」，「虺」形略亦相近。日欲司閒而相與投藉之，去逐之。司閒，伺其閒隙。投，擿也。藉，踐也。一作「投錯之」。卒有寇難之事，又望百姓之爲己死，不可得也，説無以取之焉。論説之中，無以此事爲得也。卒，千忽反。孔子曰：「審吾所以適人，適人之所以來我也。」此之謂也。適人，往與人也。審愼其與人之道，爲其復來報我也。○王念孫曰：下「適」字涉上「適」字而衍，據楊注云「審愼其與人之道爲其復來報我也」，則無下「適」字明矣。《群書治要》無下「適」字。

傷國者何也？曰：以小人尚民而威，尚，上也。使小人在上位而作威也。以非所取於民而巧，若邱甲田賦之類也。○俞樾曰：按，非所，猶非時也。文十三年《公羊傳》「往黨衛侯會公于沓」，何休《解詁》曰：「黨，所也。所，猶時也。」以非時取於民而巧，言以非時取民而巧爲之名也。是傷國之大災也。大國之主也，而好見小利，是傷國；其於聲色臺謝園囿也，愈厭而好新，是傷國；厭，足也，一占反。不好循正其所以有，啖啖常欲人之有，是傷國。啖啖，并吞之貌。○盧文弨曰：案，「循正」本卷前作「修正」，似「修」字是。郝懿行曰：案，啖者，噍啖也。啖啖，欲食之貌。上云「不修正其所以有，然常欲人之有」，此作「循正」，「循」「脩」古字通也。王引之曰：啖啖，猶欿欿也。《説文》：「欿，欲得也。讀若貪。」「欿」與「啖」聲近而字通，故曰啖啖然常欲人之有。楊云「啖啖，并吞之貌」，則誤讀爲「啖食」之「啖」矣。先謙案：王氏《雜志》云：今本「修」誤作「循」，據上文改。「政」與「正」同。「啖啖然」，今本脱「然」字，據上文補。據此，王所見本「正」作「政」。荀書「正」「政」通用也。本作「政」。「啖啖」下應有「然」字。王説是。「啖啖」爲欲食貌，義自可通，不必如王説讀「啖」爲「欿」。三邪者在匈中，而又好以權謀傾覆之人斷事其外，事，任也。謂斷決任事於外也。若是則權輕名辱，社稷必危，是傷國者也。大國之主也，不隆本行，不敬舊法，而好詐故，故，事變也。○王念孫曰：故，亦詐也。《晉語》：「多爲之故以變其志。」韋注曰：「謂多作計術以變易其志。」《吕氏春秋・論人篇》：「釋智謀，去巧故。」高注曰：「巧故，僞詐也。」《淮南・主術篇》：「上多故則下多詐。」高注曰：「故，巧也。」是「故」與「詐」同義。《王制篇》曰：「進退貴賤則舉幽險詐故。」《大戴記・文王官人篇》曰：「以故取利。」《管子・心術篇》曰：「恬愉無爲，去知與故。」《淮南・原道篇》曰：「偶瑳智故曲巧僞詐。」「故」皆謂詐也，故曰「不隆本行，不敬舊法而好詐故」。楊分「詐故」爲二義，失之。若是則夫朝廷群臣亦從而成俗於不隆禮義而好傾覆也。以不隆禮義爲成俗。○謝本從盧校無「於」字。王念孫曰：吕、錢本「成俗」下皆有「於」字。案，吕、錢本是也。「亦從而成俗於不隆禮義而好傾覆也」，十五字爲一句。下文云「則夫衆庶百姓亦從而成俗於不隆禮義而好貪利矣」，句法正與此同。元刻以下脱「於」字，則失其句矣。先謙案：王説是，今依吕、錢本增。朝廷群臣之俗若是，則夫衆庶百姓亦從而成俗於不隆禮義而好貪利矣。君臣上下之俗莫不若是，則地雖廣，權必輕；人雖衆，兵必弱；刑罰雖繁，令不下通。夫是之謂危國，是傷國者也。

儒者爲之不然，必將曲辨。辨，理也。委曲使歸於理也。○郝懿行曰：按，「辨」古「辯」字。先謙案：虞、王本作「辯」，下同。朝廷必將隆禮義而審貴賤，若是則士大夫莫不敬節死制者矣。節，忠義。制，職分。○盧文弨曰：「敬節」，元刻作「貴節」。王引之曰：「敬」當作「敄」，「敄」與「務」古字通。《説文》：「敄，彊也。」《爾雅》：「務，彊也。」「敄」與「敬」字相似而誤。務節，謂以節操爲務也。《曲禮》曰：「士死制。」「務節」與「死制」同義。下文云「士大夫務節死制」，是其證。今本作「敬節」，則於義疏矣。元刻作「貴節」者，以意改之耳。百官則將齊其制度，重其官秩，若是則百吏莫不畏法而遵繩矣。秩，禄也。其制馭百官，必將齊一其制度，使有守也。厚重其秩禄，使不貪也。關市幾而不征，質律禁止而不偏，質律，質劑也。可以爲法，故言質律也。禁止而不偏，謂禁止姦人不偏聽也。《周禮·小宰》：「聽賣買以質劑。」鄭司農云：「質劑平市價，今之月平是也。」鄭康成云：「兩書一札同而別之，長曰質，短曰劑，皆今之券書也。」《左氏傳》曰：「趙盾爲政，董逋逃由質要。」或曰：質，正也。如是則商賈莫不敦慤而無詐矣。百工將時斬伐，佻其期日而利其巧任，如是則百工莫不忠信而不楛矣。時斬伐，即《周禮》「仲冬斬陽木，仲夏斬陰木」是也。「佻」與「傜」同，緩也。謂不迫促也。巧任，巧者之任。不迫促，則百工自利矣。楛，謂器惡不牢固也。《晏子春秋》曰：「景公之時，晏子請發粟，公不許。當爲路寢之臺，令吏重其績，遠其涂，佻其日而不趨。三年臺成而民振欲，上悦乎君游，民足乎食。」彼「佻」亦與此同也。○盧文弨曰：案，所引《晏子》見《襍上篇》，作「故上悅乎游，民足乎食」。微不同。又云：「注」當云「佻與窕同」。案《爾雅》云：「窕，肆也。」古書「窕」字皆訓「寬肆」，不當作「傜」。　俞樾曰：「巧任」與「期日」對文。楊注非其義也。《莊子·秋水篇》曰「任士之所勞」，《釋文》引李注曰：「任，能也。」然則「巧任」猶「巧能」也。言佻緩其期日，而其巧能者，則豐厚其氣稟以利之，百工乃忠信而不楛矣。

縣鄙將輕田野之稅，省刀布之斂，罕舉力役，無奪農時，如是則農夫莫不朴力而寡能矣。但質朴而力作，不務它能也。士大夫務節死制，然而兵勁。「然而」當爲「然後」。○王念孫曰：案楊以下文作「然後」，故云「當爲然後」。不知此「然而」與他處言「然而」者不同。然，如是也。說見《釋詞》。言如是而兵勁也。《文王世子》曰：「然而衆知父子之道矣。」義與此「然而」同。

百吏畏法循繩，然後國常不亂。商賈敦慤無詐，則商旅安，貨通財，而國求給矣。所求之物皆給足也。○王念孫曰：「商旅安，貨通財」，當作「商旅安，貨財通」。「貨財通」與「商旅安」對文。今本作「貨通財」，則義不可通。《王制篇》：「使賨旅安而貨財通。」是其證。今本「賨」誤作「賓」，辯見《王制篇》。

百工忠信而不楛，則器用巧便而財不匱矣。農夫朴力而寡能，則上不失天時，下不失地利，中得人和而百事不廢。是之謂政令行，風俗美。以守則固，以征則彊，居則有名，動則有功。此儒之所謂曲辨也。

荀子卷第七

荀子卷第八

唐登仕郎守大理評事楊倞注

臣王先謙集解

君道篇第十二

有亂君,無亂國;有治人,無治法。○先謙案:無治法者,法無定也,故貴有治人。《致士篇》云:「有良法而亂者有之,有君子而亂者自古及今未嘗聞也。」意與此同。羿之法非亡也,而羿不世中;禹之法猶存,而夏不世王。故法不能獨立,類不能自行,○先謙案:類,例也。荀書多「法」「類」並舉,説詳《大略篇》。得其人則存,失其人則亡。法者,治之端也;君子者,法之原也。故有君子,則法雖省,足以徧矣;無君子,則法雖具,失先後之施,不能應事之變,足以亂矣。不知法之義,而正法之數者雖博,臨事必亂。故明主急得其人,而闇主急得其埶。○先謙案:埶,位也。説見《儒效篇》。急得其人則身佚而國治,功大而名美,上可以王,下可以霸;不急得其人而急得其埶,則身勞而國亂,功廢而名辱,社稷必危。故君人者,勞於索之而休於使之。《書》曰:「惟文王敬忌,一人以擇。」此之謂也。

合符節,别契券者,所以爲信也;上好權謀,則臣下百吏誕詐之人乘是而後欺。探籌投鉤者,所以爲公也;○郝懿行曰:探籌,剡竹爲書,令人探取。蓋如今之掣籤。投鉤,未知其審,古有藏彄,今有拈鬮,疑皆非是。《慎子》曰:「投鉤以分財,投策以分馬。」上好曲私,則臣下百吏乘是而後偏。衡石稱縣者,所以爲平也;上好傾覆,則臣下百吏乘是而後險。斗斛敦槩者,所以爲嘖也；○盧文弨曰：「斗」元刻作「勝」。案，《三輔黃圖》：「御宿園出粟，十五枚一勝，大梨如五勝。」「勝」與「升」通用。「敦槩」即「準槩」。嘖，情也。《易・繫辭傳》「見天下之賾」，京房作「嘖」。《太玄・礥》初一測：「黄純于潛，化在嘖也。」❶皆訓情，此當作情實解。　郝懿行曰：「斗斛」或作「勝斛」。「勝」與「升」雖同音假借，然作「斗斛」爲長。槩即杚也，所以平斗斛者。「敦」亦其類，但形狀今未聞。

上好貪利，則臣下百吏乘是而後豐取刻與以無度取於民。○謝本從盧校，「而後」下有「鄙」字。盧文弨曰：宋本、世德堂本皆無「鄙」字，今從元刻。　王念孫曰：案，元刻有「鄙」字者，後人以意加之也。　後人以上文云「乘是而後欺」、「乘是而後偏」、「乘是而後險」，疑此處「乘是而後」下脱一字。　又以上句言貪利，故加入「鄙」字耳。　今案，上文「欺」與「信」相反，「偏」與「公」相反，「險」與「平」相反。　此下「豐取刻與以無度取於民」，「無度」與「嘖」亦相反。　嘖者，齊也。《説文》：「嫧，齊也。」「嫧」與「嘖」通。　又《説文》：「齰，齒相值也。」《釋名》曰：「幘，賾也。下齊眉賾然也。」又曰：「柵，賾也，以木作之，上平賾然也。」又曰：「册，賾也。敕使整賾不犯法也。」竝聲近而義同。　無度則不齊，故與「嘖」相反。　若云「乘是而後鄙」，則「鄙」與「嘖」義非相反，與上三條不合。且加一「鄙」字，則下文「豐取刻與」云云，竟成贅語矣。　盧據元刻加「鄙」字，又訓「嘖」爲「情」，皆失之。　呂、錢本皆無「鄙」字。　先謙案：王説是，今從宋本删「鄙」字。

故械數者，治之流也，非治之原也。　君子者，治之原也。　官人守數，君子養原。　原清則流清，原濁則流濁。　故上好禮義，尚賢使能，無貪利之心，則下亦將綦辭讓，致忠信，而謹於臣子矣。　如是則雖在小民，不待合符節、別契券而信，不待探籌投鉤而公，不待衡石稱縣而平，不待斗斛敦槩而嘖。　故賞不用而民勸，罰不用而民服，有司不勞而事治，政令不煩而俗美；百姓莫敢不順上之法，象上之志，而勸上之事而安樂之矣。○盧文弨曰：「而勸上之事」，元刻作「勸上之事」。

故藉斂忘費，事業

---

❶「嘖」，原作「積」，據《太玄經》及上下文義改。

忘勢，寇難忘死，城郭不待飾而固，兵刃不待陵而勁，○先謙案：陵，謂厲兵刃也。敵國不待服而詘，四海之民不待令而一，夫是之謂至平。《詩》曰：「王猶允塞，○謝本從盧校「猶」作「猷」。王念孫曰：吕、錢本「猷」作「猶」。又見《議兵篇》。先謙案：吕、錢本是，今改正，説詳《議兵》。徐方既來。」此之謂也。

請問爲人君？曰：以禮分施，均偏而不偏。請問爲人臣？曰：以禮待君，忠順而不懈。○郝懿行曰：「待」字誤。《韓詩外傳》四作「事」，是也。蓋「事」譌爲「侍」，又譌爲「待」耳。「懈」宜依《韓詩外傳》作「解」，古書皆然，轉寫者依今書作「懈」耳。請問爲人父？曰：寬惠而有禮。請問爲人子？曰：敬愛而致文。○郝懿行曰：「文」，《韓詩外傳》四作「恭」，於義較長。請問爲人兄？曰：慈愛而見友。請問爲人弟？曰：敬詘而不苟。○盧文弨曰：元刻作「不悖」。請問爲人夫？曰：致功而不流，致臨而有辨。○郝懿行曰：「辨」，《韓詩外傳》四作「別」，謂夫婦有別也。「致功而不流」句未詳，疑有譌字。請問爲人妻？曰：夫有禮則柔從聽侍，夫無禮則恐懼而自竦也。此道也偏立而亂，俱立而治，其足以稽矣。請問兼能之奈何？曰：審之禮也。古者先王審禮以方皇周浹於天下，○郝懿行曰：「方」讀爲「旁」，古字通用。「旁」、「薄」、「唐」、「皇」，皆大也。「周」、「浹」，皆徧也。荀書「浹」多作「挾」。先謙案：此「浹」字後人所改也，依荀書皆作「挾」。動無不當也。故君子恭而不難，敬而不鞏，○盧文弨曰：恭而不難，所謂恭而安也。《説文》：「鞏，以韋束也。」此亦謂敬而不過於拘束也。王引之曰：「難」，讀《詩》「不戁不竦」之「戁」。「鞏」，讀《方言》「蛩烘，戰栗也」之「蛩」。説見《經義述聞》《大戴記·曾子立事篇》。盧説皆失之。貧窮而不約，富貴而不驕，並遇變態而不窮，審之禮也。○謝本從盧校「態」作「應」。盧文弨曰：「變應」，宋本作「變態」。郝懿行曰：「變應」，《韓詩外傳》四作

「應變」。　王念孫曰：案，元刻以下文有「應變故」，故改「變態」爲「變應」，而不知其謬也。「竝遇變態而不窮」者，竝猶普也，徧也。説見《周易述聞》「竝受其福」下。言徧遇萬事之變態而應之不窮也。下文云「其應變故也，齊給便捷而不惑」，「變故」即此所謂「變態」也。改「變態」爲「變應」，則反與下文不合矣。　先謙案：王説是，今依宋本改。故君子之於禮，敬而安之；其於事也，徑而不失；其於人也，寡怨寬裕而無阿；其所爲身也，謹修飾而不危；○盧文弨曰：「修飾」，元刻作「修勑」。案「飾」與「飭」、「勑」，古皆通用。「勑」音「賚」。然漢已來亦即作「勑」字用。　王念孫曰：案，「危」讀爲「詭」。言君子修飭其身而不詭於義也。《淮南·主術篇》注「詭，違也」。「詭」、「危」古字通，説見《經義述聞·緇衣》。其應變故也，齊給便捷而不惑；其於天地萬物也，不務説其所以然，而致善用其材；其於百官之事、技藝之人也，不與之争能而致善用其功。其待上也，忠順而不懈；○盧文弨曰：「待」，俗間本作「侍」。　先謙案：依上郝説，「待上」亦當爲「事上」。其使下也，均徧而不偏；其交遊也，緣義而有類；○盧文弨曰：元刻作「緣類而有義」。　郝懿行曰：《韓詩外傳》四作「緣類而有義」，較長。其居鄉里也，容而不亂。是故窮則必有名，達則必有功，仁厚兼覆天下而不閔，明達用天地、理萬變而不疑，○盧文弨曰：元刻作「理萬物變而不凝」。　王念孫曰：用天地而不疑，義不可通。「用」當爲「周」，字之誤也。言其智足以周天地、理萬變而不疑。血氣和平，志意廣大，行義塞於天地之間，仁知之極也。夫是之謂聖人。審之禮也。

請問爲國？曰：聞修身，未嘗聞爲國也。君者儀也，儀正而景正。君者槃也，槃圓而水圓。君者盂也，盂方而水方。○盧文弨曰：案，《帝範》注引「君者儀也」下有「民者景也」句。又「君者槃也」下，有「民者水也」句。無「君者盂也」二句。　王念孫曰：案，《廣韻》「君」字注所引與《帝範》注同。既言儀正而景正，則當有「民者景也」句。既言「槃圓而水圓」，則當有「民者水也」句。呂、錢本竝有「民者水也」句。既以槃喻君則不必更以盂喻。二書所引有「民者景也」「民者水也」，而無「君者盂也」二句，於義爲長。《藝文類聚·雜器物部》、《太平御覽·器物部》二竝引作「君者盤也，民者水也，盤圓則水圓，盤方則水方」。君射則臣決。楚莊王好細腰，故朝有餓人。故曰：聞修身，未嘗聞爲國也。

君者，民之原也；原清則流清，原濁則流濁。故有社稷者，而不能愛民，不能利民，而求民之親愛己，不可得也。民不親不愛，而求其爲己用，爲己死，不可得也。○謝本從盧校「不親不愛」上有「之」字。王念孫曰：元刻無「之」字。案，無「之」字者是也。下文「民不爲己用，不爲己死，而求兵之勁，城之固，不可得也」。「民」下無「之」字，是其證。《韓詩外傳》無「之」字。先謙案：文義不當有「之」字，今依元刻删。民不爲己用，不爲己死，而求兵之勁，城之固，不可得也。兵不勁，城不固，而求敵之不至，不可得也。敵至而求無危削，不滅亡，不可得也。○王念孫曰：元刻「滅」上無「不」字，是也。宋本有上「不」字者，涉上下諸「不」字而衍。「無」亦「不」也。説見《釋詞》。「無危削滅亡」，即不危削滅亡也。《外傳》作「不危削滅亡」，是其證。先謙案：《群書治要》有「不」字。危削滅亡之情舉積此矣，而求安樂，是狂生者也。○盧文弨曰：元刻作「是聞難狂生者也」。王念孫曰：錢佃校本亦云「是狂生者也」，諸本作「是聞難狂生者也」。案此文本作「危削滅亡之情舉積此矣，而求安樂是聞，不亦難乎！是狂生者也」。今本脱「聞不亦難乎是」六字。此因兩「是」字相亂而脱去六字。元刻亦僅存「聞難」二字。《外傳》作「夫危削滅亡之情皆積於此，而求安樂是聞，不亦難乎，是枉生者也」。「枉」蓋「狂」之誤。《臣道篇》亦云：「迷亂狂生」。俞樾曰：「狂」即「㞷」之叚字。《説文·土部》：「㞷，草木妄生也。從之在土上，讀若皇。」狂，《説文》作「𤞤」，本從㞷聲，故義得通。「狂生」蓋以草木爲比，故下云「不胥時而落」。落亦以草木言也。《臣道篇》「迷亂狂生」義同。楊彼注曰：「迷亂其君使生狂也。」未得其義。《韓詩外傳》作「枉生」。「枉」亦「㞷」之叚字。狂生者，不胥時而落。○盧文弨曰：胥，須也。

先謙案：謝本從盧校「樂」作「落」。宋台州本作「樂」是也。《釋詁》：「毗、劉，暴，樂也。」《大雅・桑柔》：「捋采其劉。」傳：「劉，爆爍而希也。」箋：「及已捋采之時，則葉爆爍而疏。」「樂」、「爍」同字，荀書作「樂」，與《雅》訓合。宋槧呂本、影鈔本作「樂」，世德堂本改「落」，由不知古義耳。盧失校，今正。餘詳考證。

故人主欲彊固安樂，則莫若反之民；欲附下一民，則莫若反之政；欲修政美國，則莫若求其人。○王念孫曰：案，《外傳》作「修政美俗」，是也。上文曰「政令不煩而俗美」。《儒效篇》曰：「在本朝則美政，在下位則美俗。」《王霸篇》曰：「政令行，風俗美。」皆以「政」與「俗」竝言之，蓋二者恒相因也。今本「美俗」作「美國」，則泛而不切矣。先謙案：《群書治要》作「美國」。

彼或蓄積而得之者不世絶，彼其人者生乎今之世而志乎古之道。以天下之王公莫好之也，然而于是獨好之；以天下之民莫欲之也，然而于是獨爲之。好之者貧，爲之者窮，然而于是獨猶將爲之也，○王念孫曰：案三「于是」皆義不可通，當依《外傳》作「是子」。「是子」二字對上文「王公」與「民」而言，下文曰「非于是子莫足以舉之，故舉是子而用之」，是其證。今本作「于是」者，「是子」譌爲「是于」，後人因改爲「于是」耳。「莫欲之」亦當依《外傳》作「莫爲之」。「莫好之」與「獨好之」相應，「莫爲之」亦與「獨爲之」相應。今本作「欲之」，則既與「爲之」不相應，又與「好之」相複矣。「于是獨猶將爲之」，當作「是子猶將爲之」。言雖好之者貧，爲之者窮，而是子猶將爲之也。「猶」上不當有「獨」字，蓋涉上文兩「獨」字而衍。《外傳》無。

不爲少頃輟焉。曉然獨明於先王之所以得之，所以失之，知國之安危臧否，若別白黑，是其人者也，○王念孫曰：案，衍「者」字。此句或爲結上之詞，或爲起下之詞，皆不當有「者」字。《外傳》作「則是其人也」，無「者」字。

大用之則天下爲一，諸侯爲臣；小用之則威行鄰敵；縱不能用，使無去其疆域，則國終身無故。故君人者愛民而安，好士而榮，兩者無一焉而亡。《詩》曰：「介人維藩，大師維垣。」此之謂也。○盧文弨曰：「介人」，《詩考》與元刻同，宋本作「价」。

道者，何也？曰：君道也。○王念孫曰：案，此篇以君道爲題，而又釋之曰「道者何也，曰君道也」，則贅矣。《韓詩外傳》作「道者何也，曰君之所道也」，於義爲長。君之所道，謂君之所行也。《儒效篇》曰：「道者，人之所道也。」與此文同一例。今本蓋脱「之所」二字。君者，何也？曰：能群也。能群也者，何也？曰：善生養人者也，善班治人者也，○先謙案：「班」讀曰「辨」。《儀禮·士虞》注：「古文『班』或爲『辨』。」「辨」「治」同義，説詳《不苟篇》。善顯設人者也，○俞樾曰：設者，大也。《考工記·桃氏》曰：「中其莖，設其後。」鄭注曰：「從中以卻，稍大之也。」賈疏曰：「後鄭意訓設爲大，故《易·繫辭》曰：『益長裕而不設。』鄭注曰：『設，大也。』」是「設」有「大」誼。「顯設」猶云「顯大」。先謙案：設，用也。顯設人，猶言顯用人。《臣道篇》云「正義之臣設」，言正義之臣用也。《議兵篇》云「請問王者之兵，設何道何行而可」，言用何道何行而可也。《説文》：「設，施陳也。」《廣雅·釋詁》：「設，施也。」是「設」與「施」同義，「施」訓「用」，故「設」亦通訓爲「用」矣。「施」義詳《臣道篇》。善藩飾人者也。善生養人者人親之，善班治人者人安之，善顯設人者人樂之，善藩飾人者人榮之。四統者俱而天下歸之，夫是之謂能群。不能生養人者人不親也，不能班治人者人不安也，不能顯設人者人不樂也，不能藩飾人者人不榮也。四統者亡而天下去之，○先謙案：統，猶言總要也。夫是之謂匹夫。故曰道存則國存，道亡則國亡。省工賈，衆農夫，禁盜賊，除姦邪，是所以生養之也。天子三公，諸侯一相，大夫擅官，○先謙案：《説文》：「擅，專也。」言得專其官事。士保職，莫不法度而公，是所以班治之也。論德而定次，○先謙案：「論」當爲「譎」，説見《儒效篇》。量能而授官，皆使其人載其事而各得其所宜，○王念孫曰：人載其事而各得其所宜，謂人人皆載其事而得其宜也。「使」下不當有「其」字，蓋涉下兩「其」字而衍。《榮辱篇》曰：「皆使人載其事而各得其宜。」《正論篇》曰：「皆使民載其事而各得其宜。」「使」下皆無「其」字。上賢使之爲三公，次賢使之爲諸侯，下賢使之爲士大夫，是所以顯設之也。修冠弁衣裳、黼黻文章、琱琢刻鏤，皆有等差，是所以藩飾之也。故由天子至於庶人也，莫不騁其能，得其志，安樂其事，是所同也；衣煖而食充，居安而游樂，事時制明而用足，是又所同也。若夫重色而成文章，重味而成珍備，○俞樾曰：「珍備」二字無義，此本作「重味而備珍怪」。《正論篇》：「食飲則重太牢而備珍怪。」是其證也。因涉上句「重色而成文章」誤衍「成」字，遂倒「備珍」爲「珍備」，而臆删「怪」字矣。《韓詩外傳》作「重色而成文，累味而備珍」。上句無「章」字，下句無「怪」字，然「成文備珍」，正本《荀子》，可據以訂正。是所衍也。○盧文弨曰：「衍」，俗閒本作「術」。先謙案：《賦篇》「暴人衍矣」。楊注：「衍，饒也。」此言「重色」「重味」，皆所饒爲之，有餘之意也，故云「財衍以明辨異」。下文「衍及百姓」同。聖王財衍以明辨異，○盧文弨曰：「財衍」，元刻作「則衍」。上以飾賢良而明貴賤，下以飾長幼而明親疏；上在王公之朝，下在百姓之家，天下曉然皆知其非以爲異也，將以明分達治而保萬世也。故天子諸侯無靡費之用，士大夫無流淫之行，百吏官人無怠慢之事，衆庶百姓無姦怪之俗，無盜賊之罪，其能以稱義徧矣。故曰：治則衍及百姓，亂則不足及王公。此之謂也。

至道大形，○先謙案：言至道至於大形之時。隆禮至法則國有常，尚賢使能則民知方，○先謙案：知方，皆知所向。纂論公察則民不疑，○先謙案：《爾雅·釋詁》：「纂，繼也。」「纂論」謂使人相繼論議之，與「公察」對文，皆所以使民不疑也。《成相篇》云：「公察善思論不亂。」賞克罰偷則民不怠，○王念孫曰：「克」當爲「免」，字之誤也。「免」與「勉」同，言勉者賞之，偷者罰之也。《王制篇》曰：「百吏免盡而衆庶不偷」，是其證也。又《樂論篇》：「弟子免學。」《漢書·薛宣傳》：「宣因移書勞免之。」今本「免」作「勉」，乃後人所改。宋毛晃《增修禮部韻略》引此尚作「免」。《谷永傳》：「閔免遁樂。」竝以「免」爲

「勉」。《韓詩外傳》正作「賞勉罰偷」。兼聽齊明則天下歸之。然後明分職，序事業，材技官能，○先謙案：材以驗技，官以程能。上文云：「量能而授官。」《王制篇》云：「無能不官。」《正論篇》云：「能不稱官。」即「官能」之義。莫不治理，則公道達而私門塞矣，公義明而私事息矣。如是則德厚者進而佞説者止，貪利者退而廉節者起。《書》曰：「先時者殺無赦，不逮時者殺無赦。」人習其事而固，○先謙案：固者，不移易之謂。《易・繫辭下傳》注：「固，不傾移也。」《禮論篇》云：「禮之中焉能勿易，謂之能固。」人之百事，如耳目鼻口之不可以相借官也，故職分而民不探，次定而序不亂，○王念孫曰：「不探」二字，義不可通，《外傳》作「不慢」，是也。下文曰「臣下百吏至於庶人莫不修己而後敢安正，與「政」同。誠能而後敢受職」，正所謂「職分而民不慢」也。隸書「曼」字或作「𣍜」，與「罙」字略相似，故「慢」誤爲「探」。兼聽齊明而百事不留。如是則臣下百吏至于庶人莫不修己而後敢安正，誠能而後敢受職。百姓易俗，小人變心，姦怪之屬莫不反慤，夫是之謂政教之極。故天子不視而見，不聽而聰，不慮而知，不動而功，塊然獨坐而天下從之如一體，如四胑之從心，○盧文弨曰：「四胑」，宋本作「四支」。夫是之謂大形。《詩》曰：「温温恭人，維德之基。」此之謂也。

爲人主者，莫不欲彊而惡弱，欲安而惡危，欲榮而惡辱，是禹、桀之所同也。要此三欲，辟此三惡，果何道而便？曰：在慎取相，道莫徑是矣。○先謙案：徑，猶疾也，便也。《修身篇》云：「莫徑由禮。」義與此同。故知而不仁不可，仁而不知不可；既知且仁，是人主之寶也，而王霸之佐也。不急得不知，得而不用不仁。無其人而幸有其功，愚莫大焉。

今人主有六患，○俞樾曰：下文「使賢者爲之，則與不肖者規之；使知者慮之，則與愚者論之；使修士行之，則與汙邪之人疑之」，止可云三患，不可云六患。「六」

疑「大」字之誤。學者誤以下文一句爲一患，故臆改爲「六」，不知合二句方成一患。若止是使賢者爲之，知者慮之，修士行之，非患也。使賢者爲之，則與不肖者規之；使知者慮之，則與愚者論之；使修士行之，則與汙邪之人疑之。○先謙案：《群書治要》「汙」作「奸」，下同。雖欲成功，得乎哉！譬之是猶立直木而恐其景之枉也，惑莫大焉！語曰：好女之色，惡者之孽也。○王念孫曰：孽，猶害也。下文云「衆人之痤」、「汙邪之賊」，義竝與此同。《議兵篇》曰：「百姓莫不敦惡，莫不毒孽。」言莫不毒害也。《緇衣》引《大甲》曰「自作孽」，言自作害也。《小雅·十月篇》「下民之孽」，《箋》曰：「孽，妖孽，謂相爲災害也。」昭十年《左傳》：「蘊利生孽。」杜注曰：「孽，妖害也。」公正之士，衆人之痤也。○先謙案：《玉篇》：「痤，癰也。」循乎道之人，汙邪之賊也。○盧文弨曰：元刻「循」作「修」。王念孫曰：「循道之人」，與「好女之色」、「公正之士」對文，則「循」下不當有「乎」字。《群書治要》無。俞樾曰：「循」乃「修」字之誤，元刻是也。「修道」與「汙邪」相反。上文曰：「使修士行之，則與汙邪之人疑之」，亦以「修」與「汙邪」對，是其證。今使汙邪之人論其怨賊而求其無偏，得乎哉！譬之是猶立枉木而求其景之直也，亂莫大焉！故古之人爲之不然。其取人有道，其用人有法。取人之道，參之以禮；用人之法，禁之以等。○先謙案：《彊國篇》云：「夫義者，所以限禁人之爲惡與姦者也。」「限禁」連文，是「禁」與「限」同義。禁之以等，猶言限之以階級耳。行義動静，度之以禮；知慮取舍，稽之以成；日月積久，校之以功。故卑不得以臨尊，輕不得以縣重，愚不得以謀知，是以萬舉不過也。故校之以禮而觀其能安敬也，與之舉錯遷移而觀其能應變也，與之安燕而觀其能無流慆也，○盧文弨曰：「流慆」疑即「流淫」。元刻作「陷」，無「流」字。接之以聲色、權利、忿怒、患險，而觀其能無離守也。彼誠有之者與誠無之者若白黑然，可詘邪哉！○先謙案：《廣雅·釋詁》：「詘，屈也。」《吕覽·壅塞篇》注：「詘，枉也。」言白黑分明，焉可枉屈乎哉！ 故伯樂不可欺以馬，而君子不可欺以人，此明王之道也。

人主欲得善射，射遠中微者，縣貴爵重賞以招致之。内不可以阿子弟，外不可以隱遠人，能中是者取之，是豈不必得之之道也哉！ ○王念孫曰：案「不」猶「非」也，説見《釋詞》。 雖聖人不能易也。欲得善馭速致遠者，一日而千里，○盧文弨曰：「善馭」下，俗閒本有「及」字。 王念孫曰：「欲得善馭速致遠者」，宋吕、錢本竝如是。元刻、世德堂本「速」上有「及」字。盧從宋本，云「俗閒本有『及』字」，案有「及」字者是也。「及速」與「致遠」對文。行速則難及，道遠則難致，故唯善馭者乃能及速致遠，非謂其致遠之速也，則不得以「速致遠」連讀。「善馭及速致遠」，與「善射射遠中微」對文，若無「及」字，則與上文不對，一證也。《王霸篇》云：「欲得善射，射遠中微，則莫若羿、蠭門矣；欲得善馭，及速致遠，則莫若王良、造父矣。」與此文同一例，二證也。《淮南·主術篇》云：「夫載重而馬羸，雖造父不能以致遠；車輕而馬良，雖中工可使追速。」「追速致遠」即「及速致遠」，三證也。《群書治要》有「及」字，四證也。 俞樾曰：王謂有「及」字者是，不知此與彼文不同。彼無「一日而千里」五字，故有「及速」二字。此云「一日而千里」，則及速不待言矣。《荀子》原文不獨無「及」字，並無「速」字。《儒效篇》曰：「輿固馬選矣，而不能以致遠；一日而千里，則非造父也。」亦言一日千里而無「及速」之文，可證也。俗本據《王霸篇》誤加「及速」二字，吕、錢本無「及」字而有「速」字，則删之未盡者耳。 縣貴爵重賞以招致之。内不可以阿子弟，外不可以隱遠人，能致是者取之，是豈不必得之之道也哉！ 雖聖人不能易也。欲治國馭民，調壹上下，將内以固城，外以拒難，治則制人，人不能制也，亂則危辱滅亡可立而待也。然而求卿相輔佐，則獨不若是其公也，案唯便嬖親比己者之用也，豈不過甚矣哉！ 故有社稷者，莫不欲彊，俄則弱矣；莫不欲安，俄則危矣；莫不欲存，俄則亡矣。古有萬國，今有數十焉，○王念孫曰：案，《富國篇》「數十」作「十數」，是也。當荀子著書時，國之存者已無數十矣。是無它故，莫不失之是也。○先謙案：是謂用人不公。故明主有私人以金石珠玉，無私人以官職事業，是何也？曰：本不利於所私也。○先謙案：「本」字無義，「大」之誤也。《富國篇》云：「有分者，天下之本利也。」楊注：「『本』當爲『大』。」與此正同。彼不能而主使之，則是主闇也；臣不能而誣能，○先謙案：誣能，自以爲能。《大略篇》云：「不能而居之，誣也。」則是臣詐也。主闇於上，臣詐於下，滅亡無日，俱害之道也。夫文王非無貴戚也，非無子弟也，非無便嬖也，倜然乃舉太公於州人而用之，○郝懿行曰：按，倜，超遠也。《韓詩外傳》四「倜」作「超」，「州」作「舟」。此作「州」者，或形譌，或假借字耳。俞樾曰：按「州人」當從《韓詩外傳》作「舟人」。太公身爲漁父而釣於渭濱，故言舟人也。「舟」「州」古字通。豈私之也哉！以爲親邪？則周姬姓也，而彼姜姓也；以爲故邪？則未嘗相識也。以爲好麗邪？則夫人行年七十有二，齫然而齒墮矣。○盧文弨曰：「齫」當作「齫」，與「齳」同，《韓詩外傳》作「齳」。郝懿行曰：按「齫」當依《韓詩外傳》四作「齳」。《説文》：「齳，無齒也。」蓋篆文「齳」與「齫」形近而譌耳。然而用之者，夫文王欲立貴道，欲白貴名，以惠天下而不可以獨也，非于是子莫足以舉之，故舉是子而用之。○盧文弨曰：兩「是子」，宋本俱作「子是」。於是乎貴道果立，貴名果明，○顧千里曰：「明」疑當作「白」。《荀子》屢言「貴名白」，上文「欲白貴名」，下文亦作「白」不作「明」。又屢言「白」，皆其證也。《儒效篇》「一朝而白」，楊注：「白誤伯。」此篇楊注亡，宋本與今本同，蓋皆誤。《韓詩外傳》四有此句，正作「貴名果白」，亦其一證。兼制天下，立七十一國，姬姓獨居五十三人，周之子孫苟不狂惑者，莫不爲天下之顯諸侯，如是者能愛人也。故舉天下之大道，立天下之大功，然後隱其所憐所愛，○先謙案：《吕覽・圜道篇》高注：「隱，私也。」其下猶足以爲天下之顯諸侯。故曰：唯明主爲能愛其所愛，闇主則必危其所愛。此之謂也。

牆之外目不見也，里之前耳不聞也，而人主之守司，遠者天下，近者境内，不可不略知也。天下之變，境内之事，有弛易齵差者矣，○先謙案：《易・繫辭》「易者使傾」，注：「易，慢易也。」弛易猶言弛慢。齒不正曰齵。齵差，參差不齊。而人主無由知之，則是拘脅蔽塞之端也。耳目之明如是其狹也，人主之守司如是其廣也，其中不可以不知也，如是其危也。○王念孫曰：吕、錢本「其」下有「中」字，案吕、錢本是也。「其中」謂廣與狹之中也，耳目之所及甚狹，其所不及者甚廣；其中之事或弛易齵差，而人主不知，則必有拘脅蔽塞之患，故曰「其中不可以不知，若是其危也」。元刻始脱「中」字。先謙案：謝本從盧校脱「中」字，今依王説，從宋本增。然則人主將何以知之？曰：便嬖左右者，人主之所以窺遠收衆之門户牖嚮也，不可不早具也。○盧文弨曰：「嚮」與「向」同。故人主必將有便嬖左右足信者然後可，其知惠足使規物，○盧文弨曰：「惠」，宋本作「慧」，古通用。先謙案：便嬖，猶近習也。荀書用「便嬖」，不作「邪佞」解。其端誠足使定物然後可，夫是之謂國具。人主不能不有遊觀安燕之時，則不得不有疾病物故之變焉，如是國者，事物之至也如泉原，一物不應，亂之端也。故曰：人主不可以獨也。卿相輔佐，人主之基杖也，○俞樾曰：「基杖」二字，義不可通。「基」當爲「綦」。《儀禮・士喪禮》「組綦繫于踵」，鄭注曰：「綦，屨係也，所以拘止屨也。」《漢書・揚雄傳》：「屨欃槍以爲綦。」《外戚傳》：「思君兮屨綦。」綦也，杖也，皆人所以行者，故以爲喻。不可不早具也。故人主必將有卿相輔佐足任者然後可，其德音足以填撫百姓，○盧文弨曰：「填」即「鎮」字，元刻作

「鎮」。其知慮足以應待萬變然後可，夫是之謂國具。四鄰諸侯之相與，不可以不相接也，然而不必相親也。○先謙案：不皆和好之國。故人主必將有足使喻志决疑於遠方者然後可。其辯説足以解煩，其知慮足以决疑，其齊斷足以距難，不還秩，不反君，○王念孫曰：「秩」當爲「私」，字之誤也。「還」讀爲「營」，言不營私，不叛君也。「營」與「還」古同聲而通用。《管子・山至數篇》曰「大夫自還而不盡忠」，謂自營其私也。《秦策》曰「公孫鞅盡公不還私」，謂不營私也。《成相篇》：「比周還主黨與施。」「還主」謂營惑其主也。字或作「環」，《臣道篇》「朋黨比周以環主圖私爲務」是也。又《齊風・還篇》「子之還兮」，《漢書・地理志》「還」作「營」，亦以聲同而借用。「還」字或作「環」。《韓子・五蠹篇》曰：「古者蒼頡之作書也，自環者謂之私。」「私」本作「厶」，見下。《説文》：「厶」字解引作「自營爲厶」。《管子・君臣篇》曰：「兼上下以環其私。」《韓子・人主篇》曰：「當途之臣，得勢擅事以環其私。」皆謂營其私也。然而應薄扞患足以持社稷○俞樾曰：薄之言迫也。僖二十三年《左傳》「薄而觀之」，文十二年《傳》「薄之河」，杜注竝曰：「薄，迫也。」然則應薄猶應迫也，言有偪迫者足以應之也。《臣道篇》曰「應卒遇變」，「卒」與「薄」義相近。然後可，夫是之謂國具。故人主無便嬖左右足信者謂之闇，無卿相輔佐足任者謂之獨，所使於四鄰諸侯者非其人謂之孤，孤獨而晻謂之危，國雖若存，古之人曰亡矣。《詩》曰：「濟濟多士，文王以寧。」此之謂也。

材人：○盧文弨曰：謂王者因人之材而器使之之道也。愿愨拘録，○盧文弨曰：《榮辱篇》作「軥録」，注謂「軥與拘同」，蓋據此文。然吏材非僅取愿愨檢束而已，必將取其勤勞趨事者，則作「軥録」義長。計數纖嗇而無敢遺喪，是官人使吏之材也。修飭端正，○盧文弨曰：元刻「修飭」作「修飾」。尊法敬分而無傾側之心；守職循業，○盧文弨曰：元刻「循」作「修」。不敢損益，可傳世也，而不可使侵奪，是士大夫官師之材也。知隆禮義之爲尊君也，知好士之爲美名也，知愛民之爲安國也，知有常法之爲一俗也，知尚賢使能之爲長功也，知務本禁末之爲多材也，知無與下争小利之爲便於事也，知明制度權物稱用之爲不泥也，○先謙案：不泥者，明制度權物稱用，有似乎拘泥也。是卿相輔佐之材也，未及君道也。能論官此三材者而無失其次，是謂人主之道也。若是則身佚而國治，功大而名美，上可以王，下可以霸，是人主之要守也。人主不能論此三材者，不知道此道，○先謙案：道此道，由此道也。安値將卑埶出勞，併耳目之樂，○先謙案：「値」與「直」同，「併」與「屏」同。《彊國篇》：「併己之私欲。」楊注：「併讀曰屏。屏，棄也。」與此同。而親自貫日而治詳，一内而曲辨之，○先謙案：《王霸篇》作「一日而曲辨之」，「内」蓋「日」之誤。慮與臣下争小察而綦偏能，自古及今未有如此而不亂者也。是所謂視乎不可見，聽乎不可聞，爲乎不可成，此之謂也。○盧文弨曰：「不知道此」下三十二字，元刻無。

荀子卷第八

荀子卷第九

唐登仕郎守大理評事楊倞注

臣王先謙集解

臣道篇第十三

人臣之論：論人臣之善惡。○先謙案：論者，「倫」之借字。説見《儒效篇》。下同。有態臣者，有篡臣者，有功臣者，有聖臣者。解竝在下。内不足使一民，外不足使距難，百姓不親，諸侯不信，然而巧敏佞説，音悦，或作「悦」。善取寵乎上，是態臣者也。以佞媚爲容態。上不忠乎君，下善取譽乎民，不卹公道通義，朋黨比周，以環主圖私爲務，是篡臣者也。環主，環繞其主，不使賢臣得用。圖，謀也。篡臣者，篡奪君政也。○王念孫曰：楊説甚迂。「環」讀爲「營」。營，惑也。謂營惑其主也。《吕氏春秋·尊師篇》注曰：「營，惑也。」《大戴禮·文王官人篇》曰「煩亂以事而志不營」，又曰「臨之以貨色，而不可營」，《荀子·宥坐篇》曰「言談足以飾邪營衆」，皆是也。「營」訓爲「惑」，故或謂之營惑。《漢書·淮南王安傳》「營惑百姓」是也。「營」與「環」古同聲而通用。《春秋》文十四年「有星孛入于北斗」，《穀梁傳》曰：「其曰入北斗，斗有環域也。」「環域」即「營域」，猶「營繞」之爲「環繞」，「營衛」之爲「環衛」。餘見前「不還秩」下。字或作「還」，《成相篇》云「比周還主黨與施」是也。楊注：「還，繞也。」誤與此注同。「還」與「營」古亦通用，説見前「不還秩」下。内足使以一民，外足使以距難，民親之，士信之，上忠乎君，下愛百姓而不倦，是功臣者也。民親士信，然後立功也。○盧文弨曰：兩「以」字元刻無，宋本有。上則能尊君，下則能愛民，政令教化，刑下如影，刑，制也。言施政令教化，以制其下，如影之隨形，動而輒隨，不使違越也。○盧文弨曰：「刑」，元刻作「形」，注同。今從宋本。郝懿行曰：「刑」與「型」同，模範之屬，作器之法也。此言政令教化爲民所法，「刑」猶「形」也，民猶影也，如影隨形，不暫停也。「影」

當作「景」，轉寫從俗。王念孫曰：古無訓「刑」爲「制」者，「刑」如「刑于寡妻」之「刑」。刑，法也。言下之法上，如影之從形。先謙案：宋台州本「影」作「景」。應卒遇變，齊給如響；齊，疾也。給，供給也。應事而至謂之給，夫卒變人所遲疑，今聖臣應之疾速，如響之應聲。卒，蒼忽反。推類接譽以待無方，曲成制象，是聖臣者也。此明應卒遇變之意。無方，無常也。推其比類，接其聲譽，言見其本而知其末也。待之無常，謂不滯於一隅也。委曲皆成制度法象，言物至而應，無非由法，不苟而行之也。聖者，無所不通之謂也。○俞樾曰：楊注未得「接譽」之義。接其聲譽，豈遂足應無方乎？「譽」當讀爲「豫」。昭二年《左傳》「宣子譽之」，《孟子・梁惠王篇》引作「豫」。《梁惠王篇》「一游一豫」，昭二年注引作「譽」。是古字「譽」與「豫」通也。《大略篇》曰：「先事慮事謂之接，先患慮患謂之豫。」即此文「接譽」之義。先謙案：楊、俞説皆非，「譽」即「與」字，説見《儒效篇》。故用聖臣者王，用功臣者彊，用篡臣者危，用態臣者亡。態臣用則必死，篡臣用則必危，此言態臣甚於篡臣者，蓋當時多用佞媚變詐之人，深欲戒之，故極言之也。功臣用則必榮，聖臣用則必尊。故齊之蘇秦，蘇秦初相趙，後仕燕，終死於齊，故曰齊之蘇秦。楚之州侯，楚襄王佞臣也。《戰國策》：莊辛諫襄王曰：「君王左州侯，右夏侯，輦從鄢陵君與壽陵君，載方府之金，與之馳騁乎雲夢之中。不知穰侯方受令乎秦王，填黽塞之內，而投己乎黽塞之外。」《韓子》曰：「州侯相荆貴，而荆王疑之，因問左右，對曰：無有。如出一口也。」秦之張儀，可謂態臣者也。皆變態佞媚之臣。「儀」或作「禄」。韓之張去疾，蓋張良之祖。《漢書》：「良，其先韓人，大父開地相韓昭侯、宣惠王、襄哀王。父平，相釐王、悼惠王。五世事韓。《戰國策》：韓有張翠，納賂於宣太后。○盧文弨曰：「韓昭侯」至「五世事」，俗本皆脱去。宋本、元刻竝有之，唯少「襄哀王」三字，今并考《良傳》補正。趙之奉陽，《後語》：蘇秦説趙肅侯，肅侯之弟奉陽君爲相，不説蘇秦。蘇秦乃去之。又《戰國策》：蘇秦説趙王曰：「天下之卿相人臣，乃至布衣之士，莫不高大王之行義，皆願奉教陳忠於前之日久矣。雖然，奉陽君妬，大王不得任事，是以外賓客游談之士，無敢盡忠於前。」盧藏用云：奉陽君名成。又案《後語》：奉陽君卒，蘇秦乃從燕而來説肅侯合從之事，而公子成，武靈王時猶不肯胡服，即公子成非奉陽君也。齊之孟嘗，可謂篡臣也。《史記》曰：「齊湣王既滅宋，❶益驕，欲盡滅孟嘗。孟嘗君恐，乃如魏。魏昭王以爲相，西合於秦、趙，與燕共伐破齊。後齊襄王立，孟嘗中立於諸侯，❷無所屬。襄王新立，畏孟嘗而與連和。」是篡臣也。○盧文弨曰：「欲盡滅孟嘗」，《史記》作「欲去孟嘗君」。齊之管仲，晉之咎犯，「咎」與「舅」同，晉文公之舅狐偃，犯，其字也。楚之孫叔敖，可謂功臣矣。殷之伊尹，周之太公，可謂聖臣矣。是人臣之論也，吉凶賢不肖之極也。國之吉凶，人君賢不肖，極於論臣也。必謹志之而慎自爲擇取焉，足以稽矣。志，記也。言必謹記此四臣之安危，而慎自擇取，則足以稽考用臣也。

從命而利君謂之順，從命而不利君謂之諂；逆命而利君謂之忠，逆命而不利君謂之篡；不卹君之榮辱，不卹國之臧否，偷合苟容以持禄養交而已耳，謂之國賊。養交，謂養其與君交接之人，不忤犯使怒也。或曰：養其外交，若蘇秦、張儀、孟嘗君所至爲相也。○王念孫曰：後説是。「持禄養交」，見後《議兵篇》「持養」下。君有過謀過事，將危國家、殞社稷之懼也，大臣父兄有能進言於君，用則可，不用則去，謂之諫。○盧文弨曰：「父兄」，宋本作「父子兄弟」，今從元刻。有能進言於君，用則可，不用則死，謂之争。有能比知同力，比，合也。「知」讀爲「智」。率群臣百吏而相與彊君撟君，彊，其亮切。「撟」與「矯」同，屈也。○盧文弨曰：「撟」，宋本作「橋」，卷内同。先謙案：《群書治要》作「矯」。君雖不安，不能不聽，遂以解國之大患，除國之大害，成於尊君安國，謂之輔。事見《平原君傳》。有能抗君之命，竊君之重，反君之事，以安國之危，除君之辱，功伐足以成

❶「湣」，原作「閔」，據《史記》改。
❷「於」，原作「爲」，據《史記》改。

國之大利，謂之拂。抗，拒也。戰功曰伐。《左傳》：「郄至驟稱其伐。」「拂」讀爲「弼」，弼所以輔正弓弩者也。或讀爲「咈」，違君之意也。謂若信陵君違魏王之命，竊其兵符，殺晉鄙，反軍不救趙之事，遂破秦而存趙。夫輔車相依，今趙存則魏安，故曰「安國之危，除君之辱」也。○盧文弨曰：注「或讀爲咈」，舊本「咈」作「佛」，訛。案《説文》：「咈，違也。」今改正。故諫、争、輔、拂之人，社稷之臣也，國君之寶也，明君所尊厚也，○先謙案：《群書治要》作「明君之所尊所厚也」，宋台州本同《治要》。而闇主惑君以爲己賊也。○盧文弨曰：「主」「惑」二字疑衍。故明君之所賞，闇君之所罰也；闇君之所賞，明君之所殺也。伊尹、箕子可謂諫矣，伊尹諫太甲，箕子諫紂。比干、子胥可謂争矣，平原君之於趙可謂輔矣，信陵君之於魏可謂拂矣。○盧文弨曰：「於趙」、「於魏」下，俗本竝有「也」字。宋本、元刻皆無。傳曰：從道不從君。此之謂也。故正義之臣設則朝廷不頗，設，謂置於列位。頗，邪也。○先謙案：設猶用也，説見《君道篇》。諫争輔拂之人信則君過不遠，信，謂見信於君。或曰：「信」讀爲「伸」，謂道行也。○先謙案：以上下文例之，或説較長。爪牙之士施則仇讎不作，爪牙之士，勇力之臣也。施，謂展其材也。○俞樾曰：《莊子・秋水篇》「是謂謝施」，《釋文》引司馬注曰：「施，用也。」《淮南子・原道篇》「施之無窮」，高誘注亦曰：「施，用也。」爪牙之士施，猶曰爪牙之士用。楊訓「施」爲「展」，而以「展其材」足成之，迂矣。邊境之臣處則疆垂不喪。「垂」與「陲」同。○先謙案：《群書治要》作「界垂」。故明主好同而闇主好獨，獨，謂自任其智。明主尚賢使能而饗其盛，盛，謂大業，言饗其臣之功業也。○先謙案：盛，成也。説具《榮辱篇》。楊注非。闇主妬賢畏能而滅其功。滅，掩没也。罰其忠，賞其賊，夫是之謂至闇，桀、紂所以滅也。

事聖君者，有聽從無諫争；聖君無失。事中君者，有諫争無謟諛；中君可上可下，若齊桓公者也，謟諛則遂成闇君也。事暴君者，有補削無撟拂。補，謂彌縫其闕。削，謂除去其惡。言不敢顯諫，闇匡救之也。撟，謂屈其性也。拂，違也。撟拂則身見害，使君有殺賢之名，故不爲也。拂音佛。○盧文弨曰：「拂」讀爲「弼」，前注是也。此音佛，誤。 王引之曰：楊分「補」與「削」爲二義，非也。「聽從」、「諫争」、「諂諛」、「補削」、「撟拂」，皆兩字同義。補削，謂彌縫其闕也。削者，縫也。《韓子·難篇》曰：「管仲善制割，賓胥無善削縫，隰朋善純緣，衣成，君舉而服之。」「制割」、「削縫」、「純緣」，亦兩字同義。舊注以「削」爲「翦削」，誤與楊注同。《吕氏春秋·行論篇》曰：「莊王方削袂。」《燕策》曰：「身自削甲札，妻自組甲絣。」蓋古者謂「縫」爲「削」，而後世小學書皆無此訓，失其傳久矣。 迫脅於亂時，窮居於暴國，而無所避之，則崇其美，揚其善，違其惡，○王念孫曰：「違」讀爲「諱」。「諱其惡」與「隱其敗」同意。《曲禮》注曰：「諱，辟也。」「辟」與「避」同。《緇衣》注曰：「違，辟也。」「諱」、「違」皆從「韋」聲，而皆訓爲避，故字亦相通。《墨子·非命篇》「福不可請而禍不可諱」，「諱」與「違」同。 隱其敗，言其所長，不稱其所短，以爲成俗。謂危行言遜以避害也。以爲成俗，言如此而不變，若舊俗然也。《詩》曰：「國有大命，不可以告人，妨其躬身。」○郝懿行曰：有命不以告人，明哲所以保身。上云「以爲成俗」，言彼習非勝是，不可變移，默足以容，庶不有害於躬也。「躬」「身」一耳，爲足句，兼取韻。 此之謂也。逸詩。

恭敬而遜，聽從而敏，不敢有以私決擇也，敏，謂承命而速行，不敢更私自決斷選擇也。○盧文弨曰：「不敢有」下，元刻無「以」字，下句同。 不敢有以私取與也，以順上爲志，是事聖君之義也。但稟命而已。 忠信而不諛，諫争而不諂，撟然剛折，端志而無傾側之心，撟，彊貌。《禮記》曰：「和而不流，彊哉撟。」剛折，剛直面折也。端志，不邪曲也。是案曰是，非案曰非，是事中君之義也。 調而不流，柔而不屈，寬容而不亂，雖調和而不至流湎，雖柔從而不屈曲，雖寬容而不與爲亂也。 曉然以至道而無不調和也，曉然，明喻之貌。至道，無爲不争之道。以至道則暴君不能加怒，無不調和，言皆不違拂也。○俞樾曰：「然」字衍文。當作「曉以至道而無不調和也」，言事暴君者，當以至道曉之也。楊注不詞。**而能化易，時關内之，是事暴君之義也。**「關」當爲「開」，傳寫誤耳。「内」與「納」同。言既以沖和事之，則能化易其暴戾之性，時以善道開納之也。或曰：以道關通於君之心中也。○郝懿行曰：關，閉也。内，入也。化易者，謂開導其善心。關内者，謂掩閉其邪志。王念孫曰：或説近之。凡通言於上曰關。《周官・條狼氏》：「誓大夫曰：敢不關，鞭五百。」先鄭司農曰：「不關，謂不關於君也。」《史記・梁孝王世家》曰：「大臣及袁盎等有所關説於景帝。」《佞幸傳》曰：「公卿皆因關説。」《索隱》曰：「關，通也。謂公卿因之而通其詞説。」《漢書》注曰：「關説者，言由之而納説。」是「關」與「納」義近。《書大傳》：「雖禽獸之聲，猶悉關於律。」鄭注曰：「關猶入也。」入亦納也，下文曰：「因其喜也而入其道。」故曰「時關内之」，不當改「關」爲「開」。**若馭樸馬，**樸馬，未調習之馬，不可遽牽制，必縱緩之。事暴君之難，故重明之也。**若養赤子，**赤子，嬰兒也。未有所知，必在順適其性，不驚懼也。**若食餧人，**使飢渴於至道，如餧人之欲食。或曰：餧人併與之食，則必死。今以善道節量與之，不使狂惑也。《莊子》曰：「人惑則死。」○郝懿行曰：樸馬未調也，赤子難曉也，餧人毋速飽也。三者正明化易關内之事，蓋必順從其意，與之推移，因而逆遏其邪，施之楗閉，庶令回心易嚮，日遷善而不自知也。下四句仍申明此恉，其妙全在於因憂懼喜怒，其因之之事也；改過辨故，入道除怨，其因之之權也。**故因其懼也而改其過，**懼則思德，故因使其改過。**因其憂也而辨其故，**辨其致憂之端，則遷善也。○王念孫曰：楊説「辨」字「故」字之義皆誤。「辨」讀爲「變」。變其故，謂去故而就新也。憂懼者改過遷善之機，故曰「因其懼也而改其過，因其憂也而變其故」，變亦改也。「辨」或作「辯」。《廣雅》曰：「辯，變也。」《坤・文言》：「由辯之不早辯也。」「辯」，荀本作「變」。《莊子・逍遥遊篇》：「乘天地之正，而御陰陽之辯。」「辯」與「變」同。**因其喜也而入其道，**欣喜之時，多所聽納，故因以道入之。**因其怒也而除其怨，**怨惡之人，因君怒除去之也。**曲得所謂焉。**雖憂懼喜怒之殊，委曲皆得所謂。所謂，即化易君性也。**《書》曰：「從命而不拂，微諫而不**

倦。爲上則明，爲下則遜。」此之謂也。《書·伊訓》也。○盧文弨曰：案，此逸《書》也。　郝懿行曰：此逸《書》，楊以爲《伊訓》異文，非是。

事人而不順者，不疾者也；不順上意也。疾，速也。不疾，言怠慢也。疾而不順者，不敬者也；敬而不順者，不忠者也；忠而不順者，無功者也；有功而不順者，無德者也。故無德之爲道也，傷疾墮功滅苦，故君子不爲也。「傷疾墮功滅苦」未詳，或恐錯誤耳。「爲」或爲「違」。○盧文弨曰：「故無德」元刻作「故德」。　郝懿行曰：疾者，速也。苦者，勞也。言事人之道，苟無德以將之，則雖有敏疾之美，自傷敗之。雖有功業，自墮壞之。雖有勤苦，自滅没之。所以然者，才不勝德，功不補過，有而不能自保其有也。古來功勤忠敏之士，或搆凶釁，不能善處功名之際者，無德故耳。傷疾墮功，義具上文。敬忠皆得謂之勞苦，故以「滅苦」包之。楊氏未加省照，疑其錯誤，非也。　王念孫曰：「苦」當爲「善」，字之誤也。隸書「苦」字作「苦」，與「善」相似。「疾」與「功」已見上文。「善」即上文之「忠」「敬」也。傷疾墮功滅善，皆承上文言之。　先謙案：郝、王二説竝通。

有大忠者，有次忠者，有下忠者，有國賊者。以德復君而化之，大忠也；復，報也。以德行之事報白於君，使自化於善。《周禮》：宰夫掌諸臣之復，萬民之逆也。○俞樾曰：《韓詩外傳》「復」作「覆」，當從之。以德覆君，謂其德甚大，君德在其覆冒之中，故足以化之。下文曰：「若周公之於成王也，可謂大忠矣。」是大忠之名，非周公不足當也。楊氏不知「復」與「覆」通，而訓「復」爲「報」，謂以德行之事報白於君。然則如次忠之以德調君而補之者，豈不以德行報白乎？且但報白而已，又何足以化之乎？　先謙案：《群書治要》正作「覆」。　以德調君而補之，次忠也；謂匡救其惡也。○郝懿行曰：「補之」，《韓詩外傳》作「輔之」，亦於義爲長。楊注非。以是諫非而怒之，下忠也；使君有害賢之名，故爲下忠也。不衈君之榮辱，不衈國之臧否，偷合苟容，以之持禄養交而已耳，國賊也。若周公之於成王也，可謂大忠矣。若管仲之於桓公，可謂次忠矣。若子胥之於夫差，可謂下忠矣。若曹觸龍之於紂者，可謂國賊矣。《説苑》曰：「桀貴爲天子，富有天下，其左師觸龍者諂諛不正。」此云「紂」，未知孰是。○先謙案：《議兵篇》：「微子開封於宋，曹觸龍斷於軍。」皆殷紂時事，則《説苑》誤也。

仁者必敬人。凡人非賢則案不肖也。人賢而不敬，則是禽獸也；禽獸不知敬賢。○盧文弨曰：正文「不敬」，舊作「不能」，誤，今改正。或疑是「不能」下脱「敬」字。人不肖而不敬，則是狎虎也。狎，輕侮也。言必見害。禽獸則亂，狎虎則危，災及其身矣。《詩》曰：「不敢暴虎，不敢馮河。人知其一，莫知其它。戰戰兢兢，如臨深淵，如履薄冰。」此之謂也。《詩》，《小雅·小旻》之篇。暴虎，徒搏。馮河，徒涉。人知其一，莫知其它，言人皆知暴虎馮河，立至於害，而不知小人爲害有甚於此也。○王引之曰：《荀子》引《詩》至「莫知其它」而止。「戰戰兢兢」三句，則後人取《詩》詞增入也。此承上文「人不肖而不敬，則是狎虎」而言，言人但知暴虎馮河之害，而不知不敬小人之害與此同，故曰：「不敢暴虎，不敢馮河，人知其一，莫知其它，此之謂也。」「此之謂也」四字，正承「人知其一，莫知其它」而言。若加入「戰戰兢兢」三句，則與「此之謂也」義不相屬矣。據楊注，但釋「不敢暴虎」四句，而不釋「戰戰兢兢」三句，則所見本無此三句甚明，一證也。又《小閔》傳曰：「它，不敬小人之危殆也。」箋曰：「人皆知暴虎馮河立至之害，而無知當畏慎小人能危亡也。」傳、箋皆本於《荀子》，二證也。《吕氏春秋·安死篇》：「《詩》曰：『不敢暴虎，不敢馮河。人知其一，莫知其它。』此言不知鄰類也。」所引《詩》詞至「莫知其它」而止。高注曰：「人皆知小人之爲非，不知不敬小人之危殆，故曰不知鄰類也。」《淮南·本經篇》：「《詩》云：『不敢暴虎，不敢馮河。人知其一，莫知其它。』此之謂也。」文與《荀子》正同。高注曰：「人皆知暴虎馮河立至害也，故曰知其一，而不知當畏慎小人危亡也，故曰莫知其它。此不免於惑，故曰此之謂也。」《吕覽》、《淮南》高注皆本於《荀子》，三證也。

故仁者必敬人。敬人有道，賢者則貴而敬之，不肖者則畏而敬之；賢者則親而敬之，不肖者則疏而敬之。其敬一也，其情二也。若夫忠信端愨而不害傷，則無接而不然，是仁人之質也。其敬雖異，至於忠信端愨不傷害，則凡所接物皆然。言嘉善而矜不能，不以人之不肖逆詐待之，而欲傷害之也。質，體也。忠信以爲質，端愨以爲統，統，綱紀也。言以端愨自處而待物者也。○先謙案：注「以」，各本作「已」，據宋台州本改正。禮義以爲文，用爲文飾。倫類以爲理；倫，人倫。類，物之種類。言推近以知遠，以此爲條理也。喘而言，臑而動，而一可以爲法則。「臑」，與《勸學篇》「蝡」同。喘，微言也。臑，微動也。一，皆也。言一動一息之閒，皆可以爲法則也。臑，人允反。○先謙案：「蝡」，《集韻》或作「蠕」。《史記·匈奴傳》《索隱》引《三蒼》云：「蠕蠕，動貌，音軟。」今正文及注作「臑」，是「蠕」之誤字。《說文》：「臑，臂羊矢。」據注引《勸學篇》及音義知楊所見本尚作「蠕」，不作「臑」也。《詩》曰：「不僭不賊，鮮不爲則。」此之謂也。《詩》，《大雅·抑》之篇。言不僭差賊害，則少不爲人法則矣。

恭敬，禮也；調和，樂也；調和，不争競也。謹慎，利也；鬬怒，害也。故君子安禮樂利，謹慎而無鬬怒，○王念孫曰：「樂利」，當爲「樂樂」。「樂樂」與「安禮」對文，「安禮樂樂」，承上「禮」「樂」而言。「謹慎而無鬬怒」，承上「謹慎」「鬬怒」而言。今本作「樂利」者，涉上「利也」而誤。俞樾曰：「樂利」當爲「和樂」。「和樂」與「安禮」相對成文。「安禮和樂」，承上「禮」「樂」而言。「謹慎而無鬬怒」，承上「謹慎」「鬬怒」而言。因「和」字譌作「利」，又涉上文「謹慎利也」，疑「利」字屬謹慎言，遂移置「樂」字之下，使「安禮樂」「利謹慎」兩句相對，而文義俱違矣。先謙案：二説竝通。是以百舉不過也。小人反是。

通忠之順，忠有所雍塞，故通之，然而終歸於順也。權險之平，權危險之事，使至於平也。或曰：權，變也。既不可扶持，則變其危險，使治平也。禍亂之從聲，君雖禍亂，應聲而從之也。三者非明主莫之能知也。闇君不知，所以殺害忠賢而身死國亡也。争然後善，戾然後功，出死無私，致忠而公，夫是之謂通忠之順，信陵君似之矣。諫争君然後能善，違戾君然後立功，出身死戰，不爲私事，而歸於至忠至公。信陵君諫魏王，請救趙，不從，遂矯君命破秦，而魏國以安，故似之。奪然後義，殺然後仁，上下易位然後貞，奪者，不義之名。殺者，不仁之稱。上下易位則非貞也，而湯、武惡桀、紂之亂天下而奪之，是義也。不忍蒼生之涂炭而殺之，是仁也。雖上下易位，而使賢愚當分，歸於正道，是貞也。功參天地，澤被生民，夫是之謂權險之平，湯、武是也。過而通情，○先謙案：君本過也，而曲通其情，以爲順善。和而無經，經，常也。但和順上意，而無常守。不卹是非，不論曲直，偷合苟容，迷亂狂生，迷亂其君，使生狂也。○先謙案：「狂」是「㞷」之借字，説見《君道篇》。夫是之謂禍亂之從聲，飛廉、惡來是也。傳曰：「斬而齊，枉而順，不同而壹。」此言反經合道，如信陵、湯、武者也。所以斬之，取其齊也。所以枉曲之，取其順也。所以不同，取其一也。初雖似乖戾，然終歸於理者也。《詩》曰：「受小球大球，爲下國綴旒。」此之謂也。《詩》，《商頌·長發》之篇。球，玉也。鄭玄云：「綴，猶結也。旒，旌旗之垂者。言湯既爲天所命，則受小玉，謂尺二寸圭也。受大玉，謂珽也，長三尺。執圭搢珽，以與諸侯會同，結定其心，如旌旗之旒縿著焉。」引此以明湯、武取天下，權險之平，爲救下國者也。

致士篇第十四 明致賢士之義。

衡聽、顯幽、重明、退姦、進良之術：衡，平也，謂不偏聽也。顯幽，謂使幽人明顯，不雍蔽也。重明，謂既明，又使明也。《書》曰：「德明惟明。」能顯幽則重明矣，能退姦則良進矣。○俞樾曰：按楊注：「衡，平也。」下文「衡至」，注曰：「衡讀爲横。」前後兩字異訓，失之。「衡聽」之「衡」，亦當讀爲「横」。蓋彼以衡至，故亦以衡聽也。古「横」「衡」同字，《詩·衡門篇》釋文曰：「衡，古文横字。」是其證也。《漢書·王莽傳》：「昔帝堯横被四表。」《魏志·文帝紀》引《獻帝傳》曰：「廣被四表。」是「横」「廣」音近義通。流言之屬，一時而竝至，故曰「横至」，猶曰「大至」矣。　先謙案：重明，猶《書·堯典》之「明明」，此言用人之術。朋黨比周之譽，君子不聽；殘賊加累之譖，君子不用；殘賊，謂賊害人。加累，以罪惡加累誣人也。隱忌雍蔽之人，君子不近；隱亦蔽也。忌，謂妬賢。「雍」讀曰「擁」。○王念孫曰：楊誤分「隱忌」爲二義，且下文言「雍蔽」，則「隱忌」非「雍蔽」也。隱忌即意忌，謂妬賢也。《史記·平津侯傳》云：「弘爲人意忌，外寬内深。」《酷吏傳》云：「張湯文深意忌。」唯其意忌是以雍蔽。《秦誓》曰：「人之有技，冒疾以惡之。」所謂意忌也。又曰：「人之彥聖而違之，俾不達。」所謂雍蔽也。「意」「隱」聲相近，「意忌」之爲「隱忌」，若《左氏春秋經》之季孫意如，《公羊》作隱如矣。《史記·孝文紀》「故楚相蘇意」，《漢紀》作「蘇隱」，凡之部之字，或與諄部相轉，上去聲亦然。《樂記》「天地訢合」，鄭注：「訢讀爲熹。」《射義》「耄期稱道不亂者」，《大雅·行葦》傳作「耄勤」。《左傳》「曹公子欣時」，《公羊》作「喜時」。《荀子·性惡篇》「驊騮騹驥」，即「騏驥」，皆其例也。貨財禽犢之請，君子不許。行賂請謁者也。凡流言、流説、流事、流謀、流譽、流愬，不官而衡至者，君子慎之。流者，無根源之謂。愬，譖也。不官，謂無主首也。「衡」讀爲「横」。横至，横逆而至也。聞聽而明譽之，君子聞聽流言流説，則明白稱譽，謂顯露其事，不爲隱蔽。如此，則姦人不敢獻其謀也。定其當而當，然後士其刑賞而還與之。「士」當爲「事」，行也。言定其當否，既當之後，乃行其刑賞，反與之也。謂其言當於善，則事之以賞；當於惡，則事之以刑。當，丁浪反。○郝懿行曰：士者，事也。古「士」、「仕」、「事」俱通用。此「士」謂事其事也。王引之曰：「士」字義不可通。「士」當爲「出」，字之誤也。隸書「出」字或省作「士」，故諸書中「出」字或誤作「士」。説見《大略篇》「教出」下。高注《淮南·説林篇》曰：「當，丁浪反。猶實也。」言定其善惡之實而當，然後出其刑賞而還與之也。楊讀「士」爲「事」，又訓「事」爲「行」，展轉以求其通，鑿矣。先謙案：王説是。如是則姦言、姦説、姦事、姦謀、姦譽、姦愬莫之試也，忠言、忠説、忠事、忠謀、忠譽、忠愬莫不明通，方起以尚盡矣。明通，謂明白通達其意。方起，竝起。「尚」與「上」同。上盡，謂盡忠於上也。○俞樾曰：盡忠於上而曰上盡，甚爲不詞。「盡」當讀爲「進」。《列子·天瑞篇》：「終進乎不知也。」張湛注曰：「『進』當爲『盡』。」是其證也。《漢書·高帝紀》「主進」，顔師古注曰：「『進』字本作『賮』，又作『贐』，音皆同耳，古字叚借，故轉而爲進。」然則以「盡」爲「進」，猶以「進」爲「贐」矣。《爾雅·釋詁》：「蓋，進也。」蓋從「盡」聲，則「盡」亦進也。尚盡，猶言上進。忠言、忠説、忠事、忠謀、忠譽、忠愬，皆願進於上，故曰莫不明通，方起以上進矣。楊氏知「尚」之爲「上」，而不知「盡」之爲「進」，於古人叚借之義，未盡得也。夫是之謂衡聽、顯幽、重明、退姦、進良之術。○盧文弨曰：下似當别爲一條。　先謙案：盧説是，今從之。

川淵深而魚鼈歸之，山林茂而禽獸歸之，刑政平而百姓歸之，禮義備而君子歸之。故禮及身而行修，義及國而政明，能以禮挾而貴名白，天下願，令行禁止，王者之事畢矣。「挾」讀爲「浹」。能以禮浹洽者，則貴名明白，天下皆願從之也。○盧文弨曰：「貴名白」，《王制篇》作「名聲日聞」，此恐有訛。　王念孫曰：《儒效篇》曰「貴名白而天下治」，《君道篇》曰「文王欲立貴道，欲白貴名」，則「貴名白」三字不訛。《韓詩外傳》作「貴名自揚」，義亦同也。《王制篇》作「名聲日聞」，乃後人所改，辯見《王制》。　顧千里曰：「禮」下疑當有「義」字，承上「禮義備而君子歸之，故禮及身而行修，義及國而政明」言之，楊注已無「義」字，非也。《韓詩外傳》五有此句，作「能以禮扶身」。疑「扶身」二字亦「義挾」二字之誤。《詩》曰：「惠此中國，以綏四方。」此之謂也。《詩》，《大雅·民勞》之篇。中國，京師也。四方，諸夏也。引此以明自近及遠也。川淵者，龍魚之居也；山林者，鳥獸之居也；國家者，士民之居也。川淵枯則龍魚去之，山林險則鳥獸去之，○郝懿行曰：「險」當爲「儉」。「儉」與「險」古通用。儉，如山之童，林木之濯濯，皆是。　王念孫曰：「險」乃「儉」借字，《否》象傳：「君子以儉德辟難。」虞注：「儉或作險。」《大戴記·文王官人篇》「多稽而儉貌」，《逸周書》「儉」作「險」。襄二十九年《左傳》「險而易行」，杜注：「險當爲儉。」山林儉，則鳥獸無所依而去之，猶川淵枯而龍魚去之也。此與上文「山林茂」正相反。國家失政則士民去之。無土則人不安居，無人則土不守，無道法則人不至，無君子則道不舉。故土之與人也，道之與法也者，國家之本作也。本作，猶本務也。○王念孫曰：楊未解「作」字之義。「國家之本作」，

「道法之總要」，相對爲文。作者，始也。始亦本也，總亦要也。上文云：「無土則人不安居，無人則土不守，無道法則人不至。」故此四者爲國家之本始也。《魯頌・駉篇》傳曰：「作，始也。」《廣雅》同。《皋陶謨》「烝民乃粒，萬邦作乂」，「作」與「乃」相對爲文，言烝民乃粒，萬邦始乂也。《禹貢》「萊夷作牧」，言萊夷水退，始放牧也。「沱潛既道，雲夢土作乂」，「作」與「既」相對爲文，言沱潛之水既道，雲夢之土始乂也。竝見《經義述聞》。君子也者，道法之摠要也，不可少頃曠也。得之則治，失之則亂；得之則安，失之則危；得之則存，失之則亡。故有良法而亂者有之矣，有君子而亂者，自古及今未嘗聞也。傳曰：「治生乎君子，亂生乎小人。」此之謂也。○盧文弨曰：前《王制篇》亦有此數語，或是脱簡於彼。

得衆動天，得衆則可以動天，言人之所欲，天必從之。美意延年，美意，樂意也。無憂患，則延年也。誠信如神，誠信則如神明，言物不能欺也。夸誕逐魂。逐魂，逐去其精魂，猶喪精也。矜夸妄誕，作僞心勞，故喪其精魂。此四者皆言善惡之應也。○郝懿行曰：按四句一韻，文如箴銘，而與上下頗不相蒙，疑或它篇之誤脱。魂者，神也。夸奢誕謾，所謂逐物意移，心動神疲者也。先謙案：郝説是，今别爲一條。

人主之患，不在乎不言用賢，而在乎誠必用賢。○盧文弨曰：此句有誤，當作「而在乎不誠用賢」。王念孫曰：案，當作「而在乎不誠必用賢」。言用賢之不誠不必也。《管子・九守篇》曰：「用賞者貴誠，用刑者貴必。」《吕氏春秋・論威篇》曰：「又况乎萬乘之國，而有所誠必乎。」《賈子・道術篇》曰：「伏義誠必謂之節。」《淮南・兵略篇》曰：「將不誠必，則卒不勇敢。」枚乘《七發》曰：「誠必不悔，决絶以諾。」皆以「誠必」連文，則「必」字不可删。先謙案：《群書治要》作「不在乎不言而在乎不誠」。《治要》引書多節删而不增字，其引此文，「誠」上有「不」字，此脱「不」字之明證。夫言用賢者，口也；卻賢者，行也。無善行，則賢不至也。口行相反而欲賢者之至、不肖者之退也，不亦難乎！夫耀蟬者，務在明其火、振其樹而已，○郝懿行曰：耀，俗「燿」字。燿者，照也。燿蟬者，火必明，而後蟬投焉。蟬以陽明爲趨也。照蟹者，火必闇，而後蟹赴焉，蟹以陰闇爲居也。二者，君子小人之分途也，故明主求賢如燿蟬，闇主蒐慝如照蟹。火不明，雖振其樹，無益也。南方人照蟬，取而食之。《禮記》有「蜩范」是也。今人主有能明其德，則天下歸之若蟬之歸明火也。

臨事接民而以義，變應寬裕而多容，恭敬以先之，政之始也；多容，廣納也。然後中和察斷以輔之，政之隆也；政之崇高，在輔以中和察斷。斷，丁亂反。○王念孫曰：政之隆，謂政之中也。《孝經》曰：「夫孝始於事親，中於事君，終於立身。」彼以「中」對「始」、「終」，此以「隆」對「始」、「終」，是「隆」即「中」也。楊以「隆」爲「崇高」，失之。又《正論篇》：「凡議必將立隆正然後可也。無隆正則是非不分，而辯訟不決。」隆正謂中正也。《王霸篇》曰：「君臣上下貴賤長幼，至于庶人，莫不以是爲隆正。」下文「天下之大隆」，亦謂大中也。楊以「隆」爲「崇高」，亦失之。然後進退誅賞之，政之終也。故一年與之始，三年與之終。夫不教而殺謂之虐，故爲政之始，寬裕多容；三年政成，然後進退誅賞也。用其終爲始，則政令不行而上下怨疾，亂所以自作也。先賞罰後德化則亂。《書》曰：「義刑義殺，勿庸以即，女惟曰：未有順事。」言先教也。《書》，《康誥》。言雖義刑義殺亦勿用，即行之，當先教後刑也。雖先後不失，尚謙曰：「我未有順事，故使民犯法。」躬自厚而薄責於人也。

程者，物之準也；程者，度量之摠名也。禮者，節之準也。節，謂君臣之差等也。程以立數，禮以定倫，言有程則可以立一二之數，有禮則可以定君臣父子之倫也。德以敘位，能以授官。度其德以序上下之位，考其能以授所任之官，若夔典樂、伯夷典禮之比也。凡節奏欲陵，而生民欲寬。節奏，謂禮節奏。陵，峻也。侵陵亦嚴峻之義。生民，謂以德教生養民也。言人君自守禮之節奏，則欲嚴峻不弛慢，養民則欲寬容不迫切之也。○王念孫曰：楊說「陵」字之義，及下「節奏陵而文」注，皆非是。「節奏欲陵而生民欲寬」者，「陵」謂嚴密也，故與「寬」相反。《富國篇》曰：「其於貨財取與計數也，寬饒簡易；其於禮義節奏也，陵謹盡察。」「陵謹」與「寬饒」亦相反。「節奏陵謹」，即此所云「節奏欲陵」也。楊訓「陵」爲「侵陵」，誤與此注同。

節奏陵而文，生民寬而安。節奏雖峻，亦有文飾，不至於刻急。○郝懿行曰：陵者，丘陵，喻高峻也。節奏以禮言，欲其高峻防踰越也。生民以田畜言，欲其寬饒不陝隘也。節奏陵而文，敦禮讓也。生民寬而安，樂太平也。　王念孫曰：「而」猶「則」也，《孟子·公孫丑篇》「可以仕則仕，可以止則止，可以久則久，可以速則速」，《萬章篇》作「可以速而速，可以久而久，可以處而處，可以仕而仕」。言節奏陵則文，生民寬則安也。節奏密則成文章，《樂記》曰「節奏合以成文」是也。「陵」字或作「淩」，《管子·中匡篇》曰：「有司寬而不淩。」上文下安，功名之極也，不可以加矣。

君者，國之隆也；父者，家之隆也。隆，猶尊也。隆一而治，二而亂，自古及今，未有二隆争重而能長久者。

師術有四，而博習不與焉。術，法也。言有四德，則可以爲人師。師法不在博習也。與音豫。尊嚴而憚，可以爲師；耆艾而信，可以爲師；五十曰艾，六十曰耆。誦説而不陵不犯，可以爲師；誦，謂誦經。説，謂解説。謂守其誦説，不自陵突觸犯，言行其所學。○先謙案：不陵不犯，謂謹守師説者。下「知微而論」，如喪欲速貧，死欲速朽，有若以爲非夫子之言是也。知微而論，可以爲師。知精微之理，而能講論。論，盧困反。○郝懿行曰：「論」與「倫」古字通，言知極精微而皆中倫理也。注非。故師術有四，而博習不與焉。

水深而回，回，流旋也。水深不湍峻，則多旋流也。樹落則糞本，謂木葉落，糞其根也。○謝本從盧校作「水深則回，樹落糞本」。　盧文弨曰：宋本作「水深而回，樹落則糞本」，今從元刻。　郝懿行曰：回，旋流也。糞，壅根也。二句喻弟子於師不忘水源木本之意。　俞樾曰：「樹落」下當有「則」字。此以上二句喻下一句，若無「則」字，句法不一律矣。盧從元刻，其實宋本是也。古書每以「而」「則」互用。《孟子·告子篇》：「人有雞犬放則知求之，有放心而不知求。」《墨子·明鬼篇》：「非父則母，非兄而姒。」《史記·欒布傳》：「與楚則漢破，與漢而楚破。」皆其證也。宋本上句用「而」字，下二句用「則」字，必

《荀子》之原文。先謙案：俞説是，今從宋本。弟子通利則思師。思其厚於己也。《詩》曰：「無言不讎，無德不報。」此之謂也。此言爲善則物必報之也。

賞不欲僭，刑不欲濫。賞僭則利及小人，刑濫則害及君子。若不幸而過，寧僭無濫；與其害善，不若利淫。○盧文弨曰：此數語全本《左傳》。考荀卿以《左氏春秋》授張蒼，蒼授賈誼。荀子固傳《左氏》者之祖師也。

荀子卷第九

荀子卷第十

唐登仕郎守大理評事楊倞注

臣王先謙集解

議兵篇第十五

臨武君與孫卿子議兵於趙孝成王前。臨武君，蓋楚將，未知姓名。《戰國策》曰：「天下合從，趙使魏加見楚春申君曰：『君有將乎？』春申君曰：『有矣，僕欲將臨武君。』魏加曰：『臣少之時好射，臣願以射譬，可乎？』春申君曰：『可。』魏加曰：『異日者更嬴與魏王處京臺之下。更嬴曰：「臣能爲王引弓虛發而下鳥。」有閒，鳴雁從東方來，更嬴以虛發而下之。王曰：「射之精，乃至於此乎！」更嬴曰：「此孽也。」王曰：「先生何以知之？」對曰：「其飛徐者，其故創痛也；其鳴悲者，久失群也。故創未息而驚心未去，聞弦音烈而高飛，故隕也。」今臨武君嘗爲秦孽，不可以爲距秦之將。』」趙孝成王，晉大夫趙夙之後，簡子十世孫。或曰：劉向敘云：「孫卿至趙，與孫臏議兵趙孝成王前，臨武君即孫臏也。」今案，《史記・年表》齊宣王二年，孫臏爲軍師，則敗魏於馬陵。至趙孝成王元年，已七十餘年。年代相遠，疑臨武君非此孫臏也。○盧文弨曰：案，楊氏改書名作《荀卿子》，而此篇正文仍作「孫卿子」，依漢以來相傳之舊也，本篇内「微子開封於宋」注甚明。注「更嬴」，《楚策》作「更羸」。又「其故創痛也」，《策》無「其」字，此注脱「故」字，今增。又「故創未息」作「故創痛未息」，今從《策》删「痛」字。　王曰：「請問兵要。」

臨武君對曰：「上得天時，若順太歲反孤虛之類也。○先謙案：「反」，各本譌「及」，據宋台州本改正。下得地利，若右背山陵，前左水澤之比也。觀敵之變動，後之發，先之至，此用兵之要術也。」

孫卿子曰：「不然。臣所聞古之道，凡用兵攻戰之本在乎壹民。弓矢不調則羿不能以中微，六馬不和則造父不能以致遠，士民不親附則湯、武不能以必勝也。故善附民者，是乃善用兵者也。故兵要在乎善附民而已。」○王念孫曰：元刻無「善」字。宋龔本同。案，無「善」字者是也。下文臨武君曰「豈必待附民哉」，正對此句而言，則無「善」字明矣。宋本有「善」字者，涉上文「善附民者」而衍。《群書治要》亦無「善」字。

臨武君曰：「不然。兵之所貴者埶利也，乘埶争利。所行者變詐也。奇計。○盧文弨曰：「所行」，《新序》三作「所上」。善用兵者，感忽悠闇，莫知其所從出，「感忽悠闇」，皆謂倏忽之閒也。感忽，恍忽也。悠闇，遠視不分辨之貌，莫知所從出，謂若九天之上，九地之下，使敵人不測。魯連子曰：「弃感忽之恥，立累世之功也。」○盧文弨曰：案，《齊策》載魯連與燕將書云：「除感忿之恥，而立累世之功。」彼上文云「去忿恚之心而成終身之名」，則下句不當又云「感忿」，此引作「感忽」是也。《新序》又作「奄忽」，義亦同。注「立」字舊脱，今補。郝懿行曰：案，「感」讀如「揻」。「揻」「撼」古今字也。感忽，摇疾之意。悠闇，神秘之意。兵貴神速，如處女脱兔之喻也。孫、吴用之，無敵於天下，豈必待附民哉！」孫，謂吴王闔閭將孫武。吴，謂魏武侯將吴起也。

孫卿子曰：「不然。臣之所道，仁人之兵，王者之志也。帝王之志意如此也。君之所貴，權謀埶利也；所行，攻奪變詐也，諸侯之事也。仁人之兵，不可詐也；彼可詐者，怠慢者也，路亶者也，路，暴露也。「亶」讀爲「袒」。露袒，謂上下不相覆蓋。《新序》作「落單」。○郝懿行曰：「路亶」，《新序》作「落單」，蓋離落單薄之意。楊注非。王念孫曰：路單，猶羸憊也。上不恤民，則民皆羸憊，故下句云「君臣上下之閒，滑然有離德也」。《孟子·滕文公篇》「是率天下而路也」，趙注云：「是率導天下之人以羸路也。」今本「羸路」作「羸困之路」，乃後人所改。辯見《管子·五輔篇》。《管子·五輔篇》云：「匡貧窶，振罷露，資乏絶。」《韓子·亡徵篇》云：「好罷露百姓。」《吕氏春秋·不屈篇》云：「士民罷潞。」「路」、「露」、「潞」竝通，是「路」爲羸憊也。《爾雅》云：「𤺺，病也。」《大雅·板篇》：「下民卒癉。」毛傳云：「癉，病也。」病亦謂羸憊也。《緇衣》引詩「下民卒𤺺」，《釋文》：「𤺺」作「亶」。「癉」、「𤺺」、「亶」並通。《秦策》：

「士民潞病於內。」高注云：「潞，羸也。」「潞病」與「路亶」亦同義。《新序・雜事篇》作「落單」。《晏子・外篇》云：「路世之政，單事之教。」或言「路亶」，或言「路單」，或言「落單」，其義一而已矣。楊説皆失之。君臣上下之閒滑然有離德者也。滑，亂也，音骨，言彼可欺詐者，皆如此之國。○王引之曰：「滑」當爲「渙」。《説卦》曰：「渙者，離也。」《雜卦》曰：「渙，離也。」下文「事大敵堅，則渙然離耳」，是「渙」爲離貌，故曰「渙然有離德」。俗書「渙」字作「渙」，「滑」字作「滑」，二形略相似，故「渙」譌爲「滑」。《新序・雜事篇》正作「渙然有離德」，《韓詩外傳》作「突然有離德」，「突」乃「奐」之譌。「渙」「奐」古字通。《文選・琴賦注》引《蒼頡篇》云：「奐，散也。」故以桀詐桀，猶巧拙有幸焉；以桀詐堯，譬之若以卵投石，以指撓沸；撓，攪也。以指撓沸，言必爛也。《新序》作「以指繞沸」。若赴水火，入焉焦没耳。○王念孫曰：案，「焉」猶「則」也。説見《釋詞》。故仁人上下，説仁人上下相愛之意。百將一心，三軍同力。臣之於君也，下之於上也，若子之事父，弟之事兄，若手臂之扞頭目而覆胸腹也，詐而襲之與先驚而後擊之，一也。先擊頭目使知之，而後擊之，豈手臂有不救也。○先謙案：言此兩者，俱無所用，注義似隔。且仁人之用十里之國，則將有百里之聽；聽，猶耳目也。言遠人自爲其耳目。或曰：謂閒諜者。用百里之國，則將有千里之聽；用千里之國，則將有四海之聽；必將聰明警戒，和傳而一。耳目明而警戒，相傳以和，無有二心也。一云：「傳」或爲「博」。博，衆也。而一，如一也，言和衆如一也。○先謙案：「傳」爲「摶」字之誤，説見《儒效篇》。故仁人之兵聚則成卒，散則成列；卒，卒伍。列，行列。言動皆有備也。延則若莫邪之長刃，嬰之者斷；兑則若莫邪之利鋒，當之者潰。兑，猶聚也，與「隊」同，謂聚之使短。潰，壞散也。《新序》作「鋭則若莫邪之利鋒也」。○盧文弨曰：「延」《新序》作「鋋」，《韓詩外傳》三作「延居」。又「兑」作「鋭居」。案，「延」讀「延袤」之「延」，東西曰延。嬰，今攖字。謂横布則其鋒長，攖之者皆斷也。「兑」讀爲「鋭」，謂直擣則其鋒利，遇之者潰也。《外傳》兩

「居」字與下文「圜居」一例，可知注未是矣。　郝懿行曰：延者，長也。「兑」與「鋭」同。荀書皆然，古字通也。「延」《新序》作「鋋」，誤字，或叚借耳。延訓長，故云「若莫邪之長刃」。兑訓利，故言「若莫邪之利鋒」。楊注非。《韓詩外傳》作「延居」、「鋭居」，與下「圜居」爲儷，其義甚明。　俞樾曰：楊訓「兑」爲「聚」，不如盧説之長。惟依《外傳》「延居」、「鋭居」爲説則非也。「延則若莫邪之長刃，兑則若莫邪之利鋒」，與上文「聚則成卒」、「散則成列」，句法一律，不得有「居」字。下文云「圜居而方止」，此自以「圜居」、「方止」相對成義。《外傳》因「圜居」之文改作「方居」以對之，遂於此文「延」下、「鋭」下各衍「居」字。盧據以説《荀子》，誤矣。延之言長也，故若長刃。鋭之言利也，故若利鋒。以文義論，亦不當有「居」字。　圜居而方止，則若盤石然，觸之者角摧，圜居方止，謂不動時也，則如大石之不可移動也。○盧文弨曰：「方止」，各本作「方正」，今從《新序》。案：《外傳》作「方居」。　郝懿行曰：《韓詩外傳》作「圜居則若丘山之不可移也，方居則若盤石之不可拔也」，語尤明晰。此「方止」即「方居」，變文以儷句耳。　先謙案：郝説「方止」非也，説詳上。　案角鹿埵隴種東籠而退耳！其義未詳。蓋皆摧敗披靡之貌。或曰：鹿埵，垂下之貌，如禾實垂下然。埵，丁果反。隴種，遺失貌，如隴之種物然。或曰：即龍鍾也。「東籠」與「涷瀧」同，沾溼貌，如衣服之沾溼然。《新序》作「隴種而退」，無「鹿埵」字。○盧文弨曰：「垂下之貌」，舊脱「垂」字，今補。案，《説文》：「禾實垂下謂之䅳，丁果切。」楊意「埵」讀爲「䅳」，故音義皆與之同也。又「即龍鍾也」，舊脱「龍」字，「龍鍾」乃當時常語，今補。又案，《方言》：「瀧，涿謂之霑漬。」《廣韻》：「涷瀧，霑漬也。」故楊云「涷瀧，沾溼貌」。舊誤作「涷隴」，今改正。「沾」亦「霑」之誤字也。　劉台拱曰：「鹿埵」上「角」字涉上而誤衍。案，語詞。　郝懿行曰：鹿埵隴種東籠，蓋皆摧敗披靡之貌。顧氏炎武見《日知録》廿七。引《舊唐書·竇軌傳》「我隴種車騎，未足給公」，《北史·李穆傳》「籠涷軍士，爾曹主何在，爾獨住此」，蓋周、隋時人尚有此語。此等皆古方俗之言，不必强解。楊氏既云未詳，又引或説「鹿埵」「龍鍾」「涷瀧」，似皆失之。《新序》止有「隴種」，無「鹿埵」。　且夫暴國之君，將誰與至哉！彼其所與至者，必其民也。而其民之親我歡若父母，其好我芬若椒蘭；彼反顧其上，則若灼黥，如畏灼黥。若仇讎。人之情雖桀、跖，豈又肯爲其所惡賊其所好者哉！○盧文弨曰：「豈又」，《新序》作「豈有」。是猶使人之子孫，自賊其父母也，彼必將來告之，夫又何可詐也。不可得詐襲也。故仁人用，國日明，日益明察。○俞樾曰：楊注非也。明之言盛也。《淮南子·説林篇》曰：「長而愈明。」高注曰：「明，猶盛也。」《禮記·明堂位》正義曰：「明，堂盛貌。」然則「明」之訓「盛」，蓋古誼也。國日明，猶言國日盛矣。諸侯先順者安，後順者危，慮敵之者削，反之者亡。謀慮與之爲敵者，土地必見侵削。反，謂不服從也。○先謙案：慮，大氏也。説見《王制篇》。《詩》曰：『武王載發，有虔秉鉞。如火烈烈，則莫我敢遏。』此之謂也。」《詩》，《殷頌》。武王，湯也。「發」讀爲「旆」。虔，敬。遏，止也。湯建旆興師，本由仁義，雖用武持鉞，而猶以敬爲先，故得如火之盛，無能止之也。○郝懿行曰：發，揚起也。猶《書》之言「我武惟揚」也。《毛詩》作「載旆」，傳云：「旆，旗也。」《毛詩》本出荀卿，不應有異。《説文》引《詩》文又作「載坺」，然則「坺」「發」，蓋皆「旆」之同音叚借字耳。《韓詩外傳》引亦作「旆」。

孝成王、臨武君曰：「善。請問王者之兵，設何道何行而可？」設，謂制置。道，謂論説教令也。行，動用也。○王念孫曰：道，術也。楊以「道」爲「論説教令」，失之。先謙案：設，猶用也。説見《君道篇》。

孫卿子曰：「凡在大王，將率末事也。臣請遂道王者諸侯彊弱存亡之效、安危之埶。「率」與「帥」同，所類反。道，説也。效，驗也。孝成王見荀卿論兵，謂王者以兵爲急，故遂問用兵之術。荀卿欲陳王道，因不答其問，故言凡在大王之所務，將帥乃其末事耳，所急教化也。遂廣説湯、武、五霸及戰國諸侯之事。○先謙案：以下文「凡在於軍，將率末事也」證之，是謂凡在大王之將率者皆末事也。楊注誤。君賢者其國治，君不能者其國亂；隆禮貴義者其國治，簡禮賤義者其國亂。治者强，亂者弱，是强弱之本也。上足印則下可用也，上不印則下不可用也。「卬」，古「仰」字。不仰，不足仰也。下託上曰仰，宜向反。能教且化，長養之，是足仰。○謝本作「上不足卬」。　盧文弨曰：以注觀之，正文當本是「上不卬」，衍「足」字。　先謙案：盧説是。此後人妄加，今依注文删「足」字，以復唐人注本之舊。下可用則强，下不可用則弱，是强弱之常也。隆禮效功，上也；重禄貴節，次也；上功賤節，下也：是强弱之凡也。效，驗也。功，戰功也。效功，謂不使賞僭也。重禄，重難其禄，不使素餐也。節，忠義也。君能隆禮驗功則强，上戰功、輕忠義則弱，大凡如此也。好士者强，不好士者弱；士，賢士也。愛民者强，不愛民者弱；政令信者强，政令不信者弱；信，謂使下可信。民齊者强，民不齊者弱；齊謂同力。○謝本從盧校作「不齊者弱」。　王念孫曰：案，元刻「不齊」上亦有「民」字，是也。宋龔本同。上文之「政令」，下文之「賞刑械用兵革」，皆於上下句兩見，則「民」字亦當兩見。

先謙案：王説是。今依元刻增「民」字。賞重者强，賞輕者弱；重難其賞，使必賞有功則强，輕易其賞則弱也。刑威者强，刑侮者弱；刑當罪，使民可畏則强，不當罪則人侮慢，故弱也。械用兵革攻完便利者强，「攻」當爲「功」。功，精好加功者也。器械牢固，便利於用則强也。○盧文弨曰：「攻」與「工」、「功」，古多通用。攻，治也。即依本字，不改亦可。械用兵革窳楛不便利者弱；窳，器病也，音庾。楛，濫惡，謂不堅固也。重用兵者强，輕用兵者弱；重難用兵者强。權出一者强，權出二者弱：政多門則弱也。是强弱之常也。齊人隆技擊，技，材力也。齊人以勇力擊斬敵者號爲技擊。孟康曰：「兵家之技巧。技巧者，習手足，便器械，積機關，以立攻守之勝。」其技也，得一首者則賜贖錙金，無本賞矣。八兩曰錙。本賞，謂有功同受賞也。其技擊之術，斬得一首則官賜錙金贖之。斬首雖戰敗亦賞，不斬首雖勝亦不賞，是無本賞也。○郭嵩燾曰：此與秦首虜之法同，以得首爲功賞，不問其戰事之勝敗，故曰無本賞。漢世軍法抵罪得贖免，當亦起於戰國之季。言苟得首者，有罪當贖，僅納錙金，以得首爲重，取決一夫之勇也。是事小敵毳則偷可用也，可偷竊用之也。「毳」讀爲「脆」。《史記》：聶政謂嚴仲子曰：「屠可以旦夕得甘脆以養親也。」○先謙案：《晉語》「其下偷以幸」，韋注：「偷，苟且也。」偷可用，謂苟且用之猶爲可也。楊注非。**事大敵堅則渙焉離耳！**《易·説卦》曰：「渙者，離也。」**若飛鳥然，傾側反覆無日，**若飛鳥，言無馮依也。無日，言傾側反覆之速，不得一日也。○盧文弨曰：注「言無馮依也」，宋本作「言無馮依而易也」，今從元刻。**是亡國之兵也，兵莫弱是矣，是其去賃市傭而戰之幾矣！**此與賃市中傭作之人，而使之戰，相去幾何也。○盧文弨曰：正文「其去」，宋本作「其出」，今從元刻。**魏氏之武卒，以度取之，**武卒，選擇武勇之卒，號爲武卒。度取之，謂取其長短材力中度者。○汪中曰：度，程也。下文所云是也，注非。**衣三屬之甲，**如淳曰：上身一，髀褌一，脛繳一，凡三屬也。衣，於氣反。屬，之欲反。○盧文弨曰：案，《考工記》釋文：「屬，之樹反。」**操十二石之弩，負服矢五十个，置戈其上，**置戈於身之上，謂荷戈也。○盧文弨曰：元刻作「負矢」，無「服」字，與《漢書》同。王念孫曰：此本作「服矢五十个」。服矢即負矢。「負」與「服」古同聲而通用，《考工記》「車人牝服」，先鄭司農云：「服讀爲負。」故《漢書》作「負」。今本作「負服矢」者，校書者依《漢書》旁記「負」字，而寫者誤合之也。元刻無「服」字，則又後人依《漢書》删之也。俞樾曰：「服」字實不可無。服者，箙之叚字。《説文·竹部》：「箙，弩矢箙也。」經傳通以「服」爲之。《詩·采薇》篇「象弭魚服」，《國語·齊語》「服無矢」，皆是也。「負服矢五十个」者，盛矢五十个於服而負之也。若但云「負矢」，則矢無服不可負。若云「負矢服」，則疑五十个以服計矣，故曰「負服矢五十个」。古人之辭，所以簡而明也。《漢書》奪「服」字，元刻從之，非是。置戈其上，承負服矢五十个而言。所謂「其上」者，矢服之上也。蓋負矢服於背，而荷戈於肩，戈之上半適在矢服之上，故曰「置戈其上」也。楊注不解「服」字之義，故於此句亦失其解，而曰置戈於身之上，不可通矣。先謙案：俞説是。**冠軸帶劒，**「軸」與「胄」同，《漢書》作「冑帶劒」。顔師古曰：「著兜鍪而又帶劒也。」**贏三日之糧，日中而趨百里。**贏，負擔也。日中，一日之中也。○俞樾曰：日中者，自旦至於日中，蓋半日而趨百里也。楊注謂一日之中，則但云日趨百里足矣。中試則復其户，利其田宅，復其户，不徭役也。利其田宅，不征衆也。顔師古曰：「利謂給其便利之處。」中，丁仲反。復，方目反。○盧文弨曰：注「不征衆」，「衆」字誤，疑作「税」。　先謙案：試之而中程，則用爲武卒，優之如此，上所謂以度取之。是數年而衰而未可奪也，改造則不易周也，此中試者，筋力數年而衰，亦未可遽奪其優，復使皆怨也。改造，更選擇也，則又如前。是故地雖大其税必寡，是危國之兵也。優復既多則税寡，資用貧乏故國危。秦人其生民也陿阸，其使民也酷烈，生民，所生之民。陿阸，謂秦地險固也。酷烈，嚴刑罰也。地險固則寇不能害，嚴刑罰則人皆致死也。○盧文弨曰：「陿阸」俗本作「狹隘」，今從宋本。　郝懿行曰：「陿阸」猶「狹隘」也，謂民生計窮蹙。《王霸篇》云「生民則致貧隘」，語意正同。注以「陿阸謂秦地險固」，非也。下云「隱之以阸」，亦非地險。　王念孫曰：楊注沿《刑法志》注而誤。劫之以埶，謂以威埶劫迫之，使出戰。隱之以阸，謂隱蔽以險阸，使敵不能害。鄭氏曰：「秦地多阸，藏隱其民於阸中也。」○郭嵩燾曰：秦遠交近攻，侵伐無虚日，未嘗以險阸自隱也。「劫之以埶」，承上「酷烈」言；「隱之以阸」，承上「狹隘」言。其民本無生計，又甚迫蹙之，使亟鶩於戰以邀賞也。下文「阸而用之」，正申此義。忸之以慶賞，忸與狃同，串習也。戰勝則與之賞慶，使習以爲常。忸，女九反。鰌之以刑罰，鰌，藉也。不勝則以刑罰陵藉之。《莊子》：「風謂蛇曰：鰌我亦勝我。」音秋，或作「䠓」，七六反。○盧文弨曰：「鰌」亦音「蹴」，見《彊國篇》注。元刻「七六」作「七由」，非，今從宋本。使天下之民所以要利於上者，非鬬無由也。○顧千里曰：「天」字疑不當有，此以「下之民」與「要利於上」相對爲文，謂秦民，非謂天下之民明甚。宋本與今本同，蓋皆誤。阸而用之，得而後功之，守險阸而用之，既得勝乃賞其功，所以人自爲戰，而立功者衆也。○先謙案：阸而用之，《彊國篇》所云「如牆厭雷擊」，下文「除阸其下，獲其功用」，義與此同。楊謂守險阸，非也。功賞相長也；五甲首而隸五家，有功而賞之，使相長。獲得五甲首，則役隸鄉里之五家也。是最爲衆彊長久，多地以正，故四世有勝，非幸也，數也。爲之有根本，不邀一時之利，故能衆强長久也。不復其户，利其田宅，故多地也。以正，言比齊、魏之苟且爲正。言秦亦非天幸，有術數然也。四世，孝公、惠王、武王、昭王也。故齊之技擊不可以遇魏氏之武卒，魏氏之武卒不可以遇秦之鋭士，秦之鋭士不可以當桓、文之節制，桓、文之節制不可以敵湯、武之仁義，有遇之者，若以焦熬投石焉。以魏遇秦，猶以焦熬之物投石也。熬，五刀反。○盧文弨曰：「有遇之者」二句，似專言天下無有能敵仁義者。注惟云「以魏遇秦」，殆以當時無湯、武，並無桓、文故也。然無妨據理爲説。或云：末二句當並從齊説下。王念孫曰：或説是。　俞樾曰：楊注「猶以焦熬之物投石也」，然以投石爲喻，不必言焦熬之物，注義未安。上文云：「以桀詐堯，譬之若以卵投石，以指撓沸」，此文「以焦熬投石」，疑有奪誤。當云「以指焦熬，以卵投石」，「焦」讀爲「撨」。《廣雅·釋詁》曰：「撨，拭也。」《説文·火部》：「熬，乾煎也。」然則以指撨熬，其義猶以指撓沸也。　先謙案：下文明言「招近募選，隆埶詐，尚功利之兵，勝不勝無常，代翕代張」云云，則此「有遇之者」二句，專謂湯、武之仁義無敵。楊注誤。兼是數國者，皆干賞蹈利之兵也，傭徒鬻賣之道也，未有貴上、安制、綦節之理也，干，求也。言秦、魏雖足以相勝，皆求賞蹈利之兵，與傭徒之人鬻賣其力作無異，未有愛貴其上，爲之致死，安於制度，自不踰越，極於忠義，心不爲非之理者也。諸侯有能微妙之以節，則作而兼殆之耳！微妙，精盡也。節，仁義也。作，起也。殆，危也。諸侯有能精盡仁義，則能起而兼危此數國，謂擒滅之。○盧文弨曰：舊本注作「則能起而無危也，兼此數國」，誤。今據正文刪正。故招近募選，隆埶詐，尚功利，是漸之也；「近」當爲「延」，傳寫誤耳。招延，謂引致之也。募選，謂以財召之，而選擇可者。此論齊之技擊也。隆埶詐，謂以威埶變詐爲尚，此論秦也。尚功利，謂有功則利其田宅，論魏也。漸，進也，言漸進而近於法，未爲理也。或曰：漸，浸漬也。謂其賞罰纔可漸染於外，中心未悦服。漸，子廉切。○俞樾曰：楊云「近當爲延」，是也。「招」「延」二字同義，則「募」「選」二字亦必同義。「募」乃「纂」字之誤。「纂」「選」皆具也，説詳《王制篇》。楊注「募選，謂以財召之，而選擇可者」，非是。　先謙案：漸，詐欺也，説詳

《不苟篇》。禮義教化，是齊之也。服其心，是齊壹人之術也。故以詐遇詐，猶有巧拙焉；猶齊之技擊，不可以當魏之武卒也。以詐遇齊，辟之猶以錐刀墮太山也，辟音譬。墮，毀也。錐，許唯反。非天下之愚人莫敢試，故王者之兵不試。一舉而定，不必試也。湯、武之誅桀、紂也，拱挹指麾，而彊暴之國莫不趨使，誅其元惡，其餘獷悍者，皆化而來臣役也。○王念孫曰：「拱挹指麾」，盧依《富國篇》改「挹」爲「揖」。案，「揖」與「挹」通，不煩改字。《宥坐篇》「挹而損之」，《淮南·道應篇》「挹」作「揖」。《晏子·諫篇》「晏子下車挹之」，「挹」即「揖」。諸本皆作「挹」，吕本「挹」作「揖」，盧因改爲「揖」，誤。先謙案：謝本從盧校作「拱揖」，今依王説改正。誅桀、紂若誅獨夫。故《泰誓》曰「獨夫紂」，此之謂也。故兵大齊則制天下，小齊則治鄰敵；以禮義教化大齊之，謂湯、武也。小，謂未能大備，若五霸者也。治鄰敵，言鄰敵受其治化耳。○盧文弨曰：宋本「故兵大齊」提行起。今案連上文是，或中閒有注脱去耳。王念孫曰：「治」讀爲「殆」。殆，危也，謂危鄰敵也。《王制篇》曰：「威彊未足以殆鄰敵。」《王霸篇》曰：「威動天下，彊殆中國。」《彊國篇》曰：「威動海内，彊殆中國。」「殆」「治」古字通，《彊國篇》「彊殆中國」，楊注：「殆或爲治。」《史記·范雎傳》：「夫以秦卒之勇，車騎之衆，以治諸侯，譬若馳韓盧而搏蹇兔也。」「治諸侯」即「殆諸侯」。楊謂受其治化，則非用兵之事矣。若夫招近募選，隆埶詐，尚功利之兵，則勝不勝無常，代翕代張，代存代亡，相爲雌雄耳矣。翕，斂也。代翕代張，代存代亡，若言代强代弱也。○先謙案：宋台州本注「若」作「猶」。夫是之謂盜兵，君子不由也。由，用也。以詐力相勝，是盜賊之兵也。故齊之田單，楚之莊蹻，秦之衛鞅，燕之繆蟣，是皆世俗之所謂善用兵者也，田單，齊襄王臣安平君也。《史記》：莊蹻者，楚莊王苗裔。楚威王使爲將，將兵循江而上，略蜀、黔中以西。蹻至滇池，方三百里，地肥饒數千里，以兵威定屬楚。欲歸報，會秦擊奪楚巴、黔中郡，道塞不通，因還，以其衆至滇，變服從其俗焉。衛鞅，秦孝公臣，封爲商君者也。繆蟣，未聞也。是其巧拙强弱則未有以相君也，若其道一也，雖術不同，皆出於變詐，故曰其道一也。○盧文弨曰：「相君」，元刻作「相若」。注首有「相若，相似也」五字。今從宋本。　先謙案：相君，猶言相長也。《廣雅·釋詁》：「長，君也。」長訓君，則君亦訓長。元刻及注五字皆妄人增改。未及和齊也，數子之術，未能及於和齊人心也。掎契司詐，權謀傾覆，未免盜兵也。「契」讀爲「挈」。挈，持也。掎挈，猶言掎摭也。「司」讀爲「伺」。詐，欺誑也。皆謂因其危弱，即掩襲之也。齊桓、晉文、楚莊、吳闔閭、越句踐，是皆和齊之兵也，可謂入其域矣，入禮義教化之域。孟康曰：「入王兵之域也。」然而未有本統也。本統，謂前行素修，若湯、武也。故可以霸而不可以王，是强弱之效也。」湯、武王而桓、文霸，齊、魏則代存代亡，是其效也。

孝成王、臨武君曰：「善。請問爲將。」

孫卿子曰：「知莫大乎棄疑，不用疑謀，是智之大。○先謙案：言用人不疑。行莫大乎無過，事莫大乎無悔。○先謙案：當理而行，故無過；慮必先事，故無悔。事至無悔而止矣，成不可必也。不可必，不得必。謂成功忘其警備。《莊子》曰：「聖人以必不必，故多功；衆人以不必必，故無功也。」○盧文弨曰：「成不可必也」五字，乃起下之詞。注「不得必」三字，宋本、元刻皆無，俗閒本有之。下引《莊子》語，舊本多訛，今悉從元刻改正。　先謙案：言成功不能期必於一出，故下云「有功如幸」，文義甚明，楊、盧説非。故制號政令欲嚴以威，慶賞刑罰欲必以信，處舍收臧欲周以固，處舍，營壘也。收藏，財物也，周密牢固，則敵不能陵奪矣。徙舉進退欲安以重，欲疾以速，静則安重而不爲輕舉，動則疾速而不失機權。窺敵觀變欲潛以深，欲伍以參，謂使閒諜觀敵，欲潛隱深入之也。伍參，猶錯雜也。使閒諜或參之，或伍之於敵之閒，而盡知其事。《韓子》曰：「省同異之言，以知朋黨之分；偶參伍之驗，以責陳言之實。」又曰：「參之以比物，伍之以合參也。」遇敵決戰必道吾所明，無道吾所疑，道，言也，行也。○王念孫曰：「道」當訓爲「行」。夫是之謂六術。自制號政令已下有六也。無欲將而惡廢，○先謙案：無以所欲而將之，無以所惡而廢之，唯視其能否，無私好惡。荀書多以欲惡代好惡。無急勝而忘敗，無威內而輕外，無見其利而不顧其害，强使人出戰而輕敵。凡慮事欲孰而用財欲泰，孰謂精審，泰謂不吝賞也。夫是之謂五權。五者，爲將之機權也。所以不受命於主有三：可殺而不可使處不完，可殺而不可使擊不勝，可殺而不可使欺百姓，夫是之謂三至。至，謂一守而不變。凡受命於主而行三軍，三軍既定，百官得序，群物皆正，百官，軍之百吏。得序，各當其任。則主不能喜，敵不能怒，不苟徇上意，故主不能喜。不爲變詐，故敵不能怒也。夫是之謂至臣。爲臣之至當也。慮必先事而申之以敬，謀慮必在事先，重之以敬，常戒懼而有備也。慎終如始，終始如一，夫是之謂大吉。言必無覆敗之禍也。凡百事之成也必在敬之，其敗也必在慢之，故敬勝怠則吉，怠勝敬則滅，計勝欲則從，欲勝計則凶。戰如守，不務越逐也。《書》曰：「不愆于五步六步，乃止齊焉。」行如戰，有功如幸。不務驕矜。敬謀無壙，無壙，言不敢須臾不敬也。「壙」與「曠」同。敬事無壙，敬吏無壙，敬衆無壙，敬敵無壙，夫是之謂五無壙。慎行此六術、五權、三至，而處之以恭敬無壙，夫是之謂天下之將，則通於神明矣！」天下莫及之將。

臨武君曰：「善。請問王者之軍制。」

孫卿子曰：「將死鼓，死謂不棄之而奔亡也。《左傳》曰：「師之耳目，在吾旗鼓。」御死轡，百吏死職，士大夫死行列。聞鼓聲而進，聞金聲而退，順命爲上，有功次之。軍之所重在順命，故有功次之。令不進而進，猶令不退而退也，其罪惟均。令，教令也。言使之不進而進，猶令不退而退，其罪同也。不殺老弱，不獵禾稼，「獵」與「躐」同，踐也。服者不禽，格者不舍，犇命者不獲。服，謂不戰而退者，不追禽之。格，謂相距捍者。奔命，謂奔走來歸其命者，不獲之爲囚俘也。「犇」與「奔」同。凡誅，非誅其百姓也，誅其亂百姓者也，百姓有扞其賊，則是亦賊也。扞其賊，謂爲賊之扞蔽也。以故順刃者生，蘇刃者死，犇命者貢。順刃，謂不戰，偝之而走者。「蘇」讀爲「傃」。傃，向也，謂相向格鬭者。貢，謂取歸命者，獻於上將也。微子開封於宋，紂之庶兄名啟，歸周後封於宋。此云開者，蓋漢景帝諱，劉向改之也。曹觸龍斷於軍，《説苑》曰：「桀貴爲天子，富有四海，其臣有左師觸龍者，諂諛不正。」此云「紂臣」，當是《説苑》誤。又《戰國策》：趙有左師觸龍説太后，請長安君質秦。豈復與古人同官名乎？○盧文弨曰：《史記·趙世家》：左師觸龍言願見太后。「言」字當屬下讀。《趙策》誤作「觸讋」，當以此注爲正。殷之服民，所以養生之者也，無異周人。○先謙案：「服民」，當作「民服」，此誤倒耳。當封而封，當殺而殺，皆所以養生其民，故殷民服之。故近者歌謳而樂之，遠者竭蹷而趨之，竭蹷，顛仆，猶言匍匐也。《新序》作「竭走而趨之」。無幽閒辟陋之國，莫不趨使而安樂之，四海之内若一家，通達之屬莫不從服，夫是之謂人師。師，長。《詩》曰：『自西自東，自南自北，無思不服。』此之謂也。《詩》，《大雅·文王有聲》之篇。王者有誅而無戰，城守不攻，兵格不擊。德義未加，所以敵人不服，故不攻擊也，且恐傷我之士卒也。上下相喜則慶之。敵人上下相愛悦則慶賀之，豈況侵伐乎！不屠城，屠，謂毀其城，殺其民，若屠者然也。不潛軍，○先謙案：潛，襲敵之不備。不留衆，不久留暴露於外也。師不越時。古者行役不踰時也。故亂者樂其政，不安其上，欲其至也。」東征西怨之比。

臨武君曰：「善！」

陳囂問孫卿子曰：「先生議兵，常以仁義爲本。陳囂，荀卿弟子。言先生之議，常言兵以仁義爲本也。仁者愛人，義者循理，然則又何以兵爲？愛人則懼其殺傷，循理則不欲爭奪，焉肯抗兵相加乎？凡所爲有兵者，爲争奪也。」非謂愛人循理。

孫卿子曰：「非女所知也。彼仁者愛人，愛人故惡人之害之也；義者循理，循理故惡人之亂之也。彼兵者，所以禁暴除害也，非争奪也。故仁人之兵所存者神，所過者化，所存止之處，畏之如神。所過往之國，無不從化。若時雨之降，莫不説喜。是以堯伐驩兜，伐亦誅也。《書》曰：「放驩兜于崇山也。」舜伐有苗，命禹伐之。《書》曰：「帝曰：咨，禹！惟時有苗弗率，汝徂征之。」禹伐共工，《書》曰「流共工」于幽州，皆堯之事。此云「禹伐共工」，未詳也。湯伐有夏，文王伐崇，武王伐紂，此四帝兩王，夏、殷或稱王，或稱帝。《曲禮》曰：「措之廟，立之主曰帝。」蓋亦論夏、殷也。至周自貶損全稱王，故以文、武爲兩王也。皆以仁義之兵行於天下也。故近者親其善，遠方慕其德。○王念孫曰：「慕其德」，「德」本作「義」，後人改「義」爲「德」，以與「服」「極」爲韻，而不知與下文「德」字相複也。《文選·爲袁紹檄豫州文》注、《石闕銘》注、《太平御覽·兵部》五十三引此並作「義」。兵不血刃，遠邇來服，德盛於此，施及四極。《詩》曰：『淑人君子，其儀不忒。』此之謂也。」《詩》，《曹風·尸鳩》之篇。○陳奂曰：案玩上文語意，其下尚有「其儀不忒，正是四國」二句，今脱之也。儀即義也，故《尸鳩篇》「儀」皆讀爲「義」。王念孫曰：此正承上文「遠方慕義」而言，所引《詩》蓋本作「其義不忒」，今本「義」作「儀」者，後人據《詩》改之耳。

李斯問孫卿子曰：李斯，孫卿弟子，後爲秦相。「秦四世有勝，兵强海内，威行諸侯，非以仁義爲之也，以便從事而已。」便其所從之事而已，謂若劫之以埶，隱之以阸，忸之以慶賞，鰌之以刑罰之比。

孫卿子曰：「非女所知也。女所謂便者，不便之便也。汝以不便人爲便也。吾所謂仁義者，大便之便也。吾以大便人爲便也。彼仁義者，所以修政者也。政修則民親其上，樂其君，而輕爲之死。故曰：凡在於軍，將率末事也。荀卿前對趙孝成王有此言語，弟子所知，故引以答之也。○謝本從盧校「軍」作「君」。盧文弨曰：舊本作「凡在於軍」，今案當是「君」字。先謙案：「凡在」下作一句讀，不改「軍」爲「君」，説自可通，盧不當臆改。秦四世有勝，諰諰然常恐天下之一合而軋己也，《漢書》「諰」作「鰓」。蘇林曰：讀如「慎而無禮則葸」之「葸」。鰓，懼貌也，先禮反。張晏曰：「軋，踐轢也。」此所謂末世之兵，未有本統也。本統，前行素脩。故湯之放桀也，非其逐之鳴條之時也；武王之誅紂也，非以甲子之朝而後勝之也，皆前行素修也，此所謂仁義之兵也。前行素修，謂前已行之，素已修之。「行」讀如字。今女不求之於本而索之於末，此世之所以亂也。」本謂仁義，末謂變詐。世所以亂，亦由不求於本而索於末，如李斯之説也。

禮者，治辨之極也，强國之本也，威行之道也，功名之總也。辨，別也。總，要也。强國，謂强其國也。○先謙案：「强國」，《史記》作「强固」，《正義》云：「固，堅固也。言國以禮義，四方欽仰，無有攻伐，故爲强而且堅固之本也。以禮義導天下，天下服而歸之，故爲威行之道也。以禮義率天下，天下咸遵之，故爲功名之總。總，合也，聚也。」王公由之，所以得天下也；○盧文弨曰：元刻「得」作「一」，《史記·禮書》、《韓詩外傳》四皆同。不由，所以隕社稷也。○先謙案：《史記》「隕」作「捐」。故堅甲利兵不足以爲勝，高城深池不足以爲固，嚴令繁刑不足以爲威，由其道則行，不由其道則廢。由，用也。道即禮也。用禮即行，不用禮雖堅甲嚴刑，皆不足恃也。楚人鮫革犀兕以爲甲，鞈如金石；鞈，堅貌。以鮫魚皮及犀兕爲甲，堅如金石之不可入。《史記》作「堅如金石」。鞈，古洽反。《管子》曰：「制重罪入以兵甲犀脅二戟，輕罪入蘭盾鞈革二戟。」犀兕，堅如金石之狀也。○王念孫曰：楊本作「鞈如金石」，與《史記》不同。然「鞈」訓堅貌，諸書未有明文。《説文》：「鞈，防扞也。」今本「扞」譌作「汗」。據《玉篇》、《廣韻》改。尹注《管子·小匡篇》曰：「鞈革，重革。當心著之可以禦矢。」皆不訓爲堅貌。《史記》而外，《韓詩外傳》亦作「堅如金石」，《文選·三月三日曲水詩序》注引《荀子》正作「堅」。《太平御覽·兵部》八十七同，鈔本《北堂書鈔・武功部》九引作「牢如金石」。陳禹謨本改爲「堅」。此是避隋文帝諱，故改「堅」爲「牢」，然則虞所見本正作「堅」，與楊本異也。俞樾曰：《史記・禮書》作「堅如金石」，故楊注訓「鞈」爲堅貌，即引《史記》爲證。然「鞈」之訓堅貌，諸書皆無明文，殆非也。《説文》「鞈」有二，其一見革部，爲正篆。其一見鼓部，爲鼛，篆之古文。鼛，鼓聲也。故《文選・上林賦》「鏗鎗闛鞈」，李善注曰：「鏗鎗，鐘聲也。闛鞈，鼓聲也。」此文「鞈如金石」，當以聲言，不當以貌言。謂扣之而其聲鞈然如金石也。必以鼓聲相况者，鼓是革所爲，上云「鮫革犀兕以爲甲」，則亦革所爲也。正見其屬辭之密。《史記》作「堅」，自與《荀子》異，不得並爲一談也。

宛鉅鐵釶，慘如蠭蠆；宛，地名，屬南陽。徐廣曰：「大剛曰鉅。」「釶」與「鍦」同，矛也。《方言》云：「自關而西謂之矛，吴、揚之閒謂之鍦。」言宛地出此剛鐵爲矛。慘如蠭蠆，言其中人之慘毒也。鍦音蛇。〇盧文弨曰：案，今《方言》云：「矛，吴、揚、江、淮、南楚、五湖之閒謂之鍦。」無「自關而西謂之矛」七字。先謙案：《史記》作「宛之鉅鐵施鑽如蠭蠆」。《索隱》云：「鑽謂矛刃及矢鏃也。」《史》「釶」爲「施」，「慘」爲「鑽」，故《索隱》以「施」屬下讀，望文解之。例以上下文「鞈如金石」、「卒如飄風」，則《荀子》本書文義較長。**輕利僄遬，卒如飄風；**言楚人之趫捷也。僄亦輕也，匹妙反。或當爲「嫖姚」之「嫖」。嫖，驍勇也。「遬」與「速」同。**然而兵殆於垂沙，唐蔑死；**殆，謂危亡也。垂沙，地名，未詳所在。《漢・地理志》：沛郡有垂鄉，豈垂沙乎？《史記》楚懷王二十八年，秦與齊、韓、魏共攻楚，殺楚將唐昧，取我重丘而去。「昧」與「蔑」同。〇盧文弨曰：垂沙，《史記》作「垂涉」。王念孫曰：案，「垂」字古讀若「陀」。説見《唐韻正》。垂沙，蓋地名之疊韻者。《韓詩外傳》及《淮南・兵略篇》並作「兵殆於垂沙」。《楚策》云：「垂沙之事，死者以千數。」則作「垂沙」者是。

莊蹻起，楚分而爲三四。司馬貞《史記索隱》曰：「莊蹻，楚將。言其起兵爲亂後，❶楚遂分爲四。」《韓子》曰：「楚王欲伐越，莊子曰：『臣患目能見百步而不見其睫，王之兵敗於齊晉，莊蹻爲盜境内，吏不能禁。而欲伐越，此智之如目也。』」蹻初爲盜，後爲楚將。〇先謙案：《史記》引「三四」作「四參」。「參」與「三」同。《索隱》誤以「參」字下屬。**是豈無堅甲利兵也哉？其所以統之**

❶「兵」，原脱，據《史記索隱》補。

者非其道故也。汝、潁以爲險，江、漢以爲池，限之以鄧林，緣之以方城，鄧林，北界鄧地之山林。緣，繞也。方城，楚北界山名也。然而秦師至而鄢、郢舉，若振槁然。舉，謂舉而取之。鄢、郢，楚都。振，擊也。槁，枯葉也。謂白起伐楚，一戰舉鄢、郢也。是豈無固塞隘阻也哉？其所以統之者非其道故也。紂刳比干，囚箕子，爲炮烙刑；《列女傳》曰：「炮烙，爲膏銅柱，加之炭上，令有罪者行焉，輒墮火中，紂與妲己大笑。」烙，古責反。○盧文弨曰：炮烙之刑，古書亦作「炮格之刑」。「格」讀如「庋格」之「格」。古「閣」「格」一也。《史記索隱》：鄒誕生音閣。此注云「烙，古責反」，可證楊時本尚作「格」也。　王念孫曰：此段氏若膺説也。説見《鍾山札記》。昔嘗聞盧校《荀子》多用段説，故盧本前列參訂名氏有金壇段若膺，而書中所引段説則唯有《禮論篇》「持虎」一條，余未見段氏校本，無從採録，故但據所見之書，略舉一二焉。殺戮無時，臣下懍然，莫必其命，懍然，悚栗之貌。莫自謂必全其命也。然而周師至而令不行乎下，不能用其民。是豈令不嚴，刑不繁也哉？其所以統之者非其道故也。

古之兵，戈矛弓矢而已矣，然而敵國不待試而詘；試，用也。詘，服也。城郭不辨，辨，治也。或音辦。○郝懿行曰：古無「辦」字，荀書多以「辨」爲「辦」，此注音義兩得之。溝池不拑，拑，古「掘」字。《史記》作「城郭不集，溝池不掘」。《文子》曰：「無伐樹木，無鉗墳墓。」「鉗」亦音「掘」。或曰：「拑」當作「抇」。篆文「抇」字與「拑」字相近，遂誤耳。○盧文弨曰：案，甘聲之「拑」，不當爲古「掘」字。注前一説非，後一説「當作抇」是也。《正論篇》：「大古薄葬，故不抇亂。今厚葬飾棺，故抇也。」又《列子·説符篇》「俄而抇其谷」，《吕覽·節喪篇》「葬淺則狐狸抇之」，皆作「抇」字，知此「拑」字誤。固塞不樹，機變不張，固塞，謂使邊境險固，若今之邊城也。樹，立也。塞，先代反。機變，謂器械變動攻敵也。○先謙案：《説文》：「固，四塞也。」《周禮·掌固》注：「固，國所依阻者也。國曰固，野曰險。」此篇「固塞」與「機變」對文，上與「隘阻」對文。《彊國篇》：「固塞險，形埶便。」「固塞」與「形埶」對文，皆二字平列，與《富國篇》云「其塞固」者不同。楊注未了。「機變」二字平列，注云「器械變動」，亦未安。然而國晏然不畏外而明内者，無它故焉，「内」當爲「固」。《史記》作「晏然不畏外而固也」。〇王念孫曰：此當依《史記》作「不畏外而固」。今本「而」下有「明」字者，涉下文「明道」而衍。明道而分鈞之，〇盧文弨曰：《史記》、《外傳》俱作「均分之」。王念孫曰：「均」與「鈞」通，亦當依《史記》、《外傳》乙轉。時使而誠愛之，下之和上也如影響，和，胡臥反。有不由令者，然後誅之以刑。〇王念孫曰：「誅之以刑」，本作「俟之以刑」。此後人不解「俟」字之義而妄改之也。《韓詩外傳》、《史記》皆作「俟之以刑」。《正義》訓「俟」爲「待」。《王制篇》曰：「以不善至者，待之以刑。」足與此互相證明矣。《宥坐篇》亦曰：「躬行不從，然後俟之以刑。」今本「躬行」作「邪民」。辯見《宥坐》。故刑一人而天下服，罪人不郵其上，知罪之在己也，是故刑罰省而威流，郵，怨也。流，行也，言通流也。〇先謙案：《史記》「郵」作「尤」，「威流」作「威行如流」。無它故焉，由其道故也。古者帝堯之治天下也，蓋殺一人刑二人而天下治。殺一人，謂殛鯀于羽山。刑二人，謂流共工于幽州，放驩兜于崇山。〇郝懿行曰：刑殺皆未聞，楊注謬。鯀死於殛所，非堯殺之。「殛」古書本作「極」，極非殺也。上云「堯伐驩兜，舜伐有苗，禹伐共工」，此等皆不必强解。傳曰：「威厲而不試，刑錯而不用。」此之謂也。厲，謂抗舉使人畏之。〇王念孫曰：諸書無訓「厲」爲「抗舉」者。余謂厲，猛也。定十二年《左傳》注：「厲，猛也。」《王制篇》曰：「威嚴猛厲。」錯，置也。置，設也。言威雖猛而不試，刑雖設而不用也。《宥坐篇》「威厲而不試，刑錯而不用」，義同。楊彼注云：「厲，抗也，但抗其威而不用也。錯，置也，如置物於地不動也。」亦非。「錯」訓「設置」之「置」，與《史記·周本紀》「刑錯四十餘年」之「錯」不同。

凡人之動也，爲賞慶爲之，則見害傷焉止矣。故賞慶刑罰埶詐不足以盡人之力，致人之死。爲人主上者也，其所以接下之百姓者，無禮義忠信，焉慮率用賞慶刑罰埶詐除阸其下，獲其功用而已矣。焉慮，無慮，猶言大凡也。除，謂驅逐。阸，謂迫蹙，若秦劫之以埶，隱之以阸，狃之以慶賞之類。「阸」或爲「險」也。〇王念孫曰：此當作「其所以接下之人百姓者，人百姓，衆百姓也。今本無「人」字，乃後人不曉古義而妄删之。說見前「天下之人百姓」下。無禮義忠信，句。焉慮率用賞慶刑罰埶詐除阸其下，獲其功用而已矣。」焉，語詞也。說見《釋詞》。慮，大凡也。說見前「慮以王命全其德」下。「除阸」二字，義不相屬。楊以「除」爲「驅逐」，非也。「除」當爲「險」，俗書之誤也。俗書「險」字作「険」，形與「除」相似。「險」與「阸」同義，馮衍《顯志賦》「悲時俗之險阸」是也。或作「險隘」，《楚辭·離騷》「路幽昧以險隘」是也。楊注「阸或爲險」，當作「除或爲險」。今作「阸」者，因正文及注内三「阸」字而誤。「除」與「險」俗書相近，「阸」與「險」形聲皆相遠，以是明之。**大寇則至，使之持危城則必畔，遇敵處戰則必北，**北，敗走也。北者，乖背之名，故以敗走爲北也。○盧文弨曰：「大寇則至」，元刻「則」字在「至」字下，屬下句。　王念孫曰：大寇則至，則者，若也，與下三「則」字異義。又《禮論篇》「今夫大鳥獸則失亡其群匹」云云，「則」亦「若」也。古或謂「若」爲「則」，說見《釋詞》「則」字下。**勞苦煩辱則必犇，**「犇」與「奔」同。**霍焉離耳，下反制其上。**霍焉，猶渙焉也。離散之後，則上下易位，若秦、項然。○先謙案：焉，猶然也。上文云「滑然有離德」，又云「渙焉離耳」，「渙」、「霍」、「滑」三字一聲之轉。**故賞慶刑罰埶詐之爲道者，傭徒粥賣之道也，不足以合大衆，美國家，故古之人羞而不道也。故厚德音以先之，明禮義以道之，致忠信以愛之，尚賢使能以次之，爵服慶賞以申之，時其事，輕其任，**事，作業。任，力役。**以調齊之、長養之如保赤子，政令以定，風俗以一。有離俗不順其上，則百姓莫不敦惡，莫不毒孽，若祓不祥，**敦，厚也。毒，害也。孽謂祆孽。祓，除之也。○盧文弨曰：《方言》：「諄憎，所疾也。宋、魯凡相惡謂之諄憎。」此「敦」當與「諄」同。　王念孫曰：楊說「敦惡」，《禮論篇》同。又云或曰「敦」讀爲「頓」，頓，困躓也。皆非也。《說文》：「憝，怨也。」《廣雅》：「憝，惡也。」《康誥》「罔不憝」，傳曰：「人無不惡之者。」《孟子·萬章篇》引《書》作「譈」。《法言·重黎篇》：「楚憞群策而自屈其力。」李注：「憞，惡也。」「譈」、「憞」、「敦」並與「憝」同。本篇「敦惡」與「毒孽」對文，《禮論篇》之「敦惡」與「喜樂」「哀痛」對文，則「敦」不得訓爲厚，亦不得讀爲「困頓」之「頓」也。盧引《方言》「諄憎，所疾也。

「諄」，郭音之潤反。宋、魯凡相惡謂之諄憎」，「諄」與「敦」亦聲之轉。然後刑於是起矣。是大刑之所加也，辱孰大焉！將以爲利邪？則大刑加焉。身苟不狂惑戇陋，誰睹是而不改也哉！然後百姓曉然皆知修上之法，○王念孫曰：「修」當爲「循」字之誤也。隸書「循」「修」二字傳寫往往譌溷，説見《管子・形勢篇》。循，順也。謂順上之法也。《説文》：「循，順行也。」鄭注《尚書中候》曰：「循，順。」《君道篇》曰：「百姓莫敢不順上之法，象上之志，而勸上之事，而安樂之矣。」文略與此同。「順」與「循」古同聲而通用也。《大射儀》「順左右隈」，今文「順」爲「循」。《莊子・天下篇》「己之大順」，「順」或作「循」。《書大傳》「三正若循連環」，《白虎通義》引此「循」作「順」。像上之志而安樂之。於是有能化善、修身、正行、積禮義、尊道德，於是像之中，更有能自修德者也。百姓莫不貴敬，莫不親譽，然後賞於是起矣。是高爵豐禄之所加也，榮孰大焉！將以爲害邪？則高爵豐禄以持養之。持此以養之也。○王念孫曰：「持養」二字平列，持亦養也，非持此以養之之謂。《臣道篇》云：「偷合苟容，以持禄養交而已耳。」《管子・明法篇》云：「小臣持禄養交。」《晏子春秋・問篇》云：「仕者持禄，游者養交。」皆以「持禄」「養交」對文。《荀子・正論篇》又以「持老」「養衰」對文。故《吕氏春秋・異用篇》：「仁人之得飴以養疾持老也。」高注曰：「持亦養也。」今本「持」誤作「侍」。又《勸學篇》云：「除其害者，以持養之。」《榮辱篇》云：「以相群居，以相持養。」《墨子・天志篇》云：「内有以食飢息勞，持養其萬民。」《非命篇》云：「上以事天鬼，下以持養百姓。」今本「持」誤作「侍」。《吕氏春秋・長見篇》云：「中侯伯善持養吾意。」亦皆以「持養」對文。生民之屬，孰不願也。雕雕焉縣貴爵重賞於其前，雕雕，章明之貌。○盧文弨曰：雕雕，猶昭昭也。縣明刑大辱於其後，雖欲無化，能乎哉！故民歸之如流水，所存者神，所爲者化存，至也，言所至之處，畏之如神，凡所施爲，民皆從化也。而順，○盧文弨曰：此上有脱文。下云「爲之化而愿」、「爲之化而公」，知此句亦當是「爲之化而順」。其上脱六字，或若干字，不可知矣。王念孫曰：汪氏中云：「而順」上疑脱九字，此句與下三句一類，句末當是「爲之化而順」，因上有「化」字，遂相承脱去耳。見丙申校本。盧用汪説，而小變其文。　俞樾曰：此句與下二句本一律，多一「順」字則不詞矣。「而順」當作「順而」。順而猶從而也。「順而暴悍勇力之屬爲之化而愿，旁辟曲私之屬爲之化而公，矜糺收繚之屬爲之化而調」，皆承上文「所存者神，所爲者化」而言。《性惡篇》曰「順是故争奪生而辭讓亡焉」，「順是故殘賊生而忠信亡焉」，「順是故淫亂生而禮義文理亡焉」。諸「順」字並與此同。猶言順是而暴悍勇力之屬皆爲之化焉。因「順而」譌爲「而順」，文義遂不可通，或乃疑其有闕文矣。　先謙案：「化而」二字衍，此文本作「所存者神，所爲者順」，文義甚明。後人因《孟子》「所存者神，所過者化」二語，妄於「者」下加「化」字，傳寫者緣下文三「化而」句例，復於「化」下加「而」字，本文遂不可通矣。　**暴悍勇力之屬爲之化而愿，**順，從也。謂好從暴悍勇力之人，皆化而愿愨也。　**旁辟曲私之屬爲之化而公，**旁，偏頗也。「辟」讀爲「僻」。○先謙案：旁辟，猶便辟。「旁」「便」雙聲字。　**矜糺收繚之屬爲之化而調，**矜謂夸汰，糺謂好發摘人過者也。收謂掠美者也。繚謂繚繞，言委曲也。四者皆鄙陋之人，今被化則調和也。○郝懿行曰：收者，拘也。繚者，繞也。此謂矜嚴糺察，拘牽繳繞之屬，皆化而調和也。注説「收」「繚」，非是。　王念孫曰：案，《廣雅》：「矜，急也。」《一切經音義》卷二十三引《廣雅》曰：「糺，急也。」《齊語》注曰：「糺，收也。」「糺」「收」並從丩聲，而義亦相同。《説文》：「糺，繩三合也。」今人猶謂糺繩爲收繩。《楚辭·九章》注曰：「糺，戾也。」繚謂繚戾也。《鄉飲酒禮》注曰：「繚，猶紾也。」《孟子·告子篇》注曰：「紾，戾也。」矜糺收繚，皆急戾之意，故與調和相反。「暴悍勇力」與「愿」相反，「旁辟曲私」與「公」相反，「矜糺收繚」與「調」相反。楊説皆失之。　**夫是之謂大化至一。**大化者，皆化也。至一，極一也。　**《詩》曰：「王猶允塞，徐方既來。」此之謂也。**○謝本從盧校作「王猷允塞，徐方其來」。　盧文弨曰：《詩》，《大雅·常武》之篇，當本有注，脱之耳。宋本作「王猶允塞，徐方既來」，與今《詩》同。今從元刻。《君道篇》亦作「猷」字。　王念孫曰：案謀猷字，《詩》皆作「猶」。《説文》有「猶」無「猷」，作「猷」者，隸變耳。俗以「猶」爲「猶若」字，猷爲「謀猷」字，非也。《君道篇》作「猷」者，亦隸變耳。宋錢本作「猶」。「徐方既來」，吕、錢本並如是，與今《詩》同。且《君道篇》正作「徐方既來」，不作「其來」也。元刻不可從。此處楊氏無注者，注已見於《君道篇》也。今本《君道篇》注文全脱。盧云注脱，亦非。　先謙案：王説是，今改從宋本。

凡兼人者有三術，有以德兼人者，有以力兼人者，有以富兼人者。彼貴我名聲，美我德行，欲爲我民，故辟門除涂以迎吾入。「辟」與「闢」同，開也。除涂，治其道涂也。因其民，襲其處，而百姓皆安，因其民之愛悦，襲取其處，皆安，言不驚擾也。○先謙案：襲亦因也。楊云「襲取其處」，非。立法施令，莫不順比；比，親附也。施令則民親比之。是故得地而權彌重，兼人而兵俞强，是以德兼人者也。「俞」讀爲「愈」。下同。非貴我名聲也，非美我德行也，彼畏我威，劫我埶，爲我埶所劫也。故民雖有離心，不敢有畔慮，若是則戎甲俞衆，奉養必費；奉養戎甲必煩費也。是故得地而權彌輕，兼人而兵俞弱，是以力兼人者也。非貴我名聲也，非美我德行也，用貧求富，用飢求飽，虚腹張口，來歸我食，若是則必發夫掌窌之粟以食之，地臧曰窌。掌窌，主倉廩之官。窌，匹孝反。○王引之曰：「掌」當爲「稟」，「稟」，古「廩」字也。《榮辱篇》有「囷窌」，楊彼注云：「圜曰囷，方曰廩。」彼言「囷窌」，猶此言「稟窌」。稟窌皆所以藏粟，故云發稟窌之粟以食之。若云發掌窌之粟，則義不可通。隸書「掌」或作「𫳯」，與「稟」略相似，故諸書「稟」字或譌爲「掌」。説見《管子·輕重甲篇》「一掌」下。委之財貨以富之，立良有司以接之，立温良之有司以慰接之，懼其畔去也。已朞三年，然後民可信也；已，過也。過一朞之後，至於三年，然後新歸之民可信，本非慕化故也。○王引之曰：朞者，周也。謂已周三年也。楊注非。　俞樾曰：楊注迂曲，荀子書多用「綦」字作「窮極」之義，此「朞」字蓋亦「綦」字之誤。「已綦三年」，猶云「已極三年」也。《宥坐篇》「綦三年而百姓往矣」，可證此文之譌。《正論篇》「期臭味」，注曰「期當爲綦」，得之矣。　先謙案：俞説是。是故得地而權彌輕，兼人而國俞貧，是以富兼人者也。故曰以德兼人者王，以力兼人者弱，以富兼人者貧，古今一也。

兼并易能也，唯堅凝之難焉。凝，定也。堅固定有地爲難。○盧文弨曰：舊本不提行，今案當分段。齊能并宋而不能凝也，故魏奪之。燕能并齊而不能凝也，故田單奪之。韓之上地方數百里，完全富足而趨趙，趙不能凝也，故秦奪之。上地，上黨之地。完全，言城邑也。富足，言府庫也。趨，歸也，七朱反。《史記》秦攻上黨，韓不能救。其守馮亭以上黨降趙，趙使馬服子將兵距秦，秦使白起大破馬服於長平，坑四十餘萬而奪其地，殺戮蕩盡。○盧文弨曰：注「蕩」疑作「殆」。故能并之而不能凝則必奪，不能并之又不能凝其有則必亡，能凝之則必能并之矣！得之則凝，兼并無强。得其地則能定之，則無有强而不可兼并者也。古者湯以薄，武王以滈，「薄」與「亳」同。「滈」與「鎬」同。皆百里之地也，天下爲一，諸侯爲臣，無它故焉，能凝之也。故凝士以禮，凝民以政；禮修而士服，政平而民安；士服民安，夫是之謂大凝。以守則固，以征則强，令行禁止，王者之事畢矣。

荀子卷第十

荀子卷第十一

唐登仕郎守大理評事楊倞注
臣王先謙集解

彊國篇第十六

刑范正，「刑」與「形」同。范，法也。刑范，鑄劍規模之器也。○郝懿行曰：「刑」與「型」同。「范」與「笵」同。皆鑄作器物之法也。楊注非。金錫美，工冶巧，火齊得，火齊得，謂生孰齊和得宜。《考工記》云：「金有六齊。」齊，才細反。剖刑而莫邪已。剖，開也。莫邪，古之良劍。然而不剥脱，不砥厲，則不可以斷繩；剥脱，謂刮去其生澀。砥厲，謂磨淬也。剥脱之，砥厲之，則劙盤盂、刎牛馬忽然耳。劙，割也，音戾。劙盤盂，刎牛馬，蓋古用試劍者也。《戰國策》：「趙奢謂田單曰：吴干將之劍，肉試則斷牛馬，金試則截盤盂。」盤盂皆銅器，猶刜鍾無聲，及斬牛馬者也。忽然，言易也。○盧文弨曰：「劙」宋本作「鑗」，元刻作「鑗」，皆訛，今改正。彼國者亦彊國之剖刑已。如彊國之初開刑也。然而不教誨，不調一，則入不可以守，出不可以戰；教誨之，調一之，則兵勁城固，敵國不敢嬰也。彼國者，亦有砥厲，禮義節奏是也。節奏，有法度也。○先謙案：節奏，包法度在内，不能訓節奏爲有法度。説見《富國篇》。故人之命在天，國之命在禮。人君者，隆禮尊賢而王，重法愛民而霸，好利多詐而危，權謀傾覆幽險而亡。幽深傾險，使下難知則亡也。○盧文弨曰：正文及注「亡」字上，元刻並有「盡」字，宋本無。

威有三：有道德之威者，有暴察之威者，有狂妄之威者。暴察，謂暴急嚴察也。此三威者，不可不孰察也。禮樂則修，分義則明，分，謂上下有分。義，謂各得其宜。舉錯則時，愛利則形。形，見也。愛利人之心見於外也。○郝懿行曰：「形」，《韓詩外傳》六作「刑」。刑者，法也。愛人利人皆有法，不爲私恩小惠，注云「形見」，非是。如是，百姓貴之如帝，高之如天，帝，天神也。親之如父母，畏之如神明。故賞不用而民勸，罰不用而威行，夫是之謂道德之威。禮樂則不修，分義則不明，舉錯則不時，愛利則不形，然而其禁暴也察，其誅不服也審，其刑罰重而信，其誅殺猛而必，申、商之比。黭然而雷擊之，如牆厭之。黭然，卒至之貌。《說文》云：「黭，黑色。」猶闇然。黭，烏感反。「厭」讀爲「壓」。○郝懿行曰：「黭」與「奄」同。奄然，猝乍之貌。「而」與「如」古通用，奄然如雷擊之，如牆壓之，皆言暴察之威所劫。《韓詩外傳》六「黭」作「闇」，「而」作「如」。劉台拱曰：《韓詩外傳》作「如雷擊之」。此「而」字義亦作「如」。王念孫曰：古書多以「而」「如」互用，「而」其義則皆爲「如」。《小雅・都人士篇》：「彼都人士，垂帶而厲。彼君子女，卷髮如蠆。」《大戴記・衛將軍文子篇》：「滿而不滿，實如虛，見善如不及。」《孟子・離婁篇》：「文王視民如傷，望道而未之見。」皆其證。如是，百姓劫則致畏，見劫脅之時則畏也。○盧文弨曰：正文「致」字據宋本補。《韓詩外傳》六亦同。嬴則敖上，稍嬴緩之則敖謾。嬴音盈。○盧文弨曰：俗本「上」字在下句首，今從宋本移正。《外傳》亦同。郝懿行曰：嬴猶盈也。此言百姓被威劫脅，則氣怯而致畏。放縱寬舒，則氣盈而敖上。「嬴」與「贏」同。贏，有餘也。有餘即弛緩，故注訓「嬴」爲「緩」。執拘則最，得閒則散，最，聚也。閒，隙也。《公羊傳》曰：「會猶最也。」何休曰：「最，聚也。」○郝懿行曰：「最」，依字書應作「冣」，音才句切，即古「聚」之假借字也。俗作「最」，非。《韓詩外傳》六作「聚」是矣。王引之曰：《說文》：「冣，積也。」徐鍇云：「古以聚物之聚爲冣。」「冣」與「最」字相似，世人多見「最」，少見「冣」，故書傳中「冣」字皆譌作「最」。《韓詩外傳》作「執拘則聚」，即「冣」字也。隱元年《公羊傳》及何注皆本作「冣」，今譌作「最」。楊所見本已然。辯見《經義述聞》。敵中則奪，敵人得中道則奪其國。一曰：中，擊也，丁仲反。○俞樾曰：此以民情言，不以敵國言，楊注非是。「敵」當讀爲「適」，古字通用，《論語・里仁篇》「無適也」，

《釋文》曰「鄭本作敵」，《禮記·玉藻篇》「敵者不在」，《釋文》曰「敵本作適」，竝其證也。上文言「劫則致畏，嬴則敖上，執拘則最，得閒則散」，竝就其一偏者而言之。此云「敵中」，謂適乎其中也。既不用道德之威，而用暴察之威，適乎其中，則反失其所以爲暴察矣，故曰「適中則奪」。下文曰：「非劫之以形埶，非振之以誅殺，則無以有其下。」正承此文而言，足見楊注之非。非劫之以形埶，非振之以誅殺，則無以有其下，振，動。夫是之謂暴察之威。無愛人之心，無利人之事，而日爲亂人之道，百姓讙敖，則從而執縛之，刑灼之，不和人心。讙，喧譁也。敖，喧噪也，亦讀爲嗷，謂叫呼之聲嗷嗷然也，五刀反。如是，下比周賁潰以離上矣。「賁」讀爲「憤」，憤然也。民逃其上曰潰。○郝懿行曰：「賁」與「奔」古字通。賁潰，謂奔走潰散而去也。賁，《韓詩外傳》六作「憤」，此作「賁」，二義俱通，似不必依彼讀「憤」也。傾覆滅亡，可立而待也，夫是之謂狂妄之威。此三威者，不可不孰察也。道德之威成乎安彊，暴察之威成乎危弱，狂妄之威成乎滅亡也。

公孫子曰：子發將西伐蔡，克蔡獲蔡侯，公孫子，齊相也，未知其名。《後語》：孟嘗君客有公孫成，豈後爲齊相乎？或曰：公孫名忌。子發，楚令尹，未知其姓。《戰國策》：「莊辛諫楚襄王曰：蔡聖侯南遊乎高陂，北陵乎巫山，左枕幼妾，右擁嬖女，馳騁乎高、蔡之閒而不以國家爲事。不知夫子發方受命于宣王，繫以朱絲而見之。」《史記》：蔡侯齊爲楚惠王所滅。莊辛云宣王，與《史記》不同。○盧文弨曰：案《楚策》「左枕」作「左抱」。蔡無聖侯，吴師道謂當作靈侯，或者古通稱歟？鮑彪云：「昭十一年，楚子誘蔡侯般殺之於申，經傳不書子發，蓋使子發召之。楚子，靈王，若宣王，蔡滅八十年矣。《淮南·道應訓》：「子發伐蔡，踰之，宣王郊迎。」《人閒訓》又言「獲罪威王」者，皆失考也。今案鮑、吴之説，以爲楚靈王，然「誘」之與「伐」，其事不同，闕疑可也。王念孫曰：蔡在楚北，非在楚西，不得言西伐蔡。將，子匠反。「西」當爲「而」，言子發將兵而伐蔡也。歸致命曰：「蔡侯奉其社稷而歸之楚，歸致命于君，言蔡侯自奉其社稷歸楚，非己之功也。舍屬二三子而治其地。」舍，子發名。屬，請也，之欲反。二三子，楚之諸臣也。理其地，謂安輯其民也。子發不欲獨擅其功，故請諸臣理其地也。○王念孫曰：古無訓「屬」爲「請」者。屬，會也。見《孟子·梁惠王篇》注、《左傳》哀十三年注、《齊語》《晉語》《楚語》注。言會諸臣以治之。　先謙案：正文宋台州本、謝本作「治」，浙局本依注改「理」，非。注自避唐諱。　既，楚發其賞，既，謂論功之後。發，行也。　子發辭曰：「發誡布令而敵退，是主威也；徙舉相攻而敵退，是將威也；合戰用力而敵退，是衆威也。　誡，教也。凡發誡布令而敵退，則是畏其主。徙舉相攻而敵退，則是畏其將。合戰用力而敵退，則是畏其衆也。　臣舍不宜以衆威受賞。」是時合戰用力而滅蔡，故曰衆威。此已上公孫子美子發之辭也。已下荀卿之辭也。　譏之曰：「子發之致命也恭，其辭賞也固。　固，陋也。其致命難，其辭賞則固陋，非坦明之道也。　夫尚賢使能，賞有功，罰有罪，非獨一人爲之也。　自古皆然。　彼先王之道也，一人之本也，善善惡惡之應也。　彼，彼賞罰也。言彼賞罰者，乃先王之道，齊一人之本，善善惡惡之報應也。　治必由之，古今一也。　爲治必用賞罰。　古者明王之舉大事，立大功也，大事已博，大功已立，則君享其成，群臣享其功，享，獻也，謂受其獻也。　士大夫益爵，官人益秩，庶人益禄。　爵，謂若秦庶長不更之屬。官人，群吏也。庶人，士卒也。秩、禄，皆謂廩食也。　是以爲善者勸，爲不善者沮，上下一心，三軍同力，是以百事成而功名大也。　今子發獨不然，反先王之道，亂楚國之法，墮興功之臣，恥受賞之屬，人皆受賞，子發獨辭，是使興功之臣墮廢其志，受賞之屬慚恥於心。　無僇乎族黨而抑卑其後世，夫先祖有寵錫，則子孫揚其功；族黨遭刑戮，則後世蒙其恥。今子發自謂無功，則子孫無以稱揚，雖無刑戮之恥，而後世亦抑損卑下，無以光榮也。○盧文弨曰：正文「卑其」，宋本作「卑乎」。　案獨以爲私廉，豈不過甚矣哉！故曰子發之致命也恭，其辭賞也固。

荀卿子說齊相曰：○盧文弨曰：此七字元刻

無，從宋本補。顧千里曰：宋錢佃本卷末云：「監本有七字，宋吕夏卿本有。」疑楊注所見與監本不同，或不止少七字，亦王伯厚所説「監本未必是」之類也。處勝人之埶，行勝人之道，天下莫忿，湯、武是也。處勝人之埶，不以勝人之道，以，用。厚於有天下之埶，索爲匹夫不可得也，桀、紂是也。然則得勝人之埶者，其不如勝人之道遠矣。夫主相者，勝人以埶也。是爲是，非爲非，能爲能，不能爲不能，併己之私欲，必以道夫公道通義之可以相兼容者，是勝人之道也。「併」讀曰「屏」，棄也。屏棄私欲，遵達公義也。今相國上則得專主，下則得專國，相國之於勝人之埶，亶有之矣。「亶」讀爲「擅」，本亦或作「擅」。或曰：亶，誠也。○王念孫曰：或説是也。本或作「擅」者，借字耳。然則胡不敺此勝人之埶，赴勝人之道，敺，謂駕馭之也。或作「謳歌此勝人之埶」，誤也。求仁厚明通之君子而託王焉，求賢而託之以王，使輔佐也。與之參國政，正是非，如是則國孰敢不爲義矣！國内皆化之也。君臣上下，貴賤長少，至於庶人，莫不爲義，則天下孰不欲合義矣！天下皆來歸義也。賢士願相國之朝，能士願相國之官，好利之民莫不願以齊爲歸，是一天下也。相國舍是而不爲，案直爲是世俗之所以爲，不爲勝人之道，但爲勝人之埶。○先謙案：「以」字疑衍。則女主亂之宫，詐臣亂之朝，貪吏亂之官，衆庶百姓皆以貪利争奪爲俗，曷若是而可以持國乎！今巨楚縣吾前，楚在齊南，故曰前。縣，聯繫之也。大燕鰌吾後，燕在齊北，故曰後。鰌，蹴也，藉也，如蹴踏於後。《莊子》「風謂蛇曰：鰌我必勝我」，本亦作「蹭吾後」也。勁魏鉤吾右，西壤之不絶若繩，魏在齊西，故曰右。「鉤」，謂如鉤取物也。西壤，齊西界之地。若繩，言細也。楚人則乃有襄賁、開陽以臨吾左，襄賁、開陽，楚二邑，在齊之東者也，《漢書·地理志》：二縣皆屬東海郡。賁音肥。○俞樾曰：「乃」疑「又」字之誤。上已云「巨楚縣吾前」，故此云「楚人則又有襄賁、開陽以臨吾左」。是一國作謀，則三國必起而乘我，一國謀齊，則三國乘其敝。○俞樾曰：「三國」乃「二國」之誤。上文止有楚、燕、魏三國，若依此文，則是四國矣。故知其誤也。　先謙案：言一國作謀，則三國共起乘我。「三」非「二」之誤。如是則齊必斷而爲四，三國分齊，則斷爲四。謂楚取其二，魏燕各取其一也。三，國若假城然耳，言齊如三國之寄城耳，不久當歸之也。○俞樾曰：楚雖當齊之二面，要是一國，不當分爲二，楊注非也。「四」字疑衍文。當云「齊必斷而爲三」。其下句則云「國若假城耳」，言齊之國若假人之城，不久當歸之也。古「四」字作「亖」，與「三」字混。疑「三」譌爲「亖」，後人校正作「三」，傳寫者遂並存「四三」兩字。楊氏不能是正，以「四」字屬上讀，「三」字屬下讀，而兩句俱不可通矣。　先謙案：《議兵篇》云：「兵殆於垂沙，唐蔑死，莊蹻起，楚分而爲三四。」《史記・禮書》引作「四參」。「參」「三」同也。《勸學篇》云「君子博學而日參省乎己」，《群書治要》作「三省」，是「參」「三」同字之證。據此，《荀子》本書必有作「四三」者。三四、四三，總謂國之分裂，不爲定數。此文亦言齊必斷而爲四三，與《議兵篇》「楚分而爲四三」同意。「國若假城然耳」，自爲一句，楊注失其讀，俞氏又欲減字以成其義，皆非也。必爲天下大笑！曷若天下必笑其無謀滅亡，問以爲何如也。○王念孫曰：「曷若」二字與上下文義不相屬，此涉上文「曷若是」而衍。「兩者」二字指上文「勝人之道」與「勝人之執」而言，則不當有「曷若」二字明矣。楊云「問以爲何如也」，此望文生義而曲爲之說。兩者孰足爲也？兩者，勝人之道與勝人之執，一則天下歸，一則天下笑，問何者可爲也。

夫桀、紂，聖王之後子孫也，有天下者之世也，世謂繼也。執籍之所存，天下之宗室也。執，謂國籍之所在也。○王念孫曰：案楊注本作「執位圖籍之所在也」。《禮運》「在執者去」，鄭注：「執，執位也。」是「執」與「位」同義。《儒效篇》「履天子之籍」，楊彼注曰：「籍，謂天下之圖籍也。」故此注亦曰「執位圖籍之所在」。今本「位」作「謂」，「圖」作「國」，則義不可通。　又案，楊以「籍」爲「圖籍」，非也。籍亦位也。《儒效篇》曰「周公履天子之籍」，又曰「反籍於成王」，是「籍」與「位」同義，非謂圖籍也。《正論篇》曰：「聖王之子也，有天下之後也，執籍之所在也，天下之宗室也。」文義並與此同。盧云「埶籍謂埶力憑籍也」，亦非。見《正論篇》。先謙案：王室爲天下所宗，故云宗室。土地之大，封内千里，人之衆數以億萬，其數億萬。俄而天下倜然舉去桀、紂而犇湯、武，倜然，高舉之貌。舉，皆也。「犇」與「奔」同。反然舉惡桀、紂而貴湯、武。反音翻。翻然，改變貌。惡，烏路反。是何也？夫桀、紂何失而湯、武何得也？假設問答。曰：是無它故焉，桀、紂者善爲人所惡也，而湯、武者善爲人所好也。人之所惡何也？曰：汙漫爭奪貪利是也。汙漫，謂穢汙不修潔也。或曰：漫，謂欺誑也。汙，烏路反。漫，莫但反。人之所好者何也？曰：禮義辭讓忠信是也。今君人者，辟稱比方則欲自並乎湯、武，「辟」讀爲「譬」。稱，尺證反。若其所以統之，則無以異於桀、紂，而求有湯、武之功名，可乎？統，制治也。故凡得勝者必與人也，凡得人者必與道也。道也者何也？曰：禮讓忠信是也。故自四五萬而往者彊勝，非衆之力也，隆在信矣；而往，猶已上也。言有兵四五萬已上者，若能崇信，則足以自致彊勝，不必更待與國之衆也。若不崇信，雖有與國之衆猶無益，故曰非衆之力也。自數百里而往者安固，非大之力也，隆在修政矣。有數百里之地，修政則安固，不必更在廣也。荀卿嘗言湯、武以百里之地王天下，今言此者，若言常人之理，非論聖人也。○王念孫曰：「政」非「政事」之「政」，修政即修正也。古書通以「政」爲「正」。言必自修自正，然後國家可得而安也。《富國篇》曰：「必先修正其在我者。」《王霸篇》曰：「内不修正其所以有。」皆其證。「信」即上所謂「忠信」，對下「陶誕比周」而言，「修正」即上所謂「禮義」，對下「汙漫突盜」而言。荀子書多言「修正」，作「政」者，借字耳，非修政事之謂也。楊説「修政」二字未了。先謙案：王説是。《儒效篇》「平正和民之善」，「平正」即「平政」。《王霸篇》「立隆政本朝而當」，「隆政」即「隆正」，與此一例。今已有數萬之衆者也，陶誕比周以爭與；「陶」當爲「檮杌」之「檮」。或曰當爲「逃」，謂逃匿其情。與，謂黨與之國也。

○先謙案：「陶誕」義具《榮辱篇》。已有數百里之國者也，汙漫突盜以争地。突，謂相淩犯也。然則是棄己之所安彊，而争己之所以危弱也；損己之所不足，以重己之所有餘。損，減也。重，多也。不足，謂信與政。有餘，謂衆與地也。若是其悖繆也，而求有湯、武之功名，可乎？辟之是猶伏而咶天，救經而引其足也，「咶」與「舐」同。經，縊也。救縊而引其足，縊愈急也。○先謙案：二語與《仲尼篇》同。説必不行矣，愈務而愈遠。爲人臣者不恤己行之不行，上「行」下孟反，下「行」如字。苟得利而已矣，是渠衝入穴而求利也，渠，大也。渠衝，攻城之大車也。《詩》曰：「臨衝閑閑。」《韓子》曰：「奏百，貍首射侯，不當彊弩趨發；平城距衝，❶不若堙内伏橐。」或作「距衝」，蓋言可以距石矣。○盧文弨曰：案，所引《韓子》見《八説篇》。云「登降周旋，不逮日中奏百；貍首射侯，不當强弩趨發。平城距衝，❷不若堙穴伏橐。」所云「日中奏百」，即荀卿《議兵篇》所謂「魏之武卒，日中而趨百里」是也。「奏百」自屬上文，不當連引。「内」「穴」古多通用，「橐」「槖」互異。疑此「橐」字是與韻協，若不用韻，則疑是「槖」字，與「韝」同，吹火韋囊也。《管子·揆度篇》有此字。是仁人之所羞而不爲也。屈大就小，務於苟得，故羞而不爲也。故人莫貴乎生，莫樂乎安，所以養生安樂者，莫大乎禮義。○王念孫曰：案，「安樂」當爲「樂安」。「養生樂安」與「貴生樂安」，並承上「莫貴乎生，莫樂乎安」而言。今本「樂安」二字倒轉，則與上下文不合。人知貴生樂安而弃禮義，辟之是猶欲壽而歾頸也，「歾」當爲「刎」。○王念孫曰：案，《説文》「『歾』或作『殁』」，《吕氏春秋·高義篇》「石渚殁頭乎王庭」，殁頭即刎頭也。「歾」「刎」皆從勿聲，故「歾」又讀爲「刎」。《史記·循吏傳》「石奢即石渚。自歾而死」，《索隱》：「歾音亡粉反。」宋毛晃《增修禮部韻略》及《班馬字類》皆如是，今本則改「歾」爲「刎」，而删去其音矣。是「歾」字兼有殁、刎二讀，無煩改「歾」爲「刎」也。愚莫大焉。故君人者，愛民而安，好士而榮，兩者無一焉

❶「平城」，今傳《韓非子》作「干城」。
❷「平城」，今傳《韓非子》作「干城」。

而亡。《詩》曰：「价人維藩，大師維垣。」此之謂也。《詩》，《大雅·版》之篇，義已解上。○盧文弨曰：案，今《詩》作「板」。《爾雅·釋訓》作「版」，二字古通用也。章懷注《後漢書·董卓傳論》、李善注劉孝標《辨命論》引《詩》皆作「上帝版版」。先謙案：虞、王本作「介人」。

力術止，義術行，曷謂也？曰：秦之謂也。力術，彊兵之術。義術，仁義之術。止謂不能進取霸王也。言用力術則止，用義術則行，發此論以譏秦也。《新序》：「李斯問孫卿曰：『當今之時，爲秦奈何？』孫卿曰：『力術止，義術行，秦之謂也。』」○盧文弨曰：此所引《新序》今本脱。郝懿行曰：彊力之術，雖進終止。杖義之術，無往不行。依注引《新序》，此答李斯之問，爲秦發也。威彊乎湯、武，廣大乎舜、禹，然而憂患不可勝校也，校，計。諰諰然，諰，思里反。常恐天下之一合而軋己也，此所謂力術止也。曷謂乎威彊乎湯、武？○先謙案：以下文例之，此處當有「曰」字，而今脱之。湯、武也者，乃能使説己者使耳。説音悦。○俞樾曰：下「使」字當訓「從」。《爾雅·釋詁》：「使，從也。」今楚父死焉，國舉焉，負三王之廟而辟於陳、蔡之閒，此楚頃襄王之時也。父謂懷王，爲秦所虜而死也。至二十一年，秦將白起遂拔我鄢、郢，燒先王墓於夷陵，襄王兵散，遂不復戰。東北保陳城廟主也。辟如字，謂自屏遠也。或曰：讀爲「避」。視可司閒，案欲剡其脛而以蹈秦之腹；視可，謂觀其可伐也。剡亦斬也。○盧文弨曰：元刻「伐也」下有「司音伺閒隙也」六字，宋本無。王念孫曰：斬脛以蹈秦之腹，義不可通。《玉藻》「弁行剡剡起屨」，正義：「弁，急也。」是剡剡爲起屨之貌，然則剡其脛以蹈秦之腹，亦謂起其脛以蹈秦之腹也。《漢書·賈誼傳》「剡手以衝仇人之匈」，義與此同。顔注：「剡，利也。」亦非。然而秦使左案左，使右案右，是乃使讐人役也。秦能使讐人爲之徒役，謂楚襄王七年迎婦於秦城，十五年與秦伐燕，二十七年復與秦平而入太子質之類也。○先謙案：言秦之役楚，使左則左，使右則右。此文二「案」字以代「則」字。此所謂威彊乎湯、武也。曷謂廣大乎舜、禹也？曰：古者百王之一天下、臣諸侯也，未有過封内千里者也。封畿之内。今秦南乃有沙羨與俱，是乃江南也；《漢書·地理志》：沙羨縣屬江夏郡。此地俱屬秦，是有江南也。○盧文弨曰：羨音夷。先謙案：沙羨城在今武昌府江夏縣西南。北與胡、貉爲鄰，西有巴、戎，巴在西南，戎在西，皆隸屬秦。東在楚者乃界於齊，謂東侵土地所得者，乃與齊爲界也。在韓者踰常山乃有臨慮，《漢書·地理志》：臨慮，縣名，屬河内，今屬相州也。○盧文弨曰：慮音廬。先謙案：《地理志》作隆慮，避後漢殤帝諱改林慮。故城即今彰德府林縣治。林慮以山氏縣，即臨慮矣。在魏者乃據圉津，即去大梁百有二十里耳，「圉」當爲「圍」。《漢書》：「曹參下修武度圍津。」顔師古曰：「在東郡。」豈古名圍津，轉寫爲「圉」？或作韋津，今有韋城，豈是邪？《史記》：无忌謂魏安釐王曰：❶「秦固有懷、茅、邢丘，城垝津以臨河内，河内共、汲必危。」「垝」「圍」聲相近，疑同「垝」，居委反。其在趙者剡然有苓而據松柏之塞，剡然，侵削之貌。苓，地名，未詳所在。或曰「苓」與「靈」同。《漢書·地理志》常山郡有靈壽縣，今屬真定。或曰「苓」當爲「卷」。案，卷縣屬河南，非趙地也。松柏之塞，蓋趙樹松柏與秦爲界，今秦據有之。負西海而固常山，負，背也。常山本趙山，秦今有之。言秦背西海，東向以常山爲固也。是地徧天下也。威動海内，彊殆中國。秦之彊能危殆中國，「殆」或爲「治」。○先謙案：「治」是「殆」之誤字，説見《議兵篇》。然而憂患不可勝校也，諰諰然常恐天下之一合而軋己也，○盧文弨曰：宋本無「然」字，元刻有，與前同。此所謂廣大乎舜、禹也。○盧文弨曰：此句或疑當在「彊殆中國」句下。王念孫曰：案此汪氏中説也。汪直移此句於上文「彊殆中國」下，是也。俞樾曰：案上文「威彊乎湯、武」、「廣大乎舜、禹」，相對爲文，是於湯、武言威彊，舜、禹言廣大，若「威動海内，彊殆中國」下接「此所謂廣大乎舜、禹也」，則文義錯雜矣。汪説非也。「此所謂」句當移在「是地徧天下也」句下。試以上文例之，上文曰：

❶「无」，原作「朱」，今依《史記·魏世家》改。

「是乃使讐人役也，此所謂威彊乎湯、武也」，此文曰「是地偏天下也，此所謂廣大乎舜、禹也」，文法正相準。「威動海内，彊殆中國」二句又承「威彊乎湯、武」句以起下文，言威彊不言廣大者，舉一以包其一耳。然則奈何？曰：節威反文，節減威彊，復用文理。案用夫端誠信全之君子治天下焉，全謂德全。因與之參國政，正是非，治曲直，聽咸陽，使聽咸陽之政。順者錯之，不順者而後誅之。錯，置也。謂捨而不伐。若是則兵不復出於塞外，而令行於天下矣；若是則雖爲之築明堂於塞外而朝諸侯，殆可矣。明堂，天子布政之宫。「於塞外」三字衍也。以前有「兵不復出於塞外」，故誤重寫此三字耳。殆，庶幾也。秦若使賢人爲政，雖築明堂，朝諸侯，庶幾可矣。或曰：塞外，境外也。明堂，壇也。謂巡狩至方岳之下，會諸侯，爲宫方三百步，四門，壇十有二尋，深四尺，加方明於其上。《左氏傳》「爲王宫於踐土」，亦其類也。或曰：築明堂於塞外，謂使他國爲秦築帝宫也。《戰國策》韓王謂張儀曰「請比秦郡縣，築帝宫，祠春秋，稱東蕃」是也。○王念孫曰：楊前説是也，後説皆非。假今之世，益地不如益信之務也。

應侯問孫卿子曰：「入秦何見？」應侯，秦相范雎，封於應也。杜元凱云：「應國在襄陽城父縣西南也。」○盧文弨曰：案杜注無「南」字。孫卿子曰：其固塞險，形埶便，山林川谷美，謂多良材及溉灌之利也。天材之利多，所出物産多也。是形勝也。形，地形，便而物産多，所以爲勝，故曰如高屋之上而建瓴水也。入境，觀其風俗，其百姓樸，其聲樂不流汙，流，邪淫也。汙，濁也。不流汙，言清雅也。其服不挑，挑，偷也。不爲奇異之服。《詩序》曰：「長民者，衣服不貳，從容有常，以齊其民，則民德歸壹也。」○盧文弨曰：案《周語》「郤至佻天」，《説文》引作「挑天」，是「挑」與「佻」同。甚畏有司而順，古之民也。及都邑官府，及，至也。至縣邑之解署。其百吏肅然，莫不恭儉敦敬忠信而不楛，古之吏也。楛音苦，濫惡也。或曰：讀爲「王事靡盬」之「盬」，盬，不堅固也。

入其國，觀其士大夫，出於其門，入於公門，出於公門，歸於其家，無有私事也；不比周，不朋黨，倜然莫不明通而公也，古之士大夫也。倜然，高遠貌。觀其朝廷，其閒聽決百事不留，恬然如無治者，古之朝也。其閒，朝退也，古莧反。恬然，安閑貌。如無治者，如都無聽治處也。故四世有勝，非幸也，數也。是所見也。故曰：佚而治，約而詳，不煩而功，治之至也。秦類之矣。雖佚而治，雖約而詳，雖不煩而有功，古之至治有如此者，今秦似之。雖然，則有其諰矣。諰，懼。○盧文弨曰：正文元刻作「則甚有其諰也」。兼是數具者而盡有之，然而縣之以王者之功名，則倜倜然其不及遠矣。縣音懸，謂聯繫。○先謙案：楊訓「縣」爲「聯繫」，非也。縣猶衡也。謂衡之以王者之功名，則不及也。荀書或言「縣衡」，或單言「縣」，單言「衡」，其義並同。《王霸篇》云：「禮之所以正國也，譬猶衡之於輕重也。」《君道篇》云「輕不得以縣重」，是「縣」猶「衡」也。《君道篇》又云：「衡石稱縣者，所以爲平也。」《禮論篇》云：「衡誠縣矣，則不可欺以輕重。」《正名篇》云：「衡不正則重縣於仰而人以爲輕，輕縣於俛而人以爲重。」《解蔽篇》云：「聖人兼陳萬物而中縣衡焉，是以衆異不得相蔽。」皆「縣衡」連言。《王制篇》云：「名聲未足以縣天下也。」《王霸篇》云：「以是縣天下，一四海。」《正論篇》云：「聖人備道全美，是縣天下之權稱也。」又云：「聖王没，有埶籍者，罷不足以縣天下。」所謂縣天下者，王者在上，能爲天下持平如縣衡然。荀書明言縣天下之權稱，是縣天下即謂縣衡天下。楊訓「縣」爲「繫」，亦非也。《漢書·鄒陽傳》：「臣聞秦倚曲臺之宮，縣衡天下。」正用荀書縣天下義。是何也？則其殆無儒邪！故曰：粹而王，粹，謂全用儒道。駁而霸，無一焉而亡。此亦秦之所短也。

積微，月不勝日，時不勝月，歲不勝時。積微細之事，月不如日。言常須日日留心於庶事，不可怠忽也。凡人好敖慢小事，大事至然後興之務之，如是則常不勝夫敦比於小事者矣。敦比，精審躬親之謂。○郝懿行曰：「敦」讀如「堆」。敦比者，敦迫比近叢集於前也。注似未了。先謙案：敦比，治也。義具《榮辱篇》。是何也？則小事之至也數，其縣日也博，其爲積也大；數音朔。博，謂所縣繫時日多也。大，謂積小以成大，若蟻蛭然也。大事之至也希，其縣日也淺，其爲積也小。時日既淺，則所積亦少也。故善日者王，善時者霸，補漏者危，大荒者亡。善，謂愛惜不怠棄也。補漏，謂不能積功累業，至於敝漏然後補之。大荒，謂都荒廢不治也。故王者敬日，敬，謂不敢慢也。故曰吉人爲善，惟日不足。霸者敬時，動作皆不失時。或曰：時變則懼治之不立也。僅存之國危而後戚之，戚，憂。亡國至亡而後知亡，至死而後知死。亡國之禍敗不可勝悔也，所悔之事，不可勝舉，言多甚也。霸者之善著焉，可以時託也，霸者其善明著，以其所託不失時也。○俞樾曰：「託」乃「記」字之譌。言霸者之善，所以明著者，以其可以時記也。下文云「王者之功名不可勝日志也」，正王者敬日，霸者敬時之意。「記」、「志」義同。「記」譌作「託」，則「時託」與「日志」不倫矣。王者之功名不可勝日志也。日記識其政事，故能功名不可勝數。○王念孫曰：玩楊注，則正文「不可勝」下，當有數字。俞樾曰：「日志也」上亦當有「可以」二字，與「可以時記也」一例。財物貨寶以大爲重，政教功名反是，能積微者速成。《詩》曰：「德輶如毛，民鮮克舉之。」此之謂也。《詩》，《大雅·烝民》之篇。輶，輕也。引之以明積微至著之功。

凡姦人之所以起者，以上之不貴義，不敬義也。上行下效。夫義者，所以限禁人之爲惡與姦者也。今上不貴義，不敬義，如是則下之人百姓皆有棄義之志，而有趨姦之心矣，此姦人之所以起也。且上者下之師也，夫下之和上，譬之猶響之應聲，影之像形也。故爲人上者，不可不順也。不可不順義。或曰當爲「慎」。夫義者，內節於人而外節於萬物者也，節，即謂限禁也。○俞樾曰：節，猶適也。《吕氏春秋・重己篇》「故聖人必先適欲」，高注曰：「適，猶節也。」然則節亦猶適矣。《管子・禁藏篇》：「故聖人之制事也，能節宮室，適車輿，以實藏。」是「節」與「適」同義。下文曰：「上安於主，而下調於民者也。」訓「節」爲「適」，則與「調」「安」相近。楊注非是。上安於主而下調於民者也。得其節則上安而下調也。内外上下節者，義之情也。義之情皆在得其節。然則凡爲天下之要，義爲本而信次之。古者禹、湯本義務信而天下治，桀、紂棄義倍信而天下亂。故爲人上者，必將慎禮義、務忠信然後可。此君人者之大本也。「慎」或爲「順」。

堂上不糞則郊草不瞻曠芸，曠，空也。空，謂無草也。芸，謂有草可芸鋤也。堂上猶未糞除，則不暇瞻視郊野之草有無也。言近者未理，不暇及遠。魯連子謂田巴曰：「堂上不糞者，郊草不芸也。」○郝懿行曰：「糞」者，「𡊅」之假借，隸變作「拚」。《少儀》曰：「埽席前曰拚。」經典俱通作「糞」。王念孫曰：此言事當先其所急，後其所緩，故堂上不糞除，則不暇芸野草也。「芸」上不當有「瞻曠」二字，不知何處脱文闌入此句中也。據楊注引魯連子「堂上不糞者，郊草不芸也」，無「瞻曠」二字，即其證。楊注又曰「堂上猶未糞除，則不暇瞻視郊野之草有無也」，此則不得其解而曲爲之説。白刃扞乎胸則目不見流矢，扞，蔽也。扞蔽於胷，謂見斬刺也。懼白刃之甚，不暇憂流矢也。○王念孫曰：案，扞蔽非斬刺之義，楊説非也。扞之言干也。干，犯也。謂白刃犯胷，則不暇顧流矢也。《史記・游俠傳》「扞當世之文罔」，謂犯法也。《漢書・董仲舒傳》「抵冒殊扞」，文穎曰：「扞，突也。」突亦犯也。拔戟加乎首則十指不辭斷，言不惜十指而救首也。「拔」或作「校」，或作「枝」。○郝懿行曰：「拔」讀如《少儀》「毋拔來」之「拔」，鄭注：「拔，疾也。」《釋文》：「拔，王本作校。」然則此注「拔或作校」亦可，注又云「或作枝」，則非，古無「枝戟」之名。非不以此爲務也，疾養緩急之有相先者也。疾，痛也。「養」與「癢」同。言非不以郊草、流矢、十指爲務，痛癢緩急有所先救者也。言此者，明人君當先務禮義，然後及它事也。

天論篇第十七

天行有常，天自有常行之道也。○俞樾曰：《爾雅・釋宫》：「行，道也。」天行有常，即天道有常。楊注「天自有常行之道」，則「道」字反爲增出矣。不爲堯存，不爲桀亡。應之以治則吉，應之以亂則凶。吉凶由人，非天愛堯而惡桀也。彊本而節用則天不能貧，本謂農桑。養備而動時則天不能病，養備，謂使人衣食足。動時，謂勸人勤力不失時，亦不使勞苦也。養生既備，動作以時，則疾疹不作也。脩道而不貳則天不能禍，貳，即倍也。○王念孫曰：案，「脩」當爲「循」，字之誤也。隸書「循」「脩」相似，説見《管子・形勢篇》。循，順也。「貳」當爲「貣」，亦字之誤也。凡經傳中，「貣」字多誤作「貳」，説見《管子・勢篇》。「貣」與「忒」同。《管子・正篇》「如四時之不貣」，《史記・宋世家》「二術貣」，並以「貣」爲「忒」。字本作「忒」，又作「貸」，説見《管子・勢篇》。又作「慝」，作「匿」，説見後「匿則大惑」下。忒，差也。言所行皆順乎道而不差，則天不能禍也。下文曰：「倍道而妄行，則天不能使之吉。」正與此相反。今本「循」作「脩」，「貣」作「貳」，則非其旨矣。楊不知「貳」爲「貣」之誤。又見下文言「倍道妄行」，遂釋之曰「貳即倍也」。此望下文生義，而非本句之旨。《群書治要》作「循道而不忒」，足正楊本之誤。又《禮論篇》：「萬物變而不亂，貳之則喪也。」「貳」亦當爲「貣」。貣，差也。言禮能治萬變而不亂，若於禮有所差忒，則必失之也。《大戴記・禮三本篇》作「貸之則喪」，是其證。「貸」見上注。楊云「貳，謂不一」，亦失之。又《解蔽篇》：「心枝則無知，傾則不精，貳則疑惑。」「貳」亦當爲「貣」，言差忒則生疑惑也。貣則疑惑，猶《天論篇》言「匿則大惑也」。「匿」與「慝」「忒」通，説見「匿則大惑」下。彼以「中」「從」爲韻，「畸」「爲」爲韻，「匿」「惑」爲韻。此以「枝」「知」爲韻，「傾」「精」爲韻，「貣」「惑」爲韻。「忒」、「貣」、「慝」、「匿」並通，故「貣」「匿」並與「惑」爲韻，「貳」則非韻矣。「貣」從弋聲，於古音屬之部。「貳」從弍聲，於古音屬脂部。故水旱不能使之飢渴，寒暑不能使之疾，祅怪不能使之凶。畜積有素，故水旱不能使之飢渴。既無飢寒之患，則疫癘所不能加之也。○劉台拱曰：「渴」字衍。「飢」當作「饑」。此承上文而言，彊本節用，故水旱不能使之饑；養備動時，故寒暑不能使之疾；脩道不貳，故祆怪不能使之凶。王念孫曰：案，《群書治要》無「渴」字。下文「水旱未至而飢」亦無「渴」字。注内「渴」字亦後人據已衍之正文加之。本荒而用侈，則天不能使之富；養略而動罕，則天不能使之全；略，減少也。罕，希也。養略，謂使人衣食不足也。動希，言怠惰也。衣食減少而又怠惰，則天不能全也。○俞樾曰：上云「養備而動時，則天不能病」。「備」與「略」義正相對，「時」與「罕」則不倫矣。「罕」疑「屰」字之誤。「屰」即今「逆」字。《説文・干部》：「屰，不順也。」《辵部》：「逆，迎也。」是「逆」爲送逆字，其順逆字本作「屰」也。「養略而動屰」，正與「養備而動時」相對成義。倍道而妄行，則天不能使之吉。故水旱未至而飢，寒暑未薄而疾，薄，迫也。音博。祆怪未至而凶。○王念孫曰：「未至」二字與上文複，《群書治要》「至」作「生」，是也。下文「祆是生於亂」，即其證。「生」「至」字相似，又涉上文「未至」而誤。受時與治世同而殃禍與治世異，不可以怨天，其道然也。非天降災，人自使然。故明於天人之分，則可謂至人矣。知在人，不在天，斯爲至人。

不爲而成，不求而得，夫是之謂天職。不爲而成，不求而得，四時行焉，百物生焉。天之職任如此，豈愛憎於堯、桀之閒乎！如是者雖深，其人不加慮焉；雖大，不加能焉；雖精，不加察焉：夫是之謂不與天爭職。其人，至人也。言天道雖深遠，至人曾不措意測度焉，以其無益於理。若措其在人者，慕其在天者，是爭職也。《莊子》曰：「六合之外，聖人存而不論也。」天有其時，地有其財，人有其治，夫是之謂能參。人能治天時地財而用之，則是參於天地。舍其所以參而願其所參，則惑矣。舍人事而欲知天意，斯惑矣。列星隨旋，日月遞炤，四時代御，陰陽大化，風雨博施，列星，有列位者二十八宿也。隨旋，相隨回旋也。「炤」與「照」同。陰陽大化，謂寒暑變化萬物也。博施，謂廣博施行，無不被也。萬物各得其和以生，各得其養以成，不見其事而見其功，夫是之謂神。和謂和氣，養謂風雨。

不見和養之事，但見成功，斯所以爲神，若有真宰然也。皆知其所以成，莫知其無形，夫是之謂天。言天道之難知。或曰：當爲「夫是之謂天功」，脱「功」字耳。○王念孫曰：或説是也。人功有形，而天功無形，故曰「莫知其無形，夫是之謂天功」。「天功」二字，下文凡三見。唯聖人爲不求知天。既天道難測，故聖人但修人事，不務役慮於知天也。

天職既立，天功既成，形具而神生，好惡喜怒哀樂臧焉，夫是之謂天情。言人之身亦天職、天功所成立也。形謂百骸九竅，神謂精魂。天情，所受於天之情也。耳目鼻口形能各有接而不相能也，夫是之謂天官。耳辨聲，目辨色，鼻辨臭，口辨味，形辨寒熱疾癢，其所能皆可以接物，而不能互相爲用。官猶任也，言天之所付任有如此也。○王念孫曰：楊以「耳目鼻口形」連讀，而以「能」字屬下讀，於義未安。余謂「形能」當連讀，「能」讀爲「態」。《楚辭·招魂》注曰：「態，姿也。」形態即形也。言耳目鼻口形態，各與物接，而不能互相爲用也。古字「能」與「耐」通，説詳《唐韻正》。故亦與「態」通。《楚辭·九章》「固庸態也」，《論衡·累害篇》「態」作「能」。《漢書·司馬相如傳》「君子之態」，《史記》作「能」。徐廣本如是，今本作「態」，非。《易林》：「无妄之賁，女工多能，亂我政事。」「能」即「態」字也。多態謂淫巧。故以形能連文。《正名篇》以「耳目口鼻」與「形體」並列，彼言形體，猶此言形態。心居中虚以治五官，夫是之謂天君。心居於中空虚之地，以制耳目鼻口形之五官，是天使爲形體之君也。財非其類以養其類，夫是之謂天養。「財」與「裁」同。飲食衣服與人異類，裁而用之，可使養口腹形體，故曰「裁非其類以養其類」，是天使奉養之道如此也。順其類者謂之福，逆其類者謂之禍，夫是之謂天政。順其類，謂能裁者也。逆其類，謂不能裁者也。天政，言如賞罰之政令。自「天職既立」，已上並論天所置立之事，已下論逆天、順天之事在人所爲也。暗其天君，昏亂其心。亂其天官，聲色臭味過度。棄其天養，不能務本節用。逆其天政，不能養其類也。背其天情，好惡喜怒哀樂無節。以喪天功，喪其生成之天功，使不蕃滋也。夫是之謂大凶。此皆言不修政、違天之禍。聖人清其天君，正其天官，備其天養，順其天政，養其天情，以全其天功。如是則知其所爲，知其所不爲矣，知務導達，不攻異端。則天地官而萬物役矣。言聖人自修政，則可以任天地役萬物也。其行曲治，其養曲適，其生不傷，夫是之謂知天。其所自修行之政，曲盡其治；其所養人之術，曲盡其適；其生長萬物，無所傷害，是謂知天也。言明於人事則知天物，其要則曲盡也。故大巧在所不爲，大智在所不慮。此明不務知天，是乃知天也。亦猶大巧在所不爲，如天地之成萬物也。若偏有所爲，則其巧小矣。大智在所不慮，如聖人無爲而治也。若偏有所慮，則其智窄矣。所志於天者，已其見象之可以期者矣；志，記識也。聖人雖不務知天，猶有記識，以助治道。所以記識於天者，其見垂象之文，可以知其節候者是也，謂若「堯命羲和，欽若昊天，曆象日月星辰，敬授人時」者也。○俞樾曰：《禮記·緇衣篇》曰：「爲上可望而知也，爲下可述而志也。」鄭注：「志，猶知也。」所志於天者，即所知於天者。下文「志於地」、「志於四時」、「志於陰陽」並同。此即承上文「知其所爲，知其所不爲」而言。楊訓「志」爲「記識」，非。所志於地者，已其見宜之可以息者矣；所以記識於地者，其見土宜可以蕃息嘉穀者是也。所志於四時者，已其見數之可以事者矣；數，謂春作、夏長、秋斂、冬臧，必然之數。事，謂順時理其事也。所記識於四時者，取順時之數，而令生長收臧者也。所志於陰陽者，已其見知之可以治者矣。知，謂知其生殺也。所以記識陰陽者，爲知其生殺，效之爲賞罰以治之也。「知」或爲「和」。○王念孫曰：作「和」者是也。上文云「陰陽大化，萬物各得其和以生」，是其證。陰陽見其和，而聖人法之以爲治，故曰「所志於陰陽者，以其見和之可以治者矣」。「和」與「知」字相似而誤。楊前注謂「知其生殺，而效之爲賞罰以治之」，此曲說也。官人守天而自爲守道也。官人，任人。欲任人守天，在於自守道也，皆明不務知天之義也。

治亂天邪？曰：日月星辰瑞曆，是禹、桀之所同也。或曰：當時星辰書之名也。○郝懿行曰：《堯典》：「曆象日月星辰。」此「瑞曆」即「曆象」也。象謂璿璣玉衡，神其器，故言瑞。禹以治，桀以亂，治亂非天也。時邪？曰：繁啟蕃長於春夏，繁，多也。蕃，茂也。畜積收臧於秋冬，是又禹、桀之所同也。禹以治，桀以亂，治亂非時也。地邪？曰：得地則生，失地則死，是又禹、桀之所同也。禹以治，桀以亂，治亂非地也。皆言在人，不在天地與時也。《詩》曰：「天作高山，大王荒之；彼作矣，文王康之。」此之謂也。《詩》，《周頌·天作》之篇。引此以明吉凶由人，如大王之能尊大岐山也。

天不爲人之惡寒也輟冬，地不爲人之惡遼遠也輟廣，君子不爲小人匈匈也輟行。匈匈，諠譁之聲。與「訩」同，音凶，又許用反。行，下孟反。○盧文弨曰：三「輟」字上，俗閒本皆有「而」字，宋本無。先謙案：「小人」下，《群書治要》有「之」字。以上文例之，有「之」字是也。《文選·答客難》用此文亦有「之」字。天有常道矣，地有常數矣，君子有常體矣。君子道其常，而小人計其功。道，言也。君子常造次必守其道，小人則計一時之功利，因物而遷之也。《詩》曰：「何恤人之言兮。」此之謂也。逸《詩》也。以言苟守道不違，何畏人之言也。○俞樾曰：「何恤」上本有「禮義之不愆」五字，而今奪之。《文選·答客難篇》：「傳曰，天不爲人之惡寒而輟其冬，地不爲人之惡險而輟其廣，君子不爲小人之匈匈而易其行。天有常度，地有常形，君子有常行。君子道其常，小人計其功。《詩》云：禮義之不愆，何恤人之言。」李善注曰：「皆《孫卿子》文。」是其證也。《正名篇》引此《詩》曰：「禮義之不愆兮，何恤人之言兮。」亦其證也。

楚王後車千乘，非知也；君子啜菽飲水，非愚也：是節然也。節，謂所遇之時命也。○劉台拱曰：《正名篇》：「節遇謂之命。」俞樾曰：節，猶適也。説詳《彊國篇》。是節然也，猶曰是其適然者也。劉引《正名篇》「節遇謂之命」釋之，「節遇」之「節」，亦當訓「適」。適與之遇，所謂命也。楊注並非。又《大略篇》：「湯旱而禱曰：政不節與？」節亦適也，謂不調適。若夫心意脩，○王念孫曰：「心意」當爲「志意」，字之誤也。荀子書皆言「志意脩」，無言心意脩者。《脩身篇》曰：「志意脩則驕富貴。」《富國篇》曰：「脩志意，正身行。」皆其證。又《榮辱篇》曰：「志意致脩，德行致厚，智慮致明。」《正論篇》曰：「志意脩，德行厚，知慮明。」皆與此文同一例，尤其明證。德行厚，知慮明，生於今而志乎古，則是其在我者也。故君子敬其在己者，○俞樾曰：「敬」當爲「茍」。《説文·茍部》：「茍，自急敕也。」經典通作「亟」，《爾雅·釋詁》「亟，疾也」，《釋文》曰「字又作茍」是也。「君子茍其在己者」，猶云君子急其在己者，正與「小人錯其在己者」相對成義。學者罕見「茍」字，因誤爲「敬」耳。而不慕其在天者；在天謂富貴也。小人錯其在己者，而慕其在天者。錯，置。君子敬其在己者，而不慕其在天者，是以日進也；求己而不茍，故日進。小人錯其在己者，而慕其在天者，是以日退也。望徼倖而不求己，故日退也。故君子之所以日進，與小人之所以日退，一也。皆有慕有不慕。君子小人之所以相縣者在此耳！

星隊木鳴，國人皆恐。○俞樾曰：木不能鳴，或因風而鳴，人亦不恐，而此云然者，蓋古有社鳴之説。《文選·運命論》：「里社鳴而聖人出。」李善注引《春秋潛潭巴》曰：「里社明，此里有聖人出，其呴，百姓歸，天辟亡。」「明」與「鳴」古字通。所謂社鳴者，社必樹其土所宜木，故古文社從木作「䄕」，社鳴實即其木鳴也，古人蓋甚畏之，故《荀子》以「星隊木鳴」並言也。曰：是何也？曰：無何也。假設問答。無何也，言不足憂也。是天地之變，陰陽之化，物之罕至者也。星隊，天地之變。木鳴，陰陽之化。罕，希也。怪之可也，而畏之非也。以其罕至，謂之怪異則可，因遂畏懼則非。夫日月之有蝕，風雨之不時，怪星之黨見，黨見，頻見也，言如朋黨之多。見，賢遍反。○郝懿行曰：黨宜訓朗，出《方言》注，不謂朋黨也。《韓詩外傳》二「黨」作「晝」，於義爲長。楊注望文生訓耳。王念孫曰：楊説甚迂，且訓黨爲頻，於古無據。惠氏定宇《九經古義》曰：「黨見，猶所見也。」訓「黨」爲「所」，雖據《公羊注》，然怪星之所見，殊爲不詞。余謂黨，古「儻」字。儻者，或然之詞。怪星之黨見，與日月之有蝕、風雨之不時對文，謂怪星之或見也。《莊子·繕性篇》：「物之儻來，寄也。」《釋文》：「儻，崔本作黨。」《史記·淮陰侯傳》：「恐其黨不就。」《漢書·伍被傳》：「黨可以徼幸。」「黨」並與「儻」同。《韓詩外傳》作「怪星之晝見」，「晝」字恐是後人所改。《群書治要》引此正作「怪星之儻見」。是無世而不常有之。○先謙案：《群書治要》「常」作「嘗」，是也。上明而政平，則是雖並世起，無傷也；並世起，謂一世之中並起也。上闇而政險，則是雖無一至者，無益也。夫星之隊，木之鳴，是天地之變，陰陽之化，物之罕至者也。怪之可也，而畏之非也。物之已至者，人祆則可畏也。物之既至可畏，謂在人之祆也。楛耕傷稼，耘耨失薉，政險失民，楛耕，謂麤惡不精也。失薉，謂耘耨失時使穢也。政險，威虐也。「薉」與「穢」同。○盧文弨曰：「耘耨失薉」，《韓詩外傳》二作「枯耘傷歲」。「枯」與「楛」同，疑是也。此處句法不一律，注强爲之説，頗難通。郝懿行曰：「耘耨失薉」，《韓詩外傳》二作「枯耘傷歲」，與上句相儷，是也。此蓋轉寫之譌，不成文義。王念孫曰：盧説是也。「楛耘失歲」，上對「楛耕傷稼」，下對「政險失民」。今本作「耘耨失薉」，則文不成義。「歲」之爲「薉」，乃涉下文「田稼薉惡」而誤，而楊所見本已然，故强爲之説而不可通。田薉稼惡，糴貴民飢，道路有死人，夫是之謂人祆；政令不明，舉錯不時，本事不理，夫是之謂人祆；舉，謂起兵動衆，錯，謂懷安，失於事機也。本事，農桑之事也。禮義不脩，内外無別，男女淫亂，則父子相疑，上下乖離，○王念孫曰：案「内外無別」二句爲一類，「父子相疑」二句爲一類，「父子」上不當有「則」字。《群書治要》無「則」字，《韓詩外傳》亦無。寇難並至，夫是之謂人祆。○先謙案：《群書治要》三「謂人祆」下並有「也」字。下「無安國」下有「矣」字，「棄而不治」下有「也」字。祆是生於亂，三者錯，無安國。三者，三人祆也。錯，置也。置此三祆於中，國則無有安也。○王念孫曰：錯，交錯也。《説文》作「逪」，云「这逪也」。言此三祆交錯於國中，則國必危也。楊讀「錯」爲「措置」之措，失之。其説甚爾，其菑甚慘。爾，近也。三人祆之説，比星隊木鳴爲淺近，然其災害人則甚慘毒也。勉力不時，則牛馬相生，六畜作祆。勉力，力役也。不時，則人多怨曠。其氣所感，故生非其類也。○盧文弨曰：宋本此段在「禮義不脩」之上，注首有「此三句直承其畜甚慘之下」十一字，然後接以「勉力，力役也」云云。　王念孫曰：案吕本所載正文此三句本在上文「禮義不脩」之上。「勉力不時，則牛馬相生，六畜作祅」，此是祅由人興，故曰「祅是生於亂」。自錢本始依楊注移置於下文「可怪也而不可畏也」之上，楊注「勉力不時」三句云：「此三句直承『其畜甚慘』之下。」注「可怪也」二句云：「此二句承『六畜作祅』之下。」且删去楊注，而各本及盧本從之，謬矣。今録吕本原文於左：「星隊木鳴，國人皆恐。曰：是何也？曰：無何也。是天地之變，陰陽之化，物之罕至者也。怪之可也，而畏之非也。夫日月之有蝕，風雨之不時，怪星之黨見，是無世而不常有之。上明而政平，則是雖並世起，無傷也。上闇而政險，則是雖無一至者，無益也。夫星之隊，木之鳴，是天地之變，陰陽之化，物之罕至者也，怪之可也，而畏之非也。物之已至者，人祅則可畏也。楛耕傷稼，耘耨失薉，政險失民，田薉稼惡，糴貴民飢，道路有死人，夫是之謂人祅；政令不明，舉錯不時，本事不理，夫是之謂人祅；案此句當在下文「六畜作祅」之下，乃總上之詞。今倒在「勉力不時」之上，則文義不順。「政令不明，舉錯不時，本事不理，勉力不時」，四句相連。「牛馬相生」二句，乃總承此四句而言，非專承「勉力不時」而言。勉力不時，則牛馬相生，六畜作祅；禮義不修，內外無别，男女淫亂，則父子相疑，上下乖離，寇難並至，夫是之謂人祅。祅是生於亂，三者錯，無安邦。其説甚爾，其菑甚慘。可怪也，而不可畏也。」「不可畏也」當作「亦可畏也」。蓋星隊木鳴，乃天地之變，陰陽之化，非人事之所招，故曰「怪之可也，而畏之非也」。若牛馬相生，六畜作祅，則政亂之所致，所謂人祅也。其説甚邇，其菑甚慘，可怪也，而亦可畏矣。上文云「物之已至者，人祅則可畏也」，正與此句相應。若作「不可畏」，則與上文相反矣。楊不知「不」爲「亦」之誤，故欲顛倒其文耳。《外傳》曰：「星隊木鳴，國人皆恐，何也？曰：是天地之變，陰陽之化，物之罕至者也，怪之可也，畏之非也。夫日月之薄蝕，怪星之晝見，風雨之不時，是無世而不嘗有也。上明政平，是雖並至，無傷也。上闇政險，是雖無一至，無益也。夫萬物之有災，人妖最可畏也。曰：何謂人妖，曰：枯耕傷稼，枯耘傷歲，政險失民，田穢稼惡，糴貴民饑，道有死人，寇賊並起，上下乖離，鄰人相暴，對門相盜，禮義不循，牛馬相生，六畜作妖，臣下殺上，父子相疑，是謂人妖，是生於亂。」案此文與《荀子》略同。「牛馬相生，六畜作妖」，在「是謂人妖」之上，是「牛馬相生」二句乃人妖也。然則《荀子》原文本作「政令不明，舉錯不時，本事不理，勉力不時，則牛馬相生，六畜作妖，夫是之謂人妖」明矣。

可怪也，而不可畏也。○盧文弨曰：宋本有注云：「此二句承『六畜作祆』之下，蓋録之時錯亂迷誤，失其次也。」共二十二字。元刻已如其説移正，故盡删去。《傳》曰：「萬物之怪，書不説。」書，謂六經也。可以勸戒則明之，不務廣説萬物之怪也。無用之辯，不急之察，棄而不治。若夫君臣之義，父子之親，夫婦之別，則日切瑳而不舍也。○郝懿行曰：切瑳，言務學也。《韓詩外傳》二云：「夫子之門内，切瑳以孝。」與此義合。「磋」，古作「瑳」，今作「磋」。

雩而雨，何也？曰：無何也，猶不雩而雨也。雩，求雨之禱也。或者問歲旱雩則得雨，此何祥也。對以與「不雩而雨」同，明非求而得也。《周禮·司巫》：「國大旱則率巫而舞雩也。」日月食而救之，天旱而雩，卜筮然後決大事，非以爲得求也，以文之也。得求，得所求也。言爲此以示急於災害，順人之意，以文飾政事而已。故君子以爲文，而百姓以爲神；以爲文則吉，以爲神則凶也。順人之情，以爲文飾則無害，淫祀求福則凶也。

在天者莫明於日月，在地者莫明於水火，在物者莫明於珠玉，在人者莫明於禮義。故日月不高則光暉不赫，水火不積則暉潤不博，珠玉不睹乎外則王公不以爲寶，○王念孫曰：「不睹乎外」四字文義不明，「睹」當爲「睹」。《説文》：「睹，旦明也。從日，者聲。」《玉篇》：「丁古切。」睹之言著也。上言「日月不高，則光煇不赫；水火不積，則煇潤不博」，則此言「珠玉睹乎外」，亦謂其光采之著乎外。故上文云「在物者莫明於珠玉」也。世人多見「睹」，少見「睹」，故「睹」誤爲「睹」。《夏小正傳》：「蓋陽氣且睹也。」今本「且睹」作「旦睹」，誤與此同。禮義不加於國家則功名不白。故人之命在天，國之命在禮。君人者，隆禮尊賢而王，重法愛民而霸，好利多詐而危，權謀傾覆幽險而盡亡矣。幽險，謂隱匿其情，而凶虐難測也。權謀、多詐、幽險三者，盡亡之道也。○先謙案：「盡」字無義，衍文也。《彊國篇》四語與此同，無「盡」字。

大天而思之，孰與物畜而制之？尊大天

而思慕之，欲其豐富，孰與使物畜積而我裁制之也。○王念孫曰：「物畜而制之」，「制」當爲「裁」。「思」「裁」爲韻，「頌」「用」爲韻，「待」「使」爲韻，「多」「化」爲韻。「思」「裁」二字於古音並屬之部，「制」字於古音屬祭部，不得與「思」爲韻也。又案，楊注云「使物畜積，而我裁制之」，此釋正文「物畜而裁之」也。正文作「裁之」，而注言「裁制之」者，加一「制」字，以申明其義耳。今正文作「制之」，即因注內「制之」而誤。從天而頌之，孰與制天命而用之？頌者，美盛德也。從天而美其盛德，豈如制裁天之所命而我用之。謂若曲者爲輪，直者爲桷，任材而用也。望時而待之，孰與應時而使之？望時而待，謂若農夫之望歲也。孰與應春生夏長之候，使不失時也。因物而多之，孰與騁能而化之？因物之自多，不如騁其智能而化之使多也。若后稷之播種然也。思物而物之，孰與理物而勿失之也？思得萬物以爲己物，孰與理物皆得其宜，不使有所失喪。願於物之所以生，孰與有物之所以成？故錯人而思天，則失萬物之情。物之生雖在天，成之則在人也。此皆言理平豐富，在人所爲，不在天也。若廢人而妄思天，雖勞心苦思，猶無益也。

百王之無變，足以爲道貫。無變，不易也。百王不易者，謂禮也。言禮可以爲道之條貫也。一廢一起，應之以貫，雖質文廢起，時有不同，然其要歸，以禮爲條貫。《論語》：「孔子曰：『殷因於夏禮，所損益可知也。周因於殷禮，所損益可知也。其或繼周者，雖百代可知也。』」理貫不亂。知禮則其條貫不亂也。不知貫，不知應變。不知以禮爲條貫，則不能應變，言必差錯而亂也。○郝懿行曰：逸《詩》云：「九變復貫，知言之選。」蓋荀此語所本。上云「百王之無變，足以爲道貫」，道即禮也。貫之大體未嘗亡也，亂生其差，治盡其詳。差，謬也。所以亂者，生於條貫差謬；所以治者，在於精詳也。故道之所善，中則可從，畸則不可爲，匿則大惑。畸者，不偶之名，謂偏也。道之所善得中則從，偏側則不可爲。匿，謂隱匿其情。禮者，明示人者也，若隱匿則大惑。畸音羈。○王念孫曰：「隱匿」與「大惑」義不相屬，楊曲爲之説，非也。「匿」與「慝」同。《逸周書·大戒篇》「克禁淫謀，衆匿乃雍」，《管子・七法篇》「百匿傷上威」，並以「匿」爲「慝」。又《管子・明法篇》「比周以相爲匿」，《明法解》「匿」作「慝」。《漢書・五行志》「朔而月見東方，謂之仄慝」，《書大傳》「慝」作「匿」。慝，差也。《洪範》「民用僭忒」，《漢書・王嘉傳》引此「忒」作「慝」，而釋之曰：「民用僭差不壹。」董仲舒《雨雹對》曰：「無有差慝。」言大惑生於差慝也。上文曰「亂生其差」，正謂此也。道貴乎中，畸則偏，差則惑矣。故曰：「中則可從，畸則不可爲，慝則大惑。」又《樂論篇》曰：「亂世之徵，其聲樂險，其文章匿而采。」「匿」亦讀爲「慝」。慝，邪也。言文章邪慝而多采飾也。《鄘風・柏舟》傳曰：「慝，邪也。」《漢書・嚴安傳》：「樂失而淫，禮失而采。」如淳曰：「采，飾也。」水行者表深，表不明則陷；表，標準也。陷，溺也。○俞樾曰：「水行」當作「行水」。「行水者表深」，與下文「治民者表道」一律。《孟子・離婁篇》：「如智者若禹之行水也。」此「行水」二字之證。治民者表道，表不明則亂。禮者，表也；非禮，昏世也；昏世，大亂也。昏世，謂使世昏闇也。故道無不明，外內異表，隱顯有常，民陷乃去。道，禮也。外，謂朝聘。內，謂冠昏。所表識章示各異也。隱顯，即內外也。有常，言有常法也。如此，民陷溺之患乃去也。○郝懿行曰：外、內皆謂禮也。禮有內心，有外心，竹箭有筠，禮之外心也；松柏有心，禮之內心也。注非。

萬物爲道一偏，一物爲萬物一偏，愚者爲一物一偏，愚者不能盡一物也。而自以爲知道，無知也。以偏爲知道，豈有知哉！慎子有見於後，無見於先；慎到本黄、老之術，明不尚賢、不使能之道，故《莊子》論慎到曰「塊不失道」。以其無争先之意，故曰見後而不見先也。《漢書・藝文志》慎子著書四十二篇，班固曰：「先申、韓，申、韓稱之也。」老子有見於詘，無見於信；老子，周之守藏史，姓李，字伯陽，號稱老聃，孔子之師也。著五千言，其意多以屈爲伸，以柔勝剛，故曰「見詘而不見信」也。「信」讀爲「伸」。墨子有見於齊，無見於畸；畸，謂不齊也。墨子著書有《上同》、《兼愛》，是見齊而不見畸也。宋子有見於少，無見於多。宋子，名鈃，宋人也，與孟子同時。下篇云：「宋子以人之情爲欲寡，而皆以己之情爲欲多爲過也。」據此説，則是少而不見多也。鈃音形，又胡泠反。《漢書・藝文志》有《宋子》十八篇。班固曰：「荀卿道宋子，其言黄、老意。」〇盧文弨曰：注引下篇，元刻作「宋子以人之情欲寡，而皆以己之情欲多是過也」，與下篇合。但引書不必定全依本文。楊氏以「情欲」二字相連，慮人不明，故以兩「爲」字閒之，不可謂衍文。今并下一「爲」字，皆從宋本。

有後而無先，則群衆無門；夫群衆在上之開導，皆處後而不處先，群衆無門户也。有詘而無信，則貴賤不分；貴者伸而賤者詘，則分别矣。若皆貴柔弱卑下，則無貴賤之别矣。有齊而無畸，則政令不施；夫施政令所以治不齊者。若上同則政令何施也？有少而無多，則群衆不化。夫欲多則可以勸誘爲善，若皆欲少，則何能化之？《書》曰：「無有作好，遵王之道。無有作惡，遵王之路。」此之謂也。《書》，《洪範》。以喻偏好則非遵王道也。

荀子卷第十一

荀子卷第十二

唐登仕郎守大理評事楊倞注
臣王先謙集解

正論篇第十八

世俗之爲説者曰：「主道利周。」是不然。此一篇皆論世俗之乖謬，荀卿以正論辨之。周，密也。謂隱匿其情，不使下知也。世俗以爲主道利在如此也。○先謙案：楊注「此一篇」至「辨之」十七字，應在《正論篇》第十八下，傳鈔者誤入正文。主者，民之唱也；上者，下之儀也。謂下法上之表儀也。○先謙案：《周語》「儀之於民」，韋注：「儀，準也。」《文選·東京賦》：「儀姬伯之渭陽。」薛注：「儀，則也。」言上是下之準則。彼將聽唱而應，視儀而動。唱默則民無應也，儀隱則下無動也。不應不動，則上下無以相有也。上不導其下，則下無以效上，是不相須也。○先謙案：「有」當爲「胥」，字之誤也。據注云「是不相須也」，則正文非「相有」明甚。《詩·桑扈》疏：「胥、須古今字。」《孟子·萬章篇》趙注：「胥，須也。」是「胥」「須」字義並同。故正文云「無以相胥」，注即以「是不相須也」釋之。「胥」與「有」形近致誤。若是則與無上同也，不祥莫大焉。故上者下之本也，上宣明則下治辨矣，宣，露。辨，別也。下知所從，則明別於事也。○郝懿行曰：「辨」與「辦」同。非「辨別」之「辨」。上端誠則下愿愨矣，上公正則下易直矣。上公正則下不敢險曲也。治辨則易一，愿愨則易使，易直則易知。易一則彊，易使則功，易知則明，是治之所由生也。上周密則下疑玄矣，玄謂幽深難知。或讀爲「眩」，惑也。下同。○郝懿行曰：「玄」與「眩」同，注後説是。上幽險則下漸詐矣，幽，隱也。險，難測也。漸，進也，如字。又曰：漸，浸也。謂浸成其詐也，子廉反。○郝懿行曰：「漸」讀爲「潛」。「潛」與「漸」，古音同字通。潛者，深也。潛詐者，謂幽深而險詐也。先謙案：漸亦詐也，説見《不苟篇》。上偏曲則下比周矣。疑玄則難一，疑或不知所從，故難一也。漸詐則難使，比周則難知。人人懷私親比，則上不可知其情。《禮記》曰：「下難知，則君長勞也。」難一則不彊，難使則不功，難知則不明，是亂之所由作也。故主道利明不利幽，利宣不利周。故主道明則下安，主道幽則下危。下知所從則安，不知所從則自危也。故下安則貴上，下危則賤上。貴猶愛也。賤猶惡也。故上易知則下親上矣，上難知則下畏上矣。下親上則上安，下畏上則上危。畏則謀上。故主道莫惡乎難知，莫危乎使下畏己。《傳》曰：「惡之者衆則危。」《書》曰：「克明明德。」《書·多方》曰：「成湯至於帝乙，罔不明德慎罰。」《詩》曰：「明明在下。」《詩》，《大雅·大明》之篇。言文王之德，明明在下，故赫赫然著見於天也。故先王明之，豈特玄之耳哉！特，猶直也。

世俗之爲説者曰：「桀、紂有天下，湯、武篡而奪之。」是不然，以桀、紂爲常有天下之籍則然，以常主天下之圖籍則然。○盧文弨曰：案，「常」當爲「嘗」，「籍」當爲「憑藉」之「藉」。下文云「執籍」，爲執力憑藉也。有之而不能用，故曰不能親有。親有天下之籍則不然，躬親能有天下則不然，以其不能治之也。○先謙案：兩「天下之籍」，並當作「天子之籍」，説見《儒效篇》。常有，謂世相及；親有，身爲天子也。上盧説非。「則不然」當作「則然」，説見下。天下謂在桀、紂則不然。○王引之曰：上「則不然」亦當作「則然」，「親有天下之籍則然，天下謂在桀、紂則不然」者，言桀、紂雖親有天下之籍，而天下之人心已去桀、紂而歸湯、武也。今本「則然」作「則不然」，涉下句而誤耳。下文云「有天下之後也，執籍之所在也」，則桀、紂固親有天下之籍矣，何得云不然乎？楊曲爲之説，非是。古者天子千官，諸侯百官。○郝懿行曰：《明堂位》云：「有虞氏官五十，夏后氏官百，殷二百，周三百。」鄭注：「周之六卿，其屬各六十，則周三百六十官也。以夏、周推前後之差，有盧氏官宜六十，夏后氏宜百二十，殷宜二百四十，不得如此記也。」然則依鄭此說，參以記文，可知天子千官，古未有矣。以是千官也，令行於諸夏之國，謂之王；夏，大也，中原之大國。以是百官也，令行於境内，國雖不安，不至於廢易遂亡，謂之君。僅存之君。○先謙案：「遂」讀爲「墜」，說見《王制篇》。聖王之子也，子，子孫也。有天下之後也，執籍之所在也，○先謙案：「執籍」猶「執位」，說見《儒效篇》。天下之宗室也，然而不材不中，不中，謂處事不當也。中，丁仲反。○王念孫曰：「中」讀「中正」之「中」。《孟子·離婁篇》「中也養不中，材也養不材」是其證，楊說非。内則百姓疾之，外則諸侯叛之，近者境内不一，遥者諸侯不聽，令不行於境内，甚者諸侯侵削之，攻伐之，若是則雖未亡，吾謂之無天下矣。聖王没，有執籍者罷不足以縣天下，聖王，禹、湯也。有執籍者，謂其子孫也。罷，謂弱不任事也。縣，繫也，音懸。○先謙案：注「弱不任事」，各本「任」誤「在」，據宋台州本正。縣天下，謂持天下之衡，說詳《彊國篇》。楊注非。天下無君，桀、紂不能治天下，是無君。諸侯有能德明威積，海内之民莫不願得以爲君師。師，長。然而暴國獨侈，安能誅之，暴國，即桀、紂也。侈謂奢汰放縱。○先謙案：以上下文義求之，「能」字不當有。此以「安」代「則」字用。「暴國獨侈安誅之」者，暴國獨侈則誅之也。此「能」字緣上下文「能」字而衍。必不傷害無罪之民，誅暴國之君若誅獨夫。天下皆去，無助之者，若一夫然。若是則可謂能用天下矣。能用天下之謂王。湯、武非取天下也，非奪桀、紂之天下也。修其道，行其義，興天下之同利，除天下之同害，而天下歸之也。桀、紂非去天下也，非天下自去也。反禹、湯之德，亂禮義之分，禽獸之行，積其凶，全其惡，而天下去之也。天下歸之之謂王，天下去之之謂亡。故桀、紂無天下，而湯、武不弒君，由此效之也。天下皆去桀、紂，是無天下也。湯、武誅獨夫耳，豈爲弑君乎？由，用也。效，明也。用此論明之。○先謙案：注「豈」，各本誤「其」，據宋台州本正。湯、武者，民之父母也；桀、紂者，民之怨賊也。今世俗之爲説者，以桀、紂爲君，而以湯、武爲弑，然則是誅民之父母，而師民之怨賊也，師，長。不祥莫大焉。以天下之合爲君，則天下未嘗合於桀、紂也；然則以湯、武爲弑，則天下未嘗有説也，直墮之耳！自古論説未嘗有此，世俗之人墮損湯、武耳。○郝懿行曰：墮者，毁也。言以湯、武爲弑，非有説也，直爲妄言詆毁之耳。王念孫曰：「天下未嘗有説」，「天下」二字涉上文而衍。據楊注云「自古論説未嘗有此」，則本無「天下」二字明矣。先謙案：「天下」，王説是也，此緣上文「天下」字而衍。「墮之」，郝説是也。《仲尼篇》云：「則墮之者衆。」《富國篇》云：「非將墮之也。」《議兵篇》云：「辟之猶以錐刀墮太山也。」與此文皆當訓爲「毁」。注云「墮損」，其義未諦。故天子唯其人。天下者，至重也，非至彊莫之能任；物之至彊者，乃能勝重任。至大也，非至辨莫之能分；至大則難詳，故非小智所能分別也。至衆也，非至明莫之能和。天下之人至衆，非極知其情僞，不能和輯也。此三至者，非聖人莫之能盡。故非聖人莫之能王。重大如此三者，非聖人安能王乎？王，于況反。聖人備道全美者也，是縣天下之權稱也。縣天下，如權稱之懸，揔知輕重也。稱，尺證反。桀、紂者，其知慮至險也，其至意至闇也，「至意」當爲「志意」。○先謙案：荀書「至」、「志」通借，説見《儒效篇》。其行之爲至亂也。○王引之曰：「知慮」、「志意」、「行爲」，相對爲文，則「行」下不當有「之」字。荀子書「行爲」字皆作「僞」。今作「爲」者，後人以其所知改其所不知耳。親者疏之，賢者賤之，生民怨之，禹、湯之後也，而不得一人之與；刳比干，囚箕子，身死國亡，爲天下之大僇，後世之言惡者必稽焉，言惡者必稽考桀、紂，以爲龜鏡也。是不容妻子之數也。不能容有其妻子，是如此之人數也。猶言不能保妻子之徒也。《列子》梁王謂楊朱曰：「先生有一妻一妾，不能治也。」○王念孫曰：楊未曉「數」字之意。數猶道也。《吕氏春秋・壅塞篇》：「寡不勝衆，數也。」高注：「數，道數也。」言是不容妻子之道也。凡道有吉有凶，下文曰：「故至賢疇四海，湯、武是也；至罷不容妻子，桀、紂是也。」然則如湯、武者，是疇四海之道也，吉道也。如桀、紂者，是不容妻子之道也，凶道也。

故至賢疇四海，湯、武是也；至罷不容妻子，桀、紂是也。疇四海，謂以四海爲疇域。或曰：「疇」與「籌」同，謂計度也。○盧文弨曰：古以「疇」爲「儔」，楊注未是。郝懿行曰：疇者，匹也。罷者，病也。言不能任事也。《齊語》云：「罷士無伍，罷女無家。」又云：「人與人相疇，家與家相疇。」俞樾曰：「疇者，保也。」《國語・楚語》：「臣能自壽也。」韋注：「壽，保也。」《晏子・雜篇》：「賴君之賜，得以壽三族。」壽三族，即保三族也。《管子・霸言篇》：「國在危亡而能壽者，明聖也。」能壽即能保也。此文作「疇」者，古字通耳。《説文・土部》：「壔，保也。」凡作「疇」作「壽」皆「壔」之叚字。

今世俗之爲説者，以桀、紂爲有天下而臣湯、武，豈不過甚矣哉！以桀、紂爲君，以湯、武爲臣而殺之，是過甚也。

譬之是猶傴巫、跛匡大自以爲有知也。「匡」讀爲「尪」，廢疾之人。《王霸篇》曰：「賤之如尪」，與此「匡」同。《禮記》曰：「吾欲暴尪而奚若。」言世俗此説，猶巫尪大自以爲神異也。○俞樾曰：「大」乃「而」之譌，「而」「大」篆文相似，因而致誤。注云「猶巫尪大自以爲神異」，則曲爲之説矣。

故可以有奪人國，不可以有奪人天下；○先謙案：以下「竊國」「竊天下」例之，兩「人」字當衍。下文「有擅國無擅天下」，句例亦同。

可以有竊國，不可以有竊天下也。一國之人易服，故可以有竊者；天下之心難歸，故不可也。竊國，田常、六卿之屬是也。

可以奪之者，可以有國而不可以有天下；○王念孫曰：「奪」之上不當有「可以」二字，此涉上下文而衍。

竊可以得國而不可以得天下，是何也？曰：國，小具也，可以小人有也，可以小道得也，可以小力持也；天下者，大具也，不可以小人有也，不可以小道得也，不可以小力持也。國者，小人可以有之，然而未必不亡也；小人既可以有之，則易滅亡，明取國與取天下殊也。天下者，至大也，非聖人莫之能有也。

世俗之爲説者曰：治古無肉刑，而有象刑，治古，古之治世也。肉刑，墨、劓、剕、宫也。象刑，異章服，恥辱其形象，故謂之象刑也。《書》曰：「皋陶方施，象刑惟明。」孔安國云：「象，法也。」案《書》之象刑，亦非謂形象也。墨黥，世俗以爲古之重罪，以墨涅其面而已，更無劓刖之刑也。或曰：「墨黥」當爲「墨幏」，但以墨巾幏其頭而已。○盧文弨曰：注「幏」俗本作「幪」，今從《説文》、《玉篇》改正，下同。慅嬰，當爲「澡嬰」，謂澡濯其布爲纓。鄭云：「凶冠之飾，令罪人服之。」《禮記》曰：「緦冠澡纓。」鄭云：「有事其布以爲纓也。」「澡」或讀爲「草」。《慎子》作「草纓」也。共艾畢，「共」未詳，或衍字耳。艾，蒼白色。「畢」與「韠」同，紱也，所以蔽前。君以朱，大夫素，士爵韋。令罪人服之，故以蒼白色爲韠也。○盧文弨曰：注「紱」當作「韍」。菲對屨，菲，草屨也。「對」當爲「紨」，傳寫誤耳。紨，枲也。《慎子》作「紨」，言罪人或菲或枲爲屨，故曰「菲紨屨」。紨，方孔反。「對」或爲「蒯」，《禮》有「疏屨」，傳曰：「藨蒯之菲也。」殺赭衣而不純。以赤土染衣，故曰赭衣。純，緣也。殺之所以異於常人之服也。純音準。殺，所介反。《慎子》曰：「有虞氏之誅，以畫跪當黥，以草纓當劓，以履紨當刖，以艾畢當宫，此有虞之誅也。」又《尚書大傳》曰：「唐、虞之象刑，上刑赭衣不純，中刑雜屨，下刑墨幏。」幏，巾也。○劉台拱曰：「共」當作「宫」，「菲」當作「剕」，「殺」當如字讀。言犯墨黥之罪者，以草纓代之，宫罪以艾畢代之，刖罪以紨屨代之，殺罪以赭衣不純代之。注引《尚書大傳》及《慎子》之言正可參證。郝懿行曰：此皆謂古有象刑也。墨一名黥，此「墨黥」謂以墨畫代黥，不加刻涅，《慎子》所謂「畫跪當黥」也。按今本作「幏巾當墨」。「慅嬰」，《慎子》作「草纓」。「草」與「慅」，蓋音同假借字耳。《詩》之「勞人草草」即「慅慅」矣。共艾畢者，「共」當爲「宫」，亦假借字，《慎子》謂「以艾畢當宫」是也。今本「畢」作「韠」。「艾」讀當與「刈」同，蓋斬艾其韠以代宫刑也。「對屨」《慎子》作「履紨」。今作「菲履」，蓋誤。紨，枲履也。「對」當爲「紨」，「菲」當爲「剕」。殺赭衣而不純。純，緣也。殺，殺罪也。今《慎子》作「布衣無領當大辟」。布衣即赭衣，無領即不緣也。去其衣領以代死刑。《慎子》以爲有虞氏之誅，《尚書大傳》以爲唐、虞之象刑，並與此義合。王念孫曰：「墨黥」二字，語意未完，當有脱文。以《慎子》言「畫跪當黥」，《書大傳》言「下刑墨幪」知之。「慅嬰」上蓋脱「劓」字，以《慎子》言「草纓當劓」知之。治古如是。世俗説以治古如是。是不然。以爲治邪？則人固莫觸罪，非獨不用肉刑，亦不用象刑矣。以爲人或觸罪矣，而直輕其刑，然則是殺人者不死，傷人者不刑也。罪至重而刑至輕，庸人不知惡矣，亂莫大焉。惡，烏路反。凡刑人之本，禁暴惡惡，且徵其未也。「徵」讀爲「懲」。未，謂將來。殺人者不死，而傷人者不刑，是謂惠暴而寬賊也，非惡惡也。故象刑殆非生於治古，並起於亂今也。今之亂世，妄爲此説。治古不然，凡爵列官職賞慶刑罰皆報也，以類相從者也。報，謂報其善惡，各以類相從。謂善者得其善，惡者得其惡也。一物失稱，亂之端也。失稱，謂失其所稱，類不相從也。稱，尺證反。○先謙案：稱，權稱也。失稱，謂失其平。楊注非。夫德不稱位，能不稱官，賞不當功，罰不當罪，不祥莫大焉。昔者武王伐有商，誅紂，斷其首，縣之赤旆。《史記》武王斬紂頭，縣之太白旗，此云「赤旆」，所傳聞各異也。《禮記·明堂位》説旗曰「殷之大白，周之大赤」，即《史記》之説非也。○謝本從盧校作「赤旂」。王念孫曰：吕本作「赤旂」，錢本「旂」作「旆」。注「旂」字同。元刻、世德堂本同。案《解蔽篇》云「紂縣於赤旆」，則作「旆」者是。先謙案：王説是，今依錢本改「赤旆」，虞、王本同。夫征暴誅悍，治之盛也。殺人者死，傷人者刑，是百王之所同也，未有知其所由來者也。刑稱罪則治，不稱罪則亂。故治則刑重，亂則刑輕。治世刑必行，則不敢犯，故重。亂世刑不行，則人易犯，故輕。李奇注《漢書》曰：「世所以治乃刑重，所以亂乃刑輕也。」犯治之罪固重，犯亂之罪固輕也。治世家給人足，犯法者少，有犯則衆惡之，罪固當重也。亂世人迫於飢寒，犯法者多，不可盡用重典，當輕也。○郝懿行曰：治期無刑，故重。亂用哀矜，故輕。注兩説，前義較長。

《書》曰：「刑罰世輕世重。」此之謂也。《書》，《甫刑》。以言世有治亂，故法有輕重也。

世俗之爲説者曰：湯、武不能禁令。是何也？言不能施禁令，故有所不至者。曰：楚、越不受制。是不然。湯、武者，至天下之善禁令者也。○先謙案：「至」猶「極」。湯居亳，武王居鄗，皆百里之地也，天下爲一，諸侯爲臣，通達之屬莫不振動從服以化順之，「振」與「震」同，恐也。曷爲楚、越獨不受制也！彼王者之制也，視形埶而制械用，即《禮記》所謂「廣谷大川異制，民生其閒者異俗，器械異制，衣服異宜」也。稱遠邇而等貢獻，豈必齊哉！稱，尺證反。等，差也。故魯人以榶，衛人用柯，齊人用一革，未詳。或曰：《方言》云：「盌謂之榶，盂謂之柯。」或曰：《方言》：「榶，張也。」郭云：「謂彀張也。」○盧文弨曰：案，《方言》「盌謂之櫂」，宋本《荀子》注正作「櫂」，但與正文似不合。「盂」，宋本作「或」字，今《方言》作「盂」。至「榶張也」之「榶」，《方言》作「搪」，從手。此注恐有傅會。郝懿行曰：注引《方言》「盌謂之榶，盂謂之柯」，蓋楊所見古本如是。今本「榶」作「櫂」，宋本《荀子》注已作「櫂」，或唐以後人據《方言》改耳。「一革」二字，雖未能詳，然考《史記·貨殖傳》「適齊爲鴟夷子皮」，《索隱》引大顏云：「若盛酒者鴟夷也，用之則多所容納，不用則可卷而懷之。」據此知鴟夷以革爲之。《吴語》：「盛以鴟鴺而投之於江。」韋注：「鴟鴺，革囊。」參以揚雄《酒賦》，則鴟夷乃酒器。范蠡適齊而爲鴟夷子皮，此正齊人所用。與魯人以榶，衛人用柯，文義正合。先謙案：「以」「用」同義，承上貢獻言，各以其土物也。土地刑制不同者，械用備飾不可不異也。故諸夏之國，同服同儀；儀，謂風俗也。諸夏迫近京師，易一以教化，故同服同儀也。○郝懿行曰：「儀」與「義」同。「義」古作「誼」，謂行誼也。此言同服同儀，猶《中庸》言「同軌同倫」。王念孫曰：風俗不得謂之儀，儀謂制度也。下文蠻夷戎狄之國，同服不同制，正與此相反。蠻、夷、戎、狄之國，同服不同制。夷、狄遐遠，又各在一方，雖同爲要荒之服，其制度不同也。封内甸服，王畿之内也。《禹貢》：「五百里甸服。」孔安國曰：「爲天子服治田也。」○盧文弨曰：案《周語》「封」俱作「邦」，古「封」「邦」通用。封外侯服，畿外也。《禹貢》：「五百里侯服。」孔云：「甸服之外五百里也。侯，候也。斥候而服事王也。」韋昭云：「侯服，侯圻也。」侯、衛賓服，韋昭注《國語》曰：「侯，侯圻。衛，衛圻。自侯圻至衛圻，其閒五圻，圻五百里，五五二千五百里，中國之界也。謂之賓服，常以服貢賓見於王。王圻者，侯圻之外甸圻，甸圻之外男圻，男圻之外采圻，采圻之外衛圻。《康誥》曰『侯、甸、男、采、衛』是也。」此據《周官·職方氏》，與《禹貢》異制也。蠻、夷要服，《職方氏》云：「衛服之外五百里曰蠻服，又其外五百里曰夷服。」孔安國云：「要，謂要束以文教。」要，一昭反。戎、狄荒服。《職方氏》所謂「鎮服」「蕃服」也。韋昭曰：「各相去五百里。九州之外，荒裔之地，與戎狄同俗，故謂之荒。荒忽無常之言也。」甸服者祭，侯服者祀，賓服者享，要服者貢，荒服者終王。韋昭曰：「日祭，祭於祖、考，上食也。近漢亦然。月祀於曾祖也。時享於二祧也。歲貢於壇、墠也。終謂世終，朝嗣王也。」○盧文弨曰：「曾祖」，今韋注作「曾高」。顧千里曰：「終」字疑不當有，觀上文四句，祭祀享貢，不言日月時歲。知此句王不言「終」明甚，涉下「終王之屬也」及楊注而衍。日祭，月祀，時享，歲貢，此下當有「終王」二字，誤脱耳。夫是之謂視形埶而制械用，稱遠近而等貢獻，是王者之至也。「至」當爲「志」，所以志識遠近也。○王念孫曰：「至」當爲「制」。上文云「彼王者之制也，視形埶而制械用，稱遠邇而等貢獻」，下文云「則未足與及王者之制也」，皆其證，楊説非。彼楚、越者，且時享歲貢終王之屬也，必齊之日祭月祀之屬然後曰受制邪？是規磨之説也，規磨之説，猶言差錯之説也。規者，正圓之器，磨久則偏盡而不圓，失於度程也。《文子》曰：「水雖平，必有波；衡雖正，必有差。」《韓子》曰：「規有磨，而水有波，我欲更之，無奈之何。」此通於權者言也。○郝懿行曰：「磨」當作「摩」，古今字也。規摩，蓋言規畫揣摩，不必無失也。溝中之瘠也，謂行乞之人在溝壑中羸瘠者，以喻智慮淺也。則未足與及王者之制也。○俞樾曰：此文當在「東海之樂」下。《荀子》原文蓋云：「語曰，淺不足與測深，愚不足以謀知，坎井之鼃不可與語東海之樂，溝中之瘠未足與及王者之制，此之謂也。」「坎井之鼃」二句，所謂淺不足與測深也；「溝中之瘠」二句，所謂愚不足以謀知也。傳寫誤倒在上，又衍兩「也」字、一「則」字。語曰：「淺不足與測深，愚不足與謀知，坎井之鼃不可與語東海之樂。」此之謂也。言小不知大也。司馬彪曰：「坎井，壞井也。鼃，蝦蟇類也。」事出《莊子》。「坎井」或作「壇井」。鼃，户蝸反。○盧文弨曰：正文「淺不足」，宋本作「淺不可」。

世俗之爲説者曰：堯、舜擅讓。「擅」與「禪」同，「墠」亦同義，謂除地爲墠，告天而傳位也，後因謂之禪位。世俗以爲堯、舜德厚，故禪讓聖賢。後世德薄，故父子相繼。荀卿言堯、舜相承，但傳位於賢而已，與傳子無異，非謂求名而禪讓也。案《書序》曰「將遜于位，讓于虞舜」，是亦有讓之説。此云非禪讓，蓋《書序》美堯之德，雖是傳位，與遜讓無異，非是先自有讓意也。《孟子》亦云：「萬章曰：堯以天下與舜，有諸？孟子曰：天子不能以天下與人。曰：孰與之？曰：天與之。」又曰：「天與賢則與賢，天與子則與子也。」是不然。天子者，埶位至尊，無敵於天下，夫有誰與讓矣！讓者埶位敵之名，若上下相縣，則無與讓矣。「有」讀爲「又」也。道德純備，智惠甚明，南面而聽天下，生民之屬莫不振動從服以化順之，天下無隱士，無遺善，無隱藏不用之士也。同焉者是也，異焉者非也，夫有惡擅天下矣！夫自知不堪其事，則求賢而禪位。今以堯、舜之明聖，事無不理，又烏用禪位哉？

曰：死而擅之。或者既以生無禪讓之事，因謂堯、舜預求聖賢，至死後而禪之。是又不然。聖王在上，圖德而定次，量能而授官，○盧文弨曰：舊校云：「一本作決德而定次。」先謙案：作「決」者是，説見《儒效篇》。皆使民載其事而各得其宜；不能以義制利，不能以僞飾性，則兼以爲民。僞，謂矯其本性也。無能者則兼并之，令盡爲民氓也。○先謙案：「僞」與「爲」同，謂作爲也。聖王已没，天下無聖，則固莫足以擅天下矣。固無禪讓。天下有聖而在後者，則天下不離，有聖繼其後者，則天下有所歸，不離叛也。○俞樾曰：「後」下當有「子」字。下文云

「聖不在後子，而在三公，則天下如歸」，楊注曰：「後子，嗣子，謂丹朱、商均。三公，宰相，謂舜、禹。」此説是也。荀子之意，謂傳賢與傳子同，天下有聖而在後子，則傳之子可也。聖不在後子，而在三公，則傳之賢可也。故兩言「天下厭然與鄉無以異也。以堯繼堯，夫又何變之有矣」。正見傳賢、傳子之不異也；自此文奪「子」字，而其義不顯。楊氏遂疑後三句爲重出矣。 朝不易位，國不更制，天下厭然與鄉無以異也。厭然，順服貌，一涉反。鄉音向。○先謙案：厭然，謝本誤「厭焉」，據宋台州本正。以堯繼堯，夫又何變之有矣！言繼位相承與一堯無異，豈爲禪讓改變與他人乎！ 聖不在後子而在三公，則天下如歸，猶復而振之矣，後子，嗣子，謂丹朱、商均也。三公，宰相，謂舜、禹。天下如歸，言不歸後子，而歸三公也。復而振之，謂猶如天下已去而衰息，今使之來復而振起也。 天下厭然與鄉無以異也；以堯繼堯，夫又何變之有矣！疑此三句重也。唯其徙朝改制爲難。謂殊徽號，異制度也。舜、禹相繼，與父子無異，所難而不忍者，在徙朝改制也。後世見其改易，遂以爲擅讓也。 故天子生則天下一隆，致順而治，論德而定次，天下一隆，謂天下之人，皆得其崇厚也。致，極也。○先謙案：一隆者，天下之人有事尊也。注非。「論」當爲「決」，説見《儒效篇》。 死則能任天下者必有之矣。 夫禮義之分盡矣，擅讓惡用矣哉！夫讓者，禮義之名。今聖王但求其能任天下者傳之，則是盡禮義之分矣，豈復更求禪讓之名哉！曰：老衰而擅。是又不然。血氣筋力則有衰，若夫智慮取舍則無衰。曰：老者不堪其勞而休也。是又畏事者之議也。或者自以畏憚勞苦，以爲聖王亦然也。 天子者，執至重而形至佚，心至愉而志無所詘，而形不爲勞，尊無上矣。衣被則服五采，雜閒色，衣被，謂以衣被身。服五采，言備五色也。閒色，紅碧之屬。《禮記》曰：「衣正色，裳閒色也。」重文繡，加飾之以珠玉；食飲則重大牢而備珍怪，期臭味，重，多也。謂重多之以太牢也。珍怪，奇異之食也。「期」當爲「綦」，極也。 曼而饋，「曼」當爲「萬」。饋，進食也。列《萬》舞而進食。○郝懿行曰：曼訓長也。傳桀進膳，列人持器，以次遞傳，故曰曼也。《論語》「詠而饋」，謂祭也，《論衡・明雩篇》。此云「曼而饋」，謂食也。代睪而食，皋，未詳，蓋香草也。或曰：「皋」讀爲「藁」，即所謂蘭茝本也。或曰：當爲「澤」，澤蘭也。《既夕禮》：「茵著用荼，實綏澤焉。」俗書「澤」字作水傍睪，傳寫誤遺其「水」耳。代睪而食，謂焚香，氣歇即更以新者代之。○盧文弨曰：案，正文「睪」，本作「皋」，故注一云「皋未詳」，再云「皋當爲藁，即所謂蘭茝藁本也」，三云「當爲澤，俗書澤字作水旁皋，傳寫誤遺其水耳」。《史記・天官書》「其色大圜黄滜」，即黄澤，是其證。今本及宋本皆脱誤。若水旁作睪，乃「澤」字正體，不得云俗書也。郝懿行曰：「睪」即「皋」字，下云「側載睪芷」，蓋皆謂香草也。此云「代睪」，蓋進食人更迭佩帶助其馨香。洪頤煊曰：《淮南・主術訓》「鼛鼓而食，奏《雍》而徹」，與此上下文義同。「鼛」「皋」古字通用。劉台拱曰：「代睪」當爲「伐皋」。《主術訓》注引《詩》「鼓鐘伐鼛」。《考工記・韗人》作「皋鼓」。王念孫曰：《周官・大司樂》：「王大食，三侑皆令奏鍾鼓。」又案《淮南》亦本作「伐鼛而食」，與「奏《雍》而徹」對文。《淮南》即本於《荀子》也。高注引《詩》「鼓鍾伐鼛」，正釋「伐鼛」二字之義。今本正文作「鼛鼓」者，涉注文而誤。《玉海》一百九引《淮南》正作「伐鼛而食」。《雍》而徹乎，《雍》，《詩・周頌》樂章名。奏《雍》而徹饌。《論語》曰：「三家者以《雍》徹。」言其僭也。五祀，○劉台拱曰：此當以「雍而徹乎五祀」爲句。徹乎五祀，謂徹於竈也。《周禮・膳夫職》云：「王卒食，以樂徹于造。」《淮南・主術訓》云：「奏《雍》而徹，已飯而祭竈。」蓋徹饌而設之於竈，若祭然，天子之禮也。「造」「竈」古字通用。《大祝》「六祈」，「二曰造」，故書「造」作「竈」。《吳語》：「係馬舌出火竈」，《吳越春秋》作「出火於造」。王念孫云：《史記・秦本紀》「客卿竈」，《秦策》作「造」。《管子・輕重己篇》「熯竈泄井」，《禁藏篇》作「造」。專言之則曰「竈」，連言之則曰「五祀」，若謂丞相爲三公、左馮翊爲三輔也。楊氏失其句讀，乃爲是多方駢枝之説。此言天子奉養之盛，而以祭祀爲言，何當乎？執薦者百人侍西房；《周禮・宗伯》「以血祭祭社稷五祀」，鄭云：「五祀，四時迎五行之氣於四郊，而祭五德之帝也。」或曰：此五祀謂礿、祠、烝、嘗及大祫也。或曰：《國語》：展禽曰：「禘、郊、祖、宗、報，此五者，國之祀典也。」皆王者所親臨之祭，非謂户、竈、中霤、門、行之五祀也。薦，謂所薦陳之物，籩豆之屬也。侍，侍立也。西房，西廂。「侍」或爲「待」也。○劉台拱曰：天子羞用百有二十品，執薦者百人，舉成數。居則設張容，負依而坐，諸侯趨走乎堂下；居，安居也。聽朝之時也。容，謂羽衛也。居則設張其容儀，負依而坐也。户牖之閒謂之「依」，亦作「扆」。「扆」「依」音同。或曰：《爾雅》云：「容謂之防。」郭璞云：「如今牀頭小曲屏風，唱射者所以自防隱也。」言施此容於户牖閒，負之而坐也。○盧文弨曰：注「所以自防隱也」，宋本作「所以隱見也」，誤，今考正。郝懿行曰：「張」與「帳」同，古以「張」爲「帳」也。「容」則楊注引《爾雅》郭注是也。「張」「容」二物，與「負依」而爲三。王念孫曰：「坐」當爲「立」，説見《儒效篇》。出户而巫覡有事，出户，謂出内門也。女曰巫，男曰覡。有事，祓除不祥。出門而宗祀有事，出門，謂車駕出國門。宗者，主祭祀之官。「祀」當爲「祝」。有事，謂祭行神也。《國語》曰：「使名姓之後，能知四時之生，犧牲之物，玉帛之類，采服之儀，彝器之量，次主之度，屏攝之位，壇場之所，上下之神祇，氏姓之所出，而心帥舊典者爲之宗。」又曰：「使先聖之後，能知山川之號，宗廟之事，昭穆之世，齊敬之勤，禮節之宜，威儀之則，容貌之崇，忠信之質，禋絜之服，而敬恭明神者爲之祝。」韋昭曰：「宗，大宗伯也。掌祭祀之禮。祝，大祝，掌祈福祥也。」○盧文弨曰：注「上下之神祇，氏姓之所出」，今《國語》無「祇」字、「所」字。宋本有之，與《周禮・大宗伯》注合。「宗，大宗伯也」，韋注無「大」字。又「祝，大祝」，舊本誤作「《禮記》曰大祝」，今皆考正。乘大路趨越席以養安，大路，祭天車。《禮記》曰：「大路，繁纓一就。」「趨」衍字耳。越席，結蒲爲席。養安，言恐其不安，以此和養之。按禮以「大路越席」爲質素，此云「養安」以爲盛飾，未詳其意。或曰：古人以質爲重也。○先謙案：《史記・禮書》正義云：「蒲草爲席，既潔且柔。潔可以祀神，柔可以養體也。」側載睪芷以養鼻，睪芷，香草也。已解上。於車上傍側載之，用以養鼻也。○先謙案：《史記》作「側載臭茝」，《索隱》引劉氏云：「側，特也。❶臭，香也。茝，香草

❶ 「特」，原誤作「持」，今依《史記索隱》改。

也。言天子行，特得以香草自隨也。❶其餘則否。」今以「側」爲「邊側」。載者，置也，言天子之側常置芳香於左右。前有錯衡以養目，《詩》曰「約軝錯衡」，毛云：「錯衡，文衡。」和鸞之聲，步中《武》、《象》，騶中《韶》《護》以養耳；和、鸞，皆車上鈴也。《韓詩外傳》云：「鸞在衡，和在軾前。升車則馬動，馬動則鸞鳴，鸞鳴則和應，皆所以爲行節也。」許慎曰：「和取其敬。鸞以象鳥之聲。」《武》、《象》、《韶》、《護》，皆樂名。「騶」當爲「趨」。步謂車緩行，趨謂車速行。《周禮·大馭》云：「凡馭路，行以《肆夏》，趨以《采齊》，以鸞和爲節。」鄭云：「行，謂大寢至路門；趨，謂路門至應門也。」三公奉軶持納，軶，轅前也。「納」與「軜」同。軜謂驂馬内轡繫軾前者。《詩》曰：「鋈以觼軜。」○盧文弨曰：注「内轡」，舊作「内軜」，今據《説文》改正。諸侯持輪挾輿先馬，挾輿，在車之左右也。先馬，導馬也。或持輪者，或挾輿者，或先馬者。大侯編後，大夫次之，大侯，國稍大在五等之列者。小侯、元士次之，小侯，僻遠小國及附庸也。元士，上士也。《禮記》曰：「庶大小侯，入天子之國曰某人。」又曰：「天子之元士，視附庸也。」庶士介而夾道，庶士，軍士也。介而夾道，被甲夾於道側，以禦非常也。○謝本從盧校作「坐道」。注二「夾」字並作「坐」。王念孫曰：宋吕本作「庶士介而夾道」。錢本及元刻「夾道」並誤作「坐道」，而盧本從之。案，作「坐道」者非也。上文云天子出則「三公奉軶持納，諸侯持輪挾輿先馬」，然則庶士豈得坐道乎？當從吕本作「夾道」。《周官·條狼氏》「王出入則八人夾道」是也。楊注本云「介而夾道，被甲夾於道側，以禦非常也」，而今本注文兩「夾」字亦誤爲「坐」矣。先謙案：王説是，今從吕本改。庶人隱竄莫敢視望。居如大神，動如天帝，言畏敬之甚也。持老養衰，猶有善於是者與？不老者，休也。休猶有安樂恬愉如是者乎！不老，老也，猶言不顯，顯也。或曰：「不」字衍耳。夫老者休息之名，言豈更有休息安樂過此。○郝懿行曰：不老者，不衰老也。猶《詩》之言「永錫難老」矣。故以天子無老申之。楊注「不老老也」，又曰「不」字衍，二説皆非。王念孫曰：或説是。俞樾

❶「特」，原誤作「持」，今依《史記索隱》改。

曰：案此當作「猶有善於是者不與」，「不」讀爲「否」，傳寫誤倒在「與」下。楊注曰「不老老也」，或曰衍「不」字，並非。故曰：諸侯有老，天子無老。諸侯供職貢朝聘，故有筋力衰竭求致仕者，與天子異也。有擅國，無擅天下，古今一也。讓者，執位敵之名。一國事輕，則有請於天子而讓賢，天下則不然也。夫曰堯、舜擅讓，是虛言也，是淺者之傳，陋者之說也。不知逆順之理，小大、至不至之變者也，小謂一國，大謂天下。至不至，猶言當不當也。未可與及天下之大理者也。

世俗之爲說者曰：堯、舜不能教化。是何也？曰：朱、象不化。是不然也。堯、舜，至天下之善教化者也，南面而聽天下，生民之屬莫不振動從服以化順之。言天下無不化。然而朱、象獨不化，是非堯、舜之過，朱、象之罪也。朱、象乃罪人之當誅戮者，豈堯、舜之過哉！《論語》曰「上智與下愚不移」是也。堯、舜者，天下之英也；鄭康成注《禮記》云：「英謂俊選之尤者。」朱、象者，天下之嵬，一時之瑣也。言嵬瑣之人，雖被堯、舜之治，猶不可化。言教化所不及。「嵬瑣」已解在《非十二子》之篇。○先謙案：「嵬瑣」猶「委瑣」，說見前。《儒效篇》云「英傑化之，嵬瑣逃之」，亦以「英傑」「嵬瑣」對文。今世俗之爲說者，不怪朱、象而非堯、舜，豈不過甚矣哉！夫是之謂嵬說。狂妄之說。羿、蠭門者，天下之善射者也，不能以撥弓曲矢中；撥弓，不正之弓。中，丁仲反。○陳奂曰：案「中」下脱「微」字。撥弓曲矢，不能中微，與下文「辟馬毁輿，不能致遠」句法相同。《儒效篇》曰：「輿固馬選矣，而不能以致遠一日而千里，則非造父也。弓調矢直矣，而不能以射遠中微，則非羿也。」《王霸篇》曰：「人主欲得善射，射遠中微，則莫若羿、蠭門矣；欲得善馭，及速致遠，則莫若王良、造父矣。」《君道篇》曰：「人主欲得善射，射遠中微者，欲得善馭，及速致遠者。」《議兵篇》曰：「弓矢不調，則羿不能以中微；六馬不和，則造父不能以致遠。」皆「中微」與「致遠」作對文可證。《小雅》毛傳曰：「殪，壹發而死，言能中微而制大也。」語本《荀子》。王梁、造父者，天下之善馭者也，不能以辟馬毁輿致遠；「辟」與「躄」同，必亦反。堯、舜者，天下之善教化者也，不能使嵬瑣化。何世而無嵬？何時而無瑣？自太皥、燧人莫不有也。太皥，伏羲也。燧人，太皥前帝王，始作火化者。故作者不祥，學者受其殃，非者有慶。作嵬瑣者不祥也。有慶，言必無刑戮也。○俞樾曰：此謂作世俗之説者不祥，學者從而傳述之，必受其殃。能非而闢之，則有慶也。下文引《詩》曰：「下民之孽，匪降自天。噂沓背憎，職競由人。」可見《荀子》之意，深疾世俗之説，故爲此言。楊注未得其旨。《詩》曰：「下民之孽，匪降自天。噂沓背憎，職競由人。」此之謂也。《詩》，《小雅・十月之交》篇。言下民相爲妖孽，災害非從天降，噂噂沓沓然相對談語，背則相憎，爲此者，蓋由人耳。

世俗之爲説者曰：太古薄葬，棺厚三寸，衣衾三領，葬田不妨田，故不掘也。此蓋言古之人君也。三領，三稱也。《禮記》：君陳衣於序東，西領南上，故以領言。葬田不妨田，言所葬之地不妨農耕也。殷已前平葬，無丘壠之識也。亂今厚葬飾棺，故抇也。是不及知治道而不察於抇不抇者之所言也。抇，穿也，謂發冢也，胡骨反。凡人之盜也，必以有爲，其意必有所云爲也。不以備不足，足則以重有餘也；○盧文弨曰：下「足」字衍。而聖王之生民也，皆使當厚優猶不知足，而不得以有餘過度。當，謂得中也，丁浪反。優，猶寬泰也。不知足，「不」字亦衍耳。言聖王之養民，輕賦薄斂，皆使寬泰而知足也。又有禁限，不得以有餘過度也。○王念孫曰：「當厚」二字不詞，楊説非也。「當厚」蓋「富厚」之誤，《秦策》「勢位富厚」。下「優猶知足」正承富厚言之。故盜不竊，賊不刺，盜賊通名，分而言之，則私竊謂之盜，刼殺謂之賊。○俞樾曰：楊蓋以「刺」爲「刺殺」之「刺」，實非然也。《漢書・郊祀志》：「刺六經中作《王制》。」師古注曰：「刺，采取之也。」又《丙吉傳》「至公車刺取」，注曰：「刺，謂探候之也。」然則刺者，探取之義。盜不竊，賊不刺，變文以成句耳，非有異義也。狗豕吐菽粟，而農賈皆能以貨財讓；農賈庶人猶讓，則其餘無不讓也。○郝懿行曰：吐者，棄也。《倉頡篇》。此蓋極言菽粟之多耳，非食而吐之也。《孟子》言「狗彘食人食」，揚雄《蜀都賦》云「糴米肥豬」，非聖世之事也。風俗之美，男女自不取於涂，而百姓羞拾遺。○郝懿行曰：《大略篇》云「國法禁拾遺」，蓋必申、商之法有此禁令，故荀舉以爲言。故孔子曰：「天下有道，盜其先變乎！」衣食足，知榮辱。雖珠玉滿體，文繡充棺，黄金充椁，加之以丹矸，重之以曾青，丹矸，丹砂也。曾青，銅之精，形如珠者，其色極青，故謂之曾青。加以丹矸，重以曾青，言以丹青采畫也。犀象以爲樹，樹之於壙中也。琅玕、龍兹、華覲以爲實，琅玕似珠，崑崙山有琅玕樹。龍兹未詳。「覲」當爲「瑾」。華，謂有光華者也。或曰：龍兹即今之龍鬚席。《公羊傳》曰：「衛侯朔屬負兹。」《爾雅》曰：「蓐謂之兹。」《史記》曰：「衛叔封布兹。」徐廣曰：「兹者，藉席之名。」《列女傳》：「無鹽女謂齊宣王曰：漸臺五重，黄金白玉，琅玕龍疏，翡翠珠璣，莫落連飾，萬民疲極，此二殆也。」疑「龍兹」即「龍疏」。「疏」「鬚」音相近也。曹大家亦不解。實，謂實於棺椁中。或曰：「兹」與「髭」同。○郭慶藩曰：上言以爲樹，下言以爲實，蓋謂植樹犀象，而以珠玉爲之實也。上言琅玕，下言華覲，則龍兹非席明矣。《列女傳》之「龍疏」，亦列於珠玉之閒，不得爲席。「龍疏」或即「龍兹」，當爲珠玉名，猶《左》昭二十九年傳所稱「龍輔」，爲玉名也。楊訓「實」爲「實於棺椁」，失之。人猶且莫之抇也。是何也？則求利之詭緩，而犯分之羞大也。詭，詐也。求利詭詐之心緩也。○郝懿行曰：詭者，責也。言抇人冢墓以求利，國法必加罪責也。詭訓責，古義也。《漢書》趙充國、陳湯、京房、尹賞、王莽《傳》及《後漢》孟嘗、陳重《傳》注皆以「詭」爲「責」也。俞樾曰：「詭」疑「説」字之誤。言古者民生富厚，求利之説在所緩也。「詭」「説」形似致誤。楊注非。先謙案：郝説是，以犯分爲羞，非畏罪責也。夫亂今然後反是，上以無法使，下以無度行，知者不得慮，能者不得治，賢者不得使。不得在位使人。若是則上失天性，下失地利，中失人和；故百事廢，財物詘，而禍亂起。王公則病不足於上，庶人則凍餧羸瘠於下；於是焉桀、紂群居而盜賊擊奪以危上矣。言在上位者，盡如桀、紂也。安禽獸行，虎狼貪，故脯巨人而炙嬰兒矣。若是則有何尤扣人之墓，抉人之口而求利矣哉！抉，挑也。抉人口取其珠也。○先謙案：「有」讀爲「又」。雖此倮而薶之，猶且必扣也，安得葬薶哉！不可得葬薶而不發。彼乃將食其肉而齕其骨也。夫曰：太古薄葬，故不扣也；亂今厚葬，故扣也。是特姦人之誤於亂說，以欺愚者而潮陷之以偷取利焉，夫是之謂大姦。言是乃特姦人自誤惑於亂說，因以欺愚者，猶於泥潮之中陷之，謂使陷於不仁不孝也。以偷取利，謂偝棄死者，而苟取其利於生者也。是時墨子之徒説薄葬以惑當世，故以此譏之。○盧文弨曰：「潮」當作「淖」，古「潮」字作「淖」，故「淖」誤爲「淖」，又誤爲「潮」。傳曰：「危人而自安，害人而自利。」此之謂也。危害死者以利生者，與此義同。

子宋子曰：「明見侮之不辱，使人不鬭。」宋子已解在《天論篇》。宋子言若能明侵侮而不以爲辱之義，則可使人不鬭也。《莊子》説宋子曰：「見侮不辱，救民之鬭。」《尹文子》曰：「見侮不辱，見推不矜，禁暴息兵，救世之鬭。此人君之德，可以爲王矣。」宋子蓋尹文弟子。何休注《公羊》曰：「以子冠氏上者，著其師也。」言此者，蓋以難宋子之徒也。人皆以見侮爲辱，故鬭也；知見侮之爲不辱，則不鬭矣。」應之曰：然則亦以人之情爲不惡侮乎？曰：「惡而不辱也。」雖惡其侮，而不以爲辱。惡，烏路反。下同。曰：若是則必不得所求焉。求不鬭必不得。凡人之鬭也，必以其惡之爲説，非以其辱之爲故也。凡鬭在於惡，不在於辱也。今俳優、侏儒、狎徒詈侮而不鬭者，是豈鉅知見侮之爲不辱哉！狎，戲也。「鉅」與「遽」同。言此倡優豈速遽知宋子有見侮不辱之論哉！○謝本從盧校，注「豈」下無「速」字。王念孫曰：「豈鉅知」者，豈知也。「鉅」亦豈也，古人自有複語耳。或言「豈鉅」，或言「豈遽」，或言「庸鉅」，或言「何遽」，其義一而已矣。說見《漢書・陸賈傳》。楊讀「鉅」爲「遽」，而云「豈速遽知」，失之。盧删注「速」字，各本皆有。先謙案：王說是，今依各本增。然而不鬭者，不惡故也。今人或入其央瀆，竊其豬彘，央瀆，中瀆也，如今人家出水溝也。則援劍戟而逐之，不避死傷，是豈以喪豬爲辱也哉！然而不憚鬭者，惡之故也。雖以見侮爲辱也，不惡則不鬭；不知宋子之論者也。雖知見侮爲不辱，惡之則必鬭。知宋子之論也。然則鬭與不鬭邪，亡於辱之與不辱也，乃在於惡之與不惡也。夫今子宋子不能解人之惡侮，而務說人以勿辱也，豈不過甚矣哉！解，達也。不知人情惡侮，而使見侮不辱，是過甚也。解，如字。「說」讀爲「稅」。金舌弊口猶將無益也。金舌，以金爲舌。金舌弊口，以喻不言也。雖子宋子見侵侮，金舌弊口，而不對，欲以率先，猶無益於不鬭也。揚子《法言》曰：「金口而木舌。」「金」或讀爲「噤」。○盧文弨曰：上云「說人以勿辱」，此蓋言舌弊猶不見聽耳。一說：猶人木鐸，金口木舌，今即爲之金舌振之，至於口弊，亦何益哉！俞樾曰：「金舌弊口」，謂說人，非謂不言。楊注非也。此文當作「金口弊舌」。「金」讀爲「唫」。《說文・口部》：「唫，口急也。」「弊」讀爲「敝」。言雖說之至於口唫舌敝，猶無益也。《戰國策・秦策》：「舌敝耳聾。」此可證敝舌之義。今作「金舌弊口」，義不可通。據楊注引《法言》「金口而木舌」，又似本作「金口」者，豈爲後人改竄故歟？不知其無益則不知，不知此說無益，是不知也。知其無益也，直以欺人則不仁。不仁不知，辱莫大焉。發論而不仁不知，辱無過此也。將以爲有益於人，則與無益於人也。「與」讀爲「預」。本謂有益於人，反預於無益人之論也。○盧文弨曰：注「論」，宋本作「謂」。王念孫曰：楊說甚迂，余謂「與」讀爲「舉」。「舉」古通作「與」，說見《經義述聞・禮運》。舉，皆也。見《左傳》宣十七年注、哀六年注。言其說皆無益於人也。則得大辱而退耳。說莫病是矣！本欲使人見侮不辱，反自得大辱耳。子宋子曰：「見侮不辱。」應之曰：凡議必將立隆正然後可也。

崇高正直，然後可也。○先謙案：隆正猶中正，下文「大隆」即大中也。説見《致士篇》。無隆正則是非不分而辨訟不決。故所聞曰：「天下之大隆，是非之封界，分職名象之所起，王制是也。」名謂指名。象謂法象。王制謂王者之舊制。故凡言議期命，是非以聖王爲師，期，物之所會也。命，名物也。皆以聖王爲法也。○王引之曰：「是非」當作「莫非」。正文云「莫非以聖王爲師」，故楊注云「皆以聖王爲師」。「皆」字正釋「莫非」二字。凡本書中言「莫非」、「莫不」者，注悉以「皆」字釋之。今本「莫非」作「是非」，則義不可通，蓋涉上文兩「是非」字而誤。而聖王之分，榮辱是也。聖王以榮辱爲人之大分，豈如宋子以見侮爲不辱哉？是有兩端矣，榮辱各有二也。有義榮者，有執榮者；有義辱者，有執辱者。志意脩，德行厚，知慮明，是榮之由中出者也，夫是之謂義榮。爵列尊，貢禄厚，形執勝，貢，謂所受貢賦，謂天子諸侯也。禄，謂受君之禄，卿相士大夫也。形執，謂執位也。上爲天子諸侯，下爲卿相士大夫，是榮之從外至者也，夫是之謂執榮。流淫汙僈，汙，穢行也。「僈」當爲「漫」，已解在《榮辱篇》。犯分亂理，驕暴貪利，是辱之由中出者也，夫是之謂義辱。詈侮捽搏，捽，持頭也。搏，手擊也。捶笞臏腳，捶、笞，皆杖擊也。臏，膝骨也。腳，古脚字。臏腳，謂刖其膝骨也。鄒陽曰：「司馬喜臏腳於宋，卒相中山。」斬斷枯磔，斷，如字。枯，弃市暴屍也。磔，車裂也。《周禮》「以疈辜祭四方百物」，注謂「披磔牲體也」。或者「枯」與「疈辜」義同歟？《韓子》曰：「楚南之地，麗水之中生金，民多竊采之。采金之禁，得而輒辜磔，所辜磔甚衆，而民竊金不止。」疑「辜」即「枯」也。又《莊子》有「辜人」，謂犯罪應死之人也。○王念孫曰：後説是也。《周官》「掌戮殺王之親者辜之」，鄭注曰：「辜之言枯也，謂磔之。」藉靡舌縪，藉，見淩藉也，才夜反。靡，繫縛也，與縻義同，即謂胥靡也。謂刑徒之人，以鐵鎖相連繫也。「舌縪」未詳。或曰：《莊子》云「公孫龍口呿而不合，舌舉而不下」，謂辭窮，亦恥辱也。是辱之由外至者也，夫是之謂執辱。是榮辱之兩端也。故君子可以有執辱而不可以有義辱，小人可以有埶榮而不可以有義榮。有埶辱無害爲堯，有埶榮無害爲桀。義榮埶榮，唯君子然後兼有之；義辱埶辱，唯小人然後兼有之。是榮辱之分也。聖王以爲法，士大夫以爲道，官人以爲守，百姓以爲成俗，萬世不能易也。言上下皆以榮辱爲治也。士大夫，主教化者。官人，守職事之官也。○王念孫曰：第四句本作「百姓以成俗」，與上三句對文。《晉語》注曰：「爲，成也。」《廣雅》同。以成俗，即以爲俗。今本「成」上有「爲」字，乃涉上三「爲」字而衍。吕本無「爲」字。《禮論篇》：「官人以爲守，百姓以成俗。」「成」上亦無「爲」字。今子宋子案不然，獨詘容爲己，慮一朝而改之，説必不行矣。言宋子不知聖人以榮辱爲大分，獨欲屈容受辱爲己之道，其謀慮乃欲一朝而改聖王之法，説必不行矣。譬之是猶以塼涂塞江海也，以焦僥而戴太山也，塼涂，以涂壘塼也。焦僥，短人，長三尺者。○盧文弨曰：「塼」，俗字，荀書當本作「摶」。摶塗泥而塞江海，必無用矣。蹎跌碎折不待頃矣。「蹎」與「顛」同，躓也。頃，少頃也。○郝懿行曰：蹎者，僵仆也。經典俱假借作「顛」，唯此是其本字。注云「蹎與顛同」，蓋不知「顛」乃假借耳。二三子之善於子宋子者，殆不若止之，將恐得傷其體也。二三子，慕宋子道者也。止，謂息其説也。傷其體，謂受大辱。○盧文弨曰：「得」未詳。或云古與「礙」通。梵書以「㝵」爲「礙」，亦有所本。俞樾曰：「得」字無義，疑「復」字之誤。復者，反也。猶曰將恐反傷其體也。言子宋子之説，非徒無益於人，或反以傷其體耳。

子宋子曰：「人之情欲寡，而皆以己之情爲欲多，是過也。」宋子以凡人之情，所欲在少，不在多也。《莊子》説宋子曰：「以禁攻寢兵爲外，以情欲寡少爲內也。」○謝本從盧校作「欲爲多」。王念孫曰：「人之情」三字連讀，「欲寡」二字連讀，非以「情欲」連讀也。「而皆以己之情欲爲多」，吕本作「而以己之情爲欲多」，是也。錢校亦云：監本作「情爲欲多」。「己之情」三字連讀，「欲多」二字連讀。謂人皆以己之情爲欲多不欲寡也。自錢本始誤作「以己之情欲爲多」，則似以「情欲」二字連讀矣。互見下條。《天論篇》注引此正作「以己之情爲欲多」。先謙案：王說是，今從吕本改作「爲欲多」。故率其群徒，辨其談說，明其譬稱，將使人知情欲之寡也。稱謂所宜也。稱，尺證反。「情欲之寡」，或爲「情之欲寡」也。○王念孫曰：案，或本是也。此謂宋子將使人知情之欲寡不欲多也。下文云「古之人以人之情爲欲多而不欲寡」，「今子宋子以人之情爲欲寡而不欲多也」。下「人之情」，各本作「是之情」。案「人之情」三字，上文凡七見，今據改。是其證。楊本作「情欲之寡」，非。應之曰：然則亦以人之情爲欲，○盧文弨曰：此「欲」字衍，句當連下。一説當作「亦以人情爲不欲乎」。先謙案：前説是。目不欲綦色，耳不欲綦聲，口不欲綦味，鼻不欲綦臭，形不欲綦佚。此五綦者，亦以人之情爲不欲乎？曰：「人之情欲是已。」○先謙案：欲是者，欲上五綦。曰：若是則說必不行矣。以人之情爲欲此五綦者而不欲多，譬之是猶以人之情爲欲富貴而不欲貨也，好美而惡西施也。古之人爲之不然。以人之情爲欲多而不欲寡，故賞以富厚而罰以殺損也，謂以富厚賞之，以殺損罰之。殺，減也，所介反。是百王之所同也。故上賢禄天下，次賢禄一國，下賢禄田邑，愿慤之民完衣食。以人之情爲欲多，故使德重者受厚禄，下至愿慤之民猶得完衣食，皆所以報其功。今子宋子以是之情爲欲寡而不欲多也，然則先王以人之所不欲者賞，而以人之所欲者罰邪，亂莫大焉！如宋子之說，乃大亂之道。今子宋子嚴然而好說，「嚴」讀爲「儼」。好說，自喜其說也。好，呼報反。聚人徒，立師學，成文曲，文曲，文章也。○王念孫曰：「成文曲」義不可通，「曲」當爲「典」，字之誤也。故楊注云「文典，文章也」。今本注文亦誤作「文曲」。成文典，謂作《宋子》十八篇也。見《藝文志》。《非十二子篇》云：「終日言成文典。」是其證。然而說不免於以至治爲至亂也，豈不過甚矣哉！

荀子卷第十二

荀子卷第十三

唐登仕郎守大理評事楊倞注

臣王先謙集解

禮論篇第十九 舊目録第二十三，今升在論議之中，於文爲比。

禮起於何也？曰：人生而有欲，欲而不得，則不能無求，求而無度量分界，則不能不爭。量，力讎反。○先謙案：宋台州本無此四字，有「分，扶問反」四字。爭則亂，亂則窮。窮，謂計無所出也。先王惡其亂也，故制禮義以分之，以養人之欲，給人之求。有分然後欲可養，求可給。使欲必不窮乎物，物必不屈於欲，兩者相持而長，是禮之所起也。屈，竭也。先王爲之立中道，故欲不盡於物，物不竭於欲，欲與物相扶持，故能長久，是禮所起之本意者也。故禮者，養也。芻豢稻粱，五味調香，所以養口也；○王念孫曰：香，臭也，非味也，與「五味調」三字義不相屬。下文云「椒蘭芬苾所以養鼻」，是香以養鼻，非以養口也。「香」當爲「盉」。《説文》：「盉，調味也。從皿，禾聲。」今通作「和」。昭廿年《左傳》曰：「和如羹焉，水火醯醢鹽梅以亨魚肉，宰夫和之，齊之以味，濟其不及，以洩其過。君子食之，以平其心。」故曰「五味調盉，所以養口也」。「盉」與「香」字相似，故「盉」誤爲「香」，而楊注不釋「盉」字，則所見本已誤爲「香」矣。《説文》又曰：「鬻，與『羹』同。五味盉羹也。」《博古圖》所載商周器皆有盉，蓋因其可以盉羹而名之。故其字從皿，而以禾爲聲。今經傳皆通用「和」字而「盉」字遂廢，此「盉」字若不誤爲「香」，則後人亦必改爲「和」矣。椒蘭芬苾，所以養鼻也；雕琢刻鏤、黼黻文章，所以養目也；鍾鼓管磬、琴瑟竽笙，所以養耳也；疏房檖䫉越席牀第几筵，所以養體也。疏，通也。疏房，通明之房也。䫉，古「貌」字。「檖䫉」未詳。或曰「檖」讀爲「邃」。貌，廟也。廟者，宮室尊嚴之名。或曰

「須」讀爲「邈」，言屋宇深邃緜邈也。第，牀棧也。越席，翦蒲席也，古人所重。司馬貞曰：疏，窗也。○先謙案：宋台州本注「緜」作「緬」。故禮者，養也。

君子既得其養，又好其別。曷謂別？曰：○先謙案：《史記·禮書》作「又好其辨也，所謂辨者」。貴賤有等，長幼有差，貧富輕重皆有稱者也。稱，謂各當其宜，尺證反。故天子大路越席，所以養體也；側載睪芷，所以養鼻也；○盧文弨曰：「睪芷」説在上篇。《史記·禮書》作「臭茝」。「臭」亦「皋」之誤。前有錯衡，所以養目也；和鸞之聲，步中《武》、《象》，趨中《韶》、《護》，所以養耳也；並解在《正論篇》。龍旗九斿，所以養信也；龍旗，畫龍旗。《爾雅》曰：「素陞龍于縿，練斿九。」旗正幅爲縿，斿所以屬之者也。信謂使萬人見而信之，識至尊也。養猶奉也。○盧文弨曰：注「正幅爲縿」，宋本「縿」作「緇」，元刻作「絲」，皆誤，今改正。元刻「練斿」作「練旒」，與今《爾雅》同。郝懿行曰：「信」與「神」同。畫龍於旗，取其神變，此「信」蓋「神」之叚借。古多借「信」爲「伸」，此又借「信」爲「神」。「神」與「伸」皆同聲之字，故可相通。楊氏不知叚借之義，故云「信謂使人見而信之」，其望文生訓，不顧所安，往往如此。寢兕、謂武士寢處於甲胄者也。持虎、謂以虎皮爲弓衣，武士執持者也。《詩》曰「虎韔鏤膺」，劉氏云：「畫虎於鈴竿及楯也。」○盧文弨曰：「持」當爲「特」，字之誤也。「寢兕」「特虎」，謂畫輪爲飾也。劉昭注《輿服志》引《古今注》，武帝天漢四年，令諸侯王朱輪，特虎居前，左兕右麋。小國朱輪，畫特熊居前，寢麋居左右。《白虎通》亦曰：「朱輪，特熊居前，寢麋居左右。」此謂朱輪每輪畫一虎居前，兕麋在兩旁，卻後而相並。故虎稱「特」，左右謂每輪兩旁也。寢，伏也。大國畫特虎，兕麋不寢。小國則畫特熊，二寢麋，無兕。天子乘輿，蓋畫二寢兕居輪左右，畫特虎居前歟？此段若膺説。蛟韅、韅，馬服之革，蓋象蛟形。徐廣曰：以蛟魚皮爲之。○盧文弨曰：《史記》「蛟」作「鮫」，古字通用。注「馬服」乃「馬腹」之誤。徐説本《説文》。楊云「象蛟形」，與上下文虎、兕、龍一例，勝徐説。絲末、「末」與「幦」同。《禮記》曰：「君羔幦虎犆。」鄭云：「覆苓也。」絲幦蓋織絲爲幦，亡狄反。○盧文弨曰：「絲末」，《史記》無。彌龍，所以養威也；「彌」如字，又讀爲「弭」。弭，末也。謂金飾衡軛之末爲龍首也。徐廣曰：「乘輿車以金薄繆龍爲輿倚較，文虎伏軾，龍首銜軛。」○盧文弨曰：「彌」即《説文》之「𪎭」。《廣韻》引《説文》云：「𪎭，乘輿金耳也。」讀若渳水，一讀若《月令》「靡艸」之「靡」。金耳謂車耳，即重較也。徐廣説爲得之。「繆龍」，《史記》作「璆龍」，《索隱》云：「璆然，龍貌。」徐又云「文虎伏軾，龍首銜軛」，此引古類及之，非正釋也。「銜軛」當從《史記》注作「衡軛」爲是。郝懿行曰：金耳者，金飾車耳也。於倚較上刻爲交龍之形，飾之以金，以養威重，龍取其威也。王念孫曰：盧注亦段説也。今本《説文》作「乘輿，金飾馬耳也」。經段氏校正，説見段氏《説文注》。故大路之馬，必倍至教順，然後乘之，所以養安也。倍至，謂倍加精至也。或以「必倍」爲句。倍謂反之車在馬前，令馬熟識車也。至極教順然後乘之，備驚奔也。○盧文弨曰：《史記》「倍至」作「信至」。先謙案：「倍」當依《史記》作「信」。「倍」「信」形近而譌。據楊注，則所見本已誤。信至，謂馬調良之極。孰知夫出死要節之所以養生也，孰，甚也。出死，出身死寇難也。要節，自要約以節義，謂立節也。使其孰知出死要節，盡忠於君，是乃所以受禄養生也。若不能然，則亂而不保其生也。要，一遥反。○盧文弨曰：此注舊本有賸有脱，今訂正。先謙案：《史記》「出死」上多一「士」字。孰知夫出費用之所以養財也，費，用財以成禮，謂問遺之屬。是乃所以求奉養其財，不相侵奪也。○郭嵩燾曰：「用」上疑奪文，或作「出費制用」，四句爲一例。先謙案：《史記》「出」作「輕」，文義大異。孰知夫恭敬辭讓之所以養安也，無恭敬辭讓，則亂而不安也。孰知夫禮義文理之所以養情也。無禮義文理，則縱情性不知所歸也。故人苟生之爲見，若者必死；言苟惟以生爲所見，不能出死要節，若此者必死也。苟利之爲見，若者必害；苟唯以利爲所見，不能用財以成禮，若此者必遇害也。苟怠惰偷儒之爲安，若者必危；「儒」讀爲「懦」。言苟以怠惰爲安居，不能恭敬辭讓，若此者必危也。○盧文弨曰：「偷儒」，《非十二子篇》作「偷懦」，是也。此與《勸學篇》作「偷懦」，皆非。先謙案：宋台州本「安」下有「居」字，據注似正文本有「居」字。苟情説之爲樂，若者必滅。「説」讀爲

「悦」。言苟以情悦爲樂，不知禮義文理，恣其所欲，若此者必滅亡也。故人一之於禮義則兩得之矣，一之於情性則兩喪之矣。專一於禮義，則禮義情性兩得；專一於情性，則禮義情性兩喪也。故儒者將使人兩得之者也，墨者將使人兩喪之者也，是儒、墨之分也。

禮有三本：天地者，生之本也；先祖者，類之本也；類。種。君師者，治之本也。無天地，惡生？無先祖，惡出？無君師，惡治？三者偏亡，焉無安人。偏亡，謂闕一也。故禮，上事天，下事地，尊先祖而隆君師，是禮之三本也。所以奉其三本。

故王者天太祖，謂以配天也。太祖，若周之后稷。諸侯不敢壞，謂不祧其廟，若魯周公。《史記》作「不敢懷」，司馬貞云「思也」，蓋誤耳。大夫士有常宗，繼別子之後，爲族人所常宗，百世不遷之大宗也。別子，若魯三桓也。所以別貴始。貴始，得之本也。「得」當爲「德」。言德之本在貴始。《穀梁傳》有此語。○盧文弨曰：「得」，《大戴禮》作「德」，古二字通用。先謙案：此上是貴始之義。《史記》作「所以別貴賤，貴賤治，德之本也」，傳鈔致誤。郊止乎天子，○先謙案：《史記》作「郊疇乎天子」，《索隱》：「疇，類也。天子類得郊天，餘並不合祭。」而社止於諸侯，○先謙案：《史記》作「社至諸侯」。《索隱》：「言天子已下至諸侯得立社。」《説文》：「社，地主也。」《孝經緯》：「社，土地之主也。土地闊不可盡敬，故封土爲社以報功也。」案，「止」字義不合，當作「至」，「至」「止」形近而誤。楊所見《荀子》本亦作「至於諸侯」。若作「止於諸侯」，不訓爲「自諸侯通及士大夫」矣。道及士大夫，道，通也。言社自諸侯通及士大夫也。或曰：道，行神也。《祭法》：「大夫適士，皆得祭門及行。」《史記》「道」作「蹈」，亦作「啗」，司馬貞曰：「啗音含，苞也。言士大夫皆得苞立社。」倞謂當是「道」誤爲「蹈」，傳寫又誤以「蹈」爲「啗」耳。○盧文弨曰：《史記集解》本「道及」作「函及」。郝懿行曰：案，《祭法》云：「大夫以下，成群立社，曰置社。」鄭注：「群，衆也。大夫以下，謂下至庶人也。大夫不得特立社，與民族居，百家以上，則共立一社，今時里社是也。」此則社之禮下達庶人。道謂通達也。　王念孫曰：楊注皆出於小司馬，其説「道」「啗」二字皆非也。楊以「道」爲行神，亦非。道及者，覃及也。説見《史記·禮書》。　先謙案：《史記》作「函及士大夫」，《集解》：「函音含。」《索隱》作「啗」，云：「啗音含，含謂包容。鄒誕生音徒濫反。《大戴禮》作『導』，導亦通也。今此爲『啗』者，當以『導』與『蹈』同，後其字『足』失『止』，唯有『口』存，故使解者穿鑿也。」錢氏大昕云：「函及者，覃及也。《説文》：『𢎘，嘾也。讀若含。』函從𢎘得聲，亦與嘾同義。古文『導』與『禫』同。《士喪禮》『中月而禫』，古文『禫』作『導』。《説文》：『禫讀若「三年導服」之導』，亦謂禫服也。『導』與『禫』通，則亦與『覃』『嘾』通，而『啗』又與『嘾』同音，是文異而實不異。小司馬疑『啗』爲『蹈』之譌，由不知古音之變易也。」王氏念孫云：「錢謂『導』與『覃』通，『導及』即『覃及』，是也。《大雅·蕩》篇『覃及鬼方』，《爾雅》：『覃，延也。』言社自諸侯，延及士大夫也。『函』當爲『臽』。今作『啗』。『啗』從『臽』得聲，是『臽』與『啗』古同聲。故鄒本作『啗』，即『臽』之異文也。『啗』與『覃』古亦同聲，故鄒本之『啗及』即《詩》之『覃及』也。錢以『函及』爲『覃及』，非也。函訓爲容，非『覃及』之義。『函』與『啗』亦不同聲。若本是『函』字，無緣通作『啗』也。『臽』字本作『𦥑』，形與『函』相似，因譌爲『函』。後人多見『函』少見『臽』，故經史中『臽』字多譌爲『函』。」説詳《經義述聞》「若合而函吾中」下。　所以别尊者事尊，卑者事卑，宜大者巨，宜小者小也。○先謙案：宋台州本有「也」字，各本無。以上下文例之，當有，今據補。　故有天下者事十世，「十」當爲「七」。《穀梁傳》作「天子七廟」。○先謙案：《大戴禮》、《史記》皆作「七」。　有一國者事五世，有五乘之地者事三世，古者十里爲成，成出革車一乘。五乘之地，謂大夫有菜地者得立三廟也。○盧文弨曰：注「菜」俗閒本作「采」，宋本、元刻皆作「菜」。案諸經正義中亦多作「菜」字。《白虎通·京師篇》凡三見，皆作「菜」。《後漢·馮魴傳》「食菜馮城」，是以《匡謬正俗》云：「古之經史，『采』『菜』相通。」　有三乘之地者事二世，《祭法》所謂「適士立二廟」也。　持手而食者不得立宗廟，持其手而食，謂農工食力也。○先謙案：「持手」，《大戴禮》作「待年」，《史記》作「有特牲」。《禮記》曰：「庶人祭於寢。」　所以别積厚，積厚者流澤廣，積薄者流澤狹

也。「積」與「續」同，功業也。《穀梁傳》僖公十五年：「震夷伯之廟。夷伯，魯大夫，因此以見天子至於士皆有廟也。天子七廟，諸侯五，大夫三，士二。故德厚者流光，德薄者流卑，是以貴始，德之本也。」○盧文弨曰：《大戴》及《史記》「積厚」二字不重。王念孫曰：不重者是也。上文「所以別尊者事尊，卑者事卑」，與此文同一例，則「積厚」二字不當重。

大饗尚玄尊，俎生魚，先大羹，貴食飲之本也。大饗，祫祭先王也。尚，上也。玄酒，水也。大羹，肉汁無鹽梅之味者也。本謂造飲食之初。《禮記》曰：「郊血大饗腥也。」**饗尚玄尊而用酒醴，先黍稷而飯稻粱，**「饗」與「享」同。四時享廟也。用，謂酌獻也。以玄酒爲上而獻以酒醴，先陳黍稷而後飯以稻粱也。**祭齊大羹而飽庶羞，貴本而親用也。**祭，月祭也。「齊」讀爲「嚌」，至齒也。謂尸舉大羹，但至齒而已矣，至庶羞而致飽也。用，謂可用食也。○盧文弨曰：《大戴禮》「齊」作「嚌」，《史記》「嚌」下有「先」字。俞樾曰：楊注「齊讀爲嚌」，此因《大戴記》而誤也。「齊」當爲「躋」。《禮記・樂記篇》鄭注曰「齊讀爲躋」是也。文二年《左傳》「躋僖公」，杜注曰：「躋，升也。」然則躋大羹者，升大羹也，正與上文「尚玄尊」、「先黍稷」一律。下文云「豆之先大羹也」，是其義也。《大戴記・禮三本篇》作「隮」，疑即「躋」之壞字。《史記・禮書》「嚌」下有「先」字，疑史公原文作「先大羹」，後人因《大戴》之文，妄增「嚌」字耳。**貴本之謂文，親用之謂理，**文，謂修飾；理，謂合宜。**兩者合而成文，**○郝懿行曰：文理一耳。貴本則溯追上古，禮至備矣，兼備之謂文。親用則曲盡人情，禮至察矣，密察之謂理。理統於文，故兩者通謂之文也。**以歸大一，夫是之謂大隆。**貴本親用，兩者相合，然後備成文理。「大」讀爲「太」。太一，謂太古時也。《禮記》曰：「夫禮必本於太一。」言雖備成文理，然猶不忘本而歸於太一，是謂大隆於禮。司馬貞曰：「隆，盛也。得禮文理，歸於太一，是禮之盛也。」**故尊之尚玄酒也，俎之尚生魚也，俎之先大羹也，一也。**一謂一於古也。此以象太古時，皆貴本之義，故云一也。○先謙案：下「俎」字，《大戴禮》、《史記》作「豆」。大羹盛於登，俎、豆，蓋通言之。**利**

爵之不醮也，成事之不俎不嘗也，三臭之不食也，一也。醮，盡也。謂祭祀畢，告利成。利成之時，其爵不卒，奠於筵前也。《史記》作「不晬」。成事，謂尸既飽，禮成，不嘗其俎。《儀禮》：「尸又三飯，上佐食受尸牢肺、正脊，❶加於肵。」是臭謂歆其氣，謂食畢也，許又反。皆謂禮畢無文飾，復歸於朴，亦象太古時也。《史記》作「三侑之不食」，司馬貞曰：「禮，祭必立侑以勸尸食，至三飯而止。每飯有侑一人，故曰三侑。既是勸尸，故不自食也。」○俞樾曰：楊注「利爵不醮」，未盡其義。利者，謂佐食也。利爵不醮，蓋據大夫儐尸之禮。《有司徹篇》「利洗爵，獻於尸，尸酢；獻祝，祝受，祭酒，啐酒，奠之」，是其事也。利既獻尸，尸卒爵酢利，利又獻祝，祝受奠之。不卒，❷示祭事畢也。先謙案：《索隱》云：「成事，卒哭之祭，故《記》曰『卒哭曰成事』。既是卒哭，始從吉祭，故受爵而不嘗俎。」與楊注義異。孔廣森云：「一也，三者皆禮之終。」**大昏之未發齊也，大廟之未入尸也，始卒之未小斂也，一也。**皆謂未有威儀節文，象太古時也。《史記》作「大昏之未廢齊也」，司馬貞曰：「廢齊，謂婚禮父親醮子而迎，故《曲禮》云『齊戒以告鬼神』。」此三者皆禮之初始，質而未備，故云「一也」。○盧文弨曰：案，古「廢」「發」音同通用。俞樾曰：「齊」當讀爲「醮」，發猶致也。《昏禮》「父親醮子而命之迎」，未發醮者，未致醮也。先謙案：孔廣森云：「未入尸，謂若饋食，尸未入之前爲陰厭也。」**大路之素未集也，郊之麻絻也，喪服之先散麻也，一也。**大路，殷祭天車，王者所乘也。未集，不集丹漆也。《禮記》云：「大路素而越席。」又曰：「丹漆雕幾之美，素車之乘。」麻絻，緝麻爲冕，所謂大裘而冕，不用袞龍之屬也。《士喪禮》：「始死，主人散帶，垂長三尺。」《史記》作「大路之素幬」。司馬貞曰：「幬音稠。謂車蓋素帷，示質也。」○盧文弨曰：注末舊本作「亦質者也」。俞樾曰：楊注「未集，不集丹漆也」，則但言素而其義已足矣，不必言未集。且「未集」二字義亦未足，楊注非也。「未」字當爲「末」。「素末」一事，「素集」一事。蓋一本作「末」，一本作「集」，傳寫誤合之，而因改「末」爲「未」，以曲成其義，非《荀子》原文也。末者，「幦」之叚字。上文「絲末」，楊注曰：「『末』與

❶「上」，原作「士」，今據《儀禮》改。

❷「卒」，原誤作「啐」，據《諸子平議》改。

『幦』同。《禮記》曰：『君羔幦虎犆。』鄭云：『覆笭也。』」然則「大路之素末」亦即「素幦」耳。《大戴記·禮三本篇》作「素幭」，「幭」與「幦」同。《荀子》作「末」之本，與《大戴》合。集者，幬之叚字，集音轉而爲就。《詩·小旻篇》「是用不集」，《韓詩》作「是用不就」，是也。故得讀爲「幬」。《爾雅·釋訓》：「幬謂之帳。」《釋文》曰：「幬本或作𢃇。」是「幬」字或從周聲。《山海經·中山經》：「暴山其獸多麋鹿麢就。」郭注曰：「就，雕也。」然則以「就」爲「𢃇」，猶以「就」爲「雕」矣。《史記·禮書》正作「素幬」。《荀子》作「集」之本，與《史記》合。　先謙案：《大戴禮》「散麻」作「散帶」。孔廣森云：「帶，要絰也。喪禮：小斂，主人始絰，散垂之。既成服，乃絞。《雜記》曰：『大功以上散帶。』三者皆從質，故云一也。」三年之喪，哭之不文也；《清廟》之歌，一倡而三歎也；縣一鍾尚拊之膈，朱絃而通越也，一也。不文，謂無曲折也。《禮記》曰：「斬衰之哭，若往而不反。」《清廟》之歌，謂工以樂歌《清廟》之篇也。一人倡，三人歎，言和之者寡也。縣一鍾，比於編鍾爲簡略也。「尚拊之膈」未詳。或曰：尚謂上古也。拊，樂器名。膈，擊也。即所謂「戛擊鳴球，搏拊琴瑟」也。尚古樂所以示質也。揚子雲《長楊賦》曰：「拮膈鳴球。」韋昭曰：「古文『膈』爲『擊』。」或曰「膈」當爲「搏」，《大戴禮》作「搏拊」。一名相。《禮記》曰：「治亂以相。」拊，所以輔樂，相亦輔之義。《書》曰：「搏拊琴瑟。」孔安國曰：「搏拊以韋爲之，實之以穅，所以節樂也。」《周禮》：「大祭祀，登歌令奏擊拊。」司馬貞曰：「拊鬲，謂縣鍾格也。不擊其鍾而拊其格，不取其聲，示質也。」朱絃疏越，鄭玄云：「朱絃，練朱絃也。練則聲濁。越，瑟底孔也。」所以發越其聲，故謂之越，疏通之使聲遲也。《史記》作「洞越」。或曰「膈」讀爲「戛」也。○盧文弨曰：「不文」，《大戴禮》、《史記》皆作「不反」。　郝懿行曰：《樂論篇》以「拊鼗」與「鞉柷」「椌楬」相儷，則皆樂器名也。拊者，以韋爲之，實以穅。「膈」，彼作「鼗」，其字從「革」，竊疑亦拊之類，不得依此注以「膈」爲擊也。若《長楊賦》之「拮膈鳴球」，則又借「拮膈」爲「戛擊」，楊注爲誤引矣。以此互相訂正，則此當「縣之一鍾」句，「尚拊膈」句，文誤倒耳。尚者，上也。鍾聲宏大，言不貴彼而上此聲之近質者也。　先謙案：「不文」當作「不反」。盧說是也。《大戴禮》「鍾」作「罄」，與磬同。「拊膈」作「拊搏」，無「之」字。《史記》亦無，明此「之」字衍。《尚書大傳》曰：「古者帝王

三一二

升歌《清廟》之樂，大琴練絃達越，大瑟朱絃達越。」

凡禮，始乎梲，成乎文，終乎悦校。《史記》作「始乎脱，成乎文，終乎税」。言禮始於脱略，成於文飾，終於税減。《禮記》曰：「禮主其減。」校，未詳。《大戴禮》作「終於隆」。隆，盛也。○盧文弨曰：注「隆」字舊本不重。案，《大戴》作「終於隆」，《史記索隱》所引同，云「隆謂盛也」，今據增。　郝懿行曰：「税」，《史記》作「脱」，疑此當作「税」。税者，斂也。「校」當作「恔」。恔者，快也。《孟子》：「於人心獨無恔乎！」趙注「恔，快」，是矣。此言禮始乎收斂，成乎文飾，終乎悦快。　故至備，情文俱盡；情文俱盡，乃爲禮之至備。情謂禮意，喪主哀，祭主敬之類。文謂禮物威儀也。　其次，情文代勝；不能至備，或文勝於情，情勝於文，是亦禮之次也。　其下，復情以歸大一也。雖無文飾，但復情以歸質素，是亦禮也。若潢汙行潦之水，可薦於鬼神也。　天地以合，日月以明，四時以序，星辰以行，江河以流，萬物以昌，好惡以節，喜怒以當，言禮能上調天時，下節人情。若無禮以分別之，則天時人事皆亂也。昌，謂各遂其生也。　以爲下則順，以爲上則明，萬物變而不亂，貳之則喪也。　禮豈不至矣哉！禮在下位則使人順，在上位則治萬變而不亂。貳，謂不一在禮。喪，亡也。○顧千里曰：「物」字「而」字疑不當有。《大戴記·禮三本篇》無此二字，可以爲證。　先謙案：「貳」乃「貣」之誤字，説見《天論篇》。《大戴禮》作「貸之則喪」，張參《五經文字》云：「貸，相承或借爲貣。」《吕覽》、《管子》、《史記》皆以「貣」爲「忒」。　立隆以爲極，而天下莫之能損益也。立隆盛之禮，以極盡人情，使天下不復更能損益也。　本末相順，司馬貞曰：「禮之盛，文理合以歸太一；禮之殺，復情以歸太一。是本末相順也。」○俞樾曰：「順」讀爲「巡」。《禮記·祭義篇》「終始相巡」，此云「本末相巡」，其義正同。「順」「巡」並從川聲，故得段用。　終始相應，司馬貞曰：「禮始於脱略，終於税。税亦殺也，殺亦脱略，是終始相應也。」　至文以有別，至察以有説。言禮之至文，以其有尊卑貴賤之別。至察，以其有是非分別之説。司馬貞曰：「説音悦。言禮之至察，有以明隆殺委曲之情，文足以悦人心也。」○王念孫曰：以猶而也。説見《釋詞》。言至文而有別，至察而有説也。《史記》「以」「有」二字皆倒轉，誤也。楊前説誤解「以」字，後用小司馬説，讀「説」爲「悦」，尤非。天下從之者治，不從者亂；從之者安，不從者危；從之者存，不從者亡。小人不能測也。○先謙案：「測」，《史記》誤「則」。

禮之理誠深矣，堅白同異之察入焉而溺；其理誠大矣，擅作典制辟陋之説入焉而喪；其理誠高矣，暴慢恣睢輕俗以爲高之屬入焉而隊。隊，古「墜」字，墮也。以其深，故能使堅白者溺；以其大，故能使擅作者喪；以其高，故能使暴慢者墜。司馬貞曰：「恣睢，毀訾也。」○先謙案：《史記》「理」並作「貌」，「喪」作「嗛」。故繩墨誠陳矣，則不可欺以曲直；衡誠縣矣，則不可欺以輕重；規矩誠設矣，則不可欺以方圓；君子審於禮，則不可欺以詐僞。故繩者，直之至；衡者，平之至；規矩者，方圓之至；禮者，人道之極也。然而不法禮，不足禮，謂之無方之民；法禮，足禮，謂之有方之士。足，謂無闕失。方猶道也。○郝懿行曰：方猶隅也。廉隅，謂有棱角。士知砥厲，故德有隅；民無廉恥，故喪其隅者也。王念孫曰：足禮，謂重禮也。不足禮，謂輕禮也。《儒效篇》云：「縱性情而不足問學，則爲小人矣。」《樂論篇》云：「百姓不安其處，不樂其鄉，不足其上。」與此言「不足禮」同，反是則足禮矣。上文云「禮者，人道之極也」，正足禮之謂也。楊注失之。又曰：「足」當爲「是」。《爾雅》曰：「是，則也。」則亦法也。《非十二子篇》曰「不法先王，不是禮義」，《脩身篇》曰：「不是師法而好自用。」猶此言不法禮，不是禮也。「是」與「足」字相似而誤。先謙案：王前説是。禮之中焉能思索，謂之能慮；禮之中焉能勿易，謂之能固。勿易，不變也。若不在禮之中，雖能思索勿易，猶無益。能慮能固，加好者焉，○先謙案：《史記》「者」作「之」。此句當作「加好之者焉」。《史記》引刪「者」字，荀書奪「之」字也。無「之」字則語不圓足。《王制篇》云：「爲之貫之，積重之，致好之者，君子之始也。」「致好」

下有「之」字，是其例。斯聖人矣！故天者，高之極也；地者，下之極也；無窮者，廣之極也；東西南北無窮。聖人者，道之極也。故學者固學爲聖人也，非特學爲無方之民也。

禮者，以財物爲用，以貢獻問遺之類爲行禮之用也。以貴賤爲文，以車服旗章爲貴賤文飾也。以多少爲異，多少異制，所以别上下也。以隆殺爲要。隆，豐厚。殺，減降也。要，當也。禮或厚或薄，唯其所當爲貴也。文理繁，情用省，是禮之隆也；文理謂威儀，情用謂忠誠。若享獻之禮，賓主百拜。情唯主敬，文過於情，是禮之隆盛也。○先謙案：《史記》「理」作「貌」，「用」作「欲」，下同。文理省，情用繁，是禮之殺也；若尊之尚玄酒，本於質素。情過於文，雖減殺，是亦禮也。文理情用相爲内外表裏，並行而襍，是禮之中流也。或豐或殺，情文代勝，並行相襍，是禮之中流。中流，言如水之清濁相混也。○王念孫曰：「襍」讀爲「集」。《爾雅》：「集，會也。」言文理情用，並行而相會也。「集」「襍」古字通。《月令》「四方來集」，《吕氏春秋·仲秋紀》「集」作「襍」。《論衡·别通篇》「集糅非一」，即「襍糅」。楊未達假借之旨。　俞樾曰：「襍」讀爲「帀」，古「襍」與「帀」通。《吕氏春秋·圜道篇》「圜周復襍」，注曰：「襍猶帀也。」《淮南子·詮言篇》「以數襍之壽，憂天下之亂」，注曰：「襍，帀也。人生子，從子至亥爲一帀。」然則並行而襍，言並行而周帀也。楊注非。　先謙案：中流，猶中道。下有複句，可互證。楊注非。故君子上致其隆，下盡其殺，而中處其中。君子，知禮者。致，極也。言君子於大禮則極其隆厚，小禮則盡其降殺，中用得其中，皆不失禮也。步驟馳騁厲鶩不外是矣，是君子之壇宇宫廷也。厲鶩，疾鶩也，《史記》作「廣鶩」。言雖馳騁不出於隆殺之閒。「壇宇宫廷」，已解於上。人有是，士君子也；外是，民也；是，猶此也。民，民氓無所知者。○王念孫曰：是，謂禮也。「有」讀爲「域」。《孟子·公孫丑篇》注曰：「域，居也。」人域是，人居是也。故與「外是」對文。《商頌·玄鳥篇》「奄有九有」，《韓詩》作「九域」。見《文選·册魏公九錫文》注。《魯語》「共工氏之伯九有也」，韋注曰：「有，域也。」《漢書·律曆志》引《祭典》曰：「共工氏伯九域。」是「域」「有」古通用。《史記・禮書》正作「人域是」。《索隱》：「域，居也。」於是其中焉，方皇周挾，曲得其次序，是聖人也。「方皇」讀爲「仿偟」，猶徘徊也。「挾」讀爲「浹」，帀也。言於是禮之中，徘徊周帀，委曲皆得其次序而不亂，是聖人也。故厚者，禮之積也；大者，禮之廣也；高者，禮之隆也；明者，禮之盡也。聖人所以能厚重者，由積禮也；能弘大者，由廣禮也；崇高者，由隆禮也；明察者，由盡禮也。司馬貞曰：「言君子聖人有厚大之德，則爲禮之所歸，積益弘廣也。」《詩》曰：「禮儀卒度，笑語卒獲。」此之謂也。引此明有禮，動皆合宜也。

禮者，謹於治生死者也。謹，嚴。生，人之始也；死，人之終也：終始俱善，人道畢矣。故君子敬始而慎終，終始如一，是君子之道，禮義之文也。夫厚其生而薄其死，是敬其有知而慢其無知也，是姦人之道而倍叛之心也。君子以倍叛之心接臧穀，猶且羞之，而況以事其所隆親乎！「臧」已解在《王霸篇》。《莊子》曰：「臧與穀相與牧羊。」《音義》云：「孺子曰穀。」或曰穀，讀爲「鬬穀於菟」之穀，穀，乳也，謂哺乳小兒也。所隆親，所厚之親也。○王引之曰：隆，尊也。見《經解》注。「隆」「親」二字平列，所隆謂君也，所親謂父母也。下文曰「臣之所以致重其君，子之所以致重其親」，是其證。楊注非。故死之爲道也，一而不可得再復也；臣之所以致重其君，子之所以致重其親，於是盡矣。以其一死不可再復，臣子於極重之道不可不盡也。故事生不忠厚、不敬文謂之野，忠厚，忠心篤厚。敬文，恭敬有文飾。野，野人，不知禮者也。送死不忠厚、不敬文謂之瘠。瘠，薄。君子賤野而羞瘠，故天子棺槨十重，諸侯五重，大夫三重，士再重。《禮記》曰：「天子之棺四重，水兕革棺被之，其厚三寸，杝棺一，梓棺二，四者皆周。棺束，縮二，衡三，衽每束一，柏槨，以端，長六尺。」又《禮器》曰：「天子七月而葬，五重八翣。」鄭云：「五重謂抗木與茵也。」今十重，蓋以棺槨與抗木合爲十重也。諸侯以下，與《禮記》多少不同，未詳也。○郝懿行曰：「十」當作「五」。古「五」作「乂」，與「十」形近易譌。上「有天下者事十世」，「十」當爲「七」，然天子七重，於古無文，作五或猶近之。而《檀弓》云「天子之棺四重」，鄭注：「諸公三重，諸侯再重，大夫一重，士不重。」與此復不同。若依鄭義推之，此重數俱有加，亦當言天子五重，諸侯三重，大夫二重，士一重矣。王引之曰：「十」疑當作「七」。凡經傳中「七」「十」二字多互譌，不可枚舉。禮自上以下，降殺以兩。天子七重，故諸侯減而爲五，大夫減而爲三也。楊注非。

然後皆有衣衾多少厚薄之數，皆有翣蔞文章之等，以敬飾之，衣謂衣衾。《禮記》所謂「君陳衣於庭百稱」之比者也。衾謂君錦衾，大夫縞衾，士緇衾也。食謂遣車所苞遣奠也。「翣蔞」當爲「蔞翣」，鄭康成云：「蔞翣，棺之牆飾也。」翣以木爲筐，衣以白布，畫爲雲氣，如今之攝也。《周禮·縫人》「衣翣柳之材」，鄭云：「必先纏衣其木，乃以張飾也。柳之言聚也。諸飾所聚。柳以象宮室也。」劉熙《釋名》云：「輿棺之車，其蓋曰柳。」「文章之等」，謂君龍帷，三池，振容，黼荒，火三列，黻三列，素錦褚，加帷荒，纁紐六，齊五采，五貝，黼翣二，黻翣二，畫翣二，皆戴圭，魚躍拂池，君纁戴六，纁披六。大夫以下各有差也。○盧文弨曰：正文「衣衾」，案注當本作「衣食」。元刻於注頗有删節，今悉依宋本。王念孫曰：盧説是也。正文本作「然後皆有衣食多少厚薄之數」，「衣」字統衣衾而言。楊注本作「衣謂衣衾，此釋正文「衣」字。衣，《禮記》所謂『君陳衣於庭百稱』之比者也。衾謂君錦衾，大夫縞衾，士緇衾也。此是楊氏自釋注内「衣衾」二字，非釋正文也。正文本無「衾」字。食謂遣車所苞遣奠也」。此釋正文「食」字。宋本正文「食」字誤而爲「衾」，注文《禮記》上又脱一「衣」字，則義不可通，而元刻遂妄加删節矣。

使生死終始若一，一足以爲人願，是先王之道、忠臣孝子之極也。生死如一，則人願皆足，忠孝之極在此也。

天子之喪動四海，屬諸侯；諸侯之喪動通國，屬大夫；大夫之喪動一國，屬脩士；脩士之喪動一鄉，屬朋友；屬，謂付託之使主喪也。通國，謂通好之國也。一國，謂同在朝之人也。脩士，士之進脩者，謂上士也。一鄉，謂一鄉内之姻族也。《春秋傳》曰：「天子七月而葬，同軌畢至。諸侯五月而葬，同盟至。大夫三月，同位至。士踰月，外姻至。」○王念孫曰：屬，合也。四「屬」字義並同。下文云「庶人之喪，合族黨，動州里」是也。《周官》「州長各屬其州之民而讀法」，鄭注曰：「屬猶合也，聚也。」《晉語》三「屬諸侯」，韋注：「屬，會也。」楊注失之。 庶人之喪合族黨，動州里。

刑餘罪人之喪不得合族黨，獨屬妻子，棺槨三寸，衣衾三領，不得飾棺，不得晝行，以昏殣，凡緣而往埋之，刑餘，遭刑之餘死者。《墨子》曰：「桐棺三寸，葛以爲緘。」趙簡子亦云：「然則厚三寸，刑人之棺也。」《喪大記》：「士陳衣於序東三十稱。」今云「三領」，亦貶損之甚也。 殣，道死人也。《詩》曰：「行有死人，尚或殣之。」今昏殣如掩道路之死人，惡之甚也。 凡，常也。緣，因也。 言其妻子如常日所服而埋之，不更加絰杖也，今猶謂無盛飾爲緣身也。 ○郝懿行曰：按「緣身」，今俗亦有此語。 反無哭泣之節，無衰麻之服，無親疏月數之等，各反其平，各復其始，○王引之曰：「平」字文義不明。「平」當爲「本」，字之誤也，本亦始也。《呂氏春秋・孝行篇》注：「本，始也。」《晉語》注：「始，本根也。」反其本，即復其始。 復其始，謂若無喪時也。 又曰：「平」字不誤。下文曰「久而平」，楊注「久則哀殺如平常也」，是其證。前謂「平」當爲「本」，失之。 已葬埋，若無喪者而止，夫是之謂至辱。 此蓋論墨子薄葬，是以至辱之道奉君父也。

禮者，謹於吉凶不相厭者也。 厭，掩也，烏甲反。 謂不使相侵掩也。 或曰：不使相厭惡，非也。 紸纊聽息之時，則夫忠臣孝子亦知其閔已，「紸」讀爲「注」。 注纊即屬纊也。 言此時知其必至於憂閔也。或曰「紸」當爲「絓」，絓，苦化反。 以爲「黈」字，非也。 ○俞樾曰：楊注文義迂曲，殆非也。《爾雅・釋詁》：「閔，病也。」《詩・柏舟篇》「覯閔既多」，《鴟鴞篇》「鬻子之閔斯」，《毛傳》並曰：「閔，病也。」亦知其閔已，猶言亦知其病已。病謂疾甚也。《儀禮・既夕記》注曰：「疾甚曰病。」 然而殯斂之具未有求也； 所謂不相厭也。 垂涕恐懼，然而幸生之心未已，持生之事未輟也；卒矣，然後作具之。 作之，具之。 故雖備家，必踰日然後能殯，三日而成服。 備，豐足也。 ○郝懿行曰：備，具也，皆也。 物皆饒多夙具，故謂富家爲備家。 郭嵩燾曰：「備家」不詞，當即下「備物」。 此時雖備物，不敢遽也，踰日而殯，三日而成服，而後所備之物畢作也。然後告遠者出矣，備物者作矣。故殯，久不過七十日，速不損五十日。此皆據《士喪禮》首尾三月者也。損，減也。是何也？曰：遠者可以至矣，百求可以得矣，百事可以成矣；其忠至矣，其節大矣，其文備矣。忠，誠也。節，人子之節也。文，器用儀制也。子思曰：「喪三日而殯，凡附於身者，必誠必信，勿之有悔焉耳。三月而葬，凡附於棺者，必誠必信，勿之有悔焉耳。」然後月朝卜日，月夕卜宅，然後葬也。月朝，月初也。月夕，月末也。先卜日知其期，然後卜宅，此大夫之禮也。士則筮宅。《士喪禮》：「先筮宅，後卜日。」此云「月朝卜日，月夕卜宅」，未詳也。○郝懿行曰：「夕」與「昔」古字通。昔者，舊也。舊已卜宅，月朝乃卜日也。王引之曰：當作「月朝卜宅，月夕卜日」。今本「宅」「日」二字，上下互誤耳。斷無先卜日後卜宅之理。當是時也，其義止，誰得行之！其義行，誰得止之！聖人爲之節制，使賢者抑情，不肖者企及。故三月之葬，其須以生設飾死者也，殆非直留死者以安生也，須，象也。言其象以生之所設器用飾死者，三月乃能備也。是致隆思慕之義也。

喪禮之凡：凡，謂常道。○盧文弨曰：「喪禮」，宋本作「卒禮」，下同。變而飾，謂殯斂每加飾。動而遠，《禮記》：「子游云：『飯於牖下，小斂於户內，大斂於阼，殯於客位，祖於庭，葬於墓，所以即遠也。』」久而平。久則哀殺如平常也。故死之爲道也，不飾則惡，惡則不哀；尒則翫，「尒」与「邇」同。翫，戲狎也。翫則厭，厭則忘，忘則不敬。一朝而喪其嚴親，○俞樾曰：《禮記·大傳篇》：「收族故宗廟嚴。」鄭注曰：「嚴猶尊也。」嚴親即尊親。嚴，謂君；親，謂父母。而所以送葬之者不哀不敬，則嫌於禽獸矣，君子恥之。故變而飾，所以滅惡也；動而遠，所以遂敬也；遂，成也。邇則懼敬不成也。久而平，所以優生也。優養生者，謂送死有已，復生有節也。

禮者，斷長續短，損有餘，益不足，達愛敬之文，而滋成行義之美者也。皆謂使賢不肖得中也。賢者則達愛敬之文而已，不至於滅性。不肖者用此成行義之美，不至於禽獸也。故文飾、麤惡、聲樂、哭泣、恬愉、憂戚，是反也，是相反也。然而禮兼而用之，時舉而代御。御，進用也。時吉則吉，時凶則凶也。○王念孫曰：此「時」字非謂天時。時者，更也。更音庚。謂文飾與麤惡，聲樂與哭泣，恬愉與憂戚，皆更舉而代御也。《方言》曰：蒔郭音侍，更也。古無「蒔」字，故借「時」爲之。《莊子·徐無鬼篇》云：「堇也，桔梗也，雞癕也，豕零也，是時爲帝者也。」《爾雅》：「帝，君也。」《淮南·齊俗篇》云：「見雨則裘不用，升堂則蓑不御，此代爲帝者也。」「帝」今本誤作「常」。《説林篇》云：「旱歲之土龍，疾疫之芻靈，是時爲帝者也。」今本脱「時」字，據高注補。《太平御覽·器物部》十引馮衍《詣鄧禹牋》云：「見雨則裘不用，上堂則蓑不御，此更爲適者也。」「適」讀嫡子之「嫡」。《廣雅》：「嫡，君也。」或言「時爲」，或言「代爲」，或言「更爲」，是「時」、「代」皆「更」也。《方言》：「更，代也。」《説文》：「代，更也。」故曰「時舉而代御」。楊説「時」字之義未了。故文飾、聲樂、恬愉，所以持平奉吉也；麤衰、哭泣、憂戚，○王念孫曰：「麤衰」本作「麤惡」，此後人不曉文義而妄改之也。「麤惡」對「文飾」，「哭泣」對「聲樂」，「憂戚」對「恬愉」，皆見上文。「麤惡」二字所包者廣，不止麤衰一事，不得改「麤惡」爲「麤衰」也。下注云「立麤衰以爲居喪之飾」，則楊所見本已誤。所以持險奉凶也。持，扶助也。險，謂不平之時。故其立文飾也，不至於窕冶；窕讀爲「姚」，姚冶，妖美也。其立麤衰也，不至於瘠棄；立麤衰以爲居喪之飾，亦不使羸瘠自棄。其立聲樂恬愉也，不至於流淫惰慢；其立哭泣哀戚也，不至於隘懾傷生。是禮之中流也。隘，窮也。懾猶戚也，之怯反。中流，禮之中道也。故情貌之變，足以別吉凶，明貴賤親疏之節，期止矣；「期」當爲「斯」。外是，姦也；雖難，君子賤之。故量食而食之，量要而帶之。相高以毁瘠，是姦人之道也，非禮義之文也，非孝子之情也，將以有爲者也。非禮義之節文，孝子之真情，將有作爲以邀名求利若演門也。○盧文弨曰：注「演門」，未詳。

故説豫娩澤，憂戚萃惡，是吉凶憂愉之情發於顔色者也；說讀爲「悦」。豫，樂也。娩，媚也，音晚。澤，顔色潤澤也。「萃」與「顇」同。惡，顔色惡也。發，見也。○王念孫曰：「娩」讀若「問」。娩澤，顔色潤澤也。「説豫」與「憂戚」對文，「娩澤」與「萃惡」對文，故曰是「憂愉之情發於顔色者也」。《内則》「免薨」，鄭注：「免，新生者。薨，乾也。」《釋文》：「免音問。」「娩」「免」古字通。《内則》以「免」對「薨」，猶此文之以「娩澤」對「惡萃」也。楊讀爲婉娩之「娩」，分「娩澤」爲二義，與「萃惡」不對矣。

歌謡謸笑，哭泣諦號，是吉凶憂愉之情發於聲音者也；「謸」與「傲」同，戲謔也。《説文》云：「謸，悲聲。」與此義不同。「諦」讀爲「啼」。《管子》曰「冢人立而諦」，古字通用。號，胡刀反。○盧文弨曰：案，《春秋繁露・執贄篇》：「羊殺之不諦。」《淮南・精神訓》：「病疵瘕者踡跼而諦。」並以「諦」爲「啼」。

芻豢稻粱酒醴餰鬻魚肉菽藿酒漿，是吉凶憂愉之情發於食飲者也；餰鬻菽藿，喪者之食。○郝懿行曰：藿，豆葉也。《説苑》十一：「藿食者尚何與焉。」是「菽藿」皆卑賤之所食也。　王念孫曰：「酒漿」當爲「水漿」。芻豢稻粱，酒醴魚肉，吉事之飲食也。餰鬻菽藿水漿，凶事之飲食也。今本「水漿」作「酒漿」，則既與凶事不合，又與上文「酒醴」相複矣。此「酒」字即涉上「酒醴」而誤。　俞樾曰：王説是也。「魚」「肉」二字當在「餰鬻」二字之上。蓋芻豢稻粱酒醴魚肉屬吉，餰鬻菽藿水漿屬凶，方與上下文一律。今「魚肉」字誤倒在「餰鬻」下，則吉凶不倫矣。楊注「餰鬻菽藿，喪者之食」，疑楊氏所見本尚未倒，故以餰鬻菽藿連文也。當據以訂正。

卑絻黼黻文織，資麤衰絰菲繐菅屨，是吉凶憂愉之情發於衣服者也；「卑絻」與「裨冕」同，衣裨衣而服冕也。裨之言卑也。天子六服，大裘爲上，其餘爲卑，以事尊卑服之，諸侯以下皆服焉。文織，染絲織爲文章也。「資」與「齌」同，即齊衰也。麤，麤布也。今麤布亦謂之資。菲，草衣，蓋如蓑然。或當時喪者有服此也。繐，繐衰也。鄭玄云：「繐衰，小功之縷四升半之衰也。凡布細而疎者謂之繐。今南陽有鄧繐布。」菅，茅也。《春秋傳》曰：「晏子杖菅屨也。」○盧文弨曰：注「鄧繐布」，今《儀禮》無「布」字。　王念孫曰：案，《富國篇》曰：「天子袾襂衣冕，諸侯玄襂衣冕，大夫裨冕，士皮弁。」《大略篇》曰：「天子山冕，諸侯玄冠，大夫裨冕，士韋弁。」其制上下不同，此不當獨舉裨冕言之。楊以「卑絻」爲「裨冕」，未是也。卑絻疑當爲「𡧵絻」。「𡧵」即今「弁」字。弁絻、黼黻、文織，皆二字平列，且「弁絻」二字兼上下而言。此篇曰「弁絻黼黻文織」，《君道篇》曰「冠弁衣裳黼黻文章」，《曾子問》曰「天子賜諸侯大夫冕弁服」，《禮運》曰「冕弁兵革」，昭元年《左傳》曰「吾與子弁冕端委」，九年《傳》曰「猶衣服之有冠冕」，宣元年《公羊傳》曰「已練可以弁冕」，僖八年《穀梁傳》曰「弁冕雖舊，必加於首」。或言「弁冕」，或言「冕弁」，或言「冠冕」，或言「冠弁」，皆二字平列，且兼上下而言，故知「卑絻」爲「𡧵絻」之誤。《説文》：「覍，冕也。籀文作𡧵。」或作「弁」，今經傳皆作「弁」而「覍」「𡧵」「弁」三字遂廢。此「𡧵」字若不誤爲「卑」，則後人亦必改爲「弁」矣。疏房檖須越席牀第几筵，屬茨倚廬席薪枕塊，是吉凶憂愉之情發於居處者也。茨，蓋屋草也。屬茨，令茨相連屬而已，至疎漏也。倚廬，鄭云：「倚木爲廬，謂一邊著地，如倚物者。既葬柱楣塗廬也。」兩情者，人生固有端焉。兩情，謂吉與凶，憂與愉。言此兩情固自有端緒，非出於禮也。若夫斷之繼之，博之淺之，益之損之，類之盡之，盛之美之，使本末終始莫不順比，足以爲萬世則，則是禮也。人雖自有憂愉之情，必須禮以節制進退，然後終始合宜。類之，謂觸類而長。比，附會也，毗至反。非順孰脩爲之君子，莫之能知也。順，從也。孰，精也。脩，治也。爲，作也。

故曰：性者，本始材朴也；僞者，文理隆盛也。無性則僞之無所加，無僞則性不能自美。之，往。○郝懿行曰：「朴」當爲「樸」。樸者，素也。言性本質素，禮乃加之文飾，所謂「素以爲絢」也。「僞」即「爲」字。「之」不訓「往」，注非。下云「性僞合然後聖人之名一」，言必性僞合一，斯乃聖人所以成名。《性惡篇》云「聖人化性而起僞，僞起於性而生禮義」，即此所謂「性僞合」矣。性僞合，然後聖人之名一，天下之功於是就也。一，謂不分散，言性僞合然後成聖人之名也。故曰：天地合而萬物生，陰陽接而變化起，性僞合而天下治。天能生物，不能辨物也；地能載人，不能治人也；宇中萬物生人之屬，待聖人然後分也。《詩》曰：「懷柔百神，及河喬嶽。」此之謂也。引此喻聖人能并治之。《詩》，《周頌·時邁》之篇。

喪禮者，以生者飾死者也，大象其生以送其死也。故如死如生，如亡如存，終始一也。不以死異於生，亡異於存。○郝懿行曰：案，《檀弓》云：「之死而致生之，不知而不可爲也。」故言如死者，知之盡也。又云「之死而致死之，不仁而不可爲也。」故言如生者，仁之至也。《中庸》曰：「事死如生，事亡如存，仁知備矣。」俞樾曰：如死如生，如亡如存，義不可通，當作「事死如生，事亡如存」。上兩「如」字誤也。篇末云「哀夫敬夫，事死如事生，事亡如事存」，可知此文之譌，當據以訂正。始卒，沐浴鬠體飯唅，象生執也。《儀禮》「鬠用組」，鄭云：「用組，組，束髮也。」古文「鬠」皆爲括。體，謂爪揃之屬。《士喪禮》：「主人左扱米，實於右三，實一貝，左中亦如之。凡實米唯盈。」鄭云：「于右，尸口之右。唯盈，取滿而已。」是飯唅之禮也。象生執，謂象生時所執持之事。「執」或爲「持」。不沐則濡櫛三律而止，不浴則濡巾三式而止。律，理髮也。今秦俗猶以枇髮爲栗。濡，溼也。「式」與「拭」同。《士喪禮》：「尸無有不沐浴者。」此云「不」，蓋末世多不備禮也。○盧文弨曰：注「枇髮」，舊本「枇」作「批」，誤。案，《魏志·管輅傳》，筮十三物，一一名之，惟以梳爲枇耳。古「枇」作「比」，《漢書》有「比疎」，蓋梳疎而比密也。《説文》「櫛」下云：「梳，比之總名。」郝懿行曰：「枇」當作「比」。比者，梳之密者也。律猶類也。今齊俗亦以比去蟣蝨爲律。言一類而盡除之也。「律」「栗」音同。注内「栗」字，依正文作「律」亦可，不必别出「栗」字也。充耳而設瑱，《士喪禮》「瑱用白纊」，鄭云：「瑱，充耳。纊，新緜也。」飯以生稻，唅以槁骨，反生術矣。生稻，米也。槁，枯也。槁骨，貝也。術，法也。前説象其生也，此已下説反於生之法也。

説褻衣，襲三稱，縉紳而無鉤帶矣。「縉」與「搢」同，扱也。紳，大帶也。搢紳，謂扱於帶。鉤之所用弛張也，今不復解脱，故不設鉤也。褻衣，親身之衣也。《士喪禮》：飯唅後「乃襲三稱，明衣不在算。設韐帶，搢笏」。《禮記》曰：「季康子之母死，陳褻衣。」鄭玄云：「褻衣，非上服，陳之將以斂也。」○盧文弨曰：正文「説」字疑當作「設」。　王念孫曰：錢本「説」作「設」，與盧説合。先謙案：宋台州本作「設」。設掩面儇目，鬠而不冠笄矣。《士喪禮》：「掩用練帛，廣終幅，長五尺。」「儇」與「還」同，繞也。《士喪禮》：「幎目用緇，方尺二寸，䞓裏，著組繫。」「幎」讀如「縈」。「縈」與「還」義同。鬠而不笄，謂但鬠髮而已，不加冠及笄也。《士喪禮》：「笄用桑。」又云：「鬠用組乃笄。」此云「不笄」，或後世略也。書其名，置於其重，則名不見而柩獨明矣。書其名於旌也。《士喪禮》：「爲銘各以其物。亡則以緇，長半幅。䞓末，長終幅，廣三寸，書銘於末曰，某氏某之柩。」重以木爲之，長三尺，夏祝鬻餘飯，用二鬲縣於重，冪用葦席。書其名置於重，謂見所書置於重，則名已無，但知其柩也。《士喪禮》：「祝取銘置於重。」案，銘皆有名，此云無，蓋後世禮變，今猶然。薦器則冠有鍪而毋縰，薦器，謂陳明器也。鍪，冠捲如兜鍪也。縰，韜髮者也。《士冠禮》：「緇纚廣終幅，長六尺。」謂明器之冠也，有如兜鍪加首之形，而無韜髮之縰也。鍪之言蒙也，冒也，所以冒首，莫侯反，或音冒。罋廡虛而不實，《士喪禮》：罋三，醯醢屑，廡二，醴酒，皆有冪。蓋喪禮陳鬼器、人器，鬼器虛，人器實也。《禮記》：「宋襄公葬其夫人，醯醢百罋。曾子曰：既曰明器，而又實之。」○盧文弨曰：此與下所引《士喪禮》皆見《既夕篇》中。鄭云：「古文『甒』皆作『廡』。」有簟席而無牀第，此言棺中不施牀第，大斂、小斂則皆有也。木器不成斲，陶器不成物，薄器不成內，木不成於雕琢，不加功也。瓦不成於器物，不可用也。薄器，竹葦之器。不成內，謂有其外形，內不可用也。「內」或爲「用」。《禮記》曰：「竹不成用，瓦不成味。」鄭云：「成，善也。竹不可善用，謂籩無縢也。『味』當作『沬』，沬，靧也。」○郝懿行曰：「內」與「納」同，古皆以「內」爲「納」。內者，入也，入即納也。非內外之內，注誤。注云「內或爲用」，「用」字於義較長。《檀弓》云：「竹不成用。」　王念孫曰：案，作「用」者是。「內」即「用」之譌。注前説非。笙竽具而不和，琴瑟張而不均，鄭云：「無宮商之調也。」輿藏而馬反，告不用也。輿，謂輁軸也。國君謂之輴。藏，謂埋之也。馬，謂駕輁軸之馬。告，示也，言也。《士喪禮》：

「既啟，遷于祖廟，用軸。」《禮記》：「君葬用輴，四綍二碑。大夫葬用輴，❶二綍二碑。士葬用團車。」皆至葬時埋之也。**具生器以適墓，象徙道也。**生器，用器也，弓矢盤盂之屬。徙，遷改也。徙道，其生時之道。器當在家，今以適墓，以象人行不從常行之道，更徙它道也。○郝懿行曰：徙者，迻也。象徙道者，謂如將迻居然耳，亦不忍死其親之意。注似未了。**略而不盡，須而不功，趨輿而藏之，金革轡靷而不入，明不用也。**略而不盡，謂簡略而不盡備也。須，形也，言但有形須，不加功精好也。趨輿而藏之，謂以輿趨於墓而藏之。趨者，速藏之意。金，謂和鸞。革，車鞎也。《説文》云：「靷，所以引軸者也。」杜元凱云：「靷在馬胷。」或曰「須」讀如「邈」，像也，今謂畫物爲須。下「須」皆同義。○盧文弨曰：「趨者」下，俗閒本有「速也」二字，宋本、元刻皆無。「車鞎」舊誤作「車軼」，今據《爾雅》改正。　王念孫曰：「金革」即《小雅·蓼蕭》所謂「鞗革」也。《説文》「鞗」作「鋚」，云：「轡首銅也，從金攸聲。」石鼓文及寅簋文作「鋚勒」，《焦山鼎》作「攸勒」，《伯姬鼎》作「攸勒」，《宰辟父敦》作「攸革」。《爾雅》曰「轡首謂之革」，故曰「金革轡靷」。楊以金爲和鸞，失之。　又曰：「革，車鞅也。」宋本「鞅」譌作「軮」，今本譌作「軼」，盧又改「軼」爲「鞎」，皆與金革無涉。**象徙道，又明不用也，**以器適墓，象其改易生時之器，亦所以明不用。**是皆所以重哀也。**有異生時，皆所以重孝子之哀也。**故生器文而不功，明器須而不用。**生器，生時所用之器。《士喪禮》曰「用器，弓矢耒耜，兩敦兩杅盤匜」之屬。明器，鬼器。木不成斲，竹不成用，瓦不成沫之屬。《禮記》曰「周人兼用之」，以言不知死者有知無知，故褀用生器與明器也。**凡禮，事生，飾歡也；送死，飾哀也；祭祀，飾敬也；師旅，飾威也。是百王之所同，古今之所一也，未有知其所由來者也。故壙壠，其須象室屋也；**壙，墓中。壠，冢也。《禮記》曰：「適墓不登壠。」須猶意也，言其意以象生時也。或音邈。**棺槨，其須象版、蓋、斯、象、拂也；**版，謂車上障蔽者。蓋，車蓋也。斯，未詳。象，衍字。拂即茀也。《爾雅·釋器》云：「輿革，前謂之軓，後謂之茀。」郭云：「以

❶「大夫」，原作「夫人」，茲據《禮記》改。

韋靶車軾及後户也。」○郝懿行曰：版蓋者，棺椁所以象屋，旁爲版，上爲蓋，非車之版蓋也。「斯」，疑「縰」之音譌。「縰」與「纚」同。「象」非衍字。「拂」與「茀」同。斯象拂者，蓋如《喪大記》云「飾棺，君龍帷，黼荒。大夫畫帷，畫荒。士布帷，布荒」之類，皆所以蒙茀棺上，因以爲飾也。《禮記·問喪篇》「雞斯」當爲「笄纚」，聲之誤，此誤正同。　俞樾曰：版者，車轓也。《漢書·景帝紀》「令長吏二千石車朱兩轓，千石至六百石朱左轓」，應劭曰：「車耳反出，所以爲之藩，屏翳塵泥也。」《廣雅·釋器》曰：「轓謂之軓。」「版」與「軓」通。楊注説「版」字未了。又云「斯」未詳，「象」衍字。既爲衍字，則「斯拂」連文。楊云「拂即茀也」，然則「斯」與「拂」必同類之物。《爾雅·釋器》云：「輿革前謂之鞎，後謂之茀。」「鞎」字從艮聲，與斤聲相近，故「垠」從艮聲，或體作「圻」，從斤聲，是其例也。「斯」疑「靳」字之誤。靳之本義爲當膺，而古或借爲「鞎」。《廣雅·釋器》：「弸轅謂之靳。」王氏《疏證》亦云「未詳」。不知弸轅之「靳」，即「輿革前謂之鞎」也。惟其在前，故繫於轅也。此以「版蓋」「靳拂」並言，版即軓也，在車旁。蓋者，車蓋也，在車上。靳在前，拂在後，其所説至爲詳備矣。「靳」字本當作「鞎」，而借用「靳」，亦猶「齒」本字本當作「齗」，而《太玄·密》「次八琢齒依齦」，則借用「齦」。齦者，齧也，非齒本也。艮、斤聲近，故字得通耳。乃「靳」又誤作「斯」，則其義遂不可見矣。

無、帾、絲、歶、縷、翣，其須以象菲、帷、幬、尉也；「無」讀爲「幠」，幠，覆也，所以覆尸者也。《士喪禮》「幠用斂衾」、「夷衾」是也。「帾」與「褚」同。《禮記》曰「素錦褚」，又曰「褚幕丹質」，鄭云：「所以覆棺也。」「絲歶」未詳，蓋亦喪車之飾也。或曰：「絲」讀爲「綏」。《禮記》曰：「畫翣二，皆載綏。」鄭云：「以五采羽注於翣首也。」「歶」讀爲「魚」，謂以銅魚縣於池下，《禮記》曰：「魚躍拂池。」「縷」讀爲「柳」，「蔞」字誤爲「縷」字耳。菲，謂編草爲蔽。蓋古人所用障蔽門户者，今貧者猶然。或曰：「菲」當爲「厞」，隱也，謂隱奥之處也。或曰：「菲」讀爲「扉」，户扇也。「幬」讀爲「帳」。「尉」讀爲「罻」，罻，網也，帷帳如網也。○王念孫曰：幠者，柳車上覆，即禮所謂荒也。《喪大記》曰：「飾棺，君龍帷，黼荒，素錦褚，加僞荒。」鄭注曰：「荒，蒙也。《鄘風》「君子偕老」《傳》曰：「蒙，覆也。」在旁曰帷，在上曰荒，皆所以衣柳也。『僞』當爲『帷』，大夫以上有褚以襯覆棺，乃加帷荒於其上。」以上鄭《注》。「荒」「幠」一聲之轉，皆謂覆也。故柳車上覆謂之荒，亦謂之幠。帾即「素錦褚」之「褚」。幠、帾皆所以飾棺，幠在上象幕，帾在下象幄，故曰「其須象菲帷幬尉也」。《周官・縫人》「掌縫棺飾」，鄭注曰「若存時居於帷幕而加文繡」是也。若斂衾、夷衾，非所以飾棺，不得言「象菲、帷、幬、尉」矣。《詩・公劉》傳曰：「荒，大也。」《閟宮》傳曰：「荒，有也。」《爾雅》曰：「幠，大也，有也。」是「幠」與「荒」同義。「幠」從無聲，「荒」從巟聲，「巟」從亡聲。「荒」之轉爲幠，猶「亡」之轉爲無，故《詩》「遂荒大東」，《爾雅》注引作「遂幠大東」；《禮記》「毋幠毋敖」，《大戴》作「無荒無傲」矣。抗、折，其須以象槾茨、番、閼也。《士喪禮》：「陳明器於乘車之西，折橫覆之。」鄭云：「折如牀，縮者三，橫者五。無簀窆，事畢加之壙上，以承抗席。」抗，禦也，所以禦止土者。槾，杅也。茨，蓋屋也。槾茨，猶墍茨也。槾，莫干反。番讀爲「藩」，藩，籬也。閼，謂門户壅閼風塵者。抗所以禦土，折所以承抗，皆不使外物侵内，有象於槾茨、藩、閼也。○盧文弨曰：舊本注引《士喪禮》多脱誤，今補正。故喪禮者無它焉，明死生之義，送以哀敬而終周藏也。故葬埋，敬藏其形也；葬也者，藏也，所以爲葬埋之禮，敬藏其形體也。祭祀，敬事其神也；其銘、誄、繫世，敬傳其名也。銘，謂書其功於器物，若孔悝之鼎銘者。誄，謂誄其行狀以爲謚也。繫世，謂書其傳襲若今之譜諜也，皆所以敬傳其名於後世也。○俞樾曰：《周官・小史職》曰：「奠世繫，辨昭穆。」鄭司農云「繫世，謂《帝繫》、《世本》之屬」是也。以「帝繫」解「繫」字，「世本」解「世」字，則繫也，世也，自是二事，與銘、誄相對。楊注未得。事生，飾始也；送死，飾終也。終始具而孝子之事畢，聖人之道備矣。刻死而附生謂之墨，刻生而附死謂之惑，刻，損減。附，增益也。墨，墨子之法。惑，謂惑亂過禮也。○王念孫曰：「墨」與「惑」、「賊」對文，則「墨」非墨子之謂。上文云「事生不忠厚、不敬文謂之野，送死不忠厚、不敬文謂之瘠」，楊注：「瘠，薄。」此云「刻死而附生謂之墨」，《樂論》云「亂世之徵，其養生無度，其送死瘠墨」，又以「瘠墨」連文，則「墨」非墨子明矣。殺生而送死謂之賊。殉葬殺人與賊同也。大象其生以送其死，使死生終始莫不稱宜而好善，是禮義之法式也，儒者是矣。

三年之喪，何也？曰：稱情而立文，鄭

康成曰：「稱人之情輕重而制其禮也。」因以飾群别、親疏、貴賤之節，而不可益損也。故曰無適不易之術也。群别，謂群而有別也。適，往也。無往不易，言所至皆不可易此術。或曰：「適」讀爲「敵」。○謝本從盧校作「不是」。郝懿行曰：依注「是」當爲「易」，轉寫之譌。或曰「適」讀爲「敵」，亦通。先謙案：各本譌「是」，據宋台州本正作「易」。創巨者其日久，痛甚者其愈遲，三年之喪，稱情而立文，所以爲至痛極也。創，傷也，楚良反。日久、愈遲，互言之也，皆言久乃能平，故重喪必待三年乃除，亦爲至痛之極，不可朞月而已。齊衰、苴杖、居廬、食粥、席薪、枕塊，所以爲至痛飾也。齊衰，《禮記》作「斬衰」。苴杖，謂以苴惡色竹爲之杖。鄭云：「飾，謂章表也。」❶三年之喪，二十五月而畢，哀痛未盡，思慕未忘，然而禮以是斷之者，豈不以送死有已，復生有節也哉！斷，决也，丁亂反。鄭云：「復生，謂除喪反生者之事也。」凡生乎天地之間者，有血氣之屬必有知，有知之屬莫不愛其類。今夫大鳥獸則失亡其群匹，○先謙案：則猶若也，説見《議兵篇》。越月踰時則必反鉛過故鄉，則必徘徊焉，鳴號焉，躑躅焉，踟躕焉，然後能去之也。「鉛」與「沿」同，循也。《禮記》作「反巡過故鄉」。徘徊，回旋飛翔之貌。躑躅，以足擊地也。踟躕，不能去之貌。小者是燕爵，猶有啁噍之頃焉，然後能去之。「燕爵」與「鷰雀」同。故有血氣之屬莫知於人，故人之於其親也，至死無窮。鳥獸猶知愛其群匹，良久乃去，况人有生之最智，則於親喪悲哀之情，至死不窮已，故以三年節之也。將由夫愚陋淫邪之人與？則彼朝死而夕忘之，然而縱之，則是曾鳥獸之不若也，彼安能相與群居而無亂乎！將由夫脩飾之君子與？則三年之喪，二十五月而畢，若駟之過隙，然而遂之，則是無窮也。

❶《禮記·三年問》注作「飾，情之表章也」。

隙，壁孔也。鄭云：「喻疾也。」遂之，謂不時除也。故先王聖人安爲之立中制節，一使足以成文理，則舍之矣。《禮記》作「焉爲之立中制節」，鄭云：「焉猶然。」立中制節，謂服之年月也。舍，除也。王肅云：「一，皆也。」○郝懿行曰：此云「安爲之」，下云「案以此象之」，又云「案使倍之」、「案使不及」，此三「案」一「安」，《禮記・三年問》俱作「焉」，皆語辭也。鄭注「焉猶然」，亦語辭。

然則何以分之？分，半也，半於三年矣。曰：至親以期斷。斷，決也。鄭云：「言服之正，雖至親，皆期而除也。」是何也？鄭云：「問服斷於期之義也。」曰：天地則已易矣，四時則已徧矣，其在宇中者莫不更始矣，宇中者謂萬物。故先王案以此象之也。然則三年何也？鄭云：「法此變易可以期，何乃三年爲。」曰：加隆焉，案使倍之，故再期也。鄭云：「言於父母加厚其恩，使倍期也。」由九月以下，何也？由，從也。從大功以下也。曰：案使不及也。鄭云：「言使其恩不若父母。」故三年以爲隆，緦小功以爲殺，期九月以爲閒。隆，厚也。殺，減也，所介反。閒，廁其閒也，古莧反。情在隆殺之閒也。上取象於天，下取象於地，中取則於人，人所以群居和一之理盡矣。鄭云：「取象於天地，謂法其變易也。自三年以至緦，皆歲時之數，言既象天地，又足盡人聚居粹厚之恩也。」○盧文弨曰：注「恩」字，俗本在「聚居」上，宋本上下皆有。今案，上「恩」字衍，去之；下「恩」字，元刻作「理」，即依本文，似未是。故三年之喪，人道之至文者也。夫是之謂至隆，至文飾人道，使成忠孝。鄭云：「言三年之喪，喪禮之最盛也。」是百王之所同，古今之所一也。一，謂不變。

君之喪所以取三年，何也？問君之喪，何取於三年之制。曰：君者，治辨之主也，文理之原也，情貌之盡也，相率而致隆之，不亦可乎！治辨，謂能治人，使有辨別也。文理，法理條貫也。原，本也。情，忠誠也。貌，恭敬也。致，至也。言人所施忠敬，無盡於君者，則臣下相率服喪，而至於三年，不亦可乎。○郝懿行曰：率者，循也。循人子爲父母喪三年。推之，爲君亦致隆三年也。先謙案：辨亦治也。楊注非。《詩》曰：「愷悌君子，民之父母。」彼君子者，固有爲民父母之説焉。○俞樾曰：「子」字衍文。此本説君之喪所以三年之故，故引《詩》而釋之曰「彼君者固有爲民父母之説焉」。下文云「父能生之不能養之，母能食之不能教誨之，君者已能食之矣，又善教誨之者也」。下言「君者」，則此文亦當作「君者」，涉上「愷悌君子」之文而衍「子」字耳。父能生之，不能養之；養，謂哺乳之也。養或謂「食」。○王念孫曰：作「食」者是也。下文兩「食」字，並承此「食」字而言。母能食之，不能教誨之；食音嗣也。君者，已能食之矣，又善教誨之者也，食，謂禄廩。教誨，謂制命也。三年畢矣哉！君者兼父母之恩，以三年報之，猶未畢也。乳母，飲食之者也，而三月；慈母，衣被之者也，而九月；君，曲備之者也，三年畢乎哉！曲備，謂兼飲食衣服。得之則治，失之則亂，文之至也。文，謂法度也。治亂所繫，是有法度之至也。得之則安，失之則危，情之至也。情，謂忠厚。使人去危就安，是忠厚之至也。兩至者俱積焉，以三年事之猶未足也，直無由進之耳！直，但也。故社，祭社也；稷，祭稷也；社，土神，以句龍配之。稷，百穀之神，以棄配之。但各止祭一神而已。郊者，并百王於上天而祭祀之也。百王，百神也。或「神」字誤爲「王」，言社稷唯祭一神，至郊天則兼祭百神，以喻君兼父母者也。○郝懿行曰：上云「祭社」「祭稷」，配止一人。此言郊祭上天，配以百王，尊之至也。百王，百世之王，皆前世之君也。楊注欲改「王」爲「神」，則謬矣。郭嵩燾曰：「故社」以下數語，在此終爲不類，疑當在下「尊尊親親之義至矣」下。言社以報社，稷以報稷，郊者并百神而盡報之，皆志意思慕之積也。

三月之殯，何也？此殯謂葬也。○王引之曰：死三日而殯，三月而葬，則殯非葬也。三月之殯，謂既殯之後，未葬之前，約有三月之久也。上文曰「殯久不過七十日，速不損五十日」，楊彼注云「此皆據《士喪禮》首尾三月者也」，是其義矣。下文曰「將舉錯之，遷徙之，離宮室而歸丘陵也」，乃言葬事耳。曰：大之也，重之也，所致隆也，所致親也，將舉錯之，遷徙之，離宮室而歸丘陵也，先王恐其不文也，是以繇其期，足之日也。所至厚至親，將徙而歸丘陵，不可急遽無文飾，故繇其期足之日，然後葬也。繇，讀爲「由」，從也。○王引之曰：繇，讀爲「遥」。凡從「䍃」之字，多並見於蕭、尤二韻，故徭役之「徭」，《漢書》多作「繇」。歌謡之「謡」，《漢書·李尋傳》作「繇」。首飾之步摇，《周官·追師》注作「繇」。遥其期，謂遠其葬期也。足之日，謂足其日數也。楊誤讀「繇」爲「由」，且誤以「期足之日」連讀。故天子七月，諸侯五月，大夫三月，皆使其須足以容事，事足以容成，成足以容文，文足以容備，曲容備物之謂道矣。須，待也，謂所待之期也。事，喪具也。道者，委曲容物備物者也。○王引之曰：須者，遲也。《論語》樊須字遲。謂遲其期，使足以容事也。楊訓「待」，失之迂。

祭者，志意思慕之情也。○王念孫曰：「情」與「志意」，義相近，可言思慕之情，不可言「志意思慕之情」。「情」當爲「積」，字之誤也。《儒效篇》「師法者得所得乎情」，楊注「或曰情當爲積」。志意思慕積於中，而外見於祭，故曰「祭者志意思慕之積也」。下文「唈僾」，注云：「氣不舒，憤鬱之貌」，正所謂志意之積也。又下文「則其於志意之情者，惆然不嗛」，「情」亦當爲「積」。言志意之積於中者不慊也。楊云「忠臣孝子之情，悵然不足」，則所見本已誤。愅詭唈僾而不能無時至焉。愅，變也。詭，異也。皆謂變異感動之貌。唈僾，氣不舒憤鬱之貌。《爾雅》云：「僾，唈也。」郭云：「嗚唈，短氣也。」言人感動，或憤鬱，不能無時而至，言有待而至也。愅音革，唈音邑，僾音愛。○盧文弨曰：「唈」宋本作「悒」。案，《爾雅》作「唈」，陸德明《釋文》作「邑」，烏合反。今從元刻作「唈」。郝懿行曰：「愅」與「革」，「佹」與「詭」，並同。佹，變也。革，更也。此言祭者思慕之情。愅佹，皆變動之貌。唈僾，氣不舒之貌。四字俱以雙聲爲義。故人之歡欣和合之時，則夫忠臣孝子亦愅詭而有所至矣。歡欣之時，忠臣孝子則感動而思君親之不得同樂也。彼其所至者，甚大動也；言所至之情甚大感動也。案屈然已，則其於志意之情者惆然不嗛，其於禮節者闕然不具。屈，竭也。屈然，空然也。惆然，悵然也。嗛，足也。言若無祭祀之禮，空然而已，則忠臣孝子之情悵然不足，禮節又闕然不具也。○先謙案：「志」，各本作「至」。荀書「至」「志」同字，然上下文皆作「志」，今依宋台州本改正。故先王案爲之立文，尊尊親親之義至矣。文謂祭禮節文。故曰：祭者，志意思慕之情也，忠信愛敬之至矣，禮節文貌之盛矣。苟非聖人，莫之能知也。聖人明知之，士君子安行之，官人以爲守，百姓以成俗。其在君子，以爲人道也；其在百姓，以爲鬼事也。以爲人道，則安而行之。以爲鬼事，則畏而奉之。故鐘鼓、管磬、琴瑟竽笙，《韶》、《夏》、《護》、《武》、《汋》、《桓》、《箾》、簡《象》，是君子之所以爲愅詭其所喜樂之文也。因説祭，遂廣言喜樂、哀痛、敦惡之意，本皆因於感動而爲之。文，飾也。喜樂不可無文飾，故制爲鐘鼓、《韶》、《夏》之屬。箾音朔。賈逵曰：「舞曲名。」《武》、《汋》、《桓》皆《周頌》篇名。「簡」未詳。《象》，周武王伐紂之樂也。○王念孫曰：「箾象」即《左傳》之「象箾」也。自「鐘鼓管磬」以下，皆四字爲句，則「箾象」之閒不當有「簡」字，疑即「箾」字之誤而衍者。齊衰、苴杖、居廬、食粥、席薪、枕塊，是君子之所以爲愅詭其所哀痛之文也；感動其所哀痛，而不可無文飾，故制爲齊衰苴杖之屬，言本皆因於感動也。師旅有制，刑法有等，莫不稱罪，是君子之所以爲愅詭其所敦惡之文也。師旅，所以討有罪。制，謂人數也。有等，輕重異也。敦，厚也。厚惡，深惡也。或曰：「敦」讀爲「頓」。頓，困躓也。本因感動敦惡，故制師旅刑法以爲文飾。○盧文弨曰：案，《方言》七：「諄憎，所疾也。宋、魯凡相惡謂之諄憎。」「敦」與「諄」音義同。卜筮視日，齋戒脩涂，几筵、饋、薦、告祝，如或饗之；視日之吉凶。《史記》：「周文爲項燕視日。」脩涂，謂脩自宮至廟之道塗也。几筵，謂祝筵几於室中東面也。饋，獻牲體也。薦，進黍稷也。告祝，謂尸命祝以嘏於主人曰：「皇尸命工祝承致多福無疆於女孝孫，來女孝孫，使女受禄於天，宜稼於田，眉壽萬年，勿替引之。」如或歆饗其祀然也。○王念孫曰：「涂」讀爲「除」。《周官·典祀》：

「若以時祭祀，則帥其屬而脩除。」鄭注曰：「脩除，芟埽之。」「脩除」二字專指廟中而言。作「涂」者，借字耳，非謂「脩自宫至廟之道涂」也。物取而皆祭之，如或嘗之；物取，每物皆取也。謂祝命挼祭，尸取菹擩於醢，祭於豆閒；佐食取黍稷肺授尸啐祭之，又取肝擩於鹽，振祭嚌之是也。如或嘗之，謂以尸啐嚌之，如神之親嘗然也。毋利舉爵，當云「無舉利爵」。即上文云「利爵之不醮也」。○俞樾曰：案《特牲饋食禮》，主人、主婦、賓長三獻之後，長兄弟、衆賓長又行加爵之禮，然後利洗散獻於尸。鄭注謂「以利待尸，禮將終，宜一進酒」。然則利之獻尸，非祭之正，故以祭禮將終始行之也。此云「毋利舉爵」，蓋以主人爲重，猶言不使利代舉爵耳。故下云「主人有尊，如或觴之」。楊注「當云無舉利爵」，則與下意不貫矣。主人有尊，如或觴之；謂主人設尊酌以獻尸，尸飲之，如神飲其觴然。賓出，主人拜送，反易服，即位而哭，如或去之。此裸説喪祭也。易服，易祭服，反喪服也。賓出，祭事畢，即位而哭，如神之去然也。哀夫！敬夫！事死如事生，事亡如事存，狀乎無形影，然而成文。狀，類也。言祭祀不見鬼神，有類乎無形影者，然而足以成人道之節文也。

荀子卷第十三

荀子卷第十四 ○盧文弨曰：此卷各本皆無注。

唐登仕郎守大理評事楊倞注

臣王先謙集解

樂論篇第二十

夫樂者，樂也，人情之所必不免也。故人不能無樂，樂則必發於聲音，形於動靜，而人之道，聲音、動靜、性術之變盡是矣。故人不能不樂，樂則不能無形，形而不爲道，則不能無亂。先王惡其亂也，故制《雅》、《頌》之聲以道之，使其聲足以樂而不流，使其文足以辨而不諰，○盧文弨曰：《禮記·樂記》作「論而不息」，《史記·樂書》作「綸而不息」，此作「諰」，乃「諰」字之訛。《莊子·人閒世篇》「氣息茀然」，向本作「諰」，崔本亦同。案《詩》「南有喬木，不可休息」，「息」亦是「思」字。此二字形近易訛也。　郝懿行曰：「諰」乃別字，古止作「息」。《樂記》作「論而不息」是也。荀書多以「諰」爲「葸」，此又以「諰」爲「息」，皆假借也。使其曲直、繁省、廉肉、節奏足以感動人之善心，○盧文弨曰：「繁省」，《史記》同，《禮記》作「繁瘠」。使夫邪汙之氣無由得接焉。是先王立樂之方也，而墨子非之，奈何！○盧文弨曰：墨子書有《非樂篇》。

故樂在宗廟之中，君臣上下同聽之，則莫不和敬；閨門之內，父子兄弟同聽之，則莫不和親；鄉里族長之中，長少同聽之，則莫不和順。故樂者，審一以定和者也，比物以飾節者也，合奏以成文者也。○盧文弨曰：《禮記》作「節奏合以成文」，《史記》同。　郝懿行曰：節以分析言之，奏以合聚言之，語甚明晰。《樂記》作「節奏合以成文」，則總統言之，而此於義較長。足以率一道，足以治萬變，是先王立樂之術也，而墨子非之，奈何！

故聽其《雅》、《頌》之聲，而志意得廣焉；執其干戚，習其俯仰屈伸，而容貌得莊焉；行其綴兆，要其節奏，而行列得正焉，進退得齊焉。故樂者，出所以征誅也，入所以揖讓也。征誅揖讓，其義一也。出所以征誅，則莫不聽從；入所以揖讓，則莫不從服。故樂者，天下之大齊也，中和之紀也，人情之所必不免也。是先王立樂之術也，而墨子非之，奈何！

且樂者，先王之所以飾喜也；軍旅鈇鉞者，先王之所以飾怒也。先王喜怒皆得其齊焉。○盧文弨曰：《禮記》「齊」作「儕」。郝懿行曰：齊，才細切，謂分齊也。《樂記》作「儕」，假借字耳。先謙案：《史記·樂書》作「齊」。是故喜而天下和之，怒而暴亂畏之。先王之道，禮樂正其盛者也，而墨子非之。故曰墨子之於道也，猶瞽之於白黑也，猶聾之於清濁也，猶欲之楚而北求之也。○先謙案：各本脱「欲」字，據宋台州本補正。

夫聲樂之入人也深，其化人也速，故先王謹爲之文。樂中平則民和而不流，樂肅莊則民齊而不亂。民和齊則兵勁城固，敵國不敢嬰也。如是則百姓莫不安其處，樂其鄉，以至足其上矣。然後名聲於是白，光輝於是大，四海之民莫不願得以爲師。○先謙案：師，長也。説詳《儒效篇》。是王者之始也。樂姚冶以險，則民流僈鄙賤矣。流僈則亂，鄙賤則爭，亂爭則兵弱城犯，敵國危之。如是則百姓不安其處，不樂其鄉，不足其上矣。故禮樂廢而邪音起者，危削侮辱之本也。故先王貴禮樂而賤邪音。其在序官也，曰：修憲命，審誅賞，禁淫聲，以時順修，使夷俗邪音不敢亂雅，太師之事也。○先謙案：「序官」以下，語見《王制篇》。「審誅賞」，當爲「審詩商」之誤，説詳彼注。

墨子曰：「樂者，聖王之所非也，而儒者爲之，過也。」君子以爲不然。樂者，聖人之所樂也，而可以善民心，其感人深，其移風易俗。○先謙案：《史記》作「其風移俗易」，語皆未了。此二語相儷，當是「其感人深，其移風俗易」，與《富國篇》「其道易，其塞固，其政令一，其防表明」，句法一例。上文「聲樂之入人也深，其化人也速」，即是此意。讀者據下文妄改耳。故先王導之以禮樂而民和睦。夫民有好惡之情，而無喜怒之應則亂，先王惡其亂也，故脩其行，正其樂，而天下順焉。故齊衰之服，哭泣之聲，使人之心悲；帶甲嬰軸，歌於行伍，使人之心傷；○俞樾曰：歌於行伍，何以使人心傷？義不可通。「傷」當爲「愓」。荀子書多用「愓」字，《脩身篇》曰：「加愓悍而不順」，注引韓侍郎云：「愓與蕩同。字作心邊昜，謂放蕩兇悍也。」又《榮辱篇》曰：「愓悍憍暴」，注亦云「愓與蕩同」。歌於行伍，則使人之心爲之動蕩，故曰使人之心愓。「愓」「傷」形似因致譌耳。先謙案：《說文》「冑」，《司馬法》作「䩜」，又見《議兵篇》。姚治之容，鄭、衛之音，使人之心淫；紳端章甫，舞《韶》歌《武》，使人之心莊。故君子耳不聽淫聲，目不視女色，口不出惡言。此三者，君子慎之。

凡姦聲感人而逆氣應之，逆氣成象而亂生焉。正聲感人而順氣應之，順氣成象而治生焉。唱和有應，善惡相象，故君子慎其所去就也。君子以鍾鼓道志，以琴瑟樂心。動以干戚，飾以羽旄，從以磬管。○盧文弨曰：元刻作「簫管」，與《禮記》同。故其清明象天，其廣大象地，其俯仰周旋有似於四時。○盧文弨曰：元刻「周旋」作「隨還」。故樂行而志清，禮脩而行成，耳目聰明，血氣和平，移風易俗，天下皆寧，美善相樂。○謝本從盧校作「莫善於樂」。盧文弨曰：宋本作「美善相樂」。王念孫曰：元刻以上文言移風易俗，又以《孝經》言「移風易俗，莫善於樂」，故改爲「莫善於樂」也。不知「美善相樂」正承上五句而言。唯其樂行志清，禮脩行成，是以天下皆移風易俗，而美善相樂。此「樂」字讀喜樂之「樂」。下文「君子樂得其道，小人樂得其欲」云云，皆承此「樂」字而言。若改爲「莫善於樂」，則仍讀禮樂之「樂」，與上下文皆不相應矣。《樂記》亦云「故樂行而倫清，耳目聰明，血氣和平，移風易俗。天下皆寧」。此下若繼之曰「莫善於樂」，尚成文理乎！仍當依宋本作「美善相樂」爲是。先謙案：王説是，今改從宋本。故曰：樂者，樂也。君子樂得其道，小人樂得其欲。以道制欲，則樂而不亂；以欲忘道，則惑而不樂。故樂者，所以道樂也。金石絲竹，所以道德也。樂行而民鄉方矣。故樂者，治人之盛者也，而墨子非之。

且樂也者，和之不可變者也；禮也者，理之不可易者也。樂合同，禮別異。禮樂之統，管乎人心矣。窮本極變，樂之情也；著誠去僞，禮之經也。墨子非之，幾遇刑也。明王已没，莫之正也。愚者學之，危其身也。君子明樂，乃其德也。亂世惡善，不此聽也。○顧千里曰：「德」字疑當作「人」，與上下韻。此篇楊注亡，宋本與今本同，蓋皆誤。俞樾曰：自「窮本極變，樂之情也」，至「弟子勉學，無所營也」十八句皆有韻之文，獨「德」字不入韻，當必有誤。《荀子》原文疑作「乃斯聽也」。「斯」與「此」文異義同，「乃斯聽也」與「不此聽也」，反復相明。古人用韻不避重複，如《采薇》首章連用二「玁狁之故」句，《正月》一章連用二「自口」字，《十月之交》首章連用二「而微」字，《車舝》三章連用二「庶幾」字，《文王有聲》首章連用二「有聲」字，《召旻》卒章連用二「百里」字，並其例也。後人疑兩句不得疊用「聽」字，因改上句爲「乃其德也」，不特於韻不諧，而亦失其義矣。於乎哀哉，不得成也。弟子勉學，無所營也。○盧文弨曰：勉，元刻作免，古通用。

聲樂之象：鼓大麗，○盧文弨曰：宋本作「天麗」。先謙案：作「大」者是。鼓之爲物大，音亦大也。麗者，《方言》三郭注：「偶物爲麗。」《説文》：「《周禮》六鼓，靁鼓八面，靈鼓六面，路鼓四面，鼖鼓、皋鼓、晉鼓，皆兩面。」鐘統實，○先謙案：統者，鐘統衆樂爲君。《樂叶圖徵》曰：「據鐘以知君，鐘聲調則君道得。」實者，成實也。

《五經通義》曰：「鐘，秋分之音，萬物至秋而成也。」磬廉制，○先謙案：《廣雅・釋詁》：「廉，棱也。」磬有隅棱曰廉。《禮記・樂記》疏：「制謂裁斷也。」磬以明貴賤親疏長幼之節，是有制也。詳《白虎通・禮樂篇》。下文「莫不廉制」，亦謂舞之容節莫不廉棱而有裁斷也。竽笙簫和，○王引之曰：「簫」當爲「肅」，言竽笙之聲既肅且和也。《漢書・劉向傳》曰「雜遝衆賢罔不肅和」是也。「竽笙肅和」、「筦籥發猛」、「塤篪翁博」，三句相對爲文。今本「肅」作「簫」者，因「竽笙」二字相連而誤加竹耳。又下文云「鼓似天，鐘似地，磬似水，竽笙筦籥似星辰日月」，今本「竽笙」下有「簫和」二字，亦因上文而衍。筦籥發猛，○先謙案：《樂書》集解引王肅曰「猛起發揚」，是「發」「猛」同義。塤篪翁博，○俞樾曰：「翁」當爲「滃」。《文選・江賦》曰：「氣滃渤以霧杳。」「翁博」猶「滃渤」也。「博」與「渤」亦一聲之轉。瑟易良，○先謙案：《非十二子篇》云「其容良」，注：「良，謂樂易也。」是「易」「良」同義。琴婦好，○郝懿行曰：「鼓天麗」已下，蓋古《樂經》之文，而荀子述之，故以終篇。俞樾曰：《賦篇・蠶賦》曰「此夫身女好而頭馬首者與」，注云：「女好，柔婉也。」「婦好」當與「女好」同，亦柔婉之意。歌清盡，○先謙案：盡者，反復以盡之。舞意天道兼。鼓，其樂之君邪！故鼓似天，鐘似地，磬似水，竽笙簫和筦籥似星辰日月，鞉柷拊鞷椌楬似萬物。○郝懿行曰：「拊鞷」，《禮論篇》作「拊膈」，其義當同。又「簫和」與「竽笙筦籥」相儷，亦皆樂器名，所未聞。先謙案：「簫和」二字衍，說見上。曷以知舞之意？曰：目不自見，耳不自聞也，然而治俯仰詘信、進退遲速，莫不廉制，盡筋骨之力以要鐘鼓俯會之節，而靡有悖逆者，衆積意謘謘乎！○盧文弨曰：元刻無「意」字。謘，《説文》作「謘」，云「語諄謘也，直离切。」元刻正同。郝懿行曰：此論舞意與衆音繁會而應節，如人告語之熟謘謘然也。

吾觀於鄉而知王道之易易也。○盧文弨曰：案《禮記・鄉飲酒義》，此爲孔子之言，句首「孔子曰」三字似當有。主人親速賓及介，而衆賓皆從之，至于門外，主人拜賓及介，而衆賓皆入，貴賤之義别矣。○盧文弨曰：兩「皆」字，元刻作「自」，與《禮記》同。三揖至于階，三讓以賓升，拜至，獻酬，辭讓之節繁；及介省矣；至于衆賓，升受，坐祭，立飲，不酢而降，隆殺之義辨矣。○謝本從盧校，無「降」字。盧文弨曰：元刻「而」字下有「降」字，與《禮記》同。王念孫曰：元刻是。先謙案：宋本奪「降」字，今從元刻。工入，升歌三終，主人獻之；笙入三終，主人獻之；閒歌三終，合樂三終，工告樂備，遂出；二人揚觶，乃立司正焉；知其能和樂而不流也。賓酬主人，主人酬介，介酬衆賓，少長以齒，終於沃洗者焉；○謝本從盧校無「洗」字。盧文弨曰：元刻「沃」下有「洗」字，與《禮記》同。王念孫曰：元刻是。「焉」字下屬爲句，説見劉氏《經傳小記》。先謙案：宋本奪「洗」字，今從元刻。知其能弟長而無遺也。降，説屨，升坐，脩爵無數；飲酒之節，朝不廢朝，莫不廢夕；賓出，主人拜送，節文終遂焉；知其能安燕而不亂也。貴賤明，隆殺辨，和樂而不流，弟長而無遺，安燕而不亂，此五行者，是足以正身安國矣。○盧文弨曰：元刻無「是」字，與《禮記》同。彼國安而天下安，故曰：吾觀於鄉而知王道之易易也。

亂世之徵，○盧文弨曰：舊本不提行，今案當分段。其服組，○先謙案：《書·禹貢》馬注：「組，文也。」服組，謂華侈。其容婦，其俗淫，其志利，其行襍，其聲樂險，○先謙案：《廣雅·釋詁》：「險，衺也。」其文章匿而采，○先謙案：「匿」讀爲「慝」，邪也。説見《天論篇》。其養生無度，其送死瘠墨，○郝懿行曰：《禮論篇》云：「送死不忠厚，不敬文，謂之瘠；刻死而附生謂之墨。」墨者，墨子之教，以薄爲道也。瘠亦儉薄之意。賤禮義而貴勇力，貧則爲盜，富則爲賊。治世反是也。

荀子卷第十四

荀子卷第十五

唐登仕郎守大理評事楊倞注

臣王先謙集解

解蔽篇第二十一

蔽者，言不能通明，滯於一隅，如有物壅蔽之也。

凡人之患，蔽於一曲，而闇於大理。一曲，一端之曲說。是時各蔽於異端曲說，故作此篇以解之。○先謙案：「是時」二句，當在「如有物壅蔽之也」下。治則復經，兩疑則惑矣。言治世用禮義，則自復經常之正道。兩疑，謂不知一於正道，而疑蔽者爲是。一本作「兩則疑惑矣」。○俞樾曰：「兩」讀如「兩政」之「兩」。桓十八年《左傳》「竝后匹嫡，兩政耦國」，是「兩」與「匹」「耦」義同。「疑」讀如「疑妻」、「疑適」之「疑」。《管子·君臣篇》：「內有疑妻之妾，此宮亂也；庶有疑適之子，此家亂也；朝有疑相之臣，此國亂也。」字亦作「擬」，《韓子·說疑篇》：「孽有擬適之子，配有擬妻之妾，廷有擬相之臣，臣有擬主之寵。此四者，國之所危也。」意與《管子》同。天下之道一而已矣，有與之相敵者，是爲兩；有與之相亂者，是爲疑。兩焉，疑焉，惑從此起，故曰兩疑則惑矣。如楊注，則「疑」即惑也，於義複矣。一本則不得其解而誤乙其文也。

天下無二道，聖人無兩心。今諸侯異政，百家異說，則必或是或非，或治或亂。○盧文弨曰：宋本「或」皆作「惑」。元刻「治」作「理」。亂國之君，亂家之人，此其誠心莫不求正而以自爲也，妬繆於道而人誘其所迨也。迨，近也，近謂所好也。言亂君亂人，本亦求理，以其嫉妒迷繆於道，故人因其所好而誘之。謂若好儉則墨氏誘之，好辯則惠氏誘之也。○郝懿行曰：迨者，及也。注訓「近」則借爲「殆」字，殆訓近也，其義較長。私其所積，唯恐聞其惡也。積，習。倚其所私，以觀異術，唯恐聞其美也。倚，任也。或曰：偏倚也，猶傍觀也，言妬於異術也。○盧文弨曰：案，「傍觀」，元刻作「倚觀」。是以與治雖走而是己不輟也。走，竝馳。治，謂正道也。既私其所習，妬繆於道，雖與治竝馳，而自是不輟。「雖」或作「離」。○郝懿行曰：「雖」當依注作「離」，此乃形譌。與治離走，謂離去正道而走，而自以爲是，不輟止也。　王念孫曰：作「離」是也。言與治離走而自是不已也。作「雖」者，字之誤耳。隸書「離」「雖」相似，説見《淮南・天文篇》。前説非。　豈不蔽於一曲而失正求也哉！心不使焉，則白黑在前而目不見，雷鼓在側而耳不聞，況於使者乎！　雷鼓，大鼓聲如雷者。使，役也。以論不役心於正道，則自無聞見矣，況乎役心於異術，豈復更聞正求哉！○俞樾曰：下「使」字乃「蔽」字之誤。白黑之形，雷鼓之聲，尚且不見不聞，況於蔽者乎。此承上文「蔽於一曲」而言。下文「欲爲蔽，惡爲蔽」諸句，又承此而極言之，故篇名「解蔽」也。因涉「心不使焉」句而誤作「使」。既云「心不使焉」，又云「況於使者乎」，文不可通。楊曲爲之説，非是。　德道之人，有賢德也。○王念孫曰：德道，即得道也。《剥》上九「君子得輿」，《釋文》：「得」，京本作「德」。《論語・泰伯篇》「民無得而稱焉」，《季氏篇》作「德」。《大戴記・文王官人篇》「小施而好大得」，《逸周書》作「德」。楊説失之。　亂國之君非之上，亂家之人非之下，豈不哀哉！　上下共非，故可哀也。

故爲蔽：　數爲蔽之端也。○謝本從盧校作「數爲蔽」。　盧文弨曰：正文「數」，宋本作「故」。　郝懿行曰：案，「數」當作「故」。故，語詞也。此句爲下十蔽總冒，作「數」於義爲短。　王念孫曰：作「故」者是也。吕、錢本竝如是。注言「數爲蔽之端」者，數，所主反。下文言人之蔽有十，故先以「故爲蔽」三字總冒下文，然後一一數之於下。注言數爲蔽之端，亦是總冒下文之詞，而正文自作「故」不作「數」也。若云「數爲蔽」，則不辭甚矣。元刻作「數」即涉注文而誤。　俞樾曰：故猶胡也。《墨子・尚賢中篇》「故不察尚賢爲政之本也」，下文作「胡不察尚賢爲政之本也」，是「故」與「胡」同。《管子・侈靡篇》「公將有行，故不送公」，亦以「故」爲「胡」。「故爲蔽」，猶云「胡爲蔽」。胡之言「何」也，乃設爲問辭。下文「欲爲蔽」云云，乃歷數以應之也。元刻涉注文而誤作「數爲蔽」，盧氏從之，非。　先謙案：郝、王説是，今從宋本改正。故訓爲胡，俞説是也。　欲爲蔽，惡爲蔽，始爲蔽，終爲蔽，遠爲蔽，近爲蔽，博爲蔽，淺爲蔽，古爲蔽，今爲蔽。此其所知所好，滯於一隅，故皆爲蔽也。凡萬物異則莫不相爲蔽，此心術之公患也。公，共也。所好異則相爲蔽。

昔人君之蔽者，夏桀、殷紂是也。桀蔽於末喜、斯觀，○郝懿行曰：「斯觀」無考。《楚語》云：「啟有五觀，謂之姦子。」然則斯觀豈其苗裔？而不知關龍逢，以惑其心而亂其行；末喜，桀妃。斯觀，未聞。韓侍郎云：「斯」或當爲「斟」。斟觀，夏同姓國，蓋其君當時爲桀佞臣也。《國語》：「史蘇曰：昔夏桀伐有施，有施人以末喜女焉。」賈侍中云：「有施，喜姓國也。」紂蔽於妲己、飛廉，而不知微子啟，以惑其心而亂其行。妲己，紂妃。飛廉，紂之佞臣，惡來之父，善走者，秦之祖也。微子，紂之庶兄。微，國；子，爵；啟，其名也。《國語》曰：「殷紂伐有蘇，有蘇氏以妲己女焉。」賈侍中云：「有蘇，己姓國也。」故群臣去忠而事私，百姓怨非而不用，事，任也。不用，不爲上用也。「非」或爲「誹」。賢良退處而隱逃，此其所以喪九牧之地而虛宗廟之國也。九牧，九州之牧。虛讀爲「墟」。桀死於亭山，亭山，南巢之山。或本作「鬲山」。案《漢書·地理志》：廬江有灊縣。當是誤以「灊」爲「鬲」，傳寫又誤爲「亭」。灊音潛。○王念孫曰：案，作「鬲山」者是也。鬲讀與「歷」同，字或作「歷」。《太平御覽·皇王部》七引《尸子》曰：「桀放於歷山。」《淮南·脩務篇》：「湯整兵鳴條，困夏南巢，譙以其過，放之歷山。」高注曰：「歷山，蓋歷陽之山。」案，漢歷陽故城爲今和州治，其西有歷湖，即《淮南·俶真篇》所謂「歷陽之都一夕反而爲湖」者也。《史記·夏本紀》正義引《淮南子》曰：「湯放桀於歷山，與末喜同舟浮江，奔南巢之山而死。」此所引蓋許注。歷山即鬲山也。《史記·滑稽傳》「銅歷爲棺」，《索隱》曰：「歷即釜鬲也。」是「鬲」「歷」古字通。楊以鬲山爲灊山之誤，非也。《魯語》「桀奔南巢」，韋注曰：「南巢，楊州地。巢伯之國，今廬江居巢縣是。」是南巢地在漢之居巢，不在灊縣也。且廬江有灊縣而無灊山，今以鬲山爲灊山之誤，則是以縣名爲山名矣，尤非。紂縣於赤斾，《史記》：「武王斬紂，頭縣於太白旗。」此云「赤斾」，所傳聞異也。身不先知，人又莫之諫，此蔽塞之禍也。成湯監於夏桀，故主其心而慎治之，主其心，言不爲邪佞所惑也。是以能長用伊尹而身不失道，此其所以代夏王而受九有也。文王監於殷紂，故主其心而慎治之，是以能長用吕望而身不失道，此其所以代殷王而受九牧也。九有、九牧皆九州也。撫有其地，則謂之九有；養其民，則謂之九牧。遠方莫不致其珍，故目視備色，耳聽備聲，口食備味，形居備宫，名受備號，生則天下歌，死則四海哭，○盧文弨曰：案，元刻作「天下哭」。夫是之謂至盛。《詩》曰：「鳳凰秋秋，其翼若干，其聲若簫，有鳳有凰，樂帝之心。」此不蔽之福也。逸《詩》也。《爾雅》：「鶠，鳳。其雌凰。」秋秋，猶蹌蹌，謂舞也。干，楯也。此帝蓋謂堯也。堯時鳳凰巢於阿閣，言堯能用賢不蔽，天下和平，故有鳳凰來儀之福也。○王念孫曰：「有鳳有凰」本作「有凰有鳳」。「秋」「簫」爲韻，「鳳」「心」爲韻。《説文》「鳳」從凡聲，古音在侵部，故與「心」爲韻。「鳳」從凡聲，而與「心」爲韻，猶「風」從凡聲而與「心」爲韻也。「鳳」字古文作「朋」，又作「鵬」。而古音「蒸」「侵」相近，則「朋」「鵬」二字亦可與「心」爲韻。《秦風・小戎篇》以「膺」「弓」「縢」「興」「音」爲韻，《大雅・大明篇》以「林」「興」「心」爲韻，《生民篇》以「登」「升」「歆」「今」爲韻，《魯頌・閟宫篇》以「乘」「縢」「弓」「綅」「增」「膺」「懲」「承」爲韻，皆其例也。後人不知古音而改爲「有鳳有凰」，則失其韻矣。王伯厚《詩攷》引此已誤。《藝文類聚・祥瑞部》、《太平御覽・人事部》、《羽族部》引此竝作「有皇有鳳」。先言「皇」而後言「鳳」者，變文協韻耳。古書中若此者甚多，後人不達，每以妄改而失其韻。《衛風・竹竿篇》「遠兄弟父母」與「右」爲韻，而今本作「遠父母兄弟」。《大雅・皇矣篇》「同爾弟兄」與「王」「方」爲韻，而今本作「同爾兄弟」。《莊子・秋水篇》「無西無東」與「通」爲韻，而今本作「無東無西」。《逸周書・周祝篇》「惡姑柔剛」與「明」「陽」「長」爲韻，而今本作「剛柔」。《管子・内業篇》「能無卜筮而知凶吉乎」與「一」爲韻，而今本作「吉凶」。《淮南・原道篇》「與萬物終始」與「右」爲韻，而今本作「始終」。《文選・鵩鳥賦》「或趨西東」與「同」爲韻，而今本作「東西」。《答客難》「外有廩倉」與「享」爲韻，而今本作「倉廩」。皆其類也。

昔人臣之蔽者，唐鞅、奚齊是也。唐鞅，宋康王之臣。《吕氏春秋》曰：「宋康王染於唐鞅、田不禋。」奚齊，晉獻公、驪姬之子。《論衡》曰：「宋王問唐鞅曰：吾殺戮甚衆，而群臣愈不畏，何也？對曰：王之所罪，盡不善者也。罪不善者，善者胡爲畏？王欲群臣之畏也，不若無辨其善與不善，一時罪之，則群臣畏矣。宋王從之。」○盧文弨曰：宋本此注多脱字，從元刻補正。《吕氏·淫辭篇》亦載此事。「一時罪之」作「而時罪之」。唐鞅蔽於欲權而逐載子，載讀爲「戴」。戴不勝使薛居州傅王者，見《孟子》。或曰：戴子，戴驩也。《韓子》曰：「戴驩爲宋太宰，夜使人曰：吾聞數夜有乘輜車至李史門者，謹爲我司之。使者報曰：不見輜車，見有奉笥而與李史，史受笥。」又：「戴驩謂齊王曰：王大仁於薛公，大不忍人。」據其時代，當是戴驩也。蓋爲唐鞅所逐奔齊也。○盧文弨曰：案引《韓子》前一段見《内儲説上》。宋本字有錯誤，據本書訂正。「輜車」本書作「轀車」。後一段本書作「成驩」。又《内儲説下》云：「戴驩、皇喜二人争事相害，皇喜遂殺宋君而奪其政。」則非唐鞅所逐也。或説似牽合。奚齊蔽於欲國而罪申生。申生，晉獻公之太子，奚齊之兄，爲驪姬所譖，獻公殺之。《春秋穀梁傳》曰：「晉里克殺其君之子奚齊。其君之子云者，國人不子也。不正其殺世子申生而立之也。」唐鞅戮於宋，奚齊戮於晉，逐賢相而罪孝兄，身爲刑戮，然而不知，此蔽塞之禍也。故以貪鄙背叛争權而不危辱滅亡者，自古及今未嘗有之也。鮑叔、甯戚、隰朋仁知且不蔽，故能持管仲而名利福禄與管仲齊。持，扶翼也。召公、吕望仁知且不蔽，故能持周公而名利福禄與周公齊。傳曰：「知賢之謂明，輔賢之謂能。○盧文弨曰：宋本「彊」作「能」。案，「彊」字與上下韻叶。王念孫曰：盧説非也。「知賢之謂明」，承上文「仁知且不蔽」而言。「輔賢之謂能」，承上文「能持管仲」、「能持周公」而言。「勉之彊之，其福必長」承上文「名利福禄與管仲齊」、「與周公齊」而言。此四句本不用韻。元刻「能」作「彊」，乃涉下「勉之彊之」而誤。吕、錢本竝作「能」。先謙案：謝本從盧校作「彊」，今依王説，從宋本改「能」。勉之彊之，其福必長。」此之謂也。此不蔽之福也。勉之彊之，言必勉彊於知賢輔賢，然後其福長也。彊，直亮反。

昔賓孟之蔽者，亂家是也。賓孟，周景王之佞臣，欲立王子朝者。亂家，謂亂周之家事，使庶孽争位也。○俞樾曰：楊注誤。下文歷數墨子諸人之蔽，全與

「賓孟」無涉。此二語上無所承，下無所應，殊爲不倫。據上文云「昔人君之蔽者，夏桀、殷紂是也」，下乃極言桀、紂之蔽，而終以成湯、文王之不蔽者，明不蔽之福。又云「昔人臣之蔽者，唐鞅、奚齊是也」，下乃極言唐鞅、奚齊之蔽，而終以鮑叔、甯戚諸人之不蔽者，明不蔽之福。此文云「昔賓孟之蔽者，亂家是也」，下乃歷舉墨子諸人之蔽，而終以孔子之不蔽者，明不蔽之福。三段相對成文，則「賓孟之蔽」句，正與上文「人君之蔽」、「人臣之蔽」相對，所云賓孟，殆非周之賓孟，且非人名也。「孟」當讀爲「萌」。「孟」與「明」古音相近，故「孟」可爲「萌」，猶「孟豬」之爲「明都」，「孟津」之爲「盟津」也。《吕氏春秋・高義篇》載墨子之言曰：「若越王聽吾言，用吾道，翟度身而衣，量腹而食，比於賓萌，未敢求仕。」高注曰：「賓，客也。萌，民也。」所謂賓萌者，蓋當時有此稱。戰國時，遊士往來諸侯之國，謂之賓萌。若下文墨子、宋子、慎子、申子、惠子、莊子，皆其人矣。然則上言人君之蔽、人臣之蔽，此言賓萌之蔽，文正相對。人君之蔽、人臣之蔽，止舉兩人，故可曰夏桀、殷紂是也，唐鞅、奚齊是也。賓萌之蔽，則所舉人多，不可竝列，故曰亂家是也。亂家，包下文諸子而言。上文云「亂國之君，亂家之人」，又曰「亂國之君非之上，亂家之人非之下」，此「亂家」二字之證也。賓萌之稱，它書罕見，而字又叚「孟」爲「萌」，適與周賓孟之名同，其義益晦矣。**墨子蔽於用而不知文，**欲使上下勤力，股無胈，脛無毛，而不知貴賤等級之文飾也。**宋子蔽於欲而不知得，**宋子以人之情欲寡而不欲多，但任其所欲則自治也。蔽於此說而不知得欲之道也。○俞樾曰：古「得」「德」字通用。「蔽於欲而不知德」，正與下句「慎子蔽於法而不知賢」一律，注失之。**慎子蔽於法而不知賢，**慎子本黄老，歸刑名，多明不尚賢、不使能之道，故其說曰多賢不可以多君，無賢不可以無君，其意但明得其法，雖無賢亦可爲治，而不知法待賢而後舉也。**申子蔽於埶而不知知，**申子，名不害，河南京縣人，韓昭侯相也。其說但賢得權埶，以刑法馭下，而不知權埶待才智然後治，亦與慎子意同。下「知」音智。**惠子蔽於辭而不知實，**惠子蔽於虛辭，而不知實理。虛辭謂若山出口、丁子有尾之類也。**莊子蔽於天而不知人。**天謂無爲自然之道。莊子但推治亂於天，而不知在人也。**故由用謂之道盡利矣，**由，從也。若由於用，則天下之道無復仁義，皆盡於求利也。○

先謙案：如注，「道」字下屬，「謂之」二字無著，此言由用而謂之道，則人盡於求利也。下竝同。數者道之一隅，而墨、宋諸人自以爲道，所以爲蔽也。楊失其讀。由俗謂之道盡嗛矣，「俗」當爲「欲」。「嗛」與「慊」同，快也。言若從人所欲，不爲節限，則天下之道盡於快意也。嗛，口簟反。○盧文弨曰：「盡用矣」、「盡嗛矣」，元刻兩「矣」字俱作「也」，今從宋本。由法謂之道盡數矣，由法而不由賢，則天下之道盡於術數也。由埶謂之道盡便矣，便，便宜也。從埶而去智，則盡於逐便，無復修立。由辭謂之道盡論矣，論，辨說也。由天謂之道盡因矣。因，任其自然，無復治化也。此數具者，皆道之一隅也。夫道者，體常而盡變，一隅不足以舉之。言道者，體常盡變，猶天地常存，能盡萬物之變化也。曲知之人，觀於道之一隅而未之能識也，曲知，言不通於大道也。一隅猶昧，況大道乎。故以爲足而飾之，謂其持之有故，其言之成理也。○先謙案：「而」或作「五」，從宋台州本正。內以自亂，外以惑人，上以蔽下，下以蔽上，此蔽塞之禍也。孔子仁知且不蔽，故學亂術，足以爲先王者也。○亂，雜也。言其多才藝，足以及先王也。○郝懿行曰：亂者，治也，學治天下之術。「亂」之一字，包治、亂二義，注非。一家得周道，舉而用之，不蔽於成積也。一家得，謂作《春秋》也。周道舉，謂刪《詩》《書》、定《禮》《樂》。成積，舊習也。言其所用不滯於衆人舊習，故能功業如此。○郝懿行曰：「「一家得周道」句，「舉而用之」句。此言孔子志在《春秋》，行在《孝經》。又曰：「吾學《周禮》，今用之，吾從周。」蓋能考論古今，成一家言，不蔽於諸子雜說也。先謙案：郝讀是也。言孔子爲《春秋》一家之言，而得周之治道，可以舉而用之，是匹夫而有天子之道，由其不蔽於成積也。《儒效篇》云：「并一而不二，所以成積也。并一而不二，則通於神明，參於天地，涂之人百姓積善而全盡，謂之聖人。」道由積而成，故謂之成積。不蔽於成積者，猶言不蔽於道之全體也，正對上「道之一隅」言之。《榮辱篇》云：「安知廉恥隅積。」亦以「隅」「積」對文，與此可互證。楊以「成積」爲「舊習」，誤甚。故德與周公齊，名與三王竝，此不蔽之福也。

聖人知心術之患，見蔽塞之禍，故無欲、無惡、無始、無終、無近、無遠、無博、無淺、無古、無今，兼陳萬物而中縣衡焉。不滯於一隅，但當其中而縣衡，揣其輕重也。是故衆異不得相蔽以亂其倫也。倫理。何謂衡？曰：道。道，謂禮義。故心不可以不知道，心不知道則不可道而可非道。心不知道，則不以道爲可。可，謂合意也。人孰欲得恣而守其所不可以禁其所可？人心誰欲得縱恣，而肯守其不合意之事，以自禁其合意者。以其不可道之心取人，則必合於不道人，而不知合於道人。各求其類。○俞樾曰：「知」字衍。下文云「以其可道之心取人，則合於道人而不合於不道人」，正與此文相對。彼云「不合」而不云「不知合」，則此文亦無「知」字明矣。以其不可道之心與不道人論道人，亂之本也。必有妬賢害善。○盧文弨曰：宋本作「與不可道之人論道人」，元刻作「與不道人」，無「可」「之」「論道人」五字。今案，當作「與不道人論道」。兩本有衍有脱，下一「人」字亦可去。王念孫曰：盧説非也。與不道人論道人，道人見上。謂與小人論君子，非謂與之論道也。上文云「得道之人，亂國之君非之上，亂家之人非之下，豈不哀哉」，正所謂與不道人論道人也。與不道人論道人，則道人退而不道人進，國之所以亂也，故曰「與不道人論道人，亂之本也」。故楊云「必有妬賢害善」。夫何以知！問何道以知道人也。○俞樾曰：「夫何以知」與下文「何患不知」相對，蓋言心不知道，則將與不道人論道人，必至妬賢害善矣，夫何以知。心知道則與道人論非道，必能懲姦去惡矣，何患不知。此兩「知」字與知道之「知」不同，當讀爲「智」。夫何以知，猶言夫何能智也。楊注以爲問辭，失之甚矣。曰心知道然後可道。○俞樾曰：「曰」字衍。「心知道然後可道」，與上文「心不知道則不可道而可非道」相對成文，皆承「故心不可以不知道」而言。因上句「夫何以知」，楊注誤以爲問辭，後人遂以此數句爲答辭，妄加「曰」字。可道然後能守道以禁非道。以其可道之心取人，則合於道人而不合於不道之人矣。以其可道之心與道人論非道，治之要也。必能懲姦去惡。○盧文弨曰：正文「非」字疑衍，注似曲爲之説。王念孫曰：盧説亦非也。與道人論非道人，謂與道人論非道之人，非謂與之論道也。與道人論非道，則非道人退而道人進，國之所以治也。故曰「與道人論非道，治之要也」。楊云「必能懲姦去惡」，正釋「治之要」三字。非曲爲之説也。「非道」二字，上文凡兩見。何患不知！心苟知道，何患不知道人。

故治之要在於知道。人何以知道？既知道人在於知道，問知道之術如何也。曰：心。在心無邪。心何以知？曰：虚壹而静。能然則可以知道也。○郝懿行曰：壹者，專壹也。轉寫者亂之，故此作「壹」，下俱作「一」。心未嘗不臧也，然而有所謂虚；臧讀爲「藏」，古字通，下同。言心未嘗不苞藏，然有所謂虚心。心未嘗不滿也，然而有所謂一；「滿」當爲「兩」。兩，謂同時兼知。心未嘗不動也，然而有所謂静。雖動不使害静也。人生而有知，知而有志，志也者，臧也；在心爲志。然而有所謂虚，不以所已臧害所將受謂之虚。見善則遷，不滯於積習也。○謝本從盧校作「已所臧」。盧文弨曰：「已所臧」，元刻作「所已臧」。郝懿行曰：「臧」，古藏字。將者，送也。受者，迎也。言不以己心有所藏，而妨害於所將送迎受者，則可謂中虚矣。王念孫曰：「所已臧」與「所將受」對文，元刻是也。楊注「積習」二字，正釋「所已臧」三字。錢本、世德堂本竝作「所已臧」。先謙案：王説是。今從元刻改。心生而有知，知而有異，異也者，同時兼知之；同時兼知之，兩也，然而有所謂一，不以夫一害此一謂之壹。既不滯於一隅，物雖輻凑而至，盡可以一待之也。○先謙案：夫猶彼也。知雖有兩，不以彼一害此一。荀書用「夫」字皆作「彼」字解，此尤其明證。楊注未晰。心臥則夢，偷則自行，使之則謀。臥，寝也。自行，放縱也。使，役也。言人心有所思，寝則必夢，偷則必放縱，役用則必謀慮。○先謙案：夢、行、謀皆心動之驗。或以夢爲夢然無知，非。故心未嘗不動也，然而有所謂静，不以夢劇亂知謂之静。夢，想象也。劇，囂煩也。言處心有常，不蔽於想象囂煩，而介於胷中以亂其知，斯爲静也。此皆明不蔽於一端、虚受之義也。未得道而求道者，謂之虚壹而静。有求道之心，不滯於偏見曲説，則是虚壹而静。作之則將須道者之虚則人，將事道者之壹則盡，盡將思道者静則察。此義未詳，或恐脱誤耳。或曰：此皆論虚壹而静之功也。作，動也。須，待也。將，行也。當爲「須道者虚則將事道者壹則盡思道者静則察」，其餘字皆衍也。作之則行，言人心有動作則自行也。以虚心須道，則萬事無不行。以一心事道，則萬物無不盡。以静心思道，則萬變無不察。此皆言執其本而末隨也。○王引之曰，楊訓「將」爲「行」，而以「作之則將」絶句，又增删下文，而强爲之解，皆非也。此當以「作之」二字絶句。下文當作「則將須道者之虚，虚則入；將事道者之壹，壹則盡；將思道者之静，静則察」。此承上文「虚一而静」言之。將，語詞也。道者，即上所謂道人也。言心有動作，則將須道者之虚，虚則能入。將事道者之壹，「事」如「請事斯語」之「事」。壹則能盡。將思道者之静，静則能察也。虚則入者，入，納也，猶言虚則能受也。故上文云「不以所已臧害所將受謂之虚」也。壹則盡者，言壹心於道，則道無不盡也。静則察者，言静則事無不察也。今本「入」誤作「人」，其餘又有脱文、衍文耳。知道察，知道行，體道者也。知道察，謂思道者静則察也。知道行，謂須道者虚則將也。體，謂不離道也。虚壹而静謂之大清明，言無有壅蔽者。○盧文弨曰：元刻無「大」字。萬物莫形而不見，莫見而不論，莫論而失位。既虚壹而静，則通於萬物，故有形者無不見，見則無不能論説，論説則無不得其宜。○郝懿行曰：「見」讀爲「現」。現者，示也。「論」讀爲「倫」。倫者，理也。言萬物莫有形而不顯示於人，莫顯示人而不有倫理，理無不宜而分位不失。坐於室而見四海，處於今而論久遠，○盧文弨曰：元刻「論」作「聞」。疏觀萬物而知其情，參稽治亂而通其度，疏，通。參，驗。稽，考。度，制也。經緯天地而材官萬物，制割大理而宇宙裏矣！材，謂當其分。官，謂不失其任。「裏」當爲「理」，「材」或爲「裁」也。恢恢廣廣，孰知其極！睪睪廣廣，孰知其德！涫涫紛紛，孰知其形！明參日月，大滿八極，夫是之謂大人。夫惡有蔽矣哉！此皆明虚壹而静，則通於神明，人莫能測也，又安能蔽哉！「睪」讀爲「皞」。皞皞，廣大貌。涫涫，沸貌。紛紛，雜亂貌。涫，音官，又音貫。○盧文弨曰：正文上「夫」字宋本無。顧千里曰：「廣廣」疑當有誤，與上文「恢恢廣廣」重出二字。以楊注「睪」讀爲「皞」例之，則此句「廣」讀爲「曠」也。孰知其形，「形」字不入韻，疑當作「則」。

心者，形之君也，而神明之主也，出令而無所受令。心出令以使百體，不爲百體所使也。自禁也，自使也，自奪也，自取也，自行也，自止也。此六者皆由心使之然，所以爲形之君也。故口可劫而使墨云，形可劫而使詘申，心不可劫而使易意，是之則受，非之則辭。劫，迫也。云，言也。百體可劫，心不可劫，所以尤宜慎擇所好，懼蔽塞之患也。○郝懿行曰：「墨」與「默」同。云者，言也。或默或語，皆可力劫而威使之。「申」當作「信」而讀爲「申」。荀書皆然。陳奂曰：案，「墨」與「默」同。《楚辭·九章》「孔静幽默」，《史記·屈原傳》作「墨」。《商君傳》：「殷紂墨墨以亡。」故曰：心容其擇也，無禁必自見，其物也襍博，容，受也。言心能容受萬物，若其選擇無所禁止，則見襍博不精，所以貴夫虚壹而静也。○先謙案：此承上文「心者形之君也」云云，而引古言以明之。心自禁使，自奪取，自行止，是容其自擇也。《正名篇》亦云：「離道而内自擇。」「容」訓如《非十二子篇》「容辨異」之「容」。無作受令，是無禁也。神明之主出令是必自見也，物雖襍博，精至則不貳。「心容其擇也」句，「無禁必自見」句，楊失其讀。其情之至也不貳。其情之至極，在一而不貳，若襍博則惑。○盧文弨曰：元刻「情」作「精」，注同。先謙案：元刻作「精」是也。作「情」者，「精」之借字。《脩身篇》「術順墨而精雜汙」，注「精當爲情」。此荀書「精」「情」互通之證。《詩》云：「采采卷耳，不盈頃筐。嗟我懷人，寘彼周行。」《詩》，《周南·卷耳》之篇。毛公云：「采采，事采之也。卷耳，苓耳也。頃筐，畚屬，易盈之器也。思君子置於周之列位也。」○盧文弨曰：注「卷耳，苓耳也」，宋本、元刻皆同。俗本依《廣雅》改作「枲耳」，不知《毛傳》自用《爾雅》爲訓耳。頃筐易滿也，卷耳易得也，然而不可以貳周行。采易得之物，實易滿之器，以懷人寘周行之心貳之，則不能滿，況乎難得之正道，而可以它術貳之乎？○郝懿行曰：貳，謂貳之也。言所懷在於寘周行，意不在於事采，故雖易盈之器而不盈也。《毛傳》正用其師説。故曰：心枝則無知，傾則不精，貳則疑惑。以贊稽之，萬物可兼知也。枝，旁引如樹枝也。贊，助也。稽，考也。以一而不貳之道助考之，則可兼知萬物，若博襍則愈不知也。○郝懿行曰：案，「枝」與「歧」同。古字通用。歧者，不一也。此申上文貳之之意。郭嵩燾曰：荀意言心不貳而推類可以知萬物，至以身盡道，惟無貳而已，類不可以兩求也。楊注失之。先謙案：王氏念孫云：「『貳』是『貣』之誤字，説見《天論篇》。」今案：此「貳」字與上下文緊相承，注不當作「貣」，王説非也。身盡其故則美，故，事也。盡不貳之事則身美矣。類不可兩也，故知者擇一而壹焉。凡事類皆不可兩，故知者精於一道而專一焉，故異端不能蔽也。

農精於田而不可以爲田師，賈精於市而不可以爲賈師，工精於器而不可以爲器師。皆蔽於一技，故不可爲師長也。○王念孫曰：吕、錢本「賈師」作「市師」，是也。上文以兩「田」字相承，下文以兩「器」字相承，則此文亦當以兩「市」字相承。吕本作「賈師」者，涉上「賈精於市」而誤。有人也，不能此三技而可使治三官，曰：精於道者也，精於一道，故可以理萬事。精於物者也。○盧文弨曰：案，此句當在「不可以爲器師」之下，誤脱在此。王念孫曰：此汪説也，見丙申校本。俞樾曰：「精於物」上疑當有「非」字。言此人不能三技而可治三官者，精於道非精於物也。精於物，若農精於田，賈精於市，工精於器是也。精於道，則君子是也。下文云「精於物者以物物，精於道者兼物物，故君子一於道而以贊稽物」，可證其義。今本奪「非」字，則「精於道者也，精於物者也」，兩語平列而其義違矣。精於物者以物物，謂能各物其一物，若農賈之屬也。○盧文弨曰：注「各」字，舊本皆作「名」，訛，今改正。下同。精於道者兼物物。謂能兼治各物，其一物者也。故君子壹於道而以贊稽物。一於道所以助考物也。助考謂兼治也。壹於道則正，以贊稽物則察，以正志行察論則萬物官矣。在心爲志，發言爲論。官謂各當其任，無差錯也。

昔者舜之治天下也，不以事詔而萬物成。舜能一於道，但委任衆賢而已，未嘗躬親以事告人。處一危之，其榮滿側；養一之微，榮矣而未知。一，謂心一也。「危之」當爲「之危」。危，謂不自安，戒懼之謂也。側，謂迫側，亦充滿之義。微，精妙也。處心之危，言能戒懼，兢兢業業，終使之安也。養心之微，謂養其未萌，不使異端亂之也。處心之危有形，故其榮滿側可知也。養心之微無形，故雖榮而未知。言舜之爲治，養其未萌也。○王念孫曰：《成相篇》云：「思乃精，志之榮，好而壹之神以成。」《賦篇》云：「血氣之精也，志意之榮也。」四「榮」字竝同義。故道經曰：「人心之危，道心之微。」今《虞書》有此語，而云道經，蓋有道之經也。孔安國曰：「危則難安，微則難明，故戒以精一，信執其中。」引此以明舜之治在精一於道，不蔽於一隅也。○郝懿行曰：道經，蓋古言道之書，今《書·大禹謨》有此，乃梅賾所采竄也。唯「允執其中」一語，爲堯授舜、舜授禹之辭耳。危微之幾，惟明君子而後能知之。幾，萌兆也，與「機」同。○王念孫曰：阮氏元曰：「此篇言知道者，皆當專心壹志，虛靜而清明，不爲欲蔽。故曰『昔者舜之治天下也』云云。案後人在《尚書》內解此者姑弗論，今但就《荀子》言《荀子》，其意則曰舜身行人事而處以專壹，且時加以戒懼之心，所謂危之也。惟其危之，所以滿側皆獲安榮，此人所知也。舜心見道而養以專壹，在於幾微，其心安榮，則他人未知也。如此解之，則引道經及『明君子』二句，與前後各節皆相通矣。楊注謂『危之』當作『之危』，非也。危之者，懼蔽於欲而慮危也。之危者，已蔽於欲而陷危也。謂榮爲安榮者，《儒效篇》曰：『爲君子則常安榮矣，爲小人則常危辱矣。凡人莫不欲安榮而惡危辱。』據此則《荀子》常以『安榮』與『危辱』相對爲言。此篇言『處一危之，其榮滿側』，若不以本書證之，則『危榮』二字難得其解矣。故解道經，當以《荀子》此說爲正，非所論於《古文尚書》也。」案，此說是也。下文言「闢耳目之欲，遠蚊䖟之聲」，可謂危矣，未可謂微也。言人能如舜之危，不能如舜之微也。然則所謂危者，非蔽於欲而陷於危之謂。故人心譬如槃水，正錯而勿動，則湛濁在下而清明在上，「湛」讀爲「沈」，泥滓也。下同。則足以見鬚眉而察理矣。理，肌膚之文理。○郝懿行曰：「鬚」古止作「須」，今俗作「鬚」。「理」上當脱「膚」字。《榮辱篇》及《性惡篇》竝云「骨體膚理」，是矣。微風過之，湛濁動乎下，清明亂於上，則不可以得大形之正也。○先謙案：「大」字無義。上言槃水見鬚眉膚理，非能見身之全形也。「大形」疑當爲「本形」。《富國篇》「天下之本利也」，「本」當爲「大」，明二字互誤。心亦如是矣。故導之以理，養之以清，物莫之傾，清，謂沖和之氣。則足以定是非、決嫌疑矣。小物引之，則其正外易，其心内傾，則不足以決庶理矣。言此者以喻心不一於道，爲異端所蔽則惑也。○盧文弨曰：「庶理」，宋本作「麤理」，今從元刻。故好書者衆矣，而倉頡獨傳者，壹也；倉頡，黄帝史官。言古亦有好書者，不如倉頡一於其道，異術不能亂之，故獨傳也。○盧文弨曰：案，宋本此注之末有「情箸古者倉頡之有天下守法授親神農亦然也」十九字，文義不順，今删去之。好稼者衆矣，而后稷獨傳者，壹也；好樂者衆矣，而夔獨傳者，壹也；好義者衆矣，而舜獨傳者，壹也。倕作弓，浮游作矢，而羿精於射；倕，舜之共工。《世本》云：「夷牟作矢。」宋衷注云：「黄帝臣也。」此云「浮游」，未詳。或者浮游，夷牟之别名，或聲相近而誤耳。言倕、游雖作弓矢，未必能射，而羿精之也。弓矢，舜已前有之。此云倕作弓，當是改制精巧，故亦言作也。奚仲作車，乘杜作乘馬，而造父精於御。自古及今，未嘗有兩而能精者也。奚仲，夏禹時車正。黄帝時已有車服，故謂之軒轅。此云奚仲者，亦改制耳。《世本》云：「相土作乘馬。」「杜」與「土」同。乘馬，四馬也。四馬駕車，起於相土，故曰作乘馬。以其作乘馬之法，故謂之乘杜。乘竝音剩。相土，契孫也。《吕氏春秋》曰：「乘馬作一駕。」○盧文弨曰：《吕氏春秋·勿躬篇》作「乘雅作駕」，一本「乘雅」作「乘持」，疑「持」爲「杜」字之訛。王念孫曰：古無謂相土爲乘杜者。「乘杜」蓋「桑杜」之誤。「相」「桑」古同聲，故借「桑」爲「相」。《爾雅·釋蟲》「諸慮奚相」，《釋文》：「相，舍人本作桑。」隸書「桑」或作「桒」，「乘」或作「桒」，見漢《安平相孫根碑》。二形相似，又因下文「乘馬」而誤爲「乘」耳。《漢書・王子侯表》「桑丘節侯將夜」，今本「桑」誤作「乘」。楊云「以其作乘馬之法故謂之乘杜」，此則不得其解而曲爲之説。曾子曰：是其庭可以搏鼠，惡能與我歌矣！「是」蓋當爲「視」。曾子言有人視庭中可以搏擊鼠，則安能與我成歌詠乎！言外物誘之，思不精，故不能成歌詠也。○盧文弨曰：正文「矣」字，元刻作「乎」。郝懿行曰：此言庭虚無人至静矣，恐有潛修其中而深思者，我何可以歌詠亂之乎！《荀》義當然，注似失之。

空石之中有人焉，其名曰觙。空石，石穴也。蓋古有善射之人，處深山空石之中，名之曰觙。觙字及事竝未詳所出，或假設喻耳。其爲人也，善射以好思。好，喜也。清静思其射之妙。○俞樾曰：案，凡射者必心手相得，方可求中，非徒思之而已。且其下文曰「耳目之欲接則敗其思，蚊䖟之聲聞則挫其精」，無一字及射，然則楊注非也。此「射」字乃「射策」「射覆」之「射」。《漢書・蓺文志》蓍龜家有《隨曲射匿》五十卷。「射匿」疑即「射覆」。覆而匿之，人所不知，以意縣揣，而期其中，此射之義也。《吕氏春秋・重言篇》載成公賈説荆莊王曰：「有鳥止於南方之阜，三年不動不飛不鳴，是何鳥也？」王射之曰：「有鳥止於南方之阜，其三年不動，將以定志意也；其不飛，將以長羽翼也；其不鳴，將以覽民則也。」然則古人設爲廋辭隱語，而使人意度之，皆謂之射。此云善射以好思，即謂此也，非真援弓而射之也。耳目之欲接則敗其思，蚊䖟之聲聞則挫其精，是以闢耳目之欲而遠蚊䖟之聲，閑居静思則通。挫，損也。精，精誠也。闢，屏除也。言閑居静思，不接外物，故能通射之妙。思仁若是可謂微乎？言静思仁如空石之人思射，則可謂微乎？假設問之辭也。孟子惡敗而出妻，可謂能自彊矣。此已下答之之辭。孟子惡其敗德而出其妻，可謂能自彊於脩身也。有子惡臥而焠掌，可謂能自忍矣，未及好也。有子蓋有若也。焠，灼也。惡其寢臥而焠其掌，若刺股然也。「未及好也」當爲「未及好思也」，誤分在下，更作一句耳。有子焠掌，可謂能自忍其身，則未及善射好思者也。若思道之至人，則自無寢，焉用焠掌乎！○郝懿行曰：當依楊注作「未及好思也」。先謙案：楊、郝説皆非，當如郭説，見下。闢耳目之欲，可謂能自彊矣，未及思也。蚊䖟之聲聞則挫其精，可謂危矣，未可謂微也。「可謂能自彊矣，未及思也」十字，竝衍耳。可謂危矣，言能闢耳目之欲，則可謂能自危而戒懼，未可謂微也。微者，精妙之謂也。○郝懿行曰：此文錯亂不可讀，當作「闢耳目之欲而遠蚊䖟之聲，可謂能自危矣，未可爲微也」。如此訂正方可讀，餘皆涉上文而誤衍。　郭嵩燾曰：下兩言「何彊何忍何危」，則此七句正作三項言之。疑此「可謂能自彊矣」六字衍，「未及思也」句當在前「可謂能自彊」下。忍堅於彊，好甚於思，出妻猶身外也，焠掌則及身矣。蚊䖟之聲即係之耳目者，二句究屬一義，不應分言，故知此段文句有誤倒，亦有衍文。　先謙案：郭説是也。此承上觙之好思言之，不分二事。上言可謂微乎，故此答以未可謂微也。楊、郝説竝非。　夫微者，至人也。惟精惟一如舜者。至人也，何彊，何忍，何危！既造於精妙之域，則冥與理會，不在作爲。苟未臻極，雖在空石之中，猶未至也。　故濁明外景，清明内景。景，光色也。濁，謂混迹。清，謂虚白。○俞樾曰：《大戴記·曾子天圓篇》：「參嘗聞之夫子曰：天道曰圓，地道曰方。方曰幽而圓曰明。明者，吐氣者也，是故外景。幽者，含氣者也，是故内景。故火日外景，而金水内景。」《荀子》「濁明外景，清明内景」之説，即孔子之緒言也。楊注所説，未盡其旨。　聖人縱其欲、兼其情而制焉者，理矣。夫何彊，何忍，何危！兼，猶盡也。聖人雖縱欲盡情，而不過制者，由於暗與理會故也，何必如空石之徒乎！○先謙案：「縱」當爲「從」。聖人無縱欲之事。從其欲，猶言從心所欲。　故仁者之行道也，無爲也；聖人之行道也，無彊也。無爲，謂知違理則不作，所謂造形而悟也。無彊，謂全無違理彊制之萌也。　仁者之思也恭，聖人之思也樂，此治心之道也。思，慮也。恭，謂乾乾夕惕也。樂，謂性與天道無所不適。○郝懿行曰：恭則虚壹而静，樂則何彊何忍何危，結上之辭。楊注「樂謂性與天道無所不適」，「道」當爲「通」。楊本不誤，俗人依《論語》妄改，故誤耳。「性與天通」，語出《晉書》。

凡觀物有疑，中心不定，則外物不清；清，明審也。　吾慮不清，則未可定然否也。冥冥而行者，見寢石以爲伏虎也，見植林以爲後人也，○俞樾曰：上文「見寢石以爲伏虎也」，「伏」與「寢」義相應，此云「後人」則與「植林」不相應矣。植林豈必在後乎？疑《荀子》原文本作「立人」。「立」與「植」正相應。下文曰「俯見其影以爲伏鬼也，卬視其髮以爲立魅也」，亦以「伏」「立」對文，可證也。今作「後人」者，疑涉上文誤「立」爲「伏」，又誤「伏」爲「後」耳。冥冥蔽其明也。冥冥，暮夜也。醉者越百步之溝，以爲蹞步之澮也，「蹞」與「跬」同，半步曰跬。澮，小溝也。俯而出城門，以爲小之閨也，酒亂其神也。閨，小門也。○郭嵩燾曰：《説文》：「閨，特立之户，上圜下方，似圭。」故以城門擬之。《釋宮》：「宮中之門謂之闈，其小者謂之閨。」閨爲宮門之小者，不得徑謂之小門。楊注未晰。厭目而視者，視一以爲兩；掩耳而聽者，聽漠漠而以爲哅哅，埶亂其官也。厭，指按也，一涉反。漠漠，無聲也。哅哅，喧聲也。官，司主也。言埶亂耳目之所主守。哅，許用反。故從山上望牛者若羊，而求羊者不下牽也，遠蔽其大也；從山下望木者，十仞之木若箸，而求箸者不上折也，高蔽其長也。皆知爲高遠所蔽，故不往求，然則守道者，亦宜知異術之蔽類此也。水動而景摇，人不以定美惡，水埶玄也。玄，幽深也。或讀爲「眩」。瞽者仰視而不見星，人不以定有無，用精惑也。精，目之明也。有人焉，以此時定物，則世之愚者也。彼愚者之定物，以疑決疑，決必不當。夫苟不當，安能無過乎！以疑決疑，猶慎、墨之屬也。

夏首之南有人焉，曰涓蜀梁，夏首，夏水之首。《楚詞》云：「過夏首而西浮，顧龍門而不見。」王逸曰：「夏首，夏水口也。」涓蜀梁，未詳何代人，姓涓，名蜀梁。《列仙傳》有涓子，齊人，隱於宕山，餌朮，能致風雨者也。其爲人也，愚而善畏。善，猶喜也。好有所畏。明月而宵行，俯見其影，以爲伏鬼也；卬視其髮，以爲立魅也；「卬」與「仰」同。背而走，比至其家，失氣而死，豈不哀哉！背，棄去也。失氣，謂困甚氣絶也。○盧文弨曰：正文「比至其家」下，宋本有「者」字，今從元刻去之。凡人之有鬼也，必以其感忽之間，疑玄之時正之。感，驚動也。感忽，猶慌惚也。玄亦幽深難測也。必以此時定其有鬼也。○郝懿行曰：感讀爲「撼」，解已見《議兵篇》。玄讀爲「眩」，荀書皆然。王念孫曰：「正」當爲「定」，聲之誤也。下文「正事」同。「必以其感忽之間、疑玄之時定之」者，必以感忽之間、疑眩之時而定其有鬼也。據楊注云「必以此時定其有鬼」，則所見本是「定」字明矣。「定」字上文凡六見。此人之所以無有而有無之時也，無有，謂以有爲無也。有無，謂以無爲有也。此皆人所疑惑之時也。而已以正事。故傷於溼而擊鼓鼓痺，則必有敝鼓喪豚之費矣，而未有俞疾之福也。已以正事，謂人以此定事也。痺，冷疾也。傷於溼則患痺，反擊鼓烹豚以禱神，何益於愈疾乎？若以此定事，則與俗不殊也。俞，讀爲「愈」。○郝懿行曰：傷於溼而病痺擊鼓，鼓之無損於疾，徒取費耳。此言愚惑之蔽。王念孫曰：自「鼓痺」以上，脱誤不可讀，似當作「故傷於溼而痺，痺而擊鼓烹豚，則必有弊鼓喪豚之費矣，而未有俞疾之福也」。楊云「傷於溼則患痺，反擊鼓烹豚以禱神，何益於愈疾乎」，是其證。故雖不在夏首之南，則無以異矣！慎、墨之蔽亦猶是也。

凡以知，人之性也；可以知，物之理也。以知人之性推之，則可知物理也。以可以知人之性，求可以知物之理，而無所疑止之，則没世窮年不能偏也。疑止，謂有所不爲。窮年，盡其年壽。「疑」或爲「凝」。○郝懿行曰：「疑止」説已見《王制篇》。荀書多作「凝止」，皆俗人妄改之，惟此未改。楊注「疑或爲凝」，蓋俗誤久矣。俞樾曰：《詩·桑柔篇》「靡所止疑」，傳曰：「疑，定也。」疑訓定，故與「止」同義。此云「疑止」，猶《詩》云「止疑」。荀子傳《詩》，故用《詩》義耳。楊注「疑或爲凝」，非是。其所以貫理焉雖億萬，已不足以浹萬物之變，與愚者若一。貫，習也。浹，周也，子叶反，或當爲「接」。○俞樾曰：已，猶終也。言終不足以浹萬物之變也。《詩·葛藟篇》「終遠兄弟」，傳曰：「已相遠矣。」箋云：「今已遠棄族親。」是傳、箋竝訓「終」爲「已」。僖二十四年《左傳》：「婦怨無終。」杜注曰：「終猶已也。」故「已」亦猶「終」也。先謙案：荀書以「挾」代「浹」，此亦當爲「挾」。作「浹」者，後人所改。學，○郭嵩燾曰：「學」字當斷句。學焉至老而不免於愚，則執一之不足相通也。老身長子而與愚者若一，猶不知錯，夫是之謂妄人。錯，置也，謂廢捨也。身已老矣，子已長矣，猶不知廢捨無益之學，夫是之謂愚妄人也。故學也者，固學止之也。惡乎止之？曰：止諸至足。曷謂至足？曰：聖也。或曰「聖」下更當有「王」字，誤脱耳。言人所學當止於聖人之道及王道，不學異術也。聖王之道，是謂至足也。聖也者，盡倫者也；王也者，盡制者也。倫，物理也。制，法度也。兩盡者，足以爲天下極矣！所以爲至足也。故學者，以聖王爲師，案以聖王之制爲法，法其法，以求其統類，以務象效其人。統類，法之大綱。○謝本從盧校重一「類」字。盧文弨曰：「法其法」，元刻作「治其法」。王念孫曰：元刻無下「類」字。案，元刻是也。「法其法，以求其統類，以務象效其人」，三句一氣貫注，若多一「類」字，則隔斷上下語脈矣。宋本下「類」字即涉上「類」字而衍。先謙案：王說是，今依元刻删。嚮是而務，士也；類是而幾，君子也；幾，近也。類聖人而近之，則爲君子。士者，脩飾之名。君子，有道德之稱也。知之，聖人也。知聖王之道者。故有知非以慮是，則謂之懼；自知其非，以圖慮於是，則謂之能戒懼也。有勇非以持是，則謂之賊；勇於爲非，以持制是也。察孰非以分是，則謂之篡；孰，甚也。察甚其非以分爲是之心，此篡奪之人也。多能非以脩蕩是，則謂之知；脩，飾也。蕩，動也。多能知非，脩飾蕩動而爲是，則謂之知。言智者能變非爲是也。辯利非以言是，則謂之詍。辯，說。利口而飾非，以言亂是，則謂之詍。詍，多言也。《詩》曰：「無然詍詍。」○王引之曰：「懼」字義不可通。「懼」當爲「攫」，字之誤也。攫，謂攫取之也。《不苟篇》：「小人知與「智」同。則攫盗而漸」，漸，詐也。說見《尚書述聞》「民興胥漸」下。故曰有知非以慮是則謂之攫。「脩」讀爲「滌」，《周官・司尊彝》「凡酒脩酌」，鄭注：「脩讀爲滌濯之滌。」謂滌蕩使潔清也。此言智也，勇也，察也，多能也，辯利也，皆必用之於是而後可。「是」字指聖王之制而言，見上文。若有智而不以慮是則謂之攫，有勇而不以持是則謂之賊，熟於察而不以分是則謂之篡，多能而不以滌蕩是則謂之智，智，謂智故也。《淮南・主術篇》注曰：「故，巧也。」《管子・心術篇》曰：「恬愉無爲，去知與故。」《莊子・胠篋篇》曰：「知詐漸毒。」《荀子・非十二子篇》曰：「知而險，賊而神，爲詐而巧。」《淮南・原道篇》曰：「偶𥇣智故，曲巧僞詐。」竝與此「知」字同義。辯利而不以言是則謂之詍也。楊説皆失之。傳曰：「天下有二，非察是，是察非。」衆以爲是者而非之，以爲非者而察之。謂合王制與不合王制也。所以非察是，是察非，觀其合王制與否也。天下有不以是爲隆正也，然而猶有能分是非、治曲直者邪？有不以合王制與不合爲隆正者，而能分是非、治曲直乎？言必不能也。○先謙案：隆正猶中正。若夫非分是非，非治曲直，非辨治亂，非治人道，雖能之無益於人，不能無損於人。案直將治怪説，玩奇辭，以相撓滑也；案彊鉗而利口，厚顔而忍詬，無正而恣睢，妄辨而幾利；滑，亂也，音骨。彊，彊服人。鉗，鉗人口也。詬，詈也。恣睢，矜夸也。幾，近也。妄辨幾利，謂妄爲辨説，所近者惟利也。○王念孫曰：《方言》：「鉗，惡也。《廣雅》同。南楚凡人殘罵謂之鉗。」郭璞曰：「殘猶惡也。」然則彊鉗者，既彊且惡也，非鉗人口之謂。詬，恥也。《大戴禮・曾子立事篇》：「君子見利思辱，見惡思詬。」定八年《左傳》：「公以晉詬語之。」杜、盧注竝曰：「詬，恥也。」字或作「詢」。昭二十年《左傳》：「余不忍其詢。」杜注曰：「詢，恥也。」又作「呴」，《大戴禮・武王踐阼篇》「口生呴」，盧注曰：「呴，恥也。」又作「垢」，宣十五年《左傳》「國君含垢」，杜注曰：「忍垢恥。」《漢書・路温舒傳》作「國君含詬」。詬訓爲恥，故曰厚顔而忍詬，非謂忍詈也。《楚辭・離騷》曰：「忍尤而攘詬。」王注：「詬，恥也。」《呂氏春秋・離俗篇》曰：「彊力忍詢。」高注：「詢，辱也。」《淮南・氾論篇》曰：「忍詢而輕辱。」《史記・伍子胥傳》曰：「剛戾忍詢。」皆其證也。《非十二子篇》「無廉恥而忍謨詢」，即此所謂厚顔而忍詬也。《説文》：「謑，恥也。或作謨。」「詬，謑詬恥也。或作詢。」《廣雅》作「謨」「詬」。楊注以「謨詢」爲詈辱，亦失之。　俞樾曰：《太玄・玄瑩篇》「箝知休咎」，范望注曰：「箝，求也。」《鬼谷子》有《飛箝篇》，其文曰「以飛箝之辭鉤其所好，以箝求之」，此范望注所本。鉗，猶箝也。彊鉗，謂彊求也。楊注以「鉗人口」釋之，非是。不好辭讓，不敬禮節，而好相推擠，此亂世姦人之説也，則天下之治説者，方多然矣。慎、墨、宋、惠之屬。傳曰：「析辭而爲察，言物而爲辨，君子賤之；博聞彊志，不合王制，君子賤之。」此之謂也。所謂析言破律，亂名改作者也。

爲之無益於成也，求之無益於得也，憂戚之無益於幾也，言役心無益，復憂戚亦不能近道也。○俞樾曰：幾者，事之微也。無益於幾，即無益於事。憂戚之而仍於事無益，則爲君子所不取矣。楊注謂憂戚亦不能近道，是訓「幾」爲「近」，又增出「道」字，非其旨也。則廣焉能弃之矣，不以自妨也，不少頃干之胷中。「廣」讀爲「曠」，遠也。不以自妨，謂不以無益害有益也。○王念孫曰：按，「能」讀爲「而」。曠焉而弃之，謂遠弃之也。楊注：「廣讀爲曠，遠也。」古多以「能」爲「而」，説見《釋詞》。不慕往，不閔來，無邑憐之心，不慕往，謂不悦慕無益之事而往從之也。不閔來，謂不憂閔無益之事而來正之也。或曰：往，古昔也。來，將來也。不慕往古，不閔將來，言惟義所在，無所繫滯也。邑憐，未詳。或曰「邑」與「悒」同。悒，怏也。「憐」讀爲「吝」，惜也。言棄無益之事，更無悒怏吝惜之心。此皆明不爲異端所蔽也。當時則動，物至而應，事起而辨，治亂可否，昭然明矣！

周而成，泄而敗，明君無之有也。以周密爲成，以漏泄爲敗，明君無此事也。明君日月之照臨，安用周密也。宣而成，隱而敗，闇君無之有也。以宣露爲成，以隱蔽爲敗，闇君亦無此事也。闇君務在隱蔽，而不知昭明之功也。○先謙案：注中四「爲」字皆當作「而」。故君人者，周則讒言至矣，直言反矣，小人邇而君子遠矣。《詩》云：「墨以爲明，狐狸而蒼。」此言上幽而下險也。逸《詩》。墨，謂蔽塞也。狐狸而蒼，言狐狸之色居然有異。若以蔽塞爲明，則臣下誑君，言其色蒼然無別，猶指鹿爲馬者也。幽，暗也。險，傾側也。○盧文弨曰：正文「墨以爲明」，元刻「明」作「朗」。「狐狸而蒼」，宋本「而」作「其」。王伯厚《詩考》引作「而」，今從之。又注「傾側也」，元刻作「詐也」。郝懿行曰：墨者，幽闇之意。《詩》言以闇爲明，以黄爲蒼，所謂玄黄改色，馬鹿易形也。二語見《後漢·文苑傳》。趙高欲爲亂，以青爲黑，以黑爲黄，民言從之。語見《禮器》注。此正上幽下險之事。君人者，宣則直言至矣，而讒言反矣，君子邇而小人遠矣。反，還也。讒言復歸而不敢出矣。或曰：反，倍也。言與讒人相倍反也。○先謙案：「讒言」上「而」字衍。或説非。《詩》曰：「明明在下，赫赫在上。」此言上明而下化也。《詩》，《大雅·大明》之篇。言文王之德，明明在下，故赫赫然著見於天也。

荀子卷第十五

荀子卷第十六

唐登仕郎守大理評事楊倞注

臣王先謙集解

正名篇第二十二

是時公孫龍、惠施之徒，亂名改作，以是爲非，故作《正名篇》。《尹文子》曰：「形以定名，名以定事，事以驗名。察其所以然，則形名之與事物無所隱其理矣。名有三科：一曰命物之名，方圓、白黑是也；二曰毁譽之名，善惡、貴賤是也；三曰况謂之名，賢愚愛憎是也。」○盧文弨曰：「事以驗名」，案本書作「檢名」。

後王之成名，後之王者，有素定成就之名，謂舊名可法效者也。**刑名從商，爵名從周，文名從《禮》。**商之刑法未聞。《康誥》曰：「殷罰有倫。」是亦言殷刑之允當也。爵名從周，謂五等諸侯及三百六十官也。文名，謂節文威儀。《禮》即周之《儀禮》也。○郝懿行曰：文名，謂節文威儀；《禮》，即周之《儀禮》，其説是也。古無《儀禮》之名，直謂之《禮》，或謂之《禮經》。**散名之加於萬物者，則從諸夏之成俗曲期；**成俗，舊俗方言也。期，會也。曲期，謂委曲期會物之名者也。○郝懿行曰：曲期，謂曲折期會之地，猶言委巷也。此與「遠方異俗」相儷。楊注斷「曲期」上屬，似未安。先謙案：郝云「曲期」二字下屬，是也。而解爲「委巷」，非也。下文云：「命不喻然後期，期不喻然後説。」注：「期，會也。物之稍難名命之不喻者，則以形狀大小會之。若是事多會亦不喻者，則説其所以然。」是曲期者，乃委曲以會之。萬物之散名，從諸夏之成俗，以委曲期會於遠方異俗之鄉，而因之以爲通，所謂名從中國是也。**遠方異俗之鄉，則因之而爲通。**遠方異俗，名之乖異者，則因其所名遂以爲通，而不改作也。**散名之在人者，**舉名之分散在人者。**生之所以然者謂之性。**人生善惡，故有必然之理，是所受於天之性也。**性之和所生，精合感應，不事而自然謂之性；**和，陰陽沖和氣也。事，任使也。

言人之性，和氣所生，精合感應，不使而自然。言其天性如此也。精合，謂若耳目之精靈與見聞之物合也。感應，謂外物感心而來應也。○先謙案：「性之和所生」當作「生之和所生」。此「生」字與上「生」之同，亦謂人生也。兩「謂之性」相儷，生之所以然者謂之性，生之不事而自然者謂之性，文義甚明。若云「性之不事而自然者謂之性」，則不詞矣。此傳寫者緣下文「性之」而誤。注「人之性」，「性」當爲「生」，亦後人以意改之。**性之好、惡、喜、怒、哀、樂謂之情，**人性感物之後，分爲此六者，謂之情。**情然而心爲之擇謂之慮，**情雖無極，心擇可否而行，謂之慮也。**心慮而能爲之動謂之僞，**僞，矯也。心有選擇，能動而行之，則爲矯拂其本性也。○郝懿行曰：荀書多以「僞」爲「爲」，楊注訓「僞」爲「矯」，不知古字通耳。下云「正利而爲謂之事，正義而爲謂之行」，與此「能爲」之「爲」俱可作「僞」。**慮積焉、能習焉而後成謂之僞。**心雖能動，亦在積久習學，然後能矯其本性也。○盧文弨曰：此「僞」字，元刻作「爲」，非也。觀《荀》此篇及《禮論》等篇，「僞」即今「爲」字，故曰「桀、紂性也，堯、舜僞也」，謂堯、舜不能無待於人爲耳。後儒但知有真僞字，昧古六書之法，而訾之者衆矣。下兩「而爲」承上文，亦必本是「而僞」。❶ **正利而爲謂之事，**爲正道之事利，則謂之事業，謂商農工賈者也。**正義而爲謂之行。**苟非正義，則謂之姦邪。行，下孟反。○俞樾曰：《廣韻》：「正，正當也。」正利而爲，正義而爲，猶文四年《左傳》曰「當官而行也」。楊注以「正道」釋之，非是。**所以知之在人者謂之知，知有所合謂之智。**知之在人者，謂在人之心有所知者。知有所合，謂所知能合於物也。○盧文弨曰：「謂之智」亦當同上作「謂之知」，而皆讀爲「智」耳。下「能」字亦可不分兩音。先謙案：在人者，明藏於心；有合者，遇物而形。下兩「謂之能」同。**智所以能之在人者謂之能，**智有所能，在人之心者謂之能。能，才能也。○盧文弨曰：句首「智」字衍。注當云「在人有所能謂之能」。此似有舛誤。**能有所合謂之能。**能，當爲「耐」，古字通也。耐，謂堪任其事。耐，乃來、乃代二反。○郝懿行曰：案，楊注「能」「耐」古通，此語非是。楊既知

---

❶「僞」，原誤作「譌」，據謝墉校本所引盧說改。

爲古字通矣，何必上爲能，下爲耐，强生分別。即如上文二「知」二「智」，亦是强生分別。古本必皆作「知」，如「僞」「爲」之例也。若依楊注，則上文「謂之性」，此兩「性」字不知當何分別？《戴記・禮運》、《樂記》二篇竝用「耐」字。鄭康成注：「耐，古能字也。」此蓋楊注所本。然鄭此説未見所出，既云古字時有存者，又云亦有今誤。《禮運》注。然則鄭意亦不以爲定論也。且以荀書訂之，《仲尼篇》云「能耐任之」，又云「能而不耐任」，楊注：「耐，忍也」。此則一句之中，「耐」「能」兼用，其不以爲一字明矣。又考《説文》：「能，熊屬也。能獸堅中，故稱賢能，而彊壯偁能傑也。」又云「耐或耏字」，不言爲古「能」字。然則經典用「能」不用「耐」，當依許叔重書。康成之説與許不同，疑未可據。先謙案：二「僞」、二「知」、二「能」，竝有虚實動静之分。「知」皆讀「智」，「能」皆如字，不分兩讀，楊説非也。

性傷謂之病，傷於天性，不得其所。節遇謂之命。節，時也。當時所遇謂之命。命者，如天所命然。○先謙案：節，猶適也。説詳《天論篇》。是散名之在人者也，是後王之成名也。略舉此上事，是散名之在人者，而後王可因襲成就素定之名也。而或者乃爲堅白之説，以是爲非，斯亂名之尤也。

故王者之制名，名定而實辨，道行而志通，則慎率民而一焉。道，謂制名之道。志通，言可曉也。《禮記》曰：「黄帝正名百物以明民。」慎率民而一焉，言不敢以異端改作也。故析辭擅作名，以亂正名，使民疑惑，人多辨訟，則謂之大姦；其罪猶爲符節、度量之罪也。《新序》曰：「子産决鄧析教民之難約，大獄袍衣，小獄襦袴。民之獻袍衣襦袴者不可勝數。以非爲是，以是爲非，鄭國大亂，民口讙譁。子産患之，於是討鄧析而僇之，民乃服，是非乃定。」是其類也。○盧文弨曰：今本《新序》缺此文。王念孫曰：「析辭擅作」，「下」本無「名」字，有「名」字則成累句矣。此「名」字涉下「正名」而衍。下文「離正道而擅作」，「作」下無「名」字，即其證。先謙案：「爲」與「僞」同。故其民莫敢託爲奇辭以亂正名，故其民愨，愨則易使，易使則公。○顧千里曰：「公」疑當作「功」。《荀子》屢言功，可以爲證。下文「則其迹長矣，迹長功成，治之極也」，承此「功」言之，不作「公」明甚。宋本與今本同，蓋皆誤。其民莫敢託爲奇辭以亂正名，故壹於道法而謹於循令矣。如是則其迹長矣。迹，王者所立之迹也。下不敢亂其名，畏服於上，故迹長也。長，丁丈反。迹長功成，治之極也，是謹於守名約之功也。謹，嚴也。約，要約。今聖王没，名守慢，奇辭起，名實亂，是非之形不明，則雖守法之吏，誦數之儒，亦皆亂也。奇辭亂實，故法吏迷其所守，偏儒疑其所習。○先謙案：誦數，猶誦說。說見《勸學篇》。若有王者起，必將有循於舊名，有作於新名。名之善者循之，不善者作之。故孔子曰：「必也正名乎！」○先謙案：「舊名」，上所云成名也。「新名」，上所云託奇辭以亂正名也。既循舊名，必變新名，以反其舊。作者，變也。《禮記·哀公問》鄭注：「作，猶變也。」楊注未晰。然則所爲有名，與所緣以同異，與制名之樞要，不可不察也。緣，因也。樞要，大要總名也。物無名則不可分辨，故因而有名也。名不可一貫，故因耳目鼻口而制同異。又不可常別，雖萬物萬殊，有時欲舉其大綱，故制爲名之樞要，謂若謂之禽，知其二足而羽；謂之獸，知其四足而毛。既爲治在正名，則此三者不可不察而知其意也。○謝本從盧校作「有同異」。宋龔本同。王念孫曰：元刻「有」作「以」。案，作「以」者是也。下文云「然則何緣而以同異」，又云「此所緣而以同異也」，三「以」字前後相應。宋本作「有」者，涉上句「有名」而誤。先謙案：王說是，今改從元刻。異形離心萬物之形各異，則分離人之心。言人心知其不同也。此已下覆明有名之意。交喻，異物名實玄紐，玄，深隱也。紐，結也。若不爲分別立名，使物物而交相譬喻之，則名實深隱，紛結難知也。○郝懿行曰：「玄」即「眩」字。紐，系也，結也。言名實眩亂，連系交結而難曉也。王念孫曰：名實互紐，即上文所謂名實亂也。今本「互」字上下皆誤加點，楊所見本已然，故誤讀爲胡涓切，而所說皆非。先謙案：楊注之非，由失其讀。「異形離心交喻」句，「異物名實玄紐」句。「離心交喻」謂人心不同，使之共喻，下文所云「名聞而實喻也」。異形者離心交喻，異物者名實眩紐，此所以有名也。貴賤不明，同異不別。如是則志必有不喻之患，而事必有困廢之禍。故知者爲之分別，制名以指實，無名則物雜亂，故智者爲之分界制名，所以指明實事也。上以明貴賤，下以辨同異。貴賤明，同異別，如是則志無不喻之患，事無困廢之禍，此所爲有名也。有名之意在此。

然則何緣而以同異？設問覆明同異之意也。曰：緣天官。天官，耳目鼻口心體也。謂之官，言各有所司主也。緣天官，言天官謂之同則同，謂之異則異也。凡同類同情者，其天官之意物也同，故比方之疑似而通，是所以共其約名以相期也。同類同情，謂若天下之馬，雖白黑大小不同，天官意想其同類，所以共其省約之名，以相期會而命之名也。○盧文弨曰：注末「名也」上，宋本有「各爲制」三字，衍。王念孫曰：約非省約之謂，約名猶言名約。上文云「是謹於守名約之功也」，楊彼注云「約，要約」，是也。下文云「名無固宜，約之以命，約定俗成謂之宜。名無固實，約之以命，今本「命」下有「實」字，辯見下。約定俗成謂之實名。」又其一證也。形體色理以目異，形體，形狀也。色，五色也。理，文理也。言萬物形體色理，以目別異之而制名。○王引之曰：色理，膚理也。《榮辱》、《性惡》二篇竝云：「骨體膚理。」彼言骨體膚理，此言形體色理，形體猶骨體也，色理猶膚理也。楊云「色，五色也」，失之。聲音清濁、調竽奇聲以耳異，清濁，宫徵之屬。調竽，謂調和笙竽之聲也。竽，笙類，所以導衆樂者也。不言革木之屬，而言竽者，或曰竽，八音之首，故黄帝使泠倫取竹作管，是竹爲聲音之始，《莊子》「天籟」「地籟」，亦其義也。奇，奇異也。奇聲，萬物衆聲之異者也。○盧文弨曰：「調竽」二字上下必有脱誤，不必從爲之辭。俞樾曰：笙竽之聲而獨言「竽」，義不可通。楊又引或説，謂竽八音之首，斯曲説也。「調竽」疑當爲「調笑」，字之誤也。《孟子・告子篇》曰：「則已談笑而道之。」「調笑」與「談笑」文異而誼同。《玉篇》、《廣韻》竝曰：「談，戲調也。」蓋「談」與「調」，一聲之轉耳。「笑」「竽」形似，因而致誤。先謙案：「調竽」當爲「調節」。「竽」「節」字皆從竹，故「節」誤爲「竽」。《禮記・仲尼燕居篇》：「樂也者，節也。」孔疏：「節，制也。」《檀弓篇》「品節斯」，疏：「節，制斷也。」是節爲制也。調者，《説文》：「和也。」聲音之道，調以和合之，節以制斷之，故曰調節。與「清濁」同爲對文。「奇聲」與下「奇味」、「奇臭」對文，楊、俞説皆非。甘苦、鹹淡、辛酸、奇味以口異，奇味，衆味之異者也。香臭、芬鬱、腥臊、洒酸、奇臭以鼻異，芬，花草之香氣也。鬱，腐臭也。《禮記》曰：「鳥皫色而沙鳴鬱。」洒，未詳。酸，暑浥之酸氣也。奇臭，衆臭之異者，氣之應鼻者爲臭，故香亦謂之臭。《禮記》曰：「皆佩容臭。」或曰：「洒」當爲「漏」，篆文稍相似，因誤耳。《禮記》曰「馬黑脊而般臂漏」，鄭音「螻」，螻蛄臭者也。○盧文弨曰：洒從水，西聲，古音與「辛」相同。洒酸，猶辛酸辣氣之觸鼻者。王念孫曰：辛、酸皆味也，非臭也。宋玉《高唐賦》「孤子寡婦，寒心酸鼻」，阮籍《詠懷詩》「感慨懷辛酸，怨毒常苦多」，皆非辣氣觸鼻之謂。西，古讀若先。「先」字古在諄部，「辛」字古在真部，不得言「西」「辛」古音相同，盧説非也。楊以「洒」爲「漏」之誤，是也。余謂「酸」乃「庮」字之誤。庮從酉聲，與酸字左畔相同，又涉上文「辛酸」而誤也。《周官・内饔》及《内則》竝云「牛夜鳴則庮」，先鄭司農云：「庮，朽木臭也。」《説文》：「庮，久屋朽木。《周禮》曰：牛夜鳴則庮，臭如朽木。」《内則》注曰：「庮，惡臭也。」《春秋傳》曰：「一薰一庮。」僖四年。今《左傳》作「蕕」，杜注：「蕕，臭草。」鬱、腥、臊、漏、庮，竝見《周官》、《禮記》，則「洒酸」必「漏庮」之誤也。酸亦味也，非臭也，楊以爲「暑浥之酸氣」，亦失之。疾養、滄熱、滑鈹、輕重以形體異，疾，痛也。「養」與「癢」同。滄，寒也。「滑」與「汩」同，「鈹」與「披」同，皆壞亂之名。或曰：滑如字。「鈹」當爲「鈒」，傳寫誤耳，與「澀」同。輕重，謂分銖與鈞石也。此皆在人形體別異之而立名也。滄，初亮反，又楚陵反。説故、喜怒、哀樂、愛惡欲以心異。「説」讀爲「脱」，誤也。脱故，猶律文之故誤也。○先謙案：説者，心誠悦之。故者，作而致其情也。與《性惡篇》「習僞故」之「故」同義。二字對文，楊注非。心有徵知，徵，召也。言心能召萬物而知之。徵知則緣耳而知聲可也，緣目而知形可也，緣，因也。以心能召萬物，故可以因耳而知聲，因目而知形，爲之立名。心雖有知，不因耳目亦不可也。然而徵知必將待天官之當簿其類然後可也。天官，耳目也。當，主也，丁浪反。簿，簿書也。當簿，謂如各主當其簿書，不雜亂也。類謂可聞之物，耳之類；可見之物，目之類。言心雖能召所知，必將任使耳目，令各主掌其類，然後可也。言心亦不能自主之也。

○俞樾曰：楊注曰：「天官，耳目也。」疑此文及注竝有奪誤。上文云「然則何緣而以同異，曰緣天官」，注曰「天官，耳目鼻口心體也」，是天官本兼此六者而言，此何以獨言耳目乎？疑「天官」乃「五官」之誤。上云「心有徵知」，此當云「然而徵知必將待五官之當簿其類」。注當云「五官耳目鼻口體也」。所以不數心者，徵知即心也。下文云「五官簿之而不知，心徵之而無説」，即承此文而言。可知「天官」爲「五官」之譌。因「五官」譌爲「天官」，而注又有闕文，遂不可讀。

五官簿之而不知，心徵之而無説，則人莫不然謂之不知，此所緣而以同異也。五官，耳目鼻口心也。五官能主之，而不能知，心能召而知之，若又無説，則人皆謂之不知也。以其如此，故聖人分別因立同異之名，使人曉之也。○王念孫曰：莫不然謂之不知，「然」字涉上下文而衍。五官者，耳目鼻口與形體也。見上文。言五官能簿之而不能知，心能徵之而又無説，則人皆謂之不智也。楊注亦當作「五官耳目鼻口體也」。今本「體」作「心」，乃後人不知其義而妄改之。上注云「天官耳目鼻口心體也」，足正此注之誤。《天論篇》以耳目鼻口形能爲五官，「能」即「態」字。此篇以耳目鼻口形體爲五官，形體即形態。郭嵩燾曰：王説非也。簿猶記録也。心徵於耳目，而後有知。所聞所見，心徵而知之，由耳目之記籍其名也。與耳目相接而終不知其名，心亦能徵之耳目而莫能言其名，則終不知而已。莫不然謂之不知，「然」亦語詞，不必爲衍文。

然後隨而命之，既分同異之後，然後隨所名而命之。此已下覆明制名樞要之意也。

同則同之，異則異之；同類則同名，異類則異名。

單足以喻則單，單不足以喻則兼；單，物之單名也。兼，復名也。喻，曉也。謂若止喻其物則謂之馬，喻其毛色則謂之白馬、黄馬之比也。○盧文弨曰：注「復名」，宋本作「複名」。案，「復」亦與「複」通用。

單與兼無所相避則共，雖共不爲害矣。謂單名、復名有不可相避者，則雖共同其名。謂若單名謂之馬，雖萬馬同名，復名謂之白馬亦然，雖共不害於分別也。

知異實者之異名也，故使異實者莫不異名也，不可亂也，知，謂人心知之。異實者異名則不亂也，謂若牛與馬爲異實也。

猶使異實者莫不同名也。恐異實異名，卒不可偏舉，故猶使異實者有時而同一名也。或曰「異實」當爲「同實」。言使異實者異名，其不可相亂，猶如使同實者莫不同名也。○王念孫曰：或説是也。上文「同則同之，異則異之」，是其證，前説非。故萬物雖衆，有時而欲徧舉之，故謂之物。物也者，大共名也；推而共之，共則有共，至於無共然後止。推此共名之理，則有共至於無共，言自同至於異也。起於總謂之物，散爲萬名，是異名者本生於别同名者也。○王念孫曰：「共則有共」之「有」讀爲「又」，謂共而又共，至於無共然後止也。楊説失之。有時而欲徧舉之，故謂之鳥獸。鳥獸也者，大别名也；推而别之，别則有别，至於無别然後止。言自異至於同也。謂總其萬名，復謂之物，是同名者生於欲都舉異名也。言此者所以别異名、同名之意。○王念孫曰：案此「徧」字當作「别」，與上條不同。上條以同爲主，故曰徧舉之；此條以異爲主，故曰别舉之。下文皆作「别」。鳥獸不同類，而鳥獸之中又各不同類，推而至於一類之中，又有不同。若雉有五雉，雇有九雇，牛馬毛色不同，其名亦異之類。故曰「鳥獸也者，大别名也。推而别之，别則有别，「有」讀爲「又」，見上條。至於無别然後止也。」今本作「徧舉」，則義不可通。蓋涉上條「徧舉」而誤。楊説皆失之。俞樾曰：此「徧」字乃「偏」字之誤。上云「徧舉之」，乃普徧之義，故曰大共名也。此云「偏舉之」，乃一偏之義，故曰大别名也。「偏」與「徧」形似，因而致誤。先謙案：俞説是。名無固宜，約之以命，約定俗成謂之宜，異於約則謂之不宜。名無固宜，言名本無定也。約之以命，謂立其約而命之，若約爲天則人皆謂之天也。○先謙案：注「固宜」，各本誤「故宜」，今正。名無固實，約之以命實，約定俗成謂之實名。實名，謂以名實各使成言語文辭，謂若天地日月之比也。○王念孫曰：「約之以命實」，「實」字涉上下文而衍。上文「名無固宜，約之以命」，楊注云：「約之以命，謂立其約而命之。」則此言「約之以命」，義亦與上同。若「命」下有「實」字，則義不可通，且楊必當有注矣。名有固善，徑易而不拂謂之善名。徑疾平易而不違拂，謂易曉之名也。即謂呼其名，遂曉其意，不待訓解者。拂音佛。物有同狀而異所者，謂若兩馬同狀，各在一處之類也。有異狀而同所者，謂若老幼異狀，同是一身也，蠶蛾之類亦是也。可别也。狀同而爲異所者，雖可合謂之二實。即謂兩馬之類名雖可合，同謂之馬，其實二也。狀變而實無別而爲異者謂之化，有化而無別，謂之一實。狀雖變而實不別爲異所則謂之化。化者，改舊形之名，若田鼠化爲鴽之類，雖有化而無別異，故謂之一實，言其實一也。此事之所以稽實定數也，稽考其實而定一二之數也。此制名之樞要也。此皆明制名之大意，是其樞要也。後王之成名，不可不察也。此三者，制名之實，後王可因其成名而名之，故不可不察也。

「見侮不辱」，「聖人不愛己」，「殺盜非殺人也」，此惑於用名以亂名者也。「見侮不辱」，宋子之言也。「聖人不愛己」，未聞其説，似莊子之意。「殺盜非殺人」，亦見《莊子》。宋子言見侮不辱，則使人不鬬。或言聖人不愛己而愛人。《莊子》又云「殺盜賊不爲殺人」。言此三者，徒取其名，不究其實，是惑於用名以亂正名也。驗之所以爲有名而觀其孰行，則能禁之矣。驗其所爲有名，本由不喻之患，困廢之禍。因觀「見侮不辱」之説，精孰可行與否，則能禁也。言必不可行也。〇王引之曰：「驗之所」下「以」字，及下文「驗之所緣」下「無」字，皆後人所增，據注云「驗其所爲有名」、「驗其所緣同異」，則上無「以」字，下無「無」字明甚。上文云「所爲有名」，「爲」即「以」也，説見《釋詞》。與所緣以同異不可不察也」，故此承上文而言之。又案：孰者，何也。説見《釋詞》。觀其孰行者，觀其何所行也。觀其孰調者，觀其何所調也。楊讀「孰」爲「熟」，而訓爲「精熟」，則義不可通。

「山淵平」，「情欲寡」，「芻豢不加甘，大鍾不加樂」，此惑於用實以亂名者也。「山淵平」，即《莊子》云「山與澤平」也。「情欲寡」，即宋子云「人之情欲寡也」。「芻豢不加甘，大鍾不加樂」，墨子之説也。古人以山爲高，以泉爲下，原其實亦無定，但在當時所命耳，後世遂從而不改。亂名之人，既以高下是古人之一言，未必物之實也。則我以山泉爲平，奚爲不可哉！古人言情欲多，我以爲寡；芻豢甘，大鍾樂，我盡以爲不然，亦可也。此惑於用實本無定，以亂古人之舊名也。驗之所緣無以同異而觀其孰調，則能禁之矣。驗其所緣同異，本由物一貫，則不可分別，故定其名而別之。今「山淵平」之説，以高爲下，以下爲高，若觀其精孰，得調理與否，則能禁惑於實而亂名者也。〇郭嵩燾曰：此三惑仍承上言之，用名以亂名，則驗其所以爲名而觀其行；用實以亂名，則驗其所緣以爲同異而調使平；用名以亂實，則驗其制名之原，而觀其所以爲辭受。荀用此三者，以明諸家立言之旨，所以爲正名也。此文「驗之所緣無以同異」，與前文不合，明「無」字衍文。「非而謁，楹有牛，馬非馬也」，此惑於用名以亂實者也。非而謁，楹有牛，未詳所出。馬非馬，是公孫龍白馬之説也。《白馬論》曰：「言白所以命色也，馬所以命形也。色非形，形非色，故曰白馬非馬也。」是惑於形色之名，而亂白馬之實也。驗之名約，以其所受悖其所辭，則能禁之矣。名約，即名之樞要也。以，用也。悖，違也。所受，心之所是。所辭，心之所非。驗其名之大要，本以稽實定數，今馬非馬之説則不然。若用其心之所受者違其所辭者，則能禁之也。凡邪説辟言之離正道而擅作者，無不類於三惑者矣。「辟」讀爲「僻」。故明君知其分而不與辨也。明君守聖人之名分，不必亂名辨説是非也。

夫民易一以道而不可與共故，故，事也。言聖人謹守名器，以道一民，不與之共事，共則民以它事亂之。故《老子》曰：「國之利器不可以示人也。」〇郝懿行曰：故，謂所以然也。夫民愚而難曉，故但可偕之大道，而不可與共明其所以然，所謂「民可使由之，不可使知之」。故明君臨之以埶，道之以道，道達之以正道。申之以命，章之以論，禁之以刑。故其民之化道也如神，辨埶惡用矣哉！申，重也。章，明也。論，謂先聖格言。但用此道馭之，不必更用辨埶也。辨埶，謂説其所以然也。〇盧文弨曰：以注末釋辨説觀之，則正文「辨埶」乃「辨説」之訛。注「埶」字亦當作「説」。下文屢云「辨説」，則此之爲誤顯然。蓋因上有「臨之以埶」語而誤涉耳。先謙案：據盧説，注皆作「辨埶」。今繙謝本者竝作「辨説」，誤。據虞、王本改正。

今聖王没，天下亂，姦言起，君子無埶以臨之，無刑以禁之，故辨説也。荀卿自述正名及辨説之意也。實不喻然後命，命不喻然後期，期不喻然後説，説不喻然後辨。命，謂以名命之也。期，會也。言物之稍難名，命之不喻者，則以形狀大小會之，使人易曉也。謂若白馬但言馬則未喻，故更以白會之。若是事多會亦不喻者，則説其所以然。若説亦不喻者，則反覆辨明之也。故期、命、辨、説也者，用之大文也，而王業之始也。無期命辨説，則萬事不行，故爲用之大文飾；王業之始，在於正名，故曰王業之始也。名聞而實喻，名之用也。名之用本在於易知也。累而成文，名之麗也。累名而成文辭，所以爲名之華麗，《詩》、《書》之言皆是也。或曰「麗」與「儷」同，配偶也。○盧文弨曰：注「麗與儷同」，舊本脱「與儷」二字，今補。用麗俱得謂之知名。淺與深俱不失其所，則爲知名。名也者，所以期累實也。名者，期於累數其實以成言語。或曰「累實」當爲「異實」，言名者所以期於使實各異也。辭也者，兼異實之名以論一意也。辭者，説事之言辭。兼異實之名，謂兼數異實之名以成言辭，猶若「元年春王正月公即位」，兼説亡實之名，以論公即位之一意也。○王念孫曰：「論」當爲「諭」，字之誤也。《淮南·齊俗篇》「不足以諭之」，今本「諭」誤作「論」。諭，明也。言兼説異實之名以明之也。字或作「喻」。下文曰「辯説也者，不異實名以喻動靜之道也」，是其證。上下文言「喻」者甚多，此不應獨作「論」也。楊説以《春秋》云論公即位之一意，則所見本已誤。辨説也者，不異實名以喻動靜之道也。動靜，是非也。言辨説者不唯兼異常實之名，所以喻是非之理。辭者論一意，辨者明兩端也。期命也者，辨説之用也。期，謂委曲爲名以會物也。期與命所以爲辨説之用。辨説也者，心之象道也。辨説所以爲心想象之道，故心有所明，則辨説也。心也者，道之工宰也。工能成物，宰能主物，心之於道亦然也。○陳奐曰：工宰者，工官也。官宰猶言主宰。《廣雅》：「官、主，君也。」《解蔽篇》曰「心者，形之君也，而神明之主也，出令而無所受令」，是其義。舊注失之。道也者，治之經理也。經，常也。理，條貫也。言道爲理國之常法條貫也。心合於道，説合於心，辭合於説，言經爲説，成文爲辭，謂心能知道，説能合心，辭能成言也。正名而期，質請而喻。辨異而不過，推類而不悖，聽則合文，辨則盡故。以正道而辨姦，猶引繩以持曲直，是故邪説不能亂，百家無所竄。正名而期，謂正其名以會物，使人不惑也。質，物之形質。質請而喻，謂若形質自請其名然，因而喻知其實也。辨異而不過，謂足以別異物則已，不過説也。推類而不悖，謂推同類之物，使共其名，不使乖悖也。聽則合文，辨則盡故，謂聽它人之説，則取其合文理者，自辨説則盡其事實也。正道，謂正名之道。持，制也。竄，匿也。百家無所隱竄，言皆知其姦詐也。○王念孫曰：楊説「質請」甚迂。質，本也。《繫辭傳》「原始要終以爲質也」，《曲禮》「禮之質也」，鄭、虞注竝曰：「質，本也。」請讀爲「情」。情，實也。言本其實而曉喻之也。上文云「名聞而實喻」，是其證也。正名而期，質情而喻，情即是實，「實」與「名」正相對也。古者「情」「請」同聲而通用。《成相篇》「期其請」，楊注：「請當爲情。」《禮論篇》「情文俱盡」，《史記・禮書》「情」作「請」，徐廣曰：「古情字或假借作請。」諸子中多有此比。《列子・説符篇》「發於此而應於外者唯請」，張湛曰：「請當作情。」又《墨子・尚同》、《明鬼》、《非命》諸篇皆以「請」爲「情」。

有兼聽之明而無奮矜之容，有兼覆之厚而無伐德之色，説行則天下正，説不行則白道而冥窮，是聖人之辨説也。是時百家曲説，皆競自矜伐，故述聖人辨説，雖兼聽兼覆而無奮矜伐德之色也。白道，明道也。冥，幽隱也。冥窮，謂退而窮處也。○俞樾曰：楊説「冥窮」之義甚爲迂曲。窮當讀爲「躬」。白道而冥躬者，明白其道而幽隱其身也。古「窮」與「躬」通用。《論語・鄉黨篇》「鞠躬如也」，《聘禮》鄭注作「鞠窮」，是其證。《詩》曰：「顒顒卬卬，如珪如璋，令聞令望。豈弟君子，四方爲綱。」此之謂也。《詩》，《大雅・卷阿》之篇。顒顒，體貌。敬，順也。卬卬，志氣高朗也。

辭讓之節得矣，長少之理順矣，忌諱不稱，祆辭不出；以仁心説，以學心聽，以公心辨；以仁心説，謂務於開導，不騁辭辨也。以學心聽，謂竦敬而聽它人之説，不争辨也。以公心辨，謂以至公辨它人之説是非也。不動乎衆人之非譽，不以衆人是非而爲之動，但自正其辭説也。不治觀者之耳目，其所辨説，不求夸眩於衆人。○王念孫曰：「治」字義不可通。「治」當爲「冶」，字之誤也。不冶觀者之耳目，謂不爲祆辭以惑衆人之耳目也。「祆辭」見上文。「冶」與「蠱」古字通。《集韻》上聲三十五馬：「蠱，以者切，媚也。」《文選・南都賦》「侍者蠱媚」，五臣本「蠱音冶」。劉良曰：「蠱媚，美容儀也。」《舞賦》「貌嫽妙以妖蠱」，五臣作「妖冶」。《後漢書・張衡傳》「咸姣麗以蠱媚」，注曰：「蠱音野，謂妖麗也。」是「冶」即蠱惑之「蠱」也。「不冶觀者之耳目，不賂貴者之權勢」，二句一意相承。據楊注云「其所辯説不求夸眩於衆人」，則所見本當是「冶」字。若是「冶」字，則不得言夸眩於衆矣，以是明之。不賂貴者之權埶，不爲貨賂而移貴者之權埶也。不利傳辟者之辭。利，謂説愛之也。辟讀爲「僻」。故能處道而不貳，吐而不奪，利而不流，貴公正而賤鄙争，是士君子之辨説也。吐而不奪，謂吐論而人不能奪。「利」或爲「和」。○俞樾曰：楊説非也。「吐」當爲「咄」，形似而誤，從土從出之字，隸書每相亂。若「敳」從出而今譌爲「敖」，「賣」從出而今譌爲「賣」是也。咄者，詘之叚字。從口從言之字古或相通，若「詠」之爲「咏」，「譜」之爲「啫」，「吟」之爲「訡」，「嘖」之爲「謮」是也。「詘而不奪，利而不流」，二句相對，言雖困詘而不可刦奪，雖通利而不至流蕩也。上文於聖人之辨説，曰「説行則天下正，説不行則白道而冥窮」，此於士君子之辨説，曰「詘而不奪，利而不流」。詘，謂説不行；利，謂説行，其文正相配也。《詩》曰：「長夜漫兮，永思蹇兮。大古之不慢兮，禮義之不愆兮，何恤人之言兮。」此之謂也。逸《詩》也。漫，謂漫漫長夜貌。蹇，咎也。引此以明辨説得其正，何憂人之言也。

君子之言，涉然而精，俛然而類，差差然而齊。彼正其名，當其辭，以務白其志義者也。涉然，深入之貌。俛然，俯就貌。俛然而類，謂俯近於人，皆有統類，不虚誕也。差差，不齊貌。謂論列是非似若不齊，然終歸於齊一也。當，丁浪反。彼名辭也者，志義之使也，足以相通則舍之矣；苟之，姦也。通謂得其理。使，所吏反。故名足以指實，辭足以見極，則舍之矣。極，中也，本也。見，賢遍反。外是者謂之訒，是君子之所弃，而愚者拾以爲己寶。訒，難也。過於志義相通之外，則是務爲難説耳，君子不用也。故愚者之言芴然而粗，嘖然而不類，誻誻然而沸。「芴」與「忽」同。忽然，無根本貌。粗，疎略也。嘖，争言也，助革反。或曰與「賾」同，深也。誻誻，多言也。謂愚者言淺則疎略，深則無統類，又誻諸然沸騰也。彼誘其名，眩其辭，而無深於其志義者也。誘，誑也。但欺誑其名而不正，眩惑其辭而不實，又不深明於志義相通之理也。故窮藉而無極，甚勞而無功，貪而無名。藉，踐履也，才夜反。謂踐履於無極之地。貪而無名，謂貪於立名而實無名也。故知者之言也，「知」讀爲「智」。慮之易知也，行之易安也，持之易立也，成則必得其所好而不遇其所惡焉，而愚者反是。《詩》曰：「爲鬼爲蜮，則不可得；有靦面目，視人罔極。作此好歌，以極反側。」此之謂也。《詩》，《小雅·何人斯》之篇。毛云：「蜮，短狐也。靦，姡也。」鄭云：「使女爲鬼爲蜮也，則女誠不可得見也。姡然有面目，女乃人也。人相視無有極時，終必與女相見。作此歌求女之情，女之情展轉極於是也。」

凡語治而待去欲者，無以道欲而困於有欲者也。凡言治待使人盡去欲然後爲治，則是無道欲之術，而反爲有欲者所困也。凡語治而待寡欲者，無以節欲而困於多欲者也。若待人之寡欲然後治之，則是無節欲之術，而反爲多欲者所困。故能導欲則欲自去矣，能節欲則欲自寡矣。有欲無欲，異類也，生死也，非治亂也。二者異類，如生死之殊，非治亂所繫。在於導欲則治，不導欲則亂也。○王念孫曰：「生死也」三字，與上下文義不相屬。楊曲爲之說，非也。「生死也」當作「性之具也」，「生」「性」字相近，又因下文有「生死」字而誤。下文「性之具也」即此句之衍文。有欲無欲，是生而然者也，故曰性之具也。「性之具也」「情之數也」，二句相對爲文。下文「雖爲守門，欲不可去；雖爲天子，欲不可盡」，四句亦相對爲文。若闌入「性之具也」一句，則隔斷上下語氣。楊曲爲之說，亦非也。欲之多寡，異類也，情之數也，非治亂也。情之數，言人情必然之數也。治亂所繫，在節欲則治，不節欲則亂，不在欲之多寡也。欲不待可得，而求者從所可。凡人之情欲雖未可得，以有欲之意求之，則從其所可得者也。○盧文弨曰：宋本注多賸字，今刪正。俞樾曰：「待」字衍，當作「欲不可得而求者從所可」。楊注不釋「待」字，故知爲衍文。郭嵩纛曰：「待」字不可少。人生而有欲，不待其可得而後欲之，此根於性者也。若無「待」字，則文不成義。俞説非，下同。

欲不待可得，所受乎天也；求者從所可，受乎心也。天性有欲，心爲之節制。○俞樾曰：「待」字亦衍文也。「受乎心也」上當有「所」字。「所受乎心」與「所受乎天」正相對。下文亦以「所受乎天」、「所受乎心」竝言，則此文有「所」字明矣，當據補。

所受乎天之一欲，制於所受乎心之多，固難類所受乎天也。此一節未詳，或恐脱誤耳。或曰當爲「所受乎天之一欲，制於所受乎心之計」，其餘皆衍字也。一欲，大凡人之情欲也。言所受乎天之大欲，皆制節於所受心之計度，心之計度亦受於天，故曰所受。○俞樾曰：或説甚晦，義不可通。此文當云「所受乎天之一，所受乎心之多，固難類也」。所受乎天，所受乎心，即承上文而言。「一」與「多」正相對。所受乎天之一，言天之與人有定也。所受乎心之多，言人之心無窮也。固難類也，猶言固不可同耳。　郭嵩燾曰：生之有欲，一而已矣。制於所受乎心之多者，以有欲之性聽命於心，而欲遂多紛馳，而日失其故，漓其真，則與所受於天之一欲又不可以類求也。文義顯然，楊、俞説皆非。

人之所欲生甚矣，人之所惡死甚矣，然而人有從生成死者，非不欲生而欲死也，不可以生而可以死也。此明心制欲之義。

故欲過之而動不及，心止之也。動，謂作爲也。言欲過多而所作爲不及其欲，由心制止之也。○先謙案：此文即以上生死明之。所欲有過於生，而動不及於求生者，心之中理止之也。故欲雖多，不傷於治。所欲不及於死而動過之，自取死者，如鬬很亡身之類，心之失理使之也。故欲雖寡，無止於亂，此在心不在欲也。楊注似未全通。

心之所可中理，則欲雖多，奚傷於治！所可，謂心以爲可也。言若心止之而中理，欲雖多無害於治也。

欲不及而動過之，心使之也。心之所可失理，則欲雖寡，奚止於亂！心使之失理，則欲雖寡亦不能止亂。

故治亂在於心之所可，亡於情之所欲。明在心，不在欲。

不求之其所在而求之其所亡，雖曰我得之，失之矣。所在，心也。所亡，欲也。

性者，天之就也；情者，性之質也；欲

者，情之應也。以所欲爲可得而求之，情之所必不免也；性者，成於天之自然；情者，性之質體；欲又情之所應，所以人必不免於有欲也。○謝本從盧校無「所」字。 盧文弨曰：「以欲爲可得」，宋本作「以所欲以爲可得」。今從元刻。 王念孫曰：宋錢、吕本、世德堂本竝作「以所欲以爲可得而求之」，盧從元刻删「所」字及下「以」字。案，「所」字不當删。下文曰「所欲雖不可盡，求者猶近盡」，是其證。 先謙案：王説是，今依宋本存「所」字。以爲可而道之，知所必出也。心以欲爲可得，而道達之，智慮必出於此也。故雖爲守門，欲不可去，夫人各有心，故雖至賤亦不能去欲也。性之具也。雖爲天子，欲不可盡。具，全也。若全其性之所欲，雖爲天子，亦不能盡。秦皇、漢武之比也。欲雖不可盡，可以近盡也；以，用也。近盡，近於盡欲也。言天子雖不可盡欲，若知道則用可近盡而止之，不使故肆之也。欲雖不可去，求可節也。雖至賤亦不可去欲，若知道則求節欲之道而爲之也。所欲雖不可盡，求者猶近盡；欲雖不可去，所求不得，慮者欲節求也。爲賤者之謀慮，皆在節其所求之欲也。○盧文弨曰：注「賤者」，舊本作「貴賤」，訛，今改正。道者，進則近盡，退則節求，天下莫之若也。道，謂中和之道，儒者之所守也。進退，亦謂貴賤也。道者，貴則可以知近盡，賤則可以知節求，天下莫及之也。

凡人莫不從其所可而去其所不可。知道之莫之若也，而不從道者，無之有也。知節欲無過於道，則皆從道也。假之有人而欲南無多，而惡北無寡，豈爲夫南者之不可盡也，離南行而北走也哉？有人欲往南而惡往北也。欲南無多，謂南雖至多猶欲之也。惡北無寡，謂北雖至寡猶惡之也。言此人既欲南而惡北，豈爲夫南之不可得盡，因肯捨南而走北乎？今人所欲無多，所惡無寡，豈爲夫所欲之不可盡也，離得欲之道而取所惡也哉？今夫人情，欲雖至多猶欲之，惡雖至寡猶惡之，豈爲欲之不可得盡，因肯取所惡哉？聖人以道節欲，則各安其分矣。而宋、墨之徒不喻斯理，而彊令去欲寡欲，此何異使之離南而北走，捨欲而取惡，必不可得也。故可道而從之，奚以損之而亂！可道，合道也。損，減也。言若合道則從之，奚以損亂而過此也。不可道而離之，奚以益之而治！不合道則離之，奚以益治而過此。此明上合道，雖爲有欲之説，亦可從之；不合道，雖爲去欲之説，亦可離之也。故知者論道而已矣，小家珍説之所願皆衰矣。知治亂者，論合道與不合道而已矣，不在於有欲無欲也。能知此者，則宋、墨之家自珍貴其説，願人之去欲寡欲者皆衰矣。

凡人之取也，所欲未嘗粹而來也；其去也，所惡未嘗粹而往也。故人無動而不可以不與權俱。粹，全也。凡人意有所取，其欲未嘗全來；意有所去，其惡未嘗全去，皆所不適意也。權者，稱之權，所以知輕重者也。能權變適時，故以喻道也。言人之欲惡常難適意，故其所舉動而不可不與道俱。不與道俱則惑於欲惡矣。故達道者，不戚戚於貧賤，不汲汲於富貴，故能遣夫得喪欲惡，不以介懷，而欲自節矣。○王念孫曰：上「不」字衍。此言人之舉動，不可不與權俱。權，謂道也。不與權俱，則必爲欲惡所惑，故曰人無動而可以不與權俱。今本「可」上有「不」字者，涉注文「不可不與道俱」而衍。衡不正，則重縣於仰而人以爲輕，輕縣於俛而人以爲重，此人所以惑於輕重也。衡，稱之衡也。不正，謂偏舉也。衡若均舉之，則輕重等而平矣。若偏舉之，則重縣於仰，輕縣於俛，而猶未平也。遂以此定輕重，是惑也。權不正，則禍託於欲而人以爲福，福託於惡而人以爲禍，此亦人所以惑於禍福也。權不正，謂不知道而偏見，如稱之權不正者也。禍託於欲，謂無德而禄，因以爲福，不知禍不旋踵也。福託於惡，謂若有才未偶，因以爲禍，不知先號後笑也。言不知道則惑於倚伏之理也。道者，古今之正權也。離道而内自擇，則不知禍福之所託。道能知禍福之正，如權之知輕重之正。離權則不知輕重，離道則不知禍福也。易者，以一易一，人曰無得亦無喪也；易，謂以物相易。以一易兩，人曰無喪而有得也；以兩易一，人曰無得而有喪也。計者取所多，謀者從所可，以兩易一，人莫之爲，明其數也。從道而出，猶以一易兩也，奚喪！從道則無所喪，儒術是也。離道而內自擇，是猶以兩易一也，奚得！離道則無所得，宋、墨是也。其累百年之欲，易一時之嫌，然且爲之，不明其數也。累，積也。嫌，惡也。此謂不以道求富貴，終遇禍也。

有嘗試深觀其隱而難其察者，「有」讀爲「又」。雖隱而難察，以下四事觀之則可知也。○王念孫曰：「隱而難其察」，「其」字涉上文而衍。據楊注云「隱而難察」，則無「其」字明矣。志輕理而不重物者無之有也，理爲道之精微。○顧千里曰：案，「不」下疑當有「外」字。下文「外重物而不內憂者無之有也，行離理而不外危者無之有也，外危而不內恐者無之有也」，一氣承接，「外重物」與「外危」二句爲同例也。外重物而不內憂者無之有也，行離理而不外危者無之有也，外危而不內恐者無之有也。心憂恐，則口銜芻豢而不知其味，耳聽鐘鼓而不知其聲，目視黼黻而不知其狀，輕煖平簟而體不知其安。故嚮萬物之美而不能嗛也。「嚮」讀爲「享」，獻也，謂受其獻也。嗛，足也，快也。《史記》：樂毅曰：「先王以爲嗛於志。」嗛，口簟反。○俞樾曰：「平」乃席名，故與「簟」竝言。《説文》艸部：「蒻，蒲子，可以爲平席。」《釋名·釋牀帳》曰：「蒲平，以蒲作之，其體平也。」竝可爲證。假而得問而嗛之則不能離也。假或有人問之，蹔以爲足其意，終亦不能離於不足也。○王念孫曰：「得問」二字，義不可通。楊曲爲之説，非也。「得問」當爲「得閒」，古莧反。字之誤也。言憂恐在心，則雖享萬物之美，而心不慊，即使暫時得閒而慊之，而其不慊者仍在也。故嚮萬物之美而盛憂，兼萬物之利而盛害。如此者，其求物也，養生也？粥壽也？「也」皆當爲「邪」，問之辭。故欲養其欲而縱其情，縱其情，則欲終不可養也。欲養其性而危其形，欲養其樂而攻其心，欲養其名而亂其行。皆外重物之所致也。如此者，雖封侯稱君，其與夫盜無以異；乘軒戴絻，其與無足無以異。「絻」與「冕」同。○盧文弨曰：「夫盜」，元刻無「夫」字。「乘軒」上有「雖」字。無足，當謂貧人之本不足者。　俞樾曰：無足，謂刖者也。乘軒戴絻而行，榮之至矣。然實與無足者之跨卓而行無以異也。無足與乘軒相應，盧未得其義。夫是之謂以己爲物役矣。己爲物之役使。

心平愉，則色不及傭而可以養目，所視之物不及傭作之人亦可養目。聲不及傭而可以養耳，蔬食菜羹而可以養口，麤布之衣、麤紃之履而可以養體，麤紃之履，麤麻屨也。○盧文弨曰：「蔬食」當作「疏食」。屋室廬庾葭稾蓐尚机筵而可以養形。廬，草屋也。庾，屋如廪庾者。葭，蘆也，以廬庾爲屋室，葭稾爲席蓐，皆貧賤人之居也。尚机筵，未詳。或曰：尚言尚古，猶若稱《尚書》之「尚」也。尚机筵，質樸之机筵也。○王念孫曰：以廬庾爲屋室而云「屋室廬庾」，則文義不明，且與葭稾蓐文非一律。《初學記·器物部》引作「局室蘆簾稾蓐」，於義爲長。《說文》：「局，促也。」局室，謂促狹之室。蘆簾稾蓐，謂以蘆爲簾，以稾爲蓐也。「屋室」蓋「局室」之誤。「廬庾」蓋「蘆簾」之誤。「簾」「廉」古字通。「稾蓐」與「蘆廉」對文，則「稾」上不當有「葭」字。且葭即蘆也，又與蘆相複。故無萬物之美而可以養樂，無埶列之位而可以養名。埶列，班列也。名，美名也。如是而加天下焉，其爲天下多，其和樂少矣。以是無貪利之心，加以天下之權，則爲天下必多，爲己之私和樂少矣。○王念孫曰：「和」當爲「私」，字之誤也。《管子·法禁篇》：「脩上下之交，以私親於民」，今本「私」誤作「和」。言以是不貪之心治天下，則其爲天下必多，而爲己之私樂必少也。「私樂」對天下之樂而言。若云「和樂少」，則義不可通。楊云「爲己之私和樂少」，則未知「和」即「私」之誤也。　先謙案：王說是。注中「和」字乃後人因正文誤「私」爲「和」而羼入之。楊所見本蓋不誤。夫是之謂重己役物。知道則心平愉，心平愉則欲惡有節。不能動，故能重己而役物。自「有嘗試」已下，皆論知道不知道也。

無稽之言，不見之行，不聞之謀，君子愼之。無稽之言，言無考驗者也。不見之行，不聞之謀，謂在幽隱人所不聞見者，君子尤當戒愼不可忽也。《中庸》曰：「戒愼乎其所不覩，恐懼乎其所不聞，莫見乎隱，莫顯乎微，故君子慎其獨也。」《説苑》作：「無類之説，不戒之行，不贇之辭，君子慎之。」此三句不似此篇之意，恐誤在此耳。○盧文弨曰：案此篇由孔子「必也正名」之指推演之，極言人不能無欲，必貴乎導欲以合乎道，而不貴乎絶欲。此荀子之闢小家珍説，而與孔、孟所言治己治人之指相合。後儒專言遏制凈盡者，幾何不以雍而潰矣！

荀子卷第十六

荀子卷第十七

唐登仕郎守大理評事楊倞注

臣王先謙集解

性惡篇第二十三

當戰國時，競爲貪亂，不脩仁義。而荀卿明於治道，知其可化，無勢位以臨之，故激憤而著此論。《書》曰：「惟天生民，有欲無主，乃亂，惟聰明時乂。」亦與此義同也。舊第二十六，今以是荀卿論議之語，故亦升在上。○盧文弨曰：《書》作「惟天生聰明時乂」，此無「天生」二字，似誤脱。

人之性惡，其善者僞也。僞，爲也，矯也。矯其本性也。凡非天性而人作爲之者，皆謂之僞，故爲字人傍，爲亦會意字也。○郝懿行曰：性，自然也。僞，作爲也。「僞」與「爲」古字通。楊氏不了而訓爲矯，全書皆然，是其蔽也。先謙案：郝説是。荀書「僞」皆讀「爲」。下文「器生於工人之僞」，尤其明證。

今人之性，生而有好利焉，順是，故爭奪生而辭讓亡焉；天生，性也。順是，謂順其性也。生而有疾惡焉，順是，故殘賊生而忠信亡焉；「疾」與「嫉」同。惡，烏路反。生而有耳目之欲，有好聲色焉，○先謙案：下「有」字疑衍。順是，故淫亂生而禮義文理亡焉。文理，謂節文條理也。然則從人之性，○先謙案：《論語·八佾篇》集解：「從」讀曰「縱」。下同。順人之情，必出於爭奪，合於犯分亂理而歸於暴。○俞樾曰：「犯分」當作「犯文」。此本以「文」「理」相對。上文曰「順是故淫亂生而禮義文理亡焉」，下文曰「合於文理而歸於治」，竝其證也。合於犯文亂理，與合於文理正相對成義。今作「犯分」則與下文不合矣。當由後人習聞犯分、罕聞犯文而誤改之耳。故必將有師法之化，禮義之道，「道」與「導」同。然後出於辭讓，合於文理而歸於治。用此觀之，然則人之性惡明矣，其善者僞也。故枸木必將待檃栝烝矯然後直，枸，讀爲「鉤」，曲也。下皆同。檃栝，正曲木之木也。烝，謂烝之使柔。矯，謂矯之使直也。鈍金必將待礱厲然後利，礱、厲皆磨也。「厲」與「礪」同。○盧文弨曰：注「礪」，舊作「勵」，誤。今人之性惡，必將待師法然後正，得禮義然後治。今人無師法則偏險而不正，○王念孫曰：《廣雅》：「險，衺也。」《成相篇》曰：「險陂傾側。」《大戴記・衛將軍文子篇》曰：「如商也，其可謂不險矣。」無禮義則悖亂而不治。古者聖王以人之性惡，以爲偏險而不正，悖亂而不治，是以爲之起禮義，制法度，以矯飾人之情性而正之，以擾化人之情性而導之也，始皆出於治、合於道者也。矯，彊抑也。擾，馴也。今之人化師法、積文學、道禮義者爲君子；縱性情、安恣睢而違禮義者爲小人。用此觀之，然則人之性惡明矣，其善者僞也。

孟子曰：「人之學者，其性善。」孟子言人之有學，適所以成其天性之善，非矯也。與告子所論者是也。曰：是不然。是不及知人之性，而不察乎人之性僞之分者也。不及知，謂智慮淺近，不能及於知，猶言不到也。《書》曰：「予沖人不及知也。」凡性者，天之就也，不可學，不可事。禮義者，聖人之所生也，人之所學而能，所事而成者也。聖人之所生，明非天性也。事，爲也，任也。《周禮・太宰職》：「六曰事典，以富邦國，以任百官。」鄭云：「任，事也。」○盧文弨曰：鄭注本云「任猶傳也」，玩楊意，卻只作事。不可學、不可事而在人者謂之性，可學而能、可事而成之在人者謂之僞。是性僞之分也。不可學，不可事，謂不學而能，不事而成也。○顧千里曰：「而在人者」，「而」疑當作「之」，「人」疑當作「天」，與「可學而能，可事而成之在人者謂之僞」爲對文也。上文「凡性者，天之就也，不可學，不可事」，亦其明證。今人之性，目可以見，耳可以聽。夫可以見之明不離目，可以聽之聰不離耳，可見之明常不離於目，可聽之聰常不離於耳也。目明而耳聰，不可學明矣。如目明耳聰之不假於學，是乃天性也。孟子曰：「今人之性善，將皆失喪其性故也。」孟子言失喪本性，故惡也。曰：若是則過矣。今人之性，生而離其朴，離其資，必失而喪之。朴，質也。資，材也。言人若生而任其性，則離其質朴而偷薄，離其資材而愚惡，其失喪必也。○郝懿行曰：「朴」當爲「樸」。樸者，素也。言人性生而已離其質樸與其資材，其失喪必矣，非本善而後惡。用此觀之，然則人之性惡明矣。○王念孫曰：此下亦當有「其善者僞也」句。「人之性惡，其善者僞也」二句，前後凡九見，則此亦當然。

所謂性善者，不離其朴而美之，不離其資而利之也。不離質朴資材，自得美利，不假飾而善，此則爲天性。使夫資朴之於美，心意之於善，若夫可以見之明不離目，可以聽之聰不離耳，使質朴資材自善，如聞見之聰明常不離於耳目，此乃天性也。故曰目明而耳聰也。故曰如目明耳聰，此乃是其性，不然則是矯僞使之也。今人之性，飢而欲飽，寒而欲煖，勞而欲休，此人之情性也。今人飢，見長而不敢先食者，將有所讓也；○俞樾曰：注不釋「長」字，蓋以爲尊長也。然下文云「勞而不敢求息者，將有所代也」，無爲尊長任勞之文，則此句「長」字亦非謂尊長也。「長」讀爲「粻」，《爾雅·釋言》：「粻，糧也。」《詩·崧高篇》：「以峙其粻」，鄭箋曰：「粻，糧也。」「見粻而不敢先食」，與下文「勞而不敢求息」意正相配。若作「見長」則轉與下意不倫矣。勞而不敢求息者，將有所代也。所以代尊長也。夫子之讓乎父，弟之讓乎兄；子之代乎父，弟之代乎兄；此二行者，皆反於性而悖於情也。悖，違。然而孝子之道，禮義之文理也。故順情性則不辭讓矣，辭讓則悖於情性矣。用此觀之，然則人之性惡明矣，其善者僞也。

問者曰：「人之性惡，則禮義惡生？」禮義從何而生。惡音烏。應之曰：凡禮義者，是生於聖人之僞，非故生於人之性也。故，猶本也。

言禮義生於聖人矯僞抑制，非本生於人性也。故陶人埏埴而爲器，陶人，瓦工也。埏，擊也。埴，黏土也。擊黏土而成器。埏音羶。非故生於人之性也。言陶器自是生於工人學而爲之，非本生於人性自能爲之也。或曰：「工人」當爲「陶人」。故，猶本也。○王念孫曰：楊後説以此「工人」爲「陶人」之誤，是也。此文本作「故陶人埏埴而爲器，然則器生於陶人之僞，非故生於陶人之性也。故工人斲木而成器，然則器生於工人之僞，非故生於工人之性也」。今本「陶人之性」、「工人之性」皆作「人之性」，此涉上下文「人之性」而誤。下文云「瓦埴豈陶人之性，器木豈工人之性」，是其明證矣。故工人斲木而成器，然則器生於工人之僞，非故生於人之性也。聖人積思慮，習僞故，以生禮義而起法度，然則禮義法度者，是生於聖人之僞，非故生於人之性也。自是聖人矯人性而爲之，如陶人、工人然也。若夫目好色，耳好聲，口好味，心好利，骨體膚理好愉佚，是皆生於人之情性者也；膚理，皮膚文理也。「佚」與「逸」同。人勞苦則皮膚枯槁也。感而自然，不待事而後生之者也。受性自爾，不待學而知也。夫感而不能然，必且待事而後然者謂之生於僞。○王引之曰：僞音爲。「謂之僞」三字中，不當有「生於」二字，此涉上「生於」而衍也。上文曰「可學而能，可事而成之在人者謂之僞」，《正名篇》曰「慮積焉、能習焉而後成謂之僞」，皆其證。是性僞之所生，其不同之徵也。徵，驗。故聖人化性而起僞，言聖人能變化本性，而興起矯僞也。僞起而生禮義，《老子》曰：「智惠出，有大僞。」《莊子》亦云：「仁相僞也，義相虧也。」皆言非其本性也。○謝本從盧校作「僞起於性」。王念孫曰：宋錢佃校本云：「僞起於性而生禮義」，諸本作「僞起而生禮義」，無「於性」二字。案，諸本是也。上文云「凡禮義者，是生於聖人之僞，非故生於人之性也」，則不得言僞起於性而生禮義明矣。宋本有「於性」二字者，不曉《荀子》之意而妄加之也。禮義生於聖人之僞，故曰僞起而生禮義。下文云「能化性，能起僞，僞起而生禮義」，是其明證矣。先謙案：王説是，今從諸本删「於性」二字。禮義生而制法度；然則禮義法度者，是聖人之所生也。故聖人之所以同於衆，其不異於衆者，性也；○俞樾曰：同於衆，即不異於衆也。於文複矣。據下文云「所以異而過衆者僞也」，疑此文亦當作「所以同於衆而不過於衆者性也」。「而」譌作「其」，「過」譌作「異」，而詞意俱不可通矣。所以異而過衆者，僞也。聖人過衆在能起僞。夫好利而欲得者，此人之情性也。假之人有弟兄資財而分者，且順情性，好利而欲得，若是則兄弟相拂奪矣；拂，違戾也。或曰：拂字從木旁弗，擊也。《方言》云：「自關而西謂之柫。」今之農器連枷也。且，發辭也。○盧文弨曰：「拂奪」，宋本作「怫奪」，注同。俞樾曰：楊注違戾之訓，既得之矣。讀拂爲「柫」，義轉迂曲。《説文》：「拂，過擊也。」拂自可訓擊，何必改爲柫乎！柫者，農器也。施之於此，非所安矣。又案：《説文·色部》：「艴，怫怒色也。」此「拂」字疑「艴」之叚音。言兄弟必艴然争奪也。先謙案：據下文言讓乎國人，則非兄弟分財之謂，明「弟兄」二字衍文也。有資財而分，順情性則兄弟相奪，化禮義則讓乎國人，文義正相對待。若兄弟分財，而讓及國人，非情理所有矣。「弟兄」二字乃淺人緣下文「兄弟相拂奪」妄加之。且化禮義之文理，若是則讓乎國人矣。故順情性則弟兄争矣，化禮義則讓乎國人矣。

凡人之欲爲善者，爲性惡也。爲其性惡，所以欲爲善也。夫薄願厚，惡願美，狹願廣，貧願富，賤願貴，苟無之中者必求於外；故富而不願財，貴而不願埶，苟有之中者必不及於外。既有富貴於中，故不及財埶於外也。用此觀之，人之欲爲善者，爲性惡也。無於中故求於外，亦猶貧願富之比。今人之性固無禮義，故彊學而求有之也；性不知禮義，故思慮而求知之也。然則生而已，則人無禮義，不知禮義。生而已，謂不矯僞者。○盧文弨曰：「生而已」，元刻作「性而已」，下同。人無禮義則亂，不知禮義則悖，然則生而已，則悖亂在已。用此觀之，人之性惡明矣，其善者僞也。不矯而爲之，則悖亂在己，以此知其性惡也。

孟子曰：「人之性善。」曰：是不然。凡古今天下之所謂善者，正理平治也；所謂惡者，偏險悖亂也。是善惡之分也已。善惡之分，在此二者。分，扶問反。今誠以人之性固正理平治邪？則有惡用聖王，惡用禮義矣哉！有讀爲「又」。惡音烏。雖有聖王禮義，將曷加於正理平治也哉！今不然，人之性惡，今以性善爲不然者，謂人之性惡也。故古者聖人以人之性惡，以爲偏險而不正，悖亂而不治，故爲之立君上之埶以臨之，明禮義以化之，起法正以治之，重刑罰以禁之，使天下皆出於治，合於善也。是聖王之治而禮義之化也。今當試去君上之埶，○先謙案：「當」是「嘗」之借字。「當試」猶「嘗試」，説見《君子篇》。無禮義之化，去法正之治，無刑罰之禁，倚而觀天下民人之相與也。倚，任也。或曰：倚，偏倚，猶傍觀也。○王念孫曰：楊説非也。倚者，立也，言立而觀之。《説卦傳》「參天兩地而倚數」，虞翻曰：「倚，立也。」《廣雅》同。《楚辭·九辯》「澹容與而獨倚兮」，謂獨立也。《招隱士》：「白鹿麏麚兮，或騰或倚。」謂或騰或立也。《列子·黄帝篇》曰：「有七尺之骸，手足之異，戴髮含齒，倚而趣者，謂之人。」謂立而趣也。《淮南·氾論篇》曰：「立之於本朝之上，倚之於三公之位。」若是，則夫彊者害弱而奪之，衆者暴寡而譁之，衆者陵暴於寡而諠譁之，不使得發言也。○俞樾曰：如楊注，「譁」與「奪」義不倫。《禮記·曲禮篇》「爲國君華之」，鄭注曰：「華，中裂之。」此文「譁」字當讀爲「華」，而從中裂之訓。陵暴於寡而分裂之，與害弱而奪之者無異也。天下之悖亂而相亡不待頃矣。頃，少頃也。本或爲「須」，須臾也。用此觀之，然則人之性惡明矣，其善者僞也。

故善言古者，必有節於今；善言天者，必有徵於人。節，準。徵，驗。○郝懿行曰：節者，信也。言論古必以今事爲符信。四語，董子書偁之。王引之曰：諸書無訓節爲準者，節亦驗也。《禮器》注云：「節猶驗也。」下文曰：「凡論者貴其有辨合，有符驗。」符驗即符節。哀六年《公羊傳》注：「節，信也。」《齊策》注：「驗，信也。」或言符節，或言符驗，或言符信，一也。《漢書·董仲舒傳》作「善言古者必有驗於今」，是節即驗也。 凡論者，貴其有辨合，有符驗。辨，別也。《周禮·小宰》：「聽稱責以傳別」，鄭司農云：「別之爲兩，兩家各執其一。」符以竹爲之，亦相合之物。言論議如別之合，如符之驗，然可施行也。故坐而言之，起而可設，張而可施行。 今孟子曰「人之性善」，無辨合符驗，坐而言之，起而不可設，張而不可施行，豈不過甚矣哉！故性善則去聖王，息禮義矣；性善則不假聖王禮義也。 性惡則與聖王，貴禮義矣。○謝本從盧校「與」作「興」。 王念孫曰：呂、錢本「興」皆作「與」。案《齊語》：「桓公知天下諸侯多與己也。」韋注曰：「與，從也。」與聖王，從聖王也。「與」與「去」正相反，則作「與」者是，從元刻作「興」非。 先謙案：王説是，今改正。 故檃栝之生，爲枸木也；繩墨之起，爲不直也；立君上，明禮義，爲性惡也。 用此觀之，然則人之性惡明矣，其善者僞也。 直木不待檃栝而直者，其性直也；枸木必將待檃栝烝矯然後直者，以其性不直也。 今人之性惡，必將待聖王之治，禮義之化，然後皆出於治，合於善也。 用此觀之，然則人之性惡明矣，其善者僞也。

問者曰：「禮義積僞者，是人之性，故聖人能生之也。」言禮義雖是積僞所爲，亦皆人之天性自有。聖人能生之，衆人但不能生耳。○先謙案：禮義積僞者，積作爲而起禮義也。楊注非。 應之曰：是不然。夫陶人埏埴而生瓦，然則瓦埴豈陶人之性也哉？豈陶人亦性而能瓦埴哉，亦積僞然後成也。 工人斲木而生器，然則器木豈工人之性也哉？夫聖人之於禮義也，辟則陶埏而生之也。「辟」讀爲「譬」。 然則禮義積僞者，豈人之本性也哉！ 凡人之性者，堯、舜之與桀、跖，其性一也；君子之與小人，其性一也。言皆惡也。今將以禮義積僞爲人之性邪？然則有曷貴堯、禹？曷貴君子矣哉？所以貴堯、禹者，以其能化性，異於衆也。「有」讀爲「又」。凡所貴堯、禹、君子者，能化性，能起僞，僞起而生禮義。然則聖人之於禮義積僞也，亦猶陶埏而生之也。聖人化性於禮義，猶陶人埏埴而生瓦。○王念孫曰：吕、錢本「亦」下皆有「猶」字。案上文云「夫聖人之於禮義也，辟亦陶埏而生之也」，則此句内當有「猶」字。故楊注亦云「聖人化性於禮義，猶陶人埏埴而生瓦」。先謙案：謝本從盧校無「猶」字，今依王説，從吕、錢本增。用此觀之，然則禮義積僞者，豈人之性也哉！既類陶埏而生，明非本性也。所賤於桀、跖小人者，從其性，順其情，安恣睢，以出乎貪利爭奪。故人之性惡明矣，其善者僞也。桀、跖小人，是人之本性也。天非私曾、騫、孝己而外衆人也，曾、騫，曾參、閔子騫也。孝己，殷高宗之太子。皆有至孝之行也。然而曾、騫、孝己獨厚於孝之實，而全於孝之名者，何也？以綦於禮義故也。三人能矯其性，極爲禮義故也。天非私齊、魯之民而外秦人也，然而於父子之義，夫婦之別，不如齊、魯之孝具敬父者，何也？孝具，能具孝道。「敬父」當爲「敬文」，傳寫誤耳。敬而有文，謂夫婦有別也。○王念孫曰：「敬文」，見《勸學》、《禮論》二篇，「於父子之義，夫婦之別」上，當有「秦人」二字，而今本脱之。「孝具」二字不詞，且與「敬文」不對。「具」當爲「共」，字之誤也。孝共即孝恭，「令德孝恭」見《周語》。正與「敬文」對。楊云「孝具能具孝道」，此望文生義，而非其本旨。以秦人之從情性，安恣睢，慢於禮義故也，豈其性異矣哉！綦禮義則爲曾、閔，慢禮義則爲秦人，明性同於惡，唯在所化耳。若以爲性善，則曾、閔不當與衆人殊，齊、魯不當與秦人異也。

塗之人可以爲禹，曷謂也？塗，道路也。舊有此語，今引以自難。言若性惡，何故塗之人皆可以爲禹也。曰：凡禹之所以爲禹者，以其爲仁義法正也。然則仁義法正有可知可能之理，人皆有之。然而塗之人也，皆有可以知仁義法正之質，皆有可以能仁義法正之具，然則其可以爲禹明矣。今以仁義法正爲固無可知可能之理邪？然則唯禹不知仁義法正，不能仁義法正也。唯讀爲「雖」。將使塗之人固無可以知仁義法正之質，而固無可以能仁義法正之具邪？然則塗之人也，且内不可以知父子之義，外不可以知君臣之正，不然，以塗之人無可知可能之論爲不然也。○俞樾曰：「不然」二字當在「今」字之下。「今不然」三字爲句。上文云「今不然，人之性惡」，是其例也。今塗之人者，皆内可以知父子之義，外可以知君臣之正，然則其可以知之質，可以能之具，其在塗之人明矣。今使塗之人者，以其可以知之質，可以能之具，本夫仁義之可知之理，可能之具，然則其可以爲禹明矣。今使塗之人伏術爲學，專心一志，思索孰察，加日縣久，積善而不息，則通於神明，參於天地矣。伏術，伏膺於術。孰察，精孰而察。加日，累日也。縣久，縣繫以久長。○郝懿行曰：「伏」與「服」古字通。服者，事也。古書服事亦作伏事，服膺亦作伏膺。王念孫曰：術者，道也。見《大傳》注、《樂記》注、《魯語》、《晉語》注。服術猶言事道。故聖人者，人之所積而致矣。雖性惡，若積習則可爲聖人。《書》曰：「惟狂克念作聖。」

曰：「聖可積而致，然而皆不可積，何也？」曰：可以而不可使也。可以爲而不可使爲，以其性惡。故小人可以爲君子，而不肯爲君子；君子可以爲小人，而不肯爲小人。小人君子者，未嘗不可以相爲也；然而不相爲者，可以而不可使也。故塗之人可以爲禹則然，塗之人能爲禹，未必然也。○盧文弨曰：「故塗之人可以爲禹」下，元刻有「未必然也，塗之人可以爲禹」十一字，宋本無。雖不能爲禹，無害可以爲禹。

足可以徧行天下，然而未嘗有能徧行天下者也。夫工匠農賈，未嘗不可以相爲事也，事，業。然而未嘗能相爲事也。用此觀之，然則可以爲，未必能也；雖不能，無害可以爲。然則能不能之與可不可，其不同遠矣，其不可以相爲明矣。工賈可以相爲而不能相爲，是可與能不同也。可與能既不同，則終不可以相爲也。此明禹亦性惡，以能積僞爲聖人，非禹性本善也。聖人異於衆者，在化性也。

堯問於舜曰："人情何如？"舜對曰："人情甚不美，又何問焉？妻子具而孝衰於親，嗜欲得而信衰於友，爵禄盈而忠衰於君。人之情乎！人之情乎！甚不美，又何問焉？"唯賢者爲不然。引此亦以明性之惡。韓侍郎作《性原》曰："性也者，與生俱生也；情也者，接於物而生也。性之品有三，而其所以爲性五；情之品有三，而其所以爲情七。曰：何也？曰：性之品有上、中、下三：上焉者善而已矣，中焉者可道而上下也，下焉者惡焉而已矣。其所以爲性者五：曰仁，曰禮，曰信，曰義，曰智。上焉者之於五也，主於一而行於四；中焉者之於五也，一不少有焉，則少反焉，其於四也混；下焉者之於五也，反於一而悖於四。性之於情視其品。情之品有上、中、下三，其所以爲情者七，曰喜，曰怒，曰哀，曰懼，曰愛，曰惡，曰欲。上焉者之於七也，動而處其中；中焉者之於七也，有所甚，有所亡，然而求合其中者也；下焉者之於七也，亡與甚，直情而行者也。情之於性視其品。孟子之言性曰人之性善，荀子之言性曰人之性惡，揚子之言性曰人之性善惡混。夫始善而進惡，與始惡而進善，與始也混而今也善惡，皆舉其中而遺其上下者也，得其一而失其二者也。叔魚之生也，其母視之，知其必以賄死。楊食我之生也，叔向之母聞其號也，知必滅其宗。越椒之生也，子文以爲大慼，知若敖氏之鬼不食也。人之性果善乎？后稷之生也，其母無災，其始匍匐也，則岐岐然，嶷嶷然。文王之在母也，母不憂，既生也，傅不勤，既學也，師不煩。人之性果惡乎？堯之朱，舜之均，文王之管、蔡，習非不善也，而卒爲姦。瞽叟之舜，鯀之禹，習非不惡也，而卒爲聖。人之性，善惡果混乎？故曰：三子之言性也，舉其中而遺其上下者也，得其一而失其二者也。曰：然則性之上下者，其終不可移乎？曰：上之性，就學而愈明；下之性，畏威而寡罪。是故上者可學而下者可制也，其品則孔子謂不移也。曰：今之言性者異於此，何也？曰：今之言者，雜老佛而言也。雜老佛而言之也者，奚言而不異？」有聖人之知者，有士君子之知者，有小人之知者，有役夫之知者。多言則文而類，終日議其所以，言之千舉萬變，其統類一也，是聖人之知也。文，謂言不鄙陋也。類，謂其統類不乖謬也。雖終日議其所以然，其言千舉萬變，終始條貫如一，是聖人之知也。少言則徑而省，論而法，若佚之以繩，是士君子之知也。徑，易也。省，謂辭寡。論而法，謂論議皆有法，不放縱也。「論」或爲「倫」。佚猶引也。佚以繩，言其直也。聖人經營事廣，故曰多言。君子止恭其所守，故曰少言也。○郝懿行曰：徑者，直也。論猶倫也。古「論」「倫」字亦通。佚者，隱也。言若闇合於繩墨，不邪曲也。楊注非。俞樾曰：楊注「佚猶引也」，然佚無引義，恐不可從。佚當讀爲「秩」，秩之言次也，序也。僖三十一年《公羊傳》：「天子秩而祭之。」何休注曰：「秩者，隨其大小、尊卑、高下所宜，故字亦通作程。」《尚書·堯典》「平秩東作」、「平秩南訛」、「平秩西成」，《史記·五帝本紀》「秩」皆作「程」。段玉裁以《説文》「戜」「𧼤」字皆讀若《詩》「秩秩大猷」爲證，是「程」與「秩」聲義俱相近。秩之以繩，猶程之以繩也。《致仕篇》曰：「程者，物之準也。」是其義也。其言也謟，其行也悖，其舉事多悔，是小人之知也。言謟，行悖，謂言行相違也。○盧文弨曰：宋本「謟」作「諂」，「悔」作「侮」，今從元刻。俞樾曰：「多侮」，義不可通。盧從元刻作「悔」是也。《詩·生民篇》「庶無罪悔」，鄭箋曰：「無有罪過。」是過謂之悔也。襄二十九年《公羊傳》：「尚速有悔於予身。」何休《解詁》曰：「悔，咎。」是咎謂之悔也。多悔猶云多過、多咎耳。其本字當作「痗」，悔乃叚借字。《詩·十月之交篇》：「亦孔之痗。」《釋文》曰：「痗本作悔。」齊給便敏而無類，雜能旁魄而無用，齊，疾也。給，謂應之速如供給者也。便，謂輕巧。敏，速也。無類，首尾乖戾。雜能，多異術也。旁魄，廣博也。無用，不應於用。便，匹延反。魄音薄。○盧文弨曰：「無用」，宋本、元刻俱作「毋用」，注同。郝懿行曰：類者，善也。旁魄即旁薄，皆謂大也。析速粹孰而不急，析，謂析辭，若堅白之論者也。速，謂發辭捷速。粹執，所著論甚精熟也。不急，言不急於用也。○謝本從盧校「析」作「折」，注同。郝懿行曰：折速者，言轉折疾速也。「粹」與「萃」同，聚也。萃執，言論薈萃而練孰也。此皆以言語爭勝，故下遂云「不恤是非，不論曲直，以期勝人爲意，是役夫之知也。」王念孫曰：呂、錢本皆作「析速」。案，楊注云「析謂析辭，今本注文亦譌作「折」。案，「析辭」見《解蔽》、《正名》二篇。若堅白之論者也。」則本作「析」明矣。盧從元刻作「折」，非。先謙案：王説是，今從呂、錢本併注文改正。郝説非。不恤是非，不論曲直，以期勝人爲意，是役夫之知也。期於必勝人，惠施之論也，徒自勞苦爭勝，而不知禮義，故曰役夫之知也。

有上勇者，有中勇者，有下勇者。天下有中，敢直其身；中，謂中道。敢，果決也。直其身，謂中立而不倚，無回邪也。先王有道，敢行其意；言不疑也。上不循於亂世之君，下不俗於亂世之民；循，順從也。俗，謂從其俗也。○俞樾曰：楊注以從其俗爲「俗」，義不可通。俗乃「鉛」字之誤。荀子書屢用「鉛」字。《榮辱篇》曰「鉛之重之」，又曰「反鉛察之而俞可好也」，《禮論篇》曰「則必反鉛過故鄉」，注竝曰：「鉛與沿同，循也。」是「鉛」「循」同誼。上不循於亂世之君，下不鉛於亂世之民，兩句一律。「鉛」「俗」字形相似，傳寫者因而致誤耳。先謙案：王念孫云「不俗，不習也」。説見《榮辱篇》。王不改字，義較長。俞説亦通。仁之所在無貧窮，仁之所亡無富貴；唯仁所在謂富貴。《禮記》曰：「不祈多積多文以爲富也。」○盧文弨曰：案，此言仁之所在，雖貧窮甘之；仁之所亡，雖富貴去之。注非。王念孫曰：此汪中説也。見丙申校本。天下知之，則欲與天下同苦樂之；得權位則與天下之人同休戚。苦或爲「共」也。○王念孫曰，作「共」者是也。此本作「欲與天下共樂之」，上言仁之所在無貧窮，仁之所亡無富貴，則此言與天下共樂之者，謂共樂此仁也。「樂」上不當有「苦」字。今本作「同苦樂之」者，「共樂」誤爲「苦樂」，後人又於「苦樂」上加「同」字耳。楊云「與天下同休戚」，此望文生義而爲之説耳。《太平御覽·人事部》七十六引作「欲與天下共樂之」，無「同」字，則宋初本尚有不誤者。天下不知之，則傀然獨立天地之閒而不畏，是上勇也。傀，傀偉，大貌也，公回反。或曰：「傀」與「塊」同，獨居之貌也。〇王念孫曰：後説是也。《君道篇》云：「塊然獨坐。」禮恭而意儉，大齊信焉，而輕貨財；大，重也。齊信，謂整齊於信也。〇王念孫曰：《爾雅》：「齊，中也。」言大中信而輕貨財也。《顧命》「底至齊信」，傳以齊信爲「中信」，是其證。「齊信」與「貨財」對文。《非十二子篇》「大儉約而優差等」，與此文同一例，則「齊信」非整齊於信之謂。賢者敢推而尚之，不肖者敢援而廢之，是中勇也。尚，上也。援，牽引也。輕身而重貨，恬禍而廣解，恬，安也。謂安於禍難也。而廣自解説，言以辭勝人也。解，佳買反。苟免，不恤是非、然不然之情，以期勝人爲意，是下勇也。〇盧文弨曰：「苟免」上當脱三字，以上二句例之自明。王念孫曰：此亦汪氏中説也。汪又云：「苟免」或是注文混入。　先謙案：「不然」，「然」字衍，説見《儒效篇》。

繁弱、鉅黍，古之良弓也，繁弱，封父之弓。《左傳》曰：「封父之繁弱。」「鉅」與「拒」同。「黍」當爲「來」。《史記》蘇秦説韓王曰「谿子、少府時力、距來」，司馬貞云：「言弓弩埶勁，足以拒於來敵也。」〇郝懿行曰：《性惡篇》末自繁弱鉅黍以下，皆言身有美質，亦須師友漸靡而成。然則性質本惡，必資師友切劘而善，其意自明矣。然亦可知性善、性惡，皆執一偏而言，若就渾全而論，自當善惡竝存，所以孔子語性，惟言相近，可知善惡存焉爾。又言相遠，可知善惡分焉爾。故曰群言淆亂，衷諸聖也。　王念孫曰：案，作「鉅黍」者是，説見《史記·蘇秦傳》。然而不得排檄則不能自正。排檄，輔正弓弩之器。檄，巨京反。桓公之蔥，大公之闕，文王之録，莊君之曶，闔閭之干將、莫邪、鉅闕、辟閭，此皆古之良劍也，蔥、闕、録、曶，齊桓公、齊太公、周文王、楚莊王之劍名，皆未詳所出。蔥，青色也。「録」與「緑」同，二劍以色爲名。曹植《七啟》説劍云「雕以翠緑」，亦其類也。曶，劍光采慌忽難視，以形爲名也。闕，未詳。或曰：闕，缺也。劍至利則喜缺，因以爲名。鉅闕亦是也。干將、莫邪，巨闕，皆吴王闔閭劍名。辟閭，未詳。《新序》：「閭丘卬謂齊宣王曰：『辟閭、巨闕，天下之良劍也。』」或曰：辟閭，即湛盧也。「閭」、「盧」聲相近。盧，黑色也。湛盧，言湛然如水而黑也。又張景陽《七發》説劍曰「舒辟不常」，李善云：「辟，卷也。言神劍柔，可卷而懷之，舒則可用。」辟間或此義歟！○盧文弨曰：「曶」，舊本作「角」，訛，今改正。注同。然而不加砥厲則不能利，不得人力則不能斷。驊騮、騹驥、纖離、緑耳，此皆古之良馬也，皆周穆王八駿名。騹讀爲「騏」，謂青驪文如博棊。《列子》作「赤驥」，與此不同。纖離，即《列子》「盜驪」也。○王念孫曰：騏驥之爲騹驥，猶耄期之爲耄勤也。凡之部之字，或與諄部相轉，説見《致士篇》「隱忌」下。楊云「騹讀爲騏」，是也，而云「謂青驪文如博棊」，則非。然而前必有銜轡之制，後有鞭策之威，○王念孫曰：「前必有」本作「必前有」。「前有」、「後有」皆承「必」字而言。若作「前必有」，則與下句不貫矣。《群書治要》及《初學記·人部》中、《太平御覽·人事部》四十五竝引作「必前有」。加之以造父之馭，然後一日而致千里也。夫人雖有性質美而心辯知，必將求賢師而事之，擇良友而友之。得賢師而事之，則所聞者堯、舜、禹、湯之道也；得良友而友之，則所見者忠信敬讓之行也。身日進於仁義而不自知也者，靡使然也。靡，謂相順從也。或曰：靡，磨切也。今與不善人處，則所聞者欺誣詐僞也，所見者汙漫淫邪貪利之行也，汙，穢行也。漫，誕漫欺誑也。《莊子》：「北人無擇曰：『舜以其辱行漫我也。』」身且加於刑戮而不自知者，靡使然也。傳曰：「不知其子視其友，不知其君視其左右。」靡而已矣！靡而已矣！

君子篇第二十四

凡篇名多用初發之語名之。此篇皆論人君之事，即「君子」當爲「天子」，恐傳寫誤也。舊第三十一，今升在上。

天子無妻，告人無匹也。告，言也。妻者，齊也。天子尊無與二，故無匹也。四海之內無客禮，告無適也。「適」讀爲「敵」。《禮記》曰：「天子無客禮，莫敢爲主焉。」君適其臣，升自阼階，不敢有其室也。」足能行，待相者然後進；口能言，待官人然後詔。

官人，掌喉舌之官也。不視而見，不聽而聰，不言而信，不慮而知，不動而功，告至備也。盡委於群下，故能至備也。天子也者，埶至重，形至佚，心至愈，愈讀爲「愉」。志無所詘，形無所勞，尊無上矣。《詩》曰：「普天之下，莫非王土；率土之濱，莫非王臣。」此之謂也。《詩·小雅·北山》之篇。率，循也。濱，涯也。

聖王在上，分義行乎下，則士大夫無流淫之行，○先謙案：《群書治要》「流」作「沈」，二字通用，說見《勸學篇》。百吏官人無怠慢之事，衆庶百姓無姦怪之俗，無盜賊之罪，莫敢犯大上之禁。❶「大」讀爲「太」。太上，至尊之號。○俞樾曰：楊說非也。此當作「莫敢犯上之大禁」，傳寫倒之耳。下文云「皆知夫犯上之禁不可以爲安也」，不言「犯太上之禁」，可知此文之誤矣。先謙案：《群書治要》正作「莫敢犯上之禁」，無「大」字。天下曉然皆知夫盜竊之人不可以爲富也，皆知夫賊害之人不可以爲壽也，○王念孫曰：「盜竊之」、「賊害之」下，皆本無「人」字。後人加兩「人」字而以「盜竊之人」、「賊害之人」與「犯上之禁」對文，謬矣。盜竊不可以爲富，賊害不可以爲壽，皆指其事而言，非指其人而言，不得加入兩「人」字也。《群書治要》無「人」字。先謙案：壽，謂年命短長，人自賊害者，非其壽命本如此也。皆知夫犯上之禁不可以爲安也。由其道則人得其所好焉，不由其道則必遇其所惡焉。道，謂政令。是故刑罰綦省而威行如流，世曉然皆知夫爲姦則雖隱竄逃亡之由不足以免也，故莫不服罪而請。自請刑戮。○謝本從盧校，「世」上有「治」字。盧文弨曰：「治世」，元刻無「治」字。「由」、「猶」通。「故莫不」，宋本無「故」字。王念孫曰：無「治」字者是也。「世曉然」猶上文言「天下曉然」，則世上不當有「治」字。自「聖王在上」以下至此，皆治世之事，則無庸更言治世。「治」字即上「流」字之誤而衍者。宋錢佃校本亦云諸本無「治」字。俞樾曰：「請」當讀爲「情」。《成相篇》「明其請」，注曰：「請當爲情。」《禮論

❶「敢」，原訛作「取」，據盧校本改。

篇》「情文俱盡」，《史記・禮書》「情」作「請」，徐廣曰：「古『情』字，或叚借作『請』。」是其證也。情，實也。莫不服罪而情，猶莫不服罪而實也。言服罪而不敢虚誕也。《論語》所謂則民莫敢不用情也。楊注以本字釋之，誤矣。《成相篇》曰：「下不欺上，皆以情言明若日。」即此「情」字之義。先謙案：王説無「治」字是也，今從諸本删正。《書》曰：「凡人自得罪。」此之謂也。言人人自得其罪，不敢隱也。與今《康誥》義不同，或斷章取義與？故刑當罪則威，不當罪則侮；爵當賢則貴，不當賢則賤。不當，則爲下所侮賤。古者刑不過罪，爵不踰德，故殺其父而臣其子，殺其兄而臣其弟。言當罪而用賢，歸於至公也。謂若殛鯀興禹，殺管叔封康叔之比也。刑罰不怒罪，爵賞不踰德，○郝懿行曰：怒蓋盈溢之意，與踰義近。楊氏無注，或以恚怒爲説，則非。王念孫曰：怒、踰皆過也。《淮南・主術篇》注：「踰猶過也。」《方言》曰：「凡人語而過，東齊謂之努。」又曰：「努猶怒也。」是怒即過也。上言「刑不過罪」，此言「刑罰不怒罪」，其義一而已矣。分然各以其誠通。善惡分然，其忠誠皆得通達，無屈滯。○先謙案：分然，又説見《儒效篇》。是以爲善者勸，爲不善者沮，刑罰綦省而威行如流，政令致明而化易如神。○俞樾曰：「易」當讀爲「施」。《詩・皇矣篇》：「施于孫子。」鄭箋曰：「施猶易也。」故「施」「易」二字古通用。《何人斯篇》：「我心易也。」《釋文》曰：「易，《韓詩》作『施』。」是其證也。化易如神者，化施如神也。正與上句「威行如流」一律。傳曰：「一人有慶，兆民賴之。」此之謂也。《尚書・甫刑》之辭。

亂世則不然。刑罰怒罪，爵賞踰德，以族論罪，以世舉賢。《泰誓》所謂「罪人以族，官人以世」，《公羊》亦云「尹氏卒，曷爲貶？譏世卿也」。故一人有罪而三族皆夷，德雖如舜，不免刑均，是以族論罪也。三族，父、母、妻族也。夷，滅也。均，同也。謂同被其刑也。○盧文弨曰：案，《士昏禮》記「惟是三族之不虞」，鄭注：「三族，謂父昆弟、己昆弟、子昆弟也。」又注《周禮・小宗伯》、《禮記・仲尼燕居》皆云：「三族，父、子、孫。」先祖當賢，後子孫必顯，行雖如桀、紂，列從必尊，此以世舉賢也。當賢，謂身當賢人之號也。列從，謂行列相從。「當」或爲「嘗」也。○王念孫曰：元刻無「後」字，《群書治要》同。案，先祖當賢，即先祖嘗賢，作「當」者，借字耳。《正名篇》曰：「嘗試深觀其隱而難察者。」《性惡篇》曰：「當試去君上之勢。」當試即嘗試也。楊謂「身當賢人之號」，失之。古多以「當」爲「嘗」，説見《墨子·天志下篇》注。以族論罪，以世舉賢，雖欲無亂，得乎哉！《詩》曰：「百川沸騰，山冢崒崩。高岸爲谷，深谷爲陵。哀今之人，胡憯莫懲。」此之謂也。《詩》，《小雅·十月之交》之篇。毛云：「沸，出也。騰，乘也。山頂曰冢。崒者，崔嵬。高岸爲谷，深谷爲陵，言易位也。」鄭云：「憯，曾也。懲，止也。變異如此，禍亂方至，哀哉今在位之人，何曾無以道德止之。」

論法聖王，則知所貴矣；論議法，效聖王。以義制事，則知所利矣。以義制事則利博。論知所貴，則知所養矣；事知所利，則動知所出矣。養，謂自奉養。所出，謂所從也。○陳奂曰：案，養，取也。知所養，知所取法也。《周頌》毛傳云：「養，取也。」是養有取義。注「養，謂自奉養」，失之。俞樾曰：四句相對成文，下句不應多「動」字，注亦不及「動」字之誼，則「動」字衍文也。二者，是非之本，得失之原也。故成王之於周公也，無所往而不聽，知所貴也。桓公之於管仲也，國事無所往而不用，知所利也。吴有伍子胥而不能用，國至於亡，倍道失賢也。故尊聖者王，貴賢者霸，敬賢者存，慢賢者亡，古今一也。故尚賢使能，等貴賤，分親疏，序長幼，此先王之道也。故尚賢使能，則主尊下安；貴賤有等，則令行而不流；流，邪移也。各知其分，故無違令。○王念孫曰：「流」讀爲「留」。各安其分，則上令而下從，故令行而不留也。《君道篇》曰「兼聽齊明而百事不留」，是也。《群書治要》正作「令行而不留」。作「流」者，借字耳。《繫辭傳》「旁行而不流」，《釋文》：「流，京作留。」《荀子·王制篇》「無有滯留」，《韓詩外傳》作「無有流滯」。楊以流爲邪移，失之。親疏有分，則施行而不悖；施謂恩惠。親疏有分，則恩惠各親其親，故不乖悖。施，式豉反。分，扶問反。長幼有序，則事業捷成而有所休。捷，速也。長幼各任其力，故事業速成，而亦有所休息之時也。○郝懿行曰：捷者，接也。夫少長有禮，晉人知其可用；洙泗無斷，魯俗覘其尤美，故知長幼循其序，而後事業有所歸。「捷」與「接」同，言相接續而成，故人得休息也。捷不訓速，楊注恐非。故仁者，仁此者也；仁，謂愛説也。此謂尚賢、使能、等貴賤、分親疏、序長幼五者也。愛説此五者，則爲仁也。義者，分此者也；分別此五者使合宜，則爲義也。節者，死生此者也；能爲此五者死生，則爲名節也。忠者，惇慎此者也。「慎」讀如「順」。人臣能厚順此五者，則爲忠也。○郝懿行曰：慎者，誠也。言能惇厚誠信於此五者，謂之忠也。説見《不苟篇》。俞樾曰：厚與順誼不倫，楊説非是。「敦慎」當作「敦慕」。《儒效篇》曰：「敦慕焉君子也。」王氏引之云：「敦慕皆勉也。」《爾雅》曰：「敦，勉也。」又曰：「慔慔，勉也。」《釋文》：「慔亦作慕。」是「敦」「慕」竝爲勉。此文疑本作「忠者敦慔此者也」。「敦慔」與「敦慕」，文異而義同，言人臣能勉此則爲忠也。《説文・心部》：「慔，勉也。」是「慔」其本字，「慕」其叚字。此用本字作「慔」，因譌爲「慎」矣。先謙案：《群書治要》「惇慎」下有「於」字。兼此而能之備矣，兼此仁義忠節而能之，則爲德備也。備而不矜，一自善也，謂之聖。一，皆也。德備而不矜伐於人，皆所以自善，則謂之聖人。夫衆人之心，有一善則揚揚如也。聖人包容萬物，與天地同功，何所矜伐爲也。○郝懿行曰：上言兼此仁義忠節而能之備矣，德備而不矜伐於人，一一自然盡善，非聖人不能也。先謙案：楊注未順，郝説增文成義。既言備，又言一一盡善，於文爲複矣。自猶己也。德備而不以己之一善自矜，非聖人不能也。不矜矣，夫故天下不與争能而致善用其功。不矜而推衆力，故天下不敢争能，而極善用於衆功；矜則有敵，故不尊也。有而不有也，夫故爲天下貴矣。有能而不自有。《詩》曰：「淑人君子，其儀不忒，其儀不忒，正是四國。」此之謂也。《詩》，《曹風・尸鳩》之篇。言善人君子，其儀不忒，故能正四方之國。以喻正身待物，則四國皆化，恃才矜能，則所得者小也。

荀子卷第十七

荀子卷第十八

唐登仕郎守大理評事楊倞注

臣王先謙集解

成相篇第二十五

以初發語名篇，襍論君臣治亂之事，以自見其意。故下云「託於成相以喻意」。《漢書・藝文志》謂之《成相襍辭》，蓋亦賦之流也。或曰：成功在相，故作《成相》三章。舊第八，今以是荀卿襍語，故降在下。○盧文弨曰：「成相」之義，非謂成功在相也。篇內但以國君之愚闇爲戒耳。《禮記》「治亂以相」，相乃樂器，所謂春牘。又古者瞽必有相，審此篇音節，即後世彈詞之祖。篇首即稱「如瞽無相何倀倀」，義已明矣。首句「請成相」，言請奏此曲也。《漢・藝文志》《成相襍辭》十一篇，惜不傳。大約託於瞽矇諷誦之詞，亦古詩之流也。《逸周書・周祝解》亦此體。　王引之曰：楊、盧二説皆非也。楊謂「《漢書・藝文志》謂之《成相襍辭》」。案，《志》所載《成相襍辭》在漢人襍賦之末，非謂《荀子》之《成相篇》也。楊又云「成功在相」，稍爲近之，然亦非《荀子》所謂成相也。盧以「相」爲樂器之春牘，斯爲謬矣。以相爲樂器，則「成相」二字義不可通。且樂器多矣，何獨舉春牘言之乎？若篇首稱如瞽無相，乃指相瞽之人而言，非樂器，亦非樂曲也。竊謂相者，治也。昭九年《左傳》「楚所相也」，二十五年《傳》「相其室」，杜注竝曰：「相，治也。」《小爾雅》同。成相者，成此治也。請成相者，請言成治之方也。自「世之殃」以下，乃先言今之不治，然後言成治之方也。下文「請布基」、「請牧基」，皆言成治之方也。與「請成相」同義。下文云：「凡成相，辨法方。」又云：「請成相，道聖王。」又云：「請成相，言治方。」是成相即成治也。又云：「治之經，禮與刑」、「治之志，後勢富」、「治之道，美不老」。後言「託於成相以喻意者」，「成相」爲此篇之總名，謂託此一篇之詞以喻意，非謂託於矇瞽諷誦之詞也。　俞樾曰：盧説是也。惟引「治亂以相」及「瞽必有相」以釋相字，則皆失之。樂器多矣，何獨舉春牘爲言？既以爲樂器，又以爲瞽必有相，義又兩歧矣。此「相」字即「春不相」之「相」。《禮記・曲禮篇》：「鄰有喪，春不相。」鄭注曰：「相，謂送杵聲。」蓋古人於勞役之事必爲歌謳，以相勸勉，亦舉大木者呼邪許之比，其樂曲即謂之「相」。請成相者，請成此曲也。《漢志》有《成相襍辭》，足徵古有此體。王氏必以盧説爲謬，何也？　先謙案：俞説近是，王以成相爲成治，於《漢書》之《成相襍辭》及本篇云「託於成相以喻意」，義未洽。郝氏讀「相」爲平聲，尤非。

請成相，請言成相之辭。世之殃，愚闇愚闇墮賢良。世之殃由於愚闇，此愚闇以重墮賢良也。墮，許規反。○盧文弨曰：案，「愚闇」重言之者，即下文「愚以重愚，闇以重闇」之意，注似尚有脱誤。又「墮」字即「陊」字之俗，《説文》於「隓」下作許規切，下有「𡐦」，注爲篆文。又載「陊」字，注：今俗作墮，徒果切。則此字當從徒果切。《廣韻》亦然。且繹《尚書》「元首叢脞」之韻可見。　王念孫曰：《大戴記·曾子制言篇》：「是以惑闇惑闇終其世而已矣。」亦重言「惑闇」。人主無賢，如瞽無相何倀倀。倀倀，無所往貌。相，息亮反。倀，丑羊反。

請布基，慎聖人，「慎」讀爲「順」。請説陳布基業，在乎順聖人也。○郝懿行曰：基者，設也。慎者，誠也。言請布陳設施，必在誠用聖人也。《詩》云：「考慎其相。」慎訓誠，相訓質也。「誠」與「成」古字通，是即「成相」名篇。篇中「相」字俱讀平聲。《釋言》云：「基，設也。」篇内皆同。注云「基業」，失之。　顧千里曰：「人」字疑當有誤，不入韻。本篇「人」字下文兩見，一「平」、「傾」、「人」、「天」韻，一「精」、「榮」、「成」、「人」韻。此上韻「基」，下韻「治」「災」，互爲歧異，非原文耳。　俞樾曰：「人」字不入韻，疑當作「慎聽之」。「聖」與「聽」音近而譌。《尚書·無逸篇》「此厥不聽」，《漢石經》作「不聖」，《秦泰山碑》「皇帝躬聽」，《史記》作「躬聖」，竝其證也。「聽」譌作「聖」，則「聖之」二字不成義，後人因改爲「聖人」矣。請布基，慎聽之，欲人慎聽其言。下文云「請牧基，賢者思」，欲賢者思其言，義正同也。「慎聽之」三字本《禮記·仲尼燕居篇》。愚而自專事不治。主忌苟勝，群臣莫諫必逢災。主既猜忌又苟欲勝人也。

論臣過，反其施，言論人臣之過，在乎不行施惠。施，式豉反。○先謙案：言論人臣之過，當反其所施行，即下所云「拒諫飾非，愚而上同」也。楊以「施」爲「施惠」，非。尊主安國尚賢義。○郝懿行曰：「施」古讀如「莎」,「義」古讀如「俄」。此皆古韻,餘可類推。　俞樾曰:「義」讀爲「儀」,儀亦賢也。《尚書·大誥篇》「民獻有十夫」,枚傳訓「獻」爲「賢」,《大傳》作「民儀有十夫」。《廣雅·釋言》曰:「儀,賢也。」尚賢儀,言崇尚賢者也。作「義」者,古字通用。**拒諫飾非,愚而上同國必禍。**所以尊主安國,在崇尚賢義。若拒諫飾非,以愚闇之性苟合於上,則必禍也。

曷謂罷?國多私,假設問答,以明其義。「罷」讀曰「疲」,謂弱不任事者也。所以弱者,由於多私。《國語》曰:「罷士無伍。」韋昭曰:「罷,病也。無行曰病。」**比周還主黨與施。**還,繞。○王念孫曰:「還」讀爲「營」。比周營主,謂朋黨比周,以營惑其主也。施,張也。楊訓「還」爲「繞」,失之。説見《君道篇》「不還秩」下。**遠賢近讒,忠臣蔽塞主埶移。**

曷謂賢?明君臣,明君臣之道則爲賢。**上能尊主愛下民。**○王念孫曰:「愛下民」當作「下愛民」,與「上能尊主」對文。《不苟》、《臣道》二篇竝云「上則能尊君,下則能愛民」,是其證。**主誠聽之,天下爲一海内賓。**

主之孽,讒人達,賢能遁逃國乃蹷。孽,災也。蹷,顛覆也。**愚以重愚,闇以重闇成爲桀。**久而愚闇愈甚,遂至於桀也。**世之災,妬賢能,飛廉知政任惡來。**惡來,飛廉之子,秦之先也。《史記》曰:「惡來有力,飛廉善走,父子俱以材力事紂也。」**卑其志意,大其園囿高其臺。**卑其志意,言無遠慮,不慕往古。○盧文弨曰:「臺」下宋本有「榭」字,元刻無。以韻讀之,元刻是也,今從之。　郝懿行曰:「能」讀如「泥」,「來」讀如「黎」,「臺」讀如「題」,皆古韻。

武王怒,師牧野,紂卒易鄉啟乃下。易鄉,回面也。謂前徒倒戈,攻于後。啟,微子名。下,降也。鄉,讀爲「向」。**武王善之,封之於宋立其祖。**立其祖,使祭祀不絶也。《左傳》曰:「宋祖帝乙。」○俞樾曰:楊注未得「祖」字之義。《説文·示部》:「祖,始廟也。」蓋祖之本義爲廟,故《尚書·甘誓》曰:「用命賞于祖,弗用命戮于社。」《考工記·匠人》曰:「左祖右社。」竝以「祖」「社」對文,猶言廟社也。鄭康成注《考工記》曰:「祖,宗廟。」得其義矣。「封之於宋立其祖」，言封之於宋而立其宗廟也。今人但知有《爾雅》「祖，王父也」之訓，而《説文》「祖，始廟也」之訓遂爲所奪，古誼之湮久矣。

世之衰，讒人歸，比干見刳箕子累。「累」讀爲「縲」。《書》曰：「釋箕子之囚。」武王誅之，吕尚招麾殷民懷。招麾，指揮也。

世之禍，惡賢士，子胥見殺百里徙。子胥，吴大夫伍員字也，爲夫差所殺。百里奚，虞公之臣。徙，遷也。謀不見用，虞滅係虜，遷徙於秦。穆公任之，强配五伯六卿施。穆公，秦穆公任好也。「伯」讀曰「霸」。六卿，天子之制。春秋時，大國亦僭置六卿。六卿施，言施六卿也。

世之愚，惡大儒，逆斥不通孔子拘。逆，拒。斥，逐。大儒不使通也。拘，謂畏匡戹陳也。展禽三絀，春申道綴基畢輸。展禽，魯大夫無駭之後。名獲，字子禽，謚曰惠，居於柳下。三絀，爲士師三見絀也。春申，楚相黄歇，封爲春申君。綴，止也，與「輟」同。畢，盡也。輸，傾委也。言春申爲李園所殺，其儒術、政治、道德、基業，盡傾覆委地也。○盧文弨曰：此春申句有誤，必非指黄歇，注非。郝懿行曰：此荀卿自道。荀本受知春申爲蘭陵令，蓋將借以行道。迨春申亡，而道亦連綴俱亡，基亦輸矣。輸者，墮也。言己布陳設施畢墮壞也。王念孫曰：楊説「輸」字之義甚迂。輸者，墮也。言基業盡墮壞也。《公羊春秋》隱六年「鄭人來輸平」，《傳》曰：「輸平者何？輸平，猶墮成也。何言乎墮成，敗其成也。」《穀梁傳》亦曰：「輸者，墮也。」《小雅·正月篇》：「載輸爾載。」鄭箋曰：「輸，墮也。」盧説本汪氏，見丙申校本。先謙案：注「三絀」下，宋台州本有「謂」字。

請牧基，賢者思，牧，治。堯在萬世如見之。讒人罔極，險陂傾側此之疑。「陂」與「詖」同。言當疑此讒人傾險也。○王念孫曰：疑，恐也，畏也。《既濟》象傳：「終日戒有所疑也。」《禮記》：「五十不致毁，六十不毁，七十飲酒食肉，皆爲疑死。」鄭注：「疑猶恐也。」《宥坐篇》：「其赴百仞之谷不懼。」《大戴記·勸學篇》「懼」作「疑」。此之疑，此是畏也。言此險陂傾側之讒人甚可畏也。《皋陶謨》曰「何畏乎？巧言令色孔壬」是也。楊未喻「疑」字之義。俞樾曰：《爾雅·釋言》：「疑，戾也。」郭注曰：「戾，止也。」疑者亦止。《儀禮・鄉射禮》：「賓升西階上疑立。」鄭注曰：「疑，止也。」是「疑」有「止」義。其字蓋「䂸」之叚借。《説文・匕部》：「䂸，定也。」定故爲止。今《説文》譌作「未定」，而「疑」之訓「止」遂不可曉矣。「讒人罔極，險陂傾側此之疑」，承上文「堯在萬世如見之」而言。此之疑者，此之止也。言堯明見萬世，雖險陂傾側之徒，莫不由此而止也。楊注「言當疑此讒人陂險」，則與上意不貫矣。

基必施，辨賢罷，「罷」讀曰「疲」。○王念孫曰：施，張也。言必欲張大其基業，當先辨賢罷也。下文曰「道古賢聖基必張」，上文曰「請布基」，「布」與「張」亦同義。文、武之道同伏戲。文、武，周文王、武王。伏戲，古三皇太昊氏，始畫八卦，造書契者。「戲」與「羲」同。由之者治，不由者亂何疑爲！○郝懿行曰：「爲」古讀如「譌」，與「施」、「罷」、「戲」皆韻。

凡成相，辨法方，至治之極復後王。後王，當時之王。言欲爲至治，在歸復後王，謂隨時設教，必拘於古法。○先謙案：浙局本注「法」爲「大」字，依各本改。復慎、墨、季、惠，百家之説誠不詳。慎到、墨翟、惠施。或曰：季，即《莊子》曰「季真之莫爲者也」。又曰「季子聞而笑之」。據此則是梁惠王、犀首、惠施同時人也。韓侍郎云：或曰季梁也。《列子》曰：「季梁，楊朱之友。」言四子及百家，好爲異説，故不用心詳明之。「詳」或爲「祥」。○王念孫曰：「祥」「詳」古字通，不祥，不善也。楊説失之。

治復一，脩之吉，君子執之心如結。言堅固不解也。衆人貳之，讒夫棄之形是詰。衆人則不能復一，讒夫則兼棄之，但詰問治之形狀，言侮嫚也。或曰：「形」當爲「刑」。無德化，唯刑戮是詰，言苛暴也。○郝懿行曰：「形」與「刑」古字通。詰者，治也。《書》云：「度作刑，以詰四方。」

水至平，端不傾，心術如此象聖人。聖人心平如水。而有埶，直而用抴必參天。「而有埶」之上疑脱一字。言既得權埶，則度己以繩，接人用抴，功業必參天也。○郝懿行曰：「而有埶」句之上疑脱「人」字，蓋與「聖人」「人」字相涉而誤脱也。此以「平」、「傾」、「人」、「天」相韻，古讀「平」如「偏」也。

世無王，窮賢良，無王者興，賢良窮困。暴人芻豢仁人糟糠。○郝懿行曰：二句當爲七字一句。

王引之曰：下「人」字涉上「人」字而衍。上已言「暴人」，則下「人」字可蒙上而省。此篇之例兩三字句下皆用七字句，以是明之。

禮樂滅息，聖人隱伏墨術行。

治之經，禮與刑，君子以修百姓寧。明德慎罰，國家既治四海平。

治之志，後埶富，爲治之意，後權埶與富者，則公道行而貨賂息也。君子誠之好以待。君子必誠此意，好以待用。處之敦固，有深藏之能遠思。敦，厚也。「有」讀爲「又」。既處之厚固，又能深藏遠慮。

思乃精，志之榮，好而壹之神以成。好而不二，則通於神明也。精神相反，一而不貳爲聖人。相反，謂反覆不離散也。○王引之曰：「反」當爲「及」，字之誤也。精神相及，故一而不貳，楊説失之。

治之道，美不老，老，休息也。《莊子》曰：「佚我以老。」爲治當日新，爲美無休息也。君子由之佼以好。佼亦好也，音絞。下以教誨子弟，上以事祖考。接下以仁，事親以孝也。

成相竭，辭不蹷，竭，盡也。論成相之事，雖終篇，無顛蹷之辭。蹷音厥。君子道之順以達，道，言説也。辭既不蹷，君子言之，必弘順而通達。○王念孫曰：道，行也。言君子能行此言，則順以達也。楊説失之。宗其賢良，辨其殃孽。君子尋成相之辭，必能宗其賢良以致治，辨其殃孽之爲害也。○顧千里曰：此句以前後例之應十一字。今存八字，疑尚少三字，無可補也。下文「道古賢聖基必張」，亦應十一字，今存七字，尚少四字。又下文「託於成相以喻意」，案此句例之應十一字，亦疑尚少四字。本篇之例，兩三字句，一七字句，一十一字句，爲一章。每章凡四句，每句有韻。其十一字句，或上八下三，或上四下七，各見本篇。上八下三者，如「愚以重愚闇以重闇，成爲桀」之屬是也。上四下七者，如「主誠聽之，天下爲一海内賓」之屬是也。唯「下以教誨子弟，上以事祖考」，又「孰楊注「孰」或爲「郭」。公長父之難，厲王流于彘」兩處，則上六下五，雖變例，正可推知其十一字句矣。盧校語定上四下七爲兩句，言五句爲一章，以前後例之，不合。

請成相，道聖王，道亦言説。前章意未盡，故再論之也。○王念孫曰：道聖王，從聖王也。古謂「從」爲「道」，説見《史記・淮南衡山傳》。下文「道古賢聖基必張」，義與此同。楊説失之。又案「道古賢聖基必張」上當有一四字句，而今本脱之。此篇之例，兩三字句，一七字句，一四字句，又一七字句，共五句爲一章。今少一四字句。此指當時之君而言，與上成湯異事，故知有脱文。堯、舜尚賢身辭讓。許由、善卷，重義輕利行顯明。《莊子》曰：「堯讓天下於許由，許由不受。又讓於子州支父，子州支父曰：『予適有幽憂之病，方且治之，未暇治天下也。』遂不受。舜讓天下於善卷，善卷不受。遂入深山，不知其處也。」

堯讓賢，以爲民，爲萬民求明君，所以不私其子。汜利兼愛德施均。辨治上下，貴賤有等明君臣。

堯授能，舜遇時，尚賢推德天下治。雖有賢聖，適不遇世孰知之！蓋以自歎。

堯不德，舜不辭，皆歸至公。妻以二女任以事。大人哉舜！南面而立萬物備。委任群下，無爲而理。

舜授禹，以天下，舜所以授禹，亦以天下之故也。○王念孫曰：此不言舜以天下授禹，而言舜授禹以天下者，倒文以合韻耳，「禹」、「下」爲韻。非有深意也。楊反以過求而失之。尚得推賢不失序。「得」當爲「德」。外不避仇，内不阿親賢者予。謂殛鯀興禹，又不私其子。「予」讀爲「與」。○郝懿行曰：予者，相推予也。「予」、「與」古今字。

禹勞心力，堯有德，干戈不用三苗服。○王引之曰：「力」上本無「心」字，後人以《左傳》言「君子勞心，小人勞力」，故以意加「心」字耳。不知禹抑洪水，本是勞力於民，故《淮南・汜論篇》、《論衡・祭意篇》竝言「禹勞力天下」，非小人勞力之謂也。且此篇之例，凡首二句，皆三字。加一「心」字，則與全篇之例不符矣。舉舜甽畝，任之天下身休息。「甽」與「畎」同。

得后稷，五穀殖，夔爲樂正鳥獸服。謂擊石拊石，百獸率舞，笙鏞以閒，鳥獸蹌蹌也。契爲司徒，民知孝弟尊有德。

禹有功，抑下鴻，抑，遏也。下，謂治水使歸下也。鴻即洪水也。《書》曰：「禹降水警予也。」辟除民害逐共工。今《尚書》「舜流共工于幽州」，此云禹，未詳。北决九河，通十二渚疏三江。案：《禹貢》：道弱、黑、漾、沇、淮、渭、洛七水，又有「濰、淄其道」，「伊、洛、瀍、澗，既入于河」數則，不止於十二。此云十二者，未詳其説也。○郝懿行曰：共工蓋主水土之官，禹抑鴻水，故假言逐去之，非實事也。通十二渚，即肇十二州也。小州曰渚，故假渚言之。注皆未了。

禹傅土，平天下，「傅」讀爲「敷」。孔安國云：「洪水泛溢，禹分布治九州之土也。」躳親爲民行勞苦。「行」讀如字，謂所行之事也。得益、皋陶、横革、直成爲輔。横革、直成，未聞。韓侍郎云：此論益、皋陶之功，横而不順理者革之，直者成之也。○盧文弨曰：《困學紀聞》曰：「《吕氏春秋》：『得陶、化益、真窺、横革、之交五人佐禹，故功績銘乎金石，著於盤盂。』陶即皋陶也。化益即伯益也。真窺即直成也，併横革、之交二人，皆禹輔佐之名。」案「竀」與「成」音同，與「窺」形似。《吕氏春秋》蓋本作「竀」，傳寫誤爲「窺」耳。「直」與「真」亦形似。吕氏語見《求人篇》。王念孫曰：盧説是也。「横革、直成爲輔」，此句例當用七字，今本脱一字，或在「爲」上，或在「爲」下，俱未可知。

契玄王，生昭明，《詩》曰：「天命玄鳥，降而生商。」又曰：「玄王桓撥。」皆謂契也。《史記》曰：契爲堯司徒，封於商，賜姓子氏。契卒，子昭明立也。居于砥石遷于商。砥石，地名，未詳所在。或曰：即砥柱也。《左氏傳》曰：「閼伯居商丘，相土因之。」相土，昭明子也。言契初居砥石，至孫相土乃遷商丘也。十有四世，乃有天乙是成湯。《史記》曰：契卒，子昭明立。昭明卒，子相土立。相土卒，子昌若立。昌若卒，子曹圉立。曹圉卒，子冥立。爲夏司空，勤其官，死於水，殷人郊之。冥卒，子振立。振卒，子微立。微卒，子報丁立。報丁卒，子報乙立。報乙卒，子報丙立。報丙卒，子主壬立。主壬卒，子主癸立。主癸卒，子乙立。是十四世也。

天乙湯，論舉當，身讓卞隨舉牟光。《莊子》曰：「湯讓天下於卞隨、務光，二人不受，皆投水死。」「牟」與「務」同也。○俞樾曰：「舉」當讀爲「與」。古「舉」「與」字通。《周官·師氏職》曰：「王舉則從。」鄭注曰：「故書『舉』爲『與』。」《史記·吕后紀》：「蒼天舉直。」徐廣曰：「『舉』一作『與』。」是其證也。此文本云「身讓卞隨與牟光」，作「舉」者，叚字耳。道古賢聖基必張。道，説。古之賢聖，基業必張大也。

願陳辭，世亂惡善不此治。不知治此世亂惡善之弊。○王引之曰：「願陳辭」下脱一三字句。隱諱疾賢，良由姦詐鮮無災。隱諱過惡，疾害賢良，長用姦詐，少無災也。○郝懿行曰：「諱疾」二字誤倒，當作「隱疾賢良，諱由姦詐鮮無災」，亦四字、七字句。王念孫曰：「良」當爲「長」。楊注「長用姦詐」，是其證。今本「長」作「良」者，涉注文「疾害賢良」而誤。注言「疾害賢良」者，加一「良」字以申明其義耳，若正文則以「隱諱疾賢」爲句，「長由姦詐鮮無災」爲句，無「良」字。先謙案：王説是。宋台州本、謝本竝作「由」。浙局本作「用」，蓋臆改。但依注作「用」爲是，蓋「由」「用」形相似而誤。

患難哉，阪爲先，聖「阪」與「反」同。反先聖之所爲。○盧文弨曰：「患難哉，阪爲先」二句，句三字，「聖知不用愚者謀」七字句，與「辭」、「治」、「災」、「哉」、「時」韻，「阪爲先」三字未詳，楊注不得其句。蓋此篇通例，兩三字句，一七字句，一四字句，又一七字句，如此五句爲一章也。郝懿行曰：盧斷「聖知」二字屬下爲句，是也。「阪爲先」者，「阪」猶「反」也。所行反側頗僻爲先。「先」古音「西」，亦與下韻。王念孫曰：「阪爲先」，「先」疑當作「之」。此言爲治者當進聖知而退愚，今不用聖知而用愚，是反爲之也。楊謂「阪與反同」，是也，但誤以「先聖」連讀耳。「之」字本作「㞢」，《説文》「先」字從儿、㞢。「儿」與「人」同。此文「之」字，蓋本從古作「㞢」，寫者誤加「儿」耳。「㞢」字正與「辭」、「治」、「災」、「哉」、「謀」、「時」爲韻。知不用愚者謀。前車已覆，後未知更何覺時。前車已覆，猶不知戒，更何有覺悟之時也。○盧文弨曰：「前車已覆」四字句。更，改也。

不覺悟，不知苦，迷惑失指易上下。中不上達，蒙揜耳目塞門户。不能闢四門也。○盧文弨曰：「中」元刻作「忠」，古通用。俞樾曰：「中」讀爲「忠」，言忠誠之士不能上達也。《漢張遷碑》「中謇於朝」，《魏横海將軍吕君碑》「君以中勇」，竝叚「中」爲「忠」。《國語・周語》曰：「考中度衷爲忠」。蓋以「中」「衷」「忠」三字義竝通耳。

門户塞，大迷惑，悖亂昏莫不終極。莫，冥寞，言闇也。不終極，無已時也。是非反易，比周欺上惡正直。惡，烏路反。下同。

正直惡，心無度，邪枉辟回失道途。「辟」讀爲「僻」。己無郵人，我獨自美豈獨無故。故，事也。不可尤責於人，自美其身，己豈無事？己亦有事，而不知其過也。或曰：下無「獨」字。○盧文弨曰：無「獨」字則與全篇句法合。

不知戒，後必有，恨恨，悔。○盧文弨曰：「後必有」三字爲句。「有」讀曰「又」。所謂貳過也。古音「戒」、「又」、「悔」、「態」爲韻。　王念孫曰：盧説是矣，而未盡也。「恨後遂過」四字，義不相屬，「恨」與「很」同。《爾雅》：「鬩，恨也。」孫炎本作「很」。「後」當爲「復」，字之誤也。「復」、「後」形相近，又因上文「後必有」而誤。「復」與「愎」同。《韓子·十過篇》：「夫知伯之爲人也，好利而鷙愎。」《趙策》「愎」作「復」，亦通作「覆」，《管子·五輔篇》「下愈覆鷙，而不聽從」，是也。又通作「蝮」，《史記·酷吏傳贊》「京兆無忌、馮翊殷周蝮鷙」，是也。言很愎不從諫，以遂其過也。《莊子·漁父篇》曰：「見過不更，聞諫愈甚謂之很。」《逸周書·謚法篇》曰：「愎很遂過曰剌。」後遂過不肯悔。不肯悔前之非。讒夫多進，反覆言語生詐態。○王念孫曰：「態」讀爲「姦慝」之「慝」。下「人之態」同。言言語反覆，則詐慝從此生也。襄四年《左傳》「樹之詐慝，以取其國家」。以「態」爲「慝」者，古聲不分去入也。《秦策》曰：「科條既備，民多僞態。」又曰：「上畏大后之嚴，下惑奸臣之態。」《淮南·齊俗篇》曰：「禮義飾，則生僞態之本。」《漢書·李尋傳》曰：「賀良等反道惑衆，姦態當窮竟。」皆借「態」爲「慝」，非「姿態」之「態」也。

人之態，不如備，「如」當爲「知」。言人爲詐態，上不知爲備。爭寵嫉賢利惡忌，利在惡忌賢者。○王念孫曰：「利惡忌」三字，義不相屬，楊曲爲之説，非也。「利」當爲「相」，字之誤也。「相惡忌」，正承「爭寵嫉賢」言之。妬功毁賢，下斂黨與上蔽匿。斂，聚也。下聚黨與，則上蔽匿也。

上壅蔽，失輔埶，失輔弼之臣，則埶不在上。任用讒夫不能制。孰公長父之難，孰公長父，皆厲王之嬖臣，未詳其姓名。《墨子》曰：「厲王染於厲公長父，榮夷終。」厲公與孰公不同，未知孰是。或曰：孰公長父即《詩》所云「皇父」也，「孰」或爲「郭」。○盧文弨曰：案，古「郭」、「虢」字通。郭公長父即《呂氏春秋·當染篇》之虢公長父也，作「郭」字爲是。「之難」二字當屬下爲七字句。注「⿰立厲公」，宋本從「立」，元刻從「糸」，字書皆無考。《墨子·所染篇》作「厲公」。　王念孫曰：之者，是也。言難厲王者，是此人也。《楚語》云：「秦徵衙實難桓、景。」「實難」即「是難」。　俞樾曰：「之難厲王流于彘」七字爲句，義終未安。此篇之例雖以兩三字句，一七字句，一四字句，一七字句爲一節，然古人之文，變動不居，如云「治之道，美不老，君子由之佼以好，下以教誨子弟，上以事祖考」，此節詞意明白，無奪文譌字，其第四句六字，其第七句五字，豈能以「子弟」二字屬下爲七字句乎？然則此文以「郭公長父之難」六字爲句，「厲王流于彘」五字爲句，於義較安。不必拘泥字數，轉致不通也。　先謙案：俞說是。

厲王流于彘。彘，地名，在河東。《左傳》：晉大夫有彘子。言郭公長父姦邪，遂使難作，厲王流竄于彘。

周幽、厲，所以敗，不聽規諫忠是害。嗟我何人，獨不遇時當亂世。言自古忠良多有遇害，何獨我哉？自慰勉之辭也。

欲衷對，言不從，衷，誠也。欲誠意以對時君，恐言不從而遇禍也。○郝懿行曰：「對」字失韻，疑「封」字之形譌。衷封者，言中衣内懷藏封事也。　王念孫曰：此篇之例，凡首句必入韻，唯此處「對」字與下文之「從」、「凶」、「江」不協，「衷對」當爲「剖衷」，言欲剖衷以諫，而無如言之不見聽也。《史記·蔡澤傳》「披腹心示情素」，即剖衷之謂。欲剖衷，言不從，即上文所謂「中不上達」也。「中」與「衷」古字同耳。「衷」字正與「從」、「凶」、「江」爲韻。今本作「欲衷對」者，「剖」誤爲「對」，又誤在「衷」字之下耳。楊說失之。　俞樾曰：王氏改「欲衷對」爲「欲剖衷」，此臆說也。「對」字實不誤，但當在「衷」字上。「對」讀爲「遂」，《爾雅·釋言》：「對，遂也。」《詩·皇矣篇》：「以對于天下。」《江漢篇》：「對揚王休。」《蕩篇》：「流言以對。」毛傳竝曰：「對，遂也。」又《禮記·祭義篇》「對揚以辟之」，鄭注亦曰：「對，遂也。」蓋「對」「遂」音近，以聲相訓耳。欲對衷者，欲遂衷也。言欲遂其衷忱而無如言之不從也。今本作「欲衷對」者，因淺人不知「對」之爲「遂」，而疑「對衷」二字無義，因倒其文。楊氏即據以爲說曰「欲誠意以對」，失之矣。先謙案：俞說是。

恐爲子胥身離凶。進諫不聽，剄而獨鹿棄之江。「獨鹿」與「屬鏤」同。本亦或作「屬鏤」，吳王夫差賜子胥之劍名。屬，之欲反。鏤，力朱反。《國語》：「里革曰：『鳥獸成，水蟲孕，水虞於是禁罝罜麗。』」此當是自剄之後，盛以罜麗棄之江也。賈逵云：「罜麗，小罟也。」○盧文弨曰：案，楊云「本或作屬鏤」，則訓劍不可易。《國語》以下必後人采它説附益之。「罝」，韋昭云當爲「罜」。此衍「罝」字，而又訛「罜」作「罣」。宋本亦同。又無「水虞」二字。　郝懿行曰：黄縣、蓬萊閒人皆以「獨鹿」爲酒器名。此言「獨鹿」，蓋爲革囊盛尸，所謂鴟夷者也。「獨鹿」與《魯語》之「罜麗」音義相近，而與「屬鏤」義遠。若作「剄而屬鏤」，語復不詞。　王念孫曰：後人讀「獨鹿」爲「罜麗」者，蓋未解「而」字之義故也。其意謂「獨鹿」果爲劍名，則不當言剄而獨鹿，故讀爲「罜麗」，謂是既剄之後，盛以罜麗，而棄之江也。今案，「而」猶「以」也，謂剄以獨鹿也。古者「而」與「以」同義。《顧命》曰「眇眇予末小子，其能而亂四方」，言其能以治四方也。某氏傳「能如父祖治四方」，非是。《墨子·尚賢篇》曰「使天下之爲善者，可而勸也；爲暴者，可而沮也」，言可以勸，可以沮也。《吕氏春秋·去私篇》曰：「晉平公問於祁黄羊曰：『南陽無令，其誰可而爲之？』」言誰可以爲之也。高注：「而，能也。」非是。辯見《吕氏春秋》。「而」與「以」同義，故二字可以互用。《同人》彖傳曰：「文明以健，中正而應。」《繫辭傳》曰：「蓍之德圓而神，卦之德方以知。」宣十五年《左傳》曰：「易子而食，析骸以爨。」皆以二字互用，「而」與「以」同義，故又可以通用。《繫辭傳》：「上古結繩而治。」《論衡·齊世篇》引此「而」作「以」。昭元年《左傳》「櫜甲以見子南」，《考工記·函人》鄭司農注引此「以」作「而」。

觀往事，以自戒，治亂是非亦可識，託於成相以喻意。識如字，亦讀爲「志」也。○顧千里曰：案，此句例之應十一字，亦疑尚少四字。

請成相，言治方，言爲治之方術。君論有五約以明。君謹守之，下皆平正國乃昌。論爲君之道有五，甚簡約明白，謂「臣下職」一也，「君法明」二也，「刑稱陳」三也，「言有節」四也，「上通利」至「莫敢恣」五也。

臣下職，莫游食，游食，謂不勤於事，素飡游手也。務本節用財無極。事業聽上，莫得相使一民力。所興事業，皆聽於上，群下不得擅相役使，則民力一也。《禮記》曰：「用民之力，歲不過三日也。」

守其職，足衣食，民不失職，則衣食足矣。厚薄有等明爵服。貴賤有别。利往卬上，莫得擅

與孰私得！利之所往，皆印於上，莫得擅爲賜與，則誰敢私得於人乎？擅相賜與，若齊田氏然。「印」與「仰」同，宜亮反。○王引之曰：「往」字文義不順，楊説非也。「往」當爲「隹」，隹，古「唯」字也。「唯」或作「惟」、「維」，古鐘鼎文「唯」字作「隹」，石鼓文亦然。言臣民之利，唯仰於上，莫得擅有所與也。凡隸書從彳、從亻之字多相亂，故「往」字或作「徃」，與隹相似而誤。

君法明，論有常，君法所以明，在言論有常，不二三也。**表儀既設民知方。進退有律，莫得貴賤孰私王。**進人、退人，皆以法律，貴賤各以其才，孰有私佞於王乎！

君法儀，禁不爲，爲君之法儀，在自禁止不爲惡。○俞樾曰：禁不爲惡，而止曰「禁不爲」，則辭不達，注義非也。「君法儀」之「儀」，當讀爲「俄」。《説文·人部》：「俄，行頃也。」《詩·賓之初筵篇》「側弁之俄」，鄭箋曰：「俄，傾貌。」《廣雅·釋詁》曰：「俄，衺也。」是「俄」有「頃邪」之義。《管子》書或叚「義」爲之，《明法解》曰：「雖有大義，主無從知之。故《明法》曰：佼衆譽多，外内朋黨雖有大姦，其蔽主多矣。」以「大姦」爲「大義」，是其證也。「義」「儀」古通用，「義」可爲「俄」，故「儀」亦可爲「俄」。「君法儀」與上文「君法明」相對。上云「君法明，論有常」，此云「君法儀，禁不爲」，言君法明盛，則其論有常；君法傾邪，則當禁之使不爲也。蓋此皆蒙上文「臣下職」而言，所陳皆臣道也。楊注因上文「君論有五約以明」之句，妄舉五節以當之，而以「君法明」爲其一，所舉又不相連屬，更有它文以間之，殆不足據也。**莫不説教名不移。**既能正己，則民皆悦上之教，而名器不移也。「説」讀爲「悦」。**脩之者榮，離之者辱孰它師。**孰敢以它爲師，言皆歸王道，不敢離貳也。○郝懿行曰：「它師」二字誤倒，當作「師它」，則與「儀」、「爲」、「移」皆韻矣。

刑稱陳，守其銀，稱，謂當罪。當罪之法施陳，則各守其分限。稱，尺證反。「銀」與「垠」同。○王念孫曰：楊説「稱陳」二字未安。余謂陳者，道也。文登畢氏恬谿説《尚書》曰：「李斐注《漢書·哀帝紀》曰：『陳，道也。』是古謂『道』爲『陳』。《微子》云『我祖底遂陳于上』，謂致成道於上也。《君奭》云『率惟茲有陳』，謂有道也。」念孫案，《大戴記·衛將軍文子篇》「君陳則進，不陳則行而退」，亦謂道與不道也。言刑之輕重，皆稱乎道，而各守其限也。

下不得用輕私門。下不得專用刑法，則私門自輕。

罪禍有律，莫得輕重威不分。禍亦罪也。

請牧祺，明有基，祺，祥也。請牧治吉祥之事在明其所有之基業也。○俞樾曰：上文云「請牧基，賢者思」，此文亦當作「請牧基，明有祺」，傳寫者誤倒「基」「祺」兩字耳。據楊注，所見本已倒。主好論議必善謀。

五聽脩領，莫不理續主執持。五聽，折獄之五聽也。脩領，謂脩之使得綱領，莫不有文理相續，主自執持此道，不使權歸於下。○盧文弨曰：「脩領」，宋本作「循領」，今從元刻。注同。　王念孫曰：領猶治也，理也。《樂記》：「領父子君臣之節。」鄭注：「領猶理治也。」《仲尼燕居》：「領惡而全好。」注：「領，猶治也。」《淮南・本經篇》：「神明弗能領也。」高注：「領，理也。」言五聽皆脩理也。「續」當爲「績」，「主執持」當爲「孰主持」。「莫不理績孰主持」者，《爾雅》曰：「績，事也。」言百官莫不各理其事，夫孰得而主持之也。上文曰「莫得輕重威不分」，正所謂孰主持也。又曰「莫得擅與孰私得」，又曰「莫得貴賤孰私王」，竝與此文同一例。今本「績」誤作「續」，「孰」誤作「執」，「執」字又誤在「主」字下，則義不可通。楊説皆失之。　顧千里曰：五聽，疑即上文「君論有五約以明」也。第一章「臣下職」云云，第二章「守其職」云云，第三章「君法明」云云，第四章「君法儀」云云，第五章「刑稱陳」云云，下文接以「五聽脩領」，謂五章爲「五聽」明甚。下文又接以「聽之經」，謂聽爲「五聽」亦明甚。本屬一氣相承，而楊注別以「折獄之五聽」解之，非也。又於後注「耳目既顯，吏敬法令莫敢恣」，始云「此已上論君有五之事也」，亦非也。

聽之經，明其請，「請」當爲「情」。聽獄之經在明其情。○盧文弨曰：案，「請」古與「情」通用。《列子・説符篇》：「楊朱曰：發于此而應于彼者，唯請。」《釋文》引徐廣曰：「古『情』字或假借作『請』。」又《墨子》書多以「請」爲「情」。　先謙案：經，道也。説詳《勸學篇》。下文兼賞刑言，則「聽」非「聽獄」之謂，謂「聽政」也。《王制篇》：「聽政之大分，以善至者，待之以禮；以不善至者，待之以刑。」即「參伍明謹施賞刑」也。賢不肖不雜，是非不亂，信誕分也。無遺善，無隱謀，隱遠至也。明其請者，彼云「凡聽威嚴猛厲，則下不親」，和解調通，則嘗試鋒起，故非明其情不可。

參伍明謹施賞刑。參伍，猶錯襍也。謂或往參之，或往伍之，皆使明謹，施其賞刑，言精研不使僭濫也。

顯者必得，隱者復顯民反誠。幽隱皆通，則民不詐僞也。

言有節，稽其實，節謂法度。欲使民言有法及不欺誑，在稽考行實也。信誕以分賞罰必。下不欺上，皆以情言明若日。

上通利，隱遠至，上通利，不壅蔽，則幽隱遐遠者皆至也。觀法不法見不視。所觀之法非法，則雖見不視也。○郝懿行曰：此言觀法於法不及之地，見視於視不到之鄉，所以謂之隱遠至，耳目顯也。注似未了。耳目既顯，吏敬法令莫敢恣。此已上論君有五之事也。

君教出，行有律，五論之教既出，則民所行有法，言知方也。吏謹將之無鈹滑。將，持也。《詩》曰：「無將大車。」「鈹」與「披」同，「滑」與「汩」同。言不使紛披汩亂也。○郝懿行曰：《正名篇》有「滑鈹」，此言「鈹滑」，其義同，皆謂骫骳滑亂之意。《漢書·淮南厲王傳》：「骫天下正法。」顏注：「骫，古委字，謂曲也。」《枚乘傳》：「其文骫骳。」「骳」與「鈹」同，謂曲戾也。「滑」蓋與「猾」同，謂撓亂也。下不私請，各以宜舍巧拙。請，謁。舍，止也。群下不私謁，各以所宜，不苟求也。如此則以道事君，巧拙之事亦皆止。○盧文弨曰：「各以宜舍巧拙」句中脱一字，或當作「各以所宜舍巧拙」。

臣謹脩，君制變，臣職在謹脩，君職在制變。○王念孫曰：「脩」當爲「循」，字之誤也。隸書「循」「脩」相亂，說見《管子·形勢篇》。此言臣當謹循舊法而不變其制，變則在君也。「循」與「變」、「亂」、「貫」爲韻。此以諄、元二部通用，凡諄、元二部之字，古聲皆不分平上去。此篇之例，首句無不入韻者。今本「循」作「脩」，則既失其義，而又失其韻矣。公察善思論不亂。○先謙案：「倫」「論」古字通，謂君臣之倫不亂也。說見《儒效篇》。以治天下，後世法之成律貫。律貫，法之爲條貫也。○盧文弨曰：案，全篇與《詩三百篇》中韻同。

賦篇第二十六

所賦之事，皆生人所切，而時多不知，故特明之。或曰：荀卿所賦甚多，今存者唯此言也。舊第二十二，今亦降在下。

爰有大物，爰，於也。言於此有大物。夫人之大者，莫過於禮，故謂之大物也。非絲非帛，文理成章；絲帛能成黼黻文章，禮亦然也。非日非月，爲天下明。生者以壽，死者以葬，城郭以固，三軍以强。粹而王，駁而伯，無一焉而亡。臣愚不識，敢請之王。言禮之功用甚大，時人莫知，故荀卿假爲隱語問於先王云：臣但見其功，亦不識其名，唯先王能知，敢請解之。先王因重演其義而告之。王曰：此夫文而不采者與？先王爲解説曰：此乃有文飾而不至華采者與？簡然易知而致有理者與？君子所敬而小人所不者與？性不得則若禽獸，性得之則甚雅似者與？雅，正也。似，謂似續古人。《詩》曰：「維其有之，是以似之。」匹夫隆之則爲聖人，諸侯隆之則一四海者與？致明而約，甚順而體，請歸之禮。極明而簡約，言易知也。甚順而有體，言易行也。先王言唯歸於禮，乃合此義也。

禮。○盧文弨曰：此目上事也。如《禮記·文王世子》、「子貢問樂」之比。下放此。

皇天隆物，以示下民。隆，猶備也。物，萬物也。○王念孫曰：「隆」與「降」同。古字或以「隆」爲「降」，説見《墨子·尚賢中篇》。「示」本作「施」，俗音之誤也。《廣雅》曰：「施，予也。」或厚或薄，帝不齊均。言人雖同見方，所知或多厚，或寡薄，天帝或不能齊均也。○王念孫曰：「帝」本作「常」，字之誤也。「物」字即指「智」而言。言皇天降智以予下民，厚薄常不齊均。故有桀、紂、湯、武之異也。今本「施」作「示」，「常」作「帝」，則義不可通。《藝文類聚·人部》五引此正作「皇天隆物，以施下民，或厚或薄，常不齊均。」楊説皆失之。桀、紂以亂，湯、武以賢。湣湣淑淑，皇皇穆穆，湣湣，思慮昏亂也。淑淑，未詳。或曰：美也。皇皇穆穆，言緒之美也。言或愚或智也。○俞樾曰：「淑淑」訓美，則與「湣湣」不倫矣。「淑」當讀爲「踧」。《文選·長笛賦》：「蹜踧攢仄。」注曰：「蹜踧，迫蹙皃。」《海賦》：「葩華踧沑。」注曰：「踧沑，蹙聚也。」「踧踧」之誼，亦猶是耳。周流四海，曾不崇日。崇，充也。言智慮周流四海，曾不充滿一日而徧也。君子以脩，跖以穿室。跖，柳下惠之弟，太山之盜也。君子用智以脩身，跖用智以穿室，皆帝不齊均之意也。大參乎天，精微而無形。言智慮大則參天，小則精微無形也。行義以正，事業以成。皆在智也。行，下孟反。可以禁暴足窮，百姓待之而後寧泰。足窮，謂使窮者足也。百姓待君上之智而後安。「寧泰」當爲「泰寧」也。臣愚不識，願問其名。曰：此夫安寬平而危險隘者邪？言智常欲見利遠害。脩潔之爲親而襍汙之爲狄者邪？智脩潔則可相親，若襍亂穢汙則與夷狄無異，言險詐難近也。○王念孫曰：親，近也。「狄」讀爲「逖」。逖，遠也。《大雅·瞻卬篇》：「舍爾介狄。」毛傳曰：「狄，遠也。」是「狄」與「逖」同。此言智之爲德，近於脩潔而遠於襍汙也。楊說皆失之。甚深藏而外勝敵者邪？法禹、舜而能弇迹者邪？弇，襲。行爲動静待之而後適者邪？血氣之精也，志意之榮也。精，靈。榮，華。百姓待之而後寧也，天下待之而後平也。明達純粹而無疵也，夫是之謂君子之知。此論君子之智明，小人之智不然也。○王引之曰：「疵」「知」爲韻。「疵」下「也」字涉上文而衍，《藝文類聚》無。知。

有物於此，居則周静致下，動則綦高以鉅。居，謂雲物發在地時。周，密也。鉅，大也。圓者中規，方者中矩。言滿天地之圓方也。大參天地，德厚堯、禹。參，謂天地相似。雲所以致雨，生成萬物，其德厚於堯、禹者矣。○盧文弨曰：《藝文類聚》「大參」作「大齊」，注「天地相似」上似脱一「與」字。精微乎毫毛，而大盈乎大寓。「寓」與「宇」同。言細微之時則如毫毛，其廣大時則盈於大宇之内。宇，覆也，謂天所覆。《三蒼》云：「四方上下爲宇。」上「大參天地」，此又云「大盈大宇」，言說雲之變化，或大或小，故重言之也。○王念孫曰：宋錢佃校本云：「諸本作『充盈乎大寓』，非。」案，作「充盈」者是也。下文「充盈大宇而不窕」，即其證。「充盈」與「精微」對。監本作「大盈」，則既與下「大」字複，又與「精微」不對矣。楊云「其廣大時則盈於大宇之内」，則所見本已作「大盈」。《藝文類聚·天部上》引作「充盈乎天宇」。又曰：吕、錢本作「盈大乎寓宙」，蓋本作「充盈乎大寓」，後脱「充」字，「乎大」又譌作「大乎」。後人又因注内兩言「宇宙」，而增「宙」字。案，「盈大」文不成義，「寓」與上文「下」、「鉅」、「矩」、「禹」爲韻，「寓」下不得有「宙」字。楊注釋「宇」字而不釋「宙」字，則本無「宙」字明甚。忽兮其極之遠也，攭兮其相逐而反也，「攭」與「劙」同。攭兮，分判貌。言雲或慌忽之極而遠舉，或分散相逐而還於山也。攭音戾。○王念孫曰：忽，遠貌。《楚辭·九歌》曰：「平原忽兮路超遠。」《九章》曰：「道遠忽兮。」是「忽」爲遠貌。極，至也。言忽兮其所至之遠也。攭者，雲氣旋轉之貌。《考工記·鳧氏》「鍾縣謂之旋」，程氏易疇《通藝録》曰：「旋所以縣鍾者，設於甬上。《孟子》謂之追蠡，言追出於甬上者乃蠡也。『蠡』與『螺』通。《文子》所謂『聖人法蠡蚌而閉户』是也。螺小者謂之蜁蝸，郭璞《江賦》所謂『鸚螺蜁蝸』是也。曰旋曰蠡，其義不殊。蓋爲金枘於甬上，以貫於縣之者之鑿中，形如螺然。如此則宛轉流動，不爲聲病矣。《水經·睢水注》云『睢陽城内有高臺謂之蠡臺』。《續述征記》曰『回道如蠡，故謂之蠡臺』，是凡言蠡者，皆取旋轉之義。」反亦旋也。故曰「攭兮其相逐而反也」。楊説皆失之。卬卬兮天下之咸蹇也。卬卬，高貌。雲高而不雨，則天下皆蹇難也。○俞樾曰：楊注非是。「蹇」當讀爲「攓」。《方言》：「攓，取也。」雲行雨施，澤被天下，天下皆有取也，故曰「卬卬兮天下之咸攓也」。下文「德厚而不捐」，即承此而言。若如楊注，則與下意不貫矣。德厚而不捐，五采備而成文。捐，弃也。萬物或美或惡，覆被之皆無捐弃也。往來惽憊，通于大神，惽憊，猶晦暝也。通于大神，言變化不測也。憊，困也。人困目亦昏暗，故惽憊爲晦暝也。出入甚極，莫知其門。「極」讀爲「亟」，急也。門，謂所出者也。天下失之則滅，得之則存。雲所以成雨也。弟子不敏，此之願陳，君子設辭，請測意之。弟子，荀卿自謂。言弟子不敏，願陳此事，不知何名。欲君子設辭，請測其意。亦言雲之功德，唯君子乃明知之也。○王引之曰：楊以「意」爲「志意」之「意」，非也。意者，度也，言請測度之也。《禮運》曰：「聖人耐以天下爲一家，以中國爲一人者，非意之也。」《管子・小問篇》：「東郭郵曰：『君子善謀而小人善意。臣意之也。』」是「意」爲「度」也。「意」之言「億」也。《韓子・解老篇》：「先物行先理動之謂前識，前識者無緣而忘意度也。」「忘」與「妄」同。《莊子・胠篋篇》云「妄意室中之藏」，是也。王褒《四子講德論》：「今子執分寸而罔億度」。「罔億度」即「妄意度」。」鄭注《少儀》曰：「測，意度也。」「意」本又作「億」。《論語・先進篇》「億則屢中」，《漢書・貨殖傳》「億」作「意」。

曰：此夫大而不塞者與？ 雲氣無實，故曰不塞。 充盈大宇而不窕，入郄穴而不偪者與？ 「窕」讀爲「竂」，深貌也。言充盈則滿大宇，幽深則入郄穴，而曾無偪側不容也。竂，它弔反。○王念孫曰：楊訓「窕」爲深貌，又以「窕」字連下句解之，皆非也。「充盈大宇而不窕」爲句。窕者，間隙之稱，言充盈大宇而無間隙也。偪，不容也。「偪」與「窕」義正相反。《廣雅》曰：「窕，寬也。」昭二十一年《左傳》：「鐘小者不窕，大者不摦；窕則不咸，摦則不容。」杜注曰：「窕，細不滿也。摦，横大不入也。不咸，不充滿人心也。不容，心不堪容也。」《大戴禮・王言篇》曰：「布諸天下而不窕，內諸尋常之室而不塞。」《管子・宙合篇》曰：「其處大也不窕，其入小也不塞。」《墨子・尚賢篇》曰：「大用之天下則不窕，小用之則不困。」《吕氏春秋・適音篇》曰：「音大鉅則志蕩，以蕩聽鉅則耳不容，不容則横塞，横塞則振大。小則志嫌，以嫌聽小則耳不充，不充則不詹，不詹則窕。」高注曰：「窕，不滿密也。」義竝與此同。

行遠疾速而不可託訊者與？ 訊，書問也。行遠疾速，宜於託訊。今雲者虚無，故不可。本或作「託訓」。或曰：與似續同也。言雲行遠疾速，不可依託繼續也。○盧文弨曰：「訊」不與前後韻協，疑是「訊託」，誤倒耳。注「或作託訓」，亦似誤。

王念孫曰：「訊」下「者與」二字蓋因上下文而衍。「訊」字不入韻，上文「充盈大宇而不窕」，「窕」字亦不入韻也。盧云「訊不與前後韻協，疑是『訊託』誤倒」，非是。「託」字於古音屬鐸部，「塞」「偪」等字於古音屬職部，改「託訊」爲「訊託」，仍不合韻。

往來惽憊而不可爲固塞者與？ 雖往來晦瞑，掩蔽萬物，若使牢固蔽塞則不可。 暴至殺傷而不億忌者與？ 億，謂以意度之。《論語》曰：「億則屢中。」或曰：與「抑」同。謂雷霆震怒，殺傷萬物，曾不億度疑忌，言果決不測也。○王念孫曰：「億」讀爲「意」。「意」「億」古字通，説見前「測意之」下。意，疑也。言暴至殺傷而曾無所疑忌也。《廣雅》曰：「意，疑也。」《漢書・文三王傳》：「於是天子意梁。」顔師古注與《廣雅》同。韓子《説疑篇》：「上無意，下無怪。」無意，無疑也。《史記・陳丞相世家》：「項王爲人意忌信讒。」《平津侯傳》：「弘爲人意忌，外寬内深。」《酷吏傳》：「湯雖文深意忌。」皆謂疑忌也。楊以「億」爲「億度」，則分「億」與「忌」爲二義，失之矣。功被天下而不私置者與？天下同被其功，曾無所私置，又言無偏頗。○王念孫曰：「置」讀爲「德」。言功被天下而無私德也。《繫辭傳》：「有功而不德。」「德」鄭、陸、蜀才竝作「置」。鄭云：「『置』當爲『德』。」《逸周書・官人篇》「有施而弗德」，《大戴禮・文王官人篇》作「有施而不置」。《荀子・哀公篇》「言忠信而心不德」，《大戴禮》《哀公問》、《五義篇》作「躬行忠信而心不置」。是「置」爲「德」之借字也。此段以「塞」、「偪」、「塞」、「忌」、「置」爲韻。「忌」讀如「極」。《左傳》「費無極」，《史記》作「費無忌」。「置」與「德」同。託地而游宇，友風而子雨。風與雲竝行，故曰友。雨因雲而生，故曰子。冬日作寒，夏日作暑。在冬而凝寒，在夏而蒸暑也。廣大精神，請歸之雲。至精至神，通於變化，唯雲乃可當此説也。雲。雲所以潤萬物。人莫之知，故於此具明也。

有物於此，儽儽兮其狀，屢化如神。「儽」讀如「其蟲倮」之「倮」。儽儽，無毛羽之貌。變化即謂三俯三起，成蛾蛹之類也。功被天下，爲萬世文。文，飾。禮樂以成，貴賤以分，養老長幼，待之而後存。名號不美，與暴爲鄰。侵暴者，亦取名於蠶食，故曰與暴爲鄰也。○王引之曰：如楊説，則「蠶」下必加「食」字，而其義始明。竊謂《方言》：「慘，殺也。」《説文》：「慘，毒也。」字或作「憯」。《莊子・庚桑楚篇》曰：「兵莫憯于志，鏌鎁爲下。」「慘」、「蠶」、「憯」聲相近，故曰「與暴爲鄰」。功立而身廢，事成而家敗。繭成而見殺，是身廢。絲窮而繭盡，是家敗。弃其耆老，收其後世。耆老，蛾也。後世，種也。人屬所利，飛鳥所害。人屬則保而用之，飛鳥則害而食之。臣愚而不識，請占之五泰。占，驗也。五泰，五帝也。五帝，少昊、顓頊、高辛、唐、虞。理皆務本，深知蠶之功大，故請驗之也。○盧文弨曰：此與下文「五泰」，宋本皆作「五帝」，無「五泰五帝也」五字注。今從元刻，與《困學紀聞》所引合。古音「帝」字不與「敗」、「世」、「害」韻。五支、六脂之别也。王念孫曰：「敗」、「世」、「害」、「泰」，古音竝屬祭部，非惟不與五支之去聲通，竝不與六脂之去聲通。此盧用段説而誤也。説見戴先生《聲韵考》。五泰占之曰：此夫身女好而頭馬首者與？女好，柔婉也。其頭又類馬首。《周禮·馬質》「禁原蠶者」，鄭玄云：「天文辰爲馬，故蠶書曰：『蠶爲龍精，月值大火，則浴其種。』是蠶與馬同氣也。」屢化而不壽者與？善壯而拙老者與？壯得其養，老而見殺。有父母而無牝牡者與？爲蠶之時未有牝牡也。冬伏而夏游，食桑而吐絲，游謂化而出也。○俞樾曰：「食桑而吐絲，前亂而後治。」此文「游」字獨不入韻，疑「滋」字之誤。《呂氏春秋·明理篇》曰：「草木庳小不滋。」注曰：「滋，亦長也。」冬伏而夏滋，言冬伏而夏長也。楊以「化而出」釋「游」字，誼亦迂曲，非獨於韻不協也。前亂而後治，繭亂而絲治也。夏生而惡暑，生長於夏，先暑而化。喜溼而惡雨。溼謂浴其種，既生之後則惡雨也。○王念孫曰：蠶性惡溼，不得言喜溼。《太平御覽·資産部》五引作「疾溼而惡雨」，是也。「惡雨」與「疾溼」同意。楊云「溼謂浴其種」，乃曲爲之説耳。俞樾曰：楊説甚得《荀子》之意，蓋此句與上文「夏生而惡暑」相對，生於夏宜不惡暑矣，而蠶則惡暑。其種必浴有似喜溼者，宜不惡雨矣，而蠶則惡雨，此兩「而」字正明其性之異也。《太平御覽·資産部》引作「疾溼而惡雨」，蓋人疑蠶性惡溼，不得言「喜溼」，故妄改之。言疾溼又言惡雨，辭複而意淺，非《荀子》原文也。王氏反據《御覽》以訂正《荀子》，誤矣。蛹以爲母，蛾以爲父。互言之也。三俯三起，事乃大已。俯謂卧而不食。事乃大已，言三起之後，事乃畢也。謂化而成繭也。夫是之謂蠶理。五帝言此乃蠶之義理也。○郝懿行曰：理者，條理也。夫含生賦形，各有條理。條者似智，理者似禮。蠶鍼爲物，條理尤深，莫精於蠶，莫密於鍼，所以二賦語已，皆言其理者也。蠶。蠶之功至大，時人鮮知。其本《詩》曰：「婦無公事，休其蠶織。」戰國時此俗尤甚，故荀卿感而賦之。

有物於此，生於山阜，處於室堂。山阜，鐵所生也。無知無巧，善治衣裳。「知」讀爲「智」。

不盜不竊，穿窬而行。日夜合離，以成文章。合離，謂使離者相合，文章亦待其連綴而成也。以能合從，又善連衡。從，豎也，子容反。衡，橫也。言箴亦能如戰國合從連橫之人。南北爲從，東西爲衡也。下覆百姓，上飾帝王。功業甚博，不見賢良。見，猶顯也。不自顯其功伐。見，賢遍反。時用則存，不用則亡。順時行藏。臣愚不識，敢請之王。王曰：此夫始生鉅，其成功小者邪？爲鐵則巨，爲箴則小。長其尾而銳其剽者邪？長其尾，謂線也。剽，末也，謂箴之鋒也。《莊子》曰：「有實而無乎處者宇也，有長而無本剽者宙也。」剽，杪末之意，匹小反。頭銛達而尾趙繚者邪？重說長其尾而銳其剽。「趙」讀爲「掉」。掉繚，長貌。言箴尾掉而繚也。掉，徒弔反。○郝懿行曰：「趙」之爲言「超」也。《穆天子傳》：「天子北征趙行。」郭注「趙猶超騰」，是也。「趙繚」、「搖掉」，疊韻之字。今時俗語猶以「搖掉」爲「趙繚」也。一往一來，結尾以爲事。結其尾線，然後行箴。無羽無翼，反覆甚極。「極」讀爲「亟」，急也。尾生而事起，尾邅而事已。尾邅迴盤結，則箴功畢也。簪以爲父，管以爲母。簪形似箴而大，故曰爲父。言此者，欲狀其形也。管所以盛箴，故曰爲母。《禮記》曰：「箴管線纊也。」○盧文弨曰：「簪」當爲「鑽」，子貫反。謂所以琢箴之線孔者也。箴賴以成形，故曰爲父。郝懿行曰：古之簪形若大箴耳。箴肖簪，故父之。管韜箴，故母之。俞樾曰：「簪」當爲「鐕」。《禮記·喪大記》「用襍金鐕」，《正義》曰：「鐕，釘也。」「釘」與「箴」形質皆同，磨之琢之，而後成箴。方其未成箴之時，則箴亦一鐕而已矣，故曰「鐕以爲父」。作「簪」者，叚字耳。若是首笄之簪，則與箴全不相涉。楊注謂「言此者，欲狀其形」，失之迂矣。盧氏謂「簪當爲鑽，所以琢箴之線孔者也。箴賴以成形，故曰爲父」，此尤曲說。箴所賴以成形者，豈特一鑽之功乎？王氏載之《讀書雜志》，誤矣。既以縫表，又以連裏。夫是之謂箴理。理，義理也。箴。古者貴賤皆有事，故王后親織玄紞，公侯夫人加之以紘綖，大夫妻成祭服，士妻衣其夫。末世皆不脩婦功，故託辭於箴，明其爲物微而用至重，以譏當世也。

天下不治，請陳佹詩。荀卿請陳佹異激切之詩，言天下不治之意也。天地易位，四時易鄉。皆言賢愚易位也。鄉猶方也。春夏秋冬，皆不當其方，言錯亂也。鄉如字。列星殞墜，旦暮晦盲。列星，二十八宿有行列者。殞墜，以喻百官弛廢。旦暮晦盲，言無顯明時也。或曰：當時星辰殞墜，旦暮昏霧也。幽晦登昭，日月下藏。言幽闇之人登昭明之位，君子明如日月，反下藏也。「昭」或爲「照」。○王念孫曰：「幽晦」，元刻作「幽闇」，宋龔本同。是也。楊注「幽闇之人」是其證。宋本「闇」作「晦」者，涉上文「旦暮晦盲」而誤。《藝文類聚・人部》八引作「幽暗登照」。「暗」與「闇」同。公正無私，反見從横。言公正無私之人，反見謂從横反覆之志也。○郝懿行曰：「藏」古作「臧」。荀書皆然。「横」古作「衡」，上言「連衡」亦然。此皆俗人所改。王念孫曰：「反見從横」四字，文不成義。此本作「見謂從横」，言公正無私之人反以從横見謂於世也。楊注内「見謂」二字即其證。凡見譽於人曰「見謂」，若《王霸篇》曰：「齊桓公閨門之内，縣樂奢泰游抏之循，於天下不見謂脩。」《賈子・脩政語篇》曰：「故言之者見謂智，學之者見謂賢，守之者見謂信，樂之者見謂仁，行之者見謂聖。」皆是也。見毁於人亦曰「見謂」，若《莊子・達生篇》曰：「居鄉不見謂不脩，臨難不見謂不勇。」《漢書・兒寬傳》曰：「張湯爲廷尉，盡用文史法律之吏，而寬以儒生在其閒，見謂不習事。」《邶風・谷風》箋曰：「涇水以有渭，故見謂濁。」今本「謂」譌作「渭」，據《正義》改。及此言「見謂縱横」，皆是也。後人不曉「見謂」二字之義，又以楊注云「反見謂從横」，遂改正文「見謂」爲「反見」。不知楊注特加「反」字以申明其義，非正文所有也。《藝文類聚・人部》八引此正作「見謂從横」。志愛公利，重樓疏堂。欲在上位行至公，以利百姓，非謂重樓疏堂之榮貴也。無私罪人，憼革貳兵。「憼」與「儆」同，備也。貳，副也。謂無私罪人，言果於去惡也。言去邪嫉惡，乃以儆備增益兵革之道，言彊盛也。○王念孫曰：「貳兵」二字，文義不明。「貳」當爲「戒」字之誤也。隸書「戒」字作「𢦔」，與「貳」相似。「戒兵」與「憼革」同義。楊云「貳，副也」，未安。道德純備，讒口將將。將，去也。言以讒言相退送。或曰：「將將」讀爲「鏘鏘」，進貌。○郝懿行曰：將者，大也。逸《詩》云：「如霜雪之將將。」此言道德純備之人，讒口方張不能用也。 王念孫曰：楊後説讀「將將」爲「鏘鏘」是也。而云「進貌」，則古無此訓。余謂將將，集聚之貌也。《周頌·執競篇》「磬筦將將。」毛傳曰：「將將，集也。」然則讒口將將，亦謂讒言之交集也。《小雅·十月篇》「讒口囂囂」，箋云：「囂囂，衆多貌。」義亦與「將將」同。 仁人絀約，敖暴擅彊，絀，退。窮，約。 天下幽險，恐失世英。天下幽暗凶險如此，必恐時賢不見用也。 螭龍爲蝘蜓，鴟梟爲鳳皇。《説文》云：「螭如龍而黄，北方謂之地螻。」蝘蜓，守宫。言世俗不知善惡，螭龍之聖，反謂之蝘蜓。鴟梟之惡，反以爲鳳皇也。 比干見刳，孔子拘匡。 昭昭乎其知之明也，郁郁乎其遇時之不祥也，拂乎其欲禮義之大行也，闇乎天下之晦盲也。 郁郁，有文章貌。拂，違也。此蓋誤耳。當爲「拂乎其遇時之不祥也，郁郁乎其欲禮義之大行」。晦盲，言人莫之識也。 皓天不復，憂無疆也。 千歲必反，古之常也。「皓」與「昊」同。昊天，元氣。昊，大也。呼昊天而訴之云：世亂不復，憂不可竟也。復自解釋云：亂久必反於治，亦古之常道。「千」或爲「卒」。 弟子勉學，天不忘也。 言天道福善，故曰不忘。恐弟子疑爲善無益而解惰，故以此勉之也。 聖人共手，時幾將矣。「共」讀爲「拱」。聖人拱手，言不得用也。幾，辭也。將，送也，去也。言戰國之時，世事已去，不可復治也。○俞樾曰：如楊注，與上意不貫。上文曰：「千歲必反，古之常也。弟子勉學，天不忘也。」是《荀子》之意，謂亂極必反，非謂世事已去，不可復治也。此二句乃望之之辭。言聖人於此，亦拱手待之耳。所謂千歲必反者，此時殆將然矣。楊注非。 與愚以疑，願聞反辭。 反辭，反覆敘説之辭。猶《楚詞》「亂曰」。弟子言當時政事既與愚反疑惑之人，故更願以亂辭敘之也。 其小歌曰： 此下一章，即其反辭。故謂之小歌，總論前意也。○盧文弨曰：「曰」各本多作「也」，有一本作「曰」，今從之。

念彼遠方，何其塞矣！ 遠方，猶大道也。○俞樾曰：楊注以「遠方」爲「大道」，其義未安。此章蓋亦遺春申君者。下文「仁人絀約，暴人衍矣」諸句，其意實譏楚也。不敢斥言楚國，故姑託遠方言之，若謂彼遠方之國有如此耳，此荀卿之危行言孫也。 仁人絀約，暴人衍矣！衍，饒也。○盧文弨曰：「衍」不與「塞」、「服」爲韻。「服」字本有作「般」者，則「塞」或「蹇」字之誤。忠臣危殆，讒人服矣！服，用也。本或作「讒人般矣」。般，樂也，音盤。琁玉瑤珠，不知佩也。《説文》云：「琁，赤玉。」「瑤，美玉也。」孔安國曰：「瑤，美石。」言不知以此四寶爲佩。《説文》云：「琁音瓊。」○盧文弨曰：「瑤」，説文本訓「美石」，楊所據乃誤本也。如孔安國曰「美石」，而今本《禹貢》注亦皆誤爲「美玉」。又曰：此章在遺春申君書後。此書但載其賦，而不載其書。今以《楚策》之文具録於此，以備考焉。客説春申君曰：「湯以亳，武王以鄗，吴師道曰：鎬通。皆不過百里以有天下。今孫子，天下賢人也。君藉之以百里之勢，臣竊以爲不便於君。何如？」春申君曰：「善。」於是使人謝孫子。孫子去之趙，鮑彪曰：史言孫子，春申君死而貧困，家蘭陵，不言之趙。然卿書有與趙孝成王論兵，而史不言，失之。趙以爲上卿。《後語》作「上客」。客又説春申君曰：「昔伊尹去夏入殷，殷王而夏亡。管仲去魯入齊，魯弱而齊强。夫賢者之所在，其君未嘗不尊，國未嘗不榮也。今孫子，天下賢人也。君何辭之！」春申君又曰：「善。」於是使人請孫子於趙。孫子爲書謝曰：「癘人憐王，《韓詩外傳》四作「鄙語曰：癘人憐王」。此不恭之語也。雖然，吴師道曰：一本此下有「古無虚諺」四字。不可不審察也。此爲劫弑死亡之主言也。夫人主年少而矜材，無法術以知姦，則大臣主斷國私以禁誅於己也。故弑賢長而立幼弱，廢正適而立不義。《春秋》戒之曰：《外傳》作「《春秋》之志曰」。『楚王子圍聘於鄭，未出竟，聞王病，反問疾，遂以冠纓絞王，殺之，因自立也。齊崔杼之妻美，莊公通之。崔杼帥其君黨而攻莊公。莊公請與分國，崔杼不許；欲自刃於廟，崔杼不許。莊公走出，踰於外牆，射中其股，遂殺之，而立其弟景公。』近代所見，李兑用趙，餓主父於沙丘，百日而殺之；淖齒用齊，擢閔王之筋，縣於其廟梁，宿夕而死。夫癘雖癰腫胞疾，上比前世，未至絞纓射股；下比近代，未至擢筋而餓死也。夫劫弑死亡之主也，心之憂勞，形之困苦，必甚於癘矣。由此觀之，癘雖憐王可也。」因爲賦曰：「寶珍隋珠，不知佩兮。褘衣與絲，不知異兮。閭姝子奢，莫知媒兮。嫫母求之，又甚喜之兮。以瞽爲明，以聾爲聰，以是爲非，以吉爲凶。嗚呼上天，曷惟其同！」《詩》曰：「上天甚神，無自瘵也。」《外傳》所載賦與荀書略同。「嘉」字依兩書皆作「喜」，《外傳》末引《詩》作「上帝甚慆，無自瘵焉」。郝懿行曰：「琁」即「瓊」字。《韓詩外傳》四作「璇」，非。褘布與錦，不知異也。襍布，纚布。○王念孫曰：此謂布與錦襍陳於前而不知别異。《説文》：「布，枲織也。」言美惡不分也。楊以「襍布」二字連讀，而訓爲「纚布」，失之。閭娵、子奢，莫之媒也。閭娵，古之美女。《後語》作「明陬」。《楚詞·七諫》謂閭娵爲醜惡。蓋一名明陬。《漢書音義》韋昭曰：「閭陬，梁王魏嬰之美女。」子奢當爲子都，鄭之美人，《詩》曰：「不見子都。」蓋「都」字誤爲「奢」耳。《後語》作「子都」。「莫之媒」，言無人爲之媒也。娵，子于反。○盧文弨曰：「明」是「閭」字之誤，楊未省照耳。汪中曰：「都」「奢」古本一音，不必改字。嫫母、力父，是之喜也。嫫母，醜女，黄帝時人。力父未詳。喜，悦也。○盧文弨曰：「力父」俗本作「刁父」，今從元刻，與《韓詩外傳》四同。以盲爲明，以聾爲聰，以危爲安，以吉爲凶。○郝懿行曰：「以危爲安」，《韓詩外傳》四作「以是爲非」。嗚呼上天！曷維其同！言或亂如此，故歎而告上天。「曷維其同」，言何可與之同也。《後語》作「曷其與同」。此章即遺春申君之賦也。

荀子卷第十八

荀子卷第十九

唐登仕郎守大理評事楊倞注

臣王先謙集解

大略篇第二十七

此篇蓋弟子雜録荀卿之語，皆略舉其要，不可以一事名篇，故總謂之「大略」也。舊第二十七。○盧文弨曰：此卷舊不分段，今案其意義之不相聯屬者，閒一格以識別之。

大略。舉爲標首，所以起下文也。

君人者，隆禮尊賢而王，重法愛民而霸，好利多詐而危。

欲近四旁，莫如中央。故王者必居天下之中，禮也。此明都邑居土中之意。不近偏旁，居中央，取其朝貢道里均。禮也，言其禮制如此。

天子外屏，諸侯内屏，禮也。外屏不欲見外也，内屏不欲見内也。屏猶蔽也。屏，謂之樹。鄭康成云：若今浮思也。何休注《公羊》云：「禮：天子諸侯臺門，天子外闕兩觀，諸侯内闕一觀。禮：天子外屏，諸侯内屏，大夫以簾，士以帷。倞謂不欲見内外，不察泉中魚之義也。」○郝懿行曰：《釋宫》但云「屏謂之樹」，不言内外。郭璞注謂「小牆當門中」，此説是也。蓋屏之制如今之照壁。《釋名》云：「屏，自障屏也。」《蒼頡篇》云：「屏，牆也。」《爾雅》舍人注云：「以垣當門蔽爲樹。」然則「屏」取「屏蔽」之義，但令門必有屏，天子諸侯似不必瑣瑣分別外内也。荀書每援禮文，此云「外屏」「内屏」而云「禮也」，必是禮家舊説。何休《公羊注》亦稱之。《淮南・主術篇》云：「天子外屏，所以自障。」高誘注謂「屏，樹垣也」。引《爾雅》曰：「門内之垣謂之樹。」據高所引，非即《爾雅》本文，蓋已不主外屏之説矣。近浙人金鶚氏箸論，深是高説。以爲天子外屏，此言出於《禮緯》。鄭注《禮記》引其説，未可信也。太微垣有屏，四星在端門内，此天子内屏之象也。又云：「凡門皆有屏，惟皋門無之。應門内有屏，故宁在門屏之間，門即應門也。」其言甚辨，見所箸《求古録》。今採其説存之。

諸侯召其臣，臣不俟駕，顛倒衣裳而走，禮也。《詩》曰：「顛之倒之，自公召之。」天子召諸侯，諸侯輦輿就馬，禮也。輦，謂人輓車。言不暇待馬至，故輦輿就馬也。詩曰：「我出我輿，于彼牧矣。自天子所，謂我來矣。」《詩》，《小雅·出車》之篇。毛云：「出車就馬於牧地。」鄭云：「有人自天子所，謂我來矣。謂以王命召己也。」此明諸侯奉上之禮也。

天子山冕，諸侯玄冠，大夫裨冕，士韋弁，禮也。山冕，謂畫山於衣而服。冕即衮也。蓋取其龍則謂之衮冕，取其山則謂之山冕。鄭注《周禮·司服》云：「古冕服十二章，衣五章。初一曰龍，次二曰山，次三曰華蟲，次四曰火，次五曰宗彝，皆畫。裳四章：次六曰藻，次七曰粉米，次八曰黼，次九曰黻，皆繡。」鄭注《覲禮》云：「裨之言卑也。天子六服，大裘爲上，其餘爲裨，以事尊卑服之，諸侯亦服焉。上公衮無升龍，侯伯鷩，子男毳，孤絺，卿大夫玄。」鄭云「大夫裨冕」，蓋亦言裨冕止於大夫，士已下不得服也。韋弁，謂以爵韋爲韠而載弁也。《玉藻》曰：「韠，君朱，大夫素，士爵韋也。」

天子御珽，諸侯御荼，大夫服笏，禮也。「御」、「服」皆器用之名。尊者謂之御，卑者謂之服。御者，言臣下所進御也。珽，大珪，長三尺，杼上終葵首，謂剡上，至其首而方也。荼，古舒字。玉之上圜下方者也。鄭康成云：「珽，挺然無所屈也。荼讀如舒遲之舒，舒儒者所畏在前也。」

天子彫弓，諸侯彤弓，大夫黑弓，禮也。彫，謂彫畫爲文飾。彤弓，朱弓。此明貴賤服御之禮也。

諸侯相見，卿爲介，相見，謂於郄地爲會。介，副也。《聘義》：「卿爲上擯，大夫爲承擯，君親禮賓。」言主君見聘使，則以卿爲上擯，出會則以卿爲上介也。以其教出畢行，教，謂戒令。畢行，謂群臣盡行從君也。○王念孫曰：「教出」，當爲「教士」，謂常所教習之士也。《大戴禮·虞戴德篇》云：「諸侯相見，卿爲介，以其教士畢行。」文與此同也。下文「君子聽律習容而後士」，「士」當爲「出」，言必聽律習容而後出也。楊云：「聽律，謂聽佩聲使中音律也。」《玉藻》云：「習容觀玉聲乃出。」鄭注曰：「玉，佩也。」是其證也。隸書「士」「出」二字相似，傳寫往往譌溷。隸書「出」字或省作「士」，若「敳」省作「敖」，「賣」省作「賣」，「歀」省作「款」，皆是也。故諸書中「士」「出」二字，傳寫多誤，僖二十五年《左傳》「諜出曰：原將降矣。」《呂氏春秋・爲欲篇》「諜出」譌作「諜士」。《管子・大匡篇》「士欲通，吏不通」，今本「士」譌作「出」。《史記・呂后本紀》「齊内史士」，徐廣曰：「一作出。」《夏本紀》「稱以出」，《大戴禮・五帝德篇》作「稱以上士」。皆其證也。楊説皆失之。使仁居守。使仁厚者主後事。《春秋傳》：「一子守，二子從。」此明諸侯出疆之禮。又《穀梁傳》曰：「智者慮，義者行，仁者守，然後可以會矣。」

聘人以珪，問士以璧，召人以瑗，絶人以玦，反絶以環。聘人以珪，謂使人聘他國以珪璋也。問，謂訪其國事因遺之也。衛侯使工尹襄問子貢以弓是其類也。《説文》云：「瑗者，大孔璧也。」《爾雅》：「好倍肉謂之瑗，肉倍好謂之璧。」《禮記》曰：「君召臣以三節。」《周禮》：「珍圭以徵守。」鄭云：「以徵召守國之諸侯，若今徵郡守，以竹使符也。」然則天子以珍圭召諸侯，諸侯召臣以瑗歟？「玦」如環而缺。肉好若一謂之環。古者臣有罪，待放於境，三年不敢去，與之環則還，與之玦則絶，皆所以見意也。反絶，謂反其將絶者。此明諸侯以玉接人臣之禮也。○郝懿行曰：「士」即「事」也，古字通用。楊注不誤，而語未明晰。問士者，謂問人以事，則以璧爲摯，如魯哀公執摯於周豐也。

人主仁心設焉，知其役也，禮其盡也。故王者先仁而後禮，天施然也。人主根本所施設在仁，其役用則在智，盡善則在禮。天施，天道之所施設也。此明爲國以仁爲先也。

《聘禮》志曰：幣厚則傷德，財侈則殄禮。禮云禮云，玉帛云乎哉！志，記也。言玉帛，禮之末也。《禮記》曰：不以美没禮也。○盧文弨曰：案《聘禮》記曰：多貨則傷于德，幣美則没禮。《詩》曰：「物其指矣，唯其偕矣。」不時宜，不敬交，不驩欣，雖指，非禮也。《詩》，《小雅・魚麗》之篇。「指」與「旨」同，美也。偕，齊等也。時，謂得時。宜，謂合宜。此明聘好輕財重禮之義也。○俞樾曰：案上句「不時宜」，注「時宜」二字平列；下句「不驩欣」亦二字平列。則此文「不敬交」，疑「不敬文」之誤。《勸學篇》曰：

「禮之敬文也。」注曰：「禮有周旋揖讓之敬，車服等級之文也。」《禮論篇》曰：「事生不忠厚、不敬文謂之野。送死不忠厚、不敬文謂之瘠。」注曰：「敬文，恭敬有文飾。」是荀子書屢言「敬文」。《性惡篇》曰：「不如齊魯之孝具敬父者，何也。」注曰：「『敬父』當爲『敬文』。」此「敬文」誤爲「敬交」，猶彼「敬文」誤爲「敬父」。楊氏於此無注，其所據本必未誤，「敬文」二字本書屢見，故不説也。

水行者表深，使人無陷；治民者表亂，使人無失。禮者其表也，先王以禮表天下之亂。今廢禮者，是去表也。故民迷惑而陷禍患，此刑罰之所以繁也。表，標志也。此明爲國當以禮示人也。○郝懿行曰：《天論篇》云：「水行者表深，表不明則陷。治民者表道，表不明則亂。」此云「表亂」，謂表明其爲亂，而後人不犯也。

舜曰：「維予從欲而治。」《虞書》舜美皋陶之辭。言皋陶明五刑，故舜得從欲而治。引之以喻禮能成聖，亦猶舜賴皋陶也。○郝懿行曰：此語今《書》以入《大禹謨》。「維」字作「俾」，《荀》所偁則未知出何書也。又《解蔽篇》偁「道經曰：人心之危，道心之微」，今亦在《大禹謨》，二「之」字作「惟」矣。此引「舜曰」，彼援「道經」，皆不偁《書》。俞樾曰：此即所謂「不思而得，不勉而中，從容中道，聖人也。」孔子七十而從心所欲不踰矩，可釋此文「從欲」之義。故下文曰：「禮之生，爲賢人以下至庶民也，非爲成聖也。」楊氏誤據《古文尚書》爲説，乃曰「引之以喻禮能成聖，亦猶舜賴皋陶也」，失之矣。

故禮之生，爲賢人以下至庶民也，非爲成聖也。然而亦所以成聖也，不學不成。禮本爲中人設，然聖人不學亦不成也。

堯學於君疇，舜學於務成昭，禹學於西王國。「君疇」，《漢書·古今人表》作「尹壽」。又《漢·藝文志》小説家有《務成子》十一篇，昭其名也。《尸子》曰：「務成昭之教舜曰：『避天下之逆，從天下之順，天下不足取也；避天下之順，從天下之逆，天下不足失也。』」西王國，未詳所説。或曰：大禹生於西羌。西王國，西羌之賢人也。《新序》：「子夏對哀公曰：『黄帝學于太填，顓頊學于録圖，帝嚳學于赤松子，堯學于尹壽，舜學于務成跗，禹學于西王國，湯學于成子伯，文王學于時子思，武王學于郭叔。』」此明聖人亦資於教也。○盧文弨曰：案，《新序》五「太填」作「大真」，《古今人表》作「大填」。「録圖」作「緑圖」，《表》同。「尹壽」元刻作「君壽」，宋本《新序》同。吴祕注《法言》引《新序》作「君疇」。「成子伯」《新序》作「威子伯」，「時子思」作「鉸時子思」。

五十不成喪，七十唯衰存。不成喪，不備哭踊之節；衰存，但服縗麻而已，其禮皆可略也。《禮記》曰：「七十唯衰麻在身也。」○郭嵩燾曰：「五十不成喪」，即《檀弓》「五十不致毁」也。

親迎之禮，父南鄉而立，子北面而跪，醮而命之：「往迎爾相，成我宗事，鄭云：「相，助也。宗事，宗廟之事也。」隆率以敬先妣之嗣，若則有常。」《儀禮》作「勖率」。鄭云：「勖，勉也。若，汝也。勉率婦道，以敬其爲先妣之嗣也。汝之行，則當有常，深戒之。《詩》云：『大姒嗣徽音。』」子曰：「諾。唯恐不能，敢忘命矣！」子言唯恐不能勉率以嗣先妣，不敢忘父命也。

夫行也者，行禮之謂也。所以稱行者，在禮也。禮也者，貴者敬焉，老者孝焉，長者弟焉，幼者慈焉，賤者惠焉。惠亦賜也。言行禮如此五者，則可爲人之行也。

賜予其宫室，猶用慶賞於國家也；忿怒其臣妾，猶用刑罰於萬民也。宫室，妻子也。此明能治家則以治國也。○郭嵩燾曰：「宫室」與「國家」對文，「臣妾」與「萬民」對文。宫室者，門梱之内，庭户之閒，盡一家之人言之。楊注誤。

君子之於子，愛之而勿面，使之而勿貌，導之以道而勿彊。面、貌，謂以顔色慰悦之，不欲施小惠也，故《易·家人》曰「有嚴君焉」。勿彊，不欲使其愧也。此語出《曾子》。○郝懿行曰：此出《曾子·立事篇》，荀稱之也。勿面，謂不形見於面。勿貌，謂不優以辭色。勿彊，謂匪怒伊教使自得之。注謂「不欲使其愧」，非。

禮以順人心爲本，故亡於《禮經》而順人心者，皆禮也。《禮記》曰：「禮也者，義之實也。協諸義而協，則禮雖先王未之有，可以義起也。」○盧文弨曰：皆禮也，各本作「背禮者也」，誤。

禮之大凡，事生飾驩也，送死飾哀也，軍旅飾威也。不可太質，故爲之飾。

親親、故故、庸庸、勞勞，仁之殺也。庸，功也。庸庸、勞勞，謂稱其功勞以報有功勞者。殺，差等也，皆仁恩之差也。殺，所介反。貴貴、尊尊、賢賢、老老、長長，義之倫也。倫，理也。此五者非仁恩，皆出於義之理也。行之得其節，禮之序也。行仁義得其節，則是禮有次序。仁，愛也，故親。義，理也，故行。禮，節也，故成。非仁不親，非義不行，雖有仁義，無禮以節之，亦不成。仁有里，義有門。「里」與「門」皆謂禮也。里所以安居，門所以出入也。仁，非其里而虛之，非禮也；義，非其門而由之，非義也。「虛」讀爲「居」，聲之誤也。仁非其里，義非其門，皆謂有仁義而無禮也。○盧文弨曰：「非義也」亦當爲「非禮也」。郝懿行曰：「虛」讀爲「墟」。墟，里人所居，因借爲「居」字，非居聲之誤也。王念孫曰：「虛」當爲「處」，字之誤也。下文云「君子處仁以義」是其證。陳說同。又引《論語》「里仁爲美，擇不處仁」。又案，楊云「仁非其里，義非其門，皆謂有仁義而無禮也」，盧云「『非義也』，亦當爲『非禮也』」，楊、盧之説皆非也。「非禮也」當作「非仁也」。劉説同。「非義也」，「義」字不誤。此文云「仁非其里而處之，非仁也。義非其門而由之，非義也。」下文云：「君子處仁以義，然後仁也；行義以禮，然後義也。」前後正相呼應，以是明之。推恩而不理，不成仁；仁雖在推恩，而不得其理，則不成仁。謂若有父子之恩，而無嚴敬之義。遂理而不敢，不成義；雖得其理，而不敢行，則不成義。義在果斷，故曰非知之艱，行之惟艱。審節而不知，不成禮；雖能明審節制，而不知其意也。「知」或爲「和」。○王念孫曰：作「和」者是也。禮以和爲貴，故審節而不和，則不成禮。下文「和而不發」，正承此「和」字言之。今本「和」作「知」，字之誤耳。隸書「和」字或作「知」，與「知」相似。見《漢白石神君碑》。既能審於禮節，則不得謂之不知，楊於「不知」下加「其意」二字，失之。和而不發，不成樂。雖和順積中，而英華不發於外，無以播於八音，則不成樂。故曰：仁、義、禮、樂，其致一也。言四者雖殊，同歸於得中，故曰其致一也。君子處仁以義，然後仁也；仁而能斷。行義以禮，然後義也；雖能斷而不違禮，然後爲義也。制禮反本成末，然後禮也。反，復也。本謂仁義，末謂禮節。謂以仁義爲本，終成於禮節也。三者皆通，然後道也。通明三者，然後爲道。

貨財曰賻，輿馬曰賵，衣服曰襚，玩好曰贈，玉貝曰唅。此與《公羊》、《穀梁》之説同。玩好，謂明器琴瑟笙竽之屬。何休曰：「此皆春秋之制也。賻，猶覆也。賵，猶助也。皆助生送死之禮。襚，猶遺也。遺是助死者之禮也。知生則賵賻，知死則襚唅。」○盧文弨曰：今《公羊注》作「知死者贈襚」。賻賵所以佐生也，贈襚所以送死也。送死不及柩尸，弔生不及悲哀，非禮也。皆謂葬時。故吉行五十，犇喪百里，賵贈及事，禮之大也。既説弔贈及事，因明奔喪亦宜行遠也。《禮記·奔喪》曰：「日行百里，不以夜行。」

禮者，政之輓也。如輓車然。爲政不以禮，政不行矣。

天子即位，上卿進曰：「如之何憂之長也！能除患則爲福，不能除患則爲賊。」授天子一策。上卿，於周若冢宰也。皆謂書於策，讀之而授天子，深戒之也。言天下安危所繫，其憂甚遠長。問何以治之，能爲天下除患，則百福歸之；不能則反爲賊害。策，編竹爲之，後易之以玉焉。中卿進曰：「配天而有下土者，先事慮事，先患慮患。先事慮事謂之接，「接」讀爲「捷」，速也。中卿若宗伯也。接則事優成；先患慮患謂之豫，豫則禍不生。事至而後慮者謂之後，後則事不舉；患至而後慮者謂之困，困則禍不可禦。」授天子二策。禦，禁。二策，第二策也。下卿進曰：「敬戒無怠，慶者在堂，弔者在閭。下卿，若司寇也。慶者雖在堂，弔者已在門，言相襲之速。閭，門也。禍與福鄰，莫知其門。言同一門出入也。賈誼曰：「憂喜聚門。」豫哉豫哉！萬民望之。」授天子三策。豫哉，言可戒備也。三策，第三策。○先謙案：《群書治要》作「務哉務哉」。

禹見耕者耦，立而式，過十室之邑必下。

兩人共耕曰耦。《論語》曰：「長沮、桀溺耦而耕。」「十室之邑必有忠信」，故下之也。

殺大蚤，朝大晚，非禮也。殺，謂田獵禽獸也。《禮記》曰：「天子殺則下大綏，諸侯殺則下小綏，大夫殺則止佐車。」蚤，謂下先上也。又曰：「朝辨色始入。」殺太蚤爲陵犯也，朝太晚爲懈弛也。或曰：《禮記》曰：「獺祭魚，然後虞人入澤梁；豺祭獸，然後田獵。」先於此爲蚤也。又曰：「田不以禮，是暴天物也。」○王念孫曰：或説是也，前説非。治民不以禮，動斯陷矣。

平衡曰拜，下衡曰稽首，至地曰稽顙。平衡，謂磬折，頭與腰如衡之平。《禮記》「平衡」與此義殊。○郝懿行曰：拜者必跪。拜手，頭至手也，不至地，故曰平衡。稽首，亦頭至手，而手至地，故曰下衡。稽顙，則頭觸地，故直曰至地矣。大夫之臣，拜不稽首，非尊家臣也，所以辟君也。「辟」讀爲「避」。

一命齒於鄉；再命齒於族，三命，族人雖七十，不敢先。一命，公侯之士；再命，大夫；三命，卿也。鄭注《禮記》曰：「此皆鄉飲酒時。齒謂以年次坐若立也。」《禮記》曰：「三命不齒，族人雖七十者不敢先。」言不唯不與少者齒，老者亦不敢先也。上大夫，中大夫，下大夫。此覆一命、再命、三命也。一命雖公侯之士，子男之大夫也，故曰下大夫也。

吉事尚尊，喪事尚親。吉事，朝廷列位也。喪事以親者爲主。《禮記》曰：「以服之精麤爲序也。」

君臣不得不尊，父子不得不親，兄弟不得不順，夫婦不得不驩。少者以長，老者以養。不得，謂不得聖人之禮法。「驩」與「歡」同。故天地生之，聖人成之。○汪中曰：「君臣」以下四十一字錯簡，當在後「國家無禮不寧」之下。此因上尚尊尚親之文而誤。

聘，問也。享，獻也。私覿，私見也。使大夫出，以圭璋聘，所以相問也。聘享奉束帛，加璧。享，所以有獻也。享畢，賓奉束錦以請覿，所以私見也。聘享以賓禮見，私覿以臣禮見，故曰「私見」。鄭注《儀禮》云：「享，獻也。既聘又獻，所以厚恩意也。」

言語之美，穆穆皇皇。《爾雅》曰：「穆穆，敬也。皇皇，正也。」郭璞云：「皇皇，自脩正貌。穆穆，容儀謹敬也。」皆由言語之美，所以威儀脩飾。或曰：穆穆，美也。皇皇，有光儀也。《詩》曰：「皇皇者華。」朝廷之美，濟濟鎗鎗。「鎗」與「蹌」同。濟濟，多士貌。蹌蹌，有行列貌。

爲人臣下者，有諫而無訕，有亡而無疾，有怨而無怒。謗上曰訕。亡，去也。「疾」與「嫉」同，惡也。怨謂若公弟叔肸，衛侯之弟鱄。怒謂若慶鄭也。

君於大夫，三問其疾，三臨其喪；於士一問一臨。諸侯非問疾弔喪，不之臣之家。之，往也。《禮記》曰：「諸侯非問疾弔喪，而入諸臣之家，是謂君臣爲謔也。」

既葬，君若父之友，食之則食矣，不辟粱肉，有酒醴則辭。鄭云：「尊者之前，可以食美，變於顏色，亦不可也。」

寢不踰廟，設衣不踰祭服，禮也。謂制度精麤。設，宴也。○王念孫曰：「設」當爲「讌」，字之誤也。故楊注云：「讌，宴也。」今注文「讌」字亦誤作「設」。「寢」對「廟」而言，「讌衣」對「祭服」而言。《王制》「燕衣不踰祭服，寢不踰廟」，是其證。

《易》之《咸》，見夫婦。《易·咸卦》艮下兑上。艮爲少男，兑爲少女，故曰「見夫婦」。夫婦之道，不可不正也，君臣父子之本也。《易·説卦》曰：「有天地然後有男女，有男女然後有夫婦，有夫婦然後有父子，有父子然後有君臣。」故以夫婦爲本。咸，感也，以高下下，以男下女，柔上而剛下。陽唱陰和，然後相成也。

聘士之義，親迎之道，重始也。聘士，謂若安車束帛，重其禮也。迎，魚敬反。

禮者，人之所履也。失所履，必顛蹷陷溺。所失微而其爲亂大者，禮也。

禮之於正國家也，如權衡之於輕重也，如繩墨之於曲直也。故人無禮不生，事無禮不成，國家無禮不寧。

和樂之聲，此言珩珮之聲，和樂人心。步中

《武》、《象》，趨中《韶》、《護》。佩玉之聲，緩則中《武》、《象》，速則中《韶》、《護》。《禮記》曰：「古之君子必珮玉，右徵角，左宫羽，趨以《采薺》，行以《肆夏》。」是其類也。或曰：此和樂謂在車和鸞之聲、步驟之節也。○顧千里曰：案，疑或説是也。《正論篇》、《禮論篇》「樂」皆作「鸞」，可以爲證。**君子聽律習容而後士。**君子，在位者之通稱。《禮記》曰：「既服，習容，觀玉聲。」聽律，謂聽珮聲，使中音律也。言威儀如此，乃可爲士。士者，修立之名也。○先謙案：「士」當爲「出」，説見上。

霜降逆女，冰泮殺内，十日一御。此蓋誤耳。當爲「冰泮逆女，霜降殺内」，故《詩》曰：「士如歸妻，迨冰未泮。」殺，減也。内，謂妾御也。十日一御，即殺内之義。冰泮逆女，謂發生之時合男女也。霜降殺内，謂閉藏之時禁嗜欲也。《月令》在十一月，此云「霜降」，荀卿與吕氏所傳聞異也。鄭云：「歸妻，謂請期也。」冰未泮，正月中以前，二月可以成婚矣。故云「冰泮逆女」。殺，所介反。○盧文弨曰：《詩·陳風·東門之楊》毛傳云：「言男女失時，不待秋冬。」《正義》引荀卿語竝云：「毛公親事荀卿，故亦以秋冬爲婚期。」《家語》所説亦同。《匏有苦葉》所云「迨冰未泮」，《周官·媒氏》「仲春會男女」，皆是要其終，言不過是耳。楊注非。十日一御，君子之謹游於房也，不必連「冰泮」言。郝懿行曰：《東門之楊》傳：「男女失時，不逮秋冬。」《正義》引荀卿書云：「『霜降逆女，冰泮殺止』，霜降，九月也。冰泮，二月也。荀卿之意，自九月至於正月，於禮皆可爲昏。荀在焚書之前，必當有所憑據。毛公親事荀卿，故亦以爲秋冬。《家語》云：『群生閉藏爲陰，而爲化育之始。故聖人以合男女，窮天數也。霜降而婦功成，嫁娶者行焉。冰泮而農桑起，昏禮殺於此。』」又引董仲舒云：「聖人以男女陰陽，其道同類。觀天道，嚮秋冬而陰氣來，嚮春夏而陰氣去。故古人霜降始逆女，冰泮而殺止。與陰俱近，而陽遠也。」孔疏發明毛義與荀卿之説合。楊注偶未省照，乃云此誤而改其文，謬矣。十日一御，節於内也。今禮言五日御，此言「十」者，或古文「五」如側「十」之形，因轉寫致誤歟？「五」，古文作「乂」。王引之曰：此文本作「霜降逆女，冰泮殺止」。謂霜降始逆女，至冰泮而殺止也。《召南·摽有梅》及《陳風·東門之楊》正義兩引此文，皆作「冰泮殺止」。《周官·媒氏》疏載王肅論引此文及《韓詩傳》，亦皆作「冰泮殺止」。又《春秋繁露·循天之道篇》亦云：「古之人霜降而逆女，冰泮而殺止。」《東門之楊》正義所引如是。今本作「殺内」，乃後人依誤本《荀子》改之。自楊所見本「殺」下始脱「止」字，而楊遂以「殺内」二字連讀，誤矣。「冰泮殺止」，指嫁娶而言。「内」字下屬爲句。「内十日一御」，别是一事，非承「冰泮」而言。

坐視膝，立視足，應對言語視面。《儀禮·士相見》云：「子視父則游目，無上於面，無下於帶。若不言，立則視足，坐則視膝。」鄭云：「不言，則伺其行起而已。」立視前六尺而大之，六六三十六，三丈六尺。蓋臣於君前視也。近視六尺，自此而廣之，雖遠視，不過三丈六尺。《曲禮》曰：「立視五巂。」彼在車上，故與此不同也。○王引之曰：「大之」當爲「六之」。言以六尺而六之，則爲三丈六尺也。楊以「廣」釋「大」，則所見本已誤。

文貌情用，相爲内外表裏。文謂禮物，貌謂威儀，情謂中誠，用謂語言。質文相成，不可偏用也。○王念孫曰：文貌在外，情用在内，故曰相爲内外表裏。《禮論篇》曰：「文理繁，情用省，是禮之隆也。文理省，情用繁，是禮之殺也。文理情用，相爲内外表裏，竝行而雜，是禮之中流也。」彼言「文理」，猶此言「文貌」。楊彼注云「文理謂威儀，情用謂忠誠」，是也。此注失之。先謙案：王謂「文貌」猶「文理」，是也。《禮論篇》「文理」，《史記》竝引作「文貌」，是其證。禮之中焉能思索，謂之能慮。

禮者，本末相順，終始相應。

禮者，以財物爲用，以貴賤爲文，以多少爲異。竝解於《禮論篇》。

下臣事君以貨，中臣事君以身，上臣事君以人。貨，謂聚斂及珍異獻君。身，謂死衛社稷。人，謂舉賢也。

《易》曰：「復自道，何其咎？」《易·小畜卦》「初九」之辭。復，返也。自，從也。本雖有失，返而從道，何其咎過也。

《春秋》賢穆公，以爲能變也。《公羊傳》曰：「秦伯使遂來聘。遂者何？秦大夫也。秦無大夫，此何以書？賢穆公也。何賢乎穆公？以爲能變也。」謂前不用蹇叔、百里之言，敗於殽、函，而自變悔，作《秦誓》，詢兹黄髮是也。

士有妒友則賢交不親，君有妒臣則賢人

不至。蔽公者謂之昧，隱良者謂之妒，掩蔽公道，謂之暗昧。奉妒昧者謂之交譎。交通於譎詐之人，相成爲惡也。○俞樾曰：「交」讀爲「狡」。《禮記・樂記篇》「血氣狡憤」，《釋文》曰：「狡，本作交。」是「交」「狡」古通用，「狡」與「譎」同義。下文曰「交譎之人，妒昧之臣」，是交譎與妒昧皆兩字平列，楊注曰「交通於譎詐之人」，失之矣。交譎之人，妒昧之臣，國之薉孽也。「薉」與「穢」同。孽，妖孽。言終爲國之災害也。

口能言之，身能行之，國寶也；口不能言，身能行之，國器也；如器物雖不言，而有行也。口能言之，身不能行，國用也；國賴其言而用也。口言善，身行惡，國妖也。治國者，敬其寶，愛其器，任其用，除其妖。

不富無以養民情，衣食足，知榮辱。不教無以理民性。人性惡，故須教。故家五畝宅，百畝田，務其業而勿奪其時，所以富之也。宅，居處也。百畝，一夫田也。務，謂勸勉之。《孟子》曰：「五畝之宅，樹之以桑，五十者可以衣帛矣。百畝之田，無失其時，八口之家可以無飢矣。」立大學，設庠序，脩六禮，明十教，所以道之也。《詩》曰：「飲之食之，教之誨之。」王事具矣。《禮記》曰：「六禮：冠、昏、喪、祭、鄉、相見。」十教，即十義也。《禮記》曰：「父慈、子孝、兄良、弟悌、夫義、婦聽、長惠、幼順、君仁、臣忠，十者謂之人義。」道，謂教道之也。「十」或爲「七」也。○王念孫曰：《王制》曰：「司徒脩六體以節民性，明七教以興民德。」「六禮：冠、昏、喪、祭、鄉、相見。七教：父子、兄弟、夫婦、君臣、長幼、朋友、賓客。」則作「七教」者是也。凡經傳中「七」「十」二字互誤者多矣。楊前注以《禮運》之「十義」爲「十教」，失之。

武王始入殷，表商容之閭，釋箕子之囚，哭比干之墓，天下鄉善矣。表，築旌之。言武王好善，天下鄉之。孔安國曰：「商容，殷之賢人，紂所貶退也。」

天下國有俊士，世有賢人。天下之國，皆有俊士，每世皆有賢人。迷者不問路，溺者不問遂，亡人好獨。以喻雖有賢俊，不能用也。所以迷，由於不問路；溺，由於不問遂；亡，由於好獨。遂，謂徑隧，水中可涉之徑也。獨，謂自用其計。○洪頤煊曰：「遂」當作「墜」。《晏子春秋·内篇雜上》作「溺者不問墜」。郝懿行曰：「墜」當作「隊」。「隊」「墜」古今字。先謙案：《詩·載馳篇》「大夫跋涉」，《釋文》引《韓詩》曰：「不由蹊遂而涉曰跋涉。」《淮南·脩務訓》高注：「不從蹊遂曰跋涉。」二「遂」字與此義同。《晏子》作「墜」乃誤文，洪據以爲説，非。《詩》曰：「我言維服，勿用爲笑。先民有言，詢于芻蕘。」言博問也。《詩》，《大雅·板》之篇。毛云：「芻蕘，薪者也。」鄭云：「服，事也。我之所言，乃今之急事，汝無笑也。」

有法者以法行，無法者以類舉。皆類於法而舉之也。○郝懿行曰：類猶比也，古謂之決事比，今之所謂例也。下云「慶賞刑罰通類」亦然。楊注未明晰。盧分段竝非。二句又見《王制篇》。俞樾曰：古所謂「類」，即今所謂「例」。《史記·屈原賈生傳》「吾將以爲類」，《正義》曰：「類，例也。」以其本知其末，以其左知其右，凡百事異理而相守也。其事雖異，其守則一，謂若爲善不同，同歸於理之類也。慶賞刑罰，通類而後應。通明於類，然後百姓應之。謂賞必賞功，罰必罰罪，不失其類。政教習俗，相順而後行。順人心然後可行也。

八十者一子不事，九十者舉家不事，廢疾非人不養者一人不事。父母之喪，三年不事。齊衰大功，三月不事。從諸侯不「不」當爲「來」。謂從他國來，或君之人入采地。與新有昏，朞不事。古者有喪昏皆不事，所以重其哀戚與嗣續也。事，謂力役。

子謂子家駒，續然大夫，不如晏子；子，孔子。謂，言也。子家駒，魯公子慶之孫，公孫歸父之後，名羈，駒其字也。續，言補續君之過，不能興功用，故不如晏子也。○盧文弨曰：「續然大夫」四字未詳。郝懿行曰：「續」古作「賡」，賡之爲言庚也。庚然，剛强不屈之貌，言不阿諛也。晏子，功用之臣也，不如子産；雖有功用，不如子産之恩惠也。子産，惠人也，不如管仲。雖有恩惠，不如管仲之才略也。管仲之爲人，力功不力義，力知不力仁，雖九合諸侯，一匡天下，而不全用仁義也。野人也，不可以爲天子大夫。言四子皆類郊野之人，未浸漬於仁義，故不可爲王者佐。○郝懿行曰：此謂管仲尚功力而不脩仁義，不可爲王者之佐。注以四子言，恐非是。

孟子三見宣王不言事。門人曰：「曷爲三遇齊王而不言事？」孟子曰：「我先攻其邪心。」以正色攻去邪心，乃可與言也。

公行子之之燕，孟子曰：「公行子有子之喪，右師往弔。」趙岐云：「齊大夫也。」子之，蓋其先也。遇曾元於塗，曰：「燕君何如？」曾元曰：「志卑。言不求遠大也。曾元，曾參之子。志卑者輕物，物，事。輕物者不求助。不求賢以自輔。苟不求助，何能舉？既無輔助，必不勝任矣。氐、羌之虜也，謂見俘掠。不憂其係壘也，而憂其不焚也。「壘」讀爲「纍」。氐、羌之俗，死則焚其屍。今不憂虜獲，而憂不焚，是愚也。《吕氏春秋》曰：「憂其死而不焚。」利夫秋豪，害靡國家，然且爲之，幾爲知計哉！」靡，披靡也。利夫秋豪之細，其害遂披靡而來，及於國家。言不卹其大而憂其小，與氐、羌之虜何異？幾，辭也。或曰：「幾」讀爲「豈」。○陳奂曰：案，靡，累也。言所利在秋豪，而其害累及國家也。《詩・周頌》傳曰：「靡，累也。」是其義。王念孫曰：「靡者，滅也。」言利不過秋豪，而害乃至於滅國家也。《方言》：「靡，滅也。」郭璞曰：「或作摩滅，字音糜。」《漢書・賈山傳》：「萬鈞之所壓，無不糜滅者。」《司馬遷傳》：「富貴而名摩滅。」「摩」與「糜」、「靡」古同聲而通用。說見《唐韻正》。

今夫亡箴者，終日求之而不得；其得之，非目益明也，眸而見之也。心之於慮亦然。眸，謂以眸子審視之也。言心於思慮，亦當反覆盡其精妙，如眸子之求箴也。○俞樾曰：楊説未安。以眸子審視，豈可但謂之眸乎？「眸」當讀爲「䁉」。《說文・目部》：「䁉，低目視也，從目冒聲。」與「牟」聲相近。《釋名・釋首飾》曰：「牟，冒也。」「眸」之與「䁉」，猶「牟」之與「冒」矣。《說文》又有「瞀」篆，曰：「低目謹視也。從目敄聲。」亦與「牟」聲相近。《荀子・成相篇》「身讓卞隨舉牟光」，即《莊子・大宗師篇》之「務光」也，是其例矣。

義與利者，人之所兩有也，雖堯、舜不能去民之欲利，然而能使其欲利不克其好義也。克亦勝也。雖桀、紂亦不能去民之好義，然而能使其好義不勝其欲利也。故義勝利者爲治世，利克義者爲亂世。上重義則義克利，上重利則利克義。故天子不言多少，諸侯不言利害，大夫不言得喪，皆謂言貨財也。士不通貨財，士賤，雖得言之，亦不得貿遷如商賈也。有國之君不息牛羊，息，繁育也。錯質之臣不息雞豚，錯，置也。「質」讀爲「贄」。《孟子》曰：「出彊必載質。」蓋古字通耳。置贄，謂執贄而置於君。《士相見禮》曰：「士大夫奠贄於君，再拜稽首。」《禮記》曰：「畜乘馬者不察於雞豚。」或曰：置質，猶言委質也。言凡委質爲人臣，則不得與下争利。冢卿不脩幣，大夫不爲場園；冢卿，上卿。不脩幣，謂不脩財幣販息之也。治稼穡曰「場」，樹菜蔬曰「園」，謂若公儀子不奪園夫工女之利也。○王念孫曰：「場園」當爲「場圃」，字之誤也。《韓詩外傳》作「不爲場圃」，玩楊注亦是「圃」字。《論語・子路篇》馬注及《射義》鄭注竝云「樹菜蔬曰圃」，即楊注所本。俞樾曰：上云「士不通財貨」，楊注「不得貿遷如商賈也」；此云「冢卿不脩幣」，注謂「不脩財幣販息之也」。然則與士之不通貨財，何以異乎？據《韓詩外傳》作「冢卿不脩幣施」，疑此文奪「施」字，「幣」乃「敝」字之誤。「施」當爲「杝」，古同聲段借字也。「杝」即今「籬」字。《一切經音義》十四云：「籬、杝同，力支反。」引《通俗文》云：「柴垣曰杝，木垣曰栅。」《說文・木部》：「杝，落也。」冢卿不脩敝杝，謂籬落敝壞，不脩葺之也。與下文「大夫不爲場園」正同一意，皆不與民争利之義。從士以上皆羞利而不與民争業，樂分施而恥積臧，然故民不困財，○王念孫曰：《群書治要》「財」作「則」，則以「民不困」爲句，「則」字下屬爲句。「然故」猶「是故」也。《堯問篇》「然故士至」同。説見《釋詞》「然」字下。先謙案：《群書治要》作「然後民不困財」，上方注云「後」作「故」，「則」作「財」。是校者以作「則」者爲非，當從今本。貧窶者有所竄其手。竄，容也。謂容集其手而力作也。○先謙案：有所竄其手，猶言有所措手也。楊注失之泥。《群書治要》作「有所竄其中矣」，疑以意改之。

文王誅四，武王誅二，周公卒業，至成、康則案無誅已。竝解在《仲尼篇》。言周公終王業，猶不得無誅伐，至成、康然後刑措也。重引此者，明不與民爭利，則刑罰省也。

多積財而羞無有，羞貧。重民任而誅不能，使民不能勝任，而復誅之。○先謙案：重民任，謂虐使之。此邪行之所以起，刑罰之所以多也。

上好羞則民闇飾矣，好羞貧而事奢侈，則民闇自脩飾也。○王念孫曰：楊説迂曲而不可通。「羞」當爲「義」。「羞」字上半與「義」同，又涉上文兩「羞」字而誤也。「上好義則民闇飾」者，言上好義則民雖處隱闇之中，亦自脩飾，不敢放於利而行也。《呂氏春秋·具備篇》載宓子賤治亶父，使民闇行，若有嚴刑於旁，即所謂民闇飾也。《賈子·大政篇》曰：「聖明則士闇飾矣。」「上好義」與「上好富」對文，故下文又云「欲富乎」、「與義分背矣」。「上好義則民闇飾，上好富則民死利」，即上文所云「上重義則義克利，上重利則利克義」也。《鹽鐵論·錯幣篇》「上好禮則民闇飾，上好貨則下死利」，即用《荀子》而小變其文。上好富則民死利矣。二者亂之衢也。衢，道。○劉台拱曰：「二者」，「二」字承上兩句而言，則「亂」上當有「治」字。民語曰：欲富乎，忍恥矣，傾絶矣，絶故舊矣，與義分背矣。忍恥，不顧廉恥。傾絶，謂傾身絶命而求也。分背，如人分背而行。上好富則人民之行如此，安得不亂！

湯旱而禱，曰：「政不節與？○先謙案：節猶適也，謂不調適。説見《天論篇》。使民疾與？何以不雨至斯極也！疾，苦。宮室榮與？婦謁盛與？何以不雨至斯極也！榮，盛。謁，請也。婦謁盛，謂婦言是用也。苞苴行與？讒夫興與？何以不雨至斯極也！貨賄必以物苞裹，故總謂之苞苴。興，起也。鄭注《禮記》云：「苞苴，裹魚肉者。或以葦，或以茅也。」

天之生民非爲君也，天之立君以爲民也。故古者列地建國，非以貴諸侯而已；列官職，差爵禄，非以尊大夫而已。差，謂制等級也。

主道知人，臣道知事。人謂賢良，事謂職守。故舜之治天下，不以事詔而萬物成。不以事詔告，但委任而已。謂若使禹治水，不告治水之方略。農精於田而不可以爲田師，工賈亦然。

以賢易不肖，不待卜而後知吉；以治伐亂，不待戰而後知克。無人禦敵，故知必克。

齊人欲伐魯，忌卞莊子，不敢過卞。卞，魯邑。莊子，卞邑大夫，有勇者。晉人欲伐衛，畏子路，不敢過蒲。蒲，衛邑。子路，蒲宰。杜元凱云：「蒲邑在長垣縣西南。」

不知而問堯、舜，好問則無不知，故可比聖人也。無有而求天府。知無而求之，是有天府之富。○俞樾曰：案，楊讀「不知而問」、「無有而求」絶句，故其解如此，實非《荀子》意也。「不知而問之堯、舜，無有而求之天府」，語意本連屬。下文「先王之道則堯、舜已，六貳之博則天府已」，乃自解「堯、舜」「天府」之義也。使謂「不知而問」即是「堯舜」，「無有而求」即是「天府」，下文贅矣。故知楊注非也。「六貳」當從盧説爲「六藝」之誤。何謂堯、舜？先王之道是也。問者，問此而已，非必真起堯、舜而問之也。何謂天府？六藝之博是也，求者求此而已，非必真入天府而求之也。曰：「先王之道則堯、舜已，問先王之道則可爲堯、舜。六貳之博則天府已。」求財於六貳之博，得之不窮，故曰「天府」。天府，天之府藏。言六貳之博，可以得貨財。先王之道，可以爲堯、舜，故以喻焉。「六貳之博」即「六博」也。王逸注《楚辭》云：「投六箸，行六棊，故曰六博。」今之博局亦二六相對也。○盧文弨曰：「貳」當作「藝」，聲之誤也，即六經也。

君子之學如蛻，幡然遷之。如蟬蛻也。「幡」與「翻」同。故其行效，其立效，其坐效，其置顔色、出辭氣效。效，放也。置，措也。言造次皆學而不捨也。無留善，有善即行，無留滯。無宿問。當時即問，不俟經宿。

善學者盡其理，善行者究其難。非知之艱，行之惟艱，故善行之者，是究其難。

君子立志如窮，似不能通變。雖天子三公問，正以是非對。至尊至貴，對之唯一，故曰如窮也。

○先謙案：君子不以窮達易心，故立志常如窮時。雖君相問，必以正對。楊説非。

君子隘窮而不失，不失道而隕穫。○盧文弨曰：「隘窮」即「阨窮」。勞倦而不苟，不苟免也。臨患難而不忘細席之言。《尸子》：「子夏曰：君子漸於飢寒而志不僻，侉於五兵而辭不懾，臨大事不忘昔席之言。」「昔席」蓋昔所踐履之言，此「細」亦當讀爲「昔」。或曰：細席，講論之席，臨難不忘素所講習忠義之言。《漢書》：王吉諫昌邑王曰：「廣廈之下，細旃之上。」○盧文弨曰：案，《廣韻》：「侉，痛呼也。安賀切。」宋本作「銙」，字書無考，今從元刻。郝懿行曰：「細席」，恐「茵席」之形譌。蓋「茵」假借爲「絪」，「絪」又譌爲「細」耳。王念孫曰：郝説是也。《漢書・霍光傳》：「加畫繡絪馮。」如淳曰：「絪亦茵。」是其證。茵席之言，謂昔日之言，即《論語》所謂「平生之言」也。故《尸子》云：「臨大事不忘昔席之言。」俞樾曰：郝、王之説塙矣。楊注引《尸子》「臨大事不忘昔席之言」，「昔」亦「茵」之譌。《荀子》作「細席」者，其原文是「絪席」也。尸子作「昔席」者，其原文是「茵席」也。兩文雖異而實同。歲不寒無以知松柏，事不難無以知君子。無日不在是。無有一日不懷道，所謂造次必於是也。

雨小漢故潛。未詳。或曰：《爾雅》云：「漢爲潛。」李巡曰：「漢水溢流爲潛。」今云「雨小漢故潛」，言漢者，本因雨小水濫觴而成，至其盛也，乃溢爲潛矣。言自小至大者也。○郝懿行曰：此語譌誤不可讀，楊氏曲爲之解，似違蓋闕之義。俞樾曰：「漢」字疑衍文。「雨小故潛」者，《爾雅・釋言》曰：「潛，深也。」言雨小故入地深也。下文云「夫盡小者大，積微者箸」，是其義矣。夫盡小者大，積微者箸，德至者色澤洽，行盡而聲問遠。色澤洽，謂德潤身。行，下孟反。○先謙案：「而」蓋「者」之誤，四句一例。小人不誠於内而求之於外。

言而不稱師謂之畔，畔者，倍之半也。教而不稱師謂之倍。教人不稱師，其罪重，故謂之倍。倍者，反逆之名也。○郝懿行曰：倍者，反也。「畔」與「叛」同。叛者，反之半也。不稱師同而罪異者，言謂自言，教謂傳授，夫民生於三，事之如一。師儒得民，九兩攸繫，而乃居肰坐大，背棄師門，名教罪人，故以反叛坐之。《檀弓》記曾子怒子夏曰：「使西河之民疑女於夫子，爾罪一也。」鄭注：「言其不稱師也。」然則荀子斯言蓋有因於古矣。倍畔之人，明君不内，朝士大夫遇諸塗不與言。

不足於行者説過，言説大過，故行不能副也。不足於信者誠言。數欲誠實其言，故信不能副。君子所以貴行不貴言也。○郝懿行曰：説過者，大言不怍。誠言者，貌言若誠。故《春秋》善胥命，而《詩》非屢盟，其心一也。《春秋》魯桓公三年：齊侯、衛侯胥命于蒲。《公羊傳》曰：「相命也。何言乎相命？近正也。古者不盟，結言而退。」又《詩》曰：「君子屢盟，亂是用長。」言其一心而相信，則不在盟誓也。善爲《詩》者不説，善爲《易》者不占，善爲《禮》者不相，其心同也。皆言與理冥會者，至於無言説者也。相，謂爲人贊相也。

曾子曰：「孝子言爲可聞，行爲可見。發言使人可聞，不詐妄也；立行使人可見，不苟爲，斯爲孝子也。言爲可聞，所以説遠也；行爲可見，所以説近也。近者説則親，遠者説則附。親近而附遠，孝子之道也。」「説」皆讀爲「悦」。近親遠附，則毁辱無由及親也。

曾子行，晏子從於郊。曰：「嬰聞之，君子贈人以言，庶人贈人以財。嬰貧無財，請假於君子，贈吾子以言。假於君子，謙辭也。晏子先於孔子，曾子之父猶爲孔子弟子，此云送曾子，豈好事者爲之歟？乘輿之輪，太山之木也，示諸檃栝，三月五月，爲幬菜，敝而不反其常。此皆言車之材也。「示」讀爲「寘」。檃栝，矯煣木之器也。言寘諸檃栝或三月，或五月也。「幬菜」未詳。或曰：「菜」讀爲「菑」，謂轂與輻也。言矯煣直木爲牙，至於轂輻皆敝，而規曲不反其初，所謂三材不失職也。《周禮·考工記》曰：「望其轂，欲其眼也；進而眡之，欲其幬之廉也。」鄭云：「幬，冒轂之革也。革急則木廉隅見。」《考工記》又曰：「察其菑蚤不齵，則輪雖敝不匡。」鄭云：「菑，謂輻入轂中者。『蚤』讀爲『爪』，謂輻入牙中者也。匡，刺也。」《晏子春秋》曰：「今夫車輪，山之直木，良匠煣之，其員中規，雖有槁暴，不復贏矣。」君子之檃栝不可不謹也，慎之！爲移其性，故不可慢。蘭茝槀本，漸於蜜醴，一佩易之。雖皆香草，然以浸於甘醴，一玉佩，方可易買之。言所漸者美而加貴也。「佩」或爲「倍」，謂其一倍也。漸，浸也，子廉反。此語與《晏子春秋》不同也。○盧文弨曰：《晏子》作「今夫蘭本三年而成，湛之苦酒，則君子不近，庶人不佩；湛之麋醢，而賈匹馬矣。」《說苑》、《家語》略同，「麋醢」作「鹿醢」。案，「漸於蜜醴」，與「漸於酒」、「漸之滫中」，皆謂其不可久，故一佩即易之。各書俱一意，注非。正君漸於香酒，可讒而得也。雖正直之君，其所漸染，如香之於酒，則讒邪可得而入。言甘醴變香草之性，甘言變正君之性，或爲美，或爲惡，皆在其所漸染也。○郝懿行曰：正君者，好是正直之君。讒言甘而易入，如飲醇醪，令人自醉，故以漸於香酒譬況之。君子之所漸不可不慎也。」

人之於文學也，猶玉之於琢磨也。《詩》曰：「如切如磋，如琢如磨。」謂學問也。和之璧，井里之厥也，玉人琢之，爲天子寶。和之璧，楚人卞和所得之璧也。井里，里名。「厥也」，未詳，或曰：厥，石也。《晏子春秋》作「井里之困也」。○盧文弨曰：案，「厥」同「橜」。《說文》：「橜，門梱也。梱，門橜也。」《荀子》以「厥」爲「橜」，《晏子》以「困」爲「梱」，皆謂門限。《意林》不解，乃改爲「璞」矣。郝懿行曰：《晏子春秋·雜上篇》作「井里之困」。據盧說則「厥」與「困」一物，皆謂得石如門限木耳。王念孫曰：盧本段說，見《鍾山札記》。《文選》劉琨《答盧諶詩序》：「天下之寶，當與天下共之。」注引此「和」下有「氏」字，《晏子春秋·雜篇》同。「爲天子寶」作「爲天下寶」，又引《史記·藺相如傳》「和氏璧，天下所共傳寶也」。於義爲長。下文亦云「子贛、季路，爲天下列士」。子贛、季路，故鄙人也，被文學，服禮義，爲天下列士。

學問不厭，好士不倦，是天府也。言所得多。

君子疑則不言，未問則不立，道遠日益矣。未曾學問，不敢立爲論議，所謂不知爲不知也。爲道久遠，自日有所益，不必道聽塗說也。此語出《曾子》。○王念孫曰：「立」字義不可通。「立」亦當爲「言」。下文「未問則不立」同。「疑則不言」、「未問則不言」，皆謂君子之不易以豉反。其言也。《大戴記・曾子立事篇》：「君子疑則不言，未問則不言。」此篇之文多與《曾子》同也。隸書「言」字或作「音」，若「畣」作「𠶷」，「詹」作「詹」、「善」作「善」之類皆是。因脱其半而爲「立」。《秦策》「秦王愛公孫衍，與之閒，有所言」，今本「言」譌作「立」。楊曲爲之説，非。

多知而無親，博學而無方，好多而無定者，君子不與。無親，不親師也。方，法也。此皆謂雖廣博而無師法也。

少不諷，壯不論議，雖可，未成也。諷，謂就學諷《詩》、《書》也。言不學，雖有善質，未爲成人也。○王念孫曰：「少不諷」當從《大戴記》作「少不諷誦」。「諷誦」與「論議」對文，少一「誦」字，則文不足意矣。楊云「諷謂就學諷《詩》《書》」，則所見本已脱「誦」字。

君子壹教，弟子壹學，亟成。壹，專壹也。亟，急也，己力反。

君子進則能益上之譽而損下之憂，進，仕。損，減。不能而居之，誣也；無益而厚受之，竊也。誣君竊位。學者非必爲仕，而仕者必如學。如，往。○郝懿行曰：如，肖似也。此言仕必不負所學。注云「如，往」，非也。

子貢問於孔子曰：「賜倦於學矣，願息事君。」息，休息。孔子曰：「《詩》云：『温恭朝夕，執事有恪。』事君難，事君焉可息哉！」《詩》，《商頌・那》之篇。「然則賜願息事親。」孔子曰：「《詩》云：『孝子不匱，永錫爾類。』事親難，事親焉可息哉！」《詩》，《大雅・既醉》之篇。毛云：「匱，竭也。類，善也。」言孝子之養，無有匱竭之時，故天長賜以善也。「然則賜願息於妻子。」孔子曰：「《詩》云：『刑于寡妻，至于兄弟，以御于家邦。』妻子難，妻子焉可息哉！」《詩》，《大雅・思齊》之篇。刑，法也。寡有之妻，言賢也。御，治也。言文王先立禮法於其妻，以至于兄弟，然後治于家邦，言自家刑國也。「然則賜願息於朋友。」孔子曰：「《詩》云：『朋友攸攝，攝以威儀。』朋友難，朋友焉可息哉！」亦《既醉》之篇。毛云：「言相攝佐者，以威儀也。」「然則賜願息耕。」孔子曰：「《詩》云：『晝爾于茅，宵爾索綯，亟其乘屋，其始播百穀。』耕難，耕焉可息哉！」《詩》，《豳風・七月》之篇。于茅，往取茅也。綯，絞也。亟，急也。乘屋，升屋，治其敝漏也。「然則賜無息者乎？」孔子曰：「望其壙，皋如也，嵮如也，鬲如也，此則知所息矣。」壙，丘壠。「皋」當爲「宰」。宰，冢也。宰如，高貌。「嵮」與「填」同，謂土填塞也。鬲謂隔絕於上。《列子》作「宰如墳如」。張湛注云：「見其墳壤鬲異，則知息之有所也。」○盧文弨曰：《公羊》僖卅三年《傳》：「宰上之木拱矣。」是「宰」訓「冢」也。冢，大也，如大山也。「嵮」讀爲「顛」，山頂也。鬲如，形如實五穀之器也，山有似甗者矣。《列子》「嵮如」作「墳如」，如大防也。　郝懿行曰：皋猶高也。言皋韜在上也。「嵮」即「顛」字。「顛」俗作「巔」，因又作「嵮」耳。鬲，鼎屬也。圓而弇上。此皆言丘壠之形狀，故以「如」字寫貌之。皋如，蓋若覆夏屋者。嵮如，蓋若防者露標顛也。《列子・天瑞篇》作「墳如」。墳，大防也。鬲如，蓋若覆釜之形，上小下大，今所見亦多有之。注竝非。　劉台拱曰：今《列子》作「睪如也宰如也」。「睪」即「皋」。豈楊氏所見本異邪？「睪如」「宰如」二句疊出，則不得破「皋」爲「宰」矣。　王念孫曰：《家語・困誓篇》亦作「睪如也」，王肅曰：「睪，高貌。」子貢曰：「大哉，死乎！君子息焉，小人休焉。」○郝懿行曰：休、息一耳。此別之者，亦猶《檀弓》記言「君子曰終，小人曰死」之意。子貢始言願得休息，孔子四言「焉可息哉」，必須死而後已。於是子貢悚然警悟，始知大塊勞我以生，逸我以死，作而歎曰：「大哉，死乎！君子息焉，小人休焉。」言人不可苟生，亦不可徒死也。

《國風》之好色也，傳曰：「盈其欲而不愆其止。」好色，謂《關雎》樂得淑女也。盈其欲，謂好仇，寤寐思服也。止，禮也。欲雖盈滿，而不敢過禮求之。此言好色人所不免，美其不過禮也。故《詩序》云：「《關雎》樂得淑女以配君子，憂在進賢，不淫其色，哀窈窕，思賢才，而無傷善之心焉。是《關雎》之義也。」其誠可比於金石，其聲可内於宗廟。」其誠，以禮自防之誠也。比於金石，言不變也。其聲可内於宗廟，謂以其樂章播八音，奏於宗廟。《鄉飲酒禮》：「合樂《周南》《關雎》、《葛覃》。」《詩序》云：「《關雎》后妃之德，風之始也。所以風化天下，故用之鄉人焉，用之邦國焉。」既云「用之邦國」，是其聲可內於宗廟者也。**《小雅》不以於汙上，自引而居下。**以，用也。汙上，驕君也。言作《小雅》之人，不爲驕君所用，自引而疏遠也。**疾今之政，以思往者，其言有文焉，其聲有哀焉。**《小雅》多刺幽、厲而思文、武。言有文，謂不鄙陋。聲有哀，謂哀以思也。

國將興，必貴師而重傅，貴師而重傅則法度存。○俞樾曰：下文云「賤師而輕傅則人有快，人有快則法度壞。」據此則「貴師而重傅」下疑有闕文。**國將衰，必賤師而輕傅，賤師而輕傅則人有快，**人有肆意。**人有快則法度壞。**

古者匹夫五十而士，禮四十而士，五十而後爵。此云「五十而士」，恐誤。或曰：爲卿士。○郝懿行曰：士者，事也。五十曰艾，服官政，然後可以任事也。俞樾曰：二說皆非也。下文云：「天子諸侯子十九而冠。」注曰：「先於臣下一年也。」然則四十而士，猶二十而冠，皆是論其常。五十而士，猶十九而冠，皆是言其異也。《禮》所謂四十始仕，五十命爲大夫者，蓋指卿大夫、元士之適子而言。此明言匹夫，則殆謂卿之俊士選士矣。《禮記·王制篇》正義曰：「鄉人既卑，節級升之，故爲選士俊士。至於造士，若王子與公卿之子，本位既尊，不須積漸，學業既成即爲造士。」以是言之，古人於世族子弟及民閒秀士，自有區別，故其始仕有十年之差也。荀子不直曰古者五十而士，必加「匹夫」二字，明與下文「天子諸侯子」相對。知十九而冠，爲天子諸侯子之制，則知五十而士，爲匹夫之制，不必疑其與《禮經》不合矣。**天子諸侯子十九而冠，冠而聽治，其教至也。**十九而冠，先於臣下一年也。雖人君之子，猶年長而冠，冠而後聽其政治，以明教至然後治事，不敢輕易。○郝懿行曰：「天子諸侯子十九而冠」者，異於常人，由其生質本異，其教又至，故能爾也。傳謂國君十五生子，冠而生子，禮也。於時魯侯年才十二，則太早矣。荀子所言，當是古法。

君子也者而好之其人，有君子之質，而所好得其人，謂得賢師也。**其人也而不教，不祥。**祥，善。○王念孫曰：「其人也而不教」，「也」字當在上句「其人」下。汪説同。下文「非君子而好之，非其人也；非其人而教之，齎盜糧借賊兵也」。上「非其人」下有「也」字，下「非其人」下無「也」字，是其證。先謙案：人有好善之誠，我不以善告之，是不祥也。非君子而好之，非其人也；既無君子之質，又所好非其人也。非其人而教之，齎盜糧、借賊兵也。若使不善人教非君子，是猶資借盜賊之兵糧，爲害滋甚，不如不教也。「齎」與「資」同。兵，五兵也。○盧文弨曰：此條言所好者君子，是爲得其人；非君子而好之，則所好非其人也。人可與言而不教，是爲不祥；不可與言而教之，則又資盜糧借賊兵也。楊注不了。王念孫曰：此言能好君子，則爲可教之人；可教而不教之，是爲不祥。若所好非君子，則爲不可教之人，不可教而教之，則是齎盜糧借賊兵也。盧説亦未了。

不自嗛其行者，言濫過。嗛，足也。謂行不足也。所以不足其行者，由於言辭汎濫過度也。○郝懿行曰：嗛，不足也。言人不知自歉其行者，其言易於濫過而難副。楊注失之。「嗛」與「歉」古字通，《荀》書多以「嗛」爲「歉」，楊氏不了，此注支離妄説，亦由訓「嗛」爲「足」，遂不顧文義之難通耳。古之賢人，賤爲布衣，貧爲匹夫，食則饘粥不足，衣則豎褐不完，然而非禮不進，非義不受，安取此！豎褐，僮豎之褐，亦短褐也。言賢人雖貧窮，義不苟進，安取此言過而行不副之事乎！

子夏貧，衣若縣鶉。人曰：「子何不仕？」曰：「諸侯之驕我者，吾不爲臣；大夫之驕我者，吾不復見。柳下惠與後門者同衣而不見疑，非一日之聞也。柳下惠，魯賢人，公子展之後，名獲，字禽，居於柳下，謚惠，季其伯仲也。後門者，君之守後門至賤者。子夏言：昔柳下惠衣之敝惡，與後門者同，時人尚無疑怪者，言安於貧賤渾迹而人不知也。非一日之聞，言聞之久矣。○盧文弨曰：案，柳下惠一條不當蒙上文。「與後門同衣而不見疑」，蓋即《毛詩·巷伯篇》故訓傳所云「嫗不逮門之女，而國人不稱其亂也」。非一日之聞，言素行爲人所信。王念孫曰：案，《鍾山札記》又引《呂氏春秋·長利篇》云：「戎夷違齊如魯，天大寒而後門。」高誘注：「後門，日夕門已閉也。」《韓非子·外儲說左下》云：「暮而後門。」爭利如蚤甲而喪其掌。」「蚤」與「爪」同。言仕亂世驕君，縱得小利，終喪其身。○盧文弨曰：蚤者，叉字之叚借。「叉」「甲」同義。「爪」訓「覆手」，不與「蚤」同。此亦當别爲一條。　郝懿行曰：此章言子夏貧無衣而不仕者，以時君大夫皆驕慢，故衣雖縣鶉而自甘。又引柳下惠與後門同衣，意可見矣。又言得利如叉甲而喪其手掌，言仕之利小而害大也。楊注甚明，盧氏欲分段，似失之。

君人者不可以不慎取臣，匹夫不可以不慎取友。○謝本從盧校作「匹夫者」。　王念孫曰：「匹夫」下不當有「者」字，此涉上「君人者」而衍。吕、錢本「匹夫」下皆無「者」字。　先謙案：王説是，今從吕、錢本删。友者，所以相有也。「友」與「有」同義。相有，謂不使喪亡。○郝懿行曰：有者，相保有也。《詩》云：「亦莫我有。」「友」「有」聲義同，古亦通用。如云「有朋自遠方來」，「有」即「友」矣。道不同，何以相有也？均薪施火，火就燥；平地注水，水流溼。夫類之相從也，如此之箸也，以友觀人，焉所疑？察其友，則可以知人之善惡不疑也。取友善人，不可不慎，是德之基也。取友求善人，不可不慎，是德之基本，言所以成德也。○盧文弨曰：俗本正文亦作「取友求善人」。宋本、元刻皆無「求」字。若有，注可不費辭矣。　先謙案：善人，使人善也。楊注非。《詩》曰：「無將大車，維塵冥冥。」言無與小人處也。《詩》，《小雅·無將大車》之篇。將猶扶進也。將車，賤者之事。塵冥冥，蔽人目明，令無所見。與小人處亦然也。

藍苴路作，似知而非。未詳其義。或曰：「苴」讀爲「姐」，慢也。趙蕤注《長短經·知人篇》曰：「姐者，類智而非智。」或讀爲「狙」，伺也。姐，子野反。　僄弱易奪，似仁而非。仁者不争而與物，故僄弱易奪者似之。易奪，無執守之謂也。○盧文弨曰：「僄」與「懦」同，從宋本。　悍戇好鬬，似勇而非。悍，兇戾也。戇，愚也，丁絳反。

仁義禮善之於人也，辟之若貨財粟米之於家也，多有之者富，少有之者貧，至無有者窮。故大者不能，小者不爲，是棄國捐身之道也。○盧文弨曰：「捐」，宋本作「損」，今從元刻。

凡物有乘而來，乘其出者，是其反者也。反，復也。出，去也。凡乘埶而來，乘埶而去者，皆是物之還反也。言善惡皆所自取也。○王念孫曰：下「乘」字疑涉上「乘」字而衍。「凡物有乘而來」者，乘，因也。《文選》謝朓《始出尚書省詩》注引如淳《漢書注》。言凡物必有所因而來，反乎我者，即出乎我者也。故曰「其出者，是其反者也」。今本「來」下又有「乘」字，則義反晦矣。楊説失之。

流言滅之，貨色遠之。禍之所由生也，生自纖纖也。是故君子蚤絶之。流言，謂流轉之言，不定者也。滅亦絶也。凡禍之所由生，自纖纖微細，故君子早絶其萌。此語亦出《曾子》。○盧文弨曰：元刻作「禍之所由生，自纖纖也」，與《大戴・曾子立事篇》同。王念孫曰：宋龔本同元刻，汪從之。

言之信者在乎區蓋之閒。區，藏物處。蓋，所以覆物者。凡言之可信者，如物在器皿之閒。言有分限，不流溢也。器名「區」者，與「丘」同義。《漢書・儒林傳》：「唐生、褚生應博士弟子選，試誦説，有法，疑者丘蓋不言。」「丘」與「區」同也。疑則不言，未問則不立。重引此兩句以明之。○郝懿行曰：此二句已見上，疑「立」皆當爲「言」，形近之譌。楊注説「立」非也。區蓋者，古讀「區」若「丘」，注引《漢・儒林傳》「疑者丘蓋不言」，此説是也。《論語》記孔子言「蓋」，皆疑而未定之詞，如云「君子於其所不知，蓋闕如也」，「蓋有不知而作之者，我無是也」，「蓋有之矣，我未之見也」，「蓋」皆疑詞，故謂疑者曰「丘蓋」，以音同借爲「區蓋」耳。楊注非是。《漢書注》：蘇林曰：「丘蓋不言，不知之意也。」如淳曰：「齊俗以不知爲丘。」二説皆得其意，但語未明晰耳。顔師古注以「蓋」爲發語之辭，亦非。

知者明於事，達於數，不可以不誠事也。誠，忠誠。言不可以虚妄事智者。○盧文弨曰：「事智者」，元刻作「了知也」。故曰：君子難説，説之不以道，不説也。「説」竝音「悦」。

語曰：流丸止於甌臾，流言止於知者。甌、臾，皆瓦器也。揚子雲《方言》云：「陳、魏、楚、宋之閒謂甇爲臾。」甌臾，謂地之坳坎如甌臾者也。或曰：甌臾，窊下之地。《史記》曰：「甌窶滿溝，污邪滿車。」裴駰云：「甌窶，傾側之地。污邪，下地也。」「邪」與「臾」聲相近，蓋同也。寠，力侯反。污，烏瓜反。此家言邪學之所以惡儒者也。家言，謂偏見自成一家之言，若宋、墨者。是非疑則度之以遠事，驗之以近物，參之以平心，流言止焉，惡言死焉。參驗之至則流言息。死猶盡也。鄭康成曰：「死之言澌，澌猶消盡也。」

曾子食魚，有餘，曰：「泔之。」門人曰：「泔之傷人，不若奧之。」「泔」與「奧」皆烹和之名。未詳其說。○盧文弨曰：案，非烹和也。曾子以魚多，欲藏之耳。泔，米汁也。泔之，謂以米汁浸漬之，門人以易致腐爛，食之不宜於人，或致有腹疾之患，故以爲傷人。《說文》：「奧，宛也。」「宛，奧也。」「奧」與「宛」皆與「鬱」音義同。今人藏魚之法，醉魚則用酒，醃魚則用鹽，置之甀中以鬱之，可以經久，且味美。「奧」如「鬱韭」、「鬱麴」之「鬱」。「鬱韭」見《說文》「菹」字下，「鬱麴」見《釋名》。皆謂治之，藏於幽隱之處。今魚經鹽酒者，於老者病者極相宜，正與傷人相反。此條見《龍城札記》。王念孫曰：米泔不可以漬魚。盧謂以米汁浸漬之，非也。「泔」當爲「洎」。《周官·士師》「洎鑊水」，鄭注曰：「洎，謂增其沃汁。」襄二十八年《左傳》：「去其肉而以其洎饋。」《正義》曰：「添水以爲肉汁，遂名肉汁爲洎。」然則添水以爲魚汁，亦得謂之洎。洎之，謂添水以漬之也。《吕氏春秋·應言篇》：「多洎之則淡而不可食，少洎之則焦而不熟。」高注曰：「肉汁爲洎。」彼言「多洎之」、「少洎之」，即此所謂「洎之」矣。以洎漬魚，則恐致腐爛而不宜於食，故曰「洎之傷人也」。隸書「甘」字或作「目」，與「自」字極相似，故洎誤爲泔耳。漢《西嶽華山亭碑》「甘澍弗布」，「甘」字作「目」，見《漢隸字原》。「奧」亦非烹和之名。盧訓「奧」爲「鬱」是也。《釋名》曰：「腝，奧也。藏物於奧内，稍出用之也。」彼所謂「腝」，即此所謂「奧」之矣。然盧謂「奧」與「宛」、「鬱」同音，則非也。「奧」與「宛」、「鬱」同義而不同音，故諸書中「鬱」字有通作「宛」者，而「宛」「鬱」二字無通作「奧」者。以「宛」、「鬱」釋「奧」則可，讀「奧」爲「宛」、「鬱」則不可。曾子泣涕曰：「有異心乎哉！」傷其聞之晚也。曾子自傷不知以食餘之傷人，故泣涕，深自引過，謝門人曰：吾豈有異心故欲傷人哉，乃所不知也。言此者以譏時人飾非自是，恥言不知，與曾子異也。○先謙案：曾子養親至孝，當時或進此魚而未知其傷人，親没後始聞此語，故觸念自傷。楊注未得其義。

無用吾之所短，遇人之所長。遇，當也。言

己才藝有所短，宜自審其分，不可彊欲當人所長而辨争也。故塞而避所短，移而從所仕。疏知而不法，察辨而操辟，勇果而亡禮，君子之所憎惡也。塞，掩也。移，就也。「仕」與「事」同，事所能也。言掩其不善，務其所能也。疏，通也。察辨而操辟，謂聰察其辨，所操之事邪僻也。操，七刀反。○俞樾曰：「仕」疑「任」，字之誤。《莊子·秋水篇》「任士之所勞」，《釋文》引李《注》曰：「任，能也。」然則「移而從所任」者，移而從所能也，於義較捷矣。

多言而類，聖人也。應萬變故多類，謂皆當其類而無乖越，此聖人也。少言而法，君子也。多言無法，而流喆然，雖辯，小人也。「喆」當爲「湎」，《非十二子篇》有此語，此當同。或曰：當爲「楛」也。○先謙案：「而」當訓爲「如」，通用字。

國法禁拾遺，惡民之串以無分得也。串，習也，工患反。有夫分義，則容天下而治；○先謙案：容，受也。無分義，則一妻一妾而亂。

天下之人，唯各特意哉，然而有所共予也。特意，謂人人殊意。「予」讀爲「與」。○盧文弨曰：「唯」，元刻作「雖」。王念孫曰：「唯」即「雖」字，説見《經義述聞》桓十四年《穀梁傳》。言味者予易牙，言音者予師曠，言治者予三王。易牙，齊桓公宰夫，知味者。師曠，晉平公樂師，知音者。三王既已定法度，制禮樂而傳之，有不用而改自作，何以異於變易牙之和，更師曠之律？無三王之法，天下不待亡，國不待死。言不暇有所待而死亡，速之甚也。更，工衡反。○謝本從盧校作「無三王之治」。王念孫曰：吕、錢本「治」皆作「法」，是也。此承上「三王既已定法度」而言。先謙案：王説是，今從吕、錢本改。

飲而不食者，蟬也；不飲不食者，浮蝣也。浮蝣，渠略，朝生夕死蟲也。言此者，以喻人既飲且食，必須求先王法略爲治，不得苟且如浮蝣輩也。○郝懿行曰：二句義似未足，文無所蒙，容有缺脱。汪中曰：此二語别是一義，與上文不相蒙，注非。

虞舜、孝己孝而親不愛，比干、子胥忠而君不用，仲尼、顔淵知而窮於世。劫迫於暴國而無所辟之，「辟」讀爲「避」。聖賢者不遇時，危行言遜。則崇其善，揚其美，言其所長，而不稱其所短也。

惟惟而亡者誹也，「惟」讀爲「唯」，以癸反。唯唯，聽從貌。常聽從人，而不免亡者，由於退後，即誹謗也。博而窮者訾也，清之而俞濁者口也。已解於《榮辱篇》。

君子能爲可貴，不能使人必貴己；能爲可用，不能使人必用己。脩德在己，所遇在命。

誥誓不及五帝，誥誓，以言辭相誡約也。《禮記》曰：「約信曰誓。」又曰：「殷人作誓而民始畔。」盟詛不及三王，涖牲曰盟，謂殺牲歃血告神以盟約也。交質子不及五伯。此言後世德義不足，雖要約轉深，猶不能固也。「伯」讀曰「霸」。《穀梁傳》亦有此語。

荀子卷第十九

荀子卷第二十

唐登仕郎守大理評事楊倞注

臣王先謙集解

宥坐篇第二十八

此以下皆荀卿及弟子所引記傳襍事，故總推之於末。

孔子觀於魯桓公之廟，有欹器焉。《春秋》：哀公三年，桓宮、僖宮災。《公羊傳》曰：「此皆毀廟也。其言災何？復立也。」或曰：三桓之祖廟。欹器，傾欹易覆之器。 孔子問於守廟者曰：「此爲何器？」守廟者曰：「此蓋爲宥坐之器。」「宥」與「右」同。言人君可置於坐右，以爲戒也。《說苑》作「坐右」。或曰：「宥」與「侑」同，勸也。《文子》曰：「三王五帝，有勸戒之器，名侑卮。」注云：「欹器也。」○盧文弨曰：今《說苑》作「右坐」，見《敬慎篇》。 孔子曰：「吾聞宥坐之器者，虚則欹，中則正，滿則覆。」孔子顧謂弟子曰：「注水焉。」弟子挹水而注之。挹，酌。 中而正，滿而覆，虚而欹。 孔子喟然而歎曰：「吁！惡有滿而不覆者哉！」子路曰：「敢問持滿有道乎？」孔子曰：「聰明聖知，守之以愚；功被天下，守之以讓；勇力撫世，守之以怯；撫，掩也，猶言蓋世矣。○盧文弨曰：據注則「撫」乃「憮」字之誤。《家語·三恕篇》作「振世」。 富有四海，守之以謙。此所謂挹而損之之道也。」挹亦退也。挹而損之，猶言損之又損。

孔子爲魯攝相，朝七日而誅少正卯。爲司寇而攝相也。朝，謂聽朝也。 門人進問曰：「夫少正卯，魯之聞人也。夫子爲政而始誅之，得無失乎？」聞人，謂有名，爲人所聞知者也。始誅，先誅之也。 孔子曰：「居！吾語女其故。人有惡者五，而盜竊不與焉。一曰心達而險，二曰行辟而堅，三曰言僞而辯，四曰記醜而博，五曰順非而澤。心達而險，謂心通達於事而凶險也。「辟」讀曰「僻」。「醜」謂怪異之事。澤，有潤澤也。此五者有一於人則不得免於君子之誅，而少正卯兼有之。故居處足以聚徒成群，言談足以飾邪營衆，强足以反是獨立，此小人之桀雄也，不可不誅也。「營」讀爲「熒」。熒衆，惑衆也。强，剛愎也。反是，以非爲是也。獨立，人不能傾之也。是以湯誅尹諧，文王誅潘止，周公誅管叔，太公誅華仕，管仲誅付里乙，子產誅鄧析、史付。《韓子》曰：「太公封於齊，東海上有居士狂矞、華仕昆弟二人立議曰：吾不臣天子，不友諸侯，耕而食之，掘而飲之，吾無求於人，無上之名，無君之祿，不仕而事力。太公使執而殺之，以爲首誅。周公從魯聞，急傳而問之曰：『二子，賢者也。今日饗國殺之，何也？』太公曰：『是昆弟立議曰：不臣天子，是望不得而臣也。不友諸侯，是望不得而使也。耕而食之，掘而飲之，無求於人，是望不得以賞罰勸禁也。且先王之所以使其臣民者，非爵祿則刑罰也。今四者不足以使之。則望誰爲君乎！是以誅之。』」尹諧、潘止、付里乙、史付事迹竝未聞也。○盧文弨曰：《家語》作「管仲誅付乙，子產誅史何」。注「先王」，宋本作「夫王」，無下「民」字，今據《韓子·外儲説右上》增正。此七子者，皆異世同心，不可不誅也。詩曰：『憂心悄悄，慍于群小。』小人成群，斯足憂矣。」《詩》，《邶風·柏舟》之篇。悄悄，憂貌。慍，怒也。

孔子爲魯司寇，有父子訟者，孔子拘之，三月不別。別，猶決也。謂不辨別其子之罪。其父請止，孔子舍之。季孫聞之，不説，曰：「是老也欺予，老，大夫之尊稱。《春秋傳》曰：使圍將不得爲寡君老也。語予曰：爲國家必以孝。今殺一人以戮不孝，又舍之。」冉子以告。孔子慨然歎曰：「嗚呼！上失之，下殺之，其可乎？不教其民而聽其獄，殺不辜也。三軍大敗，不可斬也；獄犴不治，不可刑也，罪不在民故也。獄犴不治，謂法令不當也。犴亦獄也。《詩》曰：「宜犴宜獄。」「獄」字從二犬，象所以守者。犴，胡地野犬，亦善守，故獄謂之犴也。嫚令謹誅，賊也；「嫚」與「慢」同。謹，嚴也。賊，賊害人也。今生也有時，斂也無時，暴也；言生物有時而賦斂無時，是陵暴也。○盧文弨曰：「生也」二字，各本皆脱，今案注增。王念孫曰：「今」字當在「嫚令謹誅」上，總下三事言之，文義方順。《家語・始誅篇》作「夫嫚令謹誅」，「夫」字亦總下之詞。不教而責成功，虐也。已此三者，然後刑可即也。已，止。即，就。《書》曰：『義刑義殺，勿庸以即，予維曰未有順事。』言先教也。《書》，《康誥》。言周公命康叔，使以義刑義殺，勿用以就汝之心，不使任其喜怒也。維刑殺皆以義，猶自謂未有使人可順守之事，故有抵犯者，自責其教之不至也。故先王既陳之以道，上先服之。服，行也。謂先自行之，然後教之。若不可，尚賢以綦之；若不可，廢不能以單之。綦，極也，謂優寵也。單，盡也。盡謂黜削。「單」或爲「殫」。○盧文弨曰：《家語・始誅篇》作「尚賢以勸之，又不可，而後以威憚之」。此注「單或爲殫」，元刻作「或爲憚」，與《家語》同。綦三年而百姓往矣。百姓從化，極不過三年也。○盧文弨曰：「往」乃「從」之誤。下注同。王念孫曰：案，「從」下當有「風」字。今本無「風」字者，「從」誤爲「往」，則「往風」二字義不可通，後人因删「風」字耳。據楊注云「百姓從化」，「化」字正釋「風」字。《太平御覽・治道部》五引此正作「百姓從風」。《韓詩外傳》及《説苑・政理篇》竝同。邪民不從，然後俟之以刑，則民知罪矣。百姓既往，然後誅其姦邪也。○王念孫曰：案，「邪民」本作「躬行」。上文云「上先服之，三年而百姓從風」。服者，行也，即此所謂躬行也。故云「躬行不從，然後俟之以刑」。隸書「躬」與「邪」相似，故「躬」誤爲「邪」。見《隸辨》。案，「躬行」作「邪行」，「邪」字誤而「行」字不誤。《外傳》亦誤作「邪行」，唯《説苑》不誤。今本《荀子》「邪行」作「邪民」，乃後人所改，辯見下。《家語・始誅篇》作「其有邪民不從化者，然後待之以刑」。案，《荀子》之「躬行不從」，誤作「邪行不從」，則義不可通。王肅不知「邪」爲「躬」之誤，故改「邪行不從」爲「邪民不從化」，以曲通其義。而今本《荀子》亦作「邪民」，則又後人以《家語》改之也。楊注云：「百姓既從，然後誅其姦邪。」則所見本已同今本。《説苑》正作「躬行不從而後俟之以刑」。《詩》曰：『尹氏大師，維周之氏；秉國之均，四方是維；天子是庳，卑民不迷。』《詩》，《小雅・節南山》之篇。氏，本也。「庳」讀爲「毗」，輔也。「卑」讀爲「俾」。是以威厲而不試，刑錯而不用，此之謂也。厲，抗也。試亦用也。但抗其威而不用也。錯，置也。如置物於地不動也。今之世則不然。亂其教，繁其刑，其民迷惑而墮焉，則從而制之，是以刑彌繁而邪不勝。三尺之岸而虛車不能登也，百仞之山任負車登焉，何則？陵遲故也。岸，崖也。負，重也。任負車，任重之車也。遲，慢也。陵遲，言丘陵之勢漸慢也。王肅云：「陵遲，陂池也。」○盧文弨曰：案，《淮南子・泰族篇》：「山以陵遲，故能高。」「陵遲」猶池邐陂陀之謂，此注與《匡謬正俗》俱訓「陵」爲「丘陵」，似泥。王念孫曰：古無訓「負」爲「重」者，負亦任也。《魯語》注曰：「任，負荷也。」《楚辭・九章》注曰：「任，負也。」連言任負者，古人自有複語耳。倒言之則曰負任，《齊語》「負任擔荷」是也。陵遲，盧說是也。《說文》：「夌，夌徲也。」其字本作「夌」，則非謂丘陵明矣。詳見《漢書雜志》末卷。數仞之牆而民不踰也，百仞之山而豎子馮而游焉，陵遲故也。○王念孫曰：馮者，登也。《周官・馮相氏》注曰：「馮，乘也。相，視也。世登高臺以視天文之次序。」《廣雅》曰：「馮，登也。」故《外傳》作「童子登而游焉」。《說苑》作「童子升而游焉」，「升」亦「登」也。今夫世之陵遲亦久矣，而能使民勿踰乎！《詩》曰：『周道如砥，其直如矢。君子所履，小人所視。眷焉顧之，潸焉出涕。』豈不哀哉！」《詩》，《小雅・大東》之篇。言失其砥矢之道，所以陵遲，哀其法度墮壞。

《詩》曰：「瞻彼日月，悠悠我思。道之云遠，曷云能來。」《詩》，《邶風・雄雉》之篇。○盧文弨曰：舊本連上文，今案當分段。子曰：「伊稽首，不其有來乎！」稽首，恭敬之至。有所不來者，爲上失其道，而人散也。若施德化，使下人稽首歸向，雖道遠能無來乎？○俞樾曰：如楊注義，則「伊稽首」三字甚爲不詞，殆非也。「首」當讀爲「道」。《周書・芮良夫篇》「予小臣良夫稽道」，《群書治要》作「稽首」，是「首」「道」古通用。彼文

「稽道」當爲「稽首」，此文「稽首」當爲「稽道」，皆古文叚借字也。《尚書・堯典》曰「若稽古」，《正義》引鄭注曰：「稽，同也。」《禮記・儒行篇》「古人與稽」，鄭注曰：「稽猶合也。」合亦同也。稽道，猶同道也。伊者，語詞，猶維也。《詩》言「道之云遠，曷云能來」，孔子言道苟同，則雖遠而亦來，故曰「伊稽道不其有來乎」。蓋借《詩》言而反之，若《唐棣》之詩矣。

孔子觀於東流之水。子貢問於孔子曰：「君子之所以見大水必觀焉者，是何？」孔子曰：「夫水，大偏與諸生而無爲也，似德；偏與諸生，謂水能偏生萬物，爲其不有其功，似上德不德者。《説苑》作「偏予而無私」。○王念孫曰：案，「偏與」上不當有「大」字，蓋涉上文「大水」而衍。據楊注云：「偏與諸生，謂水能偏生萬物」，則無「大」字明矣。《初學記・地部》中引此無「大」字。《大戴記・勸學篇》、《説苑・雜言篇》、《家語・三恕篇》竝同。其流也埤下，裾拘必循其理，似義。「埤」讀爲「卑」。「裾」與「倨」同，方也。「拘」讀爲「鉤」，曲也。其流必就卑下，或方或曲，必循卑下之理，似義者無不循理也。《説苑》作「其流卑下，句倨皆循其理，似義」。○盧文弨曰：案，宋本引《説苑》作「其流也卑下，句倨之也，情義分然者也」，文義舛譌。今案本書《雜言篇》訂正。其洸洸乎不淈盡，似道。「洸」讀爲「滉」。滉，水至之貌。「淈」讀爲「屈」，竭也，似道之無窮也。《家語》作「浩浩無屈盡之期，似道也」。○王念孫曰：楊讀「洸」爲「滉」，滉滉，水至之貌。古無此訓。「洸洸」當從《家語》作「浩浩」，字之誤也。俗書「浇」字作「洸」，與「浩」略相似。《王制》曰「有餘曰浩」，故曰「浩浩乎不屈盡」。《初學記》引《荀子》正作「浩浩」，則所見本尚未誤。《太平御覽・地部》二十三同。先謙案：《説文》：「洸，水涌光也。」作「洸洸」義通，似不必改作「浩浩」。若有決行之，其應佚若聲響，其赴百仞之谷不懼，似勇。決行，決之使行也。「佚」與「逸」同，奔逸也。若聲響，言若響之應聲也，似勇者果於赴難也。○王念孫曰：奔逸與聲響，義不相屬，楊説非也。「佚」讀爲「呹」。音逸。呹，疾貌也。言其相應之疾，若響之應聲也。《漢書・楊雄傳》《甘泉賦》：「薌呹肸以掍根兮，聲駍隱而歷鍾。」師古曰：「言風之動樹，聲響振起，衆根合同，駍隱而盛，歷入殿上之鍾也。」「薌」讀與「響」同。呹音丑乙反。《文選》李善注曰：「呹，疾貌也，余日切。」正與「佚」字同音。古無「呹」字，故借「佚」爲之耳。主量必平，似法。「主」讀爲「注」。量，謂阬受水之處也。言所經阬坎，注必平之然後過，似有法度者均平也。盈不求概，似正。概，平斗斛之木也。《考工記》曰：「概而不稅。」言水盈滿則不待概而自平，如正者不假於刑法之禁也。淖約微達，似察。「淖」當爲「綽」。約，弱也。綽約，柔弱也。雖至柔弱，而侵淫通達於物，似察之見細微也。《説苑》作「綽弱微達」。以出以入以就鮮絜，似善化。言萬物出入於水，則必鮮絜，似善化者之使人去惡就美也。《説苑》作「不清以入，鮮絜以出也」。其萬折也必東，似志。折，縈曲也。雖東西南北，千萬縈折不常，然而必歸於東，似有志不可奪者。《説苑》作「其折必東也」。是故君子見大水必觀焉。」

孔子曰：「吾有恥也，吾有鄙也，吾有殆也。幼不能彊學，老無以教之，吾恥之。無才藝以教人也。去其故鄉，事君而達，卒遇故人，曾無舊言，吾鄙之。舊言，平生之言。卒，倉忽反。與小人處者，吾殆之也。」

孔子曰：「如垤而進，吾與之；如丘而止，吾已矣。」今學曾未如肬贅，則具然欲爲人師。肬贅，結肉。《莊子》曰：「以生爲負贅懸肬。」肬音尤。具然，自滿足之貌也。○盧文弨曰：此條舊不提行，今案當分段。下兩條同。

孔子南適楚，戹於陳、蔡之閒，七日不火食，藜羹不糂，「糂」與「糝」同，蘇覽反。弟子皆有飢色。子路進問之曰：「由聞之，爲善者天報之以福，爲不善者天報之以禍。今夫子累德、積義、懷美，行之日久矣，奚居之隱也？」隱謂窮約。孔子曰：「由不識，○盧文弨曰：《家語·在戹篇》作「由未之識也」。吾語女。女以知者爲必用邪？王子比干不見剖心乎！女以忠者爲必用邪？關龍逢不見刑乎！○盧文弨曰：「逢」字從元刻，與《家語》同。宋本作「逄」，誤。女以諫者爲必用邪？吴子胥不磔姑蘇東門外乎！磔，車裂也。姑蘇，吴都名也。○俞樾曰：案，子胥不被車裂之刑，楊注非是。《漢書·景帝紀》改「磔」曰「棄市」。師古注曰：「磔謂張其尸也。」當從此訓。夫遇不遇者，時也；賢不肖者，材也。君子博學深謀，不遇時者多矣。由是觀之，不遇世者衆矣。○俞樾曰：「由是觀之」四字，當在「君子博學深謀」句上。何獨丘也哉！」且夫芷蘭生於深林，非以無人而不芳。君子之學非爲通也，不爲求通。爲窮而不困，憂而意不衰也，知禍福終始而心不惑也。皆爲樂天知命。夫賢不肖者，材也；爲不爲者，人也；爲善不爲善在人也。遇不遇者，時也；死生者，命也。今有其人，不遇其時，雖賢，其能行乎？苟遇其時，何難之有？故君子博學深謀，脩身端行，以俟其時。孔子曰：「由，居！吾語女。昔晉公子重耳霸心生於曹，重耳，晉文公名，亡過曹，曹共公聞其駢脅，使其裸浴，薄而觀之，公因此激怒而霸心生也。越王句踐霸心生於會稽，謂以甲盾五千棲於會稽也。齊桓公小白霸心生於莒。小白，齊桓公名。齊亂奔莒，蓋亦爲所不禮。故居不隱者思不遠，身不佚者志不廣。「佚」與「逸」同，謂奔竄也。《家語》作「常逸者」。女庸安知吾不得之桑落之下！」桑落，九月時也。夫子當時蓋暴露居此樹之下。○盧文弨曰：正文「桑落之下」下，宋本有「乎哉」二字，今案可省。郝懿行曰：桑落，索郎反語也。索言蕭索，郎言郎當，皆謂困窮之貌。時孔子當阸，子路愠恚，故作隱語，發其志意。楊注説固可通，而與上言曹、莒、會稽等義差遠。

子貢觀於魯廟之北堂，○盧文弨曰：舊本不提行，今案當分段。郝懿行曰：《詩》云：「焉得諼草，言樹之背。」背，北堂也。北堂，人所居。廟有北堂，亦所以居主。出而問於孔子曰：「鄉者，賜觀於太廟之北堂，吾亦未輟，還復瞻被九蓋皆繼，被有説邪？匠過絶邪？」北堂，神主所在也。輟，止也。「九」當爲「北」，傳寫誤耳。「被」皆當爲「彼」。蓋音盍，户扇也。皆繼，謂其材木斷絶相接繼也。子貢問：北盍皆繼續，彼有説邪？匠過誤而遂絶之邪？《家語》作「北蓋皆斷」，王肅云：「觀北面之蓋皆斷絶也。」○王念孫曰：「繼」與「輟」、「説」、「絶」韻不相協。「繼」當爲「㡭」，字之誤也。《説文》「㡭，古文絶」，正與「輟」、「説」、「絶」爲韻。「㡭」爲古文「絶」，而此文以「㡭」「絶」竝用者，古人之文不嫌於複。凡經傳中同一字，而上下異形者不可枚舉，即用韻之文亦有之。《皋陶謨》曰：「天聰明自我民聰明，天明畏自我民明威。」《釋文》：「畏，馬本作『威』。」《周官・鄉大夫》注引作「天明威自我民明威」，是「畏」即「威」也。《小雅・正月篇》云：「燎之方揚，寧或滅之。赫赫宗周，褒姒威之。」《釋文》：「威，本或作滅。」昭元年《左傳》引作「褒姒滅之」，是「威」即「滅」也。《越語》云：「死生因天地之刑。天地形之，聖人因而成之。」《管子・勢篇》作「死死生生，因天地之形」，是「刑」即「形」也。皆與此文之「㡭」「絶」竝用同例。今本「㡭」作「繼」，則既失其韻，而又失其義矣。楊云「皆繼謂材木斷絶相接繼」，非也。「接繼」與「斷絶」正相反。下文云「匠過絶邪」，則此文之不作「繼」甚明。《家語》作「北蓋皆斷」，斷亦絶也。孔子曰：「太廟之堂，亦嘗有説。言舊曾説，今則無也。○王念孫曰：「嘗」讀爲「當」。「當」「嘗」古字通。《孟子・萬章篇》「是時孔子當阨」，《説苑・至公篇》「當」作「嘗」。言太廟之堂，所以北蓋皆斷絶者，亦當有説也。下文「蓋曰貴文也」，正申明亦當有説之意。楊訓「嘗」爲「曾」，失之。官致良工，因麗節文，致，極也。官致良工，謂初造太廟之時，官極其良工，工則因隨其木之美麗節文而裁制之，所以斷絶。《家語》作「官致良工之匠，匠致良材，盡其功巧，蓋貴文也」。○王念孫曰：「麗」非「美麗」之謂。麗者施也，見《廣雅》及《多方》、《顧命》、《吕刑》傳、《士喪禮》注。言因良材而施之，以節文也。「良材」見下文。《家語》作「匠致良材，盡其功巧」，正謂施之以節文也。非無良材也，蓋曰貴文也。」非無良材大木不斷絶者，蓋所以貴文飾也。此蓋明夫子之博識也。

子道篇第二十九

入孝出弟，人之小行也；「弟」與「悌」同，謂自卑如弟也。上順下篤，人之中行也；上順從於君父，下篤愛於卑幼。從道不從君，從義不從父，人之大行也。若夫志以禮安，言以類使，則儒道畢矣，志安於禮，不妄動也。言發以類，不怪説也。如此，則儒者之道畢矣。○盧文弨曰：「言以類使」，元刻作「言以類接」。雖舜不能加毫末於是矣。

孝子所以不從命有三：從命則親危，不從命則親安，孝子不從命，乃衷；衷，善也。謂善發於衷心矣。○郝懿行曰：衷者，善也。從義不從命，乃爲善也。俞樾曰：「衷」與「忠」通，言孝子之不從命，乃其忠也。下文「乃義」、「乃敬」，「忠」與「義」、「敬」正一律，作「衷」者，叚字耳。《國語・楚語》「又能齊肅衷正」，《周禮・春官・序官》鄭注引作「中正」。《孝經》「中心藏之」，《釋文》：「中本亦作忠」。蓋「衷」、「中」、「忠」三字同聲而通用。楊注未得叚借之旨。從命則親辱，不從命則親榮，孝子不從命，乃義；從命則禽獸，不從命則脩飾，孝子不從命，乃敬。從命則陷身於禽獸之行，不從命則使親爲脩飾，君子不從命，是乃敬親。○先謙案：「乃衷」、「乃義」、「乃敬」下，《群書治要》皆有「也」字。故可以從而不從，是不子也；未可以從而從，是不衷也；明於從不從之義，而能致恭敬忠信端慤以慎行之，則可謂大孝矣。傳曰：「從道不從君，從義不從父。」此之謂也。故勞苦彫萃而能無失其敬，彫，傷也。「萃」與「顇」同。雖勞苦彫萃，不敢解惰失敬也。災禍患難而能無失其義，則不幸不順見惡而能無失其愛，不幸以不順於親而見惡也。○王念孫曰：「則」與「即」同，説見《釋詞》。非仁人莫能行。《詩》曰：「孝子不匱。」此之謂也。

魯哀公問於孔子曰：「子從父命，孝乎？臣從君命，貞乎？」三問，孔子不對。不敢違哀公之意，故不對。○盧文弨曰：舊本皆連上，今案當分段。篇内竝同。孔子趨出，以語子貢曰：「鄉者，君問丘也，曰：『子從父命，孝乎？臣從君命，貞乎？』三問而丘不對，賜以爲何如？」子貢曰：「子從父命，孝矣；臣從君命，貞矣。夫子有奚對焉？」○盧文弨曰：「有」讀爲「又」。孔子曰：「小人哉，賜不識也！昔萬乘之國，有争臣四人，則封疆不削；千乘之國，有争臣三人，則社稷不危；百乘之家，有争臣二人，則宗廟不毁。父有争子，不行無禮；士有争友，不爲不義。故子從父，奚子孝？臣從君，奚臣貞？審其所以從之之謂孝、之謂貞也。」審其可從則從，不可從則不從也。○盧文弨曰：《家語·三恕篇》「四人」作「七人」，「三人」作「五人」，「二人」作「三人」，末句作「夫能審其所從之謂孝、之謂貞也」。

子路問於孔子曰：「有人於此，夙興夜寐，耕耘樹藝，手足胼胝，以養其親，然而無孝之名，何也？」樹，栽植。藝，播種。胼，謂手足勞。骿，併也。胝，皮厚也，丁皮反。孔子曰：「意者身不敬與？辭不遜與？色不順與？古之人有言曰：衣與？繆與？不女聊。繆，紕繆也。「與」讀爲「歟」。聊，賴也。言雖與之衣而紕繆不精，則不聊賴於汝也。或曰：繆，綢繆也。言雖衣服我，綢繆我，而不敬不順，則不賴汝也。《韓詩外傳》作「衣予教予」。《家語》云：「人與己不順，欺也。」王肅云：「人與己事實相通，不相欺也。」皆與此不同。○盧文弨曰：案今《外傳》九作「衣歟，食歟，曾不爾即」，「即」疑「聊」之譌。此云「教予」，疑是「飲予」之譌。今《家語·困誓篇》作「人與己與不汝欺與」，此所引亦不同。今夙興夜寐，耕耘樹藝，手足胼胝，以養其親。無此三者，則何以爲而無孝之名也？」○王念孫曰：「以」字衍。《韓詩外傳》無「以」字，下文「何爲而無孝之名也」亦無「以」字。又案，《外傳》此句下有「意者所友非仁人邪」一句。玩本書，亦似當有此句。下文「雖有國士之力」四句，正承此句而言。又下文「入而行不脩，身之罪也」，承上「身不敬」三句而言，「出而名不章，友之過也」，則承此句而言。若無此句，則與下文不相應矣。孔子曰：「由志之，吾語女。雖有國士之力，不能自舉其身，非無力也，勢不可也。國士，一國勇力之士。故入而行不脩，身之罪也；出而名不章，友之過也。故君子入則篤行，出則友賢，何爲而無孝之名也。」

子路問於孔子曰：「魯大夫練而牀，禮邪？」孔子曰：「吾不知也。」練，小祥也。《禮記》曰：「期而小祥，居堊室，寢有席。又期而大祥，居復寢，中月而禫，禫而牀也。」子路出，謂子貢曰：「吾以夫子爲無所不知，夫子徒有所不知。」○先謙案：《華嚴經音義》下引劉熙云：「徒，猶獨也。」子貢曰：「女何問哉？」子路曰：「由問魯大夫練而牀，禮邪？夫子曰：吾不知也。」子貢曰：「吾將爲女問之。」子貢問曰：「練而牀，禮邪？」孔子曰：「非禮也。」子貢出，謂子路曰：「女謂夫子爲有所不知乎？夫子徒無所不知，女問非也。禮，居是邑不非其大夫。」懼於訕上。

子路盛服見孔子，孔子曰：「由，是裾裾何也？裾裾，衣服盛貌。《説苑》作「襜襜」也。○盧文弨曰：見《説苑·雜言篇》。又案，《韓詩外傳》三作「疏疏」，《家語·三恕篇》作「倨倨」。郝懿行曰：「裾裾」，《説苑·雜言篇》作「襜襜」。「裾」與「襜」皆衣服之名。因其盛服，即以其名呼之。《韓詩外傳》三作「疏疏」，《家語》又作「倨倨」，則其義别。昔者江出於岷山，其始出也，其源可以濫觴；及其至江之津也，不放舟，不避風，則不可涉也。「放」讀爲「方」。《國語》曰：「方舟設泭。」韋昭曰：「方，竝也。編木爲泭。」《説苑》作「方舟」。方，泭也。《詩》曰：「方之舟之。」○盧文弨曰：注「設泭」，舊本作「投柎」，今據《齊語》改正。非維下流水多邪？「維」與「唯」同，言豈不以下流水多，故人畏之邪？言盛服色厲亦然也。《説苑》作「非下衆水之多乎」。○盧文弨曰：今《説苑》作「非唯下流衆川之多乎」。今女衣服既盛，顔色充盈，天下且孰肯諫女矣！」充盈，猛厲。由告之畢又呼其名，丁寧之也。○俞樾曰：楊注非是。下文「孔子曰，志之吾語女」。此「由」字當在「孔子曰」之下，「由志之」三字連文。上文「孔子曰：由志之，吾語女。雖有國士之力，不能自舉其身」，亦以「由志之」三字連文，可證「孔子曰」下必當有「由」字也。《韓詩外傳》正作「孔子曰：由志之，吾語汝」。子路趨而出，改服而入，蓋猶若也。猶若，舒和之貌。《禮記》曰：「君子蓋猶猶爾也。」○郝懿行曰：猶若，説見《哀公篇》「猶然」下。孔子曰：「志之，吾語女。奮於言者華，奮於行者伐，色知而有能者，小人也。奮，振矜也。色知，謂所知見於顔色。有能，自有其能，皆矜伐之意。○俞樾曰：《韓詩外傳》作「慎於言者不譁，慎於行者不伐」，當從之。「華」即「譁」之省文，兩「奮」字皆「昚」字之誤，乃古文「慎」字也，「昚」誤爲「奮」，則奮於言行，不能謂之不華、不伐矣。於是又删去兩「不」字耳。楊氏據誤本作注，非也。故君子知之曰知之，不知曰不知，言之要也；能之曰能之，不能曰不能，行之至也。皆在不隱其情。言要則知，行至則仁。既知且仁，夫惡有不足矣哉！」

子路入。子曰：「由，知者若何？仁者若何？」子路對曰：「知者使人知己，仁者使人愛己。」子曰：「可謂士矣。」士者，脩立之稱。子貢入。子曰：「賜，知者若何？仁者若何？」子貢對曰：「知者知人，仁者愛人。」子曰：「可謂士君子矣。」顔淵入。子曰：「回，知者若何？仁者若何？」知者，皆讀爲「智」。顔淵對曰：「知者自知，仁者自愛。」子曰：「可謂明君子矣。」

子路問於孔子曰：「君子亦有憂乎？」孔子曰：「君子其未得也，則樂其意；樂其爲治之意。○先謙案：得謂得位也。樂其意，自有所樂也。楊注非。既已得之，又樂其治。○先謙案：治，謂所事皆治。是以有終身之樂，無一日之憂。小人者，其未得也則憂不得；既已得之，又恐失之。是以有終身之憂，無一日之樂也。」

法行篇第三十

禮義謂之法，所以行之謂之行。行，下孟反。○盧文弨曰：此篇舊本皆不提行，今各案其文義分之。

公輸不能加於繩，聖人莫能加於禮。公輸，魯巧人，名班。雖至巧，繩墨之外亦不能加也。○顧千里曰：案正文「繩」字下，據注疑亦當有「墨」字，宋本同，今本蓋皆誤。禮者，衆人法而不知，聖人法而知之。衆人皆知禮可以爲法，而不知其義者也。

曾子曰：「無內人之疏而外人之親，無，禁辭也。內人之疏，外人之親，謂以疏爲內，以親爲外。《家語》曰：「不比於親，而比於疏者，不亦遠乎！」《韓詩外傳》作「無內疏而無外親也」。○盧文弨曰：今《家語·賢君篇》作「不比於數而比於疏，不亦遠乎」。《說苑》亦作「數」字。無身不善而怨人，無刑已至而呼天。內人之疏而外人之親，不亦遠乎！謂失之遠矣。身不善而怨人，不亦反乎！反，謂乖悖。○王念孫曰：「遠」當爲「反」，「反」當爲「遠」。內人親而外人疏，今疏內而親外，是反也，故曰「不亦反乎」。身不善而怨人，是舍近而求遠也，故曰「不亦遠乎」。下文曰「失之己而反諸人，豈不亦迂哉」，迂即遠也，是其證。今本「反」與「遠」互誤，則非其旨矣。《韓詩外傳》正作「內疏而外親，不亦反乎；身不善而怨他人，不亦遠乎」。楊說皆失之。刑已至而呼天，不亦晚乎！《詩》曰：『涓涓源水，不雝不塞。轂已破碎，乃大其輻。事已敗矣，乃重大息。』其云益乎！」源水，水之泉源也。「雝」讀爲「壅」。大其輻，謂壯大其輻也。重大息，嗟歎之甚也。三者皆言不慎其初，追悔無及也。○盧文弨曰：此所引詩，逸《詩》也。先謙案：云益，有益也。說見《儒效篇》。

曾子病，曾元持足。曾子曰：「元志之，吾語汝。曾元，曾子之子也。○盧文弨曰：《大戴禮》作「曾元抑首，曾華抱足」。夫魚鱉黿鼉猶以淵爲淺而堀其中，「堀」與「窟」同。○俞樾曰：「堀」下當有「穴」字。「堀穴其中」、「增巢其上」，相對爲文。《晏子春秋・諫篇》：「古者嘗有處橧巢窟穴」，亦以「窟穴」對「橧巢」，是其證也。《大戴記・曾子疾病篇》作「鷹鶽以山爲卑而曾巢其上，魚鱉黿鼉以淵爲淺而蹷穴其中」。「蹷穴」即「堀穴」也。《春秋》文十年「次于厥貉」，《公羊》作「屈貉」，然則以「蹷」爲「堀」，猶以「厥」爲「屈」也。《荀子》此文本於《曾子》，彼作「蹷穴」，此作「堀穴」，乃古書以聲音叚借之常例。若無「穴」字，則文爲不備矣。 鷹鳶猶以山爲卑而增巢其上，及其得也必以餌。故君子苟能無以利害義，則恥辱亦無由至矣。」

子貢問於孔子曰：「君子之所以貴玉而賤珉者，何也？ 珉，石之似玉者。 爲夫玉之少而珉之多邪？」孔子曰：「惡！賜！是何言也！ 惡音烏。猶言烏謂此義也。 夫君子豈多而賤之、少而貴之哉！ 夫玉者，君子比德焉。温潤而澤，仁也； 鄭康成云：「色柔温潤似仁。」 栗而理，知也； 鄭云：「栗，堅貌也。理，有文理也。似智者處事，堅固又有文理。」○謝本從盧校「栗」上有「縝」字。王引之曰：呂本作「栗而理，知也」。錢本及元刻依《聘義》於「栗」上增「縝」字，而盧本從之，誤也。楊《注》但釋「栗理」二字，而不釋「縝」字，則正文之無「縝」字甚明。《說苑・雜言篇》說玉曰：「望之温潤，近之栗理。望之温潤者，君子比德焉；近之栗理者，君子比智焉。」亦言「栗理」而不言「縝」。栗者，秩然有條理之謂，故有似於智。楊依《聘義》注訓「栗」爲堅貌，亦非。說詳《經義述聞・聘義》。先謙案：王說是，今從呂本刪。 堅剛而不屈，義也； 似義者剛直不回也。 廉而不劌，行也； 劌，傷也。雖有廉棱而不傷物，似有德行者不傷害人。 折而不橈，勇也； 雖摧折而不橈屈，似勇者。 瑕適竝見，情也； 瑕，玉之病也。適，玉之美澤調適之處也。瑕適竝見，似不匿其情者也。《禮記》曰：「瑕不掩瑜，瑜不掩瑕，忠也。」○郝懿行曰：瑕者，玉之病也。適者，善也。凡物調適謂之適，得意便安亦謂之適，皆善之意。故《廣韻》云：「適，善也。」《管子・水地篇》說玉九德，大意與此略同。此句作「瑕適皆見，精也」。精亦情耳。古「精」「情」二字多通用。 王念孫曰：「適」讀爲「讁」，經傳通以「適」爲「讁」。讁亦瑕也。《老子》曰「善言無瑕讁」是也。《管子・水地篇》：「瑕適皆見，精也。」「精」與「情」同，說見《管子》。尹知章曰：「瑕適，玉病也。」《吕氏春秋・舉難篇》：「寸之玉必有瑕適。」《説苑》曰：「玉有瑕必見之於外，故君子比情焉。」此言「瑕適」，而《説苑》但言「瑕」，是「適」即「瑕」也。「情」之言誠也。玉不自掩其瑕適，故曰「情」。《春秋繁露・仁義法篇》云：「自稱其惡謂之情。」義與此同。楊讀「適」爲「調適」之「適」，失之。扣之，其聲清揚而遠聞，其止輟然辭也。「扣」與「叩」同。似有辭辨，言發言則人樂聽之，言畢更無繁辭也。《禮記》作「叩之，其聲清越以長，其終屈然樂也」。故雖有珉之雕雕，不若玉之章章。雕雕，謂雕飾文采也。章章，素質明著也。○郝懿行曰：「雕雕」「章章」，皆文采宣著之貌。語意猶云「星之昭昭，不如月之明明」也。《詩》曰：『言念君子，温其如玉。』此之謂也。」《詩》，《秦風・小戎》之篇。引之喻君子比德。

曾子曰：「同游而不見愛者，吾必不仁也；仁者必能使人愛。交而不見敬者，吾必不長也；不長厚，故爲人所輕。○郝懿行曰：「長」謂敬長，非謂不長厚也。楊注失之。俞樾曰：不長者，無所長也。《子道篇》：「色知而有能者，小人也。」《韓詩外傳》「能」作「長」，是不長猶不能也。吾無所能，宜其不見敬矣。臨財而不見信者，吾必不信也。廉潔不聞於人。○郝懿行曰：臨財之信，如鮑叔之與管仲。三者在身，曷怨人？當反諸己。怨人者窮，怨天者無識！無識，不知天命也。失之己而反諸人，豈不亦迂哉！」

南郭惠子問於子貢曰：「夫子之門，何其雜也？」南郭惠子，未詳其姓名。蓋居南郭，因以爲號。《莊子》有南郭子綦。夫子，孔子也。雜，謂賢不肖相雜而至。○盧文弨曰：《尚書大傳・略説》作「東郭子思」，《説苑・雜言篇》作「東郭子惠」。子貢曰：「君子正身以俟，欲來者不距，欲去者不止。且夫良醫之門多病人，檃栝之側多枉木，是以雜也。」○郝懿行曰：《尚書大傳・略説》及《説苑・雜言篇》竝有「砥厲之旁多頑鈍」句。

孔子曰：「君子有三恕：○顧千里曰：盧文

弨刻本無「孔子曰」三字，與世德堂刻本合，與宋本不合，疑非也。 先謙案：謝本從盧校，無「孔子曰」三字，今依顧説，從宋本增。 有君不能事，有臣而求其使，非恕也；有親不能報，有子而求其孝，非恕也；報，孝，養也。《詩》曰：「欲報之德。」有兄不能敬，有弟而求其聽令，非恕也。 士明於此三恕，則可以端身矣。」

孔子曰：「君子有三思，而不可不思也。少而不學，長無能也；老而不教，死無思也；無門人思其德。 有而不施，窮無與也。窮乏之時，無所往託。 是故君子少思長則學，老思死則教，有思窮則施也。」

哀公篇第三十一

魯哀公問於孔子曰：「吾欲論吾國之士與之治國，敢問何如取之邪？」○盧文弨曰：舊本脱「取」字，今據《大戴禮・哀公問五義》、《家語・五儀解》增。 孔子對曰：「生今之世，志古之道；居今之俗，服古之服；志，記識也。服古之服，猶若夫子服逢掖之衣、章甫之冠也。 舍此而爲非者，不亦鮮乎！」舍，去。此，謂古也。 哀公曰：「然則夫章甫、絇屨、紳而搢笏者，此賢乎？」章甫，殷冠。王肅云：「絇謂屨頭有拘飾也。」鄭康成云：「絇之言拘也，以爲行戒，狀如刀衣鼻，在屨頭。」紳，大帶也。搢笏於紳者也。○王念孫曰：《大戴記・哀公問五義篇》、《家語・五儀篇》「紳」下有「帶」字，「賢」上有「皆」字，竝於義爲長。 俞樾曰：「此」當作「比」。《説文・白部》：「皆，俱詞也。從比，從白。」徐鍇《繫傳》曰：「比，皆也。」是「比」有「皆」義。比賢乎，猶言皆賢乎。《大戴禮・保傅篇》「於是比選天下端士」，《漢書・賈誼傳》「比」作「皆」，是其證矣。此文亦見《大戴記・哀公問五義篇》，作「此皆賢乎」。蓋「比」誤爲「此」，後人又增「皆」字耳。 孔子對曰：「不必然。 夫端衣、玄裳、絻而乘路者，志不在於食葷；端衣玄裳，即朝玄端也。「絻」與「冕」同。鄭云：

「端者，取其正也。士之衣袂皆二尺二寸而廣幅，是廣袤等也。其袪尺二寸。大夫以上侈之。侈之者，蓋半而益一焉，則袂三尺三寸，袪尺八寸。」路，王者之車，亦車之通名。舍人注《爾雅》云：「輅，車之大者。」葷，蔥薤之屬也。○先謙案：端衣玄裳絻而乘路，所以祭也，故志不在於食葷。此下文「黼衣黻裳者不茹葷，資衰苴杖者不聽樂」，二喻正同。斬衰、菅屨、杖而啜粥者，志不在於酒肉。《儀禮・喪服》曰：「斬者何，不緝也？衰長六尺博四寸，三升布爲之。」鄭注《喪服》云：「上曰衰，下曰裳，當心前有衰，後有負板，左右有辟領，孝子哀戚，無不在也。」菅，菲也。此言服被於外，亦所以制其心也。生今之世，志古之道，居今之俗，服古之服，舍此而爲非者，雖有不亦鮮乎！」哀公曰：「善！」

孔子曰：「人有五儀：言人之賢愚，觀其儀法有五也。○郝懿行曰：儀者，匹也。匹者，猶儔類也。《大戴記・哀公問五義》即「五儀」也。古「儀」字正作「義」。楊注「儀法」，非是。先謙案：儀猶等也。說見《王制篇》。有庸人，有士，有君子，有賢人，有大聖。」哀公曰：「敢問何如斯可謂庸人矣？」孔子對曰：「所謂庸人者，口不能道善言，心不知色色；色色，謂以己色觀彼之色，知其好惡也。《論語》曰：「色斯舉矣。」○盧文弨曰：《大戴禮》作「志不邑邑」。郝懿行曰：「色」當爲「邑」，字形之誤。《大戴記》作「志不邑邑」，楊注甚謬。「邑邑」與「悒悒」同。悒悒，憂逆短氣貌也。《曾子立事篇》云：「終身守此悒悒。」不知選賢人善士託其身焉以爲己憂，不知託賢，但自憂而已。○俞樾曰：此十五字爲一句。《廣雅・釋詁》：「爲，瘉也。」爲有瘉義，故《左傳》有「疾不可爲」之文。爲己憂者，瘉己憂也。得賢人善士，以託其身，則可瘉己之憂，而庸人不知也。故曰：「不知選賢人善士託其身焉以爲己憂。」楊注失其義。勤行不知所務，止交不知所定，交謂接待於物，皆言不能辨是非，倀倀失據也。○盧文弨曰：「止交」，《大戴禮》、《韓詩外傳》四皆作「止立」。郝懿行曰：《大戴記》「勤」作「動」，「交」作「立」。《韓詩外傳》四同。「動行」與「止立」對，疑此皆形誤。王引之曰：作「止立」者是。「止交」二字，文不成義。楊注非也。「勤行」亦當依

《大戴》作「動行」，皆字之誤也。《外傳》作「動作」。日選擇於物，不知所貴；不知可貴重者。從物如流，不知所歸；爲外物所誘蕩而不返也。○郝懿行曰：「如」，《大戴記》、《韓詩外傳》俱作「而」。「而」「如」古通用。五鑿爲正，心從而壞，如此則可謂庸人矣！」鑿，竅也。五鑿，謂耳、目、鼻、口及心之竅也。言五鑿雖似於正，而其心已從外物所誘而壞矣，是庸愚之人也。一曰：五鑿，五情也。《莊子》曰：「六鑿相攘。」司馬彪曰：「六情相攘奪。」《韓詩外傳》作「五藏爲正也」。○盧文弨曰：《大戴禮》作「五鑿爲政」。此「正」字義當與「政」同，古通用。注似非。郝懿行曰：楊注「五鑿，五情」，是也。《莊子》「六鑿相攘」謂六情，可證。王念孫曰：楊後説以「五鑿」爲「五情」，頗勝前説。哀公曰：「善！敢問何如斯可謂士矣？」孔子對曰：「所謂士者，雖不能盡道術，必有率也；雖不能徧美善，必有處也。率，循也。雖不能盡徧，必循處其一隅，言有所執守也。○郝懿行曰：「美」「善」義同，而有淺深。《大戴記》作「雖不能盡善盡美」，《韓詩外傳》一作「雖不能盡乎美著」，《家語·五儀解》作「備百善之美」，三書皆本此而各異。《韓詩外傳》此下多有缺略。是故知不務多，務審其所知；《論語》曰：「子路有聞，未之能行，唯恐有聞。」言不務多，務審其所謂；止於辨明事而已矣。○郝懿行曰：謂，猶言也。審其所當言則言不謬妄。注非。行不務多，務審其所由。由，從也。謂不從不正之道。○郝懿行曰：由，道也。道，行也。謂務審其所常由，行不差忒也。注亦非。故知既已知之矣，言既已謂之矣，行既已由之矣，則若性命肌膚之不可易也。言固守所見，如愛其性命肌膚之不可以他物移易者也。故富貴不足以益也，卑賤不足以損也。皆謂志不可奪。如此則可謂士矣。」士者，修立之稱。一曰：士，事也。言其善於任事，可以入官也。哀公曰：「善！敢問何如斯可謂之君子矣？」孔子對曰：「所謂君子者，言忠信而心不德，不自以爲有德。仁義在身而色不伐，思慮明通而辭不爭，故猶然如將可及者，君子也。」猶然，舒遲之貌。所謂「瞻之在前，忽然在後」。《家語》作「油然」。王肅曰：「不進貌也。」○郝懿行曰：「猶然」即「油然」，《家語》作「油」是也。《孟子》「油油然與之偕」，言無以異於凡人也。注失之。哀公曰：「善！敢問何如斯可謂賢人矣？」孔子對曰：「所謂賢人者，行中規繩而不傷於本，言足法於天下而不傷於身，本，亦身也。言雖廣大而不傷其身也。所謂言滿天下無口過，行滿天下無怨惡。○郝懿行曰：楊注非是。「本」猶質也。謂性之本質如木之有根榦。此言行中規矩準繩，然皆闇與理會，不假斲削而喪失其本真，所謂漸近自然也。富有天下而無怨財，富有天下，謂王者之佐也。「怨」讀爲「藴」。言雖富有天下而無藴畜私財也。《家語》作「無宛」，《禮記》曰「事大積焉而不苑」。古「藴」「苑」通，此因誤爲「怨」字耳。布施天下而不病貧。言廣施德澤，子惠困窮，使家給人足，而上不憂貧乏。所謂「百姓與足，君孰不足」。○盧文弨曰：注末二句與《富國篇》同。宋本乃從今《論語》本，當出後人所改。郝懿行曰：楊注得之，而義猶未盡。「怨」「宛」皆從「夗」聲，此同聲假借也。音轉而爲菀，又轉而爲藴，此雙聲假借也。不知假借之義，故謂爲字誤耳。《考工記》云：「眡其鑽空，欲其惌也。」音於阮反。鄭司農注：「惌讀爲『宛彼北林』之宛。」音鬱。此即「怨」「宛」相借之例也。《韓詩外傳》二「子路與巫馬期薪於韞丘之下」，韞丘即宛丘，此即「苑」「藴」相借之例也。「藴」與「韞」音義同。《大戴記》作「躬爲匹夫而願富句，貴爲諸侯而無財」，義與此別。如此，則可謂賢人矣。」賢者，亞聖之名。《説文》云：「賢，多才。」哀公曰：「善！敢問何如斯可謂大聖矣？」孔子對曰：「所謂大聖者，知通乎大道，應變而不窮，辨乎萬物之情性者也。辨别萬物之情性也。大道者，所以變化遂成萬物也；情性者，所以理然不、取舍也。辨情性乃能理是非之取舍而不惑。先謙案：「然不」猶「然否」，與「取舍」對文。注中「之」字衍。是故其事大辨乎天地，其事，謂聖人所理化之事，言辨别萬事，如天地之别萬物，各使區分。○郝懿行曰：「辨」與「辯」同。辯者，治辯也。「辯」與「平」，古字通。荀書多假辨爲「辯」耳，此上言「辨乎萬物之情性」，義亦同，似不宜訓「辨別」。王念孫曰：「辨」讀爲「徧」，言其事大則徧乎天地，明則察乎日月也。與上「辨乎萬物之情性」不同。楊以「辨」爲「辨別」，則與「大」字義不相屬矣。「徧」「辨」古字通，說見《日知録》。俞樾曰：「大」字絶句。「是故其事大」，與上文「大道者」相應，下「明」字衍文。辨乎天地，察乎日月，二語相對，説詳《群經平議・大戴記》。明察乎日月，聖人之明察如日月。總要萬物於風雨，總要，猶統領也。風以動之，雨以潤之，言統領萬物如風雨之生成也。繆繆肫肫，其事不可循，「繆」當爲「膠」，相加之貌。《莊子》云「膠膠擾擾」。「肫」與「訰」同，雜亂之貌。《爾雅》云：「訰訰，亂也。」言聖人治萬物錯雜，膠膠訰訰，然而衆人不能循其事。訰，之旬反。○郝懿行曰：《大戴記》作「穆穆純純，其莫之能循」。穆穆，和而美也。純純，精而密也。「穆」「繆」古字通，「純」「肫」聲相借耳。注竝失之。若天之嗣，其事不可識，嗣，繼也。言聖人如天之繼嗣，衆人不能識其意。○郝懿行曰：嗣者，續也。言如天之純穆氣化，緜緜相續，而不可測識也。《大戴記》作「若天之司，莫之能識」。「司」與「嗣」，「職」與「識」蓋亦聲借字耳，其義則「司」「職」，皆訓「主」也。王念孫曰：「嗣」讀爲「司」。《鄭風・羔裘》傳曰：「司，主也。」言若天之主司萬化，其事不可得而知也。「司」「嗣」古字通。《大戴記》正作「若天之司」。《高宗肜日》「王司敬民」，《史記・殷本紀》「司」作「嗣」。楊注失之。百姓淺然不識其鄰。鄰，近也。百姓淺見，不能識其所近，況能識其深乎，所謂日用而不知者也。○盧文弨曰：「淺然」，《大戴》作「淡然」。郝懿行曰「淺然」當依《大戴記》作「淡然」。此言百姓不識不知，謂帝力於我何有耳。若此則可謂大聖矣。」哀公曰：「善！」

魯哀公問舜冠於孔子，孔子不對。哀公不問舜德，徒問其冠，故不對也。三問，不對。哀公曰：「寡人問舜冠於子，何以不言也？」孔子對曰：「古之王者有務而拘領者矣，其政好生而惡殺焉。「務」讀爲「冒」。「拘」與「句」同，曲領也。言雖冠衣拙朴，而行仁政也。《尚書大傳》曰：「古之人，衣上有冒而句領者。」鄭康成注云：「言在德不在服也。古之人，三皇時也。冒，覆項也。句領，繞頸也。禮，正服方領也。」○郝懿行曰：《尚書大傳》作「冒而句領」，古讀「冒」「務」音同，「拘」讀若「句」，音鉤。故其字通。鄭注：「冒，覆項也。句領，繞頸也。」按句者，曲也。《韓詩外傳》三云：「舜麑衣而盤領。」「盤」之訓爲「曲」，即此句領矣。是以鳳在列樹，麟在郊野，烏鵲之巢可俯而窺也，君不此問而問舜冠，所以不對也。」

魯哀公問於孔子曰：「寡人生於深宮之中，長於婦人之手。寡人未嘗知哀也，未嘗知憂也，未嘗知勞也，未嘗知懼也，未嘗知危也。」孔子曰：「君之所問，聖君之問也。丘，小人也，何足以知之？」美大其問，故謙不敢對也。曰：「非吾子無所聞之也。」孔子曰：「君入廟門而右，登自胙階，仰視榱棟，俛見几筵，其器存，其人亡。君以此思哀，則哀將焉而不至矣！謂祭祀時也。「胙」與「阼」同。榱亦椽也。哀將焉不至，言必至也。○盧文弨曰：正文「將焉」下，元刻有「而」字，下四句竝同。「而」當訓爲「能」，若以爲衍，不應五句皆誤。楊注《王霸篇》云：「而爲皆語助也。」又《齊策》：「管燕謂其左右曰：『子孰而與我赴諸侯乎？』」鮑彪注：「而，辭也。」以「而」字作語辭亦可，然訓「能」語更順。高誘注《吕氏春秋・去私篇》「南陽無令，其誰可而爲之」，又注《士容篇》「柔而堅，虛而實」，皆訓「而」爲「能」。其注《淮南》也亦然。《易・屯》彖「宜建侯而不寧」，《釋文》：「而，辭也。鄭讀而爲能。」然則此「焉而」正當讀爲「焉能」，不可易矣。王念孫曰：盧說是也。《文選・王文憲集序》注引此有「而」字，其引此無「而」字者，皆後人不知古訓而删之也。古書多以「而」爲「能」，詳見《淮南・人間篇》。君昧爽而櫛冠，昧，闇。爽，明也。謂初曉尚暗之時。平明而聽朝，一物不應，亂之端也。君以此思憂，則憂將焉而不至矣！君平明而聽朝，日昃而退，諸侯之子孫必有在君之末庭者。君以此思勞，則勞將焉而不至矣！諸侯之子孫，謂奔亡至魯而仕者。自平明至日昃，在末庭而脩臣禮，君若思其勞，則勞可知也。以喻哀公亦諸侯之子孫，不戒慎脩德，亦將有此奔亡之勞也。君出魯之四門以望魯四郊，亡國之虛則必有數蓋焉。「虛」讀爲

「墟」。「有數蓋焉」，猶言「蓋有數焉」，倒言之耳。《新序》作「亡國之虚列，必有數矣」。○盧文弨曰：「數蓋」猶言「數區」也。魯有少皞氏之虚，大庭氏之庫也。　郝懿行曰：「虚」「墟」古今字。《新序》四作「虚列」，此「虚則」即「虚列」之譌。蓋者，苫也。言故虚羅列其閒，必有聚廬而居者焉。觀此易興亡國之感。　君以此思懼，則懼將焉而不至矣！且丘聞之，君者，舟也；庶人者，水也。水則載舟，水則覆舟。君以此思危，則危將焉而不至矣！」

魯哀公問於孔子曰：「紳委章甫，有益於仁乎？」紳，大帶也。委，委貌，周之冠也。章甫，殷冠也。鄭注《儀禮》云：「委，安也。所以安正容貌。章，表明也，殷質，言所以表明丈夫也。」孔子蹴然曰：「君號然也。《莊子音義》：「崔譔云：蹴然，變色貌。」「號」讀爲「胡」，聲相近，字遂誤耳。《家語》作「君胡然也」。資衰苴杖者不聽樂，非耳不能聞也，服使然也。「資」與「齊」同。苴杖，竹也。苴，謂蒼白色自死之竹也。黼衣黻裳者不茹葷，非口不能味也，服使然也。黼衣黻裳，祭服也。白與黑爲黼，黑與青爲黻。禮祭致齊，不茹葷。非不能味，謂非不能知味也。鄭注《周禮·司服》云：「玄冕者，衣無文，裳刺黻而已。」且丘聞之，好肆不守折，長者不爲市，竊其有益與其無益，君其知之矣！」好，喜也。言喜於市肆之人，不使所守貨財折耗，而長者亦不能爲此市井盗竊之事。長者不爲市，而販者不爲非。《家語》王肅注云：「言市肆弗能爲廉，好肆則不折也。」人爲市估之行，則不守折，人爲長者之行，則亦不爲市買之事。「竊」宜爲「察」，察其有益與其無益，以「竊」字屬下句。

魯哀公問於孔子曰：「請問取人？」問取人之術也。孔子對曰：「無取健，健羨之人。無取詌，未詳。《家語》作「無取鉗」。王肅云：「謂妄對不謹誠者。」或曰：捷給鉗人之口者。○盧文弨曰：案，《家語·五儀解》作「無取鉗」。「鉗」下作「無取啍啍」。無取口啍。「啍」與「諄」同。《方言》云：「齊、魯凡相疾惡謂之諄憎。」諄，之閏反。王肅云：「啍啍，多言。」或曰：《詩》云「誨爾諄諄」，口諄，謂口教誨心無誠實者。諄，之倫反。○盧文弨曰：注末舊作「諄諄，倫也」，訛，今訂正。　郝懿行曰：「詌」蓋譌字。《説苑・尊賢篇》作「拑」，是也。「拑」訓「脅持」。《家語・五儀解》作「鉗」，亦假借字耳。「口哼」，《家語》作「哼哼」。王肅注：「多言也。」《韓詩外傳》四「詌」作「佞」。「口哼」作「口讒」，恐亦譌字。當作「口鑱」，鑱者，鋭也。今《説苑》正作「鋭」，是矣。楊注引作「口叡」。「叡」「鋭」蓋以音近故譌耳。其引《説苑》「無取拑」下脱去數字，遂不可讀。

健，貪也；詌，亂也；口哼，誕也。健羨之人多貪欲，詌忌之人多悖亂，讒疾之人多妄誕。《説苑》曰：「哀公問於孔子曰：『人何若爲可取也？』孔子曰：『無取拑，捷者必兼人，不可爲法也。口叡者多誕而寡信，後恐不驗也。』」《韓詩外傳》云：「無取健，無取佞，無取口讒。健，驕也。佞，諂也。口讒，誕也。」皆大同小異也。○盧文弨曰：「口叡」，今《説苑・尊賢篇》作「口鋭」。　郝懿行曰：「健」無貪義，不知何字之譌。楊注甚謬。《韓詩外傳》作「健，驕也」。《説苑》「健者必欲兼人，不可以爲法」。以此參證，可知作「貪」必譌字矣。拑者利口捷給，變亂是非，故云「亂也」。誕者誇大，故《説苑》云「口鋭者多誕而寡信，後恐不驗也」。

故弓調而後求勁焉，馬服而後求良焉，士信愨而後求知能焉。士不信愨而有多知能，譬之其豺狼也，不可以身尒也。「有」讀爲「又」。「尒」與「邇」同。

語曰：桓公用其賊，文公用其盜。謂管仲、寺人勃鞮也。盜亦賊也。以喻士信愨則仇讎可用，不信愨則親戚可疏。

故明主任計不信怒，闇主信怒不任計。信亦任也。○郝懿行曰：此蒙「桓公用賊，文公用盜」而言。賊謂管仲，盜謂里鳧須，故云「任計不信怒」也。「信」古以爲「伸」字，不讀本音。《新序・雜事》五「信」作「任」。

計勝怒則彊，怒勝計則亡。」

定公問於顔淵曰：「東野子之善馭乎？」東野，氏也。「馭」與「御」同。○盧文弨曰：案，《家語・顔回篇》作「子亦聞東野畢之善御乎」，此脱「子亦聞」三字。又「子之」當作「之子」。　王念孫曰：「東野子」亦當作「東野畢」。下文皆作「東野畢」，是其證。《韓詩外傳》作「善哉，東野畢之御也」。《新序・雜事篇》同。　先謙案：「善馭」當爲「馭善」，倒文。注「氏」各本誤「民」，從虞、王本改正。

顔淵對曰：「善則善矣！雖然，其

馬將失。」失讀爲逸，奔也。下同。《家語》作「馬將佚也」。定公不悦，入謂左右曰：「君子固讒人乎？」三日而校來謁，曰：「東野畢之馬失。校人，掌養馬之官也。兩驂列，兩服入廄。」兩服，馬在中。兩驂，兩服之外馬。「列」與「裂」同。謂外馬擘裂中馬牽引而入廄。○俞樾曰：楊注以七字作一句，非也。兩驂裂者，兩驂斷鞅而去也。兩驂在外，故得自絶而去，於是止存兩服馬還入廄中矣。故曰「兩驂列句。兩服入廄」。定公越席而起曰：「趨駕召顔淵！」顔淵至。「趨」讀爲「促」，速也。定公曰：「前日寡人問吾子，吾子曰：『東野畢之馭，善則善矣，雖然，其馬將失。』不識吾子何以知之？」顔淵對曰：「臣以政知之。昔舜巧於使民，而造父巧於使馬。舜不窮其民，造父不窮其馬，是舜無失民，造父無失馬也。○盧文弨曰：《新序》、《家語》「是」下皆有「以」字。王念孫曰：案，《太平御覽・工藝部》三引此亦有「以」字，《韓詩外傳》同，當據補。今東野畢之馭，上車執轡，銜體正矣；步驟馳騁，朝禮畢矣；銜體，銜與馬體也。步驟馳騁，朝禮畢矣，謂調習其馬，或步驟馳騁，盡朝廷之禮也。○郝懿行曰：楊注非。此讀宜斷「體正」「禮畢」相屬。上句言馭之習，下句言馬之習也。「朝」與「調」古字通，《毛詩》言「調飢」，即「朝飢」，此言馬之馳驟，皆調習也。歷險致遠，馬力盡矣。然猶求馬不已，是以知之也。」定公曰：「善！可得少進乎？」定公更請少進其説。顔淵對曰：「臣聞之，鳥窮則啄，獸窮則攫，人窮則詐。自古及今，未有窮其下而能無危者也。」

堯問篇第三十二

○盧文弨曰：舊本唯末一段提行，今各案其文義分之。

堯問於舜曰：「我欲致天下，爲之奈何？」恐天下未歸，故欲致而取之也。對曰：「執一無失，行微無怠，忠信無勌，而天下自來。執一，專意也。行微，行細微之事也。言精專不怠而天下自歸，不必致也。○郝懿行曰：微者，隱也。《勸學篇》云：「行無隱而不形。」隱微，人所不見，而行之無怠心。下云「行微如日月」，蓋日月之行，人之所不見也。執一如天地，如天地無變易時也。行微如日月，日月之行，人所不見，似於細微安徐，然而無怠止之時也。○盧文弨曰：元刻作「安徐而出」，無「然」字。忠誠盛於内，賁於外，形於四海，賁，飾也。形，見也。《禮記》曰：「富潤屋，德潤身，心廣體胖。故君子必誠其意也。」○郝懿行曰：「賁」當音符分切，義與「墳」同。墳者，大也。盛於内則大於外，而形箸於四海矣。天下其在一隅邪！夫有何足致也！」夫物在一隅者，則可舉而致之。今有道，天下盡歸，不在於一隅，焉用致也。「有」讀爲「又」。

魏武侯謀事而當，群臣莫能逮，退朝而有喜色。武侯，晉大夫畢萬之後，文侯之子也。吴起進曰：「亦嘗有以楚莊王之語聞於左右者乎？」武侯曰：「楚莊王之語何如？」吴起對曰：「楚莊王謀事而當，群臣莫逮，退朝而有憂色。申公巫臣進問曰：『王朝而有憂色，何也？』巫臣，楚申邑大夫也。莊王曰：『不穀謀事而當，群臣莫能逮，是以憂也。其在中蘬之言也，中蘬與仲虺同，湯左相也。○郝懿行曰：「蘬」音丘追切，此讀詡鬼切，即仲虺也。如「螝」字從鬼聲而音爲潰。《韓非·説林下篇》：「蟲有螝者。」《顔氏家訓·勉學篇》據《古今字詁》謂「螝」亦古之「虺」字，即其例也。曰：『諸侯自爲得師者王，得友者霸，得疑者存，自爲謀而莫己若者亡。』疑，謂博聞達識可決疑惑者。○郝懿行曰：《韓詩外傳》六作「能自取師者王，能自取友者霸，而與居不若其身者亡」。《新序》一作「足己而群臣莫之若者亡」。「取師」「取友」，「取」皆作「擇」，而俱無「得疑者存」一句。「疑」即「師保疑丞」之「疑」，疑謂可以決疑者也。今《書·仲虺之誥》亦缺此句，可知梅氏無識，不知此句不可缺也。今以不穀之不肖，而群臣莫吾逮，吾國幾於亡乎！是以憂也。』楚莊王以憂，而君以憙。」武侯逡巡再拜曰：「天使夫子振寡人之過也。」振，舉。○王念孫曰：振，救也。《説文》：「振，舉救也。」《月令》、《哀公問》注、昭十四年《左傳》注、《周語》、《魯語》、《吴語》注、《吕氏春秋・季春篇》注、《淮南・時則篇》注竝云：「振，救也。」《史記・蒙恬傳》曰：「過可振而諫可覺」。故曰「振寡人之過」。楊注於義未該。

伯禽將歸於魯，伯禽，周公子，成王封爲魯侯。將歸，謂初之國也。周公謂伯禽之傅曰：「汝將行，盍志而子美德乎？」將行，何不志記汝所傅之子美德以言我。對曰：「其爲人寛，好自用，以慎，寛，寛弘也。自用，好自務其用也。慎，謹密也。○先謙案：好自用者，蓋遇事以身先人，故其傅以爲美德，而周公以爲争。楊云「好自務其用」，語未晰。此三者其美德已。」周公曰：「嗚呼！以人惡爲美德乎？君子好以道德，故其民歸道。君子好以道德教人，故其民歸道者衆，非謂寛弘也。彼其寛也，出無辨矣，女又美之！彼伯禽既無道德，但務寛容，此乃出於善惡無别，汝何以爲美也。孔子曰「寛則得衆」，亦謂人愛悦歸之也。彼其好自用也，是所以窶小也。窶，無禮也。彼伯禽好自用而不諮詢，是乃無禮驕人，而器局小也。《書》曰：「自用則小。」《尚書大傳》曰：「是其好自用也，以斂益之也。」○郝懿行曰：窶者，貧也。窶之爲言局也。《釋名》云：「窶數猶局縮，皆小意也。」《楊惲傳》謂「窶數不容鼠穴」，其爲局小可知。《滑稽傳》云「甌窶滿篝」，「甌窶」亦狹小之言耳。王念孫曰：楊分「窶小」爲二義，非也。窶亦小也。言其好自用也，是其器局之所以窶小也。《韓子・詭使篇》：「惇愨純信，用心一者，則謂之窶。」言世人皆尚詐僞，故見惇愨純信，用心事一者，則謂之窶小也。《釋名》曰：「窶數猶局縮，皆小意也。」《漢書・東方朔傳》：「迺覆樹上寄生，令朔射之。朔曰：是窶數也。」師古曰：「窶數，戴器也。以盆盛物戴於頭者，則以窶數薦之。寄生者，芝菌之類，淋潦之日，著樹而生，形有周圜象窶數者，故朔云：『著樹爲寄生，盆下爲窶數。』」案物在盆下謂之窶數，亦局縮之意也。蔡邕《短人賦》「劣厥僂窶」，亦是短小之意。《詩傳》以「窶」爲「無禮」，謂貧者不能備禮，非謂無禮驕人也。君子力如牛不與牛争力，走如馬不與馬争走，知如士不與士争知。士，謂臣下掌事者。不争，言委任。彼争者，均者之氣也，女又美之！好自用則必不委任而與之争事，争事乃均敵者尚氣之事，非大君之量也。彼其愼也，是其所以淺也。彼伯禽之愼密，不廣接士，適所以自使知識淺近也。聞之曰：無越踰不見士。周公聞之古也。越踰謂過一日也。○盧文弨曰：「曰」，宋本作「日」。注「過一日」，語疑有誤。觀下所云則士皆有等，勿因下士與己踰等而不見也。周公於下士厚爲之貌，故人人皆以爲越踰，則越踰者，過士所應得之分云耳。　俞樾曰：楊注「周公聞之古也，越踰，謂過一日也」，然則《荀子》原文當作「聞之無越日不見士」，楊注原文當作「越日謂過一日也」。今衍「踰」字者，涉下文楊注有「越踰」字而誤衍也。即衍「踰」字，則「越踰日」之文甚爲不辭，乃以「日」字爲「曰」字之誤，而移置「聞之」二字之下，遂成今本之誤。盧校云：「宋本『曰』作『日』。」此則其舊迹之猶未盡泯者也。見士問曰：無乃不察乎？懼其壅蔽，故問無乃有不察之事乎。不聞，即物少至，少至則淺。物，事也。不見士則無所聞，無所聞則所知之事亦少，少則意自淺矣。「聞」或爲「問」也。○王念孫曰：「聞」即「問」字也。說見《經義述聞·旅》象傳及《王風》。言不問則所知之事少也。「問」字正承上文「見士問曰」而言。彼淺者，賤人之道也，女又美之！吾語女：我，文王之爲子，爲文王之子也。武王之爲弟，成王之爲叔父。周公先成王薨，未宜知成王之謚。此云成王，乃後人所加耳。吾於天下不賤矣，然而吾所執贄而見者十人，周公自執贄而見者十人。禮，見其所尊敬者，雖君亦執贄，故哀公執贄請見周豐。鄭注《尚書大傳》云「十人，公卿之中也。三十人，群大夫之中也。百人，群士之中也。」○盧文弨曰：「群大夫」「群士」，舊本互易，誤。今《大傳》本亦訛。還贄而相見者三十人，禮，臣見君則不還贄，敵者不敢當則還之，禮尚往來也。《士相見禮》曰：「主人復見之以其贄，曰嚮者吾子辱使某見，請還贄於將命者。」鄭康成云：「贄者，所執以至也。君子見於所尊敬，必執贄以將其厚意也。」貌執之士者百有餘人，執猶待也。以禮貌接待之士百餘人也。○先謙案：文義不當有「者」字，此緣上下文「者」字而誤衍。欲言而請畢事者千有餘人。謂卑賤之士，恐其言之不盡，周公先請其畢辭也。《說苑》曰：「周公踐天子之位七年，布衣之士，所執贄而師見者十人，所見者十二人，窮巷白屋，所先見者四十九人，時進善者百人，教士千人，朝者萬人也。」○盧文弨曰：注衍「十人所見者」五字，《説苑・敬慎篇》無。於是吾僅得三士焉，以正吾身，以定天下。於是千百人之中，僅乃得三士正身治國。吾所以得三士者，亡於十人與三十人中，乃在百人與千人之中。十人與三十人雖尊敬，猶未得賢，至百人千人然後乃得三人，以明接士不廣，無由得賢也。故上士吾薄爲之貌，下士吾厚爲之貌。上士中誠重之，故可薄爲之貌。下士既無執贄之禮，懼失賢士之心，故厚爲之貌，尤加謹敬也。人人皆以我爲越踰好士，然故士至。人不知則以爲越踰，然士亦以禮貌之故而至也。○俞樾曰：「踰」字亦衍文也。人人皆以我爲越好士者。越之言過也。人人皆以我爲過於好士也。「然故士至」者，「然故」即「是故」也，説見王氏《經傳釋詞》。《大略篇》曰「然故民不困財」，亦以「然故」連文，是其證也。楊不達「然故」之義，故爲抑揚其辭。至「越踰」連文，則以「踰」字釋「越」字，注家往往有此例，非以正文有「踰」字也。而正文「踰」字之衍，即因此矣。士至而後見物，物，事也。見物然後知其是非之所在。戒之哉！女以魯國驕人，幾矣。幾，危也。周公言我以天下之貴，猶不敢驕士，汝今以魯國之小而遂驕人，危矣。夫仰禄之士猶可驕也，仰，魚亮反。正身之士不可驕也。彼正身之士，舍貴而爲賤，舍富而爲貧，舍佚而爲勞，顔色黎黑而不失其所，「黎」讀爲「棃」。謂面如凍棃之色也。是以天下之紀不息，文章不廢也。」賴守道之士不苟徇人，故得綱紀文章常存也。○盧文弨曰：《尚書大傳》作「是以文不滅而章不敗也」。

語曰：繒丘之封人，「繒」與「鄫」同。鄫丘，故國。封人，掌疆界者。《漢書・地理志》：繒縣屬東海也。○郝懿行曰：「繒」即鄫國，姒姓，在東海。《漢志》「繒縣屬東海郡」是也。「繒丘封人」，《列子・説符篇》作「狐丘丈人」。《韓詩外傳》七及《淮南・道應訓》竝與《説符》同。孫叔敖曰：「吾爵益高，吾志益下；吾官益大，吾心益小；吾禄益厚，吾施益博。以是免於三怨，可乎？」與此大意雖同而文字異，此當別有依據。發首偁「語曰」，知必述成文。見楚相孫叔敖曰：「吾聞之也，處官久者士妒之，祿厚者民怨之，位尊者君恨之。今相國有此三者而不得罪楚之士民，何也？」孫叔敖曰：「吾三相楚而心瘉卑，每益祿而施瘉博，位滋尊而禮瘉恭，○盧文弨曰：「瘉」與「愈」同。元刻即作「愈」。是以不得罪於楚之士民也。」

子貢問於孔子曰：「賜爲人下而未知也。」下，謙下也。子貢問欲爲人下，未知其益也。孔子曰：「爲人下者乎，其猶土也。深抇之而得甘泉焉，抇，掘也，故没反。樹之而五穀蕃焉，草木殖焉，禽獸育焉。生則立焉，死則入焉，多其功而不息。○劉台拱曰：「不息」，《韓詩外傳》、《春秋繁露·山川頌》、《説苑·臣術篇》竝作「不言」。王引之曰：「言」與「息」形聲皆不相近，若本是「言」字，無緣誤爲「息」。「息」當爲「悳」，「悳」古「德」字。《繫辭傳》曰「有功而不德」是也。《韓詩外傳》、《春秋繁露》、《説苑》作「不言」，意與「不德」同。俗書「悳」字作「悳」，形與「息」相似而誤。《大戴禮·公冠篇》「靡不蒙悳」，今本誤作「靡不息」，是其證也。《家語·困誓篇》作「多其功而不意」，王肅曰：「功雖多而無所意也。」兩「意」字亦「悳」字之誤。《家語》本於《荀子》，則《荀子》之本作「悳」明矣。《太平御覽·地部》二正引作「多其功而不德」。爲人下者，其猶土也。」

昔虞不用宮之奇而晉并之，萊不用子馬而齊并之，宮之奇，虞賢臣，諫不從，以其族行。子馬，未詳其姓名。《左氏傳》曰：襄二年，「齊侯伐萊，萊人使正輿子賂夙沙衛，以索馬牛皆百匹」。又六年，「齊侯伐萊，萊人使王湫帥師及正輿子軍齊師，齊師大敗之，遂滅萊」。或曰：正輿子字子馬，其不用未聞。《説苑》：「諸御己諫楚莊王曰：曹不用僖負羈而宋并之，萊不用子猛而齊并之。」據年代，齊滅萊在楚莊王後，未詳諸御己之諫也。○盧文弨曰：「諸御己」舊本譌作「諸卿己」，今據《説苑·正諫篇》改正。郝懿行曰：《説苑·正諫篇》「子馬」作「子猛」。「猛」「馬」雙聲，疑即一人。而據《説苑》，此人年代在前，楊注云云是也。或説以《左傳》閔子馬，據《世族譜》閔子馬即閔馬父，係魯雜人，豈萊不用而去之魯邪？然此子馬見昭十八年《傳》，上距襄六年齊人滅萊之歲四十餘年矣。世代在後差遠，又非萊人，無庸牽合。紂刳王子比干而武王得之。不親賢用知，故身死國亡也。

爲説者曰：「孫卿不及孔子。」是不然。孫卿迫於亂世，鰌於嚴刑，上無賢主，下遇暴秦，禮義不行，教化不成，仁者絀約，天下冥冥，行全刺之，諸侯大傾。當是時也，知者不得慮，能者不得治，賢者不得使。故君上蔽而無覩，賢人距而不受。然則孫卿懷將聖之心，○盧文弨曰：「懷將聖」，宋本作「將懷聖」，誤，今訂正。蒙佯狂之色，視天下以愚。《詩》曰：「既明且哲，以保其身。」此之謂也。是其所以名聲不白，徒與不衆，光輝不博也。今之學者得孫卿之遺言餘教，足以爲天下法式表儀。所存者神，所過者化。○盧文弨曰：「所過」，宋本作「所遇」，誤。古音「存」「神」一韻，「過」「化」一韻，此句中之韻也。觀其善行，孔子弗過，世不詳察，云非聖人，奈何？天下不治，孫卿不遇，時也。德若堯、禹，世少知之，方術不用，爲人所疑，其知至明，循道正行，足以爲紀綱。○盧文弨曰：「紀綱」，舊本誤倒，與上下韻不協。嗚呼賢哉！宜爲帝王。天地不知，善桀、紂，殺賢良。比干剖心，孔子拘匡。接輿避世，箕子佯狂。田常爲亂，闔閭擅强。爲惡得福，善者有殃。今爲説者又不察其實，乃信其名。時世不同，譽何由生？不得爲政，功安能成？志修德厚，孰謂不賢乎！自「爲説者」已下，荀卿弟子之辭。

荀卿新書三十二篇○盧文弨曰：案宋本「新書」下有「十二卷」三字，或疑是「二十卷」，皆非也。但作三十二篇爲是，今本《漢書·藝文志》作三十三篇，誤也。

護左都水使者光禄大夫臣向言：所校讎中孫卿書凡三百二十二篇，以相校除復重二百九十篇，定著三十二篇，皆以定殺青簡書可繕寫。

孫卿，趙人，名况。方齊宣王、威王之時，○盧文弨曰：案，《史記》威王在宣王之前，《風俗通·窮通篇》作「齊威、宣王之時」，是也。聚天下賢士於稷下，尊寵之。若鄒衍、田駢、淳于髡之屬甚衆，號曰「列大夫」。皆世所稱，咸作書刺世。是時孫卿有秀才，年五十始來游學。○盧文弨曰：案，《史記》亦作「年五十」，誤，當從《風俗通》作「年十五」。鼂公武《讀書志》所引亦同。諸子之事，皆以爲非先王之法也。孫卿善爲《詩》、《禮》、《易》、《春秋》。至齊襄王時，孫卿最爲老師，齊尚脩列大夫之缺，而孫卿三爲祭酒焉。

齊人或讒孫卿，孫卿○盧文弨曰：宋本不重，今據《史記》補。乃適楚。楚相春申君以爲蘭陵令。人或謂春申君曰：「湯以七十里，文王以百里。孫卿賢者也，今與之百里地，楚其危乎！」春申君謝之，孫卿去之趙。後客或謂春申君曰：「伊尹去夏入殷，殷王而夏亡。管仲去魯入齊，魯弱而齊强。故賢者所在，君尊國安。今孫卿，天下賢人，所去之國其不安乎！」春申君使人聘孫卿，○盧文弨曰：案《楚策》四、《韓詩外傳》四「聘」俱作「請」。孫卿遺春申君書，刺楚國，因爲歌賦以遺春申君。春申君恨，復固謝孫卿。孫卿乃行，復爲蘭陵令。春申君死而孫卿廢，因家蘭陵。

李斯嘗爲弟子，已而相秦。○盧文弨曰：宋本脱「已」字，今據《史記》補。及韓非號韓子，又浮丘伯，皆受業，爲名儒。

孫卿之應聘於諸侯，見秦昭王。昭王方喜戰伐，而孫卿以三王之法説之。及秦相應侯，皆不能用也。至趙，與孫臏議兵趙孝成王前。孫臏爲變詐之兵，孫卿以王兵難之，不能對也，卒不能用。孫卿道守禮義，行應繩墨，安貧賤。孟子者，亦大儒，以人之性善。孫卿後孟子百餘年，孫卿以爲人性惡，故作《性惡》一篇，以非孟子。蘇秦、張儀以邪道説諸侯，以大貴顯。孫卿退而笑之曰：「夫不以其道進者，必不以其道亡。」至漢興，江都相董仲舒亦大儒，作書美孫卿。○盧文弨曰：「至漢興」以下十七字，似不當在此，應在下文「蓋以法孫卿也」句下。孫卿卒不用於世，老於蘭陵，疾濁世之政，亡國亂君相屬，不遂大道而營乎巫祝，信禨祥，鄙儒小拘，如莊周等又滑稽亂俗。○盧文弨曰：宋本無「亂俗」二字，從《史記》增。於是推儒、墨、道德之行事，興壞序列，著數萬言而卒，葬蘭陵。而趙亦有公孫龍，爲堅白同異之辭，處子之言。○盧文弨曰：案，《史記》作「劇子之言」。徐廣曰：應劭《氏姓注》直云「處子」。魏有李悝，盡地方之教。楚有尸子、長盧子、芋子，皆著書。○盧文弨曰：案，宋本「盧」作「廬」，古可通用。今從《史記》，取易曉耳。《史記》「芋子」作「吁子」。《索隱》曰：「吁音芋。《別録》作『芋子』，今『吁』亦如字也。」又案，《漢書·藝文志》有《芋子》十八篇，云「名嬰，齊人」。師古云：「芋音弭。」與此又不同。然非先王之法也，皆不循孔氏之術，惟孟軻、孫卿爲能尊仲尼。

蘭陵多善爲學，蓋以孫卿也。長老至今稱之曰：蘭陵人喜字爲「卿」，蓋以法孫卿也。孟子、孫卿、董先生，皆小五伯，以爲仲尼之門，五尺童子皆羞稱五伯。如人君能用孫卿，庶幾於王，然世終莫能用，而六國之君殘滅，秦國大亂，卒以亡。觀孫卿之書，其陳王道甚易行，疾世莫能用，其言悽愴，甚可痛也！嗚呼！使斯人卒終於閭巷，而功業不得見於世，哀哉！可爲霣涕。其書比於記傳，可以爲法。謹第録。臣向昧死上言。

護左都水使者光禄大夫臣向言所校讎中《孫卿書録》

將仕郎守祕書省著作佐郎充御史臺主簿臣王子韶同校

朝奉郎尚書兵部員外郎知制誥上騎都尉賜紫金魚袋臣呂夏卿重校

荀子卷第二十

鳴謝

《儒藏》精華編惠蒙善助，共襄斯文；謹列如左，用伸謝忱。

本焕法師　壹佰萬元

智海企業集團董事長　馮建新先生　壹佰萬元

NE·TIGER時裝有限公司董事長　張志峰先生　壹佰萬元

張貞書女士　壹佰萬元

付　剛先生　伍拾萬元

北京三智文化書院　高　斌先生　拾萬元

華府置業董事長　鄂俊宇先生　拾萬元

北京天創盛世數碼科技有限公司　周　洲先生　拾萬元

愛沃客（北京）廣告傳媒有限公司　趙思佳女士　拾萬元

湖南禧文化藝術傳播管理有限公司執行董事　黃　凰女士　拾萬元

中韻鑄寶（北京）文化有限公司董事長　王櫟硯先生　伍萬元

寧述勇先生　伍萬元

北京大學《儒藏》編纂與研究中心

本册審稿人　劉曉東　孫通海　陳恒舒

本册責任編委　沙志利

圖書在版編目(CIP)數據

儒藏.精華編.一八〇/北京大學《儒藏》編纂與研究中心編.—北京：北京大學出版社，2014.4

ISBN 978-7-301-11898-6

Ⅰ.①儒… Ⅱ.①北… Ⅲ.①儒家 Ⅳ.①B222

中國版本圖書館CIP數據核字（2014）第043500號

書　　名	儒藏（精華編一八〇） RUZANG（JINGHUABIAN YIBALING）
著作責任者	北京大學《儒藏》編纂與研究中心　編
責任編輯	王　應
標準書號	ISBN 978-7-301-11898-6/B・0584
出版發行	北京大學出版社
地　　址	北京市海淀區成府路205號　100871
網　　址	http://www.pup.cn　　新浪微博：@北京大學出版社
電子信箱	dianjiwenhua@126.com
電　　話	郵購部 010-62752015　發行部 010-62750672　編輯部 010-62756449
印 刷 者	北京中科印刷有限公司
經 銷 者	新華書店
	787毫米×1092毫米　16開本　69.5印張　800千字
	2014年5月第1版　2022年11月第2次印刷
定　　價	1200.00元

ISBN 978-7-301-11898-6
定價：1200.00元